रघुवीर सहाय रचनावली

5

लेखक के चारों ओर

[हिंदी संबंधी लेख तथा अखबारों-पत्रिकाओं के कॉलम]

संपादक
सुरेश शर्मा

राजकमल प्रकाशन
नयी दिल्ली पटना

ISBN : 978-81-267-2434-5 (सम्पूर्ण सेट)

मूल्य : ₹ 2100
छः खंडों का सम्पूर्ण सेट

पहला पेपरबैक संस्करण : 2013

प्रकाशक : राजकमल प्रकाशन प्रा. लि.
1-बी, नेताजी सुभाष मार्ग
नई दिल्ली-110 002

शाखाएँ : अशोक राजपथ, साइंस कॉलेज के सामने, पटना-800 006
पहली मंजिल, दरबारी बिल्डिंग, महात्मा गांधी मार्ग, इलाहाबाद-211 001

वेबसाइट : www.rajkamalprakashan.com
ई-मेल : info@rajkamalprakashan.com

आवरण : चाँद चौधरी

मुद्रक : बी.के. ऑफसेट
नवीन शाहदरा, दिल्ली-110 032

RAGHUVIR SAHAY RACHANAWALI-5
Edited by Suresh Sharma

रघुवीर सहाय
रचनावली-5

[हिंदी संबंधी लेख़ तथा अखबारों-पत्रिकाओं के कॉलम]

अध्ययन कक्ष में अपनी पालतू बिल्ली मुनमुन के साथ : रघुवीर सहाय की कहानी 'चालीस के बाद प्रेम' की 'नायिका' मुनमुन ही थी।

नाथू ला की यात्रा के दौरान :
सैलानी की वेशभूषा

प्रसन्नता की एक मुद्रा : 1970
फोटो : एस. के. शर्मा

लिखने से पहले चिंतन
फोटो : एस. के. शर्मा

प्रसन्नता की एक और मुद्रा :1970
फोटो : एस. के. शर्मा

एक खास मूड

विचार के क्षण : 6 दिसंबर 89
फोटो : आर. एल. चोपड़ा

एक साक्षात्कार के दौरान : 1985

सोच का सिलसिला : 1970

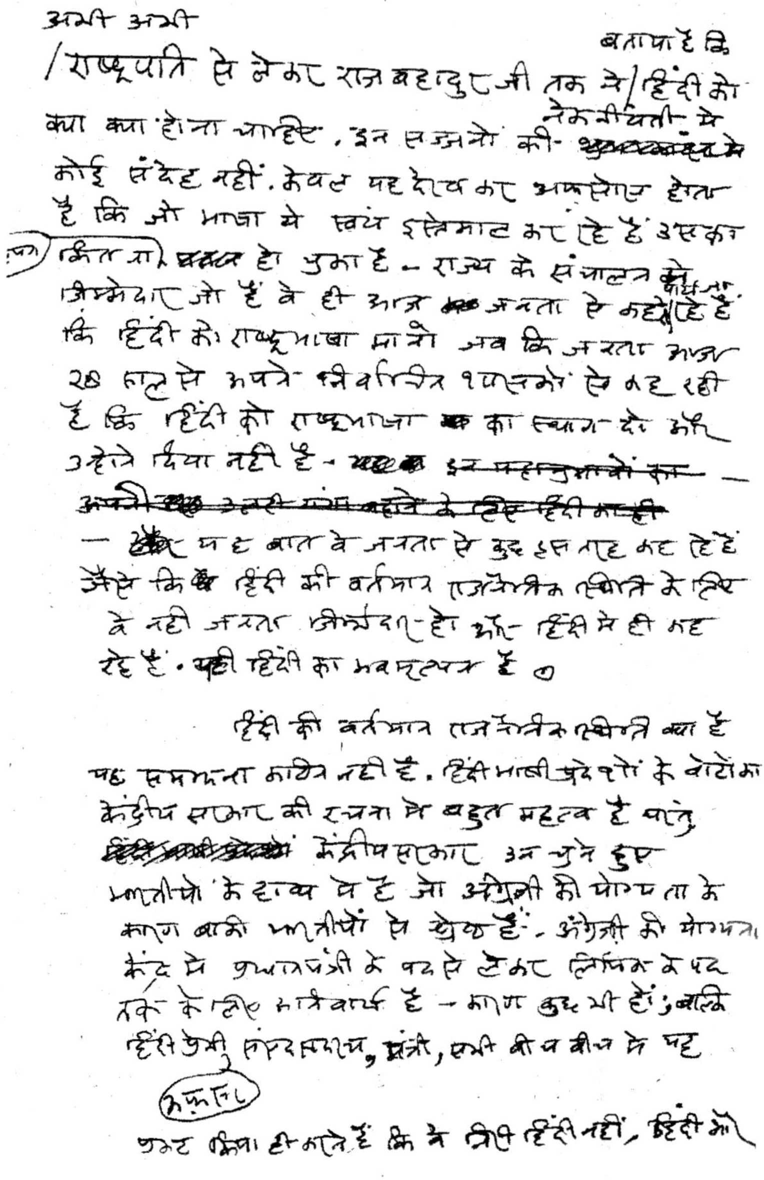
अभी अभी

बताया है कि

/राष्ट्रपति से लेकर राजबहादुर जी तक ने/ हिंदी को नेकनीयती से क्या क्या होना चाहिए. इन सज्जनों की [illegible] में कोई संदेह नहीं. केवल यह देख कर अफसोस होता है कि जो भाषा ये स्वयं इस्तेमाल कर रहे हैं उसका कितना [illegible] हो चुका है - राज्य के संचालन के जिम्मेदार जो हैं वे ही आज जनता से कह रहे हैं कि हिंदी को राष्ट्रभाषा मानो जब कि जनता आज 28 साल से अपने निर्वाचित प्रतिनिधियों से कह रही है कि हिंदी को राष्ट्रभाषा का स्थान दो और उन्होंने दिया नहीं है - यह बात वे जनता से कुछ इस तरह कह रहे हैं जैसे कि हिंदी की वर्तमान राजनीतिक स्थिति के लिए वे नहीं जनता जिम्मेदार हो और हिंदी में ही कह रहे हैं. यही हिंदी का अवमूल्यन है।

हिंदी की वर्तमान राजनीतिक स्थिति क्या है यह समझना कठिन नहीं है. हिंदी भाषी प्रदेशों के वोटों का केंद्रीय सरकार की रचना में बहुत महत्व है परंतु केंद्रीय सरकार उन चुने हुए भारतीयों के हाथ में है जो अंग्रेजी की योग्यता के कारण बाकी भारतीयों से श्रेष्ठ हैं. अंग्रेजी की योग्यता केंद्र में प्रधानमंत्री के पद से लेकर लिपिक के पद तक के लिए अनिवार्य है - कारण कुछ भी हों; बल्कि हिंदी प्रेमी [illegible], मंत्री, सभी बीच बीच में यह (अफसर) प्रकट किया ही करते हैं कि वे प्रेमी हिंदी नहीं, हिंदी और

रघुवीर सहाय की लिखावट में हिंदी संबंधी उनकी एक टिप्पणी का अंश।

लेखक के चारों ओर

रघुवीर सहाय रचनावली के पाँचवें खंड 'लेखक के चारों ओर' में सहाय जी के हिंदी संबंधी लेख तथा अखबारों-पत्रिकाओं में उनके द्वारा लिखे गए कॉलम संकलित हैं। हिंदी संबंधी लेखों में उसके चिंताजनक वर्तमान और भविष्य का विचारोत्तेजक विश्लेषण है। कॉलम या स्तंभों में लेखक के चारों ओर घटनेवाली घटनाओं पर त्वरित टिप्पणियाँ हैं। इसीलिए इस खंड का नाम 'लेखक के चारों ओर' है।

हिंदी की स्थिति और उसके भविष्य को लेकर रघुवीर सहाय अपने लेखन के आरंभिक वर्षों से ही चिंतित रहे हैं। उन्होंने हिंदी को महज भाषा नहीं बल्कि लोकतांत्रिक अधिकार के रूप में ही परिभाषित किया है। उनके अनुसार हिंदी को न आने देने का अर्थ है बहुसंख्य लोगों को लोकतांत्रिक अधिकारों से वंचित करना। सत्ता में भागीदारी से उन्हें दूर रखना। अंग्रेजी जाननेवालों का एक नितांत सीमित वर्ग हिंदी को दूर रखने की साजिश करके सत्ता और समाज के संचालन पर कब्जा जमाए हुए है। हिंदी की वर्तमान स्थिति के बारे में रघुवीर सहाय लिखते हैं कि आज सत्ताधारी वर्ग के लिए "हिंदी जनता से अधिकार पाने का साधन है और अंग्रेजी उस प्राप्त अधिकार को अपने पास दबाकर रखने का। इस तरह उस वर्ग को इस समय आजादी के इतने वर्षों बाद सत्ता और अधिकार सबसे अधिक सुलभ है जबकि इस समय तक अंग्रेजी को राजनीतिक अधिकार के अयोग्य हो चुकना चाहिए था।" रघुवीर सहाय की मान्यता है कि हिंदी को राजभाषा बनाने का सबसे बड़ा उद्देश्य यहाँ के लोगों के आत्मिक विकास से जुड़ा है। हिंदी आविष्कार की संस्कृति को जन्म देगी जबकि अंग्रेजी अनुकरण की संस्कृति फैला रही है। राष्ट्रीय पहचान के लिए यह सबसे बड़ा खतरा है। लेकिन रघुवीर सहाय अंग्रेजी के स्थान पर यांत्रिक ढंग से हिंदी को बिठाना नहीं चाहते : "किसी ने कहा है कि एक दिन हिंदी अंग्रेजी का स्थान लेगी। यह भी एक खतरनाक रहस्य है कि हिंदी अंग्रेजी का स्थान क्यों लेगी, अपना स्थान क्यों नहीं लेगी। इससे तो प्रकट है कि अंग्रेजी का स्थान बना रहेगा। केवल उसे हिंदी 'ले लेगी।' अर्थात् आज अंग्रेजी ने हिंदी प्रतिभा का दमन और राजनीतिक सत्ता का संचय करके जो गैरबराबरी बढ़ाई है, हिंदी उसी को बढ़ाएगी। जो हिंदी ऐसा करेगी वह उन्हीं की हिंदी होगी जो अंग्रेजी से अनुवाद कर सकते हैं उनकी नहीं होगी जो अंग्रेजी नहीं जानते परंतु विद्या और कर्म में अंग्रेजी जाननेवालों से हीन नहीं हैं। इन्हीं की हिंदी को हमने राष्ट्रभाषा माना था।" लेकिन विडंबना यह है कि इस हिंदी के बजाय हम अनुवाद की हिंदी को राष्ट्रभाषा मानने लगे हैं जो अंग्रेजी की तरह ही आम लोगों के इस्तेमाल में नहीं है। इसलिए रघुवीर सहाय का आग्रह है कि 'जो हम बोलते हैं वही हिंदी है।' वे इसी हिंदी को राजभाषा बनाना चाहते हैं। लेकिन इस हिंदी को राजभाषा बनाने के लिए सत्ताधारी वर्ग सहमत नहीं है। क्योंकि इससे उसके अधिकार का संचय टूटेगा। रघुवीर सहाय के अनुसार "हिंदी को सचमुच यदि अपने चरित्र के अनुसार राजभाषा

बनना है तो राज्य में सत्ता की व्यवस्था वह नहीं रह सकती जो अंग्रेजी ने बनाई है, उसका विकेंद्रीकरण होना ही होगा।" रघुवीर सहाय ने राजभाषा हिंदी के सवाल को जिस तरह सत्ता के विकेंद्रीकरण के सवाल से जोड़कर देखा है उससे सहज ही यह बात स्पष्ट हो जाती है कि पिछले पाँच दशकों में अब तक क्यों हिंदी को संपूर्ण राजभाषा का दर्जा प्राप्त नहीं होने दिया गया। उन्होंने यह ठीक ही लिखा है कि आज अंग्रेजी हटाने के लिए संघर्ष करनेवाली शक्तियाँ इसलिए कमजोर पड़ गई हैं क्योंकि सत्ता के केंद्रीकरण के विरुद्ध काम करनेवाले राजनीतिक विचार 'शिथिल' पड़ गए हैं। 'हिंदी का हाल' के अंतर्गत रघुवीर सहाय का हिंदी संबंधी संपूर्ण लेखन संकलित है। कुछ प्रमुख निबंध लेखनकाल के क्रम को खंडित करके शुरू में ही दे दिए गए हैं। इन लेखों में रघुवीर सहाय की हिंदी संबंधी मूल स्थापनाएँ हैं। बहुराष्ट्रीय कंपनियों के जाल में फँसे देश में राष्ट्रभाषा हिंदी का सवाल और भी महत्त्वपूर्ण हो गया है। व्यापारी वर्ग का एक बड़ा तबका हिंदी को मिटाने पर आमादा है। विभिन्न संचार माध्यमों में हिंदी के भ्रष्ट होते स्वरूप से इसे अच्छी तरह महसूस किया जा सकता है। इस दौर में रघुवीर सहाय के हिंदी संबंधी ये लेख निश्चय ही इस राष्ट्रविरोधी माहौल में संघर्ष का नया मोर्चा खोलने के लिए आधार बनेंगे।

इस खंड के दूसरे भाग में रघुवीर सहाय द्वारा विभिन्न अखबारों-पत्रिकाओं में लिखे गए कॉलम या स्तंभ संकलित हैं। इन स्तंभों में उनकी निगाह निर्णायक से लेकर नगण्य घटनाओं तक गई है। उन्होंने इन घटनाओं के नए अर्थ खोजने की कोशिश की है।

रघुवीर सहाय ने 1952 में स्तंभ लिखना शुरू किया। पाँचवें दशक के आरंभ में दिल्ली से निकलनेवाली *पुरानी जनसत्ता* में उन्होंने पहली बार कॉलम लिखा। तब से जीवन के अंतिम सप्ताह तक वे किसी न किसी रूप में कॉलम लिखते रहे। यह एक संयोग ही था कि उन्होंने *जनसत्ता* से कॉलम लिखना शुरू किया और समाप्ति भी *जनसत्ता* में अपने कॉलम 'अर्थात्' से की। *पुरानी जनसत्ता* में उनके कॉलम का शीर्षक था, 'दिल्ली की झलकियाँ'। दूसरी बार 1983 में प्रभाष जोशी के संपादन में *जनसत्ता* दैनिक शुरू हुआ तो उसमें आरंभ से ही उन्होंने 'अर्थात्' नामक कॉलम लिखा। मैं उन दिनों *जनसत्ता* में ही था। एक शाम दिल्ली के मंडी हाउस इलाके में मुझे सहाय जी मिले। उन्होंने बातचीत करते हुए अचानक कहा : "*जनसत्ता* में जो कॉलम मैं लिखना चाहता हूँ उसका नाम मुझे मिल गया है 'अर्थात्'।" 'अर्थात्' नाम रखने की वजह यह बताई कि इस कॉलम में वे तेजी से घटती घटनाओं के वास्तविक अर्थ बताने का प्रयास करेंगे। रघुवीर सहाय ने अपने सभी कॉलमों में यही किया। 'दिल्ली की झलकियाँ' और 'अर्थात्' के अलावा उनके अन्य स्तंभों के नाम हैं : 'दिल्ली की डायरी', 'आज का प्रसंग', 'दृष्टिकोण', 'अंतर्धारा', 'जी, आपने कुछ कहा?', 'गीली स्याही', 'लेखक के चारों ओर', 'बात' तथा 'अभी दिल्ली दूर है'। रघुवीर सहाय द्वारा लिखे गए दो कॉलम पुस्तक के रूप में भी छपे हैं। 'दिल्ली की डायरी' 1976 में *दिल्ली मेरा परदेस* शीर्षक से मैकमिलन ने छापा था। 1994 में 'अर्थात्' की अधिकांश टिप्पणियाँ इसी शीर्षक से किताब के रूप में राजकमल से प्रकाशित हुई थीं। पुस्तक का संपादन हेमंत जोशी ने किया था।

'दिल्ली की झलकियाँ' में 1952 के जमाने की दिल्ली के जीवन की हलचल का बयान किया गया है। उस समय के कॉफी हाउस, रामलीला और यातायात का आनंद लेना हो तो इन स्तंभों को पढ़ जाइए। 'दिल्ली की डायरी' स्तंभ *धर्मयुग* में 1960 से 63 के बीच प्रकाशित हुआ। इसके अंतर्गत 'राजधानी में नेहरू के अंतिम वर्षों में मनुष्य की परिस्थिति का हवाल' वर्णित है। तत्कालीन दिल्ली की राजनीतिक, सामाजिक और सांस्कृतिक धड़कनों को रघुवीर सहाय ने इस स्तंभ में बारीकी से अभिव्यक्त किया है। *धर्मयुग* में यह कॉलम पाक्षिक था। इसे वे सुंदरलाल के नाम से लिखते थे। प्रति कॉलम *धर्मयुग* से उन्हें 75 रुपए पारिश्रमिक मिलता था। इस कॉलम की भाषा का रचाव उल्लेखनीय है। 'आज का प्रसंग' आकाशवाणी दिल्ली से 1964 में नियमित रूप से प्रसारित होता था। इनमें से कुछ

ही टिप्पणियाँ उपलब्ध हो सकी हैं। 'आज का प्रसंग' में उन्होंने घटनाओं पर उसी शाम टिप्पणियाँ लिखीं। इसमें मैथिलीशरण गुप्त के निधन पर लिखी टिप्पणी में राष्ट्रकवि की प्रासंगिकता के कुछ सर्वथा नए कारण बताए गए हैं। 'दृष्टिकोण' के अंतर्गत उन्होंने 1957 से 65 के बीच *कल्पना* में स्तंभ लिखा। 1957 में कुछ समय के लिए वे *कल्पना* में सह-संपादक होकर गए थे। 1957 में 'दृष्टिकोण' के अंतर्गत जो टिप्पणियाँ लिखीं वे साहित्य से संबंधित होने के कारण रचनावली के साहित्यिक आलोचना वाले तीसरे खंड में संकलित की गई हैं। इस पाँचवें खंड में 1965 में 'दृष्टिकोण' के अंतर्गत शामिल टिप्पणियाँ हैं। इनमें राष्ट्रभाषा और समाज का विश्लेषण है।

1963 में रघुवीर सहाय ने आकाशवाणी छोड़ दिया और *नवभारत टाइम्स* में विशेष संवाददाता बने। इस अखबार में आने के कुछ समय बाद उन्होंने 1968 तक 'राजधानी की चिट्ठी' नाम से लगभग हर सप्ताह कॉलम लिखा। इसमें उन्होंने सप्ताह की महत्त्वपूर्ण राजनीतिक घटनाओं का विस्तृत विवेचन किया है। लोकन २८ स्तंभ को पाँचवें खंड में शामिल न करके चौथे खंड में ही शामिल कर लिया गया है—क्योंकि इसमें रघुवीर सहाय की नियमित पत्रकारिता से जुड़े लेख संकलित हैं। 'राजधानी की चिट्ठी' के लेखों की प्रकृति चौथे खंड के लेखों से मेल खाती थी तथा *दिनमान* के राजनीतिक विश्लेषण के साथ रखने से इतिहास का एक वृत्त पूरा करती थी इसलिए उसे वहीं लिया गया।

दिनमान के अंतर्गत 1968 में उन्होंने 'अंतर्धारा' नामक कॉलम लिखा। इस स्तंभ की टिप्पणियों की प्रकृति राजनीतिक ही है लेकिन उसका स्वरूप विश्लेषणपरक नहीं बल्कि चिंतनपरक है इसलिए उसे इसी खंड में शामिल किया गया है।

दिनमान का संपादक रहते हुए उन्होंने 1981 में सर्वथा नए किस्म का एक स्तंभ लिखा। नाम दिया : 'जी, आपने कुछ कहा?' इसमें पाठकों के कुछ पत्र चुनकर सत्यप्रिय मित्र के नाम से उस पर टिप्पणियाँ कीं। इन टिप्पणियों में मानवीय सरोकार को उन्होंने नए सिरे से परिभाषित किया।

1982 में *दिनमान* छूटने के बाद उन्होंने अनेक पत्रों में स्तंभ लिखे। *दिनमान* के बाद कुछ समय के लिए वे *नवभारत टाइम्स* में पुनः आ गए थे। वहाँ उन्होंने 'गीली स्याही' नामक कॉलम लिखा। इसमें सामाजिक तथा मानवीय विषयों पर उनकी तुरंत लिखी टिप्पणियाँ थीं। *नवभारत टाइम्स* छोड़ने के बाद भी वे *सुलभ इंडिया* और *रविवार* में 'गीली स्याही' शीर्षक स्तंभ 1988 तक लिखते रहे। 'लेखक के चारों ओर' रघुवीर सहाय का प्रिय स्तंभ नाम था। इसके अंतर्गत उन्होंने अनेक बार अनेक प्रकार की चीजें लिखीं। पाँचवें दशक के अंत में लखनऊ रेडियो से उन्होंने 'लेखक के चारों ओर' शीर्षक से अनेक वार्ताएँ प्रसारित कीं। 1960 में प्रकाशित *सीढ़ियों पर धूप में* के अंतर्गत उन्होंने इस शीर्षक खंड के अंतर्गत अनेक टिप्पणियाँ संकलित की हैं। ये टिप्पणियाँ मूलतः साहित्य से संबंधित हैं इसलिए उन्हें यहाँ न देकर रचनावली के तीसरे खंड में यथास्थान रखा गया है। इस खंड में इस कॉलम के अंतर्गत वही टिप्पणियाँ हैं जो साहित्येतर हैं। ये टिप्पणियाँ 1984-85 में *रविवार* और *प्रतिपक्ष* में लिखी गई हैं। 'लेखक के चारों ओर' स्तंभ शीर्षक से रघुवीर सहाय का गहरा आकर्षण रहा। इसीलिए अपने लेखन के बिलकुल आरंभिक तथा अंतिम वर्षों में उन्होंने इस स्तंभ शीर्षक के अंतर्गत अनेक टिप्पणियाँ लिखीं। इस शीर्षक से उनके लगातार जुड़ाव के कारण ही रचनावली के इस खंड का समग्र शीर्षक 'लेखक के चारों ओर' रखा गया है। 1986 में उन्होंने *इतवारी पत्रिका* के अंतर्गत 'बात' शीर्षक स्तंभ शुरू किया जो लगभग एक साल चला। 1987 में उन्होंने 'अभी दिल्ली दूर है' के अंतर्गत एक बार ही लिखा। टिप्पणी का शीर्षक था 'दिल्ली मेरा परदेस'। जीवन के अंतिम समय तक चलनेवाला उनका स्तंभ 'अर्थात्' ही था जो *जनसत्ता* में 1984 से 1990 तक प्रकाशित हुआ। 30 दिसंबर 1990 को उनके निधन के दिन रविवार था और उस दिन के *रविवारी जनसत्ता* में भी उनका यह स्तंभ छपा था। 'जातिप्रथा की कसौटी' शीर्षक यह टिप्पणी जीवन में प्रकाशित उनकी अंतिम सामग्री थी।

इन स्तंभों में विवेचित विषय अपने समय की पहचान रेखांकित करते हैं। इन टिप्पणियों के लेखन में रघुवीर सहाय के पत्रकार और रचनाकार दोनों ही व्यक्तित्वों का समन्वय दिखाई देता है।

विभिन्न स्तंभों के अंतर्गत प्रकाशित उनके अनेक लेख इस खंड में न देकर रचनावली के दूसरे खंडों में अन्यत्र दिए गए हैं। साहित्य और साहित्यिक व्यक्तित्वों से संबंधित लेख तीसरे खंड में हैं। हिंदी को लेकर लिखी टिप्पणियाँ तो इसी खंड में हैं—'हिंदी का हाल' के अंतर्गत। ऐसा इसलिए किया गया है ताकि आपको एक प्रकार की सामग्री एक जगह इकट्ठी मिल जाए। रचनावली में जहाँ भी ये टिप्पणियाँ शामिल की गई हैं वहाँ उसके अंत में उस स्तंभ के शीर्षक का उल्लेख कर दिया गया है जिसके अंतर्गत वे छपीं।

रचनावली के इसी खंड में रघुवीर सहाय द्वारा फिल्म, दूरदर्शन, रेडियो, रंगमंच, पुरस्कार और खेल पर लिखी टिप्पणियाँ भी शामिल की गई हैं। उन्होंने फिल्म पर जून 1951 के *प्रतीक* में पहली बार लिखा। उन्होंने देवानंद और सुरैया की फिल्म 'अफसर' की समीक्षा लिखी थी। उसके बाद के चार-पाँच दशकों में उन्होंने अनेक देशी-विदेशी फिल्मों की समीक्षाएँ लिखीं। उनकी वे सारी समीक्षाएँ इस खंड में संकलित हैं। अपने विभिन्न स्तंभों में उन्होंने फिल्म-कला को लेकर स्वतंत्र टिप्पणियाँ भी लिखीं। उन्हें फिल्म-समीक्षाओं से पूर्व ही रखा गया है। फिल्म-समीक्षाओं के बाद कुछ फिल्मी हस्तियों के साक्षात्कार हैं। अभिनेत्री स्नेहप्रभा प्रधान तथा ब्लादीमीर फेतिन और तुदमिला के साक्षात्कार नितांत भिन्न शैली में लिखे गए हैं। भारत में 1959 में दूरदर्शन शुरू हुआ था। रघुवीर सहाय तब से ही उससे जुड़े रहे हैं। समय-समय पर उन्होंने टीवी पर महत्त्वपूर्ण टिप्पणियाँ लिखी थीं। वे सारी टिप्पणियाँ इस खंड में संकलित हैं।

इसके बाद उनके रेडियो से संबंधित आलेख हैं। प्रिंट मीडिया में सक्रिय होने से पहले ही वे रेडियो में सक्रिय हो गए थे। 1946 से 50 के बीच अपने किशोरवय में ही उन्होंने लखनऊ रेडियो से अनेक प्रकार की रचनाओं का प्रसारण किया। बाल कहानियाँ, कविताएँ और रेडियो रूपक लिखे। उनकी पहली ज्ञात कविता 'दसमी का मेला' सर्वप्रथम रेडियो से प्रसारित हुई फिर *बाल सखा* में छपी। उन्होंने रेडियो में दो बार बाजाप्ता नौकरियाँ भी कीं। 1953 से 57 तथा 1959 से 63 के बीच वे रेडियो में थे। आकाशवाणी से इस लंबे जुड़ाव के दौरान रघुवीर सहाय ने रेडियो में सिर्फ कार्यक्रम ही प्रस्तुत नहीं किए बल्कि रेडियो को बेहतर रूप देने के लिए लेख और उसके कार्यक्रमों की समीक्षाएँ भी लिखीं। संकलित लेखों में से कुछ लगभग पाँच दशक पुराने हैं। पाठक उन लेखों को इस सीमा को ध्यान में रखते हुए पढ़ेंगे कि रेडियो की विधा उस समय एक प्रकार से नई थी। देश के आजाद होने के बाद उसका नया स्वरूप बन रहा था। उस ऐतिहासिक बिंदु पर रघुवीर सहाय के इन लेखों ने प्रसारण की दुनिया में हलचल पैदा की थी। इन लेखों में उनका जोर इस बात पर है कि रेडियो लोगों का महज मनोरंजन ही न करे बल्कि उन्हें संस्कार भी दे। रेडियो भारतीय परंपरा को सुरक्षित रखते हुए भी आधुनिकता को जन-जीवन में प्रवेश करा सकता है। इसे उन्होंने अपने प्रसारणों और टिप्पणियों दोनों से ही साबित किया।

अंत में रंगमंच से जुड़ी कुछ टिप्पणियाँ, काव्यगोष्ठी रपट, खेल से संबंधित टिप्पणी तथा पुरस्कार को लेकर रघुवीर सहाय के विचार संकलित हैं।

एक लेखक के चारों ओर रोज-रोज घटती घटनाओं पर उसकी ये त्वरित टिप्पणियाँ उसके समय की नई समझ देती हैं।

सुरेश शर्मा

विषय-सूची

हिंदी का हाल

हमारी हिंदी दासी

विद्वान् हिंदी लेखकों और राजनीतिज्ञों से क्षमा माँगते हुए इस टिप्पणी द्वारा मैं हिंदी के संबंध में एक बहुत छोटी-सी दिखाई देनेवाली वास्तविकता की ओर उनका ध्यान आकृष्ट करना चाहता हूँ। वह बात इतनी तुच्छ है कि राजभाषा के प्रश्न, उर्दू के स्थान, दक्षिण के हिंदी-विरोध और हिंदी के मृत और जीवित साहित्यकारों के सम्मान जैसे बड़े प्रश्नों के सामने उसका महत्त्व कुछ नहीं है, अर्थात् बड़े-बड़े लोगों के लिए कुछ नहीं है। पर उसका महत्त्व उस जनसाधारण के लिए बहुत बड़ा है, जिसके नाम पर हिंदी की प्रतिष्ठा की रक्षा की जा रही है। प्रकारांतर से उसका महत्त्व उस व्यक्ति के लिए भी बहुत है जो हिंदी में सोचता और हिंदी में बोलता है। वह उस व्यक्ति की भाषा का अपमान है जो कि हिंदी के अपमान से अधिक कष्टकर है, क्योंकि वह भाषा के प्राकृतिक स्वभाव का अपमान है, भाषा की राजनीतिक शक्ति का नहीं।

वह बात है, राजधानी में हिंदी में विज्ञापित सूचनाओं की। यहाँ केवल सार्वजनिक यातायात को ही लें—क्योंकि जनता का सबसे अधिक और सबसे अनिवार्य संपर्क इसी से होता है। इसकी सूचनाओं के कुछ उदाहरण लीजिए :

1. कृपया दिए गए भाड़े के बदले टिकट अवश्य प्राप्त कीजिए।

किसी-किसी जगह इसका दूसरा रूप भी मिलता है :

कृपया दिए गए किराया के बदले टिकट अवश्य लीजिए।

2. डी.टी.यू. की बसों में बिना टिकट यात्रा करना कानूनी अपराध है जिस पर पचास रुपया जुर्माना तथा अदायगी न होने की स्थिति में पंद्रह दिन की साधारण कैद का दंड विहित है।

3. अव्यवस्था को रोकने के लिए पंक्ति में खड़े होइए।

4. मध्यम रोशनी से चलाइए।

ये सूचनाएँ बसों में और सड़कों के किनारे रोज हमें दिखाई देती हैं। रोज इनको पढ़कर सवाल मन में उठता है कि यह कौन-सी भाषा है, जिसमें ये लिखी गई हैं; क्योंकि जो हम बोलते हैं या जिसमें हम सोचते हैं, वही अगर हिंदी है जैसा कि सही दावा किया जाता है, तो यह हिंदी नहीं है।

आप देखिएगा कि प्रचारित सूचनाओं के साथ अंग्रेजी भी छपी या लिखी रहती है। वही वास्तव में मूल है। हिंदी का प्रयोग करने के सरकारी आदेश के अनुसार इसी अंग्रेजी का अनुवाद करके साथ रख दिया जाता है। सूचना देने का काम मूलतः अब भी अंग्रेजी में होता है; केवल खानापूरी करने के लिए कोई अनुवादक अंग्रेजी का ज्यों का त्यों अनुवाद कर देता है। उसका उद्देश्य यह नहीं होता कि सूचना हिंदी जाननेवालों तक पहुँचे। अगर यह होता तो वह इन्हें ऐसे लिखता जैसे कि वह स्वयं इन्हें समझता। वह खुद इन्हें अंग्रेजी में समझता है, इसलिए कि अभी तक वह अंग्रेजी का दास है। अपनी दास मनोवृत्ति से वह दास-अनुवाद करता है, स्वतंत्र लेखन नहीं। यदि उसे स्वतंत्र भाव से अपनी भाषा का प्रयोग करने को मिलता तो वह हिज्जे की गलतियाँ भले उतनी ही करता

जितनी अभी करता है, मगर मूर्ख की भाँति ऐसा कोई वाक्य न लिखता जिसका अर्थ कुछ नहीं हो, या जो कहना है उससे कुछ और हो।

यह बहुत जरूरी है कि असली समस्या को समझ लिया जाए नहीं तो जैसे आजकल चारों ओर हो रहा है, गलती को किसी विभाग या किसी व्यक्ति पर थोप दिए जाने का खतरा है, डी.टी.यू. की यहाँ कोई शिकायत नहीं छापी जा रही है और न यही कहा जा रहा है कि सरकारी अनुवाद भ्रष्ट हो रहे हैं। वह तो हो ही रहे हैं पर मूल बात यह है कि अनुवाद ही क्यों हो रहे हैं? क्या हम ये विज्ञप्तियाँ अपनी भाषा में नहीं लिख सकते? क्या हम अभी तक उतने ही असमर्थ हैं, जितने अंग्रेज हमें आजादी देने के पहले बताया करते थे और कहा करते थे कि हिंदुस्तानी अपना शासन अपने आप करने के लायक नहीं हैं, इसलिए उन्हें आजादी देना उचित नहीं है। क्या इसी प्रकार अनुवाद करते-करते हम अपनी भाषा भूल जाएँगे और तब हिंदी के विरोधियों का यह तर्क होगा कि हिंदी में कुछ मौलिक काम हो ही नहीं सकता? क्या हिंदी का प्रयोग एक खानापूरी ही रहेगा—जनता का अपनी भाषा में सोचना, बोलना और लिखना नहीं? क्या हिंदीवाले इस बात को समझते हैं या कि केवल हिंदी के नाम पर संसद् और सरकारों में प्रतिनिधित्व तथा अधिकार प्राप्त करने के ही भूखे हैं? समझते हों या न समझते हों, यह हिंदी बोलनेवालों का सरासर अपमान है कि उनकी सहज भाषा का गला घोंटा जाता रहे और वह अंग्रेजी के पीछे दुम हिलाते चलें। अंग्रेजी में बोलना अपमान नहीं है और अंग्रेजी जानना निश्चित रूप से एक अतिरिक्त योग्यता है, अंग्रेजी के माध्यम से ज्ञानार्जन करना बहुत जरूरी है और जो करता है वह बड़ा काम करता है। मगर हमारे हिंदी-नेता अंग्रेजी के इन सब अच्छे उपयोगों से जलते हैं, और अपनी हीनभावना के कारण अंग्रेजी जाननेवालों का विरोध करते हैं। जनता के लिए सड़कों के नाम बदलवाते घूमते हैं—हिंदी का उसमें हित हो या न हो, जनता पर असर तो पड़ता है कि कुछ ठोस काम हुआ!

तो समस्या असल में यह है कि हिंदी का प्रयोग सरकारी कामों में करना एक खानापूरी क्यों समझा जा रहा है? जनता की अपनी भाषा में जनता के सेवक सरकारी कर्मचारी क्यों नहीं सोचते और लिखते? 'सरल भाषा का प्रयोग हो' यह नारा अक्सर कुछ लोग हिंदी की क्लिष्टता के विरुद्ध लगाते हैं। वह केवल असली समस्या को नजरअंदाज करना है। भाषा शब्दों से सरल या क्लिष्ट नहीं होती, अपने विन्यास से होती है। वाक्यों का अस्वाभाविक विन्यास, विदेशी विन्यास, भाषा को दुरूह बनाता है और उसे जनता के राष्ट्रीय या जातीय जीवन का अंग नहीं बनने देता। यदि स्वाधीनता का एक उद्देश्य सच्ची राष्ट्रीयता का विकास है तो वह केवल अपनी भाषा के उपयोग से हो सकता है, और अपनी भाषा का उपयोग जब तक ऐसी दास मनोवृत्ति से हो रहा है जैसी ऊपर चित्रित की गई है तो हम मानसिक रूप से दास ही रहेंगे, हिंदी के लिए महल चाहे खड़े कर लें।

[*कल्पना*, फरवरी 1959]

हिंदी का अर्थ

अगर जायजा लिया जाए कि हिंदी को राजभाषा बनाने के निर्णय के बाद से हिंदी के इस्तेमाल के लिए क्या काम हुआ है, तो पता चलेगा कि हिंदी को राजभाषा बनाने का मतलब हिंदी को हिंदीभाषियों की प्रतिष्ठा, संपन्नता और प्रभुता का साधन बनाना ही मान लिया गया था। यह बिलकुल भुला दिया गया था कि हमने हिंदी क्यों चाही थी। आजादी के बाद हमने अपनी भाषा चाही थी, उसके रचनाकारों की बेरोजगारी दूर करने के ही लिए नहीं, भाषा बोलनेवालों के आत्मिक विकास की, उनकी प्रतिभा के प्रस्फुटन का और इस तरह से न सिर्फ बेरोजगारी से बल्कि अंधकार से उनके निवारण का भी

हमारा उद्देश्य—अपनी भाषा को राजभाषा बनाने में निहित था। पिछले 15 वर्षों में यह मामला कितना विकृत कर दिया गया है। आज भी वे लोग जो इस विकृति के उत्तरदायी हैं, चाहे वे सरकार में हों, चाहे सरकार के हिंदी सलाहकारों में, जी कड़ा करके राष्ट्र के लिए इतना त्याग करने को तैयार नहीं हैं कि हिंदी का उनका नेतृत्व, जिसे बहुधा हिंदीतर लोगों ने साम्राज्य कहा है, मातृभाषा बोलनेवालों के समुदाय में विलीन हो जाएँ। आज भी वे भाषा के विकास के ठेकेदार बने रहना चाहते हैं अंग्रेजी को किसी समय हटाने के लिए मंद-मंद आग्रह करते हैं तो उसका कुल जमा मतलब यही होता है कि जब तक वह तारीख नहीं आ जाती तब तक और हमें हिंदी की सेवा या वात्स्यायनजी के शब्दों में कहूँ तो हिंदी का सेवन कर लेने दो। इतनी मोटी-सी बात क्यों नहीं समझ में आती कि हम जो बोलते हैं, वही हिंदी है। और यदि वह हिंदी नहीं है तो मातृभाषा तो है ही। जिसे मोटे तौर पर हिंदीभाषी प्रदेश कहा जाता है, उसमें भी अनेक प्रकार की हिंदी है। सारे भारतवर्ष में भी अनेक प्रकार की हिंदी है। इन सब लोगों से, जो यह विविध रूप हिंदी के अपनाए हुए हैं, आप कह रहे हैं कि हमें पहले तुम्हारे लिए भाषा का निर्माण करना है, उसके बाद तुम अपनी अभिव्यक्ति उस भाषा में करना। अपनी भाषा को राजभाषा बनाने के सिद्धांत की जड़ पर प्रहार करता है यह विचार। मैं इस देश में जन्मा; कुछ जन्म से, कुछ संस्कार से मैंने अपने राष्ट्र का गुण ग्रहण किया। यदि मैं इस राष्ट्र के किसी भी काम आ सकता हूँ तो उसके लिए पहले मुझे अपना साक्षात्कार चाहिए। मैं क्या हूँ, किसलिए और क्या कुछ कर सकता हूँ—यह मुझे वे लोग, वह समुदाय, वह हवा, वह भीड़, वह मैदान बताता जिसमें मैं खड़ा हूँ। जिस भाषा में मैंने हँसना-गाना सीखा और जिसमें मेरी इंद्रियों की प्रतीति मुखरित हुई, वही भाषा मुझे अपने साक्षात्कार का, मुक्ति का साधन दे सकती है। मुक्ति, यानी अपने से बड़े का। नहीं तो मैं सजावटी, बनावटी, दिखावटी नमूना बन जा सकता हूँ, कर्म के समर्पण का। मैं अपनी मिट्टी में उगा हुआ नहीं, गमले में उग आया और बड़े यत्न से बौना बनाया हुआ वृक्ष बनकर दूसरे लोगों के कौतूहल का और अपने लोगों के भय-आदर का पात्र बन सकता हूँ। जिन महापंडितों ने हिंदी के निर्माण और अंग्रेजी के पक्षधरों की भाषा में कहूँ, तो पिछड़ेपन से हिंदी के उद्धार का बीड़ा केंद्रीय मंत्रालयों के तत्त्वाधान में उठाया, उन्होंने जानते-बूझते उस सत्य को कुंठित किया जो अपनी भाषा के आग्रह में सत्य था। वे तो भारत की एक भाषा को जो संयोगवश बड़े भारी क्षेत्र में बोली जाती है, पुष्ट करने या कहूँ कि खिला-पिलाकर मोटी करने का कार्यक्रम लेकर बैठ गए। कुछ लोग कह सकते हैं कि कार्यक्रम पर बैठ गए। वैसे यह मुहावरा अंग्रेजी का है इसलिए इसका अंग्रेजी अनुवाद भी उन्हीं होगों से पूछ लेना चाहिए जिनके लिए कहा जा रहा है। खैर।

इसके बाद धीरे-धीरे हिंदी के अनुवाद को तैयार करके डिब्बों में बंद करने का काम काफी आगे बढ़ गया। साथ ही हिंदी के नाम पर उन लोगों का प्रभुत्व भी बढ़ गया जो भाषा के इस्तेमाल से होनेवाले नए परिवर्तनों से घबराते हैं। सरकारी भाषा-निर्माण में जो प्रयोग होते हैं, वे मनुष्य को सुरक्षित और उसके विचारों को सुललित रखते हैं क्योंकि वे जन-समाज की रगड़ से टूटने और खुलनेवाले नए-नए शब्दों का रूप भाषाविदों की आँखें कोंचकर नहीं दिखाते। साहित्य में या अन्य लेखन में अर्थात् भाषा के इस्तेमाल में जो प्रयोग होते हैं वे झकझोरते हैं—भाषा पर फैसला देनेवाले सलाहकारों को भी और राजभाषा को भी। इसलिए मैं दोनों क्षेत्रों में इस्तेमाल और उससे पैदा नई प्रवृत्तियों से घबरानेवाले लोगों को एक ही कोटि में रखना ठीक समझता हूँ। मोटे तौर पर कह रहा हूँ, अपवाद हो भी सकता है और उनके प्रति अवज्ञा का भाव मेरे मन में नहीं है। इस तरह एक बड़ी जमात भाषा के विकास में अपना स्वार्थ निहित करके उससे भी बहुत बड़ी जमात के ऊपर चढ़ बैठी है जिसका भाषा के इस्तेमाल में स्वार्थ निहित था, है और रहेगा। यह भ्रम जिस दिन टूटेगा उसी दिन सच्ची तरह से पहली बार अपनी भाषा के लिए आग्रह हो सकेगा और उसी दिन यह आग्रह जिनसे

किया जा रहा है, उनके कानों पर कोई असर भी डालेगा। अन्यथा स्थिति यही रहेगी कि जिस तरह सन् 51-52 में अनेक व्यंजनों से सजी हुई थाली हिंदी के नेताओं के सामने परस दी गई थी और उसे उन्होंने आशीर्वाद देकर ग्रहण कर लिया था, वैसी ही पर अब उतनी बड़ी नहीं, दोने-पत्तलों में लगाए हुए परोसे बीच-बीच में कभी, कभी किसी नाम से, कभी किसी नाम से दिए जाते रहेंगे और अंग्रेजी को हटाने की तारीख निश्चित करने के बारे में बातचीत चलती रहेगी। हमारे वक्तव्य में राज्यों में मातृभाषाएँ इस्तेमाल करने का आग्रह उन्हें तुरंत इस्तेमाल करने पर है, आज, अभी, इसी दिन, इसी रूप में जिसमें वे हैं, जिस जगह, जहाँ, जैसी जो भी व्यक्ति अपनी मातृभाषा बोल सकता है, वैसे ही वह उसका इस्तेमाल करने का हकदार होना चाहिए। इससे कोई समस्या पैदा नहीं होगी। मैं जानता हूँ कि एकाएक घबराकर ऐसा सोचनेवाले लोग बहुत होंगे कि कोई कुछ लिख रहा होगा, कोई कुछ, तब फिर वह समझ में कैसे आएगा। यह घबराहट निर्मूल है। नहीं, शायद निर्मूल नहीं कहना चाहिए क्योंकि उसका मूल कहीं न कहीं तो है ही और उसका मूल है भारतीय जीवन की कड़वी असलियत से भागने में। और वह असलियत यह है कि दो प्रतिशत अंग्रेजी जाननेवाले, कैसी अंग्रेजी जाननेवाले हैं यह न पूछिए, और शायद दस या पंद्रह प्रतिशत या इसके आस-पास सरकारी हिंदी जाननेवाले व्यक्ति यह देख सकें तो हक्के-बक्के रह जाएँगे कि इस देश में उनसे दस गुना अधिक लोग हैं जो कोई न कोई भाषा बोलते हैं पर अंग्रेजी नहीं जानते। वे ही भाषाएँ हैं जो हमारे समृद्ध भारतीय सांस्कृतिक वैभव के धीरे-धीरे क्षय होते हुए मैदान की मिट्टी को फैली हुई जड़ों से रोके हुए हैं और यही समृद्ध भारतीयता है जिसका गुणगान करके ये दो या दस प्रतिशत महानुभाव और उसमें हम-आप सब शामिल हैं, अपने जीवन का स्थैर्य पाते हैं। और यह देखकर कि वह विराट् भारतीय समुदाय इस देश की भावी संस्कृति में बड़ी भारी भूमिका अदा कर सकता है, हम घबरा जाते हैं क्योंकि आजादी तो हमने अंग्रेजों से सँभाली है और कहीं न कहीं हमारे मन में यह चोर है कि उस आजादी के संरक्षक और—शायद कुछ लोग सोचते हैं कि उसके उपभोक्ता भी हम ही हैं। वह समुदाय सर्वहारा है और इसमें छिपी हुई संभावनाओं का पता हमें नहीं है। और हम चाहते हैं कि कभी पता लगने भी न पाए नहीं तो हमारा स्थान छिन जाएगा।

[*लिखने का कारण* में संकलित]

कौन-सी हिंदी

भाषा के मामले में पिछले बीस वर्ष में जो कुछ हुआ है यदि वह एक वाक्य में कहा जा सकता है तो वह वाक्य होगा—उन लोगों को जो भाषा को बरतने के पक्ष में हैं उन लोगों से लड़ा दिया गया है जो भाषा को पूजने के पक्ष में हैं।

एक तरफ है अपनी भाषा में अपनी प्रतिभा का संस्कार और आविष्कार करने के लिए छटपटाते और न कर पाने पर घुटते असंख्य युवाजन, बच्चे, असंख्य निरक्षर भारतीय और असंख्य आनेवाली संतानें।

दूसरी तरफ हैं, भाषा के पुजारी, अंग्रेजी के भी और इसीलिए अपनी भाषा के भी पुजारी, दास, अनुवाद प्रतिष्ठान बनाकर जीनेवाले, हिंदी के मंदिर में उसी को घुसने देनेवाले जो स-अंग्रेजी वर्ण हो। भाषा के ठेकेदार, जो अंग्रेजी की जगह, ठीक उसी तरह उसी जगह हिंदी की प्रतिष्ठा करना चाहते हैं ताकि हिंदी भी एक तरह की अंग्रेजी बन जाए। जो अंग्रेजी और हिंदी को साथ-साथ बनाए रखना चाहते हैं ताकि एक राजभाषा और दूसरी सहराजभाषा रहे ताकि एक जनभाषा हिंदी कभी राजभाषा न हो पाए ताकि जब हिंदी राजभाषा हो भी तो वह जनभाषा न हो सके। यह अंग्रेजी

हटाने की मूल आवश्यकता और भावना को व्यर्थ कर देने का षड्‌यंत्र है। इसलिए आज अंग्रेजी हटाने के आंदोलन का अर्थ ही बिलकुल बदल जाता है और यह साफ-साफ समझ लेना जरूरी हो जाता है कि भाषा या हिंदी समाज और सरकार के संबंध में मौलिक परिवर्तन लाने और एक जड़ से सामाजवादी समाज बनाने के लिए जरूरी है। केवल राजभाषा का साइनबोर्ड बदलने के लिए नहीं।

भाषा के सत्ता के इतर जितने स्थान हैं वे सब सत्ता पर पूर्णतः आश्रित नहीं हैं और न होने चाहिए। किंतु राजभाषा और जनभाषा का व्यवधान मिटाने से एक बहुत बड़ी स्फूर्ति भाषा और उसके इस्तेमाल करनेवालों के बीच में फूटती है। और यह स्फूर्ति भाषा के अन्य क्षेत्रों में भी अपना असर डालती है। इस समय हिंदी में आधुनिक साहित्य ने बहुत बड़ी जमीन तोड़ी है और एक ऐसे बंजर में जहाँ राजभाषा की नहर का पानी बिलकुल नहीं पहुँचता, हरियाली पैदा की है। उस साहित्य की भाषा में दास हिंदी की अनुवाद की प्रक्रिया में जड़ हो गए शब्दों को नए अर्थ देने की छटपटाहट है लेकिन क्यों यह छटपटाहट ही महत्त्वपूर्ण मानी जाए और क्यों न ऐसी एक परिस्थिति की कल्पना की जाए जिसमें सामान्य जन की प्रतिभा का मैत्री-भाव में प्रस्फुटन होने से अनेकानेक एकदम नई और अभी तक अनजानी संभावनाएँ रचनात्मक मन में उत्पन्न होती हों। हम उन रचनात्मक संभावनाओं को जान ही नहीं सके हैं जो सामान्य जन और सत्ता की भाषा के बीच व्यवधान न होने से उत्पन्न हो सकती हैं। इसलिए एक ओर जहाँ साहित्य भाषा के क्षेत्र में अपनी उपलब्धियों को सहेज रहा है और वे भाषा को समृद्ध कर रही हैं वहाँ दूसरी ओर यह अहसास भी यदि नहीं है तो होना चाहिए कि हम सब लोग जबरदस्ती कुंठित भावनाओं के एक संसार में आसमानी सितारे तोड़ लाने के लिए छटपटा रहे हैं।

मैं यहाँ 1967 के 'जन' में 'भाषा की पूजा बंद करो' अपने एक निबंध की ओर ध्यान आकृष्ट करना चाहूँगा। भाषा के संबंध में कोई भी मौलिक रूप से परिवर्तनकारी दृष्टि तब तक संभव नहीं है जब तक हम राष्ट्रीय एकता के संबंध में अपने मौलिक मत-परिवर्तन न करें। राष्ट्रीय एकता का मूल आधार भाषा नहीं है। मनुष्य की भौगोलिक, आर्थिक और आध्यात्मिक आवश्यकताओं का एक स्थान पर संकुचित होना ही राष्ट्र का आधार है। समय-समय पर ऐसे संपुजनों से जो परंपराएँ बनी हैं और जो हमारी संस्कृति में शामिल हो चुकी हैं वे सब किसी भौगोलिक, आर्थिक और आध्यात्मिक समन्वय की उपलब्धियाँ हैं। इससे अधिक उनका कोई महत्त्व नहीं है। बल्कि उनका कोई महत्त्व नहीं है जब तक कि हम उन परंपराओं को आगे न बढ़ा सकें। जिस हद तक भाषा इन उपलब्धियों में शामिल है उसी हद तक अगर अपने को सीमित रखें तो यह भी कहना होगा कि भारतीय भाषाओं के वैविध्य के आंतरिक एकता-सूत्रों को पकड़ने के लिए सब भाषाओं का एकसाथ और एक समान व्यवहार होना चाहिए। इस नीति के राजनैतिक परिणाम जो भी होंगे, देश की एकता के लिए घातक नहीं हो सकते। क्योंकि बहुत होगा तो संगठन की नई बुनियादें डालने में कुछ उथल-पुथल होगा लेकिन एक भाषा की समृद्धि से बाकी को वंचित रखना अथवा एक के राजनैतिक महत्त्व को दूसरे की अपेक्षा बढ़ाने से केवल विघटन होगा और एक भाषा के बोलनेवालों के बहुमत के आधार पर क्रमशः यह विघटन देश को पहले चौदह और फिर चौदह गुनी अनेक इकाइयों में बाँट देगा।

यहाँ मैं इस भ्रष्ट विचार पर कुछ टिप्पणी करना आवश्यक नहीं समझता कि देश की एकता को अंग्रेजी बनाए रख सकती है। देश को अंग्रेजी सचमुच कभी एक नहीं होने देगी और यह भी कह दूँ कि यदि अंग्रेजी की जगह ठीक उसी तरह से इस्तेमाल के लिए भारतीय भाषा रखी गई तो वह भी कभी देश को एक नहीं होने देगी।

[*लिखने का कारण* में संकलित]

हिंदी प्रेमियों, से दो शब्द

अंग्रेजी विधेयक पास हो जाने के बाद अब कई तरफ से एक आवाज यह उठने लगी है कि हिंदी के लिए रचनात्मक काम करने की जरूरत है। अभी तक किसी ने यह स्पष्ट नहीं किया कि यह रचनात्मक काम क्या होगा और इसका संचालन और संपादन कौन करेगा। हिंदी के प्रेम से प्रेरित होकर जो गोष्ठियाँ और भाषण होते रहते हैं उनमें भी इस संबंध में कोई ठोस विचार प्रकट नहीं किए गए हैं। पर इसका मतलब यह नहीं कि स्पष्ट चिंतन का बिलकुल अभाव है। कुछ विचार हैं जो नवयुवक चिंतकों के यहाँ, बिखरे रूप में सही, पाए जाते हैं—उनकी भी संगठित अभिव्यक्ति नहीं हुई है पर उसके कारण उनका महत्त्व कम नहीं हो जाता।

पहली चीज जो अकसर सोचने को बाध्य करती है उस विशेष हिंदी प्रेमी वर्ग का व्यवहार है जो अपने को हिंदी का इतना प्रेमी समझता है कि अपने ज्ञान को ही हिंदी और अपने विचारों को ही राष्ट्र समझने लगता है। राष्ट्रीयता, राष्ट्रप्रेम उसके लिए हिंदी और हिंदी प्रेम के अतिरिक्त कुछ नहीं। यह कहना उसके साथ कोई अन्याय करना न होगा कि वह बहुत हद तक देश की बाकी सब भाषाओं के प्रति असहिष्णु है। उसने संविधान के स्वीकृत होने से लेकर अब तक हिंदी के विकास में क्या योग दिया है, यह तो बाद में पूछा जाएगा, पहले तो उससे यही पूछा जा सकता है कि अन्य भाषाओं के लिए उसने क्या किया है। उस रोज एक सज्जन जो राजधानी के हिंदी प्रेमी समाज में काफी सक्रिय हैं, शिकायत कर रहे थे कि आकाशवाणी के दिल्ली केंद्र से दक्षिणी भाषाओं में (जिन्हें 'साउथ इंडियन' ही कहते हैं) 'मद्रासी' संगीत बहुत अधिक प्रसारित होने लगा है। सबेरे कर्नाटक संगीत में निबद्ध कई सुंदर भजन और स्तुति गान अकसर प्रसारित किए जाते हैं, उन्हीं की तरफ इशारा था। वह कह रहे थे कि इनसे मैं बहुत 'बोर' होता हूँ। मैं समझता हूँ, उनकी शिकायत काफी प्रतिनिधि शिकायत है, पर यही तो चिंता की बात है। क्या हिंदीभाषी सचमुच इतने असहिष्णु हैं? और क्या वे यह नहीं देख पाते कि जिस भारतीय एकता के धार्मिक सूत्र की वे अकसर दुहाई देते हैं, उसी के यथार्थ को स्वीकार करने में 'बोर' हो रहे हैं? ऐसे लोगों से हिंदी के लिए भविष्य में खतरा ही है—उस भविष्य की बात कह रहा हूँ जिसमें कभी अन्य भाषा-भाषी हिंदी सीखकर अपनी-अपनी भाषाओं का संस्कार हिंदी में लाएँगे। तब शायद यह सज्जन या इनके विचारोंवाले अन्य लोग यह शिकायत करते पाए जाएँ कि 'हमारी' हिंदी को दक्षिणी लोग खराब कर रहे हैं। इस तरह कैसे रचनात्मक काम होगा? इस प्रसंग में 'कल्पना' के एक पुराने अंक में छपी एक टिप्पणी की याद आती है। आज से पाँच साल पहले इसमें 'साहित्यधारा' के अंतर्गत मासिक पत्रिकाओं की समीक्षा करते हुए मैंने रसिकलाल पाठक के नाम से लिखा था :

"अधिकांश पत्रिकाओं ने एक स्फीत आश्चर्य प्रकट किया है, जिसमें क्रोध अधिक है दुख कम, कि दक्षिणवाले हिंदीवालों को गलत समझ रहे हैं। 'सरस्वती', 'राष्ट्रभारती', 'नई धारा', यहाँ तक कि 'वसुधा' के लिए भी हिंदी की समस्या मूलतः संविधान की रक्षा की समस्या ही है और 'एक' भारतीय राष्ट्र की दुर्भावना से आच्छन्न है। 'सरस्वती' को यह परेशानी है कि हिंदीवाले गलत न समझ लिए जाएँ और बहुत चुमकार-पुचकारकर संपादक ने उनकी नेकनीयती साबित करने की कोशिश की है। पर वर्षों का मिथ्या दंभ और संकुचित वर्ण मनोवृत्ति एकाएक नहीं जा सकती। उनका यह कहना कि 'अहिंदीभाषी मित्रों के कहने पर हिंदीभाषी विद्यार्थियों को अपनी मातृभाषा हिंदी के अतिरिक्त एक भारतीय भाषा पढ़नी चाहिए : हमारा सुझाव है कि वह अतिरिक्त भाषा संस्कृत हो' हिंदी जगत् के लिए एक अप्रीतिकर स्थिति उत्पन्न करता है। आज का जागरूक लेखक और साहित्यकार नहीं चाहेगा कि इस साफ-साफ चालाकी से भरे प्रस्ताव को सारे हिंदी जगत् का प्रतिनिधि विचार कहा जाए। इस मामले में कुछ पत्रिकाओं ने ज्यादा समझदारी से काम लिया है। वे हिंदीभाषियों को भारत

की अन्य भाषाएँ सीखने की राय देती हैं। 'कल्पना' यही रवैया अपने दिसंबर 57 के संपादकीय में ले चुकी है।''

दूसरी भाषा के नाम पर तमिल, तेलुगू आदि से कतराकर संस्कृत की आड़ लेने का हठ आज भी चल रहा है। स्कूलों में तीन भाषाएँ—मातृभाषा, हिंदी और अंग्रेजी पढ़ाने की योजना आज भी सब जगह एक से ढंग से लागू नहीं हो पा रही है : उसका मुख्य कारण उत्तर भारत के राज्यों की जिनमें हिंदी की मातृभाषा होने के कारण एक अन्य भारतीय भाषा पढ़ाने की प्रस्तावना की गई है, वह भाषा न पढ़ाने की असमर्थता है। मद्रास राज्य ने शायद इसी की प्रतिक्रिया में हिंदी पढ़ाना बंद तो नहीं किया पर हिंदी की परीक्षा के नंबर परीक्षा-फल विचारते समय न जोड़ने का निर्णय किया था। अब तो यह निर्णय भी उन्होंने बदलने का आश्वासन दिया है। पर क्या हिंदी प्रदेश भी ऐसी सहिष्णुता दिखाएँगे?

असहिष्णुता के अतिरिक्त एक विशेष प्रकार की निश्चिंतता भी हिंदी प्रदेशों में दिखाई दी है। प्रश्न उठता है कि पिछले 15 वर्षों में उन्होंने गैर-सरकारी क्षेत्रों में हिंदी के विकास के लिए क्या काम किया है। पुस्तक-प्रकाशन का व्यवसाय अवश्य बढ़ा है पर कौन नहीं जानता कि उसके पीछे भी सरकारी खरीद की शक्ति है। क्या कहीं ऐसे स्कूल खोले गए जहाँ हिंदी माध्यम से आधुनिक प्रकार की शिक्षा छोटे बच्चों को दी जाती हो? सुनने में तो यही आता है कि हिंदी प्रदेश के बड़े-बड़े अधिकारी अपने बच्चों को अंग्रेजी का, बल्कि कहना चाहिए अंग्रेजों का वातावरण देनेवाले 'पब्लिक स्कूलों' में भेजते हैं। क्या इसका कारण यह नहीं कि उन लोगों की दृष्टि में जो संपन्न भी हैं और अपने बच्चों के विकास में तल्लीन भी, हिंदी माध्यमवाले स्कूल की शिक्षा 'अच्छी शिक्षा' नहीं है? यदि ऐसा है तो क्यों हिंदी का घटिया शिक्षा से ही रिश्ता जोड़ रखा गया है? कम-से-कम इस काम में तो सरकार की मदद के बिना हिंदीवाले शुरुआत कर सकते थे। 'पब्लिक स्कूल' सरकार की संस्थाएँ नहीं हैं। इससे दो बातें मालूम होती हैं। एक तो यह कि हिंदीप्रेमियों ने सब काम सरकार की मदद से, उसके माध्यम से या उसके लिए ही करना चाहा है। दूसरी यह कि समाज के संपन्न और असंपन्न वर्ग में भेद का जो प्रतीक अंग्रेजों के समय में चलता था, वही प्रतीक, यानी भाषा, हम आज भी चला रहे हैं। हिंदी प्रदेश के गण्यमान लोग कहते तो हैं कि हिंदी में सरकारी काम और शिक्षा होनी चाहिए पर अंदर से शायद यही कहते हैं कि हमारी और जनता की भाषा में अंतर रहे—ताकि हमारा बड़प्पन जाहिर होता रहे।

रचनात्मक काम का नाम लेते समय एक चीज और ध्यान में आती है। वह है अंग्रेजी से हर चीज अनुवाद करने की प्रकांड परंपरा जो इन 15 वर्षों में पड़ गई है। शेष साहित्य का अनुवाद या विज्ञान-ग्रंथों का अनुवाद और बात है, पर मामूली-मामूली अर्जियों, दफ्तरी कार्यवाहियों और विज्ञप्तियों के अनुवाद क्यों? क्या हिंदी जाननेवाला व्यक्ति अपनी भाषा में इतना भी सोच नहीं सकता? क्या इन कामों के लिए भी अंग्रेजी दफ्तरी मुहावरों से चिपके रहना जरूरी है। दरअसल हम, अंग्रेजी हटाकर हिंदी लाने की बात तो करते हैं पर बड़ी हद तक अंग्रेजी के उस मुहावरे को हिंदी में ले आना चाहते हैं जो साहबों ने अपनी शान में चलाया था। यदि जनता की भाषा में सरकारी काम होता है तो सरकारी काम की भाषा से आडंबर और धूमधड़ाका निकाल फेंकना होगा। जनसाधारण अपनी बात सीधे-सीधे कहना जानते हैं—वैसे ही दफ्तरों में भी वे जो कहना है कह सकें, तभी अंग्रेजी हटाने का सचमुच कोई फायदा है। नहीं तो अंग्रेजी हटाकर ठीक उसी तरह के दंभ और आडंबर से भरी हिंदी वहाँ रख देना, उस गुलामी को हमेशा के लिए ओढ़ लेना होगा जिसका रिश्ता हम अंग्रेजी के साथ जोड़कर छुट्टी कर लिया करते हैं।

[*कल्पना*, अगस्त 1963]

हिंदी की अराजनीतिक मुश्किल का राजनीतिक हल चाहिए

[हिंदी अब से ढाई महीने बाद 26 जनवरी 65 को केंद्र की राजभाषा बन जाएगी परंतु इसका मतलब सिर्फ इतना होगा कि उस दिन से जो सरकारी कर्मचारी चाहे कि वह हिंदी में काम करे तो उस पर कोई बंधन नहीं होगा—कानूनन हिंदी सरकारी भाषा बन गई होगी। यदि इस कानूनी विजय की खुशी में हिंदी के कर्णधारों ने यह तथ्य भुला दिया कि बहुत-से कानूनी अधिकारों का उपभोग, कभी उदासीनता और कभी भय के कारण नहीं हो पाया करता है तो अंग्रेजी को सह-पत्नी के पद से हटाना कठिन हो जाएगा।]

हिंदी का जो नया दौर 26 जनवरी 1965 को शुरू होगा वह भाषा को और उसके बोलने-लिखनेवालों को किस दिशा में ले जाएगा, इस पर राजनीतिक नेताओं ने अभी ध्यान देना शुरू नहीं किया है। हो सकता है दस-पंद्रह वर्ष बाद, जब राजनीतिक आवश्यकताओं से वे पीड़ित हों, तब कहें कि यह प्रश्न भी महत्त्वपूर्ण है, जैसे कि हिंदी में पारिभाषिक शब्दावली निर्माण का भीमाकार कार्यक्रम आरंभ होने के 13 वर्ष बाद वे आज कह रहे हैं। यह शब्दावली भाषा में प्रयुक्त होती रहती तभी वह भाषा में समाविष्ट हो पाती। यह काम न होने की जिम्मेदारी सरकारी सचिवालयों पर कितनी और उनकी हिंदी सलाहकार समिति के दिग्गजों पर कितनी है, इसे यहाँ छोड़ें।

अड़चनें

यहाँ केवल इसी पर ध्यान केंद्रित करें कि हिंदी के प्रयोग की संवैधानिक व्यवस्था हो जाने के बाद भी उसके प्रयोग में क्या अड़चनें आएँगी? समझने में सुविधा के लिए इन्हें दो वर्गों में बाँट लें—एक : मुख्यतया प्रशासनिक या व्यवस्थापकीय। दो : भाषा के स्वभाव से संबंध रखनेवाली।

जहाँ तक केंद्र सरकार में हिंदी में कामकाज की व्यवस्था का सवाल है, सब हिंदी-हितैषियों को बिना सरकार का लिहाज किए साफ समझ लेना चाहिए कि 26 जनवरी के बाद हिंदी नितांत अपर्याप्त और खंडित सुविधाओं का ही उपभोग कर सकेगी। यह तो है ही कि उसे आरंभ से ही अनुवादी दास-भाषा बनाकर रखने के कारण सरकारी कर्मचारी स्वतंत्रता-दिवस का सूर्योदय होते ही हिंदी में मौलिक चिंतन नहीं करने लग सकेंगे, यह भी है कि जो कर सकेंगे वे देखेंगे कि वे उतने ही अकेले हैं जितना सार्वजनिक निर्माण विभाग में घूस न लेनेवाला क्लर्क होता होगा।

यदि केवल ठोस भौतिक सुविधाएँ ही गिनें तो केंद्र सरकार के पास अभी तीन लाख कर्मचारी ऐसे पड़े हुए हैं जो हिंदी की निर्धारित परीक्षाओं की तैयारी भी नहीं शुरू कर सके हैं और इससे भी अधिक भौतिक परंतु वास्तव में प्राथमिक तथ्य यह है कि सिर्फ साढ़े पाँच हजार कर्मचारी हिंदी टंकन की और डेढ़ हजार आशुलिपि की निर्धारित शिक्षा पूरी कर सके हैं—पास करनेवालों की संख्या और भी कम है—टंकन में 3396 और आशुलिपि में 560। इन प्राथमिक सुविधाओं का अभाव उस सरकारी वातावरण में जहाँ 'चलो किसी तरह काम निबटाओ' ही नियम बन गया हो, हिंदी में सरकारी काम करना चाहनेवाले को भी बार-बार अंग्रेजी आशुलिपि और टंकन की उस सुविधा का सहारा लेने को मजबूर करेगा जो सामने हाथ बढ़ाते ही पाई जा सकती है।

फिर यह भी याद रखें कि जिन तीन लाख हिंदी-वंचित कर्मचारियों का उल्लेख हुआ है वे किसी जगह एकत्र नहीं, सारे केंद्र प्रशासन में विकीरित हैं—उनमें से प्रत्येक किसी न किसी स्थल पर, चाहे बिलकुल अनजाने ही, हिंदी में लिखे गए किसी सरकारी कागज पर पेपरबेट बनकर बैठ जा सकता है। इस प्रकार के अभावों को दूर कराने के उपाय राजनीतिक स्तर पर जमकर होने चाहिए—होंगे भी।

इस तर्क की पूर्ति में और तथ्य देने की आवश्यकता न मानकर उन अड़चनों पर नजर डालें जो हिंदी के स्वभाव से संबंध रखती हैं और जिन्हें हमारे राजनीतिज्ञ, चाहे इसी कारण कि अधिकांश स्वयं बहुत रद्दी भाषा बोलते हैं, न समझ सके हैं न समझने को तैयार हैं। ऊपर से डर है कि यदि तैयार भी हो जाएँ तो कहीं फिर उनके राजनीतिक हल न निकालने लगें जबकि वे अड़चनें राजनीतिक हरगिज नहीं हैं।

अनुवाद की भाषा

पहली तो यही है कि पिछले 14-15 वर्ष में अनुवाद को भाषा पर लादकर सरकार और उसके हिंदी सलाहकारों ने मिलकर एक ऐसी नई पीढ़ी पैदा कर दी है जो हिंदी में सोच नहीं सकती।

अनुवाद—हाँ, जरूरी है—श्रेष्ठ पुस्तकों का, श्रेष्ठ अनुवादकों द्वारा। वह भाषा को माँजता है, संस्कार देता है। परंतु क्लर्की—अंग्रेजी में लिखे दस्तावेज का ऐसे व्यक्तियों द्वारा बड़े पैमाने पर अनुवाद जिनकी योग्यता इतनी ही है कि वे हिंदी जानते हैं—नहीं। यह तुरंत बंद होना चाहिए।

हिंदी के प्रतिनिधि संसदसदस्य, उपकुलपति, कविसम्राट और कांग्रेसी नेता आदि नहीं जानते हैं कि सरकारी हिंदी अनुवादों को समझने के लिए मूल अंग्रेजी साथ में रखकर देखना आवश्यक हो गया है—उस व्यक्ति के लिए जो आज भी इतना दुसाहसी है कि कच्ची, अधपकी भाषा पढ़कर तिलमिला उठता है। ऐसे व्यक्ति दिन-प्रतिदिन कम होते जा रहे हैं और ऐसे व्यक्ति बढ़ते जा रहे हैं जो हिंदी के नाम पर मरमिटने को तैयार हैं मगर भोंडी, अस्वाभाविक, अपरिपक्व और अपने सहज आभिजात्य से जानबूझकर वंचित की हुई भाषा से चिंहुकते तक नहीं।

आज संवैधानिक सिंह-द्वार पर खड़ी हुई हिंदी अपनी इस भाषागत समस्या का भाषागत उपाय माँगती है।

इसका राजनीतिक उपाय यह होगा कि 'अनुवाद और अच्छा होना चाहिए, इसलिए चाहिए कुछ समितियाँ कुछ सलाहकार।' पर इसका सही उपाय है 'अंग्रेजी से हिंदी में अनुवाद नहीं होना चाहिए। हिंदी या भाषाओं से जरूरत पड़ने पर अंग्रेजी में अनुवाद करा लिया जा सकता है।' ऐसा करके आज भी यदि हम आनेवाली या कि वर्तमान ही सही, पीढ़ी को अपनी भाषा में सोचने और लिखने का अवसर दे सकें तो हम हिंदी को एक दास भाषा बनने से बचा सकेंगे।

सौभाग्य से सरकारी क्षेत्र और सरकारी आश्रय दोनों से बाहर आधुनिक हिंदी साहित्य ने भाषा को विकासशील जीवित संस्कारी, सतर्क बनाए रखा है और वह शक्ति भी हिंदी को ही समृद्ध करती है।

अनुवाद के स्थान पर मौलिक लेखन आरंभ करने की माँग के साथ एक और आग्रह जुड़ा हुआ है। बिना उसका उल्लेख किए यह कथ्य अपूर्ण रह जाएगा।

हिंदी सरकारी भाषा बने, यह कहनेवाले नेता वास्तव में यह भूलते रहे हैं कि हिंदी हमेशा अन्याय के विरोध की और इसीलिए जनता की भाषा रही है। स्वतंत्रता का अर्थ हिंदी के लिए यदि कुछ है तो यह कि वह देशवासियों को अपनी भाषा में सोचने, नीति चिंतन करने और उसे कार्यरूप देने से संबद्ध तर्क-वितर्क साधने का माध्यम दे ताकि भारतीय प्रतिभा अपना अकुंठित-अकृत्रिम विकास कर सके।

इसलिए स्वतंत्र देश में सरकारी भाषा चाहे वह हिंदी हो या अंग्रेजी अकृत्रिम भाषा होनी चाहिए। अंग्रेजी जिस देश की मातृभाषा है वहाँ की सरकारी अंग्रेजी भाषा, और अंग्रेजी जिस देश की मातृभाषा नहीं है (हमारे) वहाँ की सरकारी अंग्रेजी भाषा का मिलान करके (यदि इतने अध्ययन का समय हो) राजनीतिज्ञ समझ सकते हैं कि (एक) इसलिए सरकारी भाषा है कि वह जनता की भाषा है, (दूसरी)

इसलिए कि वह शासक की भाषा है—गुलाम जिसे चबा-चबाकर बोलता और लिखता है।

आज का सवाल है : क्या हिंदी को उसी गुलाम अंग्रेजी की नकल बनाकर रख देना, भारतीय स्वाधीनता के बहुविधि उन्मेष में घातक बाधा देना नहीं होगा? या कि क्या हम संपूर्ण सरकारी मुहावरे को बदल देने का—हिंदी के द्वारा—साहस कर सकेंगे?

[*नवभारत टाइम्स*, नवंबर 1964]

भाषा का एक निश्चित कार्यक्रम कब बनेगा?

[शिक्षा के क्षेत्र में श्री चागला की चेष्टाओं से यह एक अद्भुत और दुःखद तथ्य उजागर हुआ है कि 1965 की आसन्न जनवरी से केंद्र सरकार को अभी तक यह प्रेरणा नहीं मिली है कि भाषा के लिए वह एक नियोजित कार्यक्रम तुरंत बना ले। सभी विषयों को बहस के लिए खुला छोड़ने की जो दृष्टि प्रधानमंत्री इस समय अपना रहे हैं, भाषा का विषय उससे बचा रहना चाहिए।]

लंदन से लौटकर प्रधानमंत्री अपने मंत्रियों के भाषा संबंधी निजी विचारों में कुछ न कुछ एकरूपता लाने का प्रयत्न करेंगे, ऐसा विश्वस्त रूप से मालूम हुआ है। तो भी जनवरी 1965 के पहले वह कोई साफ-सुथरा दो-टूक कार्यक्रम घोषित कर सकेंगे, इसमें संदेह है क्योंकि भाषा के मामले में केंद्र अब काफी उत्केंद्रित हो गया है।

उधर भाषा के प्रश्न को सचमुच विस्फोटक बनाने का प्रयत्न जारी है। शिक्षामंत्री बार-बार सफाई दे रहे हैं कि उन्होंने तो केवल अपने हाथ मजबूत करने के लिए ही शिक्षा आयोग से भाषा के प्रश्न पर राय माँगी है, पर वह कांग्रेस संसदीय दल के बहुत बड़े वर्ग को रत्ती भर आश्वस्त नहीं कर सके हैं कि उनके हाथ 'संयोग भाषा' के रूप में हमेशा अंग्रेजी प्रतिष्ठित रखने के लिए नहीं मजबूत होंगे, संविधान-पोषक और संसद-सम्मत नीति से व्यवहार करके हिंदी की प्रतिष्ठा के लिए होंगे।

इस नीति का उल्लेख कई मंत्रियों के मुख से अकसर सुनने में आता है। श्री चागला भी इसे दोहराते हैं पर वह यों कि "प्राथमिक और माध्यमिक स्तर पर देशी भाषाएँ, विश्वविद्यालय स्तर पर हिंदी अभी नहीं, उस समय जब वह इस योग्य हो जाए, तब तक अंग्रेजी।"

इसमें हिंदी को अंग्रेजी का स्थान दिलाने की नीति का विरोध नहीं है, यह भी वह दावा करते हैं, और साथ ही अपने राष्ट्रप्रेम का संकेत करते हुए कहते हैं कि "मैं देशी को भाषावार टुकड़ों में बँटते नहीं देख सकता।" इस तर्क शैली में त्रुटियाँ स्पष्ट हैं।

उनकी इसी अतार्किक दृष्टि से विवाद उपजा है और उसे राजनीतिक रूप लेते देर नहीं लगी है। श्री चागला की राष्ट्रीय भावनाओं पर किसी ने संशय की दृष्टि नहीं डाली है। परंतु उनके हितैषियों का भी (जिनमें अनेक ऐसे संसदसदस्य शामिल हैं जो अंग्रेजी, अपनी मातृभाषा और हिंदी, तीनों के अधिकारी हैं।)

कहना है कि शिक्षामंत्री राजनीतिक नादानी कर रहे हैं। राज्यसभा और लोकसभा में जब लगभग सारे सदन का आक्रोश उन्हें सहना पड़ा तो वह निश्चिंत थे कि मैं सरकारी नीति से विमुख नहीं हूँ। पर, कांग्रेस संसदीय दल उन्हें शीघ्र ही समझा देना चाहेगा कि सरकारी नीति से विमुख न होना ही मंत्री के लिए काफी नहीं, विमुख न प्रतीत होना भी जरूरी है।

हिंदी के लिए स्वराष्ट्र मंत्रालय में इधर जो काम हुआ है उससे मालूम होता है कि इस गुण का महत्त्व श्री नंदा पहले की तरह, बल्कि पहले से अधिक समझ रहे हैं। बताया जाता है कि उन्होंने

प्रधानमंत्री से विशेष रूप से निवेदन किया है कि अपनी लंदन यात्रा से लौटकर वह एक बार सारे मंत्रियों को बुलाकर बात करें कि आखिर हिंदी कैसे अंग्रेजी का स्थान लेगी। कहा जाता है कि प्रधानमंत्री ने यह बात पसंद की है और लंदन से लौटने के बाद शीघ्र ही वह केंद्रीय मंत्रियों से हिंदी के प्रति अपने व्यवहार में एकरूपता लाने का अनुरोध करेंगे।

'हाथ मजबूत करें'

यह और भी जरूरी इसलिए समझा गया है कि श्री चागला ने 'आरंभ से लेकर अंत तक शिक्षा के सभी स्तरों पर सुधार' के लिए शिक्षा आयोग से उपाय पूछे हैं मगर उनसे यह नहीं कहा है कि ये उपाय भाषा के संबंध में मान्य राष्ट्रीय नीति की सीमा से बँधे रहने चाहिए।

बहुत संभव है। (और आयोग में भारतीय भाषाओं की सामर्थ्य से अनजान और बहुतेरी भाषाओंवाले राष्ट्रों की समस्या से अपरिचित विदेशियों का बाहुल्य देखते हुए, अनिवार्य है) कि वह श्री चागला को प्राथमिक स्तर पर अंग्रेजी में ही शिक्षा देने की राय दे और उनको गलत-सलत रास्तों पर भटकने से बचाकर न सिर्फ उनके 'हाथ मजबूत करें' बल्कि उन्हें आलोक भी दें।

उस समय नए सिरे से संसद में या ऊँचे सरकारी स्तर पर यह विवाद आसानी से उठाया जा सकता है कि यदि इतने योग्य व्यक्तियों की राय में हम लोग अभी तक पथभ्रष्ट थे तो क्यों न सही रास्ते पर आ जाएँ। संसद को आयोग के प्रतिवेदन पर विचार का अधिकार है ही। वह यह है कि प्राथमिक शिक्षा अंग्रेजी में, और विश्वविद्यालय की शिक्षा अंग्रेजी में। एक इसलिए कि दूसरी उसके बिना अपूर्ण है और माध्यमिक तो इस जीने की ही एक सीढ़ी है, इससे वह भी अंग्रेजी में।

हिंदी में वे लोग शिक्षा पाएँ जिन्हें हिंदी के प्रेम की खातिर कम, घटिया या अपूर्ण शिक्षा भी स्वीकार हो। उस समय देखना होगा कि हिंदीवाले क्या इसे भी भागते भूत की लँगोटी की तरह गनीमत समझकर स्वीकार कर लेंगे जैसे आज बहुत-सी सरकारी नीतियों को कर रहे हैं। सार्वजनिक जीवन में विचार-विमर्श का स्तर इतना गिर गया है कि हिंदी जगत बहुत-सी दुष्कल्पनाओं की वैचारिक स्तर पर काट कर नहीं पाता, राजनीतिक व प्रश्रय की ओर भागता है।

प्रधानमंत्री और केंद्रीय मंत्रियों की बातचीत में श्री चागला के अतिरिक्त सूचना और प्रसारण मंत्रालय, स्वराष्ट्र मंत्रालय तथा विधि मंत्रालय की हिंदी संबंधी गतिविधि पर विशेष ध्यान दिया जाएगा। प्रसारण-संबंधी जो विशेषज्ञ समिति बनाई जानी है (इस समय जिसके केवल अध्यक्ष की नियुक्ति हुई है) वह जल्दी घोषित की जाए, यह प्रश्न भी उस बैठक में उठनेवाला है।

पहले विचार था कि समिति से आकाशवाणी के विस्तार के वित्तीय प्रश्न पर ही विशेषतया राय ली जाएगी। पर, अब उसे भाषा पर खास तरह गौर करने को भी कहा जाए ऐसी बात चल रही है।

शायद इसी संभावना को दृष्टि में रखते हुए उसमें हिंदी की लेखिका और संसद सदस्या श्रीमती कमला चौधरी को भी लेने की बात उठी है, यों इसमें श्रीनाथ पै और श्री लक्ष्मीलाल सिंघवी जैसे संसद सदस्य श्री विद्याचरण शुक्ल का भी नाम इस प्रसंग में लिया जा रहा है।

दीये तले...

सरकार के वर्तमान विचार-प्रवाह के अनुसार यह उचित नहीं समझा जा रहा है कि विभिन्न मंत्रालयों में हिंदी के प्रति भिन्न-भिन्न प्रवृत्तियों को और प्रोत्साहन मिले। केवल सरकारी कामकाज के लिए हिंदी के प्रयोग पर ही दृष्टि डालें तो पता लगेगा कि कुछ मंत्रालयों में उत्साह बहुत है, काम चाहे कम हो, कुछ में उत्साह भी कम है और काम भी कम है। इस संबंध में कुछ सूचना एकत्र करने

से मालूम हुआ है कि वाणिज्य मंत्रालय के 52 विभागों में केवल एक में, और उद्योग मंत्रालय के 317 विभागों में से केवल एक में फाइलों पर हिंदी में टिप्पणी लिखी जाती है जबकि एक में छः और दूसरे के 116 विभाग ऐसे हैं जिनमें अधिकांश कर्मचारी हिंदी जानते हैं।

संभवतः जिन एक-एक विभागों में हिंदी में टिप्पणी लिखी जा रही है वे हिंदी के विकास का ही काम देखते होंगे। खुद स्वराष्ट्र मंत्रालय में 82 विभागों में 20 ऐसे हैं जिनमें हिंदी जाननेवाले बहुत हैं पर टिप्पणी लिखने की अनुमति केवल सात में है।

कुल मिलाकर केंद्र में भारत सरकार के 1623 विभागों में 226 में हिंदी में टिप्पणी लिखी जाती जबकि इस काम के लिए योग्य व्यक्ति 746 विभागों में हैं। अभी हाल में स्वराष्ट्र मंत्रालय ने जो सूचना प्रचारित की थी उसमें 226 की संख्या तो थी पर यह उल्लेख न था कि यह कुल विभागों की संख्या का कौन-सा अंश है।

राजधानी के हिंदीप्रेमी आशा कर रहे हैं कि जब शीघ्र ही दिनकरजी की नियुक्ति हिंदी के विकासाधिकारी के रूप में हो जाएगी तो ये सब कमियाँ दूर करने में हिंदी जगत का भी कुछ हाथ रह सकेगा। एक और दृष्टि यह है कि तब शायद हिंदी के लिए संघर्ष करना उतना सहज न रह जाए क्योंकि हिंदी की जिम्मेदारी हिंदी के ही एक दिग्गज पर आ पड़ेगी। परंतु दिनकरजी भी बिना एक क्रमिक पद्धति और निश्चित कार्यक्रम के क्या करेंगे?

[*नवभारत टाइम्स*, 1964]

'एक हृदय हो भारत-जननी' : राष्ट्रभाषा और राष्ट्रवाणी

[दक्षिण में हिंदी-विरोधी आंदोलनों के बाद कांग्रेस संसदीय दल की बैठक में कुछ शुभ लक्षण दिखाई दिए हैं। महाराष्ट्र और गुजरात के सदस्यों ने हिंदी क्षेत्र के सदस्यों के साथ मिलकर चेतावनी दी कि सरकारी भाषा-नीति में परिवर्तन से स्थिति जटिल हो सकती है। संसद में कामरोको प्रस्ताव की बहस का भी काफी प्रबल प्रभाव पड़ा। भाषा के प्रश्न पर 23 फरवरी को मुख्यमंत्री-सम्मेलन के पूर्व दक्षिणी राज्यों के मुख्यमंत्रियों के सम्मेलन के औचित्य पर संदेह प्रकट किया जा रहा है।]

यदि आपने दक्षिण भारत राष्ट्रभाषा प्रचार सभा के किसी उत्सव में हिस्सा लिया हो तो वह राष्ट्रगान अवश्य सुना होगा।

आपने इस संबंध में महिलाओं से देश का नेतृत्व करने का आह्वान किया। आपने कहा कि अधिकाधिक महिलाएँ हिंदी सीखने का प्रयास कर रही हैं। श्री शास्त्री ने कहा कि कस्तूरबा महान महिला थीं। आधुनिक दृष्टि से शिक्षित न होते हुए भी कस्तूरबा और गाँधीजी दोनों ने देश के लिए अपना बलिदान दिया। आपने कहा कि कस्तूरबा का बलिदान देश के लिए एक उज्ज्वल उदाहरण है जिसका देश के पुरुषों और महिलाओं द्वारा अनुसरण किया जाना चाहिए। अब समय आ गया है जबकि महिलाएँ शिक्षा लेने और देश की सेवा करने के लिए आगे आएँ। ट्रस्ट के कार्य की सराहना करते हुए आपने महिलाओं से भारतीय परंपराओं को कायम रखने का आह्वान किया।

प्रेस ट्रस्ट के अनुसार श्री शास्त्री ने कहा कि हिंदी जैसी एक भाषा रखना जरूरी है जो भारत जैसे भिन्नताओं से भरे राष्ट्र को एकता के सूत्र में आबद्ध करने का ठोस साधन सिद्ध हो सके। आपने लोगों से अपील की कि विभिन्न विषयों पर मतभेदों तथा विभिन्न उत्तेजनात्मक कार्रवाइयों के बावजूद किसी भी कीमत पर शांति कायम रखी जाए।

प्रधानमंत्री श्री शास्त्री नभसेना के विमान से दिल्ली जाने के लिए भोपाल के लिए रवाना हो गए।

भोपाल। 'नभाटा' के अनुसार श्री शास्त्री ने बैरागढ़ विमानस्थल पर पत्रकारों के साथ बातचीत करते हुए इस समाचार का खंडन किया कि मैंने कहा था कि भाषा विवाद के हल के लिए राजभाषा कानून में संशोधन की आवश्यकता नहीं है। आपने कहा कि इस संबंध में केंद्रीय सरकार ने कोई प्रस्ताव नहीं रखा है।

श्री शास्त्री ने कहा कि देश के प्रत्येक भाग में, जिनमें मद्रास, आंध्रप्रदेश, असम, मैसूर, पश्चिम बंगाल और केरल शामिल हैं, हिंदी जानने अथवा सीखनेवाली महिलाओं की संख्या पुरुषों से अधिक है। हिंदी सीखने में पुरुष महिलाओं का मुकाबला नहीं कर सकते।

शताब्दी समारोह

आपने ट्रस्ट से अनुरोध किया कि 1961 में महात्मा गाँधी और कस्तूरबा की जन्मशताब्दी के समारोहों के लिए पाँच वर्षीय कार्यक्रम बनाया जाए। आपने इसके तथा महिलाओं में समाजकल्याण गतिविधियों के लिए अधिक धन एकत्र करने का अनुरोध किया। सरकार यथासंभव सहायत करेगी।

इसके पूर्व केंद्रीय स्वास्थ्यमंत्री एवं ट्रस्ट की उपाध्यक्ष डॉ. सुशीला नैयर ने ट्रस्ट की विविध गतिविधियों पर प्रकाश डाला। ट्रस्ट की अध्यक्ष श्रीमती प्रमीला ठाकरसी ने अपने स्वागत भाषण में कहा कि महात्मा गाँधी और कस्तूरबा के शताब्दी-समारोहों के लिए उचित कार्यक्रम बनाया जाएगा।

सम्मेलन के उद्घाटन के बाद प्रधानमंत्री ने कस्तूरबा के चित्रों की प्रदर्शनी देखी और मध्यप्रदेश खादी ग्रामोद्योग द्वारा इस अवसर पर आयोजित अन्य प्रदर्शनी का उद्घाटन किया।

आज दक्षिण में उसी सत्तारूढ़ दल की सरकारें हैं जिसकी केंद्र में है, पर भारत-जननी का हृदय मिथ्या प्रमादों से क्षतविक्षत हो रहा है। सौभाग्य से पिछले सप्ताह कांग्रेस दल की आंतरिक हलचलों में कुछ लक्षण आरोग्य के प्रकट हुए हैं।

मुख्यमंत्रियों का सम्मेलन बुलाने का निर्णय जिस समय प्रधानमंत्री ने किया था, वह तुरंत कोई निर्णय करने के दबाव में पड़े हुए थे। यह दबाव उन पर कितना हिंसात्मक उपद्रवियों से पड़ा और कितना पार्टी-संगठन के उन नेताओं से, जो भाषा के बल पर लोकप्रिय होना चाहते थे, यह थोड़ी देर के लिए छोड़ें। पर कांग्रेस संसदीय दल में, संसद के जुटते ही, जो आवाज उठी कि अंतिम निर्णय संसदीय दल करेगा, वह महत्त्वपूर्ण है।

इस दल के हाथ में ही वास्तविक शासनसत्ता है और इस दल में राष्ट्रीय एकता के लिए फिर राजनीतिक छटपटाहट जागी है। महाराष्ट्र के और फिर गुजरात के भी सदस्यों ने एक राजभाषा—हिंदी के लिए अपना आग्रह साफ शब्दों में अलग से प्रकट करके जिस समय पिछले सप्ताह दल को नेतृत्व दिया उसी समय हिंदी क्षेत्र के सदस्यों के साथ मिलकर भी उन्होंने चेतावनी दी कि सरकारी भाषानीति में परिवर्तन से स्थिति जटिल हो सकती है।

यह तो हुआ और इससे प्रधानमंत्री को पता चला कि दल में यह पक्ष भी प्रबल है, पर सबसे अधिक असर उन पर कामरोको प्रस्ताव की बहस का पड़ा होगा, यह, दलगत राजनीति का कोई सामान्य प्रेक्षक भी कह सकता है। कांग्रेस दल को अपनी बिखरती शक्तियाँ बटोरकर प्रतिपक्षी प्रहार का सामना करना पड़ा इससे परेशान प्रधानमंत्री को ताकत मिली होगी। प्रतिपक्ष में भाषा के प्रश्न पर जो विभाजन सामने आया, वह भी सहायक हुआ होगा। उधर श्री प्रकाशवीर शास्त्री की साफ और बेलाग वाणी ने—जिसने कामरोको प्रस्ताव को कामराज-रोको प्रस्ताव बना दिया—सत्तारूढ़ दल के दिमाग में यह चीज अच्छी तरह पैठा दी होगी कि शांति और एकता के नाम पर जो हिंदीभाषी

बीस वर्ष से चुप बैठे रहे उनमें भी क्रांति की चिनगारी भड़क सकती है। उन्होंने पूछा था "प्रधानमंत्री घबराकर अपनी चिंता में कुछ निर्णय कर बैठें तो देश कैसे चल सकता है?"

सही हलका तकाजा

यही प्रश्न इस समय सारे मसले की जान है। यह सही है कि भाषा जैसी सांस्कृतिक प्राणाली को आज निरी राजनैतिक मापतोल बना दिया गया है पर यह भी उतना ही सही है कि तुरंत यदि कोई हल न निकाला गया तो स्थिति का लाभ उठानेवाले तत्त्व सक्रिय हो सकते हैं। इसलिए हिंदी के राजनीतिक क्षेत्रों में फैले हुए रोष-असंतोष का जायजा न लेकर किया गया निर्णय आगे के लिए 'देश के चलने' के लिए मुसीबत पैदा कर सकता है।

कांग्रेस संसदीय दल की कार्यकारिणी की बैठक ने भी प्रधानमंत्री को 'जितने मंत्री उतनी बातें' का रवैया बंद करने की सलाह दी थी। इस बैठक के जो हाल-हवाल बाहर पहुँचे हैं, उनसे मालूम होता है कि इतनी जोरदार बैठक कांग्रेस सरकार के पिछले कुछ वर्षों में कभी नहीं हुई थी। 'यदि भाषा के सवाल पर मन्त्रिमंडल एकमत नहीं तो उसका पुनर्गठन करो' यह माँग इन्हीं शब्दों में और प्रकारांतर से भी सख्ती के साथ उठाई गई। कहा गया कि खाद्यमंत्री श्री सुब्रह्मण्यम ने ऐन वक्त दक्षिण के कांग्रेस विरोधी उपद्रवियों को जताया था कि हम तुम्हारे साथ हैं जब प्रधानमंत्री उनसे शांत होने की अपील रेडियो पर करने जा रहे थे। फिर वहाँ जाकर फूलमालाएँ पहनकर दिल्ली से लौटे और सीधे मन्त्रिमंडल में जाकर बैठ रहे। वह मंत्री जो परोक्ष भाव से अपने प्रधान के प्रति आश्वस्त नहीं है, जनता का विश्वास और फिर अनाज के लिए भूखी-अपमानित जनता का विश्वास पा सकेगा?

स्वर्गीय नेहरू का आश्वासन

इसी प्रकार, हिंदी के राजनीतिक क्षेत्रों में सवाल पूछा जा रहा है कि राजभाषा कानून में श्री नेहरू के आश्वासन का समावेश क्या वर्तमान सरकार में अविश्वास के बराबर नहीं होगा? यदि यह तर्क मान भी लिया जाए कि कानूनी संशोधन के पक्षधर किसी भावी सरकार के प्रति संशयग्रस्त हैं, तो क्या इस समय संशोधन करा लेना उस भावी सरकार को आमंत्रण देने के बराबर नहीं है? हिंदी क्षेत्र सौभाग्य से या दुर्भाग्य से अपने बहुमत बल से भावी राजनीतिक सत्ता के निर्धारण में अंतिम रूप से निर्णायक रहेगा—यानी जब तक भारत एक है—और हिंदी की वर्तमान परिस्थिति में कांग्रेस ने कोई परिवर्तन किया तो इस क्षेत्र की शक्तियाँ जो कांग्रेस से अलग हैं मतदाता के अधिक निकट आ जाएँगी। तब फिर—उन हिंदीतर क्षेत्रों में जो हिंदी के समर्थक नहीं हैं कांग्रेस क्या अलग-थलग नहीं हो जाएगी? और यह हुआ तो क्या कांग्रेस ही फिर यह माँग नहीं करेगी कि उत्तर और दक्षिण को अलग-अलग कर दिया जाए, क्योंकि दोनों ही क्षेत्रों में कांग्रेस को अलग-अलग रहने में सत्ता धारण किये रहने की अधिक आशा होगी?

जो हो वर्तमान में, स्थिति यह है कि राजभाषा कानून में कोई भी संशोधन न करने के पक्ष में मत पुष्टतर होते हुए भी, यदि कोई संशोधन लाया गया तो उसके विरुद्ध कांग्रेस दल में कोई भारी उथल-पुथल होने की संभावना नहीं है। हमेशा की तरह दल की एकता की अखंड ज्योति जगाए रखने के लिए कांग्रेस सदस्य उसके पक्ष में वोट देंगे। एक संभावना और है—वह यह कि संसद केवल एक प्रस्ताव पास कर दे कि नेहरू के आश्वासनों को पूरा करेंगे यानी हिंदीतर क्षेत्र जब तक चाहें तब तक अंग्रेजी बनाए रखेंगे। पर इसे भी यदि यों रखा जाए कि हिंदीतर क्षेत्र जब चाहें तभी अंग्रेजी हटाई जाएगी अन्यथा कभी नहीं तो वह और बात हो जाती है। शायद अभी संसद के केंद्रीय कक्ष

में इस पक्ष में और भी मत प्रबल होना जरूरी है कि संशोधन हो या प्रस्ताव हो, किसी को अनिश्चित काल तक के लिए यह अधिकार नहीं मिलना चाहिए कि वे दो राजभाषा (और कालांतर में दो राज्य) का सिद्धांत भारतीय राजनीति में स्थायी कर दें।

राष्ट्रवाणी

यह तो प्रस्तुत प्रश्न का राजनीतिक पक्ष था। इन दिनों राजधानी में और भी स्तरों पर भाषा के सवाल को उधेड़ा और बुना जाता रहा है। यों तो राजनीतिज्ञ भी राजनीतिक एकता की बात कहते-कहते देखते हैं कि सांस्कृतिक एकता की बात उठाकर वे अपनी बात सहज मनवा सकते हैं—पर सांस्कृतिक क्षेत्र के कर्मियों में भी इधर यह चेतना उभरी है कि यदि इस समय भाषा का ऐसा राजनीतिक हल न हुआ जो हिंदी की सत्ता के पक्ष में हो तो राष्ट्र की सांस्कृतिक वाणी भी कुंठित हो जाएगी। दोनों ही प्रकार के नेताओं में राजनीतिक और सांस्कृतिक पक्ष को एक दूसरे में मिला देने की प्रवृत्ति है।

मुख्यमंत्री सम्मेलन

राजधानी में पिछले सप्ताह इसी सिलसिले में एक और सवाल पूछा जाता रहा है कि 23 तारीख को मुख्यमंत्री-सम्मेलन होने से पूर्व दक्षिण राज्यों के मुख्यमंत्रियों ने अपना अलग सम्मेलन करने का विचार क्यों किया। या यों कहें कि कांग्रेस अध्यक्ष ने उन्हें ऐसा करने की अनुमति क्यों दी? यह खुलेआम एकता का खंडन करना है, एक बार फिर दिखाना है कि सरकार हिंसा के आगे झुकने को तैयार है।

इस प्रकार के अन्य प्रमाण तो बहुतेरे हैं। हिंदी में कामकाज करने की इच्छा रखनेवालों को इसकी अनुमति देने के लिए जो सरकारी परिपत्र जारी किए गए थे तो उन्हें वापस लेना एक ऐसा ही प्रमाण है। जो ये परिपत्र वापस ले सकते हैं—इस भय से कि कहीं गलतफहमी न हो जाए, वे यह कहने के अधिकारी कैसे हैं कि दक्षिण में सही बात लोग समझे नहीं। सही बात समझाने में गलतफहमी का डर एक अद्‌भुत अनुभव है जो स्वतंत्रता के बाद देश में मान्य हुआ है।

अभी भी यह गलतफहमी बचाने का अतार्किक सिलसिला रुका नहीं है। श्रीमती विजयलक्ष्मी पंडित ने न्यूयार्क में बयान दिया था कि हिंदी ही भारत की राजभाषा हो सकती है—वह संसार की तीसरी सबसे बहुप्रचलित भाषा है। यह समाचार आकाशवाणी के केंद्रीय समाचार कक्ष दिल्ली से जारी किया गया। अभी यह विभिन्न समाचार संदेशों में प्रसारित भी न हो पाया था कि किसी होशियार अधिकारी की नजर उस पर पड़ी और वह रद्द कर दिया गया।

[*नवभारत टाइम्स*, 22 फरवरी 1965]

हिंदी का दारिद्र्य

पता चला है कि हिंदी न जाननेवाले करीब 6 लाख कर्मचारियों में अभी तक केवल 1 लाख 26 हजार कर्मचारी विभागीय हिंदी परीक्षाएँ पास कर सके हैं। इनमें से अंतिम परीक्षा पास करनेवालों की संख्या कुल 34 हजार 2 सौ 61 बताई जाती है। यह पिछड़ापन और भी शोचनीय इस कारण है कि सरकारी हिंदी शिक्षा-योजना को आरंभ हुए 9 साल हो चुके हैं। इन 9 वर्षों में यद्यपि 2 लाख

60 हजार कर्मचारियों ने हिंदी-शिक्षा योजना के अधीन प्रबोध, प्रवीण और प्राज्ञ परीक्षाओं के शिक्षाक्रम पूरे किए परंतु ये सबके सब परीक्षाओं में बैठे नहीं। भारत सरकार की नीति के अनुसार उन सभी हिंदी न जाननेवाले कर्मचारियों के लिए हिंदी शिक्षा अनिवार्य है जो 1 जनवरी 1961 को 45 वर्ष से कम थे परंतु नियत समय में परीक्षा पास न करने पर दंड की कोई व्यवस्था नहीं है। प्राज्ञ और प्रवीण परीक्षाओं को अच्छे नंबरों से पास करनेवालों को इनाम की व्यवस्था अवश्य है पर इसका विशेष प्रभाव हुआ नहीं दीखता है।

इस समय 22 हजार कर्मचारी 218 शिक्षा-केंद्रों में हिंदी सीख रहे हैं परंतु मोटे तौर पर अनुमान है कि अभी तीन लाख कर्मचारी ऐसे हैं जिन्होंने केंद्रों में जाना आरंभ नहीं किया है। उन्हें हिंदी सीखने को लालायित करने के लिए व्यवस्था की गई है कि जो कर्मचारी अंतिम परीक्षा—प्राज्ञ—पास कर लेंगे उनके वेतन में एक तरक्की भर के रुपयों की वृद्धि कर दी जाएगी। पर इस प्रलोभन के साथ-साथ ही यह चेतावनी भी है कि यह वृद्धि एक साल के बाद उनको तरक्की मिलने के समय मुजरा कर ली जाएगी। अच्छे नंबरों से पास होने पर नकद इनाम मिलने की शर्तों में भी रियायत की गई है।

समझा जाता है कि स्वराष्ट्र मंत्री शीघ्र ही सभी मंत्रालयों से अनुरोध करेंगे कि वे अपने हिंदी न जाननेवाले कर्मचारियों में से 25 प्रतिशत तक हिंदी सीखने के लिए अवश्य भेजें। परंतु अभी तक मंत्रालयों में इसके लिए विशेष उत्साह का प्रमाण नहीं मिला है। उनके बड़े अधिकारियों की राय है कि एक साथ 10 या 12 से अधिक कर्मचारी हिंदी सीखने भेज दिए जाएँगे तो सरकारी काम का हर्ज होने लगेगा। रेलवे और डाक-तार कर्मचारियों को दफ्तर के समय हिंदी सीखने में तो और काम का हर्ज होगा। अफसरों का कहना है कि छोटी जगहों में केंद्रीय कर्मचारियों के लिए हिंदी शिक्षा-केंद्र खोलने की व्यवस्था नहीं हो सकती। उसमें खर्च बहुत पड़ेगा।

इसलिए जहाँ तक केंद्र-सरकार में हिंदी में कामकाज की व्यवस्था का सवाल है, सब हिंदी-हितैषियों को बिना सरकार का लिहाज किए साफ समझ लेना चाहिए कि 26 जनवरी के बाद हिंदी नितांत अपर्याप्त और खंडित सुविधाओं का ही उपयोग कर सकेगी। यह तो है ही कि उसे आरंभ से ही अनुवादी दास-भाषा बनाकर रखने के कारण सरकारी कर्मचारी स्वतंत्रता-दिवस का सूर्योदय होते ही हिंदी में मौलिक चिंतन नहीं करने लग सकेंगे, यह भी है कि जो कर सकेंगे वे उतने ही अकेले हैं जितना सार्वजनिक निर्माण विभाग में घूस न लेनेवाला क्लर्क होता होगा।

यदि केवल ठोस भौतिक सुविधाएँ ही गिनें तो केंद्र सरकार के पास अभी तीन लाख कर्मचारी ऐसे पड़े हुए हैं जो हिंदी की निर्धारित परीक्षाओं की तैयारी भी नहीं शुरू कर सके हैं और इससे भी अधिक भौतिक परंतु वास्तव में प्राथमिक तथ्य यह है कि सिर्फ साढ़े पाँच हजार कर्मचारी हिंदी टंकन की और डेढ़ हजार आशुलिपि की निर्धारित शिक्षा पूरी कर सके हैं—पास करनेवालों की संख्या और भी कम है—टंकन में 3396 और आशुलिपि में 560। इन प्राथमिक सुविधाओं का अभाव उस सरकारी वातावरण में जहाँ 'चलो किसी तरह काम निबटाओ' ही नियम बन गया है, हिंदी में सरकारी काम करना चाहनेवाले को भी बार-बार अंग्रेजी आशुलिपि और टंकन की उस सुविधा का सहारा लेने को मजबूर करेगा जो सामने हाथ बढ़ाते ही पाई जा सकती है।

फिर यह भी याद रखें कि जिन तीन लाख हिंदी-वंचित कर्मचारियों का उल्लेख हुआ है वे किसी जगह एकत्र नहीं, सारे केंद्र प्रशासन में विकीरित हैं—उनमें से प्रत्येक किसी न किसी स्थल पर, चाहे बिलकुल अनजाने ही, हिंदी में लिखे गए किसी सरकारी कागज पर 'पेपरवेट' बनकर बैठ जा सकता है।

26 जनवरी के पहले तक सरकारी कामकाज में हिंदी के प्रयोग के कुछ आँकड़े जमा करने से पता चलता है कि कुछ मंत्रालयों में उत्साह बहुत है, काम चाहे कम हो, कुछ में उत्साह ही कम है और काम भी कम है। कुछ तथ्य ये हैं—वाणिज्य मंत्रालय के 52 विभागों में केवल एक में, और

उद्योग मंत्रालय के 317 विभागों में से केवल एक में फाइलों पर हिंदी में टिप्पणी लिखी जाती है जबकि एक में 6 और दूसरे में 116 विभाग ऐसे हैं जिनमें अधिकांश कर्मचारी हिंदी जानते हैं। संभवतः जिन एक-एक विभागों में हिंदी में टिप्पणी लिखी जा रही है वे हिंदी के विकास का ही काम देखते होंगे। खुद स्वराष्ट्र मंत्रालय में 82 विभागों में 20 ऐसे हैं जिनमें हिंदी जाननेवाले बहुत हैं पर टिप्पणी लिखने की अनुमति केवल 7 में है।

कुल मिलाकर केंद्र में भारत सरकार के 1623 विभागों में 226 में हिंदी में टिप्पणी लिखी जाती है जबकि इस काम के लिए योग्य व्यक्ति 746 विभागों में हैं। ये तथ्य छिपाने की कोशिश यों होती है कि प्रकाशित सरकारी आँकड़ों में 226 की संख्या तो है पर यह उल्लेख नहीं है कि यह कुल विभागों की संख्या का कौन-सा अंश है।

युवक रूसी फिल्म निर्देशक क्लादीमीर फ़ेतिन और उनकी प्रेयसी लुदमिला से एक भेंट

जो लोग भारत में प्रदर्शित रूसी फिल्मों के शौकीन दर्शक रहे हैं आगामी अंतरराष्ट्रीय फिल्मोत्सव में रूसी फिल्में खासकर इस दृष्टि से देखना चाहते थे कि क्या उनमें किसी कदर वही छटपटाहट उजागर होती है जो रूस के नए साहित्य में हो रही है। पर उन्हें निराश होना पड़ा। 'द टेल आफ़ द डान' बहुत भावुक थी और 'हैमलेट' की इस जगह चर्चा अप्रासंगिक है।

अगर 1951 के फिल्मोत्सव (दिल्ली) में प्रदर्शित रूसी फिल्म 'मुसोर्ग्स्की' रूसी संगीतकार के राज्य को आत्मसमर्पण की कहानी थी तो 1957 में 'प्रगति के पथ पर' क्रांति के बाद के उद्धत युवकसमाज के निर्विरोध अनुशासन की कहानी थी और उसके दो-तीन वर्ष बाद की वह फिल्म भी जिसे रूसी औदार्य का प्रमाण बनाकर दिखाया जाता रहा—'द क्रेंस आर फ्लाइंग'—व्यक्ति की अतार्किक आज्ञाकारिता की ही कहानी थी : जिस हद तक वह नायिका के दुःखों का चित्रण करती थी उस हद तक वह यह भी दिखाती थी कि उस भरे-पूरे व्यक्तित्ववाली स्त्री का अपने पर कोई अधिकार नहीं है। गति जरूर इस फिल्म में उन पिछली रूसी फिल्मों से अधिक थी जो अपने सुस्त कथा-विस्तार में केवल चीनी फिल्मों से ही पीछे रही है।

'द क्रेंस आर फ्लाइंग' जो युद्ध की और युद्धोतर मानवीय परिस्थिति की बहुत मार्मिक कहानी बनते-बनते रह गई थी रूसी फिल्म-विकास में एक खास जगह रखती है। उसके निर्देशक कालातोज़ोव, जो फिल्मोत्सव में आए हुए थे, मानते हैं कि विचारधारा का ठेठ अनुसरण कला की दुर्गति नहीं भी कर सकता है "बशर्ते कि वह योग्य निर्देशक के हाथ से हुआ हो।" फिल्मोत्सव में आई हुई 'ए टेल आफ़ द डान (नदी)' के निर्देशक नवयुवक क्लादीमीर फ़ेतिन इस तरह के वक्तव्यों से दूर ही रहना पसंद करते हैं—कम से कम फिलहाल उन्होंने इस पेचीदा मामले में पड़ना स्वीकार नहीं किया है। इस अर्थ में वह अपने को करीब-करीब वैसा ही दिखा रहे थे जैसा सरकारी दौरे पर आए हुए रूसी संपादक या लेखक दिखाते हैं परंतु उनकी उम्र देखते हुए विश्वास नहीं होता कि वह इन सवालों से उलझ नहीं रहे होंगे।

रूसी युवकसमाज ने एक जमाने में 'आवारा' बहुत पसंद की थी। फ़ेतिन, जो तब फिल्म-विद्यालय के विद्यार्थी थे, इसे केवल एक संयोग मानते हैं और यह मानने को तैयार नहीं हैं कि राजकपूर भारतीय जीवन की प्रतिनिधि फिल्में बनाते रहे हैं। "वे यूरोपीय जीवन के अधिक निकट हैं", उन्होंने कहा और मैंने पूछा, "क्या सचमुच?" और मन में कहा, 'क्या वे किसी भी जीवन के निकट हैं? क्या आपको मालूम है कि इस देश में भी अनेक लोगों की राय राजकूपर-फिल्मों के बारे में वही है जो आपकी है और ये लोग समझ नहीं पा रहे हैं कि राजकपूर आपके देश में क्यों इतना लोकप्रिय

हुआ?' खुद फ़ेतिन जब सिनेमा कला सीख रहे थे तब नरगिस के रूस जाने पर एक बार उनका हस्ताक्षर लेने के लिए (शायद 'परदेसी' के अंकन के समय) बड़ी दिक्कतें उठा चुके थे। पुस्तकालय से उधार ली हुई एक किताब पर हस्ताक्षर लिए और फिर उसका पन्ना फाड़कर रख लिया। उन्होंने "क्या, जाने क्यों" अंदाज में कंधे हुमासे और फिर से 'आवारा' और 'श्री चार सौ बीस' का नाम कुछ इस तरह से लिया कि मैं समझ गया कि जरूर ऐसे आवारापन की चाह जिसके 'सर पर लाल टोपी रूसी' हो सोवियत युवकों को राजकपूर के उस रूप के निकट खींच ले गई होगी, जो अपने यहाँ उन आवारों के लिए आदर्श बना हुआ; जिनका जूता जापानी और पतलून इंग्लिस्तानी है। गनीमत है कि फ़ेतिन के अनुसार भारतीय जीवन की प्रतिनिधि फिल्म 'दो बीघा जमीन' है, 'श्री चार सौ बीस' नहीं।

'ए टेल आफ़ द डान' की नायिका लुदमिला दुनिया की अन्य अभिनेत्रियों की तरह हर सवाल पर अचरज और आशा से (फ़ेतिन की तरफ) देखती रह जाती थीं और उनकी छवि पर यह अचरज खिलता भी खूब था। आखिरकार एक सवाल का जवाब उन्होंने दिया—अभिनेत्रियों को एक फिल्म पर चार या पाँच हजार रूबल तक मिल जाते हैं (करीब 20-25 हजार रुपए) और फिर झुककर मेज पर रखा गुलाब सूँघने लगीं। कैकेयी के देश कोहकाफ में पली हुई यह लड़की हवाई जहाज चलाने के स्कूल में भरती होनेवाली थी कि जाने कैसे नाट्य-स्कूल में चली गई। मुझे लगा कि उसकी जिंदगी में यह घटना रूसी कम और इनसानी ज्यादा थी।

क्लादीमीर फ़ेतिन और लुदमिला चरशिना दोनों नाटकों के मँजे हुए खिलाड़ी हैं। वास्तव में नाटक को वे फिल्म के पहले की जरूरी मंजिल मानते हैं। रूस में 500 नाटक-घर और सवा लाख सिनेमाघर हैं मगर नाटककार और नाट्यकार अपने को सिनेमा के सामने झुकाना नहीं चाहते। मालूम नहीं, वहाँ कोई नाटक फेल होता है या नहीं मगर फिल्में बंडल अवश्य होती हैं। फ़ेतिन का ख्याल है कि होती हैं; मगर तभी, जब अभिनय खराब हो या कहानी बेकार हो।

[*कल्पना*, 'दृष्टिकोण', फरवरी 1965]

हिंदी और अंग्रेजी या हिंदी और मातृभाषा? हिंदी विरोध के दो पहलू

[मद्रास के हिंदी विरोधी उपद्रवों के साथ-साथ केंद्रीय मंत्रिमंडल में समवेदनाजन्य घटनाओं ने राजधानी में बहुत से प्रश्नों पर अलग-अलग फिर से सोचने की आवश्यकता तो अनुभव कराई है पर यह कहना आसान नहीं है कि सरकार संपूर्ण प्रश्न पर एकसाथ फिर से विचार करेगी।]

पिछले 15 वर्ष में केंद्रीय और प्रांतीय नेताओं तथा उनके सहयोगी हिंदी विशेषज्ञों की एक विशाल मंडली ने जो हिंदी-जन्य लाभ के बँटवारे में और सब भूलकर मस्त थी, हिंदी और राजभाषा के प्रश्न को इतना ठेठ और राजनीतिक सवाल बना दिया है कि अब जो उपाय राजनीतिक स्तर पर हो सकता है, उसकी आँखों में आँखें डालने की हिम्मत नहीं दिखाई दे रही है। राजनीतिक सवाल संविधान में नए परिवर्तन पर आकर अड़ गया है। अनुरोध और सत्य की पुनरावृत्ति काम नहीं कर रही है—करेगी भी तो कब तक के लिए, ये संशयास्पद है—और प्रधानमंत्री भाषा के प्रश्न को 'एक उच्चतर स्तर' पर ले जाने का जो अनुरोध देशवासियों से कर रहे हैं वह किनसे किया गया है, यह भी पूछने की बात है।

भाषा का सवाल शुरू से ही एक उत्तरदायी समुदाय ने राजनीति की अपेक्षा अधिक ऊँचे स्तर पर रखा था। या अधिक सही यह कहना होगा कि रखने का क्रमशः व्यर्थ होता हुआ प्रयत्न किया था। यह समुदाय राजनीतिक नहीं था जो इसकी अलग पहचान में तुरंत आनेवाली इकाई होती। इसमें कला, साहित्य और मानव समाज के कल्याण की शिक्षा आदि विधाओं में कार्यरत लोग शामिल थे। ये सरकारी समितियों में नहीं थे—रहने दिए नहीं जाते थे—जो इनके नामों को राजनीतिक मान्यता प्राप्त होती। वास्तव में इनसे कभी पूछा ही नहीं गया। जिन लोगों को पूछा गया उनको इसीलिए पूछा गया कि सरकार को उनसे पूछने की कोई जरूरत नहीं महसूस हुई।

भागते भूत की लँगोटी

इसीलिए हिंदी भाषी राज्य हिंदी के माध्यम से शासन कार्य चलाएँगे और बाकी अंग्रेजी में—यह समझौता होते समय सरकार के बड़े-बड़े हिंदी सलाहकारों ने यह तो कहा कि इससे हिंदी को यथेष्ट महत्त्व नहीं मिलेगा पर यह नहीं कहा कि इससे देश के बँटवारे को प्रोत्साहन मिलेगा। बल्कि हिंदी के ध्वजवाहकों का सात्विक क्रोध 26 जनवरी के आसपास जिस तरह ठंडा पड़ने लगा था उससे जान पड़ता था कि इन्होंने भागते भूत की लँगोटी भली मानकर हिंदी राज्यों में हिंदी और बाकी में अंग्रेजी के सिद्धांत को चुपचाप मान लिया है—बिना यह सोचे कि चाहे उनके लिए यह सुखद हो पर देश के लिए इसका क्या परिणाम होगा?

संवैधानिक स्थिति यह है कि अंग्रेजी अनिश्चित काल तक सह-राजभाषा रहेगी। श्री नेहरू का आश्वासन, जिसे मद्रास के मुख्यमंत्री और अब दक्षिण में अपनी राजनीतिक स्थिति के प्रति सशंक केंद्र के श्री सुब्रह्मण्यम भी संविधान में शामिल कराना चाहते हैं, यह था कि जब तक हिंदीतर क्षेत्र नहीं चाहेंगे तब तक अंग्रेजी हटाई नहीं जाएगी। हिंदी क्षेत्रों के चाहने से यह नहीं होगा। यह आश्वासन कानून न भी बने तो अक्षरशः पालन किया जाएगा, ऐसी प्रतिज्ञा श्री लालबहादुर और श्री नंदा ने बार-बार की है मगर इसे कानून बनाने की माँग अन्नामलाई विश्वविद्यालय के कुलपति श्री सी.पी. रामस्वामी अय्यर, मद्रास के मुख्यमंत्री श्री भक्तवत्सलम और श्री सुब्रह्मण्यम (साथ में अलगेसन भी) कर रहे हैं। शायद वे यह समझते हैं कि इस तरह से द्रविड़ मुनेत्र कषगम के हाथ से तमिल का झंडा वे छीन लेंगे। हो यह रहा है कि उनके हाथ केवल हिंदी विरोध की झंडी लग रही है।

थोड़ा-सा पीछे की ओर देखें। यदि श्री नेहरू ने अंग्रेजी बनाए रखने की और हिंदी का विकास करने की बातें एक ही जबान से कही थीं तो यह उनकी संतुलन-चाल का ही एक नमूना था। उससे आश्चर्य नहीं। पर जब यह बात कही गई कि 'जब तक हिंदीतर क्षेत्र न चाहें तब तक अंग्रेजी रहेगी' तो कौन-सी ऐसी व्यवस्थाएँ शुरू की गईं जिनमें कालांतर में हिंदीतर क्षेत्र चाहते कि अंग्रेजी हटे?

हिंदीतर क्षेत्र उसी समय चाहते थे कि अंग्रेजी कभी न हटे, यह अब उनके रुख से और उनकी करतूतों से अच्छी तरह प्रकट है।

अंग्रेजी और तमिल का नारा

और भी एक बात। हिंदी के भक्त दो साल पहले अंग्रेजी सहराजभाषा वाले संशोधन के समय अंग्रेजी भक्तों को सारे विरोध की जड़ कह-कहकर अपनी आत्मा को संतोष दे रहे थे कि वे हिंदी के हित में संघर्ष कर रहे हैं। अब जब हिंदी विरोध ने उग्र रूप धर लिया है तब क्यों अंग्रेजी के पक्षधर केवल दक्षिण भारत में और वह भी मद्रास में संकलित हो गए हैं? यह सोचने की बात है। इसका कारण यह प्रतीत होता है कि मद्रास में द्र.मु.क. के मंच पर मातृभाषा तमिल का संगठन पहले से

प्रबल है। जनता जिस माँग को तमिल का नाम लेकर उठाती है, नेता उसी को अंग्रेजी के नाम से बुलंद करते हैं। जब कोइम्बतूर में (जहाँ से श्री सुब्रह्मण्यम निर्वाचित हैं) तीन कॉलेजों में तमिल माध्यम से शिक्षा का 'प्रयोग' सहसा बंद कर दिया गया तो द्र.मु.क. ने कहा था कि सरकार ने अंग्रेजी को प्रश्रय देने की नीति अपनाई है और तमिल में शिक्षा का प्रयोग 'उसने सच्चे दिल से कभी किया ही नहीं।' श्री सुब्रह्मण्यम पहले से ही, मद्रास राज्य सरकार में शिक्षामंत्री रहने के समय से ही तमिल-माध्यम के पक्ष में रहे हैं पर अब उनके त्यागपत्र में तमिल का कहीं उल्लेख नहीं है। यह देखने की बात है।

दक्षिण में हिंदी विरोध के पीछे द्र.मु.क. ही नहीं, और भी शक्तियाँ हैं—ऐसा संकेत स्वराष्ट्रमंत्री श्री नंदा ने दिया था। इनमें अंग्रेजी की पक्षधर शक्तियाँ—मुख्यतया दक्षिण की कांग्रेस नेतृत्व छीनने की लालसा से बहती गंगा में हाथ धोना चाह रही हैं, यह श्री भक्तवत्सलम के उस आग्रह से प्रकट होता है जो उन्होंने नेहरू आश्वासन को कानून बनाने के लिए किया है। पर उत्तर में जो अंग्रेजी विरोधी शक्तियाँ हैं, उन्हें यह चीज अभी तक स्पष्ट नहीं हुई जान पड़ती है कि दक्षिण में असंतोष मूलतया तमिल की अवहेलना से है, वह चाहे राज्य में हो चाहे राष्ट्र में हो।

हिंदी विरोध का मूल कारण अंग्रेजी समर्थन नहीं, बल्कि मातृभाषा-समर्थन प्रतीत होता है और असली माँग जो राजनीतिक कारणों से उभर नहीं पा रही है यही जान पड़ती है कि जैसे विशाल हिंदी भाषा समुदाय को अपनी मातृभाषा द्वारा आर्थिक उन्नति का साधन मिला है वैसे ही औरों को भी मिलना चाहिए। सरकार के हिंदी सलाहकारों—स्थानीय नेता, उपाधिकारी साहित्यिक और अन्य कृपापात्रों का ध्यान इधर जाए तो शायद अच्छा ही होगा क्योंकि इससे उनको अपने आगे के कार्यक्रम की दिशा स्थिर करने के लिए वर्तमान किंकर्तव्यविमूढ़ता से आवश्यक मुक्ति मिल सकेगी।

स्वराष्ट्रमंत्री श्री नंदा ने हाल में राजधानी के प्रेस क्लब में एक उद्विग्न दाक्षिणात्य पत्रकार को जरा कड़े स्वर में कहा था—लाखों-करोड़ों भारतीयों को अंग्रेजी के बगैर अपनी उन्नति का अधिक अच्छा अवसर मिलेगा। हम थोड़े से लोगों का स्वार्थ क्यों देखें जो अंग्रेजी पढ़ सकते हैं। हाँ, जिन्हें सरकारी नौकरियों की चाह है वे हिंदी न जानने के कारण घाटे में न रहने दिए जाएँगे। पत्रकार का प्रश्न था 'क्या दक्षिण के लोग जो हिंदी नहीं जानते दूसरे दर्जे के नागरिक नहीं बन जाएँगे क्योंकि उत्तर के लोगों जैसी हिंदी वे कभी न लिख सकेंगे?'

एक सुझाव और नंदाजी

स्वराष्ट्रमंत्री प्रेस क्लब में सहभोज के बाद करीब घंटे भर हम लोगों से बात करते रहे थे : उनमें सिर्फ 10-15 मिनट हिंदी से अतिरिक्त विषयों पर बात हुई। एक प्रश्न यह भी था कि क्या सरकार कुछ दिशाओं में उठा यह सुझाव मानेगी कि भाषा के प्रश्न पर सर्वदलीय विचार-सम्मेलन होना चाहिए। श्री नंदा, जो भले ही आवेश से विचलित दीखें पर आवेश में कुछ कहते नहीं, मुस्कराकर बोले, "यह तो एक सुझाव है।" निस्सन्देह उन्होंने उसे एकदम ठुकरा नहीं दिया है और यदि 'थोड़े-से अंग्रेजी पढ़ सकनेवालों के स्वार्थ' के प्रति उनकी स्पष्टोक्ति साथ में रखकर देखी जाए तो उनका इसे विचारणीय सुझाव मानना भी केंद्र सरकार की चिंतन धारा में महत्त्वपूर्ण परिवर्तन का प्रेरक हो सकता है।

जो हो, अभी तक की हलचलें—दिल्ली में श्री सुब्रह्मण्यम और अलगेसन का त्यागपत्र; उसको तुरंत अखबार में देने का उपक्रम, मंत्रिमंडल की व्यस्त बैठकें और मद्रास में श्री टी.टी. के और श्रीमती इंदिरा गाँधी के प्रयत्न—नहीं दिखातीं कि चिंतन की धारा अंग्रेजी और हिंदी के सवाल से उभरी है या आगे बढ़ी है और मातृभाषाओं के सवाल तक पहुँचने के लक्षण उभरे हैं। उधर जो गैर-सरकारी तत्त्व इसके पक्ष में हैं वे अभी यह बात अच्छी तरह स्पष्ट नहीं कर पाए हैं कि भाषा पर एकसाथ

फिर से विचार होने में हिंदी के हटने का कोई खतरा नहीं है, अंग्रेजी के ही हटने का है। वह भी तत्काल नहीं। उस पर विचार करने का मतलब कठोर सत्य से साक्षात् करना होगा परंतु वह सत्य उतना विकृत नहीं होगा जितना राजधानी में गत सप्ताह के त्यागपत्रों ने कर दिया है।

[*नवभारत टाइम्स*, 15 फरवरी 1965]

सीमांत, जनता, और उदासीन बुद्धिजीवी
भाषा के सवाल पर फिर टालमटोल

[भारतीय परराष्ट्रनीति के जिस एक पहलू को गत सप्ताह की घटनाओं ने सबसे अधिक उजागर किया है वह है सामान्य जनता पर उस नीति का प्रभाव, जो कि हमने अपने पड़ोसी आततायियों के प्रति रखी है। जिस समय चीन ने आक्रमण किया था, हतप्रभ हो जाने पर भी जनता को विश्वास बना रहा था कि आगे हम अपनी इसी सरकार द्वारा अपने राष्ट्रीय गौरव का कम से कम वह अंश फिर से जिला लेंगे जो पराजय ने नष्ट कर दिया है। उद्योगशील, आदरणीय राष्ट्र बनने का गौरव आगे देखा जाएगा। परंतु पिछले दिनों पाकिस्तान के आक्रमणों ने इस विश्वास को फिर एक प्रश्न का रूप देना शुरू कर दिया है।]

राजनीतिक राष्ट्रनायक कुछ भी कहें, सवाल यह है और हमेशा रहेगा कि साधारण आदमी उनकी बातों से क्या समझता है। अभी पाकिस्तान का मामला दिल्लीवासी राष्ट्रनायकों की दृष्टि में इतना बढ़ा नहीं कि वे जगह-जगह सार्वजनिक सभाओं में भाषण करें। किंतु वास्तविकता यह है कि यदि वे ऐसा करें भी तो सिवाय जनभावनाएँ उभारने के और कुछ न कर पाएँगे।

यों तो भारतीय सीमांत के प्रश्न पर जनभावना उत्तेजित करके छोड़ देने के सिवाय उन्होंने पहले भी कुछ विशेष नहीं किया है—जो किया है वह गोपन सरकारी तथ्य है—और सार्वजनिक हित में प्रकाशित नहीं हो सकता—परंतु कम से कम एक सवाल पर तो राजधानी में चिंतन होना ही चाहिए था, और वह नहीं हुआ है।

वह सवाल है : पाकिस्तान का इरादा क्या है? संसद में इस पर कुछ प्रश्न अवश्य पूछे गए पर उनका सरकार के इरादों से ही ज्यादा संबंध था। संसद के बाहर उतने ही सवाल हैं जितने नागरिक हैं और उनमें पाकिस्तान के बारे में एक धुँधली-सी आशा बनी हुई है कि वह नालायक सही अपना भाई, और पड़ोसी है। दूसरी ओर यह मजबूरी है कि हम उसे रास्ते पर नहीं ला पा रहे हैं। इन दोनों के बीच सहिष्णु भारतीय लटका हुआ है।

सामान्य दृष्टिकोण

राष्ट्रनायकों ने भारत की सीमाओं के संबंध में अब तक जिस प्रकार की बातें कही हैं उनसे सामान्य आदमी ने क्या समझा है? पहले इस प्रश्न को देख लिया जाए तो पाकिस्तानी उद्देश्य का अंदाजा ज्यादा अच्छा लगाया जा सकेगा। परराष्ट्र विभाग में पाकिस्तानी आक्रमण को लेकर जो टिप्पणी लेखन या ऊँची राजकीय गोष्ठियों में जो विचार-विमर्श हुआ है, उसमें अभी तक पाकिस्तानी कार्रवाई और उसके भारतीय जवाब की विदेशी प्रतिक्रिया पर ही ज्यादा ध्यान दिया गया दीखता है। अगर ऐसा न होता तो पाकिस्तान के साथ कच्छ सीमा के मामले पर बातचीत करने की आतुरता प्रकट करने

की और फिर उसे इतना स्पष्ट करने की जरूरत न पड़ती—कि कोई भ्रम न रह जाए।

वास्तव में इस बात का कि हम पाकिस्तान के साथ बातचीत तभी आगे बढ़ाएँगे जब वह अधिकृत प्रदेश खाली कर दे, जनमानस पर यही असर पड़ सकता है कि हम उस स्थान पर जो हमारी भूमि में है पाकिस्तान का कब्जा फिलहाल बने रहने देने में कोई नुकसान नहीं समझते बशर्ते कि वह बातचीत में मान जाए कि इस पर उसका कब्जा नहीं रहना चाहिए।

जहाँ तक विदेशों में अपनी प्रतिष्ठा का सवाल है वह भी इससे कुछ ज्यादा भिन्न नहीं हो सकती। वह एक ऐसे देश की प्रतिष्ठा होगी—यदि उसे कहा जा सकता है तो—जो अपनी ही भूमि को विवादग्रस्त क्षेत्र मानने को तैयार है। जिन अनेक सद्यः स्वतंत्र देशों की मित्रता और समर्थन का परराष्ट्रमंत्री अक्सर दम भरते हैं उनमें से किसी के साथ ऐसी घटना नहीं घटी है कि उनकी भूमि पर किसी ने पाँव जमा लिया हो और उन्होंने आततायी को वहाँ ठहरकर बात करने की इजाजत दी हो।

वस्तुतः इसके पहले कि ऐसा कुछ होने पाए उन देशों ने जिन्हें ऐसा खतरा था राष्ट्रीय सम्मान की रक्षा के लिए समझौते करना श्रेयस्कर समझा है, खंडित राष्ट्रीय सम्मान लेकर समझौते की आशा प्रकट करने से अपने को बचा लिया है।

प्रतिपक्षी राजनीतिक कार्यकर्ताओं से पाकिस्तानी हरकतों के बारे में बात करने पर मालूम हुआ कि जितने विकल्प वे दे सकते हैं सब वर्तमान परराष्ट्रनीति में मौलिक परिवर्तन करने पर ही अमल में लाए जा सकते हैं। स्पष्ट ही इन विकल्पों के पीछे यह धारणा छिपी हुई है कि वर्तमान नीति पूरी की पूरी बदलनी चाहिए, यह दूसरी बात है कि ऐसा आग्रह करना कोई पार्टी जरूरी समझती हो, कोई नहीं—कोई सरकार पर दबाव डालकर उससे कुछ कहला लेना या उसकी कमजोरी उघार देना काफी समझती हो कोई इससे अधिक कुछ चाहती हो भले ही वह संख्या बल से हीन हो। कुल मिलाकर प्रतिपक्षी दलों में भी यह घुटन है कि 'दब्बू', 'लुजलुजा', 'अजूबा', 'नपुंसक' और 'देशद्रोही' कह देने पर भी थोड़ी देर के लिए तू तू मैं मैं तो हो जाती है पर कोई चीज बदलती नहीं। न सरकार बदले, जनता का मन ही बदले।

उनकी यह इच्छा भी पूरी होती नहीं दीखती तो इसका कारण शायद यही है कि जनमानस की घुटन अभिव्यक्ति करने के लिए आवश्यक राजनीतिक हलचल नहीं हो पा रही है।

गत सप्ताह की घटनाओं से लगता है राजधानी के बुद्धिजीवी उस दिन के इंतजार में जीने लगे हैं जब कोई बहुत बड़ी उथल-पुथल हो जाएगी और उन्हें झख मारकर सोचना पड़ेगा। पाकिस्तान के कच्छ आक्रमण के क्या परिणाम हमारे लिए होंगे, इस पर राजधानी के बुद्धिजीवी वर्ग में दिमागी हलचल होने का अभी तक कोई प्रमाण नहीं मिला है—कोई वाद-विवाद, सार्वजनिक गोष्ठी, वक्तव्य, प्रदर्शन सुनने या देखने में नहीं आया। यह नहीं कि बुद्धिजीवियों के अपने मंच यहाँ न हों—और कुछ नहीं तो विश्वविद्यालय और उसके अनेक उपग्रह तो हैं हीं। साहित्य और कला-संस्थाएँ बेशुमार हैं। क्या इन्हें जनमानस की घुटन से मनुष्य के टूटते व्यक्तित्व से कोई मतलब नहीं?

यह टूट, एक बड़ी हद तक हमारी परराष्ट्रनीति की सीधी उपज है। जैसे चीन हमारा शत्रु है, पर चीन के शत्रु अमरीका के प्रति हमारा व्यवहार इस चीज पर नहीं टिका है कि हम दोनों चीन के खिलाफ हैं। वह टिका है इस शिकायत पर कि देखिए, पाकिस्तान चीन के साथ मिला जा रहा है।

नतीजा यह है कि हम बराबर चीन और पाकिस्तान की मिलीभगत की शिकायत करते जाते हैं और पाकिस्तान के खिलाफ ऐसी कार्रवाई नहीं कर पाते जिससे सामान्य भारतीय का मनोबल बढ़े। पाकिस्तान के खिलाफ भावनाएँ भड़काना आसान है क्योंकि उसमें धर्म का मामला भी जुड़ा हुआ है पर उसको अपनी शक्ति के बल पर दुरुस्त करना मुश्किल क्यों है? क्या इसलिए कि हमारी अपनी सैन्यशक्ति पाकिस्तान से कमजोर है? शायद नहीं। वह मुश्किल इसलिए मालूम होता है कि हम चीन को दुरुस्त करने में अमरीका के साथ पूरी तरह नहीं हैं जबकि हमारा स्वार्थ यही होना चाहिए था।

इसी तरह रूस के साथ भी हम किसी पक्के सवाल को लेकर नहीं बल्कि इस आधार पर हैं कि उसकी चीन से खटक रही है। गुटबंदी से अलगाव का तो हमने डंके की चोट एलान कर दिया है पर अपने स्वार्थ-रक्षा के सभी मामलों में हम शक्ति गुटों की ऐसी मित्रताओं पर निर्भर हो गए हैं जो संदेहास्पद हैं और विश्व में शक्ति संतुलन बदलने के साथ कभी भी बदल सकती हैं।

फिर भाषा का प्रश्न

होशियार सरकारी राजनीतिज्ञों ने भाषा के सवाल को एक ऐसी खूँटी पर टाँग दिया हैं जो उनकी समझ में इस नौलखे हार को लील लेगी और झंझट खत्म हो जाएगा। वह खूँटी है 'राज्यों और केंद्र के बीच आदान-प्रदान की भाषा क्या हो?' मद्रास के उपद्रवों के बाद भाषा के प्रश्न पर जो हायतौबा मची थी उसका अब तक सिर्फ एक ठोस नतीजा निकला है। वह यह कि 'सामान्य आदमी किस भाषा में काम करे ताकि वह स्वतंत्र देश का उपयोगी नागरिक सम्मानपूर्वक बन सके' यह सवाल बुहारकर घूरे के हवाले कर दिया गया है।

पिछले सप्ताह जब महामान्य डॉक्टर गोविंददास ने हिंदी के संबंध में एक ज्ञापन दिया तो भाषा के सवाल पर हलचल कुछ आगे बढ़ी। मगर इस ज्ञापन में भी मुख्य निवेदन है राजभाषा कानून में परिवर्तन न किया जाए। क्या किया जाए इस संबंध में यह जरूर कहा गया है कि हिंदीभाषी राज्यों में हिंदी में काम हो पर यह नहीं स्पष्ट हुआ कि क्या हिंदीभाषी राज्यों में केंद्रीय कार्यालय भी हिंदी में काम करेंगे?

उदाहरण के लिए हिंदीभाषी प्रदेश में डाक-तार विभाग जिससे जनता को रोजाना काम पड़ता है हिंदी में व्यवहार करेगा या अंग्रेजी में, जो किसी हिंदीतर प्रदेश की सुविधा के लिए रखी जाएगी।

राजभाषा अधिनियम में संशोधन न करने का प्रबल विरोध श्री प्रकाशवीर शास्त्री ने भी किया है परंतु उनके विरोध के साथ किसी न किसी रूप में सामान्य आदमी की जरूरतों का सवाल भी जुड़ा हुआ है। उन्होंने हिंदी में समाचार भेजनेवाली संस्थाओं की माँग करके अंग्रेजी को जिस क्षेत्र से हटाने का संकल्प किया है वहाँ से उसके हटते ही राष्ट्रभाषा का मार्ग इतना सुगम हो जाएगा जितना सरकारी दफ्तरों से अंग्रेजी हटने पर भी न होता। यदि समाचार संस्थाएँ हिंदी में समाचार भेजें तो अखबारों में और संवाद क्षेत्रों में काम करने से हिंदी मँजे और विकसित हो।

इसी तर्क से श्री प्रकाशवीर ने आकाशवाणी में भी समाचार संग्रह हिंदी में करने का आग्रह किया था। हिंदी में भाषण हो, उसे अंग्रेजी में लिखा जाय, फ़िर हिंदी में अनुवाद करके प्रसारित किया जाए, भाषा के साथ यह खिलवाड़ कब तक चलेगा। गत दस-एक वर्षों से इसे बंद करने की आवाज उठाई जा रही थी। अब इस सवाल को राजनीतिक नेताओं ने भी उठाया है तो शायद इस पर सरकार कुछ कार्रवाई करे। यों तो श्रीमती इंदिरा गाँधी ने संसद में आश्वासन दिया था कि हिंदी के संबंध में हमारी नीति कायम है, पर यह ठीक-ठीक नहीं मालूम कि आकाशवाणी में समाचार संग्रह हिंदी के माध्यम से किस हद तक हो रहा है।

आकाशवाणी में हिंदी नीति कायम हो, या न हो, डाक-तार विभाग में 29 मार्च को परिपत्र जारी करके नीति को निश्चित रूप से उलट दिया गया है। 18 जनवरी को डाक-तार कर्मचारियों को आदेश दिया गया था कि अब तक हिंदी प्रयोग के संबंध में जो निर्देश दिए गए हैं उन पर आचरण करें। जिस अवधि में प्रधानमंत्री के अनुसार भाषा के प्रश्न पर राज्यों से 'विचार' होना था उसी अवधि में केंद्रीय स्तर पर निर्णय हो गए कि वही भाषा काम में लाई जाए जो 26 जनवरी के पहले आ रही थी।

इस आशय के आदेश सभी मंत्रालयों में किसी न किसी रूप में जारी कर दिए गए हैं। इनमें

'26 जनवरी के पहले' का उल्लेख करके खुलेआम '26 जनवरी को' संविधान के अनुसार हुए परिवर्तन की--अर्थात संविधान की अवज्ञा की गई है। इस तरह का एक आदेश वाणिज्य मंत्रालय में दिए जाने का समाचार भी मिला है। उन आदेशों की तो गिनती ही नहीं जो जुबानी या आतंक के सहारे बिना बोले दिए जाया करते हैं।

टालमटोल

राजधानी में सरकारी स्तर पर हिंदी के बारे में फिर वही टालमटोल चल रही है जो पिछले 15 वर्ष से चलती आ रही थी और मद्रास में उपद्रवों के बाद कुछ समय के लिए रुकी-सी लग रही थी। घटनाओं ने सिद्ध कर दिया है कि वह रुकी नहीं थी आगे चलने के लिए दम ले रही थी।

हिंदी के इस गतिरोध से चितिंत होकर राजधानी के कुछ साहित्यकारों ने आग्रह किया है कि सबसे पहले मातृभाषा में सोचने और लिखने की आजादी मिलनी चाहिए। इन्होंने एक परिपत्र तैयार किया है जिसके कुछ अंश उद्धृत करने से प्रकट हो जाएगा कि आधुनिक साहित्यकारों में भाषा के प्रश्न पर क्या चिंतन हो रहा है।

"भाषा के सवाल पर जो गतिरोध पैदा हो गया है, उससे उन सभी लोगों को कुंठा का अनुभव विशेष रूप से हो रहा है, जो सृजनात्मक कार्यों के लिए भाषा को माध्यम बनाते हैं या मानवीय संवेदना की अभिव्यक्ति के अन्य किसी क्षेत्र में सक्रिय हैं, जिससे किसी समाज की संस्कृति निर्मित होती है।

अभी तक कोई भी अवसर जनता को भाषा के इस्तेमाल का नहीं मिला है, जबकि इस्तेमाल से ही भाषा बन सकती है।

इसलिए सबसे पहला कदम जो इस गतिरोध को तोंड़ने के लिए उठाना चाहिए, वह है, मातृभाषा में सोचने और लिखने की आजादी। राज्यों में या और भी जगह यह आजादी तभी कोई मतलब रखती है जब सरकार शिक्षा और राजकाज में मातृभाषाओं को प्रतिष्ठित करे। उनके साथ अंग्रेजी चलते रहने से उस आजादी का कोई अर्थ नहीं रह जाता। इसलिए हम आग्रह करते हैं कि और इस आग्रह की पूर्ति के लिए तैयार होते हैं कि राज्यों में मातृभाषाएँ राजभाषाओं के रूप में प्रतिष्ठित हों।

जहाँ तक हिंदी मातृभाषा प्रदेशों का प्रश्न है, इस काम में बिलकुल देर नहीं होनी चाहिए। तैयारी या सुविधा के लिए समय माँगने का मतलब केवल उस जनता को और रोके रखना होगा, जो आज भी अपनी मातृभाषा में काम कर सकती है अगर मातृभाषा राजभाषा के रूप में प्रतिष्ठित हो। शब्दकोशों या पारिभाषिक शब्दावलियों के लिए रुकना न सिर्फ भाषा और जनता दोनों के विकास को आगे भी रोके रखना होगा, वरन् अंग्रेजी को जबर्दस्ती अपने ऊपर लादे रखना भी होगा।

किन्हीं राज्यों में यदि मातृभाषाएँ प्रतिष्ठित हो जाएँ और वे यदि हिंदी में नहीं, वरन् अपनी मातृभाषा में केंद्र से व्यवहार करना चाहें, तो उनकी इस इच्छा से हमें विरोध नहीं होगा।

हिंदीतर भाषी राज्यों में हिंदी के लिए जगह हो, इसका सिर्फ यही रास्ता है कि पहले वहाँ मातृभाषाओं के लिए जगह हो, हम इसके लिए होनेवाले आंदोलनों में सहयोग करेंगे।

हम भारतीय भाषाओं के सहयोग से हिंदी के सार्वदेशिक विस्तार में विश्वास करते हैं और इसलिए हिंदी के भावी रूप के लिए हमारी धारणा है कि यह आज ही रूढ़ नहीं की जा सकती। जो ऐसा करते हैं, वे दूसरे प्रदेशों में हिंदी की स्वीकृति में सबसे बड़ी बाधा देते हैं।

यह आवश्यक है कि प्रशासन की भाषा के अनुरूप ही शिक्षा के भी क्षेत्र में व्यवस्था हो। शिक्षा और परीक्षा का माध्यम सभी स्तरों पर मातृभाषाएँ हों। अंग्रेजी की पढ़ाई वैकल्पिक हो। अंग्रेजी की पढ़ाई में और अहिंदीभाषी क्षेत्रों में हिंदी की पढ़ाई में आग्रह भाषा सिखाने पर हो, साहित्य की शिक्षा

पर नहीं।

शिक्षा और प्रशासन दोनों ही क्षेत्रों में पारिभाषिक शब्दावली की शुद्धता पर ध्यान न दिया जाए वरन् प्रचलित शब्दावली से ही काम चलाया जाए। इससे विदेशी शब्द या तो मँजकर भाषा का अंग बन जाएँगे या कुछ समय बाद अपने आप ही छँट जाएँगे।"

[*नवभारत टाइम्स*, 19 अप्रैल 1965]

भाषा की पढ़ाई और पढ़ाई की भाषा
(त्रिभाषा सूत्र बनाम त्रिगुण सूत्र)

राजधानी में पिछले सप्ताह भाषा के मामले पर विचारों की जो उथल-पुथल होती रही उसने भाषाप्रेमियों के मन में खासी उत्तेजना पैदा की—किसी हद तक आशंका भी—और संपर्क-भाषा के भविष्य के बारे में चिंतित होकर लोग खोजबीन करने लगे कि त्रिभाषा सूत्र और द्विभाषा सूत्र और सीमित विकल्प सहित द्विभाषा सूत्र, इन तीनों के परिणाम क्या-क्या हो सकते हैं? इस बार राजधानी की चिट्ठी में इसी खोजबीन को आधार मानकर हम इन सूत्रों को जाँचने की कोशिश कर रहे हैं।

परंतु इसके पहले कि यह करें, दो बातों की ओर पाठकों का ध्यान दिला दें। दोनों राजधानी के त्रिदिवस-शिक्षामंत्री सम्मेलन की घटनाएँ हैं। एक तो यह है कि सम्मेलन शुरू होते ही प्रधानमंत्री, उपप्रधानमंत्री और शिक्षामंत्री, तीनों ने एक स्वर से विभिन्न रागों में यह अलाप किया कि हमारी शिक्षा व्यवस्था असफल रही है, हमने उसमें कहा बहुत कुछ, किया बहुत कम और अब हमें यह भूल सुधारनी है। दूसरी यह है कि बहस के दौरान एक हिंदीभाषी राज्य के शिक्षामंत्री ने संपर्क भाषा के रूप में हिंदी की अनिवार्य शिक्षा पर जोर देते हुए अचानक पाया कि केंद्रीय शिक्षामंत्री उनसे पूछ रहे हैं "आपने अभी तक अपने राज्य में शिक्षा माध्यम और सरकारी माध्यम के रूप में पूर्णतः हिंदी को क्यों नहीं प्रतिष्ठित किया?"

इसका कोई संतोषजनक उत्तर उनके पास न था। पहले उन्होंने कहा—शायद अधिकारीगण पूरी तरह ऐसा होने देना नहीं चाहते थे—फिर कहा कि सिद्धांत तो रहा परंतु पालन में शिथिलता रही—फिर इस पर आ गए कि अब तो कम से कम कुछ करना ही होगा।

इन दोनों घटनाओं से यह नतीजा निकालना गलत न होगा कि अब आगे दो ही रास्ते हैं। या तो उन्हीं कामों को करने के लिए जोर बाँधा जाए तो 17 साल में नहीं किए जा सके, या फिर ऐसा रास्ता निकाला जाए जो आज की परिस्थितियों में संभव हो। यही नहीं, ऐसाा भी हो कि उस पर पिछले 17 साल की तरह सिर्फ बातचीत नहीं, काम भी किया जा सके। आज की परिस्थितियों से अभिप्राय और कुछ नहीं, उन्हीं परिस्थितियों से है जो 17 वर्ष तक कथनशूरता और कार्यभीरुता के अभ्यास से उत्पन्न हुई हैं।

अब आगे चलें।

देखते हैं कि शिक्षा आयोग ने भाषा संबंधी सिफारिश में काफी हद तक इस परिवर्तित यथार्थ का ध्यान रखा था और हिंदी और अंग्रेजी, दोनों की अनिवार्य शिक्षावाला त्रिभाषा सूत्र इस अर्थ में संशोधित कर दिया था कि यह राज्यों की इच्छा पर छोड़ दिया था कि किस दर्जे से कौन-सी भाषा अनिवार्य की जाए। जब नए शिक्षामंत्री त्रिगुणसेन ने सार्वदेशिक मतैक्य की खोज में संसद सदस्यों की समिति की राय इस मामले पर माँगी तो मालूम हुआ कि इस सिफारिश के प्रति केवल कुछ सदस्यों को छोड़कर सभी शंकालु हैं—द्र.मु.क. के उद्धृत हिंदी विरोधी नेता इस नाते कि इसमें हिंदी की अनिवार्यता

बनी रहती है और हिंदी-समर्थक नेता—विशेषतया जनसंघ—इस नाते कि इसमें हिंदी की अनिवार्यता की अवधि निश्चित और यथेष्ट रूप से स्पष्ट नहीं है।

इससे श्री त्रिगुणसेन की इस विचारधारा को स्फूर्ति मिली कि त्रिभाषा सूत्र 'विद्यार्थियों पर बोझ डालता है।' यह राजनीतिक विचार जगत की विडंबना है कि शिक्षाशास्त्री जब राजनीति के क्षेत्र में आता है तो राजनीतिक उद्देश्य की सिद्धि के लिए कहता है कि त्रिभाषा सूत्र राजनीतिक कारणों से बनाया गया था और हमें उसके स्थान पर शुद्ध शिक्षाशास्त्रीय सूत्र लगाना चाहिए। वास्तव में शिक्षामंत्री अपने शिक्षाशास्त्रीय तर्क को एक ऐसे राजनीतिक तर्क के एवज में इस्तेमाल कर रहे हैं जो वह जानते तो हैं पर राजनीतिक शक्ति से संपन्न न होने के कारण इस्तेमाल नहीं कर सकते। वह राजनीतिक तर्क क्या है? यही कि अब अनिवार्यता का सिद्धांत हटाकर लाभ-हानि प्रेरित स्वेच्छा का सिद्धांत लागू करना चाहिए। तीन भाषाओं की पढ़ाई बोझ होगी, यह तो केवल एक बहाना था जिसको संसद समिति ने भी इससे अधिक और कुछ नहीं समझा। यह इसी से स्पष्ट है कि शिक्षामंत्री के असल अभिप्राय को अंततः मान्यता मिली।

मंगलवार को जब समिति के सामने त्रिभाषा सूत्र पर पुनश्चिंतन का अवसर आया तो वह एक दिन पहले एक महत्त्वपूर्ण मामले पर सर्वसम्मति प्रकट कर चुकी थी। वह यह था कि विश्वविद्यालय चरण तक शिक्षा माध्यम मातृभाषा अथवा प्रादेशिक भाषा होगी—दोनों प्रायः एक ही होती हैं। परंतु यह त्रिभाषा सूत्र में निहित 'हिंदी की अनिवार्यता' का ही प्रताप था जिससे आँखें चुँधियाए हुए द्र.मु.क. सदस्यों की संकुचित दृष्टि ने मंगलवार को खाली प्रादेशिक भाषा की पूर्ण स्वायत्तता से संतुष्ट न होकर अंग्रेजी की अनिवार्यता की भी माँग की। बहस घोर मतभेद की ओर बढ़ ही चली थी कि प्रश्न एक उपसमिति के सौम्य पारिवारिक वातावरण में निर्णय के लिए भेज दिया गया।

अगले दिन इस उपसमिति में हिंदी की ओर से दो सदस्यों ने महत्त्वपूर्ण योगदान किया। ये थे श्री बलराज मधोक और श्री एस.एम. जोशी। यों तो और भी महानुभाव थे पर इनका महत्त्व इसलिए अधिक है कि ये हिंदीभाषी राज्यों में दो बड़ी विरोधी पार्टियों के प्रतीक हैं और इनकी परस्पर सहमति हिंदी क्षेत्र में होनेवाले भाषा संबंधी सभी परिवर्तनों पर कारगर असर डाल सकती है। उपसमिति में इन दोनों नेताओं ने द्र.मु.क. के उग्ररूप से विचलित न होकर स्थिर किया कि संसद समिति की अंतिम सिफारिश तक सर्वसम्मति का सिलसिला बनाए रखना होगा। इसलिए जब हिंदी को अनिवार्य न रखने पर जोर दिया जा रहा था तो इन्होंने उसका इतना विरोध नहीं किया कि बात टूट जाए बल्कि यह बात उभर आने दी कि अंग्रेजी की पढ़ाई के इच्छुकों को अंग्रेजी पढ़ाने की खुली छूट ही काफी होगी, उसकी अनिवार्यता की क्या आवश्यकता है।

यह परिकल्पना श्री त्रिगुणसेन के भाषा सूत्र के अनुकूल ही थी परंतु शिक्षामंत्री यह आभास भी नहीं देना चाहते थे कि उन्हें हिंदी से कोई वैर है, इसलिए उन्होंने हिंदी की पढ़ाई पर सदस्यों का ध्यान बार-बार खींचा यद्यपि उसकी अनिवार्यता के आग्रह से उत्पन्न होनेवाले असाध्य मतभेद को बचाने का प्रयत्न भी वह करते रहे। एक स्थिति ऐसी आई कि 'द्रमुक' सदस्य इस पर राजी हो गए कि हिंदी अनिवार्य न रहे, फिर चाहे अंग्रेजी भी अनिवार्य न रहे और उसी स्थल पर श्री मधोक और जोशी ने उन्हें कील दिया। तब तक यह दृष्टि उपसमिति में व्याप्त हो चुकी थी कि इन दोनों में से चुनाव विद्यार्थी के अपने लाभ-हानि के विचार पर छोड़ दिया जाए।

ये दोनों सदस्य जैसे ही इस प्रस्तावना से सहमत हुए, अंग्रेजी समर्थकों को भौंचक हो जाना पड़ा। उन्होंने कभी कल्पना भी न की थी कि हिंदी की अनिवार्यता हटाने की कीमत उन्हें अंग्रेजी की अनिवार्यता हटाकर चुकानी पड़ सकती है या दूसरे शब्दों में यह हिंदी समर्थक अंग्रेजी की अनिवार्यता हटाने की कीमत हिंदी की अनिवार्यता हटाकर चुकाने को तैयार हो सकते हैं। पर तीन कमान से

निकल चुका था। उनके पास दोनों भाषाओं की अनिवार्यता हटाने पर सर्वसम्मति की मुहर लगाने के सिवाय कोई चारा न रह गया था। वह उन्होंने किया—हाँ नामजद अधगोरे सदस्य श्री वैरो—जिनकी मातृभाषा अंग्रेजी है—अकेले इसका विरोध करते रह गए।

अब इस घटनाक्रम का सिंहावलोकन करते हुए कुछ संकेत मिलता है कि इस स्थल पर जनसंघ के प्रतिनिधि श्री मधोक के मन में कुछ शंकाएँ थीं। उन्होंने अंग्रेजी की अनिवार्यता हटने से संतोष तो कर लिया था परंतु वह शायद पूरी तरह आश्वस्त नहीं थे कि दोनों भाषाएँ अनिवार्य न होकर यदि विद्यार्थी दोनों को या दोनों में से एक को अपनी 'लाभ हानि' की दृष्टि से चुनेगा तो क्या वास्तव में उसे अंग्रेजी चुनने से ही लाभ नहीं होगा—खास तौर से यह देखते हुए कि सभी शक्ति-मंदिरों में अंग्रेजी ही प्रतिष्ठित है। इसलिए उन्होंने बुधवार की शाम को ही तय कर लिया था कि इस सिफारिश को कुछ और परिवर्तन की जरूरत है। और उनकी इस उभयसंभवता के ही वजन पर 'द्रमुक' सदस्य भी दोचित्ता हो रहे थे—कहीं ऐसा न हो कि हिंदी क्षेत्र अंततः हिंदी में राजकाज आरंभ करके दूसरे राज्यवालों को मजबूर करें कि वे बिना अंग्रेजी जाने ही हिंदी राज्यों में नौकरी कर लें तो कर लें, नहीं तो जाएँ।

नतीजा यह हुआ कि गुरुवार को उपसमिति की बैठक में जोरदार तरीके से ये दोनों प्रतिद्वंद्वी फिर भिड़े और फिर बजाय लड़कर अलग-अलग बैठ जाने के समझौता हुआ कि यों तो पाँचवें दर्जे के बाद से न अंग्रेजी पढ़ना अनिवार्य हो, न हिंदी लेकिन आठवें दर्जे के बाद वह विद्यार्थी जिसने इसके पहले किसी भी कक्षा में न हिंदी पढ़ी हो न अंग्रेजी, इन दोनों में से एक भाषा दसवें दर्जे तक अवश्य पढ़े।

इससे क्या हुआ? एक बहुत अद्‌भुत और मूलभूत परिवर्तन स्थिति में हो गया। अभी तक जहाँ हिंदी का नाम लिया जाता था वहाँ कुछ भाषाओंवाले तुरंत उसके मुकाबले अपनी भाषा नहीं बल्कि अंग्रेजी को ला खड़ा करते थे। इसी के वजन पर जहाँ अंग्रेजी का नाम लिया जाता था, हिंदीवाले दूसरी भारतीय भाषाओं को नहीं हिंदी को उसके मुकाबले ला खड़ा करते थे। अब मोरचा यों बँध गया कि जिन प्रदेशों में अंग्रेजी के समर्थक अंग्रेजी चुनने के अनुकूल परिस्थितियाँ बनाए रखने का आग्रह करेंगे उनमें प्रदेश की भाषा बोलनेवालों से ही उनका विरोध होगा, हिंदीवालों से नहीं। उन राज्यों में विश्वविद्यालय तक की शिक्षा प्रादेशिक भाषा के माध्यम से देने के लिए सर्वसम्मति से हो ही चुकी है। ऐसी दशा में अंग्रेजी की सरकारी सत्ता बनाए रखने का या तो मातृभाषा में विश्वविद्यालयी शिक्षा पानेवाले विरोध करेंगे या फिर वे लोग विरोध करेंगे जो अपने बच्चों को विश्वविद्यालय तक की शिक्षा देना चाहते हैं परंतु उन्हें अंग्रेजी नहीं सिखा सकते, मातृभाषा ही सिखा सकते हैं। यदि यह सूत्र प्रचलित हुआ तो आशा की जा सकती है कि देश से अंग्रेजी हटाने का सच्चा आंदोलन पहली बार आरंभ होगा। अभी तक जो हो रहा था वह सिद्ध हो चुका है कि पाखंड और भाषा के पूजापाठ से अधिक और कुछ न था।

1947 में हिंदी को अनिवार्य नहीं बनाया गया तो इसीलिए कि राजनीतिक कारण इसके पक्ष में नहीं थे। उसके बाद से अब तक कौन से प्रयत्न हिंदी को अनिवार्य बनाने के सफल हुए? अब जब यह सिद्ध हो गया है कि हिंदी अनिवार्य बनाकर संपर्क भाषा या राजभाषा नहीं बनाई जा सकती तो यही रास्ता रह जाता है कि अंग्रेजी की अनिवार्यता हटाने का जो काम 1947 में नहीं किया गया वह अब किया जाए। उसके लिए समर्थन मिले, इतना देशप्रेम अभी भारतीय जनता में बच रहा है। वैसे भी देशप्रेम हिंदीवालों की बपौती कभी न था और जो दावा करते हैं कि उनकी परीक्षा अंग्रेजी को अनिश्चित काल तक राजभाषा की गद्दी पर अपना स्थूल पिंड धरे रखने की अनुमति देनेवाला कानून अगले अधिवेशन में आने पर हो जाएगी। तब देखना होगा कि वे किधर वोट देते हैं। वास्तव में अगला सवाल अब राजकाज में से अंग्रेजी हटाने का सवाल है और भाषाप्रेमियों की

दृष्टि उसी पर होनी चाहिए।

अंत में हम संक्षेप में देखें कि संसद समिति द्वारा स्वीकृत भाषा सूत्र पर चलने से विद्यार्थियों को भाषा की पढ़ाई के मामले में क्या-क्या विकल्प मिलते हैं।

सीमित विकल्पवाले त्रिभाषा सूत्र के अनुसार ऐसा संभव है कि कोई विद्यार्थी प्राथमिक चरण (1-4 या 5) में तमिल, बंगला या मराठी जैसी किसी भाषा के माध्यम से शिक्षा पाए, उसके बाद दूसरी भाषा की अनिवार्य जानकारी के लिए अंग्रेजी ले ले जो दसवीं तक जारी रहे, परंतु यह आवश्यक नहीं है कि वह इस बीच कभी भी हिंदी का ज्ञान प्राप्त करे ही।

असीमित विकल्पवाले द्विभाषासूत्र में स्थिति यह थी कि यह विद्यार्थी चाहता तो ठीक इसी प्रकार तब भी पढ़ सकता था। परिवर्तन के बाद अब वह चाहे तो भी कर सकता था कि दसवें दर्जे के पहले किसी स्तर पर अंग्रेजी पढ़े न हिंदी पढ़े। परिवर्तन के बाद अब वह चाहे तो दसवें दर्जे के पहले कभी न कभी या तो हिंदी पढ़ ले या अंग्रेजी पढ़ ले, पर इन दोनों में से एक भाषा उसे कम से कम तीन साल पढ़नी पड़ेगी—अर्थात् सामान्यतया आठवें दर्जे से दसवें तक।

अंततः प्रश्न यही रह जाता है कि फिर जिसे हिंदी पढ़ने का विकल्प करना होगा वह क्यों करेगा जब तक कि उसे हिंदी पढ़ने से कोई लाभ नहीं होगा। उसे लाभ हो यह स्थिति पैदा कराना ही वास्तव में सारे मामले की जड़ है और भाषा संबंधी आंदोलनों का रुख यदि भाषा के विकास या भाषा की पूजा से हटकर भाषा के सरकारी इस्तेमाल की तरफ जाए तो हिंदी पढ़ने से लाभ की स्थिति भी पैदा हो सकती है। इसके साथ-साथ जैसा श्री मोरारजी ने कहा पब्लिक स्कूल बंद करने होंगे और अंग्रेजी विश्वविद्यालय भी।

[*नवभारत टाइम्स*, 'राजधानी की चिट्ठी', 1 मई 1967]

साहित्यकार का धंधा

भाषा को लेकर पिछले 15 वर्षों में जो कुछ हुआ है उसने भाषा के मामले में राजनीतिक उलझाव पैदा करने के साथ-साथ साहित्यकार के सम्मान की झूठी मान्यताएँ भी पैदा की हैं। सच तो यह है कि ये दोनों उत्पत्तियाँ परस्पर ऐसे जुड़ी हुई हैं कि एक के निराकरण से ही दूसरी का उपचार होगा। परंतु, इस कारण निश्चिंत होकर अपने मिथ्याभिमान में साहित्यकार किलोल करता रहे, तो वह और भी हास्यास्पद बनता जाएगा। यही नहीं, यदि ठीक समय पर उसने अपने को इस झूठ से मुक्त नहीं किया तो नई पीढ़ी में उसके विरुद्ध प्रतिक्रिया भी उतनी ही झूठी हो सकती है जितना वह खुद है।

भाषा को ठाकुर और साहित्य को मंदिर तथा सरकार को पुजारी मानकर चलने में सबसे बड़ी क्षति भाषाई पेशों की हुई है—रेडियो, अखबार, शायद अध्यापन भी इसके अच्छे दृष्टांत हैं। बहुत कम, बहुत ही कम हिंदी साहित्यकारों ने पिछले वर्षों में इन माध्यमों की अपनी श्रेष्ठता को स्वीकार किया है और इनमें कुछ दक्षता प्राप्त करने को अपनी साहित्यिक गरिमा के प्रतिकूल नहीं माना। इसके पीछे राजनीतिक कारण रहा है—भाषा को इस्तेमाल करने में देर लगाने की नीति। आज भी वही नीति है पर यह कहना अपने को जबरदस्त धोखा देना होगा कि अधिकांश साहित्यकार तब उस नीति के शिकार हो गए थे और आज उस नीति से सचेत हैं। सभी प्रमाण दिखाते हैं कि तब वे उस नीति में साझीदार थे और आज उस नीति को टूटने नहीं देना चाहते हैं।

भाषा को भावी राजभाषा या वर्तमान राष्ट्रभाषा के रूप में हम जब तक पूजते रहेंगे भाषा हमारी रक्षा करती रहेगी, कुछ ऐसा विश्वास इनके मन में काम करता रहा है। यदि जनसाधारण उसी भाषा में सामाजिक व्यवहार करने लगें जिसमें बोलते हैं तो हमारी सलाहकारी बेकार हो जाएगी, कुछ यह

चिंता भी उनकी रही है। "एक वक्त आएगा जब भाषा के लिए इस्तेमाल की आज्ञा होगी—और वह आज्ञा देनेवालों के हम कृपापात्र होंगे?" यही भविष्य इन साहित्यकारों के सामने रहा है।

इस तरह के कुछ वाक्य आज भी याद आते हैं : 'रेडियो के लिए लिखना कोई लिखना है?" या "अखबारी साहित्य का कोई शाश्वत मूल्य नहीं।" और यदि ऐसे वाक्य आज कहे नहीं जा रहे तो उसका कारण बहुत करके यह प्रतीति है कि कहीं ऐसा कहना अब अपने लिए दरवाजे बंद करा लेना न हो।

पहले रेडियो को देखें। सवाल यह नहीं है कि रेडियो सरकारी संस्था है, सवाल यह है कि प्रसारण एक माध्यम है अर्थात् एक शिल्पमूलक आजीविका है। हिंदी और रेडियो का संबंध नहीं बनने पाया, इसके लिए जिम्मेदार कौन हैं? वही लोग जो भाषा के मामले में रेडियो को सलाह देते रहे और बराबर इस माध्यम को निकृष्ट तथा अपनी नौकरी को सम्मान समझते रहे। अपवाद रहे हैं, पर एक-दो या शायद एक ही—हिंदी समाचारों के प्रसारण में एक समय भाषा-निरीक्षक की हैसियत से सच्चिदानंद हीरानंद वात्स्यायन ने अनुवादी भाषा की गलत और शिल्प-विरोधी रूढ़ियाँ तोड़ी थीं—पर बाद के सलाहकारों ने उन्हें फिर प्रतिष्ठित करना अपने अस्तित्व के लिए ज्यादा अच्छा पाया और वही उन्होंने भरसक किया भी।

इसी एक उदाहरण को देखें कि वह राजनीतिक निर्णय से कैसे जुड़ा है। जब तक मूल हिंदी में लिखने की व्यवस्था नहीं होगी, तब तक भाषा का प्रसारण-माध्यम में संस्कार नहीं हो सकेगा। इस तर्क को और आगे भी ले जा सकते हैं : जब तक समाचार-प्रेषण हिंदी में नहीं होगा तब तक मूल भाषा का नहीं, अनुवाद का ही बोलबाला रहेगा। यह राजनीतिक निर्णय अभी, इसी क्षण होना चाहिए। पर मैं नहीं मानता कि जब तक यह निर्णय न हो तब तक हमें अपनी ओर से हिंदी प्रसारण का स्तर गिराते जाना चाहिए। सरकारी हिंदी समझने के लिए उसकी मूल अंग्रेजी की जरूरत पड़े, यह स्थिति ले आना अंग्रेजी को कभी न हटाने का ही तरीका है। अनुवादी-प्रसारण का दमघोंट 'अ' —हिंदी का गढ़ बनाकर अंग्रेजी का गढ़ नहीं तोड़ा जा सकता। हिंदी समाचार तो वैसे भी सीधे जनता तक पहुँचने का साधन था, उसका शिल्प सुधारने के प्रयत्न में उसे अंग्रेजी के अनुवाद से मुक्ति दिलाने का आग्रह भी हो सकता था। किंतु 1953-55 के एक-दो वर्ष छोड़कर, बाकी समय समाचार-भाषा को अधिकाधिक दासी बनाने का प्रयत्न होता रहा है। यह हिंदी सलाहकारों की सहमति से नहीं हुआ तो कैसे हुआ—इसका एक बार भी तो उनके मुँह से विरोध नहीं सुना गया!

इस सबके मूल में अपनी साहित्यिक प्रतिष्ठा को ही वृत्ति बनाने और शिल्प या माध्यम के प्रति उपेक्षा रखने की भावना काम करती रही है। यह ठीक है कि राज्याश्रय ने अन्य पेशों में भी उपद्रव किया—"डॉक्टर वही बड़ा है जो मुख्यमंत्री का इलाज करे, और जो उसका करे वह सामान्य आदमी का क्यों करे?"—पर सौभाग्य से उन पेशों में भाषा माध्यम नहीं रही, नहीं तो यह स्थिति भी आ सकती थी कि आप हिंदी के पंडित हैं इसलिए गुर्दे का ऑपरेशन करने के सबसे अधिक योग्य हैं।

यही स्थिति भाषाई पेशों में उपजती रही है। "आप हिंदी के पंडित हैं बल्कि हिंदी क्षेत्र में रहनेवाले पंडित हैं, इसलिए आप परामर्श दे सकते हैं—किसी भी शिल्प के, जिसमें भाषा दरकार हो, आप विशेषज्ञ हैं क्योंकि आपसे आशा की जाती है कि आप उस शिल्प का स्तर उठने नहीं देंगे। उसमें आपके पांडित्य का अपमान तो है ही, क्योंकि शिल्प तो घटिया चीज है, आपकी सलाहकारी को खतरा भी है।" नतीजा सामने है। प्रसारण की शिल्पमूलक आजीविका में, शिल्प से अनजान साहित्यकारों के परामर्श की बदौलत, आज हिंदी के नाम पर दिखाने को सिर्फ घटियापन बचा है।

अखबार को देखें। इस पर जरा अप्रत्यक्ष ढंग से प्रभाव पड़ा है। इस तरह कि पिछले 15 वर्ष तक हिंदी की डिग्री इतनी बड़ी काबिलियत समझी जाती रही कि विश्वविद्यालयों ने ढेरों आदमी पैदा किए, जो या तो सिर्फ हिंदी पढ़ा सकते थे या हिंदी में अनुवाद कर सकते थे। हिंदी का मतलब

ही हो गया बाकी विद्याओं का अज्ञान। या यों कहें कि बाकी विद्याओं के जानकारों को हिंदी से मतलब न रहा, क्योंकि उससे कोई फायदा न था। जब हिंदी में सस्ते अनुवाद कम दाम पर कर देनेवाले लोग मिल जाते थे तो आर्थिक, वैज्ञानिक, राजनीतिक या अंतरराष्ट्रीय मसलों पर जानकारों से हिंदी में लिखने की जरूरत ही कहाँ थी। फर्ज कीजिए, अब कोई संपादक ऐसे जानकारों को खोजने भी चले तो वह बार-बार या तो ऐसे साहित्यकारों से टकराएगा जो अंग्रेजी से अनुवाद कर वे दे सकते हैं या ऐसे जानकारों से टकराएगा जो अंग्रेजी में लिखकर दे सकते हैं। कहाँ हैं वे जो अपने विषय के सम्माननीय जानकार हों पर अपनी मातृभाषा में भी लिख सकते हों? हाँ, ऐसे बहुत हैं जो अपनी भाषा के सम्माननीय नेता हैं पर जानकार किसी विषय के नहीं।

चारों तरफ देखने से पता चलता है कि अब वक्त बदल रहा है। सरकार में धीरे-धीरे सभी ऐसी नौकरियाँ जो शिल्पगत, विद्यागत या अनुभवगत योग्यता का तकाजा करती हैं हिंदी से अलग कोई चीज बन गई हैं। हिंदी का विशेष ज्ञान है, यह जानते ही हिंदी का विशेष अनुवादक आपको बना दिया जा सकता है। तब यह पूछना जरूरी भी नहीं है कि आपको किसी और विषय का ज्ञान भी है या नहीं, क्योंकि यह सिद्ध हो चुका है कि होता तो आप हिंदी क्यों जानते होते? यदि कभी रहा हो तो 15 वर्ष से अनुवाद करते-करते अब आप अपनी ओर से कुछ मौलिक लिखने की शक्ति खो चुके हैं, यह तो आप खुद जानते होंगे।

साहित्य में प्रतिष्ठा प्राप्त करके जो लोग पिछले वर्ष भाषा का इस्तेमाल करनेवाले धंधों में घुसे थे, उनमें से बहुत से बाहर आ चुके हैं—क्योंकि शिला वह जानते न थे और यों भी साहित्यिक होना शिल्पी होने के मुकाबले अधिक उन्नतिप्रद और सम्मानकारक था। अब जब राज्याश्रय हिंदी से थोड़ा संकोच करने लगा है, हिंदी के साहित्यिक भाषाई धंधों की ओर मुड़ने लगे हैं, यह बहुत अच्छा लक्षण है, पर शायद जोखिम-भरा भी—क्योंकि यदि भाषाई आजीविकाओं के अपने प्रतिमान लागू न किए गए और फिर प्रतिष्ठा के नाम पर शिल्प के साथ खिलवाड़ हुआ, तो दबाव इतना अधिक होगा कि शायद ये आजीविकाएँ असमर्थ आदमियों को अस्वीकृत न कर पाएँ—जैसा इन्हें कर सकना चाहिए। ये उन्हें अपनाकर उनमें अपने धंधे के प्रति ईमानदारी पैदा कराएँगी ऐसी आशा ही करनी चाहिए। किंतु यह सफल तभी होगी जब साहित्यकार साहित्य रचना को नितांत अलग जिम्मेदारी और शिल्पगत कार्यकौशल को नितांत अलग जिम्मेदारी समझने लगेंगे। हो सकता है आगे कभी ऐसे लोग भी हिंदी में पैदा हों जो अपने कार्यकौशल के कारण प्रतिष्ठित हों, हिंदी की ठेकेदारी के कारण नहीं, और जिनके धंधे के बारे में किसी को शक व शुबहा न हो।

[*कल्पना*, जुलाई 1965]

भाषा की पूजा बंद करो

भाषा के मामले पर पिछले 20 वर्षों में जो कुछ हुआ है उसका जायजा एक वाक्य में लिया जा सकता है : थोड़े-से लोगों को, जो भाषा का इस्तेमाल करने की जरूरत से प्रतिश्रुत रहे हैं, उन बहुत-से लोगों के विरुद्ध संघर्ष करने को मजबूर किया गया है जो भाषा की पूजा करते रहे हैं। इस संघर्ष में वह लेखक—और इस लेखक की भी यही स्थिति है—जो थोड़े लोगों में शामिल रहा, अब एक कोने में धकेल दिया गया है जहाँ उसे अपनी आखिरी जी-तोड़ कोशिश के साथ छटपटाती हुई एक लड़ाई लड़नी है। बहस के लिए सच पूछिए तो उसके पास वक्त नहीं रह गया है : बहस पुकारकर शायद कुछ एक अन्य लेखकों को पास बुला सकती है मगर पास खड़े हो जानेवाले अगर खुद छटपटाकर लड़ नहीं सकते तो बहस सिर्फ आततायी को और अधिक आक्रमण का मौका देने का साधन बनती है।

एक अच्छे योद्धा की तरह अपनी क्षति स्वीकार कर लेनी चाहिए—भाषा बुरी तरह टूट चुकी है। राजनीतिक दिमाग एक भाषा में वोट माँगता है, दूसरी में वक्तव्य देता है, तीसरी में शपथ लेता है। कलाकार का दिमाग एक भाषा में सोचता है, दूसरी में लिखता है और फिर पहली में यश प्राप्त करना चाहता है। बाकी लोग किसी भाषा में सोच नहीं पाते, किसी भाषा में बोल नहीं पाते। उनके लिए दो व्यक्तियों के मध्य भाषा की एक बड़ी उपलब्धि—मतभेद—संभव नहीं रह गया है; अधिक से अधिक वे एक अव्यक्त समझौता कर सकते हैं जो एक-दूसरे के भ्रष्ट चरित्र के लिए चुपचाप हामी भरने का समझौता होता है। यह सब इतना जानते हुए कह रहा हूँ कि ये राजनीतिक, कलाकार और लोग कोई आदर्श नहीं हैं।

परंतु कुछ आदर्श इन तीनों वर्गों में कहीं-न-कहीं हैं। जो भी हैं वे भाषा को पूजा की नहीं इस्तेमाल की चीज बनाने के लिए लड़ते रहे हैं। इस लड़ाई में अब अंतिम दौर शुरू हो गया है। एक जगह हम देखते हैं कि सरिहन सरासर झूठ बोलकर अब उसे छिपाने की कोशिश चल भले जाए, सच्चाई को उजागर किया जा सकता है। दूसरी जगह विद्रोह को भटकाने में भाषा का सहारा लेने की चेष्टा, आकर्षण भले दिख ले, भाषा इसमें दगा जरूर दे जाती है। तीसरी जगह, कहने का कोई असर न हो और यहाँ तक न हो कि शब्द की जगह पत्थर ही एक रास्ता रह जाए, फिर भी विचार जनमत बन सकता है। ये सब मुक्ति के, विजय के लक्षण हैं। परंतु लंबी लड़ाई के दौरान पीछे हटते हुए प्रतिद्वंद्वी ने इतनी बस्तियाँ उजाड़ दी हैं कि अब सारी दुनिया नए सिरे से बसानी होगी।

सबसे पहले तो राष्ट्रीय एकता को नए सिरे से समझना और बनाना पड़ेगा। यह एक चीज है जो सबसे ज्यादा जलाई-फूँकी गई है। एक से एक सूक्ष्म अस्त्र काम में लाए गए हैं जैसे यह कि सारे देश की एक राजभाषा जिस संविधान द्वारा स्थापित की गई है उस संबंध में निहित समता के किसी भी आदेश का पालन नहीं किया गया है। जिस भाषा को राजभाषा बनाने का संकल्प किया गया है, उसके बहुमत का शोषण किया गया है, उसकी भाषा का नहीं। स्वामी शासक के जाने के बाद उसकी जगह इस बहुमत के समृद्ध प्रतिनिधियों ने ले ली है और शासक की भाषा के रूप में उस भाषा को बिठा दिया है जिसे आजादी भी नहीं मिल पाई थी। उसे स्वामिभाषा का स्थान दिलाने के लिए लालच दिया गया कि वह दासभाषा बनकर रहे और दासत्व का मुआवजा उपभोग करे। यदि वह भाषा आजाद होती तो काफी बड़ा शासक वर्ग अपनी जगह से हटता। इसलिए उसे अधिक से अधिक मुआवजा देने की पेशकश की गई। उसका विकास करने के लिए बड़े पैमाने पर राष्ट्रीय धन व्यय किया गया जिसमें हिस्सा बँटाने वे लोग आए जिन्होंने भाषा का विकास करते रहने का और उसे इस्तेमाल न होने देने का बीड़ा उठाया। राष्ट्रीय खर्च से एक भाषा को जो घूस दी गई वह दूसरी राष्ट्रीय भाषाओं का पेट काटकर दी गई। भाषाओं में एक भाषा के लिए घृणा फैलाने का यह काफी इंतजाम था। तब भाषा की दासता का मोर्चा यों बँधा : अंग्रेजी शासन की भाषा; हिंदी प्रमुख दासभाषा और बाकी प्रतिनिधि दासभाषाएँ।

यहाँ वह संपूर्ण कहानी दोहराना बहुत-सी जानी-मानी बातें दोहराना होगा जो हिंदी के इस दास-वैभव से उपजी विकृतियों की कहानी है। बहुत बड़े पैमाने पर हिंदी क्षेत्र की प्रतिभा का विविध विद्याओं से, विविध भाषाओं और परंपराओं से और अपने क्षेत्र के मनुष्य से अलगाव ही संक्षेप में वह कहानी है। एक प्रश्न अवश्य यहाँ अनुत्तरित नहीं छोड़ना चाहता हूँ। अकसर कहा जाता है कि यदि स्वतंत्रता मिलते ही हिंदी को सीधे राजभाषा घोषित करके स्थापित कर दिया गया होता तो अनंतर जो कुछ हुआ वह न होता : वैसा नहीं किया गया, यह बड़ी भूल हुई। पर ऐसा नहीं किया जा सका तो क्यों? क्योंकि जिन्होंने हिंदी के नाम पर नेतृत्व सँभाला था—सचमुच उन अल्प प्रतिशत लोगों के साथ थे जो बाद में अमीर से अमीर बने और इन नेताओं में स्वभावतः नैतिक शक्ति की कमी थी। और भी बहुत से काम हैं जो तब नहीं हुए और बाद में बहुत धीरे-धीरे और तकलीफदेह तरीके

से यह गलती सुधारने के प्रयत्न होते रहे। पर वे इतने दिखाँबटी थे कि उन्होंने न सिर्फ कोई परिवर्तन नहीं किया बल्कि हर बार समस्या को एक नई उलझी हुई शक्ल दे डाली।

आजादी के बाद के पहले वर्षों में जब हिंदी क्षेत्र में जन्म लेने के कारण हिंदीभाषी को राजनीतिक सम्मान प्राप्त करने का निर्विवाद अधिकार दे दिया गया तभी उसी क्षेत्र के असंपन्न हिंदीभाषी को अपनी भाषा में अपना सामाजिक अधिकार प्राप्त करने से निरंतर वंचित रखा गया : उसे बताया गया कि कुछ लोग अभी उसकी हिंदी का विकास करने के लिए अंग्रेजी से अनुवाद कर रहे हैं और वह चाहे तो अपनी भाषा का इस्तेमाल करने के खतरे और नुकसान छोड़कर अनुवाद के इस अनुष्ठान में शामिल हो सकता है। हिंदी में अभिव्यक्ति की सामर्थ्य का जीवन में व्यवहार तब इस शक्ल में हुआ कि विद्याओं का, कौशलों का और अंततः चरित्र का विकास नहीं, इन सबके अंग्रेजी नमूनों का भाषानुवाद ही हिंदीभाषी की सामाजिक प्रतिष्ठा का माध्यम है। एक नतीजा इसका यह है कि हिंदी में लिखनेवाले ऐसे लोग दिन-ब-दिन कम होते गए जो भाषा के अतिरिक्त और किसी विद्या में पारंगत हों। संपूर्ण समाज रोककर रखा गया उस दिन की प्रतीक्षा में जब संविधान के अनुसार रातोंरात हिंदी राजभाषा हो जाएगी और उस दिन भाषा का अधिकार हर एक को मिल जाएगा। यह दिन हिंदीतर भाषाओं के संपन्न वर्ग को स्वभावतः खतरे का दिन दिखाई देने लगा क्योंकि यह प्रकट हो चुका था कि यह खुद हिंदी भाषा के उतने ही संपन्न वर्ग के लिए खतरे का दिन है जिसे वे टालना चाहते हैं।

जब यह भय हिंदीतर क्षेत्र के संपन्न नेताओं ने प्रकट किया तो इसकी प्रतिक्रियाएँ हिंदी क्षेत्र में और हिंदीतर क्षेत्रों में प्रायः एक-सी हुईं; हिंदी नेताओं ने इसे हिंदी-विरोध का नाम दिया जबकि यह हिंदी नेताओं का ही समधर्मी अंग्रेजी समर्थन था। हिंदीतर क्षेत्र में वंचित पिछड़े वर्ग को भी अपने नेताओं का यह अंग्रेजी समर्थन मातृभाषा की रक्षा के साधन के रूप में दिखाई दिया—या कम से कम दिखाया गया पर बहुत समय तक एक झूठी बहस हिंदी और हिंदीतर दोनों पक्षों के स्वार्थी नेताओं में चली जिसमें वास्तव में दोनों अपने-अपने क्षेत्र की भाषा-शक्ति को आगे बढ़ने से रोकने के मामले में सहमत थे। हिंदी नेताओं ने अपनी जनता से कहा—चूँकि सरकार और हिंदीतर भाषी हिंदी का विरोध कर रहे हैं इसलिए हम हिंदी में हस्ताक्षर करने, हिंदी में नाम-पट लिखवाने और हिंदी में पुरस्कार दिलाने के कार्यक्रम और आंदोलन चला रहे हैं। हिंदीतर क्षेत्र की जनता से इन्होंने कहा, हम दूसरी भाषाओं के विरोधी नहीं हैं—दूसरी भाषाओं का भी वैसा ही विकास होना चाहिए जैसा हम अपनी भाषा का कर रहे हैं—अर्थात् उनके इस्तेमाल को रोक रखे रहनेवाला विकास। फलतः केंद्र ने सब भाषाओं के विकास का नारा उठाया—क्योंकि केंद्रीय सत्ताधारी नेतृत्व इन दोनों क्षेत्रों के संपन्न नेता वर्ग को अपने साथ रखना चाहता था। हिंदी के इस वर्ग की जो सामाजिक शक्ति इस बीच बढ़ गई थी उसका पलड़ा दूसरी भाषाओं के समानधर्मी वर्ग की राजनीतिक शक्ति के बराबर लाने के लिए बंदरबाट का रास्ता केंद्रीय नेतृत्व ने अपनाया : हिंदीवालों का घमंड चूर करने के लिए सरल और सर्वसुगम हिंदी का डंडा श्री नेहरू जब-तब चलाते रहे। इस दौर की एक छोटी-सी घटना का उल्लेख यहाँ किया जा सकता है जो दिखाती है कि हिंदी का नेता इस कांड में किस तरह शामिल था। जब नए रेडियो मंत्री गोपाल रेड्डी से हिंदीवालों की अकल दुरुस्त करने को नेहरू ने कहा तो मंत्री के स्वागत में सेठ गोविंददास के घर पर प्रीतिभोज का आयोजन हुआ। उसमें सेठजी ने हिंदी विरोधी रेड्डीजी की खूब खबर ली। मंत्री इस सत्कार के लिए तैयार न थे। बहुत नाराज हुए। डॉ. नगेन्द्र ने उन्हें शांत होने में सहायता दी। उन्होंने बड़े अदब-कायदे से कुछ बहस भी चलाई पर उन्होंने या किसी बड़े आदमी ने मंत्री से एक बार भी नहीं कहा कि आप अंग्रेजी से अनुवाद बंद करा दें और मौलिक हिंदी में लिखना शुरू करें तो भाषा सरल हो सकती है। आखिरकार नेताओं और मंत्री के बीच तयतोड़ अनुवाद की जाँच कराने पर हुआ—मौलिक लेखन पर नहीं। भाषा की आजादी की बात नहीं उठी, भाषा की गुलामी का फायदा नई अनुवाद जाँच-समिति के रूप में उठाया

गया। बंदरबाट ने जो टुकड़ा भाषा में से काटा वह भाषा के इस्तेमाल का टुकड़ा था।

फिर 1963 में अंग्रेजी को सहभाषा के रूप में बनाए रखने का कानून पास होते ही विकास का ढोंग खत्म होकर एक नया ढोंग, पूजा का ढोंग शुरू हुआ, जिसके बीज विकास के ढोंग में पहले से ही थे। अब द्वार पर नाम-पट हिंदी में लिखना भी भगवान को दर-दर भटकाने का पाप समझा जाने लगा और हिंदी संबंधी छोटे-बड़े सरकारी कार्यालय शुद्ध रूप से मंदिर बन गए जिनमें पूजा-पाठ की विधियों पर शास्त्रीय उपदेश करते हुए छोटे-बड़े पुजारी आज जय हिंदी जय नागरी कर रहे हैं। हिंदी के विकास के काम में कभी मजबूरन कुछ गतिशीलता का जो बंधन था वह भी अब आत्महत्या—न्यस्त स्वार्थ की हत्या—माना जाने लगा है। भाषा को कमरे में बैठकर गढ़ने का काम दिन-प्रतिदिन कम होनेवाला काम हो तभी वह गतिशील कहला सकता है, पर अब तो प्रश्न उसे अनंत बनाने का रह गया है—क्योंकि संविधान के हिंदी प्रकरण से हिंदीभाषी को यह जो सामाजिक प्रतिष्ठा उपलब्ध हुई है अब कम से कम इसे बचाए रखने का सवाल हिंदी नेता के लिए हिंदी के नाम पर सबसे महत्त्वपूर्ण सवाल है।

तो भी कुछ अपनी नेतागिरी जताने के लिए और कुछ सचमुच पदहानि के दुख से हिंदी नेता जनता के सामने आकर "हा हिंदी का दुर्भाग्य" कहकर रोया था। साथ ही उसने कहना शुरू किया था कि दूसरी भारतीय भाषाओं की मदद के बिना हम अंग्रेजी को नहीं हटा सकते। सुनने में यह हृदय-परिवर्तन-जैसा लगता है पर है यह केवल वेश-परिवर्तन। वह अभी भी 'अंग्रेजी को नहीं हटा सकते' के बाद 'यानी हिंदी को नहीं स्थापित कर सकते' जोड़ देता है। और अभी भी समझौता उस हिंदीतर भाषी से करना चाहता है जो अपने क्षेत्र में अपनी भाषा का इस्तेमाल रोककर उसके विकास के लिए मोहलत और पैसा माँग रहा है और कहता है कि अंग्रेजी तभी हटे जब मेरी भाषा भी हिंदी के जितनी रिश्वत खा ले।

यह सब केंद्रीय नेतृत्व के हित में है। प्रदेशों में वास्तविक जनमत को दबाने नहीं तो भटकाने का कितना सीधा नुस्खा है। अंग्रेजी और हिंदी को एक ही कोटि की भाषाएँ बताते रहना और देशी भाषाओं का अंग्रेजी-विरोध हिंदी-विरोध की तरफ भटकाते रहना। इस सिलसिले की अब यह घड़ी आ गई है जब पीछे को जानेवाले दो गलत रास्ते बहुत आकर्षक हो उठे हैं। एक यह है कि अंग्रेजी को—दो प्रतिशत भारतीयों की जानी भाषा को जिसमें वे किसी तरह लड़खड़ाते हुए चल सकते हैं—सत्ता की, सामाजिक प्रतिष्ठा की भाषा हमेशा के लिए बनाए रखा जाए : इसकी सिद्धि के लिए जो ढोंग, पाखंड और चरित्र-पतन जरूरी हो वह मातृभाषाओं में प्रोत्साहित किया जाए। दूसरा रास्ता है : प्रदेशों को करने दो जो करते हैं; अपनी मातृभाषा में पढ़ाएँ-लिखाएँ, सरकार चलाएँ—केंद्र में हमें अंग्रेजी के साथ हिंदी को ही लगाए रखने दो फिर चाहे प्रदेशों में आपस में कितनी भी दूरी बढ़े। 'संपर्क भाषा' ही राष्ट्रीय एकता है—प्रदेशों की परस्पर दूरी कम करने की, संपर्क बढ़ाने की जरूरत नहीं क्योंकि उससे विदेशी 'संपर्क भाषा' की जरूरत कम होती है।

परंतु मेरे विचार से आगे जानेवाले रास्तों की संख्या दो से भी कम है—एक ही रास्ता है और वह भी ऊबड़-खाबड़ जमीन पर से होकर जाता है। वह भाषा की पूजा तुरंत बंद करके उसके इस्तेमाल का रास्ता है। अंग्रेजी का इस्तेमाल करने को संविधान बाध्य नहीं करता, हिंदी का इस्तेमाल करने की इजाजत देता है। परंतु सरकारी काम में भी हिंदी नेता हिंदी न खुद इस्तेमाल करते हैं न दूसरों को करने देते हैं, क्योंकि उनका तर्क है कि जो हिंदी नहीं चाहते वे भी केंद्र की प्रजा हैं और उनके लिए अंग्रेजी इस्तेमाल करनी पड़ेगी। इस तरह बिलकुल स्पष्ट है कि भारतीय भाषाओं को दबाए और दो प्रतिशत की अंग्रेजी को बनाए रखने के लिए यह किया जा रहा है।

अब प्रश्न यह है कि यह सब देखते हुए जो अंग्रेजी हटाना चाहते हैं वे लोग क्या पहले आपस में लड़कर यह तय करेंगे कि कौन भाषा अंग्रेजी की जगह ले तब अंग्रेजी जाएगी? अंग्रेजों को हटाने

के पहले यह निर्णय करने की जरूरत बहुत-से भारतीय बताते थे और वे वही थे जो अंग्रेजों के जाने से सबसे अधिक दुखी होनेवाले थे। भारतीय एकता की जो परिकल्पना हमने अंग्रेजी शासनकाल में की उसमें भाषा की स्वतंत्रता का मुख्य स्थान था परंतु भाषा के प्राधान्य की कल्पना नहीं थी। सब भाषाओं के बोलनेवालों को एक सूत्र में बाँधने के लिए गाँधी ने एक राजनीतिक कार्यक्रम को साधन बनाया था, हिंदी नामक भाषा के तंत्र-मंत्र को नहीं : बाकी उन्होंने कई प्रकार से बार-बार कहा था कि मातृभाषा में शिक्षा देना ही भारतीय व्यक्ति को स्वाधीन व्यक्ति बनाने का उपाय है और यदि यह काम आज शुरू कर दिया जाए तो पाठ्य पुस्तकें झक मारकर बनाई जाएँगी। भाषावार राज्य का सिद्धांत भी इसी भावना के अंतर्गत माना गया था। परंतु आजादी के बाद भारतीय एकता के सभी प्रतिमान सत्ताधारी पार्टी की एकता के प्रतिमान के साथ जोड़ दिए गए और हम लोगों को कुछ समय के लिए ऐसा समझाया गया कि देश का भाषावार राज्यों में बाँटना तो बहुत अच्छी चीज है क्योंकि उससे देश की विविधता को समृद्धि मिलती और जन-समुदाय भावाभिव्यक्ति पाते हैं, परंतु यदि ये सब भाषाएँ एक जगह एकत्र हो जाएँ तो देश टूटने लगता है। दरअसल देश नहीं सत्ताधारी दल टूटने लगता है क्योंकि विचार और कर्म के एक होने की प्रक्रिया और तेजी से चलने लगती है।

प्रश्न यह है कि अंग्रेजी हटाने के लिए हम ठीक इसी समय क्या करेंगे? जो 1951 में नहीं किया गया वह क्या था—हिंदी को निर्णयपूर्वक रातोंरात राजभाषा बना देना, या सब भाषाओं को साथ लाकर प्रयोग करना कि देश अपने लिए रास्ता निकाले। तब सरकार को काम करना था। सरकार प्रयोग नहीं कर सकती थी, पर वह सरकार तो निर्णय भी नहीं ले सकी। जो राजनीतिक शक्तियाँ देश में अब उभर रही हैं तथा जो परिवर्तन की प्रक्रिया चल रही है उनके संदर्भ में अब क्या किया जाना चाहिए जिससे बीस वर्ष की गलतियाँ दूर हो सकें?

ऊबड़-खाबड़ रास्ते पर चलने के लिए तैयार होना ही एक उपाय है। रास्ता बनाने की जिम्मेदारी जिन पर है उनको भारतीय एकता की एक कहीं अधिक जीवित और स्पंदित परिकल्पना करनी होगी। छत्र के नीचे एक भारत की नहीं बल्कि आकाश के नीचे एक भारत की कल्पना जिसमें न यह भय रहता है कि केंद्र में सिर्फ अंग्रेजी या हिंदी रहने से ही एकता संभव है, न यह भ्रम कि दोनों रहने से अंग्रेजी जाएगी। आज भाषा के अंदर के उस खोखल को जो पुजारियों ने उसका ढोल बजाने के लिए किया था, अस्वीकार करनेवाली शक्तियाँ उदित हो रही हैं। शब्द में सत्य की अवधारणा करने के लिए भाषा ने कोई दीप-नैवेद्य नहीं बरता, उसने असत्य को तोड़ा और वहीं सत्य स्थापित हुआ। चौदह भाषाओं के एकत्र इस्तेमाल से देश की एकता टूटेगी इस असत्य को हम तोड़ें तो वास्तविक एकता का सत्य स्थापित होता है इस सत्य में कोई शास्त्रीयता नहीं है। जीवन की शक्तियों के परस्पर टकराव से एक या दो या तीन बहुमान्य रास्ते निकालना ही इस सत्य की खोज है। भाषाओं की आंतरिक एकता, शब्दों की समानता और संस्कृतियों की समानधर्मिता के बहुत गुणगान करनेवाले अंग्रेजी समर्थकों को संविधान-सम्मत भाषाओं के टकराव से घबराना नहीं चाहिए। यदि प्रत्येक प्रदेश में ऊपर से नीचे तक मातृभाषा और केंद्र में सभी भाषाओं के इस्तेमाल की व्यवस्था तुरंत की जाए तभी पिछले वर्षों में स्वार्थी नेताओं के हाथों भ्रष्ट हुई राष्ट्रीयता आज सही रास्ते पर चलकर अपनी भारतीयता खोज सकती है, अन्यथा वह अंग्रेजी की खिड़की खोलकर बाहर का विश्वदृश्य निहारती रहेगी और भीतर भाषाविद् 'भुखमरी' और 'स्टार्वेशन डेथ' में अर्थ-भेद करते रहेंगे और शब्दकोश की पूजा होती रहेगी। जो लोग भाषा को मथकर, कूटकर उसमें से बरतने योग्य कुछ गढ़ते रहे हैं—वे कम लोग ही आज मातृभाषाओं के इस्तेमाल का मामला आगे बढ़ा सकते हैं। उनकी छटपटाती हुई लड़ाई का यह आखिरी दौर होगा।

[*जन*, मई 1967]

हिंदी के ये नेता क्या कर रहे हैं?

[चरण सिंह, राव वीरेंद्र सिंह, द्वारिका प्रसाद मिश्र, महामाया प्रसाद सिंह और मोहनलाल सुखाड़िया :]

भाषा के मामले में फिर जान पड़ रही है। मगर भाषा मर रही है। भाषा के माध्यम से अपनी विधाओं का विकास करने की सुविधाएँ कम होती जा रही हैं, भाषा के नाम पर अपनी प्रतिष्ठा की सुविधाएँ बढ़ती जा रही हैं। हिंदी को राजभाषा बनाने के लिए जो समय हिंदी के संरक्षकों ने सरकार से लिया था, उस अवधि में ठोस नतीजों के नाम पर ये ही कुछ उलटी चालें हिंदी के हाथ आई हैं।

इस समय जिस विधेयक का विरोध करने के लिए हिंदी के शीर्षस्थ नेता संगठित हो रहे हैं उसमें अनंत काल तक हिंदी को राजभाषा बनने से रोकने की शक्ति बताई जाती है। अभी यह स्पष्ट नहीं है कि विरोध किस रूप में होगा? यह मानना स्वाभाविक है कि सत्ताधारी दल के लोग विधेयक विरोधी विधेयक के पक्ष में मतदान करने के दलगत आदेश से चालित होंगे। तब उनका विरोध किस प्रकार कारगर होगा? अन्य विरोधियों के बारे में भी प्रश्न पूछा जा सकता है कि अभी तक उन्होंने हिंदी के लिए जो कुछ किया है उसका कुल जमा नतीजा यदि यह विधेयक ही है तो अब उनके विरोध की पद्धति क्या कोई नई पद्धति होगी? या फिर वही किस्सा दोहराया जाएगा और अंत में अंग्रेजी समर्थक अधिकारियों को दोष देकर छुट्टी पा ली जाएगी?

श्री प्रकाशवीर शास्त्री और वसंतराव ओक के संयोजकत्व में जो समिति हिंदीभाषी राज्यों के मुख्यमंत्रियों से संपर्क के लिए गठित हुई है वही भाषाविधेयक विरोधी आंदोलन की रूपरेखा भी तैयार करेगी। अनुमान किया जा सकता है कि इन मुख्यमंत्रियों का सहयोग भी विरोध आंदोलन में माँगा जाएगा। अभी समिति ने अपने कार्यक्रम का परिचय नहीं दिया है इसलिए उसकी सफलता या असफलता पर कुछ कहने का प्रश्न नहीं उठता। किंतु इतना आज भी कहा जा सकता है कि इस विधेयक का सबसे जोरदार विरोध हिंदीभाषी राज्य ही कर सकते हैं और वह इस प्रकार कि अपने राज्यों से अंग्रेजी तुरंत हटा दें। आशा है समिति इस दिशा में आंदोलन चलाने की संभावनाओं पर विचार करेगी।

यह सुझाव सुनते ही बहुत लोग पूछना चाहेंगे कि अंग्रेजी बोलना, लिखना-पढ़ना सब बंद कर देने से हिंदी राज्यों की कौन-सी उन्नति होने लगेगी? परंतु यह भ्रमजन्य प्रश्न है। अंग्रेजी हटाने का मतलब है कि राजकाज और शिक्षा के माध्यम से अंग्रेजी हटाना। अंग्रेजी साहित्य में जिन्हें रुचि हो वे पढ़ें और अंग्रेजी ही क्यों अन्य साहित्य भी पढ़ें। परंतु उन तमाम लोगों के लिए जो हिंदी-क्षेत्र में जन्मे हैं अंग्रेजी का ताला लगाकर भविष्य का दरवाजा बंद न करें। आज विद्या और योग्यता के दो प्रतिमान हिंदी राज्यों में चल रहे हैं। एक योग्यता वह है जो अंग्रेजी पढ़े-लिखे लड़के के पास है, दूसरी वह जो गैर अंग्रेजी पढ़े-लिखे लड़के के पास है। अंग्रेजी पढ़े-लिखों में भी फिर स्वभावतः दो दर्जे हैं, मामूली स्कूल में पढ़ा लड़का और पब्लिक स्कूल में पढ़ा लड़का। चूँकि हिंदी राज्यों में यह एक सर्वविदित तथ्य है कि हिंदी के नेता अपने लड़कों को पब्लिक स्कूल में भेजते रहे हैं, और सामान्य लोगों के बच्चे उन स्कूलों में पढ़ते रहे हैं, जहाँ माध्यम तो हिंदी है परंतु जहाँ से अर्जित विद्या की नौकरी के मामले में कदर नहीं है। इसलिए हिंदी राज्यों में अंग्रेजी हटाने की लड़ाई में एक विचित्र खेमेबंदी दिखाई देने लगी है। हिंदी का नेता ही वहाँ अंग्रेजी को बनाए रखने का सबसे बड़ा समर्थक हो गया है। वह हिंदी को भी बनाए रखने और अंग्रेजी को भी बनाए रखने की बात कहता है जैसा कि एक महीना पहले शिक्षा मंत्री सम्मेलन में प्रकट हुआ था। अंग्रेजी एकदम हटाने के लिए वह तैयार नहीं है कारण कुछ भी वह बताए। दोनों भाषाएँ साथ-साथ चलाने से उसे दोनों लोकों का सुख प्राप्त होता है। अंग्रेजी से राजत्व का और हिंदी से जनप्रतिनिधित्व का।

जिज्ञासा होती है कि तब इस नेता से केंद्रीय भाषा विधेयक का जो विरोधी होगा, वह किस

आधार पर होगा और उस विरोध का क्या नैतिक महत्त्व होगा?

अंग्रेजी और हिंदी साथ-साथ चलाने की योजना में हिंदी समर्थकों ने प्रारंभ से ही केंद्र सरकार का साथ दिया है। 17 वर्ष तक हिंदी के पारिभाषिक शब्द रचने और उन्हें शब्दकोशों में सजाकर रखते जाने का कार्यक्रम अंग्रेजी के हिमायती अफसरों ने नहीं, हिंदी के दिग्गजों ने चलाया। धीरे-धीरे अब ऐसी स्थिति आ गई है कि वही हिंदी विकास कार्यक्रम आगे चलाते रहने में ही इन दिग्गजों को अपना भविष्य सुरक्षित दीखता है। अन्य कोई कारण नहीं है जो ये हिंदी को शब्द शृंगार के वातानुकूलित कमरों से निकालकर शब्द व्यवहार के खुले मैदान में लाने की माँग नहीं करते।

केंद्रीय सरकारी कार्यालयों में जनवरी 1965 के बाद से हिंदी के इस्तेमाल में निरंतर कमी होती गई है। यह सच है कि हिंदी का इस्तेमाल वहाँ भी केवल दासभाषा के रूप में हो रहा था और यह भी सच है कि अनुवाद की दासवृत्ति ने वह सौष्ठव बुरी तरह क्षतविक्षत कर दिया है जो आजादी के पहले की हिंदी में था—तो भी आशा थी कि एक दिन अनुवाद समाप्त होकर मूल लेखन आरंभ होगा। वह दिन हिंदी के विकास की प्रक्रिया संपूर्ण होने पर आएगा ऐसा कहा गया था। अब हिंदी में अनुवाद भी कम होते दीखते हैं, मूल भाषा के प्रयोग का सुदिन तो आने की कोई उम्मीद नहीं रह गई है।

इस स्थिति से जिसे चिंता होनी चाहिए वह है सरकार के बाहर हिंदी के माध्यम से काम करनेवाला व्यक्ति। परंतु कोई संगठित विरोध इस विप्रगति का नहीं हो रहा है तो क्या इसलिए कि सरकार से बाहर हिंदी के नेताओं का काम हिंदी न बरतने से भी चल जाता है? या कि इसलिए उन्हें इस घटनाक्रम का ज्ञान नहीं है? या फिर इसलिए कि इसको मसला बनाकर आंदोलन उठाने से कोई राजनीतिक लाभ नहीं है?

जो भी कारण हो, जैसा मैंने आरंभ में कहा था भाषा मर रही है, भाषा का मामला जिंदा हो रहा है। भाषा को मरने से बचाने का अन्यतम उपाय उसे तुरंत राजकाज की भाषा बना देना है और अंग्रेजी से उसका अनुवाद संबंध छुड़ाकर उसे अपने ऊबड़-खाबड़ रास्ते पर चलने के लिए छोड़ देना है। परंतु जब-जब भाषा का मामला उठाया गया है तब-तब अनंतकाल तक हिंदी में अंग्रेजी से अनुवाद जारी रखने और अनंतकाल तक मूल लेखन अंग्रेजी में जारी रखने का विरोध नहीं किया गया है—हिंदी का नाम कितने ही जोर से लिया गया हो जो लड़ाई हिंदी के लिए हिंदी के नेताओं ने लड़ी वह हिंदी के लिए रुपया और अनुवाद के लिए नौकरी मिलने पर आकर आ टूटी। क्या भाषा विधेयक का विरोध भी इसी तरह भटक तो नहीं जाएगा। जिन सुयोग्य हाथों में उसका नेतृत्व है, वे यदि हिंदी राज्यों में अंग्रेजी से अनुवाद का सिलसिला खत्म कराएँ तो शायद हिंदी दासभाषा से उठकर सचमुच राजभाषा बन सके। जय हिंदी जय नागरी का जो नारा उठाया जाता है वह बंद होना चाहिए, क्योंकि दासभाषा के बोलनेवालों के मुँह में वह निरा ढोंग है। यही नहीं वह हिंदी को उसके राज मार्ग से हटाकर पूजापाठ की भाषा बनाने के लिए उठाया जाता है और जितनी बार यह नारा दोहराया जाता है, हिंदी का इस्तेमाल करनेवाले लोगों का भविष्य कुछ और धुँधला और उसके पुजारियों का भविष्य कुछ और सुरक्षित हो जाता है।

[*नवभारत टाइम्स*, 'राजधानी की चिट्ठी', 5 जून 1967]

हिंदी की पूजा में उर्दू का अड़ंगा!

[उर्दू को लेकर पिछले सप्ताह राजधानी में बड़ी चहल-पहल रही। जनसंघ के हाईकमान ने और कांग्रेस हाईकमान ने विचार किया और वक्तव्य दिए। उत्तरप्रदेश के उपमुख्यमंत्री आए और एक और वक्तव्य दे गए। संसपा और प्रसपा के प्रधान सचिवों ने भी अपनी राय जाहिर की। अगर कोई नहीं बोला तो भाषा के निर्माता कहलानेवाले साहित्यकार और भाषा के विशेषज्ञ कहलानेवाले प्राध्यापक नहीं बोले। इनका यह मौन इसलिए और भी अखरा कि एक जमाने में हिंदी और उर्दू की बहस का एक बड़ा हिस्सा इन्हीं के जिम्मे था। हिंदी और उर्दू एक ही भाषा की दो शैलियाँ हैं, यह तर्क तब अकसर आत्मविश्वास के साथ उठा करता था।]

•

यह सच है कि तब भी इस तर्क का फायदा कुछ राजनीतिक दल उठाते थे—कुछ इसका समर्थन करके और कुछ विरोध करके। लेकिन, यह भी सच है और ज्यादा बड़ा सच है कि हिंदी और उर्दू को करीब लाने का काम जोरों से हुआ करता था। यह काम लेखक और भाषाविद् जब अपनी ओर से करते थे, तो यह सफल होता था जैसे प्रेमचंद के यहाँ हुआ। जब यह काम सरकारी या राजनीतिक सहायता से होता था, तो चौपट होता था जैसे हिंदुस्तानी एकेडमी या पंडित सुंदरलाल के यहाँ हुआ। पिछले कई बरस से हिंदी और उर्दू को अलग-अलग करने का काम सरकार ने सम्हाल रखा है, जबकि लेखक, कम से कम हिंदी का आधुनिक लेखक इन दोनों को करीब लाने पर तुला हुआ है। आधुनिक हिंदी कहानी या कविता भाषा की सरलता के मामले में भारत की सब भाषाओं के आधुनिक साहित्य से एक युग आगे हैं—यहाँ तक कि उसमें उर्दू और हिंदी का भेद करना कठिन है।

उधर आकाशवाणी के उर्दू समाचार या वार्तालाप उर्दू के वातावरण में पढ़े-लिखे श्रोता के लिए भी दुर्गम होते आए हैं। आकाशवाणी की उर्दू ठेठ किताबी उर्दू है, जिसका जिंदगी से कोई संबंध नहीं। यह उतना ही सही है, जितना कि यह कि सरकारी हिंदी अंग्रेजी का गुलाम अनुवाद है, जिससे हिंदी के स्वभाव व्याकरण और संस्कार का भयंकर निरादर हो रहा है। सरकार से बाहर उर्दू के भारतीय लेखकों के लिए अपने अधिकांश लेखन का हिंदी भाषांतर और कभी-कभी केवल लिप्यंतर कराना अनिवार्य हो गया है, क्योंकि हिंदी में ही उनको विशाल पाठक संसार मिल सकता है। वह संसार इतना विशाल हृदय है कि लिप्यंतर करने से ही उर्दू की कहानी को वह हिंदी की मान लेता है।

बहुत से और उदाहरण दिए जा सकते हैं कि कैसे सरकारी दरबारों और दफ्तरों में हिंदी को स्वतंत्र इस्तेमाल की मँजाई से दूर ले जाकर अंग्रेजी की धराऊ दासी बनाया गया है और कैसे उर्दू को बोलचाल की भाषा के प्रवाह से दूर ले जाकर एक मुर्दा किताबी भाषा की हैसियत से स्वतंत्र रहने का अवसर दिया गया है। दोनों मामलों में सरकारी नेता और नौकरशाही ने मिलकर संविधान का पालन किया है—उन पर कर्तव्यहीनता का दोष नहीं लगाया जा सकता है। परंतु दोनों मामलों में इन दोनों ने मिलकर दोनों भाषाओं की एक गम्यता और एकात्मभावना नष्ट कर दी है। बहुसंख्यक भाषा को गुलाम बनाकर और अल्पसंख्यक भाषा को रक्षणीय बनाकर दोनों की परस्पर मिलने की आजादी सरकार के घर में तो निश्चय ही छीन ली गई है। बाहर अवश्य एक व्यापक प्रवाह में हिंदी और उर्दू दोनों मिलकर भाषा में कुछ परिवर्तन कर रही हैं, परंतु उसे समझाने के लिए हिंदी और उर्दू पर जीवित रहनेवाले राजनीतिक लोगों को बहुत पढ़ना-लिखना पड़ेगा। इसलिए यह काम उनकी सुविधा पर छोड़कर हम राजनीतिक लोगों के ही मानदंड से उनके कृत्यों की माप लेना चाहते हैं।

जब एकाएक जनसंघ के नेताओं ने आवाज लगाई कि संविद सरकारें उर्दू को दूसरी राजभाषा बनाएँगी, तो हम उनसे अलग हो जाएँगे, तो आश्चर्य हुआ कि संविद सरकारों से अलग होने के लिए क्या

यही सबसे बड़ा कारण रह गया है? अभी तक किसी संविद सरकार ने अंग्रेजी हटाई नहीं यह कोई चिंता की बात क्या जनसंघ के लिए नहीं है? उर्दू को दूसरी राजभाषा बनाने की इच्छा तब तक, जब तक कि हिंदी खुद दूसरी राजभाषा बनी हुई है भगोड़े पहलवान के खम ठोकने के बराबर है। जब तक हिंदी अंग्रेजी की अनुवाद दासी बनी रहेगी, तब तक उसमें मुर्दा शब्द धरे रहेंगे—परंतु जब वह लिखने-पढ़ने के काम आएगी तो उसका अपना व्याकरण और स्वभाव नए जिंदा शब्द लाएगा और बहुत से मुर्दा शब्दों को भी जिलाकर चलाने लगेगा। तब उर्दू और हिंदी के नकली भेद टूटने की जो प्रक्रिया बाहर चल रही है, उससे सरकार को भी शक्ति मिलेगी।

यह प्रक्रिया विशेष रूप से उत्तर प्रदेश में शिक्षा जगत में भी एक हद तक देखी जा सकती है। प्राथमिक स्तर से लेकर माध्यमिक स्तर तक हिंदी के माध्यम से शिक्षा पानेवाले वे छात्र जिनको मुसलमान होने के नाते उर्दूभाषी कहा जाता है, हिंदी बखूबी पढ़ते-लिखते हैं, उस पर ज्ञान-विज्ञान और मनोरंजन के लिए निर्भर रहते हैं। छोटी कक्षाओं में तो यह सिद्धांत भी लागू हुआ है कि उर्दू हिंदी की ही एक शैली है। बेसिक हिंदी पुस्तकों में उर्दू साहित्य के नमूने भी शामिल किए गए हैं। परंतु, इसी से उन लोगों के कर्तव्य की इतिश्री नहीं हो जाती, जो उर्दू को हिंदी की एक शैली मानकर उर्दू का प्रश्न हल कर लेना चाहते हैं।

माध्यमिक शिक्षा और विश्वविद्यालय शिक्षा के अधीन जो हिंदी साहित्य पढ़ाया जाता है, वह उर्दू को हिंदी की एक शैली नहीं मानता। उस स्तर तक पहुँचते-पहुँचते हिंदी माध्यम से पढ़नेवाले मुसलमान छात्र को कक्षा में अपनी सामाजिक और सांस्कृतिक भूमि से अलग हो जाना पड़ता है। जीवन में तो वह हिंदू सामाजिक और सांस्कृतिक भूमि से अलग है ही। इसलिए उसके सामने दो ही रास्ते रह जाते हैं। या तो वह पूरी तौर पर एक ऐसे सांस्कृतिक जीवन में अपने को छोड़ दे, जिसमें वास्तव में उसके लिए जगह नहीं है या फिर विद्रोह करे और कहे कि वह अपनी छोटी और बंद दुनिया में ही भला है, पर वह घर से इसलिए नहीं निकलेगा कि बेघरबार हो जाए।

तब यदि वह सोचे कि अपनी अल्पसंख्यक भाषा की दुनिया में बंद रहकर शायद उसे कम से कम स्पष्ट राजनीतिक अधिकार मिल सकते हैं तो उसकी क्या गलती है, खास तौर से जब महाराजा करनीसिंह राजस्थानी की और महाराजा करनसिंह डोगरी की दुनिया में बंद रहकर बड़े-बड़े अधिकार लेने के मंसूबे बाँधते हैं।

इस उलझन का हल क्या है? जनसंघ के श्री दीनदयाल उपाध्याय का कहना है कि उर्दू और हिंदी में उतना अंतर है जितना खड़ीबोली की दो विकसित शैलियों में हो सकता है। पर ऐसा है तो इससे क्या सिद्ध होता है? क्या यह कि दोनों शैलियों के इस अंतर की ओर से आँख मूँद ली जाए और मान लिया जाए कि उर्दू है ही नहीं, जो है वह हिंदी ही है? या कि यह कि उर्दू को अलग और हिंदी को अलग पोसते रहा जाए और साथ-साथ घोषणा करते रहा जाए कि उर्दू की अलग माँग सांप्रदायिक है?

दोनों उत्तर एक ही उद्देश्य की पूर्ति करते हैं। वह उद्देश्य नकारात्मक है। वह यह है कि हिंदी को जिस प्रकार जन प्रतिनिधि शासन की भाषा न बनाकर अनुवाद विकास मंदिरों में आराध्य देवी बनाकर रखा गया है, उस पूजा-पाठ में विघ्न न पड़ने पाए। हिंदी में उर्दू की विकसित शैली मिलने न पाए और उर्दू के संरक्षण एवं विकास का प्रबंध एक अलग चौके में कर दिया जाए ताकि वहाँ जो पकता हो उसकी गंध भी इधर आकर हिंदी पूजन में विघ्न न डाल सके। उत्तर प्रदेश और बिहार के गाँवों में जो मुसलमान ब्रजभाषा, अवधी, भोजपुरी या मैथिली बोलते हैं उन्हें हिंदी की वत्सला धरित्री से खदेड़कर उर्दू संरक्षण के शिविर में ला जमा करने का सबसे आसान तरीका है—जनसंघ की उर्दू नीति।

मगर कहा जा सकता है कि संविधान उर्दू को मान्यता देता है इसलिए उर्दू को अलग से स्थान

तो देना ही पड़ेगा। संविधान के अनुसार तो इस समय हिंदी राज्यभाषा होनी चाहिए थी। भाषा के संबंध में संविधान की सबसे बड़ी आज्ञा का उल्लंघन होता रहे तो उसके भाषा संबंधी अन्य सब निर्देश अर्थहीन हो जाते हैं। क्योंकि संविधान की भाषा संबंधी व्यवस्थाओं का राज्यभाषा पद से अंग्रेजी हटने के साथ घनिष्ठ संबंध है। अंततः उर्दू के हल्ले के बारे में यह आश्चर्य बना ही रह जाता है कि क्यों नहीं यह हल्ला अंग्रेजी हटाने के पक्ष में उतने ही जोर से उठता है जितनी जोर से उर्दू को न आने देने के पक्ष में उठता है?

इतना ही नहीं, यह देखकर यह आश्चर्य और भी घना होता है कि बिहार और उत्तर प्रदेश की सरकारों से हट जाने की धमकी एक ऐसे काम की आशंका पर दी जाती है जो गलत है और जिसे नहीं होना चाहिए परंतु किसी ऐसे काम के न होने पर नहीं दी जाती जो सही है और जिसे होना चाहिए था। संविद सरकारों ने पिछले पाँच महीनों में न्यूनतम कार्यक्रम के न्यूनतम अंश में ही हाथ लगाया है, और वह भी सगुन करने को। इसकी शिकायत संविद के अंदर शामिल दलों में कोई नहीं करेगा तो निश्चय ही यह कांग्रेस के पिटे चेहरों को चहकने का निमंत्रण देने के बराबर होगा।

आश्चर्य का यहाँ भी अंत नहीं होता। सवाल उठता है कि आखिर उर्दू को दूसरी राज्यभाषा बनाने की क्या कोशिश हो रही थी जिससे एकाएक संविद सरकारों में दरार डालनेवाला भूकंप आ गया? बिहार में एक कांग्रेस सदस्य गैर-सरकारी विधेयक लाना चाहते थे जिसको समर्थन न देने का निर्णय बिहार मंत्रिमंडल ने कर ही लिया था। उत्तर प्रदेश में तो कोई संकट था ही नहीं क्योंकि उप-मुख्यमंत्री के प्रभाव से ही वहाँ उर्दू संबंधी निर्णय हुए थे। हंगामे की वजह क्या कहीं और तो नहीं है? चिंता की बात तो यह है कि जो संविद-पार्टियाँ उर्दू का झंडा उठाए हुए हैं उनकी उर्दू संबंधी माँगों की लंबी-चौड़ी फेहरिस्त में यों तो कोई माँग ऐसी नहीं है जो भारत सरकार के 14 जुलाई 1958 के उर्दू संबंधी प्रस्ताव में न हो, पर एक विषय भेद है। प्रस्ताव के अनुसार कानून और नियमादि को उर्दू में उन क्षेत्रों में प्रकाशित करना चाहिए जहाँ उर्दूभाषी प्रचुर हों और जिनका नाम तय कर लिया गया हो—माँगों में इसे यों कहा गया है कि विधेयकों के उर्दू में अनुवाद उन विधेयकों को दिए जाएँ जो माँगें और नियमादि गजट में हिंदी और अंग्रेजी की तरह छापे जाएँ। यह अतिरिक्त आग्रह उर्दू और हिंदी को अलग-अलग ले जाएगा, अंग्रेजी का हटना और भी मुश्किल करेगा। और एक नकारात्मक आंदोलन को जन्म देगा। जो पार्टियाँ यह उर्दू-हिमायत कर रही हैं वे भी जनसंघ की तरह अलगाव के रास्ते पकड़ रही हैं।

प्रश्न यह है कि क्या प्रबुद्ध वर्ग इन राजनीतिक लोगों को भाषा के मामले में फूट डलवाकर राजनीति चलाने देगा या उनसे कहेगा कि तुम खेती-उद्योग और न्याय व्यवस्था में कुछ सुधार करके दिखाओ और भाषा के मामले में सिर्फ इतना करो कि अंग्रेजी हटा दो। बाकी, हिंदी उर्दू की शैली आदि के विषय में हिंदी-उर्दू के लेखक बहुत काम कर चुके हैं और कर रहे हैं, उसको समझो और भाषाओं को बनाने का काम तुम छोड़ दो। तुम केवल इतना करो कि हर व्यक्ति को, चाहे उसकी भाषा कोई भी हो, बारोजगार और सम्माननीय जीवन देने के लिए अर्थतंत्र को बदलो—और 100 व्यक्तियों को पूरी स्वतंत्रता देने के लिए उन्हें अंग्रेजी साहबों की गुलामी से अभी-अभी मुक्त करो। फिर हम उर्दू-हिंदी की शैलियाँ बना लेंगे।

[*नवभारत टाइम्स, 'राजधानी की चिट्ठी'*]

भाषा की मुर्गी और अंग्रेजी का अंडा

पढ़ाई की नीति अभी सरकारी तौर पर घोषित नहीं की गई है। लेकिन अब यह समझना कुछ मुश्किल नहीं रह गया है कि वह जब भी घोषित की जाए सही अर्थ में 'नीति' न होकर परिस्थितियों की व्याख्या ही होगी और वह भी इतनी प्रगल्भ व्याख्या कि उसमें दोटूक बात खोजना डोंगी में बैठ समुद्र पार करने के समान खतरनाक होगा।

उपकुलपतियों ने जो राय कायम की है वह शिक्षा माध्यम के संबंध में अब तक प्रस्तावित सब वक्तव्यों से अधिक भारतीय है, क्योंकि उसमें यह भी सत्य है और वह भी सत्य है कि प्राचीन भारतीय दृष्टि का संपूर्ण प्रतिपादन हुआ है। उपकुलपति सम्मेलन के बाद शिक्षामंत्री श्री त्रिगुणसेन ने जब लंबी साँस लेकर कहा कि अब जाकर मैं कई रात बाद सो सकूँगा तो कुछ गलत नहीं कहा था। साक्षात सरल सत्य को खोजने में इतनी मेहनत उन पर कहाँ पड़ सकती थी जितनी ऐसे सत्य को खोजने में पड़ी जो सत्य भी हो और सत्य भी न हो। सम्मेलन की उपलब्धि यह है कि प्रादेशिक भाषा तो जनसाधारण की एकता के लिए आवश्यक है, परंतु, अंग्रेजी प्रादेशिक भाषा के लिए आवश्यक है।

उपकुलपतियों का सम्मेलन जब शुरू हुआ था तो प्रधानमंत्री ने स्पष्ट कर दिया था कि त्रिभाषा सूत्र के अतिरिक्त कोई और हल हो ही नहीं सकता जो हमारी सब जरूरतें पूरी कर सकता हो। वास्तव में केंद्रीय मंत्रिमंडल अगस्त में ही यह हल स्वीकार कर चुका था और इसकी घोषणा करते-करते रह गया था तो इसलिए कि इसके लागू करने का कार्यक्रम सर्वसम्मति से बनाना कठिन हो रहा था। त्रिभाषा सूत्र के मतलब ऊँची शिक्षा में जाकर सिर्फ यह होते हैं कि अंग्रेजी की जगह देशी (प्रादेशिक) भाषाए आ जाएँ और उन देशी भाषाओं से जो संबंध आज अंग्रेजी का है वही संबंध हिंदी का हो जाए। यह काम निर्धारित समय में करना अनिवार्य मानकर संसद-सदस्यों की समिति ने 5 वर्ष की अवधि इसके लिए रखी थी। मंत्रिमंडल में इसी अवधि को लेकर मतभेद था जिसके कारण शिक्षा माध्यम नीति 15 अगस्त को घोषित नहीं की जा सकी। बाद में जब श्री चागला ने पद त्याग किया तो उन्होंने अवधि के बारे में अपनी आपत्ति पर जोर दिया और शिकायत की कि विश्वविद्यालयों से इस बारे में राय लिए बिना निर्णय किया जा रहा है। ऐसा वास्तव में था नहीं। 15 अगस्त को नीति घोषणा स्थगित होते समय ही सरकारी तौर पर जता दिया गया था कि विश्वविद्यालयों से परामर्श तथा संसद में बहस के बाद ही घोषणा होगी। वही परामर्श पिछले सप्ताह हुआ।

प्रधानमंत्री का यह कहना कि त्रिभाषा सूत्र के अतिरिक्त दूसरा हल नहीं है तथा आपको इसे लागू करने का उपाय खोजना है, उपकुलपतियों ने टाला नहीं, उन्होंने और भी ललित पदावली में घोषणा की कि त्रिभाषा सूत्र ही एकमात्र हल है परंतु, अवधि के मामले में उन्होंने ऐसा निर्णय किया जो न इधर का है और न उधर का है जिससे माध्यम का परिवर्तन का काम फिर उसी भटकाव में पड़ गया है जिसमें से उसे निकालने के लिए सम्मेलन से पहले शिक्षामंत्री श्री सेन बहुत तत्पर दिखाई दे रहे थे। संदेह होता है कि कहीं इससे श्री चागला की ही दृष्टि तो विजयिनी नहीं हुई है?

सबसे पहले तो उपकुलपतियों की यही बात लें कि कितनी जल्दी कब और कहाँ माध्यम परिवर्तन होगा, यह विश्वविद्यालय समाज ही फौरन कर सकता है और कोई नहीं। इसके साथ ही वे कहते हैं कि परिवर्तन की गति अलग-अलग विश्वविद्यालयों में अलग-अलग विषयों में और एक ही विश्वविद्यालय के अलग-अलग विभागों तक में अलग-अलग होगी। यदि ऐसा होगा तो विश्वविद्यालय समाज कैसे कोई एक कार्यक्रम स्थिर कर सकेगा? वह जो भी कार्यक्रम बनाएगा, अंततः अलग-अलग विश्वविद्यालयों की सुविधा के अनुसार ही सार्थक हो सकेगा।

विश्वविद्यालय समाज से उनका तात्पर्य क्या है? यह पूछने पर सम्मेलन के बाद विश्वविद्यालय

अनुदान आयोग के अध्यक्ष श्री दौलतसिंह कोठारी ने बताया कि प्रत्येक क्षेत्र के विश्वविद्यालय अपनी सुविधाओं और आवश्यकताओं के अनुसार आयोग से परामर्श करके कार्यक्रम तैयार करेंगे। क्या इस निर्णय को अमल में लाने के लिए जरूरी नहीं होगा कि उनकी आवश्यकताओं और सुविधाओं की जाँच कोई एक केंद्रीय संस्था करे? यह पूछने पर इस संवाददाता को श्री कोठारी ने बताया कि यही तो हमारी उस बातचीत का विषय होगा जो हम विश्वविद्यालयों से अब करने जा रहे हैं।

अब हम देखें कि सम्मेलन के उद्‌घाटन के समय शिक्षामंत्री ने क्या कहा था। उन्होंने भटकाव के खतरों से उपकुलपतियों को आगाह किया था और ये शब्द इस्तेमाल किए थे :

"सत्य यह है कि 70 में से 35 विश्वविद्यालय अंग्रेजी हटाकर प्रादेशिक भाषा लाने की प्रक्रिया आरंभ कर चुके हैं। यही सही दिशा है और इस ओर न चले बिना गुजारा नहीं है। कई शिक्षा संस्थानों में अंग्रेजी शिक्षा माध्यम की बधिया बैठ गई है क्योंकि विद्यार्थी सुगम शिक्षा चाहते हैं। राज्य सरकारें भी प्रशासन के लिए प्रादेशिक भाषाएँ ला रही हैं। इन कारणों से शिक्षा माध्यम में परिवर्तन की गति और भी तेज हो चली है। अब 17 विश्वविद्यालयों में स्नातकोत्तर शिक्षा भी भाषा के माध्यम से दी जा सकती है। 15 विश्वविद्यालय ऐसे हैं जहाँ भाषा के माध्यम से पढ़नेवाले 90 प्रतिशत से ऊपर हैं। आज अंग्रेजी हटकार प्रादेशिक भाषा लाने के लिए जिस ऊटपटाँग तरीके से काम हो रहा है वह इतना खतरनाक है कि अगले कुछ वर्ष में उससे ऊँची शिक्षा का स्तर बहुत गिर सकता है।

इसलिए आज हमें यह निश्चय नहीं करना है कि प्रादेशिक भाषा माध्यम बने या नहीं—वह तो अत्यंत आवश्यक है—हमें निश्चय करना है कि क्या यह परिवर्तन बिना यथेष्ट तैयारी और एहतियात के यों ही होता रहेगा और अंत में सर्वनाश ही हाथ लगेगा? या कि हम राष्ट्रव्यापी परिवर्तन का सुनियोजित कार्यक्रम दृढ़ता से लागू करेंगे।

यह स्पष्ट समझ लिया कि इसके पीछे कोई राजनीतिक उद्देश्य नहीं है। यह एक शिक्षापरक निर्णय है।

उपकुलपतियों ने प्रादेशिक भाषाओं के महत्त्व को स्वीकार किया है तो यह उनके सम्मेलन की कोई बहुत बड़ी उपलब्धि नहीं है। यह भी उन्होंने केवल इसलिए किया है कि राज्यों में प्रादेशिक भाषाएँ राजभाषा बनाने का आंदोलन जोर पकड़ रहा है और विद्यार्थियों की आशा बढ़ रही है कि अपनी भाषा के माध्यम से शिक्षा प्राप्त करके बहुत अच्छी अंग्रेजी जाने बिना भी वे नौकरियाँ पा सकेंगे। उन्हें तो केवल इस परिवर्तन की पद्धति बतानी थी। उस बारे में हर चीज अस्पष्ट छोड़कर वास्तव में उन्होंने कुछ तय नहीं किया केवल एक राजनीतिक निर्णय के पीछे-पीछे चलने का वायदा कर लिया है।

जिस राज्य में जितनी तेजी से अंग्रेजी सरकारी भाषा के दरजे से हटेगी उतनी ही तेजी से वहाँ प्रादेशिक भाषा के माध्यम से शिक्षा देने में प्रगति होगी। स्वयं कोई दृष्टि देने में असमर्थ शिक्षाविद राजनीतिज्ञों की शक्ति पर ही निर्भर रहेंगे। यह कोई बहुत बुरी बात नहीं है बशर्ते कि राजनीतिज्ञ को जनसाधारण सही रास्ते पर चलाते रह सकें।

उद्‌घाटन के समय प्रधानमंत्री और शिक्षामंत्री दोनों ने बड़े तपाक से कहा था कि शिक्षा के मामले में राजनीति को नहीं लाना चाहिए। उपकुलपतियों ने भी अपने सम्मेलन के अंत में कहा कि हमने प्रादेशिक भाषा का निर्णय राजनीति नहीं शिक्षा की आवश्यकताओं के अनुसार स्वीकार किया है। परंतु उन्हीं की सिफारिशों में एक महत्त्वपूर्ण स्वीकारोक्ति यह भी है कि उन्हें शिक्षा को समाज की आकांक्षाओं की पूर्ति का साधन बनाना चाहिए।

प्रश्न यह है कि शिक्षाविदों में राजनीति से अछूते रहने का यह ढोंग किसलिए है और राजनीतिज्ञों में शिक्षा को राजनीति से अलग रखने का यह दंभ किसलिए है? यह एक बिलकुल बेमानी छुआछूत है जिसका ये दोनों वर्ग प्रचार कर रहे हैं और सिवाय इसके कि अपने आपको धोखे में रखें और

कुछ इससे हाथ नहीं लगने का है। प्रादेशिक भाषा की उपयोगिता स्वीकार करते हुए शिक्षा का स्तर न गिरने देने की बात जो उपकुलपतियों ने कही है वह 'शिक्षात्मक' जान पड़ सकती है पर वास्तव में है वह भी राजनीतिक निर्णयों पर निर्भर। क्योंकि यह जानते हुए भी कि वर्तमान शिक्षा पद्धति केवल कलमपिस्सू तैयार कर रही है शिक्षाविद समाजं शिक्षा पद्धति में परिवर्तन तब तक नहीं कर सकता जब तक राज्य उसे लागू न कराएँ।

जो हो, उपकुलपतियों का प्रादेशिक माध्यम भाषा संबंधी निर्णय, जिसका महत्त्व केवल इतना है कि वह राज्य सरकारों के प्रादेशिक राज्यभाषा संबंधी निर्णय का पूरक है, एक अच्छा निर्णय ही कहा जाएगा। अवधि के विषय में उपकुलपतियों ने जो 'भावना व्यक्त की है कि 5-10 वर्ष के अंदर स्नातक स्तर पर माध्यम में परिवर्तन हो सकता है,' वह संसद सदस्य समिति की पाँच वर्ष की अवधि के बहुत प्रतिकूल तो नहीं है परंतु उसमें यह संशय निहित जान पड़ता है कि शिक्षाविदों को राजनीतिज्ञों की तरफ से कोई वायदा करने का अधिकार शायद नहीं है। ऐसा प्रतीत होता है कि 5-10 वर्ष का उल्लेख करके राज्य सरकारों को संकेत दिया गया है कि यदि इस अवधि में आप प्रादेशिक भाषाओं को सचमुच ऊँचा दर्जा दे सकें तो वे माध्यम भी बन जाएँगी नहीं तो, जैसा कि विश्वविद्यालय आयोग के अध्यक्ष ने बताया, 10 वर्ष के बाद स्थिति का फिर से अध्ययन किया जाएगा।

इस 5-10 वर्ष में अंग्रेजी का क्या होगा? मुख्य प्रश्न तो यही है। उपकुलपति सम्मेलन ने इस बारे में एक बात साफ कही है कि स्नातक स्तर पर भी विद्यार्थी को अंग्रेजी पर अधिकार की सामर्थ्य दिलाने का प्रयत्न बराबर जारी रहना चाहिए। फिर एक बात गोलमोल कही है कि स्नातकोत्तर स्तर पर माध्यम भाषा का महत्त्व नहीं है। इससे यह भ्रम हो सकता है कि उन्होंने अंग्रेजी को वहाँ से हटा दिया है। वास्तव में अंतिम सिफारिशें तैयार करते समय यह वाक्य काट भी दिया गया था कि 'अंग्रेजी स्नातकोत्तर स्तर पर माध्यम बनी रहेगी।' यह वाक्य हटा देने से इतना अवश्य हुआ है कि लिखित रूप में कहीं अंग्रेजी का पक्का वायदा नहीं किया गया है। परंतु स्नातक स्तर पर अंग्रेजी की तैयारी पर जोर दिया जाता रहा तो यदि स्नातकोत्तर स्तर पर किन्हीं विश्वविद्यालयों में प्रादेशिक भाषाएँ माध्यम बनाने की सामर्थ्य हो भी जाए तो वहाँ अंग्रेजी और प्रादेशिक भाषा का संघर्ष फिर पैदा हो जाने की आशंका रहेगी। कम से कम यह तो मानना ही पड़ेगा कि प्रादेशिक भाषाओं के माध्यम से स्नातक शिक्षा पानेवाले को स्नातकोत्तर स्तर पर प्रादेशिक भाषा के लिए आंदोलन करना पड़ेगा। यदि वह स्नातकोत्तर शिक्षा का मोह छोड़ देने को तैयार न हो तो उसे स्नातक स्तर पर ही मजबूर होकर अपने मन में भाषा को दूसरा तथा अंग्रेजी को पहला दर्जा देना पड़ेगा—ताकि वह आगे अंग्रेजी से उतना ही अच्छा काम कर सके जितना शुरू से ही अंग्रेजी से काम करनेवाले कर सकते हैं।

इस प्रकार जब तक स्नातकोत्तर स्तर पर भाषाओं की प्रतिष्ठा नहीं होती तब तक प्रादेशिक भाषा का यह सारा जय-जयकार केवल एक ऐसा ढोंग बना रहेगा जिसमें राजनीतिज्ञ और शिक्षाविद दोनों का गठबंधन हो गया है। ऐसा लगता है कि भाषा को जनता की आवश्यकता तो मान लिया गया है परंतु, अब यह कोशिश हो रही है कि जनता को और विशिष्ट वर्ग को, जिसकी भाषा जनता से अलग होनी चाहिए दो खानों में बाँट दिया जाए। भाषा की मुर्गी हो जो अंग्रेजी का अंडा दे और आप बहस करते रह जाएँ कि पहले मुर्गी कि पहले अंडा?

[*नवभारत टाइम्स*, 'राजधानी की चिट्ठी', 18 अगस्त 1967]

भाषा-भ्रमजाल

राजभाषा-संशोधन विधेयक का जो विरोध सारे हिंदी प्रदेश में हो रहा है उसकी तुलना एक ऐसे व्यक्ति के विद्रोह से की जा सकती है जो जानता है कि उसका ठीक से इलाज नहीं किया गया है और अब जबकि रोग दूषित अंग की शल्य चिकित्सा करना ही एक चारा रह गया है तो चिकित्सक के हाथ में नश्तर लगानेवाला नहीं बल्कि गरदन चाक करनेवाला चाकू दिखाई दे रहा है। आप चाहें तो पीठ में भोंकनेवाली छुरी भी कह सकते हैं जो मुँह में राम के साथ बगल में रहती है।

सड़क पर उग्र प्रदर्शन से लेकर संसद में विरोधी मतदान तक कई कोटि का विरोध इस विधेयक को मिला है। यह तो आरंभ ही है। निश्चय ही इसका विरोध उस समय तक होता रहेगा और होते रहना चाहिए जब तक कि या तो यह वापस नहीं ले लिया जाता या इसमें आवश्यक संशोधन नहीं कर दिए जाते।

वापस लेने का या कहें कि उसे वापस करवाने का दबाव केंद्र सरकार पर डालने योग्य शक्ति संग्रह करने के लिए जिस राजनीतिक उथल-पुथल की जरूरत होगी फिलहाल संभव नहीं दीखती है। जिस तरह कांग्रेस दल के हिंदीभाषी सदस्यों ने विधेयक के सामने आत्मसमर्पण कर दिया है वह काफी संकेत है कि उस दल में कोई बड़ा विद्रोह नहीं हो सकता।

पिछले सप्ताह लोकसभा में यह विधेयक आने पर अकेले कांग्रेस सदस्य जो विरोध में खड़े हुए वह थे सेठ गोविंददास। दो प्रतिपक्षी दलों की ओर से तो विरोध हुआ ही परंतु उस विरोध की एक विशेषता की ओर हिंदीभाषियों का ध्यान शायद नहीं गया है। यह कि जनसंघ के अलावा विरोध करनेवाला जो अकेला व्यक्ति था उसकी मातृभाषा हिंदी नहीं है। वह है मधु लिमये।

जिनकी मातृभाषा हिंदी नहीं है वे सबके सब इस विधेयक के पक्ष में नहीं हैं। परंतु प्रश्न तो यह है कि वे सब अंग्रेजी को हटाने के पक्ष में हैं या नहीं। हिंदी को राजभाषा बनाने के सारे कथानक के मूल में यही विकृति 20 वर्ष से चली आई है—हिंदी लाने के लिए आवाज उठाना परंतु अंग्रेजी हटाने के लिए आवाज न उठाना।

परिणाम यह हुआ है कि हिंदी और अंग्रेजी दोनों समकक्ष हो गई हैं। 'अंग्रेजी की जगह यदि कोई भाषा ले सकती है तो हिंदी ही ले सकती है' और 'अंग्रेजी भी चले और हिंदी भी चले' ये दोनों तराने एक ही रिकार्ड के दो पहलू बनकर रह गए हैं। मजे की बात तो यह है कि बहुधा इनके गानेवाले भी एक ही पाए जाते हैं।

1965 की जनवरी के पहले हिंदीभाषी राज्यों में 'हिंदी की तैयारी' की भूमिका समाप्त करके 'हिंदी इस्तेमाल' का परिच्छेद आरंभ कर दिया गया होता तो आज स्थिति कितनी भिन्न होती? यह ठीक है कि जो नहीं किया गया उसे लेकर अब रोने से लाभ नहीं परंतु इस अपूर्णता का उल्लेख यहाँ यह सिद्ध करने के लिए आवश्यक है कि देश के राजभाषा नामक राजरोग का इलाज शुरू से ही करने से आज एक फेफड़ा नाकाम करने की नौबत न आती।

1965 के बाद 'हिंदी की तैयारी' से भी गिरकर 'हिंदी के पूजन' का युग आरंभ हुआ जिसमें हिंदी इस्तेमाल के लौकिक दर्जे से उठाकर आराधना और ध्यान की अलौकिक ताक पर रख दी गई। आँकड़े मौजूद हैं कि 1965 के बाद सरकारी कामकाज में शायद बिहार और राजस्थान को छोड़कर किसी हिंदीभाषी राज्य में हिंदी का प्रयोग 1965 के पहले की अपेक्षा इतना नहीं बढ़ा कि उसका केंद्र सरकार पर असर पड़ सकता। राजधानी में केंद्र सरकार के कार्यालयों में यदि हिंदी राज्यों से आनेवाले पत्र अब तक शतप्रतिशत हिंदी में आने लगे होते तो शायद भाषा का राजनीतिक फैसला आज कुछ और ही होता। राज्यों को सूचित किया गया था कि उन्हें पहले की तरह हिंदी पत्र के साथ अंग्रेजी अनुवाद भेजने की जरूरत नहीं है। यह सुविधा शायद इसलिए इस्तेमाल नहीं की गई

कि कुछ लोग इतने धर्मात्मा हैं कि उस सोने को नहीं उठा सकते जो नाली में पड़ा हो। इनका धर्म तो हिंदी है पर इनकी आत्मा वह हिंदी है जो अंग्रेजी से अनुवाद करके हिंदी कहलाती है।

हिंदी राज्यों के आचरण का एक नतीजा कुछ आँकड़ों में देखिए। हिंदी पत्र के साथ अनुवाद न भेजने की जरूरत नहीं यह सूचना हिंदी राज्यों को 1966 में भेजी गई थी। साथ ही यह आश्वासन दिया गया था कि केद्र के पास हिंदी से अंग्रेजी में अनुवाद की यथेष्ट सुविधाएँ हैं और ये कम मालूम हुईं तो बढ़ाई जाएँगी। इन्हें कम सिद्ध करने के लिए जरूरी था कि काम बढ़ाया जाता। काम बढ़ाने के लिए जरूरी था कि हिंदी राज्य स्वयं अपना सारा काम हिंदी में करते और केंद्र से भी हिंदी के जरिए नाता रखते। पर इस समय स्थिति यह है कि केंद्रीय कर्मचारियों को हिंदी सिखाने की योजना भी फीकी पड़ गई है। दिल्ली में जिन केंद्रीय कर्मचारियों को हिंदी सीखना अनिवार्य था उनमें से केवल एक-तिहाई से कुछ अधिक हिंदी सीख सके हैं। करीब 17 प्रतिशत कर्मचारी हिंदी शिक्षा पा रहे हैं और 48 प्रतिशत को हिंदी सिखाई नहीं जा सकी है। हिंदी का प्रयोग केंद्रीय कार्यालयों में खास तौर से मिसलों पर टिप्पणी लिखने में कम हो गया है।

सरकारी तौर पर बताया तो जाता है कि 1300 अनुभागों में हिंदी टिप्पणी करने योग्य कर्मचारी हैं परंतु शर्त यह रखी गई है कि जो हिंदी टिप्पणी की जाए उसका अंग्रेजी अनुवाद भी साथ में नत्थी किया जाए। कोई सरकारी कर्मचारी बिना अतिरिक्त वेतन पाए दोहरा काम क्यों करना चाहेगा? परिणामतः हिंदी में अपनी अभिव्यक्ति कर सकनेवाले भलेमानस भी बिहारी, पंजाबी या मराठी या तमिल अंग्रेजी में सोचने और लिखने को अधिक सुविधाजनक मानते हैं और मानते रहेंगे।

प्रस्तुत विधेयक की एक व्यवस्था जो अनुवाद से ताल्लुक रखती है विधेयक समर्थकों के यहाँ एक बड़ी भारी रियायत के रूप में स्वीकार की जा रही है। परंतु उसकी असलियत समझ लेनी चाहिए।

व्यवस्था यह है कि एक केंद्रीय मंत्रालय से दूसरे में आने-जानेवाले कोई कागजात यदि हिंदी में हों तो उनके अंग्रेजी में अनुवाद साथ में भेजने की शर्त तभी तक लागू रहेगी जब तक दोनों मंत्रालयों में कर्मचारी यथेष्ठ हिंदी न सीख लें। 1965 में इस विधेयक का जो रूप था उसमें इस शर्त का उल्लेख नहीं था। यही नहीं, उसमें यह भी स्पष्ट नहीं था कि कहाँ से कहाँ जानेवाले कागजात का अनुवाद उपलब्ध करना होगा। अब स्पष्ट कर दिया गया है कि एक मंत्रालय से दूसरे मंत्रालय में। परंतु यह अब भी अस्पष्ट रखा गया है कि अनुवाद कहाँ होगा—भेजनेवाले मंत्रालय में या पानेवाले मंत्रालय में।

इस व्यवस्था की अच्छाइयाँ जो भी हों उनका तब तक कोई अर्थ नहीं जब तक सरकार चलानेवालों की राजनीतिक दृष्टि विदेशी भाषा की राजकीयता खत्म करने की हो। यदि ऐसा हो तो इस व्यवस्था का परिपालन कराने के लिए नियम बनाते समय स्पष्ट करना होगा कि एक मंत्रालय के एक विभाग से दूसरे में जानेवाला कागज यदि हिंदी में होगा तो उसके साथ अनुवाद संलग्न करना आवश्यक नहीं होगा—दूसरे विभाग में आवश्यक समझने पर कर लिया जा सकता है।

यह भी स्पष्ट करना होगा कि एक मंत्रालय से दूसरे में जानेवाले कागज का अनुवाद भी आवश्यक होने पर गंतव्य स्थान पर किया जाएगा न कि प्रस्थान पर।

यह नीति स्पष्ट करनी होगी कि केंद्रीय कार्यालयों में हिंदी से अंग्रेजी अनुवाद की व्यवस्था की जाएगी तथा कुल मिलाकर जहाँ कहीं अंग्रेजी से हिंदी अनुवाद कराया जा रहा है वहाँ हिंदी से अंग्रेजी अनुवाद कराया जाएगा।

अंग्रेजी से हिंदी में अनुवाद करके अनुवाद को मूल और मूल को अनुवाद घोषित करने का पाखंड बंद करना पहला कदम है। हिंदी का लिखना शुरू होना चाहिए, अनुवाद बंद होना चाहिए। दूसरे शब्दों में हिंदी की पूजा बंद होनी चाहिए और उसका इस्तेमाल शुरू होना चाहिए।

पर यह सब कर देने से विधेयक का विरोध समाप्त नहीं किया जा सकता। विधेयक के साथ

ऊपर बताए गए नियम बनाए जाएँ तो भी वह स्वीकार्य नहीं हो सकता। वह स्वीकार्य तभी हो सकता है जब अंग्रेजी एकदम हटाने की आखिरी तारीख उसमें लिख दी जाए। फिर चाहे हिंदी में सब जगह आए चाहे न आए—देश का बँटवारा नहीं हो सकेगा। भारतीय भाषाओं की आंतरिक एकता का पता राजनीति के विद्वानों को है पर वे उसकी अनदेखी कर रहे हैं। उस एकता के सूत्र में बँधकर हिंदी और अन्य भारतीय भाषाएँ भारत की राजभाषा या राजभाषाओं की समस्या का हल निकाल लेंगी। परंतु, जब तक अंग्रेजी को एकता का साधन बनाए रखा जाएगा तब तक देश की ऐसी गति ही होगी जैसी अंग्रेजों के जमाने में होती थी। दो वर्गों में पहले झगड़ा कराकर फिर उन पर शासन करना अंग्रेज का स्वभाव था। अंग्रेजी सब भारतीय भाषाओं में परस्पर झगड़ा कराएगी और मुट्ठी भर लोग करोड़ों गरीबों पर शासन करते रहेंगे।

[*नवभारत टाइम्स*, 'राजधानी की चिट्ठी', 4 दिसंबर 1967]

दोहरकम की राजनीति

राजधानी में राजनीतिक दलों का रुझान देखने से मालूम होता है कि राजभाषा संशोधन विधेयक का विरोध एक विशेष प्रकार का विरोध है जिसमें लड़ाई समझौते के लिए है, सिद्धांतों के लिए नहीं। इस भावना का स्पष्टीकरण करने के पहले एक बात कह दी जानी चाहिए। वह यह कि इस समय हिंदीभाषी राज्यों के केंद्रीय नेताओं के सामने उनके अपने पिछले कर्मों ने समझौते के सिवाय कोई रास्ता ही नहीं छोड़ा है और वे स्वयं हिंदी के प्रति विश्वासघात की इतनी बड़ी ग्लानि से मलिन हैं कि समझौते में भी उनको न्यूनतम उपलब्धि पर संतुष्ट होने को मजबूर किया जा रहा है।

यदि यह बात इतने से ही स्पष्ट न हुई हो तो आप इसका प्रमाण देख सकते हैं। 'केंद्र की राजभाषा हिंदी' की जगह 1963 में 'केंद्र की राजभाषा हिंदी और कुछ कामों के लिए अंग्रेजी' स्वीकार करने के बाद 1967 में केंद्र की 'राजभाषा हिंदी और सभी कामों के लिए अंग्रेजी' स्वीकार कराना ही वह समझौता है जो विधेयक प्रस्तुत करता है। इसमें हिंदी के इस्तेमाल पर रोक लगाने की स्पष्ट व्यवस्था कर दी जा सकी होती तो यह समझौता न कहलाता। इसे समझौते की शक्ल-सूरत इसलिए मिली है कि इसमें हिंदी के इस्तेमाल की पूरी छूट है। परंतु जिन्होंने विधेयक बनाया है वे जानते हैं कि इस छूट का पूरा इस्तेमाल होने से अंग्रेजी को चलते-फिरते नजर आना पड़ेगा। इसलिए उन्होंने इस्तेमाल की छूट देते हुए भी ऐसी कोई व्यवस्था नहीं रखी है जिससे छूट का पूरा इस्तेमाल हो सके। इसके विपरीत व्यवस्था इतनी गोलमोल रखी गई है कि चाहे तो उस छूट का इस्तेमाल अंग्रेजी अपने हित में कर या करा सकती है।

यह छूट क्या है

यह छूट क्या है? विधेयक में लिखा है कि एक केंद्रीय मंत्रालय से दूसरे केंद्रीय मंत्रालय में जो कागजपत्र हिंदी में जाएँगे उनका अनुवाद भी होगा परंतु यह स्पष्ट नहीं है कि कहाँ होगा—भेजनेवाले मंत्रालय में या पानेवाले मंत्रालय में। भेजनेवाले में हुआ तो और पानेवाले में हुआ तो, दोहरकम दोनों जगह होगी। प्रश्न यह है कि कहाँ पर दोहरकम होने से किस भाषा को अतिरिक्त माना जाएगा? भेजनेवाले मंत्रालय में हिंदी से अंग्रेजी अनुवाद होगा तो हिंदी ही अतिरिक्त मानी जाएगी फिर या तो यह पाखंड चलेगा कि मूल अंग्रेजी में लिखकर हिंदी अनुवाद करेंगे और हिंदी अनुवाद को मूल तथा मूल अंग्रेजी को अनुवाद बताएँगे जैसा कुछ मामलों में हिंदीभाषी राज्य सरकारें भी करती हैं। या फिर हिंदी अनुवाद

भाषा के रूप में उसी तरह आगे भी पाली-पोसी जाती रहेगी जैसी 20 वर्ष रही है। अनुवाद की, यदि पानेवाले मंत्रालय में व्यवस्था रखी जाती है तो हिंदी में लिखा पत्र पाने पर उसके अनुवाद से बच सकने पर कोई अनुवाद क्यों करना या कराना चाहेगा। इसलिए पानेवाले मंत्रालय में दोहरकम होने पर अंग्रेजी अतिरिक्त मानी जाएगी।

अब आप पूछ सकते हैं कि वह समझौता क्या है जिस पर हिंदी नेताओं को मजबूर किया जा रहा है। समझौता यह है कि या तो यह बात अस्पष्ट रहने दी जाए कि अनुवाद कहाँ होगा या फिर बहुत विरोध करते हो तो ऐसा कर दिया जाए कि अनुवाद का अलग विभाग खोल दिया जाए।

ऐसा दीखता है कि हिंदी के कुछ नेता इस दूसरे सुझाव को अपनी विजय बताकर इसे मान लेंगे। यदि ऐसा हुआ तो यह हिंदी के प्रति एक और विश्वासघात होगा। क्योंकि यह सुझाव हिंदी के इस्तेमाल का रास्ता बंद करके हिंदी की पूजा का रास्ता खोलता है। हिंदी की पूजा बीस साल हो चुकी और अब भी यदि कोई भाषा को भगवान बनाकर रखना चाहेगा तो लोकवृत्ति उसे बर्दाश्त नहीं करेगी।

यह सुझाव उस व्यक्ति के लिए हिंदी में काम करने की अनुमति तो देता है जो भेजनेवाले मंत्रालय में है परंतु उस व्यक्ति के लिए हिंदी में काम करने की प्रेरणा तो दूर सुविधा तक नहीं देता जो पानेवाले मंत्रालय में है। भेजनेवाला हिंदी में मिसल भेजे तो वह हर हालत में अनुवाद विभाग से होकर अंग्रेजी बनकर पानेवाले के पास पहुँच ही जाएगी। तब यदि कोई पानेवाला हिंदी जानता हो तो भी वह हिंदी में काम करने की सुविधा नहीं पाएगा।

रोगी अच्छा होगा?

तब फिर यह सुझाव मान लेने से हिंदी समर्थन और अंग्रेजी विरोध का टोटका तो हो जाएगा लेकिन रोगी के अच्छे होने में संदेह है। वास्तव में चाहे यह सुझाव माना जाए चाहे विधेयक मूल रूप में पारित हो—बात एक ही है—दोनों हालतों में केंद्र सरकार की राजनीति रोग को ज्यों का त्यों बनाए रखने की राजनीति है।

इसके मुकाबले विधेयक हिंदी के समर्थकों को विधेयक में निहित दीर्घसूत्री द्विभाषावाद (जिसे मैं दोहरकम कहता हूँ) के निमित्त से दो भाषाओं का शांतिमय द्वंद्व चलाने का अवसर देता है—बशर्ते कि अनुवाद हर हालत में वहाँ न किया जाए जहाँ से मिसल प्रस्थान करे बल्कि वहाँ किया जाए जहाँ उसे पहुँचना है। 'वहाँ किया जाए' का अर्थ है यदि जरूरी समझा जाए तो किया जाए नहीं तो हिंदी में ही काम किया जाए।

देखना यह है कि इस अवसर का कितना लाभ उठाया जाता है और विधेयक में सही किस्म के संशोधन का कितना आग्रह किया जाता है।

हिंदी के प्रसार की बात उस सरकारी संकल्प में भी कही गई है जो विधेयक के साथ विचाराधीन है। हिंदी के प्रसार के नाम पर अभी तक जो हुआ है उसकी तफसील यहाँ न देकर केवल एक पत्र उद्धृत करना यथेष्ट होगा जो मदुरै तमिलनाडु से एक तमिलभाषी हिंदी प्रचारक ने संसद सदस्य श्री प्रकाशवीर शास्त्री के पास भेजा है। इस पत्र के साथ प्रचारक महोदय ने आग्रह किया है कि श्री प्रकाशवीर राजभाषा संशोधन विधेयक का विरोध करें। पत्र में तमिलनाडु में भाषा-समस्या का जो कच्चा चिट्ठा प्रेषक ने लिखा है, उन्हीं की भाषा में इस प्रकार है :

हिंदी विरोध का रहस्य क्या है : अंग्रेजों के शासनकाल से अंग्रेजी राजभाषा हो जाने के कारण

आज तक तमिलनाडु (मद्रास) के कुछ विशेष लोग अंग्रेजी भाषा में विद्वत्ता पाकर केंद्र शासन व भारत के सभी भागों में अपना प्रभुत्व कायम रखते आए हैं। उनका भय यह है कि अगर अंग्रेजी राजभाषा न हो तो उनका प्रभुत्व चला जाएगा व रोटी मारी जाएगी।

हिंदी विरोध सफल कैसे हुआ : अंग्रेजी भाषा पक्षपातियों द्वारा हिंदी विरोध नारा है कि 'तमिल' जिंदाबाद व 'हिंदी' मुर्दाबाद। इससे भोले-भाले व अशिक्षित लोगों को आकृष्ट करने की शक्ति उनको मिल गई है। सच बात यह है कि तमिलनाडु (मद्रास) के प्रादेशिक भाषा तमिल पर किसी का प्रेम भक्ति नहीं है। राजनीतिक क्षेत्र में अंग्रेजी पक्षपातियों की बहुलता है।

चुनाव में हिंदी : पाकिस्तान में जिस तरह छोटे और बड़े चुनावों में सफल होने के लिए कश्मीर समस्या का आज तक शस्त्र के रूप में प्रयोग होता है उसी तरह तमिलनाडु (मद्रास) में भी 'हिंदी' छोटे और बड़े चुनावों में सफलता पाने के लिए, शत्रु के पतन के लिए, हिंदी 'लाठी' के रूप में प्रयोग होने लगी है। उदाहरण तौर पर आजकल तमिलनाडु (मद्रास) कांग्रेस भी यह कहने लगी है कि वे हिंदी भाषा को मद्रास में प्रवेश होने से रोकेगी।

प्रादेशिक सरकार की अंग्रेजी भक्ति : द्राविड़ मुनेत्र कषगम, जो 'तमिल' भाषा का भक्त है, 'हिंदी भाषा का घोर विरोधी है, लोगों से चुनाव में वचन दिया कि अगर वे चुनाव में सफल हों तो प्रादेशिक भाषा तमिल को शासन में, शिक्षा में और न्याय में वातायन खुलाकर तमिल भाषा की उन्नति का मार्ग प्रशस्त करेंगे लेकिन नियमानुसार वह भी पूर्व कांग्रेस सरकार की तरह अंग्रेजी पक्षपातियों के जाल में फँसा। अब अच्छी तरह फँस गया है। यही नहीं वह अंग्रेजी पक्षपातियों के विचार के अनुसार केंद्र सरकार की शिक्षा की नीति पर जो 'तमिल' ही शिक्षा का माध्यम बनाया जा रहा है उससे घोर विरोध कर रहा है। लेकिन लोगों के सामने यह नारा लगाया जा रहा है कि हिंदी, तमिल के लिए हानिकारक है।

तमिलनाडु (मद्रास) कांग्रेस की बड़ी भूल : तमिलनाडु (मद्रास) कांग्रेस के सारे नेतागण अंग्रेजी भाषा के समर्थक हैं। पूर्व अंग्रेजों के शासन से कांग्रेस सरकार ने अंग्रेजी भाषा के लिए बढ़-चढ़कर उन्नति की है अर्थात् प्रादेशिक भाषा तमिल का महत्त्व कम करके राष्ट्रभाषा हिंदी का स्तर धीरे-धीरे मिटाकर अंग्रेजी भाषा का बाप बना है। 1950 में स्कूलों में पाँचवें वर्ग से हिंदी सिखाते थे। उसे भी कामराज के आगमन होते ही, श्री भक्तवत्सलम की देखरेख में यह हो गई है कि आजकल हिंदी नौवाँ वर्ग से सिखाई जा रही है। हिंदी विरोधी आंदोलन होते ही, तमिलनाडु (मद्रास) कांग्रेस की आँखें व मातृभाषा तमिल, राष्ट्रभाषा हिंदी की ओर ध्यान देने लगे। इतने में इसी भाषा समस्या पर उनका अतःपतन हुआ। कांग्रेस में अब भी यहाँ कुरसी के लिए चिंतन है न कि देश और भाषा के लिए। गाँधी के नाम से जो संस्थाएँ हैं वे सब अपना कामकाज अंग्रेजी भाषा से चला रही हैं न कि मातृभाषा 'तमिल' या राष्ट्रभाषा 'हिंदी' से।

बंदूक के समक्ष बढ़ती हिंदी : तमिलनाडु (मद्रास) में आजकल हिंदी भाषा में उत्तीर्ण हजारों उपाधिकारी बेकारी के शिकारी हैं। ऐसी परिस्थितियों में भी हिंदी प्रचार चल रहा है। राज्य सरकार हिंदी प्रचार कार्य में विघ्न उपस्थित करती है। हिंदी विद्यालय और हिंदी विद्यार्थी डराए जाते हैं। हिंदी के सेवक और संस्थाएँ ये सब सहकर राष्ट्रपिता गाँधीजी का पुण्य कर्म का पालन कर रहे हैं। लेकिन दुःख की बात है कि केंद्र सरकार अब भी अंग्रेजी पढ़े-लिखे लोगों को नौकरी देती है।

द्विजिह्वा बोली : केंद्र शासन के प्रधान व मंत्रीगण उत्तर में वचन देते हैं कि हिंदी ही राष्ट्रभाषा है। परंतु तमिलनाडु (मद्रास) में पैर रखते ही वचन देते हैं कि जब तक आप अंग्रेजी भाषा को पसंद करेंगे तब तक तमिलनाडु (मद्रास) के दौरे में जहाँ गए वहाँ अंग्रेजी भाषा के प्रचारक बन गए। सारी सभाओं में उन्होंने कहा कि अंग्रेजी को हटाना आसान काम नहीं है। इन कारणों से लोगों का विश्वास अटल हो गया कि हिंदी आएगी, अंग्रेजी जाएगी।

तमिलनाडु (मद्रास) अंग्रेजी भाषा विरोध समिति : प्रसन्नता की बात है कि देशीय भाषाओं में

फूट डालकर सुख की नींद ले रही अंग्रेजी भाषा के महत्त्व का नाश करने के लिए कुछ साहसी नवयुवकों द्वारा 'तमिल' भाषा को अंग्रेजी बंधन से छुड़ाने के लिए अंग्रेजी विरोध आंदोलन चलाने का विचार हो रहा है। इनका लक्ष्य है कि शासन में, शिक्षा में, न्याय में अंग्रेजी भाषा को हटाकर तुरंत ही तमिल भाषा को सत्तारूढ़ कराना है। अगर तमिलनाडु (मद्रास) कांग्रेस इसकी ओर अग्रसर हुई तो इसका चिरायु है, नहीं तो मरण ही है।

विकल्प क्या है?

यह सब जानने के बाद विकल्प क्या रह जाता है, इस विषय में संसपा के श्री मधु लिमये, रामसेवक यादव और रवि राय का एक वक्तव्य हमें प्राप्त हुआ है। इनका कहना है कि अब हिंदी को अपनाने के लिए फिर एक बार मुद्दत बाँधने की बात करना अपने आपको धोखा देने के बराबर है। जो लोग हिंदी को कभी न कभी स्वीकृति देने की बात करते हैं, वे भी अपने आपको धोखा दे रहे हैं। इनसे तो हमारे तमिलनाडु के दोस्त अच्छे हैं, जो ईमानदारी की बात करते हैं। इन लोगों से इस विषय पर बातचीत या समझौते का रास्ता संभव है न कि उन लोगों से जिनके दिमाग में भ्रम है या जो अंग्रेजी के गुलाम हैं।

इन तीन नेताओं में से जिनमें से पहले और अंतिम गैर-हिंदीभाषी हैं—परंतु संसद में हमेशा हिंदी बोलते हैं—इस प्रश्न पर कोई निर्णयात्मक फैसला करने के लिए दो विकल्प बताए हैं।

पहला रास्ता—जिन राज्यों ने हिंदी को स्वीकारा है और जो राज्य अंग्रेजी को अपनाना चाहते हैं, इनके बीच शांतिपूर्ण प्रतियोगिता।

दूसरा विकल्प—विविध भाषाई सूत्र, इस शर्त के साथ कि अंग्रेजी पर पाबंदी हो।

1. प्रत्येक राज्य विधानसभा को आजादी होगी कि केंद्रीय व्यवहार की भाषा वह निर्धारित करे। वे हिंदी को अपनाए या अपनी ही भाषा को अपनाए या अंग्रेजी को।

2. जिस राज्य की विधानसभा ने केंद्रीय व्यवहार की भाषा के रूप में हिंदी को मंजूर करनेवाला प्रस्ताव स्वीकार नहीं किया है, उस राज्य पर हिंदी नहीं लादी जाएगी।

3. ऐसे राज्य अपनी ही भाषा का उपयोग कर सकते हैं या राज्य स्तर पर अपनी भाषा का उपयोग और केंद्र में जब तक चाहें अंग्रेजी का उपयोग कर सकते हैं।

4. उन तमाम राज्यों में जहाँ हिंदी को मंजूरी दी गई है वहाँ सभी केंद्रीय कार्यालयों में जो कि इन राज्यों में हैं हिंदी का ही इस्तेमाल होगा और अंग्रेजी पर पाबंदी होगी।

5. उन राज्यों में जहाँ हिंदी को स्वीकृति नहीं दी गई वहाँ अपनी ही भाषा या अंग्रेजी का उपयोग हो सकता है और किसी भी प्रकार से हिंदी उन पर लादी नहीं जाएगी।

6. केंद्रीय दफ्तरों में तथा उसकी अन्य शाखाओं में राजधानी में दो विभाग रहेंगे। (अ) हिंदी विभाग और (ब) अंग्रेजी विभाग। वे कर्मचारी तथा ऑफिसर जो हिंदीभाषी राज्यों से आते हैं वे सिर्फ हिंदी का ही उपयोग करेंगे और जो कर्मचारी अहिंदी राज्यों से आते हैं वे अपनी ही भाषा या अंग्रेजी का उपयोग कर सकेंगे।

7. लोक सेवा आयोग की परीक्षाओं में या अन्य केंद्रीय परीक्षाओं में हिंदीभाषी राज्यों से आनेवाले उम्मीदवारों के लिए अंग्रेजी अनिवार्य विषय नहीं रहेगी। इसी तरह हिंदी को न अपनानेवाले राज्यों से आनेवाले उम्मीदवारों के लिए हिंदी अनिवार्य विषय नहीं होगी। हिंदी को अपनानेवाले राज्यों से आनेवाले उम्मीदवारों के लिए हिंदी माध्यम रहेगी तथा अहिंदी राज्यों के उम्मीदवारों के लिए उनकी अपनी भाषा या अंग्रेजी माध्यम होगी।

8. जनसंख्या के आधार पर केंद्रीय सेवाओं के लिए राज्यवार कोटा निर्धारित किया जा सकता

है अथवा यह भी हो सकता है कि एक कोटा रहे हिंदी को अपनानेवाले राज्यों के लिए और दूसरा हिंदी को न अपनानेवाले।

9. लोकसभा में 8वें परिच्छेद में जिन भाषाओं का निर्देश है उन भाषाओं का उपयोग होगा। लोकसभा के सदस्यों की सुविधा के लिए हिंदी तथा अंग्रेजी में एक तरफ भाषांतर करने की व्यवस्था होगी।

10. इसका विकल्प बहुभाषी केंद्र भी हो सकता है। लेकिन इसकी आवश्यक शर्त होगी कि लोकभाषाओं का अनिवार्य इस्तेमाल और अंग्रेजी पर पाबंदी। अंग्रेजी न राजभाषा होगी न परीक्षाओं का माध्यम न अनिवार्य विषय रहेगा। अंग्रेजी का ज्ञान केंद्रीय नौकरी के लिए आवश्यक नहीं होगा। सभी लोकभाषाएँ मानी जाएँगी।

11. अगर जरूरत हो तो ऊपर निर्देशित व्यवस्था संवैधानिक गारंटी के रूप में भी की जा सकती है।

[*नवभारत टाइम्स*, 'राजधानी की चिट्ठी', 11 दिसंबर 1967]

ये संशोधन

राजभाषा, हिंदी, अंग्रेजी और भारतीय भाषाएँ—ये सब शब्द पिछले सप्ताह इतनी तरह के लोगों के मुँह से इतनी बार सुने गए कि संदेह हो चला कि जो कह रहे हैं क्या वे जानते हैं कि वे क्या कह रहे हैं।

संदेह का कारण यह है कि कुछ राजनीतिज्ञ संशोधन विधेयक के विरोध से आरंभ कर उसके स्वीकार तक बड़ी सफाई से पहुँच गए हैं। विधेयक में कुछ संशोधन बहुत ढोल पीटकर सुझाए गए जैसे कि वे क्रांतिकारी संशोधन हैं। और फिर पार्टी की एकता अर्थात् देश की एकता के हित में संशोधन मान्य विरोध वापस हो गया। देखकर उस टोटके की याद आई जो आगे दिशाशूल होने पर कहीं जाने के समय किया जाता है। जिसे जाना है वह अपने कुछ वस्त्र शुभ मुहूर्त में ही घर से निकालकर कहीं बाहर रख आता है। फिर अशुभ समय होने पर भी वह घर से निकले तो कोई हर्ज नहीं।

शायद अभी तक साफ-साफ समझा नहीं गया कि जिन संशोधनों को क्रांतिकारी कहा जाता है उनका मतलब क्या है और इनसे वास्तव में सिद्ध क्या होगा। विधेयक के मूल रूप में जितनी गुंजाइशें थीं उन सबको इन संशोधनों के द्वारा समाप्त कर दिया गया है। हिंदी भक्तों ने और अधिक प्रसाद की माँग की थी, कुछ चतुर व्यक्तियों ने उन्हें और अधिक प्रसाद तो दिया ही, माथे पर अंग्रेजी का तिलक भी लगा दिया।

कैसे?

विधेयक में मूल व्यवस्था थी कि एक मंत्रालय से दूसरे में हिंदी के कागज जाने पर तब तक अनुवाद की भी व्यवस्था रहेगी जब तक कि दोनों मंत्रालयों में कर्मचारी हिंदी के यथेष्ट ज्ञान से मुक्त न हो जाएँ। इससे किसी कर्मचारी को न तो अपने हिंदी ज्ञान का इस्तेमाल करने का प्रोत्साहन मिलता न किसी कर्मचारी को अपने हिंदी ज्ञान के कारण काम में कोई सुविधा होती—क्योंकि एक मंत्रालय से कागज जाते समय ही साथ में अंग्रेजी का अनुवाद लगा दिया जाता और जहाँ वह पहुँचता वह किसी की हिंदी का कितना ही यथेष्ट ज्ञान क्यों न हो, उसका दूसरों पर असर ही क्या पड़ता जब अंग्रेजी अनुवाद साथ में बरता जा रहा हो।

सरकारी कर्मचारी भी यदि हिंदी के प्रेम के कारण अंग्रेजी विरोध में तोड़-फोड़ करने लगते तो

शायद असर पड़ता। हिंदी इस्तेमाल न करना चाहनेवालों को हिंदी इस्तेमाल के लिए सहमत करने का सबसे अच्छा रास्ता उन्हें यह बताना होता कि हिंदी में काम करने से दोहरा काम नहीं करना पड़ता—यानी अनुवाद नहीं करना पड़ता। जो हिंदी में काम नहीं करना चाहते केवल उनके लिए उन्हीं के कार्यालय में अनुवाद की व्यवस्था कर दी जाती।

प्रधानमंत्री ने यह सुझाव अस्वीकार करके केवल इतना आश्वासन दिया था कि हिंदी में कागज भेजनेवालों को स्वयं अनुवाद नहीं करना पड़ेगा, अनुवाद की जिम्मेदारी पूरे दफ्तर की होगी। लोग इसी में खुश हो गए और कांग्रेस संसदीय दल की कार्यकारिणी ने मान लिया कि यह व्यवस्था विधेयक पास होने पर नियमों में उल्लिखित कर दी जाए तो काफी है। विधेयक में संशोधन जरूरी नहीं किंतु कुछ उत्साही लोगों को दिखा कि विधेयक में ही संशोधन न कराया तो मुँह छिपाना पड़ेगा। इसलिए उन्होंने संधोशन पर जोर दिया और समझौता इस पर किया कि जब किसी विभाग से हिंदी में या अंग्रेजी में कागज कहीं जाए तो उसका अनुवाद साथ में जाए।

यह संशोधन हिंदी में मूल कागज भेजने की संभावना को हमेशा के लिए खत्म करनेवाला है क्योंकि इसका सीधा असर यह होगा कि वर्तमान व्यवस्था का अनंतकाल तक चलना निश्चित हो जाएगा। वर्तमान व्यवस्था यह है कि हिंदी अंग्रेजी से अनुवाद की हुई भाषा है। उसमें लिखे सरकारी कागज में जो लिखा होता है वह उसका लिखा नहीं होता जिसकी जवाबदेही होती है और जिस जगह हिंदी में काम दिखाना होता है वहाँ अंग्रेजी मूल को अनुवाद और हिंदी अनुवाद को मूल बता दिया जाता है वही चलती रहेगी।

एक और संशोधन जो सरकारी संकल्प में किए जाने को है संघीय नौकरियों के लिए हिंदी और अंग्रेजी दोनों में से किसी एक के ज्ञान को अनिवार्य घोषित करना है। मूल में हिंदी का ज्ञान अनिवार्य नहीं माना गया था। यानी यह भी नहीं था कि अंग्रेजी का ज्ञान अनिवार्य होगा। हिंदी भक्तों ने इस पर बड़ा शोर मचाया और अब वे अंग्रेजी के ज्ञान को अनिवार्य बनाने पर समझौता कर रहे हैं। केंद्र के मंत्रालयों में अंग्रेजी का निरंतर अविकल प्रयोग वे सुनिश्चित कर ही रहे हैं। हिंदीभाषी राज्यों में भी केंद्र से व्यवहार के लिए साथ अनुवाद भेजने की व्यवस्था वे मान ही रहे हैं तब अंग्रेजी का ज्ञान इन दो जगह तो अनिवार्य हो ही जाता है। अब संघीय नौकरियों में भी हिंदी या अंग्रेजी का ज्ञान अनिवार्य हो जाएगा तो जो व्यक्ति राज्य एवं केंद्र को अंग्रेजी की बागडोर से सम्हाले हुए हैं वे ही संघीय नौकरियों में प्रधान रहेंगे। दूसरे शब्दों में संघीय नौकरियों में किसी ऐसे व्यक्ति के आने की संभावना और भी क्षीण हो जाएगी जो केवल हिंदी जानता हो क्योंकि केवल हिंदी जाननेवाला व्यक्ति ही या दुर्लभ हो जाएगा या सरकारी क्षेत्र से निष्कासित हो जाएगा।

इस संशोधन का एक और खराब असर होनेवाला है। राज्यों में प्रादेशिक भाषा के माध्यम से ऊँची शिक्षा का विकास होना और प्रादेशिक भाषा का राज्यभाषा बनना एक निराशाजनक प्रयत्न सिद्ध होने लगेगा क्योंकि राज्य के सरकारी नौकरों को केंद्र में जाने के लिए हिंदी या अंग्रेजी सीखनी ही पड़ेगी। हिंदीतर राज्य अभी अंग्रेजी को अपनी 'रक्षा के लिए' पकड़े हुए हैं। अब उनके यहाँ किसी को अंग्रेजी छोड़ने का प्रोत्साहन नहीं मिलेगा क्योंकि उसे छोड़ने से उन्नति करके केंद्र में पहुँचने की संभावना समाप्त होती है।

इन संशोधनों से भाषा की समस्या को एक नई दिशा—बँटवारा दर बँटवारे की दिशा मिल गई है। इनसे देश का सीधे-सीधे हिंदी और अंग्रेजी में बँटवारा हो गया है। जो लोग हिंदी क्षेत्र में हिंदी की माँग करते हैं उनमें भी ऐसे हैं जो वास्तव में हिंदी को भजन-कीर्तन और सिनेमा की भाषा बनाए रखना चाहते हैं। उधर जो लोग हिंदीतर क्षेत्र में प्रादेशिक भाषाओं की रहनुमाई करते हैं उनमें भी ऐसे हैं जो वास्तव में 'तुम्हारी भाषा खतरे में है' का नारा लगाकर अपने न्यस्त स्वार्थवश अंग्रेजी बनाए रखना चाहते हैं। प्रस्तुत विधेयक ने जो रूप लिया है वह ऐसे ही दोनों समान तत्त्वों के समझौते

की उपज है। सचमुच हिंदी का या सचमुच भाषाओं का इस्तेमाल चाहनेवालों की राय का इसमें प्रतिनिधित्व नहीं हो पाया है।

अकसर एक महत्त्वपूर्ण प्रश्न पूछा जाता है, क्या सरकारी नौकरियों से ही नई पीढ़ी का भविष्य बनेगा? सरकारी नौकरियाँ हैं कितनी और उनमें आनुपातिक साझा भी हो जाए तो क्या सबको थोड़े ही मिल जाएगी?

प्रश्न सरकारी नौकरियों की संख्या का नहीं राजभाषा की सत्ता का है। जो भाषा राजभाषा—असली राजभाषा होगी—अनुवादी नहीं उस भाषा में कारोबार, व्यापार, अखबार, इश्तहार, प्रकाशन और जीवन का हर काम करके लोगों को प्रतिष्ठा मिलेगी। आखिर हिंदी के नेता अपने बच्चों को अंग्रेजी स्कूल पढ़ने क्यों भेजते हैं? या हिंदुस्तानी आदमी गुस्सा होने पर अंग्रेजी में क्यों बोलता है? सत्ता दिखाने के लिए ही तो। इसके विपरीत अंग्रेजी में बहुत रौब झाड़नेवाले को अँधेरे में एक डंडा मारने से वह अपनी मातृभाषा में ही 'दैया रे दैया' चिल्लाता है। भारतीय मानस का सुधार तभी हो सकेगा जब हम रोना और रौब डालना एक ही भाषा के माध्यम से करने लगेंगे।

कुछ ऊपर अभी बँटवारा दर बँटवारा की आशंका प्रकट की गई है। उसे स्पष्ट कर लिया जाए। प्रधानमंत्री और स्वराष्ट्रमंत्री ने भारतीय भाषाओं की आंतरिक एकता का अज्ञान दिखाते हुए उनके राजनीतिक अभ्युदय से जो भय प्रकट किया है उस पर फिर कभी विस्तार से वाद-विवाद होना चाहिए, परंतु अभी इतना कहना ही काफी है कि वे दोनों भाषाओं को इस्तेमाल होने से रोकने के सब साधन जुटाने के साथ-साथ यह भी कह सकते हैं कि हम भाषाओं का विशेषतया हिंदी का विकास करेंगे। जितना अधिक भोजन किसी भाषा को खिलाया जाएगा और उससे काम नहीं लिया जाएगा उतना ही उसकी थाली में हिस्सा लगाने की होड़ बढ़ेगी। हिंदी का खाली विकास कीजिए और उसे दूसरे दर्जे की अनुवादी सत्ता दिए रहिए, देखिए भोजपुरी अवधी और राजस्थानी और मैथिली अपने विकास के लिए मुँह फैलाए कल ही सामने आती हैं। इनमें से कुछ के तो संगठन राजधानी में हैं ही और केंद्रीय मंत्री उनके सिर पर हाथ रखे हैं।

परंतु हिंदी का इस्तेमाल कीजिए, जैसी भी वह जिसके द्वारा भी लिखी जाए उसे हिंदी मानिए। हिंदी निदेशालय को और शब्द बनाने से एकदम रोक दीजिए और जो शब्द चाहिए उनकी जरूरत बोलनेवालों को अनुभव करने दीजिए तो हिंदी की बोलियाँ हिंदी में अपनी ताकत और अपनी मिठास उँडेलने लगेंगी, और कोई झगड़े न होंगे।

[*नवभारत टाइम्स*, 'राजधानी की चिट्ठी', 18 दिसंबर 1967]

हिंदी : पश्चिम बंगाल आसमान से खजूर तक

राजधानी में भाषा का आंदोलन थम गया है और ज्वार के बाद तट पर छूटे हुए घोंघों की तरह मोटरों पर हिंदी में लिखे नंबर चारों तरफ दिखाई दे रहे हैं। इनमें से कुछ ही ऐसे हैं जो वाकई पक्की तौर पर हिंदी में रँगे गए हैं बाकी, दफ्ती की तख्ती पर लिखकर असल अंग्रेजी तख्ती पर लगा दिए गए हैं। शायद इसलिए कि अभी मोटरों के नंबर अंग्रेजी में ही लिखने का कानून जारी है—या शायद इसलिए कि मोटरमालिक अपनी मोटर की रक्षा ही चाहते हैं और कुछ नहीं।

जो हो, दिल्ली प्रशासन की इस घोषणा के साथ कि 15 अगस्त से सारा काम हिंदी में होगा, हिंदी और अंग्रेजी की तस्वीर बिलकुल साफ प्रकट हो गई है। अंग्रेजी की तख्ती रहेगी उस पर दफ्ती हिंदी में लिखकर टाँग दी जाएगी। अभी हिंदी में अंग्रेजी से अनुवाद होगा—15 अगस्त तक। क्योंकि हिंदी में उसी तरह से काम करना है जैसे अंग्रेजी में किया जाता है और वही जटिल, भड़भड़िया

और दरबारी शब्दावली सरकारी काम में इस्तेमाल होनी है, जो अंग्रेजी में होती है।

मालूम नहीं कि हिंदी के लिए आवाज उठानेवाले आंदोलनकारी इस स्थिति को समझ रहे हैं या नहीं। अंग्रेजी हटाने का मतलब अगर यह है कि राज्य का काम ऐसी भाषा में हो जो 'प्रजा' भी बोलती हो, जिसमें सोचने और लिखने से नीतियाँ स्पष्ट और नियम सुगम हों, जिसमें जनहितकारी नीति की घोषणा करते समय बात को लच्छेदार बोली में छिपाने की गुंजाइश न हो, जिसमें कम पढ़ा नागरिक भी समझ सके कि उसके साथ क्या किया जा रहा है, तो अंग्रेजी की अनुवादी हिंदी लाने से अंग्रेजी नहीं हटेगी। बल्कि और अच्छी तरह जमकर बैठ जाएगी क्योंकि किसी हिंदी वाक्य की बल्दियत बताए बिना वह वाक्य असल नहीं माना जाएगा। और बल्दियत होगी अंग्रेजी।

राज्यसभा में श्री चह्वाण का यह कथन भी हिंदी आंदोलनकारियों को ध्यान से दीखना चाहिए कि भविष्य में हर सरकारी नौकर को अंग्रेजी सीखनी पड़ेगी। यह नतीजा है सरकारी नौकरी में भरती के लिए हिंदी और अंग्रेजी से किसी एक का ज्ञान अनिवार्य कराने का। अगर दोनों में से कोई अनिवार्य न रखी जाती तो आगे हिंदी के लिए रास्ता खुला रहता।

पिछले सप्ताह राजधानी की गोष्ठियों में उत्तरप्रदेश के मंत्रियों के 'कानून तोड़ने' को लेकर लंबी बहसें होती रहीं। बहस में दो सवाल आम तौर से उठते थे—एक यह कि क्या एक गैर-कानूनी कानून का तोड़ना कानून तोड़ना कहलाएगा? दूसरा यह कि दिल्ली में आंदोलन करके श्री प्रभुनारायण सिंह और रामस्वरूप वर्मा ने हिंदी का क्या भला किया?

पहले सवाल पर तो हर बहस नैतिकता और कानून के मुकाबले पर जाकर खत्म होती थी—एक ओर दलील दी जाती थी कि राज्य यदि केंद्र से विरोध प्रकट करना चाहे तो कर सकता है पर इस तरह नहीं कर सकता और दूसरी ओर यह तर्क होता था कि न्याय के लिए सत्याग्रह करना ही नेता का काम है।

दिल्ली में गिरफ्तार होने के कुछ घंटे पहले दोनों मंत्रियों ने घोषणा की थी कि उत्तरप्रदेश में 26 जनवरी से सारा काम हिंदी में होगा। कितना अच्छा होता अगर दोनों मंत्री श्री चरणसिंह के यहाँ धरना देते कि कल से सारा काम हिंदी में होना चाहिए—जैसी भी हिंदी कोई लिख, बोल या समझ सकता है उसमें होना चाहिए—बस अंग्रेजी में नहीं होना चाहिए—यह तो ऐसा आंदोलन होता जिसमें संसपा की नीति के अनुरूप जनसमर्थन भी प्राप्त होता। परंतु दिखता है कि फिर एक बार जन-आंदोलन को छोड़कर 'शिखर राजनीति' की ओर संसपा के मंत्रियों का मन दौड़ा और उन्होंने दिल्ली में आकर प्रदर्शन किया, जबकि करना उन्हें लखनऊ में चाहिए था।

इस तरीके को पसंद करने की वजह के ठीक-ठीक स्पष्टीकरण के अभाव में (मंत्रियों ने कहा था वे उ.प्र. सरकार की तरफ से विरोध प्रदर्शित करेंगे पर उ.प्र. सरकार खुद अंग्रेजी से चिपकी हुई है) यह अंदाज लगाया जा सकता है कि मंत्रियों ने यह प्रदर्शन किसी दूर के लक्ष्य को ध्यान में रखकर किया था। क्या वह लक्ष्य मध्यावधि चुनाव है? यदि हो तो उसके पीछे एक तात्कालिक और ठोस काम को त्याग देने की राजनीति क्या कहलाएगी? और फिर चुनाव का मुँह जोहनेवाले राजनीतिज्ञ क्या उसमें जीतने के बाद भी कार्यक्रम का पालन करेंगे?

पश्चिम बंगाल में भी मध्यावधि चुनांव की माँग जोर पकड़ रही है। नई बात यह है कि उपद्रवी वाम कम्युनिस्ट खुद राष्ट्रपति शासन की माँग कर रहे हैं और केंद्र की साँप-छछूँदर की गति हो रही है। जिस समय श्री अजय मुखर्जी को हटाया जा रहा था—यानी हटाया जानेवाला था, केंद्र सरकार में एक गोपनीय बहस हो रही थी कि क्या सीधे राष्ट्रपति शासन लागू कर देना अच्छा नहीं होगा? एक मत इसके पक्ष में था। पर जिन लोगों को पश्चिम बंगाल में कांग्रेस के उजड़े घर को बसाना था, वे चाहते थे कि कम से कम एक बार वहाँ प्रफुल्ल घोष की सरकार बन जाए। उसके बाद

फिर राष्ट्रपति शासन करना पड़े तो हर्ज नहीं। पर इस बीच यदि प्रफुल्ल घोष-अतुल्य घोष सरकार बन गई तो फिर राष्ट्रपति शासन की जरूरत नहीं रहेगी। यही विचार अंतरंग गोष्ठी में विजयी हुआ और श्री धर्मवीर ने अपनी समझ से काम लेकर ठीक वक्त पर वह घोषणा की जिससे पश्चिम बंगाल में रोगी को एक साथ टाइफाइड, न्यूमोनिया और सन्निपात सब हो गया।

अब प्रश्न यह है कि क्या उस अव्यवस्था को जो पश्चिम बंगाल में हो रही है रोकने के लिए प्रफुल्ल बाबू के कंधों पर रखकर नहीं खुद अपने बूते केंद्र बंदूक चलाएगा? राष्ट्रपति शासन का मतलब है—केंद्र की जिम्मेदारी और केंद्र के जिम्मेदारी उठाने का मतलब है वामपंथी दलों को विरोधी प्रचार का सुनहरा मौका देना। देखना यह है कि केंद्र इस शतरंज में अब कौन-सी चाल चलता है, जहाँ तक वामपंथी कम्युनिस्टों का सवाल है वे तो स्पष्टतः प्यादे से फर्जी हो गए हैं। स्वराष्ट्रमंत्री ने उनसे आंदोलन वापस करके विधानसभा में जाने का प्रस्ताव तो किया है पर क्या वह माना जाएगा। ऐसी हालत में बंगाल के बेगुनाह लोगों को कब तक लटकाए रखा जा सकता है? कोई न कोई कार्रवाई होनी ही चाहिए—खाली राजनीतिक बहस नहीं।

[*नवभारत टाइम्स*, 'राजधानी की चिट्ठी', 25 दिसंबर 1967]

हिंदी-उर्दू

भाषा को लेकर इस समय एक प्रच्छन्न घटना घटित हो रही है जिसका स्पष्ट रूप देखने का प्रयास उन सबके लिए आवश्यक है जो भाषा का रचनात्मक इस्तेमाल करते हैं। भाषा की राजनीति अपने में बुरी चीज नहीं है बशर्ते कि वह भाषाओं को आपस में न लड़ाए बल्कि सब भाषाओं को मिलाकर अंग्रेजी से लड़ाए। किंतु ऐसी राजनीति अंग्रेजी हटाओ के छोटे-मोटे नारों से अधिक आगे बढ़ नहीं पा रही है। बढ़ पा रही है वह राजनीति जो राजनीतिक आदमी की राजनैतिक जरूरतें पूरी करने के लिए भाषा के नाम पर लोगों को आपस में लड़ाती है। लड़ाती है न कहकर यदि हम कहें कि कमजोर करती है तो अधिक सही होगा। यह राजनीति प्रत्येक भारतीय भाषा की आंतरिक जीवंत संभावनाओं और परंपराओं को कुंठित करने की राजनीति है। इसके बहुत से अवतार हुए हैं, हिंदी और उर्दू का झगड़ा उनमें से सबसे अधिक विकट और जन-विरोधी राक्षस है।

उत्तरप्रदेश का उदाहरण लें तो हम देख सकते हैं कि ऐसी एक पूरी पीढ़ी विकसित हो चुकी है जो पहले 'उर्दू' को मातृभाषा मानती थी और अब 'हिंदी' को। यहाँ उर्दू और हिंदी शब्दों का प्रयोग सामान्य अथवा सरकारी परिभाषाओं के अर्थ में किया गया है। परंतु इन परिभाषाओं को लेकर आगे चलना इन दोनों भाषाओं के लिए अच्छा नहीं है। यदि से परिभाषाएँ बनी रहती हैं तो जिस पीढ़ी ने हिंदी को अपने चिंतन और अभिव्यक्ति की भाषा के रूप में ग्रहण कर लिया है उससे भाषा को क्या योगदान मिल पाएगा? इस समय हिंदी के बहुत अच्छे लेखकों में अनेक ऐसे हैं जिन्होंने अभी पहले पिछले 20 वर्ष के अंदर अपनी भाषा को हिंदी की संज्ञा दी है। ये उर्दू कही जानेवाली भाषा का संस्कार, उस भाषा के बोलनेवालों के जीवन की मानवीयता और विचित्रता हिंदी में ला रहे हैं। उत्तरप्रदेश में लोगों को 'उर्दू' मातृभाषा स्कूलों में पढ़ाने और दफ्तरों में लिखाने की माँग करनेवाले राजनैतिक नेता अपढ़ भले हों लेकिन इतने मूर्ख नहीं कि इस एकीकरण और समन्वय की प्रवृत्ति को देख न पाएँ। वे देख पाते हैं और जब तक कोई दूसरा कारण न बताएँ तब तक यही सिद्ध होता है कि उसे देख पाने के कारण ही वे अपनी-अपनी नेतागिरी बनाए रखने के लिए एक नकली और जबर्दस्ती बँटवारा करवा रहे हैं।

इस बँटवारे की एक लंबी वंश-परंपरा है जो नई दिल्ली से आरंभ होती है। नई दिल्ली में हाँडी

का एक चावल आकाशवाणी देखिए। उर्दू का समाचार बुलेटिन सुनिए। इसमें आपको एक भी शब्द ऐसा नहीं मिलेगा जो जनभाषा का हो। और तो और आकाशवाणी के यहाँ 'और' शब्द का भी प्रयोग 'अ उर्दू' माना जाता है और उसके लिए हमेशा 'मजीद' शब्द का इस्तेमाल किया जाता है। इस बुलेटिन को लखनऊ में पले और पढ़े लोग नहीं समझ सकते और जब ये एतराज करते हैं तो कहा जाता है कि यह बुलेटिन पाकिस्तान में सुने जाने के लिए है। जिस चतुर बुद्धि से यह उत्तर उपजा है वह नहीं जानती कि यह कितना मूरख उत्तर है। पाकिस्तान में कुछ बंगला के प्रभाव से और कुछ कट्टर तानाशाही के विरुद्ध प्रक्रिया के रूप में साहित्य की भाषा में सरलीकरण और हिंदीकरण की एक सशक्त धारा प्रवाहित हो रही है। इसके विपरीत उस उर्दू के समर्थक उर्दू को एक संकुचित, निष्प्राण और सुरक्षित भाषा बनाते जा रहे हैं। निस्संदेह जिस हद तक हिंदी के जो समर्थक हिंदी को भी उन्हीं गुणों से विभूषित करना चाहते हैं उस हद तक उन समर्थकों के द्वारा उर्दू की इस प्रवृत्ति का स्वागत होगा किंतु जो लोग—और यहाँ ऐसे लोगों से मूलतः उनसे अभिप्राय है जो भाषा में निरंतर परिवर्तन चाहते हैं क्योंकि वे समाज में भी परिवर्तन चाहते हैं—रचनाकार हैं, वे हिंदी-उर्दू दोनों की इस प्रवृत्ति से अपनी मृत्यु का अनुभव करते हैं। राजधानी में हाल में एक प्रसिद्ध लेखिका का ब्रेख्त के नाटक का उर्दू अनुवाद प्रस्तुत हुआ तो उसमें इसी मृत्यु की अनुगूँज थी। उर्दू को उर्दू रखने की कोशिश में वह ब्रेख्त की लोकनाट्य जैसी देसी जमीन में भी जड़ें नहीं फेंक सकी।

एक और घटना याद आ गई जिससे पता चलता है कि उर्दू और हिंदी को अलग-अलग रखने की जबर्दस्त कोशिश ने उर्दू की रचनात्मक संभावनाएँ कितनी क्षीण कर दी हैं और साथ ही आधुनिक जीवन से एक विचित्र उपजीवी संबंध बना लिया है। मैक्सिकी कवि आक्टेवियो पाज ने दिल्ली से विदा होते समय कलाकार के आधुनिक संत्रास पर कुछ वाक्य कहे थे। इंडिया इंटरनेशनल सेंटर के समृद्ध वातावरण में दिल्ली के बुद्धिजीवियों ने बड़े मन से उनका सम्मान किया। यही बुद्धिजीवी थे जो थोड़ी देर पहले सरदार अली जाफरी की एक अत्यंत महफिली, रोमानी और सपाट कविता पर जी भरकर तालियाँ बजा चुके थे। क्या इसलिए कि देशी भाषा सुरक्षित भाषा अंग्रेजी से एक दर्जा घटकर दास भाषा बनी रहे और इस प्रक्रिया को सुरक्षित रखने के लिए उर्दू को भी हिंदी से न मिलने दिया जाए? अगर मिलने दिया जाएगा तो आधुनिक हिंदी साहित्य का आधुनिक मानवीय संवेदन जो कि उर्दू के रोमानी और महफिली संवेदन से कहीं अधिक गहरा और व्यापक हो चुका है दोनों भाषाओं को मिलाकर किसी न किसी दिन एक कर दिखाएगा।

[*दिनमान,* 'अंतर्धारा', 1 दिसंबर 1968]

भाषा के विकास का षड्यंत्र

हिंदुस्तान का राजनैतिक तंत्र बहुत तेजी से टूट रहा है। संविधान और शासकीय अधिकार का दुरुपयोग, हिंसा की नीति, भुखमरी और राजनैतिक दलों द्वारा जातिगत संकीर्णता का पोषण जारी है। इस पर बहुत बहसें हो चुकी हैं, हो रही हैं और होती रहेंगी। किंतु इस सबके भीतर बहती हुई एक अंतर्धारा पर ध्यान कम गया है। वह अंतर्धारा सूखती जा रही है। भाषा, जो किसी भी समाज के राजनैतिक तंत्र को सँभालकर रखने के लिए आवश्यक प्राण शक्तियों में से एक है, मरती जा रही है। वह बिलकुल मर नहीं गई है तो इसीलिए कि जीवन के बहुत से क्षेत्रों में आज भी लोग भाषा का संस्कार कर रहे हैं। पर ये बहुत कम हैं और उनके विरुद्ध भाषा को मारनेवालों की फौज बहुत बड़ी है।

आज हम ऐसे स्थल पर खड़े हैं जहाँ भारतीय मनुष्य की कोई भी जीवनमूलक समस्या हम अपने पिछले बीस-पच्चीस वर्षों को जाने बिना समझ नहीं सकते। आजादी हमारे इतिहास में एक

बहुत बड़ा परिवर्तन लाई। उस आजादी का हमने जो कुछ किया वही हमें वह बनाता है जो कि हम आज हैं। आजादी के पहले हमारा हजारों वर्षों का इतिहास आज की किसी समस्या को समझने में महत्त्वपूर्ण योग दे सकता है लेकिन उसे बाद के पच्चीस वर्षों से अलग करके देखना हिंदुस्तान में उसी यथास्थिति की सड़ाँध को बनाए रखना है जो आजादी के दिन हमें विरासत में मिली थी। इन बीस वर्षों में भाषा का क्या इस्तेमाल सत्ता के केंद्रों से हुआ है? कहने और करने में केवल परिणाम का ही नहीं बल्कि नीयत का अंतर रहा है। एक ही समय एक ही वाक्य में दो तरह की नीतियाँ प्रकाशित की गई हैं और ये सब उस भाषा में नहीं जिसमें ऐसा करने से तुरंत पकड़ हो सकती थी बल्कि अंग्रेजी में जिसमें हमारे भूतपूर्व शासक ऐसे प्रयोग और मुहावरे बना गए थे जो कि साफ पकड़ में न आने के लिए ही बरते जाते हैं। साथ ही साथ एक और प्रक्रिया पिछले बीस वर्षों में चलती रही है। जनभाषा को सत्ता के सर्वोच्च स्तर पर शोभा की अथवा कर्मकांड की भाषा के रूप में स्वीकार किया गया, राज्य की वाणी के रूप में नहीं। आजादी के पहले जनभाषा के माध्यम से जो सृष्टि हुई थी (चाहे वह साहित्य में रही हो या अन्यत्र) उसके मूर्धन्य प्रवक्ताओं को बड़े पैमाने पर राज्य-सत्ता ने भाषा के विकास के काम में बझा दिया। और इन लोगों ने एक अलिखित समझौता सरकार से किया कि वे सत्ता के केंद्र में भाषा के इस्तेमाल की बात छोड़कर शब्दावली-विभागों में वैज्ञानिक पद्धति से एक भाषा तैयार करेंगे जो किसी समय सरकार के आदेश से रातोंरात राज्यभाषा बना दी जाएगी। भाषा की आंतरिक शक्ति की बिक्री का यह सौदा बहुत वर्ष चला। यहाँ तक कि हिंदीतर भाषाओं को हिंदी पर इस बेतहाशा अपव्यय से क्रोध आने लगा। इस बीच झूठे आश्वासनों, दोमुँही नीतियों और उपदेशों की पुनरावृत्ति से सत्ताधारी राजनीतिक ने भाषा को लगभग अर्थहीन कर दिया था। अब सत्ता के स्थान पर विदेशी भाषा को रखकर सभी देशी भाषाओं को किसी दिन विकसित और संपन्न हो जाने का स्वप्न फिर दिखाया जा रहा है—ठीक वैसे ही जैसे कि हिंदी को दिखाया गया था। हिंदी को निश्चित तारीख पर सिंहासनासीन न करने का तर्क प्रस्तुत करने में जिन हिंदी नेताओं ने सरकार की बीस वर्ष सहायता की वे ही आज फिर सब भाषाओं के विकास और आदान-प्रदान के नए कार्यक्रम में सबसे आगे खड़े दिखाई देते हैं। हिंदी में इस्तेमाल—नहीं—केवल पूजा की दृष्टि रखनेवाले दूसरी भाषाओं में उन भाषाओं के प्रति ऐसी ही दृष्टि रखनेवालों के साथ मिल गए हैं। आज सब भाषाओं के आदान-प्रदान की बात जब ये ही लोग कहते हैं तो पूछना जरूरी हो जाता है कि क्या ये आदान-प्रदान प्राचीन ग्रंथों, शोध-प्रबंधों और कभी-कभी आधुनिक साहित्य तक ही सीमित रखेंगे या कि भाषाओं को अपने-अपने प्रदेशों की सरकारों की वाणी बनाएँगे। भाषाओं के आदान-प्रदान की एक लंबी कहानी आजादी के पहले से जारी थी। पर उस समय भारतीय भाषाओं के आंतरिक साम्य और ऐक्य के परस्पर विनिमय से कुल मिलाकर अंग्रेज और अंग्रेजी के विरुद्ध एक शक्ति स्फूर्त्त होती थी। आज का सरकार-पोषित भाषा-आदान-प्रदान समारोह जो सारे देश में प्रतिदिन मनाया जा रहा है, पिछले बीस वर्षों में भाषा के सरकारी ठेकेदारों के अंग्रेजी-समर्थक आचरण से दूषित हो चुका है। पर यह सही है कि इनसे अलग, भाषा के तेजस्वी उपयोग में लगे हुए साहित्य-स्रष्टा अपनी प्रतिभा से भाषा को हर समय रचते रहते हैं किंतु वह कब तक रचते रह सकेंगे। आखिर भाषा के साहित्येतर उपयोग से उसमें जो जीवन पैदा होता है वही तो अंततः साहित्य-स्रष्टा का संबल बनता है। यह एक क्रूर परिहास है कि सत्ता के सर्वोच्च स्तर पर भारतीय भाषाओं को एक शोभा की वस्तु बना रखा जाए और समाज में उनका विकास करने के लिए छोटे-बड़े कई मठाधीश स्थापित कर दिए जाएँ जिनके सिर पर एक विदेशी भाषा का प्रतिनिधि सत्ताधारी शासन करता हो—और इस षड्यंत्र को भाषा का विकास कहा जाए।

[*दिनमान*, 'संपादकीय', 19 अप्रैल 1970]

अंग्रेजो, भारत छोड़ो

जब 1947 में अंग्रेजों ने भारत छोड़ा तो हमारे भाग्यविधाताओं ने कुछ समय तक अंग्रेजी को रहने देने की वकालत की थी। तब से लेकर अब तक हिंदीवालों का मन बहुत कुछ बदल गया है। शायद अब उन्होंने मान लिया है कि अब इस देश से अंग्रेजी नहीं जाएगी। वे अब भी कहते हैं कि हिंदी को आना चाहिए पर वे अब यह नहीं कहते कि अंग्रेजी को जाना चाहिए। अगर बहुत कुरेदा जाए तो दबी जबान वे यह कह देंगे कि हिंदी और अंग्रेजी दोनों को साथ-साथ रहना चाहिए। अर्थात् समाज के कुछ चुने हुए लोगों को जो हिंदी और अंग्रेजी दोनों जानते हों हमेशा ऊँची जगहों पर बने रहना चाहिए और ऐसे लोगों को जो अंग्रेजी नहीं सीख सकते, कभी बिलकुल ऊपर तक उठने का मौका नहीं देना चाहिए। हिंदी के हिमायतियों के चिंतन में यह खोट कोई आज पैदा नहीं हुई है, हमेशा से थी। अगर नहीं रही होती तो कम से कम हिंदीभाषी प्रदेश में तो अंग्रेजी को सर्वोच्च स्तर से एकदम उखाड़ फेंका गया होता। वैसा करने का मतलब जानते हैं क्या होता? फिर वह एक प्रदेश सारे भारत में एक क्रांतिकारी परिवर्तन का सूत्र बन जाता और चारों ओर से भयंकर दबाव पड़ने पर भी यदि वह अपने निर्णय पर अटल रहता तो शायद केंद्र में भी उसी के चलते अंग्रेजी के हटने की शुरुआत होती यानी अंग्रेजी और हिंदी को साथ-साथ रखने का षड्यंत्र समाप्त होने लगता। इन दोनों भाषाओं का साथ-साथ रखना षड्यंत्र इसलिए है कि एक भाषा देशी है और दूसरी विदेशी। सत्ता के स्थान में यदि दो देशी भाषाएँ एकसाथ चलें तो भी उस सत्ता का उत्स भारतीय जीवन ही रहता है पर उसमें एक विदेशी भाषा आ जाने से उस विदेशी साम्राज्य का सारा संसार भारत के छोटे गरीब बच्चे के कंधों पर चढ़कर बैठ जाता है। एकाएक वे सब रास्ते बंद हो जाते हैं जो उस बच्चे के लिए उसके भारत में जन्म लेते ही संभावनाओं से भरे एक भविष्य की ओर खुल गए थे। यह दलील कि अंग्रेजी हमें दुनिया से परिचित कराती है सिर्फ 3 प्रतिशत उन लोगों के लिए सही है जो अंग्रेजी सीख सकते हैं। बाकी लोगों के लिए वह न सिर्फ सही नहीं है बल्कि आनेवाली कई पीढ़ियों तक उन्हें एक घटिया घिसी-पिटी घिसटती अंग्रेजी सिखाकर उनकी अभिव्यक्ति मजबूरन अपाहिज बनाने का षड्यंत्र है। अंग्रेजी के जरिए जो अपाहिजपन हिंदुस्तान में पिछले बीस बरसों में फैल चुका है उसका नमूना किसी भी दिन और कहीं नहीं देश की सर्वोच्च राजनैतिक संस्था संसद में देखा जा सकता है। बेचारे सदस्य अपनी जनता के सम्मुख उनकी भाषा में खुले दिल से बोलकर उसका वोट लेकर जब उसका प्रतिनिधित्व संसद में करने आते हैं तो उनके सामने यह भय आकर खड़ा हो जाता है कि अगर अंग्रेजी में नहीं बोलेंगे तो हिंदी में बोलना पड़ेगा और यदि हम हिंदी जानते हों तो उनमें बोले भी तो अखबारों में और मंत्रियों के कमरे में हमारा नाम नहीं लिया जाएगा। यह भय उन्हें अक्सर एक अशुद्ध रटीरटाई ऊबड़-खाबड़ भाषा बोलने पर मजबूर करता है। वह अत्यंत दयनीय स्थिति होती है और विडंबना तो यह है कि उसमें पड़ा हुआ वक्ता नहीं जानता कि अपनी भाषा का अधिकारी होते हुए भी उसे न बोलकर वह कितना दयनीय दिख रहा है।

संसद में धारावाहिक अनुवाद की व्यवस्था कुछ समय से आरंभ हुई है। इसे हिंदी और अंग्रेजी तक सीमित न रखकर जल्द से जल्द अन्य भारतीय भाषाओं के लिए उपलब्ध कर अंग्रेजी को एकदम हटा देना चाहिए। इस सुझाव के विरुद्ध सबसे अधिक बार यह तर्क दोहराया गया और फिर दिया जाएगा कि तब फिर प्रबंध असंभव हो जाएगा। इस तर्क में वैसी ही घबराहट दिखाई देती है जैसे अंग्रेजों के हिंदुस्तान छोड़ने के पहले कुछ राजा-महाराजाओं के इस तर्क में होती थी कि अंग्रेजों के चले जाने से भारत कैसे चलेगा। होगा यह कि धारावाहिक अनुवाद की समस्त व्यवस्था होने से और अंग्रेजी के न रहने से सबसे पहले तो भारतीय भाषाओं के बोलनेवालों को अपनी भाषा में बोलने का प्रोत्साहन मिलेगा। और फिर उनके हिंदी में अनुवाद की व्यवस्था होने से हिंदी के विकास में इन भाषाओं

का सजीव योग भी प्राप्त होगा। यदि कभी भारत में हिंदी सभी प्रदेशों में बाजार और वोट के अतिरिक्त सरकारी स्तर पर प्रयुक्त होगी तो वह वही हिंदी होगी जिसको बनाने में सब भाषाओं का योग होगा। शायद यह समझकर ही हिंदी को निरंतर अंग्रेजी की अनुवाद-छाया बनाते रहने का प्रयत्न सत्ताधारियों के हाथों जारी रहा है। अंग्रेजी की अनुवाद-दासी हिंदी में न तो आत्मविकास की शक्ति हो सकती है न अभिव्यक्ति की। वह पिछली दो पीढ़ियों से हिंदी क्षेत्र में प्रतिभाशाली नवयुवकों को अन्य विधाओं के क्षेत्र से खींचकर मक्खी पर मक्खी मारनेवाले अनुवादक बनाती रही है। प्रतिभा का ऐसा सामूहिक क्षय पकड़ा नहीं जा सका तो इसलिए कि हिंदीवाले अनुवाद के क्षेत्र में रोजगार की आसानी से अभिभूत रहे। किंतु यदि अभी तक नहीं हुआ है तो धीरे-धीरे प्रकट होगा कि इसके चलते विज्ञान आदि विद्याओं में निपुण और साथ ही हिंदी में अभिव्यक्ति में समर्थ लोगों की कष्टकर कमी हो चली है।

हिंदी की युवा प्रतिभा का जो हो, हिंदी के बड़े-बड़े नेता सलाहकारों के रूप में आज भी सुरक्षित हैं। पर उनसे सलाह अब इसी विषय पर ली जाती है कि किस तरह अंग्रेजी और हिंदी को साथ-साथ बनाए रखा जाए। इसलिए उन्होंने जन-साधारण के सम्मुख यह कहना शुरू किया है कि हिंदी को तो सरकार नहीं जनता लाएगी। यह एक निरीह और सुखद कल्पना जान पड़ती है। किंतु सभी जानते हैं कि जिस भाषा को सरकार के ऊँचे से ऊँचे मंच पर जगह मिलती है वही नीचे से नीचे स्तर पर विकसित हो सकती है, सरकार के मंच पर भाषा को स्थान दिलाना जनता का काम अवश्य है। किंतु ऐसा परस्पर संबंध कैसे बन सकता है कि हिंदी के बड़े नेता अंग्रेजी को हिंदी के साथ बनाए रखने की मजबूरी प्रकट करते रहें और जनता अंग्रेजी को हटाती रहे।

आज की राजनीति ने विशेष रूप से कांग्रेस में फूट पड़ने के बाद से अंग्रेजी हटाने का सवाल इस तरह छोड़ दिया है जैसे कि किसान दूध न देनेवाली गाय को छोड़ देता है। तत्काल अंग्रेजी हटाने की माँग किसी के राजनैतिक शर्तनामे का हिस्सा नहीं दिखाई देती। क्या इससे यह मान लिया जाए कि समस्त राजनीति ने भारतीय चरित्र को अधकचरा और गुलाम बनाए रखने का निश्चय कर लिया है। या यह कि वह केवल रणनीतिवश अंग्रेजी हटाने का नाम नहीं ले रही है। यदि दोनों में से कोई बात भी सही है तो वास्तव में उसके साथ दूसरी बात भी जुड़ी हुई होगी। एक अकेली सच नहीं हो सकती। ऐसी स्थिति में भाषा का इस्तेमाल करनेवाले विद्यार्थी अध्यापक और लेखक समुदाय को नए सिरे से सोचना पड़ेगा कि वे अंग्रेजी के चले जाने के बाद अब अपने ही देश में देशी साहब से शासित होना चाहते हैं या नहीं।

[*दिनमान*, 'ऊबे हुए सुखी', 9 अगस्त 1970]

भाषा की मृत्यु

आदरणीय बंधुओ; श्रोताओ! अभी देसाईजी ने भाषा की मृत्यु की जो बात आपके सामने रखी वह दिलचस्प बात है पर उससे मेरे विषय का संबंध प्रत्यक्ष नहीं है यदि हो तो बहुत दूर हो सकता है। जब भाषा की मृत्यु की बात कहता हूँ तो हिंदी भाषा की मृत्यु की बात प्रमुख रूप से मन में आती है वही हम सब लोगों की भाषा है, चाहे हम किसी भी प्रदेश के रहनेवाले हों। हिंदी भाषा मैं उसे नहीं मानता जिसे अहंकारवश हिंदीभाषी शुद्ध भाषा कहते हैं, बल्कि उसे मानता हूँ जो सभी प्रदेश के लोग बोलते हैं जिसे सभी समझते हैं और राष्ट्रभाषा वही हो सकती है जिसमें सभी भाषा के शब्द, मुहावरे सम्मिलित हों।

भाषा क्या है? दूसरी भी बहुत-सी वस्तुओं का संपुजन है। भाषा की परिभाषा आपने पढ़ी होगी

कि यह एक व्यक्ति से दूसरे व्यक्ति के बीच भावनाओं का आदान-प्रदान होती है। मैं कवि हूँ इसलिए कहता हूँ कि भाषा तिजोरी है, जिसमें साहित्य आदि चीजें सुरक्षित रहती हैं और अब तो बैंक कहूँगा जिसे आप देते हैं, जहाँ से लेते हैं और उसकी वृद्धि करते हैं और जो सभी के लिए होता है। भाषा नदी है जिसका प्रवाह जारी रहता है। कभी-कभी ऐसा प्रतीत होता है कि नदी का प्रवाह रुके, उसका उपयोग न हो, तब उसमें गंदगी बढ़ जाती है। हिंदी भाषा की मृत्यु नहीं हुई है, आसन्नमृत्यु है। इसका कारण यह है कि हिंदी में जहाँ हमारा साहित्य रचा जा रहा है, अखबार निकलते हैं, मंत्री भाषण देते हैं, विश्वविद्यालयों में शिक्षा का माध्यम है पर इस काम में लगे साहित्यकारों की प्रतिभा कुंठित हुई है। लोकसेवा आयोग के दरवाजे उसके लिए बंद हैं। हिंदी अखबारवालों को मालूम है कि उन्हें दिल्ली से अंग्रेजी में आई खबरों का अनुवाद करना है। 'नई दुनिया' के हिंदी रिपोर्टर ने एक रिपोर्ट बड़ी सीधी-सी और मीठी भाषा में लिखी। पर क्या वह संसद को ऐसी ही रिपोर्ट भेज सकता है? नहीं। क्योंकि वहाँ अंग्रेजी में कारभार होता है और रिपोर्ट भी अंग्रेजी में आती है।

अनैतिक व्यक्ति किसी स्वस्थ संस्था को जन्म नहीं दे सकता और अनैतिक संस्था किसी स्वस्थ व्यक्ति को जन्म दे सकती है। मेरे मित्र गड़बड़ कर रहे थे, टोका तो बोले यह मेरी प्राइवेट लाइफ है। मैंने कहा कि जीवन टुकड़ों में नहीं हो सकता कि बाहर कुछ और भीतर कुछ। तुम नेता हो, अभिनेता नहीं। अगर डॉक्टर निमोनिया के रोगी को गर्म देता है तो कमरा गर्म रखने के लिए भी कहता है। कीचड़ भरी, टूटी-फूटी सड़कों पर टूटे इंजिन की गाड़ियाँ चल सकती हैं। आज देश जवानी बहक रही है। विदेशों के हाथों की कठपुतली बन रही है। लोग इसलिए नक्सलवादी बनते हैं कि जिन्हें किसी ने माँ की ममता से सीने से नहीं लगाया। आज जापान उन्नति के शिखर पर है और समृद्धि का आनंद ले रहा है और हम दर-दर भटक रहे हैं। आज जब विधानसभा और लोकसभा के सदस्यों के गले में कीमत की पट्टियाँ लगी हुई हैं तो अगर हमारे जवान चीन या पाकिस्तान के हाथ बिकते थे तो उसकी जिम्मेदारी किसकी है। अगर तिलक और मदनमोहन मालवीय देश को आजाद कर सकते थे तो हम भी उसे आबाद कर सकते हैं।

संक्षेप में समझें कि आजादी के समय हमने मान लिया था कि हिंदी का विकास हो तभी उसका सरकारी कारभार में उपयोग होगा। यानी जब तक तैरना न आए, पानी में कदम ही न रखो। अधिकारारूढ़ लोगों ने सत्ता के मोह में इसे मान लिया। हिंदी का विकास किया जाएगा, राज्य में एक-एक हिंदी सलाहकार रहेंगे, पर सिर्फ अनुवाद के लिए, मौलिक काम नहीं होगा और वायदा मान लेनेवालों से शायद सरकार ने कहा था कि आप खर्च करें और हम हिंदी को रोक रखेंगे। यह दुश्चक्र नहीं चल सका। पर उसका दुष्प्रभाव यह हुआ कि विश्वविद्यालय ने बच्चों को हिंदी पढ़ने की, नौकरियाँ देने की आशा दिलाई जिससे बच्चे सिर्फ हिंदी ही जानते हैं, दूसरी भाषाओं से वंचित हैं। दूसरी बात, शब्दकोशों में जो शब्द प्रयोग किए जाते हैं, वे विचित्र होते हैं और जम नहीं पाते। तीसरी बात यह है कि पिछले बीस साल से हमारी राजनीति ने भाषा का और शब्दों का दुरुपयोग किया है। इतने अधिक प्रलोभन और आश्वासन दिए हैं कि जनता के केवल इरादों को ही प्राप्य मान लेना पड़ता है।

क्योंकि जो कुछ कहा गया, उस हद तक किया नहीं गया। इसलिए भाषा के शब्दों के अर्थ बदल गए हैं। जैसे कि विकास का अर्थ होता है वक्ता विकास। वैसे ही भ्रष्टाचार शब्द सुनकर वह क्रोध उत्पन्न नहीं होता, जो होना चाहिए। यह मानव मन की विकृति की बात नहीं क्योंकि कभी ऐसा होता है कि वह नहीं कर पाता जो कहता है, पर हमारे देश में यह भयंकर बीमारी होती है, कथनी और करनी में अंतर रहना।

हमारे राजनैतिक आदमी वोट तो अपनी भाषा में माँगते हैं, पर शासन का कारभार अंग्रेजी में करते हैं। हमारे नेता जिन देशों से अपने देश के गणतंत्र की तुलना करके प्रसन्न होते हैं वहाँ भी

जनता की भाषा और सरकार की भाषा में इतना अंतर नहीं। इंग्लैंड में स्काटलैंड की भाषा सरकारी भाषा से अलग है पर वहाँ अंग्रेजी तो राह चलते आदमी की भाषा है। रूस का यही हाल है जहाँ अंग्रेजी का ज्ञान बहुत बड़ी न्यामत नहीं समझी जाती और न वे बच्चों से हैलो मम्मी सुनना पसंद करते हैं। वे अंग्रेजी का रूसी अनुवाद जरूर करते हैं पर हमारी तरह अनुवाद को मुहर लगाकर बंद नहीं रखते, उसे जनसाधारण में पहुँचाते हैं। हवाई जहाज के पुर्जों के नाम का अनुवाद करने से उनका प्रचार नहीं होगा बल्कि पुर्जे बनाते समय होगा। रूसी-जर्मनी भाषा के शब्द भी अपनी भाषा में आत्मसात किए जा सकते हैं जो कि हिंदी में बनाए कृत्रिम शब्दों से अधिक स्वाभाविक हों। इसलिए हिंदी भाषा में घुटना है। दिल्ली, बाम्बे और कलकत्ता की स्थिति और भी खराब है यहाँ की बनिस्बत। चूँकि केंद्र इस देश का शीर्ष है, इसलिए जितनी शक्ति आपके देश में हो, उसका प्रस्फुटन तो केंद्र में होना चाहिए इसलिए सबको अधिकार होना चाहिए कि वह केंद्र में पहुँच सके। सिर्फ दिल्ली के स्कूल में पढ़े लोगों की वहाँ मोनापली न हो। आज देश में सिर्फ 2 प्रतिशत ही अंग्रेजी जानते हैं। वे भी कैसी जानते हैं यह मैंने संसद की प्रेस दीर्घा में सुनी है और जैसी वे बोलते हैं और मुझे स्कूल में पढ़ाई गई उसकी मैंने तुलना भी की है। आखिर अंग्रेजी दूसरों की भाषा है और हम उतनी ही सीख सकते हैं जितनी छपकर आपके सामने आए और जो अखबारों में पढ़ते हैं उन्हीं मुहावरों का उपयोग करते हैं। हमारे सचिव और मंत्री अंग्रेजी नहीं जानते इसलिए विदेशनीति के मामलों में बड़ी-बड़ी गलतियाँ होती हैं कि हमारे देश के तबके के सामने शर्मिंदा होना पड़ता है। उस भाषा की आवश्यकता है जो उनके राग, द्वेष, भय और आक्रोश को व्यक्त कर सके। ऐसी अंग्रेजीवाले सिर्फ 2 प्रतिशत ही हैं जो इस दृष्टि से अंग्रेजी का भाषा और साहित्य रचना में उपयोग कर सके। इन अंग्रेजीवालों के मन में हिंदी साहित्य के प्रति उत्सुकता जागी है और वे उसे पढ़ने के लिए उसका अंग्रेजी अनुवाद चाहते हैं। परंतु दुर्भाग्यवश वे सत्ताधारी ताकतवर हैं और उन्होंने भय फैला रखा है कि अंग्रेजी हटाने से एकता टूट जाएगी और अगर सत्ताधारी नहीं मानेंगे तो अपने पद से हटा दिए जाएँगे। आप जानते हैं पिछले 50 वर्षों से देश का हर व्यक्ति कम से कम दो भाषाएँ जानता था। और यह स्वयंसिद्ध बात है कि हिंदी के साथ दूसरी भाषा के स्वभाव, गरिमा और ऐतिहासिक परंपरा में मेल है। अगर इस देश में एकता बनी है तो वह भाषाओं के आंतरिक मेल से बनी है, पर जो धमकाया जाता है वह राष्ट्र की एकता के बारे में नहीं, शायद किसी दलविशेष की एकता के बारे में हो। आप कह सकते हैं कि इससे लोकतंत्र की हानि हो सकती है, भाषा का हमसे क्या संबंध है? ऐसा नहीं है। भाषा, लोकतंत्र और समाजवाद ये एक तंत्र के तीन रूप हैं। और वह समाजवाद, समाजवाद नहीं जिसमें जनभाषा में शासन न चले और वह लोकतंत्र नहीं जिसमें लोकसभा जनभाषा में काम न करे, और वह राष्ट्रभाषा नहीं जो जनसाधारण की भाषा न हो। कोई भी राष्ट्रभाषा तब तक पूर्णता नहीं पा सकती जब तक कि राज्य शासन में न पहुँचे। भाषा की मृत्यु के बारे में एक उदाहरण दूँगा। कमलापति और चरणसिंह के बीच लिखी गई कुछ चिट्ठियाँ थीं। कमलापति तुलसीदास के बनारस के थे पर दोनों के बीच अंग्रेजी में पत्रव्यवहार हुआ था जो अंग्रेजी पत्रों ने छापा और जिनकी किस्मत का फैसला ये दोनों कर रहे थे, वे जान ही न पाए। उन्होंने लिखा था कि हमारा आपका साथ तो बेल नाट इम्पासिबल है। यह बहुत पुराना शब्दप्रयोग है। उन्होंने शायद इसका मतलब साधारण समझा हो पर दूसरे भी अंग्रेजी जाननेवाले थे जिन्होंने मतलब निकाला, 'असंभव' और वह सचमुच असंभव हो गया। जनसाधारण न जान सका वरना वे पूछते कि आप सरकार बदलने के बाद हमारे लिए क्या करेंगे? राष्ट्रीयकरण के बारे में, महँगाई के, सरकारी नौकरियों, तनख्वाह के बारे में क्या करेंगे, इस नाटक में हिंदी को सिर्फ एक जगह मिली जबकि राजाज्ञा जिसमें राष्ट्रपति शासन जारी किया गया था, वह आदेश हिंदी में दिया गया। सचमुच में तो हिंदी का स्थान वह था जहाँ बातचीत हो रही थी। राजाज्ञा में तो जनता का कोई संबंध नहीं रह गया था। वह तो दिखावा

था यह दिखावा क्यों हुआ था, अभी मैं हवाई जहाज से आ रहा था कि अंग्रेजी में सूचना मिली, अपनी पेटी बाँध लो, सिगरेट न पीयो और आवश्यकता के लिए बटन दबाओ। फिर हिंदी से सिर्फ एक सूचना दोहराई पेटी बाँधने की। किसी ने इसका विरोध नहीं किया। कंपनी जानती है कि हवाई जहाज में बैठनेवाला अंग्रेजी जानता ही है। तो अब हिंदी पूजापाठ के संस्कृत श्लोक जैसी वस्तु बनती जा रही है। आपको बता दूँ कि आपके यहाँ जो इतना बड़ा आयोजन होता है वह हिंदी में होता है और ये आनेवाले नेता और मंत्री हिंदी में बोलते हैं, आपसे मेरा अनुरोध है कि आप उन्हें कहें कि कृपया आप लोकसभा में भी हिंदी में बोलें।

मैं आपको पहले ही बता चुका हूँ कि सत्ताधारी पक्ष हिंदी को खत्म नहीं करना चाहता, सिर्फ यही चाहता है कि लोग हिंदी के बारे में अधिक सोच-विचार न करें और न परिवर्तन की उलझन पैदा हो ताकि लोगों को अन्याय के विरुद्ध सोचने का मौका न मिले, क्योंकि वे अन्याय करते हैं। जब यह अधिक दिनों तक चलता है तो हिंदीवाले हिंदी भूलने लगते हैं। ऐसे उदाहरण आपको मिलेंगे जहाँ लोग हिंदी मुहावरा भूल गए हैं और अंग्रेजी बोलते हैं। नई दुनिया के उदाहरण से ठीक विपरीत बाउंडरीवाल का अनुवाद सीमादीवाल किया जाता है, चहारदीवारी शब्द भूल जाते हैं। राजनीतिज्ञों के हाथों भाषा का सत्यानाश हो गया है और अनुशासन और अंतरात्मा की आवाज जैसे शब्द आज अपना महत्त्व खो चुके हैं।

अब भाषा की मृत्यु की बात है। यह जो मंच है वह इस नगर की संस्कृति और चेतना का उत्तम प्रतीक है। हिंदी में हम लोग केवल जनता से वोट माँगते हैं। दूसरी की भाषा को भी उतना ही महत्त्व दिया जाए जितना भोपाल या इलाहाबाद की भाषा को देते हैं। जब तक हिंदी के साथ अंग्रेजी रहेगी, भाषा का विकास पूर्णतः नहीं हो सकेगा यह कितना प्रच्छन्न रूप से घातक है, यह तब तक समझ में नहीं आ सकता जब तक आप यह न देखें कि किसी हिंदीभाषा प्रदेश के मुख्यमंत्री में इतना साहस नहीं कि वह केंद्र से अंग्रेजी में पत्रव्यवहार बंद कर दे। इसी से नया अध्याय शुरू हो सकता है। भाषा को मृत्यु और पुनर्जन्म ये शब्द पूर्ण अर्थ में लागू नहीं होते। बिहार अकाल के समय संसद में दिल हिला देनेवाली और दिलचस्प बहस हुई। आरोप था कि सैकड़ों लोग भुखमरी के शिकार हो गए, सरकार कहती थी कि भुखमरी कहीं नहीं है। जो मरे वे बीमारी से, बुढ़ापे या कमजोरी से मरे। सरकार ने यह नहीं बताया कि उन्हें क्या बीमारी थी। बीमारी थी कि कई महीनों से भरपेट खाने को नहीं मिला। सरकार से दबाव डालकर पूछा गया कि भुखमरी—याने स्टारवेशन की आपकी परिभाषा क्या यह है कि 3-4 दिन बिना अन्न के रहकर मरना। पर जिसे 6 माह से भरपेट खाने को न मिले और वह कमजोरी से बीमारी आने से मरे तो क्या वह स्टारवेशन नहीं? यही हिंदी की स्थिति है। सभी ऊँची जगह के रास्ते हिंदीभाषी के लिए बंद हैं और जब तक जीवित हैं, जीने के लिए मजबूर किया जा रहा है। जो कार्य में लगे हैं, वे ही हिंदी का प्रसारण कर सकते हैं। आपके बुरहानपुर की एक दूकान से कपड़ा खरीदा तो उसमें बीजक में शब्द था 'व्यवहार, जो कमीशन शब्द के लिए लिखा था। यह मुझे दिल्ली में भी नहीं मालूम था, आपका शहर जो व्यापार का केंद्र है, जहाँ खरीद-फरोख्त, विपणन होता है, भाषा प्रसार के लिए सर्वाधिक उपयुक्त है।

[बुरहानपुर दक्षिण का द्वार कहा जाता है। आज भी कितने विविध मतों और समूहों का एकत्र समाज यहाँ जीवित और स्पंदित है। यही संभवतः नवरात्रि व्याख्यानमाला की आंतरिक प्रेरणा और शक्ति है और मेरा विश्वास है कि वह धीरे-धीरे इस नगर को शेष भारत के लिए एक आदर्श बना देगी।

मेरे जैसे लोग जिन्हें अपने देश से पूर्ण परिचय नहीं, यहाँ आकर धरती छूकर शक्ति पाने जैसा अनुभव करेंगे और व्याख्यानमाला के संयोजक श्री देवड़ाजी के प्रति कृतज्ञ भी।]

[बुरहानपुर, 'नवरात्र व्याख्यानमाला', 6 अक्टूबर 1970]

एक परिपत्र

[हिंदी तत्काल राष्ट्रभाषा के रूप में कैसे काम करना शुरू करे इसके बारे में रघुवीर सहाय ने अपने कुछ मित्रों के साथ एक परिपत्र तैयार किया था। परिपत्र इस प्रकार था :]

भाषा के सवाल पर जो गतिरोध पैदा हो गया है, उससे उन सभी लोगों को कुंठा का अनुभव विशेष रूप से हो रहा है, जो सृजनात्मक कार्यों के लिए भाषा को माध्यम बनाते हैं। मानवीय संवेदना की अभिव्यक्ति के अन्य किसी क्षेत्र में सक्रिय हैं, जिससे किसी समाज की संस्कृति निर्मित होती है।

यही कुंठा है, जिसने सारे देश की जनता के आर्थिक, सामाजिक, सांस्कृतिक, शैक्षिक और वैज्ञानिक विकास को अवरुद्ध कर रखा है, क्योंकि अपने स्वाभाविक विकास और अभिव्यक्ति के लिए मातृभाषा का जो साधन प्रत्येक को मिलना चाहिए, उससे उसे वंचित रखा गया है, और जो राजनैतिक समझौते सरकारी स्तर पर अभी तक सोचे जा रहे हैं, वे आगे भी रखेंगे। अभी तक कोई भी अवसर जनता की भाषा के इस्तेमाल को नहीं मिला है जबकि इस्तेमाल से ही भाषा बन सकती है।

इसलिए सबसे पहला कदम जो इस गतिरोध को तोड़ने के लिए उठाना चाहिए, मातृभाषा में सोचने और लिखने की आजादी। राज्यों में या और भी जगह यह आजादी तभी कोई मतलब रखती है जब सरकार शिक्षा और राजकाज में मातृ-भाषाओं को प्रतिष्ठित करे। उनके साथ अंग्रेजी चलते रहने से उस आजादी का कोई अर्थ नहीं रह जाता।

इसलिए हम आग्रह करते हैं और इस आग्रह की पूर्ति के लिए तैयार होते हैं कि राज्यों में मातृभाषाएँ राजभाषाओं के रूप में प्रतिष्ठित हों।

जहाँ तक हिंदी मातृभाषा प्रदेशों का प्रश्न है, इस काम में बिलकुल देर नहीं होनी चाहिए। तैयारी या सुविधा के लिए समय माँगने का मतलब केवल उस जनता को रोके रखना होगा जो आज भी अपनी मातृभाषा में काम कर सकती है। अगर मातृभाषा राजभाषा के रूप में प्रतिष्ठित हो।

हम मानते हैं कि शब्दकोशों या पारिभाषिक शब्दावलियों के लिए रुकना न सिर्फ भाषा और जनता दोनों के विकास को आगे भी रोके रखना होगा, वरन् अंग्रेजी को जबरदस्ती अपने ऊपर लादे रखना होगा।

जिन प्रदेशों में मातृभाषा हिंदी है, वहाँ सभी सरकारी काम हिंदी में होना चाहिए। हिंदी प्रदेशों में केंद्रीय सरकार के कार्यालय अगर अंग्रेजी में या अंग्रेजी में भी काम करते रहें, तो राज्यों की भाषा से विरोध पैदा होता है, और कुंठा बनी रहती है। ऐसा नहीं होना चाहिए, और हमारा आग्रह है कि हिंदी मातृभाषा राज्यों में केंद्रीय कार्यालय तुरंत हिंदी में काम करना शुरू करें।

जिन राज्यों में उनकी मातृभाषाएँ अभी प्रतिष्ठित नहीं हुई हैं, उनसे व्यवहार में केंद्रीय कार्यालय अंग्रेजी का प्रयोग कर सकते हैं, पर हिंदीभाषी राज्यों में केंद्र का अंग्रेजी के माध्यम से काम करना जनता के प्रतिकूल चलना होगा, जिसका कोई भी औचित्य नहीं है।

किन्हीं राज्यों में यदि मातृभाषाएँ प्रतिष्ठित हो जाएँ, और वे यदि हिंदी में नहीं, वरन् अपनी मातृभाषा में केंद्र से व्यापार करना चाहें तो उनकी इस इच्छा से हमें विरोध नहीं होगा।

हिंदीतर भाषी राज्यों में हिंदी के लिए जगह हो, इसका सिर्फ यही रास्ता है कि पहले वहाँ मातृभाषाओं के लिए जगह हो। हम इसके लिए होनेवाले आंदोलनों में सहयोग करेंगे।

हम भारतीय भाषाओं के सहयोग से हिंदी के सार्वदेशिक विस्तार में विश्वास करते हैं, और इसलिए हिंदी के भावी रूप के लिए हमारी धारणा है कि वह आज ही आरूढ़ नहीं की जा सकती। जो ऐसा करते हैं, वे दूसरे प्रदेशों में हिंदी की स्वीकृति में सबसे बड़ी बाधा देते हैं।

यह आवश्यक है कि प्रशासन की भाषा के अनुरूप ही शिक्षा के क्षेत्र में भी व्यवस्था हो। शिक्षा और परीक्षा का माध्यम सभी स्तरों पर मातृभाषाएँ हों, अंग्रेजी की पढ़ाई वैकल्पिक हो। अंग्रेजी की पढ़ाई

में और अहिंदीभाषी क्षेत्रों में हिंदी की पढ़ाई में आग्रह भाषा सिखाने पर हो साहित्य की शिक्षा पर नहीं।

शिक्षा और प्रशासन दोनों ही क्षेत्रों में पारिभाषिक शब्दावली की शुद्धता पर ध्यान न दिया जाए, वरन् प्रचलित शब्दावली से ही काम चलाया जाए। इससे विदेशी शब्द या तो मँजकर भारत का अंग बन जाएँगे या कुछ समय बाद अपने आप ही छँट जाएँगे।

वर्नाक्युलर का विकास

हिंदी को लेकर फिर कुछ हल्ला मचा है। हिंदी के समर्थक समय-समय पर सरकार के कामों की थोड़ी आलोचना और उसके इरादों की थोड़ी प्रशंसा करके मुखर होते रहते हैं। हर बार कुछ न कुछ माँग रहती है कि हिंदी के विकास के लिए और अधिक प्रयत्न होना चाहिए। हर बार कुछ न कुछ प्रयत्न कर दिया जाता है। तब फिर ऐसा क्यों है कि हर बार पता यही चलता है कि हिंदी का प्रभाव कुछ और घट गया है। वह कुछ और कम उपयोगी हो गई है और उसके माध्यम से काम करनेवालों की प्रतिभा का भविष्य कुछ और अनिश्चित हो गया है।

इसका कारण है। कारण यह है कि आज से नहीं, सन् 51 में जब पारिभाषिक शब्दावली के केंद्रीय अनुवाद का प्रतिष्ठान बना तभी से हिंदी के विकास का अर्थ रहा है अंग्रेजी से हिंदी में अनुवाद। जो लोग जन्म से हिंदी बोलते और सीखते रहे हैं उन्हें अपनी भाषा के इस्तेमाल का अत्यंत सीमित अवसर मिला है जबकि ऐसे शब्दों का बेतहाशा अनुवाद होता रहा है जिनके इस्तेमाल का या तो कोई मौका नहीं मिलता या प्रयोजन नहीं होता। धीरे-धीरे हिंदी बोलने, लिखने, पढ़नेवालों के संसार में वर्गभेद हो गया है। एक वर्ग में वे हैं जो हिंदी के अनुवाद और विकास के कार्यालयों की संख्या में चक्रवृद्धि करते जाना ही हिंदी की सेवा समझते हैं, दूसरी ओर वे हैं जो साहित्य, विज्ञान और आधुनिक अनुभव के अन्य क्षेत्रों में अपनी भाषा के माध्यम से काम करने का अधिकार चाहते हैं। यह एक विचित्र स्थिति नहीं है कि यह दूसरा वर्ग संख्या में विराट् होते हुए भी शक्तिहीन है। अपनी प्रेरणा से अपनी भाषा का सामर्थ्य बढ़ाते हुए वह एक स्थल पर पहुँचकर पाता है कि आगे का रास्ता अंग्रेजी के न जाने बिना बंद हो जाएगा। विचित्र बात तो यह है कि आगे का रास्ता उस वर्ग के लिए आरंभ से ही खुला रहता है जो हिंदी के अनुवाद रूपी विकास का संचालक अथवा नियामक है, दूसरे वर्ग के लिए रास्ता बंद हो जाने की कहानी विश्वविद्यालयों और सरकारी विभागों में समान रूप से घटित होती है। इन दो महत्त्वपूर्ण नाकों पर मोर्चाबंदी के कारण सबसे पहले तो उन क्षेत्रों में प्रतिभा भूखों मरती है जिनमें भाषा का माध्यम ही जीविका का साधन है, जैसे अखबार, प्रकाशन संस्थाएँ, आकाशवाणी, दूरदर्शन आदि प्रचार विभाग या शायद सबसे पहले नहीं मरती बल्कि सबसे पहले अधिक मरती दिखाई देती है। मरती तो वह जीवन के सभी रचनात्मक क्षेत्रों में समान रूप से है। हम उन तमाम भारतीयों के आविष्कार और रचनाबुद्धि की संभावनाएँ प्रतिक्षण खोते जाते रहे हैं, जिनके भरण-पोषण का दायित्व हमारी अर्थव्यवस्था पर है। ये लोग भारत की विशाल भूमि पर पहले गाँवों, कस्बों, शहरों में अपनी मातृभाषा के माध्यम से शिक्षा पाते रहे हैं परंतु ज्ञान-विज्ञान के कर्म में उसका कोई इस्तेमाल उनके सामने नहीं है—सिवाय इसके कि वे ऊँचे तबके की नकल में अंग्रेजी भी सीख लें और फिर अंग्रेजी से अपनी भाषा में ज्ञान-विज्ञान का दूसरों के लिए अनुवाद करते रहें। केंद्र सरकार और हिंदी नेताओं के मेल से जन्मी हिंदी-अंग्रेजी की वर्णसंकर भाषा नीति ने हमें कम से कम दो पीढ़ियाँ ऐसी दी हैं जिनमें विविध क्षेत्रों में काम के योग्य समर्थ लोग थे पर वे उस दिशा में न जाकर किताबी ज्ञान-विज्ञान का अंग्रेजी से हिंदी में उलटा करने की दिशा में गए—उसी में रोजगार की सबसे अधिक सुविधा दी गई थी। धीरे-धीरे कर्म कुंठित हो गया, भाषा

शिथिल हो गई। तब आज अंग्रेजीभाषी शासक का फिर यह फतवा दे देने का साहस हुआ कि हिंदी में योग्य व्यक्तियों की कमी है या हिंदी भाषा ही अभी तक अविकसित है।

हिंदी का असल सवाल उसके विकास का नहीं उसके इस्तेमाल का है। यह बात कितनी बार कही और मानी जा चुकी है पर हर बार यह बात अपना पूरा असर करने से रह जाती है। इसलिए कि जहाँ से आरंभ करने पर असर होगा वहाँ से आरंभ नहीं किया जाता। हिंदीभाषी राज्यों की सरकारों ने अपने-अपने प्रदेशों में सरकारी काम हिंदी में करने का बहुत प्रयास किया है। वह सब मल्लखंभ के व्यायाम जैसा होकर रह गया है। हिंदी के इस्तेमाल का आरंभ जहाँ से करना चाहिए इन प्रदेशों ने आज तक वहाँ से नहीं किया। अर्थात् केंद्र से अपने व्यवहार में अंग्रेजी छोड़ हिंदी का ही एकमात्र माध्यम बनाने का साहस उनसे नहीं हुआ। होता तो वह कोई अपराध नहीं होता। संविधान और कानून में कहीं उसका निषेध नहीं है। निषेध अपने ही मन में हो रहा है क्योंकि ऐसा करने से सचमुच परिवर्तन की धारा बड़े वेग से ऊपर से उतरकर नीचे आने लगती। केंद्र सरकार ने अपने यहाँ अनुवाद विभाग खोल रखे हैं। हिंदीप्रदेश की सरकार हिंदी भाषा का प्रयोग ऐसी सरकारी कार्रवाई में करे जिसका केंद्र से संबंध हो तो केंद्र सरकार अपनी सुविधा के लिए चाहे तो उसका अंग्रेजी अनुवाद करा सकती है। किंतु जब तक हिंदीप्रदेश की सरकार केंद्र को यह सुविधा भी देती रहेगी कि केंद्र से व्यवहार में जरूरत पड़ने पर अंग्रेजी भी इस्तेमाल कर दी जाएगी तब तक केंद्र में प्रदेश के हिंदी पत्रों का अनुवाद कराने की इच्छा और क्षमता दोनों का क्षय होता रहेगा। परिणामतः प्रदेश सरकार कार्यकुशलता के नाम पर केंद्र से अंग्रेजी में ही नाता रखना बुद्धिमानी समझेगी। अनंतर सारे प्रदेश में मुख्यमंत्री से लेकर नीचे के स्तर तक हिंदी चलाना एक प्रकार की प्रवंचना होकर रह जाएगा, क्योंकि जब भी हिंदी का प्रयोग होगा अंग्रेजी के अनुवाद के रूप में होगा। अंग्रेजी हर समय हर स्तर पर मूल के रूप में उपस्थित रहेगी क्योंकि उसे अंततः सर्वोच्च स्तर पर उपस्थित रहना है।

मान लें कि कोई हिंदीप्रदेश यह भाषाव्यूह भेद देता है अर्थात् सर्वोच्च स्तर पर केंद्र से अंग्रेजी में व्यवहार एकदम बंद कर देता है तब भी यह आशंका नष्ट नहीं होती कि कार्य में गति अथवा कौशल अथवा सिद्धि के बहाने उसके कर्मचारी सर्वोच्च से नीचे के स्तर पर अंग्रेजी को ही मूल बनाए रखेंगे। यदि आज से बीस वर्ष पहले एकाएक हिंदी लागू कर दी गई होती तब भी आशंका एक हद तक रही ही होती। किंतु नीचे के स्तर पर स्वभाषा के इस्तेमाल के प्रवाह ने सरकारी हिंदी को बीस वर्ष में बहुत बदल भी दिया होता। उपनिवेशों अथवा दास देशों को छोड़कर कहीं भी जनभाषा की शैली और सरकारी भाषा की शैली के मध्य इतना भयंकर अंतर नहीं है जितना भारत की सरकारी अंग्रेजी के सरकारी हिंदी अनुवाद और जनभाषा हिंदी के मध्य है। अंग्रेजों ने जो अंग्रेजी यहाँ चलाई थी वह उनकी अपनी जनभाषा नहीं थी। वह एक तिलिस्मी भाषा थी। नौकरशाही का वही तिलिस्म आज भी है। परंतु आज उसमें परिवर्तन की गुंजाइश भी है जो पहले नहीं थी। शासक और शासित की भाषा एक ही होनी चाहिए, स्वाधीनता का यह मूल सिद्धांत तब प्रकट नहीं था। आज भी संदेह होता है कि हमारे अधिनायकों के मन में यह है या नहीं, पर अंग्रेजी हटाने का एकमात्र अकाट्य तर्क वही है। उसे मानकर यदि हम शासित के स्तर पर उसकी गैरसरकारी भाषा के इस्तेमाल का अधिकार उसे दें और शासक के सर्वोच्च स्तर पर अंग्रेजी का इस्तेमाल बिलकुल बंद कर दें तभी हिंदी को सरकारी कामों में लागू करने का सचमुच कोई लोकतंत्री अर्थ होगा। अन्यथा हिंदी अनुवादी दासी बनकर उसी शैली में उन्हीं कामों के लिए प्रयुक्त होती रहेगी जो अभी अंग्रेजी करती है। वह भी पूर्ण रूप से प्रतिष्ठित नहीं होगी, उसके प्रयोग के लिए हमेशा अंग्रेजी मूल का सहारा लेते रहना पड़ेगा। यदि वह कहीं सगुन करने के लिए प्रतिष्ठित हुई भी तो शासक और शासित की भाषा एक फिर भी न होगी। असली शासक हमेशा वही बना रहेगा जो सर्वोच्च स्तर पर अंग्रेजी में काम करता है।

[*दिनमान*, 'ऊबे हुए सुखी', 27 जून 1971]

बोलचाल की ताकत

शिमला के राष्ट्रीय अध्ययन संस्थान में 'सांस्कृतिक नीति की दिशा में' विषय पर आयोजित विचार गोष्ठी ने एक वक्तव्य तैयार किया है जिसके एक वाक्य से मुझे बड़ी घबराहट हो रही है। वह है 'राष्ट्रीय भाषाओं को जनता की बोलचाल के निकटतर लाने के प्रयत्न निरंतर करने होंगे।'

जहाँ तक उस राष्ट्रीय भाषा का प्रश्न है, जिसमें मैं लिखता और बोलता हूँ (अर्थात् जहाँ तक मेरा प्रश्न है) यही काम तो मैं करता रहा हूँ : अर्थात् भाषा को बोलचाल के निकटतर लाता रहा हूँ—अब मुझसे यही काम करने को कहनेवाले ये कौन लोग हैं और किस जगह से और किस अधिकार से बोल रहे हैं?

जब मैं कहता हूँ कि मैं करता रहा हूँ तो समझनेवाले अच्छी तरह समझते हैं कि मैं अपने लिए नहीं कह रहा हूँ, भाषा के इस्तेमाल करनेवाले प्रत्येक व्यक्ति के लिए कह रहा हूँ; लेखक के लिए भी; अर्थात् उस लेखक के लिए जिसकी रचना का पिछले 25 वर्ष के साहित्य में कोई भी सार्थक योग है। क्योंकि जिसका है उसने स्वतंत्रता के बाद नए मानव संबंध की निरंतर खोज करते हुए भाषा को उसके किताबीपन से मुक्त किया है। भाषा को बोलचाल की भाषा के निकट लाने का मतलब ही है नए मानव संबंध की खोज क्योंकि बोलचाल का मतलब ही है मनुष्यों में परस्पर संप्रेषण। और यह कहने की जरूरत नहीं कि व्यक्ति को जीवन में जितनी दूर तक हिस्से लेने के अवसर दिए जाएँगे, बोलचाल की भाषा उतनी ही समृद्ध और लचीली होगी। अब देखना यह चाहिए कि शिमला के बुद्धिजीवी भारतीय जीवन में किस तरह के मानव संबंध की इच्छा करते हैं। यह देखकर ही जाना जा सकेगा कि बोलचाल की भाषा के प्रति उनका आग्रह किस लक्ष्य की सिद्धि के लिए है।

मैंने बहुत खोज की पर वक्तव्य में एक वाक्य भी ऐसा नहीं मिला जिसमें प्रकट या निहित हो कि वे जनसाधारण और शासक को एक ही मानते हैं अर्थात् जनता की भाषा को ही राजकाज की भाषा बनाना चाहते हैं। तब मुझे एकाएक याद आया कि भूतपूर्व शिक्षामंत्री चागला ने संसद में हिंदीप्रेमियों को राय दी थी कि वे रागानुराग को तोड़ने-मरोड़ने और दर्शक को मार-मारकर हँसाने-रुलानेवाली भाषा का अनुसरण करें जो बंबइया फिल्मों में होती है क्योंकि वह सारे देश में समझी जाती है।

भाषा के प्रति कमोबेश यही दृष्टि शिमला के वक्तव्य में भी है। किसी भी स्थल पर यह वक्तव्य स्वीकार नहीं करता कि भारतीय भाषाएँ जीवन के विविध उत्पादक और रचनात्मक कार्यों की संचालिका हैं और उन कार्यों में जनसाधारण के लोकतंत्रीय अधिकार का उपयोग अर्थात् सत्ता का उपयोग भी सम्मिलित है। किसी भाषा में जनता का पूर्ण और जीवंत योगदान तब तक नहीं हो सकता जब तक वह राजकाज की भाषा भी न हो।

जनता की व्यापक भाषा और मुट्ठी भर न्यस्तस्वार्थ देशी शासकों की अंग्रेजी में संघर्ष चल रहा है। इसकी अनदेखी कर जो सांस्कृतिक नीति एक ओर न्यस्तस्वार्थ की अंग्रेजी का सिंहासन पर बैठना भारतीय संस्कृति के लिए आवश्यक मानती रहे और दूसरी ओर अंग्रेजी के मुकाबले खड़ी होनेवाली राष्ट्रीय भाषा को बोलचाल के निकटतर लाने की बात कहे उसमें कहीं जरूर बड़ा खोट है।

खोट यही है कि वह नीति ऐसा जताती है कि जैसा वह महान जनवादी नीति है और जनसंस्कृति का पोषण कर रही है—किंतु वह जनता की भाषा को राजकाज का स्वाभाविक लोकतंत्री अधिकार देने को तैयार नहीं है। निश्चय ही इस नीति के चलते अंग्रेजी सीखकर ऊँचा स्थान पाने के लोभ में फँसा पिछड़ा वर्ग हास्यास्पद और निस्तेज बनकर रह जाएगा, इससे अधिक जनविरोधी दुर्भावना और क्या हो सकती है और वह भी जनवादिता के मुखौटे में?

यदि यह दुर्भावना नहीं है तो फिर सिवाय इसके और क्या उद्देश्य हो सकता है कि देशी साहब

लोग आधी अंग्रेजी और आधी मातृभाषा मिलाकर जिस बोली में पिटी-पिटाई बातें दोहराते हैं उसी निर्जीव बोली के निकटतर अपनी समृद्ध भाषा को वे लोग लाएँ जो आज भी उसमें अपने प्रखर विचार बिना लड़खड़ाए प्रकट करने में समर्थ है। ऐसी निर्जीव मिली-जुली बोली आकाशवाणी और टेलिविजन अधिकाधिक इस्तेमाल करते जा रहे हैं। साधारणजन इसे प्रतिष्ठामूलक समझकर इसकी नकल करेंगे और गूँगे बनेंगे। केंद्रीय सरकार के बड़े अधिकारियों को भी फाइलों पर ऐसी ही भाषा लिखने की छूट दे दी गई है।

यह नीति किस तरह के दिमाग से निकली है? एक बार फिर चागला की याद आती है। वही थे जिन्होंने अंतरराष्ट्रीय अध्ययन विद्यालय में देशी भाषा में शोध प्रबंध न लिखने देने का यह तर्क दिया था कि जब संदर्भ ग्रंथ देशी भाषा में नहीं हैं तो शोधकर्ता देशी भाषा में लिखेंगे कैसे। इस पर राममनोहर लोहिया ने उनकी जहालत पर तरस खाते हुए उन्हें बताया था कि संसार में सभी विद्वान पढ़ते दूसरी भाषाओं में और लिखते अपनी भाषा में हैं। (भारतीय शोधकर्ता अंग्रेजी में जो पढ़ते हैं क्या उसकी नकल करके रख देते हैं?) खैर, थोड़ा विषयांतर हो गया।

पर उतना विषयांतर भी नहीं। क्योंकि आज देश में ऐसे ही बुद्धिजीवियों का वर्चस्व है जो राजसत्ता के आसपास मँडराते हुए सरकार को ऐसी तरकीबें सुझा रहे हैं जिनसे भारतीय लोकतंत्र में जनसाधारण अपनी निजी आंतरिक चेतना को कभी संगठित और प्रतिफलित न कर पाए और जनता को जातपाँत में, हिंदू-मुसलमान में बाँटकर उस पर शासन करते रहना आसान बना रहे। इनकी 'सांस्कृतिक नीति' की योजना अंग्रेजी के पीछे सब भारतीय भाषाओं को आपस में लड़वाने की योजना है।

वक्तव्य कहता है : "शिक्षा का माध्यम सभी स्तरों पर राज्य की भाषा होना चाहिए। साथ में भाषायी अल्पसंख्यकों के लिए कारगर संरक्षण रहे। सभी अनुसूचित और आदिवासी भाषाओं की अभिवृद्धि के यथेष्ट उपाय किए जाएँ।"

इसका अर्थ है कि भारत में, जहाँ सभी प्रांतों में दूसरे प्रांतों के लोग पीढ़ियों से चले आ रहे हैं, उनके परस्पर आदान-प्रदान को नहीं बल्कि अलगाव को सांस्कृतिक नीति के विचार में महत्त्व दिया जा रहा है। प्रत्येक भारतीय भाषा-भाषी को कहीं न कहीं भारत में ही अपने को अल्पसंख्यक मानना पड़े, यह तो अंग्रेजों ने भी भारतीयों के लिए नहीं सोचा होगा। इस विचार के अधीन प्रत्येक प्रांत की भाषा अपने राज्य में खंडित होकर रहेगी और केंद्र की राजभाषा—अंग्रेजी—के बराबर खड़ी होने का साहस न कर सकेगी। साहस करे भी तो अनुसूचित भाषा के अंतर्गत अंग्रेजी प्रांतीय भाषा को दबाने के लिए 'अभिवृद्धि' के यथेष्ट उपायों की हकदार बनी वहाँ भी बैठी हुई है।

कहने की जरूरत नहीं कि इस नीति का सबसे बड़ा असर हिंदीभाषी प्रांतों पर पड़ेगा क्योंकि वे भौगोलिक और ऐतिहासिक दृष्टि से आज भी कुल मिलाकर एक बड़ी शक्ति का प्रतिनिधित्व करते हैं जो कि उन्हें अपनी भाषा की एकता से प्राप्त हुई है—और वह भाषा भारत की सभी भाषाओं के योगदान से समृद्ध होती रही है।

वक्तव्य अंग्रेजी में करीब 1500 शब्दों का है। इन पंक्तियों के लिखे जाने तक किसी भी समाचारपत्र में वह प्रकाशित नहीं हुआ है। सांस्कृतिक नीति की दिशा में शिक्षामंत्रालय के खर्चे से एक परिपत्र बनाया जाए और उसे जनसाधारण के सामने न लाया जाए, यह एक अजब बात है। क्या बुद्धिजीवी अलग कहीं बैठकर अकेले ही सांस्कृतिक नीति बना लेंगे? वह कैसी सांस्कृतिक नीति होगी जो संघर्षशील जनता की राय बिना बनाई गई हो?

[*दिनमान*, 'ऊबे हुए सुखी', 2 जुलाई 1972]

प्रयोजनमूलक हिंदी और अनुवाद

प्रयोजनमूलक हिंदी की परिकल्पना यह मानकर चलती है कि वह एक ऐसी शब्दावली होगी जो ज्ञान के संप्रेषण में काम आएगी और इसीलिए बाकी शब्दावली से भिन्न होगी या उस पर आश्रित नहीं होगी। यह परिकल्पना व्यवहार में ज्ञान-विज्ञान के विषयों में भाषा का उपयोग सुगम कर सकती है। किंतु हमें यह सोचना पड़ेगा कि ज्ञान-विज्ञान के व्यवहार की दशा क्या है और उसके तथ्यों के अनुसार हम इस हिंदी के निर्माण की क्या व्यवस्था कर सकते हैं या इसके चरित्र का क्या स्वरूप निर्धारित कर सकते हैं।

यह इसलिए विशेष रूप से आवश्यक है, क्योंकि हम वास्तव में बहुत कम व्यवहार कर रहे हैं और बहुत अधिक निर्माण करने को उत्सुक हैं और यह स्थिति भाषा-संबंधी हमारे सभी विचारों को बड़ी हद तक अवैज्ञानिक और कृत्रिम बना देती है।

हमने भाषा को जाने-अनजाने दो जातियों में बाँट लिया है। एक, हिंदी है जो हम बिना व्यवहार के बना सकते हैं। दूसरी, अंग्रेजी है, जिसे हम केवल व्यवहार करते हैं, बनाते नहीं। एक तरह से ये दोनों हमें भाषा के प्रयोजनमूलक रूप का निर्धारण करने योग्य ही नहीं छोड़तीं, क्योंकि हम अपने को उन प्रक्रियाओं से करीब-करीब बिलकुल काट लेते हैं, जो भाषा के सामूहिक चरित्र को जन्म देती हैं, जबकि प्रयोजनमूलक मूलतः सामाजिक गुण है।

उदाहरण के लिए हम उन समस्त शब्द-भंडारों को ले सकते हैं, जिनकी विभिन्न संस्थाओं द्वारा इस आधार पर रचना हुई है कि यह एक भाषा के प्रयोजनमूलक शब्दावली की एक प्रतिरूप शब्दावली है। इस विचार में यह निहित है कि एक का उपयोग करनेवाला समाज या तो वही रहेगा जो दूसरे का अभी उपयोग करता है, या फिर इसे पहचानकर अपने प्रयोजन को इसकी सीमाओं में अटा लेगा। मेरी समझ में दोनों ही बातें निराधार हैं।

यदि हम यह मान लें कि जिस भाषा की हम इच्छा कर रहे हैं वह व्यक्तियों के काम भी आएगी तो व्यक्तियों का 'काम करना' भी हमारी योजना का अंश बन जाता है और यदि उस समाज को भी पहचानें जो हिंदी के विभिन्न प्रकार के उपयोगों से परिचित है तो उसमें हम निरक्षरों के अलावा ऐसे विशाल समूहों को भी पहचानेंगे जिनके पास कोई प्रयोजन नहीं है।

हिंदी के प्रयोजनमूलक रूप का विकास विद्याओं के उत्पादन और वितरण से जुड़ा हुआ है, यह स्वीकार करना भाषाविदों को अपने चिंतन के क्षेत्र से बाहर का विषय लगता है। परंतु यह एक ऐसे देश में तर्कसंगत है, जहाँ प्रौद्योगिकी बड़े पैमाने पर बाहर से लाई गई हो—और यही नहीं, जहाँ उस प्रौद्योगिकी का स्वभाव ही ऐसा हो कि वह अधिकार का केंद्रीकरण करती हो। प्रयोजनमूलक हिंदी की रचना शब्दावली का निर्माण न रहकर शब्दावली का अनुवाद रह जाए तो यह भाषाविदों के लिए गौरव की बात हो सकती है—वे भी उसी प्रौद्योगिकी साम्राज्य में अधिकारसंपन्नता के साझीदार हो जाते हैं—परंतु यह भाषा को प्रामाणिकता नहीं दे सकती।

अनुवाद की आवश्यकता से इनकार नहीं किया जा सकता। प्रश्न यह है कि अनुवाद कौन करता है और किसके लिए करता है। विषयों के विद्वान करते हैं और कर्मियों के लिए करते हैं तो वे शब्दकोशों का निर्माण करते हैं और इस आशा से करते हैं कि इन्हें कर्मी इस्तेमाल करेंगे। परंतु कर्मी हैं नहीं। और जो हैं वे पराधीन हैं—एक क्षण के लिए भी उन्हें अपनी भाषा में शब्द जानने की आवश्यकता नहीं प्रतीत होती, क्योंकि जिस प्रयोजन के लिए उन्हें भाषा चाहिए, वह उस भाषा से पूरा हो जाता है, जो उन्हें उनके काम के साथ दी जाती है। यहाँ हम देखते हैं कि हम किसी समय एक ऐसे परिवर्तन के आने की आशा से शब्दकोश बना रहे हैं जो शब्दकोश के कारण नहीं आएगा, शब्दकोश से बाहर किसी परिवर्तन के कारण आएगा। तब यह सारा प्रयत्न अधूरा है, बल्कि इसके

पूरा होने में कोई वैज्ञानिक तर्क नहीं है, ऐसा क्यों न माना जाए?

भाषा के इस्तेमाल में लगे होने के कारण जो विद्याओं तक सीमित नहीं रहता, मैं यह कहे बिना नहीं रह सकता कि निरी विशेषज्ञता के आधार पर भाषा का कोई ढाँचा खड़ा नहीं किया जा सकता। आधार तो लोग ही होते हैं। जिस भाषा के बोलनेवाले बहुत हों परंतु उसके विशेष प्रयोजनों के ग्राहक कम हों, उसमें पहली आवश्यकता इस असंतुलन को दूर करने की है। यह शब्दावली के निर्माण से भी हो सकता है किंतु तभी जबकि शब्दों की तत्काल, अभी इसी समय, जरूरत हो।

[*केंद्रीय हिंदी संस्थान*, 'लिखने का कारण', 1974]

अंग्रेजी और हिंदी

अभी-अभी एक समारोह में राष्ट्रपति से लेकर राजबहादुरजी तक ने बताया है कि हिंदी को क्या-क्या होना चाहिए। इन सज्जनों की नेकनीयती में कोई संदेह नहीं, केवल यह देखकर अफसोस होता है कि जो शब्द ये स्वयं इस्तेमाल कर रहे हैं, उनका कितना अवमूल्यन हो चुका है : राज्य के संचालन के जिम्मेदार जो हैं वे ही आज जनता से कहते पाए जा रहे हैं कि हिंदी को राष्ट्रभाषा मानो जबकि जनता आज 28 साल से अपने निर्वाचित शासकों से कह रही है कि हिंदी को राज्यभाषा का स्थान दो और उन्होंने दिया नहीं है। हिंदी को स्वीकार करने का आग्रह राजनेता जनता से कुछ इस तरह कर रहे हैं जैसे कि हिंदी की वर्तमान राजनैतिक स्थिति के लिए वे नहीं जनता जिम्मेदार हो और यह बात हिंदी में ही कह रहे हैं जो कि हिंदी का अवमूल्यन है। हिंदी की वर्तमान राजनैतिक स्थिति क्या है, यह समझना कठिन नहीं है। हिंदीभाषी प्रदेश के वोटों का केंद्र सरकार की रचना में बहुत महत्त्व है परंतु केंद्र सरकार उन चुने हुए भारतीयों के हाथ में है जो अंग्रेजी की योग्यता के कारण बाकी भारतीयों से श्रेष्ठ हैं। अंग्रेजी की योग्यता केंद्र में प्रधानमंत्री से लेकर लिपिक तक के लिए अनिवार्य है—कारण कुछ भी हों। बल्कि हिंदीप्रेमी, अफसर, संसद सदस्य, मंत्री सभी बीच-बीच में यह प्रकट किया ही करते हैं कि वे निरी हिंदी नहीं, हिंदी और अंग्रेजी जानते हैं। इस प्रवृत्ति की पराकाष्ठा यह है कि हिंदी प्रदेशों के कुछ महत्त्वपूर्ण व्यक्ति आज तक यह कहते हुए सुने जाते हैं कि हम हिंदी भी जानते हैं? और यह प्रश्न तो दिल्ली में आमतौर से पूछा ही जाता है क्या आप हिंदी जानते हैं। जैसे कि हिंदी जानना एक अतिरिक्त, उपयोगी और कभी-कभी विचित्र योग्यता हो जिससे संपन्न किसी सहायक के पास रहने से पदासीन व्यक्ति पूछ लिया करेगा कि अमुक शब्द को हिंदी में क्या कहते हैं—और इस तरह जनता तक पहुँच जाया करेगा।

हिंदी और अंग्रेजी का यह संबंध आज इन दोनों भाषाओं की राजनैतिक स्थिति बताता है। हिंदी जनता से अधिकार पाने का साधन है और अंग्रेजी उस प्राप्त अधिकार को अपने पास दबाकर रखने का। इस तरह उस वर्ग को, जो हिंदी और अंग्रेजी दोनों जानता है, इस समय आजादी के 28 साल बाद सत्ता और अधिकार सबसे अधिक सुलभ है जबकि इस समय तक अंग्रेजी को राजनैतिक अधिकार के अयोग्य हो चुकना चाहिए था। जो लोग यह कहते हैं कि हिंदी राजनैतिक प्रश्न नहीं है वे अंग्रेजी की इस राजनैतिक शक्ति की रक्षा में ही सहायक होते हैं और ये लोग बहुधा हिंदी और अंग्रेजी दोनों ही अच्छी तरह जाननेवाले लोग होते हैं।

यथार्थ यह है कि हिंदीसेवी संस्थाएँ आज इस स्थिति को चुपचाप स्वीकार कर चुकी हैं। यही नहीं, वे इस स्थिति में सबसे अधिक लाभ उठाने की नीति पर चल रही हैं। धीरे-धीरे वे उस वर्ग के अधिक निकट आती जा रही हैं जो अंग्रेजी और हिंदी के राजनैतिक संबंध के सहारे समाज में सत्ता और अधिकार को हिंदी बोलनेवालों के व्यापक संसार से छीनकर सीमित और परंपरागत हाथों

में सुरक्षित रखना चाहता है। इस तरह वे हिंदी को रोटी के साथ न जोड़ने का अनुरोध करते हुए वास्तव में अंग्रेजी को रोटी के साथ जोड़ने में सहायक हो रही हैं। अंग्रेजी रोटी के साथ जुड़ी थी। आजादी ने यह रिश्ता तोड़ने की अधूरी कोशिश की। पर अब यह रिश्ता फिर मजबूती से जुड़ चला है। यदि अगले कुछ वर्षों में हिंदीभाषियों को अंग्रेजी सिखाना हिंदी सेवा का प्रमाण माना जाने लगे तो आश्चर्य नहीं होना चाहिए। वैसे तो अंग्रेजी और हिंदी के समर्थक हिंदीभाषियों को अंग्रेजी सिखाकर अपने प्रतिद्वंद्वियों की संख्या को क्यों बढ़ाना चाहेंगे—पर ऐसा है नहीं। अंग्रेजी सीख लेने से ही सब भारतीय बराबर नहीं हो जाते। अंग्रेजी योग्यता की भी सीढ़ियाँ हैं : व्याकरणसम्मत अंग्रेजी, फिर उच्चारणसम्मत अंग्रेजी, फिर पब्लिक स्कूलों की-सी अंग्रेजी, फिर विलायत की-सी अंग्रेजी। यदि कोई साधारण जन इन सबको पार कर ले जाए तो अंतिम फैसला इस बात से होगा कि वह अंग्रेज जैसा कितना दीखता है।

वास्तव में अंग्रेजी सीखना-सिखाना लगातार बढ़ रहा है और चुपचाप एक ऐसी मजबूरी की शक्ल में बढ़ रहा है जिसे राज्य और समाज के द्वारा व्यक्तियों पर लाद दिया गया है। यह बात उन स्कूलों, कॉलिजों, विश्वविद्यालयों में पढ़नेवाले नौजवानों में सार्वजनिक भाषण में नहीं कही जाती। वे स्वयं हिंदी छोड़कर नाक रगड़कर अंग्रेजी सीखते हैं।

किसी ने कहा है कि एक दिन हिंदी अंग्रेजी का स्थान लेगी। यह भी एक खतरनाक रहस्य है कि हिंदी अंग्रेजी का स्थान क्यों लेगी, अपना स्थान क्यों नहीं लेगी। इससे तो प्रकट है कि अंग्रेजी का स्थान बना रहेगा। केवल उसे हिंदी 'ले लेगी'। अर्थात् आज अंग्रेजी ने प्रतिभा का दमन और राजनैतिक सत्ता का संचय करके जो गैरबराबरी बढ़ाई है, हिंदी उसी को बढ़ाएगी। जो हिंदी ऐसा करेगी वह उन्हीं की हिंदी होगी जो अंग्रेजी से अनुवाद कर सकते हैं उनकी नहीं होगी जो अंग्रेजी नहीं जानते परंतु विद्या और कर्म में अंग्रेजी जाननेवालों से हीन नहीं हैं। इन्हीं की हिंदी को हमने राष्ट्रभाषा माना था पर आज राजभाषा हम किसी और हिंदी को मानने लगे हैं—उस हिंदी को जो अंग्रेजी में काम करने के लिए तैयार की जा रही है और जो अंग्रेजी का स्थान लेगी अर्थात् समाजव्यवस्था में कोई परिवर्तन नहीं लाएगी।

यह बात समझ से परे है कि हिंदी के राजभाषा बनने और समाजव्यवस्था में समाजवादी परिवर्तन होने को अलग-अलग क्यों किया जा रहा है। हिंदी जनभाषा है। वह विदेशी वर्गभाषा की तरह का आचरण नहीं कर सकती। राजनैतिक दृष्टि से वह अंग्रेजी के इतने विपरीत है कि यदि उसे अंग्रेजी की ही तरह वर्गस्वार्थ पोषक बनाने का प्रयत्न किया गया तो यह भाषा का अवमूल्यन और जनसाधारण के साथ धोखा होगा। यह रोमानी कल्पना है और अक्सर अपने को धोखा देने के लिए इस्तेमाल की जाती है कि कोई चाहे जो करे हिंदी तो अपना स्थान लेकर रहेगी। सरकार और संस्थाओं जैसे शक्तिशाली माध्यम नीतियाँ बिगाड़कर जनता को कितना अपाहित कर दे सकते हैं इसका प्रमाण उन लाखों विद्यार्थियों पर हुए अत्याचार से मिलेगा जिन्हें हिंदी के माध्यम से पढ़ने तो दिया गया परंतु नौकरी के लिए ऊँची शिक्षा के लिए अंग्रेजी की शर्त रख दी गई।

हिंदी के राजभाषा होने का मतलब यही है कि राजतंत्र में अधिकार का संचय टूटेगा। हिंदी को सचमुच यदि अपने चरित्र के अनुसार राजभाषा बनना है तो राज्य में सत्ता की व्यवस्था वह नहीं रह सकती जो अंग्रेजी ने बनाई है। उसका विकेंद्रीयकरण होना ही होगा। आज अंग्रेजी हटाओ का आंदोलन शिथिल पड़ गया है तो इसीलिए कि सत्ता के केंद्रीकरण के विरुद्ध काम करनेवाले राजनैतिक विचार और शक्तियाँ शिथिल हैं। क्रांतिकारी परिवर्तन केवल भाषा बदलने की माँग करने से या उसे बदल ही देने से नहीं होते; जब ऐसे परिवर्तन न हो रहे हों तो भाषा के द्वारा अपनी जगह क्रांतिकारी विचार और जीवन की रक्षा का अकेला प्रयत्न किया जा सकता है। पर वह एक छटपटाहट से अधिक कुछ नहीं होता और बहुत देर तक सार्थक भी नहीं रह सकता। आज हिंदी में हजारों नौजवान अपनी-अपनी

जगह ऐसा कुछ प्रयत्न कर भी रहे हैं पर वह हिंदी के सार्वजनिक चरित्र के अनुरूप राज्यशक्ति के लिए प्रयत्न के अभाव में अस्थायी ही रहेगा। इस बीच कम से कम यह तो समझ ही लेना चाहिए कि हिंदी राजभाषा के पद पर, जब लेगी तब, अपना स्थान लेगी—अंग्रेजी का नहीं। इसके अलावा इसमें संदेह है कि ठीक उन्हीं वर्गों द्वारा उन्हीं प्रकार के कामों के लिए, जिनमें अंग्रेजी इस्तेमाल होती है, हिंदी को कभी अंग्रेजी का 'स्थान' मिल भी पाएगा—वह उसे दिया ही नहीं जाएगा क्योंकि उसमें यह भय निहित है कि फिर हिंदी का मौलिक और व्यापक संसार सरकारी तंत्र में घुसकर उसे बदलने की कोशिश न करने लगे। इसलिए हिंदी को अंग्रेजी का 'स्थान' देने की सरकारी नीति का मतलब सिर्फ इतना ही हो सकता है कि वह अनुवाद की भाषा बनी रहे। हिंदी की उन्नति सरकारी अंग्रेजी के अनुवाद में नहीं और राष्ट्रभाषा के रूप में उसकी पूजा में नहीं : सब स्तरों पर उसके खुले इस्तेमाल में है, यह बात हिंदीप्रेमी समझें तो हिंदीभाषी उनके कृतज्ञ होंगे।

[*दिनमान*, 'ऊबे हुए सुखी', 25 मई 1975]

हिंदुस्तानी बोली

बहुत-बहुत साल पहले एक अनतिसाधारण हिंदुस्तानी बुद्धिजीवी ने एक किताब लिखी थी, नाम था 'भारतविजय'। लेखक ने तर्क किया था कि अभी तक भारत पर हिंदू-मुसलमान जिन-जिनका भी राज रहा उन सबसे अच्छा और भारतहितैषी राज न्यायप्रिय गोरे बुद्धिमान अंग्रेजों का है : ईश्वर हमें सदा-सदा के लिए उनके अधीन रखे, इस प्रार्थना के साथ पुस्तक का उपसंहार होता था। यह प्रार्थना तो ईश्वर ने नहीं सुनी परंतु गुलामी के गौरव का वह आभिजात्य जो लेखक ने इस शताब्दी के आरंभ में दिखाया था किसी-किसी बुद्धि में आज भी जीवित है।

जिन्होंने आजादी की लड़ाई में हिस्सा नहीं लिया, अगर कुछ गँवाया भी तो अपनी कुलीनता के नाम पर उसका दसगुना बटोर लिया और आजाद भारत में फिर आगे आ गए क्योंकि गुलाम भारत में भी आगे थे, उन वर्गों के आधुनिक कपड़े पहने व्यक्ति अभी कुछ वर्ष, बल्कि कहीं-कहीं तो कुछ महीना पहले तक आजाद भारत की समस्याओं से खीझे हुए थे। खीझकर लोकतंत्र को वे भारत के एकदम अनुपयुक्त बता रहे थे और कारण क्या बताते थे? वही जो कि अंग्रेज के वक्त में बताया जाता था कि भारत की जनतो निरक्षर है, अनेकभाषी है, अभी लोकतंत्र के लिए तैयार नहीं है। इस मामले में यह वर्ग हमेशा की तरह पीछे देखनेवाला रहा है-हालाँकि मॉड बेलबाटम की मानसिक और भौतिक नकल करने में वह हमेशा आगे रहता है—उससे उसे यह बचाव मिल जाता है कि जब कभी उसी की तरह के दकियानूसी धोतीधारी उसका विरोध करें तो वह उन्हें और भी अधिक पीछे देखनेवाला सिद्ध कर सके। एक और मामले में वह आगे रहता है—ताकत हथियाने के मामले में, और किसी तरह की भी राष्ट्रीय समस्या हो उसका सुझाया उपाय यही होता है कि उसे कुछ और सुविधाएँ दे दी जाएँ तो वे हल हो जाएँगी। पर जिस मामले में वह सबसे आगे रहता है वह यह है किस बड़ी विदेशी ताकत को—अंग्रेज तो अब हैं नहीं—वह इतना बड़ा मान ले कि उसके पक्ष में बोलकर अपनी विश्वजनीनता सिद्ध कर सके।

ऐसे ही वर्ग के लोगों को इंदिरा गाँधी के उन वाक्यों को ध्यान से समझने की कोशिश करनी चाहिए जो उन्होंने विशेष रूप से आपात्कालीन व्यवस्था के आरंभ होने के बाद बड़ी विदेशी शक्तियों और भारत के संबंध के बारे में कहे हैं : उनका सारांश यह है कि हम अपनी जनता के विकास और लोकतंत्र की समस्याएँ अपने ढँग से सुलझाएँगे, हमें किसी की बनी-बनाई व्यवस्था की नकल

करने की जरूरत नहीं। परंतु इतना ही काफी न होगा, उन्हें बिना किसी के इतने साफ शब्दों में बताए यह भी समझ रखना चाहिए कि अभी तक जिस जनता को वे निजी बातचीत में तो निरक्षर और अनेकभाषी कहकर लोकतंत्र के अयोग्य बताते और खुलेआम वोटों का भंडार मानते रहे हैं उसे साक्षर करना और उसकी भाषाओं के भीतर एकता-सूत्र को जोड़ना ही तो आजादी का कर्तव्य है। 29 साल में दकियानूसी रानजैतिक दलों ने निरक्षरों को साक्षर बनाना जानबूझकर अपने कार्यक्रमों में शामिल नहीं किया तो शायद इसीलिए कि वे डरते थे कि इससे आज नहीं तो 50 साल बाद सही, वे शक्तियाँ जहाँ-तहाँ उत्पन्न हो जाएँगी जो बोले शब्द के झूठ को लिखे शब्द से और लिखे शब्द के झूठ को दूसरे लिखे शब्द से जाँचने लगेंगी।

स्वतंत्र भारत के संपूर्ण दृश्य को देखें तो साक्षरता ही एक काम नहीं है जो लगातार करते रहने योग्य है—आदमी और आदमी की गैरबराबरी यथासंभव कम करते जाना इसका आनुषंगिक है। केवल आर्थिक गैरबराबरी कम करने से ही नहीं होगा—जाति और वर्ण की हजारों साल पुरानी गैरबराबरी भी मिटानी होगी—कम से कम उस हद तक तो मिटानी ही होगी जिस हद तक वह काम करने के अधिकार का हनन करती है। कोई आजाद देश अपनी जनसंख्या के एक विपुल अंश को बेकार और पिछड़ा रखकर, उद्योग, प्रतिरक्षा में—और कला में भी—बड़े देशों से टक्कर नहीं ले सकता। काम करने का केवल अधिकार देना नहीं, बल्कि जिन्हें अभी तक अवसर न मिलने के कारण योग्यता नहीं मिली है उन्हें योग्यता ग्रहण करने के विशेष अवसर देना जरूरी है। यह न करने पर खतरा है कि एक बार फिर वे ही लोग और आगे आ जाएँ जो पहले से ही आगे थे और सचमुच के पिछड़े वर्ग को अपने अधिकार के लिए फिर प्रतीक्षा करती रहनी पड़े।

जिस बुद्धि का ऊपर उल्लेख है वह यदि बीस सूत्री कार्यक्रम के द्वारा हिंदुस्तान के आदमी में अपनी शक्ल देखने की कोशिश करे तो उसे विदेशियों की भाषा में बोलने का कोई आधार नहीं रह जाएगा। और अगर विदेशी प्रमाण ही चाहिए तो वह ले जो न्येरेरे ने भारत में कहा था : यूरोपीय राजनीतिक हम पर आरोप लगाते हैं कि हम या सोवियत संघ या चीन को अफ्रीका में जमने का मौका देने के लिए यूरोपीयों से लड़ रहे हैं। यह बेसिर-पैर की बात है—हम अपनी आजादी के लिए लड़ रहे हैं—और हमारी लड़ाई जारी रहेगी। जो हमें इसमें मदद देगा उससे लेंगे—मगर मदद देनेवाला चाहता हो कि वह अफ्रीका में जम जाए तो यह न भूले कि अफ्रीका की आजादी की लड़ाई तब भी जारी रहेगी।

[*दिनमान*, 'ऊबे हुए सुखी', 25-31 जनवरी 1976]

भाषाओं के रिश्ते

शिक्षामंत्रालय के केंद्रीय हिंदी निदेशालय ने एक योजना प्रकाशित की है जिससे किसी लेखंक को अपनी मातृभाषा के अलावा और हिंदी तथा संस्कृत छोड़कर किसी भारतीय भाषा में रचना या अनुवाद करने पर पुरस्कार प्रतियोगिता में अवसर मिल सकेगा। इस लेख का उद्देश्य इस योजना की प्रशंसा और ऐसे अन्य उपाय करने का आग्रह करना है जो भारतीयों को एक से अधिक भारतीय भाषाएँ सीखने का प्रोत्साहन दे सकें।

यह प्रोत्साहन क्यों चाहिए, यह भी आज कहना जरूरी है, भले ही वह स्वतःसिद्ध हो और उसे बार-बार कहा जा चुका हो। दरअसल उसे जितनी बार कहा जाए कम होगा और हर बार वह नए सिरे से जरूरी होगा क्योंकि एक अरसे से देश में अनेक ऐसे तत्त्व काम करते रहे हैं जिनका उद्देश्य

भारतीय भाषाओं के अंतरावलंबन को भुलवाना और उन्हें आपस में एक-दूसरे से—और जब यह संभव न हुआ हो तो हिंदी से—लड़वाना रहा है। इन तत्त्वों को रातोंरात एकदम समाप्त नहीं किया जा सकता क्योंकि वे राजनीति, अफसरशाही और उद्योग-व्यापार—तीनों शक्तिशाली क्षेत्रों में वर्षों से स्थापित हैं। बावजूद इनके भारतीय भाषाओं में कोई ऐसी सच्ची समानता है जो उनकी आंतरिक एकता को नष्ट होने से बचाए रही है : उसे थोड़ा पानी मिले तो वह आज भी लहलहा उठेगी।

भारतीय नागरिकों को अपनी मातृभाषा के अतिरिक्त कम से कम एक भारतीय भाषा में दक्षता प्राप्त करनी चाहिए। हिंदीतरभाषियों ने तो हिंदी में दक्षता प्राप्त की है किंतु हिंदीभाषियों ने आमतौर पर किसी दूसरी भारतीय भाषा को सीखने के बारे में काफी ठस दिमाग से काम लिया है। हिंदी प्रदेशों के विद्यार्थियों में दूसरी भाषाएँ सीखने की इच्छा प्रबल है जैसा कि हम दिनमान के 'भारतीय भाषा परिचय' स्तंभों को मिली लोकप्रियता से जानते हैं किंतु शिक्षा व्यवस्था में दूसरी भारतीय भाषा सीखने के लिए प्रबंध होते हुए भी प्रोत्साहन नहीं के बराबर है। शिक्षा नीति मानो कहती है कि भारतीय एक-दूसरे की भाषाएँ तभी सीखें जब उन पर यह दबाव हो कि बिना उस भाषा के सीखे वे ऊँची से ऊँची जगह नहीं पहुँच सकेंगे। आठवें या दवें दर्जे से ही बच्चों को अंग्रेजी में उत्तर न लिखने के दुष्परिणामों से सतर्क किया जाने लगता है। हिंदीतरभाषियों को हिंदी सिखाने का भी यही कारण बताया जाता है कि हिंदी में दक्षता का प्रमाणपत्र अनेक प्रकार की सरकारी नौकरियों में अनिवार्य है। दुर्भाग्य से हिंदीभाषी लोगों के शक्तिसंपन्न प्रतिनिधियों ने भाषानीति के इस पक्ष को महज इस लालच में स्वीकार कर लिया है कि इससे हिंदी का प्रचार सुगम हो जाएगा। अब धीरे-धीरे यही तर्क हिंदीभाषियों को इस जाल में फाँसता जा रहा है कि उनमें से केवल वही ऊँची जगहों पर पहुँच सकेंगे जो हिंदी और अंग्रेजी दोनों अच्छी तरह जानते होंगे। इससे शक्ति कुछ ही हाथों में केंद्रित होती जाएगी और हिंदी क्षेत्र की प्रतिभाओं में से जाने कितनी सिर्फ इस वजह से सामने न आ पाएँगी कि वे अंग्रेजी नहीं जानतीं।

आर्थिक उपयोगिता का तर्क बुरा नहीं है बशर्ते कि वह राष्ट्र की सांस्कृतिक प्राणशक्ति को पहचानकर लागू किया जाए। दूसरे शब्दों में विकास योजनाएँ भी इस तरह से बनाई जाएँ कि एक भाषा के बोलनेवाले और दूसरी भाषा के बोलनेवाले परस्पर अधिकाधिक निर्भर हो सकें। इसके विपरीत सांस्कृतिक एकता को भारतीय भाषाओं की आंतरिक समानता में न देखकर एक विदेशी भाषा के आर्थिक महत्त्व में देखना सत्ताधारी लोगों को शुरू में आसान और अपने स्वार्थों के हित में जान पड़ेगा किंतु यदि वे भारत को एक भारतीय की तरह जानते हैं तो उन्हें दिखाई देना चाहिए कि अंग्रेजी के—या अंग्रेजी की तरह की हिंदी—के जरिए एक मजबूत केंद्र बनाने की कोशिश अंततः विघटनकारी सिद्ध होगी। हिंदी को आसान बनाने की योजनाएँ छोड़कर, क्योंकि निदेशालयों में बैठकर नहीं इस्तेमाल से ही हिंदी आसान बनाई जा सकती है, सरकारी नेताओं को अपनी शक्ति भारत की एकता और मजबूत केंद्र के हित में भारतीय भाषाओं के बिना अंग्रेजी बीच में लाए लेनदेन में लगानी चाहिए। आजादी की लड़ाई के दौर में यह काम हो रहा था। कोई हिसाब नहीं रखा गया था इसलिए कोई आँकड़े नहीं हैं। मगर परंपरा आज भी मिलती है। अपनी मातृभाषा के अतिरिक्त एक या एक से अधिक भारतीय भाषाएँ विद्या और आनंद के लिए—और क्यों नहीं जीविका के लिए भी—सीखनेवाले या सीखने के इच्छुक आज भी मौजूद हैं। शिक्षामंत्रालय की पुरस्कार योजना यद्यपि केवल लेखकों के लिए है, विशाल जनसमूह के लिए नहीं, फिर भी वह एक बहुत अच्छी शुरुआत है और उसका सभी हिंदीभाषियों को हृदय से स्वागत करना चाहिए—विशेष रूप से उसके इस नियम का कि ये पुरस्कार हिंदी और संस्कृत में पुस्तक लिखने पर नहीं दिए जाएँगे। भारतीय भाषाओं के हिंदी लेखकों के लिए एक पुरस्कार योजना है ही और इसके अतिरिक्त हिंदी प्रकाशन का बहुत बड़ा बाजार दूसरी भाषाओं के लेखकों के लिए खुला पड़ा है। जहाँ तक संस्कृत का प्रश्न है वह सभी भारतीय भाषाओं की

संपत्ति है इसलिए उसका ज्ञान प्राप्त करने के लिए यह प्रोत्साहन ही यथेष्ट है कि जो अपनी भाषा में दक्ष होना चाहते हैं वे बिना संस्कृत जाने नहीं हो सकते।

[*दिनमान*, 'ऊबे हुए सुखी', 7-13 मार्च 1976]

हिंदी-अंग्रेजी गठबंधन

आज से कई वर्ष पहले, 1963 में लोकसभा में तत्कालीन शिक्षामंत्री श्री चागला ने अंग्रेजी के समर्थन में अद्भुत रूप से अपढ़ एक तर्क दिया था। उन्होंने जो कहा था उसका अभिप्राय यह था कि किसी भारतीय विद्वान का अपने शोधकार्य का परिणाम किसी भारतीय भाषा में प्रकाशित करना संभव नहीं है। जिन विद्याग्रंथों को पढ़कर उसने शोध किया है, वे अंग्रेजी में हैं इस कारण उसका शोधप्रबंध भी अंग्रेजी में होगा।

उस समय (और आज ऐसा कोई विचारक लोकसभा में नहीं है) डॉ. राममनोहर लोहिया ने श्री चागला को समझाया था कि हर स्वतंत्र देश के सच्चे विद्वान् अध्ययन किसी भी भाषा में लिखे ग्रंथों का करें, लिखते अपनी ही भाषा में हैं। ज्ञानार्जन के लिए कोई विदेशी भाषा जानना उन पर यह बोझ नहीं लादता कि वे उसी भाषा में अपने समाज को संबोधित करें।

दो सप्ताह हुए फिर लोकसभा में श्री चागला का कुतर्क दोहराया गया है।

इस बार प्रसंग ज्ञान का नहीं, सत्ता का है—आखिर पिछले कुछ वर्षों में सत्ता के ज्ञानक्षेत्र को और अधिक दबोचा भी तो है—अन्नाद्रमुक और कांग्रेस सदस्यों का कहना है कि यदि किसी व्यक्ति से अंग्रेजी में सवाल पूछा जाए और वह व्यक्ति अंग्रेजी जानता हो तो उसे सदन में अंग्रेजी में ही बोलना चाहिए भले ही वह बेचारा अपनी भाषा भी जानता हो।

हुआ यह कि जब श्री राजनारायण से अंग्रेजी में ही बोलने का आग्रह किया गया तो सदन में अंग्रेजी अथवा हिंदी जिसमें मन चाहे बोलने की जो व्यवस्था चली आ रही थी, वह धरी रह गई। प्रतिपक्ष के नेता श्री चह्वाण ने एक बार कहा जरूर कि समानांतर अनुवाद का प्रबंध रहते हुए अंग्रेजी या हिंदी में से किसी एक में ही बोलने या न बोलने का आग्रह निरर्थक है। किंतु इसका कोई असर किसी पर न हुआ। इससे प्रकट होता है कि हिंदी और अंग्रेजी को समकक्ष रखने पर मुख्यतः इन दो भाषाओं में परस्पर समानांतर अनुवाद कराने की व्यवस्था ही निरर्थक हो गई है। इसमें कोई नया अर्थ तब तक नहीं पड़ सकता जब तक अन्य सभी भारतीय भाषाओं के बीच विकल्प की सुविधा न दी जाए। हिंदी और अंग्रेजी में विकल्प कहने भर को है, वास्तव में अंग्रेजी अनिवार्य है।

यही नहीं, अंग्रेजी के साथ-साथ हिंदी की व्यवस्था रहती है तो यह भ्रम भी फैलता है कि अंग्रेजी बोलने का आग्रह है। इस तरह श्री राजनारायण को हिंदी न बोलने देकर अन्नाद्रमुक और कांग्रेस सदस्य किसी भारतीय भाषा को नहीं, अंग्रेजी को बढ़ा रहे थे। पर इसके पहले कि वे हिंदी के साथ-साथ भारतीय भाषाओं के लिए आग्रह कर सकें, यह आवश्यक है कि हिंदी को दूसरी भाषाओं के समकक्ष रखा जाए, अंग्रेजी के नहीं। लोकसभा में उनसे अंग्रेजी छोड़कर अपनी भाषा में बोलने का अनुरोध किया जाए तो कैसे किया जाए जब कि समानांतर अनुवाद की व्यवस्था मुख्यतः हिंदी और अंग्रेजी के बीच है, अन्य सब भाषाओं के बीच नहीं।

जिन्होंने श्री राजनारायण को हिंदी बोलने से रोका था वे वास्तव में उनकी हिंदी से खिन्न नहीं थे। वे चिढ़े तो इस बात से कि एक निर्वाचित प्रतिनिधि लोकसभा में उसी भाषा में बोल रहा था जिसमें उसने मतदाताओं से वोट माँगा था। हिंदी भाषा प्रदेशों के प्रतिनिधि भी लोकसभा में अंग्रेजी में बोलते रहें—चाहे अपने मतदाताओं के सामने अपनी प्रतिष्ठा रखने के लिए कभी-कभी हिंदी में

बोलकर सगुन कर दिया करें—तभी हिंदीतर क्षेत्रों के प्रतिनिधि अपने मतदाताओं पर अंग्रेजी लादे रह सकते हैं। हिंदी और अंग्रेजी दोनों साथ-साथ बरतने की नीति जो हिंदीतर प्रदेशों पर हिंदी न लादने की नीति के नाम पर चलाई जाती है वास्तव में हिंदीतर प्रदेशों पर अंग्रेजी लादने की नीति है। वह हिंदीभाषी प्रदेशों पर भी अंग्रेजी लादती है पर वहाँ यह धोखा बनाए रखती है कि हिंदी राष्ट्रभाषा होने के कारण हिंदीप्रदेश विशेष स्थिति में हैं, और इस धोखे को बनाए रखने के लिए हिंदी के अनुवादी और कविसम्मेलनी विकास और प्रचार में श्रेष्ठजनों को लगाए रखती है—जबकि हिंदी का एकमात्र सही विकास और प्रचार करोड़ों नागरिकों को राजकाज चलाने में उसके इस्तेमाल का अधिकार देने से ही हो सकता है।

किसी एक हिंदीसेवी संस्था ने भी श्री राजनारायण के पास खड़े होने-की इच्छा नहीं की है, यह कोई अजब बात नहीं है। वस्तुतः हिंदी संस्थाएँ हिंदी और अंग्रेजी साथ-साथ चलाने की नीति से सहमत हैं। वे यह नहीं चाहतीं कि हिंदीप्रदेश में राजकाज हिंदी में चले ताकि सर्वसाधारण की बोली का जो कि उनकी आकांक्षाओं को शब्द देती है, सरकारी बोली पर असर पड़े और न सिर्फ अंग्रेजी हटे बल्कि जन और राज्य के बीच की जिस दूरी का प्रतीक वह अंग्रेजी है वह भी घटे। खुले अंग्रेजी समर्थन के कलंक से बचने के लिए वे हिंदी को प्रदेशों में राज्यभाषा नहीं बल्कि केंद्र में राज्यभाषा बनाने का ढपोरशंखी आग्रह किया करती हैं। बीच-बीच में वे यह भी कह दिया करती हैं कि हिंदीतर प्रदेशों पर हिंदी थोपना नहीं चाहिए। तब वे अनजाने ही एक सही बात कह रही होती हैं यद्यपि ऐसा कहते हुए वे हिंदी प्रदेशों के सामने ऐसी क्षमाप्रार्थी मुद्रा बनाती हैं जैसे हिंदी प्रदेशों की जनता की माँग हिंदीतर प्रदेशों पर हिंदी थोपने की हो। हिंदीप्रदेशों की यह माँग कदापि नहीं हैं। हिंदी थोपने का प्रश्न ही एक व्यर्थ प्रश्न है जिसे ये संस्थाएँ केवल अपनी संपत्तिरक्षा के लिए जीवित रखे हैं। क्षमा तो उन्हें हिंदी प्रदेशों से इसलिए माँगनी चाहिए कि वे हिंदी प्रदेशों के अफ़सरों को अंग्रेजी में काम करने की छूट दिए रहकर वहाँ के विद्यालयों, कारखानों और दफ्तरों में अंग्रेजी को ही योग्यता का प्रमाणपत्र बनाए हुए हैं।

राज्यभाषा स्तर पर हिंदी और अंग्रेजी साथ-साथ चलाने से राजकाज और ज्ञानविज्ञान दोनों में अंग्रेजी का प्रभुत्व बढ़ता है और हिंदी को अंग्रेजी की नकल करके उसकी अनुवादी दासी बनना पड़ता है, यह बात पिछले 30 वर्षों में न जाने कितनी बार समझाई जा चुकी है। फिर भी करोड़ों भारतीय युवजनों की प्रतिभा को कुंठित और उनके राजनैतिक अधिकारों को सीमित रखने के लिए यह नीति चलाई जाती रही है तो इसीलिए कि इसे हिंदी के प्रतिनिधियों की अपनी प्रच्छन्न सहमति प्राप्त है।

क्या हिंदी के प्रतिनिधि अब भी यह समझेंगे कि यह सहमति देकर वे पिछड़े और शोषित वर्गों को आर्थिक उत्पादन और जीवन के विविध क्षेत्रों में रचना की हिस्सेदारी पाने से वंचित कर रहे हैं—ठीक वैसे ही जैसे अंग्रेजी से यही काम लेनेवाले वे वर्ग करते हैं जो हिंदी के इन प्रतिनिधियों का इस्तेमाल करने के लिए प्रतिष्ठा इन्हें देते हैं—हिंदीभाषी जनसाधारण को नहीं।

केंद्रीय राज्यभाषा के रूप में हिंदी का 'विकास' कराना छोड़कर सब प्रदेशों में अपनी भाषा में राजकाज चलाने का आग्रह करना ही दलाली की इस अपमानजनक स्थिति से उबरने का रास्ता है।

अफसोस है कि श्री राजनारायण ने अपने चिर हिंदीव्रत को तो सगर्व उल्लेख किया परंतु अन्नाद्रमुक और कांग्रेस को यह कहकर चुनौती नहीं दी कि आप तमिल या मलयालम कन्नड़ या तेलुगु में क्यों नहीं बोल रहे हैं क्योंकि जिनका प्रतिनिधित्व आप करते हैं उनकी भाषा अंग्रेजी नहीं है जो कि आप उन पर हिंदी विरोध के बहाने लाद रहे हैं। पर ऐसा उन्होंने नहीं कहा तो केंद्र सरकार की नीति के अंतर्गत ही नहीं कहा होगा। यह नीति, जैसा उस दिन लोकसभा में दिखाई दिया, कुछ वर्गों के हाथ में अधिकार सीमित रखने के लिए अंग्रेजी को और सबसे बड़े क्षेत्र के वोट को अपने साथ

रखने के लिए भारतीय भाषाओं में सिर्फ हिंदी को लोकसभा की भाषा—अंग्रेजी के साथ—बनाने की है। इसके पक्ष में यह तर्क दिया जाता है कि उत्तर और दक्षिण को साथ-साथ रखने का यही उपाय है। निश्चय ही उत्तर और दक्षिण में परंपरा से अधिकारसंपन्न वर्गों को साथ-साथ रखने का यही उपाय है। दोनों में दबाए और खदेड़े गए वर्गों को साथ-साथ न आने देने का अचूक उपाय भी यही है। क्या केंद्र सरकार लोकसभा में सब भारतीय भाषाओं के बीच समानांतर अनुवाद की व्यवस्था करके हिंदीतर प्रदेशों के मतदाताओं को आजादी के 30 साल बाद कम से कम इतना अवसर देगी कि वे अपने प्रतिनिधियों को लोकसभा में अंग्रेजी बोलने से रोक सकें? ऐसा करके वह कोई क्रांतिकारी काम नहीं करेगी, केवल भारत की भारतीयता को वक्त रहते पहचानने का एक छोटा-सा प्रमाण देगी।

[*दिनमान*, 'ऊबे हुए सुखी', 10-16 जून 1977]

हिंदी दिवस या मातृभाषा दिवस

हिंदी का नाम आजकल हिंदीभाषी क्षेत्र के राजनीतिकों के लिए एक कष्टदायक शब्द हो गया है। जब भी उसका उल्लेख होता है वे सफाई देने के-से स्वर में बात करते पाए जाते हैं, 'हम हिंदी को हिंदीतर प्रदेशों पर नहीं लाद रहे हैं', यह कहकर फिर वे दबी जबान में यह भी कह देते हैं कि हिंदी को जब तक सारे भारत में लागू नहीं किया जाएगा तब तक हिंदीतर प्रदेश स्वयं उसे स्वीकार न कर लें। इसी के साथ फुसफुसाकर हिंदीभाषियों से वे कहते हैं, 'भाई, अभी बहुत हिंदी-हिंदी न करो'। लगता है नेता और उसके प्रदेश के हिंदीभाषियों के बीच किसी चालाकी का संबंध बनाया जा रहा है—'मेरी राष्ट्रीय छवि की रक्षा के लिए मेरे मुँह से हिंदी का नाम न सुनाई पड़ना आवश्यक है। मैंने ही तुम्हें हिंदी-हिंदी करना सिखाया था पर इस समय इस नामजाप से मेरा अहित होगा। इसलिए तुम चुप हो जाओ।' ऐसा कहकर नेता लोग हिंदी के भविष्य के बारे में स्वयं भी चुप्पी साध लेते हैं।

वास्तव में वे देश के भविष्य के बारे में चुप्पी साधे हुए हैं। देश का भविष्य ही हिंदी के भविष्य को निर्धारित करेगा। अकेली हिंदी का भविष्य देश के भविष्य को निर्धारित नहीं कर पाएगा। सभी भारतीय भाषाओं का भविष्य ही देश का भविष्य है : राजनैतिक संस्थाओं के 1947 से अब तक के केंद्रीयकरण के साथ-साथ अंग्रेजी का केंद्र पर प्रभाव इतना गहरा हो चुका है कि केंद्र में अंग्रेजी की जगह किसी भारतीय भाषा को देना केंद्रीकरण के पूरे यथार्थ को ही पलट देने पर संभव हो सकता है। हिंदी के महंतों ने आज तक कभी इस यथार्थ को पलटने की न तो इच्छा दिखाई है न कोई प्रयत्न किया है। वे हिंदी को अंग्रेजी की सहचरी के रूप में रखने पर सहमत हुए थे और अनुचरी के रूप में रखे जाने से संतुष्ट हो गए हैं। अंग्रेजी के साथ उनका हिंदी को जोड़ लेना केंद्रीकरण के फायदों में अन्य भाषाओं को धोखा देकर हिस्सा बाँट कर लेना ही था। यों कह सकते हैं कि जिस राष्ट्रीय एकता की तथाकथित रक्षा हेतु हिंदी के समर्थकों ने हिंदी को राजभाषा बनाने के लिए हिंदी के विकास और तैयारी का वक्त माँगा वह दरअसल राष्ट्रीय एकता नहीं केंद्रीय शासन में साझेदारी नामक चीज थी। हिंदीप्रदेश भी अपने यहाँ हिंदी राजभाषा नहीं बनाएँगे, यह अलिखित समझौता हिंदी के विकासकार्य के ठेकेदारों ने केंद्रीय सत्ता से किया था। यह समझौता न हुआ होता और 1947 से 1963 के बीच कभी अंग्रेजी हटाकर हिंदीप्रदेशों ने हिंदी को राजभाषा बना दिया होता तो आज राजनीति का नक्शा ही कुछ और होता। हिंदी के विकास का भी वही एकमात्र रास्ता होता। विकास इसलिए कि जीवन के सब क्षेत्रों में हिंदी के माध्यम से लिखने-पढ़ने-बोलने की आवश्यकता बढ़ती

और इस्तेमाल ही विकास है, केंद्रीय हिंदी निदेशालय के कक्षों में पारिभाषिक शब्दावली का अनुवाद विकास नहीं है। यह बात आज कुछ लोग बेमन से स्वीकार करने लगे हैं किंतु यही बात जब आज से 20 साल पहले कही गई थी तो हिंदी के धुरंधर महारथियों ने विरोध में बड़ा क्रोध प्रकट किया था। हिंदी की विडंबना यह है कि उसके मठाधीश असलियत को तब पहचानते हैं जब चिड़ियाँ खेत चुग गई होती हैं। किंतु तब वे मानते हैं कि पछताने से ही कुछ होगा और अपने पछताने को भी भुना लेते हैं। अगर सचमुच उन्हें पछतावा है कि इतने बरस हिंदी के विकास में करोड़ों रुपए खर्च करवा के भी वे हिंदी को राजभाषा नहीं बना पाए तो अच्छा ही है परंतु अब उन्हें यह पछतावा छोड़कर आगे की ओर देखना चाहिए और समझना चाहिए कि इतिहास को बनाने में भाषा का क्या योग हो सकता है।

आज केंद्रीकरण को भारत की जनता एक बार अस्वीकार कर चुकी है। राजनैतिक-सामाजिक संस्थाओं के निस्सत्व हो जाने की स्वाभाविक परिणति आंशिक तानाशाही को एक बार अस्वीकार कर देने के बाद भी नए सिरे से सामाजिक-राजनैतिक संबंधों की रचना के लिए वह नेतृत्व सामने ला नहीं सकी है। नेतृत्व अब भी उन्हीं के हाथ में है जो केंद्रीकरण को सही मानते हैं और आज भी नहीं पहचान पा रहे हैं कि देश की एकता अंग्रेजी से नहीं हो सकती। इनकी इससे भी अधिक बड़ी भूल यह है कि वे राष्ट्रीय एकता की एक मुर्दा परिभाषा को पकड़े बैठे हुए हैं। आज बिना तानाशाही किए किसी एक भाषा से देश की एकता संभव नहीं रह गई है। देश की सभी भाषाओं को अंग्रेजी ने इतना कमजोर कर दिया है कि जब तक वे एक बार एक-दूसरे से आदान-प्रदान करती हुई अपने प्रदेशों के लोगों के राजनैतिक अधिकारों को वापस न दिला दें तब तक देश में राष्ट्रीय एकता जैसी कोई चीज संभव भी नहीं होगी। आज सभी भाषाएँ अपने-अपने प्रदेशों में अंग्रेजी के नाम पर शासन करनेवाले हिंदीतर नेताओं के अरचनात्मक, दिशाहीन, शोषणमूलक शासन के नीचे दबी हुई हैं। आज हिंदी दिवस के उपलक्ष में हिंदीभाषी लोग इस यथार्थ को समझें तो हिंदी दिवस भविष्योन्मुख हो सकेगा। अन्यथा यह प्रवंचना से भरे हुए एक अतीत की पूजा करने का अवसर बनकर ही रह जाएगा। हिंदीभाषियों को समझना होगा कि उन्हें भारतीय भाषाओं के साथ साहित्य और कला के क्षेत्र में ही नहीं राजनीति के क्षेत्र में भी गहरा रिश्ता बनाना है। ऐसा रिश्ता बनाने में उन्हें अपनी संकीर्णता छोड़नी पड़ेगी। और यह केवल दिखावे के लिए नहीं। अच्छा होगा कि नई पीढ़ी में प्रत्येक हिंदीभाषी कम से कम एक, नहीं तो दो भारतीय भाषाएँ पढ़े और उन्हीं के माध्यम से देश के अन्य नागरिकों से संपर्क करना सीखे। तब अंग्रेजी का संपर्क भाषा के रूप में प्रभुत्व खंडित होगा और एक से अधिक भारतीय भाषाएँ जानने से हिंदीप्रदेश के लोगों का अहंकार दूर होकर उन्हें आत्मगौरव प्राप्त होगा। तभी हिंदी के नेताओं को भी बगलें झाँकने की मजबूरी से मुक्ति मिल सकेगी।

[*दिनमान*, 'ऊबे हुए सुखी', 10-16 सितंबर 1978]

हिंदी में बहस कीजिए

आजादी के चौंतीसवें वर्ष में प्रवेश करते हुए हम पहले से कहीं अधिक जानते हैं कि भारत में दो संस्कृतियों का टकराव हो रहा है। उनमें से एक विचार की और आविष्कार की संस्कृति है, दूसरी जड़ता और अनुकरण की। आविष्कार की संस्कृति समता और न्याय को आदर्श मानकर परंपरा को पहचानते हुए वे शिल्प, शैलियाँ और उपाय खोजना चाहती है जो जनता को गुलामी से मुक्त करे। यह खोज हमें सामाजिक मान्यताओं के संसार में पीछे नहीं ले जाती, नए मानव संबंधों की दिशा

में आगे ले जाना चाहती है। अनुकरण की संस्कृति गुलामी के बंधन में कसती है क्योंकि वह उन्नति और विकास के जिन दृष्टांतों को आदर्श मानती है वे विश्व की साम्राज्यवादी शक्तियों के बनाए हुए हैं और उनमें अविकसित देशों की प्रतिभा और प्राकृतिक संपदा के शोषण की प्रक्रिया निहित है।

इन दो संस्कृतियों में टकराव आजादी की लड़ाई के दिनों में ही शुरू हो गया था। 1947 के बाद भी यह जारी रहा। पिछले कुछ वर्षों में हमने अनुकरण की संस्कृति को प्रबल होते देखा है—और उसी अनुपात में आविष्कार-संस्कृति के समर्थक राजनैतिक संगठनों को दुर्बल होते पाया है। आज इन दोनों की शक्तियों का संतुलन इतना बिगड़ चुका है कि हम जीवन के प्रत्येक क्षेत्र में उद्योग, कृषि, शिक्षा और साहित्य में गैरबराबरी और अन्याय को स्थापित करनेवाली नीतियाँ पनपती हुई देख रहे हैं। इनका विरोध करनेवाली शक्तियाँ असंगठित हैं, बिखरी हुई हैं और कहीं-कहीं अपनी लड़ाई में इतने पीछे ढकेल दी गई हैं कि वे पाँव जमाकर कोई मोर्चा खोलती भी हैं तो वे लड़ाई को इतनी लंबी बना देती हैं कि आक्रमणकारी उनकी परवाह नहीं करता।

अनुकरण की संस्कृति के पक्षधर अपनी शक्ति के मद में डूबे हुए हैं। उनके मुख से जो वाणी निकलती है वह या तो कुतर्क है या तर्कहीन है। वे अपने किसी काम में अपने को जनता के प्रति जवाबदेह नहीं मानते। वे अपने किसी काम का कारण नहीं बताना चाहते। उन्हें मालूम है कि इसकी कोई जरूरत नहीं क्योंकि कोई पूछेगा ही नहीं। वे यह भी जानते हैं कि यदि कोई पूछेगा भी तो ऐसा अधूरा और सीमित प्रश्न पूछेगा कि उसका भटका देनेवाला उत्तर आसानी से दिया जा सकेगा। एक केंद्रीयमंत्री से जब पूछा जाता है कि ऊर्जा का राजनैतिक महत्त्व जानते हुए भी भारत में तेल का पता लगाने के लिए विदेशी कंपनियों को अधिकार क्यों दिए जानेवाले हैं तो उत्तर मिलता है—विदेशी कंपनियों ने कहा था कि हम तेल निकाल सकते हैं, तो हमने कहा क्यों न आजमाकर देख लिया जाए। मंत्री कोई और तर्कसंगत कारण नहीं बताते जैसे कि किसी और कारण को जानने का अधिकार जनता को है ही नहीं। और यह जानने का अधिकार तो बिलकुल नहीं है कि किन दबावों के कारण हमने तेल उत्पादन की आधुनिक प्रणालियाँ पिछले 33 वर्षों में स्वयं भारत में क्यों नहीं विकसित कीं। जनता केवल यह कल्पना करने के लिए स्वतंत्र है कि कल पढ़ाई का, परसों खेती का और किसी दिन भारत सरकार को चलाने का ठेका भी विदेशी कंपनियों को दे दिया जा सकता है क्योंकि उन्होंने तैयारी दिखाई और हमने सोचा क्यों न आजमाकर देख लिया जाए।

भाषा के ऐसे ही न जाने कितने प्रयोग धड़ल्ले से हो रहे हैं जो दिखाते हैं कि जब किसी समाज में सत्ताधारी से प्रश्न पूछने और उत्तर वसूल करने की ताकत नहीं रहती तो सत्ताधारी की भाषा खोखली हो जाती है। कुछ बुद्धिजीवी इस खोखलेपन को हास्यास्पद बताकर संतुष्ट हो लेते हैं। शायद वे इतने सुरक्षित हैं कि उन्हें इस खोखलेपन में छिपी क्रूरता से दहशत नहीं होती है। यह खोखलापन हास्यास्पद नहीं, क्रूर है और अनुकरण की जिस संस्कृति की उपज है, उसी की आनुषंगिक चमक-दमक से मंडित है। क्रूरता, शोभा और बुद्धिहीनता का संपूर्ण समन्वय आज राजनैतिक भाषा में बार-बार देखने को मिलता है। एक मंत्री कहते हैं, तेल को राजनीति से बाहर रखो। एक कहते हैं, हत्या को राजनीति से बाहर रखो। अभी किसी ने यह नहीं कहा है कि हमारी सब जिम्मेदारियों को राजनीति से बाहर रखो। पर अभिप्राय वही है। एक बुद्धिजीवी कहता है कि जब हर आदमी को चेचक का टीका लगाया जा सकता है तो हर आदमी का बंध्याकरण क्यों नहीं किया जा सकता? इसी दिमाग से वह मानता और खुलेआम कहता है कि पूर्वोत्तर भारत में लोगों की राजनैतिक इच्छा का कोई सवाल नहीं है, अमन-चैन स्थापित करने का सवाल है; मुझे गिरफ्तारी का अधिकार दें तो मैं मामले को अभी ठीक कर दूँ : और इसी दिमाग से उसी राजनैतिक वर्ग का मंत्री संतोष प्रकट करता है कि दिल्ली में अपराध घट रहा है, हाँ, हत्याएँ बढ़ गई हैं। ऐसी बुद्धि से कोई यह भी मान सकता

है कि अगर डकैत किसी को घायल करते हैं तो उसका कारण यह है कि लोग घर में डकैती होने का विरोध करते हैं। कितने संतोष की बात है कि जो ऐसा विरोध करते हैं, उन्हें डाकू हमेशा जान से नहीं मार डालते। कितने संतोष की बात है कि जो मार ही डाले जाते हैं वे अपराधों की संख्या में वृद्धि नहीं करते, हत्या की संख्या में करते हों तो किया करें। जनता के पास यह जानने का कोई उपाय नहीं है कि अपराध कम और हत्या अधिक होने का रहस्य यह तो नहीं है कि अपराध की रपटें कम लिखी जा रही हैं, क्योंकि अब उनमें इतनी कमाई नहीं रह गई जितनी हत्या के एक मामले में की जा सकती है। हाँ, पुलिस के हाथों हुई हत्या की बात और है। उसके बारे में तो पुलिस की विचारधारा का इस कथन से ज्यादा बढ़िया प्रमाण क्या होगा जो उसने एक राज्य में हाल में दिया था। उसने कहा था कि लाशें मिली हैं तो यह हत्या हमने नहीं की, यदि किए होते तो क्या मारकर नदी में फेंक नहीं दिए होते।

इन उदाहरणों को नमूने के तौर पर देखा जाए। भाषा की यह दुर्दशा हो गई है तो इसका कारण ही महत्त्वपूर्ण है, स्वयं भाषा की दुर्दशा का रोना महत्त्वपूर्ण नहीं है। भाषा के इस पतन के पीछे आर्थिक उत्पादन की व्यवस्था का इतिहास है। भारत की प्रतिभा और संपत्ति को थोड़े-से लोगों के हित में विकसित करने और खर्च करने का लंबा दौर आजादी के बाद से अब तक चला है। वह इस विकास और खर्च का लाभ पानेवाले वर्ग को जहाँ एक ओर सत्ता के स्थान में अनेक प्रकार से पुष्ट कर गया है, वहीं उसे आतंकित भी कर गया है कि उसके द्वारा खाया हुआ देश उसके लिए एक समस्या बनता जा रहा है। इस स्थिति में यह वर्ग समाज को समता और न्याय के पक्ष में बदलनेवाली आविष्कार की संस्कृति के विरुद्ध यह विचित्र तर्क देने लगा है कि यथार्थ आदर्श से बड़ा है। 33 साल में लोकतंत्र और समाजवादी विचार का दुरुपयोग अर्थात् सिर्फ कुछ लोगों के हित में उपयोग हुआ है। और आज इस अन्याय के बाद इस दुरुपयोग के कर्ता प्रचार कर रहे हैं कि गरीबों का भला लोकतंत्र से नहीं हुआ इसलिए लोकतंत्र बेकार है। लोकतंत्र के लिए भारत की जमीन और संस्कृति ही उपयुक्त नहीं है, ऐसा प्रचार भी कभी-कभी सुनने में आता है और पोंगापंथी, दकियानूसी कूपमंडूकों के यहाँ से नहीं बल्कि अनुकरण संस्कृति के ऐश्वर्यशाली आधुनिक अधिपतियों के यहाँ से प्रसारित होता है। ऐसे विचार के प्रेक्षकों को हिंदी में जनसाधारण के बीच बहस में खींचकर लाना चाहिए। अभी तो ये अपने आभिजात्य वर्ग में अंग्रेजी में ही यह प्रचार कर रहे हैं और आशा कर रहे हैं कि जैसे-जैसे दमन और असहायता और बढ़ती जाएगी, जनसाधारण में भारतीय संस्कृति के पुनरुत्थानवादी तत्त्वों को उभारना आसान होता जाएगा क्योंकि उनका स्वार्थ अनुकरण की गुलाम संस्कृति में न्यस्त होना स्वाभाविक है।

[*दिनमान*, 'ऊबे हुए सुखी', 17-23 अगस्त 1980]

सरकारी भाषा और सरल हिंदी

उस दिन देखा, प्रधानमंत्री दूरदर्शन पर राष्ट्र को संदेश दे रही थीं। जिन्होंने उन्हें सुना होगा वे तुरत समझ गए होंगे कि यह लिखा हुआ भाषण है। ठीक है, लिखे भाषण बड़े सरकारी प्रवक्ता पढ़ते ही हैं। मगर इसका यह मतलब तो नहीं कि जब प्रधानमंत्री लिखा हुआ भाषण पढ़ना जरूरी समझें तो वह ऐसे ही बोलने पर मजबूर हों जैसे उस दिन बोल रही थीं।

वह अटकीं भी, नहीं भी अटकीं पर शिकायत उनके अटकने से नहीं है। शिकायत है, जहाँ वह अटकी नहीं, वहाँ उनके बोलने और लोगों के समझने के बीच कहीं अटकाव आने से। यह

इस भाषा की आलोचना है जो उनके बोलने के लिए दी गई थी।

रेडियो और टेलीविजन की दुनिया से यह सिद्धांत तो जाने कब का माना जा चुका है कि उस पर जो बोला जाता है वह वाचक या वाच्य शब्द होना चाहिए। परंतु रेडियो पर 47 से और टेलीविजन पर 59 से यह तय नहीं हो पाया है कि सरकारी कामों के लिए भी वाच्य भाषा होनी चाहिए। सरकारी कामों में और प्रधानमंत्री का भाषण भी उन्हीं में से एक काम है, वही भाषा इस्तेमाल की जा रही है जो लिखकर प्रचारित करने के काम आती है। इससे नुकसान दोतरफा है। जो बोल रहा है वह अपनी बात समझा नहीं पा रहा है और जो सुन रहा है वह ऐसी भाषा को दोहराना सीख रहा है जो वह अर्थात् उसके जैसे और लोग खुद नहीं समझते। इससे लोगों में घुटन पैदा होती है और वे मूल की ओर भागते हैं। ऐसे ही वे सरकारी अनुवादों को छपा हुआ देखने पर भी मूल की ओर भागते हैं। मूल से मिलाकर देखने पर ही भरोसा होता है कि जो पढ़ा है वह दस्तावेज समझ आएगा। यह भरोसा ही है, सचमुच वहाँ भी समझ आसान नहीं होती क्योंकि मूल की भाषा हमसे और भी दूर है, सिर्फ ताकत का प्रतीक होने के कारण वह हमें भरोसा देने का आभास कराती है। वह सिर्फ यह आश्वासन देती है कि प्रामाणिक दस्तावेज कहीं लिखा हुआ रखा है।

प्रामाणिक दस्तावेज और उसको जानने के अधिकारी जन के बीच यह दूरी एक स्वाभाविक ढंग से मिट जाएगी, इसका कोई भरोसा नहीं है। अभी तो उसे मिटाने का एक ही साधन है उसका अनुवाद। कुछ वक्त पहले तक अनुवाद में कोशिश रहा करती थी कि अनुवादक अंग्रेजी का अर्थ भी बताए और साथ-साथ हिंदी में पुराने शब्दों के नए अर्थ भी दे। जीवन से जो अनुभव मिलते हैं वे हिंदी द्वारा धारण किए जाएँ यह काम अनुवादक का नहीं, उत्पादन व्यवस्था और संबंध निर्धारित करनेवालों का है। अनुवादक अधिक से अधिक यह कर सकता है कि जहाँ हिंदीभाषी लोग नए कार्य क्षेत्र में जा रहे हों वहाँ उनको मिले अनुभव का शब्द बना दें। पर यह काम तो पहले तो उसी हिंदीभाषी का है और फिर लेखक का है। अनुभव का अनुवाद भाषा में यही दो व्यक्ति कर सकते हैं। पर अंग्रेजी की सरकारी भाषा का अनुवाद हिंदी की सरकारी भाषा में करते ही सरकारी भाषा और जन के बीच की दूरी बहुत अधिक उजागर होने लगती है।

क्या किया जाए एक विशाल जनसंख्या को, जो प्रकृति और इतिहास के नाते (और गरीबी के नाते भी) धरती से बहुत ज्यादा जुड़ी हुई है। अपनी पूरी जिंदगी को अपनी पकड़ में लाने की इच्छा होगी ही। यह देश एक बहुमूल्य खनिज निकालकर बैठा रहनेवालों का देश तो है नहीं, भूगोल ने उसे सैकड़ों तरह के साधनों से जीवन का संस्कार करनेवाला देश बनाया है। इसलिए वह लोकतंत्रीय होगा ही और उसकी भाषा स्वाधीनता का प्रचार करेगी ही। सत्ता के केंद्र से अनुवाद द्वारा एक विराट् समाज की आकांक्षाएँ पूरी नहीं की जा सकतीं, इसकी हम कोशिश करेंगे तो वह दूरी और प्रकट होकर रहेगी। मगर किसी मौके पर इतनी प्रकट हो जाए कि खटकने लगे तब कोई उपाय सोचना ही पड़ेगा। प्रधानमंत्री का भाषण एक ऐसा ही मौका था। स्वभाव से, अपने राजनैतिक स्थान से और अपने साक्षात्कार प्रधानमंत्री, उपस्थित होते ही यह आश्वासन देती हैं कि संप्रेषण होगा। अभी तक यह अंग्रेजी के पक्ष में ही कहा जाता था कि आखिरकार हर बात हर एक को समझाई नहीं जा सकती, कुछ बातें हिंदी में कहीं जाएँ क्योंकि वे जनसाधारण तक पहुँचानी हैं। पर अब जो अनुवाद सुनने में आ रहे हैं उनके बाद क्या यह कहा जाएगा कि किसी भाषा में हर बात हर एक को समझाई नहीं जा सकती। तब फिर वे बातें लोकतंत्र में किसको समझने का हक रह जाएगा।

हिंदी को सरल बनाया जाए यह सोच वास्तव में जनसाधारण की माँग है। इस माँग का अर्थ यह नहीं है कि हिंदी को खोज-खोजकर सरल शब्द इस्तेमाल किए जाएँ बल्कि यह है कि जनसाधारण अपने जीवन अनुभवों से जो भाषा गढ़ते हैं वह प्रचारित होकर, सामाजिक कसौटी पर लाई जाकर मान्यता पाए। पर हिंदी को सरल बनाने की माँग उठ रही है अंग्रेजी के क्षेत्रों से। जहाँ ताकत या

तो क्लिष्ट भाषा के बूते खड़ी है या बिना भाषा के सिर्फ ताकत के बूते। क्लिष्ट अंग्रेजी को जनसाधारण से अब भी दूरी सुरक्षा कवच बनाकर अंग्रेजीवालों को आसान पड़ता है कि समय-समय पर हिंदी को यह कह-कहकर धकियाया जाए कि वह भी जनसाधारण से दूर है। गरीब हिंदीभाषी को ये हिंदी का उपहास करके चुप करा दें तो क्लिष्ट अंग्रेजी चलाना कुछ समय के लिए आसान हो जाएगा, ऐसी उनकी आशा है। उन्हें यह भी आशा है कि उस बीच ये क्लिष्ट अंग्रेजी की तरह की एक क्लिष्ट हिंदी चला देंगे। इसे चलाने के लिए इनके पास सरकारी अनुवाद का तंत्र साधन के रूप में मौजूद है।

अनुवाद की जगह मूल भाषा से ही कामकाज हो और वह मूल भाषा हिंदी हो, यह माँग पुरानी है, परंतु इस बीच एक पूरी पीढ़ी (बल्कि दो) हिंदी में लिखने-बोलनेवालों के बीच में पैदा की जा चुकी है जो अनुवाद पर अपनी जीविका के लिए निर्भर है। भाषा से सीधे कामकाज करने का अर्थ है राजनीतिक अधिकार जो इस पीढ़ी के पास नहीं है। इस पीढ़ी का एक उपनिवेश बन गया है। विडंबना यह है कि जनसाधारण की स्वाधीन भाषा की माँग यदि कभी उठती भी है तो इस उपनिवेश के निहित स्वार्थ उसका भीतर ही भीतर विरोध करते हैं। खुले आम तो वे कुछ नहीं कहते परंतु प्रशासनिक बाधाएँ बताकर एक साधारण से परिवर्तन को भी रुकवाने की कोशिश जारी रहती है। हिंदी को दो भागों में बाँट दिया गया है। एक जन हिंदी, दूसरा सरकारी हिंदी। हिंदी की चिंता करनेवालों का एक तीसरा वर्ग भी है जो नाम जन हिंदी का लेता है पर काम सरकारी हिंदी से बनाता है।

हिंदी स्वभाव से क्लिष्ट नहीं है। उसके पास गद्य की एक शानदार परंपरा है जो उसकी सरल और सीधी प्रकृत शैली ने बनाई है। इस परंपरा में रोजी-धंधा, गमी-खुशी, न्याय के लिए लड़ाई, भविष्य का सपना, राष्ट्रीय अस्मिता, सभी शामिल हैं। पर वह आगे तभी बढ़ सकती है जब वह सामाजिक राग-विराग को नए शब्द दे। साहित्य में यह काम हिंदी कर चुकी है और नई कठिनाइयाँ झेलकर आगे भी करेगी। 1947 के बाद के दो दशकों में संवेदनहीन हिंदी को छोड़कर, जो व्यापक जीवन से नई पीड़ा नहीं ले रही थी, साहित्य बड़े कदम आगे बढ़ा चुका था। पर यह वाणी का क्षेत्र था। जब सत्ता के क्षेत्र में राजनैतिक अधिकार की माँग पर आग्रह करने का समय आया तब तक हिंदी अंग्रेजी के साथ दासी भाषा के रूप में जोड़ी जा चुकी थी।

यहाँ दासी भाषा के अनेक परिणामों का विश्लेषण करना अभीष्ट नहीं है। यह कहना ही काफी होगा कि वर्तमान परिस्थितियों में एक रचनात्मक और रक्षात्मक रास्ता खोजना ही जरूरी है। क्योंकि प्रचार माध्यमों के दबाव इतने अधिक बढ़ गए हैं कि वे भाषा की जड़ों को ही खोखला कर रहे हैं। एक आक्रामकता पैदा हो रही है जो सूक्ष्मता को नष्ट करती है और सरलता का रूप धरकर संप्रेषण का दावा करने लगती है। यह वह सरलता नहीं है जो हमने परंपरा से पाई थी और जिसे हमने आजाद भारत में सूखते देखकर बार-बार फिर से नई जड़ें देने का प्रयत्न किया है। सिनेमा और राजनीति से पैदा यह एक और तरह की मानवताविहीन भाषा है जिसमें राग को गिराकर वृथा भावुक बना दिया गया है। और विचार को गिराकर हिंसा को अधिक बड़ा स्थान दे दिया गया है। विचार में हिंसा माने मानवीय रिश्तों को इतना कमजोर कर देना कि उसका शोषण किया जा सके।

इसके विरुद्ध किया क्या जा सकता है। सिर्फ भाषा में कुछ नहीं किया जा सकता जो आखिर तक सही नतीजे दे सके। पर इसका मतलब यह नहीं कि हम क्लिष्ट अंग्रेजी के समर्थकों के इस राजनैतिक प्रचार का समर्थन करने लगें कि हिंदी एक क्लिष्ट भाषा है इसलिए उसमें किए हुए अनुवाद को मूल अंग्रेजी से मिलाकर ही समझा जा सकता है। साहित्य में भी ऐसे राजनैतिक प्रचार के चक्कर में आनेवाले लोगों की कमी नहीं है। अक्सर लोग मिल जाते हैं तो शिकायत करते हैं कि हिंदी में आजकल जो लिखा जा रहा है उसका अंग्रेजी में अनुवाद न होने के कारण हम उसे पढ़ नहीं पा रहे हैं। यहाँ आप देखेंगे कि मूल से हिंदी में अनुवाद की समस्या नहीं है बल्कि मूल को ही न पढ़ने

की समस्या है। माँग यह है कि रचना हिंदी में हुई हो परंतु जब तक वह अनुवाद के रूप में अंग्रेजी में न आ जाए, उसको मान्यता नहीं दी जा सकती। यह भाषाई राजनीति का एक खतरनाक मोड़ है कि भारत में ही रचनात्मक भाषा को जन्म देनेवाले लोगों से लेखकों का लगाव घटे और वे अपने संरक्षकों की सीमाओं के भीतर लिखें। ये सीमाएँ समझ की हैं और भावनाओं की भी हैं। हिंदी साहित्य को इन सीमाओं में बाँधना एक घोषित एकरूपता लादने से भी ज्यादा पतनशील होगा। यूरोप में आज भी एशियाई अफ्रीकी समकालीन साहित्य के लिए यह धारणा चली आ रही है कि उसमें श्रेष्ठ और समकालीन एकसाथ कुछ हो ही नहीं सकता। भारत का क्लिष्ट अंग्रेजी समर्थक वर्ग हिंदी के बारे में भी यही मानना चाहता है। यह बात और है कि दिन-प्रतिदिन वह इस भ्रम को बनाए रखने में असफल होता जाएगा।

तो एक बार फिर सरल हिंदी की ओर आएँ। सरलता मेरे विचार से दो छोरों के बीच का एक संतुलन है : एक छोर वह है जहाँ इतनी अधिक भाषा होती है कि किसी अनुभव को नहीं बनाती सिर्फ शब्द और बोल को बनाती है । दूसरा छोर वह है, जहाँ इतनी अधिक धौंस होती है कि मानवीय संबंधों को रौंदकर आतंक को ही संप्रेषण का साधन बना दिया जाता है। पहले छोर का उदाहरण देना कठिन है क्योंकि वह विस्तृत ही होगा। दूसरे का उदाहरण व्यापार और मनोरंजन के माध्यम से शोषण को स्वीकार्य बनाने की भाषा है। इस भाषा में आदमी को अपने समाज में पराया बनाने की क्षमता है। गाली उसका सबसे स्पष्ट उदाहरण है—जहाँ भाषा एकदम समाप्त हो जाती है उस स्टेज के ठीक पहले का बिंदु है गाली।

भाषा वास्तव में सरल वहीं हो सकती है जहाँ उसके बोलनेवालों ने अपनी स्वाधीनता की शक्ति पहचानी है। इसे जाँचने के लिए हम अपनी बोलियों से प्रतिमान ले सकते हैं परंतु नए अनुभवों अर्थात् नए शब्दों के लिए हमें और अधिक लोकतंत्रीय अधिकार लेते और बरतते रहना होगा।

[*नवभारत टाइम्स*, *'गीली स्याही'*, 1983]

हिंदीभाषी कितनी विदेशी भाषाएँ जानते हैं?

अक्तूबर के अंत में विश्व हिंदी सम्मेलन हुआ। इसके कुछ दिन पहले एक सिंधी सम्मेलन हुआ था। ये दोनों भाषाएँ हिंदुस्तान के अलावा और देशों में पढ़ी-पढ़ाई और बोली जाती हैं। हिंदी तो बहुत से देशों में पढ़ाई जाती है। पर सिंधी और हिंदी में एक बड़ा अंतर यह है कि जिन देशों में हिंदी सीखने और पढ़ाने के मौके दिए गए हैं, उनका हिंदी से प्रेम का रिश्ता सरकारी तौर पर नहीं था। शायद भारत में हिंदी बोलनेवालों से उनमें से कुछ को प्रेम था। कुछ को साहित्य के लिए और कुछ को भविष्य में व्यापार के लिए हिंदी सीखने और जानने की जरूरत मालूम हुई थी। राजनयिक कारणों से भी उन्हें हिंदी जानने और कहीं-कहीं अच्छी तरह जाननेवाले अपने नागरिकों की जरूरत थी।

सिंधी ही नहीं; बंगला, उर्दू, गुजराती और पंजाबी हमारे उस पड़ोसी की भी भाषा है, जिससे उसकी और हमारी सरकारें कभी दोस्ती का और कभी अनबन का रिश्ता बनाए रखना चाहती हैं। दोनों देशों के लोगों की दोस्तियों का भी इस्तेमाल वे करती हैं, पर उस पर चुपचाप कहीं अंकुश लगा दिया जाता है, कहीं उसे एक मोड़ देने की कोशिश की जाती है, जो अंत में राजनीति का ही उद्देश्य पूरा करता है—भाषा का नहीं। पाकिस्तान से संगीत का संबंध आजकल खुलेआम अपनाया जा रहा है। इसमें भी भाषा का इस्तेमाल है। क्योंकि लोकप्रिय संगीत में भाषा होगी ही। और मध्यवर्गीय लोकप्रिय संगीत के आयात-निर्यात में ही सबसे अधिक व्यापार होगा। इसलिए गजल और उसकी

भाषा प्रधान मानी जा रही है। चालू गजल में सस्ती भाषा को प्रमुख स्थान रहे, तो गनीमत है। लेकिन गजल असल में एक दिमाग है। जैसे यहाँ आजादी के बाद गजल को तुरंत नए हिंदुस्तान में असहमति के लिए प्रतीकों और बिंबों की नई-नई श्रृंखला बनाकर कुछ बदला गया वैसे ही पाकिस्तान में भी वहाँ के वर्तमान राजनीतिक और सामाजिक जीवन के अनुसार बदला जा रहा है। अब भारत में यह बात सब जानते हैं कि हिंदी की बोलियों का और ग्राम्य जीवन के प्रतीकों का असर पाकिस्तान की उर्दू कविता पर पड़ा है और पड़ता जा रहा है। पर भारत में पाकिस्तान से जो गजल आयात होती है, वह वही होती है, जो यहाँ के पिछड़े हुए दकियानूसी दिमाग से निकल सकती है। बांगलादेश में संगीत में क्या हो रहा है, यह तो भारत में गिने-चुने लोगों को ही मालूम होगा। रूना लैला अगर बंबई को समर्पण कर लें, तो उन्हें यहाँ कुछ जद्दोजहद के बाद बंबई की शर्तों पर शायद सुना जा सकता है—और वह भारत की दो-चार भाषाओं में गा भी लेती हैं। मगर बांगलादेश की कविता को भारत में वह स्थान पाने की उम्मीद नहीं हो सकती, जो उर्दू की कविता को है, क्योंकि वह भारत की आज की सरकारी नीति के अनुसार उत्तर भारत में इस्तेमाल की जा सकती है। उसकी भावना यह है कि किसी गहरे और बड़े परिवर्तन को बतानेवाली भाषा न पाकिस्तान से यहाँ आने पाए और न यहाँ से वहाँ जाने पाए। यह भारत और पाकिस्तान के बीच आने-जाने की अनुमति देने की नीति का ही एक रूप है।

पैदल को हम केवल तब इज्जत देंगे / जब देकर के बंदूक उसे
भेजेंगे / या घायल से घायल अदले-बदलेंगे / पर कोई भूखा
पैदल मत आने दो / मिट्टी से मिट्टी को मत मिल जाने दो / वरना
दो सरकारों का जाने क्या हो।

पिछले वर्षों में बांगलादेश की गरीबी से जीवन दूभर हो जाने पर कितने लोग सीमा पार करके भारत में घुसे होंगे, इसका हिसाब लगाते वक्त आदमियों को वोट की शक्ल में गिननेवाले दिमाग भारत में और बांगलादेश दोनों की गरीबी में साझेदारी भूल जाते हैं, उनकी गरीबी का इस्तेमाल करनेवाले शासक वर्गों की साझेदारी की बात याद रहती है।

दोनों देशों के बीच काँटेदार तार इसीलिए लगाए जा रहे हैं और उसके जो कारण बताए जा रहे हैं, उनका तर्क एक लंबे समय के अंदर विकृत किया हुआ और प्रचारित किया हुआ तर्क है। मैं इससे यह निष्कर्ष निकालता हूँ कि दोनों देशों में सत्ता की मानव विरोधी राजनीति आदमी को अपने से और अपने जैसों से पराया बताने की एक सतर्क कोशिश पर ही जिंदा है। किस वक्त वह कोशिश ठोस शक्ल लेकर सामने आएगी और उस पर बहस छिड़ेगी, यह इस पर निर्भर है कि उसे किस वक्त सामने लाना अंतरराष्ट्रीय मंच के लिए उपयोगी है और यही नहीं, उस पर किस तरह की बहस कराना सारे असली सवालों को भटका देने में सहायक होगा। वह मूरख और शोषण की मारी हुई जनता को उसकी संस्कृति की याद दिलाता है और इसमें वह किसी हद तक किसी बुरी सच्चाई को भी शामिल कर लेता है, मानो उसको यथार्थ मानते ही सारे आदर्श निराधार हो जाएँगे। अलगाव के कुछ प्रमाण हैं, जो मानवीय और सच्चे नहीं हैं पर ऐसे भी हैं, जो हर समय झूठ सिद्ध हुआ करते हैं। शासन दोनों का पक्ष लेता है। इस दोमुँहेपन के सहारे वह भारत में उस व्यक्ति और विचार को अहितकर और व्यर्थ सिद्ध कर रहा है, जो आधा हिंदू और आधा मुसलमान है। जब यह भेद खुलने लगता है, तो दोनों देश इसे विदेशी खतरा दिखाकर छिपा लेते हैं। इस खतरे को अमानवीय एकता और अमानवीय विरोध के वास्ते एकसाथ काम में लाया जा रहा है।

काँटेदार तार का भारत में प्रस्ताव और बांगलादेश में विरोध इसी का एक उदाहरण है। एक और उदाहरण है, श्रीमती गाँधी द्वारा पाकिस्तान में दमन का विरोध और उनके प्रतिद्वंद्वियों द्वारा इस

विरोध का विरोध। तार का प्रस्ताव गरीबी की एकता को रोकता है और उसमें चोरी की अनैतिकता को बढ़ाता है, बँटवारे की अनैतिकता को छिपाता है। पाकिस्तान में दमन का विरोध अपने यहाँ दमन के समर्थन का निमंत्रण है और एक और हिंदू-मुसलमान बँटवारे पर मोहर है। अंतर यही है कि यह बँटवारा वोट का है, जमीन का नहीं। यह एक छोटे और अनिश्चित कायदे के बदले—यानी मुसलमान वोट श्रीमती गाँधी के पास जाने के डर को घटाने के बदले में एक तानाशाही को पड़ोस में समर्थन देकर उसकी शक्ति बढ़ाने की राजनीति है।

शुरू में सिंधी सम्मेलन और हिंदी सम्मेलन का जिक्र किया गया। सिंधी की प्रगति और सिंधी बोलनेवालों की अपनी भाषा के जरिए उनकी उन्नति निश्चय ही होनी चाहिए। इसके अगर कुछ राजनीतिक फायदे सिंधीभाषियों को मिलते हैं, तो क्यों न मिलें। हिंदी सम्मेलन से भी अगर विश्व के उन देशों में, जहाँ हिंदी बोलनेवाले हैं, उन्हें फायदा मिलता है, तो जरूर मिले। भारत में भी शासक वर्ग को इसके कुछ फायदे होंगे। पिछले वर्ष एशियाड के बाद एक हिंदीभाषी राज्य के एक मंत्री ने मुझसे कहा था कि आप सब बुद्धिजीवी मिलकर सोचें कि हमको एक इतना ही बड़ा काम हिंदी के बारे में करना चाहिए। (एशियाड के फायदे बताते हुए उन्होंने विदेशों में हिंदी से परंपरावश जुड़े लोगों का जिक्र नहीं किया था। हाँ, अपने प्रदेश का, जहाँ वह शासन करते हैं, नाम लिया था और केंद्र का नाम भी लिया था, जहाँ के शासन में हिंदीभाषियों का वर्चस्व है)। परंतु विश्व हिंदी सम्मेलन एक चीज है और विदेशी सरकारों के द्वारा हिंदी का इस्तेमाल एक चीज। वाणिज्य-व्यापार और राजनयिक कार्य में हिंदी का इस्तेमाल भारत करेगा, यह आशा अब संसार के किसी देश में नहीं रह गई है। परंतु उनके व्यापारिक संबंध अधिकांश भारतीयों के लिए एकदम अजनबियों के संबंध न हो जाएँ, इसलिए वे राजभाषा अंग्रेजी की दासी भाषा हिंदी को जाननेवाले अपने आदमी तैयार करते जा रहे हैं। हिंदी साहित्य के लिए विदेशों में एक बौद्धिक जिज्ञासा है। और साहित्येतर कारणों से हिंदी सीखनेवाले विदेशियों का इससे अछूता रहना संभव नहीं है। सच तो यह है कि साहित्य ही भारतीय भाषाओं और अपने देश के साहित्य के बीच निश्चयात्मक, रचनात्मक और मानवीय कड़ी बन सकता है। हिंदी विश्व सम्मेलन का ध्यान इस संभावना की ओर नहीं है। वह केवल हिंदी के नाम पर एक ताकत जमा करने के काम में दिलचस्पी रखता है। अगर वह हिंदीभाषियों को आगाह कराए कि उनका साहित्य विदेशों में पढ़ने की और उससे प्रभावित होने की इच्छा जग चुकी है और फैलाई जा रही है, तो सम्मेलन के मन में अगला सवाल यह उठेगा कि हम किसी तरह इस इच्छा का एक रचनात्मक और भारत के लिए हितकारी इस्तेमाल करें। उत्तर खोजने में देर नहीं लग सकती। वह यह कि हिंदी के क्षेत्र में विदेशी भाषाओं के ऐसे जानकार पैदा किए जाएँ, जो हिंदी से विदेशी भाषाओं में साहित्य का अनुवाद कर सकते हों। 'अंग्रेजी हटाओ' के बहुत से रूप हैं। आज उसका यह रूप होना चाहिए कि हम दूसरी भाषाओं के और हिंदी के बीच इस अंग्रेजी को हटा दें। कोई कह सकता है कि यह हम भारत में ही पहले क्यों न करें? तो इसका उत्तर यह है कि हाँ क्यों न करें। परंतु प्रश्न फिर भी है—हिंदीवाले कितनी विदेशी भाषाएँ जानते हैं। इसका भी उत्तर है—एक : अपनी मालकिन अंग्रेजी। कुछ लोग कहेंगे : नहीं और भाषाएँ जाननेवाले भी हैं। पर कुछ लोग, बस!

[*रविवार*, 'लेखक के चारों ओर', 13-19 नवंबर 1983]

टूटी-फूटी हिंदी इज ग्रेट

कई वर्ष पहले मैंने डॉ. राममनोहर लोहिया के संपादन में छपनेवाली मासिक पत्रिका 'जन' में एक लेख लिखा था 'हिंदी की पूजा बंद करो'। इसमें कहा गया था कि हिंदी एक भाषा है, जिसका एक राजनैतिक

कर्म कर्तव्य और अधिकार है। कोई आनंद या गर्व है, तो उसी के पालन में, हिंदी-पूजा में नहीं। उस समय इस लेख के आलोचकों ने दो आरोप मुझ पर लगाए थे। एक : तुम हिंदी की रोटी खाते हो और हिंदी को गाली देते हो (जैसे किसी को मनुष्य कहना गाली हो, देवता कहने से ठीक रहेगा) और दो : कह लो जो चाहो, होगा क्या? इसके प्रायः दस वर्ष पहले लखनऊ की 'युगचेतना' में छपी मेरी एक कविता 'हमारी हिंदी' पर लखनऊ में पं. श्रीनारायण चतुर्वेदी और पं. विद्यानिवास मिश्र ने (जो दोनों किसी रूप में उत्तरप्रदेश सूचना विभाग से संबद्ध थे) इस पत्रिका की कुछ सौ प्रतियों की खरीद बंद करवा दी या करवा देने की धमकी दी और शिवसिंह 'सरोज' ने 'स्वतंत्र भारत' में तथा पं. चतुर्वेदी ने 'सरस्वती' में (जिसे अंत में वह ले ही डूबे) कवि की भर्त्सना की कि उसने हिंदी को एक दासी क्यों बताया और हिंदी के नाम पर पैसा खानेवाले की निंदा क्यों की!

आज इस बात को 25-26 वर्ष हो गए हैं। मैं अब भी कहता हूँ, जैसा तब कहा था कि हिंदी की रोटी वे नहीं खाते, जो हिंदी में लिखते हैं, वे जरूर खाते हैं, जो सरकार की नीति के समर्थक और पालक हैं—हिंदी में शब्द कमरे में बैठकर गढ़े जाने चाहिए और बाहर उनका इस्तेमाल तब तक रोके रहना चाहिए, जब तक हिंदी 'समृद्ध' न हो जाए। ये जनसाधारण को हिंदी में जीने-कमाने और मौज मनाने नहीं दे रहे हैं। इन्हीं सरकारी पिट्ठुओं के कारण इस समय सच्ची खरी समझ तो दूर, भावना तक हमारी नई पीढ़ी को एक टूटी-फूटी हिंदी और टूटी-फूटी अंग्रेजी में व्यक्त करनी पड़ रही है। इस षड्यंत्र के चलते जो हिंदी समृद्ध हो रही है, वह दिल और दिमाग से मुफलिस और पैसे से अमीर लोगों की हिंदी है। ये लोग एक तरफ जनसाधारण को अगर गूँगा नहीं, तो हकला बनाते हैं, दूसरी ओर अपनी बोली—पैसे और जुल्म की—में दहाड़ मारते हैं। टूटी-फूटी अंग्रेजी तो प्रतिष्ठाजनक है ही, टूटी-फूटी हिंदी बोलेना भी 'ग्रेट' बन जाता है।

सच तो यह है कि हिंदी की पूजा का दौर भी खत्म हो गया है और अगर नहीं हुआ है, तो जल्दी ही हो जाएगा। उसकी जगह दूसरी भाषाओं की अपनी-अपनी पूजाओं का युग आ गया है और अगर नहीं आया है, तो जल्दी ही आ जाएगा। हिंदी की पूजा के मुकाबले दूसरी भाषाओं की पूजाएँ ज्यादा महँगी हैं। हिंदी-पूजा में तो सिर्फ जनता का पैसा खर्च हुआ, दूसरी भाषाओं की पूजा में तो अंग्रेजी की बेहद गुलामी बढ़ रही है। आरंभ हिंदीवालों ने किया था, पर हिंदीवालों ने अपने स्वार्थ के लिए गरीब—पैसे से गरीब, मगर दिल से अमीर—हिंदीभाषी पर अंग्रेजी लादी थी, दूसरी भाषाओंवाले अपनी भाषाओं के गरीबों पर अंग्रेजी लादने के साथ-साथ हिंदी के गरीबों पर भी लाद रहे हैं। आज किसी वाकई खाते-पीते तमिल, तेलुगु-मलयाली, कन्नड़, ओड़िया, असमिया, बुद्धिजीवी से पूछिए, 'हिंदी में क्या पढ़ते हैं?' वह कहेगा, 'अंग्रेजी में कुछ अनुवाद हो, तो दिखाइए, पढ़ लेंगे।'

इस गुलाम और मुफलिस समाज को किसने बनाया, यह आजादी के पहले नहीं था। यह कह देना आसान है कि हिंदी के महंतों ने। मगर सिर्फ आसान नहीं है। सच भी है। इन हिंदी प्रचारकों ने—और इनके विविध रूप हैं—अमरीका में चुटिया फटकारकर हिंदी पढ़ानेवाले और भारत में हिंदी और हिंदुत्व का एकसाथ प्रदर्शन और प्रतिनिधित्व करनेवाले सब इसी व्यक्तित्व के रूप हैं, जिसने हिंदी प्रदेश में दूसरी भाषाओं के अच्छे अनुवादक बनने की योग्यता पनपने नहीं दी है।

हिंदी की पूजा दूसरी भाषाओं को आत्मरक्षा के लिए अपने-अपने राजनीतिक गढ़ बनाने की ओर धकेल रही है। ये गढ़ केवल भाषा तक सीमित नहीं रहेंगे। भाषा तो राजनीतिक आजादी की पहली शर्त है। पहली शर्त रहे, तो वह आगे जाकर एक व्यापक राजनीतिक समझ बना सकती है। परंतु जब राजनीति को व्यापक आधार पाने से रोका जाए और केंद्र सारी ताकत नोच-खसोटकर अपने हाथ में—बल्कि जेबों में—भरता जाए, तो एक वक्त आता है कि राजनीति व्यापक़ता की नहीं, अलगाव की राजनीति बन जाती है। यह चेतावनी, एक लेखक की तमाम चेतावनियों की तरह

सिर्फ एक चेतावनी बनकर ही रह जाए, तो आश्चर्य नहीं, क्योंकि एक जागरूक लेखक की चेतावनियाँ राजनीति की समझ से पैदा हुई होती हैं, मगर राजनीति के लिए संगठित लोग—दल, सत्ताधारी और सत्ता से बाहर दोनों तरह के दल—यदि कुछ भी बदलने की हिम्मत खो बैठे हों, तो लेखक की चेतावनी बीस वर्ष बाद फिर याद दिलाने के लायक ही रह जाएगी।

मगर वह भी जरूरी होगा। लेखक की उपलब्धि यह नहीं है कि उसकी चेतावनी सही निकली और उसने जो अनिष्ट देखा था, वह साकार हो गया। यह तो किसी तीसमारखाँ की या ज्योतिषी की उपलब्धि ही हो सकती है। लेखक की उपलब्धि यह है कि जो चेतावनी 25-30 वर्ष पहले की थी, वह भविष्यवाणी न बनने पाए और अगर बन भी गई, तो वह उसके आगे की चेतावनी करे। दूसरे शब्दों में वह सामाजिक, राजनीतिक प्रयत्न करके अपनी चेतावनी को पूरा होने से समाज को बचाए। न बचा पाए, तो उसके आगे के संकट की चेतावनी करे। इस आड़े वक्त में टिली-टिली कहकर कुछ बुद्धिजीवी उसे चिढ़ा रहे होंगे। वे खुद कितने संकट में हैं, यह देखकर हँसी आ सकती है पर वैसी हँसी क्रूर होगी। उन्हें भी एक बार समझाकर देखना चाहिए—वह हँसी हँसकर हम उन्हें उनके हाल पर छोड़ देने की क्रूरता नहीं कर सकते।

[*रविवार*, 'लेखक के चारों ओर', 5-11 अगस्त 1984]

हिंदी की पूजा बंद करो

टेलीविजन प्रचार का बड़ा माध्यम है, विज्ञापन का भी वह बहुत बड़ा माध्यम है। आजादी के अट्ठारहवें वर्ष में उसने खाने-पीने, पहनने-ओढ़ने और रँगने-चुँगने की वस्तुओं के विज्ञापन के बीच एक विज्ञापन निकाला है। परदे पर बड़े-बड़े अक्षरों में लिखा हुआ एक वाक्य आता है।

आजादी की पहचान, अपनी राष्ट्रभाषा, अपनी जुबान।

थोड़ी देर बार एक और वाक्य परदे पर दिखता है मगर यह निरा विज्ञापन नहीं, खबर भी है।

हिंदी भारत की राजभाषा है, इसका अधिक से अधिक उपयोग करें।

अगर इसके बाद यह भी लिखा हुआ परदे पर आए कि :

इसके सेवन से मसूड़े तंदरुस्त रहते हैं, मुँह की बदबू दूर होती है।

और अंत में एक बच्चा चटखारे लेता हुआ कहे :

और इसका स्वाद भी मजेदार है।

तो समझ लीजिएगा कि दो विज्ञापन एक में गबड़ गए हैं। बात यह है कि टेलीविजन पर विज्ञापन की विधा में अभी थोड़ी बहुत विशेषता हासिल हुई है, थोड़ी बहुत बाकी रह गई है।

संपूर्ण विशेषता हासिल करने में देर लग रही है क्योंकि अभी भी कुछ फालतू तत्त्व जैसे शास्त्रीय संगीत, श्रेष्ठ साहित्य और खरा विचार बच गए हैं जो टेलीविजन की प्रगति में दाँत तले कंकड़ की तरह किरकिरी पैदा कर देते हैं। जब ये भारतीयता के अजायबघर में पहुँच जाएगी तो कभी-कभी इनको निकालकर एक कार्यक्रम बना दिया जाया करेगा।

परंतु एक किस्सा याद आ गया है : मेरे एक मित्र शराब निर्माता कंपनी में काम करते हैं। सुना है कि वो अपनी कंपनी में बनी हुई शराब कभी नहीं पीते, दूसरी कंपनियों से मँगवाते हैं, इसी तरह से विज्ञापन की दुनिया में अपने हँसने-खेलने के दिन बिताता हुआ टेलीविजन संस्कृति के अजायबघर से निकाले हुए ये कार्यक्रम भी अंग्रेजी में प्रस्तुत करेगा यानी अपनी कंपनी की बनी हुई राजभाषा

अपने लिए इस्तेमाल नहीं करेगा।

एक और प्रश्न मेरे मन में विज्ञापन संस्कृति के विषय में स्वरूप ज्ञान के कारण उठता है। जिस माल को बेचना होता है उसके लिए पहले बाजार की पड़ताल की जाती है फिर वह बाजार जिन लोगों के बीच में मिलेगा उन्हीं लोगों के मन पर प्रभाव डालनेवाला कार्यक्रम तैयार किया जाएगा। व्यावसायिक विज्ञान का यह एक ठोस नियम है। इसकी परवाह केवल मनीषी रचनाकार ही करते हैं क्योंकि वे अखिल विश्व को अपना बाजार मानते हैं और उस बाजार में उन्हें केवल अपनी रचना लानी होती है, उस रचना को निमित्त बनाकर कोई मंजन या अंजन नहीं बेचना पड़ता।

तो मेरे मन का प्रश्न यह है कि 'हिंदी भारत की राजभाषा है इसका अधिक से अधिक उपयोग करें' यह विज्ञापन किस वस्तु के ग्राहक बनाने के उद्देश्य से किस वर्ग को प्रभावित करने के लिए टेलीविजन पर दिखाया गया।

मेरी शंका यह है कि यह हिंदी के प्रचार को बढ़ाने के उद्देश्य से नहीं दिया गया है इसका उद्देश्य जो लोग हिंदी का अधिक उपयोग करते हैं उन लोगों के बीच कोई और ही चीज बेचने के लिए किया गया है जिसका वे बड़े मुनाफे देनेवाला उपयोग नहीं कर रहे हैं। ऐसी कई चीजें हो सकती हैं यह इनमें सबसे अधिक राजनैतिक, आर्थिक और व्यावसायिक कमाई देनेवाली चीज अंग्रेजी है। ये राजनीति, उद्योग और संस्कृति के अधिकाधिक क्षेत्रों में निर्णय लेनेवाले, नीतियाँ बनानेवाले और बनाकर फिर उनको नकारा अथवा कारगर करनेवाले लोग अंग्रेजी का अधिक से अधिक उपयोग करते हैं। इन्हीं लोगों के बीच में हिंदी का अधिक से अधिक उपयोग करने का विज्ञापन प्रचारित करने में इनके राजनैतिक आदि लाभों की रक्षा कैसे हो सकती है? इसलिए तर्क यही कहता है कि अधिक से अधिक लोगों को हिंदी का उपयोग करने का सरकारी विज्ञापन पढ़वाना वास्तव में यह कहना है कि हिंदी का अधिक उपयोग करने में आपको यह संतोष मिलेगा कि आप राजभाषा की सेवा कर रहे हैं परंतु नीतियों पर निर्णय और अमल करने का अधिकार आपका नहीं रहेगा, आप तो हिंदी का उपयोग करें। देश के राजनैतिक और सांस्कृतिक जीवन के निर्माण में आपको कुछ नहीं करना चाहिए।

हिंदी को राजभाषा बनाने और उसका अधिक से अधिक उपयोग करने करानेवालों को अपने संघर्ष में यदि पराजय नहीं तो कम से कम अपनी क्षति स्वीकार कर लेनी चाहिए। भाषा बुरी तरह टूट चुकी है 'राजनीतिक दिमाग एक भाषा में वोट माँगता है (मातृभाषा) दूसरी में वक्तव्य देता है, (अंग्रेजी) तीसरी में शपथ लेता है (अंग्रेजी) कलाकार का दिमाग एक भाषा में सोचता है (हिंदी), दूसरी में लिखता है (अंग्रेजी) और फिर पहली यानी हिंदी में यश प्राप्त करना चाहता है।' इस सबके कारण एक पूरी पीढ़ी (लगभग पचीस साल) हिंदी का उपयोग न करके हिंदी की पूजा करने पर राजी की गई है। हिंदी नेताओं ने बार-बार अपनी जनता से अर्थात् जिनके समर्थन से उनका राजनैतिक नेतृत्व बना हुआ है, कहा है कि चूँकि सरकार और हिंदीतरभाषी हिंदी का विरोध कर रहे हैं इसलिए हम हिंदी में हस्ताक्षर करने, नामपट्ट लिखवाने, मोटरकार का नंबर लिखवाने के कार्यक्रम और आंदोलन चला रहे हैं। यही हिंदी का अधिक से अधिक उपयोग है जो 1947 के बाद के कुछ वर्षों को छोड़कर बाद के वर्षों में विशेष रूप से 62-63 के बाद में किया और कराया गया है। यदि टेलीविजन इसी तरह के उपयोग की सिफारिश कर रहा है तो इस सिफारिश का झूठ एक पीढ़ी पहले खुल चुका था, दोबारा हिंदी की पूजा को हिंदी का उपयोग बताने का षड्यंत्र इक्कीसवीं सदी के आने के बाकी पंद्रह वर्षों में किया जाएगा। यह मेरी स्पष्ट आशंका है। हिंदी का उपयोग एक ही हो सकता है कि हिंदीभाषी को दूसरे नंबर का राजनैतिक कलाकार, विद्वान, चिंतक न बनाया जाए और वह राष्ट्रीय नीतियों के निर्माण में अधिकारपूर्वक हिस्सा ले तथा उस हिस्से का लाभ सिर्फ उन लोगों को मिले जो अंग्रेजी के प्रभुत्वसंपन्न वर्गों के लिए हिंदी अनुवादक का काम करते हैं। यह लाभ उनको मिलना

चाहिए जो हिंदीभाषी लोगों के जीवन को बताते, हिंदी में सोचते, हिंदी में लिखी और हिंदी में असहमति प्रकट करते हैं।

[*जनसत्ता,* 'अर्थात्', 24 मार्च 1985]

जिस तरह हम बोलते हैं—हिंदी

एक खबर है कि अमेरिका में छह करोड़ निरक्षर हैं। मेरा खयाल है कि कम से कम इतने ही दूरदर्शन दर्शक होंगे। ज्यादा से ज्यादा कितने होंगे, इसका अनुमान नहीं लगाया जा सकता क्योंकि प्रत्येक टेलीविजन सेट हर समय उतने ही दर्शक पैदा करने की क्षमता रखता है जितने उसकी आवाज की पहुँच में आ जाते हों और तस्वीर की पहुँच में भी आ जाएँ तो पौ बारह!

दूरदर्शन निरक्षर-निर्माण का सबसे बड़ा कारखाना है। न सिर्फ वह अपने कार्यक्रमों में भाषा के लठमार इस्तेमाल के कारण भाषा की तहों और परतों का कचूमर बना देता है, बल्कि आज कार्यक्रमों का संचालन औद्योगिक संस्थानों के हाथ में आ जाने के कारण, भाषा को बोली जाने के लायक और दर्शक को बोल सकने के काबिल नहीं बने रहने देता। भारतीय दूरदर्शन शायद दुनिया का अकेला प्रसारण संस्थान है जिसमें उच्चारण का कोई निश्चित प्रतिमान नहीं है। जो जैसा चाहता है उच्चारण करता है और समाज में भाषा के बोलनेवालों में आपस में बहस वाचकों के अच्छे लगने पर चलती है, प्रसारण की श्रेष्ठता के गुणों पर नहीं। ऐसा इसलिए है कि हिंदी के बारे में मंत्री से लेकर कार्यक्रम निर्देशक तक के मन में यह धारणा बनी हुई है कि हिंदी का कोई प्रतिमान नहीं होता। वह सबकी भाषा है, सबका उस पर अधिकार है, देश बहुत बड़ा है, हिंदी के बारे में स्वयं हिंदीभाषियों में उच्चारण की एकता नहीं है आदि-आदि विचार दूरदर्शन के निर्णय कर सकनेवाले क्षेत्रों में फैले हुए हैं और प्रसारण के बाहर की दुनिया को उच्चारण के प्रतिमानों के महत्त्व की याद न दिलाने में ही अधिकारी अपना भला मानते हैं, क्योंकि उन्हें किसी समय भी किसी भ्रष्ट उच्चारण को मान्यता देनी पड़ सकती है। आखिर कोई प्रतिमान तो है नहीं। हिंदी भाषा ही ऐसी है कि उसमें कोई प्रतिमान नहीं हो सकता—यही तर्क दोहराया जाता रहता है।

सच्चाई यह है कि हिंदी के उच्चारण का एक प्रतिमान हमेशा रहा है। मगर राजनैतिक और आर्थिक शक्ति के साथ-साथ उसका रूप बदलता रहा है, क्योंकि हिंदी एक राजनैतिक वस्तु भी है। आजादी के बाद कांग्रेस में जो हिंदीभाषी नेता थे उनका उच्चारण प्रतिमान माना जाता था, आज अंग्रेजी स्कूलों के पढ़े लोगों का उच्चारण न केवल प्रतिमान बनता जा रहा है बल्कि उसे अंग्रेजी भाषा के वजन पर हिंदी में लादा जा रहा है। इसके अलावा मराठी और पंजाबी दो भाषाएँ हैं जिनके पास राजनैतिक और आर्थिक ताकत है। जैसे दिल्ली में पंजाबी और बंबई में मराठी की। दिल्ली में सरकारी उच्चारण पंजाबी में हिंदी बोलने को मान्यता देता है और बंबई में मराठी में। यह आप दूरदर्शन के सरकारी और प्रायोजित कार्यक्रमों के व्यावसायिक कार्यक्रमों में देख सकते हैं।

राजीव गाँधी ने कहा है कि समाचारों को जीवंत बनाया जाए। केवल वे लोग ऐसे कार्यक्रमों को जीवंत मानेंगे जिनकी बोली में ताकत की बोली का लहजा हो। यह कार्यक्रम को नकली और बेजान बनाएगा पर दिल्ली में पंजाबी और बंबई में मराठी लहजा राजनैतिक आर्थिक ताकत की पहचान है। इसलिए उसे मान्यता मिलेगी और हिंदी सही-सही बोलनेवाले से कहा जाएगा कि वे पहले यह तय कर लें कि कहाँ की हिंदी प्रतिमान है।

इसका उत्तर है कि वही हिंदी प्रतिमान है जो हिंदी होने के लिए बनावट नहीं करती हो, जैसे

कानवेंटी लोग करते हैं और गलत हिंदी गलत तरह से बोलने पर उन्हें अस्वीकृत होने से डर नहीं लगता, क्योंकि वे ताकतवर जगहों पर स्वीकृत हैं।

हिंदी की समृद्धि की बात राजनैतिक लोग बहुत किया करते हैं। अफसोस यह है कि यह बात इतनी जहालत के साथ कही जाती है कि आपकी समृद्धि का उससे दूर-दूर तक कोई संबंध नहीं दीखता। जैसे यह कहना कि हम हिंदी किसी पर थोपना नहीं चाहते हैं।

असल में इसका मतलब यह है कि हम हिंदी बोलना किसी को सिखाना नहीं चाहते। हिंदी के अनुवाद करने को बंद करके राजीव गाँधी को हिंदी में लिखने और हिंदी में बोलने के प्रतिमान, जो कि स्थिर हो चुके हैं मगर पिछले दस वर्ष से तेजी से बिगड़ रहे हैं, फिर से स्थिर कराने की नीति बनानी चाहिए।

यह हिंदी की सेवा का सवाल नहीं है। भाषा की सार्वजनिकता का सवाल है। दूसरी भाषाओं से हिंदी का अच्छा उच्चारण अवश्य ही बहुत कुछ लेगा, पर उन दूसरी भाषाओं में पंजाबी और अंग्रेजी ही हो, यह न हिंदी का रचनात्मक विकास होने देगा न प्रचारात्मक विस्तार; यह केवल भाषा का राजनैतिक सत्ता-हड़प होगा।

[*जनसत्ता*, 'अर्थात्', 18 अगस्त 1985]

ये दूसरे हिंदीवाले हैं

हाल की बात है, आई.आई.टी. दिल्ली के भौतिक विज्ञान के श्री श्यामरुद्र पाठक नामक एक छात्र ने अपने एम.एस. डिग्री का प्रकल्प भौतिकी विभाग में जमा किया। इसे अस्वीकृत कर दिया गया है क्योंकि यह हिंदी भाषा में लिखा हुआ है। आई.आई.टी. छात्र समुदाय ने कई तरह के तर्क देकर प्रार्थना की है कि विभाग के नियमों में आवश्यक लचीलापन लाया जाए और 'सीमित क्षेत्र, जैसे कि प्रकल्प रपट तथा शोध प्रबंध के रपटों की हिंदी भाषा में वैकल्पिक रूप से स्वीकृत करने की अनुमति तुरंत दी जाए।' आवश्यक लचीलापन का अर्थ बोलचाल की हिंदी में यह है कि फिजूल की कठोरता न दिखाई जाए। फिजूल की कठोरता का अर्थ यह है कि पच्चीस वर्ष पहले बने आई.आई.टी. संस्थान के नियम के आधार पर किसी के हिंदी में लिखित प्रकल्प को अस्वीकृत न किया जाए। पच्चीस वर्ष में जाने कितने हिंदीभाषी छात्रों ने प्रकल्प लिखने की योग्यता अर्जित कर ली होगी। आज उनकी इस योग्यता के इस्तेमाल करने का रास्ता बंद करना फालतू कठोरता दिखाना ही तो है। जिस आधार पर यह कठोरता दिखाई जा रही है वह आई.आई.टी. के संविधान का एक नियम है। नियम क्या है? यह कि आई.आई.टी. में शिक्षा प्रदान करने का माध्यम अंग्रेजी है।

शिक्षा प्रदान करने का माध्यम अंग्रेजी है और जब तक संस्थान के अध्यापकों को इतनी शिक्षा प्रदान न की जाए कि वे हिंदी में पढ़ा सकें या कम से कम हिंदी में लिखी रपट पढ़ और समझ लें, तब तक अंग्रेजी ही माध्यम बना रहे तो भी स्वीकार है। परंतु शिक्षा के माध्यम संबंधी नियम का दुरुपयोग हो रहा है। छात्र यह माँग तो नहीं कर रहे हैं कि उन्हें हिंदी के माध्यम से पढ़ाया जाए। वे तो यही कह रहे हैं कि हमें अंग्रेजी के माध्यम से पढ़ाया गया है वह बात हमें हिंदी के माध्यम से बताने दी जाए। मीडियम ऑफ इंस्ट्रक्शन का सरासर गलत अर्थ आई.आई.टी. ने लगाया है। इंस्ट्रक्शन माने शिक्षा। यहाँ तो मीडियम ऑफ एक्सप्रेशन की बात है। यानी शिक्षा नहीं अभिव्यक्ति के माध्यम की बात!

माध्यम संबंधी नियम का दुरुपयोग करके श्यामरुद्र पाठक को कुछ ही दिन में आगे शिक्षा प्राप्त

करने से रोक न दिया जाए यह डर छात्रों में फैल रहा है क्योंकि हिंदी में लिखने-पढ़ने की इच्छा भी छात्रों में फैल रही है। वे तरह-तरह से यह सिद्ध करने का प्रयत्न कर रहे हैं कि हिंदी में रपट लिखने की अनुमति मिलनी चाहिए। राष्ट्रपति के चंडीगढ़ विश्वविद्यालय के हाल के दीक्षांत समारोह में राष्ट्रपति के भाषण का स्मरण करते हुए छात्रों ने उन्हें पत्र लिखा है कि उन्होंने विज्ञान तथा तकनीकी क्षेत्र में अपनी भाषाएँ अपनाए जाने की बात कही थी और यह सुनकर हम लोगों में कई आशाएँ जागी थीं। छात्रों ने कहा है कि एक मेधावी छात्र ने राष्ट्रपति का भाषण सुनकर ही प्रकल्प रपट हिंदी में लिखी। जिन क्षेत्रों में किसी किताब या अतिरिक्त शिक्षकों की आवश्यकता नहीं, वहाँ तो हिंदी में लिखे प्रकल्प रपट के शोध प्रबंध को तुरंत स्वीकृति मिलनी चाहिए। छात्रों के पक्ष में कुछ मान्य व्यक्तियों ने भी आवाज उठाई है। एक मेधावी छात्र का भविष्य केवल अंग्रेजी के कारण धूमिल हो जाएगा यह भी कहा गया है और पूछा गया है कि भारत को अच्छे वैज्ञानिक चाहिए जिन्हें अपने विषय का अच्छा ज्ञान हो अथवा अंग्रेजी जाननेवाले व्यक्ति चाहिए उनका अपने विषय का अच्छा ज्ञान अधकचरा हो। एक-दो सांसदों ने माँग की है कि आई.आई.टी. श्यामरुद्र पाठक की प्रकल्प रपट (प्रोजेक्ट रिपोर्ट) का मूल्यांकन उस रपट के गुण-दोष के आधार पर करे और जो अंक बनने हों उन्हें समय पर देकर छात्र के साथ न्याय करे। इस छात्र ने एम.टेक. एवं पी.एच.डी. में नामांकन के लिए आयोजित होनेवाली प्रतियोगिता परीक्षा में पूरे भारतवर्ष में प्रथम स्थान प्राप्त किया है। यह तर्क भी दिया जा रहा है कि हिंदी भाषा का सम्मान होना चाहिए। एक और तर्क यह है कि उक्त प्रकल्प बायोगैस के ऊपर है और यदि उसकी रपट को ग्रामीण क्षेत्र के लिए उपयोगी होना है तो रपट जनभाषा में लिखने को प्रोत्साहन मिलना चाहिए। तीसरा तर्क यह है कि विदेशों में फ्रांसीसी, जर्मन, रूसी तथा अन्य भाषाओं में जो पत्र-पत्रिकाएँ आती हैं उनके अंग्रेजी अनुवाद की व्यवस्था जब संस्थान में हो सकती है तो हिंदी में लिखे प्रकल्प रपट या शोध पत्र का अनुवाद अंग्रेजी में क्यों नहीं हो सकता।

ये सारे तर्क मिलकर एक ही तर्क का रूप ग्रहण कर लेते हैं। वह यह है कि आई.आई.टी. अपने यहाँ हिंदी में लिखे प्रकल्प को नहीं जाँच रहा है सो इस कारण कि उसे अंग्रेजी की असलियत छिपानी है। असलियत यह है कि अधकचरा ज्ञान, धौंसपट्टी, झूठा रोआब और सरकारी व्यवस्था के समर्थन से पदों पर पहुँचना ही अंग्रेजी माध्यम से पढ़े लोगों को सुगम है, खोज, विचार और नए का आविष्कार अंग्रेजी माध्यम से शिक्षा प्राप्त लोगों द्वारा संभव नहीं है। जनहितकारी अनुसंधान तो उनके प्रयत्न से ही परे हैं क्योंकि भाषा की गुलामी के साथ-साथ उन्होंने प्रौद्योगिकी की गुलामी भी स्वीकार कर ली है। उसी से उनके स्वार्थ सधते हैं। सहज सिद्ध है कि जिस भाषा के पीछे जनता का आत्मिक बल न हो, वह सिर्फ नकल करती रह सकती है, नया कुछ नहीं लगा सकती। उस भाषा में किया हुआ काम जनता द्वारा कभी जाँचा नहीं जा सकता और वह भाषा जनता को धोखा देने में पटुता ही सीखती तथा सिखाती है, विद्या के द्वारा जनता को अज्ञान से छुड़ाती नहीं।

यह धोखा देने की कला पूरे अंग्रेजी शोषित या अंग्रेजी पोषक समाज ने विकसित कर ली है। छात्रों के प्रतिवेदन का यह वाक्य महत्त्वपूर्ण है कि जब कोई छात्र अंग्रेजी माध्यम से पढ़कर अपने निष्कर्ष हिंदी में प्रस्तुत करता है तो वह हिंदी में किताबों या शोध सामग्री के उपलब्ध न होने की कठिनाई को हल करने की दिशा में एक कदम उठाता है। इस वाक्य से सिद्ध है कि हिंदी में रपट अस्वीकार करके अंग्रेजी के रक्षक अब यह प्रयत्न कर रहे हैं कि यह कदम भी असफल सिद्ध घोषित कर दिया जाए। पिछले वर्षों का इतिहास और विशेषरूप से हिंदी की राजनीति का इतिहास दिखाता है कि 'हिंदी का विकास' नामक कार्य हिंदी का राजनीतिक लाभ एक विशेष आर्थिक और सामाजिक स्तर पर पहुँचे समाज द्वारा सहज भाव से लिया गया है और अधिसंख्य गरीब जनता को हिंदी के इस्तेमाल का राजनैतिक लाभ छीन-झपटकर लेने के लिए मजबूर होना पड़ा है। इस छीनने में अमीर हिंदीवाले घुस आए हैं और उन्होंने एक नई तरह की हिंदी बना ली है जो अंग्रेजी का ही एक रूप

है। वह हिंदी, हिंदीभाषी जनता की नहीं, अंग्रेजीभाषी हिंदी जनता की है तथा उसे समझने के लिए अंग्रेजी सीखना जरूरी होता है। यह कुचक्र हिंदी के ही अंग्रेजी समर्थकों का चलाया हुआ था, पर अब वे अंग्रेजी समर्थक भी देख रहे हैं कि यह चाल तब तक चल गई जब तक हिंदी बोलनेवालों में केवल छोटी-छोटी नियामतों को पाकर खुश हो जाने की हीनभावना भरी हुई थी। अब कुछ एक वर्षों से साधारण हिंदीभाषी भी अमीरों की दुनिया में आने की कोशिश करने लगा है मगर अमीरी और अंग्रेजी की दुनिया की मुश्किल यह है कि आगंतुक या तो अंग्रेजीवालों की 'हिंदी' बोलनेवालों को आने देंगे या अंग्रेजी खुद बोलनेवालों को और अंग्रेजी बोल सकनेवालों से भी उम्दा और मामूली अंग्रेजी का फर्क करेंगे। इधर अब जो नई पीढ़ी अंग्रेजीभाषी अमीरों की दुनिया में जाने का हक माँग रही है वह अपनी हिंदी को लिए जाने पर उतारू है। दूसरे शब्दों में अंग्रेजी हटाने की लड़ाई अब सिर्फ अंग्रेजी हटाकर उसकी जगह अमीरों की हिंदी लाने की लड़ाई नहीं रह जाएगी।

मगर यह लड़ाई सही माने में राजनैतिक अधिकारों की लड़ाई तब तक नहीं बन पाएगी जब तक कि अभी हिंदी की माँग उठानेवाले (जैसे आई.आई.टी. में है) शिक्षा के अन्य संस्थानों में ऐसी ही माँग उठानेवालों को साथ नहीं ले आते। पता नहीं, जे.एन.यू. मेडिकल इंस्टीट्यूट और दिल्ली विश्वविद्यालय में कितने लोग साथ आने को तैयार हैं।

[*जनसत्ता*, '*अर्थात्*']

अंग्रेजी हटाओ का नया दौर

ऊँची शिक्षा, ऊँची नौकरी का मोर्चा

श्यामरुद्र पाठक आई.आई.टी. में हिंदी की लड़ाई जीत गए हैं, यह समाचार 31 अगस्त के अखबारों में छपा। उसी से यह भी मालूम हुआ कि जब आई.आई.टी. के श्यामरुद्र पाठक की बायोगैस संबंधी प्रकल्प रपट हिंदी में लिखी होने के कारण विचाराधीन नहीं की जा रही थी तब धीरे-धीरे जनमत बन रहा था कि आई.आई.टी. गलत काम कर रहा है। यह जनमत साहित्यकारों और सांसदों के ज्ञापनों से प्रकट हो रहा था। परंतु इसकी सबसे महत्त्वपूर्ण अभिव्यक्ति आई.आई.टी. के तीन सौ से अधिक छात्रों के ज्ञापन ने की। इनके हस्ताक्षरों ने श्री पाठक की प्रकल्प रपट को विचार के लिए स्वीकार करने पर आई.आई.टी. को मजबूर किया। इसके पहले छात्रों की कार्यपरिषद् यह माँग भी कर चुकी थी कि आई.आई.टी. प्रवेश-परीक्षा भी हिंदी तथा अन्य भारतीय भाषाओं में हुआ करे। वास्तव में प्रवेश-परीक्षा का माध्यम जब तक अनिवार्य रूप से अंग्रेजी रहता है तब तक उन छात्रों के प्रवेश में ही बाधा पड़ जाती है जो भारतीय भाषाओं के माध्यम से शिक्षा पाकर आई.आई.टी. में भरती होने आते हैं।

प्रकल्प रपट हिंदी में लिखना तो दूर की बात है अंग्रेजी की दासता का प्रचार करनेवाले वर्ग ने अंग्रेजी को भारतीय भाषाओं से ऊँचा दर्जा देने की दुर्नीति में हिंदी को अंग्रेजी के समकक्ष रखा और हिंदी के नेताओं को फुसलाया कि हिंदी राज्यभाषा हो गई है जबकि वह असल में अंग्रेजी की दासी हो रही थी। इस फेर में आकर हिंदी के नेता हिंदी को व्यवहार की नहीं, राष्ट्र सेवा और पूजा की भाषा बनाने लगे। उधर भारतीय भाषाओं के नेता यह देखकर कि हिंदी को विशेष दर्जा मिल गया है बजाय अंग्रेजी हटाने के हिंदी हटाने लगे। इस तरह हिंदीतर भाषाएँ अंग्रेजी के साथ हो गईं। इस व्यतिक्रम के लंबे दौर के बाद 'अंग्रेजी हटाओ' की लड़ाई को फिर पटरी पर लाने का मौका अब आ गया है। आई.आई.टी. जैसे शक्ति के गढ़ में एक दरार पड़ी है। यदि आगे आई.आई.टी. के पाँचों

संस्थानों और काशी विश्वविद्यालय के प्रौद्योगिकी विभाग में, जो आई.आई.टी. में प्रवेश के वास्ते एक ही परीक्षा के अंतर्गत रहता है, अंग्रेजी प्रवेश-परीक्षा का वैकल्पिक माध्यम रहने लगे और छात्रों को अपनी भाषा में परीक्षा प्रश्नों का उत्तर देने का अवसर मिलने लगे तो अंग्रेजी को हटाने में एक कदम आगे बढ़ना संभव हो जा सकता है। मातृभाषा को शिक्षा का माध्यम बनाने में हिंदीभाषी राज्य अन्य राज्यों की तुलना में आगे हैं। बावजूद एक लंबे दौर के जिसमें ऊँची कक्षाओं में शिक्षा का माध्यम और परीक्षा का माध्यम हिंदी प्रदेशों में भी अंग्रेजी होता गया है, अंग्रेजी का आदि से अंत तक वर्चस्व नहीं हो पाया है। इसका कारण इन राज्यों की सरकारें नहीं, वहाँ की जनता है। हिंदीभाषी गरीबों ने 'अंग्रेजी हटाओ' का ही साथ दिया है, 'अंग्रेजी लाओ' का नहीं। हालाँकि मजबूर होकर रोटी के लिए गरीब भी अब अंग्रेजी का मुँह देखने लगे हैं। आज विश्वविद्यालयों में और आई.आई.टी. में भी उन छात्रों की संख्या काफी बड़ी हो चुकी है जो समाज में विलायती जिंदगी नहीं जीते। अंग्रेजी इनके लिए एक थोपा हुआ बोझ है जिसे ये समाज में प्रतिष्ठा की ओर अग्रसर होने के लिए मजबूरी में ढोते हैं। मगर उन्हें आशंका है कि चाहे आर्थिक और सामाजिक प्रगति के कुछ जीनों पर वे यह थोपा हुआ बोझ लादकर चढ़ भी जाएँ, एक समय आएगा कि उनकी उन्नति ठप हो जाएगी क्योंकि वे विलायती जिंदगीवाली अंग्रेजी में अयोग्य सिद्ध कर दिए जाएँगे। वे कानवेंट में नहीं पढ़े हैं।

श्यामरुद्र पाठक का दृष्टांत यही दिखाता है। श्री पाठक के बारे में सुना जाता है कि वह अच्छी अंग्रेजी बोल लेते हैं। यह सच भी हो तो आई.आई.टी. में पढ़ने आए छात्रों की मातृभाषा को प्रवेश परीक्षा का और बाद में विभागीय परीक्षाओं का माध्यम बनाने की पाँच सौ हस्ताक्षरों की माँग निरर्थक नहीं हो जाती। ये पाँच सौ छात्र तो सिर्फ वही हैं जो सामने दिखते हैं। इनके पीछे वह अपार जनसमुदाय है जिसमें से भविष्य में मेधावी छात्र आएँगे। अंग्रेजी थोपे जाने के कारण जाने कितनी प्रतिभाएँ कुंठित होकर समाज के निर्माण क्षेत्र में से निष्कासित हो चुकी हैं। हम आँकड़ों से अनुमान ही नहीं कर सकते कि समाज ने विद्याओं के क्षेत्र में कितनी संभावनाएँ केवल इसलिए खो दी हैं कि उन पर अंग्रेजी के मुखौटे में छिपा अज्ञान थोपा जाता रहा और वे बनावटी अंग्रेजी में उत्तर नहीं दे सके। ये छात्र वे हैं जिनकी ज्ञान की इच्छा और कर्म की शक्ति को प्रकट होने का अवसर ही नहीं मिलता क्योंकि एक विदेशी भाषा भारतीयों की सामाजिक व्यवस्था में, राजनैतिक और आर्थिक शक्ति की भाषा बन गई है। अंग्रेजी भारत में ज्ञान की भाषा नहीं है, रूस, जर्मन या जापान में हो सकती है। इन देशों में अंग्रेजी भाषा द्वारा ज्ञान तक पहुँचा गया है पर ज्ञान पहुँचाया अपनी भाषा में गया है और इन देशों में कोई विद्वान अपने लोगों के सामने अपने ज्ञान को अंग्रेजी में व्यक्त नहीं करता। भारत में अंग्रेजी राजनैतिक और आर्थिक शक्ति की भाषा बनती रही है तो इस कारण कि गरीबी और अमीरी में अंतर बढ़ाया जाता रहा है और यह अंतर बनाए रखकर ही अंग्रेजी राजभाषा रह सकती है। अंग्रेजी और हिंदी यदि साथ-साथ राजभाषा रहेंगी तो लिखने और बोलने दोनों में हिंदी के व्यवहार पर अंग्रेजी का प्रभुत्व रहेगा और मानक अंग्रेजी ही बनाएगी हिंदी नहीं।

आई.आई.टी. तथा विश्वविद्यालय जैसी संस्थाओं से निकलकर जितने अधिक व्यक्ति हिंदी का स्वाधीन व्यवहार करते हुए अधिकारसंपन्न पदों पर नियुक्त होंगे राजकाज की और ज्ञान-विज्ञान एवं शिक्षा की भाषा उतनी ही मौलिक, मानक और रचनात्मक बनेगी। हिंदी के विशाल क्षेत्र में हिंदीतर भारतीय भाषाएँ भी अपना चरित्र और गुण लेकर हिंदी को समृद्ध इसी अधिकार के रास्ते से कर सकेंगी। कोरे देश प्रेम के रास्ते से हिंदी और दूसरी भाषाओं के बीच सहयोग अथवा आदान-प्रदान नहीं हो सकता। अधिकार प्राप्त करने के रास्ते से ही यह सहयोग होगा। अंग्रेजी के राजनैतिक समर्थकों का यह उपालंभ कि हिंदी का कोई मानक स्वरूप नहीं है, थोथा है परंतु हिंदी का मानक यदि नहीं भी है तो वह अंग्रेजी की थोपी हुई अनुकरण संस्कृति के विरुद्ध भारतीय भाषाओं के आदान-प्रदान से ही मिल-जुलकर बनेगा। कई वर्ष हुए आदान-प्रदान के विषय में भूतपूर्व शिक्षा मंत्री श्री छागला

ने संसद में बड़े पितृवत् स्नेह से कहा था कि आदर्श हिंदी सिनेमा की भाषा होनी चाहिए। इस पर हिंदी प्रेमियों को नाक-भौं सिकोड़ने की जरूरत नहीं क्योंकि सिनेमा को यदि हम सचमुच अनीति और विचारहीनता के विरोध का हथियार बना सकें और ऊल-जलूल नैतिकता का प्रचारक न बनाएँ तो वह जनता के राजनैतिक और नैतिक उत्थान का सशक्त माध्यम बन सकता है। पर सिनेमा बनावटी आक्रोश और हिंसा में मनोरंजन का माध्यम बन गया है। अब वह हिंदी के सहारे किसी लड़ाई का माध्यम नहीं बन सकता। लड़ाई में इस समय पहल उसी स्तर पर हो सकती है जिस पर अपने आर्थिक और राजनैतिक अधिकारों की प्राप्ति में जनता का एक वर्ग अंग्रेजी को बाधक पा रहा है और उस भाषा के वर्चस्व को निरस्त्र करने में इस वर्ग का स्वार्थ है। अंग्रेजी को शुरू से ही हटाने की पुरानी लड़ाई शोषित वर्ग के लोग हार चुके हैं परंतु सत्तासंपन्न वर्ग में ही सत्ता से वंचित, निर्वासितों की, जो अंग्रेजी की होड़ में कानवेंट में पढ़े लड़कों से हमेशा पीछे रहेंगे, अपने अधिकार की लड़ाई जारी है। हमें हिंदी-पूजा के फेर में न पड़कर समझ लेना चाहिए कि यही सीमित लड़ाई आई.आई.टी. में श्री पाठक ने जीती है। अभी तो उस जनता की लंबी लड़ाई बाकी है जो अंग्रेजी को भारतीयों पर बचपन में ही थोपनेवाले दासता समर्थक वर्ग के विरुद्ध सब भाषाओं में नई पीढ़ियों को लड़नी है—पहल हिंदी को करनी होगी क्योंकि हिंदीवालों का बहुमत है और केंद्र में सत्ता उनके हाथ में है।

भारतीय समाज में रचनात्मकता और आविष्कार बुद्धि के स्वाधीन विकास के हित में अंग्रेजी के साथ-साथ अन्य विदेशी भाषाओं को पढ़ने-पढ़ाने का प्रबंध किया जाए। उस अंग्रेजी का जिसे देश के संपन्न वर्ग ने गरीबों को धोखा देकर आजादी के बाद सत्ता का वाहन बना लिया है, राजनैतिक निर्वासन होना ही न्यायोचित है। देखने की बात तो यह होगी कि 'गुलामों की यह अंग्रेजी' अपनी प्रतिरूप 'गुलामों की एक हिंदी' हमारे ऊपर न थोपने पाए। हिंदी की लड़ाई असल में देश के भूखे-नंगे-निरक्षरों की लड़ाई है और इस समय अगर पढ़े-लिखे और खाते-पीते लोग अपनी हिंदी की लड़ाई लड़ रहे हैं तो उनका साथ इस शर्त पर देना ही चाहिए कि उनकी हिंदी को अंग्रेजी का प्रतिरूप नहीं बनने दिया जाएगा। इस शर्त को पूर्ण कराने का तरीका यही है कि अधिक से अधिक लोग हिंदी में लिखें—वे हिंदी की पूजा नहीं करें जैसे श्यामरुद्र के बहुत से समर्थक कर रहे हैं—हिंदी को बरतें जैसे कोई उपयोगी चीज बरती जाती है।

[प्रतिपक्ष, 'लेखक के चारों ओर', 15-30 सितंबर 1985]

बीस-बीस बरस पुरानी दो लड़ाइयाँ

आजकल हिंदी और अंग्रेजी के बीच वाक्‌युद्ध जारी है। आए दिन लोग अपने-अपने विचार प्रकट किया करते हैं। ज्यादा वक्त नहीं बीता, 1967 में यानी बीस बरस पहले विचार का विषय यह था कि शासन की और शिक्षा माध्यम की भाषा हिंदी होनी चाहिए या अंग्रेजी। दोनों पक्षों के पास तर्क थे। पर अंतिम तर्क लोकतंत्र और समाजवाद के हित में निर्णायक होता था। यह सबको मानना ही पड़ता था कि शासन और शिक्षा का माध्यम जनता की भाषा में ही होना चाहिए क्योंकि लोकतंत्र और राष्ट्र की स्वाधीनता रखने तथा समाज में गैरबराबरी मिटाने के लिए यह अनिवार्य है। हिंदी बनाम अंग्रेजी की बहस भी बिगाड़ी जाती रही और हिंदी को अन्य भारतीय भाषाओं से लड़वाया जाता रहा। जबकि अन्य भाषाओं को हिंदी के साथ मिलकर अंग्रेजी के विरुद्ध लड़ना था। यह बात 1947 के बाद बीस बरस में यानी 1967 तक सिद्ध हो चुकी थी। याद रखने की बात यह है कि जब यह बात साफ-साफ प्रमाणित हो रही थी कि हिंदी का झगड़ा अन्य भाषाओं से नहीं है बल्कि सब भाषाओं का झगड़ा अंग्रेजी से है तभी

राजनीतिक शक्ति संतुलन भी बदल रहा था और केंद्र में कांग्रेस की अंग्रेजी समर्थक नीति के विरुद्ध राज्यों में जनभाषा के समर्थन पर शक्ति प्राप्त करनेवाली पार्टियों का उदय हो रहा था। 1967 का शक्ति संतुलन में यह बदलाव सत्ता के केंद्रीयकरण के आगे टिक नहीं पाया—जिन्होंने भाषाओं और लोकतंत्र के परस्पर संबंध को बताकर जन समर्थन पाया था, वे केवल भाषा में अंग्रेजी का विरोध करते रहे और उद्योग, कृषि, वाणिज्य, विदेश संबंध, सभी मामलों में केंद्रीकरण को स्वीकार करते गए और अंग्रेजी जहाँ तक लौटी थी वहाँ फिर वापस आई और इस बार रोजी-रोटी का हथियार जनता के हाथ से पूरी तरह छीनने की तैयारी करके आई। यह पतन हिंदी के भक्तों और पुजारियों के संसार में कुछ झूठे आँसू बहाकर स्वीकार कर लिया गया। जो न भक्त थे न पुजारी थे। न प्रसाद माँगने को खड़े माँगते थे, हिंदी को बरतनेवाले लोग थे, वे पुजारियों द्वारा पीछे धकेल दिए गए। पुजारियों के बच्चे तो हिंदी-अंग्रेजी युद्ध शुरू होतें ही अंग्रेजी स्कूलों में भरती करा दिए गए थे। अब अंग्रेजी की जीत हो जाने के बाद वे अंग्रेजी समर्थक भारतीयों के पुरोहित बनकर अपना पुश्तैनी पेशा सुख से कर रहे हैं।

परंतु आज जो वाक्‌युद्ध जारी है वह किस बात पर झगड़े के कारण है? क्या लोकतंत्र के, राष्ट्रीय स्वाधीनता के और समतामूलक समाज के लिए हिंदी और अंग्रेजी में अखबारों के संपादक के नाम पत्र और लेख छप रहे हैं?

नहीं, ये पत्र और लेख, अपनी भाषा में अपने लोकतंत्री अधिकार की रक्षा के लिए और अपने राष्ट्र की राजनैतिक स्वतंत्रता के लिए आग्रह करनेवाले पत्र या लेख नहीं हैं। हिंदी की लड़ाई का मोर्चा अंग्रेजी ने बदल दिया है। राजनैतिक अधिकार की लड़ाई हिंदी के समर्थक पहले इस आधार पर लड़तें थे कि जीवन के निर्वाह और जीवन की उन्नति के हित में आर्थिक नीतियाँ लोग अपने लिए खुद बनाएँगे—यानी नीति बनानेवालों और नीति पालन करनेवालों में फर्क न होगा। आज नीति निर्माण और नीति पालन का दायरा जनता के हाथ में छोटा कर दिया गया है। इस दायरे के अंदर अब भाषा के नीति निर्माण पक्ष की बहस नहीं होती। बल्कि उन नीतियों को लागू कर देने से जो परिणाम निकलते हैं उनको उपभोग्य बनाने के लिए कुछ राहत माँगने की अर्जियाँ दी जाती हैं।

जनता को हिंदी के माध्यम से उसका राजनैतिक अधिकार मिले, यह आवाज अब नहीं उठ रही है। दूरदर्शन पर हिंदी में कार्यक्रम हों, यह आवाज उठ रही है। और राजनैतिक अधिकार का एक छोटा, सीमित दायरा है। पर यह माँग एक बड़े राजनैतिक अधिकार का एक हिस्सा है यह चेतना हिंदी के समर्थकों में है या नहीं? मुख्य प्रश्न तो यह है।

यहाँ भी मुख्य प्रश्न को बिगाड़नेवाले हिंदी-पूजकों की कमी नहीं है। कुछ हिंदी-पूजक, जो शायद 1967 के हिंदी-पूजकों की संतान हैं, अब अंग्रेजी में ही बोलने जीने और बर्ताव करते हैं। ये हिंदी का इस्तेमाल सिर्फ जनता के सामने यह बताने के लिए करते हैं कि वे हिंदी के आदमी हैं। इनके वर्ग में कई उपवर्ग हैं। कुछ हैं जो अंग्रेजी के मुहावरे को उच्चारण और लेखन दोनों में अनुवाद करके हिंदी बनाते रहते हैं और अपनी अंग्रेजी राजनीति के बल पर उसे हिंदी बताकर प्रचलित भी करते रहते हैं। इनके पास अखबार रेडियो टीवी और सबसे बढ़कर राजनैतिक समर्थन की शक्ति है। यह प्रमाणित करने के लिए कि जो हिंदी ये बना रहे हैं वही कल्याणकारी है और असली हिंदी है, हिंदी-पूजकों का एक और उपवर्ग हिंदी लिखने और बोलने के माध्यमों में इस हिंदी को बेतहाशा इस्तेमाल कर रहा है ताकि इस लोक व्यवहार की सम्मति मिल जाए।

इस परिस्थिति में हिंदी के द्वारा जनता पर आक्रमण कई गुणा कठोर हो गया है। इसके खिलाफ भाषा की लड़ाई का मोर्चा, बोलने और लिखने की भाषा के मैदान में खोलना ही होगा। आलोचना और रचना दोनों को मिलकर इस आक्रमण का जवाब देना है जो एक रचनाविहीन भाषा के जरिए जनता पर किया जा रहा है और भाषा की आजादी के एक नए ढंग से कुचली जा रही है।

[*जनसत्ता*, 'अर्थात्', 20 अक्टूबर 1985]

एक नया हिंदी साम्राज्य या विदेशी गुलामी

कानपुर के भारतीय प्रौद्योगिकी संस्थान में मार्च के मध्य में तीन दिन की एक कार्यशाला और गोष्ठी हुई थी। इसमें तकनीकी हिंदी का प्रयोग एवं विकास करने की समस्याओं पर बहस होती रही। मैंने कुछ प्रतिनिधियों से पूछा कि यह बहस तो 1951 से जारी है। 35 साल बाद इस बहस का झंडा उठाकर इसका ज्ञापन करने का क्या मतलब?

किसी प्रतिनिधि ने खुले आम स्वीकार तो नहीं किया परंतु बात यह है कि तकनीकी हिंदी का प्रयोग करनेवाले लोग इस समय कुछ घबराए हुए हैं। वजह और कुछ नहीं, इक्कीसवीं शताब्दी का सिर पर आ जाना है। ये हिंदीवाले घबराए इसलिए हैं कि जिस बड़े पैमाने पर इक्कीसवीं शताब्दी में न जाने लायक लोगों की छँटनी की जाएगी उसे देखने हुए अभी हिंदी में तकनीकी साहित्य का अनुवाद करनेवालों की रोजी पर खतरा आ जाएगा। हिंदी करीब-करीब फालतू हो जाएगी और कंप्यूटर की भाषा असल भाषा बन जाएगी। पिछले दो वर्षों में 750 स्कूलों में माइक्रो कंप्यूटर दिए गए हैं—इस वर्ष 2500 स्कूलों में दिए जाने की उम्मीद है। ये करोड़ों भारतीयों के लिए काफी नहीं हो सकते। जाहिर है कि हिंदी भाषा के द्वारा तकनीकी साहित्य लिखने पढ़ने-पढ़ानेवालों का भविष्य बीसवीं शताब्दी की आखिरी रात के अँधेरे में दिखाई दे रहा है। जल्दी से जल्दी हिंदी को कोई बीच का रास्ता निकालना पड़ेगा ताकि उसका साम्राज्य टुकड़े-टुकड़े न हो जाए।

मुझे ऐसा दिख रहा है कि हिंदी में तकनीकी कामकाज करने की दुनिया में कम से कम तीन महत्त्वपूर्ण परिवर्तन होनेवाले हैं। एक यह कि प्राथमिक कक्षाओं से ही हिंदी में पढ़ाई की प्रथा को बंद कर अंग्रेजी की पढ़ाई शुरू की जाएगी, क्योंकि यह बात अब खुले आम कही जाने लगी है कि अधकचरी अंग्रेजी जाननेवाले शिक्षकों द्वारा दी जानेवाली शिक्षा को बदले बिना तकनीकी हिंदी का विकास संभव नहीं। दूसरा यह कि इसके साथ-साथ कंप्यूटर की भाषा में हिंदी के उपयोग की ऐसी व्यवस्थाएँ की जाएँगी जिनका शिक्षा के लिए उपयोग हो तो ठीक ही है पर न हो तो कम से कम व्यावसायिक कामों के लिए उपयोग होने लगे ताकि इस कंप्यूटर विकास का खर्च निकलता रहे। यह मानी हुई बात है कि अगले 15 वर्षों में संचार और संप्रेषण के साधनों के विकास पर खर्च व्यावसायिक प्रतिष्ठानों से ही मिलनेवाला है, सरकार के खजाने से सीधे-सीधे नहीं। तीसरा परिवर्तन यह होगा कि अधकचरी अंग्रेजी जाननेवाले भारतीयों की विराट संख्या में वृद्धि के साथ-साथ अधकचरी हिंदी जाननेवालों की संख्या में भी वृद्धि होनेवाली है। इसलिए ऐसी संस्थाओं की सृष्टि होगी जो इस हिंदी से तकनीकी हिंदी तक जाने की यात्रा में हिंदीवालों की तैयारी कराएँगी। यह वैसा ही एक लंबा कार्यक्रम होगा जैसा 1951 में पारिभाषिक शब्दावली आयोग बनाकर अंग्रेजी में हिंदी अनुवाद के सैकड़ों दफ्तर खोलकर चलाया गया था। इस संक्रांति में 1951 जैसी निश्चितता न होगी, कुछ उतावली और प्रतियोगिता की भावना अधिक होगी। कानपुर की बैठक की सिफारिशों पर केंद्र सरकार की प्रतिक्रिया प्रकट होने से समझा जा सकेगा कि इसके सुझाव केंद्र की किन नीतियों के अंतर्गत डाले जा सकेंगे। यों तो नई शिक्षा नीति में वैज्ञानिक शिक्षा के अधीन बड़े-बड़े परिवर्तन की माँग की जा चुकी है, परंतु हिंदी के नाम पर बनी अपार धन व्यय करनेवाली संस्थाएँ अपनी रक्षा के लिए भविष्य में क्या योजनाएँ बनाती हैं, यह एक तरह का राजनैतिक निर्णय भी होगा। इसे केवल कुछ विद्वानों की मर्जी पर नहीं छोड़ा जा सकेगा क्योंकि पुरानी हिंदी से नई हिंदी तक के परिवर्तन में पैसा और पद भी महत्त्वपूर्ण होगा। जैसे 1951 में जब पारिभाषिक शब्दावली पर धन खर्च करने और नौकरियाँ बहाल करने की योजना बनी थी तब अंग्रेजी से केवल हिंदी में अनुवाद करनेवाले पैदा किए गए थे। इस बार अंग्रेजी से तकनीकी हिंदी में अनुवाद करनेवाले तैयार किए जाएँगे और एक दूसरा साम्राज्य पैदा होगा। यह सही है कि यह पहले जितने साम्राज्य जैसा बड़ा नहीं होनेवाला

है क्योंकि अब सारे भारतीयों को इक्कीसवीं सदी में ले जाने की चिंता नहीं है। 1951 में नए भारतीय गणराज्य के प्रथम वर्ष में सारे भारत को विकसित करने की चिंता स्वाभाविक थी। आज थोड़े से भारत को पूरे भारत का प्रतिनिधि मानने की राजनीति ही चल रही है।

कानपुर की बैठक में अक्सर जोर दिया गया कि विचार किया जाए कि इस साम्राज्य में तकनीकी हिंदी की प्रशिक्षण-पद्धति कैसी हो। यह बात कई वक्ताओं ने स्वीकार की कि पुरानी हिंदी से काम नहीं चलनेवाला है। बहुत बार यह सुनने को मिला कि अंग्रेजी के बिना भारत का कोई भविष्य नहीं है। एक वक्ता ने तो यहाँ तक कहा कि अतीत में यदि विश्व ने भारत से कुछ ग्रहण किया था तो कारण यही था कि भारत शक्तिशाली था। अब जब तक भारत शक्तिशाली नहीं हो जाता तब तक उसे दूसरों से ही लेते रहना पड़ेगा और यह भूल जाना पड़ेगा कि कभी यह ज्ञान भारत से ही अरब और यूरोप को गया था। शक्तिशाली हो जाने का आज के विश्व में क्या अर्थ है? यूरोपीय औद्योगिक विकास के दौर में युद्ध और महायुद्ध की काली छाया मानवता पर कैसे छाई रही थी, यह तो हम जानते ही हैं। आज कोई भी युद्ध हो, बड़े देशों की गुलामी का प्रचार होगा। हमारे भाषा-प्रचारकों को इतनी राजनीति और ऐतिहासिक समझ होनी चाहिए कि आज शक्ति का एक हद से ज्यादा संचय अपने को बड़ी शक्तियों के हाथ में सौंपे बिना संभव नहीं है। इसका अर्थ यह हुआ कि अपनी स्वतंत्रता की रक्षा करना शक्तिशाली बनने की वृथा कल्पना से ज्यादा महत्त्वपूर्ण काम है। ऐसा न हो कि अपने गौरवमय अतीत को फिर प्राप्त करने के लालच में पड़कर हम स्वतंत्रता के शाश्वत आदर्श को भूल जाएँ।

[*इतवारी पत्रिका*, 'बात', 30 मार्च 1986]

अंग्रेजी राज में भारत की भाषाएँ

मेरा इरादा इस स्तंभ में आज 'अच्छी' तो दूर 'सही' हिंदी लिखने के बारे में हिदायतें देने का भी नहीं है, सिर्फ यह धारणा ध्वस्त करने का है कि हिंदी लिखना-बोलना दीनहीन लोगों का हास्यास्पद काम है। यह धारणा तरह-तरह से जतलाई जाती है। ऐसा जतलानेवाले लोग फौरन पहचाने जाते हैं। उनकी एक पहचान तो यह है कि वे हगनी-मुतनी बातें विशेष रूप से अंग्रेजी में करते हैं मानो यह भाषा उनकी घुट्टी में पड़ी हो। और माँ-बाप ने उन्हें यही सिखाया हो। इससे ज्यादा कुछ महत्त्व की बात कहने के लिए उन्हें तकनीकी शब्दावली का इस्तेमाल करना होता है। तकनीकी शब्दावली की विशेषता यह होती है कि उसे इस्तेमाल करनेवाला अपने आपको समझा लेता है कि वह उसका अर्थ समझ रहा है। दरअसल वह तकनीकी शब्दों की अर्थप्रगल्भता को खोजना-परखना नहीं चाहता और उनका सरलीकरण करता रहता है। तकनीकी शब्द बनाए भी इसीलिए जाते हैं कि अर्थ के मंडल को छोटा करके कम संवेदनशील लोगों के बीच व्यवहार की एक शब्दावली तैयार कर ली जाए। उसमें सिर्फ उन्हीं लोगों का प्रवेश हो जो उसके राजनीतिक तंत्र से सहमति रखते हों। इस प्रकार एक अधूरे विचार संप्रेषण को श्रेष्ठता की मान्यता देकर उन तमाम लोगों को बाहर कर दिया जाए जो अर्थ की विविध छटाओं को बताने की इच्छा और प्रतिभा से अपनी परंपरा के बूते संपन्न हैं। मातृभाषा की परंपरा के सामर्थ्य से वंचित हुआ असहाय भारतीय, अंग्रेजी के सत्तामंडल से छू जाने से ही उपकृत हो जाने को बाध्य होकर गुलामी में धन्य होता जाता है। इस स्थिति का लाभ उठाकर निहायत बोदे, अपरिपक्व और अनपढ़ दिमाग निहायत अधकचरी बोली बोलने और उसमें अंग्रेजी की मिलावट को अपनी मौलिकता बताते घूमते हैं।

यह भारतीय प्रतिभा के साथ एक मजाक है कि उसको कुछ और अधिक असंवेदनशील बनानेवाली

संप्रेषण-पद्धतियाँ सत्ता की पसंद बनती जा रही हैं, मानो कह रही हों कि अपनी गुलामी को स्वीकार करो और दिखाओ ताकि तुम बाकी भारतीयों पर राज कर सको और बाकी भारतीयों को तुम्हारा गुलाम बनाए रखने का रास्ता परवर्ती सत्ताधारी बताते चलेंगे।

यह सिलसिला चौथाई शताब्दी के बराबर समय से यानी पच्चीस वर्ष से जारी है। हम अपनी मातृभाषा को अधूरा बनाने और फिर उसे सबके सामने अधूरा घोषित करने जा रहे हैं और यह इस उम्मीद में कि अंग्रेजी राज में हमें वफादार भारतीय मान लिया जाएगा—क्योंकि हम जनजीवन के आदर्शों और संघर्षों की भाषा यानी मातृभाषा को निदरा रहे हैं!

हम चारों ओर इस दास मनोवृत्ति के परिणाम प्रकट होते देख रहे हैं। ये कई तरह के हैं, कुछ सतही, कुछ गहरे। कुछ व्यावहारिक, कुछ सांस्कृतिक। जैसे साहित्य का, जो सभी मातृ-भाषाओं का अन्यतम साधन है सभी ऐसे स्थानों में अवमूल्यन, जहाँ सत्ता का आधिपत्य निर्णय करनेवाले तंत्र पर है, जैसे रेडियो, दूरदर्शन और अर्द्धसरकारी अकादमियाँ। इससे ज्यादा गहरे स्तर पर सभी भारतीय भाषाओं में परस्पर अपरिचय और अविश्वास की वृद्धि। यह सिद्ध करने के लिए आँकड़ों की जरूरत नहीं रह गई है कि एक से अधिक भाषा जानने-पढ़ने और बोलनेवाले भारतीय दिन-ब-दिन कम होते गए हैं और भारतीयों को एक दूसरे का साहित्य जानने के लिए अंग्रेजी में उनका अनुवाद पढ़ने को पहले से ज्यादा कहा जा रहा है। व्यापक स्तर पर नागरिक यह कोशिश भी बेकार समझने लगे हैं कि वे भाषाओं के रसिक वर्गों से साहित्य संवाद अंग्रेजी के अलावा किसी भाषा में करें। वह संपूर्णता जो एक भारतीय को दूसरी भारतीय भाषा तक उसी भाषा या किसी भारतीय भाषा का सेतु बनाने में मिलती अब बेकार की चीज मानी जाती है। यदि संपूर्णता बेकार की चीज है तो एकता भी बेकार की चीज है और स्वतंत्रता और लोकतंत्र तो निश्चय ही व्यर्थ हैं। भारत में अंग्रेजी राज की यह दूसरी आवृत्ति राजसत्ता के साधक वर्ग को निरीह जान पड़ती है क्योंकि उसको संविधान का सहारा काफी जांन पड़ता है। वह आश्वस्त रह सकता है कि कोई भाषा भारत से बाहर राज्य नहीं माँगेगी। पर कब तक? हो सकता है व्यावहारिक राजनैतिक कारणों से वह कभी न माँगे और माँगे भी तो संविधान और उसका साथी पुलिस तंत्र अलगाव न होने दे परंतु संविधान और पुलिस दुराव को रोक नहीं सकती। उसे केवल साहित्यकार की राष्ट्र से प्रतिबद्धता ही रोक सकती है। वह प्रतिबद्धता एक साहित्य से दूसरे साहित्य का लगाव बार-बार दोहराने से ही सिद्ध होती है। पर यही दोहराना ठीक प्रतिकूल परिणाम दे सकता है यदि अंग्रेजी के माध्यम से किया जाए।

हिंदी में भारतीय भाषाओं से अनुवाद की परंपरा पुरानी थी, आज इस परंपरा में यदि कुछ पुस्तकें छपती भी हैं तो वे गहरा असर नहीं डाल पातीं क्योंकि वे किसी सुनिश्चित योजना के अधीन नहीं छपतीं। क्या कोई प्रकाशक बताएँगे कि ऐसा क्यों नहीं हो रहा है?

पर इसके साथ-साथ हिंदीभाषी महानुभावों को भी बताना चाहिए कि उनके अभिभावकत्व में विद्यार्जन करनेवाले युवजन हिंदी के अलावा भी कोई भारतीय भाषा क्यों नहीं पढ़ रहे हैं?

इन दो-चार प्रश्नों के उत्तर और समाधान मिलने चाहिए। जहालत के एक बड़े उजाड़ के सामने हम खड़े हैं कि हम अपने ऊपर मुग्ध हैं कि हम अपनी राष्ट्रीय एकता के ऊपर अंग्रेजी का परदा ओढ़ाकर भारतीय साम्राज्य को बनाए रख सके हैं। पर इस साम्राज्य को बनाए रखने के लिए भारतीय राष्ट्रीयता को छोटा करते जाना अनिवार्य हो जाएगा क्योंकि अधिकांश भारतीयों को भारत में पूरी हिस्सेदारी अंग्रेजी राज में नहीं दी जा सकेगी। बीसवीं सदी के अंतिम कुछ वर्षों में एक बार जोर लगाकर हिस्सेदारी का दायरा बढ़ाने का अभियान करना जरूरी है। हिंदी पढ़ाने का सरकारी नीतियों के अंतर्गत केवल एक उद्देश्य माना गया है—सरकारी अनुवादक पैदा करना। हिंदी का दूसरी भारतीय भाषाओं से संबंध पुष्ट करना हिंदी पढ़ाने के कार्यक्रम में ही शामिल होना चाहिए। सरकार यह तो हिसाब लगाकर देख सकती है कि हिंदीभाषी को एक अन्य भारतीय भाषा सीखने में कितना खर्च

करना पड़ेगा। वह कोई बहुत बड़ी रकम न होगी। उतनी ही होगी जितनी किसी भारतीय से मित्रता रखने में होती है। वैसे सरकार इस काम से अलग रहे तो बेहतर है। वह बाधाएँ न डाले तो एक भाषा की नई पीढ़ी का राजनैतिक संबंध दूसरी भाषाओं की नई पीढ़ी से इतना काफी है कि एक और भारतीय भाषा सीखने के लिए सिर्फ एक जागरूक मित्र चाहिए, प्राचार्य या विद्यालय नहीं।

[*इतवारी पत्रिका*, 'बात', 29 जून 1986]

हिंदी-सेवी अंग्रेजी-भक्त

पिछले कुछ दिनों के अंदर बार-बार यह जाना है कि आज के अंग्रेजी प्रधान समाज में भी कुछ संस्थाएँ ऐसे लोगों को सम्मान कर रही हैं जिन्होंने अंग्रेजी बोलने और उसके द्वारा अपना बड़प्पन दिखलाने का प्रयत्न नहीं किया। मैथिलीशरण गुप्त, पन्नालाल पटेल—ये दो महत्त्वपूर्ण नाम हैं। गुप्तजी का जयंती समारोह किया जा रहा है। पटेलजी को ज्ञानपीठ पुरस्कार प्रदान किया गया है। ज्ञानी जैलसिंह तो राष्ट्रपति हैं ही।

ज्ञानीजी के बारे में उनकी इस कमी की ओर याद दिलाते हुए थोड़ा संकोच किया जाता है, क्योंकि जिस सरकार के वे राष्ट्रपति हैं वह अंग्रेजियत की कमी को बुरी बात मानती है, पर वे इस कमी के बावजूद राष्ट्रपति हैं। तभी उन्हें छोड़ बाकी सबको सरकारी व्यवस्था अंग्रेजी बोलनेवाले की अंग्रेजी के स्थान के अनुसार पद देती है। जैसे जिसने अपने प्रांतीय हाई स्कूल में अंग्रेजी पढ़ी, उसे सबसे नीचे रखें तो राजधानी में जिसने अंग्रेजी पढ़ी वह ऊपर; दिल्ली या कलकत्ता में जिसने पढ़ी वह उससे भी ऊपर, और जिसने लंदन में पढ़ी वह उससे भी ऊपर रखा जाएगा। इससे ऊपर की सीढ़ियाँ भी हैं। जिसका उच्चारण व्याकरण के अनुसार शब्द है, वह पहले; फिर उससे ऊपर वह जिसका उच्चारण अंग्रेजों जैसा है। इससे भी ऊपर कोई भारतीय है तो वह कपड़ों और सलीके के हिसाब से है, पर सबसे ऊपर अंग्रेज ही है, इसमें कोई शक नहीं। कुछ लोग राष्ट्रपतिजी को भी अंग्रेजी के हिसाब से जाँचते हैं, पर अपना मूल्यांकन बताते नहीं हैं क्योंकि राष्ट्रपति सरकार के प्रतिनिधि हैं और उनकी अंग्रेजी उनके पद सहित विवाद से परे है। परंतु मैथिलीशरण गुप्त और पन्नालाल पटेल सरकार के नहीं हैं, इसलिए हम बेधड़क उनकी तारीफ करते हैं कि वे अंग्रेजी नहीं जानते, बोलते या लिखते हैं।

अभी जिन महानुभावों का नाम लिया गया, उनकी बात छोड़ दें तो वह प्रशंसा भी विचित्र प्रकार की है जो लोगों को अंग्रेजीबहुल समाज में हिंदी बोलने पर मिली है। हिंदी के कर्णधारों ने उस प्रशंसा को भी सहज भाव से नहीं लिया है। अपने दिल्ली प्रवास के 35 वर्षों में मैंने अनेक अवसरों पर सभा में किसी ऐसे व्यक्ति के हिंदी बोल उठने पर जयजयकार जैसी तालियाँ बजते सुनी हैं, जिसको उपस्थित हिंदी-भाषी समाज सत्तासीन वर्ग का प्रतिनिधि मानता रहा है। तब मैंने हर बार अपने से पूछा है कि ये तालियाँ क्यों? क्या इसलिए कि यह रहा मेरा शेर, जो अंग्रेजी के बीच हिंदी बोलकर एक तरफ समाज में अपने निर्भीक आचरण की दाद माँग रहा है, दूसरी तरफ सरकारी भाषा नीति का समर्थन कर रहा है कि सरकार अंग्रेजी बोले और जनता हिंदी बोले तो कोई हर्ज नहीं। जनता अंग्रेजी बोलनेवाले को रोक तो नहीं रही है, हिंदी बोलने पर तालियाँ ही तो बजा रही है। हिंदी को ये तालियाँ बहुत हैं। वह इसी से खुश है। हिंदी का यह भक्त अंग्रेजी-हिंदी दोनों को चलाने की नीति का विरोध नहीं कर रहा है। जब तक यह विरोध नहीं होता, तब तक हिंदी का समर्थन हिंदीवाले को खुश और अंग्रेजीवालों को आश्वस्त करेगा कि अंग्रेजी-हिंदी दोनों को साथ चलने की नीति से अंग्रेजी समर्थक वर्ग की सत्ता सुनिश्चित होती है।

आज अंग्रेजी को लादने के लिए अंग्रेजी के साथ हिंदी को इस्तेमाल किया जा रहा है। यह बात भाषा के लिए सभी दृष्टियों से घातक सिद्ध हो रही है। अंग्रेजी सत्ता की भाषा है और हिंदी को लालच दिया जाता है कि वह भी सत्ता की भाषा हो सकती है। मगर उसे दूसरी भारतीय भाषाओं से अलग रखा जाता है और इसका कारण यह बताया जाता है कि सब भाषाओं को राजभाषा के समान अधिकार नहीं दिया जा सकता, क्योंकि हिंदी तो राजभाषा है। पर जब हिंदी को सचमुच राजभाषा नहीं बनाया जाता, अंग्रेजी को ही वह स्थान दिया जाता है तो इसका कारण यह बताया जाता है कि हिंदी को अभी सब लोग राजभाषा मानने को तैयार नहीं। निष्कर्ष यह है कि हिंदी को अंग्रेजी के साथ-साथ ही रखा जाएगा, क्योंकि यह राष्ट्र की एकता और स्वाधीनता के हित में है। हिंदी-अंग्रेजी को साथ-साथ रखने से यह आभास मिलता है कि दोनों का स्थान बराबर है। पर यह बराबरी मिथ्या है क्योंकि भाषा के इस्तेमालों में बराबरी की भावना बौद्धिक या आध्यात्मिक नहीं, राजनीतिक या आर्थिक होती है। सीधे-सीधे देखना चाहिए कि जीवनयापन करने की सुविधाओं और समाज से प्रतिष्ठा प्राप्त करने में हिंदी और अंग्रेजी बराबर-बराबर नतीजे निकाल पाती है या नहीं।

पन्नालाल पटेल और मैथिलीशरण गुप्त का कार्यक्षेत्र साहित्य और ज्ञानी जैलसिंह का राजनीति था। परंतु इन तीनों व्यक्तियों को स्वभाषा-प्रीति का अनुकरण करने से हर कोई वही नतीजे नहीं पा सका। एक बड़े गैर-साहित्यिक और गैर-राजनीतिक समुदाय में जब तक इन सब अधिकारों को प्राप्त करने की शक्ति नहीं होगी जो साहित्य और राजनीति के क्षेत्र में मैथिलीशरण गुप्त और ज्ञानी जैलसिंह ने प्राप्त किए, तब तक अंग्रेजी को आर्थिक और राजनैतिक लाभ हिंदी-अंग्रेजी दोनों साथ चलाने का मिलेगा, हिंदी का आर्थिक और राजनैतिक लाभ हिंदी को नहीं मिल सकता। हाँ जो हिंदी की सेवा और पूजा करके अपनी गरिमा बढ़ा रहे हैं उन अंग्रेजी-भक्तों की भरमार है।

[*जनसत्ता*, 'अर्थात्']

हिंदी की पूजा बंद करो

14 सितंबर को जो हिंदी दिवस मनाया जाता है वह घिस-पिट गया है। उसे एकदम बदल देना चाहिए। नाम हिंदी दिवस ही रहे। नाम बदलना चाहेंगे तो इसी पर शास्त्रार्थ शुरू हो जाएगा और काम होगा नहीं।

अब हिंदी दिवस का काम यह होना चाहिए कि एक भाषा से दूसरी भाषा में अनुवाद हो। हिंदी में अंग्रेजी से जो अनुवाद होता है वह कई प्रकार की जरूरतों के लिए होता है। उसमें से बहुत-सा कचरा ही निकलता है पर यह कहना मुश्किल है कि किसकी कमी के कारण अनुवादक की हिंदी की कमी के या अंग्रेजी की कमी के। या फिर मूल लेखक की अंग्रेजी ही बेदम होती है जिससे अनुवादक की भाषा में कोई कमी न हो पर यह उपलब्धि फुसफुसी निकलती है। ऐसा भी होता है। बड़े-बड़े लेखकों के लेख अक्सर अंग्रेजी में चाकू-छुरी और पटाखा फुलझरी बनकर आते हैं। उनकी असलियत जानना हो तो उनका अनुवाद हिंदी में कर दिया जाए, कलई खुल जाएगी। पर यह अखबारी लेखों की बात है। हम तो साहित्य की बात करेंगे। एक भारतीय भाषा के साहित्य को दूसरी भारतीय भाषा में अनुवाद करने को ही हिंदी दिवस का मुख्य कार्यक्रम बनाना चाहिए। हिंदी के खाली विकास को बंद कर देना चाहिए, हिंदी के इस्तेमाल को शुरू करना चाहिए। हिंदी की पूजा करने का धंधा बहुत हो लिया। यह पूजा ही तो है कि आचार्य शब्दकोश बनाते चले जाएँ और जो जनसाधारण हिंदी बरतना चाहते हैं वे अपनी परंपरा से जानी हुई हिंदी को इस्तेमाल न करने पाएँ।

भाषा को मसलकर, मींजकर, मथकर, कूटकर जो उसे समाज की आकांक्षा व्यक्त करने के लिए बरतते हैं वे लोगों को लोकतंत्रीय अधिकार हासिल करने में मदद देते हैं। शब्दावली बनानेवाले तो उस अधिकार को स्थगित ही रखते हैं और जब तक बन पड़े स्थगित रखते चले जाते हैं। उनका स्वार्थ यह है कि एक दिन वह निर्जीव शब्दावली जीवंत भाषा की जगह स्थापित कर दी जाए। अंग्रेजी और हिंदी के राजनैतिक रिश्ते का यही रहस्य है। आज अंग्रेजी हटा भी दी जाए तो जो हिंदी उसकी जगह लेने के लिए तैयार की गई है वह 'हिंदी में अंग्रेजी' ही होगी। वह दिखेगी हिंदी ही पर होगी वह भारत में उसी गुलामी और उखड़ेपन की भाषा जो कि अंग्रेजी है। यह बात पिछले बरसों में सरकारी भाषा के विषय में देखी जा चुकी है। आज यही 'हिंदी रूपी अंग्रेजी' प्रचार माध्यम की भाषा में—रेडियो, टेलीविजन और अखबार की भाषा में पहले से अधिक प्रखरता से देखी जा रही है। यही सिलसिला साहित्य की भाषा में चलाया जाए तो वर्तमान परिस्थिति में इस भ्रष्ट भाषा के समर्थक भी निकल आएँगे। उन्हीं के पास सत्ता है।

यह चेतावनी जो मैं देने का दुस्साहस कर रहा हूँ किसी हव्वे के मारे नहीं दी जा रही है, रचना की और संवेदना की वृद्धि के हित में दी जा रही है। हमारी अनेक रचनात्मक परंपराओं में से एक परंपरा भाषाओं के साहित्यों के परस्पर संबंध की परंपरा रही है। इस संबंध को बढ़ाने के लिए मानवीय कृतित्व के क्षेत्रों में समय-समय पर अपने भीतर से ऊर्जा स्फुरित की है—कभी भक्तिकाल में तो कभी स्वातंत्र्य आंदोलन में। स्वतंत्र भारत में इसकी प्रेरणा वर्तमान के निर्माण संघर्ष में से विस्तृत होनी चाहिए अन्यथा पतनशीनता का विस्तार ही होता जाएगा।

हिंदी दिवस के अवसर पर यह चेतावनी देने का प्रयोजन यह है कि हिंदी का वास्तविक कार्य भारतीय भाषाओं के लोगों की परंपराओं को परस्पर जोड़ना होना चाहिए। यदि उनकी राजनैतिक एकता को अभिव्यक्त करने की शक्ति समाज के संगठन में से नहीं प्रकट होती और उसे प्रकट करने की परिस्थिति आज नहीं है तो कोई कारण नहीं कि साहित्य के क्षेत्र में इसके प्रकट होने की संभावना को हम कुंठित करें।

इस कार्यक्रम के लिए किसी सरकारी योजना की आवश्यकता नहीं है। देश भर में ऐसे रचनाशील व्यक्ति हैं जो एक से अधिक भाषा जानते हैं और जानना चाहते हैं। उन्हें चुना जा सकता है और संगठित भी किया जा सकता है। सरकारी प्रबंध के अंधीन यह किया जाएगा तो यह अंग्रेजी के माध्यम से होगा पर वह रचनाशीलता और रचना दोनों के हित में नहीं हो सकता। वैसा करना तो भारतीय साहित्य संसार में एक बड़ा खोखल बनाना है जो केवल हिंदी-पूजा का ढोल बजाने के काम आ सकता है।

इसीलिए मेरा अनुरोध है कि हम उन अनुवादकों को पहचानें जो आज भी देश भर में अपने गाँवों में बिखरे पड़े हैं। वे बंगला में, गुजराती में, मराठी में और सभी भाषाओं में हैं। वे किसी न किसी भारतीय भाषा में अपनी मातृभाषा से अनुवाद कर सकनेवाले व्यक्ति हैं। उन्हें हम खोजते नहीं इसलिए नहीं कि परिश्रम करने की प्रेरणा हमें और उन्हें दोनों को ही नहीं मिलती। एक से दूसरी भाषा में अनुवाद करने की इच्छा होनी चाहिए, प्रशिक्षण और अभ्यास प्रोत्साहित किया जा सकता है। एक से अधिक भाषाएँ समझनेवाले का प्रायः अकाल है परंतु *वीरा विहीन मही* जैसी हालत नहीं है। अनुवाद भी मूल लेखक के और दो भाषाओं में से किसी एक सहृदय के सहयोग में बनी तीन व्यक्तियों की एक समिति कर सकती है। वह उद्योग बहुत जगह विदेशी भाषाओं में किया जा चुका है और सफल रहा है। भारतीय भाषाओं में क्यों नहीं सफल हो सकता जबकि उनकी आंतरिक एकता सहज है।

भारत भवन का वागर्थ अगले वर्ष काव्यों का एक मेला करने जा रहा है जिसमें भारतीय भाषाओं के कवियों के अनुवाद पढ़े जाएँगे। क्या भारत भवन जैसी समर्थ संस्था एक से अधिक भाषा जाननेवाले

कवियों और अनुवादकों का एक बुना हुआ समवेत संगठित करने पर विचार करेगी जो साहित्य के परस्पर अनुवाद का निरंतर कार्यक्रम चलाता रहे और एक दूसरी भारतीय भाषा में सीधे अनुवाद होते रहें। शुरूआत कम से कम ऐसे अनुवादकों की सूची बनाने से की जा सकती है जो भाषा से भाषा में अनुवाद करना चाहते हों। यदि ऐसी कोई सूची वागर्थ के पास हो तो उसमें नए नाम भी जोड़े जाते रहें और उनके कामों की परख होती रहे। अंतर भारती जैसे आयोजन पिछले कुछ वर्षों से घोषित हुए हैं, परंतु अनुवादकों का विश्लेषण और चयन कभी नहीं हुआ है। स्वतंत्र भारत में ऐसा किसी संस्था ने नहीं किया यह हमारी भूल है पर वागर्थ यह भूल सुधार सके तो अच्छा हो।

[*जनसत्ता*, 'अर्थात्', 2 सितंबर 1986]

हिंदी दिवस का झूठ

14 सितंबर को हिंदी की पूजा का एक और अनुष्ठान संपन्न हो गया। इस बार एक नया कर्मकांड देखने में आया। यह था जनता की निंदा का पाठ। वह भी और कहीं नहीं, दूरदर्शन के पर्दे पर किया गया। एक लंबे कार्यक्रम में कई तरह के लोगों से बातचीत की गई और उनसे यह कहलवाने की कोशिश की गई कि हिंदी को स्वतंत्र भारत में यदि उचित स्थान नहीं मिल पाया है तो उसका कारण यह है कि जनता ने उसे हृदय में स्थान नहीं दिया है।

यहाँ आँकड़े देकर सिद्ध करने की जरूरत नहीं है कि जनता के हृदय में स्थान के जो भी प्रमाण हो सकते हैं वे दिखाते हैं कि वह स्थान असंदिग्ध है—जनता की सरकार में ही हिंदी का स्थान घटता चला जा रहा है हृदय में नहीं। यह हृदय के स्थान का ही प्रताप है कि राष्ट्रीय आम चुनाव में जीतकर बहुमत के बल पर सरकार बनानेवाली पार्टी हिंदी क्षेत्र से ही सबसे अधिक सदस्यों के बूते जीतती और सरकार बनाती है। यदि इन राजनीतिकों ने अनुवादकी की छोटी-बड़ी नौकरियों के बदले में हिंदी की दासी भाषा नीति को स्वीकार कर लिया है तो वह जनता के हृदय में स्थान की किसी कमी का मामला नहीं, जनता को राजसत्ता से खदेड़ बाहर करने का मामला है।

सच पूछिए तो 1951 से हिंदी के विकास का अनुवाद के बूते जारी कार्यक्रम सरकार में हिंदी के इस्तेमाल को रोककर दो-तीन पीढ़ियों तक हिंदी के माध्यम से राष्ट्र के राजनैतिक स्वाधिकार की माँग को रोके रखने का कार्यक्रम था। हिंदी का विकास पारिभाषिक शब्दावली आयोग में बैठे हिंदी के ठेकेदारों ने सरकार की इस शर्त को मानकर किया कि सरकार से नाता रखने में जनता की हिंदी वहीं बरती जाएगी जहाँ वह अंग्रेजी का अनुवाद हो। अंग्रेजी में मूल प्रधानमंत्री से लेकर छोटे क्लर्क तक लिखेंगे। हिंदी में अनुवाद महाकवि बच्चन से लेकर मुन्नन तक करेंगे परंतु मूल लिखने का अधिकार उन्हें न होगा।

शायद कुछ लोग पूछें कि सरकार को हिंदी में मौलिक कुछ लिखने की जरूरत क्या है। क्या सरकारी कर्मचारी कोई कविता-कहानी लिखने के लिए रखे गए हैं जो मौलिक लिखने का कोई मतलब हो? नहीं, कविता-कहानी लिखनेवाले यों सरकार में क्लर्क से लेकर अफसर और मंत्री तक हैं पर सरकार में मौलिक लेखन का अर्थ साहित्यिक नहीं राजनैतिक होता है। वह सीधे-सीधे जन को सरकार में हिस्सेदारी दिलाने का प्रयत्न है। सरकार के कामकाज में हिंदी के इस्तेमाल का मतलब हिंदी बोलनेवालों को नौकरी मिलना भी है पर यह नंबर दो की बात है। नंबर एक की बात है हिंदी बोलनेवालों को यह स्वाधीनता मिलना कि वह अपनी सरकार से अपनी बोली में बात कर सकते हैं और उनकी सरकार को उन पर यह गुलामी थोपने नहीं दी जा रही है कि सरकार की बोली जाननेवाले मालिक हैं। बाकी लोग इन मालिकों की बोली नहीं बोल सकते इसलिए ये सरकार के किसी काम में हिस्सेदारी

नहीं कर सकते। प्रमाण के लिए हम देखें कि क्या किसी सरकारी नीति को बनाने के लिए हिंदी बोलनेवाले नागरिक अपनी बात कहकर उसे सरकार तक पहुँचा सकते हैं। नहीं पहुँचा सकते। या तो उस बात का अंग्रेजी अनुवाद साथ में नत्थी करें, या खुद अंग्रेजी में बोलें या लिखें या किसी ऐसे व्यक्ति माध्यम को चुनें जो सरकार से तो अंग्रेजी में बोलता हो और जनता से हिंदी में। किसी समय अंग्रेजों की सेना में भारतीय ऐसे ही अफसर हुआ करते थे जो कर्नल का हुकुम अंग्रेजी में सुनकर सिपाही को हिंदी में बताया करते थे। आज सेना में कर्नल तो क्या कप्तान तक अंग्रेज नहीं हैं इसलिए यह स्थिति बदल गई है परंतु सरकार में सारे अफसर अंग्रेज हो गए हैं। वे देखने में हिंदीभाषी हैं पर उनकी हिंदी भी एक अंग्रेजी है जिसे समझने के लिए जनता की हिंदी को भूलना पड़ता है।

जो भाषा सरकार में अधिकार की भाषा है वही समाज में अधिकार छीनने की भाषा बन जाती है क्योंकि वह सरकार में भी समाज के अधिकार छीनकर बैठी है। हिंदी दिवस पर सरकार ने अपनी जनविरोधी नीतियों की पोल छिपाने के लिए यह तर्क गढ़ा कि जनता के हृदय में हिंदी को स्थान नहीं मिल पाया है। यह जनता का ही दोष है और जनता का नहीं तो फिर हिंदी का ही दोष होगा। यह तर्क उन्हीं तर्कों की कोटि का है जिनमें हिंदी को एक अक्षम, अविकसित, अपूर्ण भाषा बताया जाता है। इस तरह के प्रचार को दूरदर्शन में बेचारे हिंदीभाषी कार्यक्रम निर्माताओं ने बनाया और वे एक व्यक्ति का भी यह वाक्य सुना न सके कि हिंदी का हृदय में स्थान है सरकार में नहीं है। यह सेंसर का आपातकालोत्तर रूप ही तो है। यों जनता पर दोष डालने की सरकारी प्रवृत्ति भी पुरानी है : जाने कितनी बार हमारे केंद्रीय मंत्री शिक्षा, विकास, और संस्कृति के क्षेत्र में सरकारी पिछड़ेपन की सफाई यह कहकर दे चुके हैं कि भारतीय जनता अकर्मण्य, आलसी और दकियानूसी है। पर हिंदी दिवस पर दूरदर्शन का यह प्रचार तो ऐसा झूठ था जिसके पाँव तो दूर, बैसाखी तक नहीं थी।

[*इतवारी पत्रिका,* 'बात', 28 सितंबर 1986]

यह कैसी राष्ट्रभाषा है?

बहुत समय हो गया है भारत को आजाद हुए, अभी तक राष्ट्रभाषा हिंदी के पास ऐसे अनुवादक नहीं हैं जो हिंदी साहित्य का दूसरी भारतीय भाषाओं में अनुवाद कर सकें। अंग्रेजी के हिंदी पर लदी रहने का रोना सब हिंदीप्रेमी रोते हैं, पर अपने अंग्रेजी प्रेम की लज्जा छिपा जाते हैं। हिंदी भक्तों का अंग्रेजी प्रेम तो इसी से प्रसिद्ध है कि जहाँ हिंदी लेखक, समालोचक, अध्यापक, प्रबंधक, सरकारी अफसर या मंत्री किसी दूसरी भाषा के सामने पड़ता है, झट से अंग्रेजी की शरण में जा छिपता है। हिंदी में किसी बुद्धिजीवी सभा में भाषण करनेवाला हिंदी भक्त हिंदी के अतिरिक्त यदि कोई भाषा जानता है तो वह अंग्रेजी है। वह कोई भारतीय भाषा नहीं जानता या इतनी नहीं जानता कि उसमें भाषण कर सके। इतनी तो वह अंग्रेजी भी नहीं जानता पर भाषण उसमें करते हुए उसे यह ध्यान नहीं आता कि वह गलत और फूहड़ अंग्रेजी बोल रहा है। यदि वह कोई भारतीय भाषा इतनी कम जानता है कि उसे गलत और फूहड़ होने का डर हो जिससे वह उसे सबके सामने न बोलता हो तो स्पष्टतया उसे गलत और फूहड़ अंग्रेजी बोलने से डर नहीं लगता, भारतीय भाषा से लगता है। यह अंग्रेजी प्रेम नहीं है तो क्या है। इससे भी अधिक यह भारतीय भाषाओं की अवहेलना है।

यही हिंदी भक्त जब हिंदी को राष्ट्रभाषा मानने की वकालत करता है तो उसकी राष्ट्रभाषा की समझ पर संदेह होना स्वाभाविक है। मैं यही संदेह करता हूँ। हिंदीभाषी वास्तव में राष्ट्रभाषा का समर्थक नहीं है, वह केवल अपनी सत्ता का समर्थक है। वह ऐसी भाषा को राष्ट्रभाषा बनाना

चाहता है जिसके समर्थक किसी भारतीय भाषा को सार्वजनिक रूप से न बोलते हों। ऐसी कोई भाषा राष्ट्रभाषा नहीं हो सकती जिसमें किसी दूसरी भारतीय भाषा को राष्ट्रभाषा की ही तरह बोल सकनेवाले न हों। और ऐसे लोग न हों तो दूसरी भारतीय भाषाओं में कम से कम अनुवाद कर सकनेवाले तो हों। पर हिंदी में तो वे भी नहीं हैं।

मेरे ये विचार पढ़कर कुछ लोग कह सकते हैं कि भारतीय भाषाओं में ही ऐसे विद्वान कहाँ हैं जो हिंदी से अपनी-अपनी भाषाओं में अनुवाद कर सकें। एक नामी और मेहनती प्रकाशक ने अभी हाल में रवींद्रनाथ ठाकुर के साहित्य का दस जिल्दों में हिंदी अनुवाद प्रकाशित किया है। इन ग्रंथों के लोकार्पण समारोह में शांतिनिकेतन के उपाचार्य निमाई बसु अध्यक्ष पद से अंग्रेजी में बोले। हिंदी में बोलने का साहस उन्हें इसलिए नहीं हुआ कि वह, आत्मस्वीकृति के अनुसार सभा के लायक हिंदी नहीं बोल पाएँगे। पहले तो यह भ्रम ही था कि सभा के लायक हिंदी बोलना ऐसा विशिष्ट कार्य है जो वह अपनी मर्यादा के अनुकूल ढंग से नहीं कर पाएँगे। दूसरे, वह चाहते तो अपनी भाषा में बोल सकते थे पर वैसा शायद उन्होंने इस भ्रम के वश नहीं किया कि उपस्थित समुदाय में राष्ट्रभाषा-भाषी उनकी बंगला नहीं समझ पाएँगे। ये दोनों भ्रम जिस भाषा के दाएँ-बाएँ जुड़े रहेंगे वह राष्ट्रभाषा कैसे हो सकेगी? तीसरे, निमाई बाबू को शायद यह विश्वास भी नहीं था कि उनके भाषण के साथ ही साथ प्रकाशक जो कि समारोह के आयोजक भी थे, भाषण का आशु हिंदी अनुवाद करनेवाले किसी सज्जन को जुटा पाएँगे। अवश्य ही आज ऐसा व्यक्ति दुर्लभ हो गया है।

ऐसे बहुत मिल जाएँगे जो अंग्रेजी में हिंदी से आशु अनुवाद कर दें। हाल ही में कलकत्ता में मैथिलीशरण गुप्त जन्मशती समारोह के अवसर पर बंगला के शीर्षस्थ कवि सुभाष मुखोपाध्याय ने बंगला में अपना उद्घाटन भाषण पढ़कर सुनाया। साहित्य अकादेमी के सचिव इंद्रनाथ चौधरी ने उसका हिंदी अनुवाद वितरित कर रखा था। जब आयोजक की ओर से उसे पढ़ने का उपक्रम हुआ तो सभा ने एक स्वर से कहा, इसकी जरूरत नहीं रही, हमने बंगला में सुन लिया और समझ लिया। जो हो निमाई बाबू के हिंदी बोलने के संकोच की जिम्मेदारी तो हिंदी की है जिसे राष्ट्रभाषा के अनुरूप सम्मान न मिलने की शिकायत है। हिंदी को दूसरी भाषाओं के सामान्य लोग बरतते ही हैं, क्योंकि उन्हें सार्वजनिक रूप से अपने हिंदी भाषण की शुद्धता के प्रति वह लज्जाभाव नहीं होता जो विशिष्ट जनों में हो तो आश्चर्य नहीं। यदि विशिष्ट समुदाय में सामान्यजन की तरह की भाषा का नहीं विशिष्ट भाषा का आग्रह है तो विशिष्ट जनों के बीच हिंदी से दूसरी भाषाओं में अनुवाद की व्यवस्था करने की जिम्मेदारी प्रथमतः हिंदी की है। साहित्य के अनुवाद की जिम्मेदारी हिंदी ने अंग्रेजी पर छोड़ रखी है। अच्छे भले जिस हिंदी साहित्य की दूसरी भाषाओं में पहुँच नहीं है, इसका कारण सहज भाव से यह बताया जाता है कि अभी इसका अनुवाद अंग्रेजी में नहीं हुआ है।

यह नहीं कि जब अंग्रेजी में अनुवाद हो जाएगा तो हिंदी में लिखा साहित्य दूसरी भाषाओं में प्राप्त होने लगेगा। अंग्रेजी अनुवाद होने से वह साहित्य केवल भारत के प्रतिष्ठित वर्ग में और अंग्रेजी जाननेवाले देशों में भी सुलभ हो सकेगा। परंतु सब नहीं, केवल वह जो अंग्रेजी संसार में भारतीय दासों की जिंदगी का रोचक आत्मनिंदक और शोषित रूप प्रस्तुत करता हो। वह भाषा तो राष्ट्रभाषा नहीं होगी जिसमें व्यक्त कटु सत्य भारत की सभी भाषाओं तक नहीं पहुँच रहा हो। क्योंकि 1947 से 1987 तक हिंदी **से** या **में** भारतीय भाषाओं **में** या **से** अनुवाद करने का दायित्व अंग्रेजी प्रेम के कारण अपूर्ण रहा।

[*इतवारी पत्रिका*, 'बात', 1 मार्च 1987]

भाषा का रोना बंद करो...

हिंदी का रोना छोड़कर क्या हम कोई कार्रवाई कर सकते हैं जो सही मायने में इतिहास बनाने के लिए वास्तविकता में हस्तक्षेप करे। जिससे लोकतंत्र और आजादी दोनों का, अर्थात् भारतीय मनुष्य का वर्तमान और भविष्य बदले? यह हस्तक्षेप भाषा के ही मामले में होगा।

स्वाधीनता की लड़ाई के दौरान हमने सीखा था कि भारतीय समाज में विभिन्न भाषाओं का मतलब है वह माध्यम जिससे लोग अपने वर्तमान की परिभाषा करते और अपना भविष्य निर्माण करने के लिए अपनी आकांक्षाओं को व्यक्त करते हैं। उसी भाषा में उन्हें अपने लोगों से संवाद भी करना होगा तभी वास्तविकता और आकांक्षा दोनों की लोगों के द्वारा पहचान और बार-बार जाँच होती रह सकेगी। तब लोग जो सरकार बनाएँगे वह लोकतंत्री होगी और बेहतर सरकार की तलाश में लोकतंत्री पद्धति से बदली जा सकेगी। लोकतंत्री पद्धति में चुनाव और क्रांति दोनों शामिल हैं। दोनों का वाहक भाषा का माध्यम ही है।

आजादी के साथ-साथ जो सरकार बनी और जो संविधान स्वीकृत हुआ—उससे यह बात तो मानी गई है कि भविष्य के निर्णय के लिए संवाद अर्थात् जनता का शासन जनता की भाषा में काम करेगा। परंतु भारतीय राष्ट्र के राज्य में कई भाषाएँ थीं। उन सबको राष्ट्रभाषाएँ होना चाहिए था। पर हमने राष्ट्र राज्य की यूरोपीय प्रणाली में अपने को डाल दिया क्योंकि हमारी आजादी की लड़ाई में सफलता हमको उस भारतीय प्रक्रिया से नहीं मिली थी जिससे हम राष्ट्र का अनुभावन करते और आजादी का स्वप्न देखते थे। हमने लोकतंत्र का अपने संविधान में प्रबंध किया और एक राष्ट्रभाषा घोषित की। पर लोकतंत्र एक से अधिक भारतीय भाषाओं का था और राष्ट्रभाषा स्वाधीनता की लड़ाई से उपजी ऐतिहासिक अवधारणा थी। व्यवहार में अधिक राष्ट्रभाषाओं का औचित्य सिद्ध था और भारतीय राष्ट्र में उन्हें संभव होना चाहिए था। पर जो राष्ट्र हमने माना उसमें आदर्श के रूप में एक राष्ट्रभाषा ही मान ली गई। यह अनायास ही हो गया। सही इतिहास को बनाने की कोई कोशिश नहीं हुई। यों कहें कि जो कोशिश हुई वह एक आसान रास्ते को पकड़कर एक साम्राज्यवादी विदेशी नमूने को भारतीय राष्ट्र पर चस्पा करने की थी, अस्वाभाविक थी और उसके सफल होने के लिए यथेष्ट साधन हमने इतिहास में पैदा किए थे। एक राष्ट्रभाषा के प्रयोग में बाधा पड़ने के विविध कारण आज बतानेवाले बहुत हैं। यह कहनेवाले भी पाए जाते हैं कि यदि नेहरू ने 1950 में ही हिंदी को राष्ट्रभाषा घोषित कर ऐसी व्यवस्था कर दी होती कि सब उसे सीखें और बरतें तो आज कोई विवाद न रह गया होता। आपको याद होगा कि नेहरू के पक्षधरों ने प्रतिपक्षियों को सुनाकर एक समय यह भी कहा था कि लोकतंत्र, नेहरू ने भारत को दिया, वह चाहते तो एक तानाशाही संविधान बना देते। पर सच्चाई यह है कि नेहरू चाहते भी तो तानाशाही ला नहीं सकते थे। भारतीय संस्कार में और स्वतंत्रता संग्राम के दौरान भारत की अपनी पहचान में निहित था कि लोकतंत्र होता तानाशाही नहीं पर सच्चा लोकतंत्र होता तो भारत की ऐतिहासिक और भौगोलिक परंपरा के अनुसार संविधान में एक ही व्यवस्था होनी चाहिए थी कि राष्ट्र की एकता सभी भाषाओं और लोकतंत्र की रक्षा सभी भारतीय भाषाओं में होती।

सच तो यह है कि व्यवस्था की कल्पना राष्ट्र के मन में थी और जब आजादी के कई बरस बाद 1956 में भाषावार राज्यों का निर्माण हुआ तो उस कल्पना ने आजादी स्वभाषा और लोकतंत्र को एकसाथ साकार किया। वह कदम वास्तव में इतिहास को भटक जाने से रोकने के लिए और सही रास्ते पर चलने के लिए हस्तक्षेप था। पर उसे भटकनेवाली प्रवृत्तियों ने अपना काम छोड़ा नहीं। और भाषावार राज्य बनाने के बाद आज भी राज्य में पूरी तौर पर लोकभाषा के द्वारा लोकतंत्री अधिकार जनता के हाथ में नहीं है। इसी के समानांतर भारतीय राष्ट्र में स्वाधीनता संग्राम के दिनों

में भाषाओं का परस्पर नाता जो प्रकट हुआ था, बिखरा है, राष्ट्रीय एकता की जो समझ बढ़ी थी, यह जड़ हुई है या उलझी है तथा कहना पड़ेगा कि भाषावार राज्य के निर्णय ने स्वाधीनता और लोकतंत्र दोनों के हित में जो हस्तक्षेप किया था वह नाकाफी मालूम होने लगा है।

आज एक और हस्तक्षेप की जरूरत है। इस बार यह संविधान में परिवर्तन करने से नहीं होगा। इस बार यह भाषाओं में भारत में हिंदी और भारतीय भाषाओं के परस्पर संबंध के विषय में होना चाहिए। यह हर जिंदा कौम के लिए जरूरी होता है कि वह रास्ते में भटके हुए या रास्ते में ठिठके हुए समाज को ऐसी परिस्थितियों में डाले जिनमें पड़कर वह इतिहास को आदमी के हित में बनाने के लिए सचेष्ट हो, और पिछड़ेपन से निकले।

हमारा पिछड़ापन यह है कि भाषावार राज्यों में वह भाषा, लोकतंत्र की भाषा नहीं है जिसके आधार पर राज्य का निर्माण हुआ है। हमारा पिछड़ापन यह है कि भारतीय भाषाओं में परस्पर अनुवाद की व्यवस्था नहीं है, इस विधा का न कोई विधिवत प्रशिक्षण है न अभ्यास, न रोजगार; इसकी जगह तीन पीढ़ियों को मुर्दा अंग्रेजी शब्दावली का पवित्र अनुवाद करने का रोजगार दिया गया है जो आदमी के हाथ से अनछुई भाषा बंद कर रहा है।

हस्तक्षेप करने के लिए राजनीति का मैदान सही जगह नहीं है। हस्तक्षेप वहीं जरूरी होता है जहाँ गलत रास्ते पर चलाकर इतिहास के साधनों को दूषित किया जा रहा है और हस्तक्षेप का उद्देश्य गए हुए वक्त से हुईं गलतियों को सुधारना ही होता है जिससे लक्ष्यभ्रष्ट उद्देश्यों को रास्ते पर लाया जा सके। आज भारतीय भाषाओं से हिंदी में और एक दूसरे से संबंध बनाने की जरूरत है। आजादी भटक गई है। हम अपने देश की इतनी समृद्ध भाषाओं को न जाननेवाले भारतीय बना रहे हैं और अपने को आजाद कहते हैं। हमारे पास और सबसे बड़ी बुराई यह है कि हिंदी के पास भारतीय भाषाओं के अनुवादक नहीं हैं जो भारतीय भाषाओं से भारतीय भाषाओं में अनुवाद कर सकें और हिंदीवाले राष्ट्रभाषा का रोना रो रहे हैं।

यहाँ भी नेतृत्व हिंदी को देना चाहिए जैसा सरकार बनाने में हिंदीभाषी जनता देती है। हिंदी भाषी लोगों में भारतीय भाषाएँ जानने-बोलनेवालों की संख्या आजादी के संघर्ष के दिनों के मुकाबले बहुत कम हो गई है। उसे बढ़ाना चाहिए। हिंदी के नेता यही एक काम करें तो सच्चा भारतीय काम करेंगे। हिंदी के प्रचार में ही हिंदीवालों को संतोष हो तो वह काम भी भारतीय लोकतंत्र में तभी संभव है जब वह भारतीय भाषाओं में अनुवाद कर्म के सहारे हो। परंतु एक राष्ट्र तो बनाइए जिससे भाषाएँ परस्पर अनुवाद कर सकती हों। हिंदी राष्ट्रभाषा तभी होगी जब इस अनुवाद का माध्यम बने।

[*अंतरराष्ट्रीय श्रोता समाचार*, अगस्त 1987]

अपनी-अपनी रणभूमि

मातृभाषा का नाम सुनते ही हमें राष्ट्र की, देश की, सरकार की, और भारतमाता की याद आती है, परंतु अफसोस है कि अपने बच्चे की नहीं आती। मातृभाषा की पूजा करनेवाले पुरोहित अपने-अपने मंदिरों-आश्रमों में मृत्युंजय मंत्र के पाठ का मेहनताना वसूल कर रहे हैं, पर जो संजीवनी वे मातृभाषा को बच्चे के द्वारा दे सकते हैं उसकी स्मृति उन्होंने अपने ग्रंथों में बंद कर रखी है।

बात यह है कि मातृभाषा के साथ एकमात्र सार्थक व्यवहार उसको बरतने का है। पुरोहितों को यह व्यवहार पसंद नहीं, क्योंकि यह उनकी सत्ता को केंद्रित नहीं रहने देगा। वे अपने साम्राज्य के बारे में दूरंदेश हैं। जनता के भाषा को रौंदने, कूटने, मसलने में उन्हें पापाचार दिखता है जबकि

मातृभाषा के सम्मान का वही एक स्वस्थ तरीका है। उन्हें यह मंजूर है कि प्रौढ़ जगत में पूजनीया मातृभाषा के साथ बलात्कार होता रहे और वे अपने मृत्युंजय मंत्र का जाप और भी ऊँचे से करते रहें, पर बच्चे अपनी माँ का स्तनपान न करने पाएँ। कहीं वे ऐसा करने लगेंगे तो बहुत संभव है बड़े होकर वे पुरोहितों को फालतू करार दे देंगे।

माँ की असहायता का शास्त्रीय विलाप मातृभाषा के पुजारियों ने रट लिया है और बच्चे के लिए बोलने-लिखने-पढ़ने का ही साधन उन्होंने अपने केंद्रीय संस्थान में बंद कर दिया है। इस केंद्रीय संस्थान की कई शाखाएँ हैं जो सब सरकार के हाथ में नहीं हैं, पर इनके ठेके यही पुरोहित गैरसरकारी संस्थानों को देते हैं। सरकारें इन संस्थानों को इन साधनों का इस्तेमाल प्रौढ़ पाठक के लिए करने की शर्त पर मुआवजा देती हैं। अंततः वयस्कों के लिए साहित्य प्रकाशित इसी शर्त पर होता है कि बच्चों के लिए साहित्य नहीं प्रकाशित किया जाएगा।

यह आक्षेप गलत सिद्ध करने के प्रयत्नों से यह सिद्ध न हो पाएगा कि बच्चे को मातृभाषा से संजीवनी प्राप्त करने का अधिकार उपयोग करने को मिल रहा है। बच्चों के लिए जो साहित्य लिखवाया जा रहा है, उसका खरा मूल्यांकन करने पर सिद्ध यही होगा कि वह दास भाषा का प्रचार करता है, खंडित मानव-मूल्यों को शक्तिमंडित करता है और मातृभाषा में इतना दूध नहीं छोड़ता कि बच्चा अपने मानवीय गौरव की रक्षा और बुद्धि के लिए बल प्राप्त कर सके।

यह बच्चे का मानवीय गौरव क्या चीज है? यह कोई प्रौढ़ जगत की बपौती नहीं है, बच्चे की ही बपौती है। जिन माँ-बाप ने इसे खोकर समाज में दासता की संस्कृति से गौरव प्राप्त किया है, उनके साथ बच्चे की लड़ाई कठिन होगी परंतु परंपराएँ विकृत हो जाने पर भी स्वाधीनता के सूत्र एकदम तोड़ नहीं पातीं और उन्हीं सूत्रों को देरसवेर बच्चा विश्व वाङ्मय के किसी न किसी कोने से उठा लेता है। हो सकता है कि बच्चे की गुलामी के खिलाफ लड़ाई में जीतने की संभावनाएँ बिलभ जाएँ, पर विश्वसंहार के बिना विलीन नहीं हो सकतीं। तो भी यह सदाशयी शुभकामना बहुत काम की नहीं, काम की तो केवल वह टकराहट है जो आनेवाली पीढ़ी को अपनी पिछली पीढ़ी से होती है। यह टकराहट हमेशा ही चौतरफा रही है, क्योंकि पिछली पीढ़ी अनेक रूप धरकर अगली पीढ़ी के भीतर घुसपैठ किए ही रहती है। बच्चे की सहायता इस संघर्ष में सबसे पहले माँ करती है। फिर बच्चा अपने अन्य सहायक चुनने लगता है और अपने उस मानवीय गौरव की बारीकियाँ पहचानता जाता है जो उसे जन्म से प्राप्त था। जन्म लेने पर उसे परंपरा का क्या दाम मिला था, यह आंशिक महत्त्व का ही विषय है, संपूर्ण महत्त्व का विषय यह है कि उससे समाज की ओर से शक्ति केंद्रों ने जीवित रहने दिया है या नहीं। दूसरे शब्दों में कहें तो जन्मभूमि की ओर से जननी ने जीवन रक्षा की है या नहीं। अगर हम बच्चों को बचा सके हैं तो समझो कि जो उसकी जन्मभूमि है, वही उनकी रणभूमि है।

हम उन्हीं बच्चों की बात कर रहे हैं जो गुलामी के ऐसे घोर अँधेरे में इस धरती पर नहीं आए जहाँ शिशु की जन्मजात प्रतिभा और जीवन स्रोत को ही नष्ट कर डालने की मानवनिर्मित अथवा मानव-पोषित योजनाओं के विरुद्ध प्रौढ़जगत अनेक स्तरों पर संघर्ष न कर रहा हो। माना कि इस संघर्ष में प्रौढ़ जगत का स्वार्थ निहित है पर यह क्यों भूलें कि हर नई पीढ़ी में अन्याय के प्रतिकार की संभावनाएँ हैं जो वयस्क जगत के राजनीति और सांस्कृतिक स्वार्थ के बावजूद पूरी होती चलती हैं। उसी वयस्क जगत से शिशु को सहायता चाहिए और यह सहायता दावे के साथ लेने का अधिकार शिशु अकेले नहीं पा सकता। भौतिक जगत का यह कठोर सत्य सारी वृथा भावुकता छोड़कर मानना होगा, पर शिशु को एक समय अपनी मानवीय गरिमा अकेले पहचानने का एकांत समाज से छीनना पड़ेगा। बच्चे को औषधि देकर बचाने के अनेक कार्यक्रम अनेक संस्थाओं द्वारा चलाए जाते हैं

पर उसे मातृभाषा से पोषण लेने का अधिकार इन प्राण रक्षा कार्यक्रमों में निहित नहीं माना जाता, न उस अधिकार के लिए माँ को ही लड़ना पड़ता है। जो पाठक रूपक और प्रतीक के बिना यथार्थ को नहीं देख पाते, उनके लिए कह सकता है कि माँ की भी मातुल सहायता करें।

[*जनसत्ता*, '*अर्थात्*', 2 अगस्त 1987]

सरल भाषा के खतरे

हिंदी साहित्य की पत्रिकाओं का एक दौर था जिसमें पत्रिकाएँ केवल साहित्य छापती थीं और तमाम छोटे-बड़े शहरों से निकलकर अकाल मृत्यु को प्राप्त हुआ करती थीं। इसी के समानांतर साहित्य में भी एक तेज तर्रार मानसिकता का उदय हुआ जिसमें विशेष रूप से कविता के मंच से भावुक बहसें उठाई जाती थीं पर विषय या तो आत्मदया होता था या यथास्थिति का स्वीकार या स्त्री-पीड़न दिखाने भर के लिए एक पतनशील संस्कृति के दुखद यथार्थ का वर्णन भी कर दिया जाता था। अकविता के नाम से यह शैली प्रचारित की गई थी। अगणित छोटी पत्रिकाओं की तरह यह शैली भी कुछ समय बाद निबट गई।

अब पिछले कुछ वर्षों से छोटी पत्रिकाओं और साहित्य का एक दूसरा दौर शुरू हुआ लगता था। इनमें आत्मदया का स्वर नहीं है, सामाजिक यथार्थ के असहमत वर्णन का है। आग्रह आधुनिक संवेदना का है जिसे खोजने की प्रक्रिया में ही बहुत-सी कविताएँ लिखी जा रही हैं। इन पत्रिकाओं को उस अर्थ में छोटी पत्रिका भी नहीं कहा जा सकता जिसमें 1960-70 की पत्रिकाओं को कहा जा सकता था—यह अपेक्षया अधिक संगठित और समर्थित हैं।

पर आज की फुटकर कविता की एक विशेषता भी है जिसकी ओर आलोचकों का ध्यान कम गया है। वह सरलीकरण से उबरना चाहती है पर बनी बनाई सरल भाषा को ही इस प्रयत्न में अपना साधन मानती है। यदि सरल भाषा भी सरलीकरण से बचने का एक साधन बने तो यह उचित है पर यदि वही एक साधन कवि के पास रह जाए तो सरलीकरण के नाटकीय होने की और कविता के सरल शब्दों में होते हुए भी दुरूह होने की आशंका रहेगी। सरल शब्दों में दुरूह कविता का दृश्य आज की नई कविता में बार-बार उपस्थित हो रहा है पर जो कवि यथार्थ की किसी गूढ़ अनुभूति की कविता को सरल शब्दों में कह पा रहे हैं वे सचमुच हिंदी कविता में नया काम कर रहे हैं।

सरल भाषा ने कविता में ही नहीं, अखबार, रेडियो और टेलीविजन में भी समस्या पैदा कर रखी है। आजादी के बाद हिंदी के राजनैतिक वर्चस्व का नेतृत्व हथियाने के लोभ में हिंदी के ठेकेदारों ने पूरी पीढ़ी को अंग्रेजी से पारिभाषिक शब्दावली अनुवाद करने बिठा दिया और जिन विद्याओं के ये हिंदीभाषी जानते थे उनको हिंदी में लिखने से रोक रखा। यह तो जब अनुवाद की नौकरियों में 1963 के भाषा विधेयक के बाद कमी आई और अनुवाद सलाहकारी की प्रतिष्ठा घटी तब हिंदी के कर्मियों को अखबार से लगाव शुरू हुआ क्योंकि हिंदी अखबार का विकास अपने ही कारणों से इसी समय के आसपास होने लगा था। इसके पहले हिंदी को मुट्ठी भर अनुवादकों तक सीमित रखकर भाषा को इतना गुलाम और गरीब बनाया जा चुका था कि गिने-चुने संपादकों को नए लेखक बनाने और उन्हें अंग्रेजी के मुहावरे की नकल से विरत करने में बहुत समय लगा। इसमें काफी सफलता मिली ही थी कि अखबारों के विस्तार का नया दौर शुरू हो गया जिसमें शक्ति अंग्रेजी के समर्थकों के हाथ में चली गई। परिणाम यह है कि अंग्रेजी की नकल से हिंदी को सरल बनाया जाने लगा है। इससे हिंदी सरल की जगह लँगड़ी और डुंडी हो रही है परंतु, उसे अपनी भाषा की तरह बरतने

वालों की जगह नए अनुवादकों ने ले ली है और यह क्षति वे पहचान भी नहीं पा रहे हैं।

कविता में बनी बनाई सरल भाषा जो समस्या पैदा कर रही है वह यह है कि यथार्थ को आत्मसात करने के तनाव का जो दबाव भाषा पर पड़ सकता है और काव्य में गहराई ला सकता है वह उपलब्ध सरल भाषा के सतही अनुकरण से भटक जा रहा है। कवि इस बात को समझने में देर कर रहे हैं कि सरलता पूर्ववर्ती कवियों के अनुकरण से नहीं लाई जा सकती, यथार्थ के तनावों को खुद आत्मसात करके ही मिलती है। हर दौर में कवि को अपनी सरल भाषा का स्वयं निर्माण करना होता है और वह सिर्फ उसी कवि के काम आ सकती है जिसके भीतर वास्तविकता के दबाव से वह पैदा हुई है। इसलिए संतोष किया जा सकता है कि सरल भाषा की अधकचरी नकल कविता की परंपरा को कोई स्थाई या दीर्घजीवी क्षति नहीं पहुँचाएगी।

परंतु प्रचार माध्यमों में भाषा की मशीन की तरह और मशीन के द्वारा सरल करने की प्रक्रिया स्थाई नुकसान कर सकती है। प्रचार माध्यम कविता नहीं करते कविता की नकल कभी-कभी जरूर करते हैं। वे इन अर्थायामों को भी चुरा लेते हैं जो कविता ने भाषा में पैदा किए हैं और उन्हें अपने उत्पादन के साथ जोड़कर उसका आकार-प्रकार और भार बढ़ा देना चाहते हैं। ऐसा नहीं कि इसमें वे सफल हो ही जाते हों, उलटे कभी-कभी तो इस हरकत में फेल होकर एक बार फिर उनकी पोल खुल जाती है। परंतु कविता में जहाँ आत्मा की विश्वसनीयता की चिंता कवि को निरंतर रहती है, प्रचार में वस्तु या विचार की विश्वसनीयता की चिंता लाभ के हद से ज्यादा घट जाने पर ही शुरू होती है—और वहाँ भी वस्तु का चेहरा बदलने की तरकीब सबसे पहले काम में लाई जाती है। भाषा की सच्चाई वहाँ अपने आपमें कोई मूल्य नहीं है जैसे कविता में होती है।

प्रचार माध्यमों में, जहाँ तक विज्ञापन की भाषा का सवाल है वह एक बिलकुल नए उखड़ेपन को झेल रही है क्योंकि अब वे रागात्मक मूल्य भी विज्ञापन का विषय बन गए हैं। जिनका प्रचार पहले कविता मूल्यों के समान करती थी भारत की आजादी का प्रचार करनेवाला विज्ञापन सचमुच की आजादी का प्रचार नहीं करना चाहता क्योंकि वह प्रचार आजादी के उपभोक्ताओं को भी आजाद कर देगा जबकि आजादी के निर्माता आजादी पर एकाधिकार रखना चाहते हैं। यहाँ तक कि वे उपभोक्ता की पसंद में कोई बदलाव नहीं आने देना चाहते।

कुल मिलाकर सरल भाषा एक छलावा है, भाषा को कुछ हाथों में कैद करके रखनेवाले तंत्र ने सरल भाषा की जो परिभाषाएँ बना रखी हैं वे एक कृत्रिम भाषा को शास्त्रीय मान्यता देने के लिए बनाई गई हैं। भाषा को जकड़न से मुक्त करने के लिए नहीं। कविता, अखबार, विज्ञापन, रेडियो, टीवी में दिन-ब-दिन इस बनावटी सरल भाषा के उदाहरण बढ़ते जा रहे हैं। जिस तंत्र की छत्रछाया में भाषा का इस्तेमाल करनेवाले संस्थान बने हुए हैं वह परंपरा की स्वस्थ धाराओं से अपने जन विरोधी चरित्र के कारण इतना घबराता है कि अपने को अंग्रेजी की छाँह में सुरक्षित मानकर उसी भाषा को सरल मान लेता है जिसको अंग्रेजी के द्वारा हिंदी में समझा जा सके।

भाषा के सभी मोर्चों पर जो समस्याएँ आज विकट हो गई हैं उनके मुकाबले पर एक नए अंग्रेजी हटाओ आंदोलन की जरूरत है। इसका पहला मोर्चा यह होना चाहिए कि हिंदी समझने के लिए अंग्रेजी न पढ़नी पड़े।

[*जनसत्ता*, 'अर्थात्', 5 जून 1988]

पूजा की नई विधि

आजादी के इकतालीस वर्षों में देश के हिंदी पूजन उद्योग में अभूतपूर्व वृद्धि हुई है। अनेक हिंदी पूजन भंडारों में से एक ने अपने नफानुकसान का जो ब्यौरा हाल में दिया है उससे एक नई बात मालूम हुई। वह यह कि केवल संपर्क भाषा बनने से ही हिंदी देश का भावनात्मक एकीकरण नहीं कर सकती और समग्र भारत के प्रति निष्ठा उत्पन्न करने में समर्थ नहीं हो सकती है।

यह तो अपने में एक नई खोज है। देश का भावनात्मक एकीकरण संपर्क भाषा से नहीं हो सकता तो या तो जो अभीष्ट है वह देश का भावनात्मक एकीकरण नहीं है या जो साधन है वह संपर्क भाषा नहीं है। दोनों में से किसी एक में यह कौन जाने दोनों में खोज अवश्य है। पर भावनात्मक एकीकरण या समग्र भारत के प्रति निष्ठा उत्पन्न करने के लिए जो आवश्यकता बताई गई है उसे जानकर रहस्य खुल जाता है। हम तो समझे थे कि आवश्यकता यह है कि हिंदीभाषी हिंदीतर भाषाएँ लिखना-बोलना और बरतना सीखें जिससे वे हिंदीतर भाषियों से संपर्क कर सकें और अपने कुएँ से निकलकर कम से कम दो कदम फुदक सकें। भले ही छलाँग न मार पाएँ पर आवश्यकता यह बताई गई है कि हिंदी रचनाकार कृष्णा, कावेरी, गोदावरी आदि पर कविताएँ लिखें। चोल, पल्लव, पांडुवंशी महाप्रतापी राजाओं पर महाकाव्य, उपन्यास लिखें। शृंगेरी, तिरूवंतपुर, मदुरा, कुंभकोणम, हम्पी तेजपुर अथवा अहोम, पाल, सेन राष्ट्रकूटवंशों एवं गुजरात के महान पुरुषों के महत्त्व की गाथाओं का वर्णन करें। पुलकेश और चालुक्यों को अपनी रचना में स्थान दें जिससे (अब बताया गया है कि देश में भावनात्मक एकता का मंत्र क्या है) दूसरे क्षेत्रों में व्यक्ति हिंदी में अपनी प्रतिच्छाया देख सकें।

तो यही है समग्र भारत के प्रति निष्ठा की पहचान? दूसरे क्षेत्रों के व्यक्तियों का हिंदी में अपनी प्रतिच्छाया देख पाना ही समग्र भारत के प्रति निष्ठा की कसौटी है? यह कौन-सी हिंदी है कि किसकी हिंदी है जो किसी भारतीय भाषा के बरतने का प्रचार न करके दूसरी भाषाओं से अपनी प्रतिच्छाया हिंदी में देखने को कहती है? यह हिंदी है या कोई विदेशी भाषा? या इस वक्तव्य के पीछे यह योजना है कि हिंदी का भारतीय समाज के इतिहास में जनाकांक्षा को वाणी देने का जो योग हो रहा है उसे समग्र भारत के प्रति निष्ठा न माना जाए बल्कि भाड़े पर लिखवाए प्रायोजित साहित्य को भारतीयता और राष्ट्रीयता का माध्यम माना जाए। यही तो अपने को भारतीय एकता का आधार बतानेवाली अंग्रेजी की योजना है। यदि भारत की पहचान कराने के लिए हिंदी भी जनता के संघर्षों के यथार्थ से भागकर कोई साहित्य लिखवाएगी तो वह न रचनात्मक होगा न भाषा समवेदना और लोकतंत्र के विकास में रत्ती भर योग दे सकेगा। हाँ, हिंदीवालों को साहित्य लिखने के कुछ ठेके और कुछ पुरस्कार अवश्य मिल जाएँगे जैसे 1951 से लेकर 1963 तक पारिभाषिक शब्दावली बनाने के लिए हिंदी को मिलते रहे हैं और उन्हें हथियाकर हिंदी कम से कम दो पीढ़ियों को हिंदी का निर्माण करने में लगा चुकी है। हिंदी नेताओं की नीति ने हिंदी भाषा की रचनात्मक प्रतिभा को जीवन से विच्छिन्न अनुवाद में लगाकर स्थगित कर रखा तथा आनेवाली पीढ़ियों को अपनी भाषा के इस्तेमाल करने से रोककर अंग्रेजी की सांस्कृतिक गुलाम छाया भाषा को समाज पर थोप दिया।

जिस वक्तव्य का ऊपर उल्लेख है उसी में हिंदी के अशुद्ध प्रयोग का भी रोना रोया गया है। यह रोना मुझे हिंदी के महंतों के उस रुदन की याद दिलाता है जो 1963 में भाषा विधेयक पारित होने और हिंदी को राजभाषा न बनकर दासी भाषा बन जाने पर उन्होंने किया था। यही महंत थे जिन्होंने सरकार से समझौता कर लिया था कि हमें हिंदी के शब्द बनाकर कोशों में बंद करने और पुस्तकों पुरस्कारों पर पैसा खर्च करने दिया जाए तो हम जनता को हिंदी बरतने से यह कहकर रोके रखेंगे कि अभी ठहरो हिंदी बन रही है।

हिंदी की यह पूजा करानेवालों और उसे बरतने से रोके रखनेवालों ने भाषा की यह हालत कर

दी है कि हर जगह एक अधकचरी अर्थहीन भाषा सिखाई जाने लगी है। अपनी करनी का फल देखकर पूजन की नई विधियाँ प्रचारित करने का काम वह वक्तव्य कर रहा है जिसके उल्लेख से यह लेख आरंभ हुआ था।

[*जनसत्ता*, 'अर्थात्', 28 अगस्त 1988]

संस्कृत और अंग्रेजी

संस्कृत को लोकप्रिय बनाने का अभियान पुरी के श्री सदानंद दीक्षित चला रहे हैं। दीक्षितजी ने अखबार में छपवाया है कि पाँच वर्ष के भीतर वह आधुनिक संस्कृत लिखने और बोलनेवाले पचास हजार प्रचारक तैयार कर चुके हैं, अगले दस साल में इनकी संख्या बढ़ जाएगी यह दावा भी दीक्षितजी ने किया है। यह खबर पढ़कर मुझे वह दिन याद आया जिस दिन मैंने संस्कृत की पढ़ाई छोड़कर विज्ञान पढ़ना शुरू किया था। यह पराधीन भारत की बात है। तब मेरे स्कूल में सातवें-आठवें दर्जे में विद्यार्थी को विकल्प के रूप में संस्कृत पढ़ने का अवसर मिल सकता था। अन्य विषय थे चित्रांकन और व्यायाम। आठवें के बाद विज्ञान पढ़ने के इच्छुक विद्यार्थियों को संस्कृत आदि सब छोड़ना अनिवार्य था। 1947 के बाद भारत में किसी ने यह नहीं किया कि विज्ञान की पढ़ाई के साथ कम से कम संस्कृत की पढ़ाई जारी रखे। जो हो यह मैं शिक्षा की उपलब्धि मानता हूँ कि मेरे पूर्वजों ने जो हिंदी लिखी थी और मेरे समकालीनों ने जिसे फिर से पहचानने का मुझे अवसर दिया था उसी हिंदी के द्वारा मैं संस्कृत भाषा को आत्मसात करता रहा। 1947 के बाद कुछ वर्षों तक हिंदी का यह विशेष योगदान रहा। फिर हिंदी राष्ट्रभाषा होती गई और एक समय आया कि वह केवल राष्ट्रभाषा रह गई। तब संस्कृत मेरे लिए लोकप्रिय इस अर्थ में न थी जिसमें श्री दीक्षित संस्कृत को लोकभाषा बना रहे हैं। मैंने जो संस्कृत सीखी वह हिंदी के माध्यम से सीखी अर्थात हिंदी भाषा में संस्कृत के जो शब्द व्यवहार में मिले उन्हीं को मैंने पढ़ा-सीखा और इस्तेमाल किया। हिंदी में संस्कृत शब्द दो प्रकार के हैं। एक जो हिंदी बोलनेवालों के साथ घिसकर और मँजकर हिंदी बन चुके हैं, दूसरे जो, कुछ भी कर लीजिए, हिंदी में पैबंद की तरह लगे रहते हैं। भले ही वे टाट पर मखमल के पैबंद हों। मेरे लिए वह हिंदी जिसमें सुंदर-सुंदर पैबंद लगे हों, घटिया साहित्य की भाषा थी। संस्कृत की संक्षिप्त पढ़ाई छोड़कर मैंने सिर्फ इतना नुकसान उठाया कि अध्यापक की मदद से श्रेष्ठ ग्रंथों को मूल में नहीं पढ़ सका, इन नुकसान की अपेक्षा लाभ शायद अधिक रहा वह यह कि संस्कृत भाषा की बहुलता या स्थूलता कहाँ हिंदी नहीं रहती। मैंने जाना कि जानेमाने साहित्यकारों की रचनाओं में देखा कि रचना का सौंदर्य उनके लेखन की प्रयुक्त संस्कृत शब्दों से नहीं है उनकी हिंदी के चरित्र का सौंदर्य उनके लेखन में प्रयुक्त संस्कृत शब्दों से नहीं उनकी हिंदी के चरित्र से है। किसी संस्कृत पद को बैठा देने भर से वह हिंदी का नहीं हो जाता। वह हिंदी के साथ घिसता और मँजता है तब कहीं लोकप्रिय होता है। सदानंदजी पाँच वर्ष से पचास हजार कार्यकर्ता तैयार कर चुके हैं तो यह मिल का बना माल है, हाथ का बना नहीं।

संस्कृत को लोकप्रिय बनाने का एक ही रास्ता है उसे हिंदी में आकर घिसने और मँजने देना। यह काम हमारे पुरखे करते चले आ रहे थे। पर इधर के बरसों में जल्दी के मारे तैयार शुदा माल बाजार में डालने की होड़ लग गई है, सरल हिंदी इतनी सरल निर्मित हुई है कि उसमें समझने लायक कुछ रह ही नहीं गया है। संतोष की बात मगर यह है कि यह सरल हिंदी अपने उपभोक्तावादी चरित्र समेत अपनी नियति की ओर अग्रसर होते हुए हिंदी की बोलियों को और हिंदीतर भाषाओं

को संस्कृत के साथ वही संबंध बनाए रखने को स्वतंत्र छोड़ गई है जो ये बोलियाँ और भाषाएँ अपने चरित्र के अनुसार प्राकृतिक मानें। जैसे हिंदी से एक समय घिस माँजकर संस्कृत को हिंदी बना दिया था वैसे ही इन्होंने भी किया है और इनमें वह नकली उपभोक्तावादी सरलीकरण कम या नहीं के बराबर हुआ है जिसका हर दूसरे-तीसरे दिन कोई न कोई राजनेता हिंदी जगत को उपदेश देता रहा है। निस्संदेह हिंदी की अर्थसंपदा न्यून हो रही है क्योंकि हर शब्द की समझ का मापदंड एक ऐसी भाषा को बनाया जा रहा है जो भारतीय भाषाओं और उनकी बोलियों को न कुछ दे सकती है न उनसे कुछ ले सकती है। इस घटना का प्रत्यक्ष प्रमाण दिल्ली से छपनेवाले दैनिकों में मिलता है जिनमें बहुधा वाक्यों का अंग्रेजी मूल जानने पर ही वास्तविक अभिप्राय प्रकट हो पाता है। अन्यथा आभास से ही काम चलाना पड़ता है। इसी अंदाजन समझ के आधार पर नई हिंदी बन रही है क्योंकि अखबार और उनकी नकल करनेवाले रेडियो टीवी भाषा के वाकिफ प्रचारक हैं। इस व्यापक प्रचार का जवाब घर, परिवार, परिवेश की भाषा के प्रचार से दिया जा सकता है यह काम करने में संस्कृत की उसकी आधुनिकता मदद नहीं देगी। संस्कृत की वह परंपरा ही मदद देगी जो भारतीय भाषाओं और बोलियों में व्याप्त हो चुकी है। संस्कृत को सरलीकरण द्वारा लोकभाषा बनाने का अभियान अपने आपमें अवैज्ञानिक अनैतिहासिक और अस्वाभाविक है पर वह तो वही लोग कर सकते हैं जो लोकभाषा बोलते बरतते हों और संस्कृति से पुरस्कार ग्रहण कर चुके हों। इसकी जगह पुरी के श्रद्धानंदजी लोगों को आधुनिक संस्कृत सिखा रहे हैं जिससे उन्हें और भाषा की राजनीति के व्यवस्थापकों को किसी किस्म का संतोष हो जाए तो हो जाए पर लोकभाषा को कुछ नहीं मिलनेवाला। उसे तो संस्कृत से जो मिला है वह भाषा को बोलने-बरतनेवाले के जीवन में अर्थ के ऐक्य और द्वंद्व दोनों को व्यक्त करने की ऊर्जा देता रहेगा। इसमें जब कभी-कभी पार्टी जाएगी तो भाषा के विश्व परिवार में किसी उपयुक्त स्रोत से हमें अनुभवजन्य शब्द लेने होंगे। शब्दकोश के शब्द नहीं जैसा आजादी के चालीस साल हम लेते रहे हैं। इसी मूल के कारण हम अपने भाषाई इतिहास के ऐसे बिंदु पर पहुँच गए हैं जहाँ हमारी संस्कृत और एक अनजानी भाषा अर्थात् अंग्रेजी एक का ही चरित्र ग्रहण करने लगी है।

[*जनसत्ता*, 'अर्थात्', 5 फरवरी 1989]

सरल भाषा रहस्य

कभी-कभी लगता है कि मैं जानता हूँ, मैं क्या कहना चाह रहा हूँ। मगर जो शब्द मेरे मन में आ रहा है या तो थोड़ा-सा कम है या थोड़ा-सा ज्यादा है—क्या पता बिलकुल गलत हो। यह असमंजस किसी अप्रचलित शब्द के विषय में होता हो ऐसा नहीं, बहुत से प्रचलित शब्द भी ऐसे हैं जो अपनी ध्वनियों से विच्छित हो चुके हैं। विशेषतया सरल भाषा के चक्कर में। बहुधा अंग्रेजी से अनुवाद करनेवालों के हाथों। अनेक सहज पदों को ठोंक-पीटकर सपाट कर दिया गया है। संधि और समास को खोल देने से भाषा सरल हो जाती है, यह भ्रांति गद्य को लँगड़ा-लूला बना गई है।

शब्द के सटीक होने या न होने की शंका के भी एक से अधिक प्रकार हैं। एक तो वह है जो शास्त्रियों के यहाँ पाई जाती है। शुद्ध और अशुद्ध का विचार उनके यहाँ सब कुछ है। अपने मत के पक्ष में वे शास्त्र उद्धृत करने को तैयार रहते हैं परंतु व्यवहार की चिंता उन्हें नहीं होती। ये शब्दशास्त्री संस्कृत भाषा के पंडित हों या अंग्रेजी पर अधिकार का दावा करते हों, हिंदी के सहज प्रयोग को देखकर संकोच में पड़ जाते हैं। उन्हें लगने लगता है कि यह हिंदी गरिमाविहीन है।

एक और प्रकार की शंका साहित्य के आलोचकों और अध्यापकों की है। इन्हें भाषा के सभी प्रयोगों को साहित्य के उन विभेदों और वादों के सँकरे झरोखों से देखने की आदत है, जो इनके

विद्यालयी प्रतिष्ठान ने अपने अनुशासन के हित में बनाए हैं। कितने सौभाग्य की बात है कि इस वर्ष के लोग, ज्यादातर आलोचना ही लिखते हैं, रचना की समस्याओं का शास्त्र बनाते हैं, शुद्ध रचना कम ही करते हैं, उनकी समस्या और भी कम जानते हैं।

एक प्रकार रचनाकार के उस असमंजस का है जिसका उल्लेख इस टिप्पणी के आरंभ में किया गया है। यही मेरी चिंता का मुख्य विषय है। मुझे हर विशेषण, हर क्रिया विशेषण सटीक न होने के जोखिम से भरा दिखाई देता है। संज्ञाओं के, विशेषतया नामवाचक संज्ञाओं के विषय में द्विविधा कम रहती है। भाववाचक संज्ञाओं को थोड़ा ठोक-बजाकर उनकी धातु का यथेष्ट अनुमान कर लेता हूँ।

क्यों न हम शब्दों के लौट आने की आशा करते हुए स्वीकार करें कि हिंदी भाषा वर्तमान में दरिद्रता का जीवन बिता रही है। अभाव कोई नहीं है परंतु समृद्धि नहीं है। जो शब्द विलुप्त हो गए हैं वास्तव में वे शब्द नहीं, अर्थ हैं। नहीं, शब्द के अर्थों के बीच-बीच में जो अर्थ शब्द बनने के लिए व्याकुल रहता है वही बिसर गया है। उसी का पुनः प्रत्यय बार-बार न होना दारिद्र्य का कारण है।

शब्दार्थ की छटाएँ हिंदी भाषा में अवश्य कहीं न कहीं विद्यमान होंगी। पर हम उन्हें बार-बार पहचान नहीं रहे हैं। इस शताब्दी के आरंभ से लेकर 1947 के दो-तीन वर्ष बाद तक के गद्य में तत्सम, तद्भव और देशज शब्दों के जितने प्रयोग मिलते हैं, उन्हें खोजकर उनका मिलान उन्हीं बातों को कहने के लिए प्रयुक्त आज की भाषा से किया जाए तो एक विशेष अंतर दिखाई पड़ेगा। तब वाक्य-विन्यास में आत्मीयता थी, वैसी निर्मम तटस्थता नहीं जैसी आज दिखाई देती है। कह नहीं सकता कि यह तटस्थता दुर्घटना के समाचारों से लेकर राजनीतिक प्रचारों तक का अंग्रेजी से अनुवाद करने से उपजी है या अपनी भाषा में लिखना-पढ़ना कम हो जाने से। फिर भी यह जानता हूँ कि हिंदीभाषी प्रदेश में जीवन का प्रचुर यथार्थ अभी तक लिखा नहीं गया। यह गाँवों और कस्बों में बिखरा पड़ा है। इसको बतानेवाली भाषा जो सहित्य के रूप में कम प्रकट होती है, उस अर्थ समृद्ध शब्द भंडार से निकली जिसमें राजनैतिक और सांस्कृतिक केंद्रीयकरण के अधीन लेखकों की पैठ कम ही है। यदि कोई लेखक अपने पुरखों के गाँव-कस्बे से शुरू करके तीस-पैंतीस मील के दायरे में हो आए, तो उसे अपनी शहरी भाषा की दीनता का पता चल जाएगा।

पर उससे होगा क्या? क्या यही कि वह क्रियाओं, विशेषणों और क्रिया विशेषणों की शब्दावली आयात कर लाएगा और उसे अपने लेखन में प्रयुक्त कर डालेगा। यही हुआ तो उस मानव संस्पर्श का क्या होगा जो अपनी यात्रा में वह करेगा। उस यथार्थ में छिपे परिवर्तन को देखे बिना क्या उसे कोई भी शब्द बटोर रखने लायक मिलेगा।

अपनी भाषा को फिर से जानने की हर लेखक के पास एक न एक योजना होती है। कम से कम अपने लिखे हुए को वह बार-बार पढ़ता ही है। आत्ममुग्ध लेखक को अपने लिखे के प्रूफ खुद पढ़ने पर गलतियाँ नहीं दिखाई देतीं पर अपने प्रति निर्मम लेखक को वह संसार झलक जाता है जहाँ उसे जाना था पर वह जाते-जाते रह गया। अपने पहले के लेखकों का लिखा हुआ समय-समय पर पढ़ते रहने से सिर्फ यही नहीं होता कि शब्दों का लाभ हो, भ्रमों का निराकरण भी संभव है। इनमें से कुछ तो ऐसे हैं कि जाने कब से पीछे पड़े हुए हैं। हिंदी की पूजा करनेवालों के हाथों बना एक भ्रम यह है कि कुछ शब्द दुरूह होते हैं, कुछ सरल। जबकि दुरूह कोई शब्द नहीं होता, वाक्य होता है और सरल से सरल शब्दों से बना वाक्य अत्यंत दुरूह सिद्ध हो सकता है क्योंकि उसमें शब्दों के जोड़ों पर कब्जे नहीं रिबिट लगे हुए हैं। एक यह है कि शब्दों के पर्यायवाची शब्द भी होते हैं जबकि कोई शब्द पर्यायवाची नहीं होता, बहुत हुआ तो किसी दूसरे शब्द की उनहार होता है (उनहार : देखिए शमशेर बहादुर सिंह सावन की उनहार आँगन पार दूसरा सप्तक)। एक और भ्रम

यह है कि तत्सम शब्द जन्म से ही कठिन होते हैं, उनकी जगह तद्भव रख देने से सरल हिंदी बन जाती है।

अंततः सच यही बच रहता है कि कभी-कभी अपनी बात कहने के लिए शब्द नहीं मिलता। तब मैं याद करता हूँ और कुछ शब्द दिख जाते हैं जो उस बात के आसपास के होते हैं जो मैं कहना चाह रहा हूँ। कुछ देर यह भ्रम--एक और—बना रहता है कि जैसे ही वह शब्द मिल जाएगा, बात कर ली जाएगी। पर अचानक शब्द मिलते हैं और खुशी हो भी नहीं पाती कि पता चलता है कि शब्द के लभने से मेरी समझ बदल गई है और पहले मैं जिस बात को कहना चाह रहा था दरअसल वह नहीं बल्कि यह मेरी बात है जो इस शब्द लाभ से समझ में आई है।

कथ्य और शब्द की यह लुका-छुपी हर लेखन और भाषण में जारी रहती है। रचना-प्रक्रिया का यह व्यवहार हमेशा शब्द और अर्थ का एकसाथ आविष्कार करता है—किसी लेखक में पलक मारते, किसी में खुजलाते। पर इससे क्या बिगड़ता है, अगर कुछ बनना हो।

[*नवभारत टाइम्स*, 25 जून 1989]

अंग्रेजी के गुलाम हिंदीवाले

हिंदी-प्रेमियों के प्रदेश में कितने हिंदी-भक्त हैं जो हिंदी के अलावा कोई दूसरी भाषा लिखते, बोलते या पढ़ते हैं? किसी जनगणना के समय यह जानकारी शायद हासिल नहीं की गई है। मगर साधारण तौर पर इसका पता लगाना चाहिए। खासकर हिंदी के कर्णधारों को अपने निजी साधनों से सही यह गवेषण कर डालना अच्छा होगा।

इससे और कुछ नहीं तो यह भ्रांति टूटेगी कि हिंदी राष्ट्रीय भाषा है। आमतौर से हिंदीप्रेमी हिंदी के अलावा जिस एक भाषा को सबसे अधिक लिखते-पढ़ते-बोलते मिलेंगे वह कहीं अंग्रेजी तो नहीं?

इस खोज के कुछ आसान तरीके हैं। हिंदी-भाषियों से दूर किसी प्रदेश में किसी हिंदी-भाषी को व्यक्तिगत संवाद में किस भाषा का सहारा लेना पड़ता है? यदि वह अपने संभ्रांत वर्ग के ही किसी व्यक्ति से बात कर रहा है तो वह या तो अंग्रेजी बोल रहा होगा या थोड़ी हिंदी और ज्यादा अंग्रेजी। यह प्रायः निश्चित है कि वह कन्नड़ गुजराती बंगला मलयालम आदि में से कोई भाषा नहीं बोल रहा होगा क्योंकि उसे अपने हिंदी-भाषी होने के कारण विश्वास है कि इन भाषाओं के अज्ञान का उसे जन्मजात अधिकार है। हाँ यदि उसे अपने वर्ग से हीनतर किसी साधारण हिंदीतर भाषी से संवाद करना है तो वह आश्वस्त रहेगा कि उस हिंदीतर भाषा के पिछड़े शोषित लोग कहीं न कहीं हिंदी बोलने को मजबूर हो चुके होंगे। हिंदी-भाषी संभ्रांत वर्ग को दूसरी भाषाओं के कमजोर वर्ग से हिंदी में बोलना अधिक स्वाभाविक और व्यावहारिक लगता है। ऐसा क्यों है? अपने वर्ग के आदमी से वह अंग्रेजी ही क्यों बोलता है?

जैसे हिंदी प्रदेश में भारतीय भाषाओं के बोलने-लिखने-पढ़नेवालों का ब्यौरा किसी जनगणना के साथ एकत्र या प्रकाशित नहीं किया गया है वैसे ही भारतीय भाषाओं के प्रदेशों में हिंदी बोलने वालों के वर्ग चरित्र का कोई ब्यौरा भी उपलब्ध नहीं है। सहज अनुभव से जो समझ में आता है वह यह है कि भारतीय भाषाओं के क्षेत्रों के विभिन्न वर्गों का अपने शासक वर्ग से जब संवाद होता है तो किसी न किसी रूप में हिंदीभाषी क्षेत्र का कोई दखल उस शासक वर्ग में रहता है और इस बहाने हिंदी संपर्क भाषा के रूप में इस्तेमाल होती है।

यदि यह अनुमान सही है तो क्या इसका अर्थ यह है कि हिंदी शोषण के काम आनेवाले संपर्क की भाषा है और जैसे-जैसे हमारी आर्थिक संस्कृति में यह शोषण व्यापक होता जाएगा, हिंदी का

राष्ट्रभाषा रूप वास्तव में इसी के विस्तार और प्रबंध द्वारा विकसित होता जाएगा? यह शंका निराधार नहीं होगी क्योंकि अन्याय और शोषण का विरोध हर भाषा में उसी भाषा के बोलने-लिखने-पढ़नेवाले करेंगे, हिंदीभाषी नहीं जो हिंदी प्रदेश में रहते हैं।

1947 के पहले की तुलना में जब हिंदी प्रदेश में भारतीय भाषाएँ काफी ज्ञात थीं, हिंदीभाषियों की भाषाई गरीबी आज कहीं ज्यादा दिखती है। किसी भारतीय भाषा से हिंदी में अनुवाद करना हो तो अनायास हिंदीभाषी व्यक्ति अंग्रेजी अनुवाद ढूँढ़ता है। इससे भी अधिक दरिद्र वह तब दिखाई देता है जब उसे हिंदी से किसी भारतीय भाषा में अनुवाद करने को कहा जाए।

वास्तव में उसका तब उत्तर होता है 'मैं क्यों करूँ?' उसी भाषा का कोई अनुवादक हिंदी की संवैधानिक स्थिति लँगड़ी होते हुए भी हिंदी को राजनीति में सत्ता का दावेदार बनाए रखेगा। पर बहुत कुछ नष्ट हो ही रहा है जिसकी पूर्ति संविधान नहीं कर सकता। हिंदी अपना आधार खो रही है क्योंकि दूसरी भाषाएँ ही उसका सच्चा आधार हैं। यह बात हिंदीभाषी हिंदी नेता अपनी अंग्रेजी के बूते भूले हुए हैं क्योंकि अंग्रेजी उन्हें गद्दी पर बिठाए हुए है। सही माने में अंग्रेजी के गुलाम हिंदी प्रदेश के लोग ही हैं क्योंकि अंग्रेजी न हो तो भारतीय भाषाओं के अज्ञान के कारण हिंदी को रोटी के लाले पड़ जाएँ।

अंग्रेजी की अनिवार्यता हिंदी प्रदेश का शासक वर्ग जानता है। उसने अपने वर्ग में दो वर्ग बना लिए हैं : एक अंग्रेजी को राजकाज से बाहर कर देने का व्रत लिए हुए है, दूसरा संपन्न हिंदीतर भाषियों के साथ अंग्रेजी में व्यवहार करता रहता है। ये दो चेहरे लेकर हिंदी चल रही है और इसमें उसे कोई शर्म नहीं मालूम होती। इस शर्म को पी जाने का उसने बहाना यह बनाया है कि दूसरी भाषाओं पर हिंदी लादना नहीं चाहते। इस सवाल के जवाब में कि हिंदीभाषी दूसरी भाषाएँ सीखना क्यों नहीं चाहता, कोई बहाना अभी तक हिंदीवाले बना नहीं पाए हैं। कोई बहाना है भी नहीं, सिर्फ एक निर्मम कुतर्क है—यह कि हमें देश की एकता के हित में किसी एक भाषा को दूसरों पर लादे रखना है। चूँकि हिंदी लाना असंभव है इसलिए अंग्रेजी को हिंदी पर भी और दूसरी भाषाओं पर भी लादे रखना ही हिंदी की सत्ता बनाए रखने का एकमात्र उपाय है। पर यह अपने मुँह से कोई हिंदीवाला कहेगा नहीं। वह यह भी कबूल नहीं करेगा कि हिंदी प्रदेश में भारतीय भाषाओं से संवाद की अवहेलना करके वह हिंदी को एक और अंग्रेजी बनाए दे रहा है।

भारतीय भाषाएँ केंद्र सरकार की भाषाएँ क्यों नहीं हो सकतीं, इस प्रश्न के उत्तर में हिंदी और अंग्रेजी दोनों के शासक वर्ग एक-सा जवाब देते हैं—वे बहुत हैं और उनके सबके आ जाने से राजकाज चलने में दिक्कतें आएँगी।

एक तो यह उत्तर विवादास्पद है। दूसरे यह राज्यों के इस अधिकार पर रोक लगाए रखने का तर्क है कि राज्यों में जन प्रतिनिधि शासन में जनता की भाषा का व्यवहार करें। केंद्र में हिंदी के अतिरिक्त एक से अधिक भाषाएँ लाने की दिक्कतें योजनाबद्ध तरीके से क्रमशः दूर की जा सकती हैं। परंतु ये निरी राजकाज संबंधी दिक्कतें हिंदी प्रदेश में भारतीय भाषाओं के बोलने-लिखने-पढ़ने को क्यों रोके रखें? क्या हिंदी बोलनेवाले इतने मंदबुद्धि हैं कि जिस देश पर संसदीय लोकतंत्र के तर्क से वे राज करते रहना चाहते हैं उसकी भाषाओं को सीखना वे अपने घर में दुस्साहस पाते हैं?

अगर कोई लोकतंत्रीय तर्क मान्य न हो तो यह साम्राज्यवादी तर्क ही मान लें कि एक दिन भारतीय भाषाओं की मदद से हिंदीभक्त सारे भारत के निर्विवाद शासक बन जाएँगे, पर भारतीय भाषाएँ पढ़ना-लिखना-बोलना—अपनी शर्म ढाँकने के लिए सही—हिंदीवालों को अनिवार्य कर दें।

[*जनसत्ता*, 'अर्थात्', 27 मई 1990]

आजादी के बाद अंग्रेजी

करीब-करीब पचास साल आजाद रह लेने के बाद अब जरूरी हो गया है कि हम अपनी आजादी की जाँच कर लें। इन वर्षों में गुलामी के कई प्रकारों को हमने छोड़ा फिर भी यह सब जानते हैं कि हम पूरी तरह आजाद नहीं हैं।

कुछ गुलामियाँ हैं जिन्हें हमने आजादी की शर्त बना दिया है। हमारे बीच ऐसे लोग पाए जाते हैं जो यह कबूल करने को तैयार बैठे हैं कि आजादी की धारणा ही फिर से बनानी चाहिए। अर्थात् यह घोषणा कर देनी चाहिए कि आजादी बनाए रखने के वास्ते गुलामी स्वीकार करना जरूरी है। दरअसल इस विचार का अर्थ यह है कि कुछ लोगों को आजाद होने के फायदे उठाना तभी संभव है जब बहुत से लोग गुलाम रहें और इतना ही नहीं अपनी गुलामी को तृप्ति, आशा और प्रतिष्ठा देनेवाली निधि मानते रहें।

1947 से लेकर अब तक आजादी की लड़ाई में कई उतार-चढ़ाव आ चुके हैं। यह लड़ाई कई मैदानों में लड़ी गई है। इस वक्त हम सिर्फ भाषा के मैदान की बात करेंगे और उसके भी एक मोर्चे की अर्थात् अंग्रेजी की।

यह कोई ऐसी नई बात नहीं है जो हमने कहीं और देखी न हो कि अंग्रेजी के आधिपत्य के विरुद्ध जो लड़ाइयाँ लड़ी गईं उनमें विरोधी पक्ष की भाषा को माध्यम बनाया गया। अंग्रेजी अनुवाद में भारत की अस्मिता को व्यक्त करना किसी समय जरूरी था क्योंकि अंग्रेज की भाषा सीखने का यही वास्तविक लाभ हम उठा सकते थे। कुछ और तरह के लाभ जो समाज के संपन्न वर्गों ने उठाए, सत्ता की जूठन में साझेदारी से ज्यादातर कुछ नहीं थे चाहे कितने आकर्षक क्यों न हों। मगर भाषा एक अजब ताकत है जो किसी समाज को तोड़ने, बाँटने और गिराने के काम में लाई जाए तो भी वह सिर्फ इतना ही नहीं करती, सामाजिक यथार्थ को बदलकर बेहतर बनाने की समझ भी जगा जाती है। हाँ, यह जरूरी है कि वह बदलाव भाषा को ही बदले और वह तोड़ने के बजाय जोड़नेवाली भाषा बन जाए। प्रश्न है क्या यह बदलाव अंग्रेजी में आ सकता है? या नहीं आ सकता? इसका उत्तर मेरी समझ में जो अभी तक आया है वह यह कि हमारे सामाजिक यथार्थ में व्यक्ति की और समाज की समृद्धि के पक्ष में परिवर्तन होने पर भाषा से जो परिवर्तन आना चाहिए वह भी इसी समृद्धि के पक्ष में आना चाहिए और यह सिर्फ उसी भाषा में हो सकता है जिसे हमारे समाज ने बनाया हो और बनाता जा रहा हो।

हमारी हिंदी, हमारी ओडिया, हमारी पंजाबी आदि में यह परिवर्तन हो सकता है क्योंकि हमारे समाज की नदियों से उनकी सिंचाई होती है, हमारी अंग्रेजी में यह परिवर्तन नहीं आ सकता। उसकी जगह कोई नई अंग्रेजी नहीं ले सकती।

आजादी के प्रायः पचास वर्षों में दरअसल तेंतालीस वर्षों में जो हिंदुस्तानी अंग्रेजी बनी वह अगले सात वर्ष में कोई मौलिक परिवर्तन हमारी अंग्रेजी में कर डालने की आशा नहीं जगाती। मेरे इस विचार के पक्ष में एक प्रमाण यह है कि आजादी के बारे में अंग्रेजी में साहित्य रचनेवालों ने ऐसी कोई रचना समाज को नहीं दी है जिसने अंग्रेजी भाषा में युग प्रवर्तन किया हो।

भारतीय भाषाओं में ऐसे परिवर्तन आए हैं और नए प्रतिमान बने हैं। यह मेरे लिए दिलचस्पी का सामान है कि आजादी के बाद के कुछ वर्षों तक हिंदी के जो लेखक अपना परिचय देते हुए यह कहते थे कि मैं हिंदी और अंग्रेजी दोनों में लिख सकता हूँ उनके अंग्रेजी में लिख सकने की क्षमता का उनको खुद को लाभ मिलना हो वह संदिग्ध होता गया है। हाँ अंग्रेजी से अनुवाद करने का सामर्थ्य उनमें शायद अपेक्षया परिपक्व हुआ है पर यह सामर्थ्य वैसे भी दुर्लभ रहता है और इस विशिष्ट वर्ग में भी है।

'आजादी के बाद अंग्रेजी' इस शीर्षक से इसी विषय पर एक व्यापक शोध सर्वेक्षण होना चाहिए। कुछ और दिलचस्प नतीजे निकलेंगे शायद। शायद यह दिख जाएगा कि आजादी के बाद हमारी अंग्रेजी में तो कोई सार्थक परिवर्तन नहीं हुआ मगर अंग्रेजी की जगह अंग्रेजी का काम करने के लिए हमने एक जो हिंदी बनाई है उसमें बहुत परिवर्तन हो गया है। यह जोड़ता नहीं है, तोड़ता है मगर जो लोग दावा करते हैं कि हमें अपनी आजादी बनाए रखने के लिए कुछ गुलामी स्वीकार करनी चाहिए, वे इसी तोड़नेवाली हिंदी की पूजा किए चले जा रहे हैं।

जिस 'व्यापक' शोध-सर्वेक्षण की कल्पना मैंने की वह छोटे पैमाने पर भी हो सकता है। हिंदी का हर पाठक इसमें हाथ बटा सकता है। अखबार में, रेडियो-दूरदर्शन में, कहानी-उपन्यास में ऐसी भाषा मिलती रहती है जो सुनते या पढ़ते ही कहीं खुद टूटी हुई दिख जाती है। जहाँ-जहाँ अंग्रेजी की जगह उसी का काम करनेवाली हिंदी बनाई जा रही है यह टूट अनायास दिखती है। यह सिर्फ भाषा की छूट नहीं है यह उसका प्रचार करनेवाले को भी तोड़ती है। भाषा के बरतनेवाले दो व्यक्तियों के बीच संबंध नहीं बनने देती जो सामाजिक यथार्थ को समाज के पक्ष में बदलने की आकांक्षा जगाता है।

मेरे लेख का शीर्षक है 'आजादी के बाद अंग्रेजी' आप चाहें तो इसे यों बदल लें—आजादी के बाद अंग्रेजी ने जो हिंदी बनाई।

[*जनसत्ता*, 'अर्थात्', 8 जुलाई 1990]

अनुवाद नहीं करो

अंग्रेजी हटाओ आंदोलन को नया जन्म देने की खबर सुनाई पड़ रही है। अंग्रेजी हटाओ की आज क्या अवस्था है, यह जानने के लिए चारों ओर नजर दौड़ाई तो पता चला कि सब लोग हिंदी समर्थन करने में लगे हुए हैं। कहीं हिंदी विरोध है ही नहीं। अंग्रेजी विरोध भी नहीं है।

इसका रहस्य क्या है? अंग्रेजी और हिंदी साथ-साथ चलेंगे, यह फैसला हुआ था और यह फैसला भी हुआ था कि अंग्रेजी तभी हटेगी जब सब लोग चाहेंगे कि हट जाए। अब हुआ यह है कि भारत पर राज करने के लिए हिंदी जरूरी है मगर अंग्रेजी भी जरूरी है। भारत में सत्ता के सबसे ऊपर का दर्जा अंग्रेजी में राज करता है, इसके नीचे के दर्जे मिली-जुली भाषा में। सबसे नीचेवाले राज नहीं करते हैं। बस हिंदी बोलते हैं।

अंग्रेजी हटाओ आंदोलन के चुक जाने के इतने बरस बाद हिंदी प्रदेश में हिंदी बोलने की असलियत यह है कि एक पढ़े-लिखे ऊँचे पदाधिकारी ने मुझसे बातचीत में स्वीकार किया : मुझे हिंदी आती है। अन्य एक ऊँचे अफसर ने कहा : 'मैं अपने विचार हिंदी में अच्छी तरह व्यक्त नहीं कर सकता'। पहले वाले अफसर जो कह रहे थे वह उनके हिसाब से उनकी विशेष योग्यता थी और दूसरे वाले जो बता रहे थे वह भी उनकी विशेष योग्यता ही थी।

बात यह है कि सरकारी अफसर के दो हिस्से हैं। एक अंग्रेजी बोलनेवाला, दूसरा अनुवादक। कभी-कभी 'अपना अनुवादक मैं ही हूँ', यह कहना किसी अफसर को विशेष योग्यता दिला सकता है। कभी-कभी 'मेरे लिए अनुवादक लाओ' कहना अफसर को विशेष बना सकता है। दोनों अंग्रेजी के बूते अफसर रहते ही हैं। इसलिए सरकारी दफ्तरों में हिंदी का प्रचार वास्तव में उनके अनुवादकों की व्यवस्था का ही दूसरा नाम है। हिंदी का अनुवाद की भाषा से अधिक कोई महत्त्व नहीं है और अनुवाद तब तक कोई अन्य व्यक्ति पढ़ता नहीं है जब तक उसने मूल न पढ़ लिया हो।

मैंने कुछ ऐसे भी अत्यंत सम्माननीय हिंदीप्रेमी सज्जन देखे हैं जो जब अंग्रेजी में लिखते या बोलते हैं तो कुछ सूक्ष्म अर्थमयी काम की बातें भी कह जाते हैं, पर जब हिंदी में लिखते या बोलते हैं तो पिटी-पिटाई, घिसी-घिसाई बातें दोहराते हैं। यदि उन्होंने पहले हिंदी में भाषण किया तो संक्षेप में बना-बनाया सपाट विचार रखकर 'अब मैं कुछ शब्द अंग्रेजी में भी कहूँगा' कहकर अपने चिंतन यंत्र को जागृत कर देते हैं। दोनों भाषणों में मौलिक अंतर होता है। हिंदी में भाषण उन लोगों के लिए होता है जिनके सामने केवल नारे दोहरा देने की जरूरत है, क्योंकि राज करने के अधिकार की स्थापना उतने से हो जाती है। प्रश्न उठाने या प्रश्नों के उत्तर देने के लिए अंग्रेजी जानने और बोलनेवाला वर्ग है। भाषण का दूसरा हिस्सा उन्हीं के लिए अंग्रेजी में होता है।

यह वक्ता हिंदी-भाषी समाज में हिंदी-प्रेमी के नाम से और अंग्रेजी समाज में हिंदी विद्वान के नाम से जाना जाता है परंतु यदि वह अपने विषय का भी विद्वान हुआ तो वह हिंदी विद्वान कहलाना पसंद भी नहीं करता।

असलियत यह है कि जिसके पास थोड़ी भी अच्छी सामाजिक स्थिति है वह सत्ता के नजदीक रहना चाहता है और यह जानता है कि सत्ता हिंदी के नजदीक नहीं है। सत्ता को हिंदी की ज़रूरत तभी पड़ती है जब किसी न किसी प्रकार से वंचितों का समर्थन प्राप्त करना हो। हिंदी का हिंदीवालों द्वारा एक इस्तेमाल यह भी है कि वंचितों तक पहुँचने के लिए उसका या उसके बोलनेवालों का प्रयोग किया जा सके जैसा विदेशी शासक करते थे।

हिंदी के इस प्रयोग के लिए अपनी सेवाएँ प्रस्तुत करनेवाले लोग वंचितों के अधिकारों के लिए हिंदी का प्रयोग नहीं करते हैं। वैसा प्रयोग कर सकते तो वंचित ही अपने अधिकारों का उपयोग करते हुए अपनी भाषा में प्रशासन कर हे होते। वस्तुतः भाषा का प्रयोग करना कोई स्वयंसिद्ध अधिकार नहीं है—अपने नागरिक और राजनैतिक अधिकार का प्रयोग अपनी भाषा में करना ही भाषा का वास्तविक अधिकार है। अब नया अंग्रेजी हटाओ आंदोलन होता है तो उसका कोई मतलब तभी होगा जब उसकी शक्ल 'अच्छा अनुवाद करो' न होकर 'अनुवाद मत करो' होगी।

[*जनसत्ता*, 'अर्थात्', 23 सितंबर 1990]

दिल्ली मेरा परदेस

[दिल्ली की डायरी]

[राजधानी में नेहरू के अंतिम वर्षों में मनुष्य की परिस्थिति का हवाल; *धर्मयुग*, 1960-63]

दो-चार शब्द

आज से पंद्रह वर्ष पहले जब मेरे मित्र और प्रिय कवि धर्मवीर भारती ने *धर्मयुग* के संपादन का भार सँभाला तो उनके सौजन्य से मुझे *धर्मयुग* के लिए एक पाक्षिक स्तंभ लिखने का अवसर मिला जिसमें दिल्ली के जीवन पर टिप्पणियाँ हों और ऐसी हों कि उनका दिल्ली के बाहर भी कोई अर्थ हो सके। हिंदी पत्रकारिता में स्तंभ लिखना कोई नई चीज नहीं है किंतु जहाँ तक मुझे याद है इस किस्म का स्तंभ उन दिनों किसी पत्रिका में नहीं था जैसा कि मैं लिखना चाहता था। जो थे वे या तो शुद्ध राजनैतिक थे या शुद्ध साहित्यिक थे और इन दोनों विषयों में जहाँ मेल दीखता भी था वहाँ या तो पार्टीगत पक्षधरता प्रधान थी या हिंदी प्रेम की अतिशय विगलित प्रगल्भता (प्रिय पाठक, प्रस्तुत अनुप्रास अनायास ही है) तो यह स्तंभ 'दिल्ली की डायरी' के शीर्षक से मई 1960 में प्रकाशित होना आरंभ हुआ। लेखक का नाम स्थिर हुआ 'सुंदरलाल' और वह इसे जुलाई, 1963 तक बराबर लिखते रहे और छुटपुट नागों के बावजूद इतना नियमित रहे जितना रघुवीर सहाय के लिए कभी संभव न था।

ये तीन वर्ष बहुत महत्त्वपूर्ण थे, उतने ही नहीं जितने कि कोई भी तीन वर्ष हो सकते हैं। नेहरू के राजनैतिक जीवन के वे अंतिम वर्ष थे। 1964 में उनके देहांत के पहले राष्ट्रीय जीवन का चरित्र एक संकट से गुजर रहा था। जिन मान्यताओं के लिए नेहरू कहते और करते थे वे उनके बाद भी बची रहेंगी या नहीं यह प्रश्न एक सांस्कृतिक प्रश्न बन गया था। राजनीति में इसी प्रश्न का रूप था 'नेहरू के बाद कौन?' वास्तव में प्रश्न था नेहरू के बाद कैसे? पर सत्ता की राजनीति में नहीं, केवल विचारों के संसार में पूछा और शांत किया जा सकता था।

मेरे जैसे कई लेखकों के लिए, जो आजादी के वर्ष 1947 में लिखना शुरू कर चुके थे, उसके बाद के करीब दस वर्ष एक तरह के उत्साह के वर्ष थे। उत्साह सबमें था पर हम कुछ अलग ही थे। हम लोग राष्ट्र के नाम पर स्थापित किए जानेवाले हर किस्म के दकियानूसीपन की आलोचना बिना किसी भय के कर सकते थे। हमें अस्पष्ट सही, विश्वास था कि राष्ट्रों को हम ही बना रहे हैं। हमसे पिछली पीढ़ी के लोग तो केवल कालक्रम के संयोग से अधिकारी स्थानों पर हैं—उनकी सृजन शक्ति क्षय हो रही है और वे एक नए राष्ट्र की रचना का संकल्प सिर्फ दोहरा रहे हैं। हम इसके विपरीत प्रयोग कर रहे हैं, दुनिया को और अपने देश को समझ रहे हैं और कुछ नई प्रतीतियाँ और समवेदनाएँ विकसित कर रहे हैं जो आगे रचनात्मक शक्तियों के काम आएँगी।

1957 से लेकर 67 तक का दशक वह था जिसमें यह विश्वास बार-बार झकझोरा गया। पर यह टूटा नहीं। टूटना तो दूर समाजवादी विचारों के अनुसार समाज में मानव संबंधों को समझने की इच्छा और शक्ति इसी दशक में सबसे अधिक विकसित हुई। पंचवर्षीय योजनाओं में होनेवाले व्यय और एकदम नीचे के स्तर तक पहुँचनेवाले उसके लाभ में कितना विषम अनुपात है यह जाना गया, राष्ट्रभाषा के नाम पर कितनी संकीर्ण बुद्धि और यथास्थितिवादिता पनप रही है, यह रहस्य खुला और उपदेशों से भाषा कितनी अर्थहीन हो चली है यह अनुभूति पहली बार हुई।

जिन्होंने 1947 में बनी बनाई प्रसिद्धि पाई थी उन्हें भाषा की कोई चिंता न थी। मगर भाषा

में अर्थ है, समाज की सही समझ द्वारा खोजकर पाया जा सकता है, न रह गया हो तो कर्म के द्वारा दिया जा सकता है—उसकी जगह पत्थर से काम लेना अपनी पराजय स्वीकार करना है, यह भाव हमारी पीढ़ी में बना रहा। इसमें और उस भाव में जो इस दशक में लिखना आरंभ करनेवाले लेखकों के मन में भाषा के प्रति बहुत बड़ा अंतर था। उनकी नीयत पर अविश्वास न करते हुए भी कहना होगा कि वे एक अर्थच्युत भाषा को सिर्फ कठोर शब्दों के इस्तेमाल से जिलाना चाह रहे थे। जिन्होंने इसके पिछले दशक में लिखना शुरू किया था उनके लिए स्वभावतया यह संभव नहीं था। स्नेह से तन्मय होकर भाषा को अपने नए जीवन के साथ जोड़ सकने का आनंद वे एक बार पा चुके थे; उसकी स्मृति मोहभंग होने न देती थी।

1960 और 63 के बीच आमतौर से भारत-चीन संघर्ष ही एक ऐसी घटना है जो इतिहासकारों को याद आती है, पर वह भारतीय समाज में जो कुछ हो रहा था उसका सीधा परिणाम नहीं थी। ज्यादा सही यह कहना होगा कि उसका असर समाज पर जब पड़ा तो बहुत कुछ ऐसा दीखने लगा जो अभी तक छिपा हुआ था। यह घटना सिर्फ चौंकानेवाली नहीं, अनेक प्रकार से हमारे समाज को नई चेतना देने में समर्थ थी; किंतु 'राजनैतिक राष्ट्रीय एकता' के अतिरिक्त उसका और कोई प्रत्यक्ष उपयोग शायद नहीं हो सका। वक्त ही ऐसा था; नेहरू जो अभी तक हर नए काम के प्रेरक माने जाते थे, अब अपने जीवन के अंतिम दौर में थे। उनका राजनैतिक वर्चस्व अखंड था परंतु उनके इर्दगिर्द सत्ता के दायरे बनानेवालों ने मान लिया था कि इस राष्ट्र में राष्ट्रनिर्माण अपनेआप करते रहने की—और हर संकट झेल लेने की ताकत है ही—हमें अपना निजी भविष्य ही अभीष्ट होना चाहिए।

नेहरू अंतिम समय तक उन बड़े प्रश्नों से जूझते रहे जो राष्ट्रीय जीवन के सबसे महत्त्वपूर्ण प्रश्न थे और जिनमें से कुछ उन्हीं के पैदा किए हुए थे। अपने निधन से तीन दिन पहले अपने मासिक संवाददाता सम्मेलन में उन्होंने एक कागज पर उस दिन के जो महत्त्वपूर्ण विषय पेंसिल से टाँके थे उनमें से कुछ थे—चीन से बातचीत, शेख अब्दुल्ला का पाकिस्तान जाना और चौथी योजना। सम्मेलन खत्म होने पर वह कागज नेहरूजी ऐसे ही छोड़ गए थे। उसे कौतूहलवश मैंने उठाकर उनकी काँपती लिखावट का दुर्लभ नमूना मानकर अपने पास रख लिया था।

'दिल्ली की डायरी' में नेहरू के जीवन के अंतिम चार वर्षों में से तीन की झलक मिलती है। यह स्तंभ जिंदगी के बहुत से पहलुओं को अपने में समेटता है। बहुत-सी चीजें जो बनती-दीखती हैं इसके लेखक को आनंद देती हैं। बहुत-सी जो टूटती दीखती हैं वे लेखक से कोशिश करवाती हैं कि वह उन्हें जोड़े। गद्य में यह सब करना मेरे लिए एक रचनात्मक अनुभव था हालाँकि मैं न कहानी लिख रहा था न गद्यकाव्य। कोई डेढ़ सौ किस्तों से में चुनकर मैंने यहाँ वे ही अंश रखे हैं जो अपने वक्त का हाल देते हों तो अच्छा, और न देते हों तो अच्छा, मगर इसलिए पढ़ने लायक हों कि उनमें एक सामाजिक चेतना है, सिर्फ शैली की सुंदरता नहीं।

इस संग्रह का नाम 'दिल्ली मेरा परदेस' क्यों है, यह भी थोड़े में कह देना उचित होगा। दिल्ली मेरा देस नहीं है और दिल्ली किसी का देस नहीं हो सकती। उसकी अपनी संस्कृति नहीं है। यहाँ के निवासियों के सामाजिक आचरण को कभी इतना स्थिर होने का अवसर मिल भी नहीं सकता कि वह एक संस्कृति का रूप ग्रहण करे। अधिक से अधिक वह सभ्यता का, बल्कि उसके अनुकरणों का एक केंद्र हो सकती है। सो वह है। और अपनी तमाम स्मृतियों के साथ है। मैं 1951 की गरमियों में *प्रतीक* का सहायक संपादक होकर दिल्ली आया था। तब से इस शहर के कुछ हिस्से मेरी निगाह में उतने ही खूबसूरत हैं, यहाँ मौसम का आनाजाना उतना ही प्रकट है और धूप और पेड़ और सूखे पत्ते उतने ही पवित्र हैं। तमाम इलाकों को जहाँ आज बड़ी-बड़ी सड़कें या इमारतें हैं, मैंने नंगा देखा है और इसकी याद की भी एक गुदगुदी है। जिंदगी में जो दो काम किए हैं—अखबारनवीसी और

कविता—उन दोनों की सबसे अच्छी स्मृतियाँ भी यहीं की हैं। और मुफलिसी की मस्तियाँ और पस्तियाँ भी। परंतु ये दिल्ली की सबसे बड़ी देन नहीं है। सबसे बड़ी देन तो एक परदेसीपन है : एक अजब तरह का स्निग्ध एकांत जिसमें जब चाहो तब भीतर चले जाओ, चाहे कितनी ही भीड़ में क्यों न हो, और जिसमें से जब चाहो जरा देर के लिए बाहर आ जाओ, कोई देखेगा नहीं।

गणराज्य दिवस 1976
नई दिल्ली

रघुवीर सहाय

राजरथ के तले

पिछले महीने भूडोल ने आकर दिल्लीवालों को जगा दिया। यह नहीं कि वे सबके सब सो रहे थे, लेकिन यह जरूर है कि ऐसी घटनाएँ उनके ऊपर कम ही घटती हैं जो उन्हें झकझोरकर खुद कुछ करने पर मजबूर कर दें। यों तो थोड़ी बहुत छेड़छाड़ जमाना उनके साथ करता ही रहता है—कभी पानी में क्लोरीन ज्यादा है, कभी बिजली 15-15 मिनट के लिए चली जाती है—लेकिन सरकारी या अर्द्धसरकारी छेड़छाड़ के वे अभ्यस्त हो चुके हैं। यह हालाडोला, ईश्वर का पैदा किया हुआ था और इससे आतंकित होना बहुत सही था।

जब उस दिन रात को (शायद 27 अगस्त की) पहली बार झटका लगा तो अधिकांश लोग खा-पीकर सोने की तैयारी कर रहे थे—कुछ खाने पर बैठे ही थे—कुछ सो भी गए होंगे। एकाएक गड़गड़ाहट हुई और रोशनियाँ बुझ गईं और मकान एक बार आगे एक बार पीछे को हुआ। 'पाँव तले की जमीन खिसक जाना' क्यों कहा जाता है, समझ में आ गया।

सरकारी बस्तियों के दरबानुमा मकानों में एक आदमी अँधेरे में दरवाजा न पाकर छज्जे पर से फाट पड़ा। लेकिन करीब-करीब सभी आदमी बाहर निकल आए। निस्संदेह अपवाद रहे होंगे पर कम से कम एक बस्ती में यह देखा गया कि मर्द सबसे पहले बाहर आए ('मर्द हो तो मैदान में आओ' नहीं सुना?) औरतें बच्चों को टाँगे हुए पीछे-पीछे आईं। एक गर्भवती ज़ीने पर पाँव ऊँचा-नीचा पड़ जाने से लुढ़ककर घायल हो गई। एक वृद्धा छटपटाकर बेहोश हो गई। जिस उमर में बच्चे बहुत सवाल पूछने लगते हैं, उस उम्र की एक लड़की पूछने लगी, 'हम लोग बत्ती बुझाकर बाहर क्यों आए हैं?'

थोड़ी ही देर बाद आसपास के टोलों से उत्सुक पुरुष यह पूछते हुए निकलने लगे कि आपकी छत में कितनी बड़ी दरार पड़ी और चौखट पर से कितना पलस्तर उखड़ा। हर कोई अपने डर और अपनी घबराहट को दूसरे की हालत से तौलकर संतोष कर रहा था। जरा ही देर में बूँदाबाँदी शुरू हो गई और पहली मंजिलवालों ने घर के सामनेवाले बरामदों में डेरा डाला, दूसरी मंजिलवाले भटकते रहे।

हर मौके पर लोगों ने भूकंप में डर को बातों में टालने की कोशिश की लेकिन बातों का सिलसिला कुछ ऐसा चला कि अगले 6-7 दिनों तक सिर्फ भूकंप ही शीर्षक बना रहा। बाज-बाज लोग तो इतनी बेसिर-पैर की बातें करते थे कि जी में आता था भूडोल—सचमुच का भूडोल—एक बार आ ही जाए। तब जरा इनको मालूम हो कि मुसीबत के वक्त अक्ल का इस्तेमाल कैसे करना चाहिए और संगठित समाज में व्यक्ति का व्यवहार विपत्ति के समय क्या होना चाहिए। हमारे देश में विश्वव्यापी युद्ध का असर दामों के बढ़ने और कुछ नौदौलतिए पैदा हो जाने तक ही सीमित रहा—औद्योगिक जीवन में पत्थर-कंकरीट और लोहे से जकड़े हुए संगठित निवासों के छिन्न-भिन्न हो जाने से क्या होता है—यह हमको जानने का अवसर नहीं मिला। गाँव में बाढ़ें आती रहती हैं—लेकिन शहर की जिंदगी में जो कड़ापन, लचीलेपन का अभाव होता है उसमें जगह-जगह छिद्र कर जानेवाली कोई दैवी विपत्ति भी हमने नहीं देखी। अपने यहाँ के अर्द्धविकसित औद्योगिक समाज में कुर्सी-मेज पर

बैठकर काम करनेवालों का वर्ग किसी भारी उथलपुथल में क्या करेगा, देखना रोचक होगा। कुछ लोग इसे निर्ममता भी कह सकते हैं, पर यह भी तो सोचिए कि उतनी बड़ी उथलपुथल होने से क्या कोई देखनेवाला बच रहेगा?

[11.9.62]

●●

जिस समय लोकसभा ने संविधान में 14वाँ संशोधन करके केंद्र शासित प्रदेशों को निर्वाचित विधानसभाओं का अधिकार प्रदान किया उस समय दिल्ली के नेताओं को जो दुःख हुआ वह समझा जा सकता है—बहुत दिनों से, खासकर पिछले आम चुनावों में नगरनिगम में कांग्रेस की भारी विजय के बाद से यह आवाज उठ रही थी कि दिल्ली से पहले की तरह मुख्यमंत्री और विधानसभा होनी चाहिए—वह इच्छा इस संशोधन के स्वीकार होने के साथ-साथ शायद हमेशा के लिए अधूरी रह गई। गोवा और पांडिचेरी को विधानसभाएँ मिलेंगी, दिल्ली को नहीं मिलेगी। संसद के बाहर भी दिल्ली के कांग्रेस सदस्यों ने काफी जोर लगाया था। लोकसभा में श्री ब्रह्मप्रकाश (जो एक समय दिल्ली के मुख्यमंत्री रह चुके हैं), श्री नवलप्रभाकर और श्री शिवचरण गुप्त ने नगरनिगम के नाकामयाब रहने की दलील दी और दिली विकास परिषद्, दिल्ली प्रशासन और केंद्र सरकार में अच्छा समन्वय न रहने की शिकायत की। पर नेहरूजी और लालबहादुरजी अडिग थे, उन्होंने यही कहा कि दिल्ली की समस्याएँ और ही हैं और हद से हद यही हो सकता है कि वर्तमान नगरनिगम आदि में कुछ सुधार कर दिया जाए।

फिलहाल यह माँग छोड़ी नहीं गई है हालाँकि दिल्ली प्रदेश कांग्रेस में प्रधानमंत्री के इस आश्वासन का स्वागत किया गया है। जानकार लोगों को ऐसा विश्वास है कि विधानसभा न सही, सारे दिल्ली के लिए किसी प्रकार की एक सत्ता स्थापित कर दी जाए तो भी संतोष कर लिया जाएगा, पर यह सत्ता नगरनिगम से कुछ ज्यादा अधिकार संपन्न होनी चाहिए।

संविधान में जिस संशोधन का जिक्र ऊपर किया गया है उसके लिए सरकार द्वारा प्रस्तुत विधेयक में दिल्ली का उल्लेख था ही नहीं। मजे की बात यह है कि दिल्ली को भी इसमें शामिल करने का प्रस्ताव एक संशोधन के रूप में कम्युनिस्ट पार्टी की ओर से आया। कम्युनिस्ट राजनीति पद्धति में संसदीय लोकतांत्रिक व्यवस्था का कोई स्थान नहीं होता, पर संसद में इधर यह अक्सर देखने में आया है कि कम्युनिस्ट सदस्य संसदीय मर्यादाओं की रक्षा के लिए बहुत उत्सुक रहते हैं। संसदीय अधिकारों के पूर्ण उपभोग का आग्रह करने का कोई भी मौका वह हाथ से जाने नहीं देते। इसका क्या कारण है, इस पर अनेक मत हैं पर उनमें सही जो हो इतना निर्विवाद है कि उनकी इस वकालत ने संसद के बाहर काफी ध्यान आकृष्ट किया है।

खैर, दिल्ली के प्रशासन की समस्याएँ वाकई बहुत तरह की और बहुत उलझी हुई हैं और केंद्र सरकार का बहुत-सा समय उनको देखने-समझने में लगता है इसमें कोई शक नहीं। पिछले अधिवेशन को ही लीजिए तो संसद सदस्यों ने दिल्ली से संबद्ध जितने प्रश्न पूछे उतने शायद पहले कभी नहीं पूछे थे। इन प्रश्नों में दिल्ली के चिड़ियाघर में जानवरों को राशन पूरा मिलता है या नहीं—यहाँ से लेकर वृहत्तर दिल्ली की नवीनतम योजनाएँ क्या हैं—यहाँ तक के सवाल थे। एक सदस्य ने अपने प्रश्न के सिलसिले में यह जानना चाहा था कि क्या बिना शराब के चिड़ियाघर के शेर काम नहीं चला सकते? पर अध्यक्ष महोदय ने यह सवाल पूछने नहीं दिया। उन्होंने कहा, जानवरों की ओर से मंत्री महोदय कोई आश्वासन कैसे दे सकते हैं।

[11.9.62]

●●

राजधानी में संसद भवन के सामनेवाले चौराहे पर गोल चक्कर के अंदर खाइयाँ खोदी जा चुकी हैं—जिस वक्त तक यह अंक आपके सामने पहुँचेगा, कई जगह और भी खाइयाँ खुद चुकी होंगी।

पिछले दिनों गृहमंत्री श्री लालबहादुर शास्त्रीजी ने सैनिक और असैनिक अधिकारियों को बुलाकर इन खाइयों तथा हवाई हमले से बचाव के संबंध में और उपायों पर बात की थी। साधारण जनता को इस तरह के उपायों का कोई अनुभव नहीं है—जो कुछ है वह पिछले महायुद्ध के समय धुँधली स्मृति-सा ही है। लगभग डेढ़ महीना हुआ, नागरिक सुरक्षा के प्रधानाधिकारी ने एक परचा अखबारों में छपवाया था जिसमें हवाई हमले से बचाव के मोटे-मोटे उपाय लिखे हुए थे। ये उपाय फिर कहीं छिपे हुए या इश्तिहारों की शक्ल में नगर की प्रमुख जगहों पर टँगे हुए नहीं दिखाई दिए। शायद यह खयाल रहा हो कि लोगों में घबराहट न फैल जाए। पर यह खयाल रहा हो तो शायद यह बहुत ठीक नहीं है। यह जानकर कि अपने को बचाने के लिए क्या करना चाहिए किसे घबराहट होगी? हाँ, अगर साथ-साथ यह भी फिक्र रहे कि जो कुछ किया जा रहा है वह यथेष्ट नहीं है तो जरूर घबराहट हो सकती है पर वह दूसरे किस्म की है—आतंक से उत्पन्न न होकर वह देशभक्ति से ही उत्पन्न है। कहना न होगा कि उस घबराहट के लिए जनता को दोषी नहीं ठहराया जा सकता।

संसद के सामनेवाले चौराहे पर खुदी हुई खाइयों को बराबर साफ और उपयोगी दशा में रखा जा सकना शायद ज्यादा आसान है पर दूरदराज बस्तियों में उनका रखरखाव जरूर बहुत मुश्किल होगा। मोहल्ले के लोग चौकन्ने रहें और उन्हें सार्वजनिक शौचालय के रूप में प्रयुक्त न होने दें—इसकी बहुत जरूरत है। और नहीं तो उनमें थूकें मत। टूटी बोतलें भी उनमें न फेंकी जाएँ और बच्चों को भी खेलते-खेलते उनमें न गिरने दिया जाए। इस समय राष्ट्रीय एकता की भावना अवश्य बड़ी प्रबल है पर सामाजिक उत्तरदायित्व की भावना तो सीखने से ही आती है, संकट से नहीं और आज वह जो है वह पिछले वर्षों की सीखी हुई चीज है। अन्य शहरों से ज्यादा स्पष्ट रूप में आज दिल्ली में सामने आ रही है। जिस वक्त यहाँ लोगों को मालूम हुआ कि चाँदनी चौक में कुछ दुकानों के सामने ईंट की जो दीवारें खड़ी की गईं उनमें सीमेंट से ज्यादा बालू की जुड़ाई की गई है, यह फिक्र हुई और बिलकुल ठीक हुई कि कहीं बिना बम गिरे ही यह दीवार हमारे ऊपर न गिर पड़े। यों, फर्ज कीजिए उनके नीचे दबकर कोई बकरी मर जाए तो भी यह डर नहीं है कि अंत में राजा साहब को स्वर्ग जाना पड़ेगा। दूसरी चिंता जो बहुतों को हुई होगी वह यह है कि आखिर वे लोग हैं कौन जो आज भी बालू की दीवार खड़ी करना चाहते हैं? हमारे समाज में उनका क्या स्थान है और अब से क्या रहना चाहिए।

इस तरह की जिज्ञासाओं से यहाँ वातावरण कटु नहीं हो गया है, यह एक बड़ी बात है और अच्छी बात है। इनका श्रेय बहुत कुछ भारतीय व्यापार उद्योग संस्थाओं के संघ को है जिसने करीब 500 व्यापारियों की एक बैठक दिल्ली में बुलाकर स्पष्ट कह दिया था कि (अध्यक्ष श्रीयुत श्रेयांस प्रसाद जैन के शब्दों में) आज व्यापारी वर्ग की परीक्षा का समय है और जनता उसे सिर्फ इसी आधार पर जाँचेगी कि वह जनता के साथ कैसा व्यवहार करता है। फिर एक के बाद एक तमाम व्यापार प्रतिनिधियों ने यह घोषणा दोहराई कि वे किसी तरह के लालच में पड़कर जरूरत से ज्यादा मुनाफा लेनें की कोई कोशिश न करेंगे।

[16.12.62]

●●

दिल्ली में रामलीला मैदान बहुत बड़ी सार्वजनिक सभाओं के लिए चुना जाता है, नेहरूजी वहीं बोलते हैं, और छोटी सभाएँ गाँधी मैदान में, जो चाँदनी चौक के पास है, ज्यादातर हुआ करती हैं। लेकिन पिछले तीन महीनों में एक नई बात देखने में आई है कि कनाट प्लेस में भी जोरदार सार्वजनिक सभाएँ होने लगी हैं। यों कहा जा सकता है कि जनमत का वह अंश जो अंग्रेजी पढ़े-लिखे साधन-संपन्न लोगों की देन है, अब पहले से ज्यादा महत्त्वपूर्ण हो गया है और उस पर असर डालना सब पार्टियों के लिए जरूरी हो चला है। कनाट प्लेस में एक काफी बड़ा मैदान है जहाँ पहले एक बैरकनुमा इमारत थी और अब जीवन बीमा निगम के भवन के लिए उसे खाली छोड़ रखा गया है। इस मैदान में जो सभाएँ होती हैं और शाम को कनाट प्लेस में मटरगश्ती करनेवाले समाज का एक अच्छा खासा अंश भाषण सुनने के लिए वहाँ आसानी से जमा हो जाता है। पिछले महीने यहाँ एक महत्त्वपूर्ण सभा हुई थी जिसमें इंदिरा गाँधी ने कहा था कि प्रत्येक व्यक्ति को आज अपनी जगह मजबूती से, विवेक से, और जिम्मेदारी से काम करना है। इस भाषण का गहरा असर हुआ था। पर जब सभा विसर्जित हो गई तो एक दृश्य ऐसा देखा जिसे आपको बताना जरूरी है।

लोग जाने लगे। शांति थी, कोई धक्कमधुक्का न था, पर पुलिस के एक डिप्टी सुपरिंटेंडेंट महोदय एक जगह खड़े खाहमखाह अपनी छड़ी हिला-हिलाकर मानो जनता को उस तरफ आने से रोक रहे थे। शायद सोच रहे हों कि मेरे हाँकने से ही ये लोग सही रास्ते पर जा रहे हैं—मैं इस उपहासास्पद दृश्य को कुछ और निकट से जाकर देखने लगा।

वह समझे कि मुझे उनसे कुछ कहना है। पर जब मैं कुछ न बोला तो उन्होंने सोचा शायद मैं मौन रहकर कोई विरोध प्रकट कर रहा हूँ। कुछ आगे बढ़कर बोले : 'मैं आपसे तो कुछ नहीं कह रहा हूँ।' उनका मतलब था—आप क्यों मुझे घूर रहे हैं, मैं आपको तो नहीं हाँक रहा हूँ।

मैंने कहा : 'आप मुझे सफेदपोश समझकर बख्शे दे रहे हैं, धन्यवाद, पर क्या बाकी लोगों को आप अपराधी, गुंडा, गैरजिम्मेदार समझकर छड़ी दिखा रहे हैं? पहले तो आप सब लोगों का अपमान करें फिर, सबमें कुछ को छाँटकर अलग कर लें और उनसे कहें कि आप तो शरीफ आदमी हैं यह कुछ समझ में नहीं आया।'

[30.12.62]

●●

साधारण आदमी के चरित्र पर अविश्वास की यह प्रवृत्ति कई जगह पाई जाती है। जिस सभा का यह जिक्र है उसी में नेताओं के भाषण समाप्त होने के बाद, संयोजकों ने एलान किया, 'अब राष्ट्रगान होगा, खड़े हो जाइए।' क्या राष्ट्रगान के 15 वर्ष के प्रचलन के बाद भी आपको इतना विश्वास नहीं कि सब लोग खड़े होकर ही राष्ट्रगान गाएँगे? क्या आप सिर्फ इसलिए सारी जनता को बेवकूफ समझते हैं कि आपको हर बात में हुक्म बजाने की आदत है? लोग तो खड़े होते ही, और हुए। मैंने सुना पीछे खड़े सिक्योरिटी विभाग के एक अधिकारी गा रहे हैं 'गावें सब जय गाथा' पर उतने बड़े मजमे में उनका अज्ञान तालाब में मछली की तरह छिप गया था। शायद उन्होंने सोचा हो 'तब जय गाथा' से अच्छा है कि सब जय गाथा गावें।

राष्ट्रगीत साथ मिलकर गाना है एक उम्दा अनुभव। और शुरू में जो झिझकते हैं वे भी आगे-पीछे, समुदाय में कहीं से आवाज आती सुनकर सुर मिला देते हैं। मुझे याद है, हिंदी साहित्य सम्मेलन का

एक आयोजन कुछ महीने पहले राष्ट्रपति भवन में हुआ था। समारोह के बाद किसी कन्या विद्यालय की छात्राएँ राष्ट्रगीत गा रही थीं, पर सामने की पंक्ति में खड़े साहित्य सेवी सब चुप थे। एकाएक देखा सब चुप नहीं हैं; बच्चनजी गा रहे हैं। उस चिर-परिचित संगीतमय कंठ का अनुसरण करके दाएँ-बाएँ से और भी लोग गा उठे और अशोक कक्ष गूँज उठा जैसे कि राष्ट्रगान से गूँजना चाहिए।

[16.12.62]

●●

प्रधानमंत्री के प्रतिरक्षा कोष में रुपए और सोने की जो अजस्र गंगा-यमुना उतरती चली आ रही है उसमें एक छोटी-सी सरस्वती विदेशी मुद्रा की भी है। पश्चिमी जर्मनी में भारतीय विद्यार्थियों और जर्मन व्यापारियों ने करीब 56 हजार मार्क जमा किए, रूस में भारतीयों ने कोई 17 सौ रूबल दिए, कीनिया के भारतीयों ने जन्मदिन की भेंट कहकर नेहरूजी को साढ़े छत्तीस सौ पौंड भेजे। प्रधानमंत्री के कार्यालय में दिन-प्रतिदिन पर्वताकार होते हुए उन पत्रों के अंबार में, जो भेंट देनेवाले लिखते हैं, किसी सामान्य नागरिक का एक यह भी पत्र है : 'बहुत दिनों से विदेश-यात्रा की यादगार की तरह ये कुछ डालर के नोट अपने पास रखे हुए था। आज की स्थिति में उस तुच्छ यादगार का क्या महत्त्व है, यह समझकर इसे आपके पास भेज रहा हूँ, जहाँ शायद इसका कुछ महत्त्व हो।' (यह कहने की आवश्यकता नहीं कि भारत को तात्कालिक आवश्यकता के लिए विदेशी मुद्रा की बहुत जरूरत है।)

विद्यार्थियों के जिस जुलूस ने कुछ दिन हुए दिल्ली में दो-एक दूकानों के साइनबोर्ड उतार फेंके थे और बाद में कनाट प्लेस में एक जोरदार विरोध सभा की थी, कहा जाता है कि उनके नेता जुलूस में नहीं थे, पर सभा में थे। सभा में केवल भाषण करना ही होता है। जुलूस में अपने अनुयायियों को सँभालना होता है। दोनों में से अधिक दुष्कर काम कौन है, नहीं कहा जा सकता, लेकिन इतना तय है कि भाषण देना हर एक के बस का रोग नहीं है। इस विरोध सभा में नेताओं ने जो भाषण दिए उनमें एक स्वर यह भी था कि : 'हम तो तिब्बत में बढ़े चलेंगे।' दूसरे ही दिन पीकिंग रेडियो ने यह वाक्य उद्धृत करके एशिया-अफ्रीका के नवोदित राष्ट्रों के सामने भारत की एक मनगढ़ंत तसवीर पेश कर दी। क्या इस तसवीर के रँगने में उन नेता महोदय ने पीकिंग का हाथ नहीं बटाया था जिन्होंने इतनी बेतुकी बात कह डाली, सिर्फ इसलिए कि उनका जोश उनमें समा नहीं रहा था।

थोड़ी देर पहले लड़कों ने एक दूकान का साइनबोर्ड उतारकर पैरों तले इसलिए रौंद डाला था कि उनका जोश उनमें नहीं समा रहा था। यह हरकत और भी घटिया थी क्योंकि साइनबोर्ड पर 'ड्रैगन' शब्द जरूर लिखा था लेकिन दूकान का मालिक किसी तरह से भी चीनी न था, वह ठेठ भारतीय था।

[27.11.62]

●●

पिछले दिनों उस 'एकता' के भीतर झाँकने को मिला जो चीन के जोरदार आक्रमण के बाद हमारे नेताओं के शब्दों में 'हमें वरदानस्वरूप मिली थी।' आपको याद होगा, तब यहाँ तक कहा गया था कि चीन ने आक्रमण करके हमारा इतना हित अवश्य किया है कि हमें एक कर दिया है।

राजधानी में जब कृष्णा गोदावरी विवाद पर गुलाटी आयोग का प्रतिवेदन प्रकाशित हुआ तो

मालूम हुआ कि मैसूर और महाराष्ट्र के प्रतिनिधि काफी असंतुष्ट हैं कि आंध्र को अधिक लाभ मिल गया और यह असंतोष इतना अधिक है कि पार्टी के अनुशासन से दमित नहीं हो सकता। राजनीतिक संगठन से ज्यादा महत्त्व ये प्रतिनिधि अपने क्षेत्र के हित-अहित को देते हैं और यह भी जानते हैं कि यदि दिल्ली में उन्होंने अपने मतदाताओं की पैरवी न की तो अपने चुनाव क्षेत्र में सक्रिय दूसरी पार्टियों के कार्यकर्त्ता यह काम अपने जिम्मे ले लेंगे। यह उनके राजनीतिक भविष्य के हित में न होगा।

कुछ इसी तरह का चित्र रेंड नदी से प्राप्त होनेवाले लाभ को लेकर भी उभरता है। इसमें मध्यप्रदेश और उत्तरप्रदेश, दो हिंदीभाषी राज्यों की एक नई तसवीर दिखाई देती है। उनका मतभेद भाषा पर नहीं आर्थिक विकास के साधनों पर है।

भाषा को मैसूर महाराष्ट्र आंध्र के विवाद में भी कुछ नहीं करना है। वहाँ सवाल सिर्फ यह है कि कृष्णा और गोदावरी का अधिक पानी आंध्र में सिंचाई करने के लिए जाए या मैसूर, महाराष्ट्र में बिजली बनाने के लिए।

जब हम बार-बार अपनी एकता का एलान कर रहे थे और सबको एक झंडे तले आ जाने का महत्त्व बता रहे थे तब भी हम जानते थे कि ये मतभेद हैं। और भी मतभेद हम जानते थे कि हैं—जैसे पंजाबी, बंगाली, बिहार के; ब्राह्मण, ठाकुर, कायस्थ के और अमीर, गरीब के। लेकिन शायद इस भय से कि भय से एकत्र जनता बिखर जाएगी, कुछ समय के लिए इनकी अनदेखी करना ही उचित समझा गया।

अब जब कि भय नितांत आसन्न नहीं है, ये सब मतभेद जाग रहे हैं। इस वक्त सही रास्ता सिर्फ एक है—वह यह कि इन मतभेदों को समझा जाए। ये क्यों हैं और कहाँ से आते हैं? एकता आयोग ने अपना काम बीच ही में छोड़कर जो घोषणा की थी कि हमारा काम चीन ने कर डाला, उसे वह चुपचाप भूल जाए और अपने काम को खुद करने का प्रयत्न करे तो वह देश के प्रति ज्यादा ईमानदारी बरतेगा।

जिन विवादों का ऊपर जिक्र किया गया है वे नए नहीं हैं। विकास का काम जहाँ-जहाँ हुआ है, उसने धरती का नक्शा थोड़ा-बहुत बदला है, लेकिन आदमी के दिमाग का नक्शा वहीं रहने दिया है। उसमें अगर कुछ परिवर्तन आया है तो यही कि पहले से ज्यादा लोग पैसे का इस्तेमाल अपने आराम के लिए करना सीख रहे हैं। सवाल यह है कि आर्थिक विकास जैसे व्यापक साधन को रूढ़ियाँ तोड़ने का साधन क्यों नहीं बनाया गया? नदियों के मामले में जैसे प्रादेशिक विकास के लिए मंडल स्थापित करने की बात अब सोची जा रही है वैसे ही पहले क्यों नहीं सोची गई? क्या इसका कारण यह नहीं था कि उस समय यह उपाय एक क्रांतिकारी उपाय होता और सत्ताधारी दल के असंख्य रूढ़िग्रस्त मतदाताओं का समर्थन उसे न मिलता, फलतः सत्ता खतरे में पड़ जाती? यदि यही, या कि मुख्यतः यही कारण था तो चिंतनशील वर्ग को इससे ग्लानि होना स्वाभाविक है। उसे यह भी स्पष्ट हो जाना चाहिए कि देश को एकता के सूत्र में बाँधना अकेले भाषा के बस के बाहर है।

[31.3.63]

●●

एक चीज ने जरूर आदमी को बदल दिया है और वह है भ्रष्टाचार। गृह मंत्रालय के खर्च के लिए संसद से जब रुपया माँगा गया तो लोकसभा के सदस्यों ने पार्टी के बंधनों से परे जाकर, चारों ओर से, प्रशासन में भ्रष्टाचार दूर करने की माँग की। अब यह स्पष्ट है कि भ्रष्टाचार दूर करने की माँग किसी दल विशेष की माँग नहीं है, जो अपना पक्ष प्रबल करने के लिए की जा रही है। साथ ही यह

भी दिखाई दे चला है कि सब पार्टियों से यही आवाज उठने का एक नतीजा यह भी हो सकता है कि सत्ताधारी पार्टी को इसका इलाज करने की उतनी जल्दी न रह जाए जितनी सिर्फ विरोधी दलों से यह आवाज उठने पर होती है। यह भी हो सकता है, जैसा अक्सर होता है कि जिसकी सब लोगों को शिकायत है वह बीमारी एक आम बीमारी मान ली जाए और उसे सब लोग स्वीकार कर लें।

हैजा या चेचक को दूर करने में सरकार तत्परता न दिखाए तो उससे जवाबतलब किया जा सकता है पर खाँसी-जुकाम के विरुद्ध अभियान न चलाए तो कोई क्या कर लेगा।

उत्तरप्रदेश से निर्वाचित एक निर्दलीय सदस्य ने इस बहस में एक बहुत उम्दा बात कही। उन्होंने कहा : 'आज से तीन साल पहले जब किसी को रिश्वत लेने का लालच दिया जाता था तो वह कहता था 'ना साहब, रिश्वत मैं न लूँगा, मेरे आगे बाल-बच्चे हैं।' आज जब वह रिश्वत लेता है तो कहता है, 'क्यों न लूँ साहब, मेरे आगे बाल-बच्चे हैं।'

[31.3.63]

●●

जिस समय आप यह डायरी पढ़ रहे होंगे, वसंतपंचमी राजधानी में तरह-तरह से मनाई जा रही होगी, उन स्कूलों और मोहल्लों में जहाँ बंगाल के लोग ज्यादा हैं, सार्वजनिक सरस्वती पूजा का आयोजन होगा; धर्मप्राण वैष्णवों की बस्तियों में मंदिर सजाए गए होंगे और भगवान को नया परिधान दिया गया होगा। जिनकी पहुँच इन अनुष्ठानों तक नहीं होगी (पहुँच, यानी शारीरिक पहुँच। दूर नई बस्तियों में रहनेवालों की बात कह रहा हूँ) उन्होंने घर में ही वसंत मनाया होगा। वसंती रंग से रँगा कुर्ता-धोती पहना गया होगा और थोड़ा पकवान भी बना होगा। या शायद यह मेरी शुभाकांक्षा ही है—क्योंकि दिल्ली के जीवन में हर चीज इतनी तेजी से बाजारू होती जा रही है कि धोती-कुर्ता पहनना साधारण आदमी तो भूल ही चुका है। कैलाश कालोनी में सत्यनारायण भगवान की कथा आरंभ कराते हुए एक पंडितजी को देखा था, वे भी सफेद कमीज काली पतलून पहने पालथी मारे बैठे और 'कभी तनहाइयों में भी हमारी याद आएगी' की तर्ज पर कोई भजन गाकर भक्तों को जुटा रहे थे। अगर यह मान भी लिया जाए कि साधारण आदमी को दौड़कर बस पकड़नी होती है, वह धोती कैसे पहने तो सवाल उठता है कि जिन्हें बस पकड़नी ही नहीं होती, मोटरकार में ही मजबूरन चलना पड़ता है, वह भी क्यों मानने लगे हैं कि धोती-कुर्ता सिर्फ पूजा करानेवाले पंडितों की पोशाक है। उनकी अपनी नहीं है (विडंबना तो यह है कि उनका यह मानना भी कैलाश कालोनी वाले पंडितजी ने गलत सिद्ध करके दिखा दिया है)। धोती-कुर्ता न सही अधकचरा कमीज-धोती ही सही या वह भी नहीं तो कुर्ता-पैजामा या उसका भ्रष्टीकरण, कमीज-पैजामा ही सही, पैजामा चाहे धारियोंवाला ही हो, पर वसंती रंग एक ज्यादा बड़ी समस्या है। चाँदनी चौक के, पुरानी वजाकता के कुछ पंसारियों के यहाँ छोड़कर नई दिल्ली में कहीं भी वसंती और पीले का फर्क कोई नहीं जानता। इसलिए अगर आप साधारण बाजारू पसंद से कुछ अच्छी पसंद के आदमी हैं तो वसंती रंग माँगकर बेवकूफ बनने के लिए तैयार रहिए। खैर मैं यह कह रहा था कि वसंतपंचमी के प्रमाण के तौर पर दिल्ली में वसंती रंग का कपड़ा पहने आदमी को ढूँढ़ना गलत होगा। जहाँ तक वसंत के प्रतीक सरसों के रंग और गेहूँ की बाल का प्रश्न है, राजधानी का सुसंस्कृत नवबढ़ आदमी उन्हें नहीं ही जानता। जो एक प्रमाण इस महानगरी में आसानी से खोजा जा सकता है वह है, मौसम, पर सच पूछिए तो वह भी वसंतपंचमी को नहीं उसके कई दिन बाद ही आखीर फरवरी या शुरू मार्च में, सबसे सहज भाव से अपने को पकड़ा दिया करता है। इस वक्त तो सिर्फ उसकी शुरूआत हुई है। गणतंत्र दिवस के आसपास, जाड़े

की धूप पर जो एक निखार हर साल आया करता है, वह आकर उतर चला है—धूप की प्रौढ़ा सुंदरी-सी, मातृत्वमयी हो चली है। नीम पर पतझर आया हुआ है (राजधानी में नीम बहुत है, नीम पर चढ़नेवाली वनस्पति विशेष भी) और सुनहरे में हरे का पुट लिए पत्तों का चूर्ण, हवा ने बुहारकर सड़क के दोनों ओर कुरे दिया है। बड़े पत्तोंवाले वृक्षों ने जो पीले पत्ते गिराए हैं वे चूर नहीं हुए हैं, समूचे उड़कर छोटे-छोटे अचरजों की तरह कहीं घास पर कहीं किसी ठहरी हुई मोटरगाड़ी पर रखे हुए हैं। शरीर का रंग, कुछ खुल आया है और बदन उघरा रखने में एक गोपन सा सुख मिलता है। रात को देर तक बाहर रहने से हवा इतना तरोताजा कर देती है कि नींद नहीं आना चाहती। ऐसे मौसम में आप वसंत मनाइए, अपने देश से और न सही मौसम के बहाने ही नाता जोड़िए—गेहूँ की बाल तो सचमुच मशीनी जिंदगी से दूर की चीज है—और न पहनिए रँगा हुआ कुर्ता, एक रूमाल ही रँगकर ऊपर की जेब में रख लीजिए। पर देखिए रंग पीला न हो, वसंती हो।

[11.2.62]

●●

राज्यसभा में जब द्रविड़ मुन्नेत्र कषगम के प्रतिनिधि ने राष्ट्रपति के प्रति धन्यवाद प्रस्ताव पर बोलना शुरू किया तो प्रेस दीर्घा में बैठे हुए पत्रकारों को बहुत आश्चर्य नहीं हुआ, क्योंकि द्रविड़नाडु की माँग कषगम का पुराना शुगल है। परंतु तब तो हुआ ही जब श्री अन्नदुरै के भाषण में आदि से अंत तक उत्तर और दक्षिण का भेदभाव ही प्रचारित होता रहा, मानो देश की विकासजन्य समस्याओं से उन्हें सरोकार ही नहीं।

श्री अन्नदुरै दक्षिणी फिल्म व्यवसाय के एक जाने-माने स्तंभ हैं। वह फिल्मों की कहानियाँ लिखते हैं। उनकी पार्टी की लोकप्रियता का एक कारण यह भी है। तमिलनाडु में, जहाँ उनका सदरमुकाम है, सब लोग भारत के एक और विभाजन के पक्ष में नहीं हैं। बाकी देश में तो खैर, नहीं ही हैं। प्रधानमंत्री ने राज्यसभा में धन्यवाद प्रस्ताव की बहस का समापन करते हुए श्री अन्नदुरै के भाषण को संक्षेप में चुने हुए शब्दों में, धीरजपूर्वक निराक्रोशवाणी में निबटा दिया है। तो भी यह बात यहीं खत्म हो जाए, ऐसी आशा कुछ बहुत बलवती नहीं दिखाई देती।

उत्तर और दक्षिण हैं। आर्य कौन है और द्रविड़ कौन है, यह ज्ञान तो सदियों के आदान-प्रदान से धूमिल हो चुका है और आदान-प्रदान की वह प्रक्रिया आजादी के बाद धीमी न पड़ जाए इसकी चिंता धूमिल नहीं है, बल्कि और ज्वलंत ही हुई है। इसका प्रमाण कलाओं में एवं केंद्रीय सरकारी नौकरियों में मिलता है। तब फिर कौन से कारण हैं, जिनसे दाक्षिणात्य भारतीयों को उत्तर की ओर से संदेह उत्पन्न होता है या उनकी अपनी सत्ता के प्रति एक रक्षात्मक रवैया उनमें पैदा होता है? वे कारण शायद अधिकार और पदलिप्सा हैं। राजनीति, सांस्कृतिक चेतना नहीं, उन्हें अपना देश अलग बनाने को प्रेरित करती है। और इस आग में ईंधन देते हैं उत्तर के वे भाषा मठाधीश जिनके लिए साइनबोर्ड की भाषा बदलवा देना या भाषा सलाहकार की दस-पाँच नियुक्तियाँ करवा देना, देश की सबसे बड़ी सेवा है। क्या वे दक्षिण की कोई एक भाषा भी सीखने की कभी सोचते हैं। शुरू में प्रचार का झंडा उठा और सरकारी प्रश्रय के लिए जमीन-आसमान एक कर दिए गए, अब कैसे माना जाए कि आपका यह कहना कि हम दक्षिण पर कुछ लादना नहीं चाहते आपकी सच्चाई का सबूत है। देखें, शायद जमाने से सबक लेकर यही नेता कुछ दिन बाद एक कदम और उतरें और नया नारा दें, 'हम भी दक्षिण की भाषाएँ सीखेंगे', पर तब तक कहीं चिड़िया खेत न चुग गई हों।

[6.5.62]

●●

जिस समय आप यह पृष्ठ पढ़ रहे होंगे, दिल्ली में राष्ट्रीय एकता परिषद की कार्यकारिणी की बैठक होनेवाली होगी या हो रही होगी। राष्ट्रीय एकता सम्मेलन ने पिछले साल जो निर्णय किए थे, उनके आधार पर यह परिषद कुछ नियम बनाएगी जिनका पालन विद्यार्थी, राजनीतिज्ञ और समाचार पत्र आदि करें तो देश की एकता बढ़ेगी। यहाँ तक तो ठीक है लेकिन इन नियमों का पालन किया जाए, इसकी कोई व्यवस्था यह परिषद संभवतः न कर सकेगी। वह व्यवस्था तो देश के नागरिकों को अपनी-अपनी जगह आप ही करनी पड़ेगी।

पिछले वर्ष के एकता सम्मेलन में सभी राजनीतिक दलों के प्रतिनिधि बुलाए गए थे। सम्मेलन में अपनी शुभाकांक्षाएँ व्यक्त करने के बाद उन्हें चुनाव में लग जाना पड़ा। चुनाव, आप जानते हैं, होने ही थे और उनके लिए अगर उन विचारों को थोड़ी देर के लिए ताक पर रख देना पड़ा, जो धड़ल्ले से उन सब लोगों ने व्यक्त किए थे, तो इसे बुरा नहीं कहा जा सकता। आखिर यह तो तय ही था कि चुनाव के बाद इन बड़ी-बड़ी बातों पर फिर विचार किया जाएगा।

सम्मेलन निर्णय मोटे तौर पर दो थे। एक : शिक्षा के माध्यम से राष्ट्रीय एकता का संस्कार किया जाए। दो : सभी राज्यों का समान विकास हो जिसमें भेदभाव न रहे। शिक्षा की जरूरत यद्यपि उस पीढ़ी को ही सबसे अधिक है जिसने आजादी के बाद सत्ता के लालच में भाषा, धर्म, जाति और प्रांत को लेकर जनसाधारण को भड़काया है, लेकिन बूढ़े तोते कहीं पढ़ाए पढ़ते हैं। अब तो सिर्फ एक ही उपाय रह गया है कि नई पीढ़ी को सही रास्ते पर चलना सिखाया जाए। नई पीढ़ी को बहुत उपदेश दिया जा चुका है, अब उसे उपदेश की उतनी जरूरत नहीं है, जितनी उस उपदेश पर चलने की सुविधाओं की है।

सच पूछिए तो राष्ट्रीय एकता की आकांक्षा नई पीढ़ी के मन में उतनी ही प्रबल है जितनी उसके उपदेशकों के मन में है। ज्यादा ही हो, तो कुछ आश्चर्य नहीं, क्योंकि उसे मालूम है कि उसके विश्वासों की जो इमारतें गिराई गई हैं, उनका मलबा उसी को ढोकर साफ करना है। सवाल तो अब यह है कि वह किस रूप में संगठित होकर इस अंतराकांक्षा के लिए आंदोलन करे। राजनीतिक दलों में शामिल होना शायद कुछ बहुत उपयोगी न हो, क्योंकि अधिकांश राजनीति आज मतभेदों को उभारने पर आश्रित है—वैसा किए बिना वह चल ही नहीं सकती।

अतएव एक महत्त्वपूर्ण प्रश्न जो राष्ट्रीय एकता परिषद की वर्तमान बैठक में विचाराधीन होना चाहिए वह नई पीढ़ी को न्याय और समान अवसरों के लोकतंत्रीय सिद्धांत के पालन में आस्था दिलाने का प्रश्न है। शायद यही एक चीज है जो नवयुवकों को देश के प्रति सब अर्थों में वफादार होने की प्रेरणा दे सकती है। भारत के सांस्कृतिक वैविध्य में आज हम राजनीतिक ऐक्य खोज रहे हैं, अकबर और अशोक के आदर्शों की याद नई पीढ़ी को दिला रहे हैं। दरअसल उसे भारत की प्राचीन संस्कृति की काफी जानकारी है। उसे तो वर्तमान राजनीतिक प्रशासनिक व्यवस्था के रूप की चिंता है। आज जबकि उच्चादर्शों से अनुप्राणित नीतियों का पालन सरकारी कर्मचारियों के हाथ में है, देखने की बात यह है कि नगर का प्रबंध करने में, नौकरियों के उम्मीदवार चुनने में, सरकारी अनुदान देने में, जनता की तकलीफें दूर करने में, ये लोग, जिन पर लगभग सभी बड़े-बड़े आदर्शों को बनाने या बिगाड़ने की जिम्मेदारी है, किस तरह आचरण करते हैं। यदि प्रशासन से भ्रष्टाचार मिटाया जा सके, तो नई पीढ़ी को उन आदर्शों में फिर से आस्था होगी, जिनके लिए उनकी मातृभूमि विख्यात है। फिर राष्ट्रीय एकता की अन्य बाधाएँ प्राथमिक नहीं रह जाएँगी, उनके लिए यथायोग्य उपाय किए भी जा सकेंगे और असर भी दिखाएँगे।

[19.5.62]

●●

राजधानी में शासन प्रबंध की और चाहे जो आलोचना की जाए लेकिन यह नहीं कहा जा सकता कि वहाँ केंद्रीय मद्यनिषेध समिति की सिफारिशें लागू करने में जरा भी सुस्ती दिखाई जा रही है। अगले तीन साल में दिल्ली में शराब बिलकुल बंद हो जाएगी (मतलब बिक्री से है, खर्च से नहीं)। विलायती शराब की बिक्री रोकने के लिए पहले तो हर साल उस पर चुंगी बढ़ाते जाएँगे (15 प्रतिशत के हिसाब से), बेचने के लाइसेंस भी कम कर देंगे और ऐसे लोगों की सूची बना देंगे जो कहते हैं कि शराब के लती होने के कारण उन्हें शराब जरूर मिलनी चाहिए। यह पहले साल का कार्यक्रम हुआ।

दूसरे साल से उन क्लबों से लाइसेंस छीन लिए जाएँगे जो सरकारी इमारतों में चलते हैं। (इनमें चेम्सफोर्ड क्लब, जिमखाना क्लब और प्रेस क्लब भी शामिल है) जिनके पास लाइसेंस रहेंगे उन्हें भी सिर्फ एक अलग कमरे में शराब बेचने की इजाजत रहेगी। 1964-65 में क्लबों से कहा जाएगा कि अपने 'लती' सदस्यों का नाम रजिस्टर में दर्ज करके उनका कोटा बाँध दें। यानी हर एक को शराब मिलना संभव नहीं रहेगा क्योंकि क्लबोंवाले 'लती' और गैर-क्लबवाले 'लती' दोनों के नाम लिखे जा चुके होंगे और वे ही शराब खरीद सकेंगे।

शराबबंदी के तीसरे और अंतिम वर्ष में शराब आम दूकानों पर नहीं बिक सकेगी सिर्फ उन क्लबों और होटलों में मिलेगी जिनके पास लाइसेंस बच रहेगा और वहाँ भी परमिटवाले ग्राहकों को ही मिलेगी। विदेशी अतिथियों का अस्थाई परमिट से भी काम चल जाएगा। अगर इस वर्ष भी कोई शख्स कहे कि मुझे शराब की लत है और बगैर पिए नहीं रह सकता तो उसे डाक्टर का सर्टिफिकेट देना होगा (प्रश्न : डाक्टर साहेब भी 'लती' हों तो कैसी रहे?)।

इसके बाद, यानी 1965 के अंत में बोतलबंद विलायती शराब का आयात परमिट से ही हो सकेगा और सब दूकानें बंद करके सरकार चाहेगी तो खुद दो-चार दूकानें चलाएगी।

यह तो हुआ विलायती शराब का निपटारा। देसी शराब का कार्यक्रम यह है कि हर साल दूकानों की संख्या में सौ पर दस के हिसाब से कमी होती जाएगी। इसके भी लती रजिस्टर में दर्ज किए जाएँगे और उनका भी वही भाग्य होगा, जो विलायती शराब के लतियों का होना है।

खास बात यह है कि देसी शराब के साथ-साथ भंग पर भी वही नियंत्रण लगा दिए जाएँगे। आशा है मद्यनिषेध के बहुत से विरोधियों को इससे कुछ आत्मिक संतोष होगा, 'हम तो गए ही, भँगेड़ी भी गए'। लेकिन प्रश्न है कि मद्यनिषेध के समर्थकों में कुछ भंग के समर्थक भी हो सकते हैं, 'शराब पीना बुरा है पर भंग तो शिवजी का प्रसाद है'। (और सोमरस क्या देवताओं का प्रसाद नहीं है?)

इस सब कार्यक्रम के साथ-साथ अगले साल से हफ्ते में पाँच की जगह सिर्फ तीन दिन शराब बिकेगी और बिक्री का समय भी और घटा दिया जाएगा।

जहाँ तक शराब की बुराइयों के प्रचार का सवाल है, उनके नए तरीके निकाले जाएँगे। पुराने तरीकों में एक सुझाव यह था कि शराबियों को लेमनेड पिलाया जाए। दो-तीन साल पहले गोल मार्केट में एक दूकान भी शायद खुली थी, पर जाहिर है कि उसे बंद करना पड़ा।

इस सबके सिलसिले में हर साल दिल्ली में प्रशासन को दो करोड़ रुपए के राजस्व का घाटा होता जाएगा। अभी यह नहीं कहा जा सकता कि इस घाटे को वह कैसे पूरा करेगा पर आशा करनी चाहिए कि कर आदि बढ़ाकर नहीं ही करेगा। मद्यनिषेध की आरंभ से लेकर आज तक स्थापित सभी सलाहकार समितियाँ कह चुकी हैं कि मद्यनिषेध संपूर्ण विकास व्यवस्था का एक अंग होना चाहिए और इससे उत्पन्न घाटे को जनसाधारण पर बोझ डालकर पूरा नहीं किया जाना चाहिए।

मद्यनिषेध के ज्यादा व्यावहारिक और सार्थक तरीके की खोज बहुत जरूरी है इसमें संदेह नहीं। फिलहाल, हफ्ते में दो दिन शराब की बिक्री बंद रहने पर भी दिल्ली में 1961-62 में 3, 35, 570 गैलन विलायती शराब पी गई। देसी शराब इससे कम 1, 45, 478 गैलन बिक्री, लेकिन 1960-61 के मुकाबले यह भी 3, 218 गैलन ज्यादा थी।

[17.6.62]

●●

पता चला कि कांग्रेस की सदस्यता बढ़ाने के लिए जो आंदोलन शुरू किया गया है उसके अधीन कार्यकर्त्रियाँ सरकारी बस्तियों में घूम रही हैं। यह मान भी लें कि अधिकांश पत्नियाँ राजनीति की बातें इतना समझती हैं कि कौन-सी पार्टी के मेंबर बनें यह तय कर सकें, तो भी यह क्या सच नहीं है कि उन्हें किसी विरोधी पार्टी का सदस्य बनते हुए अपने पति की सरकारी नौकरी के लिए गलत या सही कुछ चिंता होगी। कांग्रेस का मेंबर बनने से स्पष्टतः कोई खतरा नहीं है।

प्रश्न यह है कि सरकारी बस्तियों में, जहाँ सब राजनीतिक पार्टियों को बराबर फायदे नहीं ही हैं, राजनीतिक चेतना फैलाने का कौन-सा रास्ता सबसे अधिक न्यायसंगत है। सदस्य बनाने का आंदोलन क्या वहाँ चलाना ईमानदारी है, अधिकार भले ही हो?

[1.7.62]

●●

सरकारी बस्तियों में वोट गिरने के समय एक चीज बार-बार देखने में आई थी। मतपत्र में जो नंबर पड़ा होता है, उसे मतदातासूची में मतदाता के नाम के आगे दर्ज कर लेने की कानूनन व्यवस्था है। इससे किसी को खतरा नहीं खाना चाहिए। पर इस चुनाव में कई जगह सरकारी नौकरों ने वोट डालने के पहले यह स्पष्टीकरण माँगा कि कहीं बाद में सरकार यह तो पता न लगाना चाहेगी कि किस सरकारी मुलाजिम ने किस पार्टी को वोट दिया।

पोलिंग बूथों से प्राप्त विश्लेषण से मालूम होता है कि विनयनगर, सेवानगर, लोदीरोड और अंशतः मोतीबाग जैसी कम आमदनीवाली सरकारी बस्तियों में सत्तारूढ़ पार्टी के विरुद्ध बहुमत था—माननगर, शाननगर जैसी अमीर सरकारी बस्तियों में बहुमत विपक्ष के विरुद्ध था। गैरसरकारी क्षेत्रों के अंदर ग्रामीण बस्तियों में तथा मामूली हैसियत से उन लोगों के मोहल्लों में जो कभी विस्थापित होकर आए थे—बहुमत जनसंघ की ओर था—अपेक्षया अधिक संपन्न रूप से पुनर्स्थापित लोगों की बस्तियों में बहुमत कांग्रेस की ओर था।

यह विश्लेषण अपनी कहानी आप कहता है। दिल्ली ने स्थायित्व के लिए वोट दिया है। राजधानी की बढ़ती हुई मध्यवर्गीय आर्थिक संपन्नता के चलते यहाँ के लोगों से दूसरी आशा भी नहीं की जा सकती थी। यदि विचारधारा या मूल्यों का चुनाव करना होता तो सूरत कुछ और होती पर जहाँ कि दिल्ली के जनसाधारण का प्रश्न है, वह इतना व्यावहारिक, ठस और स्वार्थी है कि उसे कांग्रेस और जनसंघ में कोई खास सैद्धांतिक विरोध नहीं दिखाई देता। इस चुनाव में उसने बहुत करके यही देखा है कि किससे क्या चीजें हासिल हो सकती हैं और जो व्यवस्था अच्छी-बुरी जैसी हो इस समय मेरी समृद्धि में सहायक है, वह किसको वोट देने से बनी रह सकती है।

[11.3.62]

●●

राष्ट्रकवि श्री मैथिलीशरण गुप्त ने पिछले दिनों राष्ट्रपति के अभिभाषण पर धन्यवाद प्रस्ताव का समर्थन करते हुए पद्य में भाषण किया। यह उनके लिए कोई नई बात नहीं है। पर सदन में गद्य हिंदी में दीं गई अन्य वक्तृताओं को जितना कुछ स्थान अंग्रेजी समाचारपत्रों में मिलता है, उतना भी इस पद्यभाषण को न मिला। 'उन्होंने कविता पढ़ी' कहकर बात खत्म कर दी गई। यदि अंग्रेजी के समाचार पत्रों में काम करनेवाले देश के हाल के इतिहास से परिचित होते तो वे समझ सकते कि भ्रष्टाचार और जड़ता की जो शिकायत माननीय सदस्य ने अपने भाषण में की थी, उसका क्या महत्त्व है। पद्य में सही, पर श्री मैथिलीशरण गुप्त ने देश की पुकार को स्वर दिया है। यही बात और भी कहते हैं पर बहुतेरे इसलिए भी कहते हैं कि वैसा कहना उनकी पार्टी की नीति है। एक ऐसा व्यक्ति यह कहे, जो देश की प्रगतिशील चेतना के सदैव साथ रहा हो और राजनीति का जिस पर दबाव न हो, तो उसका एक खास अर्थ होता है। वह एक स्वतंत्रचेता बुद्धिजीवी की आवाज है और जिसकी आवाज है उसे हमेशा लाखों भारतवासियों का समर्थन प्राप्त रहा है। वही आवाज आज जब कहती है :

शासन हैं सब बिना हृदय के बड़े पदों पर पलते हैं
चलते नहीं परंतु पदों से सदा करों से चलते हैं।

तो वह सिर्फ कविता कहकर टाली नहीं जा सकती।

[6.5.62]

●●

अब यह पार्लियामेंट स्ट्रीट एक फलती-फूलती राजधानी के योग्य एक शानदार सड़क बन गई है और इसकी पथरीली इमारतों के अंदर बड़े-बड़े आर्थिक और सामाजिक मसलों की चहल-पहल रहने लगी है। इसलिए जेब कुछ दिन हुए पार्लियामेंट स्ट्रीट की जिंदगी में पहला पोस्ट ऑफिस आया तो एक बड़ी पुरानी जरूरत पूरी हो गई।

जाकिर हुसैन साहब ने इसका उद्‌घाटन करते वक्त कहा था कि डाकखाना मनुष्य के सांकृतिक जीवन का एक अंग बन गया है। आदमी अपनी बात आदमी से कहना चाहता है, अपने दुख-सुख की खबर दूसरे को देना चाहता है। उसके पास आज यह सुविधा है कि तार दे दे : 'माँ बहुत बीमार हैं, फौरन आओ' या, 'मैं सकुशल हूँ चिंता न करो।'

सुनकर बहुत से विचार मन में कौंध गए। जब मानव जीवन की इतनी गहरी जरूरतें पूरी करनेवाली व्यवस्थाओं का लेखाजोखा किया जाता है तो आँकड़े दिए जाते हैं; पिछले दस साल में हमने 50 हजार नए डाकखाने खोले' और अखबार इस खबर को छापकर समाज को आश्वस्त कर देते हैं कि हमारा विकास हो रहा है। कहीं यह खबर नहीं पढ़ने में आई कि पिछले दस साल में हमने सिर्फ 50 तार देर से पहुँचाए या सिर्फ 200 चिट्ठियाँ खोईं। कार्यकुशलता को नापने का मापदंड आज मानवीय भावना की रक्षा नहीं, समूह की, बल्कि उसमें भी केवल बहुजन की सुविधा रह गया है। क्या यह माँगना बहुत ज्यादा माँगना है कि मैं 'एक' सही, 'मनुष्य' हूँ और मेरी भावनाएँ उतनी ही मूल्यवान हैं जितनी समूह में के हर एक व्यक्ति की हैं? यदि मैं तार देकर किसी को उसकी मरणासन्न माँ के पास बुलाता हूँ या यह सूचना देकर कि मैं सकुशल हूँ, अपने पिता की चिंता दूर करता हूँ तो

यह मेरा पावना है कि समाज को और उसके माध्यम से राज्य को अपनी जो अनेक स्वतंत्रताएँ मैंने सौंप दी हैं उनके बदले में राज्य मेरे व्यक्तित्व का आदर करे और मेरे तार वक्त से सही आदमी को पहुँचा दे। अगर एक भी व्यक्ति के इस अधिकार की अवज्ञा होती है तो वह व्यवस्था की ही कमी नहीं, मानवीय जीवन के प्रति आदर की कमी है। तार भेजने की नई मशीन आई है तो आई होगी, उसको चलानेवाले आदमी के दिल में आदमी के लिए दर्द, आदमी के लिए इज्जत है या नहीं, यही असली सवाल है। अगर डाक मंत्रालय यह चीज अपने आदमियों को सिखा सकता है तो वह सभ्य देश का डाक मंत्रालय है, नहीं तो वह लोकतंत्र को न समझने का दफ्तर है और कुछ नहीं।

सुना था कि पिछले दिनों काम बहुत बढ़ जाने के कारण अधिकांश तार चिट्ठी की तरह लिफाफे में बंद करके भेजे जा रहे थे। यानी मजमून एक शहर से दूसरे शहर पहुँचाया तो तार से जाता था लेकिन उस शहर में तार की तरह बाँटा नहीं जाता था। चिट्ठी की तरह चिट्ठीरसे के हाथ भेजा जाता था। इसके पीछे शायद कुछ विभागीय समस्याएँ थीं, पर मानवीय मान्यता यह थी कि 'आपका मजमून तार से पहुँचाया गया, आपने अपने पैसे वसूल पाए; अब तारवाला हरकारा ओवरटाइम नहीं करता तो क्या पोस्टमास्टर साहब आपका तार लेकर आपके भाई के घर दौड़ जाएँ? ऐसे बहुत से तार हमारे यहाँ आते रहते हैं।' हाँ, यह भी सुना था कि किसी बहुत दयालु अफसर ने मारे हमदर्दी के यह आदेश जरूर दे दिया था कि तार बाबू तार का मजमून पढ़ लें और अगर कोई बहुत जरूरी संदेश हो तो उसे हरकारे के हाथ भिजवाएँ, नहीं तो चिट्ठी बनाकर भेजें। मतलब यह था कि कोई मर रहा हो तो जरूरी संदेश हुआ। उस भले आदमी को जिसने यह युक्ति निकाली क्या यह समझाया जा सकेगा कि एक शख्स के लिए किसी का थोड़ी देर का मेहमान होना जरूरी संदेश हो सकता है पर किसी और के लिए 'तुम्हारी चिट्ठी मिल गई' इतना भी, उतना ही जरूरी संदेश हो सकता है। किसी के जीवन में किस समय कौन-सी घटना सबसे बड़े महत्त्व की है—यह फैसला तार बाबू तो तार बाबू, लाटसाहब भी नहीं कर सकते। यह फैसला करना आपके मेरे जीवन में हस्तक्षेप करना है और इतना ही हो तो गनीमत पर यह कहना कि संगठित समाज में एक विशाल कार्यालय एक अकेले आदमी से ज्यादा बड़ी हस्ती रखता है तो व्यक्ति का सरासर अपमान करना है।

[1.7.62]

●●

स्त्री के अनावृत शरीर को लेकर पुरुष एक जमाने से दूसरे पुरुषों को उल्लू बनाते रहे हैं (स्त्री तो बनाती रही ही है)। एक अनावृत तसवीर छापी और सौ पुरुष उसी छाप के ब्लेड से दाढ़ी बना रहे हैं। एक और अर्द्धनग्न तसवीर छापी, डेढ़ सौ आदमी उस छाप की बनयाइनें पहन रहे हैं।

इसलिए अश्लील तसवीरें अंततः कामोत्तेजन ही करती हों ऐसा नहीं, पुरुषों को किसी विशिष्ट ब्लेड और किसी विशिष्ट छाप की बनयाइनों की दिशा में भी उन्मुख करती हैं। यह भी अश्लीलता के प्रति एक रोचक दृष्टिकोण है। आजकल मौसम अनुकूल न होने के कारण दिल्ली में अश्लील पोस्टरों पर कालिख पोतने का आंदोलन स्थगित है पर थोड़ी ठंडक होते ही यह 'सांस्कृतिक' कार्य फिर शुरू हो जाएगा। पिछले वर्ष इसने कनाट प्लेस में भीड़ जमा करके तमाशा करनेवाले कई लोगों को बहुत पब्लिसिटी दी। ये लोग अश्लीलता विरोधी नारे लगाते हुए सिनेमा के या अन्य विज्ञापनों के पोस्टर दीवाल पर से उखाड़कर जमा करते जाते थे, जिसे उखाड़ नहीं पाते थे, उस पर कालिख पोत देते थे। अंत में एक दिन इस सब चित्र संग्रह को जला दिया गया और अखबार में बड़े-बड़े फोटू छपे।

सुनते हैं कि जब ये चित्र जलाए जाने को थे, दर्शकों में से कुछ ने आपत्ति की कि इनमें माता

जानकी का चित्र क्यों शामिल है। एक कलेंडर में वह हनुमानजी समेत चार परपुरुषों के सम्मुख नायलान की-सी झीनी साड़ी धारण किए हुए अंग-प्रत्यंग झलकाती हुई श्री रामचंद्रजी के वाम पार्श्व में विराजमान हैं। जो लोग अश्लील पोस्टर छाँट रहे थे उन्हें उस चित्र में मातृत्व नहीं दिखाई दिया, इसलिए उसे भी ले आए। पर जनमत ने सीताजी को 'बेनिफिट आफ डाउट' देकर उस कलेंडर को जलने से बचवा लिया।

इस प्रकार के अश्लील चित्र यज्ञ करनेवाले दिल्ली के नौजवानों में कामुकता बढ़ने से चिंतित हैं। पर नौजवानों में कामुकता यदि बढ़ रही है (और यदि यह सचमुच चिंता का विषय है) तो पोस्टर पर छपी तसवीरें जलाकर उसे कहाँ तक नष्ट किया जा सकता है। राजधानी में और उतने ही बड़े अन्य शहरों में लड़के-लड़कियों में मिलना-जुलना अधिक सहज हो गया है कि पहले तो यही प्रश्न उठता है कि क्या उनमें वास्तव में कामुकता बढ़ रही है? बसों में, दफ्तरों में, बाजारों में, दूकानों में न स्त्री का शरीर पुरुष के लिए कोई अजूबा रह गया है न पुरुष की दृष्टि स्त्री के लिए कोई भय। ज्यादातर जीवनयापन की अन्य समस्याओं से उलझते हुए नर-नारी साथ-साथ दिखाई देते हैं, एक-दूसरे को घूरते हुए या आवाजें कसते हुए नहीं। लड़कियाँ सूनी दोपहर में या देर रात को अकेले घर लौट आती हैं जबकि छोटे शहरों में ऐसे वक्त उन्हें सचमुच खतरा है। असल में अतिरिक्त कामुकता की समस्या अधेड़ लोगों की समस्या है। नई पीढ़ी से उनके मानसिक सामंजस्य की जो विशालतर समस्या है, दमित काम उसी का एक पहलू है।

जहाँ तक पोस्टरों का सवाल है, जो लोग चौबीस घंटे काम की समस्या से आक्रांत नहीं रहते उनके लिए झुँझलाहट का असल कारण है इन पोस्टरों का भद्दापन। भोंडापन विरोधी कोई आंदोलन चलाया जाए तो शायद उसमें ये नवयुवक ज्यादा तादाद में शामिल हों। पर असुंदर के प्रति विद्रोह राजधानी में बहुत क्षीण है। नई इमारतों को देखिए। या इमारतों को छोड़िए उनके चारों ओर के उस मलबे को देखिए जो जब से इमारत बनी है, तब से वहीं जमा रहते-रहते अब उसका एक अंग बन गया है और तसवीरों की बात करें तो आज के विज्ञापनजीवी युग में कुरुचि ही प्रधान है—रुचि सुधारनेवाले पैसा नहीं कमाया करते।

कुरुचि उभारकर पैसा कमाने की बात पर याद आया। राजधानी में शुद्ध व्यापारिक दृष्टि से कामोत्तेजक साहित्य खूब छपता और बिकता है—वह भी निहायत घटिया दर्जे का। दिल्ली प्रशासन के अश्लीलता विरोधी सलाहकार मंडल ने इसको बंद करने के लिए राय दी है कि जिन किताबों को पुलिस गंदी समझे उनकी जाँच फौरन कराई जाए और यदि थोड़ा शक हो कि अमुक पुस्तक शायद अश्लील नहीं है तो भी मुकदमा दायर कर ही दिया जाए। नहीं मालूम कि इससे काम में क्या जल्दी होगी—सिवाय देर बढ़ने के। जिस तरह की किताबों का सवाल है उन्हें कोई कांस्टेबुल भी पढ़कर बता सकता है कि अश्लील हैं या नहीं, कुछ प्रकाशकों की सूची बना दी जाए ताकि उनके यहाँ से प्रकाशित होनेवाली साहित्यिक कृतियों में से किसी पर वह निर्णय न दे सके, बाकी पटरीवाले अश्लील साहित्य प्रकाशकों पर मुकदमा चलाने की भी क्या जरूरत है, उनको सीधे सजा दी जानी चाहिए।

[12.8.62]

●●

संसद का जो अधिवेशन इस अंक के छपते-छपते समाप्त हो रहा है एक जोरदार अधिवेशन था। भाषा, उत्तरी सीमा की रक्षा, रेलगाड़ियों की दुर्घटनाएँ, दवाओं में मिलावट—ये सब सवाल जरूरी

और तुरंत ध्यान देने के थे। जनता की याददाश्त कमजोर कही जाती है पर जो घटनाओं की सतह को नहीं, उनके भीतरी अर्थ को देखते हैं, उन्हें इस अधिवेशन की बहुत-सी बहसें एक खास तरह की, और हमेशा याद रखनेवाली मालूम हुई होंगी। यहाँ हमें यह देखना है कि मौलिक नीतियों पर शासन से सहमत होते हुए भी, प्रतिदिन के आचरण में शासन की शिथिलता को कैसे स्वीकार किया जा सकता है। दवाओं में मिलावट के मसले को दोनों सदनों में अच्छी तरह उघारा गया। लोकसभा में स्वास्थ्यमंत्राणी श्रीमती सुशीला नैयर से पूछा गया कि यह जानते हुए भी कि देश में 2,700 लाइसेंसशुदा कंपनियों में दवाएँ बनाने का यथेष्ट साजसामान नहीं है और सिर्फ 120 में है, वे यह अनैतिक व्यापार बंद क्यों नहीं करातीं?

और जब उन्होंने कहा कि लाइसेंस देने में मेरा हाथ नहीं है बल्कि अनेक संसद सदस्यों ने ऐसी कंपनियों को लाइसेंस दिलवाने में मदद दी है तो सदन में बड़ी नाराजगी फैल गई। श्रीमती नैयर कुछ ही दिन पहले लोकसभा में कह चुकी थीं कि केंद्र सरकार एक नहीं कई मर्तबा राज्य सरकारों को ऐसी कंपनियों के नाम बताकर सचेत कर चुकी है, पर राज्य सरकारों ने 'स्थानीय कारणों से' उनके खिलाफ कार्रवाई नहीं की है। स्वास्थ्यमंत्राणी के जवाबों से तो और कुछ नहीं, केवल यही स्पष्ट होता था कि वह बहुत असहाय हैं, अच्छी तनखाह पर केंद्रीय औषधि निरीक्षक नियुक्त करने का उनका प्रस्ताव वित्तमंत्रालय ने ठुकरा दिया है, नहीं तो शायद ये निरीक्षक घटिया दर्जे की नुकसानदेह दवाइयाँ न बनने देते। आखिर में उन्होंने कहा कि सरकार इन अपराधी कंपनियों को न चलने देगी लेकिन जनता का भी कर्त्तव्य है कि वह इस तरह की अनैतिकताओं के खिलाफ खड़ी हो।

सरकार ने अपनी जिम्मेदारी को बड़ी स्पष्टवादिता से साफ कर दिया और जनता को अंत में यही समझ में आया कि वह खुद इस प्रवृत्ति के लिए जिम्मेवार है।

इसी तरह की जिम्मेदारी उन्मूलन की एक घटना इस अधिवेशन में और भी हुई थी : हाफिज मोहम्मद इब्राहीम साहब ने साफ इनकार कर दिया था कि दिल्ली में बिजली बंद हो जाने की जिम्मेदारी उन पर आती है—जो ट्रांसफार्मर जला था, वह पंजाब का था और दिल्ली की बिजली कंपनी तो म्युनिसिपल कार्पोरेशन की है। खैर यह मसला तो प्रधानमंत्री ने साफ कर दिया, यह स्वीकार करके कि कानूनी तौर पर स्थिति चाहे जो हो केंद्र सरकार को इस मामले में कार्रवाई करनी ही है और धीरे-धीरे वातावरण शांत हो गया, बाद में हाफिज साहब ने भी तथ्यों और रिपोर्टों के सहारे इतमीनान दिला दिया कि अब बिजली की कमी पूरी होने ही वाली है।

जो हो, इन बहसों को सुनने से एक बात बिलकुल साफ हो गई, वह यह कि धीरे-धीरे हमारे विभिन्न कार्यालयों में एक-दूसरे से संपर्क और भी कम हो गया है वरना क्या वजह है कि सब मिलकर एक जिम्मेदारी को नहीं निभाते, अलग-अलग चलते हैं और सिर्फ मुसीबत पड़ने पर एक-दूसरे को इन शब्दों में याद करता है कि अपना काम तो मैंने कर दिया, उसका काम वह जाने। नहीं तो आप खुद सोचकर देखिए कि संसद में यह स्वीकार किया जाए कि दिल्ली में दो बर्फ बनानेवाली कंपनियाँ बिना लाइसेंस के चल रही हैं और इसका कोई जवाब न हो कि आखिर क्यों चल रही हैं? सिवाय इसके कि कानून में ऐसी व्यवस्था नहीं कि उन्हें बंद कराया जा सके।

कानून बिचारे की अपनी कुछ आदतें होती हैं, जिनसे वह कभी-कभी मजबूर हो जाया करता है। जिन दिनों दिल्ली में बर्फ में चूहा, दूध में टिड्डी, डबलरोटी में सुई वगैरह एक के बाद एक निकल रहे थे, रिजर्व बैंक के सामने खड़े होकर बाबू लोगों को छोले-कुलचे बेचनेवाले एक आदमी से मैंने पूछा, 'इस कनस्तर में खटाईदार छोले रखते हो; इससे कोई नुकसान न होगा?' वह बोला : 'साहब यह कनस्टर रोज बदला जाता है।' 'कैसे?', मैंने पूछा। 'रोज म्युनिसिपैलिटी वाली पुलिस इसे छीन ले जाती है और रोज मैं दूसरा ले आता हूँ।' जाहिर है कि यह धंधा दोनों के लिए फायदेमंद है।

पुलिस काम से लगी रहती है और छोलेवाला गंदे टीन में खोंचा नहीं लगाता। डर यही है कि अगर इस सिलेसिले की अच्छाइयों का ज्यादा प्रचार कर दिया गया तो कहीं प्रशासन इसी को अपनी नीति न घोषित कर दे। तब अगर कोई अविश्वासी देशद्रोही इसका कारण पूछेगा तो उत्तर केवल यही होगा कि हमने अपनी सालाना रिपोर्ट में बता दिया है कि 'साल में अमुक सहस्र कनस्तर हमने फिंकवाए, और आपको तो रोज नए कनस्तर में खाना मिलता है, भाई साहब।'

[26.8.62]

पथरीला पत्थर

पिछले पखवारे दिल्ली निगम की निर्माण समिति ने निगमायुक्त के इस प्रस्ताव पर विचार किया कि रामलीला मैदान के सामने सर्कुलर रोड पर साढ़े बारह एकड़ जमीन पर निगम का सोलह मंजिला प्रधानालय बनाया जाए। प्रस्ताव में कुछ संशोधन सुझाकर समिति ने निगमायुक्त को पंद्रह दिन का समय दिया है कि वह उस पर विचार करके समिति को बताएँ। इन पंद्रह दिनों तक दिल्ली के रहने वाले बेसब्री से इंतजार करेंगे क्योंकि अगर यह इमारत योजनानुसर बनी तो दिल्ली और नई दिल्ली के मध्य जाने कब से अपरिवर्तित सरकारी क्वार्टरों की बस्ती में क्रांतिकारी परिवर्तन हो जाएगा। वह यह कि वह ढहा दी जाएगी।

और इसके साथ ही नई दिल्ली में आँगनवाले मकानों का एक और बड़ा क्षेत्र लुप्त हो जाएगा। खैर आँगन का रोना क्या, लेकिन दिल्ली में कोई भी बड़ी इमारत बनने की खबर सुनकर एक बार दिल दहल जाता है। स्वतंत्रता के बाद इमारतों पर बड़ा जोर दिया गया है, मानो वे राष्ट्रीय आकांक्षाओं का प्रतीक हों पर जो कुछ उन्होंने प्रतिबिंबित किया है वह है—छोटापन, बूचापन, चपटापन। और यह प्रतिबिंब कुंठित आकांक्षाओं का होता तो भी यथार्थ होता, पर यह तो बहुत करके हीन आकांक्षाओं का ही है। खैर, प्रधान कार्यालय को निगम का 'गौरव स्थापत्य' बनाने का विचार है जिसके लिए उसे नगर के मध्य में—आसपास की इमारतों से कहीं ऊँचा खड़ा करने की योजना है। निगमायुक्त का कहना है कि ऊँची होने से उसकी शान ही और हो जाएगी।

प्रस्ताव है कि उसके आसपास पुस्तकालय, रंगशाला, हस्तशिल्प, संग्रहालय आदि 'सांस्कृतिक इमारतें' और व्यापार भवन और कारखाने भी हों—नौकरशाही के बैठने का दफ्तर इनके सबके ऊपर सिर उठाए खड़ा रहे।

निगम के प्रधान कार्यालय को गौरव देने का सुख एक और रास्ते से भी पाया जा सकता है, पर वह थोड़ा कंटकाकीर्ण है। वह यह है कि निगम की वर्तमान इमारत में इधर-उधर थूका न जाए और उसके जीने की दीवारें छू जाने पर हाथ चिकट जाने का डर न रहे। किसी भी सरकारी दफ्तर में जाने पर जो मरा बुझा-सा वातावरण एकाएक सामने आ जाता है वह अगर नई इमारत में भी हुआ तो क्या लाभ? ऊँघते हुए चपरासी, फाइलों की रस्म अदाई करते हुए बाबू, बंद कमरे में 'लाइफ' पढ़ते हुए अफसर और कुल मिलाकर 'हम क्या जानें यह हमारा काम नहीं है' यह भावना फैलाते हुए कर्मचारी के रूप में भारत का स्वतंत्र नागरिक देखकर जो भाव जागृत होता है, वह गौरवपूर्ण हरगिज नहीं है। कभी क्रोध और कभी दुख का है, पर मूलतः है चिंता का क्योंकि जितनी देर तक यह स्थिति ऐसे ही चलने दी जाएगी वह एक स्थाई तथ्य बनती जाएगी, यहाँ तक कि कुछ दिन में उससे कोई प्रतिक्रिया होना भी संभव न रह जाएगा।

[11.12.60]

●●

गाँधीजी की निधन तिथि के एक दिन बाद, 31 जनवरी को गाँधी स्मारक निधि के स्मारक संग्रहालय का विधिवत उद्घाटन डाक्टर राजेंद्र प्रसाद ने किया—यों दिल्ली में यह संग्रहालय 1948 से ही विकसित होता आ रहा था और 1959 में राजघाट के निकट अपनी नई इमारत में भी आ गया था।

गाँधीजी के निजी इस्तेमाल की गिनी-चुनी ही चीजें थीं। उनको यहाँ रखा गया था। किलक के कलम, हाथ सिली छोटी-सी गद्दी, पिनकुशन के काम के लिए और लकड़ी का छोटा-सा चम्मच...इस तरह की सादी और मोटी चीजों में एक गहरा अर्थ छिपा हुआ दीखता है।

पर जिस वक्त दर्शक उस मंजूषा के सामने खड़ा होता है, जिसमें तीन प्राणघातक गोलियों में से एक, रक्त से सनी चादर के ऊपर रखी हुई है, उससे मन पर पड़नेवाला प्रभाव शब्दों में नहीं व्यक्त किया जा सकता। यदि वह दर्शक उस पीढ़ी का है जो गाँधीजी की हत्या के समय विश्वविद्यालय में था तो यह प्रभाव अवश्य जबर्दस्त होगा। पर इन लोगों की संतान के लिए उस दृश्य को शायद कुछ कम विफलता से देखना संभव हो सकेगा।

चादर पर रक्त भी अब लाल नहीं रह गया है, वह धो दिया गया है, शायद सुरक्षित रखने के लिए ही, और उसका धब्बा ही बचा रह गया है।

जब मैं संग्रहालय को एक बार फिर देखकर लौटा तो सिर्फ एक चीज की याद मन में गड़ी रह गई थी, वह थे दो पदक जो गाँधीजी को 1899-1902 में बोअर युद्ध के समय सेना के सुश्रूषादल में अच्छा काम करने के लिए मिले थे।

[19.2.61]

●●

जनगणना से मालूम हुआ है कि दिल्ली में साक्षरता अन्य प्रदेशों की अपेक्षा अधिक है। इससे एक बात तो यह फौरन स्पष्ट हो जाती है कि साक्षरता और सभ्यता दो अलग-अलग चीजें हैं।

हो सकता है कि यहाँ ज्यादा आदमी अपना नाम लिख लेते हों लेकिन जितने ज्यादा भोंडे, अनपढ़, उजड्ड आदमी एकसाथ यहाँ मिल सकते हैं, उतने कहीं और मिल भी नहीं सकते।

दिल के ये सब अच्छे हैं, बहुत अच्छे भी हैं। पर यही तो अफसोस की बात है कि दिल का अच्छा होना व्यक्तिगत की जगह एक सार्वजनिक प्रतिमान बन गया है, दो आदमी जब आपस में लड़ते हैं तो यह मानकर चलते हैं कि मैं दिल का अच्छा हूँ, लड़ाई तो किसी तरह की एक गलतफहमी है जो दूसरे को हो गई है। इसी तरह एक ऐसा समाज भी यहाँ विकसित हो रहा है, जिसमें सब कोई एक दूसरे की क्षुद्रताओं को जानते हैं और क्षमा किए हुए हैं। जो घटियापन सबमें है, वह प्रतिमान है। उसे तो मानकर ही चलना चाहिए और उदाहरण के लिए यह जानते हुए कि सरकारी मकान जिन्हें मिला हुआ है उसका एक कमरा दुगने किराए पर उठा देना उनका जन्मसिद्ध अधिकार है, इस पर अवश्य नैतिक आपत्ति हो सकती है कि किराया आप दुगना ले रहे हैं या ढाई गुना। इसी तरह स्कूटर रिक्शा में बैठने के पहले अगर आपने कड़े बल्कि अपनी समझ से काफी सख्त शब्दों में पूछ नहीं लिया है कि उसका मीटर चलता है या नहीं, तो गंतव्य पर पहुँचकर चालक ने सहसा इस आश्चर्य में पड़ जाने पर कि मीटर चला क्यों नहीं, आपको आपत्ति करने का कोई अधिकार नहीं है। अधिकार आपको गरज-गरजकर यह सिद्ध करने का है कि इस बेईमानी से चालक को दस ही नए पैसे ज्यादा कमाने दिए जाएँगे, पंद्रह नहीं।

जहाँ तक साक्षरता का सवाल है, यह न भूलना चाहिए कि दिल्ली की आबादी में लाखों की वृद्धि जिनके कारण हुई है, वे रोजी की तलाश में यहाँ आनेवाले हैं—मरते खाते अपना गुजारा करते हैं और संभव है एक दशक समाप्त होते-होते दिल्ली के ही हो जाएँ—कुछ हो चुके हैं, लेकिन तब तक के लिए वह नगर या स्थान के प्रति किसी भी तरह का आदर प्रकट करने के लिए अपने को बाध्य नहीं मानते हैं। सारा मैदान एक ऊबड़-खाबड़, आधा बनता हुआ आधा ढहता हुआ प्रदेश है, जहाँ जिधर चाहो अपनी नई इमारत बना ले सकते हो : दूसरे की सदर दरवाजे की तरफ आपका बैतुलखला है, यह देखने की जरूरत नहीं।

इस रूपक से मुझे एकाएक याद आता है कि पिछले महीने राजधानी की नई इमारतों में दो और बढ़ीं जिसमें से एक सचमुच आकर्षक है। आकर्षक केवल देखने में अच्छे लगने के अर्थ में नहीं, बल्कि सचमुच खींचने यानी स्पष्टतः विरक्त न कर देने के अर्थ में भी कहा गया है। वह इमारत है बाल भवन का अपना स्थाई घर, जिसका विधिवत उद्घाटन डाक्टर राधाकृष्णन ने हाल में किया है।

उसकी खूबी यह बताई जाती है कि वह बच्चों के भावों की तरह ही सजग और निराडंबर है। काफी हद तक यह दावा वह पूरा करती है पर यह रचनापरक दावा, वास्तुकार महोदय न भी करते तो वह एक बड़े काम की, बड़ी होशियारी से बनाई हुई इमारत बनी रहती। उसके लोहे के खंभों पर जीने लगे हैं, उन पर बच्चे चढ़ सकते हैं क्योंकि खंभों पर बच्चे चढ़ना ही चाहेंगे। (हालाँकि एक सवाल यह भी है कि जीने दे देने पर खंभे पर चढ़ने का मजा ही क्या रह जाएगा) और बाकी मकान में खुलेपन का, जो बच्चों की मानसिक सुरक्षा के लिए बहुत जरूरी है, अनुभव फैला हुआ है। इससे मकान बनानेवाले चारों ओर की आठ एकड़ खाली जमीन से भी मदद मिलती है जरूर, पर धन्यवाद तो इस बात का है कि इस आठ एकड़ को उन्होंने वैसे ही छोड़ दिया है।

बाल भवन बच्चों का खेल घर है। कोई 800 बच्चों का नाम वहाँ लिखा है—जिसमें से 250, 300 ही रोज आते हैं। अभी तक तो वहाँ का सबसे बड़ा आकर्षण 'खेलगाँव' रेलवे-स्टेशन से चलनेवाली रेलगाड़ी है (उद्घाटन के दिन बड़े-बड़े लूमड़ लोगों को उसमें चढ़ते हुए देखा) लेकिन आगे चलकर कुछ और भी आकर्षण होनेवाले हैं।

जैसा कि बाल भवन अपने बारे में खुद बताता है, वह एक ऐसी जगह है, जहाँ बच्चा वातावरण से सीखता है—जिज्ञासु और अन्वेषक बनता है। दिल्ली जैसी जगह में जहाँ हजारों बच्चे अपने माँ-बाप के साथ धूल और पत्थर से भरे बीहड़ प्रदेश की नई बस्तियों में, या फिर गिचिरमिचिर बस्तियों में एक-एक कमरे में पल रहे हैं, बच्चों को वातावरण देने की समस्या बहुत नाजुक समस्या है। अगर एक जगह सुविधाएँ एकत्र कर दी जाएँ और दूर-दूर से बच्चों को वहाँ लाया जाए तो घर और उस स्थान का विषम अंतर, दोनों में जमीन-आसमान का फर्क बच्चे के मन पर बहुत खराब असर डाल सकता है और जो फायदा होने की उम्मीद है, उससे ज्यादा नुकसान हो सकता है। इसकी जगह, हाँ यह उतनी शानदार योजना तो न होगी, जितनी बड़ी इमारतों की होती है, यह ज्यादा अच्छा होगा कि घर-घर में माँ-बाप को बच्चों के मनोविज्ञान का कुछ परिचय दिया जाए इस मामले में अनुसंधान करके ऐसे खेल, तरीके और उपाय निकाले जाएँ जिनसे वर्तमान परिस्थितियों का ही उपयोग करके माँ-बाप बच्चों को जिज्ञासा और संतोष की वे सुविधाएँ दे सकें, जिनके लिए बच्चों को घर से दूर थोड़ी देर के स्वर्ग में आने-जाने को मजबूर होना पड़ता है।

[23.4.61]

●●

पिछले दिनों दिल्ली में बहुत कुछ हुआ, दुनिया भर के पादरियों का सम्मेलन, संगीत नाटक अकादमी का रवींद्र नाट्य समारोह, दिल्ली विश्वविद्यालय का दीक्षांत समारोह, पोलैंड का फिल्मोत्सव, एशियाई इतिहास सम्मेलन और इस वक्त पुरातत्व विभाग की शताब्दी का समारोह चल रहा है। इसी बीच जापान के प्रधानमंत्री, मलाया के राजा, अर्जेंटीना के राष्ट्रपति आए और गए। सर्दी थोड़ी और बढ़ गई; जिनके पास हैं उन्हें कपड़े पहनने का मजा और मिलने लगा, जो नंगे पत्थर पर, फूस की झोंपड़ी में सोते हैं उनके बच्चों को शरीर में परमेश्वर ने सर्दी से बचने की ताकत पैदा कर दी। ईश्वर के ऐसे प्यारे यहाँ बहुत हैं। हर सरकारी बस्ती के इर्द-गिर्द इन झोंपड़ियों की झालर मिलेगी। बासन मलने, झाड़ू लगाने, बोझ ढोनेवाले हर जगह चाहिए, पर उनके लिए पक्के मकान बन जाएँ तो म्यूनिसिपैलिटी के पास काम ही क्या रह जाए। अभी तो हर दूसरे-तीसरे महीने इन झोंपड़ियों को उखाड़ फेंकना या कम से कम उखाड़ने की धमकी देना एक बड़ा काम है।

[24.12.61]

●●

करीब एक महीने से राजधानी के 'समाचार पत्रों में संपादक के नाम पत्र' स्तंभ के अंतर्गत एक नया विवाद चल रहा है। वह है कुतुबमीनार से कूदकर जान देनेवालों को रोकने के लिए उस पर बाड़े या कटघरे लगाए जाएँ या नहीं। एक से एक अद्‌भुत तर्क दिए गए हैं, पर सबसे विलक्षण शायद यह है कि जिसको मरना है वह कैसे न कैसे मरेगा ही, तब फिर कटघरे लगाकर मीनार को अपरूप करने से क्या लाभ। इस प्रसंग में कुछ सुझाव ऐसे भी हैं जो अखबार में छपे नहीं हैं पर विश्वस्त सूत्रों से इस स्तंभ लेखक तक पहुँचे हैं। इनमें से एक यह है कि कुतुबमीनार के दरवाजे पर एक ऊँचे अधिकारी खड़े रहा करें, और हर आगंतुक से मुस्कुराकर पूछा करें—'कहिए, आत्महत्या करने जा रहे हैं क्या?' इससे आत्महत्या करनेवाले आत्मग्लानि से भरकर खिसिया जाएँगे और अपना घातक संकल्प छोड़ देंगे। ऊँचा अधिकारी उपलब्ध न होने की दशा में किसी भी आकर्षक व्यक्तित्व से यही काम लिया जा सकता है। यदि बार-बार वही प्रश्न पूछने में ऊब जाने की आशंका हो तो कई प्रकार के परचे छाप रखे जा सकते हैं, हर आनेवाले को एक पकड़ा दिया जाए। परचों पर लिखा हो, 'यदि आप ऊपर जा रहे हैं तो इसे याद रखें, वापस आने का सुगम मार्ग सीढ़ियों से ही है', या 'मैं आपका यहीं इंतजार करूँगा ('गीं)'। 'आते वक्त मिलिएगा जरूर' या फिर, 'अगर आत्महत्या करनी है तो पहली मंजिल से न करें'। आशय यह है कि आप जल्दबाजी में दुनिया से निराश या नाराज हैं तो ऊपर की मंजिलों तक चढ़ते-चढ़ते आपका आत्मघातक निर्णय शिथिल हो जाएगा।

खैर, ये सुझाव मोटे दिमागवालों की समझ में न आएँ न सही। मीनार पर से फाट पड़नेवाले दृढ़निश्चयी आत्महंता से अधिक रक्षणीय वह आदमी है, जिसका दिमाग सही है लेकिन जो मीनार की किसी मंजिल के छज्जे से अचानक दुर्घटनावश गिर सकता है। यदि हर मंजिल पर छज्जे के ऊपर मोटे तार का कटघरा बाँध दिया जाए तो मीनार की सुंदरता में फर्क चाहे आ जाए, वह कुरूप नहीं होगी। इसमें बहुत अधिक मतामत की गुंजाइश नहीं। यह सुझाव इस सुझाव से तो अच्छा ही है कि मीनार के नीचे जमीन पर रस्सों का जाल तान दिया जाए ताकि जो कोई कूदे वह उस जाल में सर्कस के नट की तरह कलाबाजियाँ खाने लगे और मरने में विफल होकर अपना-सा मुँह लेकर रह जाए।

[11.3.62]

आजकल करीब बारह सौ मजदूर मिलकर दिन-रात काम कर रहे हैं ताकि जुलाई के अंत तक इमारत तैयार हो जाए, जिसके बारे में कुछ दिन हुए अखबारों ने लिखा था कि उसका निर्माण मौके पर पानी भर जाने से ठप हो गया है। जब मैं नई दिल्ली के पठार पर (जिसे अंग्रेजी में 'रिज' नाम दे दिया गया है पर जो वास्तव में एक लंबा पठार ही है) इस निर्माण कार्य को देखने गया तो पानी तो जरूर थोड़ा बहुत एक जगह भरा था किंतु इतना स्पष्ट था कि उस पानी से निर्माण कार्य रुक नहीं रहा है। वह जोरशोर से चल रहा है और जो चीज बनकर तैयार हो रही है, वह शायद दुनिया का सबसे बड़ा खुली छतवाला रंगमंच होगा, रवि ठाकुर शतवार्षिकी समिति के सचिव, श्री हुमायूँ कबीर का ऐसा ही अनुमान है।

इस रंगमंच में दो खूबियाँ होंगी : एक तो यह शहर से बिलकुल सटा हुआ होने पर भी शहर के शोरोगुल से मुक्त रहेगा, दूसरे जरूरत पड़ने पर इसके मंच को यंत्रों की सहायता से विस्तीर्ण करके 120-125 फीट का आकार दिया जा सकेगा। इतने प्रशस्त मंच पर दुनिया का सबसे बड़ा नाटक खेला जा सकेगा और एक साथ 8,000 दर्शक सामने की पटरियों पर बैठकर उसे देख सकेंगे। मंच का दृश्य हर एक दर्शक को साफ-साफ दिखाई दे सके, इसके लिए पूरी नाप-जोख करके ही नक्शा बनाया गया है। आवाज भी हर एक को साफ सुनाई देगी, क्योंकि यह मंच एक उपत्यका में है और वहाँ बाहरी दुनिया की कोई आवाज नहीं आती। यह उपत्यका पठार में एक स्थल पर पहले से प्रकृति ने बना रखी थी। रंगमंच के लिए इसका उपयोग मनुष्य की सूझ है।

लेकिन जब यह रंगमंच बन जाएगा और इस पर काम करने की सुविधा सुलभ हो जाएगी तो उस वक्त मनुष्य की सूझ पर सचमुच ज्यादा जोर पड़ना शुरू होगा। इसका मंच इतना विशाल और दर्शकों का सान्निध्य इतना प्रभावपूर्ण होगा कि मंच पर कलाकार की हैसियत से उतरना अपने में एक भरपूर अनुभव होना चाहिए, किसी हलके, घटिया दृश्य की कल्पना भी इस मंच पर करना ओछापन मालूम होता है। नाटकों के अतिरिक्त कुछ और दृश्य विधान हैं, जो इस मंच पर बड़ी खूबी से लाए जा सकते हैं, जैसे लोकनृत्य—जिसमें शरीर के संचालन पर जोर है अभिनय पर नहीं और जिसमें समूह का नृत्य पुंज महत्त्वपूर्ण है व्यक्ति का नहीं। यही नहीं यह मंच अन्य नए प्रकार के दृश्य विधानों के लिए भी उपयुक्त होगा, जिनमें आलोक और वेशभूषा का अधिक खेल हो। यह कहने में कोई अनुमान की जरूरत नहीं है कि इस मंच के प्रादुर्भाव से रंग शैलियों में चारों ओर से नए प्रयोगों के लिए गुंजाइश पैदा हो जाएगी, पर जैसा कि सर्वविदित है, प्रयोग दिलोदिमाग में शुरू होते हैं और ऐसे लोग सामने न आएँ जिनके दिमाग में प्रयोग का कीड़ा हो तो रंगमंच आसानी से धरा रह जा सकता है।

रवि ठाकुर शतवार्षिकी समिति इस रंगमंच को बनाकर केंद्रीय संस्कृति मंत्रालय को सौंप देगी और फिर मंत्रालय ही उसकी देख-रेख एवं व्यवस्था करेगा। शायद सबसे पहला प्रदर्शन सितंबर में इस पर इंदोनेसी नर्तकों का होगा। इंदोनेसी मंडली के कुछ सदस्य दिल्ली आकर इस रंगमंच को बनता देख गए हैं और इस पर उतरने की कल्पना से काफी खुश हैं। राजधानी में रवींद्र शतवार्षिकी के सिलसिले में जो तीन रंगमंच बनने हैं, उनमें से यह सबसे पहला है। दूसरा राजपथ और जनपथ के संगम पर बनेगा, यह बंद छतवाला होगा और कोई 1,000 आदमियों के बैठने की सुविधा देगा। इस पर काम अगले वर्ष ही आरंभ होगा, जल्दी नहीं। तीसरा रंगमंच केवल एक प्रायोगिक मंच होगा और वह रवींद्र भवन के अंतर्गत रहेगा, जहाँ तीनों अकादमियों का निवास है।

[22.4.62]

●●

दिल्ली शहर में उस वक्त (यानी जब यह डायरी लिखी जा रही थी तब) कोई उतावली, सनसनी, घबराहट, खुशी वगैरह इतनी तीव्र नहीं थी कि आपका संवाददाता तुरंत कुछ लिखने लायक मसाला निकाल लाता। मालूम होता था कि अहि मयूर मृग बाघ सब दीरघ निदाघ के मारे कुम्हलाय गए हैं। एकत्र तो वे राजधानी में बसते ही हैं, पर तपोवन यहाँ नहीं है, यह स्पष्ट रहना चाहिए। तप है (मतलब आतप) और वन भी हैं (मतलब कीकर, मदार, भटकटैया के झाड़, जो उन सरकारी बस्तियों के बीच-बीच पनप रहे हैं, जिनके बारे में अभी झगड़ा चल रहा है कि उनकी देखभाल कौन करे।) पर ये दोनों अलग-अलग हैं : तप अलग—वन अलग।

इसलिए कुछ तो आपके पढ़ने के लिए सामग्री जुटाने की और कुछ गन्ने का ताजा रस दूध डालकर पीने के लालच से सुंदरलाल दिल्ली से कोई बीस मील दूर एक गाँव को चल दिए। कहा ही है कि लालच बुरी बलाय।

खैर, गाँव में जाकर देखा पक्के मकान कुछ बने, कुछ अधबने खड़े हैं, कुछ अभी एकमंजिले हैं, कुछ दोमंजिले हो चुके हैं (जैसे-जैसे आमदनी बढ़ेगी, मकान में इजाफा होता चलेगा) हरियाली के नाम पर एक नीम का पेड़ खड़ा है जिसके नीचे बँधा हुआ सुस्ता रहा है एक ट्रैक्टर। उसके गले में फूलमालाएँ पड़ी हैं, सूख गई हैं, शायद महूरत की निशानी उतार फेंकने का जी न हुआ होगा। उसी के पास एक झिलंगी चारपाई पर एक चौधरी साहब बैठे हुक्का गुड़गुड़ाय रहे हैं। चार आदमी दाएँ-बाएँ पसरे हुए हैं। फसल कट चुकने के बाद का कैसा सुंदर दृश्य था। कोई कुछ कर नहीं रहा है, चारों ओर शांति है।

यह ट्रैक्टर ही चौधरी साहब की समृद्धि का कारण है, यह मानकर मैंने उनसे जो कुछ बातचीत की उससे मेरी धारणा केवल अंशतः सच निकली। ट्रैक्टर हाँ, पर गेहूँ की उम्दा किस्म भी तो चाहिए, तब तो उपज 'घणी' होगी। मालूम हुआ कि केंद्रीय कृषि शोध संस्थान ने एक उम्दा बीज गेहूँ का निकाला है—नाम है नया पूसा 817। उसी को आज चार साल से चौधरी साहब बो रहे हैं। जमीन का कुल रकबा 4,800 बीघा है मगर पैदावार इतनी हुई कि ट्रैक्टर ले लिया। अब अपने खेत पर तो ट्रैक्टर थोड़े ही वक्त जुताई करता है, बाकी वक्त दूसरों के खेतों में किराए पर चलता है। छोटा भाई चलाता है। बड़े भाई आजकल की जरूरत के मुताबिक गाँव की लोकतांत्रिक व्यवस्था में योगदान करते हैं। वह प्रधान हैं, सरपंच हैं और विकास खंड के अधिकारियों के विश्वासपात्र हैं जो गाँव का सबसे मालदार आसामी होगा, वह दूसरा और कौन काम कर सकता है।

चौधरी साहब ने इस साल कुछ और जमीन खरीदी है। पर वह दूसरे गाँव में है और वह गाँव दिल्ली के और भी पास है। वह जमीन संयोग से आराजी नहीं है यानी उस पर खेती नहीं हो सकती, मकान बन सकता है। चौधरी साहब मकान ही बनवाएँगे। उसमें ट्रैक्टर से भी ज्यादा किराया आएगा। फिर शायद शहर के और पास और फिर शायद शहर में ही मकान बनवाएँ। इस तरह खेती से देखिए कितनी तरक्की हो रही है। मतलब खेती की नहीं, आदमी की हैसियत की। अपने गाँव में तो खेती लायक बाकी जमीन दूसरे किसानों के पास है, जो कानूनन उसे बेच नहीं सकते। यानी वे अपनी जमीन में से उस वक्त उतना पैदा नहीं कर सकते जब तक वह जमीन चौधरी साहब के बराबर न हो। यानी वे किसान हमेशा कम पैदा करेंगे और अगर चाहें भी कि खेती छोड़कर कोई और धंधा करें तो पूरी लगन से नहीं कर सकते। क्योंकि जमीन बेच नहीं सकते और जमीन पर कुछ न कुछ उगाना तो पड़ेगा ही।

मगर चौधरी साहब चाहें तो साल दो साल में गाँव से उठकर शहर ही चले आएँ क्योंकि उनका खेती का धंधा इतना दे ही रहा है कि शहर में छोटा-मोटा व्यवसाय (शायद जायदाद खरीदने-बेचने

का) शुरू हो सके। गाँव में कोई कल-कारखाना खोलने की तरफ उन्होंने ध्यान नहीं दिया है क्योंकि उसमें उतना मुनाफा नहीं। शहर में आने पर गाँव की प्रधानगिरी शायद छोड़नी पड़े लेकिन नगर निगम में आया जा ही सकता है और वहाँ से समाजवादी व्यवस्था और 'देश की उन्नति गाँव से है' का प्रचार करना आसान भी है।

कुल मिलाकर जो तसवीर, तसवीर मतलब फिल्म सामने आती है, वह शुरू तो खेती की उन्नति और अन्नवृद्धि से होती है पर खत्म होते-होते हीरो कन्या-प्रसविनी स्त्री रूपी धरती को छोड़कर पुत्ररत्नदा वाणिज्यसुंदरी के चरणों में समर्पित हो जाती है। यह फिल्म अभी शूटिंग की दशा में है, माना पर इस अंत के अलावा दूसरा और हो भी क्या सकता है।

इसको रोकने का फिलहाल, हमारी विकास व्यवस्था में कोई कानूनी साधन नहीं है। जिन्हें उम्दा बीज, मशीनी साधनों वगैरह जुटाने को प्रोत्साहित किया जाता है, वे अपनी आय फिर भूमि को ही दें इसका हृदय परिवर्तन को छोड़ और कोई उपाय इस समय नहीं है; अन्नोत्पादन में प्रतिस्पर्द्धा होती तो भी कुछ काम बनता। पर इस विशाल भूसंपत्ति के सामने छोटे-छोटे खेत कहाँ टिक सकते हैं। सहकारी खेती ही इसका एक मात्र उत्तर है पर उसका विरोध इतने विविध प्रकार से हो रहा है कि सरकारी व्यवस्था तुरंत उसे लागू भी नहीं कर सकती।

बाद में बड़ी देर तक सोचता रहा कि क्या मैं गाँव को बदलते देखकर रो रहा हूँ? नहीं, गाँव बदल ही कहाँ रहा है। वह बदले, बिजली से जगमगाए, या वहाँ शहर के फैशन पहुँच जाएँ तो ठीक ही है पर होवे वहाँ पर खेती ही। तभी तो वह गाँव रहेगा। अभी तो खेत उठकर शहर के मकान बने जा रहे हैं।

किंतु शहर के भोले-भाले निवासियों को अभी यही विश्वास है कि नेतागण जो नारे लगाते हैं, विकास का काम भी दरअसल उन्हीं के मुआफिक होता है। इस विश्वास को लेकर चलने में एक फायदा यह है कि आपको राष्ट्रीय शक्ति की उस टूटफूट का पता नहीं चल पाता, जो नारों और असलियत के दो प्रतिकूल दिशाओं में चलने से हो रही है। इससे बुद्धि में अशांति नहीं व्यापती।

लौटते हुए एक दूसरे गाँव में रुकने का मन था पर गन्ने का रस कहीं दिखाई ही नहीं दे रहा था। पनवाड़ी के यहाँ से कोकाकोला लेकर पिया और दो कदम चला ही था कि एक भव्य सीमेंटी इमारत पर नजर पड़ी। बीसवीं शती के भारतीय वास्तुशिल्प के सुंदर नमूने, सूँड़ें मिलाए हुए दो हाथी, सर पर घड़ा धरे स्त्रियाँ आदि उस पर खचित थे। नीचे दीवार पर किसी सप्ताह या पखवाड़ा मार्का आंदोलन के समय खड़िया से लिखा इश्तहार चमक रहा था, 'साफ घर आदमी की शोभा है'। दरवाजे के ऊपर सीमेंट में खोदकर मकान-मालिक का नाम और निर्माण का संवत् लिखा गया था, कूड़ेराम भवन 1959।

[6.5.62]

●●

राजघाट में गाँधीजी की समाधि के चारों ओर एक विशाल विहार जैसे स्थापत्य की रचना हो रही है। इसके विषय में विस्तार से फिर कभी लिखूँगा, अभी तो आपको राजघाट के हरियाले मैदानों के एक कोने में ले चलता हूँ। यहाँ आम के दो पेड़ हैं। दोनों शायद इन्हीं गर्मियों में फलें। इनमें से एक नेहरूजी ने लगाया था, दूसरा राजेंद्र बाबू ने।

फिर आगे चलते हैं तो एक दारुचंपा दिखती है, उसी के पास एक कचनार है, परे हटकर एक ओर सिमट के अमलतास खड़ा है। लौटकर आइए तो बाजू पर एक तोता पेड़ मिलेगा, अभी छोटा है, पर बड़ा होकर सबके ऊपर निकल जाएगा।

ये सब पेड़ यहाँ बाहर से आनेवाले बड़े-बड़े आदमियों ने रोपे हैं। कुछ ने अपने देश के पेड़ लगाए, कुछ ने हमारी मिट्टी में हमारे देश के पेड़ लगाना ही ठीक समझा। इन्होंने अच्छा किया, नहीं तो इनके पेड़ों का भी वही हाल होता जो विलायती आबोहवा में ही पलनेवाले कोई एक दर्जन पेड़ों का हो चुका है। इनमें एक सिडार का पौधा भी था जो बहुत ही ठंडी जलवायु में पनपता है। दिल्ली के मई-जून में वह कहाँ से जी सकता था। कुछ और पौधे नदिया के पानी में हफ्तों डूबे रहकर सड़ गए।

अब भी जिस तरह से तीन कतारों में पेड़ लगे हुए हैं, उस तरह से इनकी पूरी बाढ़ होती दिखाई नहीं देती। आखिर एक पेड़ को अपनी जड़ों के लिए जमीन के नीचे और अपनी डालों के लिए जमीन के ऊपर कुछ तो खुली छूट चाहिए। और मान लिया कि कतारों में फासला पेड़ की बाढ़ के लिहाज से काफी है भी तो अपना पूरा सौंदर्य दिखाने के लिए एक पेड़ को दूसरे से कुछ तो अलग खड़े होना ही चाहिए। क्यों नहीं अब से यह प्रबंध कर लिया जाता कि राजघाट पर पौधा रोपनेवाले माननीय अतिथि पौधा तो वहीं रोपें, बाद में उसे उठाकर दिल्ली के सैकड़ों स्कूलों में से किसी के हाते में लगा दिया जाए। खुद राजघाट में तो अब जगह नहीं रह गई—और माननीय महानुभावों के हाथों रोपे वृक्षों का जंगल यों भी अच्छा नहीं लगेगा।

[24.12.61]

भाषा-भ्रमजाल

पिछले दिनों दिल्ली नगर निगम में बड़ी नोकझोंक रही। विषय था—निगम की भाषा हिंदी हो या उर्दू। दोनों पक्षों से जोरदार गरमागरमी से दो ही चार हाथ नीचे रह जानेवाले तर्क दिए गए और अंत में संयोगवश कांग्रेस दल की सदस्य शक्ति में वृद्धि हो जाने पर प्रस्ताव पास हुआ कि उर्दू दूसरी भाषा के रूप में स्वीकृत की जाए।

तो झगड़ा पटरानी का था। अगर सुगमता या सामर्थ्य का होता तो ऐसा क्यों होता कि तर्क तो यह है कि एक भाषा दूसरी से ज्यादा समझी जाती है और यह तर्क समझाया एक दूसरे को दोनों भाषाओं में जा रहा है।

(यह विश्वस्त सूत्र से ज्ञात है कि बहस अंग्रेजी में नहीं हुई, केवल उतनी ही अंग्रेजी लगाई गई जितनी हर हिंदुस्तानी उत्तेजित होने पर बोलने लगता है।)

दिल्ली नगर निगम के माननीय सदस्यों के भाषा संबंधी भाषण से क्या यह समझा जाए कि हिंदीवाले उर्दू तब समझते हैं जब उसमें उनकी बात का जवाब दिया जा रहा हो और उर्दूवाले उस वक्त तक हिंदी को हिंदी नहीं मानते जब तक हिंदी के पक्षधर न बोल रहे हों। उर्दूवाले अगर जनसाधारण की बोली समझते हैं तो क्या वही बोली हिंदी नहीं है, पर दुर्भाग्य तो यह है कि हिंदी के पक्षधर स्वयं शायद उस बोली को हिंदी न मानें, उनके लिए एक कृत्रिम रूप से क्लिष्ट भाषा, जिसमें आत्मरक्षा की भावना भरी हो सहज मिलनसारिता की नहीं, असली हिंदी है, बाकी सब उर्दू। गुड़ खाएँ गुलगुले से परहेज।

यों 'हिंदी क्या है' इस मामले में राजधानी में बड़ी उदारता फैली दिखाई देती है। ऊँचे सामाजिक स्तर पर रहनेवालों के लिए हिंदी वह भाषा है जिसमें पूजा करानेवाले पंडितजी बोलते हैं, बच्चों को घर पर हिंदी पढ़ानेवाले मास्टर साहब बात करते हैं। (कानवेंट में हिंदी नहीं और डैडी-ममी के पास भी नहीं) और जिसमें शायद आगे चलकर सरकार अपना काम करेगी (इसके प्रति अपने घोर संशय को खूबी से छिपाना एक सामाजिक स्तर पर...पर छोड़िए वहाँ तो बहुत-सी उलझनें हैं, हिंदी उनके

लिए मुख्य चिंता नहीं)। बाकी लोगों में भाषा को 'दरयागंज एक सवारी' और 'बैंगन क्या भाव' से ज्यादा आगे इस्तेमाल् करने की जरूरत कम पड़ती है और जिसको पड़ती है वह अपने जिले की बोली से काम लेता है। ऐसे भी लोग हैं जो किसी अंग्रेजी लेख का अनुवाद करते-करते चौंककर पूछते हैं, 'अरे भई, तुम तो हिंदी जानते हो, यह 'हैपी' को क्या लिखा जाता है? जो कहें कि लिख दीजिए 'खुश', तो कहते हैं, 'खुश'? खुश हिंदी है! हिंदी में बताओ, वह क्या होता है परसन्न या ऐसा ही कुछ।'

[11.12.60]

●●

अपनी रद्दी फेंकने के पहले देख लेना चाहिए कि सुरक्षित रखने लायक तो कुछ नहीं फेंका जा रहा है। मसलन, मुझे कुछ पृष्ठ मिले जो अगर कबाड़ी ले गया होता तो एक महान अनुभव से वंचित रह गया होता (वह नहीं, मैं)। उन पर छपी हिंदी ज्यों की त्यों उद्धृत करता हूँ :

'रेखापटल पर तीनों ने ध्यान लगाया। बाएँ से भारत के श्री गुप्ता, घाना के श्री हैरिसन तथा श्री सू जिनका देश संघराज्य मलाया,...' 'होनहार छविकार आकिबांजो। नाइजीरिया से आए, विख्यात कॉलेज में शिक्षा पाए और अपने' सपने सत्य बना गए जो, ... 'जरा कीजिए विचार, कि टेलीफोन रूपी कड़ी जो जुड़ेगी इस प्रकार, उससे राष्ट्रकुल देशों का कितना होगा उपकार'...'यह,है शमजा द्वारा 1957 में रचित इस चित्रकारी का शीर्षक। इसमें जो मिलती है इनकी कल्पनाशक्ति की झलक उसके कई हैं प्रशंसक'।

चित्र के नीचे तो विचित्र भाषा एक बार भुगत भी लें लेकिन लेख के निरंतर गद्य में! त्राहि माम्। उसका भी नमूना आगे आनेवाली पीढ़ियों के लिए सुरक्षित कर रखना होगा, यानी अगर तब तक सब लोग यही न बोलने लगें।

'नई दिल्ली की लोदी कालोनी में रहते हैं तेइस वर्षीय इंजीनियर श्री सतीश सी. गुप्ता जिनके अनुसार सभी नियोजक होते हैं स्वप्नद्रष्टा (या कि सुप्ता) और मैं चाहता हूँ कि नई दिल्ली की गंदी बस्तियों की सफाई और लोगों को नए सिरे से बसाने में मैं भी अदा कर सकूँ एक छोटी-मोटी भूमिका।' ...'आप इतना काफी धन बचा सकें कि लंदन आ सकें अपनी श्रीमतीजी के साथ। ईलिंग टेकनिकल कालेज में भरती की प्रतीक्षा की और एक साधारण नौकरी भी सम्हाल ली साथ ही साथ।'

जिस सचित्र पत्रिका के वे फटे हुए पृष्ठ थे, कर रहे मुझे आकृष्ट थे। उसके संपादक की तुकांतप्रियता कमाल है, पढ़कर बालगोपाल सहित सुंदरलाल बेहाल है।

लेकिन यह पता न लग सका कि यह पत्रिका कौन-सी थी। यदि किसी पाठक ने ऐसा साहित्य पहले कहीं देखा हो और उसका अतापता बताने की कृपा करें, तो शायद कुछ मालूम हो सके।

[11.12.60]

●●

कुछ दिन हुए राजधानी में राष्ट्रपतिजी ने एक और साहित्यिक समारोह को अपनी उपस्थिति से गौरवान्वित किया—अवसर था भारती संगम नामक नई संस्था का उद्घाटन। इस संस्था का उद्देश्य भारत की मौलिक एकता को साहित्य के माध्यम से प्राप्त करना है। इससे संबद्ध महानुभावों में सेठ गोविंददास, श्रीमन्नारायण अग्रवाल, मैथिलीशरण गुप्त, नगेन्द्र, हरिवंशराय 'बच्चन', काका कालेलकर आदि सम्मिलित हैं।

देश की एकता को लेकर सत्तारूढ़ राजनीतिक दल इधर कुछ चिंतित रहने लगा है। उसे राजनीतिक साधनों से देश में एकता स्थापित करने में पूरी सफलता नहीं मिल सकी है। जगह-जगह भाषा के नाम पर राजनीतिक सत्ता के लिए संघर्ष आरंभ हुए हैं और शासक दल के पास उनका कोई विचारात्मक समाधान नहीं रहा है। दो-एक वर्ष से सांस्कृतिक साधनों से राजनीतिक एकता की प्राप्ति पर जो जोर दिया जाने लगा है (और इस पर कुछ चर्चा इस स्तंभ में पहले भी हो चुकी है) वह विचारणीय है, इसलिए और भी कि वह हर बार सत्तारूढ़ राजनीतिक दल की ओर से ही पड़ा है; दूसरे राजनीतिक दलों ने इस पद्धति का प्रयोग उपयोगी नहीं समझा है।

भारती संगम का उद्‌घाटन और दूसरे दिन होनेवाली उसकी 'भारतीय साहित्यों में मौलिक एकता' विषयक विचार गोष्ठी एक महत्त्वपूर्ण घटना है, क्योंकि उसने एकता के प्रश्न पर पहले से कहीं ज्यादा विचारोत्तेजक मसाला जुटा दिया है। क्या देश की एकता के लिए 'एक' भाषा का होना आवश्यक है? क्या अलग-अलग भाषाओं में उनके अपने क्षेत्र का कृतित्व सफल होना ही भाषा के लिए कृतकृत्य होना नहीं है? यह क्यों चाहा जाता है कि इसके ऊपर भी ऐसा कोई एक मंच हो जहाँ ये सब भाषाएँ आकर भारतीय एकता में अपने योगदान की घोषणा करें? यदि साहित्य की ही बात है तो साहित्य के लिए तो इस व्यवस्था की रत्ती भर जरूरत नहीं। वह ऐसे मंच से न तो कुछ ले सकता है और यदि सचमुच कुछ देने योग्य है तो न दे सकता है। (यदि ले सकता है तो शायद कुछ नितांत भौतिक सुविधाएँ जैसे अनुवाद करने का ठेका ही ले सकता है, पर तब लेनेवाला, साहित्य नहीं, साहित्यिक होगा)। तो फिर इस मंच का प्रयोजन क्या है? भारतखंड के खंडित होने से चिंतित होनेवाली बुद्धि के सामने केवल एक जो चिंता हो सकती है—राजनीतिक अखंडता की—वही शायद इस संस्था की भी चिंता है।

भारती संगम के उद्‌घाटन के अवसर पर राष्ट्रपति भवन के अशोक कक्ष में जो स्वागत भाषण पढ़े गए उनमें संयोगवश साध्य और साधन के संबंध पर गाँधीवादी नीति का प्रकाश भी डाला गया था। कहा गया था कि श्रेष्ठ साध्य के लिए साधन की भी श्रेष्ठता उचित है। इस हिसाब से क्या राजनीतिक साध्य के लिए सांस्कृतिक साधन का प्रयोग उचित है? साध्य ऊँचा हो तो साधन भी ऊँचा होना चाहिए, यह तो समझ में आता है लेकिन साधन ही ऊँचा हो और साध्य क्षुद्र हो तो इस स्थिति के लिए गाँधीजी कुछ कह नहीं गए हैं। गाँधीजी ने शायद स्वतंत्रता के बाद देश की राजनीतिक एकता का वह रूप परिकल्पित भी नहीं किया होगा जो आज उनके अनुयायी करते हैं। अपने राजनीतिक संगठन को ही 'देश' समझा जाएगा, और उसकी सत्ता बनाए रखने के लिए सभी उपलब्ध साधनों का प्रयोग किया जाएगा, यह गाँधीजी ने सोचा नहीं होगा। और सोचने की उन्हें जरूरत भी नहीं थी। जहाँ तक उन्होंने सोचा था उसके अनुसार अपने अनुयायियों को अपना राजनीतिक संगठन विसर्जित कर देने की ही सलाह उन्होंने दी थी।

पर उनके बाद देश में मानवीय लोकतंत्र की भारतीय परंपराएँ डालने का दायित्व जिन पर पड़ा है, उन्हें इन प्रश्नों पर सोचना ही पड़ेगा। देश की प्रत्येक भाषा के लिखने और बोलनेवाले उतने ही भारतीय हैं जितने हिंदी के, और जब तक भाषाओं को पूरी स्वतंत्रता नहीं मिलती, भारती संगम जैसे मंचों की स्थापना और कालांतर में उन्हें सार्वजनिक खजाने से मिलनेवाली आर्थिक सहायता राष्ट्र की शक्ति का अपव्यय है। इतनी बड़ी संस्था बनाने से और लगभग वही काम करने के लिए जनता का पैसा खर्च करने से—जो साहित्य अकादमी पहले ही से कर रही है (अर्थात् दूसरी भाषाओं से अनुवाद) बेहतर यह होगा कि भारती संगम के संयोजकगण, कम से कम वे जो हिंदी के लेखक हैं, दो न सही तो एक ही सही, कोई दूसरी भारतीय भाषा लिखना और पढ़ना सीख लें। बोलना सीखना तो अब जरा कठिन होगा।

[25.12.60]

●●

दिल्ली में हिंदी के विकास के लिए सरकारी खर्च से और हिंदी-प्रेमियों के उत्साह से बहुत काम होता है। पर इसका पाँच प्रतिशत भी मौलिक नहीं होता—अंग्रेजी से अनुवाद होता है। लिखने का काम अंग्रेजी में—नकल करने का काम हिंदी में। सरकारी साइनबोर्डों पर सर्वत्र हिंदी माता विराजमान हैं, पर वहाँ हाल यह है कि जब तक आप थोड़ी बहुत अंग्रेजी न जानते हों अपनी मातृभाषा भी नहीं समझ सकते। 'दिए गए भाड़े के बदले टिकट लेना न भूलिए' से आप क्या समझे? किसको दिए गए भाड़े के बदले? जो आपको घर से चलते समय मुन्नी की अम्मा ने दिया है? नहीं, जो आपने बस कंडक्टर को दिया है—यानी अंग्रेजी में जिसे लिखा गया है 'इन रिटर्न आफ फेयर टेंडर्ड'। 'पूछताछ और स्वागत' का बड़ा भारी साइनबोर्ड देखकर उसके हिंदी अक्षरों के आकार से नहीं, मन में अंग्रेजी का जो संस्कार है उसी से उसका अर्थ स्पष्ट होता है। विश्वास होता कि जरूर यह 'इंक्वायरी एंड रिसेप्शन' होगा। अगर अपनी भाषा के संस्कार से यह बात कही गई होती तो 'रिसेप्शन' का अनुवाद न करना पड़ा होता। सहज भाव से कहा गया होता 'कृपया यहाँ होकर जाइए' क्योंकि उस कार्यालय का काम अंदर जानेवालों को रोककर सही जगह पहुँचाना ही तो है। और अपने जनजीवन का इससे भी गहरा संस्कार यदि बचा होता तो शायद उस कार्यालय को केवल 'ड्योढ़ी' की संज्ञा दे दी गई होती जिसमें जो कुछ उसका कार्य संपूर्णतया अभिव्यक्त हो जाता है।

इस प्रकार हिंदी को अंग्रेजी के स्थान पर बिठाने के सिलसिले में उत्तरदायी लोग हिंदी जाननेवालों को अंग्रेजी का मूल संस्कार दे रहे हैं। जो दोनों भाषाओं में शिक्षित हैं उनके लिए यह स्वाभाविक ही है कि वह जो संस्कार मौलिक है उसी को ग्रहण करें—नकल को क्यों लें और इसलिए हिंदी और अंग्रेजी दोनों जाननेवाले हिंदी चीजें उलट-पलटकर छोड़ देते हैं।

इसलिए जरूरी यह है कि हिंदी में सोचना और हिंदी में लिखना चाहिए और जिनमें हिंदी में सोचने की शक्ति अभी भी थोड़ी बहुत बची है उन्हें प्रयत्न करके उस शक्ति को बढ़ाना चाहिए। इस मामले में आप अपने को ढीला छोड़ देंगे तो आपके लिए उतना हानिकर न होगा; आपका काम तो चल जाएगा, क्योंकि अच्छी अंग्रेजी जाननेवाले चारों ओर अभी भी हैं ही और आपकी हिंदी का मतलब समझ सकते हैं, पर आगे आनेवाली पीढ़ी की जड़ आप खोखली कर जाएँगे, जो न इस भाषा में सोच सकेगी न उस भाषा में। वक्त अब ऐसा है कि नई पीढ़ी को ही देश के लिए तमाम रास्ते सोच निकालने हैं। पर उसके सोच और व्यक्त करने की भाषा का मूल संस्कार ही गायब होगा।

इस डायरी के शुरू में हिंदी समझने के लिए अंग्रेजी जानने की जरूरत का कुछ प्रसंग आया है। उसकी एक मिसाल भी यहाँ राजधानी के खादी ग्रामोद्योग भवन के किराना विभाग में सौदा लेते हुए एक दिन देखी।

एक संभ्रांत पुरुष से उनकी पत्नी ने कहा, 'डार्लिंग, यहाँ हाथ का आटा भी मिलता है—कैसा होगा ऐं?' यह कहकर उन्होंने चक्की चलाने की नकल करके दिखाई।

पतिदेव बोले, 'ले लो, कोशिश करके देखो।' मुझे कुछ अचरज हुआ कि भीड़ तो थी नहीं फिर लेने की कोशिश का क्या सवाल था?

फिर पत्नी ने कुछ पूछा और फिर उन्होंने कहा, 'हाँ हाँ, कोशिश करके देखो। कोशिश करके देखो।'

तब अचानक समझ में आया। मतलब था 'ट्राइ' करके देखो। ट्राइ करना माने कोशिश करना।

('ट्राइ' करने के दो अर्थ होते हैं आजमाना और कोशिश करना। पति महोदय कहना चाहते थे आजमाकर देखो) काफी ट्राइंग था यह...

[22.1.61]

●●

महारानी के आने के सिलसिले में दिल्ली का जो सिंगार-पटार हुआ उसकी काफी आलोचना हुई है, यहाँ तक कि प्रधानमंत्री के मासिक संवाददाता सम्मेलन में भी एक ने पूछा कि मितव्ययिता के पक्ष में होते हुए भी सरकार गाँव की सड़कों के मुकाबले शहर की सड़कों पर क्यों इतना ज्यादा खर्च कर रही है—और वह भी पुरानी दिल्ली की नहीं, खासकर नई दिल्ली की बड़ी और चौड़ी सड़कों पर जो पहले ही उम्दा हालत में हैं। नेहरूजी ने जवाब में कहा, कुछ लोग मुगालते में हैं कि नई दिल्ली की सूरत में यह निखार महारानी के लिए लाया जा रहा है पर हर साल 26 जनवरी के पहले जो नोक पलक सँवारी जाती है, उसी में थोड़ी वृद्धि हुई है और फिर, नेहरूजी ने कहा, सूरत भी तो मानवशरीर में कुछ माने रखती है।

लेकिन एक बात नेहरूजी ने और बताई। तोक्यो की सड़कें बहुत खराब हैं क्योंकि वहाँ लोग सीरत पर ज्यादा खर्च करना जरूरी समझते हैं। शिक्षा पर ज्यादा खर्च करके जापान खुश है, सड़क पर तब तक हचके ही सही।

पुरानी दिल्ली में रहनेवालों की शिकायत इस माने में दोहरी है : शिक्षा पर भी ज्यादा खर्च हो रहा है और सड़क पर भी, सड़क पर तो कभी-कभी वह एस्फाल्ट भी लगाया जाता है जो कभी खरीदा ही नहीं गया। बाद में कोई ओवरसियर चाहे मोअत्तल ही क्यों न हो जाए, जैसा कि खबर है एक हुआ, लेकिन शुरू में इस तरह की कार्य तत्परता और सड़क सुधार की प्रवृत्ति कर्मचारियों में अवश्य जोर मारती है।

शिक्षा के क्षेत्र में दिल्ली में एक बहुत बड़ा और महत्त्वपूर्ण प्रयोग जिसकी शुरूआत हो रही है—टेलिविजन है। जुलाई से लेकर वर्ष के अंत तक पुरानी और नई दिल्ली के 280 हायर सेकेंडरी स्कूलों मं कोई 400 टेलिविजन सेट लग जाएँगे। (इनमें से 35 पिछले महीने लग चुके हैं) और आकाशवाणी के टेलिविजन विभाग से नियमित पाठ्यक्रम शुरू हो जाएँगे। अभी भी शक्तिभर एक साप्ताहिक कार्यक्रम विद्यार्थियों के लिए होता है।

टेलिविजन जैसे अत्याधुनिक माध्यम की अपने यहाँ क्या जरूरत है? कुछ लोगों ने यह सवाल उठाया है और इसे नई दिल्ली की सूरत सँवारने जैसी फिजूलखर्ची समझनेवाले भी हैं, पर जिस वक्त हम यह देखते हैं कि राजधानी के विद्यालयों में अध्यापकों की भी और अध्यापकों के इस्तेमाल के लिए उपयुक्त साधनों की भी कितनी भयंकर कमी है तो टेलिविजन की मसलहत दिखाई देने लगती है। विज्ञान और भाषा, ये दो क्षेत्र ऐसे हैं—और गौर कीजिए कि दोनों इस वक्त दुनिया में बड़े ताकतवर विषय हैं—जिनमें बारीकियों को ढंग से समझा सकनेवाले व्यक्ति और यंत्र दोनों का अभाव यहाँ है। विज्ञान में, खासकर भौतिक विज्ञान में, सब स्कूलों के पास अच्छा और एक-सा साजसामान दे सकने से अधिक आसान है कि एक स्थान पर उसे जुटाकर उसकी छवि सब जगह पहुँचा देना। (जिन स्कूलों में बड़ा कमरा नहीं है या लड़के ज्यादा हैं वहाँ दो टेलिविजन सेट भी दिए जा सकते हैं। और इसी तरह उच्चारण की शिक्षा में, अलग-अलग स्थानिक उच्चारणों को सर्वथा निषिद्ध न करते हुए भी, हिंदी का शुद्ध प्रामाणिक पाठ एक स्थान से ही सब जगह प्रसारित किया जा सकता है। टेलिविजन से रेडियो के मुकाबले शायद ज्यादा अच्छी तरह, क्योंकि उसमें शिक्षार्थी वाचक की आकृति से ओठों की गति का भी अनुकरण कर सकता है।

लेकिन यहाँ पर एक बहुत बड़ा 'लेकिन' आ जाता है। स्कूलों में हिंदी में उच्चारण पर अब लगभग कुछ भी जोर नहीं दिया जाता; 20 वर्ष पहले अवश्य हमारे पंडितजी 'जयद्रथवध' का पाठ करके छंद और मात्रा का ज्ञान हमारे मन में बिठाने का प्रयत्न करते थे। और दिल्ली के स्कूलों में बस कुछ न कहिए। प्राइमरी कक्षाओं की पाठ्यपुस्तकों में सौ में से शायद एक ऐसी हो जिसमें पद्य

का छंद ठीक हो, अध्यापकों में सौ में पाँच शायद ऐसे हों जो आत्म को आत्म और परमात्मा को परमात्मा कह सकें, नहीं तो सब जगह आत्म आतम है और परमात्मा प्रमात्मा है। इसलिए प्रश्न यह है कि जब एक केंद्र से उच्चारण का स्वरूप निश्चित किया जाने लगेगा तब वह शुद्ध ही रहे, इसके लिए आवश्यक सावधानी बरती जा सकेगी या नहीं। इसको हल करने में निश्चय ही बड़ी मुश्किलें आड़े आएँगी पर आशा करें कि वे अकाट्य नहीं होंगी। तब तक के लिए शुरू में सप्ताह में तीन बार अंग्रेजी का शुद्ध उच्चारण सिखाने की योजना है जिसमें 'ब्रिटिश कौंसिल' तत्काल योग दे रही है।

क्या हिंदी प्रचारिणी अनेक संस्थाओं में से किसी ने हिंदी उच्चारण की आवश्यकताओं पर कभी ध्यान दिया है?

[8.5.61]

●●

उत्तर भारत में कितने ऐसे पढ़े-लिखे लोग हैं, जो अपनी मातृभाषा के अतिरिक्त कम से कम एक और भारतीय भाषा जानते हों? अगर बहुत कम नहीं तो इतने ज्यादा भी नहीं होंगे कि उनका उल्लेख किया जा सके। फिर, दूसरी भाषाओं के लोगीं से हिंदी को अपनाने की अनुरोध भरी माँग सबसे ज्यादा इसी प्रदेश के लोग करते हैं।

पिछले कुछ दिनों से राजनैतिक कारणों से यह कहा जाने लगा है कि सब भाषाएँ बराबर हैं और सबको अपने-अपने क्षेत्र में विकास का पूरा अवसर मिलना चाहिए। ये दोनों बातें राजनीतिक पार्टियों द्वारा प्रचारित किए जाने के पहले भी सत्य थीं और उनकी सत्यता उन भाषाओं के बोलनेवाले और लोगों से कहीं ज्यादा अच्छी तरह समझते थे। पहले तो शायद बिना किसी खास कार्यक्रम के यह प्रयत्न भी होता था कि एक प्रांत के लोग दूसरे प्रांत की भाषा और संस्कृति को जानें। लेकिन जब से इसे देश की राजनीतिक एकता के घोषणापत्र में सूचीबद्ध कर दिया गया है, तब से इसका स्थान वक्तव्यों और घोषणाओं में सुरक्षित हो गया है। वास्तविक जीवन में उसके प्रमाण कुछ कम हो गए हैं।

परस्पर भाषाओं के आदान-प्रदान की जो योजनाएँ राजधानी में बनतीं और किसी हद तक लागू की जाती हैं, उनमें हाल में एक की वृद्धि हुई है। वास्तव में अभी केवल प्रस्ताव ही है, बल्कि प्रस्ताव भी नहीं केवल सिफारिश है, लेकिन अगर इसे कायदे से कोई शक्ल दी गई, तो एक-दूसरे की भाषाएँ सीखने की निस्संदेह सबसे व्यावहारिक योजना इसी में से बन सकेगी।

वाणिज्य शिक्षा के पुनस्संगठन के लिए अपने विचार प्रकाशित करते हुए एक विशेषज्ञ समिति ने एक जगह कहा है कि वाणिज्य के सभी प्राथमिक विद्यार्थियों के लिए चार भाषाएँ सीखना आवश्यक कर दिया जाना चाहिए। ये भाषाएँ हैं : एक, मातृभाषा; दो, प्रादेशिक भाषा; तीन, राष्ट्रभाषा; चार, अंग्रेजी। अगर इस सिफारिश को बाकी पाठ्यक्रम के साथ सुचारु रूप से समन्वित किया जा सका तो भाषाओं के आदान-प्रदान को वाणिज्य जैसे जनमूलक माध्यम का साधन मिल जाएगा। यह साधन अन्य श्रेष्ठ साधनों के समान ही श्रेष्ठ होगा। साहित्य के अनुवादों से यानी जैसे अनुवाद आजकल हो रहे हैं, उनसे तो श्रेष्ठतर ही होगा।

[30.7.61]

● ●

संसद भवन के जिस कक्ष में अपना संविधान भारतीय जनता ने अंगीकार किया था, उसी कक्ष में गत मास उसी तारीख को (14 सितंबर) संसदीय हिंदी परिषद, हिंदी साहित्य सम्मेलन, दिल्ली और राष्ट्रभाषा प्रचार सभा, दिल्ली की ओर से हिंदी दिवस का आयोजन हुआ। संविधान में हिंदी संबंधी आदेशों का स्मरण किया गया।

संसदीय हिंदी परिषद के एक कार्यकर्ता ने (शायद मंत्री) कार्यारंभ के पहले कहा—'हमें दो व्यक्तियों के निधन के प्रति शोक प्रकट करना है—एक स्वर्गीय श्री बालकृष्ण शर्मा 'नवीन' जो परिषद के उपाध्यक्ष थे, दूसरे हिंदी के यशस्वी समालोचक श्री ए ए॰ विलोचन शर्मा।'

हिंदी को राष्ट्रभाषा बनाने के लिए उत्साही संसद सदस्यों की उस परिषद के प्रमुख कार्यकर्ता नलिनविलोचन शर्मा का नाम भी नहीं मालूम था।

थोड़ी देर बाद, मानो यह साबित करने के लिए कि नलिनजी का नाम नहीं सुना तो क्या साहित्य की गतिविधि से हमारा संपर्क है, उन्होंने एक हिंदी कवि को आदेश दिया कि वह अपनी कविता पढ़ें।

कवि जी आए। उन्होंने कविता पढ़ी, 'तुम मूर्ख बनो मतिमंद बनो'।

[8.10.61]

● ●

पिछले दो महीनों में दिल्ली का रंग बहुत बदल गया है। हर साल जाड़े का आना यहाँ के लिए सामाजिक मेल-मिलाप का एक शानदार अवसर होता था। रंगमंच, चित्रकला और संगीत का काम करनेवालों को सितंबर से लेकर मार्च तक श्रोताओं और दर्शकों का अबाध सहयोग और देशी-विदेशी संस्थाओं के वार्षिक सम्मेलनों में विद्वानों या विशेषज्ञों को एक दूसरे से परिचय का सुयोग मिलता था। वह सब हलचल इस बार उतनी नहीं होगी, पर इसका किसी को गम नहीं है। नई जिम्मेदारियों के लिए तैयार होना सांस्कृतिक कार्यकर्ताओं के लिए एकमात्र चिंता और एक बड़ी चुनौती है। अभी तक किसी बड़े संगठित रूप में कलाकारों ने देश-रक्षा की घोषणाएँ नहीं की हैं पर इसका मतलब यह नहीं कि वे कुछ कर नहीं रहे हैं। दरअसल उनका काम इतना आसान भी नहीं है।

जहाँ तक तात्कालिक काम का प्रश्न है, राजधानी के साहित्यिकों ने देर नहीं लगाई है क्योंकि वह काम वे बाकी नागरिकों की तरह ही कर सकते हैं। प्रचार साहित्य लिखना ऐसा ही काम है और 'प्रतिरक्षा साहित्य प्रचार समिति' के नाम से एक व्यवस्था की जा चुकी है, जिसके संयोजक 'आज' के विशेष प्रतिनिधि श्री जगदीशप्रसाद चतुर्वेदी हैं।

एक प्रश्न इस समिति के निर्माण के समय उठा था। देश की एकता में बाधक कोई काम न हो इस विचार से कुछ साहित्यिकों ने राय दी कि समिति स्थापित करनेवाले प्रस्ताव में यह भी कहा जाए कि संसद के अधिवेशन में (जो अभी समाप्त हुआ है) अंग्रेजी-हिंदी संबंधी विधेयक न लाया जाए। यह राय देनेवालों का ख्याल था कि इससे देश में फिर एक मतभेद उठ खड़ा होगा। पर सभा में उपस्थित अनेक विख्यात हिंदी साहित्यिकों ने इस धारणा का विरोध किया। श्री चंद्रगुप्त विद्यालंकार, श्री मन्मथनाथ गुप्त, श्री अक्षय कुमार जैन इनमें प्रमुख थे। इनका कहना था कि इस वक्त इस तरह की माँग करना हिंदी के लिए शर्म की बात होगी। जब सारा देश एक महत्त्वपूर्ण प्रश्न से जूझ रहा है तो हिंदी के प्रश्न की उसके सामने क्या हस्ती है। फिर ऐसी माँग करके क्या समस्त हिंदी जगत को हम लांछित न करेंगे? श्री इंद्र कपूर ने कहा कि उस विधेयक को रोकने की बात करना खुद

अपने हाथों वही मतभेद खड़ा करना है जो आप चाहते हैं कि इस समय देश में न हो। नतीजा यह हुआ कि विधेयक से डर दिखाने या उसे संसद में इस बार न रखने का आग्रह हिंदी साहित्यिकों और पत्रकारों की इस सभा में नहीं माना गया—उसके पक्ष में इक्का-दुक्का आवाजें ही रह गईं। कालांतर में, जैसा कि आपने अखबारों में पढ़ा होगा, कांग्रेस संसदीय दल ने खुद ही यह विधेयक स्थगित करने का निर्णय किया।

[2.9.62]

●●

डायरी की पिछली किस्त में मैंने स्वर्गीय राजेंद्रबाबू की एक अपूर्ण इच्छा का उल्लेख किया था कि हिंदीभाषी लोग दक्षिण की कम से कम एक भाषा सीखें। खुद उन्होंने कर्नाटक संस्कृत समारोह के अवसर पर एक बार दिल्ली में कहा था कि वह दक्षिणवासियों के सामने हिंदीभाषियों की ओर से क्षमा माँगते हैं कि दक्षिण में हिंदी सीखने का जैसा आंदोलन है वैसा उत्तर भारत में तमिल, तेलुगु, मलयालम या कन्नड़ सीखने का नहीं है। निधन के कुछ ही पहले उन्होंने अपना तमिल ज्ञान परिमार्जित करना भी शुरू किया था।

इस समय राजधानी में अगले दिनों आनेवाले अंग्रेजी-सहभाषा विधेयक के लिए तैयारियाँ जोरों पर हैं जैसे कि नाटक के रंगमंच पर आने से पहले होती हैं। जहाँ तक ज्ञात है कि यह विधेयक संसद में बजट पास होने के पहले नहीं आएगा। पर जब यह विचाराधीन होगा तब सत्तारूढ़ दल और विपक्षी दलों से हिंदी के हितैषी क्या बोलेंगे, यह अभी उतना स्पष्ट नहीं है जितना कुछ लोग समझते हैं कि होना चाहिए। जहाँ तक कांग्रेस संसदीय दल का प्रश्न है उसमें कोई प्रबल और निर्णायक मतभेद होना संगठन की आवश्यकताओं के लिहाज से संभव नहीं होगा। पर कभी-कभी दिनकरजी या अन्य सदस्यों ने जिस ठोस तर्कप्रणाली से हिंदी के विषय में संसद में भाषण किए हैं उससे आशा बँधती है कि विचार-विनिमय के समय हिंदी के पक्ष में जो कहा जाएगा, उसका असर विधेयक के पारित होने पर चाहे न हो, कुछ वर्गों में अंकुरित हिंदी द्वेष पर अवश्य होगा। यों हिंदी के समर्थकों के बीच भी भ्रांतियाँ हैं जिनका निवारण करना उतना ही आवश्यक है। विधेयक पर विचार के समय इसका अवसर मिलेगा। अन्य बहुत से प्रश्नों में जिनका उत्तर हिंदी समर्थकों को तब देना होगा, एक यह भी है कि 15 वर्ष तक राज्य से पूरी आर्थिक सुविधाओं का आकलन करने पर भी आज उनकी भाषा, मामूली सरकारी कामों के लिए भी अंग्रेजी की लेखन पद्धति की छाया भर ही क्यों है? विज्ञान की शब्दावली का अनुवाद निस्संदेह आवश्यक है पर दैनंदिन सरकारी कामकाज में अनुवादी हिंदी का पोषण क्यों? क्या इसलिए नहीं कि जब से हिंदी के लिए नौकरियों और योजनाओं का सिलसिला शुरू हुआ तभी से उस समय के अधिनायकों ने नौकरशाही भाषा की शैली को चुपचाप स्वीकार कर लिया था—उस शैली का और अंग्रेजी का चोली दामन का साथ है, यह उन्होंने नहीं सोचा। अब अंग्रेजी को हटाने का वक्त आने पर वे देखते हैं कि उस शैली का जो अनुवाद उन्होंने रचा है उसे समझने के लिए कभी-कभी मूल को पढ़ना आवश्यक हो जाता है। तब फिर अंग्रेजी वाले क्यों न कहें कि मूल को ही बने रहने दीजिए। पर ये 'अंग्रेजी वाले' कौन हैं यह बात भी साफ हो जानी चाहिए। यहाँ के एक दैनिक पत्र में कर्नाटक प्रांतीय हिंदी प्रचार सभा की पत्रिका के संपादकीय का एक उद्धरण छपा है, जिससे यह स्पष्ट हो जाता है कि अंग्रेजी को अभी स्थापित रखने की माँग किसकी है और किसकी नहीं है। यह उद्धरण पूरा ही पढ़ने योग्य है इसलिए उसे यहाँ दे रहा हूँ।

'आए दिन देश भर में सहभाषा की सनसनी फैल गई है। कहा जा रहा है कि दक्षिण भारतीयों की माँग पर संविधान में यह सुधार किया जा रहा है। यह मिथ्या व भ्रमपूर्ण आरोप है। आँकड़ों

से पता चलता है कि दक्षिण के चारों प्रांतों में हिंदी परीक्षार्थियों की, हिंदी हाई स्कूलों और प्रशिक्षणालयों की, संख्या साल व साल बढ़ती जा रही है। केवल कर्नाटक में चार हिंदी प्रशिक्षण केंद्र हैं। वास्तव में हिंदी विरोधी नीति दक्षिण की नहीं बल्कि कुछ अंग्रेजी भक्तों की है, जिसके आधार पर हिंदी को सहभाषा पद से च्युत करके सस्ती लोकप्रियता के प्रयास में वे जनहित और राष्ट्राभिमान भूल रहे हैं।'

'राष्ट्रीय संकट की इस घड़ी में यह विधेयक प्रस्तुत करने का प्रयत्न अत्यंत असंगत, असामयिक और संविधान के खिलाफ है। यह आरोप लगाया जाता है कि हिंदी राजभाषा बनने लायक नहीं। मगर हमारी समझ में यह दलील ऐसी है कि अच्छे तैराक बनने के बाद पानी में उतरने का प्रयत्न करो।'

'हिंदी पारिभाषिक शब्दावली जब तक तैयार नहीं होती तब तक अंग्रेजी वैज्ञानिक और तांत्रिक पारिभाषिक शब्द ज्यों के त्यों हिंदी में रखे जा सकते हैं। हैदराबाद के निजाम साहब ने करोड़ों रुपए खर्च करके उर्दू पारिभाषिक शब्दावली तैयार करा दी है, उससे भी उचित लाभ उठाया जा सकता है।'

'भारतीय 14 भाषाओं के आपसी झगड़े की वजह अंग्रेजी को राजभाषा स्वीकार करना ठीक वैसा ही है जैसाकि अनेक राजनीतिक दलों के झगड़े के कारण यूनियन जैक को भारत का राष्ट्रीय ध्वज स्वीकार करना। आशा की जाती है कि देश के नेता जनहित तथा भारत के स्वाभिमान की रक्षा करते हुए सन 1965 के बाद हिंदी को राजभाषा पद पर प्रतिष्ठित करेंगे और अंग्रेजी को सहभाषा के रूप में रखना ही चाहते हैं तो जनमत को लेकर निश्चित अवधि तक रखेंगे।'

ये अंग्रेजी भक्त और जगहों की अपेक्षा राजधानी में प्रबलतर हैं, यह कहने की जरूरत नहीं। उनके पक्षधर एक अंग्रेजी दैनिक के संसदीय संवाददाता ने हिंदी के लिए जो विशेषण प्रयुक्त किए थे, उनसे सेठ गोविंददास ने असहमत होकर उसी दैनिक के संपादक को एक छोटा-सा पत्र लिखा था, '...आपका अखबार विलायत में नहीं छपता है और आपसे आशा की जाती है कि आप हिंदी को समुचित आदर देंगे।...मुझे आशा है आप अपना ढंग सुधारेंगे।'

इस पत्र के छपने पर तीन पाठकों ने लंबे-लंबे खत लिखे हैं और उनमें गरज-गरजकर 'हिंदी-आग्रह' को आज के संकटकाल में थामने की जरूरत बताई है। एक पाठक लिखते हैं, 'अंग्रेजी को उखाड़ फेंकना और हिंदी को सिंहासनासीन करना, विदेशी आक्रमण का खतरा दूर होने तक टाला जाना चाहिए।' गाँव-गाँव में आज जो चेतना देश की रक्षा के लिए फैली हुई है शायद इन सज्जन की राय में वह अंग्रेजी के माध्यम से ही फैली हुई है। तीनों पत्र लेखकों ने सेठ जी को उद्विग्न, दुराग्रही इत्यादि कहकर जी ठंडा किया है और एक ने तर्क दिया है कि 'आप अपना ढंग सुधारेंगे', यह एक धमकी है, 'लोकतंत्र के सिद्धांत' के लिए खतरा है।

विशेषता यह है कि तीनों पत्र दक्षिण से नहीं, कलकत्ते से आए हैं। दक्षिण में हिंदी के प्रेम का प्रतिदान, उत्तर में हिंदी को देना ही एक ठोस काम है जो दक्षिण को हिंदी के साथ रख सकता है। कम से कम नई पीढ़ी को एक दक्षिणी भाषा से परिचित कराके हिंदी प्रेमी उस नेता का मान क्या न रखेंगे जिसकी हिंदी हितैषिता का जगह-जगह वे नाम लेते हैं? राजेंद्र बाबू दूर तक देखते थे और दस बरस पहले ही वह यह काम बता चुके थे। उनका सबसे स्थायी स्मारक उत्तर में दक्षिणी भाषाओं का प्रचार होगा।

सहभाषा विधेयक पर राजनीतिक दलों की वास्तविक स्थिति तो उसी समय प्रकट होगी जब वह संसद में आएगा। पर इतना स्पष्ट हो चला है कि उसका विरोध बहुत करके अंग्रेजी को निरवधि रूप से सहभाषा बना रखने का विरोध होगा, संपूर्ण विधेयक का विरोध नहीं। ऐसा हुआ तो अगले जितने वर्षों के लिए अंग्रेजी सहभाषा मानी जाएगी, हिंदी को दक्षिण का सहयोग और भी अपेक्षित

हो जाएगा। प्रश्न यह है कि सहयोग देनेवालों को हम हिंदी के अतिरिक्त और क्या देंगे? क्या स्थिति यही रहेगी कि देना भी हिंदी और लेना भी हिंदी?

[31.3.62]

●●

अंग्रेजी के अखबारों में यूरोपीय होटलों के विश्वविख्यात बावर्चियों के दिल्ली आने की खबर अक्सर छपती रहती है। उससे भारतीय अंग्रेजीपाठी जनता में एकता की सांस्कृतिक भावना का आलोड़न होता है। राहुल सांकृत्यायन जैसा देसी भाषा में लिखनेवाला व्यक्ति यह काम कैसे कर सकता है?

इसीलिए शायद अभी तक (अब राहुलजी दिल्ली में हैं) कहीं उनके कुशल मंगल का कोई समाचार नहीं पढ़ने को मिला है।

रूस में उन्हें काफी स्वास्थ्य लाभ हुआ था। स्मृति लौट चली थी, एक दिन बारह घंटे की लंबी नींद के बाद वह यह पूछते हुए जगे, 'मैं कहाँ हूँ?'—तब से सुधार होने लगा। पर एकाएक न्यूमोनिया ने उन्हें धर दबाया और स्नायविक रोगों में जो कमी हुई थी, बेकार हो गई। अब नए सिरे से इलाज हो रहा है पर पद्धति वही है जिससे रूस में लाभ हुआ था। उन्हें आराम की जरूरत है और एक ऐसे वातावरण की जरूरत है जिसमें उनका व्याधिग्रस्त मानस निस्संकोच धीरे-धीरे संज्ञा प्राप्त कर सके। देखने में वह निस्संदेह पहले से स्वस्थ जान पड़ते हैं और उच्चारण भी उन्हें अधिक सुगम हो गया है। इसके आगे वह तेजी से प्रगति करें, यही कामना है।

लोकसभा और राज्यसभा का जो ग्रीष्मकालीन सत्र पिछले महीने समाप्त हुआ है, कई प्रकार से एक भरापूरा सत्र था एक तो बजट के कारण, दूसरे विदेश नीति के अनुमोदन और तीसरे विश्वविद्यालय शिक्षा के कुछ महत्त्वपूर्ण मसलों के कारण।

जिस समय वि. अनुदान आयोग के वार्षिक प्रतिवेदन पर सदस्य अपनी राय दे रहे थे, एक नई बात उभरकर सामने आई और वह यह थी कि दूसरा प्रांत कहीं हमसे आगे न बढ़ जाए, इस भय से मैं न दूसरे प्रांत में उसकी भाषा पनपने दूँगा न अपने प्रांत में अपनी, और घटियापन स्वीकार करूँगा; एक ऊबड़-खाबड़ अंग्रेजी को अपने और अपने भाई के ऊपर लादे रहूँगा। कई सदस्यों की राय थी कि माना अंग्रेजी को हटाना है और भाषाओं को उठाना है पर इस काम में जल्दी करना ठीक नहीं है, अभी इसका समय नहीं आया है और अभी कुछ करना ठीक नहीं है, अभी इसका समय नहीं आया है और अभी कुछ करना देश के लिए घातक होगा।

इसके जवाब में डाक्टर श्रीमाली ने जो कहा वह समझदार लोग बहुत पहले कह रहे थे, पर सरकार की ओर से पहली बार कहा गया। उन्होंने कहा, बिना पानी में पैठे कोई तैरना सीख सकता है?' धीरे-धीरे का मतलब है जानबूझकर देर लगाना। और जब 12 वर्ष से इतने शब्द आदि रचे जा रहे हैं तो उनका इस्तेमाल भी तो साथ-साथ करना होगा। नहीं तो क्या रातों-रात अंग्रेजी का साइनबोर्ड हटाकर हिंदी का लगा देने से हो जाएगा? स्पष्टतः भाषा वाले भी अभी तक यही समझते रहे हैं कि हो जाएगा और भाषाओं के विरोधी तो यह चाल चलते ही रहे हैं। अभी तक जहाँ कहीं अंग्रेजी हटी है वहाँ हुआ भी यही है, उसका साइनबोर्ड अनुवाद करके लटका दिया गया है। पर है वह मूलतः अंग्रेजी का। भाषा में सोचने, बोलने और लिखने की शिक्षा से एक पूरी पीढ़ी को वंचित कर रखा गया है और यह पीढ़ी भ्रष्ट अनुवादकों की पीढ़ी बनकर रह गई है।

हिंदी का विरोध समझ में आता है क्योंकि उसे राजनीतिक सत्ता का एक साधन 15 वर्ष पहले ही कुछ लोगों ने बना लिया था और प्रतिक्रिया स्वाभाविक है। किंतु राजधानी के एक अंग्रेजी दैनिक में किन्हीं श्रीनिवासन जी का जो एक पत्र छपा है वह शुद्ध भय का प्रमाण है; भय इस हद तक

पहुँचा हुआ है कि अब शायद राजनीति उसका निवारण नहीं कर सकती। उसे सिर्फ वे ही दूर कर सकते हैं जो भाषा का सचमुच इस्तेमाल करते हैं, जिन्हें कुछ कहना होता है और जो उस कथ्य के लिए राजनीतिक नेता पर निर्भर नहीं रहते। भयातुर श्री निवासनजी लिखते हैं कि विश्वविद्यालयों में भाषाओं को शिक्षा का माध्यम बनाना कालांतर में हिंदी का प्रभुत्व मान लेना होगा।

[15.7.62]

●●

आसान हिंदी के सवाल पर आज राजधानी में जो उत्तेजना पाई जाती है उसने असल सवाल को किसी हद तक ढाँक-सा लिया है। सवाल 'आसान' हिंदी का नहीं 'अच्छी' हिंदी का है। आज जिसे आसान बनाने की कोशिश हो रही है, वह हिंदी कठिन सिर्फ इसलिए है कि वह अच्छी नहीं है और जो 'आसान हिंदी' चलाई जा रही है वह और भी कठिन है, क्योंकि वह और भी कम अच्छी है।

अफसोस की बात है कि पिछले दिनों जनप्रतिनिधियों की सभाओं में, सार्वजनिक सम्मेलनों में और पत्र-पत्रिकाओं में जहाँ कहीं भी हिंदी के मसले पर विचार प्रकट किए गए, इस एक तथ्य को बिलकुल छुआ भी नहीं गया कि आसान होने के लिए जरूरी है कि हिंदी में सोचा जाए, हिंदी में अनुवाद न किया जाए।

संसद में रोज ही एक न एक सवाल सरकारी कामों में हिंदी के इस्तेमाल को लेकर पूछा जाता है, लेकिन उन सबमें मुख्य चिंता यही रहती है कि हिंदी में अनुवाद का काम कितना आगे बढ़ा है। कांग्रेस के श्री नवाबसिंह चौहान राज्यसभा में इस तरह के सवाल पूछने के लिए प्रसिद्ध हैं।

राज्यसभा के जनसंघी प्रतिनिधि श्री अटलबिहारी वाजपेयी के हिंदी भाषणों को सुनने के लिए प्रेस गैलरी में हमेशा भीड़ लग जाती है और उस वक्त कोई शिकायत नहीं करता कि यह हिंदी कठिन थी। वाजपेयीजी की हिंदी आत्मज हिंदी है इसीलिए सहज भी है और उनके विचारों से सहमत होना जरूरी नहीं, पर उनकी वाणी की विन्यास शक्ति, सही जगह सही शब्द का प्रयोग करने का शऊर और मुहावरों के प्रति उनकी आदर भावना सुननेवालों को पूरा अर्थ खोलकर समझा देती है। इन भाषणों को अंग्रेजी अखबार अच्छी जगह भी देते हैं।

अन्यत्र हिंदी के साथ धीरे-धीरे दिल्ली में ढीलेढालेपन और फूहड़पन का एक ऐसा संबंध जुड़ गया है जो मुश्किल से तोड़े टूटेगा पर जिसको तोड़ना नई पीढ़ी की—अर्थात् उनकी जो भाषा को भाषा की हैसियत से प्यार करते हैं, झंस की हैसियत से नहीं—सबसे बड़ी जिम्मेदारी है। हिंदी के पक्ष में होनेवाले बड़े कार्यों में आज अधिकांश में ऐसे ही लोगों का सहयोग यहाँ दिखाई देता है जो हिंदी ही जानते हैं; जीवन के और कार्यक्षेत्रों से—जैसे विज्ञान, कला, टेक्नोलोजी से उनका सीधा संबंध नहीं है। ये लोग हिंदी की रक्षा की बात करते हैं, हिंदी में और विषयों की बात नहीं करते।

उधर अंग्रेजी को लें तो वहाँ भी धीरे-धीरे ऐसे लोगों की संख्या राजधानी में कम होती जा रही है जो अपनी विद्या में प्रवीण हों और साथ ही साथ भाषा के संस्कार से भी युक्त हों। अपने-अपने विषयों के पंडित भी जब कहीं भाषण करते हैं तो जब तक कि श्रोता ठेठ शास्त्रीय भाषा न समझनेवाले हों वे आसानी से अपनी बात समझा नहीं पाते। जरा सी बात कहने के लिए उन्हें बड़ी देर तक अंग्रेजी बोलनी पड़ती है। ऐसी ही ऊबड़-खाबड़ भाषा सब जगह बोली जाती है किंतु वह श्रेष्ठिवर्ग की भाषा है और उसके बोलनेवाले पर कोई उँगली उठाने की हिम्मत नहीं कर सकता।

लेकिन अंग्रेजी की तो यह हालत होनी ही है। उसमें सोचना और बोलना जिस संस्कार से संभव होता है वह धीरे-धीरे क्षीण होगा ही, क्योंकि बहुलांश में नई पीढ़ी आर्थिक और राजनीतिक कारणों से अंग्रेजी पढ़ेगी और अपनी मातृभाषा में सोचेगी, फिर अंग्रेजी में जैसा-तैसा अनुवाद करके बोल

लेगी—काम चल जाएगा। पर जिनकी मातृभाषा ही हिंदी है वे उस तरह की अंग्रेजी से फिर हिंदी में अनुवाद क्यों करें? यह समझ में नहीं आता।

दिल्ली में बहुत से साहित्यिक हैं और बहुत से साहित्य-राजनीतिज्ञ हैं। अभी तक इसका कोई प्रमाण नहीं मिला है कि ये इस आसान भाषा के मामले में क्या सोचते हैं। जो कुछ संकेत प्रत्यक्ष या अप्रत्यक्ष मिले हैं वे राजनीतिज्ञों की ओर से मिले हैं जिनकी भाषा संबंधी जरूरतें स्पष्टतः राजनीतिक हैं—साहित्यिक नहीं। यह बड़े आश्चर्य की बात है कि साहित्यिकों ने—जिनका काम ही भाषा की अपूर्णता से जूझना है—इस मौलिक प्रश्न पर अपना मत, अकेले या मिलकर कैसे भी प्रकट नहीं किया है कि आसान भाषा क्या होती है। माना कि राजधानी में राजनीति साहित्य से बड़ी है पर यह सवाल तो देश का है—जैसा कि राजनीतिज्ञ खुद कहते हैं—और राजनीति देश से तो बड़ी नहीं है।

[9.7.62]

●●

उस दिन आकाशवाणी भवन के बरोठे में अकस्मात एक नवयुवक उर्दू कवि से भेंट हो गई जो बड़ी दूर, कटक से आए थे जहाँ हिंदी और उर्दू के सवाल पर वह हलचल नहीं है जो राजधानी में है और जो मैं समझता हूँ, हर ऐसी जगह होगी जहाँ लेखकों को लिखने से फुरसत होगी। कटक से आए हुए इन कवि के सामने हिंदी-उर्दू की समस्या का रूप कुछ और ही था—वह एक सृजनात्मक समस्या थी जैसी कि शायद हर उस जगह होगी, जहाँ लेखकों को लिखने की फुरसत होगी। यह आगंतुक जो थोड़ी ही देर में मेरे अतिथि और फिर मित्र बन गए, हिंदी के आधुनिक साहित्य के पाठक हैं और अज्ञेय, गिरिजाकुमार माथुर, धर्मवीर भारती, सर्वेश्वरदयाल सक्सेना आदि की कविताओं से प्रभावित हैं। आप जानना चाहते होंगे कि प्रभावित हैं तो ठीक है लेकिन इनकी वह समस्या क्या है जिसका अभी नाम लिया गया था।

इन्होंने कहा, मेरी ही नहीं पाकिस्तान में जहाँ उर्दू की उपेक्षा का कोई सवाल नहीं, आधुनिक लेखकों की समस्या यह है कि साहित्यिक उर्दू को बोलचाल के नजदीक कैसे लाया जाए। पुरानी शब्दावली, मय अपने प्रतीकों और उपमाओं से बोझिल हो गई है और हमें हिंदी के उन तमाम शब्दों की जरूरत है जो नई व्यंजनाओं को आसान बना सकते हैं। कुछ मैं ही नहीं, कई नवयुवक उर्दू लेखक आधुनिक हिंदी साहित्य से इस खातिर दिलचस्पी रखते हैं कि वह उन्हें एक नई दिशा की ओर बढ़ने में मदद देता है। उनकी यह बात अपने में कुछ इतनी विचारोत्तेजक है कि इस पृष्ठ पर उसके तमाम पहलुओं का विस्तार चाहूँ भी तो नहीं कर सकता। लेकिन इतना जरूर चाहूँगा कि यह बात हिंदी के पक्षधरों में किसी प्रकार का मिथ्या दंभ न उत्पन्न करे। उधर हिंदी के विरोधियों को यह अधिक वैज्ञानिक दृष्टि दे सके तो अच्छा होगा।

[23.12.62]

●●

इस बार जब संसद का बजट अधिवेशन आरंभ हुआ तो राष्ट्रपति ने अपना अभिभाषण पहले अंग्रेजी में पढ़ा। सोशलिस्ट पार्टी के सदस्यों ने इस पर सदन का त्याग कर दिया। उसी दिन लोकसभा में और दूसरे दिन राज्यसभा में सभी ने, विशेषतः हिंदी के सर्वमान्य हितैषियों ने इस व्यवहार की निंदा

की, कहा कि सदन राष्ट्रपति से क्षमा चाहता है और जब कुछ एक उत्साही सदस्यों ने और भी कुछ प्रतिकार माँगा तो सदन ने कहा कि बस इतना ही यथेष्ट होगा।

पर दिल्ली में अंग्रेजी का एक अखबार इससे बिलकुल संतुष्ट नहीं है। इस घटना से वह इतना क्षुब्ध हुआ कि उसने लगातार तीन दिन अपने एक न एक स्तंभ में यह माँग की कि अंग्रेजी को सहभाषा बनाने का विधेयक लाने में देर न की जाए, देर जो हो रही है वह कुछ व्यक्तियों की प्रेरणा से हो रही है और उस वायदे के खिलाफ है, जो श्री नेहरू ने दक्षिण भारत से किया था। यही नहीं, एक बार तो उसने सोशलिस्ट सदस्यों के सदन त्याग पर एक बिलकुल नए दृष्टिकोण से—वास्तुकला के दृष्टिकोण से हँसी का मौका खोज निकाला : 'संसद के केंद्रीय कक्ष की संवाददाता दीर्घा से देखने पर ये सदस्य रेंगते से जान पड़ रहे थे', यह लिखकर अपना दिल ठंडा किया। मुझे यह सब उतना ही उपहासास्पद लगा, जितना उन कट्टरपंथियों का व्यवहार लगता है, जो जानबूझकर मेज को पटल और 'जोर दिया' को 'बल दिया' कहते हैं।

राजेंद्रबाबू को श्रद्धांजलि देते हुए एक संसद सदस्य ने कहा था—हिंदी प्रचार में उन्हें सब भाषाभाषियों का सद्‌भाव प्राप्त था। इसका कारण था। आजादी के बाद दक्षिण में हिंदी क्यों सीखी जाए, ऐतिहासिक दृष्टि से वह इस विषय में भ्रममुक्त थे। आजादी के पहले हिंदी सीखने के और कारण थे, अब और होने चाहिए, यह भी वह जानते थे। राष्ट्रपति पद छोड़कर पटना पहुँचने के दूसरे दिन उन्होंने कुछ विशेष संवाददाताओं से कहा था कि सरकार को विभिन्न भाषा बोलनेवालों में परस्पर आर्थिक सहयोग के कार्य शुरू करने चाहिए, जिससे वे केवल भाषा की नहीं, अपनी समृद्धि की भी समानता अनुभव करें। यह काम आज भी अधूरा है। एक बात तो राजेंद्रबाबू बार-बार कहते रहे थे, यह है कि हिंदीभाषी दक्षिण की कोई एक भाषा सीखें। यों दक्षिण में हिंदी के प्रचार के लिए जो काम होता है, उसका एक ब्योरा अभी संसद में रखा गया था, जिससे मालूम होता है कि बहुत काम हो रहा है। दक्षिण भारत हिंदी प्रचार सभा को राष्ट्रीय महत्त्व की संस्था भी घोषित कर दिया गया है। पर एक और सूचना जो गृहमंत्री ने दी उससे स्थिति कुछ निराशाजनक ही लगने लगी है। मद्रास राज्य ने तीन भाषाएँ पढ़ाने के कार्यक्रम का उल्लंघन करके स्कूलों में हिंदी की परीक्षा लेना बंद कर दिया है। गृहमंत्री ने तो आश्वासन दिया है कि दक्षिण क्षेत्रीय परिषद की अगली बैठक में अन्य दक्षिणी मुख्यमंत्रियों की उपस्थिति में वह इस प्रश्न पर श्री कामराज नाडर से बात करेंगे, पर चुस्त गवाह दक्षिण भारतीयों की आड़ लेकर अंग्रेजी का रोना (गलत-सलत अंग्रेजी में) रोते हैं, उन्हें चाहिए कि इस तरह के अड़ंगों की भी आलोचना करें।

[17.3.63]

●●

'अंग्रेजी भी चले' विधेयक आखिरकार संसद में पेश हो ही गया। गृहमंत्री दुतरफी आलोचना झेल रहे थे—'आपकी वजह से विधेयक आने में देर हो रही है' और 'आप क्यों नहीं यह विधेयक स्थगित कर देते।' दोनों आरोपों के जवाब में उन्होंने बीच का रास्ता अपनाया है जो उनकी पुरानी पद्धति है। उन्होंने विधेयक पेश कर दिया है और साथ ही उसकी तारीफ में कहा है कि प्रथम बार हिंदी को प्रमुख स्थान दिया जा रहा है—अंग्रेजी गौण भाषा रहेगी। लेकिन इस बार लालबहादुरजी का यह मध्यम मार्ग उतना सुगम नहीं है, यह अभी ही स्पष्ट हो गया है। विधेयक पर विधिवत बहस होने के पहले ही श्री प्रकाशवीर शास्त्री और श्री फ्रैंक एंटनी दो परस्पर विरोधी कारणों से एक ही भावना—उसके पेश होने पर असंतोष प्रकट कर चुके हैं। प्रकाशवीरजी का तर्क है कि इससे अंग्रेजी को प्रधानमंत्री

द्वारा परिकल्पित सहयोगी भाषा का नहीं, प्रमुख भाषा का स्थान मिल जाएगा और हिंदी हमेशा के लिए निकाल दी जाएगी। एंटनीजी का तर्क है कि इस विधेयक ने प्रधानमंत्री के अंग्रेजी संबंधी आश्वासनों की अवज्ञा की है। अभी तक इस मसले पर जो अनिश्चित प्रकार की उत्तेजना सब ओर फैली हुई थी उसने विधेयक के सामने आने पर कुछ मूर्तरूप धारण किया है और बहुत करके ये ही दो पक्ष प्रकट हुए हैं, जिनका प्रतिनिधित्व उक्त दो सदस्यों के विचार करते हैं।

कुछ सदस्यों की प्रतिक्रियाओं में विरोध प्रदर्शन अधिक था, विचार कम। स्वामी रामेश्वरानंद, मणिराम बागड़ी और हुकुम सिंह कछवैया—इन तीन सज्जनों को सदन से मुअत्तल करने पर सदन में मतभेद था—यद्यपि कहना न होगा कि बहुमत अत्यंत स्पष्टतः पक्ष में था। विभिन्न विरोधी दलों में भी विधेयक रखने पर एक और सदस्यों की मुअत्तली पर दूसरा मत दिखाई दिया। कम्युनिस्ट दोनों ही मसलों पर सरकार के साथ थे, प्रजासोशलिस्ट विधेयक रखने में सहमत किंतु सदस्यों की मुअत्तली पर तटस्थ रहे; स्वतंत्र पार्टी के अंदर स्वतंत्रता थी, कुछ उन एक दर्जन समाजवादी, जनसंघी और निर्दलीय सदस्यों के साथ गए जिन्होंने श्री बागड़ी और स्वामीजी के बलात निष्कासन पर सदन त्याग किया था, कुछ ने शेष सदन के साथ उस समय मेज बजाई जब विधेयक पेश करने की रस्म विघ्नोपरांत पूरी हुई।

इसलिए जैसा मैंने पहले कहा, इस समय मुख्यतः दो विचार हैं, एक : इस विधेयक से हिंदी को हमेशा के लिए गौण स्थान मिल जाएगा और दूसरा : इसमें हिंदी को प्रमुख सरकारी भाषा माना गया है और अंग्रेजी को केवल गौण स्थान दिया गया है। अन्य सब तर्क इन्हीं के अंतर्गत हैं।

विधेयक पेश होने के समय संसद के बाहर डाक्टर राममनोहर लोहिया और डाक्टर रघुवीर करीब 500 व्यक्तियों के साथ जो प्रदर्शन कर रहे थे उसमें कुछ बड़े-बड़े आश्वासन दिए जाते मैंने सुने। एक तो यह कि भविष्य हिंदी का है इसलिए अभी जो रुपया अंग्रेजी जाननेवाली नौकरशाही पर खर्च हो रहा है वह हम अपने हाथ में सत्ता आते ही बंद कर देंगे। और यह कि सत्ता प्राप्त करने के बहुत हद पाँच महीने के अंदर हिंदी को अंतर्राष्ट्रीय भाषा बना देंगे। इन्हें भी विचारों की श्रेणी में न रखना ही ठीक होगा।

संसद के निष्कासन-कांड और बाहर का प्रदर्शन देखकर राजधानी में बहुत प्रकार की प्रतिक्रियाएँ हुई हैं। आप आसानी से समझ सकते हैं कि इनमें परस्पर बड़ा वैषम्य होगा। कुछ लोगों ने नफरत से नाक-भौं सिकोड़ी हैं, कुछ बड़े तटस्थ भाव से मुस्कराए हैं (कौन जाने सचमुच कभी हिंदी आ ही जाए?) कुछ चुप रह गए हैं—या तो शर्म से या पार्टी के बंधन से। (सेठ गोविंददास संसद में मणिराम बागड़ी की मुअत्तली पर तटस्थ रहे; यों सुना है कि उन्होंने पार्टी से विधेयक पर अपने विवेकानुसार मत देने की आज्ञा माँगी है और उनका अनुसरण कुछ और कांग्रेसी सदस्य भी कर रहे हैं)। पर एक और प्रतिक्रिया भी है, यद्यपि वह अभी खुलकर अभिव्यक्त नहीं हुई है। कहा जा सकता है कि यह हिंदी के उन समर्थकों की प्रतिक्रिया है जो हिंदी के राजनीतिक प्रश्न के साथ उसके सांस्कृतिक प्रश्न की भी सत्ता मानते हैं और दोनों के दो अलग-अलग समाधानों में विश्वास नहीं करते। यहाँ के अनेक प्रबुद्ध साहित्यकारों की राय अभी प्रकाश में नहीं आई है, पर यह देखना कठिन नहीं है कि वे एक ओर अंग्रेजी को राजभाषा पद से हटाने की राजनैतिक आवश्यकता के कायल हैं तो दूसरी ओर हिंदी की सांस्कृतिक और साहित्यिक परंपराओं के उदार विकास में भी आसक्त हैं।

1965 के गणराज्य दिवस से जो राज्य चाहें अपनी भाषा में अपना सब काम करने लग सकते हैं—राष्ट्रपति की अनुमति कुछ कामों के लिए आवश्यक है। इस समय और प्रश्नों के साथ एक छोटा-सा प्रश्न भी मन में उदित होता है—क्या हमारी आज की हिंदी इतनी कमजोर है कि हिंदीभाषी राज्य 1965 से इस अधिकार का उपभोग न करने लग सकेंगे? और एक अन्य प्रश्न भी साथ में है—क्या हिंदी की तरह दूसरी भाषाओं में भी सरकारी सहायता से इतनी तैयारी हो चुकी है कि वे भी 1965

से राजकाज सँभाल लें? यदि नहीं, तो फिर क्या इसमें उनकी नैतिक और वास्तविक—दोनों प्रकार की सहायता देना एकमात्र रचनात्मक उपाय नहीं रह जाता?

[28.4.63]

धूप हवा धूप

अन्य ऋतुओं की भाँति पावस भी अस्थिर चित्त होकर दिल्ली में आ गया है। पहले के सात दिन झड़ी लगी रही, फिर तीन दिन के लिए आसमान खुला, मगर अगले चार दिन इतनी गर्मी पड़ी कि इलाहाबाद की मई-जून का मजा आ गया। कुछ तो पावस यों भी चंचल होता है—मेघ और चंचलता का साथ भी है—और मेघ ही कौन एक जगह टिकता है—पर यह अदा वह दिल्ली में ही दिखाता है कि मोती बाग में बरसा और शक्ति नगर की तरफ झाँका तक नहीं। अन्य ऋतुएँ यहाँ की भूमि के प्रति अधिक संवेदनशील हैं—वसंत सबसे अधिक, पर उसने अपने लिए यह विशेषता सुरक्षित रख छोड़ी है कि पकड़ में नहीं आता। कब शिशिर में से खुली बाँहों की तरह निकलकर वह इमारतों के बीच छिटके हुए वृक्षों वाली इस महानगरी के उदासीन बाबुओं को...खैर। यह सब कहने के लिए किसी आधुनिक कालिदास की जरूरत है।

यह जरूर कहा जा सकता है कि प्रकृति और मानव का संबंध नई दिल्ली में इस समय एक अर्थमय विशेषता ग्रहण कर चुका है। संसार की कम राजधानियों के लोग प्रकृति के इतने निकट रहते होंगे—यह केवल चकित कर देने के लिए नहीं लिखा है। नई दिल्ली का दक्षिण की ओर जो प्रसार हो रहा है, उसे देखने से इसका यथेष्ट प्रमाण मिलता है। रिंग रोड से धौला कुआँ की ओर जाते हुए आप देखेंगे...(सवेरे-सवेरे जाएँ तो सोकर उठने पर जैसा मन रहता है उसमें आश्चर्य अधिक प्रीतिकर हो जाएगा) कि रूखी पथरीली धरती के अनंत दिखनेवाले विस्तार पर दूर एक शहर का शहर खड़ा हुआ है। यह एक नई बस्ती है जो सरकारी कर्मचारियों के लिए बनाई गई है। अभी इसमें किसी को बसाया नहीं गया है, सिर्फ मकान, खाली मकान सुनियोजित व्यवस्था में चुपचाप खड़े हैं और इनके और देखनेवाले के बीच अंतर इतना यथेष्ट है कि इमारतों की इस निर्जनता को एक रहस्यमयता मिल जाती है।

पर विस्तारशीला राजधानी में कुछ नई आबादियाँ ऐसी भी हैं जो प्रकृति के निकट भी हैं और इंसान की संगत से भी रंजित हैं। उनकी खूबसूरती अपने में एक माने रखती है। वहाँ तक आने-जाने के साधन बस इतने ही हैं कि वे दुनिया से अलग न कट जाएँ—रोजमर्रा की जरूरतें पूरी करने की भी व्यवस्था वहाँ बस वाजिबी-वाजिबी है और जहाँ पथरीली जमीन तोड़कर नींवें डालकर मकान बना दिए गए हैं, वहाँ के इर्द-गिर्द ऐसा चट्टानी प्रदेश अक्षुण्ण बच रहा है जिसे तोड़ना शायद फायदेमंद न समझा गया होगा। इस प्रकार सरकारी क्वार्टरों की एकरस एकरूपता को प्रकृति के खुरदुरेपन की पीठिका मिल गई है—इसका प्रभाव अद्‌भुत हुआ है। यह ठीक है कि उन बस्तियों में रहनेवाले दफ्तरी कर्मचारियों में से सब पर यह प्रभाव एक-सा नहीं पड़ता होगा, पर जो हलके से अनिश्चय और किंचित असुरक्षा का सौंदर्य देख पाते हैं, उनके लिए ऐसी बस्तियाँ विशेष अर्थ रखती हैं। कालांतर में यह सौंदर्य मिट जाएगा—यह भी ठीक है क्योंकि विकास और निर्माण की भयंकर गति दिल्ली की लक्ष्मण रेखा—रिंग रोड को तोड़ ही चुकी है और कुछ ही वर्षों में उसके पार के ऊबड़-खाबड़ चट्टानी मैदानों में मकान ही मकान नजर आएँ, यह डर केवल कल्पना नहीं है। उस समय आधी रात को रिंग रोड का गहरा अँधेरा चीरते हुए उस पर मोटर में यात्रा करने का या सूरज ढलने के

बाद तृतीया का तीखा, लाल और 'तसवीर अधिक यथार्थ कम' जैसा जमीन से उठता हुआ चाँद देखने का अनुभव अतीत की वस्तु हो जाएगा और छोटी-छोटी कोठरियों में बड़ी एहतियात से रहने का भविष्य का पता नहीं उतना सुखद होगा या नहीं।

[21.10.60]

●●

सितंबर आ गया (और लो उसने चलने की तैयारी भी कर दी), और खुले मैदानों और खुले आकाश वाली इस विराट नगरी में सवेरे और शाम के वक्त ने एक विशेष तरह की ठंड ग्रहण कर ली है—उसे लिखकर समझाया नहीं जा सकता। पर यदि सवेरे 6 बजे बाहर लगे बिस्तर से उठकर रात भर के बंद कमरे में आकर एक खास तरह का सुख आपको अपने शहर में भी मिलता है, तो समझ लीजिए उसी से मेरा मतलब था।

फिर सारा दिन धूप खिली रहती है और बीच-बीच में तापमान (क्या उसकी भी सुगंधि की-सी लहरें होती हैं?) और कभी निर्गंध हवा की खुशबू (सफाई की भी एक खुशबू होती है : कुछ लोगों के लिए उसका पकड़ पाना दुष्कर है क्योंकि इत्र की सुगंधि से वह उसे दाब देते हैं) स्मृतियों की स्मृतियाँ खोलती चली जाती हैं।

लोग कहते हैं वसंत में कोई अकेला नहीं रहना चाहता। वह वसंत के ही लिए सत्य नहीं है—इस मौसम के लिए शायद अधिक सत्य है। और सहचर या सहचरी का उतना बड़ा अभाव राजधानी के समाज में नहीं है, यह मानते हुए भी कभी-कभी यह लगने लग सकता है कि वह साथी यहाँ नहीं मिल सकता, जिसमें कहीं कुछ है कि उसे 'उगता सूरज, मेमने, गिलहरियाँ, जंगली फूल-पत्ते, टहनियाँ, कभी-कभी का मौसम भला लगता है।' (कवि रघुवीर सहाय संशोधन के लिए क्षमा करेंगे।)

और एक नई बात देखी है। यह महीना है-जिसमें कि लोग सुंदर होने लगते हैं। सबसे आकर्षक व्यक्तियों से आजकल मिलिए—उनका भी आकर्षण निखार पर पाएँगे। नहीं कह सकता कारण क्या है, पर दिलोदिमाग और शरीर में इस मौसम में एक तरह का संतुलन आ जाता है शायद...या क्या होता है ईश्वर जाने...या देखनेवालों को ही सबकुछ सुंदर दिखाई देने लगता है।

हो सकता है यही अंतिम अनुमान सच हो। नहीं तो दिल्ली की पत्थर की इमारतें और खँडहर भी आजकल क्यों चमक उठते? जोरबाग और सुंदर नगर के रँगे-चुंगे घरों को छोड़िए, जिसमें नंगा पत्थर या ईंट लगी है उसे देखिए...धूप ने उसको एक संजीदा चमक दे दी है और उसका घनत्व अब वैसा बोदा नहीं रह गया है जैसा बरसात में था—उसमें एक सौम्यता आ गई जैसी पके फलों से लदी डाली में होती है।

[25.9.60]

●●

क्या आपने अनुभव किया है कि धूप में कुछ हलकी सी गरमी आ गई है और दिन में कभी-कभी कोट उतारकर फेंक देने को जी चाहता है। वसंत आ गया है, और आपके शहर में गेंदे के अलावा कितने फूल हैं नहीं जानता, पर राजधानी में रंगों की बहार है—चौराहों पर बेगुनबेलिया के फव्वारे और पटरी पर फ्लाक्स की झालरें और इन दोनों के मध्य की श्रेणी में आनेवाले इनसे अधिक रक्षणीय और विशिष्ट, घरों में और चहारदीवारियों पर एक हजार किस्म के विलायती फूल। पर यह न समझा

जाए कि दिल्ली का वसंत फूलों की ही देन है; वह देन बहुलांश में यहाँ के बड़े वृक्षों की है। उनमें एक तरह की विकलता आने लगी है और जो साँस वे दे रहे हैं वह वनस्पति की गंध से गरुआ चली है—कुछ ही दिन में वे अपने पत्ते छोड़ने लगेंगे—पहले बड़े और चौड़े पत्तोंवाले पेड़ और फिर नीम, जो यहाँ बहुत, बहुत, बहुत है। (अब तो चाणक्यपुरी में बकायन भी पनप गई है पर उसमें पतझर आ चुका, गुच्छे के गुच्छे सुनहरे फूलों से वह लदी खड़ी है) और नीम में फिर फूल आना शुरू होंगे। खुशबू से भरी हवा में एक झपक-सी होगी और हलका-सा आलस्य भी, पर नीम फूलता चला जाएगा, ठीक गरमियों के मध्य तक और तब जैसे सारी मिठास खोकर खंखड़ हो जाएगा, परिपक्व और केवल उपयोगी वस्तुएँ देने योग्य।

तब तक दिल्ली में वसंत रहेगा।

[5.2.61]

●●

इस साल दिल्ली में आम नहीं हैं। यहाँ से निकटतम बाग सरौली में हैं, जहाँ का आम इसी नाम से बिकता है। पर दिल्ली के बड़े आदमी 'दशहरी' माँगते हैं जो लखनऊ से आता है और, लखनऊ दिल्ली से काफी दूर है; कम से कम दशहरी जैसे नाजुक आम के लिए तो है ही।

यहाँ के बाजारों में एक झुर्रियोंदार, निहायत पीला, पकुसा हुआ आम दिखाई देता है, जिसे दूकानदार बड़े तपाक से दशहरी कहकर आपकी ओर बढ़ा देते हैं। ज्यादातर मौकों पर दूकानदार उस आम के बारे में उतना ही जानता है जितना खरीददार; दोनों ही सिर्फ 'दशहरी' का नाम जानते हैं। कभी-कभी दूकानदार इतना जरूर कह देता है, 'ले जाओ, बहुत मीठा होगा।'

दरअसल मीठा होना आम का गुण नहीं है। मिठास का एक खास अंदाज आम की हर किस्म में होता है, एक सीधी-साधी लट्ठमार मिठास जिसमें हो वह आम जंगली है, कलमी नहीं। शौकीन इसी अंदाजे चाशनी के दाम देते हैं और लखनऊ के बाजारों में जाइए तो दूकानदारों में भी आम की परख और उसके रखरखाव का उतना ही उत्साह पाइएगा जितना खानेवालों में है।

जिस बात से सचमुच अफसोस होता है, वह यह है कि यहाँ बेचनेवालों में भी अपने फलों के लिए कोई उत्साह नहीं है। दिल्ली में किसी फलवाले के मुँह से यह सुनना कि यह फल उम्दा है, यह उससे घटिया है, यह इस मतलब का है या वह यों रखा जाएगा, एक मधुर विस्मय होगा। वह दाम बता देगा—यह महँगा है यह सस्ता है—आपकी जितने की औकात हो उतने के खरीद लीजिए और रखना तो सबको ठंडे बक्स में है ही।

खैर, बात आम की हो रही थी। 'आम तो दशहरी होता है' ऐसी सुनी-सुनाई कहनेवाले तो यहाँ बहुत हैं—काश कि ऐसे आमवाले भी होते जो उन्हें सिखा सकते कि हर आम का जायका और तर्जे तुर्शी व अंदाजे चाशनी अलग-अलग है। कभी सबकी असली किस्में यहाँ आएँ तो आपको मालूम हो कि सब आम एक नहीं एक से एक हैं।

[9.7.61]

●●

इस बार वर्षा ने इधर आने में काफी देर कर दी है। हो सकता है कि जिस समय आप ये पंक्तियाँ पढ़ रहे हों, राजधानी के जनसंकुल मोहल्लों में घुटनों-घुटनों तक बरसाती पानी भर गया हो, और

वीरान मैदानों में जो कि राजधानी के इर्द-गिर्द मीलों तक फैले हुए हैं, बरसते पानी की एक चौड़ी दीवार जमीन से लेकर, जितनी दूर तक आसमान की रोशनी नीचे आ सकती है, उतनी दूर तक खड़ी हो गई हो। लेकिन अगर ऐसा हुआ भी तो काफी देर से ही हुआ समझा जाएगा।

यह दृश्य, जिसका ऊपर वर्णन है, दिल्ली के घुमक्कड़ों ने करीब-करीब हर बरसात में कई बार देखा होगा। शहर के चारों तरफ, खासकर दक्षिण की तरफ पालम गाँव की ओर बहुत बड़े और चौड़े मैदान हैं; जमीन कहीं पथरीली कहीं मटियर; कहीं पर झाड़ियाँ, कहीं सिर्फ चटखते हुए पत्थर—इस तरह की है। मकान वगैरह नहीं हैं। जो इमारतें हैं, वे जमीन से बड़े समझौते के साथ खड़ी-सी जान पड़ती हैं। इस विस्तार में से पक्की सड़क पर जाते हुए एकाएक मूसलाधार वर्षा के बीच कोई रुक जाए तो उसे सारे व्यक्तित्व को प्लावित कर देनेवाला एक अनुभव प्राप्त होगा। विराट के इतने समीप और उसके पास इतना सुरक्षित अपने को अनुभव करना शहर में सामान्यतः और जगह संभव नहीं।

यह क्षेत्र, जिसकी मैं बात कर रहा हूँ, प्रकृति के बहुत निकट है। शहर के भी उतने ही निकट है। इसमें कोई पौध या वनस्पति रोपित नहीं की गई है कि यह प्राकृतिक दीखें। बल्कि इसको कुछ मानव निर्मित-सा बनाने का ही प्रयत्न किया गया है और अगर सिर्फ मैदान को ही देखें तो इस प्रयत्न के परिणाम में वह न इधर का रह गया है न उधर का—बहुत लगता है तो घोर लापरवाही से रखा गया एक चरागाह-सा लगता है। लेकिन मैदान से ज्यादा सुंदर और अर्थमय है वह आकाश, जो इस मैदान पर छाया रहता है और जिसमें रात के चौथे पहर का चाँद या दिन के अंतिम पहर के फूटते हुए रंग या जाड़ों की दोपहर की पारदर्शी दीप्ति सब अपने-अपने ढंग से साकार हुआ करते हैं।

एक महानगर में रहनेवाले मामूली आदमियों के लिए, जो जीवन की दैनिक घटिया मजबूरियों से रोज उलझते-उलझते कुंद हो चुके हैं, इस तरह का दृश्य शायद केवल कैलेंडर की तसवीर की याद दिलाकर रह जाए, उसे कहीं पर भी झकझोरे नहीं। पर केवल वैसा ही होता तो भी आशाजनक है। कम से कम इतना तो विश्वास रहेगा कि अभी सब कैलेंडरों पर औरतों की तसवीरें नहीं आ गई हैं।

यों तो मैं भी कबूल करना चाहता हूँ कि अक्सर मुझे भी नीची चट्टानों के फैले विस्तार पर से उठता हुआ पूर्णप्राय चाँद इतना पार्थिव मालूम हुआ है कि जैसे प्रकृति के नाम से मन में जो कुछ जागृत होता रहा था वह इस दर्शन में कहीं है ही नहीं। कुछ है, तो एक घोर वास्तविक, अत्यंत पहचाना हुआ (शायद तसवीरों से ही) दृश्य, जिसे देखकर पहला ख्याल यह आता है कि वह असली चाँद का नहीं है।

[30.7.61]

●●

जिस वक्त आप ये पंक्तियाँ पढ़ रहे होंगे, दिल्ली में जाड़े का मौसम उठान पर होगा—इस समय भी शाम के बाद से शहर के खुले इलाकों में अँधेरे का वह जादू भरा ठंडा सलोनापन असर करने लगा है, जो सिर्फ दिल्ली जैसे खुले और धुएँ-धक्कड़ से मुक्त शहर में मिल सकता है। शहर के बीचोंबीच जरूर इंसानी आबादी और रोशनी की गरमी मौसम के असली बदन को ढक देती है। कभी-कभी तो घने बाजार में लगता है कि उसे कपड़ों से तोप ही दिया गया है।

इस साल शाम की रौनक नई दिल्ली से खिंचकर पुरानी दिल्ली में चली जाए तो ताज्जुब नहीं।

नई दिल्ली का सारा बाजार, कनाट प्लेस समेत, शाम को सात बजे बंद हो जाया करेगा—ऐसा आर्डर निकला है। तो फिर रेस्त्राँ में अड्डा मारनेवाले और सिनेमाघर में वक्त काटनेवाले ही सात बजे के बाद वहाँ दिखाई देंगे। मुफ्त में टहल-टहलकर वक्त काटनेवाले तमाम नौजवानों को इससे बड़ा घाटा होगा। मुश्किल तो यह है कि आज की जिंदगी में घर पर भी तो कुछ नहीं रखा जो आदमी वहाँ अपना जी बहलाए...वही मुसीबतें, जिन्हें गरीब आदमी काम करते वक्त भूला रहता है...

[2.10.61]

●●

सारे देश में बरसात हुई है और सारे देश में बाढ़ें आई हैं—मगर इसका मतलब यह तो नहीं कि कोई पूछे ही न कि जमुना का वह पुश्ता क्यों टूटा जिसके टूटने का खतरा अधिकारियों को पिछले तीन-चार साल से थोड़ा बहुत दिखाई दे ही रहा होना चाहिए था।

यही सवाल दिल्ली के लोगों में पूछा जा रहा है—खासकर उनमें जो नदी पार कुछ कम घनी बस्तियों में जाकर रहने को चाँदनी चौक की उन गलियों में रहने से बेहतर समझते हैं जिनकी आधी चौड़ाई दोनों तरफ की नालियाँ घेरे हुए हैं।

खैर, पहले से होशियार रहने में चाहे चूक हो गई हो लेकिन खतरा सामने आ जाने पर काम में ढील नहीं की गई। हमेशा की तरह सेना ने ही इस बार भी काम किया और बुलंदशहर जिले के 13 और दिल्ली के 3 गाँवों से लोगों को निकाल लाया गया।

इधर शहर के अंदर श्मशान घाट बिलकुल डूब गया था और सूखी जगह ढूँढ़ते हुए लोगों को सड़क के काफी पास तक आने को मजबूर होना पड़ा था। उन्हीं दिनों कुछ झोंपड़ियाँ मुख्य सड़क में बीच की पटरी पर खड़ी देखकर जानना चाहा कि यहाँ कौन है तो मालूम हुआ कि 'कमेटी ने (नगर पालिका ने) एहतियात के तौर पर इन्हें यहाँ बसने का हुक्म दिया है।' 'तुम्हारी अपनी झोंपड़ी कहाँ है?' मैंने पूछा। 'वह सामने'... और उसका नया घर पहले वाले से कहीं मजबूत था। पता नहीं वह लौटकर पुराने में जाएगा भी कि नहीं। 'काम क्या करते हो?'... काम वह कुछ नहीं करता था—कभी मजदूरी; कभी खोंचा; साल में कुछ दिन अपना असली काम—खस के परदे बिनना। 'पहले क्यों नहीं हटे?'... उत्तर नहीं मिला, पर उसके बेकार जवाब से ज्यादा माने उसके चेहरे पर था; वह मेरा सवाल समझा ही न था। वह क्यों डरता और क्यों हटकर जाता सिवाय अपनी जान के उसका क्या जाने वाला था?

बड़ी प्रसिद्ध सड़कों के नाम दिल्ली में बदल डाले गए हैं—भारतीय रूप उन्हें दे दिया गया है। जनता कभी-कभी अब भी उन्हें पुराने नामों से ही याद करती है।

लेकिन एक चौराहा यहाँ ऐसा है जिसे सारी दुनिया तीन मूर्ति के नाम से जानती है। उसका नाम सरकारी तौर पर अभी भी बर्डवुड प्लेस है। यह चौराहा प्रधानमंत्री के घर के ठीक सामने है।

[7.10.61]

●●

पार्लियामेंट स्ट्रीट को जिन्होंने दस बरस पहले देखा था वे अब भूल ही गए होंगे कि उसकी शक्ल तब क्या थी। जहाँ आज रिजर्व बैंक की चट्टानी इमारत खड़ी है वहाँ एक टीन की छतवाली बेडौल

बैरक थी, जिसमें भारतीय शिल्पकला सभा (एफैक्स) का दफ्तर और चित्रागार था। जहाँ पंजाब बैंक है वहाँ दरअसल भूल गया हूँ कि क्या था और उसके सामने डाक तार निदेशालय की अट्टालिका की जगह याद नहीं आता पेड़ थे कि सरकारी बंगला था। लेकिन इसी चौराहे पर गोल बगीचे में गुलमुहर के चार पेड़ दस साल पहले भी थे, अब भी हैं और इन वर्षों की निरंतरता बनाए हुए हैं। जो लोग दिल्ली को सुंदर मानते हैं वे बहुत करके उसके हरे-भरे तरु समाज के प्रेमी हैं—जनसमाज के हैं या नहीं, नहीं जानता—और जानते हैं कि वहाँ के कुछ वृक्षों की अपनी एक सौंदर्य परंपरा है। तभी मुझे कहीं पढ़ी हुई ये पंक्तियाँ याद आती हैं :

दूसरे तीसरे जब इधर से गुजरता हूँ
देखता हूँ, अरे इस वर्ष गुलमुहर में अभी तक
फूल नहीं आया
इसी तरह आशा करते रहना कितना अच्छा है
विश्वास रहता है कि वह प्रज्वलित रूप मैं भूल नहीं आया

[15.7.62]

●●

घन घमंड नभ गरजत घोरा : दूसरी पंक्ति लिखने की जरूरत नहीं। जिनके मन में उस तरह की अनुभूति के लिए स्थान है उन्हें याद होगा कि तुलसीदास ने क्या लिखा था और जिनके मन में नहीं है उनके लिए पहली पंक्ति ही काफी अर्थमय है। वास्तव में इस समय केवल गरजते हुए बादलों से ही मतलब है। सुनते हैं कि जो गरजते हैं, वे बरसते नहीं, पर यह शायद बादलों के लिए नहीं कहा गया है। जिस समय ये पंक्तियाँ लिखी जा रही हैं आसमान घिरा हुआ है, पर इसका कोई आश्वासन नहीं है कि घिरकर निकल नहीं जाएगा या फिर बरसा भी तो दिल्लीं में बरसेगा—कौन जाने फरीदाबाद में बरसे—या फिर दिल्ली में भी बरसा तो चाँदनी चौक में भी बरसेगा और कनाट प्लेस में भी बरसेगा। यहाँ के लोगों के लिए यह कोई नई बात नहीं है कि दिन भर दफ्तर में खिड़की से बरसात देखते रहें और जब घर आए तो लोगों ने कहा, 'वाह कैसी बरसात? यहाँ तो बूँदें भी नहीं आईं।' बहरहाल बरसात आ गई है और यह पत्रिका खरीदकर घर आते हुए आप इसे पानी से बचाते हुए लाए हैं।

जहाँ तक दिल्ली का सवाल है बरसात का वैभव यहाँ एक खास तरह का होता है। शहर दूर-दूर तक फैलता जा रहा है और उसके छोरों पर बड़े-बड़े खुले मैदान आपस में मिलते जा रहे हैं। बहुत बड़े खुले आकाश के नीचे नई बस्तियों में रहनेवाले इस अर्थ में प्रकृति के इतने निकट रहते हैं जितने शायद और बड़े शहरों में नहीं रहते। मूसलाधार वर्षा में और उसके बाद शाम को सूरज डूबने के समय एकाएक मालूम होता है कि हमारे और मुक्त प्रकृति के बीच कोई बाधा नहीं है—कई स्थल तो ऐसे हैं जहाँ खड़े होकर चारों ओर कुछ नहीं केवल रंगारंग आकाश का विराट आकार ही दीख पड़ता है। राजधानी के उस नागरिक के लिए जो समाज में दिनोंदिन अपने को और अकेला अनुभव करता जा रहा है—यह देखना करीब-करीब ईश्वर को देखने के बराबर है।

[15.8.62]

संस्कृति की झुरझुरी

अगले महीने से राजधानी का मियादी सांस्कृतिक बुखार शुरू होगा। लेकिन स्वस्थ मानसिक दशा में उसने पिछले महीने जो एक अकेला अनुभव किया, वह अनेक छोटे-छोटे अनुभवों को एक तरफ रखने पर भी भारी पड़ेगा। वह था मार्सेल मार्सो का प्रदर्शन : बल्कि प्रदर्शन से अधिक मूल्यवान थी चुने हुए लोगों के सामने उनकी व्याख्या। मार्सो संसार के सर्वश्रेष्ठ 'माइम' माने जाते हैं। आंगिक अभिनय को किसी विद्या का पूरक न बनाकर उसे स्वयंसिद्ध बनाने में मार्सो ने महान कार्य किया है। उन्होंने अपने शरीर को एक ऐसा साधन बना लिया है कि कलात्मक अभिव्यक्ति के सारे ज्ञात साधन उसके आगे हेय हैं। हालाँकि खुद वह इतना ही कहते हैं कि 'माइम' हृदय की भाषा है, लेकिन उनकी कला देखने के बाद लगता है कि हृदय से भी अधिक वह संपूर्ण तन-मन आत्मा की भाषा है।

साधारण नकलों से लेकर 'मास्क मेकर' जैसे आंदोलित कर डालनेवाले कृत्य तक में एक गहरी करुणामयी व्यंजना है। 'मास्क मेकर' में एक के बाद दूसरा चेहरा लगाते हुए (कोई मुखौटा नहीं होता) वह अनुभव वैविध्य में छिपी हुई एकांत मानव करुणा का संचारीभाव उत्पन्न कर देते हैं—फिर जब हँसता हुआ चेहरा उतारकर, रोता हुआ चेहरा पहनते और इसी क्रिया को बार-बार दोहराते हैं, तो मन पर लगभग वही प्रभाव पड़ता है, जो राग विस्तार के चरम क्षण में तानों और पलटों से उत्पन्न होता है; अंत में जब निराशा और आशा दोनों से युक्त एक चेहरा बच रहता है तो दर्शक के मथे हुए मन का 'कथार्सिस' पूर्ण हो चुका होता है।

मार्सो ने अपने आंगिक अभिनय की व्याख्या दिल्ली के कलाकारों और कलाविदों के सामने गैर रस्मी तौर पर भी प्रस्तुत की थी। उन्हें बिना मेकअप के (यद्यपि उनका मेकअप भी एकदम विशिष्ट है) देखना एक विशेष मार्सो को देखना था। साफ सुंदर अंग्रेजी में (मार्सो फ्रांसीसी हैं) उन्होंने माइम के सब पहलुओं पर रोशनी डाली—पर सबसे अधिक सच्चाई उनके इस कथन में मालूम हुई कि मनुष्य की क्रियाएँ जब प्रकृति के प्रतिकूल होती हैं, तब अभिनेता स्वयं ही मनुष्य और स्वयं ही प्रकृति बन जाता है। आँधी के खिलाफ चलकर उन्होंने दिखाया—जो अज्ञात आँधी उनके चलने में बाधा दे रही थी, वह भी उनके जोर लगाते हुए शरीर में जैसे अवतरित हो गई।

इसी व्याख्या के साथ पता नहीं क्या सोचकर कथकली के आचार्य गुरु गोपीनाथ के आंगिक अभिनय का भी आयोजन किया गया था। दोनों में क्या तुलना थी या देखी गई थी—समझ नहीं आया। एक सहज स्फुरित आशु अभिनय है—दूसरा एक बृहत्तर नृत्य विधान का केवल एक अंग है—शैली दोनों में है—पर एक में वह शैली ही साधना है, दूसरे में शैली का अक्षुण्ण अनुवाद ही अभीष्ट है। आयोजकों की यह तुलनाप्रियता कुछ बेवक्त की शहनाई ही रही।

[21.8.60]

●●

यहाँ का सांस्कृतिक चौमासा शुरू हो गया है। समारंभ भी अच्छा ही हुआ। राजधानी में अनेक राज्यों के निवासियों ने अपने-अपने समारोह किए—आंध्र समाज की रजत जयंती और मलयाली समाज का कलापर्व उल्लेखनीय है।

जिस वैविध्य में एकता की बात भारतीय संघ के संदर्भ में अक्सर कही जाती है, उसका एक दर्शनीय—कभी-कभी केवल प्रदर्शनीय रूप यहाँ एक ही स्थान पर उपलब्ध है—लेकिन एक दूसरे

को समझने का जितना बड़ा मौका इस प्रदर्शनप्रियता के बावजूद यहाँ मिल सकता है, उतना शायद ही किसी नगर में मिले। उत्तरप्रदेश में जाइए तो वहाँ भी एक तरह की सार्वदेशिकता है पर उसमें आपस में खिंचाव की आशंका ही अधिक है—साथ ही खास उत्तरप्रदेश के रहनेवालों की विशाल हृदयता कुछ इतनी विशाल है कि उदासीनता की सीमा तक पहुँची जान पड़ती है। लेकिन जरा उत्तरप्रदेश के किसी वाशिंदे को दिल्ली भेज दीजिए और कुछ साल उसे यहाँ की हवा खाने दीजिए; वह आदर्श भारतीय का छोटा-मोटा नमूना बन जाएगा।... इसलिए कि अनेक पक्के, ठोस सांस्कृतिक तत्त्वों से उसे टकराने का मौका मिलेगा और ये सब तत्त्व अपने-अपने प्रदेश के प्रति संकीर्ण मोह से आक्रांत नहीं होंगे—यह मैं विश्वासपूर्वक कह सकता हूँ।

[25.12.60]

● ●

1960 तोल्सतोय की 50वीं बरसी का साल था। भारत में भी तोल्सतोय के प्रेमियों ने समारोहों का आयोजन किया और जैसा कि बिलकुल प्रत्याशित था, जो दो समारोह पिछले दो पखवारों में राजधानी में हुए उनमें शुभाशंसा प्रकट करने में सिद्ध भारतीय वाणी के कुछ अच्छे समसामयिक नमूने सुनने को मिले।

यह व्यंग्य में नहीं कहा गया है। भारतीय वक्ताओं के भाषण सुनकर कातर हृदय से निकली हुई पुकार ही यह है। मैक्समूलर भवन की तोल्सतोय विचारगोष्ठी में अपने देश से जिन विद्वानों ने भाग लिया उनके तोल्सतोय संबंधी विचारों की दृढ़ता, अखंडता और निश्चयात्मकता प्रशंसनीय थी। जिज्ञासा या संशय की उनके यहाँ गुंजाइश ही नहीं थी। उनके लिए तोल्सतोय मानो भारत की खातिर जन्मे और जिए और भारत की जो भी मान्यताएँ परंपरा से चली आ रही थीं वे सब तोल्सतोय में जाकर प्रतिबिंबित हो गईं। उसके बाद केवल इतना ही शेष रह गया कि मानव के गौरव, मानव के प्रेम, मानव के भाईचारे और संक्षेप में मानव मात्र के मूलतः भारतीय होने में एक बार फिर से आज के भारतीय चिंतक विश्वास प्रकट करें : यानी वे चिंतक जिन्हें इस प्रकार के उत्सवों में बोलने के लिए बुलाया जाता है।

विदेश से भी कुछ वक्ता इस गोष्ठी में बोलने आए थे। उनके मन में कुछ जीवित प्रश्न करवटें ले रहे थे और उनके यहाँ किसी की बरसी मनाने का अर्थ उसकी प्रशस्ति पढ़ना नहीं था। जब समारोह के अंतिम दिन अंग्रेजी कवि जान वेन ने स्वाभाविक ब्रिटिश कमबयानी के साथ कहा कि इस प्रकार की विचारगोष्ठियों में विचार के लिए विषय कुछ और स्पष्ट रखे जाएँ तो अच्छा हो, तो उनका मतलब यही था कि लोग कुछ और स्पष्ट बोलें तो अच्छा हो।

लेकिन शायद बहुत अधिक बोलना ही हमारे देश की समकालीन बौद्धिक समस्या है। जो थोड़े बहुत लोग सवालों के रूप में सोचते और देखते हैं वे बहुत बोलते नहीं और जो बोलते हैं, वे बहुत हैं, और बहुत बोलते हैं। उन्हें नीति, आदर्श और भारतीय गौरव इन तीनों का जाला बुनने की अद्भुत क्षमता प्राप्त होती है और यह तार अपने में से वे निकालते जाते हैं और जाला बुनता जाता है। अंत में जब उनकी अपनी चिंतन शक्ति इस जाल में बँधकर हिलने-डुलने से बिलकुल मजबूर हो जाती है, तब...तब...दूसरा वक्ता आ जाता है।

[25.12.60]

●●

दिल्ली में यह महीना नए मौसम के पाँव जमाने का महीना है, पर शायद वही एक चीज है जिसके पाँव अब जमे रहेंगे बाकी सब कुछ अब एक खास तरह की रफ्तार पकड़ लेगा—जाड़े के छोटे-छोटे दिन, शरीर में रक्त का प्रफुल्ल (और पहले से अधिक गतिवान?) संचार, बाहर से आए हुए लोगों की स्वाभाविक जल्दी, और यहाँ रहनेवालों का इसको प्रतिदान...विदेशियों को भारत के इसी धूप भरे जाड़े के लिए इतनी ललक होती है, जो अब यहाँ आ रहा है।

इस साल पिछले साल की तरह तमाम राजकीय विदेशी अतिथि नहीं आनेवाले हैं, पर उससे अगले कुछ महीनों की दौड़भाग में कुछ कमी नहीं होने की। खुद दिल्ली के लोग ऊब जाएँगे अगर वह हड़बड़ी इस साल न हुई जिसे शिष्टाचारपूर्वक लोग हलचल कहते हैं।

श्रीपतराय कुछ वर्षों से स्वांतः सुखाय चित्रकारी कर रहे हैं। जहाँ वह रहते और काम करते हैं वहाँ इलाहाबाद में उनके परिचितों के लिए यह थोड़े कौतूहल का विषय भी रहा है, पर यहाँ दिल्ली में उनकी पहली प्रदर्शनी ने कुछ अधिक स्वीकारात्मक प्रतिक्रियाएँ दी हैं। चकित उसने नहीं ही किया है; कुछ सहृदयों को मोहित और कुछ नकचढ़ों को निराश किया है; दो-एक अखबारी आलोचकों को अपने कलासंरक्षकत्व का गर्व दिखाने का बहाना भी दिया है।

पिछले सप्ताह श्रीपतराय की जो प्रदर्शनी समाप्त हुई, वह अखिल भारत ललित कला शिल्प भवन के ऊपरी एक कमरे में आ गई थी—चित्र बहुत न थे, वैविध्य भी बहुत न था, पर आत्मीयता का एक वातावरण निश्चय ही वहाँ था और वही आत्मीयता श्रीपतराय के काम की जान है। चित्रों में कुछ फूलों के और बाकी दृश्यालेख थे, पर प्रज्वलित रंगों का सभी में प्रयोग हुआ था।

रंगों का चुनाव और उसका संपुजन ही इन चित्रों को सार्थक करने के लिए यथेष्ट है : श्रीपतराय के चित्रकार्य का प्रतिफलन मूलतः दृष्टि को सुख देने में ही जान पड़ता है या हो सकता है उन्होंने चित्रकला की उस परंपरा से अधिकतम प्रभाव लिया है जो आधुनिक दर्शक के लिए पुरानी और इसलिए बुद्धि से अधिक हृदय को तोप देनेवाली बन चुकी है। जो हो, इनके फूलों के चित्र एक परिपक्व मानस के तृप्तिकर अनुभवों के सहज स्फुरित नमूने हैं; जिनमें वान गाग के प्रभाव के साथ-साथ आलंकारिता का भी पुट है वे और भी सच्चे नमूने हैं। रंग चटख हैं और उनका संपुजन अचूक है। उन्होंने इस माध्यम का प्रयोग हाल में शुरू किया है पर शायद उनका उद्देश्य इससे अपने व्यक्तित्व की खोज करना या अपनी आत्मा का संपूर्णत्व ढूँढ़ना नहीं है : यदि वह उस व्यक्तित्व के अन्वेषण में लगे भी हों जो भोक्ता से अलग रचयिता का होता है, तो उनके कार्य में उसका कोई लक्षण नहीं है : लगता है वह अपने प्रौढ़ मानस के एक आनंदमय पक्ष का थोड़ा परिचय अपने चित्रों में देना चाहते हैं और यहाँ तक वह पूर्ण रूप से सफल हैं। जहाँ तक उनकी निजी अनुभूति का प्रश्न है, 'दो बहनें' और 'म्यूराबाद का गिरिजाघर' जैसे चित्र दिखाते हैं कि उसमें कभी उनके खुद के लिए और महत्त्व आना बाकी है। पर अन्यत्र श्रीपतराय एक ऐसे चित्रकार हैं जिनकी कृतियों के साथ आप एक ही कमरे में रह सकते हैं—निरंतर परिचय के बावजूद उन चित्रों से सौहार्द्र बढ़ाते हुए—और यह काफी होना चाहिए। उनके चित्रों की आत्मीयता का एक दूसरा पहलू यह है कि उनके अपने घर में लगे हुए वे और अधिक प्रभावशाली हो जाते हैं जैसे चित्रकार की उपस्थिति उनका आनुषंगिक हो। जिन्होंने इलाहाबाद में भी इन चित्रों को देखा है, इससे सहमत होंगे।

इसी ललितकला शिल्प भवन के नीचे के कमरे में तीन नवोदित चित्रकारों का काम प्रदर्शित हुआ था। स्वामीनाथन, राजदान और दीक्षित, ये तीनों अपनी-अपनी जगह विशिष्ट हैं—उनका काम एक दूसरे से इतना भिन्न है कि उनकी विशेषताओं से एक साथ साक्षात होना एक प्रीतिकर अनुभव है—स्वामीनाथन सशक्त बिंबों के प्रयोग करते हैं—उनके बड़े आकार के गहरे लेकिन तीखे रंगोंवाले

चित्रों में वेदना प्रधान है। अपने अन्य समकालीनों की अपेक्षा इस वेदना में उन्होंने शक्ति का अधिक अनुभव किया जान पड़ता है। कहीं एक हल्की-सी छटा गुजराल के प्रभाव की-सी दीखती है, पर वह गौण रही है। मुख्य तो उनकी प्रयोगशीलता है। उन्होंने केवल तैल रंगों के प्रयोग से ही कहीं-कहीं एनामेल का-सा जड़ीभूत करनेवाला प्रभाव उत्पन्न किया है और वह प्रभाव 'अश्वारोही' जैसे चित्रों में केवल शिल्पगत न रहकर गहरा भावनात्मक हो गया है। नीले काले और बीच-बीच में सिंदूरी और पीले उनके रंग हैं और चौड़े भारी घुमावों में उनकी व्यंजना और भी उभर आई है।

[16.10.60]

●●

उत्तरप्रदेश से लेकर सुमात्रा और बाली द्वीपों तक के लोक नाट्य में रामलीला की एक सशक्त परंपरा है। गाँवों में जहाँ अभिनेता दर्शकों के अपेक्षया अधिक निकट होते हैं, इसका आज क्या रूप है यह देखना शहरवालों को संभव नहीं है, पर शहरवाले हर साल जो रामलीला देखते हैं उनमें अभिनय और विधि दर्शक समाज से कितनी दूर रह गई है, यह स्पष्ट हुए बिना नहीं रहता। इस वर्ष भी हमेशा की तरह दिल्ली और नई दिल्ली की 20 से अधिक रामलीलाओं से सबसे ज्यादा भीड़ 'रामलीला मैदान' में हुई और लाखों ने रावण संहार का दृश्य देखा।

सवारी में कुछ चौकियाँ देवी-देवताओं की भी थीं; उनमें से कुछ के साथ विदूषक भी थे। दुर्गाजी लाल हरी झालरदार लहँगा पहने, पाँव में मोजा और किरमिच का जूता चढ़ाए आईं। उनके आगे-आगे 'मधुर फिल्मी बैंड' था जिसमें एक गाड़ी पर उन्नीसवीं सदी के बाजे बजानेवाले यूरोपीय साज थे—उन्हें जिस उद्वेग से वर्दीधारी वादक पीट रहा था वह संगीत की सार्वभौमिक सत्ता को ही सिद्ध करता था। पीछे अनेक बाँसुरी दल निकले—सब विजयदशमी के उस दिन के लिए निर्धारित धुन 'जो कुछ भी हो खुदा की कसम लाजवाब हो' बजा रहे थे। वादकों में सात-आठ साल से लेकर जवान उम्र तक के थे। पोशाक सबकी कुर्त्ता-धोती थी—मैली होने की विभिन्न अवस्थाओं में। और पाँव में बूट जूता था, जो निश्चय ही कई मील पैदल चलने के लिए पहना गया था।

पर सवारी के इस अंश को देखते-देखते, कुछ ऐसा हुआ कि उसकी ताल और गति ने भले ही वह सस्ते संगीत में बँधी थी कानों के माध्यम से धीरे-धीरे सारी चेतना को सम्मोहित कर दिया और चौकियों की कुरूपताएँ आँखों में से मिट गईं—पास ही विदेशी दर्शकों के कभी-कभी न छिप सकनेवाले प्रच्छन्न उपहास पर से भी ध्यान हट गया और जब एक टोली के पीछे एक ठेले पर दो छोटे-छोटे बच्चे थक कर सोए हुए दिखाई दिए तो जाने क्यों आँख में आँसू आ गए। यह हमारे लोग हैं, मन ने कहा और हममें से वे जो अपने राष्ट्रीय स्वरूप का एक अधिक भारतीय चित्र देखना चाहते हैं देखें कि यह फिल्मी संगीत, यह मैले कपड़े और किरमिच का यह जूता आज के ही लोकनाट्य से निकले हैं। इस अवसर पर लेकिन एक और भी चीज देखने की है—ये सब जुलूसवाले और ये लाखों दर्शक एक ईमानदारी और भोलेपन से यह यहाँ आए हैं जिसकी शक्ति दिल को एक बार चाहे तो दहला दे।

[16.10.60]

●●

जिस समय तक यह पृष्ठ छपकर आपके सामने आएगा, दीवाली का धूम-धड़क्का चुप हो गया होगा और जो त्योहार को त्योहार की तरह मानते हैं वे तथा जो बैठे सोचते रह जाते हैं कि त्योहार क्यों

मनाएँ, वे भी अपने-अपने काम पर बाकायदा वापस जा चुके होंगे। लेकिन एक खयाल जो राजधानी की दीवाली देखकर मन में उठा है, शायद आपके सम्मुख रखने योग्य तब भी रहेगा। वह यह है कि शहरों की सभ्यता अपनी एक संस्कृति बनाने की कोशिश जोरों से कर रही है और आधुनिक भारतीय संस्कृति का एक नया रूप विकसित हो रहा है।

यह नहीं कि तालकटोरा बाग में इंडियन नेशनल थियेटर के दीवाली मेले से नई भारतीय संस्कृति का वह रूप किसी खास शक्ल में दिखाई पड़ा, लेकिन इतना जरूर प्रकट हो गया कि राजधानी का वह समाज जो गाँव से बहुत दूर आ पड़ा है, एक बार अपनी जड़ें किसी भारतीय जमीन में जमाना चाहता है। अंग्रेजों से उसने एक अधकचरी सभ्यता सीखी थी। उनके जाने के साथ उसकी सभ्यता का मूल स्रोत भी चला गया—जो संस्कार रह गए उनको उस प्रबुद्ध समाज ने पिछले दस एक वर्षों में बहुत कुछ भारतीयता की खाद दी है। लेकिन होली-दीवाली के मौके पर आज भी वह अचानक जागकर देखता है कि खाद तो है, पुष्पित वृक्ष भी है, पर जमीन नहीं है या जहाँ है वहाँ जड़ से हाथ भर नीचे सरककर रह गई है।

टाट, बाँस और मिट्टी के चबूतरों पर सरपत के छादन डालकर दूकानें बनाईं और उनमें दीए दीवट, चौघड़े, गुड़ियाँ बिक्री के लिए सजाए, चटकीले घाघरे पहनकर लाल-पीली ओढ़नियाँ लेकर दिल्ली की कुछ सबसे सुंदर लड़कियाँ इन्हें बेचने के लिए बैठीं। जो मिट्टी का सामान इन दूकानों पर था, आसपास के कुम्हारों से कोरा ही खरीद लिया गया था। तीन दिन से तालकटोरा बाग के एक तंबू में चार-पाँच फुरसत शुदा स्त्रियाँ फुरसत के कुल वक्त में इनकी रँगाई करती रही थीं—इनके पास धूमीमल धरमदास के यहाँ से खरीदे लंबे ब्रश और पोस्टर रंग थे। जरा दूर पर कुछ लड़कियाँ मालिनों का भेस बनाए गीत गा रही थीं और माला गूँथ रही थीं। 'हाऊ इंटरेस्टिंग' इनकी सहेलियाँ उनके गिर्द भीड़ लगाकर कह रही थीं।

एक तरफ कतार की कतार भारतीय जलपान की दूकानें थीं : चाट, पकौड़ी, मिठाइयाँ वगैरह और दूसरी ओर भारतीय 'तमाशा', हाथी की सवारी का इंतजाम था। भारतीय संस्कृति का सार्वभौम प्रतीक पान बिक रहा था—जिसकी पीक आधुनिक वास्तुकला के नमूनों पर शिखाधारी भारतीय भी फेंकते चलते हैं—और एक कुटिया में हाथ देखनेवाले ज्योतिषीजी भी बैठे थे।

हर दूकान पर एक सुंदरी दूकानदार थी। उसकी अंग्रेजी का व्याकरण त्रुटिहीन और उच्चारण अभिजात था।

रात होते-होते राजधानी के विदेशी निवासियों के परिवारों से मेले में रौनक आ गई, सबसे ज्यादा उत्सुक वे ही थे और पटाखों और मुखौटों से दूकान पर उनके बच्चों ने सबसे ज्यादा ऊधम मचाया। बाकी भारतीय भीड़ बहुत शांति से चाट की दूकानों पर चली गई और सबसे ज्यादा देर तक वहीं रही।

फिर भी, जैसा मैंने कहा, यह आयोजन प्रमाण है कि वह भारतीय वर्ग जिसने अपने देश के इतिहास से अपने को काट दिया था, फिर उससे जुड़ने की बड़ी कोशिश कर रहा है—वह कोशिश सच्ची है, इसके लिए प्रमाण की जरूरत नहीं। कौन जाति है जो अपनी पूरी अभिव्यक्ति किए बिना हमेशा रह सकती है। और अब वह वक्त आ गया है कि भारतीय परंपराओं से अधटूटे और विदेशी परंपराओं से अधजुड़े भारतीय अपने अंदर बहुत बेचैन हो उठे हैं। इस दीवाली मेले में कुछ ऐसे सैलानी भी थे जिन्होंने थोड़ी बहुत विदेशी शिक्षा, जो अपने देश में मिली, ली थी लेकिन घर पर जो सीखा था उसको भी सँवार लिया था। ये दर्शक निश्चय ही उस दूसरे दीवाली मेले में नहीं गए होंगे जो गाँधी मैदान में हुआ था और जिसमें संतों के जीवन पर विचार गोष्ठियाँ होती थीं। तालकटोरा ही जाना उन्होंने पसंद किया होगा। और अगर सचमुच ऐसे लोग कहीं मिलें और उनसे पूछा जाए कि वहाँ क्या किया तो आदर्श जवाब एक ही हो सकता है : 'एक जगह समुद्र

तट से आया हुआ हरा नारियल (असली, पेड़ से उतारा हुआ) बिक रहा था। (एक रुपया देकर) वही डाभ मैंने पिया।'

[30.10.75]

●●

'सांस्कृतिक कार्यक्रम' से आप क्या समझते हैं। नाच, गाना, (नहीं; नृत्य, गायन) केले के पत्तों का तोरण और रँगे हुए घड़े? (जो हमेशा खाली रखे जाते हैं—और यह असगुन है) या किसी केंद्रीय मंत्री का प्रवचन? या एकसाथ तीनों?

राजधानी में पिछले दो-एक वर्ष से एक नए सांस्कृतिक सामाजिक उत्थान की लहर चली है, जिसमें जनता पर जोर है। संस्कृति को जनता तक पहुँचाया जाए और भारत के विभिन्न प्रांतों में सद्भाव बढ़ाया जाए—यह सांस्कृतिक संगठन की नई दलील दी जाने लगी है। 'लोककला' और 'राष्ट्रीय संस्कृति' के साइनबोर्ड लगाकर दो-तीन संगठन तुरत-फुरत पैदा हो गए हैं और लगता है कि जल्दी मरनेवाले भी नहीं हैं, क्योंकि जैसे प्रदर्शन इन्होंने किए हैं, वैसे करके भी अगर कोई सांस्कृतिक संस्था स्वेच्छा से प्राण न त्याग दे तो दीर्घायु मानना ही पड़ेगा।

लोकतंत्र में संस्कृति को साधन बनाकर राजनीतिक लक्ष्य सिद्ध करने का प्रयोग भारत भूमि पर बहुत अच्छा हो सकता है। अभी गुलामी से छूटे हैं, इसलिए मैदान साफ है। लोकतंत्रीय पद्धतियों की हमारी अपनी परंपरा अब बन सकती है। सर्वसत्तावादी हमें नहीं बनना है कम से कम राजनीतिक क्षेत्र में—इतना हम जानते हैं। पर बाकी क्षेत्रों में किसी भी पद्धति और राजनीतिक क्षेत्र में समाजवादी पद्धति से हम सत्ता का केंद्रीयकरण कर सकते हैं। और बहुत कुछ इसी कार्य में ये नई सांस्कृतिक संस्थाएँ हाथ बँटाने चली हैं।

इनमें से लगभग सबमें कुछ पुराने कांग्रेसी कार्यकर्त्ताओं के नाम प्रधान और अध्यक्ष पदों पर दिखाई देंगे। सारी उम्र राजनीतिक संघर्ष में, दलबंदी और नेतागिरी की मारामारी में गुजारने के बाद अब जब सकून की जिंदगी बसर करने का वक्त आया है तो देश के सांस्कृतिक वैभव की थाह लेने की इच्छा अनुचित नहीं की जा सकती। पर खुर्राट लोग छिछले पानी में पैठकर ही तल तक का हाल जान लेते हैं। इसलिए ये तुरंत जान गए हैं कि सांस्कृतिक संगठन तो सांस्कृतिक संगठन, स्वयं संस्कृति का उद्देश्य देश की राजनीतिक एकता है। देश की राजनीतिक एकता के लिए किसी और आधुनिक लोकतंत्रीय देश में संस्कृति की दुहाई दी जाती है, यह मैं नहीं जानता (जानने पर भी प्रस्तुत प्रश्न के संबंध में राय न बदलेगी) पर हमारे यहाँ यह नारा इस वर्ष दिल्ली में दो नई सांस्कृतिक संस्थाओं में नए जोशोखरोश से बुलंद हुआ है। एक बात स्पष्ट है। दिल्ली ने स्वाधीनता के बाद देश के सांस्कृतिक जीवन में महत्त्वपूर्ण भूमिका अदा की है। केवल इसलिए कि कोई राजनीतिक पार्टी दो-चार सांस्कृतिक मंच खड़े कर रही है—उन तमाम कलाकारों की निष्ठा बेकार नहीं हो जा सकती जो कला को राजनीतिक उद्देश्य से हमेशा अलग रखते आए हैं, पर संकट में अवश्य पड़ जा सकती है और राजधानी में रहकर काम करनेवाले या बीच-बीच में यहाँ अपना काम लेकर आनेवाले स्वतंत्रचेता कलाकार इस संकट के खिलाफ आवाज उठाने की जरूरत समझ रहे हैं। सवाल सिर्फ यह है कि यह आवाज किसी दूसरी राजनीतिक पार्टी के मंच पर गए बगैर कैसे उठाई जाए?

[13.11.60]

●●

जापानी चित्रकार वारो वाकाओ का कहना है कि वह आध्यात्मिक खोज में भारत आए हैं। अखिल भारत शिल्पकला के भवन में उनके 23 चित्रों की प्रदर्शनी इसी महीने हुई।

सिंदूरी रंग उनका प्रिय है। शायद उसी में उनकी कोई आत्मानुभूति होती है, पर कुछ कौतूहल की बात यह है कि उनके सभी प्रदर्शित चित्र इसी रंग में ही नहीं बल्कि एक, चौखूटे आकार में भी है। डर है कि इससे उनकी आध्यात्मिक खोज कुछ पिष्टपेष्टित-सी न हो जाए।

जिन्होंने दिल्ली में गत वर्ष 'रुडोल्फ रे' नामक भारत प्रवासी आस्ट्रियाई कलाकार के चित्र देखे होंगे, उन्हें याद आएगा कि रे अपने चित्रों को चित्र नहीं 'लोकोत्तर आनंद से साक्षात्कार' कहते थे और उनके काम में कितने ग़ज़ब का वैविध्य देखने को मिला था (करीब-करीब आसमान जैसा जिसमें कोई एक रंग स्थिर नहीं रहता)।

वाकाओ अभी कुछ महीने भारत में रहेंगे। बड़ा अच्छा हो कि उन्हें कुछ अच्छे भारतीय कलाकारों से मिलने का मौका मिले—दिल्ली में वह जरूर कुछ से मिले हैं, पर उनसे कुछ विशेष प्रभावित हुए वह नहीं जान पड़े।

वाकाओ से बात करने में भाषा की अड़चन जरूर पड़ती है—उनके सिख दुभाषिए कला संबंधी बहुत-सी सूक्ष्मताएँ स्पष्टता की खातिर छोड़ जाते हैं। पर वाकाओ का जो लिखित परिचय मिलता है, वह काफी प्रभावशाली है। जापान के एक पत्र ने लिखा है 'वाकाओ जीवन को कुछ बुनियादी नजर से देखकर उसमें एक नया गौरव भर रहे हैं। उनके चित्रों में ईश्वर की-सी झलक है।'

जो हो, ये चित्र एकदम नए जरूर हैं और ताजगी का यह प्रभाव पैदा करने के लिए वाकाओ ने तैल रंगों में रेत मिलाकर इस्तेमाल किया है। किस चीज से रंग लगाते हैं? ब्रश से या हाथ से या समूचे शरीर से? (यह भी एक आधुनिक विधि है) इसका उत्तर उन्होंने नहीं दिया। कहा : 'यह ट्रेड सीक्रेट है।'

[30.10.60]

●●

नवंबर की एक रसीली दोपहर को नई दिल्ली में अखिल भारत शिल्पकला भवन के पुस्तकालय में एक दुबली साँवली स्त्री कुछ थोड़े से पत्रकारों के बीच खड़ी यह बताने के लिए शब्द खोज रही थीं कि उनकी भावी योजनाएँ क्या हैं। उनके लिए यह बता पाना जरूरी था क्योंकि अब उन पर और उनके साथियों पर कुछ महत्त्वपूर्ण जिम्मेदारियाँ आ पड़ी हैं।

वह थीं गुल (गुल बर्द्धन) जिनका लिटिल बैले ट्रूप अभी हाल में यूरोप और दक्षिण अमरीका का दौरा करके लौटा है, और उन पर जिम्मेदारियाँ ये हैं कि उन्हें भारतीय नृत्य नाट्य को एक जीवित यथार्थ के रूप में वहाँ से आगे विकसित करना है, जहाँ उनके पति, शांति बर्द्धन उसे छोड़ गए हैं।

लेकिन सच्चे कलाकार की जिस सहज विनम्रता से वह मुस्करा रही थीं, उससे यह स्पष्ट था कि शब्द मिलें या न मिलें, अपनी इस जिम्मेदारी को वह शांतिपूर्वक निबाह ले जाएँगी—और वास्तव में घोषणाएँ नहीं कुछ ठोस काम ही सामने आएगा।

दूसरे दिन ट्रूप ने विदेश से लौटने के बाद अपना पहला प्रदर्शन रामायण का नई दिल्ली में किया। किसी भी प्रदर्शन के बाद मंच पर जाकर अभिनेताओं से मिलने का एक सुख होता है, पर इस मंडली के खेल के बाद मंच पर जाकर खोज-पड़ताल करने में हमेशा एक नई तृप्ति मिलती है। अभिनेताओं

में से किसी को आपसे बात करने का वक्त नहीं होता—वे सब, मंच सज्जा को चुटकी बजाते बटोर कर रख देने की कोशिश में लगे होते हैं। उपकरणों के उस फैलाव को समेटे जाते देखना मंडली के व्यक्तित्व को थोड़े में समझने का अच्छा तरीका है—इसके 23 सदस्यों में से प्रत्येक व्यक्ति प्रत्येक दूसरा काम ले सकता है, जिसमें पोशाक का डिजाइन बनाने से लेकर सामान से भरा बक्स लादना तक शामिल है।

यह तो एक बात हुई, अभिनय में एक पात्र जितने अनेक और विविध चरित्रों की भूमिका में उतरता है, वह अलग आश्चर्यजनक है। उदाहरण के लिए रामायण में शर्मिष्ठा बर्द्धन, सैलानी, कौशल्या, मंथरा, रावण की राजनर्तकी, बानर, राक्षसी आदि एक के बाद एक ग्यारह भूमिकाओं में उतरती हैं। इसी तरह वादन में, एक-एक वादक चार-चार, पाँच-पाँच वाद्यों को सँभालता है और जो ध्वनि-प्रभाव दिए जाते हैं उनकी संख्या को जोड़ें तो भूल ही जाएँ।

पश्चिम में शायद पहला मौका था कि भारत की ओर से उसके समकालीन नृत्य नाट्य का परिचय देने के लिए कोई मंडली आई थी। वहाँ लोगों ने भारतीय शास्त्रीय नृत्य और राधाकृष्ण की कुल 'भारतीय' नृत्यकथाएँ जरूर देखी थीं, पर लोकनाट्य का आधार लेकर संपूर्ण भारतीय बैले वहाँ अभी तक नहीं गया था। भारत में तो इस दृष्टि से लिटिल बैले ट्रूप का काम अनूठा है ही। रामायण में शांति बर्द्धन ने मानव शरीर को कठपुतली का संचालन देने का जो प्रयोग किया है—पश्चिम में उसने भी लोगों को बहुत प्रभावित किया। उनके यहाँ कठपुतली मूलतः अनुकरणवादी है—मानवीय व्यवहार की अनुकृति करती है। भारतीय और जापानी कठपुतली एक शैलीबद्ध व्यवहार को लेकर चलती है जो मानव व्यवहार की अनुकृति कदापित नहीं होता। इसलिए जहाँ हमारे लिए शांति बर्द्धन का प्रयोग, प्रभावोत्पादक होते हुए भी विस्मयकारक नहीं था—हम उसे कठपुतली में देख चुके हैं वहाँ पश्चिम में उसने कला-प्रेमियों को आलोड़ित कर दिया। ट्रूप का संगीत भी उनके लिए एक नया अनुभव था। हमें इसकी ताल और लय कहीं खटकती नहीं जैसे कि और भारतीय संगीत में होता है। इस तादात्म्य का मुख्य कारण शायद यह है कि 'रामायण' और 'पंचतंत्र' में संगीत मूलतः ध्वनिप्रभाव है—अपने में उसकी सत्ता नहीं है, और दूसरा यह कि सभी वाद्य भारतीय लोकवाद्य हैं। विदेशी को उसी का वाद्य बजाकर, सुनाकर रिझाने की मूर्खता इन लोगों ने नहीं की थी।

यूरोप में इस मंडली ने जिन थिएटरों में प्रदर्शन किया, वहाँ आमतौर से बहुत बड़ी-बड़ी कंपनियाँ ही जाती हैं और उनके नायक-नायिकाओं की शान और उनके प्रदर्शन के बहुविध रंगमंचीय साधनों के मुकाबले ट्रूप की सादगी ने वहाँ के थिएटर जगत को एकदम विस्मित कर दिया। 'ऐसा तो आज तक न देखा न सुना कि आपके यहाँ कोई मुख्य नायिका है ही नहीं जिसका काम एकांत और प्रवेशनिषिद्ध सज्जागृह से कम में नहीं चलता।' यह तो है ही कि रामायण और पंचतंत्र दोनों में ऐसे चरित्र का स्थान ही नहीं है—यह भी है कि यह तथ्य, ट्रूप के आंतरिक संगठन और कार्यप्रणाली से उद्भूत है। उनके यहाँ जो समभाव है वह उनके लोकधर्मी नाट्य से बहुत अच्छा मेल खाता है, और कामना करनी चाहिए कि यह स्वस्थ भाव ट्रूप का बहुत दूर तक साथ दे।

उसे अभी बहुत दूर जाना भी है। शांति बर्द्धन जो बना गए थे, उसको माँजकर और सुरक्षित रखकर ट्रूप ने बहुत बड़ी देन भारतीय नृत्य नाट्य को दी हैं सही, पर उसे खुद अपनी रचनात्मक प्रतिभा के पैरों पर खड़ा होना अभी बाकी है। शांति बर्द्धन के निधन के बाद अधूरे 'पंचतंत्र' को पूरा करने में ट्रूप ने जिस रचनात्मकता का परिचय दिया था, और अपने नए बैले 'मेघदूत' में जिसे वह सँवार रहा है, उसका श्रेष्ठतम प्रसाद अभी मिलना बाकी है। और यही वह जिम्मेदारी है जिसे गुल बर्द्धन को उठाना है।

नए बैले तैयार करने के अलावा ट्रूप के सामने 'रंगश्री' नाम से एक नृत्य नाट्य संस्थान खोलने की भी योजना है। इसमें लोकनाट्य में शोध और संग्रह का काम तथा बैले अभिनेताओं और शिक्षकों

की तैयारी होगी। श्रीमती इंदिरा गाँधी के नेतृत्व में एक संगठन समिति बनाई जा रही है और स्थान चुना गया है सुरम्य देहरादून में, जहाँ करीब साढ़े ग्यारह एकड़ जमीन भी ली जा चुकी है।

[30.10.60]

●●

राष्ट्रपति भवन में बहुत दिनों के बाद फिर साहित्यिकों और कलाकारों की एक गोष्ठी हुई। डॉ. राजेंद्र प्रसाद का साहित्य प्रेम बीच-बीच में उन्हें आग्रहपूर्वक ऐसी गोष्ठियों में ले आया करता है। अभिनंदन ग्रंथों का समर्पण हो या विचार-विनिमय का समारंभ हो, राष्ट्रपति को उसका प्रमुख बनाकर छोटे-बड़े सभी साहित्यिकों को सुख मिलता है। लेकिन पिछले वर्ष की अपनी दारुण अस्वस्थता से मुक्ति पाकर और पूर्ण स्वास्थ्य लाभ कर राजेंद्र बाबू ने पहली बार किसी साहित्यिक समारोह में उपस्थित होना स्वीकार किया था, इसलिए इस अवसर का एक रागात्मक महत्त्व भी था। यह अवसर था 'सरस्वती' मासिक पत्रिका की षष्ठिपूर्ति। स्वर्गीय चिंतामणि घोष के उत्तराधिकारी और 'सरस्वती' के वर्तमान प्रकाशक ने साठ वर्षों की प्रतियों में से चुनी हुई सामग्री लेकर निर्मित एक विशेषांक राष्ट्रपति को समर्पित किया और उसकी एक प्रति उनके हस्ताक्षर कराकर स्मृति के लिए रख ली।

'सरस्वती' को कौन नहीं जानता? यह सच है कि आज उसके पाठकों की संख्या सुप्रचलित हिंदी पत्रों के मुकाबले लगभग कुछ नहीं है, तो भी जिन्होंने आज से 20 साल पहले हिंदी पढ़ना-लिखना सीखा होगा, उन्हें 'सरस्वती' का नाम तो मालूम ही होगा। यही नहीं, जब तक हिंदी में पढ़ना-लिखना जारी रहेगा, तब तक, भले ही प्रकारांतर से, 'सरस्वती' का नाम ज्ञापित होता ही रहेगा, क्योंकि महावीर प्रसाद द्विवेदी के उल्लेख के बिना हिंदी की कोई पढ़ाई पूरी नहीं हो सकती। (या कि भविष्य में होने लगेगी? भ्रष्ट अनुवाद पर जो जोर दिया जा रहा है उससे संभव है कि कुछ वर्ष बाद अच्छा गद्य पढ़कर ही लोग बिदकने लगें) दिल्ली में हिंदी के प्रेमी बहुत हैं और उनके लिए 'सरस्वती' पढ़ना आनंददायक कर्तव्य हो या न हो, 'सरस्वती' के प्रति श्रद्धा रखना उनका स्वभाव है। यों तो दिल्ली के साहित्य प्रेमियों में खरीदकर पत्रिका पढ़नेवालों की संख्या के बारे में अनेक विवादास्पद मत प्रचलित हैं, पर यह मानकर ही क्यों न चला जाए कि खरीदकर पढ़नेवाली पत्रिका से जो आशाएँ की जाती हैं, वे 'सरस्वती' से न की जानी चाहिए, लेकिन हिंदी पाठकों में एक बहुत बड़ा वर्ग अब ऐसे लोगों का बन चला है, जो प्रेमवश हिंदी नहीं पढ़ते, आवश्यकता समझकर पढ़ते हैं या फिर इसलिए पढ़ते हैं कि और भाषाएँ नहीं जानते। इस वर्ग को अब हिंदी के प्रति कर्तव्य की भावना से प्रेरित करना निरर्थक है। इसे तो केवल समुचित वस्तु देकर ही संतुष्ट किया जा सकता है। नई पीढ़ी के साहित्य ने यह काम इन पाठकों के लिए करना आरंभ किया है और राजधानी में दिन ब दिन ऐसे नवयुवक पाठकों की संख्या बढ़ती जाती है जो नए साहित्य से संतोष और तृप्ति पाते हैं। इन्हीं पाठकों के प्रिय दिल्ली के कुछ नए लेखकों से बातचीत करने पर मुझे एक रोचक प्रश्न का जवाब देना पड़ा। जवाब दे सका, ऐसा नहीं कह सकता। लेकिन सवाल उनके मन में है और उसका उत्तर किसी न किसी को देना ही है। उन्होंने मुझसे पूछा कि 'सरस्वती' संपादक का जो भाषण राष्ट्रपति के सम्मुख हुआ था, वह आपने सुना कि नहीं? उसमें उन्होंने अपने संपादन काल से पहले की गरिमा का उल्लेख करते हुए कहा था कि हिंदी की पहली आधुनिक कहानी 'इंदुमती' सरस्वती में प्रथम वर्ष में ही प्रकाशित हुई। बंग महिला, 'पार्वतीनंदन' ने आधुनिक हिंदी कहानी को सरस्वती ही में आगे बढ़ाया। वृंदावन लाल वर्मा की पहली कहानी 1906 में 'सरस्वती' में प्रकाशित हुई। प्रेमचंद की पहली हिंदी कहानी प्रकाशित करने का सौभाग्य भी 'सरस्वती' को ही है। छायावाद का प्रवर्तन श्री सुमित्रानंदन पंत ने इसी के द्वारा किया। महादेवी वर्मा और बच्चनजी की आरंभिक कविताएँ इसी में प्रकाशित हुईं। तब

फिर (यह असली सवाल था) आज के किसी प्रसिद्ध लेखक की अर्थात आज के पाठकों में प्रसिद्ध लेखक की कोई पहली रचना इस पत्रिका में क्यों नहीं छपी?

[28.1.61]

●●

पिछले दिनों यहाँ एक प्रदर्शनी हुई थी जो सुंदर वस्तुओं को निकट से देखने का एक नया अनुभव देती थी—वह सुंदर वस्तु थी, वस्त्र और एकदम बेलाग वस्त्र यानी किसी के तन पर पहना हुआ नहीं बल्कि अपनी बिनाई और तागे के संपूर्ण चरित्र के सहित अपने में यथेष्ट, कपड़ा। और वह कपड़ा करघे का था। करघे का कपड़ा खुद एक बहुत सुंदर चीज तो है ही, पहननेवाले को भी एक खास तरह की सुंदरता देता है; कौतूहलप्रद नहीं, एक मधुर वैशिष्ट्य उस व्यक्ति में ला देता है। इसलिए संभव है कि प्रदर्शनी के जिस सौंदर्य की चर्चा कर रहा हूँ वह इतना बेलाग न हो; उसमें दिल्ली की सुंदर स्त्रियों की काल्पनिक छवि भी कहीं शामिल हो।

आज मिल के कपड़े ने भले ही गाँव-गाँव में मारकीन और पापलिन चलवा दी हो लेकिन देश के विस्तार में आज भी सैकड़ों तरह के कपड़े हाथ से बुने और स्थानिक खरीददारों के यहाँ इस्तेमाल किए जाते हैं। इन सबको आधुनिक भारत की अर्थव्यवस्था में—यहाँ केवल औद्योगिक पहलू को ही लें एक नया स्थान जरूरी है—यह सौंदर्य के पहलू से भी उनके लिए अच्छा होगा।

करघे का कपड़ा अपने देश के समस्त जनजीवन की एक संक्षिप्त तसवीर है : धरती का खुरदुरापन, धूप में फूलों के रंग, और पुराणों की कहानियों का अलंकार उनमें यह सब मिलता है। इस नुमाइश में एक बार घूम आना देश के प्रांत-प्रांत के निवासी मनुष्य से मिल आने जैसा था। इस अनुभव ने मन में सहसा अपने देश की विभिन्न संस्कृतियों के लिए एक सहज स्वीकार जगा दिया जैसे आंध्र की भाषा, उसका उच्चारण, उसकी लिपि, वहाँ का स्थापत्य, वहाँ का नृत्य और वहाँ का वस्त्र सब एक शृंखला में बँधा हो—पोचमपल्ली की बुंदुकट्ट नामक शैली, जिसमें तागे को बाँधकर उनके खुले भागों पर रंग चढ़ाया जाता है, जिनसे बुनाई के समय आप ही एक डिजाइन खिल आए, जैसे आंध्र में ही होनी चाहिए थी और बिने कपड़े को बाँधकर रँगाई करने की बाँधणी शैली जैसे राजस्थान में ही होनी चाहिए थी। इन शैलियों का उद्गम खोजना भी ज्ञानप्रद हो सकता है, पर इसका संपूर्णत्व देख पाना भी अपने में एक सुखद अनुभव है।

इस नुमाइश को देखकर और करघामंडल के प्रयोगों के बारे में जानकर एक उपलब्धि होती है, वह यह कि नई भारतीय संस्कृति के विकास के लिए जो लोग सचेष्ट हैं उन्हें उस सांस्कृतिक प्रक्रिया का प्रभाव भारतीय करघे पर भी डालते चलना चाहिए, ताकि सर्वग्रासी मशीनीकरण के पहले, करघे का वस्त्र अपने सौंदर्य को उस नई संस्कृति में अर्पित कर सके।

[19.2.61]

●●

हर साल राष्ट्रीय कला प्रदर्शनी होती है और हर साल उसमें कुछ न कुछ झलक देश की कला प्रवृत्तियों की मिलती है। इस वर्ष की प्रदर्शनी लेकिन अद्भुत रूप से विशेषणहीन है : उसमें क्या-क्या प्रवृत्तियाँ स्पष्ट हैं यह तो दूर उसकी कौन-कौन-सी चीजें एकदम आकर्षित करनेवाली या जबर्दस्त असर डालनेवाली हैं, यह भी कहना बड़ा मुश्किल है। यह सच है कि इस बार अधिकांश में पहले से भी तरुण कलाकारों

ने भाग लिया है और पुरस्कार विजेताओं में भी 1937 की पैदाइश के लोग हैं पर जब वह राष्ट्रीय प्रदर्शनी है तो देश के सिद्ध और अनुभववृद्ध कृती लोगों को उससे अलग रहने का क्या प्रयोजन है? जिन दो-चार ने, 'प्रतियोगिता के लिए नहीं' इस शर्त पर अपनी चीजें भेजी हैं उनका योग प्रदर्शनी को सार्वदेशिक बनाने के लिए काफी नहीं है।

क्या यह उचित न होगा कि नवोदित चित्रकारों को प्रोत्साहित करने का रियासती मोह छोड़कर ललितकला अकादमी सिर्फ प्रतिनिधिक प्रदर्शनी पर जोर दे—तब शायद ज्यादा बड़ी संख्या में मँजे कलाकार उसे सहयोग दें अभी तो उनमें से बहुत से अकादमी की कार्यकारिणी में और निर्णायक मंडलों में कैद हैं।

[17.2.61]

●●

पिछले दिनों राजधानी के सांस्कृतिक जीवन में जो तमाम छोटी-बड़ी घटनाएँ हुईं, उनमें एक घटना ऐसी थी जिसे चाहें तो पूर्व और पश्चिम का मिलन कह सकते हैं और बड़े-बड़े विशेषणों से उसका आंतरिक सौंदर्य ढाँक सकते हैं। पर मुझे उसमें दो मित्रों की भेंट से कुछ अधिक नहीं दिखाई दिया। यदि दिया तो केवल इतना कि कलाकार के बारे में जो कहा जाता है कि वह एकांतप्रिय वगैरा कुछ होता है, सब झूठ है।

चतुरलाल तबलावादक और यहूदी मेनुइन, वायलिन सम्राट की भेंट का जिक्र है। चतुरलाल अपनी अनेक विदेशी यात्राओं में यहूदी मेनुइन के दोस्त बन चुके थे, भारत में मेनुइन कई बार आकर भी कभी उनसे मिलने न आ सके थे। इस बार उन्होंने किसी और के यहाँ का निमंत्रण रद्द करके चतुरलाल के घर कुछ और मित्रों के साथ चाय पीना स्वीकार किया।

दरअसल कुछ और मित्रों की संख्या 60-70 तक पहुँच गई थी और इनमें नारायण मेनन, ठाकुर जयदेवसिंह जैसे संगीतशास्त्रियों के अतिरिक्त चतुरलाल के छोटे भाई रामनारायण जो सारंगी बजाते हैं और इंद्राणी रहमान भी थीं।

इसी गोष्ठी में बातचीत करते-करते चतुरलाल ने अपनी अमरीका यात्रा का एक किस्सा सुनाया। न्यूयार्क में ओमनीबस टेलिविजन कंपनी ने 'जो जान' नामक ड्रमर के साथ इस भारतीय ड्रमर का एक कार्यक्रम रखा, जिसे 85 टेलिविजन कंपनियाँ रिले करनेवाली थीं। जो जान अमरीका का मशहूर अवनद्ध वादक है और पंद्रह-बीस ड्रमों और झाँझों को एकसाथ बजाता है—हाथ से, लकड़ियों से, पैर से, सभी से काम लेता है। चतुरलाल हैं, रविशंकर, अली अकबर खाँ, इंद्राणी रहमान, पंडित ओंकारनाथ ठाकुर आदि के साथ संगत करनेवाले तबले पर दोनों हाथ की उँगलियों से खेलनेवाले सीधे-सादे भारतीय।

दोनों का मुकाबला यों हुआ कि 4-5 मिनट जो जान ने कुछ ताल बजाई फिर उसी छंद को लेकर चतुरलाल ने कुछ तोड़े बजाए। फिर जो जान, फिर चतुरलाल फिर जो जान...चतुरलाल कहने लगे भइया, शुरू के 12 मिनट तक तो जो जान ने भयंकर रूप धारण किया कि मेरे छक्के छूट गए। मैंने कहा अब मेरी और भारतीय संगीत की खैर नहीं। फिर आखिर का हिस्सा मेरा था। उसमें मैंने अपने गुरु का नाम लेकर उन्नीस मात्रा की अप्रचलित चीज जिसे 'लक्ष्मी' कहते हैं निकाली और फिर तीन ताल बजाते-बजाते उसमें खंड और मिश्र तोड़े बजाए। नतीजा और कुछ नहीं यह हुआ कि जो जान यह बिलकुल भूल गया कि उसकी ताल पहले क्या थी और मेरी ताल को वह समझ ही न सका। जब कैमरे ने दिखाया कि वह हक्का-बक्का खड़ा है तो मैंने फिर तीन ताल पर आकर हाथ के इशारे से उसे बताया कि यह है मेरी ताल। यह आखिरी शाट था।

[25.2.61]

●●

इस वर्ष की राष्ट्रीय चित्रकला प्रदर्शनी के उदघाटन के दिन डाक्टर राधाकृष्णन ने चित्रकारों से जो दो बातें कही थीं, उनको लेकर बहुत से दर्शक चित्रों में उलझ रहे। ये बातें थीं, एक 'संसार को समसामयिक भारतीय चित्रकला के जीवंत नमूने दें' और दो 'जनरुचि के पीछे न दौड़ें, जनरुचि को उठाएँ'।

इस प्रदर्शनी में जहाँ एक ओर तरुण कलाकारों की बड़ी संख्या ने भाग लिया है, उन कलाकारों ने जो अभी बहुत वृद्ध नहीं हुए पर प्रसिद्धि पा चुके हैं, केवल सम्मान्य अतिथियों के रूप में योग देना स्वीकार किया है। यह यदि कुछ दर्शाता है तो सत्ता के प्रति उनका मोह दर्शाता है, कला के प्रति नहीं। शायद ऐसा अलग अस्तित्व बनाकर वे निर्णायकों की, और कालांतर में अकादमी के प्रभुओं की श्रेणी में पहुँच सकते हैं पर कला के ऊँचे और सजीव मानदंड नहीं दे सकते। यदि वे भी अभी प्रतियोगिता के क्षेत्र में रहते तो नवागंतुकों को स्वस्थ स्पर्द्धा का प्रोत्साहन मिलता। लेकिन नहीं, चित्रकला के क्षेत्र में, राजधानी में खासकर, तुरंत प्रसिद्धि का रोग घर कर गया है और तुरंत प्रसिद्धि पाकर प्रसिद्धि बाँटनेवाले की हैसियत बनाकर लोग दूसरों के भी थोड़े ही गुन पर रीझने लगे हैं।

इस प्रदर्शनी में आप गौर करें तो पश्चिम और अमरीका की गत 100 वर्ष की चित्रकला के इतिहास का प्रत्येक चरण देख सकते हैं। किस तरह नया चित्रकार रूपाकारों की ओर दौड़ रहा है और रंगों का प्रयोग ही किस तरह उसकी अभिव्यक्ति का सर्वस्व होता जा रहा है—यह स्पष्ट हो जाता है। पर यही स्पष्ट नहीं होता है कि इन सब चित्रकारों में उद्वेग का, तीक्ष्णता का, पागलपन का अभाव क्यों है, क्यों इनकी निरंकुशता भी बनावटी है और क्यों इन्हें अपनी रचनाओं से अतृप्ति नहीं होती। जीवन की विरक्ति को व्यक्त करने के लिए खुद उस विरक्ति में रस लेना होता है, यह हमारे कलाकार क्यों नहीं जानते?

यह ठीक है कि इस समय साहित्य और रंगमंच सहित सभी कलाओं के क्षेत्र में विश्व में अनुभव का आदान-प्रदान इतना अधिक हो रहा है कि भारतीय क्या है, यह कहना असंभव-सा हो चला है। तब फिर कलाकार के पास अपने पाँव जमाने के लिए कुछ जमीन तो होनी चाहिए। वह जमीन विश्वमानस ही हो सकती है पर उस पर जुताई-बुवाई करने के लिए जरा पैनी धार का और लंबे फाल का हल होना चाहिए। खुरपी से काम न चलेगा। लेकिन डॉ. राधाकृष्णन के उपदेश को लेकर जो दर्शक चित्रों में उलझ रहे थे उनकी कहानी और ही है। उनमें से एक पूछ रहे थे भाई ये क्या है—पेड़ है कि आदमी का मूड़। दूसरे कह रहे थे एक जानवर के अंदर इतने जानवर बना देने से क्या मिला,' तीसरे हैरान थे कि जिस चित्र का शीर्षक 'रात में सैर' है उसमें सैर करनेवाला कौन है और रात कहाँ है।

इस तरह के दर्शकों की समस्या भी बड़ी है। राजधानी चित्र खरीददारों के लिए लाए जाते हैं माना, (प्रदर्शनी में एक-एक चित्र 10,000 रु. तक का है) और खरीददार के लिए जरूरी नहीं है कि वह चित्रकला का मर्मज्ञ हो, यह भी माना, पर जो चीज रंग और रूप के माध्यम से रची गई है उसे समझने के लिए साधारण जन परिश्रम करने से क्यों घबराते हैं, यह समझ में नहीं आता। किताब पढ़ने के लिए उन्होंने कभी न कभी भाषा तो पढ़ी ही होगी। चित्र भी वे ही पढ़ सकते हैं, जो चित्र देखते रहे हैं और जिन्होंने इस माध्यम से अपना संस्कार किया है। और अगर चित्र में आदमी या घोड़े की प्रतिच्छाया खोजना जरूरी हो तो इसी प्रदर्शनी में दो-चार चित्र उनके लिए भी हैं हालाँकि मैं आपको यह बता दूँ कि जो आधुनिक चित्रकला का मजाक बना रहे थे, वे ही सज्जन जब एक ऐसे चित्र के सामने खड़े हुए जिसमें एक साफ-सुथरी औरत का मुँह बना हुआ था, तो दो मिनट सोचते रहे कि यह तो समझ में आ गया, अब इसकी तारीफ करें या नहीं; फिर बोले, 'इसमें थोड़ा इंप्रूवमेंट किया जा सकता था'।

[25.2.61]

●●

दिल्ली के हलचल भरे राजनीतिक जीवन में उस शाम एक छोटी-सी घटना हुई, जिसका अपना एक अलग महत्त्व है।

दक्षिण नई दिल्ली में हजरत निजामुद्दीन की दरगाह से सटा हुआ एक अहाता है जिस पर एक छोटी-सी कब्र है : हाली के दो शेर (शब्द ठीक याद नहीं) उस पर अंकित हैं और चार-पाँच वर्ष हुए कुछ सहृदयों के प्रयास से उस पर एक सादा-सा छोटा-सा मकबरा बनवा दिया गया है। यह मजार ग़ालिब का है और पिछले महीने एक सलोनी दोपहर को यह एकाएक अपने पड़ोस की ज़िंदगी में शामिल हो गया था।

पहले तो भीड़ ज्यादा न थी, पर जैसे-जैसे कव्वालों की सधी हुई लय में 'कोई उम्मीद बर नहीं आती' के बोल सँकरी गलियों और धूल भरे अहातों पर से होते हुए कच्चे और अधगिरे मकानों तक पहुँचने लगे, लोग एक-एक करके आते गए और दरी पर दोजानूँ बैठते गए। थोड़ी देर में केंद्रीय मंत्रियों और अंजुमनएतरक्किए उर्दू के कार्यकर्त्ताओं की संख्या उनसे कहीं कम रह गई और ग़ालिब दिवस के इस कार्यक्रम को अखबार में या टेप पर दर्ज करने के लिए मौजूद कर्मचारी जैसे दीखनेवालों की टोली एक तरह से नगण्य नहीं बल्कि निरर्थक हो गई : ग़ालिब का जनता से सीधा संबंध प्रतिष्ठित हो गया।

साथ ही साथ एक चीज हुई, वह तब, जब मैंने उपस्थित लोगों पर नजर डाली और देखा कि वे कौन हैं। उस समय अतीत में से निकलकर परंपरा की वह शक्ल आँखों के सामने आ गई जो किताबों में से उभारे नहीं उभरती और विचारों में ढूँढ़िए तो बहुधा अमूर्त यानी विकृत हो जाया करती है। यह शक्ल एक मुट्ठी भर लोगों की थी। फटी शेरवानी, सिकुड़ा चेहरा और डूबी हुई-सी दृष्टिवाले कुछेक लोग, जिनके लिए काव्य आज भी जिज्ञासा और संशय का साधन नहीं है, न जिन्हें अपने अतीत में से कुछ खोजकर अपना बनाने के लिए प्रयत्न करना पड़ता है (जैसे खड़ीबोली के हिंदी पक्ष के लोगों को करना जरूरी है : वे लोग उस मुस्लिम समाज के अवशेष थे, जो एक शहरी सभ्यता के विकास में शामिल होने के लिए उपयुक्त भाषा और जीवन पद्धति में दीक्षित हैं; उनकी संस्कृति को आज भी पूर्णतः आत्मसात करने से भारतीय जीवन की श्रीवृद्धि होगी।

[19.3.61]

●●

एक बड़े आदमी की पत्नी ने कुछ दिन हुए कुछ संवाददाताओं को अपने यहाँ बुलाया था—चाय पीने के लिए। वहाँ पहुँचकर लोगों ने पूछा आप खबर क्या दे रही हैं। मालूम हुआ खबर दे नहीं रहीं, सलाह माँग रही हैं कि उनकी समिति ने अश्लील पोस्टरों से जनता की—विशेषतः स्त्रियों और बच्चों की—रक्षा करने के लिए जो आंदोलन शुरू कर रखा है, उसे आगे कैसे बढ़ाया जाए। आप लोग हमारे इस आंदोलन की कुछ पब्लिसिटी कर दीजिए, उन्होंने कहा। विज्ञापनों से लड़ने के लिए विज्ञापन का सहारा लेना, सुनने में अजब सा लगा।

समाज-सेवी संस्थाएँ आजकल किसी न किसी नैतिक मसले पर आंदोलन उठाती रहती हैं, पर उनकी विडंबना यही है कि यदि वे व्यक्तियों को अपने अंदर देखने और अपना सुधार करने की सीख दें तो उनका संगठन ही समाप्त हो जाए।

खैर, एक संवाददाता ने कहा कि आप स्त्रियों और बच्चों को स्वस्थ मनोरंजन के साधन जुटाइए तो उनका ध्यान विकृत मनोरंजनों से हटे और अश्लील पोस्टर अपने आप कम हो जाएँ। इस पर

जो प्रतिक्रिया हुई वह यह थी कि उस क्षेत्र में तो और समाज-सेवियों ने कब्जा कर रखा है, उसमें हमारा घुसना भी मुश्किल है।

स्पष्टतः अश्लील पोस्टरवाले आंदोलन में ही घुसना आसान था। इसमें यह भी गुंजाइश है कि अश्लीलता क्या है, इसके बारे में काफी भ्रम में रहते हुए भी आंदोलन किया जा सकता है। उदाहरणतः, अधनंगी औरतों की तसवीरें अश्लील हैं, पर जिस कमरे में यह गोष्ठी हो रही थी उसमें नंदलाल बोस का 'सिद्धार्थ का गृहत्याग' शीर्षक जो चित्र लगा हुआ है, उसमें यशोधरा का वेश पता नहीं अश्लील है या नहीं। इसी तरह सिनेमा में देवी-देवताओं को अर्धनग्न दिखाकर मर्यादा भंग हो रही है, पर जर्मनी में छपी चीरहरण की जो तसवीरें पचास साल से मध्यवर्ग हिंदू घरों में टँगी हुई हैं, वे आध्यात्मिक प्रतीकों का चित्रण करती हैं, गौरांग गोरियों का नहीं, इत्यादि।

[4.6.61]

●●

जून की इस चिलचिलाती धूप में, आगरे की गरमी से निकलकर, दो भले आदमी दिल्ली की गरमी में आएँ तो उन्हें क्या कहा जाएगा?

लेकिन लगन सब कुछ कराती है और सूर स्मारक मंडल के प्रधानमंत्री श्रीयुत श्रीवास्तवजी और उनके विश्वासपात्र कार्यकर्त्ता श्रीयुत 'नीरव' जी को विश्वास है कि दिल्ली में अधिकारियों से मिलना, उनका स्वप्न साकार होने में अवश्य सहायक होगा।

संकेत भी कुछ ऐसा ही मिलता है कि होगा। आगरे से 11 मील दूर रुनकुता गाँव में यमुना के किनारे सूरदासजी की जो कुटी है, उसके चारों ओर, सब ठीक रहा तो, अगले वर्ष तक एक ऐसी संस्था की स्थापना होने लगेगी जो सारे भारत में हिंदी के प्रचार के सचमुच कुछ ठोस कार्य करती है। पर अभी यह बात केवल प्रस्ताव की हद तक ही है। संबद्ध अधिकारियों से बात की जा रही है और सफलता उनके पूर्णतः संतुष्ट होने पर ही निर्भर होगी।

प्रस्ताव यह है कि अखिल भारतीय हिंदी महाविद्यालय, जो इस समय किराए के मकान में आगरा शहर के अंदर है और हिंदीतर प्रदेशों के हिंदीतर भाषा भाषी अध्यापकों को अपने-अपने प्रदेश में हिंदी सिखाने का प्रशिक्षण देता है, सूरकुटी के स्थल पर अपना निजी भवन बनवाने और इस प्रकार सूरकुटी को एक नई प्रतिष्ठा देने में सहायक हो।

सूरकुटी पर श्रीवास्तवजी ने गत अप्रैल में जिस मेले का आयोजन किया था, उसमें समस्त आगरे के विद्वद्जनों ने वहाँ पर एक स्मारक बनाने की माँग की थी। अगर स्मारक का कोई महत्त्व आज के युग में है, तो वह लोकहित होना चाहिए, यह मानकर मंडल ने कुटी के निकट एक उच्च माध्यमिक विद्यालय खोलना निश्चित कर ही लिया है—यह जुलाई में खुल जाएगा और रुनकुता और कीथम, निकटवर्ती तहसीलों के 25 गाँवों से लड़के नवाँ दर्जा पढ़ने के लिए आगरा शहर जाने को मजबूर न होंगे।

सूरकुटी के इर्द-गिर्द करील और कीकर का वन है—और शिकार खेलना वहाँ मना है। यमुना पास में बहती है और जब पिछली बार मैं वहाँ गया था तो कमर-कमर तक गहरी थी उसमें नहाकर घंटों बाद तक पानी की धार जैसे रगरग में आंदोलित होती रही थी।

पर वही पानी पीना भी पड़ा था। साफ पानी की वहाँ अभी तक कोई व्यवस्था नहीं है। दो मील पर 'कीथम जलाशय' नामक एक विशाल झील है, जिसमें मछलियों का अगाध भंडार है। पर झील खुद छिछली है और पीने योग्य उसका भी पानी नहीं है। बिजली का एक कुआँ खुद जाने

से ही सब तकलीफ दूर हो सकती है और स्कूल खुलने के साथ यह काम भी हो जाने की आशा है।

अगर सूरकुटी के स्थल पर एक अच्छा स्मारक बन जाए, 52 हजार रुपए की एक योजना उत्तरप्रदेश सरकार के यहाँ विचाराधीन है तो सारे संसार से आगरा जानेवाले सैलानियों को ताज के अलावा एक और सचमुच अच्छी चीज देखने को मिल सकती है।

[2.5.61]

●●

पिछले साल इन्हीं दिनों यह स्तंभ लिखा जाना शुरू हुआ था। तब से सुंदरलाल ने दिल्ली की हलचल के अनेक रूप आपके सामने रखे हैं, जिनमें भूकंप जैसी शुद्ध भौतिक हलचल से लेकर रवींद्र जयंती जैसी सांस्कृतिक हलचल तक शामिल हैं। लेकिन इन सबके पीछे जो दिमागी हलचल दिल्ली के लोगों में होती या नहीं होती रही है, उसको प्रकाशित करना ही सुंदरलाल का मुख्य उद्देश्य रहा है।

वास्तव में वही हलचल किसी समूह को उसकी शक्ल और शहर को उसका चरित्र देती है। अगर दिल्ली को इस नजर से देखा जाए तो मालूम होगा कि उसकी शक्ल अगर कुछ है तो गीली मिट्टी के लोंदे की है। उसे जिधर से दबाइए, उधर हाथ का निशान ले लेता है और छोड़ दीजिए तो वैसे ही रह जाता है...जब तक कोई दूसरा हाथ आकर उस पर जोर न आजमाए। इस तरह हर वक्त कुछ बनने की उम्मीद में यह शहर रहता है—कूटा-पीटा और रूँधा जाता हुआ। और मिट्टी इतनी अस्थिर रहती है कि कोई बीज भी धारण नहीं कर सकती। खैर, रूपक उठाएँ तो उसे बहुत लंबा खींच सकते हैं : वह आपको उबाए बगैर न रहेगा। संक्षेप में यहाँ का हाल यह है कि...मगर इतने संक्षेप में यहाँ का हाल कहा ही नहीं जा सकता।

एक चीज जो कि कुछ समय से स्पष्ट होती चली आ रही है, वह यह है कि यहाँ स्वतंत्रचेता व्यक्तियों का परस्पर संपर्क शिथिल होता जा रहा है। उनके संगठन अब वह नहीं रहे, जो दस साल पहले थे और जो संगठन आजकल बहुतायत से मिलते हैं, वे बिलकुल और ही तरह के हैं—उनमें व्यावहारिक काम पर जोर है, सैद्धांतिक आत्मज्ञान पर नहीं, और व्यावहारिक काम करते-करते लगे हाथों राजधानी की सामाजिक सीढ़ी पर जितने बन पड़े, उतने जीने चढ़ जाने को सफलता की सीढ़ी पर चढ़ना माना जाता है। जो पहले अपने को इस तरह के संगठनों से अलग रखते थे, अब और अलग हो गए हैं यहाँ तक कि अपने जैसे औरों से भी उनका संपर्क नहीं रहा। जो एक जमाने में अपने काम के लिए जाने जाते थे, संस्थाएँ बनने के दौर में उनके शीर्षस्थ होकर काम से अलग हो चुके हैं। जो हमेशा से संगठनबाजी में थे, वे विविध क्षेत्रों से रेंगकर राजनीति में पहुँच गए हैं।

नतीजा यह है कि नए संगठनों में ज्यादातर लोग ऐसे शामिल हो जाते हैं, जिन्हें अपने क्षेत्र के ऊँचे प्रतिमानों के लिए श्रद्धा होना तो दूर, अपनी कमजोरियों तक का पता नहीं होता।

उस दिन एक ऐसे ही साहित्यिक संगठन की साप्ताहिक गोष्ठी में मौजूद था। एक के बाद एक नवोदित कवि अपनी सूचनाएँ पढ़ रहे थे, गा रहे थे, या भिनभिना रहे थे। शिल्प में और वस्तु में ये एकसाथ पिछले दशक की सब बंबइया फिल्मी गीतों की श्रेष्ठतम उपलब्धि थे।

और ये साहित्यिक कृतियाँ एक ऐसे व्यक्ति के सम्मुख पढ़ी जा रही थीं, जिसने आधुनिक हिंदी कविता को पिछले 20 वर्षों में कहाँ से कहाँ लाकर खड़ा कर दिया है और जिसके कृतित्व का जोड़ आज भारत की किसी भाषा में मुश्किल से ही मिलेगा। दस वर्ष पहले, उस व्यक्ति के सामने कोई

नवोदित कवि उसी वक्त कुछ पढ़ने का साहस कर सकता था, जब वह आश्वस्त हो कि कहीं न कहीं वह उसकी गहराइयों के पास तक पहुँचता है।

[2.5.61]

●●

दिल्ली में गर्मियाँ आ गई हैं और अगले एक महीने तक इस बारे में किसी को धोखे में नहीं रखा जा सकता। कूलर लगाइए या खस की टट्टी या फिर बेहिसाब ठंडे कहवाघरों में जाकर बैठिए—गरमी आ गई है और यह तथ्य जरा-जरा देर में सिर पर चढ़कर बोलता है। उसके सामने पड़ने पर सिर्फ एक रास्ता रह जाता है उसका मजा लीजिए पर कई साल यहाँ की गर्मियाँ देखकर मैं जिस नतीजे पर आया हूँ, वह यह है कि दिल्लीवाले गर्मियों के मजे नहीं जानते, बहुत से तो जान सकते नहीं क्योंकि वे रात को तचती हुई कोठरियों में रहते हैं और दिन भर धूप में काम करते हैं पर बहुत बड़ा एक वर्ग जो हरियाली के बीच रहता है और एयरकंडीशनी कमरों में काम करता है असल मजे से जानबूझकर वंचित रह जाता है।

इसके कारणों में एक पोशाक है और दूसरा गर्मी के मौसम के खानपान के प्रति अज्ञान।

पुरुषों को खासतौर से इसका दोषी ठहराया जाना चाहिए। उनमें से अभी तक किसी ने इतना साहस नहीं दिखाया कि गर्मियों के लायक एक ऐसी पोशाक ईजाद करें, जो दफ्तर में काम करने के लिए भी ठीक हो और शरीर को आराम भी दे। बंद गले का कोट, या टाई से बंद गला, और मोजा-जूता तमाम लोग पहनते हैं और आशा करते हैं कि उनका सामाजिक स्तर गर्मियों के कारण गिरेगा नहीं।

स्त्रियाँ अपेक्षया अधिक अच्छी हालत में हैं। बिना बाँह की चोलियों और सूती साड़ियों को उन्होंने बड़ी खूबसूरती से एक ऊँचा दरजा दे दिया है और जिन्हें काम करना पड़ता है और जिन्हें नहीं करना पड़ता, दोनों ने अपने लिए किसी कदर आरामदेह कपड़े ढूँढ़ निकाले हैं। पर पुरुषों को कनाट प्लेस में शाम के वक्त भी नाकबंद रेयन या डेक्रन से ताए हुए घूमते देखा जा सकता है। मलमल का इस्तेमाल वे नहीं जानते और जब जानते हैं तो इस तरह कि उसकी बुश्शर्ट बनवा लेते हैं।

[4.6.61]

●●

प्रधानमंत्री के घर के सामने पेड़ के नीचे तख्त डाले एक क्लिष्ट से दीखनेवाले सज्जन पालथी मारे बैठे थे। चार नौजवान सेवा में खड़े, कोई पंखा झल रहा है, कोई पानी पिला रहा है। लू का झोंका आता तो लड़के म्लान हो जाते कि क्या करें, उस पर उनका बस न था।

कवि नियाज हैदर दिल्ली के हिंदुस्तानी थिएटर से संबद्ध एक बहुत बड़े मसले पर अनशन कर रहे थे। उनका सवाल था थिएटर को न बंद किया जाए, और न उसे किसी संस्था में विलीन किया जाए।

जब तीन एक साल पहले हिंदुस्तानी थिएटर बना था, तो उसके बनानेवालों का ख्याल था कि व्यावसायिक रंगमंच की बड़ी भारी जरूरत को पूरा करने के लिए एक भरे-पूरे थिएटर की स्थापना से ही शुरूआत करना ठीक होगा। इसके बाद व्यावसायिक स्तर पर दर्शकों से निबटना और उस सिलसिले में उठनेवाली मुश्किलों को सुलझाना होगा। इसी दृष्टि से आगे देखते हुए हिंदुस्तानी थिएटर

ने प्राचीन संस्कृत नाटकों के हिंदुस्तानी रूपांतर तैयार किए और उन्हें दिल्ली में पेश किया।

नतीजा यह हुआ कि इन नाटकों में ग्रीक ट्रेजेडी के शिल्प से प्रेरित जो प्रयोग किए गए थे, वे चर्चा का विषय बने। उस चर्चा से उत्सुक होकर जो लोग नाटक देखने गए, वे उसी वर्ग के थे, जिस वर्ग को रंगमंच के भविष्य की चिंता रहती है। उस वर्ग को जिसे 'लोक' कहा जाता है और जिस पर कलाओं के अंततः निर्भर होने की बात जनवादी हमेशा करते हैं, इन नाटकों के लिए बहुत बेकली न हुई।

एक और नतीजा यह हुआ कि संचालकों ने पहले नतीजे से असंतुष्ट होकर और करीब 7500 रु. मासिक घाटे से सशंक होकर थिएटर को बंद कर देने का फैसला कर लिया। इसी के साथ दिल्ली की कुछ व्यावसायिक मनोरंजन मंडलियाँ, जिनका काम पिछले कुछ बरसों से चल निकला है, इस अधबने थिएटर को आत्मसात कर लेने के लिए तत्पर हो गईं।

इस तरफ मुझे लगा कि नियाज हैदर जिस अन्याय के प्रतिकार में अनशन कर रहे थे, वह व्यावसायिक रंगमंच के विकास में सामने आनेवाली समस्याओं का ही दूसरा नाम है। जमी-जमाई, पैसेवाली संस्थाओं के मुकाबले में खड़े होना तभी संभव हो सकेगा जब नाटकों और नाट्यशिल्प की शैलियों में काफी तगड़ी स्पर्धा हो सके। एक कमजोर नाटक का दूसरे कमजोर नाटक से मुकाबला हो तो असली कशमकश लोकप्रियता की न रहकर पैसे और साधन-संपन्नता की हो जाएगी। पहले प्रकार की स्पर्धा जनरुचि के प्रति पिटीपिटाई धारणाएँ छोड़कर ही कारगर हो सकती है मगर अफसोस यह है दिल्ली के नाट्य निर्माताओं को अभी तक ऐसे नाटक नहीं मिल सके हैं, जो एक बार में उनकी पुरानी धारणाओं को बदल दें। इसीलिए 'हिंदुस्तानी' भाषा में अनुवाद किए हुए नाटकों से वे काम ले रहे हैं। एक बार चोट पड़ने की देर है--जिस तरह की चीज नाटक देखने पर पैसा खर्च करनेवाले दर्शकों को बाँध सकती है, उसका एक नमूना लिखे जाने की देर है—उसके बाद जनरुचि और लोकप्रियता के संबंध में उन लोगों के सारे भ्रम खुल जाएँगे, जो नाटक लिखना नहीं जानते, लेकिन उसके खेले जाने पर अपने पैसे और संगठनों से पूरा नियंत्रण रखते हैं। आज का नाटक शायद राजनीतिक व्यंग्य का नाटक होगा, लेकिन उसे कोई पहले लिखे तो।

'हिंदुस्तानी थिएटर' की असफलता सिर्फ इतना ही नहीं सिखाती। वह यह भी बताती है कि विश्व थिएटर की प्रगति के जिस दौर में हमने भारत में आधुनिक व्यावसायिक रंगमंच का उत्थान शुरू किया है, उसमें निरंतर प्रयोग और समन्वय की बड़ी जरूरत है। एक और शिल्प हमने बहुत सीख लिया है वह सबका सब हमारी आवश्यकताओं से उद्‌भुत नहीं है दूसरी ओर बहुत सा शिल्प जो हमारी जरूरतों के मुआफिक है, हमें अपने यहाँ के लोकनाट्य से ही सीखना शेष है।

दिल्ली में जहाँ इतने रंगमंच प्रेमी और दर्जन से अधिक नाट्य संस्थाएँ हैं, नाट्य प्रयोगशालाओं की ओर इतना कम ध्यान क्यों दिया गया है, समझ में नहीं आता। इस तरह की प्रयोगशालाएँ होनी चाहिए जहाँ प्रदर्शन शैलियों और नाटकों के प्रतिनिधिक प्रयोग करके देखे जाएँ और नतीजों को सबके हित के लिए प्रकाशित कर दिया जाए। उसके बाद जब ये प्रयोग रंगमंच पर दर्शकों के सामने आएँगे तो आशा है, उनमें असफलता की उतनी आशंका न रहेगी जितनी हिंदुस्तानी थिएटर के प्रयोगों में थी।

[9.7.61]

●●

सांस्कृतिक संबंध की भारतीय परिषद नामक संस्था ने दिल्ली के निवासियों के प्रति एक विज्ञप्ति में कहा है कि जो लोग चाहें, वे विदेशी विद्यार्थी या अध्येता लोगों को दिल्ली में भारतीय जीवन को

निकट से परखने का अवसर दे सकते हैं। यह इस प्रकार से संभव होगा कि विदेशी अतिथि भारतीय घरों में टिकें और उनकी रोजमर्रा की जिंदगी में हिस्सा लें। कहा जाता है कि कुछ भारतीय परिवारों ने यह सुविधा देने की इच्छा प्रकट की है, लेकिन उनकी संख्या इतनी कम है कि विदेशियों की माँग पूरी करना आसान साबित नहीं हो रहा है। इससे भारत सरकार को स्वल्प रूप से लज्जित होना पड़ेगा—ऐसी आशंका व्यक्त की जा रही है।

परिषद की विज्ञप्ति पढ़कर और दिल्ली के भारतीयों को देखकर एकसाथ बहुत-सी बातें मन में उठती हैं। जो विदेशियों को मेहमान बनाने को तैयार हैं, वे अपने सामान्य जीवन में किस तरह रहते हैं? उनका रहनसहन कितना भारतीय है? और इस दूसरे सवाल के पहले एक और सवाल यह कि भारतीय रहनसहन है क्या चीज? आशा है कि कुछ दिन बाद सांस्कृतिक संबंध परिषद की विज्ञप्ति पर दिल्ली के परिवारों की प्रतिक्रिया का पूरा चित्र उभरेगा और तब इस अत्यंत रोचक एवं गंभीर मसले पर इस स्तंभ में और भी कुछ लिखा जा सकेगा। तब तक यही मानना चाहिए कि अंततः जिन परिवारों को भारतीय संस्कृति का प्रतिनिधित्व करने के लिए चुना जाएगा वे 'भारतीय' हों या न हों, वृथासंकोच और दिखावे, दोनों से इतने मुक्त हों कि किसी बाहरी के सामने अपनी असली शक्ल छिपा न लें।

[27.8.61]

●●

उस दिन विज्ञान भवन के दीवाने आम में जो रस्म अदा की जा रही थी उसको देखकर सहसा विश्वास नहीं होता था कि वह संगीत नाटक अकादमी का वार्षिक पुरस्कार वितरण समारोह है।

अपने जीवन का सबसे जीवित अंश कला साधना में अर्पित कर देनेवाले कृशकाय पंडितों को, बंद गले के काले कोटवाला एक व्यक्ति पीछे से धकेलता और एक आगे से खींचता हुआ मंच पर लाता था और एक तीसरा उनके गले में एक हार डालकर उन्हें राष्ट्रपति के सम्मुख ला खड़ा करता था। यदि खड़े होने के नियत स्थान पर पुरस्कार लेनेवाला न खड़ा हो सका तो फिर खींचने और धकेलने का सहारा लिया जाता था और अगर लौटते समय भी किसी ने भूल की तो उसको भी ठीक करने का यही उपाय था।

हार पहनाने का अपना भारतीय संस्कार कितना मधुर और महिमामय है पर उसका नया रूप जो अकादमी के सरकारी संचालक ने (आजकल, अकादमी के मंत्री के अभाव में उनका काम सचिवालय के कोई अफसर देखते हैं) स्थिर किया और उस दिन अपने हाथ से प्रदर्शित करके दिखाया वह इस प्रकार है : सब मालाओं को एक कोने में ढेर कर दो। जब माला पहनाने योग्य व्यक्ति दिखाई पड़े, बड़े-बड़े डग भरते हुए जाओ, एक माला उठाकर उसे दोनों हाथों में लेकर पहननेवाले व्यक्ति के गले की ऊँचाई का अनुमान करके ऊपर उठाओ। इसके बाद लंबे-लंबे डग भरते हुए उस व्यक्ति की ओर बढ़ो। जब उसके पास पहुँचो तो माला हाथ से छोड़ दो। पहले से इस रस्म का अभ्यास किया हुआ हो तो माला गले में ही गिरेगी। तब फिर रुको नहीं, उसे प्रणाम तो करो ही मत, और उसी प्रकार कदम बढ़ाते हुए निकलते चले जाओ। थोड़ी देर में तुम मंच के दूसरे कोने में, पुरस्कार लेने आए हुए उस बेकार से दिखनेवाले व्यक्ति से दूर पहुँच जाओगे जिसके लिए तुम्हें एक सरकारी अफसर को इतनी मेहनत आज करनी पड़ी।

यदि यह चित्र स्पष्ट न हुआ हो पाठक कृपया छोटे स्टेशनों पर से गुजरती रेल के ड्राइवर द्वारा 'गोला' देने की क्रिया की कल्पना कर लें।

इतना असंस्कृत व्यवहार दिल्ली में कोई नई बात नहीं है—देश में भी नहीं है, पर तिलमिलाहट यह सोचकर होती है कि ऐसे उथले लोगों को अपना प्रदर्शन और किसी के नहीं राष्ट्रपति के सामने करने की हिम्मत हो सकती है। और राष्ट्रपति भी वह जिनका संतोचित समभाव प्रसिद्ध है।

शायद अकादमी को यह याद दिलाना जरूरी है कि जो पुरस्कार प्रतिवर्ष कलाकारों को दिए जाते हैं, दिए अवश्य उसके द्वारा जाते हैं, पर प्रदान उन्हें राष्ट्रपति अपने हाथ से करते हैं। अकादमी के व्यवहार में उसी भाव का अनुकरण होना चाहिए जिस भाव से राष्ट्रपतिजी कलाकारों को पुरस्कार देते हैं। वह भावना राष्ट्रपति की एक-एक बात में प्रकाशित होती है—उनका अपने हाथ से अंगवस्त्रम श्रृंखला का उपहार कलाविद को अर्पित करना स्नेह और आदर से सिंचा हुआ होगा है। उसका दसवाँ हिस्सा भी अकादमी के जिम्मेदार कर्मचारी सीख सकें तो धन्य हो जाएँ।

शुरू में नगर निगम के स्वागत समारोह का जिक्र किया था इस सिलसिले में एक गाना याद आता है जो दिल्ली के नागरिकों की ओर से जापान के प्रधानमंत्री श्री हायातो इकेडा को सुनाया गया था। कवि कहता है :

'लहरते गीत स्वर पर...' इत्यादि (पहली पंक्ति इससे अधिक याद नहीं) 'इकेडा जी, हृदय से कर रहे स्वागत तुम्हारा हैं...'

यदि इकेडा जी हिंदी समझते होते तो शायद दिल्ली की हिंदी में कहते : 'हंजी, हंजी'।

सोचकर देखिए। एक देश का प्रधानमंत्री आपके यहाँ आया हुआ है। आप एक महान देश की राजधानी के नागरिक हैं। जो संगीत आप उसके सामने पेश कर रहे हैं वह, और जो काव्य आपने उस संगीत में बाँधा है वह, इतना घटिया तो न हो कि तुकबंदी से भी गया-बीता हो। क्या जरूरत है पद्य में यह कहने की इकेडा जी, सुनो तुम्हारा स्वागत कर रहे हैं। यह स्कूल के बच्चे करें तो समझ में आता है कि उन्होंने इस पद्य रचना के साथ कुछ सीखा भी। पर राजधानी के नागरिकों में हजारों सुसंस्कृत लोग भी शामिल हैं, जो इस तरह की पद्यरचना का अभ्यास बरसों पहले स्कूल में करके भूल चुके हैं। यदि संगीत सुनाना है तो अच्छा होगा कि शुद्ध संगीत (जिसमें काव्य न हो) प्रस्तुत किया जाए। भारतीय वाद्ययंत्रों का माधुर्य आपके अतिथि को कर्कश आवाज में सिनेमाई धुन पर गाई गई तुकबंदी से अधिक प्रिय लगेगा, इसमें क्या कोई संदेह है?

[24.12.61]

●●

दिसंबर (14-21) में होनेवाली पुरातत्व जयंती की तैयारियाँ शुरू हो चुकी हैं। उनके बारे में जानने के लिए जब मैं संबद्ध व्यक्तियों से मिला तो प्रसंगवश एक नए रहस्य का उद्घाटन हुआ, जिसे इस समय यहाँ लिखने का मोह पुरातत्व जयंती संबंधी कर्तव्य से भारी पड़ रहा है। वह है, मोहेनजोदरो और हरप्पा की (जो अब पाकिस्तान में हैं) संस्कृति की एक और कड़ी जिसका भारतवर्ष में पता चला है। और कहाँ? राजस्थान के मरुप्रदेश में। गंगानगर जिले में पीलीबंगल स्टेशन से थोड़ी दूर कालीबंगन नामक एक कस्बा है। वहाँ पहले घग्घर नदी बहती थी जो अब सूख गई है। (पुराकाल में इसका नाम सरस्वती था) इसी के तटों पर कुछ बड़े कुछ छोटे दूह हैं जिनके नीचे ईसा के चार सहस्र वर्ष पहले की सभ्यता दबी पड़ी है।

राजधानी के पुरातत्व विद्यालय के संचालक, श्री ब्रजवासी लाल अपने विद्यार्थियों को उत्खनन कला की शिक्षा देने के लिए इन्हीं में से एक दूह की खुदाई करा रहे थे। तभी उन्हें एक चबूतरा और उसके पास कई मकानों की नींवें मिलीं। फिर खुदाई के सिलसिले में मुद्राएँ, बरतन, औजार,

खिलौने आदि जो कुछ मिला वह उसी प्रकार का था जैसा मोहेनजोदरो और हरप्पा में मिला था। इस संग्रह में मुद्राओं का महत्त्व सबसे अधिक है क्योंकि उनसे कालनिर्धारण में सबसे अधिक सहायता मिली है।

श्री ब्रजवासीलाल ने बताया कि ठीक इसी तरह की मुद्राओं के छापे, पश्चिम एशिया में पाए गए हैं। वहाँ मिट्टी के ऐसे खंड मिले हैं, जिनके एक ओर किसी मुद्रा का ठप्पा लगा है और दूसरी ओर सन, सुतली या सिरकी का निशान पड़ा है। क्या यह हो सकता है कि भारत से प्राचीन समय में माल की पिटारियाँ या गाँठें पश्चिम एशिया जाती हों? व्यापारी अपने-अपने माल को मुहरबंद करके भेजते रहे होंगे ताकि रास्ते में मिलावट या चोरी न हो जाए। इसी तरह का एक खंड मैंने दिल्ली के पुरातत्व विद्यालय में भी देखा। यह कालीबंगन में मिला था।

इस नए आविष्कार से प्राप्त एक मुद्रा के छापे को लेकर इस वर्ष पुरातत्व जयंती के अवसर पर एक विशेष डाक टिकट जारी किया जानेवाला है। इस मुद्रा में छोटे सींगवाला एक वृषभ खचित है, उसके सामने नाँद है, ऊपर सिंधु लिपि में कुछ लिखा है। जब मैंने पूछा कि क्या उसे पढ़ा जा सका है तो संचालक महोदय ने कुछ अपनी असफलता पर, कुछ मेरे अज्ञान पर हँसकर जवाब दिया, 'जिस दिन वह लिपि हममें से कोई भी पढ़ पाएगा, उस दिन इस खुशी में पुरातत्व विभाग में एक दिन की छुट्टी होगी, जनाब।' इस लिपि को पढ़कर बड़े-बड़े हार चुके हैं, हाँ, लाल साहब उन लोगों में से हैं, जो अक्षरों की आकृति से मानते हैं कि वह दाएँ से बाएँ लिखी जाती रही होगी।

ज्ञात हुआ है कि भारतीय पुरातत्व विभाग की शताब्दी के अवसर पर एक स्वर्ण पदक भी जारी किया जाएगा जो कि दिल्ली के पुरातत्व विद्यालय से पुरातत्व डिप्लोमा परीक्षा में सर्वप्रथम आनेवाले छात्र को हर वर्ष दिया जाया करेगा। इस स्वर्ण पदक का नामकरण मौलाना आजाद की स्मृति में किया गया है।

इसी अवसर पर पुरातत्व विभाग की अपनी निजी मुद्रा भी स्वीकृत की जाएगी। भारत सरकार के अन्य सार्वजनिक विभागों एवं निगमों की अपनी-अपनी मुद्राएँ हैं। जीवन बीमा निगम की मुद्रा पर जैसे, 'योगक्षेमं वहाम्यहम्', अंकित है और डाक-तार की मुद्रा पर जैसे, 'अहर्निशं सेवामहे' लिखा हुआ है, वैसे ही पुरातत्व विभाग की मुद्रा पर लिखा होगा 'प्रत्नकीर्तिमपावुणु' जिसका अर्थ है, 'छिपी हुई कीर्ति को निरावरण करता है'।

[9.10.61]

●●

गए पखवारे में दिल्ली के सांस्कृतिक चौमासे का श्रीगणेश हो गया। आगामी महीनों में सदा की भाँति नाटकों, संगीत सभाओं और सम्मेलनों की धूम रहेगी। अंतर्राष्ट्रीय फिल्म समारोह इसी मास के अंत में आरंभ होगा। नवंबर में पुरातत्व विभाग की शताब्दी मनाई जाएगी और उसी अवसर पर एक विराट प्रदर्शनी होगी जिसमें भारत के वास्तुशिल्प का इतिहास दर्शाया जाएगा। इसी बीच रवींद्र शतवार्षिकी समारोह का सबसे बड़ा उत्सव, अंतर्राष्ट्रीय लेखक सम्मेलन भी होगा—इसमें विदेशों से जो विद्वान आएँगे उनमें आल्डस हक्सले भी होंगे।

श्रीगणेश, सत्यजित राय की चार फिल्मों के प्रदर्शन से हुआ, जिसका आयोजन भारतीय नाट्यसंघ और फेडरेशन आफ सोसाइटीज ने मिलकर किया था। 'पारस पाथर', 'रवींद्रनाथ ठाकुर', 'जलसा घर' और 'देवी' इन फिल्मों को दिल्ली में पहले भी दिखाया जा चुका है, पर इस बार भी सप्रू हाउस

भरा रहा और दर्शकों में हमेशा की तरह सत्यजित राय के लिए वही उत्साह अंत तक बना रहा। यह उत्साह दिल्ली की कलाप्रेमी जनता की विशेषता है। चाहे वह बंगला समझती हो चाहे न समझती हो, चाहे उसकी सामान्य रुचि उत्कृष्ट कला में हो या न हो, वह अपने को श्रेष्ठ कलाकृतियों से संबद्ध करने का एक सक्रिय प्रयत्न अवश्य करती है। इसके कुछ पहलू हास्यास्पद भले ही हों, अंततः यह एक जागरूक रसिक समाज के विकास में निश्चय ही सहायक होगा।

एक सवाल जो बार-बार मन में उठता है, वह यह है कि कौन-सा रसिक समाज है, जो दिल्ली में विकसित हो रहा है। उसका संस्कार क्या है, उसकी जड़ें कहाँ हैं—उसकी भाषा क्या है? भाषा का प्रश्न इसलिए उठता है कि अंततः जो भी परंपरा बनेगी वह भाषा पर ही आधारित होगी क्योंकि भाषा ही सर्वसुलभ साधन है।

सत्यजित राय की फिल्मों की जो परिचय पुस्तिका प्रकाशित की गई थी उसके छपे कथा सारांशों का उल्लेख यहाँ अप्रासंगिक नहीं है। वे अंग्रेजी में थे और भाषा प्रभावोत्पादक थी, इसमें शक नहीं, पर कथानक एक से अधिक स्थलों में गलत लिखे गए थे, क्योंकि गलत समझे गए थे।

प्रश्न यह है कि क्या भाषाओं में अब ऐसे मर्मज्ञ नहीं रह गए हैं, जो अंग्रेजी के माध्यम से अपने को आधुनिक दृष्टि देते अवश्य हों पर उस दृष्टि को दूसरों तक अपनी मातृभाषा में पहुँचाने की क्षमता रखते हों। यदि ऐसे लोग कहीं हैं और उन्हें अपने को प्रकट करने के पूरे अवसर नहीं मिल रहे हैं, तो शीघ्र ही एक ऐसी स्थिति व्याप्त हो जाने का खतरा है जिसमें हमारी संस्कृति का परिचय हमें एक ऐसी भाषा से ही मिल सकेगा जो हद से हद दफ्तरी काम के लिए हम जानते हैं।

जो थोड़ी बहुत भी अंग्रेजी जानते हैं, वे जानते हैं कि अंग्रेजी बहुत कठिन भाषा है—जो बहुत अच्छी अंग्रेजी जानते हैं वे बहुत कम हैं। बहुत अधिक आज वे ही लोग दिखाई देते हैं जो न अच्छी अंग्रेजी जानते हैं न अच्छी मातृभाषा जानते हैं। इस तरह के लोग राष्ट्र के आंतरिक उन्मेषों को किस भाषा में वाणी देंगे?

[8.10.61]

● ●

इस साल गणतंत्र दिवस के समारोहों के बारे में पहली बार लोगों में मतभेद दिखाई दिया है। कुछ लोगों की राय में पिछले सालों से कहीं अच्छी परेड और झाँकियाँ निकलीं, कुछ लोगों की राय में इस साल, पिछले दो-तीन वर्षों से धीरे-धीरे प्रकट होनेवाली वह चीज और अधिक खुलकर सामने आ गई जिसे 'ढर्रा' और ढर्रे पर चलनेवाली वस्तुओं में निहित 'जड़ता' कहा जाता है। सैनिक टुकड़ियों की तैयारी जरूर देखने काबिल थी, लेकिन झाँकियों में बनानेवालों की कल्पना की पिट चुकने की झाँकी मिलती थी—राजस्थान और मद्रास—दो ही ऐसे राज्य थे, जिन्होंने क्रमशः गाड़ियालोहार और बच्चों के स्कूल में दिन के भोजन की झाँकियाँ देकर कुछ जिंदा मसलों को उठाया था। लोकनर्तकों की टोलियों में ताल और लय की कोई कमी न थी लेकिन तालकटोरा बाग में, जहाँ वे ठहरे हुए थे, उनसे मिलकर जो बातें मालूम हुईं उनसे लोकनृत्य की दुनिया में होनेवाली एक बहुत दर्दभरी घटना का पता चला। वह घटना है, सामाजिक जीवन से लोकनर्तकों का दिन-प्रतिदिन अलग-थलग होते जाना। सभी जगह यह घटना एक-सी तेजी से घट रही हो, ऐसा नहीं है, पर हर साल लोकनृत्य टोलियों को राजधानी लाने की सरकारी प्रक्रिया ही कुछ ऐसी है कि उसमें न तो लोकनृत्य के स्वरूप को सुरक्षित रखा जा पा रहा है, न लोक जीवन में नृत्य और संगीत के नए परिवर्तनों को प्रतिबिंबित ही किया जा पा रहा है। ये ही दो उद्देश्य हो सकते हैं जिनके कारण लोकनृत्य हमारी राष्ट्रीय परेड

में शामिल किए जाएँ और इनमें से कोई भी सिद्ध न हो तो पूछना स्वाभाविक है कि क्या आयोजक लोकनृत्य को केवल एक अजूबा समझते हैं? एक ऐसी चीज जो हमारे यहाँ के देहातों और पिछड़े लोगों में पाई जाती है और जिसे हम विदेशियों को दिखाकर उनके सामने दाँत निपोरकर अंग्रेजी में हँसते हैं? अब वक्त आ गया है कि समारोह के इस अंश का आयोजन करनेवालों को लोकसंस्कृति के विकास एवं समाजशास्त्र के बारे में कुछ किताबें पढ़ने को दे दी जाएँ।

तालकटोरा बाग में ठहरी हुई नर्तक टोलियों के बीच दो-एक दिन घूमने से पहली बात जो मालूम हुई वह यह कि हर टोली में अधिकांश ऐसे लोग थे जो हर साल दिल्ली आते हैं और परेड में, नेशनल स्टेडियम में और आकाशवाणी में अपना प्रदर्शन करते हैं। ये लोग अपने-अपने राज्य में प्रचार विभाग के यहाँ रजिस्टरदर्ज हैं। जब पार्टी भेजने का समय आता है तो इनके मैनेजर को (जो लोकवर्ग के मुखिया इसी नाते होते हैं—खेती में या सामाजिक जीवन में प्रधान होने के नाते नहीं) बुलाया जाता है और पार्टी लाने का ठेका दे दिया जाता है। इन मुखिया महोदय के ऊपर भी दो-एक राज्याधिकारी रख दिए जाते हैं जो 'लीडर' कहलाते हैं। पर इन लीडर जी से पूछिए कि आपकी टोली में अमुक ने गले में क्या जेवर पहन रखा है तो वे कहेंगे वह मैं नहीं जानता, वह तो जो वहाँ उराव जाति का आदमी खड़ा है, वही बता सकता है। ये लीडर महोदय अपनी पार्टी से अलग एक तंबू में ठहराए जाते हैं, जहाँ निवाड़ के पलंग और आदमकद शीशे रखे जाते हैं। इनको क्राकरी में खाना परसा जाता है, इनकी पार्टी को पिटीपिटाई कलई उखड़ी थालियों में। गनीमत यही है कि खाना शायद एक ही सा होता है। जिस दिन मैं इनके डेरों पर गया हुआ था इनमें से चार-पाँच सज्जन ट्रांजिस्टर रेडियो पर रेडियो सीलोन सुन रहे थे। लोक संगीत के विकास के लिए प्रेरणा ले रहे होंगे।

उधर कुछ बड़े तंबुओं के अंदर से मादल और बंशी की गूँज आ रही थी। वहाँ जाकर देखा ताङखुल नगा लोग यों ही बैठे-बैठे मन बहला रहे थे। उनसे एक गीत गाने के लिए कहा तो उन्होंने तुरंत रचकर एक गीत सुना दिया। मतलब बताया कि 'भारत के वासी ने हमसे गीत गाने को कहा है इसलिए हम उसको सुनाने के लिए गा रहे हैं', दूसरे खेमे में नगादेश के कचारी जाति के वादक बाँस का एक तालवाद्य सुधार रहे थे। इस पर बोल निकलते हैं, 'दुंग बा दुंगादुंग' और बाजे का नाम है, 'बादुंगदुंग'। इनके पास एक और तालवाद्य था : एक लंबी छड़ी पर बैठाई हुई काठ की तीन चिड़ियाँ, जो डोर खींचने से छड़ी पर चोट देती थीं। आगे वाली चिड़िया का नाम था, मांछलिका और पीछेवाली दोनों का तंदुलिका। यानी एक आमिष भोजी (माछ=मछली) और बाकी निरामिष भोजी (तंदुल=चावल)। पर आपको यह सब बताना केवल व्यतिक्रम है। असल बात तो यह बतानी है कि केरल और मद्रास के 'कन्नियार कली' और 'करगम' नर्तकों ने पापलिन और साटिन के सलूके और लहँगे पहनना शुरू कर दिया है। इन टोलियों का प्रबंध करनेवाले मुखिया शायद सोचते हैं कि दिल्ली में बड़े-बड़े लोग नाच देखेंगे, हमारा हाथ का बुना पुरानी चाल का कपड़ा उनको क्या दिखाएँ या कि ऐसा है कि टोली के सदस्य असली लोक नहीं हैं, तिरुवेंद्रम या मद्रास शहर से चुनकर मँगाए गए हैं जो वहाँ राजकीय अवसरों पर लोकनृत्य दिखाने का व्यवसाय करते हैं।

इन सभी टोलियों के 'लीडरों' से बात करने के लिए अंग्रेजी का सहारा लेना पड़ता था यानी उन्हें छोड़कर जो हिंदीभाषी थे—पर नर्तकों से—नयादेश के एक हाईस्कूल पास खेतिहर और बिहारवासी उराँव जाति के एक बी.ए. भी उनमें थे, बिना अवरोध हिंदी में बात होती थी। हिंदी, मतलब थोड़ी खींचतानकर, कहीं-कहीं बंगला के शब्द डालकर और भी अलंकृत की हुई एक भाषा जो सब समझा देती थी और यही नहीं, मेरे और उनके बीच विस्मय की एक रंगीन जाली डाल जाती थी जिसके पार हम दोनों एक-दूसरे को अपने जैसा पहचान सकते थे, साथ ही उस अंतर को भी स्वीकार कर सकते थे जो हम दोनों में होना स्वाभाविक था।

इसी तालकटोरा में 'उर्वशी' भी थी। अभी साल भर की नहीं हुई शायद। अँगूठा चूसती है—अपना नहीं, महावत का। जिस महावत ने देहरादून के जंगल से पकड़ी हुई इस गजसुंदरी को सभ्य बनाकर नेहरूजी को भेंट किया था, वह उर्वशी से बिछड़ चुका था पर देहरादून के वनविभाग के दो पालतू हाथी लेकर आया हुआ था। मोह के मारे वह उर्वशी के पास बार-बार आता था। दोनों में बातचीत केवल 'धच्चे धच्चै' और...(हाथी की चिंघाड़ को कैसे लिखा जाए?) तक सीमित थी पर जिस तरह उर्वशी एक कदम आगे बढ़ाकर झूमती थी और सूँड महावत अब्दुल मजीद की खसखसी दाढ़ी पर फेरती थी, वह उसी की समझ में आ सकता था, जिसने ननिहाल से लौटे हुए बच्चे को बाप से मिलते देखा हो। (उर्वशी आजकल दिल्ली के चिड़ियाघर में है) इसी दुलराती हुई हथिनी को जब परेड में देखा तो कैसे सिर झुकाए, कान दबाए चल रही थी। उसे विजय चौक से केवल इंडिया गेट तक ही चलाया गया—थक न जाती?

[15.2.63]

●●

घोड़ा खूबसूरत जानवर है। तंदुरुस्त घोड़े का चमचमाता हुआ रंग और सधे कदमों (या कि टापों) से चलते हुए उसका इतराकर गर्दन मोड़कर देखना मन में उछाह भरता है। प्रकृति से जिन पशुओं को लेकर मनुष्य ने अपनी सेवा में प्रवृत्त किया है, उनमें सबसे शानदार और स्वाभिमानी शायद घोड़ा ही है : हाथी से बराबरी का वह नाता नहीं जुड़ पाता, जो घुड़सवार घोड़े से जोड़ता है, दोस्ती का माद्दा घोड़े में ज्यादा है।

सेना के दसवें वार्षिक अश्वारोहण पर्व में (1952 में यह पर्व दुबारा शुरू किया गया था) करीब 800 जानवरों के नाम प्रतियोगिता में दाखिल किए गए थे। सूची पढ़कर देखा। जिस तरह आदमियों में होता है, घोड़ों के नाम भी, जिसका नाम है उसी का परिचय नहीं देते, नाम रखनेवाले के हृदय की भी झलक देते हैं। 'चेटक' तो खैर घोड़ों के सरताज का नाम है पर जिन्हें अपने जानवर पर घमंड से ज्यादा प्यार है, वे उसे 'खरगोश' नाम दें तो कुछ अजब नहीं। इस सूची में 'खरगोश', 'हिरन', 'कबूतरी' और 'मोरनी' तो हैं ही, किसी ने अपने अश्व के अश्वत्व को अयथेष्ट समझकर उसका नाम 'टट्टू' रख लिया है। दूसरे एक सैनिक हिनहिनाहट के पारखी हैं, घोड़ी का नाम दिया है 'कोयल।' 'बादल', 'बिजली' जैसे पुराने नाम होना स्वाभाविक ही है पर एक ओर 'ब्रुश' और 'बजरबट्टू' और दूसरी ओर 'मुनिदेव' और 'राजगुरु' जैसे नाम अश्वचालन साहित्य में एक नई साठोत्तरी चेतना का संकेत देते हैं।

इस प्रतियोगिता में कम से कम दो अभिजातवर्गीय जानवर भी थे—एक का नाम 'गंभीर' था, दूसरे का नाम 'शहरी'। अनुमान लगाया जा सकता है कि इन दोनों ने बहुत नाक-भौं चढ़ाकर अश्वसाधारण के साथ दौड़ना कबूल किया होगा। पर चिंता तो उस प्रतियोगी के लिए हुई, जिसका नाम है 'अंगद'। प्रतियोगिता में बाड़ा कूदना, फलाँग मारना, खूँटी चुगना और चाल दिखाना तो शामिल था लेकिन पाँव जमाकर खड़े हो जाना नहीं था।

इस बसंत में उस दिन पहली दो स्त्रियों को बिना बाँह की सफेद चोली और सफेद साड़ी पहने देखा। दोनों का रंग गोरा था और अभी भी गरम कपड़े लपेटे हुए नर-नारियों के बीच से वे एक शीतल धारा की तरह गुजरती चली जा रही थीं।

दिल्ली में मौसम बदल गया है, बल्कि ठीक-ठीक कहें तो उसने आनेवाले मौसम को आवाज दे दी है और किसी भी दिन वह दिन आ सकता है, जिस दिन निश्चयपूर्वक कहा जा सके कि गर्मियाँ

आ गई। धूप पक चली है, जैसे अनाज पक चला होगा लेकिन राजधानी में जाड़ों के कपड़ों ने अभी तक कोई संकेत नहीं दिया है कि इस साल गर्मियों में आदर्श कपड़े किस तरह के होंगे।

अपने देश में, कम से कम संपूर्ण उत्तर भारत में जाड़ा अधिक और गर्मी अधिक पड़ने का एक स्वाभाविक परिणाम यह है कि दोनों मौसमों की पोशाकों में भारी अंतर होता है—यानी होना चाहिए। जिस जमाने में साफ कपड़े पहननेवाले मध्यवर्ग का काम दफ्तर जाने तक सीमित था, उसमें अंग्रेज साहब की पोशाक की नकल हुई और गर्मियों में भी विलायती कोट के कपड़े पहनने का रिवाज चला। अब का मध्यवर्ग सिर्फ दफ्तर जानेवाला नहीं है, तरह-तरह के व्यवसाय उसे बाहर यात्रा पर ले जाते हैं, शहर में दौड़ाते हैं और घर पर भी मुस्तैद रखते हैं। उसके लिए अंग्रेजी कोट के अंदर ही एक ऐसी पोशाक जरूरी है जो कार्यकुशलता में सहायक हो और बहुत भारी न हो। यह कहना कि अपने भारतीय वस्त्र सब समय अच्छे हैं, ज़िद है, भारतीयता नहीं।

भारतीय स्त्रियाँ इस मामले में पुरुषों से ज्यादा अक्लमंद हैं या शायद उनका क्षेत्र बहुत ज्यादा चौड़ा नहीं है, इसलिए आविष्कार की जरूरत नई तरह की पोशाकें निकालने में नहीं, प्रचलित पोशाकों को और सुंदर बनाने में है। पिछली गर्मियों की चुस्त कमीज और तंग सलवार इस बार भी रहेगी लेकिन दिल्ली के मौसम में उसमें जो असुविधा होती है, उससे तंग आकर बहुत-सी स्त्रियाँ उसे छोड़ने का निश्चय अपने व्यवहार से प्रकट कर ही चुकी हैं। शौक के लिए एक साल पहन लिया, अब नहीं। उम्मीद है कि इस बार हल्के सूती कपड़ों पर फिर से ध्यान जाएगा : मलमल हाथ की बुनी एक बार फिर लोकप्रिय हो उठेगी। इसके साथ ही शारीरिक सौंदर्य का प्रसाधन भी निश्चय ही बदलना चाहिए : बदन को चुस्त कपड़ों से ढककर उसका सौष्ठव प्रकाशित करना ही एक साधन नहीं है। उसे यथोचित रूप से अनावृत रखना भी एक कला है। कहना न होगा कि दिल्ली की स्त्रियों ने इसे बड़ी सुरुचि से अपनाया है, और भारतीय साड़ी और चोली के पहनावे में उन्होंने एक नई ताजगी पैदा की है। वह अपने को बिना वजह तोप लेने का फूहड़पन भी नहीं है और बदन को उघारकर दिखाने की बेशर्मी भी नहीं है। वह एक ऐसा स्वाभाविक अंदाज है, जो सुंदर शरीर का आनुषंगिक बन जाता है और ऐसे सुंदर शरीरों की इस नगर में कमी नहीं है।

जहाँ तक पुरुषों का सवाल है, पतलून के ऊपर पहनी जानेवाली चीज कमीज या बुश्शर्ट में सुधार की तमाम गुंजाइश है। पुरुषों का एक ऐसा सलूका होना चाहिए जो जेबों में बोझ भी उठा सके, लू से रक्षा भी कर सके और साथ ही बहुत भारी न हो, पूरे सूट का रिवाज जो पिछले साल पूरा जोर नहीं पकड़ पाया था, इस साल जरूर बढ़ेगा। नए किस्म के वस्त्रों की बढ़ती हुई खपत इसका संकेत देती है। पर उनके रंग इतने गहरे हैं कि सिर्फ बहुत ज्यादा ठस लोग उन्हें खरीदेंगे। बहुत ठस यानी वे जिनको गर्मियों में काला या कत्थई अखरेगा नहीं।

[21.3.62]

●●

श्रीपतराय की दूसरी प्रदर्शनी जो अभी दिल्ली में हुई थी, उनकी कला साधना में एक महत्त्वपूर्ण अवसर का प्रमाण है। लगभग एक स्वर से आलोचकों ने माना है कि उन्होंने धीरे-धीरे अपने अंतर में चित्र रचना का अपना प्रेय पा लिया है—या पा रहे हैं। इन आलोचकों में अखबारी आलोचकों को शामिल नहीं कर रहा हूँ जो इस तरह के चलताऊ वाक्यों के सहारे जीते हैं, जैसे 'अमुक कलाकार के चित्रों में शैली और उद्देश्य का समुचित सामंजस्य पाया जाता है' या 'रंगों का निर्वाह सुरुचिपूर्ण ढंग से हुआ है' वगैरह। दरअसल इस तरह की आलोचना का कोई खास मतलब नहीं होता। वह वैसी ही

आलोचना है, जैसी अध्यापकगण बहुधा साहित्य की करते हैं। 'कोमल भावों का मनोवैज्ञानिक चित्रण सुंदर बन पड़ा है' इत्यादि।

श्रीपतराय की कला को समीक्षक की दृष्टि से देखने के लिए पहले उन्हीं के चित्रों का इतिहास समझना जरूरी है। 1958 में जब उन्होंने इस माध्यम को काफी हद तक बरतकर देख लिया था, उनके चित्रों में दृश्य पर ही जोर था—कभी-कभी कथानक का आग्रह भी झलकता था। इस प्रदर्शनी में देखा कि इन दोनों से धीरे-धीरे मुक्त होकर रंग और रूपाकार को ही आत्मतुष्टि का साधन बनाया है। उनके कलाकार के लिए यह निश्चय ही निर्भीक निर्णय है : केवल रंगों के चुनाव और उनके संपुजन से वह उतना ही कुछ कहना चाहते हैं, जितना कुछ समय पहले वस्तुओं के पुनस्सृजन से कहते थे। इस प्रकार उद्देश्यपूर्ण अर्थ वास्तविक रचना से उबरकर वह नितांत स्वयंभू, और स्वयंसत्य रचना की ओर बढ़े हैं। जैसा कि एक आलोचक का कहना है एक पीढ़ी (प्रेमचंद) से दूसरी पीढ़ी तक की यह यात्रा, भारतीय मानस के विकास का एक रोचक उदाहरण है।

[8.4.62]

●●

होली में रंग से जो लोग डरते हैं उन सबको पकड़कर उनका मनोविश्लेषण किया जाए तो राष्ट्र के नवोत्कर्ष में बहुत योग मिलेगा। हर बड़े शहर में ऐसे लोग हैं—राजधानी में तो बहुत हैं। ये लोग न तो यह जानते हैं कि वे होली क्यों नहीं खेलना चाहते न यह समझते हैं कि उन्हें होली क्यों खेलनी चाहिए।

होली के दिन मैंने तमाम लोगों को, जिन्हें सरकारी काम से घर के बाहर निकलना जरूरी था, पुराने, बिगड़ जाएँ तो कोई बात नहीं, इस तरह के सूती कपड़े पहने देखा। साथ ही यह भी देखा कि उनको बचाने के लिए वे हर तरह की पैंतरेबाजी भी कर रहे हैं। जैसे—'मैं इधर से न जाकर हुमायूँ रोड पंडारा रोड और वहाँ से वेल्जली रोड पहुँचा। वहाँ से एक गली पुराने किले को जाती है, उसमें घुसकर मथुरा रोड...' और फिर गर्वभरी हँसी कि इस होशियारी से मैंने अपने कपड़े बचा लिए।

इस तरह के सब लोगों को यों कितना भी खरा क्यों न माना जाए, वे एक जगह से चटखे हुए हैं और बजाने पर टन से नहीं बोलते। टन से बोलनेवाला आदमी उसको कहते हैं जो या तो सीधे-सीधे होली खेले या सीधे-सीधे होली न खेले—उसको नहीं जो होली सीधे-सीधे न खेले।

पर क्या होली कभी सीधे-सीधे खेली भी जाती है? इस साल यहाँ पिछले कई सालों के मुकाबले बहुत ज्यादा हुड़दंग मचा। रास्ता रोककर खुले आम सराबोर करनेवाले लड़के कुछ अधिक जबर्दस्ती से काम ले रहे थे और रास्ता चलतों को छिपकर छीपनेवाले कुछ अधिक काइयाँपन दिखा रहे थे। कच्चे रबर का एक गुब्बारा बहुत चला, (आठ आने का एक गुरुस मिलता था; बेचनेवाले लड़के ने बताया खास होली के लिए बंबई से मँगाया गया है) जिसमें रंग भरकर दूर से फेंककर मारा जाता है : चोट भी लगती है, रंग भी पड़ता है और एक खोखली-सी, उजड़ी-सी अनुभूति भी होती है कि हमसे किसी ने होली खेली।

दिल्ली के अखबारों में इस तरह की हरकत करनेवाले बच्चों को काफी डाँटा गया है। एक क्षण ठहरकर अगर कोई सोचे कि यह हरकत उन्होंने क्यों की तो उनसे सहानुभूति ही होगी। होली मूलतः सामाजिक त्यौहार है। दीवाली तो आप अकेले भी मना सकते हैं पर होली अकेले किस तरह मनाएँगे? दिल्ली की पुरानी बस्तियों में आबादी घनी है; वहाँ ऊँचे-नीचे हर तरह के सांस्कृतिक स्तर

के लोगों का घनिष्ट संपर्क हो सकता है लेकिन नई दिल्ली की हाहाहूती सड़कों पर कोई बहुत होली खेलना चाहे तो भी होली कि दिन जब सार्वजनिक यातायात बंद रहता है मीलों तक अपने को अकेला पाता है। नई दिल्ली की सरकारी बस्तियों में लोग सटे-सटे रहते हैं पर शायद इसी वजह से अपने को समेटे भी रहते हैं—दूसरे से ज्यादा छू न जाएँ, नतीजा यह है कि होली खेलने के लिए जिस तरह के दल की आवश्यकता प्राथमिक है वह नहीं ही बन पाता (पास-पास रहनेवालों, मित्रों या कुटुंबियों की बात और है) और अजनबियों पर रंग डालते, गले मिलते चलने का दृश्य यहाँ नहीं दिखाई दे सकता। जिसको जानते हैं उसी से खुलकर मिलने में मन का संकोच झट से तोड़ना पड़ता है, फिर जिसको नहीं जानते हैं, उनसे होली मिलने के लिए दिल्ली के आत्मलीन नागरिक अपनी आत्मा पर इतना बोझ क्यों डालें?

रंग से डरनेवाले जिन लोगों का जिक्र ऊपर किया गया है, उस प्रकार के अनेक लोगों को होली के दिन भी काम करना पड़ा। नेहरूजी ने खास होली के दिन अपना संवाददाता सम्मेलन कर डाला। कपड़े बचाए और संवाददाता सम्मेलन की गरिमा के उपयुक्त चेहरा बनाए हुए पत्रकार विज्ञान भवन पहुँचे।

जब नेहरूजी कमरे में दाखिल हुए तो सबने देखा कि उनकी सफेद अचकन पर गुलाल बिखरा हुआ है। मुँह पर से निश्चय ही पोंछकर आए होंगे। साफ-सुधरे सभ्य लोगों को लज्जित करने के लिए शायद इतना काफी नहीं था। इसलिए नेहरूजी ने बैठते ही कहा—'होली मुबारक'।

लेकिन इस सम्मेलन में सब अंग्रेज नहीं थे। सम्मेलन समाप्त होने पर बाहर मैदान में पहुँचते ही एक तरफ से 'होली है', का नारा बुलंद हुआ और एक बड़ी-सी पुड़िया गुलाल की निकल आई। जो भाग सके सो भाग निकले लेकिन दस-पाँच को रंग़ा मुँह लेकर ही अपने कार्यालय खबर लिखने वापस जाना पड़ा।

[8.4.62]

●●

भारत के विकास की चर्चा सब देशों में सुनी जाती है और कहीं-कहीं तो मुक्त कंठ से उसकी प्रशंसा भी लोग करते हैं। लाखों विदेशी हर साल नए भारत को देखने भी आते हैं। इनमें से जो राजधानी दिल्ली पहुँचते हैं उनकी संख्या बहुत है। इन्हें दिल्ली दिखाने का एक नया धंधा राजधानी में चल निकला है। तमाम लोग विदेशियों को अपने घर अतिथि बनाकर ठहराते हैं और शहर घुमाने के अतिरिक्त भारत के संबंध में उनके सवालों का जवाब भी देते हैं।

लगभग साल भर हुआ भारत सरकार ने एक पड़ताल यह जानने के लिए शुरू की थी कि दिल्ली में कौन-कौन से परिवार ऐसे हैं, जहाँ विदेशियों को आदर्श भारतीय जीवन से परिचित कराया जा सकता है। इस पड़ताल का नतीजा अभी मालूम नहीं हुआ है, लेकिन यह अनुमान करना अनुचित नहीं है कि इस प्रकार के परिवार कम ही होंगे जिनमें भारतीय तौर-तरीकों के आधार पर एक आधुनिक जीवन पद्धति विकसित करने की चेतना हो। 'शुद्ध' भारतीयता की दोहाई देनेवाले तो बहुत मिल जाएँगे और पश्चिम की ठेठ नकल करनेवालों को ढूँढ़ना न पड़ेगा, पर ये दोनों वास्तव में भारतीय नहीं हैं, क्योंकि अत्यंत दकियानूसी परिभाषा के अनुसार भी भारतीय वही है, जो नए और पुराने का समन्वय करता चलता है।

जो हो, विदेशियों के सामने भारत का नमूना रखने को जो लोग तैयार रहते हैं उनकी दशा विचारणीय है। 'अज्ञेय' की यात्रा-कथा 'एक बूँद सहसा उछली' में पढ़ा था कि भारत के कोई एक

राजदूत विलायत में बड़ी शान से घोषणा करते थे कि भारत का सौंदर्य यूरोप के एक पहाड़ी बंगले से भी तुच्छ है। नई दिल्ली में उस दिन एक दृश्य देखा जिससे निर्विवाद रूप से मुझे स्पष्ट हो गया कि उन राजनयिक प्रतिनिधि महोदय का भारत ज्ञान कहाँ से आया है।

कनाट प्लेस के पार्श्व में जनपथ का जिक्र है। (जनपथ, जिसे पहले 'क्वींसवे' कहा जाता था)। रोज की तरह खरीददारों की रंगीन भीड़ मौज ले रही है। एकाएक देखता हूँ कि एक बैलगाड़ी न जाने कहाँ से सड़क पर आ गई है। उसके पहियों में रबर के टायर लगे हैं (जनपथ पर बैलगाड़ियाँ मना हैं; इसी को लेकर सोशलिस्ट पार्टी के एक उम्मीदवार ने 1957 के चुनाव में कहा था, 'वह सरकार जनता की नहीं, जो राजधानी में किसान को घुसने नहीं देती' पर शायद आजकल रबर टायरवाली बैलगाड़ी आने दी जाने लगी है।) बैलगाड़ी पर रखा है एक सोफा। सोफे पर बैठे हैं—चारखानेदार कमीज, सँकरी पतलून, गले में कैमरा और चेहरे पर कौतूहल वाले एक वृद्ध अमरीकी सज्जन। वह अकेले नहीं हैं साथ में उनकी अनतिवृद्धा सहधर्मिणी भी चमचमाती नई पोशाक धारण किए सिगरेट फूँकती बैठी हैं। इस सवारी के पीछे है एक लंबी काली नीची छतवाली मोटर जिसमें बंद गले के कोटवाले ड्राइवर को छोड़कर और कोई नहीं है। कहना न होगा कि वह मोटर बैलगाड़ी की ही चाल से उसके पीछे चल रही है। पर जुलूस इतना छोटा नहीं है। सबसे आगे सफेद कमीज और दिल्ली के मई महीने में काली पतलून डाटे पट्टे चिकनाए एक भद्र पुरुष भी हारमोनियम बजाते चल रहे हैं। पीछे कोई भीड़ नहीं है। जो है वह सड़क के दोनों किनारे जमा होकर मेरी तरह यह पहेली बूझने की कोशिश कर रही है।

मोटरकार के ड्राइवर के पास इस अचंभे का रहस्य होगा यह सोचकर मैंने उससे पूछा। वह बहुत खुश हुआ। बोला, 'आप क्या अखबार के आदमी हैं? उत्तर में 'हाँ' पाकर कहने लगा, 'आइए, गाड़ी में बैठ जाइए लेकिन आपका फोटोग्राफर कहाँ है?' 'यहाँ नहीं है,' सुनकर उसका मुँह लटक गया पर जो मिलती है उतनी ही पब्लिसिटी क्या बुरी है, शायद उस ख्याल से उसने अंग्रेजी में सारा किस्सा सुना डाला जिसका सारांश यह है कि वह किसी विदेशी दूतावास में नौकर है। वहाँ के एक बड़े अफसर के कोई संबंधी भारत देखने आ रहे थे। अफसर ने अपने विश्वासपात्र भारतीय नौकर को बुलाकर कहा, 'देखो, वे लोग बड़े-बड़े शहर तो घूमेंगे ही, लेकिन, ग्रामीण भारत का भी अनुभव करना चाहेंगे, तुम इसका प्रबंध कर दो। तब फिर मैंने यह इंतजाम कर दिया', ड्राइवर महोदय ने कहा, 'देखिए यह सब मेरा ही 'आर्गनाइज' किया हुआ है। मेरा नाम आप खबर में तो देंगे ही बस फोटो की कसर रह गई।'

उसी समय मन ही मन मैंने उससे वायदा किया था कि नाम तो तुम्हारा शायद न छपे, क्योंकि तुम कोई खास आम लोगों में से हो जो विदेश के सामने अपनी वही तसवीर रखने को तैयार हैं, जो विदेशियों की कल्पना अनुसार भारतीय हो। पर फोटो की कसर मैं इस दृश्य का खाका खींचकर पूरी कर दूँगा।

[3.6.62]

●●

पिछले दिनों कांस्टिट्यूशन क्लब के भवन में भारत और अफगानिस्तान की मैत्री के पक्ष में एक आयोजन हुआ। हिंद अफगान मैत्री संघ ने इसे किया था और सौभाग्य से इसमें बड़े-बड़े भाषण नहीं थे—बल्कि आमंत्रितों में ही कम से कम एक ऐसा व्यक्ति था जिसने उपराष्ट्रपति बनने के बाद अपने पहले सार्वजनिक वक्तव्य में कहा था कि हम लोगों को जरूरत से ज्यादा बोलने की आदत छोड़नी चाहिए।

डाक्टर जाकिर हुसैन इस समारोह में आदि से अंत तक रहे और खुद तो नहीं बोले, लेकिन शुरू में एक खासा लंबा और पिटा-पिटाया भाषण उन्होंने धैर्यपूर्वक सुना, गनीमत हुई कि वही अंतिम भाषण था गाना-बजाना अलबत्ता हुआ और खूब महफिली अंदाज से हुआ।

आयोजक लोग दो कलाकार लाए थे—दोनों अच्छे गले वाले और सच्चे दिल वाले इंसान थे लेकिन लाख कोशिश करने पर भी वे कमरे से वह वातावरण न हटा सके जो स्कूलों के वार्षिकोत्सवों में होता है जहाँ वर्ष में एक बार विद्यार्थियों के अभिभावकों को भी सांस्कृतिक कार्यक्रम देखने को मिलता है। यहाँ भी श्रोता कुछ इसी तरह भौंचक बैठे थे। सिर्फ पहली पंक्ति में कुछ कनरसिया मालूम हुए। इनमें से एक साहब तो इतने मस्त हुए कि जब गायिका ने कहा कि हारमोनियम साथ नहीं दे रहा है तो उनसे चहके बगैर न रह गया और बोले 'अजी बाजा साथ नहीं दे रहा है तो क्या, हम तो आपका बराबर साथ दे रहे हैं।' इस पर भौंचक श्रोतावर्ग में जोर का ठहाका पड़ा क्योंकि मजाक समझना मुश्किल हो मगर फिकरेबाजी समझना आसान होता है और गाना समझने से तो ज्यादा ही आसान होता है। बाद में मालूम हुआ कि यह गुणग्राहक महोदय दिल्ली के एक मशहूर नेता हैं और सरकार में भी कुछ दखल रखते हैं। शायद वह भूल गए थे कि वह महफिल में नहीं, सार्वजनिक सभा में बैठे हैं और उपराष्ट्रपति के सामने बैठे हैं। तो भी आशा है, उपराष्ट्रपति ने उन्हें क्षमा कर दिया होगा क्योंकि भूल इंसान से ही होती है चाहे वह राजनीतिक आदमी ही क्यों न हो।

एक और तरह की भूल उस दिन बहुत से इंसानों ने की यह भूल कहीं ज्यादा मानवीय भूल थी। जिस कमरे में मैत्री संघ का आयोजन था उससे सटे हुए एक दूसरे कमरे में चाय की मेजें लगी हुई थीं और खानसामे तैयार खड़े थे। मैत्री संघ की सभा शुरू होने में देर थी इसलिए बहुत से अतिथि बेचारे यह निर्णय न कर सके कि चाय सभा के पहले है या बाद में और अंत में यह सोचकर कि पहले होने में क्या हर्ज है, उस कमरे में चले गए। लोगों को आता देखकर खानसामों ने गरम-गरम पकौड़े निकालने शुरू कर दिए।

थोड़ी देर में एक मोटे-ताजे प्रबंधकनुमा भाईजी कमरे में आए और जो सामने पड़ा उससे पूछने लगे, 'आप किसके मेहमान हैं? मैत्री संघ के'।

बहुत से लोगों ने कहा, 'हाँ जी, हाँ जी'—('दिल्ली में जी हाँ, को हाँ जी कहते हैं, यह तो आप जानते ही होंगे)।

'तो फिर यह आपकी पार्टी नहीं है।' प्रबंधकनुमा भाईजी बोले।

यह पार्टी किन्हीं प्रकाशक महोदय की थी जो एक फिल्मी पत्रिका निकालते हैं और एक स्थानीय कांग्रेसी नेता के सम्मान में की गई थी जिनका फिल्म प्रेम प्रसिद्ध है। कांस्टिट्यूशन क्लब में एक साथ तीन-चार सभाएँ होना कोई बात नहीं है, लेकिन समझदार लोग अपनी चाय पार्टियाँ आमतौर से दूसरों की भाषण गोष्ठियों से इतने पास नहीं रखते हैं।

खैर, बाद में मालूम हुआ कि जो लोग सम्मान पार्टी की चाय पी आए उनमें से अधिकांश दोनों ओर के अतिथि थे। ऐसे अतिथियों के लिए यह तो संभव नहीं ही था कि वे एक समय में दो कमरों में मौजूद रहें इसलिए बाद में जब दोनों जगह के कार्यक्रम चालू हो गए तो दोनों कमरों में एक दूसरे कमरे की जो आवाजें आ रही थीं उन्हीं को वे सुनते रहे। जैसे यहाँ एक गाना गाया जा रहा है, वहाँ किसी भाषण पर तालियाँ बज रही हैं या वहाँ किसी वक्ता का नाम पुकारा गया तो यहाँ किसी गाने पर तालियाँ बज रही हैं या वहाँ कोई भाषण खत्म हुआ और यहाँ कोई गाना खत्म हुआ और दोनों जगह तालियाँ बज रही हैं।

[1.7.62]

दिल्ली में पिछले बारह वर्ष से रंगमंच का काम लगकर हो रहा है। कोई आशा कर सकता है कि नाटक देखनेवालों की रुचि का बड़ा परिष्कार हो गया होगा। पर यह समीकरण सहज नहीं है।

नेशनल स्कूल ऑफ ड्रामा ने 'एंटिगनी' की कहानी हिंदी में प्रस्तुत करके जितने आत्मविश्वास का परिचय दिया था उतने संस्कार का परिचय दर्शकों ने नहीं दिया। इस पर कहाँ तक दर्शकों से नाराज हुआ जा सकता है, यह अलग बात है पर इतना पूरी जिम्मेदारी से अभी ही कहा जा सकता है कि उन्हें साहित्य और भाषा दोनों में बहुत सीखना बाकी है। यदि यही नाटक अंग्रेजी में खेला गया होता तो दर्शकों की प्रतिक्रिया का पता ही न चलता और अखबारी 'नाट्य समीक्षक' की राय से ही काम चल जाता लेकिन अपनी घरेलू भाषा को एक गहरे विचार की अभिव्यक्ति में प्रयुक्त होते सुनना और बात है। वह उस भाषा के लिखनेवाले और सुननेवाले दोनों की परीक्षा है जिससे वह जाहिर हुए बिना रह ही नहीं सकता कि जीवन की गहराई का साहित्य के माध्यम से उन्होंने पहले से कितना अनुभव कर रखा है। जिस वक्त एंटिगनी अपने प्रेमी को पत्र लिखने के लिए पहरेदार को सोने की अँगूठी का लालच देती है, पहरेदार का यह पूछना कि 'सोने की है न?' एंटिगनी के भविष्य की अनिवार्यता को और तीव्र करता है। पर गणमान्य अतिथियों से भरी हुई फाइन आर्ट्स की रंगशाला में उस वक्त बड़े जोर का कहकहा सुनाई पड़ता है।

यह हरकत सिर्फ इसी स्थल पर नहीं हुई—कम से कम दस मर्तबा सिद्ध हुआ कि लेखक और दर्शक के बीच जो लेनदेन चल रहा था वह बिलकुल गलत था क्योंकि हर बार जब वे स्थल आए जहाँ दर्शक के अंदर कुछ और होना चाहिए था तो वह हँसा। अगर रोता तो और भी गजब होता क्योंकि वे स्थल न रोने के थे न हँसने के, समझने के थे।

पर सारा दोष दर्शकों पर न डालना ही ठीक रहेगा। आखिर उन्होंने किस तरह के नाटक अभी तक देखे हैं? और लेखक (अर्थात् ज्याँ आनुई के अनुवादक) ने भी मूल के प्रति या कहें कि अपने प्रति कितना न्याय किया है? उनका अनुवाद जगह-जगह ठिठककर जैसे खड़ा हो जाता है और जब एक भरती का शब्द आकर उसे धक्का देता है तो फिर चल निकलता है। यह तो ऐसी तकलीफ है जो रफा की जा सकती है।

[1.7.63]

लघुमानव : शिशु

बच्चों की जरूरतों पर आज का समाज पहले से ज्यादा ध्यान देता है इसमें शक नहीं, लेकिन सोचने की बात यह है कि बच्चों की जरूरतें बड़े कहाँ तक ठीक-ठीक समझ पाते हैं।

शंकर के प्रयत्नों से बच्चों की एक चित्रकारी प्रतियोगिता अंतर्राष्ट्रीय पैमाने पर होने लगी है—1959 की प्रतियोगिता में 60000 चित्र दाखिल किए गए—अभी हाल में इनमें से चुने हुए चित्रों की नुमाइश गृहमंत्री श्री पंत ने नई दिल्ली के शिल्पकला भवन में खोली।

नुमाइश बहुत शानदार थी। दोनों कमरे ऊपर और तहखाने में सभी प्राप्य स्थान नीचे, पाँच से भी कम से लेकर सोलह वर्ष तक के बालक-बालिकाओं की कारीगरी से लबालब भरे हुए थे और अगर और भी कुछ उतना ही लबालब था तो वह था आयोजकों का उत्साह और उसके लिए गृहमंत्री के प्रशंसात्मक उद्गार। इतना बड़ा आयोजन कर पाना—दुनिया के 'विरोधी विचारधाराओं वाले देशों

को एकत्र कर सकना'—जैसा श्री पंत ने कहा—और इस आयोजन को एक वार्षिक स्थायित्व दे सकना बड़ी बात है जिसके लिए आयोजक बधाई के पात्र हैं।

पर अंदर चित्रों को देखकर आयोजकों पर से ध्यान हटकर निश्चय ही ज्यादा गहरी बातों पर जाना चाहिए : जैसे अधिकांश चित्रों में बड़ों के असर की छाप इतनी स्पष्ट क्यों है? मानो वह शुद्ध 'छाप' हो, ऊपर से दाबी गई जो शिशु के शिशुमानस को सचमुच छापे हुए हो। और फिर यह लक्षण सभी देशों की शिशु कृतियों में रहते हुए भी अपने देश की चीजों में क्यों सबसे अधिक मुखर है? और यह भी कि इस प्रवृत्ति को विश्वव्यापी मान लेने से क्या इसका विरोध अनावश्यक हो जाता है? बल्कि तब क्या उसे आयोजन के विराटत्व से पोषण मिलने का खतरा दीख नहीं जाना चाहिए?

शंकर की अंतर्राष्ट्रीय शिशुकला प्रतियोगिता के अंतर्गत इस विशाल शिशुकार्य को देखते हुए कौतूहल-तृप्ति-संदेह और कभी-कभी एक अद्‌भुत विस्मय के—शायद वह अपने अंदर की किसी गुत्थी को शिशु के हाथों सुलझा देख पाने से होता है—अनुभव होते हैं पर यह अनुभव कभी ही कभी होता है; ज्यादातर तो यही लगता है कि ये वे चित्र हैं जो बड़े बनाते तो ज्यादा अच्छे बनते। यह अनुभव बच्चों की चित्रकारी देखने पर हो तो बहुत निराशा की बात है—यही चीज तो बच्चों की अभिव्यक्ति को दाबे रखनेवाली वह परंपरा हमें देती रही है जिसमें इन पंक्तियों के लेखक ने भी बचपन में बुंदीदार लाइन पर पेंसिल फेरकर ड्राइंग सीखी थी। शिशु के हाथ में रंग और कूँची देने का प्रयोजन उसे रंग का अनुभव कराना होना चाहिए। मैं इस रंग को क्यों इस्तेमाल कर सकता हूँ यह उसे जानने को मिले तो वही अभीष्ट है—कुछ बड़े बच्चे अपनी आँखों से दुनिया की चीजों की जो शक्ल देखते हैं उसकी अनुकृति भी कर सकते हैं—यानी वे शक्लें खींच सकते हैं जो उन्हें दिखाई देती हैं : हमें नहीं। कुछ और बड़े बच्चे थोड़ा-थोड़ा हम लोगों का भी दृष्टि वैचित्र्य समझने लगते हैं। और जब हूबहू वही तसवीरें बनाने लगते हैं जो हमें दिखाई देती हैं तो बच्चे नहीं रह जाते। प्रतियोगिता की नुमाइश में पाँच वर्ष से कम आयु के बच्चों में भी बड़ों की दृष्टि के प्रति घनी सहानुभूति दिखाई दी—शायद यह बड़ों की अत्यधिक ममता का प्रतिपादन रहा हो पर यह शिशु के विकास के लिए हज़ार बार बुरा है चाहे कोई उसे देखकर अपने बच्चों पर (सच तो है कि मन ही मन अपने पर) कितना ही गर्व क्यों न कर ले।

शंकर की विराट प्रतियोगिता में और उसके द्वारा जरूर इस प्रवृत्ति का कोई निराकरण किया जा सकता है। समाज को शंकर की सद्‌भावना और उससे भी ज्यादा उनकी सूझबूझ पर भरोसा है और यह समझकर चलना ही विश्वासप्रद है कि वह खुद बच्चों पर बड़ों के गैर जरूरी, गैर जिम्मेदाराना प्रभाव के खतरे को समझते हैं; उनकी प्रतियोगिता के दाखिलों को जो निर्णायक परखते हैं वे हर रचना में अपने समझने योग्य कुछ खोजने का मोह छोड़े—बच्चे की आँखों से परखें तो ठीक होगा। बल्कि अगले साल बच्चों का ही या बच्चों का भी निर्णायक मंडल बनाकर क्यों न देखा जाए? और नहीं तो कुछ तुलनात्मक मसाला ही मिलेगा।

[11.9.60]

●●

उस दिन दोपहर को एक अड्डे पर बस ठहरी देखकर दौड़ा हुआ गया तो देखा स्कूल की बस है। खैर उस भले कंडक्टर ने कहा, 'आ जाइए' और इस तरह बीच से माँग काढ़े, छोटी-छोटी दो चोटियाँ डाले, सफेद कमीज और लाल फ्राक पहने बहुत-सी बच्चियाँ और सजग, सामने देखनेवाले, हरे कोट और सुरमई पैंट पहने बहुत से बच्चों के मध्य अपने को पाने का अद्‌भुत अनुभव मुझे प्राप्त हुआ।

मैं एक बच्ची को गौर से देख रहा था जो अपनी भारी बकसिया को उठाकर सीट पर रख रही थी कि चीख मारकर बस एकाएक रुक गई। ठीक सामने सड़क से आती हुई एक मिलिटरी गाड़ी रास्ता छेके खड़ी थी—खड़ी तो वह अब हुई थी, पहले तो बिना देखे धँसती आ रही थी और उसी को बचाने के लिए ड्राइवर ने बस रोकी थी।

सहसा मुझे दो वर्ष पहले की वह दुर्घटना याद आई जिसमें श्यामाप्रसाद स्कूल की एक बस से लोदी रोड के चौराहे पर एक ईंट ढोनेवाला ट्रक आकर ऐसे ही लड़ा था और स्कूल बस की दीवारें कुचली हुई दियासलाई की डब्बी की तरह खुल गई थीं। बस्ते और बस्तों से छिटककर गिरा एक लट्टू, एक रँगाई की कूँची, एक 'शेरेबाघ के मुँह में' नामक किताब सड़क पर बिखरी हुई मैंने दुर्घटना के काफी बाद देखी थी। हताहतों का जिक्र यहाँ न करूँगा।

दिल्ली में स्कूल जानेवाले बच्चे बस में या पैदल बड़े-बड़े खतरों से बचते चलते हैं फिर भी हर साल अनुमानतः 50-60 बच्चे घायल होते हैं। कुछ असाध्य रूप से।

तभी बारहखंभा रोड पर माडर्न स्कूल के पास एक नया निशान लगाया गया है, जिसका मतलब है कि 'यह बच्चों के सड़क पार करने की है।' पर दिल्ली के केंद्रीय सड़क अनुसंधान संस्थान का यह सुझाव कितना अच्छा है कि हर उस बच्चे को जो सड़क पार कर रहा हो, मोटर या साइकिल सवार लालबत्ती समझे—रुक जाए। 'बच्चों को पहले जाने दो' यह सड़क पर गाड़ी चलानेवालों का पहला नैतिक सिद्धांत होना चाहिए।

[11.12.60]

● ●

जिस वक्त शिक्षकों के विराट अंतर्राष्ट्रीय सम्मेलन की तैयारियाँ हो रही थीं, जो इस मास के आरंभ में नई दिल्ली में संपन्न हुआ, यहाँ कुछ बौद्धिकों को छोड़कर बाकी को यह अनुमान भी न था कि वह सम्मेलन कितना महत्त्वपूर्ण होगा। उन्हें केवल इतना ही महत्त्वपूर्ण जान पड़ रहा था कि उसका उद्घाटन श्री नेहरू करेंगे। लेकिन जैसे-जैसे सम्मेलन की कार्रवाई चलती गई, यह बात उभरकर सामने आती गई कि चालीस लाख से ऊपर शिक्षकों का प्रतिनिधित्व करनेवाले लगभग सवा सौ राष्ट्रीय शिक्षक संस्थाओं के जो सात सौ प्रतिनिधि सत्तर देशों से यहाँ आए हुए हैं, केवल एक औपचारिक भेंट करने नहीं आए हैं। और यह भी कि उनकी शक्ति गैर सरकारी प्रतिनिधि होने के नाते दिल्ली में रोजमर्रा होनेवाले सम्मेलनों के शिष्टों से अधिक है। ये प्रतिनिधि जो सोचते हैं और इस सम्मेलन में जो निष्कर्ष वे निकालेंगे, वह सत्तर सरकारों के अलावा संयुक्त राष्ट्र की विशिष्ट संस्थाओं को प्रभावित करेगा, क्योंकि वह सच्चा जनमत होगा, सिर्फ पूर्वनिश्चित निर्णयों का या राजनीतिक पूर्वग्रहों का सरकारी अनुमोदन नहीं। इस सम्मेलन का विषय था 'विद्यार्थियों में दायित्व का विकास'। कहना न होगा कि यह विषय आज के संदर्भ में विश्वदायित्व को शामिल किए बिना पूरा नहीं होता। छोटे दायित्वों से शुरू करके विषय का तर्क हमें विशाल जनसमूहों के प्रति व्यक्ति के दायित्व तक ले जाता है और वहाँ सबसे बड़ा प्रश्न यह उठ खड़ा होता है कि वह कौन-सा समाज होगा जिसमें कि व्यक्ति को अपने दायित्व उठाने के अवसर मिलेंगे—उससे आशा की जाएगी कि वह समाज के प्रति कोई भी दायित्व रखे, अपने प्रति एक विशेष दायित्व अवश्य ही रखेगा, और यह भी कि वह अंतिम शक्ति जो व्यक्ति से सब कार्य कराती है कोई तानाशाही या वर्दीशाही न होकर सच्ची जनभावना और मानवीयता होगी।

सम्मेलन ने जो प्रस्ताव पास किए हैं, सरकारों के और संयुक्त राष्ट्र के पास भेज दिए गए हैं। आशा है कि उनमें से कुछ को छोड़कर बाकी इनके द्वारा माने और अमल में लाए जाएँगे। इन प्रस्तावों

में से कम से कम एक अवश्य ऐसा है, जो भारत सरकार के लिए सबसे ज्यादा मौजूँ है और वह है प्राइमरी शिक्षकों के वेतन बढ़ाने का प्रस्ताव। हमारे यहाँ नए युग और नई दृष्टि की बातें बहुत बघारी जाती हैं लेकिन जो लोग यह जानते भी हैं कि नई दृष्टि शिक्षा पद्धति के माध्यम से ही दी जा सकती है, वे भी शिक्षक को एक शिल्प कुशल मिस्त्री से अधिक वेतन नहीं देना चाहते : कहते हैं कि वेतन अधिक देने से शिक्षकों का आदर्शवादी स्वभाव भ्रष्ट हो जाएगा या इसकी वजह शायद यह हो, हालाँकि यह वे कहेंगे नहीं, कि ज्यादा पैसे पानेवाला समाज के शक्तिशाली वर्ग में शामिल हो जाता है और हम यह तो चाहते हैं कि जनता को नई दृष्टि मिले, लेकिन यह नहीं चाहते कि नई दृष्टि देनेवाले लोग या पानेवाली जनता इतनी सशक्त हो जाए कि बिना हमारी मर्जी के उसका उपयोग करने लगे।

[27.8.61]

●●

स्त्रियों की शिक्षा उन विषयों में से है, जिस पर तीसरी योजना के बजट में कटौती का कुल्हाड़ा चला है। इस तरह के विषयों की संख्या सच पूछिए तो इतनी अधिक है कि साधारण आदमी के लिए यह समझना बड़ा मुश्किल है कि कौन-सी मद है जिस पर खर्च ज्यादा करने के लिए बाकी पर खर्च कम किया जा रहा है।

स्त्री शिक्षा की राष्ट्रीय परिषद की अध्यक्षा श्रीमती दुर्गाबाई देशमुख ने पिछले दिनों परिषद का जो अधिवेशन दिल्ली में किया था उसका खास उद्देश्य इस कटौती का विरोध करना था। श्रीमती देशमुख ने साफ साफ कहा कि चारित्रिक उन्नति और समाजोत्थान की बड़ी-बड़ी बातें करना आसान है और मौके-कुमौके लोग करते भी हैं; पर जब उन आदर्शों को पाने के लिए काम करना होता है तो कहते हैं—यह काम इतना जरूरी नहीं; अभी ठहर जाइए। संविधान की इस प्रतिज्ञा को हम अभी तक पूरी नहीं कर पाए हैं कि नियत समय में देश का प्रत्येक बच्चा निःशुल्क शिक्षा पाने लगेगा। उधर स्कूल जानेवाले लड़कों से लड़कियों की संख्या 50 प्रतिशत से भी कम है।

श्रीमती दुर्गाबाई देशमुख देश के उन इने-गिने व्यक्तियों में से हैं जिन्हें सच्चे काम के लिए लगन है, सम्मेलनबाजा और आँकड़ेबाजी से मतलब नहीं। उनके रास्ते में खानापूरी करनेवाली पद्धतियों का आड़े आना स्वाभाविक है। उन्होंने दस करोड़ चालीस लाख रुपया परिषद के लिए स्वीकृत होने पर जोरदार शब्दों में योजना आयोग के प्रतिनिधियों को चेता दिया है कि इससे काम नहीं चलेगा—और चलाना ही है तो जनता को धोखे में रखने की क्या जरूरत है। साफ-साफ कह दिया जाए कि इतने रुपए में जो लक्ष्य सिद्ध हो सकते हैं वे ही हमारे लक्ष्य हैं। मगर डर है कि आखिरकार इस मामले में भी जनमत कुछ काम न कर पाएगा। श्रीमती देशमुख को नेहरूजी से ही मिलना पड़ेगा।

[4.6.61]

●●

उस दिन राजधानी के एकमात्र मूक बधिर विद्यालय में विकलांगों के शिक्षकों का एक अखिल भारतीय सम्मेलन हो रहा था। मैदान में भीड़ से थोड़ा हटकर एक व्यक्ति खड़े थे जिन्हें मैंने पहचाना; उनसे रोज ही दुआ-सलाम होती थी। मैंने सहज आश्चर्य से पूछा, 'यहाँ कैसे'?

उत्तर में उन्होंने आठ-दस साल के एक लड़के की तरफ इशारा किया, जो उनके पास खड़ा

था। एक झलक मैंने उस स्वस्थ बच्चे को देखा और एक कहानी खुलती हुई चली गई। मुझे नहीं मालूम था कि मेरे सुपरिचित उन व्यक्ति के हँसमुख जीवन में कहीं एक बड़ी, बहुत बड़ी, बहुत प्रत्यक्ष विवशता छिपी हुई है। वह अपने पुत्र का लालन-पालन इस निर्मम जानकारी के साथ कर रहे हैं कि वह गूँगा है। एक लंबे क्षण के लिए यह जरूरी हो गया कि जो मौन एकाएक हम दोनों के मध्य आ गया था, उसको पार करते हुए हम दोनों एक-दूसरे की तरफ बढ़ें और उस स्थान तक आ जाएँ, जहाँ मेरा कौतूहल क्षार हो चुका हो और उनका संकोच द्रवित हो चुका हो।

हम लोग उस बिंदु पर आए, और फिर उस लड़के ने भी हमें अपनी संगति में ले लिया। पिता पुत्र को संकेतों और मुखमुद्रा से बात करते भी मैंने बिना किसी कौतूहल के देखा और मैंने यह भौंडा सवाल भी नहीं पूछा कि क्या आपके और लड़के भी हैं?

लड़का अपने बाप से कह रहा था कि आप चाहें तो जाएँ, मैं बाद में आ जाऊँगा। मैंने देखा कि उसके भी कई दोस्त थे और उसके शिक्षक ने उसके पिता को जाते देखकर उसे अपने संरक्षण में ले लिया। उसकी एक छोटी-सी पर संपूर्ण दुनिया वहाँ थी और वह उसका एक अंग था।

थोड़ी देर में सम्मेलन शुरू हुआ। उसके पहले लाउडस्पीकर पर जोर-जोर से पहले 'मेरा नाम राजू, घराना अनाम' बजा फिर 'एक सवाल मैं करूँ, एक सवाल तुम करो' और हवा चीख-पुकार से चिथड़े-चिथड़े हो गई। बड़ी देर तक सोचता रहा कि क्या उनको भी कुछ मालूम हुआ होगा कि क्या हुआ, जो जन्म से बधिर और इसलिए मूक हैं और जिनका वह उत्सव था या कि छिछले सामाजिक समारोह का वह प्रदर्शन केवल हम दुनियावालों को दिखाने और सुनाने के लिए किया जा रहा था जो वहाँ विकलांगों की हिमायत करने और उन पर तरस खाने आए थे?

[4.6.61]

●●

पिछले दिनों राज्यों के शिक्षा संचालकों की एक बैठक दिल्ली में हुई थी जिसमें तीसरी योजना के शिक्षा आयोजनों को कार्यरूप देने पर बात की गई थी। बैठक के कार्यक्रम में बहुत चीजें थीं पर एक चीज उसमें ऐसी थी जो दिल को छू गई।

बड़े भोलेपन से एक जगह लिखा हुआ था, 'यह बड़े दुर्भाग्य की बात है कि छोटे बच्चों की पाठ्यपुस्तकों की बात पर अभी तक समुचित ध्यान नहीं दिया जा सका है।'

अपनी गलती के लिए अपने को दोषी ठहरा लेना बच निकलने की सबसे आसान तरकीब भी हो सकती है और पश्चात्ताप से उत्पन्न स्वस्थ प्रायश्चित भी। पर यह सोचने की बात हैं कि बच्चों के कल्याण जैसे महत्त्वपूर्ण विषय में 10 साल तक आप सोते रहें—और निश्चयात्मक रूप से तमाम नुकसान बच्चों के दिमागों और संस्कारों को होता रहे—उसके बाद जब अपने सिर पर पड़े तब जागें और दाँत निपोरकर कहें 'देश का बड़ा दुर्भाग्य है कि फलाँ ओर अभी तक ध्यान नहीं दिया गया...'

असलियत यह है कि तीसरी योजना के अंतर्गत 6-14 तक के बच्चों को निःशुल्क और अनिवार्य शिक्षा देने की जो परिकल्पना की गई है, उसमें किसी न किसी वक्त राज्य को बच्चों के लिए बिना दाम लिए किताबें, कापियाँ भी मुहैया करना पड़ सकता है। उधर हालत यह है कि मुनाफाखोर लोगों ने, जिन्हें बच्चों के संस्कारों के लिए क्या दर्द हो सकता है, खासकर प्राइमरी कक्षा की और आमतौर से बाकी पाठ्यपुस्तकें इतनी कमजोर और घटिया बनाई हैं कि साल में एक ही किताब की 4-6 प्रतियाँ मँगानी पड़ती हैं—2 महीने भी एक प्रति चल गई तो बहुत समझिए।

उधर बच्चा जब मैले कागज पर बदरंग छपी ऐसी किताब देखता है जो उसके छूते ही फट जाए तो उसे एक खास तरह की ग्लानि और अनास्था अपने में होती है। यह अनास्था की भावना

कच्ची उम्र में लगातार मन में उभरी रहे तो हमेशा के लिए उस व्यक्ति को चुपचाप लँगड़ा कर जा सकती है—हमेशा के लिए उसे विशृंखल कर दे सकती है।

इस ओर अभी तक ध्यान न देकर जो नुकसान हुआ है वह मामूली नहीं है। उसकी क्षतिपूर्ति नहीं हो सकती पर आगे बड़े भारी पैमाने पर वही गलती फिर होने से बचाई जा सकती है—और साथ ही अपनी ईमानदारी और सदाशयता का झंडा भी ऊँचा रखा जा सकता है। छोटी-छोटी ईंटों पर ध्यान देना हमारे आयोजकों की आदत कभी न रही, उन्होंने हमेशा भीमकाय स्तूपों की ओर ध्यान दिया है। जब कोई ईंट सरकने लगी है तोबा की ईंटों को सतर्क रहने का उपदेश वे तुरंत दे भी देते हैं। जब तक कोई खंड अरअराकर नीचे नहीं आ रहता, तब तक ऐसे ही चेताते रहना क्या बुरा है।

[9.7.61]

●●

शारीरिक अक्षमताओं में से कौन सबसे दारुण है, यह कह सकना बहुत कठिन है। हो सकता है दृष्टिहीनता हो, लेकिन यह कैसे कहा जा सकता है कि जिसके दृष्टि है, परंतु श्रवण शक्ति नहीं है, उसका जीवन दृष्टिहीन से कुछ भी अच्छा है। वास्तव में मानव शरीर जैसी संपूर्ण रचना का कोई भी अंश विकृत होना एकसा ही दुखद है, कभी-कभी यह विडंबना चाहे देखने में आए कि एक विकलांग अपने को दूसरे विकलांग से बेहतर समझता हो, अपने हाथ न होना दूसरे के पैर न होने से ज्यादा अच्छा मानता हो।

दिल्ली में लगभग दो हजार ऐसे व्यक्ति हैं, जिन्हें जन्म से ही श्रवण शक्ति नहीं है। ये लोग इसी अभाव के कारण कभी भी शब्द जैसी वस्तु का परिचय न होने से बोलना, भाषा का प्रयोग करना, नहीं सीख सके। किंतु मनुष्य की जीने की इच्छा इतनी प्रबल है कि वाणी का अभाव उसके आगे एक तुच्छ अभाव है। बधिर समाज ने इसी इच्छा के बल पर अपनी भाषा का आविष्कार कर लिया है। उन्हें आपस में बात करते देखना एक गंभीर अनुभव है—खासकर उन लोगों के लिए जो किसी भी विकृति को उपहास का कारण मानते हैं, या जिनको अपने पर इतना वश नहीं है कि शारीरिक विकृति को देखकर हँसने की स्वाभाविक और असंस्कृत प्रवृत्ति को संस्कार दे सकें।

अंतर्राष्ट्रीय बधिर दिवस के अवसर पर दिल्ली में जिस सभा में मैंने पहली बार मूकभाषा का प्रवाहयुक्त प्रयोग होते देखा, उसमें नब्बे प्रतिशत श्रोता बधिर थे।

हमारे आपके जैसे मुखर हितैषियों के भाषणों को बधिर श्रोताओं तक पहुँचाने के लिए दुभाषियों ने इशारों से धारावाहिक अनुवाद किया।

अखिल भारत बधिर संगठन की अध्यक्षा श्रीमती सावित्री निगम का कहना है कि अनुशासन और व्यवस्था में बधिर व्यक्ति जितने निपुण हैं, उतने दफ्तर के काम में बाकायदा शिक्षा पाए हुए पुराने कर्मचारी भी नहीं हो सकते। प्रमाण है संगठन के दफ्तर का प्रबंध, जिसमें जब चाहे तब कोई भी कागज मिनट भर में ढूँढ़कर पेश किया जा सकता है। अन्य जिन दफ्तरों की बात श्रीमती निगम कर रही थीं, उनमें से एक के प्रतिनिधि भी पास में बैठे थे। उन्होंने तुरंत प्रतिवाद किया, 'हम लोग खाली कागजी काम नहीं करते हैं।' खैर जो भी हो, इन बड़े-बड़े दफ्तरों में भी बहुत से व्यक्ति ऐसे हैं जो एक प्रकार से बधिर हैं। उनकी श्रवण-शक्ति को कुछ नहीं हुआ है लेकिन उनके यहाँ सुनवाई देर में होती है।

[3.10.61]

●●

उस दिन एक अद्भुत समारोह देखा। राष्ट्रीय पुरस्कार पाने के लिए जो 85 शिक्षक राजधानी आए हुए थे उन सबकी एक सभा हो रही है। शिक्षा मंत्रालय के एक अधिकारी अध्यक्षता कर रहे हैं। एक शिक्षक महोदय आते हैं और एक लिखित भाषण पढ़ते हैं। विषय है 'राष्ट्रीय एकता में शिक्षकों का योग'। फिर दूसरे आते हैं दूसरा भाषण पढ़ते हैं, विषय है, 'राष्ट्रीय एकता के लिए चरित्र-निर्माण' या ऐसा ही कुछ और। फिर तीसरे...चौथे...पाँचवें...

श्रोता कौन हैं? बाकी शिक्षक।

सुनते-सुनते यह सवाल मन को बुरी तरह झकझोरने लगा कि यह आयोजन क्यों हो रहा है?

राजधानी में आयोजनप्रियता और भाषणलोलुपता इतनी बढ़ गई है कि किसी तरह के भी अंतराल को भरने के लिए एक आयोजन अनायास ही हो जाता है। अन्यथा वर्षों के अनुभव से परिपक्व अध्यापकों से राष्ट्रीय एकता पर निबंध लिखवाकर उन्हें पढ़वाना क्यों जरूरी था? और फिर यह भी नहीं कि विद्यार्थी समाज या जनसाधारण ही सही, सुनने के लिए बुलाए गए हों। 50, 60 लिखित निबंधों में से शिक्षा मंत्रालय ने 12 छाँटकर पढ़े जाने के लिए मंजूर किए थे। और ये बारहों, प्रधानमंत्री, शिक्षामंत्री, राज्यों के मुख्यमंत्रियों और सभी प्रसिद्ध सरकारी नेताओं के विचारों के सारांश के रिकार्ड थे।

फर्क इतना था कि जहाँ कुछ नेताओं ने शिक्षा के मसले पर पहले ठीक ध्यान न देने की गलती कबूल की है वहाँ इन भाषणों में इस तरह का कोई जिक्र न था। अगर एक चिकना-चुपड़ा, सलोतर 'जी हाँ' ही कहलवाना था तो भी इससे क्या फायदा हासिल होने की उम्मीद रखी गई थी कि एक शिक्षक बोलें तो बाकी शिक्षक सुनें। इन सवाल का कोई समुचित जवाब अभी तक मुझे नहीं मिला है कि भाषण सुनने के लिए विद्यार्थियों को या पढ़े-लिखे नागरिकों को क्यों नहीं बुलाया गया। इसका जवाब अगर है तो यही है कि उत्सव का अभिप्राय शिक्षकों के विचारों का प्रचार करना थोड़े ही था—उनके स्वागत में समारोह करना था—इसीलिए तो उसे संसद भवन के केंद्रीय कक्ष में किया गया था जहाँ केवल विशेष उत्सव ही होते हैं—और बोलने का मौका तो कहीं भी देना किसी के आत्म गौरव की कितनी सुखकर विस्फीति करता है, यह स्पष्ट करने की जरूरत नहीं।

[26.11.61]

●●

बच्चों के विकास में रंग का इस्तेमाल दिन-ब-दिन एक खास जगह लेता जा रहा था। 1 से 6 वर्ष की आयु तक जब बच्चे का आरंभिक संस्कार होता रहता है, उसे रंग और कागज देना उसकी अभिव्यक्ति को बढ़ावा देता है। लेकिन यह चीज मूलतः व्यक्तिगत है—उसे बहुत बड़े पैमाने पर आयोजित करने में बच्चों के लिए कुछ खतरे छिपे हुए हैं और शंकर की वार्षिक 'तत्काल रँगो प्रतियोगिता' के सामने ये खतरे इस समय उभरकर आ गए हैं।

इस साल करीब 5000 बच्चों ने एकसाथ बैठकर मनचाहे चित्र बनाकर दिए—इनमें श्रेष्ठ पुरस्कृत होंगे। कुछ ही दिन बाद पिछले साल की अंतर्राष्ट्रीय प्रतियोगिता में प्राप्त 1 लाख चित्रों में से चुनी हुई चीजों की प्रदर्शनी भी शुरू हुई। इन दोनों स्थानों पर एक चीज स्पष्ट थी—वह यह कि बच्चों की चित्रकला का एक मुहावरा विकसित हो गया है और बच्चों की स्वतंत्र अभिव्यक्ति अब उतनी सहज नहीं रह गई है जितनी मानी जाती है। शंकर की प्रतियोगिता अंतर्राष्ट्रीय सद्भाव बढ़ाती है

सो तो ठीक है पर बच्चे की स्वतंत्रता पर उसका क्या असर होता है, इस पर सोचने का वक्त आ गया है।

जब बच्चे के मन पर बड़ों की चित्रकला का असर नहीं पड़ा होता है, तो वह पहले रेखाओं के वर्तुल और समानांतर प्रकारों का आविष्कार करके सुख पाता है। एक चित्र में 5 वर्ष की आयु के शिशु ने यही किया। हम वयस्क लोग चाहें इन्हें जो नाम दे दें—मछली या हवाई जहाज।

[8.4.62]

●●

पुरानी दिल्ली के एक छोर पर जहाँ लाल चट्टानों की एक शृंखला दूर बड़े मैदानों में बिखरती हुई-सी चली जाती है, एक किलानुमा इमारत निर्जन में खड़ी है। इमारत के अंदर एक दबा-ढका वातावरण है, हाँ कभी-कभी छोटे बच्चों के कहीं मौजूद होने का पता चलता है। इस मकान में वे औरतें रहती हैं जिनका कोई सहारा नहीं है और जो अपने पैरों खड़ी होना चाहती हैं। जिनके पति ने उन्हें त्याग दिया है, जो सुहाग छिन जाने से अबला हो गई हैं और जो अनाथालयों या विधवाश्रमों में हमेशा के लिए नहीं रहना चाहतीं—यहाँ तक कि वे भी जो किसी अपराध में दंड पा चुकी हैं और अब अपना जीवन सुधारना चाहती हैं—इस घर में शरण पाती हैं। इसीलिए इसका नाम है 'अभय महिला आश्रम'।

ऐसी जगह में जाकर अपना कौतूहल शांत करने के लिए छानबीन करना, गलत काम है। जिसके जीवन में दुःख भरा हो उससे कुरेद-कुरेदकर पूछना एक प्रकार की हिंसा ही है। इसलिए मैं जब इस घर को देखने गया तो जानबूझकर उन स्त्रियों से कोई पूछताछ नहीं की। जहाँ वे काम करती या रहती हैं, उन कमरों में भी ज्यादा देर नहीं रुका—कहीं उन्हें यह न लगे कि वे कोई अजूबा हैं। पर इस शहर में पीड़ितों की सेवा के लिए जो काम होता है, उसमें जनसाधारण अधिक योग दे सकें, इस दृष्टि से सेवा संस्थाओं के बारे में कुछ लिखना जरूरी है। वरना जो सच्ची सेवा करता है न तो उसे प्रचार की जरूरत है और न उसे प्रचार देकर उसका दिमाग बिगाड़ना चाहिए।

इस समय अभय महिला आश्रम में 14 से लेकर 35 की आयु तक की कोई 60 स्त्रियाँ हैं। इनमें से बहुत-सी ऐसी हैं जिनके दो या तीन बच्चे हैं—उन बच्चों को अपनी माँ के पास ही रखा गया है। साल भर में हर बच्चे को 10 या 12 गज कपड़ा, माँ को चार जोड़े और हर महीने 20 रुपए का भोजन मिलता है। तीन साल से ज्यादा किसी को आश्रम में नहीं रखा जाता। इसी मियाद के अंदर कोशिश की जाती है कि उन्हें कोई रोजगार सिखा दिया जाए। कपड़े सीना, स्वेटर बुनना, साबुन बनाना, दफ्ती के डिब्बे बनाना वगैरह : दस्तकारियों के अलावा पढ़ाई-लिखाई की भी व्यवस्था है—करीब 20 लड़कियाँ और स्त्रियाँ मिडिल का इम्तिहान इस साल देंगी और 12 हाई स्कूल का। बच्चों को भी पढ़ाया जाता है और जब किसी माँ को उपयुक्त काम मिल जाता है और वह अपने बच्चों को साथ नहीं ले जा सकती तो और महीने दो महीने तक उन्हें आश्रम की देखभाल में रखा जाता है।

यह सब सुनने में बहुत सहज मालूम होता है पर उखड़े हुए व्यक्ति को फिर से जीवनदान देने में अनेक समस्याएँ हैं जो केवल व्यवस्था से नहीं सुलझतीं। कितनी ही स्त्रियाँ यहाँ ऐसी हैं, जिनके जीवन में निराशा घर कर गई है, अपने पर विश्वास क्षीण हो चला है। इन्हें आश्रम के नियमित जीवन का पालन करने में मानसिक कष्ट होता है पर वही एक रास्ता है। जो जेल या सुधारगृहों से आई हैं उन्हें जेल के से बंधन का अभाव खटकता है, जो पहले स्वच्छंद थीं, उन्हें यहाँ का परिश्रम ही बंधन मालूम होता है।

एक क्षण के लिए मैंने आँख बचाकर गौर से बच्चों को देखा। यह नहीं कि वे सब बहुत कमजोर

और सूखे-पतले थे पर अनाथ होने की छाप उनके चेहरे पर मानो अमिट हो गई थी। अपनी शिक्षिका के साथ वे प्रसन्न थे। एक 5 साल की बच्ची पहाड़ा बोल रही थी, बाकी दोहरा रहे थे। थोड़ी देर बाद मैदान में खेलने की इजाजत भी उन्हें मिल गई। पर एक चीज की ललक, जो उन्हें शायद कभी न मिल सके, उनकी डरी हुई नजरों में से झाँकती रही। वह थी पिता की, पुरुष की सहानुभूति।

यह कमी पूरी करने का उपाय क्या हो सकता है, यह जानने के लिए मैंने पूछा कि इन बच्चों के मनोरंजन के लिए क्या प्रबंध है। मालूम हुआ कि कभी-कभी ब्रितानी या रूसी दूतावास वाले कुछ फिल्में दिखा जाते हैं। भारत सरकार के फिल्म विभाग या चिल्ड्रेंस फिल्म सोसायटी नामक संस्था से, मंत्रियों की मदद से जिसका बड़ा ढोल पीटा जाता है, कोई सहायता नहीं मिलती (सोसायटी वाले सप्रू हाउस में हर इतवार को अपनी फिल्में दिखाते हैं जहाँ पैसेवाले माँ-बाप अपने अंग्रेजीदा बच्चों को लेकर आते हैं) राजधानी में बच्चों के थिएटर के नाम पर अनुदान वगैरह लेने में मुस्तैद लोगों की कमी नहीं है लेकिन ऐसा कोई नहीं निकला जो कहे कि महीने में एक बार हम इन बच्चों के लिए एक खेल कर दिया करेंगे। और तो और, शिशु कल्याण के झंडे के नीचे अपनी तमाम किताबी जानकारी का बखान करनेवाली वे खाती-पीती औरतें जिन्हें मारे फुरसत के काम ही नहीं मिलता यह ख्याल न लाई हैं कि हफ्ते में एक दिन इन बच्चों को कुछ कहानियाँ ही सुना आया करें। आश्रम को गैरसरकारी साधनों से आर्थिक मदद नहीं मिलती है। वह सरकारी संस्था है और सरकारी संस्थाओं की मदद करते वक्त दाता लोग चौंकते हैं—'उन्हें तो सरकार से रुपया मिलना चाहिए।' उधर सरकार इस तरह की संस्थाओं की कितनी परवाह करती है इसका प्रमाण यह है कि राजधानी में बसे हुए इस आश्रम को अबकी जुलाई में तीन साल हो जाएँगे पर न तो वहाँ बिजली है, न पानी है। दूर के एक नल से औरतें पानी भरकर लाती हैं। उनकी कोठरियों में सिर्फ दो ऊँचे रोशनदान हैं—गरमियों में बुरा हाल होता होगा। पर उसके प्रति सरकारी दृष्टिकोण शायद यह है कि जो औरत बेघर-बार, बेसहारा, भूखी मर रही थी, उसे यही बहुत है—आप उसे बिजली का पंखा देना चाहते हैं जो शरीफ घर की औरतों के लिए होता है?

खैर बिजली न सही, उसके लिए छोटे-मोटे व्यापारी पहले हकदार हैं क्योंकि उनके उद्योग से देश की शक्ति बढ़ती है, लेकिन पानी अगर मिलता होता तो आसपास की तमाम जमीन में साग-सब्जी पैदा की जा सकती और 20 रुपए महीने के रूखे-सूखे भोजन को पौष्टिक बनाया जा सकता।

खुद अपनी मदद करने का उपदेश और किसी को दिया जाए, इस आश्रम के रहनेवालों को उसकी जरूरत नहीं। अपनी हाथ की बनी चीजों की उन्होंने दिल्ली में काम भर की खपत कर ली है। चाँदनी चौक के बहुत से बजाज साड़ियों के बक्से यहीं से बनवाते हैं। पिछले जाड़ों में आश्रम की औरतों ने स्वेटर बुनकर अच्छी आमदनी की। ये स्वेटर उन्होंने अपने ही जैसे बेघर-बार, बेसहारा लड़कों के लिए बुने थे जो एक ऐसे ही आश्रम में रखे गए हैं। आशा है कि बीमारी आजारी में भी अपनी दवादारू ये खुद ही कर लिया करेंगी क्योंकि सरकार ने 50 रुपए का जो पारिश्रमिक मंजूर किया है उस पर कोई डाक्टरनी काम करने को राजी मालूम नहीं होती। अगर कोई हो तो वह हद दर्जे की आदर्शवादी औरत कही जाएगी क्योंकि 50 रुपए तो दिल्ली में लेडी डाक्टरों की एक वक्त की कमाई है।

[25.3.62]

●●

हर साल की तरह इस साल भी दिल्ली और दुनियाभर के बच्चों को शंकर की अंतर्राष्ट्रीय चित्रकला प्रतियोगिता ने आकर्षित किया है और प्रतियोगिता के दिल्ली कार्यालय में देश-विदेश से बच्चों की

कृतियाँ आनी शुरू हो गई हैं। ये कृतियाँ सब तरह के रंगों से अनेक आकार-प्रकार के कागजों पर हैं और पिछले वर्ष की तरह अद्‌भुत रूप से विविध हैं।

पिछले वर्ष के चुने हुए चित्रों की नुमाइश अभी कुछ ही दिन हुए दिल्ली में हुई थी। जिस दिन मैं इसे देखने गया उस दिन संयोग था कि अपने माता-पिता के साथ बहुत से बच्चे भी आए हुए थे। यह स्वीकार करना होगा कि मेरे जैसे वयस्क के लिए चित्रों पर ध्यान देना और शिशु दर्शकों की प्रतिक्रियाओं पर ध्यान न देना संभव नहीं था। बल्कि सच तो यह है कि उन प्रतिक्रियाओं से खुद को यह समझने में बड़ी आसानी हुई कि शिशु चित्रकला की वास्तविकता क्या है और यह भी कि प्रतियोगिता के संयोजक उसे किस ओर ले जा रहे हैं।

बच्चों के मानसिक विकास की ओर जितना ध्यान इस वक्त दिया जा रहा है, हम लोगों के होश में पहले कभी नहीं दिया गया...पर इसका दूसरा पहलू अधिक महत्त्वपूर्ण है : बच्चे अपने समकालीन वयस्कों से जितना अधिक प्रभावित होने की स्थिति में अब हैं, उतना शायद पहले कभी न थे। इस तरह शिशु विकास के सब कामों में वयस्कों का प्रमुख लक्ष्य यही होना चाहिए—है कि नहीं, यही तो प्रश्न है—कि वे शिशु को अपने स्वाभाविक विकास के लिए अधिक से अधिक मुक्त रखें। नुमाइश में यह साफ देखा जा सकता था कि 8 वर्ष से ऊपर के बच्चों की चीजें नकल चाहे न हों लेकिन उसी अंदाज और मुहावरे में थीं, जिसमें बड़ों की गति है। कुछ-कुछ यों समझिए कि 8-9 बरस के मुन्ने को चुनदार धोती और पंप जूता पहनाकर दुशाला दे दिया गया हो और ऊपर से मोटा-मोटा काजल आँज दिया गया हो जैसे कि पहनानेवाले ने कहा हो कि अब तुम बच्चों की तरह लगते हो। 5 वर्ष से कम के बच्चों की जो सौ से अधिक रचनाएँ देखीं उनमें इनके विरुद्ध एक छटपटाहट की झलक मिलती है : बच्चा अपने चारों तरफ की चीजों को उस दृष्टि से देखने के लिए तो स्वतंत्र है जो उसकी बिलकुल अपनी दृष्टि है, उसकी अपनी निर्लेप, निस्पृह आत्मा से निकली है, लेकिन जिस हवा में वह साँस लेता है वह सदियों की वयस्क सभ्यता से लदी हुई है, जिन वस्तुओं के संपर्क में वह आता है वे बड़ों ने ही उसके लिए निर्धारित की हैं, इसलिए वह उनमें से अपने मन की चीजों का चुनाव करने और फिर उन्हें वैसा ही दिखाने के लिए, जैसा वह देखता है पूरी तरह स्वतंत्र नहीं है—नहीं हो सकता है। वह रंग हाथ में लेता है तो वह उसके हाथ का ही एक हिस्सा हो जाना चाहिए, लेकिन रंग का इस्तेमाल एक साधन के रूप में करके दुनिया ने कला की कुछ शिल्पगत रूढ़ियाँ स्थिर कर दी हैं—वे छोटे से छोटे बच्चे की चेतना को प्रभावित किए बिना नहीं रह सकतीं। जिस चीज को मैंने छटपटाहट कहा है, वह इसी चेतना को काटकर अपने अप्रभावित रूप से बाहर आने की इच्छा मालूम होती है।

लेकिन यह कोई शिकायत न समझी जाए। यह तो है ही। सवाल तो यह है कि उस वक्त तक कि जब बच्चे को बाहर की दुनिया रास आ जाएगी, हम वयस्क लोग उसके लिए क्या करें? बल्कि ज्यादा जरूरी यह जानना होगा कि क्या न करें।

इसका जवाब बच्चों के लिए काम करनेवालों को नाटक, संगीत शिक्षा, यहाँ तक कि खेल तक के क्षेत्रों में खोजना पड़ेगा। फिलहाल यह लगता है कि शंकर की प्रतियोगिता की निर्णयपद्धति में इस प्रश्न का कोई ठोस उत्तर नहीं मिला है। 5 वर्ष से कम के खंड में भी ऐसे ही चित्र ज्यादातर चुने गए हैं, जो बड़ों की नजर से देखे जाने पर 'अर्थ' देते हैं। इसी 'अर्थ' देने पर जोर देने की गलती बच्चों के कलात्मक विकास में करीब-करीब हर जगह की जाती है—नाटक भी बच्चों को वे खेलने दिए जाते हैं जिनमें दर्शकों में मंत्रियों और सचिवों सहित बैठे उनके माता-पिता को रस मिले और गाने भी वे ही गवाए जाते हैं जिनमें कोई सीख हो या कोई संदेश हो—क्यों? 'अर्थ' क्यों हो? जब आपका बच्चा आपको देखकर किलकारी मारता है और तमाम सी लार चुआ देता है तो क्या वह खामखाह नहीं होता? आपकी सूरत में कोई खास बात हो तो नहीं कह सकते, पर उतनी खासियत तो हर माँ-बाप की सूरत में होती होगी।

इस पुस्तक में जो चित्र हैं वे नुमाइश से नहीं लिए गए हैं, दिल्ली के कुछ बच्चों के बनाए हैं और उनके शीर्षक खुद बच्चों ने जरूर दिए हैं पर बहुत पूछे जाने पर दिए हैं कि इसमें तुमने क्या बनाया है? वास्तव में इस उम्र के बच्चों के लिए अनुकृति का कोई महत्त्व नहीं है : वह तो हमारी सुविधा के लिए उन्होंने नाम दिए हैं।

धुआँ देते हुए इंजन से धुएँ की गहराई और उसका घनत्व ही चित्रकार के लिए महत्त्व का है। एक चित्र 'मेरी बहन' में मार्क्स को मेरे इस प्रश्न से आश्चर्य होता है कि बहन तो कहीं दीखती नहीं। 'वह तो अँधेरे में खड़ी है' उसने कहा था।

[10.9.61]

●●

राजधानी में बच्चे एक ऐसी शै हैं कि आप उनके बारे में सोचने से बच ही नहीं सकते। रोज कुछ न कुछ ऐसा होता है कि जिसके कारण बच्चों की तरफ आपका ध्यान बरबस खिंच जाता है और घटना के तात्कालिक महत्त्व से जरा और गहरे जाने पर आप मजबूर हो जाते हैं।

कुछ दिन हुए ऐसा ही कुछ मेरे एक मित्र के साथ भी हुआ। वे बेचारे अपने इकलौते पुत्र को नई दिल्ली के उस मशहूर पार्क में ले गए थे, जो बच्चों के लिए हाल में इंडियागेट के पास खुला है और जिसमें तमाम तरह के रंग-बिरंगे झूलों और फिसलनों के मजे गरीब-अमीर सब बच्चे उठा सकते हैं। लौटकर आए तो मित्र महोदय अपने लड़के से बहुत दुखी थे; 'बोदा है, इसमें 'पुश' नहीं' उनकी शिकायत थी। मालूम हुआ कि उनका लड़का वहाँ झूले पर बैठ ही न पाया।

उनका कहना था कि यह पार्क सही मानों में दिल्ली की जनता का प्रतिबिंब है, क्योंकि हर चीज के लिए वहाँ ऐसे ही लपकना पड़ता है जैसे दफ्तरवाले बाबू लोग बस के लिए लपकते हैं। अगर बड़ों के यहाँ 'क्यू' नहीं माना जाता तो बच्चों के यहाँ क्यों माना जाए और अगर बड़े अपनों-अपनों को सुविधाएँ बाँटते हैं तो बच्चे क्यों न बाँटें? पार्क में कुछ ऐसा ही नियम उन्होंने देखा। जब कोई बच्चा झूले पर से उतरना चाहता है तो अपने भाई को आवाज देता है जो दूर कहीं खेल रहा होता है कि आओ अब तुम अपनी बारी ले लो। उस वक्त पास में खड़े देर से इंतजार करते हुए बच्चे अगर झपटकर झूला पकड़ लें तो उनमें से सबसे तगड़े को बारी मिल जा सकती है। पर इसकी नौबत नहीं आने पाती। अपने बच्चे को लिए जो माँ-बाप वहाँ खड़े होते हैं, वही आगे बढ़कर अपने उम्मीदवार को झूले पर बिठा देते हैं।

मुझे तो इसमें कोई खराबी नहीं दिखाई दी, पर मित्र महोदय की पक्की धारणा थी कि बच्चों के लिए पार्क बना देना काफी नहीं है, उन्हें समाज में व्यवस्था से रहना भी सिखाना जरूरी है और यह काम खेल के मैदान में ही सबसे अच्छी तरह हो सकता है। अगर उनमें 'पुश' पैदा करना हो तो उन्हें धक्कमधक्के और स्वावलंबन के बीच का अंतर समझाना पड़ेगा। संक्षेप में, वह चाहते हैं कि पार्क में ऐसे सहायक रखे जाएँ, जो बच्चों को खेल का सार्वजनिक सामान मिलकर बारी-बारी से बरतने का ढंग सिखा सकें और ऐसे माँ-बाप वहाँ न आने दिए जाएँ जो खुद अपने और दूसरों के बच्चों में भी 'जिसकी लाठी उसकी भैंस' वाली भावना पैदा करते हैं।

यह सुनकर मुझे उस साइनबोर्ड की याद आ गई जो बारहखंभा रोड पर माडर्न स्कूल के सामने लगा है और जिस पर लिखा है 'बच्चे बचाओ'। उसका अर्थ आप यह न लें कि 'बच्चों को खर्च न करो', वह मोटरवालों को धीरे चलने की चेतावनी है।

[23.9.75]

जिस वक्त अखबारों में पढ़ा कि कुछ कालेजों में पुलिस बुलाई गई ताकि उन लड़कों को तोड़फोड़ से रोके जो न खुद इम्तिहान देना चाहते हैं न दूसरों को देने देना चाहते हैं, फिर वही सवाल मेरे मन में उठा जिसकी चर्चा मैं पिछली डायरी में कर चुका हूँ।

पुलिस को तकलीफ न देकर उन नेताओं को क्यों नहीं बुलाया गया जिन्होंने कनाट प्लेस में अपनी युवक सभा के तत्वावधान में बड़ा जोरदार जलसा करके कहा था, 'देश का नौजवान आज अपना कर्तव्य समझता है, वह एकसाथ है, मर मिटेगा, वगैरह-वगैरह।'

लेकिन जब मैंने इस सवाल को कुछ मित्रों के सामने रखा तो उन्होंने कहा, यह माँग गलत है। उन नेताओं का काम लड़कों को राह बताना है, यह तो मास्टरों का काम है कि उस राह पर उन्हें चलाएँ। तब मुझे याद आया कि उसी सभा के बाद मैंने उन नेताओं में से एक से पूछा था कि युवक दल संगठित करने के लिए वह मेरे मोहल्ले में कब आवेंगे? यह जान लेने पर कि मेरे मोहल्ले में उनकी पार्टी के कोई मेंबर नहीं रहते उन्होंने निरुत्साह होकर कहा था, 'आएँगे, धीरे-धीरे ही सब जगह पहुँचेंगे'। यह ख्याल कुछ बहुत सुलझा हुआ नहीं लगा कि आपकी पार्टी का और संकटकाल में युवक दल संगठित करने का कोई परस्पर संबंध है। गैरजिम्मेदार और खतरनाक विचारधाराओं को जरूर बाहर रखिए, लेकिन पहले अपने पार्टी का मेंबर बनाकर तब युवक दल का मेंबर बनाइए, यह समझ में नहीं आया।

शायद इसी मनोवृत्ति का कारण है कि आज दिल्ली में युवकों की एक भी ऐसी संस्था नहीं है जिसके नेता इम्तिहान से कतरानेवाले विद्यार्थियों को तोड़-फोड़ करने से रोक सकते। विद्यार्थियों की रागात्मक और बौद्धिक जरूरतें नारों से नहीं पूरी हो सकतीं। सिर्फ नारे लगा सकनेवाली पार्टियाँ उनके वास्ते इसीलिए नीरस हो जाती हैं।

यहाँ के अध्यापक वर्ग में आज यह सवाल बार-बार पूछा जा रहा है कि भविष्य में किसी समय विद्यार्थियों को एकाएक संगठित करने की जरूरत पड़ने पर वे किस प्रकार इसमें सफल हो सकेंगे। संगठन के जो साधन, जैसे विद्यार्थी यूनियन आदि आज प्राप्त हैं, वे सब मानो आज की बड़ी जरूरत को देखते हुए अधूरे रह गए हैं। इस वक्त शायद, संकटकाल का नाम साथ में जोड़े बगैर एक नए किस्म का विद्यार्थी आंदोलन करने की जरूरत है जिसका प्राथमिक ध्येय और कुछ हो, राजनीतिक न हो।

[30.12.62]

भारी-भरकम चेहरे

'संयुक्त राष्ट्र दिवस' के अवसर पर जो समारोह हर साल राजधानी में होते हैं उनमें सप्रू हाउस के मैदान में होनेवाली सम्मिलनी विशेष महत्त्व रखती है, राज्य के सर्वोच्च नेता उसमें अवश्य पधारते हैं। साथ ही नगर के अन्य प्रमुख लोगों को वहाँ आने का अवसर मिलता है।

इस वर्ष वहाँ एक अद्‌भुत दृश्य देखने में आया। वह दृश्य एक झलक भर था, बहुत देर वह थिर नहीं रहा, पर उतने में वह जो कहना था कह गया।

प्रधानमंत्री श्री जवाहरलाल नेहरू अपनी गाड़ी से उतरकर मुस्कराते हुए सबके बीच आए। पर उपस्थित लोग एकदम सावधान होकर चेहरा कसके खड़े हो गए। नेहरूजी ने बारी-बारी से कुछेक

विदेशी राजनयिकों से हाथ मिलाया और फिर कुछ खैर सल्लाह कुछ गपशप हुई होगी जरूर, लेकिन जरा देर में देखते क्या हैं कि फिर सब लोग हाथ बाँधे खड़े हैं और नेहरूजी को देखे जा रहे हैं।

इस समुदाय में बहुत बड़ा अंश ऊँचे केंद्रीय अधिकारियों का था। स्वभावतः वे नेहरूजी से सलाम के बाद और कह भी क्या सकते थे। बाकी लोगों में कुछ स्थानीय संस्थाओं के सदस्य और अध्येता थे—विद्यार्थियों की भी काफी संख्या थी और फिर कुछ पत्रकार और अंत में कुछ खामखाह भी थे। ये सब किस तरह जाकर न जान न पहचान सलाम करने लगते?

तब वह दृश्य दिखा जिसका उल्लेख ऊपर किया गया है। कौतूहलवश चारों ओर घिर आई भीड़ को एक जगह से खोलने के इरादे से नेहरूजी बढ़े, आदमियों की वह दीवार फट गई और बीच से चिरती चली गई। नेहरूजी बिलकुल खुले में आ गए। लोग दो-दो गज पीछे हटकर उत्सुकता से देख रहे थे। नेहरूजी ने एक बार चारों ओर देखा—जैसे कोई ऐसा चेहरा खोज रहे हों जिससे कुछ बोल-बतला सकें—और एक क्षण के लिए उनके मुख पर गहरा अकेलापन बड़े-बड़े अक्षरों में लिख गया।

उस क्षण वह बिलकुल अकेले थे। वहाँ कोई व्यक्ति ऐसा न था जो उनके बराबर का होता, राजनीति में नहीं अपने निजी कार्यक्षेत्र में—चिकित्सा में, विज्ञान में, साहित्य में या विद्याध्ययन में। पर दूसरे ही क्षण वह फिर भीड़ में घिर गए थे—उत्सुक, श्रद्धालु, सेवक और अधीन जनता की भीड़ में।

[13.11.60]

●●

चित्रकला और फोटोग्राफी में क्या अंतर है? क्या अंतर है भी? यदि नहीं तो किसी की शबीह क्यों बनाते हैं—फोटो क्यों नहीं खींचकर लगा देते?

मुमकिन है कुछ इसी तरह के विचार प्रधानमंत्री नेहरू के मन में कहीं रहे हों क्योंकि उन्होंने ग्यारह तारीख को आजाद भवन में मौलाना आजाद की तसवीर का उद्‌घाटन करने से पहले कहा था 'उद्‌घाटन तो मैं कर रहा हूँ पर मैंने तसवीर देखी नहीं है, इसलिए कह नहीं सकता कैसी निकले। मैंने कुछ शबीहें हाल में देखी हैं, जिनको देखकर बहुत निराशा हुई है।'

खैर, पर्दा हटाने के बाद उन्होंने राष्ट्रपतिजी के साथ खड़े होकर, आगे आकर, पीछे हटकर और एक किनारे से तसवीर को ध्यानपूर्वक देखा। राष्ट्रपतिजी ने कहा 'इस पर रोशनी ठीक नहीं पड़ रही है'। नेहरूजी ने कहा—'हूँ' और फिर तसवीर से ज्यादा शायद उस दोस्त और सहकर्मी के खयाल में डूब गए जिसकी वह तसवीर थी।

इस शबीह में मौलाना आजाद की बैठी हुई प्रत्यक्ष देखती हुई छवि है। मुखमंडल पर तीक्ष्णता का भाव लाने का प्रयत्न किया गया है पर मुझे तो ऐसा लगा कि वह तीक्ष्णता इतनी आरोपित है कि लगता है किसी शारीरिक कष्ट से मुख पर वह भाव आया है आध्यात्मिक सजगता से नहीं। (यह शबीह श्री हेब्बर ने फोटो देखकर बनाई है। संसद के केंद्रीय कक्षवाली शबीह भी इन्हीं की बनाई हुई है पर वह अधिक प्रभावोत्पादक मानी गई है)।

हेब्बर की इस कृति के अनावरण के दो दिन पहले अलीगढ़ विश्वविद्यालय के पुस्तकालय के लिए सतीश गुजराल द्वारा रचित मौलाना आजाद की एक और तसवीर दिल्ली में कुछ चुने हुए अतिथियों को दिखाई गई थी। सतीश गुजराल ने मेक्सिको से लौटने के बाद शबीहें उतारने पर काफी ध्यान दिया है और इंदिरा गांधी, जवाहरलाल नेहरू, लाला लाजपतराय और अब मौलाना आजाद के उनके

प्रतिचित्रों की बड़ी चर्चा रही है। मौलाना आजाद की जो तस्वीर उन्होंने अलीगढ़ के लिए बनाई है, उसके बारे में मर्मज्ञों की रायें अनेक हैं : एक का विचार है कि इसमें उनके सिर पर टोपी न दिखा कर चित्रकार ने जो कुछ जतलाने का प्रयत्न किया है, वह स्पष्ट नहीं। दूसरे का कहना है कि इसमें भारीपन कुछ जरूरत से ज्यादा है और दिवंगत मौलाना की पैनी और सधी लेकिन उदात्त व्यक्तित्व प्रभा की इसमें झलक भी नहीं मिलती। एक आलोचना यह भी की जाती है कि चेहरे पर तो कुछ चरित्रबोधक भाव लाया भी जा सका है पर हाथ, जो व्यक्ति के चरित्र को जोरदार ढंग से प्रकट किया करते हैं, इसमें बिलकुल जड़ और निरर्थक हैं। (हाथ के बारे में यह आलोचना गुजराल की सभी शबीहों पर लागू होती है : कोई भी पात्र हो, कैसा भी व्यक्तित्व हो, हाथ वह सबके एक से ठूँठनुमा बनाते हैं) पर इतनी विभिन्न रायों के रहते हुए भी एक बात सचमुच मानने योग्य है, वह कि मौलाना आजाद की प्रस्तुत शबीह फोटो बिलकुल नहीं है और यदि उनके सम्पूर्ण व्यक्तित्व को भासित नहीं करती तो कम से कम उसके एक पहलू पर रोशनी जरूर डालती है। यह काम फोटो नहीं कर सकती, कलाकार ही कर सकता है, पर खेद यह कि इसमें गुजराल को आंशिक सफलता ही मिली है। क्या मानवाकृति और क्या शबीह, उनकी सभी कृतियों में इधर एक शैलीगत एकरसता आती जा रही है। दुःख के गौरव को आँकने पर उनके यहाँ कुछ जरूरत से ज्यादा जोर है : पर शायद खुद ही वह इस परिस्थिति से उबरना चाह रहे होंगे।

[27.11.60]

●●

पंजाबी सूबा आंदोलन अकाली सिक्खों का आंदोलन था और माना कि अमृतसर उसका धर्मक्षेत्र था, लेकिन पिछले वर्ष जून में दिल्ली में मोर्चा खुलने के साथ ही दिल्ली इस आंदोलन की कर्मभूमि बन गई थी : पिछले दिनों जब संत फतेहसिंह स्वास्थ्य लाभ करके श्री नेहरू से मिलने आए और मास्टर तारासिंह ने एक छोटी-सी सार्वजनिक सभा में अपनी पिछली दिल्ली यात्रा की कुछ झाँकियाँ दीं तो एक और बात मालूम हुई। और वह यह कि संत फतेहसिंह के उपवास के टूटने के पीछे राजधानी में कौन सी घटना ने मुख्य रूप से काम किया था : निर्णय मास्टर तारासिंह ने किया था कि अब संतजी अपना उपवास तोड़ सकते हैं, पर वह निर्णय कैसे किया गया था, यह एक रोचक कहानी है।

प्रसंगवश, इस कहानी में एक पत्रकार ने एक महत्त्वपूर्ण भूमिका अदा की थी। यों दिल्ली के पत्रकारों को बड़े-बड़े राजनीतिक निर्णयों के काफी निकट रहने का अवसर मिलता रहता है, पर कभी-कभी ही अपनी उस विशेष स्थिति का पूरा उपयोग उन्हें मिलता है, जो निरपेक्ष लोकतंत्र में, राज्य के विधायक, कार्यपालक और न्यायपालक रूपों से अलग उन्हें प्राप्त है।

नजरबंदी से छूटकर अमृतसर में दो-एक भाषण देकर जब मास्टर तारासिंह अपने सलाहकारों के साथ भावनगर में नेहरूजी से मिलने गए तो वह मुलाकात काफी संक्षिप्त रही। दूसरे दिन विशेष हवाई जहाज से वह दिल्ली लौट आए। सफदरजंग हवाई अड्डे पर उनसे मिलने कोई भीड़ न थी, क्योंकि भावनगर से चलने के पहले ही वह वक्तव्य दे चुके थे कि नेहरूजी से बातचीत का कोई नतीजा नहीं निकला। तीसरे पहर उन्होंने संवाददाताओं को बुलाया; तब केंद्रीय सचिवालय के पास के रकाबगंज गुरुद्वारे के धूलभरे मैदान में चारपाइयों और मचमचाती कुर्सियों पर देश-विदेश के 20-25 संवाददाताओं ने कभी मास्टर तारासिंह के और कभी उनके कानूनी सलाहकार के मुँह से भावनगर की मुलाकात का वृत्तांत सुना।

उस वृत्तांत से कुछ स्पष्ट न होता था। मास्टर तारासिंह ने एक मजमून दिखाया जिसमें लिखा था 'पंजाबी सूबे की माँग स्वीकार न करने का कारण सिक्खों के प्रति भेदभाव की नीति नहीं है इत्यादि...' और बताया कि मैं प्रधानमंत्री से यह या ऐसा ही वक्तव्य चाहता था; अगर वह यह वक्तव्य दे देते तो फतेहसिंह के उपवास की शर्तें पूरी हो जातीं। उधर भावनगर की बातचीत का जो जबानी ब्यौरा उन्होंने दिया उससे स्पष्ट था कि श्री नेहरू यही बात दूसरे शब्दों में उनसे कह चुके हैं। यही नहीं, तीन-चार रोज पहले दिल्ली में रामलीला मैदान की सभा में भी वह यही बात कह चुके थे और वह दुनिया जानती थी।

फिर क्या था जो मास्टर तारासिंह को फतेहसिंह का उपवास खत्म कराने के लिए कदम उठाने से रोकता था? जाने क्यों यह प्रश्न उस संवाददाता सम्मेलन में सिर्फ एक पत्रकार को सूझा : ज्यादातर लोग दिल्ली अकाली दल की आंतरिक राजनीति और कुछ लोग फतेहसिंह तारासिंह प्रतिद्वंद्विता के मसलों पर ही उलझे-पुलझे सवाल पूछते रहे।

आखिरकार उस समय सबसे बड़ा मसला फतेहसिंह की जान बचाने का था, यह प्रकारांतर से, उपवास द्वारा उनके प्राण त्याग देने से उत्पन्न होनेवाली भयंकर स्थिति का था और अगर मास्टर तारासिंह को यह न बताया जाता कि उपवास खत्म न करने का जो कारण वह बता रहे हैं, वह स्वयं उन्हीं के कथनानुसार नेहरूजी दूर कर चुके हैं; तो उस शक्तिशाली नेता का हठ निस्संदेह कुछ गुल खिलाकर रहता। उन्हें यह बताया गया और अंत में वह संवाददाता महोदय, मास्टर तारासिंह से यह कहलवा लेने में सफल हो गए कि अच्छा, यही बात कि हमें सिक्खों से कोई बैर नहीं है, नेहरूजी एक बात और कह दें तो मैं मान जाऊँ।

यह कदम भर ही सही, कुछ तो प्रगति थी और हठ और 'मर्यादा' की अतार्किक दीवार में एक नन्हीं-सी झिरी डाल ही दी गई थी।

जैसे ही संवाददाता इंद्रलाल कपूर अपने कार्यालय वापस पहुँचे उन्होंने देखा कुछ मिनट पहले भावनगर की एक सार्वजनिक सभा में श्री नेहरू ने अपना वही वक्तव्य दुहरा दिया है जो कल व्यक्तिगत रूप से मास्टरजी को उन्होंने दिया था। उनके भाषण का मजमून तार से सिलसिलेवार आ रहा था।

दूसरे ही क्षण कपूर साहब मास्टरजी के डेरे पर मौजूद थे। सारा मजमून पढ़कर मास्टरजी को सुनाया। दो क्षण मास्टरजी अवाक् सामने देखते रहे। फिर बोले 'तो अब क्या करना है?'

स्पष्ट था कि उस स्थिति में मास्टरजी चाहते भी—और वह नहीं चाहते यह मान लेना प्रीतिकर है—तो मुकर नहीं सकते थे। एक हल्के से सुझाव की देर थी; वह संवाददाता की ओर से आया और मास्टरजी को विश्वास हो गया कि अपने पद और गौरव के अनुकूल वह ऐसा एक निर्णय कर सकते हैं जो उनकी शर्त भी पूरी करेगा, फतेहसिंह की प्रणरक्षा प्राणरक्षा दोनों करेगा, एवं जनता की और सबसे बढ़कर अपने खास हिमायतियों की नजरों में, जो इस वक्त तक अपने नेता के रवैये से काफी हैरान हो चुके थे, उन्हें फिर उतना ऊँचा उठा देगा, जितने अकाली आंदोलन शुरू करके जेल जाने के समय वह थे।

मास्टरजी ने कहा : 'ठीक है, मैंने मान लिया, अभी फतेहसिंह को फोन करो कि उपवास तोड़ दें। कहो तो मैं अमृतसर चलूँ। गाड़ी मँगाओगे या हवाई जहाज से चलूँ?'

तुरंत टेलीफोन टर्राए और तार खड़के और देश के आकाश में एक बड़ा बादल एकाएक बरस गया। इसके बाद फतेहसिंह की श्री नेहरू से हाल की भेंट और मास्टर तारासिंह का उस मुलाकात में शामिल न किया जाना इत्यादि एक दूसरी कहानी है पर उसके अंदर कितनी भी आशंकाएँ छिपी हों, वे उस आशंका से बड़ी नहीं हैं जो एक समय संतजी के 'शहीद' हो जाने में निहित थीं।

इस अंक के लिखते समय मालूम हुआ कि दिल्ली में अकाली मोर्चे के स्वयं 'डिक्टेटर' सरदार रछपालसिंह ने आखिरकार बाजे-गाजे के साथ पुलिस को आत्मसमर्पण कर दिया है। इसके पहले कई

बार वह धमकी दे चुके थे कि मैं पुलिस के हाथों अपने को पकड़वा दूँगा। पर ये धमकियाँ, नखरों से ज्यादा कुछ न साबित हुई थीं। अब गुरुद्वारा सीसगंज के तहखाने से निकलकर वह खुली हवा में साँस ले रहे हैं और उनके मैदान में आने के साथ (जो कि वास्तव में मैदान छोड़ना है) अकाली आंदोलन भी जरा दम ले रहा है।

[12.3.61]

●●

इन पंक्तियों के लिखे जाने तक का हाल यह है कि दिल्ली में हर चीज को पंडित गोविंद बल्लभ पंत के स्वास्थ्य की चिंता ने ढक लिया है। नगर में इस मौसम में सामान्यतः होनेवाले कार्यक्रमों का जोर है। भारतीय सांस्कृतिक संबंध परिषद में श्री एटली आजाद स्मारक व्याख्यान दे रहे हैं, अंतर्राष्ट्रीय चित्रकला प्रदर्शनी लगी हुई है और दो सर्कस भी, शचीन शंकर बंबई से अपनी नाट्य मंडली लाए हैं—जो 'जय पराजय' और 'उत्सव' नामक नृत्यनाट्य दिखा रही है और रूसी उपप्रधानमंत्री तेल और कर्ज की बातचीत कर रहे हैं। पर यह सब जनसाधारण के लिए उस छोटे से नोटिस बोर्ड के पीछे छिप गया है जो पंतजी के बंगले के बाहर लगा हुआ है और जिस पर दिन में चार-पाँच बार उनके स्वास्थ्य की ताजी खबर लिख दी जा रही है।

हर कोई उनकी जीवन रक्षा के लिए प्रार्थना कर रहा है। रोग से धराशायी उस कर्मठ योद्धा के मृत्यु से संघर्ष में कितने ही लोग प्रवीण चिकित्सकों से लेकर कुशल पूछनेवाले तक—हाथ बंटा रहे हैं। जो मैं लिखने जा रहा हूँ वह इसी संघर्ष का एक छोटा-सा क्षण है जो इस समय पंतजी के निवास में चारों ओर स्पंदित हो रहा है।

22 तारीख की दोपहर को उनको संज्ञाशून्य हुए 36 घंटे हो चुके थे और डाक्टरों की ताजी विज्ञप्ति के अनुसार उनकी दशा बहुत चिंताजनक थी। बाहर के बरोठे में से आना-जाना बंद था और घर के सामनेवाले बड़े मैदान में अखबारवालों और अधिकारियों को चुपचाप बैठा हुआ देखा जा सकता था।

वह दिल्ली के वसंत का एक बहुत ही विशेष दिन था। गर्मी थी और वैसी हवा थी जो धूप को उड़ाए-सी लिए जाती है। मौलसिरी के बड़े से पेड़ के नीचे छाँह का एक छितरा हुआ घेरा था उसमें बैठे हुए लोग जैसे दूर पर लहराते एक हजार फूलों के रंगों से डरकर सिमटे हुए थे।

उन दोनों वातावरणों में, जो ऋतु और मनुष्य वहाँ विकीरित कर रहे थे, इतना विरोधाभास था कि केवल एक हल्के से पर्दे को हटाते ही वे दोनों एक हो जा सकते थे। एक क्षण के लिए प्रतीक्षा का तात्कालिक प्रयोजन मेरे मन से हट गया और वह कालातीत समय चारों ओर से घिर आया जिसमें न जीवन है न मृत्यु है : सिर्फ बेहिसाब असंगतियों की एक धड़कती हुई सत्ता, जिसमें कासमास की हजारों खुली हुई आँखों जैसी पंखुरियाँ अंदर से बाहर की ओर देख रही हैं और धूप ने रंगों को अपनी जगह से उठाकर मनमानी जगहों पर रख दिया है।

इस नई सृष्टि में कोई चीज बार-बार उठती-गिरती है। वह है एक व्यक्ति का जीवित रहने का संघर्ष। उसमें इतनी संज्ञा नहीं है कि वह जान सके कि वह यह संघर्ष कर रहा है। उसके मस्तिष्क का बायाँ पार्श्व रक्तग्रंथि से अवरुद्ध है और इसलिए शरीर का दायाँ पार्श्व संज्ञाशून्य है। वह सोचकर देख भी नहीं सकता कि उसे क्या करना चाहिए। पर उसके शरीर में जो भी उस समय गतिशील है, वह अपनी ओर से खुद यह संघर्ष कर रहा है।

इस व्यक्ति के और इस सृष्टि के सामने जो उसने मेरे लिए थोड़ी देर के वास्ते रच दी है वे सब राज्यपाल और मुख्यमंत्री चन्द्रभानु गुप्त और संपूर्णानंद और संसद सदस्य और उत्तरप्रदेश विधान

सभा के सदस्य, जिनमें कई यहाँ अपराधी से आते और बख्शे हुए से जाते हैं—कितने बेमानी हो गए हैं।

तब एकाएक डाक्टरों को दोबारा आते हुए देखता हूँ। अभी एक घंटा हुआ उन्होंने मरीज को देखा था। तब फिर क्यों? उसके बाद कोई कुछ बताना नहीं चाहता। हाल वैसा ही है, यह कोई असंतोषजनक उत्तर नहीं होना चाहिए पर उसको सुनकर ही अविश्वास जैसा असंतोष क्यों हो रहा है?

अतीत में बरोठे के आसपास वाले कमरों में लोगों ने—खासकर पत्रकारों ने—अक्सर घंटों इंतजार किया है कि कब कांग्रेस कार्यकारिणी की बैठक खत्म हो और कब पंतजी छड़ी टेकते हुए निकलें और उस अर्थभरी मुस्कान से सवालों का जबाब दें, जिसका मतलब होता है मैं तुम संवाददाताओं के सवालों को खूब समझता हूँ। वह तसवीर सामने आ जाती है और बरामदे में जाने क्यों रखे हुए एक बहुत बड़े पिंजड़े में एक सुग्गा बड़े जोर से चीख मारता है।

इसके बाद धीरे-धीरे हरे मैदान में फूल और आने-जानेवालों के शीतकालीन वस्त्र धुँधले और फिर धुआँ से और फिर अँधेरे हो जाते हैं। एक डाक्टर बाहर आकर बताते हैं : 'रोगी अचेत हैं पर इतनी जबर्दस्त ताकत से लड़ते हुए मैंने आज तक किसी को नहीं देखा। यही मानना चाहिए कि वह जीत जाएँ।'

फिर बहुत जल्दी से बहुत-सा वक्त निकल जाता है। फिर वही रंगों भरा मैदान धीरे-धीरे दिखाई देने लगता है और तब लोगों के चेहरे शांत और सुलझे हुए से नजर आते हैं।

पंतजी का एक पौत्र सवेरे-सवेरे बस्ता कंधे में डालकर फर्श पर जूते बजाता हुआ स्कूल जा रहा है। एक किशोरी घर में से निकलकर कुछ पूछती है, मगर लगता है कि वह मुस्करा रही है। तब खबर मिलती है कि आहत होने के बाद पहली बार अब शरीर ने पथ्य स्वीकार किया है।

वह शरीर अनेक आक्रमणों से जर्जर है। दो वर्ष हुए दिल के दौरे से हृदयपिंड का बायाँ कक्ष बेकार हो चुका है : तीस वर्ष हुए पुलिस की लाठी की मार से कोई स्नायुचक्र नष्ट हो जाने से हाथ और गर्दन पर शारीरिक नियंत्रण नहीं रहा है। पर उस मस्तिष्क ने, बुद्धिबल से एक अखंड उद्देश्य की ओर अपने को और अपने अनुयायी देश को, अनिद्र रहकर चालित किया है।

जैसा अभी मालूम हुआ है, शरीर ने पथ्य स्वीकार करना शुरू किया है। धीरे-धीरे जीवन के अदृश्य तत्त्व फिर अपने आदि संगठन की ओर लौटेंगे, कोई नहीं जानता कि कब और कब तक, लेकिन लौटेंगे जरूर...वहीं पर एक हल्का-सा पर्दा है, उसके इस ओर भी लौट सकते हैं, उस ओर भी लौट सकते हैं।

[12.3.61]

●●

सिक्किम के महाराजकुमार की समस्या भी बहुत कुछ वही है जो संसार में इस समय अन्य राजाओं की है यानी एक तो यह कि वह वंशानुगत शासक हैं और यह आज के जनसाधारण को उतना प्रभावित नहीं कर सकता जितना 50 साल पहले किया करता था—वंशानुगत अधिकार की व्यवस्था सब जगह चरमरा रही है, पर सिक्किम पिछड़ा हुआ क्षेत्र होने के कारण वहाँ अभी भहराकर गिरी नहीं है। महाराजकुमार खुद जागरूक आदमी हैं—30 वर्ष से भी कम उनकी आयु है—अभी हाल में जब वह दिल्ली आए हुए थे तो उनसे मिलने पर लगा कि वह आज की समस्याओं को और आज के चिंतन को बड़ी खूबी से पकड़ सकते हैं।

यही शायद वह आंतरिक विरोध है जिसके कारण स्वयं महाराजकुमार को एक नई समस्या से जूझना पड़ रहा है। उन्हें अपने शासकत्व की रक्षा करते हुए जनता की आकांक्षाओं को—जिनका प्रतिनिधित्व वहाँ की कुछ राजनीतिक पार्टियाँ करती हैं—पूर्ण करना है। अगर वह खुद किसी और छोटे-मोटे राजा की तरह होते तो उनको यह बौद्धिक समस्या तंग न करती लेकिन—जैसा मैंने उनसे मिलने पर महसूस किया—वह तमाम पढ़े-लिखे लोगों से ज्यादा खुले दिमाग के आदमी हैं और उनका अपनी 'प्रजा' को 'जनता' के रूप में देखने का प्रयत्न उनकी बौद्धिक ईमानदारी का सूचक है।

इस वक्त उनकी समस्या अपनी जनता को नेतृत्व देने की है यानी इस तरह नेतृत्व देने की कि राजनीतिक पार्टियों को पहल न मिले।

यहाँ यह बता देना जरूरी है कि सिक्किम में कोई ऐसी राजनीतिक पार्टी नहीं है जो बहुत तगड़ी हो। जो हैं, स्थानीय प्रकार की हैं—और यह भी उल्लेखनीय है कि कम्युनिस्ट पार्टी की वहाँ कोई शाखा नहीं है। हो सकता है, जैसे कि महाराजकुमार ने संकेत किया, कुछ लोग कम्युनिस्ट हों और किसी दूसरे वेश में काम कर रहे हों, पर इससे उनका जोर टूटता ही है। अगर वहाँ कम्युनिस्ट पार्टी होती तो निश्चय ही स्थानीय समस्याओं पर ध्यान देनेवाली अन्य पार्टियों के मुकाबिले वह विश्व समस्याओं पर खासकर रूस या चीन की (जैसा मौका हो) समस्याओं पर ज्यादा ध्यान देती। उस हालत में भारत सिक्किम के लिए जो कर रहा है—वह मुश्किल उठाकर ही कर पाता।

खबर है कि सिक्किम में स्थानीय जनता को लेकर एक सेना जैसा संगठन करने का प्रस्ताव है। उसी सिलसिले में महाराजकुमार दिल्ली आए थे। इसी के साथ उन्होंने अपने प्रदेश में भी एक पंचवर्षीय योजना बनाई है—उस पर भी बात करनी थी। इस प्रकार आर्थिक विकास और सैन्यसंगठन सीमांत के संगठन के दोनों पक्षों पर उन्होंने एक जागरूक नेता की तरह ध्यान दिया है। उनके पिता महाराजा सिक्किम को अपने पुत्र की योग्यता पर पूरा विश्वास है और वह निश्चिंत होकर अपना संपूर्ण समय चित्रकला को दे सकते हैं, जो उन्होंने एकाएक वृद्धावस्था में आरंभ कर दी है। इस साल के शुरू में उनकी प्रदर्शनी भी दिल्ली में हुई थी।

[1.5.61]

●●

इस शहर में राजे-महाराजों का आना अब कोई अजूबा नहीं रह गया है। दरअसल बिना किसी के प्रति अवज्ञा के कहा जा सकता है कि अब सिर्फ उन्हीं राजामहाराजाओं को लोग देखना चाहते हैं जो दर्शनीय हों—अपने व्यक्तित्व से आकर्षित करते हों, अपने राजत्व से नहीं।

अशोक होटल के एक कमरे में सिक्किम से आया हुआ जो व्यक्ति उस दिन अपने मित्रों से बैठा बात कर रहा था एक ऐसा ही राजा है। अपने देश के कुछ नवयुवक राजाओं की तरह वह पश्चिम के देशों में घुड़दौड़ के लिए नहीं जा रहा है—जर्मनी और ब्रिटेन के सरकारी निमंत्रण पर उन देशों का भ्रमण करने जा रहा है। वहाँ उसे इन दोनों सरकारों के साथ अपने देश सिक्किम के बारे में उत्तरदायित्वपूर्ण बातचीत करने के लिए तैयार रहना है।

यह तो निश्चयपूर्वक कहा जा सकता है कि वह वार्त्तालाप उत्तरदायित्वपूर्ण होने के साथ ही साथ प्रीतिकर भी हो। 'प्रीतिकर' ही महाराजकुमार सिक्किम के स्वभाव के लिए उपयुक्त शब्द है।

वह हँसमुख हैं पर जोर से हँसते नहीं हैं, खुशी से बात करते हैं पर बातूनी नहीं हैं और संकोची हैं पर चेहरे पर और भाव और मन में कुछ और भाव नहीं रखते हैं। उनके चेहरे पर नवयुवकों

की-सी आभा है और प्रौढ़ों का-सा गांभीर्य है—बोलते समय किसी स्नायविक विकार के कारण उन्हें थोड़ी-थोड़ी देर बाद जरा-सा अटकना पड़ता है—"बहुत छोटा था, तभी से ऐसा ही हूँ' पर इस विकार को उन्होंने अपने सहज व्यवहार का अंश बना लिया है, उसे अलग से अपने पर लदा नहीं रहने दिया है। इसलिए उनकी बात सुनते समय कोई उसे तभी देख पाता है जब उनकी बात ध्यान से न सुन रहा हो।

लंबे-लंबे भाषण देना उनके स्वभाव में नहीं है, यह जानते हुए जब मैंने कहा कि पश्चिम जर्मनी और ब्रिटेन के दौरे में आपको यह मुश्किल हल करनी पड़ेगी तो अपने उसी प्यारे अंदाज से जरा-सा अटककर उन्होंने जवाब दिया, 'मुझे उसकी फिक्र नहीं है—बल्कि दो-एक जगह तो मेरे भाषण पहले से निश्चित हो चुके हैं।'

'लेकिन जब इन दौरों के बाद आप अपनी वाग्दत्ता से मिलने अमरीका जाएँगे तब वहाँ टेलिविजन वाले तो आपको बुलवा-बुलवाकर थका देंगे', मैंने कहा।

उन्होंने कहा, 'हूँ, आपने भी अच्छी कही, और जो मैं उन्हें बुत्ता दे जाऊँ तो कैसी रहे?' फिर निहायत भोलेपन से बोले, 'मैं कहूँगा मैं हर टेलिविजन कार्यक्रम का दस लाख डालर लेता हूँ—तब कोई पास भी न फटकेगा', और तब मैंने उन्हें पहली बार जोर से हँसते हुए सुना।

[1.6.62]

●●

जिस रवींद्र शतवार्षिकी समारोह के लिए डेढ़-दो साल से तैयारियाँ हो रही थीं वह आ गया है। देश-विदेश में रवींद्रनाथ के साहित्यिक और कलात्मक योगदान पर भाषण हुए हैं, हो रहे हैं या होनेवाले हैं; उनके नाटक खेले जा रहे हैं और उनके कृतित्व की प्रदर्शनियाँ हो रही हैं। देश में, रवींद्र रंगशालाएँ स्थापित करने की योजना है, पुस्तकें प्रकाशित हो रही हैं और व्याख्यानों में उनके गुणों की चर्चा की जा रही है। दिल्ली में साहित्य, ललित कला और संगीत नाटक इन तीनों अकादमियों के लिए संयुक्त आवास 'रवींद्र भवन' का निर्माण हो रहा है जिसका एक खंड—प्रदर्शनी खंड—7 मई को नेहरू जी के हाथों विधिवत उद्घाटित होगा। साहित्य अकादमी और संगीत नाटक अकादमी रवि ठाकुर की रचनाओं के अनुवाद और स्वरलिपि प्रकाशित कर रही हैं और इस वर्ष के आकाशवाणी साहित्य समारोह में 'रवींद्रनाथ का भारतीय साहित्य पर प्रभाव' ही विचार का विषय रहा है। सच तो यह है कि इन शतवार्षिकी समारोहों की पूरी सूची यहाँ देना असंभव है—उनकी संख्या इतनी बड़ी और बिखरी हुई है—हाँ, समय-समय पर रसज्ञजनों की जो प्रतिक्रियाएँ होती रही हैं वे संयोगवश इतनी बिखरी नहीं हैं—एक दूसरे से बहुत दूर लोगों ने भी एक ही शंका प्रकट की है और उसका सारांश यह है कि हम लोग जिस दिशा में अति कर रहे हैं क्या वही टैगोर के प्रति आदर व्यक्त करने की सही दिशा है।

पर अति तो स्वाभाविक ही है। जब सरकार जैसी प्रायः संपूर्ण सत्ता-संपन्न संस्था किसी काम को हाथ में लेती है तो एक ओर बेकारी और लाचारी और दूसरी ओर खानापूरी से दूषित वातावरण में स्वाभाविक ही है कि लोग बिना चूँचपड़ किए हुए उस काम में जुट जाएँ।

आशा की बात मगर यह है कि अधिकांश ऐसे आयोजनों का अप्रत्यक्ष परिणाम हमेशा अच्छा हुआ है। उनमें भाग लेनेवाले लोग बाहर निकलते-निकलते यह भली-भाँति देख सके हैं कि उनके अंदर झूठी भक्ति की जगह कुछ निर्भय प्रश्न जागृत हो गए हैं। 'रवींद्रनाथ का भारतीय साहित्य पर प्रभाव' विषयक गोष्ठी के अंत में अध्यक्ष पद से श्री गोपाल रेड्डी ने कहा था 'टैगोर का सही

मूल्यांकन सौ साल बाद ही संभव होगा। हमारी पीढ़ी टैगोर के इतने निकट है कि उनका प्रभाव ठीक-ठीक जाँच पाने की क्षमता उसमें नहीं हो सकती।'

इसके पहले सभी भाषाओं के लेखकों और प्रतिनिधियों ने अलग-अलग तरह से कहा था कि नाटक, गद्य और कथा साहित्य पर रवींद्रनाथ ठाकुर का प्रभाव क्षीण है, नहीं के बराबर है। यदि कुछ प्रभाव कहीं दीखता है तो वह काव्य पर है और वह भी दक्षिण की भाषाओं पर तो करीब-करीब बिलकुल नहीं है।

जिन लोगों ने इस विचारगोष्ठी की कार्रवाई सुनी उनका ख्याल है कि यदि किसी एक व्यक्ति की भी यह धारणा थी कि रवींद्रनाथ के प्रभाव का मूल्यांकन अभी सौ साल तक नहीं हो सकता, तो उनके 'प्रभाव' को विचार का विषय बनाना उनके साथ अन्याय ही तो था। यदि रवींद्रनाथ का प्रभाव सचमुच उनके बाद के भारतीय साहित्य पर है तो उसे हम 'निकट होने के कारण देख नहीं पा रहे हैं' और अगर नहीं है तो कुछ वक्ताओं को तो कुछ न कुछ प्रभाव खोजकर लाना ही पड़ेगा। इस प्रकार यह विषय चुनकर दोहरा अन्याय किया गया है—एक रवींद्रनाथ के प्रति और दूसरा भाषाओं के प्रति।

इस गोष्ठी में केवल एक निबंध जोरदार था—आचार्य हजारीप्रसाद द्विवेदी का और उसका यही विषय था कि रवींद्रनाथ ने भारतीय परंपराओं से क्या ग्रहण किया और पुनरुज्जीवित करके हमें दिया है। पता नहीं किसने यह तय कर लिया था कि भारतीय साहित्यों पर रवींद्रनाथ का प्रभाव अवश्य होगा—कम से कम शतवार्षिकी के अंतर्गत होना ही चाहिए—क्योंकि जब सारे देश को यह समारोह मनाने का आदेश मिला हुआ है तो भारत की विभिन्नता में एकता का इससे आसान प्रमाण क्या हो सकता है कि एक भाषा का प्रभाव सब भाषाओं पर दिखा दिया जाए।

यहाँ पर यह अनुमान करना रोचक होगा कि यदि आज हिंदी के समसामयिक किसी लेखक से रवींद्रनाथ के साहित्य और उसका परस्पर संबंध पूछा जाए तो वह क्या उत्तर देगा। हिंदी का समसामयिक लेखन रवींद्रनाथ के अर्द्ध रोमांटिक रुझान को कहीं पीछे छोड़ आया है—उसी तरह जिस तरह कि वह प्रेमचंद के अर्द्धयथार्थवाद को छोड़ आया है। इसलिए उत्तर केवल प्रश्नवाचक ही होगा।

इस प्रसंग में अभी उस दिन एक जगह उन गीतों की चर्चा हो रही थी जिन्हें रवींद्रनाथ के गीतों से स्वरसहित अनुवाद किया गया है। हमारे समय में रवींद्रनाथ अकेले व्यक्ति थे जिन्होंने स्वर में फूटकर काव्यसृजन किया। शब्द और स्वर का परस्परावलंबित संबंध उनके गीतों में है। उसे वैसे का वैसा दूसरी भाषा की परिधि में ला बिठाना दुस्साहस का नहीं तो साहसिकता का काम ज़रूर कहा जाएगा। सुनते हैं इसी से विरक्त होकर अनुवादों को पास करनेवाली कमेटी से एक सज्जन ने इस्तीफा दे डाला।

रवींद्रनाथ के गीत आधुनिक भारतीय संगीत में हमेशा एक महत्त्वपूर्ण स्थान रखेंगे। उन्होंने शास्त्रीय रागों से ग्रहण किया। वह बंगाल के लोकगीतों से प्रेरित और बाउल गीतों से अनुप्राणित हुए। फिर अपनी भाषा की लय में उन्होंने जो गान अपने मन में गाया वह उनका काव्य बना। इस समस्त सृजनात्मक प्रक्रिया को समूचे का समूचा हिंदी में उतारने का प्रयत्न कलात्मक दृष्टि से संभव हो भी नहीं सकता था। परिणाम यही हुआ कि जो कुछ गीत रिकार्ड किए गए हैं और अक्सर सुनने में भी आते हैं कौतूहल अधिक जाग्रत करते हैं, रस कम। अधिकांश रसज्ञजनों की राय यह है कि हिंदी की लय बंगला से बहुत भिन्न है और रवींद्रनाथ ने जो रास्ता दिखाया था उस पर चलकर नए गीत हिंदी में लिखे जाते—यानी उनकी स्वरलिपि भी साथ-साथ लिखी जाती तो रवींद्रनाथ से एक स्थाई योगदान हिंदी को और संगीत को मिलता।

[7.5.61]

●●

रवींद्र भवन के अतिरिक्त दिल्ली में शतवार्षिकी के सिलसिले में जिस अन्य स्थापत्य की योजना है वह है ग्यारह सौ जनों के बैठने योग्य एक विशाल रंगशाला। राजधानी में नाटक खेलनेवालों की जरूरतें पूरी करने के लिए गिने-चुने थिएटरघर ही हैं। पर यहाँ के रंगजगत के महत्त्वपूर्ण लोगों की धारणा है कि पहले काफी अच्छे थिएटरघर बन जाएँ तब दिल्ली के नाट्य जीवन का विकास और अच्छी तरह होगा। इससे भिन्न एक मत भी है कि पहले कुछ बहुत अच्छे नाटक लिखे जाएँ तब आगे कुछ सोचा जाए।

रवींद्रनाथ का दृष्टांत ही शायद इन दोनों विपर्ययों का उत्तर है। उन्होंने जो गीतिनाट्य लिखे उन्हें जहाँ जैसी जगह पा सके उसमें खेला। यही रास्ता नई जरूरतों के मुताबिक हेरफेर कर आज के नाटककारों को भी अपनाना होगा। हाँ, आधुनिक जीवन की एक देन, 'आयोजना' के फायदों को छोड़ देना भी बेमानी है। अगर आज हमें यह सुविधा या मजबूरी है कि पहले हम नाटक खेलने का स्थापत्य बना सकते हैं और आगे उस स्थापत्य की सीमाओं में बँधकर या उनसे उत्साहित होकर नए नाटक रच सकते हैं तो इस परिस्थिति का अक्लमंदी से इस्तेमाल करना ही एक रास्ता रह जाता है।

इसलिए जब दिल्ली में एक, और प्रत्येक राज्य की राजधानी में एक-एक रंगागार स्थापित करने की योजना बनी तो उसकी इस शर्त से कि ये थिएटरघर रवींद्र थिएटर शतवार्षिकी के वर्ष में ही बनाकर खड़े कर दिए जाएँ, नाट्यप्रेमी और हितचिंतक चौंके। भारतीय नाट्यसंघ ने इस मसले पर गौर करने के लिए एक गोष्ठी की। गोष्ठी का विषय था रंग स्थापत्य। प्रकारांतर से उसमें रंग स्थापत्य के सभी पहलुओं पर विचार हुआ। नाट्य निर्देशकों और वास्तुकारों को आमने-सामने बैठकर एक दूसरे की जरूरतें और मुश्किलें समझने का यह पहला मौका मिला था। यह जरूर कहना चाहिए कि दोनों ने विचार-विमर्श बहुत अच्छे, जागृत ढंग से किया और जब गोष्ठी समाप्त हुई तो कई वास्तुकार यह कहते पाए गए कि अपने-अपने राज्य में लौटकर वे सरकारों पर जोर डालेंगे कि रवींद्र थिएटरों के बनाने में जल्दबाजी से काम न लिया जाए।

यद्यपि रवींद्रनाथ का रंगमंच से कोई विशेष संबंध नहीं था—उतना ही था, जितना उनके जैसे सर्वांगसंपूर्ण कलाकार का जीवन पोषक किसी भी विद्या से हो सकता है—तो भी उनके नाम पर बने थिएटरघर को हम लोग आगे चलकर अपनी पीढ़ी के आत्मरंजन के लिए प्रयुक्त कर सकेंगे—ऐसी आशा है।

राजधानी में इस समय यह प्रश्न उठना स्वाभाविक ही है—और प्रश्न भी किसी विद्रोह से नहीं जिज्ञासा से ही जगा है—कि क्या रवींद्रनाथ सचमुच इतने बड़े कुछ थे कि उनके लिए हम इतनी धूम मचाएँ। माना कि हर देश को अपने महापुरुष चाहिए। माना कि रवींद्रनाथ महापुरुष थे। माना कि बाकी दुनिया भी उनको जानती थी क्योंकि उनके अंग्रेजी अनुवाद नोबेल पुरस्कार से विभूषित हो चुके थे। माना कि इस समय भारत की प्रतिष्ठा इतनी है कि संसार के और देश उससे मित्रता चाहते हैं एवं इसलिए सप्रेम अपने-अपने यहाँ रवींद्र जयंती मना रहे हैं। यह भी कि अपने देश में भी नई पीढ़ी को अपने नायकों का रागात्मक परिचय होना चाहिए। किंतु आज की दुनिया में स्वाधीन भारत के अंदर बुद्धिजीवी वर्ग किसी तरह की किशोर धूमधाम पसंद नहीं कर सकता। वह जिज्ञासु है और अपने देश का प्रेम उसके लिए अपने देश का ढोल पीटना नहीं है।

इसलिए यह भी उचित ही है कि जहाँ विदेश में हमारे एक महापुरुष के लिए सम्मानसूचक उत्सव हो रहे हैं, देश में, खासतौर से यहाँ राजधानी में कलाप्रेमियों में एक विनम्र, निश्छल जिज्ञासा यह उठ रही है कि हम संयम और बौद्धिक धैर्य से विचलित तो नहीं हुए जा रहे हैं।

खैर, जब उत्सव की धूमधाम कुछ शांत होगी तो बहुत-से अनुभव छाँटने और रखने को बचेंगे। एक की झलक तो अभी से दिखाई पड़ रही है और वह यह है कि सरकारें जनता का प्रतिनिधित्व उद्योग धंधों में, सेना संरक्षण में और वैदेशिक संबंध में जरूर कर सकती हैं, लेकिन सांस्कृतिक परंपराओं को न तो सरकारें बना सकती हैं और न उन्हें अन्य जरूरी काम छोड़कर इसमें पड़ना चाहिए। इसके लिए तो हद से हद वे इतना करें कि आनेवाली पीढ़ियों को चाटुकारिता, भय और मिथ्या देशभक्ति से मुक्त रखें—तब उसमें भी देश के महापुरुष पैदा होंगे जो हर देश को अपने लिए चाहिए।

[7.5.61]

●●

डॉ. राजेन्द्रप्रसाद के चिकित्सालय से स्वस्थ होकर अपने घर लौट आने पर देश में और उनके निकट, राजधानी में लोगों को जो आनंद हुआ है, उसको शब्दों में व्यक्त करना उसे किसी न किसी अर्थ में न्यून कर देना होगा। एक सर्वप्रिय नेता की रक्षा हुई यह तो उसका स्थूल अर्थ है, पर सच पूछिए तो इस सुखद घटना का प्रभाव इससे कहीं व्यापक रहा है। संसार में इस समय विनाश का संकट है, देश में फूट का, सामान्य प्राणी का अस्तित्व अनिश्चित है, जनसाधारण दैनंदिन अभावों से व्याकुल हैं। यह नहीं कि हमारे सभी नेताओं की इस समय हमें बड़ी जरूरत है, पर कुछ तो ऐसे हैं ही जिनका हाथ हमारे सिर पर इतना हौसला बढ़ाता है और एक अमूर्त्त निःशब्द शक्ति हमारे अंदर रखता है। अनिश्चय और अनास्था के वातावरण में राष्ट्रपति का स्वास्थ्यलाभ एक विजय है। मंगलसूचक तो वह है ही, मनुष्य की अदम्य जीवन लालसा का भी प्रतीक है और प्रमाणित करता है कि जनसमूहों को अपने एक सदस्य से भय नहीं, प्यार हो सकता है। डॉ. सेन के अस्पताल में पहली मंजिल के सहन में तीन रात और तीन दिन देश भर की शुभकामनाएँ अपनी शक्ति का चुपचाप असर डालती रहीं—भीतर चार नंबर कमरे में वह महान पुरुष धीरे-धीरे स्वास्थ्य लाभ करता रहा, जिसके लिए आज कहीं भी जाइए, एक अटूट आदर हर एक के मन में है—'वह तो देवता आदमी हैं...वही तो एक देवता आदमी हैं।'

डाक्टर राजेंद्रप्रसाद का असबाब उनकी रेलगाड़ी में रखा जा चुका था—आधे सहयात्री जाकर अपनी जगह भी ले चुके थे और स्वयं राष्ट्रपति के प्रस्थान में एक घंटा रह गया था कि एकाएक उन्हें पहले घबराहट मालूम हुई फिर पसीना छूटने लगा और वह लेट गए। जरा देर हुई उनके निजी चिकित्सक कर्नल मैत्र उन्हें अपने नाती-पोतों के साथ खेलते देख गए थे, तब तक उन्हें जरा थकान तक न थी। थोड़ी ही देर बाद, जब उनका हैदराबाद जाना स्थगित कर दिया गया, दिल्ली में प्राप्य श्रेष्ठतम चिकित्सकों ने उनकी सुश्रूषा का भार अपने ऊपर ले लिया। तब से लेकर अब तक उन चिकित्सकों ने और समय-समय पर उनकी सहायता करनेवाले अन्य विशेषज्ञों ने जिस लगन से राष्ट्रपति को स्वस्थ करने का व्रत पालन किया है, उसने निश्चय ही देश के चिकित्सकों का सिर ऊँचा किया है।

कहीं पर एक आवाज यह भी सुनाई पड़ी थी कि दिल्ली में इतने सरकारी अस्पताल होते हुए भी राष्ट्रपति को एक व्यावसायिक अस्पताल में क्यों ले जाया गया? पर शीघ्र ही यह स्वर शांत हो गया, क्योंकि यह स्पष्ट हो गया कि गैरसरकारी अस्पताल में राष्ट्रपति को कोई कष्ट न था—वह वहाँ एक मरीज के रूप में थे जैसे और बीसियों थे, और यह देखकर मुझे अपने राष्ट्रपति के जनतंत्रीय रूप की एक नई झलक मिली—उनका हाल पूछने सहन तक आने में किसी पर रोक न थी—नीचे के बरोठे में राष्ट्रपति भवन की कुर्सियों, मेजों से जो एक छोटा-सा 'स्वागतालय' बना दिया गया

था, वह आँखों को अच्छा ही लगता था—राजकीय रोबदाब की उसमें झलक न थी। बाकी मरीज अपने कमरों में शांति से थे और उनका इलाज बदस्तूर चल रहा था। किसी सरकारी अस्पताल में तो शायद यह भी होता कि कई कमरे खाली कराकर तब राष्ट्रपति के लिए जगह की जा पाती।

[27.8.61]

●●

यह पहला मौका होगा कि अपने जन्मदिन के मौके पर नेहरूजी भारत में न होंगे। उस दिन वह शायद मैक्सिको में होंगे। अपने इष्ट मित्रों और सुहृदजनों के बीच वह किस तरह अपना जन्मदिन मनाएँगे यह नहीं मालूम, लेकिन यह तय है कि वहाँ भी कहीं न कहीं से बहुत से बच्चे उनके इर्दगिर्द जमा हो जाएँगे। श्री नेहरू को बच्चे बहुत अच्छे लगते हैं—तमाम आदमियों को अच्छे लगते हैं—लेकिन प्रधानमंत्री के जन्मदिन के साथ बच्चों का उत्सव अब कुछ इस तरह जुड़ गया है कि वह श्री नेहरू के जीवन चरित्र का एक अनिवार्य अंग हो गया है। बिना उसके नेहरूजी का तमाम गैरसरकारी काम, जैसे हँसना, बोलना, प्यार करना, खुश रहना चरितार्थ ही नहीं होता। हर बड़े आदमी की जिंदगी में दुनिया के अंदेशे इतने होते हैं कि उसके चेहरे पर सच्ची मुस्कान लाने के लिए किसी बहुत गहरे इंसानी दर्द की जरूरत पड़ती है। यह दर्द मानवता के भविष्य के लिए होता है और बच्चों से ज्यादा भविष्य का स्पष्ट प्रतीक और क्या हो सकता है? चुनाँचे आपने श्री नेहरू की बहुत सी फोटो तमाम जगह देखी होंगी जिनमें वह किसी बच्चे को प्यार कर रहे हैं या किसी से हार पहन रहे हैं या फिर बीच में बैठकर कहानी—हिंदुस्तान की कहानी—सुना रहे हैं। यह आखिरी चित्र आपको याद होगा, आकाशवाणी के टेलिविजन कार्यक्रम में पिछले साल नई दिल्ली में देखा गया था।

लेकिन बच्चों से कुछ बड़ी उमर के बच्चों के साथ नेहरूजी को जिन लोगों ने देखा है, वह जानते हैं, कि उनकी असली तसवीर उन्हीं के बीच नुमायाँ होती है। अभी पिछले दिनों 36 विश्वविद्यालयों के करीब 800 लड़के-लड़कियों के सामने दिल्ली के तालकटोरा बाग में नेहरूजी जब बोलने खड़े हुए (वह सातवें युवक समारोह का श्रीगणेश कर रहे थे) तो मालूम हुआ कि जैसे नसीहत के रूखे वाक्यों को दिल की गहराई से फूटती हुई करुणा और हमदर्दी के रस में पाग दिया गया है। अखबारों में दूसरे दिन जो छपा वह कोरा समाचार था—थके-हारे लकीर के फकीर पत्रकार की पिटीपिटाई भाषा में कुछ इस प्रकार था—'श्री नेहरू ने विद्यार्थियों को देश में एकता स्थापित करने की सलाह दी', आदि-आदि। तालकटोरा बाग के उत्सव का साक्षात कुछ और ही माने रखता था। उसमें कोई बहुत बारीक चीज थी जो सिर्फ आँखें ही पकड़ सकती थीं, भाषा कह नहीं सकती थी, कम से कम अखबारों की भाषा तो नहीं ही और अंग्रेजी अखबारों की भाषा तो बिलकुल नहीं कह सकती थी। वह चीज थी—वह मीठी आत्मीयता जो श्री नेहरू की भाषा ने (वह हिंदी में बोल रहे थे) तमाम सुननेवालों के साथ पैदा कर ली थी।

शिक्षामंत्री के श्रमसाध्य अंग्रेजी भाषण के बाद जिस समय नेहरूजी ने हिंदी में बोलना शुरू किया, विद्यार्थियों को इतनी राहत मिली कि वे बेसाख्ता तालियाँ बजा उठे। फिर जब नेहरूजी ने कहा कि मैं एक पेंच में पड़ गया हूँ, वह यह कि लंबा भाषण दूँगा तो आपका कार्यक्रम नहीं देख पाऊँगा और लंबा भाषण नहीं दूँगा तो तमाम बातें जो कहनी हैं न कह पाऊँगा, क्योंकि बदइंतजामी से ठीक पाँच बजे एक कैबिनेट मीटिंग रख दी गई है (उस वक्त साढ़े चार बजा था) तो लड़कों में एक खुशगबार तबियत पैदा हो गई और उसके बाद फिर सिर्फ वे ही नेहरू के असर से बचे होंगे जिनके दिल कड़वे हो चुके हैं और जिनकी आँख का पानी मर चुका है।

श्री नेहरूजी कह रहे थे : 'दस-बीस आदमी दंगों में मर गए, इसका मुझे गम नहीं। मुझे किसी के मरने से आँसू नहीं आते, लेकिन आँसू आते हैं जिल्लत से, जो नौजवान, घटियापन, बर्बरता और नीचता पर उतर आते हैं, उनके कामों पर आँसू आते हैं। उनसे मेरा दिल दुखता है, दिल टूटता है।'

ये चार वाक्य सांप्रदायिकता के जहर से हरेक को आगाह करने के लिए काफी थे। एकता संबंधी डिब्बा बंद पकेपकाए नारों का एक पहाड़ भी इतना वजनी न होता। पर इस तरह से आँखों में आँखें डालकर और दिल को दिल से मिलाकर बात कहने के लिए जिगरा चाहिए। अफसोस यही है कि नौजवानों के सामने यों खुल सकने की हैसियत श्री नेहरू के बाद आनेवाले लोगों में दिखाई नहीं देती।

जब भाषण समाप्त हो चला, तो नेहरूजी को छेड़ सूझी। बोले : 'अब मैं इस समारोह का, क्या कहते हैं हिंदी में उसे 'उद्‌घाटन' (फिर पीछे घूमकर देखा : शिक्षामंत्री ने पुलकित होकर कहा, जी हाँ, जी हाँ) करता हूँ।' इस पर दस-पंद्रह आदमियों को हँसी आई, क्योंकि आखिरकार उन्हें अपने अंग्रेजी ज्ञान का अप्रत्यक्ष ही सही, पर कुछ न कुछ समर्थन मिल गया था। इन्हीं में से एक सज्जन भाषण के शुरू में अपने पड़ोसी से पूछ रहे थे, 'क्यों साहब पेंच माने स्क्रू होता है न?'

उद्‌घाटन के बाद कार्यक्रम के आयोजकों ने दिल्ली विश्वविद्यालय की छात्रा नीता गुलाटी का भरतनाट्‌यम और उसके बाद अलीगढ़ विश्वविद्यालय के लड़कों का समवेत गान रखा था। पता नहीं यह किस सरल हृदय अधिकारी की दूरदर्शिता या चमत्कारप्रियता थी कि अलीगढ़ के लड़के, जिनको कि चारों ओर से फटकारा जा रहा है, राजा बेटे बनकर गाएँ, 'धरती अपनी देश हमारा, इसे हम स्वर्ग बनाएँगे, नया इनसान जगाएँगे।' समाज विरोधी भावनाओं की जड़ें गहरी हैं, बहुत गहरी हैं, स्टेज पर उनका नाटक करना नेताओं को शायद संतोष दिला सकता है कि हमने सब सुधार लिया; जिन्होंने गाना गाकर अपना दिल हलका कर लिया और जिन्होंने सुनकर समझ लिया कि अलीगढ़ उतना खराब नहीं है, जितना हम समझे थे, दोनों के लिए यह घटना न तो हृदय परिवर्तन थी, न सत्य का प्रचार और न कोई प्रतिज्ञा, थी सिर्फ एक घटिया तमाशा।

दूसरे दिन दिल्ली के एक प्रसिद्ध अंग्रेजी अखबार ने लिखा : 'श्री नेहरू की अपील के थोड़ी ही देर बाद अलीगढ़ के लड़कों ने यह गाना गया। श्री नेहरू ने बड़े ध्यान से सुना और जब वह उठकर चले तो खुश थे।' जैसे कि उधर भाषण सुना उधर असर हुआ और गाना मय साज-संगीत तैयार हो गया, गा दिया गया, नेहरूजी को भारत की बिगड़ी बनती नजर आ गई। और क्या चाहिए? कुछ तो घटना ही सिनेमाई थी, कुछ हिंदी न जाननेवाले, बल्कि शायद अपनी मातृभाषा भी न जाननेवाले अंग्रेजी रिपोर्टर ने उसे और सिनेमाई बना दिया।

[1.10.61]

●●

अंतरिक्ष में विचरनेवाला पहला मनुष्य दिल्ली आया था। हम लोगों ने उसे निकट से देखा। वह इतना हँसमुख और मोहक था कि विश्वास नहीं होता था कि अंतरिक्ष में उड़ने की विद्या का कभी मनुष्य के संहार के लिए दुरुपयोग किया जाएगा। नेशनल स्टेडियम में जिस वक्त यूरी गगारिन स्कूली छात्रों का मल्लखंभ प्रदर्शन देखकर तालियाँ बजा रहे थे, मैं सोच रहा था कि अंतरिक्ष भ्रमण भी कभी इतना सहज और निर्दोष मानव कर्म बन जाएगा, जितना मल्लखंभ पर चढ़ना-उतरना है।

पर स्टेडियम के आँगन में जमा एक हजार बच्चे कुछ और सोच रहे थे। उन्होंने आखिरकार गगारिन को अपनी आँख से देख लिया था और उस अजूबे के इससे ज्यादा नजदीक घर बैठे कोई आ सकता था, जिसे शून्य कहा जाता है। मनुष्य जाति में एक यही तो विशेषता है कि जो काम

एक आदमी कर सकता है, वह मनुष्य जाति की सामर्थ्य बन जाता है। इस तरह गगारिन को अपने मध्य देखना गगारिन के उस विस्मय में थोड़ा-सा हिस्सा बटाना था जो उसने धरती को अंतरिक्ष में लटकी हुई देखकर पाया था और जो अब उसके व्यक्तित्व से एक दिल हो चुका है।

मैं आपको स्टेडियम के समारोह की बात बता रहा था। नगर निगम के अन्य स्वागत समारोहों से वह कितना भिन्न था—चटक धूप में स्कूली पोशाकों के लाल, नीले, पीले रंग, मधुर बैंड के साथ ढाई सौ छोटे-छोटे शरीरों का व्यायाम और कुल मिलाकर एक आजाद वातावरण—ये विशेषताएँ उपयुक्त ही थीं। पर जिसमें 25 हजार दर्शक अट सकते हों, उसमें दो-तिहाई स्थान एकदम खाली देखकर अफसोस होता था कि क्यों नहीं लोग अपने बच्चों को लाए। लेकिन लाते कैसे, प्रवेश निमंत्रण से था और दिल्ली के ठस विभाग वाले सरकारी प्रबंधक यह बात कब समझ सकते हैं कि गगारिन को देखने जाने में रूस की इज्जत अफजाई का सवाल नहीं है, बच्चों के अनुभव में एक रोमांचकारी वृद्धि का है। निमंत्रण, हस्बमामूल ऊँचे सरकारी नौकरों और सौ दो-सौ व्यापारियों को गए होंगे। स्कूल के बच्चों को सिर्फ मनोरंजन का साधन प्रस्तुत करने के लिए याद किया गया था। अगर उनसे यह कहा गया होता कि आज तुम्हारी छुट्टी है। चलो, उस आदमी को देखने चलें जो शून्य में उड़ा था तो उनका भी एक दिन महत्त्वपूर्ण हो उठता। लेकिन भला हो राजनीति का, जो इस तरह की ईमानदारी का भी दम घोंट देती है। हो सकता है इसमें राजनीति का नहीं, लापरवाही का ही अधिक हाथ रहा हो। तब तो आपत्ति की गुंजाइश और भी ज्यादा है।

खैर, इतना कहकर इस प्रसंग को समाप्त करता हूँ कि समारोह में एक घटना ऐसी जरूर थी, जिसने आयोजकों की कल्पनाहीनता को मानो मुँह चिढ़ा दिया। जिस वक्त गगारिन अपनी पत्नी के साथ जीप में खड़े होकर स्टेडियम के आँगन का चक्कर लगा रहे थे, आयोजकों ने कुछ बच्चों को तो किनारे-किनारे खड़ा कर रखा था और कुछ को बीच में कतारें बाँधकर कवायद के लिए तैयार कर रखा था। जिस वक्त गगारिन को सामने देखकर किनारे वाले बच्चों ने तालियाँ बजाईं, बीच वाले बच्चों का मुँह देखने काबिल था। बेचारे मन मारे 'डिसिप्लिन' के अंदर कैद खड़े थे। यह भी कोई 'डिसिप्लिन' है कि जिसमें मन पर अत्याचार हो। दो मिनट, तीन मिनट, चार मिनट तो धीरज रहा पर फिर वह टूट गया। मुझे बहुत खुशी हुई। लड़के होऽऽ करके लाइन तोड़कर भागे और जितने नजदीक से गगारिन को देख सकते थे, देख आए।

उधर गगारिन चक्कर लगाकर वापस मंच पर पहुँचे, उधर सबने देखा कि लड़के वापस अपनी जगह दल साजे खड़े हैं।

यह थी 'डिसिप्लिन'।

[24.12.61]

●●

'विदेश में
बर्फ, बर्फ बहुत थी
फिर भी वहाँ एकांत नहीं था।
जितना यहाँ है।'

34 वर्षों में 4 उपन्यास, 3 कविता संग्रह, 6 आलोचना निबंध और कहानी संग्रह, एकांकी संग्रह, अनुवाद इत्यादि की 30 से ऊपर पुस्तकें लिखकर, लगभग 4 हजार पृष्ठ के नाना विषयों पर लेख, टिप्पणी, संस्मरण, विचार और मंतव्य प्रकाशित कर श्री प्रभाकर माचवे अब कह रहे हैं कि मैं थक गया।

यह हिंदी संसार को धमकी नहीं है, (क्योंकि उसमें बड़े-बड़े अथक स्वयं-सेवक भरे पड़े हैं) किंतु

प्रभाकर माचवे की अपनी, उनके कलाकार की इच्छा है कि अब कुछ न करें। सच पूछिए तो यह थकान है—हाल के वर्षों में वह विदेश में भारतीय संस्कृति पर व्याख्यान देने के लिए दिन-रात अध्ययन और लेखन करते रहे हैं—यह एक तरह की ऊब है, जो चारों ओर देखकर आज हर भले आदमी को होती है। 'मैं कुछ नहीं कर रहा हूँ, कुछ नहीं लिख रहा हूँ' कहकर भी माचवेजी ने रंग उठाकर यह चित्र बना दिया है और उसके पीछे वह कविता भी लिख दी जो ऊपर छपी है। अगर इस स्तंभ के पाठक मेरी बातों को विश्वसनीय मानते हैं तो विश्वास मानें कि कविता बिलकुल अविश्वसनीय है। दिल्ली में जिस फ्लैट में श्री प्रभाकर माचवे रहते हैं, उसके नीचे से इतना यातायात गुजरता है कि निपट अकेला आदमी भी वहाँ बिठा दिया जाए तो एकांत का अनुभव नहीं कर सकता। फिर माचवेजी से मिलनेवालों की कमी नहीं है। यदि हृदय के एकांत की बात हो तो उसमें इरादों की कमी नहीं है। विदेश के अनुभवों पर एक बड़ी किताब लिखना है—'जहाज पर चढ़े, भौंपू बोला' इस किस्म के अनुभव नहीं—व्यक्तियों के विचारों के अनुभव उसमें होंगे। निराला की 50 कविताओं के अंग्रेजी अनुवाद कर डाले हैं—50 और करने हैं। अमरीकी जीवन की एक कहानी मेरे सामने ही लिखकर खत्म की थी। कुछ और लिखी ही जाएँगी। शायद एक उपन्यास भी लिख जाए, (ठेठ हिंदी में कहें तो 'बन पड़े') हो सकता है कि उनकी आगामी पुस्तकें हिंदी में न होकर अंग्रेजी में हों—और इससे शायद कुछ हिंदी भक्त चौंकें भी। पर चौंकना ही है तो माचवेजी के हिंदी लेखन में भी बहुत-सा चौंकानेवाला है पर उसको शायद हिंदी संसार दाल बराबर समझता है।

[28.4.62]

●●

यदि आपने यशस्वी नाटककार, संसद के वरिष्ठतम सदस्य और प्रवर नेता सेठ गोविंददासजी को निकट से देखा हो तो शायद आपको भी आश्चर्य हुआ हो कि यह सीना तानकर घड़घड़ाते हुए कैसे चले जाते हैं, जबकि इनसे कम आयु के बहुत से राष्ट्रसेवक सीधे खड़े भी नहीं हो पाते।

मुझे तो हुआ। शायद सेठजी को भी यही आशा थी कि आश्चर्य होना चाहिए, इसलिए उन्होंने बड़े स्निग्ध भाव से बताया कि इस युवावस्था का रहस्य क्या है।

उस दिन सेठ गोंविददासजी के गोरक्षा व्रत का एक और पक्ष भी सामने आया। वह यह कि सेठजी केवल गाय का दूध पीते हैं—भैंस या बकरी का नहीं। यदि दिल्ली में प्रवास करते हुए कभी भैंस का दूध पीना ही पड़ा तो उसे यों नहीं पीते। चाय में डालकर पी लेते हैं।

अन्यथा चाय वह नहीं पीते। सबेरे कुछ मील टहलते हैं फिर 15 बादाम खाते हैं और एक आँवला—कच्चा या मुरब्बे का लेते हैं। फिर भोजन, जो कहना न होगा कि निरामिष होता है और उसके बाद दूसरे भोजन तक कुछ नहीं। इस पर उन्होंने जोर दिया—'कतई कुछ नहीं—शायद यही मेरे स्वास्थ्य का रहस्य है।' किंतु हम लोगों को दो भोजन के बीच में खिलाने के लिए उन्होंने बड़े-बड़े रसगुल्ले मँगाए थे। बोले : 'दिल्ली में यह बंगाली मिठाई अच्छी मिलती है।' बड़े आग्रह से और खाने के लिए उन्होंने कहा। बड़ों की आज्ञा शिरोधार्य करना चाहिए, इसलिए हम लोगों को सब खत्म करने पड़े। हालाँकि सेठजी कह रहे थे कि मन हुआ तो रात के भोजन के बाद दो रसगुल्ले मैं भी खा लूँगा।

पर इससे एक समाचार मिला (आप जानते हैं संवाददाता सभी जगह संवाद खोजते हैं) वह यह कि सेठजी भैंस का दूध दो तरह से सेवन कर सकते हैं या वह चाय में पड़ा हो या उसका रसगुल्ला बना दिया गया हो।

[22.4.62]

●●

शान से बूढ़े होना एक कला है। इस 15 अगस्त को प्रधानमंत्री जब लाल किले पर झंडा फहरावेंगे तो वह कुछ और बुढ़ा चुके होंगे। आलंकारिक भाषा में कहा जाए तो वह लाल किले से भी ज्यादा उमर के हैं क्योंकि इतिहास की न जाने कितनी धाराओं को वह अपने में आत्मसात किए हुए हैं। पिछले पंद्रह बरस में दिल्ली के साथ उनका रिश्ता कुछ ऐसा जुड़ गया है कि जिन दिनों वह बाहर रहते हैं, लगता है कि शहर में कुछ हो ही नहीं रहा है और जिन दिनों दिल्ली में रहते हैं उन दिनों लोग उनका उठना-बैठना, सोना-जागना सब ताड़ा करते हैं। अपनी पिछली बीमारी के बाद खासतौर से वह रक्षणीय हो गए हैं—अच्छे होने पर अपने संवाददाता सम्मेलन में जब वह आए तो काफी कमजोर दिखते थे। बीमारी के बाद यह कोई अद्‌भुत बात न थी, पर जब नेहरूजी खाँसे तो संवाददाताओं ने उनकी खबर बनाई क्योंकि उनकी राय में यह पहला मौका था कि अपने संवाददाता सम्मेलन में नेहरूजी इतनी जोर से और इतनी देर तक खाँसे थे। तो भी सामने रहने का एक अच्छा नतीजा यह हुआ कि दिल्ली में नेहरूजी के बारे में अफवाहें उतनी नहीं फैलतीं जितनी उदाहरण के लिए देखें तो लखनऊ में पिछले दिनों फैली थीं, जहाँ दिल्ली से आनेवाले हर आदमी से पूछा जाता था : 'तुम तो जानते होगे, नेहरूजी को क्या बीमारी है?' इस प्रश्न के पीछे चिंता ही थी, दुश्चिंता नहीं थी।

अगस्त 1947 में नेहरूजी ने जो कार्यभार सँभाला था, वह इन पंद्रह वर्षों में कितना बढ़ गया है, यह बताने की जरूरत नहीं। उनके शारीरिक स्वास्थ्य या अस्वास्थ्य का कुछ न कुछ असर इधर उनके काम पर पड़ा है, इसमें शक नहीं। लेकिन इसमें ताज्जुब भी क्या है? अगर कार्य ने उनके स्वास्थ्य पर इतना असर डाला है तो क्या स्वास्थ्य उनके कार्य पर इतना असर भी नहीं डाल सकता?

जो हो, इस बार नेहरूजी जब लाल किले पर झंडा फहरावेंगे तो चाहे-अनचाहे एक सवाल लाखों आदमियों के दिल में जरूर आवेगा। वह यह है कि यह ऐतिहासिक चित्र क्या उतना ही पुरअसर तब भी रहेगा, जब इसमें नेहरूजी की जगह कोई और साहब होंगे? जैसा कि पिछले दिनों राजधानी में हुआ था, यह सवाल उठकर, थोड़ी-सी उत्सुकता जगाकर फिर शांत हो जाएगा—उस तसवीर का भ्रम टूटने का दुख जनसाधारण बर्दाश्त नहीं कर सकते।

पर नेहरू के बाद कौन होगा, इसका जवाब यह भी सही नहीं है कि नेहरू के बाद भारत। भारत तो अभी भी है और गालिबन नेहरू के पहले ही है बाद में नहीं; लेकिन सवाल यह था कि नेहरू के बाद प्रधानमंत्री कौन होगा। चीन और पाकिस्तान से अपनी रक्षा करने और पंचवर्षीय योजनाओं के लिए साधन जुटा सकने में हम जितने सफल होंगे उतना ही यह सवाल आसान होगा, क्योंकि मंत्रिमंडल में 'सिनियारिटी जूनियारिटी' के हिसाब से तरक्की भले होती हो मगर प्रधानमंत्री पद के लिए तो वही आदमी खड़ा हो सकेगा, जो जनता का प्यारा हो।

नेहरूजी ने इस तरह से अपनी जिंदगी अब तक गुजारी है कि यह आगे के लिए एक शर्त बन गई है। इधर दिल्ली में राजनीतिक ताक-झाँक करनेवाले संवाददाताओं ने नोट किया है कि रक्षा और रुपया, दोनों मामलों से संबंध रखनेवाले मंत्री, जनता के कुछ अधिक संपर्क में आ भी चले हैं। दोनों के लिए अलग-अलग वर्गों में 'श्रद्धा' का विकास हो चला है। यह 'श्रद्धा' एक विशाल अशिक्षित जनसमुदाय के लिए हितकर भी है, नहीं तो मुट्ठीभर पढ़े-लिखे आदमी जब चाहें तब जनता को जिधर चाहें उधर हाँकने न लगें?

[26.8.62]

●●

जिस समय मैं यह लिख रहा हूँ, दिल्ली पर एक अजब तरह का मौसम छाया हुआ है। आती हुई गर्मियों की निशानी, उचटा हुआ मन, भविष्य की चिंता, बढ़े हुए करों का बोझ और खाली सड़कों पर हवा से एक ओर बटोरे हुए पीले पत्ते, ये सब राजेंद्र बाबू के शोक में ताने-बाने की तरह बिने हुए से जान पड़ते हैं। जिस सूनेपन से आज राजधानी भरी हुई नजर आती है, वह राजेंद्र बाबू के न रहने से उत्पन्न शून्य का ही प्रतीक मालूम होता है।

नेहरूजी को आज सबेरे गंगानगर जाना था, वह गए। डाक्टर राधाकृष्णन पटना चले गए। संयोग से लालबहादुरजी नेपाल जाते हुए कल पटना रुके थे, उन्होंने नेपाल यात्रा एक दिन के लिए स्थगित कर दी है। शाम को रेवरेंड माइकेल स्काट और जयप्रकाश नारायण राजघाट की समाधि से पैदल पीकिङ को रवाना होंगे—शांति मार्च पर। इस योजना का भी जैसे राजेंद्र बाबू के निधन से कोई सांकेतिक संबंध है—वह शांतिपूर्वक आंदोलन करने की उसी पुरानी परंपरा का शायद अंतिम दृष्टांत है जिसमें राजेंद्र बाबू की गहरी निष्ठा थी और जो उनके जैसे पुरुषों के हाथों संस्कृत हुई थी।

आज सवेरे संसद में श्रद्धांजलियाँ अर्पित की जा रही थीं : 'बज्र से कठोर कुसुम से कोमल', 'सच्चे भारतीय', 'विभिन्नताओं में सामंजस्य के सूत्र', 'विदेह', 'निस्पृह' इस तरह के शब्दों के पीछे, मैंने लक्ष्य किया, एक संपूर्ण युग का वृत्त है। राजेंद्र बाबू से इन वक्ताओं में से अधिकांश का बरसों पुराना संबंध था—राजनीतिक सहयोगी और विरोधी दोनों नातों से वे उनके लिए कातर थे, पर व्यक्ति से अधिक जो उन्होंने खोया था, वह इतिहास से अपना अपनापा खोया था। आजादी की लड़ाई का बेलौस दीवानापन, निडर मस्ती, अहिंसा का आध्यात्मिक तेज, सत्ता पर संयम और भीतर-बाहर एक रहने पर आग्रह ये सब उस दौर के प्रतिमान थे जिसमें जो काम होता था, धुन के पीछे पड़कर होता था सरकारी प्रोत्साहन से नहीं, और सत्य के लिए आग्रह हर काम को बेईमानी से दूर रखता था, मानो पथभ्रष्ट होने पर देश को जवाब देना पड़ेगा। उस युग के राजेंद्र बाबू ऐसे अंतिम प्रतिनिधि थे, जिन्होंने स्वतंत्रता के बाद भी उन्हीं परंपराओं का पोषण किया। 1947 के बाद के इन 15 वर्षों को उन्होंने एक छोटे तथापि महत्त्वपूर्ण युग का रूप दे दिया है, जिसमें संविधान की मर्यादाओं, राष्ट्रपति के आदर्शों और सत्ता के सदुपयोग की नई परंपराएँ उन्होंने डाल दी हैं।

[1.3.63]

अन्य कॉलम

दिल्ली की झलकियाँ

[जनसत्ता (पुरानी), 1952]

आज का प्रसंग

[आकाशवाणी, 1964]

दृष्टिकोण

[कल्पना, 1965]

अंतर्धारा

[दिनमान, 1968]

जी, आपने कुछ कहा ?

[दिनमान, 1981]

गीली स्याही

[नवभारत टाइम्स, सुलभ इंडिया, रविवार, 1983-1988]

लेखक के चारों ओर

[रविवार, प्रतिपक्ष, 1984-1985]

बात

[इतवारी पत्रिका, 1986-1987]

[अभी दिल्ली दूर है (हंस, 1987)]

अर्थात्

[जनसत्ता, 1984-1990]

सड़क के किनारे-किनारे

जब हम छोटे थे तो हमारे एक बड़े भाई हमें बहुत तंग किया करते थे। उनकी खास शरारत यह थी कि हमारे दोनों कानों को अपनी दोनों हथेलियों से दाब के हमें हवा में उठा लिया और पूछने लगे, "कहो दिल्ली दिखाई दी या नहीं?" हमारा सारा वजन हमारी कनपटियों पर पड़ता था और मुँह खिंचकर घोड़े का-सा हो जाता था। जो हम कहते, "कहाँ, कुछ नहीं दिखाई दिया," तो कुछ देर ऐसे ही लटके रहना पड़ता, इसलिए हम चीखकर फौरन स्वीकार कर लेते कि "हाँ, वह दिखी!" तब कहीं जमीन पर फिर से खड़े होना नसीब होता। पता नहीं यह खेल उनका अपना ईजाद किया हुआ था या प्रचलित रूप में बड़े भाई छोटे भाइयों को ऐसे ही तंग करते हैं, मगर यह हम जानते हैं कि दिल्ली देखना हमारे लिए अब भी बहुत कुछ उतना ही कष्टकर है, जितना कि तब होता था।

दिल्ली कार की और हजार की

सुनते हैं, दिल्ली में दुनिया भर से ज्यादा महँगी है—किसी जिम्मेदार अफसर ने आँकड़े देख हमें यह बतलाया था—मगर हमें विश्वास नहीं होता। किसी सड़क के किनारे के ढाबे में चले जाइए, चार आने के दो 'फुलके' मय दाल-तरकारी के खा जाइए। एक वक्त का खाना हो गया। हाँ, इसमें वह तकल्लुफ नहीं है जो फुलके में होता है—होंगी तंदूर की सिंकी पनेथियाँ और कहेंगे फुलके। भई, हम तो फुलके उनको कहते हैं जो हथेली के बराबर होते हैं और बताशे की तरह फूले हुए थाली में आते हैं। खैर, स्वाद चाहते हैं तो वहीं सड़क के किनारे छोलेवाला भी मिल जाएगा। दो आने में कलेजा तक न चरपरा जाए तो कहिए। मसाले के दाम हैं—मटर तो घाते में हैं। खा-पीकर वहीं सड़क के किनारे बस स्टैंड पर खड़े हो जाइए और प्रतीक्षा कीजिए बस की, जैसे भगवान में विश्वास रखनेवाले अच्छे दिनों की प्रतीक्षा करते हैं। तात्पर्य यह कि मात्र जीवित रहना हो तो वह दिल्ली में अत्यंत सरल है। सागर में बूँद जिस मजे से रहती है, उसी मजे से आप भी इस करोड़ों की आबादी में बने रहेंगे। मगर शर्त यही है कि सड़क के किनारे ही किनारे रहिए या गली ही गली, आम सड़क तो यहाँ कार वालों के लिए है। किसी ने क्या ही खूब कहा है कि दिल्ली तो कार की और हजार की।

'बेकार' के बादशाह

मगर ऐसे ऐश करनेवाले भी यहाँ हैं जिनके न कार है न हजार, मगर दिल रईस है और तबीयत कुछ ऐसी अलमस्त है कि उस पर यथार्थ का कोई असर ही नहीं होता। उनका नारा है कि दिल्ली मेरी और मेरे यार की। हमारे एक नई जान-पहचान के मित्र नित्य प्रातःकाल अपनी इकलौती पतलून को सनलाइट से धोते हैं। 9 बजे तक वह सूख जाती है तो उस पर स्त्री करके उसे पहन लेते हैं।

दफ्तर से 6 बजे थके-माँदे लौटते हैं तो सीधे कनाट प्लेस जाते हैं और वहाँ कोई मिल गया तो बेहतर, नहीं तो अकेले ही सारे गोल बाजार का दस-पंद्रह बार चक्कर लगाते हैं, जैसे सारी दुकानें खरीद ही तो डालेंगे। कभी-कभी व्यतिक्रम के लिए—अपनी धर्मपत्नी को कैरियर पर, एक बच्चे को आगे और एक को टोकरी में बिठाए हुए पैडिल मारते ओखले भी हो आते हैं, अन्यथा उनका दफ्तर और दिल बहलाव ऐसे ही बँधा है, जैसे कनाट प्लेस का चक्कर जिसमें गोल-गोल चलते ही जाइए। उनसे कभी साक्षात् हो जाता है तो बड़े तपाक से पूछते हैं—"कहो जी बादशाह, क्या हाल है?"

हम कहते हैं, "जिंदा हैं, आप तो मजे से हैं?"

उत्तर आता है, "जी, ऐश कर रहे हैं; आज ओखले पर बड़ी रौनक थी।"

तबियत खुश हो जाती है यह देखकर कि वाह क्या मस्ती है कि जरा-सी नौकरी में मियाँ-बीवी-बच्चे समेत पड़े हुए हैं, संक्षिप्त-सी आय है, ऋण हैं, बच्चों की पढ़ाई-लिखाई ढंग की हो नहीं सकती, खुद तमाम चीजों के लिए मन मसोसकर रह जाते हैं, किंतु जब मिलेंगे तो एक दूसरे को 'बादशाह' 'महाराज' से कम खिताब न देंगे, हाथ मिलाएँगे और खीसें बाकर आश्वासन दिलाएँगे कि हमें अपने कष्टों का कोई ज्ञान नहीं है, सामाजिक अन्याय और शोषण की हमें परवाह भी नहीं—हम तो अपने टाट में मगन हैं और 'ऐश' कर रहे हैं।

[*जनसत्ता* (पुरानी), 21 सितंबर 1952]

रामलीला

आज हमारी अभागी गली से बड़ी सवारियाँ गुजर रही हैं—टैक्सियाँ, फटफट, ताँगे और साइकिलें। वजह यह है कि रामलीला हो रही है और उधर की सड़क का सारा यातायात इधर मोड़ दिया गया है। यों तो सारी दुनिया राम की लीला है—हमको इस अथाह भवसागर में अपने अस्तित्व का भान तक नहीं, फिर भी यह 'रामलीला' ही है जिसकी वजह से आज हमें भी यह लग रहा है कि हाँ, हम भी आबादी के निकट कहीं हैं। एक अजब तरह का मिला-जुला शोर है—भीड़ की आवाज जिसमें व्यस्त मधुमक्खियों की सी हम्म् है—यद्यपि भीड़ में प्रत्येक व्यक्ति निठल्ला तमाशाई ही है। इस आवाज में कीच के ऊपर खिले रहनेवाले कमल की भाँति चाटवालों, सर्कसवालों, जादूवालों और तमाम फेरीवालों के नारे हैं—जो जनसाधारण की चिल्लपों से ऊपर निस्पृह भाव से मुखरित होते हैं—कोई आए चाहे न आए।

दिल्ली जैसे हा-हा हूहती शहर में इतने आदमी दो ही अवसरों पर एकत्र हो सकते हैं—एक : पंडित नेहरू के भाषण पर, दो : रामलीला पर। तीसरा केंद्र कोई नहीं है, जहाँ पर इतने जनों की संवेदना का साधारणीकरण हो सके। सामाजिक चेतना के ये दो स्तर एक दूसरे से बहुत ऊपर-नीचे भी नहीं हैं—दोनों के मूल में एक अतार्किक श्रद्धा ही है। अंतर यही है कि रामलीला मूलतः मनोरंजन है। उसका धार्मिक पक्ष केवल उसके नाट्य पक्ष का आनुषंगिक है—और पंडितजी का भाषण!—बाप रे! वहाँ मनोरंजन करने जाकर किसे डाँट खानी है।

रामलीला दिल्ली का विशेष पर्व है। और यह विशेषता सुनते हैं कि दिल्ली के मुगल शासकों के जमाने में भी इसे प्राप्त थी—जबकि चाँदनी चौक के बीचोबीच नहर बनी हुई थी और रामलीला की सवारी लालकिले के नीचे से गुजरती थी, ताकि बादशाह सलामत भी एक नजर डाल लें। और इस लोकतंत्र के युग में भी दिल्ली को 'बादशाह सलामतों' से छुट्टी कहाँ मिली है। और अनुष्ठानों की तरह रामलीला भी उनकी उपस्थिति के बिना अधूरी ही रहती है।

हम कल शाम को एक मित्र के यहाँ भोजन के लिए निमंत्रित थे। उनका घर ठीक रामलीला मैदान के सामने है। खाने के कुछ देर बाद हमने उनसे विदा माँगी। वे बोले : "कहाँ जाइएगा, बैठिए, अभी तो मुझे ये कम्बख्त सोने भी नहीं देंगे। जब से रामलीला शुरू हुई है; क्या बताऊँ, मुंशीजी, जान एक अजब आफत में है। सड़क को इन लोगों ने बाजार बना रखा है; और मैदान में जरा देखिए—हिंडोले, चकरघिन्नियाँ, और तमाशेवालों ने कैसा मछली बाजार लगा रखा है। सचमुच हम हिंदुस्तानियों में कोई सांस्कृतिक परिष्कार नहीं, छिः गँवार!"

हमने सुझाव रखा कि चलिए हम लोग जरा बाहर की रौनक देख आवें। स्पष्ट है कि इस सुझाव से वे बहुत चौंके। उन्हें बड़े दफ्तर में माथा टेकते कोई दस बरस हो गए होंगे, इस बीच उन्होंने एक ही प्रेम कथा की कोई 100 फिल्में देख डाली होंगी। तीस-चालीस शादियों, दावतों में हो आए होंगे और कमी पूरी करने के लिए कुल मिलाकर 3650 घंटे शतरंज या ताश खेलकर बिता दिए होंगे—अगर हिंदी आती हुई, तो मनमोहक कहानियों को हर महीने खरीदकर पढ़ा होगा। मगर मेला! राम राम!! मेला शब्द से ही गँवारपन टपकता है—सब तरह के लोग! न जात की परवाह न जमात की—कंधे से कंधा छिलता है। न भई! मेला, शरीफों के जानेवाली जगह नहीं। अखिल भारत वनिता संघ के मेजर जनरल कड़कसिंह की सुंदरी पत्नी राजकुमारी जयमाला के सभानेतृत्व में सरताज होटल में लूले-लँगड़े सिपाहियों की सहायतार्थ एक 'फीस्ट' का आयोजन किया होता तो हम निश्चय चले जाते, चाहे हमको कपड़े अर्जेंट ही धुलवाने पड़ते। मेला वह भी है पर उसकी बात ही और है।

केवल इसी बात की जाँच करने के लिए कि रामलीला के उत्साही दर्शक रामचरित सुनने वहाँ जाते हैं या मेले में शामिल होने—हमने रामलीला मैदान में खूब घुमक्कड़ी की। कैसे-कैसे अलग-अलग चेहरे और कैसी-कैसी अलग-अलग सज-धज के लोग थे। मगर एक स्तर पर सब एक विशाल सांस्कृतिक कर्तव्यभावना के वश होकर वहाँ आए थे—सभा में एक मनोरंजनप्रियता होती है। जो जनजीवन के, धरती के, अपने इतिहास के जितना निकट होता है, उसमें वह उतनी ही निःसंकोच और सहज होती है। आपसे कौन कहता है कि आप रामचरित सुनने-देखने वहाँ जाइए, वह तो आपने अपनी पाठ्य पुस्तकों में कभी बचपन में पढ़ा होगा—और अब आपसे कोई पूछे कि दशरथ की रानियों के नाम क्या थे तो आप बगलें झाँकने लगेंगे—मगर खैर, आप जिस देश के, जिस इतिहास के जाए हैं, उससे कन्नी क्यों काटते हैं? जिस वर्ग में आप पैदा हुए उसके न हुए तो फिर किसके होंगे? आपकी शिक्षा-दीक्षा का यह हाल है कि अंग्रेजी छोड़ हिंदी का भी एक वाक्य सही नहीं लिख सकते, बचपन से ही आपको भीड़-भाड़ से घृणा रही होगी, क्योंकि आप सफेदपोश थे—भीड़ में कपड़े मैले होते हैं—फट भी जाते हैं। नाटक, कला, साहित्य आपके लिए सिर्फ कोई किताबी नियामतें हैं, और किस बिरते पर आपने कहा कि रामलीला देहातियों का मेला है?

शायद विदेशियों के उदाहरण देने से आप हमारी बात को प्रमाणित मानें, इसलिए सूचनार्थ निवेदन है कि फ्रांस में और ब्रिटेन में अब भी फेस्टिवल मेले लगते हैं, जिन्हें देखने के लिए सारे देश प्रांतर से लोग आते हैं—वे अपने जनजीवन की शक्ति को पहचानते हैं—'सफेद कालर' वहाँ बहुत हैं, पर वे मेलों से झेंपते नहीं। जो नाट्य कला उनके देश का गौरव है, ऐसी ही किन्हीं 'लीलाओं' और 'स्वाँगों' से शुरू हुई थी—उन 'नकलों' का आधार भी धार्मिक था पर जन चेतना ने धार्मिक संकीर्णता पर सदा विजय पाई है और शेक्सपीयर जैसे नाटककार मिरैकिलों और मोरैलिटियों जैसे भदेस नाटकों से ही पैदा हुए हैं।

दिल्ली का रामलीला मैदान पुरानी दिल्ली और नई दिल्ली के ठीक बीचोबीच है। इस तरह से, सस्ती भावुकतावश हम कह सकते हैं कि वह दो चेतनाओं का संगम है—जो कि सत्य कदापि नहीं। 'हिंदी में रंगमंच नहीं। हिंदी में नाटककार नहीं।' हम चिल्लाते हैं, यह नहीं देखते कि रामलीला और पश्चिम से सीखे हुए नाटक के बीच में एक व्यवधान है और हमारी बाबू वर्ग की जड़हीनता; खोखलापन।

संगम-वंगम की बात निरी बकवास है—आप अभी जाइए और चर चूँ करते हुए हिंडोलों, जलजीरा बेचते हुए खोमचेवालों, तीन टाँग का लड़का और बोलता बकरा दिखानेवाले जादूगरों, लाल-नीली चुनरियों-साड़ियोंवाली औरतों, तेल से तर कनपटियोंवाले इनके पतियों या देवरों और नाक सुड़कते जिद करते बच्चों की उस चहल-पहल में एक बार पैठ जाइए, ताकि आपको जीवन की धड़कन का—भीड़ के रक्तचाप का कुछ पता तो लगे। आप जैसे घरघुस के लिए यही सजा ठीक है।

[*जनसत्ता*, 28 सितंबर 1952]

कॉफ़ी हाउस

कहा जाता है कि 'हर वक्त चाय का वक्त'। चाय जैसे निस्स्वाद पेय के लिए यह बात ठीक हो सकती है, क्योंकि दिन भर में पंद्रह-बीस प्याले पीजिएगा, तो कोई न कोई प्याला तो लुत्फ दे ही जाएगा—क्या जाने किस भेष में नारायण मिल जाएँ। मगर कॉफी जैसे विशिष्ट पेय के लिए, जिसका हर प्याला पिछले से ज्यादा रसीला है—वक्त चाहे न बँधे हों, अवसर अवश्य निश्चित है। यों वे अवसर आप जब चाहें ले आएँ। एक तो सुबह साढ़े आठ बजे नाश्ते के साथ (या नाश्ता साथ में—जैसी श्रद्धा हो); दूसरा काम पर जाते वक्त; तीसरा, घंटे भर काम कर चुकने के बाद; चौथा, खाने के बाद; पाँचवाँ किसी मुलाकाती के आ जाने पर; छठा दफ्तर से लौटते हुए; सातवाँ, दफ्तर से लौटकर; आठवाँ शाम के साढ़े आठ बजे; नवाँ, खाने के बाद; और अगर आप देर से सोते हों तो दसवाँ, सोने से पहले। फिर अगर कॉफी पी लेने से आपकी नींद चली जाए तो रात में भी श्रद्धानुसार तीन से लेकर छः प्याले तक पी लेना सर्वथा मानवोचित है!

इन सबसे महान अवसर वह है जब आप कॉफी हाउस के सामने से जा रहे हों। उपरोक्त अवसर तो दिन में एक बार में एक ही आता है, परंतु यह दिन में एक ही बार में कई बार आ सकता है। और यह भी संभव है कि आप कॉफी हाउस के सामने से न भी गुजरें और यह अवसर आ जाए—क्योंकि पुरुषस्य भाग्यं...दैवो न जानाति और किसे पता है कि जा हम रहे हों पंचकुई रोड पर और भाग्य के बल से क्वीन्सवे पर खिंचे चले आवें।

परंतु जैसा कि घटनाओं का ऐतिहासिक नियम है कि उनमें सदा एक अंतर्विरोध होता है, कोई भी भला आदमी कॉफी हाउस कॉफी पीने के लिए नहीं जाता। यद्यपि कॉफी पीने के लिए कॉफी हाउस ही जाना बुद्धिमानी है—एक तो यों कि वहाँ दिल्ली भर में सबसे उम्दा कॉफी मिलती है, दूसरे यों कि वहाँ यह जरूरी नहीं है कि जब तक बैठें, कॉफी ही पीते रहें—तथापि यह जरूरी है कि बैठे रहें।

दिल्ली निराली दिल्ली का कॉफी हाउस निराला

दिल्ली का कॉफी हाउस अन्य शहरों में स्थित अपने जाति भाइयों से निराला है। लखनऊ का कॉफी हाउस एक संस्था है, जिसके चुने-चुने सदस्य हैं। इलाहाबाद का कॉफी हाउस विद्यार्थियों का अड्डा है। पटने का कॉफी हाउस वहाँ के निवासियों के लिए फैशनेबुल फिजूलखर्ची की जगह है। मगर दिल्ली का कॉफी हाउस एक सराय है—जिसका जी चाहे आए, ठहरे, चला जाए—या न जाए। रोज नए चेहरे, नई-नई आदतें देखने को मिलती हैं—पुरानी जान-पहचान भी ताजी हो जाती है मगर कॉफी हाउस खुद पर कोई असर नहीं होने देता, उसके वातावरण में से कॉफी की भाप और परोसनेवाले

बेयरों की तत्परता नहीं जाती। लगता है कि आगंतुक आपस में एक दूसरे के लिए कुछ अर्थ नहीं रखते। सभी कॉफी पीते हैं, हँसते-बोलते भी हैं। पर सब पर कॉफी हाउस का अपना व्यापारिक वातावरण एक विशिष्ट तीसरी सत्ता की भाँति छाया रहता है। उपमा ही देना पड़े तो हम इसकी उपमा उस कक्षा से देंगे जिसमें मास्टर साहब ऊँघ रहे हों और लड़के एक-दूसरे पर चाक के टुकड़ों से निशाने लगा रहे हों या कुत्ते-बिल्ली की आवाजें निकाल रहे हों, मगर आखिरकार मास्टर साहब वहाँ हैं ही—और लड़के मन में समझ रहे हैं कि अंततः यह स्कूल ही है—कबड्डी का मैदान नहीं!

हम जब पहले-पहले इस कॉफी हाउस में घुसे तो एक बेयरा सामने ही दीख गया जो किसी जमाने में लखनऊ के कॉफी हाउस में था। उसने जिस मेज पर ले जाकर बिठा दिया, हम उसी पर बैठ गए और कुछ मँगा लिया।

अपरिचितों का संग!

तीन कुर्सियाँ खाली थीं। हमने यही देखा था कि एक बैठे तो तीन कुर्सियाँ स्वाभाविक रूप से खाली रहती हैं—पर ऐसा बदा नहीं था—जरा देर में एक और अपरिचित ने नम्रता से पूछकर एक कुर्सी पर अधिकार कर लिया। क्रम से दो और अपरिचित आए और अब हम एक मेज पर चार अपरिचित थे। एकाएक मुझे लखनऊ के ताँगे याद आ गए जिनको एक बार में एक ही व्यक्ति द्वारा किराए पर लिया जा सकता है—एक से अधिक बैठें तो उसी व्यक्ति के संगी ही बैठ सकते हैं। मगर फिर उस कोठरी की भी याद आई जिसमें मैं तीन अन्य परिवारों के साथ रहता था। जहाँ व्यक्ति की सहज आवश्यकताएँ मात्र भोजन वस्त्र और शौच ही रह गई हों, वहाँ उसके बौद्धिक या मानसिक विशेषाधिकारों का प्रश्न ही कहाँ उठता है। या शायद उठता है और बहुत बड़े प्रश्न के रूप में उठता है।

तीन अपरिचितों के संग बैठकर भी अलग खाते हुए एक अजब-सा संकोच होता है न? होता ही है—होना ही चाहिए। जब तक व्यक्ति एक प्रचलित सस्ते जीवनदर्शन का पूर्ण रूप से मानसिक और बौद्धिक गुलाम नहीं हो जाता, तब तक तो वह सभी प्रकार के ओछेपन से विद्रोह करेगा ही। साथ रहने या साथ देने की बात गलत नहीं है। परंतु साथ देने के लिए हम कंधे से कंधा मिला कर चल सकते हैं—थाली से थाली मिलाकर खा नहीं सकते। लड़ाई के मैदान में वह भी कर सकते हैं—पर कॉफी हाउस में नहीं।

इंग्लिस्तान और फ्रांस के बौद्धिक जीवन के कहवाघरों और कोकोघरों का एक विशिष्ट स्थान रहा है। वास्तव में वहाँ खाद्य या पानीय प्राथमिक नहीं रहा है—प्राथमिक रहा है, एक ऐसे स्थान का उपयोग, जहाँ कुछ विशिष्ट प्रकार के व्यक्ति आदतन आकर बैठ सकें : आने का आकर्षण कॉफी या कोको न होकर विचार या व्यक्ति हुआ करते थे और कॉफी का काम यही था कि अपने स्वाद और गुण के बल पर वह उन्हें शारीरिक थकान से बचाए। हमें भी कुछ-कुछ याद है, आज के यश, धन, आदरप्राप्त प्रगतिशील कवि सरदार जाफरी से लेकर विदग्ध चिंतक, और गरीब मोहताज, हिंदी के पहले एकांकी नाटककार भुवनेश्वर प्रसाद (जो आजकल लगभग विक्षिप्तावस्था में हैं) तक कॉफी हाउस के ही लोग हैं। उसके शांत और निराडंबर वातावरण में ही इन लोगों ने अपने विद्यार्थीकाल से लेकर उन्नतिकाल और दुर्गतिकाल तक शिक्षा-दीक्षा पाई है—वहीं ये गूढ़ हैं।

खोखले दिमाग और रंगीन कपड़े

अब जमाना और है; अब कॉफी हाउस अपनी पिछली ख्याति के बल पर हमें खींचता है, मगर वहाँ

जाकर हम ऐसे-ऐसे खोखले दिमाग और रंगीन कपड़े देखते हैं कि तबीयत हट जाती है और न विचार-विमर्श में आस्था रह जाती है, न व्यक्ति के व्यक्तित्व में। हम सच कहते हैं कि ऐसे निर्विकार, भकुए चेहरे एकसाथ हमने एक जगह नहीं देखे और अगर देखे भी तो इतनी भड़कीली कमीजों से झाँकते हुए नहीं। दिल्ली में जो नवबढ़, नौदौलतिया वर्ग अभी बुलंदी पर आया है उसने कॉफी हाउस में बैठना अपनी पिछली पीढ़ी से सीखा है—और पिछली पीढ़ी बड़ी गरीब पीढ़ी थी, उसने एक आने छः पैसे और दो आने लेकर कॉफी हाउस जाना और वहाँ एक सामूहिक विनिमय में अपना कर्तव्य करना सीखा था—उसके लिए कॉफी हाउस ही जाना जरूरी नहीं था—पर मध्यवर्ग के सफाईपसंद नौजवानों के लिए कॉफी हाउस ही एक सुगम सुलभ जगह थी। आज तो कॉफी हाउस जानेवाले हमारे दोस्त वास्तव में अपनी लाज रखने के लिए वहाँ जाते हैं—कहीं यह न कहा जाए कि तुम कॉफी हाउस नहीं जाते? उन्हें विचार-विमर्श में दिचलस्पी नहीं। कॉफी के ऐसे कोई वे शौकीन भी नहीं। वे जाते हैं और न्ष्ठिापूर्वक बैठ जाते हैं—और बैठे रहते हैं, कभी-कभी तो एकांतभाव से शून्य में ताकते हुए, कभी एक-दूसरे के कपड़ों की नई काट को परखते हुए और कभी, केवल कभी-कभी, शोर मचाते हुए—मगर तब वे 'शिनशिनाकी बूबलाबू' की बातें करते हैं, जिसमें न हम रुचि रखते हैं न आप, इसलिए इस आलोचना को यहीं समाप्त करें।

[*जनसत्ता*, 12 अक्टूबर 1952]

"युअर लक गुड...!"

ज्ञान का विस्तार असीम होता है वैसे ही जैसे मनुष्य की जिज्ञासा अशेष होती है अथवा उसका अन्वेषण अनंत होता है। कहते हैं कि सत्य की खोज में जो जितना भटकता है उतना ही महान होता है और उसकी उपलब्धि उतनी ही मौलिक होती है, पर हमारा अनुभव कुछ और कहता है।

हमें अधिक भटकने की आवश्यकता नहीं—कनाट प्लेस तक जाने से काम चल जाएगा। सत्य वहीं आपकी खोज में भटकता हुआ आपको मिल जाएगा—मिल क्या जाएगा। आपको पकड़ लेगा और तब तक नहीं छोड़ेगा जब तक आपको अच्छी तरह बता न दे कि आपकी मुट्ठी में क्या है। रही मौलिकता की बात तो यदि मौलिक का अर्थ है 'नया' एकदम नया, यानी एकदम नया तो प्रत्येक भेंट में वह आपको कुछ ऐसा ज्ञान देगा कि आप भी कहेंगे 'भई यह तो नई बात सुनी।'

बहुत दिनों की बात है। उसी दिन हम इस महानगरी के रेलवे स्टेशन पर आकर उतरे थे। अपने परदेसीपन से हमने बहुतों को आकृष्ट किया होगा, परंतु एक सरदारजी ने विशेष रुचि से हमारा निरीक्षण करना शुरू किया और प्लेटफार्म से बाहर तक अपने सत्प्रयत्न में लगे रहे। ताँगेवाले से हमारा जो शुद्ध व्यापारिक विचार-विनिमय हुआ, उसे भी इन्होंने निष्पक्ष भाव से अंत तक सुना।

तीन दिन बाद सिंधिया हाउस के बस अड्डे पर खड़े-खड़े हमें यह सांत्वनाप्रद उपलब्धि हुई कि ये सरदारजी खुफिया पुलिस के आदमी नहीं हैं, ज्योतिषी हैं। हाथ देखते हैं—भविष्य का फल बताते हैं। धीरे-धीरे हमें यह भी मालूम हुआ कि भविष्य फल बताने के लिए उन्हें हाथ देखने की भी जरूरत नहीं पड़ती।

इनसे पहली भेंट इस प्रकार हुई—

सरदारजी ने हाथ के इशारे से हमें बुलाया। हमें यह जंगलीपन बहुत पसंद नहीं आया और हमने सख्ती से पूछा, 'क्या है?'

सरदारजी, 'मिस्टर प्लीज लिसन योर लक गुड, आइ टेल'। अंग्रेजी पर बिना ध्यान दिए हुए

हमने उन्हें हाथ इशारे से 'दूरमपसर' कहा क्योंकि संप्रति हम अपना भाग्य जानते थे, वह यह कि डेढ़ घंटे तक हमें इसी अड्डे पर बस की प्रतीक्षा करना बदा था।

सरदारजी, 'आई टेल, यू कम फ्राम डिस्टेंस, डेल्ही नाट गुड टू यू, यू गो बैक, मैन ट्राइंग हार्म यू : यू नाट नो : बाल्ड हेड, बिग मैन।'

इसमें से 'डेल्ही नाट गुड' वाली बात तो हम स्वयं ही थोड़ी बहुत जान गए थे पर 'गंजे सिर वाले शत्रु' वाली बात बिलकुल नई थी इतनी नई थी कि सुनने में सच्ची भविष्यवाणी-सी लगती थी। इसलिए हम थोड़े से उत्सुक दिखाई दे गए हों तो कोई अचरज नहीं।

बस उन्होंने (उँगली पकड़ते ही) झट से पहुँचा पकड़ लिया और उदारतापूर्वक केवल एक रुपए चार आने में हमारी प्रेमिका का नाम-पता बताने की इच्छा प्रकट की। इस पर हम वहाँ से बगटुट भागे, क्योंकि अपने बिलकुल व्यक्तिगत मामलों में किसी का दखल देना हमें बिलकुल पसंद नहीं—यद्यपि यहाँ इस अहं से अधिक बलवती हमारी उत्सुकता थी कि भई देखें तो वह कौन है? (जिसका हमारे जीवन में तब तक कोई अस्तित्व नहीं था।)

हम अगले नुक्कड़ पर जाकर खड़े हो गए और ट्रैफिक के खुलने की प्रतीक्षा करने लगे। यह सच है कि दिल्ली प्रतीक्षाओं का देश है, हर चीज यहाँ साँसत में रहती है। यहाँ तक तो ठीक है, मगर जब प्रतीक्षा हमें रास्ता मिलने की हो और सामने कोई रास्ता रोककर ऐसे खड़ा हो जाए जैसे उसी की प्रतीक्षा थी, तो? पहले तो हम समझे कि यह वही सरदारजी हैं क्योंकि इनकी प्रस्तावना भी उसी शैली में थी 'मिस्टर प्लीज लिसन' मगर गौर से देखा तो ज्ञात हुआ कि यह दूसरे हैं। हाथ में एक कार्ड लिए जिस पर अंक-गणित और बीजगणित के कुछ हल किए हुए थे। यह हमें दिखा रहे थे और कह रहे थे कि आपकी प्रेमिका का नाम 'म' से आरंभ होता है! बोलिए होता है कि नहीं? इससे अधिक बताने की दर इनके यहाँ और भी कम थी और हमें विश्वास है कि यदि इसके बाद हम असावधानी के कारण ऐसे ही किसी तीसरे से भिड़ गए होते तो वह मुफ्त ही हमें सब बताने को तैयार हो जाता। हमारी अपरिचित प्रेमिका का नाम भी कितना मशहूर है? चाहे ये हमारा नाम न जानते हों। उसका जरूर जानते हैं, क्योंकि जब हम ही उसे नहीं जानते तो उनकी बात को गलत कौन साबित करेगा?

हम तो निकट देश के परदेसी हैं, दूर देश से जो भाग्यवान् यहाँ आते हैं उन्हें उनका भविष्य बताने के लिए भारतवर्ष के सांस्कृतिक अतीत के प्रतिनिधि ये ज्योतिषी कनाट प्लेस में और उसके इर्द-गिर्द घात लगाए खड़े रहते हैं। कोई ललछौर चमड़ी और नई काट का सूट-सा साया दिखाई दिया और ये उसकी परछाईं बन गए। अब वह इनको ऐसे हाथ दिखा रहा है जैसे मक्खियाँ उड़ा रहा हो और ये उस गुड़ पर बार-बार आ बैठते हैं। जिद यह है कि हाथ दिखाओ : हम तुम्हें ऐसी बातें बता देंगे जो जिंदगी भर तुम्हें याद रहेंगी, क्योंकि तुम मनाया करोगे कि वे सच हो जाएँ और वे सच न होंगी, न होंगी। हमको तो लगता है कि केंद्रीय सरकार और दिल्ली म्यूनिसिपैलिटी दोनों की इन भविष्यवक्ताओं से कुछ साँठगाँठ है, या इन लोगों में से कोई वहाँ का बड़ा अफसर है और खाली वक्त में यह काम करता है—नहीं तो विदेशियों के सामने अपने अंध-विश्वास का ऐसा आँखों देखा प्रमाण देने के लिए इनको छुट्टा घूमने की अनुमति क्यों दे रखी है?

[*जनसत्ता*, 18 अक्टूबर 1952]

अभागे बालक

कुछ दिन हुए एक स्थानीय अंग्रेजी समाचार पत्र में मोटे अक्षरों से शीर्षक देकर दिल्ली के उन 'अनेक' स्थानों की प्रशस्ति छापी गई थी—जहाँ शहर के बच्चे 'स्वाथ्यप्रद आमोद-प्रमोद के लिए जाते हैं—और अपने को भारत के नागरिक बनने के योग्य बनाते हैं' इस फीचर लेख में उद्यानों, नर्सरी घरों, क्लबों और ऐसी ही कुछ और जगहों की तारीफ की गई थी।

अतः हम भी (जो कि बच्चों से केवल इस प्रकार संबंधित हैं कि निकट भविष्य में एक बच्चे के पालनपोषण के उत्तरदायी होनेवाले हैं) उत्सुक हुए कि देखें वे कौन-कौन-सी जगहें हैं और इस जिज्ञासा ने हमें घर के बाहर ला खड़ा किया।

वहीं से कनाट प्लेस की दुकानों का गोल बरामदा शुरू होता था। 10 बज गए थे। मगर अभी जमादारिन सफाई ही कर रही थी; धूल के एक गुबार से कतराकर मैं जो इधर को आया तो उसने मुझे डपटा 'देख के बाबू!' फर्श पर उसका छोटा-सा बच्चा पट पड़ा हुआ था और उठकर बैठने की कोशिश में उसके हाथ से काली रोटी का जो टुकड़ा छूट-छूट जाता था, उसको बार-बार पकड़ने का अभ्यास कर रहा था।

पहले तो मुझे इस हरकत पर हँसी आई, छोटे बच्चे का कौतुक हँसाता ही है—पर उसी समय मुझे उस बच्चे की सहनशक्ति पर आश्चर्य भी हुआ; पर छोटे से मुलायम फेफड़े में इतनी गर्द—और गर्द के साथ असंख्य, अज्ञात रोग कृमियों से युद्ध करने की शक्ति कहाँ से आई होगी? यह सच है कि मानव शरीर में रोग की प्रतिकार-शक्ति इसी प्रकार बढ़ती है पर यह या तो उन लोगों की दलील है जो उस बच्चे को इसी दुरवस्था में रखना चाहते हैं या—जीवशास्त्रियों का एक भद्दा, निष्ठुर प्रयोग है।

इस राजतीर्थ नगर में आबादी किस दर से बढ़ रही है इस संबंध में हमारा शास्त्रीय अज्ञान क्षमा किया जाए—पर यह हम कहेंगे कि जितने अरक्षित अभागे बच्चे इस तरह 'रोग की प्रतिकार-शक्ति बढ़ाते हुए' यहाँ पाए जाते हैं—उनका आबादी या निवास की समस्या से कोई संबंध नहीं है—उनका संबंध सीधे उस व्यवस्था से है जिसने उन्हें सड़क किनारे की धूल में रोक रखा है।

बचपन की सभी श्रेणियों को ये बच्चे असाधारण कठिन परिस्थितियों में पार करते हैं। जिस आयु में बुद्धि स्वभावतः उदार होती है और मन कोमल होता है, उसमें ये बच्चे छोटे-छोटे, अभावों और तिरस्कारों से परिचय प्राप्त करते हैं; हम आप जो अपने अभावग्रस्त जीवन में अनेक अपमानों के अभ्यस्त हो चुके हैं—उस दर्द का अनुमान नहीं लग सकता जो एक छोटे बच्चे को कोई खिड़की पाकर होता होगा—

"अखबार! एक आना! ...साहब, अखबार चाहिए?"

"नहीं।"

"ले लीजिए, साहब"

(दोस्त से बातचीत रोककर) "कह दिया नहीं। जाओ भागो।"

शाम का अखबार बेचते हुए किसी साफ-सुथरे बच्चे के जल्दी-जल्दी दौड़ते पैरों से या उसकी साफ ईमानदार आँखों से या उसकी किशोर होकर फूटती हुई आवाज से मुझे कई बार अपने छोटे भाई का धोखा हुआ है और मैं हक् से रह गया हूँ यह सोचकर कि किसी बड़ी उथल-पुथल के या मध्यवर्ग की सवेग आर्थिक अवनति के कारण यदि मेरे छोटे भाई को इस प्रकार अपने पिता की सहायता करने के लिए मैदान में उतरना पड़ा तो! उससे ऐसी बदतमीजी से बात करनेवाले की मैं जबान न खींच लूँगा!

इन अखबार बेचनेवालों में लगभग सभी निम्न मध्यवर्ग की संतान हैं—जिनके परिवार में और

भी लोग हैं—सभी कुछ न कुछ कमाते हैं। यही बात उन पर भी लागू होती है जो गले से लटकी हुई किश्ती में कंघे बटन, सुइयाँ धागे, आलपीनें इत्यादि लगाए बेचते हैं। ये सुबह जल्दी उठते हैं, घर के काम में मदद देते हैं; छोटे भाई-बहनों को देखते हैं, स्कूल जाते हैं और लौटकर रोजी कमाने निकल जाते हैं। रोज-रोज के तजुर्बे ने इन्हें शांत और दास बना दिया होता है—अपने धैर्य के कारण ये हमारे मन में एक प्रकार की श्रद्धा पैदा करते हैं।

पर यह सब कहकर कोई उनके जीवन का झूठा गौरव देना चाहे, अपना स्वार्थ साधने के लिए उन्हें इस अनावश्यक परिश्रम में आनंद लेने का पाठ पढ़ाए तो वह समाजद्रोही है और बर्बरता के बहुत निकट है।

मगर इतना ही नहीं। उस निश्चिंत संवेदनाहीन संभ्रांत व्यक्ति के जूते चमकाता हुआ एक और बच्चा है जो स्कूल जाने की कोशिश भी नहीं कर सकता क्योंकि ईवनिंग न्यूज की तरह उसका व्यवसाय केवल शाम को ही नहीं चलता। दिन भर उसे एक-एक आने की छोटी-छोटी किश्तों में अपने परिश्रम या अपनी व्यर्थ प्रतिभा का फल खोजना पड़ता है। कहा जाएगा "यह स्वावलंबन सीख रहा है।" कैसी चालाक उक्ति है? जहाँ दूसरों की तुच्छ इच्छाओं, सनक पर अपना कर्म निर्भर करता हो, वहाँ कैसा स्वावलंबन? "साहब चप्पल चमका दूँ—अच्छा दो आने में नहीं छः पैसे ही में—अच्छा एक ही आना दे दीजिएगा!" इस 'स्वावलंबन' सीखने में एक उगता हुआ मन और मस्तिष्क बार-बार अपना आत्मसम्मान खो रहा है, अपने से अधिक समर्थ व्यक्तियों की इच्छाओं पर निर्भर करना सीख रहा है। वह खुशामद को सफलता का रास्ता मानने लगता है और हमारी आपकी मानसिक संपत्ति—धोखाधड़ी, चालबाजी, बेईमानी—को दाय के रूप में स्वीकार करता है।

कोई ताज्जुब नहीं अगर इन्हीं बच्चों में से दिल्ली के मशहूर जेबकतरे और भिखमंगे निकलते हों। अभी हाल के आँकड़े बताते हैं कि दिल्ली में भिखमंगों की संख्या बहुत बढ़ गई है और उनमें से अधिकांश 'लखपति' हैं—भीख के पैसे जमा करते हैं! यह भी मालूम हुआ है कि भिखमंगे बच्चे साथ-साथ जेब काटना सीखते हैं और जहाँ कहीं पुलिस आती है—फौरन गले से बूट पालिश का बक्स लटकाकर ईमानदार, स्वावलम्बी लड़कों का रूप धर लेते हैं।

इससे मूर्खतापूर्ण और निर्मम कोई आरोप हो ही नहीं सकता। बेडौल, मोटी तोंदवाले और चरबी छाई आँखोंवाले भद्र लोग ऐसी बात मजे में कह सकते हैं, क्योंकि इस तर्क के बल पर उनके लिए बच्चों का दुतकारना आसान हो जाता है। पर किसी भी हृदयवान के लिए इन बच्चों की समस्या को टालना मुश्किल है—जो तकाजा वे हमारे सामने रखते हैं उसे अनसुनी करना असंभव है।

इस तरह बच्चों के खेलने, बढ़ने और 'भारत के नागरिक' बनने की जगहें दूकानों के बरामदों में हमारे आपके जूतों के पास है—या दर-दर जाकर आवाज लगाते हुए, मोलतौल करते हुए—चौराहों पर हैं। कुल मिलाकर इनका बाल्यकाल एक गर्द के गुबार से ढका हुआ है जिसमें जमादारिन का बच्चा साँस लेता है, और जिस धूल में लोट-लोटकर ये बड़े होते हैं, वह भारत की वह पुण्य धूल नहीं है जो देशप्रेम की कविताओं में वर्णित है—वह फुटपाथ की, सूखी हुई कीचड़ की धूल है।

[*जनसत्ता*, 26 अक्टूबर 1952]

"बस, तेरा इंतजार है!"

'बस तेरा इंतजार है,' हमने बस अड्डे पर खड़े-खड़े एक लंबी साँस ली और यह कहा। मगर कौन सुनता है।

यों कोई सुननेवाला सचमुच कहीं नजदीक होता तो हमें शोहदा करार देता कि सड़क पर फिकरेबाजी करता है, पर एक तो कोई था नहीं दूसरे जिससे कहा गया था, वह हमसे उस समय बहुत दूर थी और उसके सुन सकने की कोई संभावना ही नहीं थी, इसलिए हम कहकर चुप रह गए; फिर वही सन्नाटा और अँधेरा छा गया और हम दुनिया से इतनी ही दूर रह गए जितने कि 1 घंटे से थे—यानी जब से हम उसकी प्रतीक्षा कर रहे थे।

पता नहीं वह अपने अड्डे से चली भी थी या नहीं—इधर से उधर गए हुए उसे एक घंटा हो गया था और उसे दस मिनट में आ जाना चाहिए था क्योंकि वह दस-दस मिनट पर आती थी। मगर वह दिल्ली की बस थी जो ऐसे चलती है कि उसके आगे किसी का बस नहीं चलता।

घंटे भर से खड़े-खड़े हम बहुत थक गए थे, सोचा कि जरा बैठ जाएँ और जैसे ही उकड़ूँ बैठे कि दूर पर क्षीण आशा की एक ज्योति अर्थात् बस की बत्ती दिखाई। तुरंत खड़े हो गए।

मगर जब वह रोशनी इतने पास आ गई कि अपने पीछे की चीज को दिखला सके तो हमने देखा कि वह एक सरकारी अस्पताल की बड़ी भारी एम्बुलेंस गाड़ी थी।

हमने पुकारकर कहा, "अरे भाई, अस्पताल जा रहे हो तो हमें भी उठाते जाओं। यहाँ खड़े-खड़े मरने से तो अच्छा है वहीं मरें।"

मगर वह रुकी नहीं। मालूम होता है हमारे जैसे ही कई बस के मारों को पिछले अड्डों से वह बटोरती आ रही थी और उसमें अब एक के लिए भी जगह न थी।

फिर वही सन्नाटा और वही अँधेरा और वही अकेलापन। हम थककर फिर बैठने को थे कि फिर एक रोशनी दिखाई दी और फिर हम उठ खड़े हुए।

इस बार यह चीज एक मोटरगाड़ी निकली जिसे चार-पाँच आदमी और मिलकर ठेलते लिए जा रहे थे।

"आइए, आप भी इसे ठेलिए," एक ने कहा।

"अच्छा मजाक करते हैं," हमने जवाब दिया, "हम क्यों आएँ?"

"जब यह चल निकलेगी तो आपको हम घर पहुँचा देंगे," उधर से प्रस्ताव आया।

"यह कब ठीक हो जाएगी।"

"पता नहीं!"

ये लोग अच्छे पुर-मजाक थे, इसमें कोई संदेह नहीं, मगर हम तो बस के इंतजार में थे—"बस, तेरा इंतजार है!"

इस बार हम बैठे नहीं, क्योंकि बैठते तो फिर उठना पड़ता। बस इंतजार करवा ले, पर उठक-बैठक क्यों करवाती है? इस बार फिर एक गाड़ी आती दिखाई दी। यह इतने धीमे-धीमे आ रही थी कि हम समझ गए कि यह बस होगी, जिसे सवारियाँ उतरकर ठेलती ला रही होंगी। मगर यह उससे भी बदतर निकली। यह एक बस थी जिसे दो बैल खींचते हुए शैड ले जा रहे थे। उस पर लिखा हुआ था 'ब्रेकडाउन सर्विस!'

वैसे 'ब्रेकडाउन सर्विस' का मतलब होता है वह गाड़ी जो किसी गाड़ी के ब्रेक फेल हो जाने पर काम आए।

पुराने जमाने में जब कोई यात्रा पर घर से निकलता था तो बिरादरी भर से अंतिम बार भेंट करके निकलता था कि कौन जाने रास्ते में शेर खा जाए या डाकू मार डालें और फिर उनसे मिलना हो या न हो। समय बदल गया है, इसका प्रमाण यह है कि अब हम घर से निकलते वक्त कह जाते हैं कि कौन जाने बस न मिले तो हम लौट आएँ। और बच्चे अपनी सब शैतानियाँ स्थगित किए रहते हैं—क्योंकि क्या जानें हम कब लौट आएँ और वे पकड़े जाएँ। यों तो हम काफी गुंजाइश रखकर निकलते हैं, यानी अगर शाम को 4 बजे किसी से उसके घर पर मिलना हुआ तो सुबह 11

बजे घर से चले। इसका एक-मात्र कारण यह है कि हम स्वभावतः जल्दबाज हैं। आप पूछेंगे यह विरोधाभास कैसा? यह समझाया जा सकता है।

11 बजे घर से चलकर सवा ग्यारह बजे बस के अड्डे पर पहुँचे। वहाँ आध घंटे इंतजार करने के बाद झुंझलाकर जो भी बस आई उसमें चढ़ गए।

"एक टिकट कश्मीरी गेट का।"

"जनाब यह ओखले को जाती है।"

"कोई बात नहीं, वहीं का टिकट दे दीजिए।"

यह सब और कुछ नहीं आजिजी की हद है।

इस अस्थिरता को थोड़ा संयोजित कर रखें तो इस प्रकार कश्मीरी गेट पहुँच सकते हैं।

ओडियन से ओखले, ओखले से विनयनगर, विनयनगर से लोदी रोड, लोदी रोड से गोल मार्केट, गोल मार्केट से सेक्रिटेरियट, सेक्रिटेरियट से फिर ओडियन और फिर ओडियन से आप पैदल ही कश्मीरी गेट क्यों नहीं चले जाते?

आप आपत्ति करेंगे कि इतना चक्कर क्यों काटें, और ये जो रास्ते आपने बताए हैं इनमें से बहुतों को तो बस मिलाती भी नहीं है?

उत्तर है कि इससे क्या फर्क पड़ता है। यदि आप एक अड्डे पर ही तीन घंटे बस के लिए खड़े रहेंगे तो भी तो अंततः इतनी ही देर में मंजिल पर पहुँचेंगे। पहले तो वह बस आएगी ही नहीं जो चाहिए। जब वह आएगी तो जिस 'क्यू' में आप खड़े होंगे उसमें से सब महिलाएँ निकलकर पहले चढ़ जाएँगी। फिर आपके आगेवाले पुरुष को प्रवेश की अनुमति देकर कंडक्टर कहेगा 'बस' और आप अपनी छोटी-सी फौज का नेतृत्व करते खड़े रह जाएँगे।

थोड़े और आशावादी दृष्टिकोण से आप यह भी कल्पना कर सकते हैं कि जिसकी जरूरत है, उस नंबर की एक नहीं कई बसें आईं। मगर तब मानवीय नियति की विडंबना इस प्रकार अभिव्यक्त होगी कि वे सब भरी होंगी और निकलती चली जाएँगी। यह कल्पना करके कि उनमें से किसी में शैतान स्कूली लड़के भरे होंगे और आपकी इस दुर्दशा पर चलती हुई बस से हाथ हिला-हिलाकर खूब खुश होंगे, हम स्थिति को और करुणाजनक नहीं बनाना चाहते।

इस प्रकार इतनी दूर से आकर यहाँ इतने दिन रह चुकने पर भी इस महानगरी की दूरियाँ हम अभी तक नहीं नाप सके हैं और हमारे लिए दिल्ली अभी दूर ही है। सुनते हैं (बस सर्विस का जब यह हाल है तो 'देख' कैसे सकते हैं) कि यह शहर अपने चारों ओर फैल रहा है। यदि यह सच है और इसके साथ-साथ, बसों के आने के समय भी सच है (वे तो शाश्वत सत्य जान पड़ते हैं) तो यह समाचार हमारे लिए दुखद है—जैसे-जैसे शहर फैलेगा हमारा अपने मित्रों तक पहुँचना और कठिन होता जाएगा। कहा जाता है कि भगवान जो करता है अच्छा करता है। सो, भगवान ने इस समय डी.टी.एस. में अवतार लेकर यह जो बसों का आना-जाना निश्चित किया है इससे घूम-फिर कर लाभ यह हुआ कि हमारे मित्रों की संख्या बहुत कम हो गई है। अपना रुपया वसूलनेवाले लोग भी अब कम आते हैं क्योंकि बस सर्विस का रंग देखकर हमने अब उन्हीं लोगों से उधार लेना शुरू किया है जो घंटे-घंटे भर आनेवाली बसों के रास्ते पर रहते हैं।

और मिलनेवालों से कह रखा है कि मिलने की सबसे अच्छी जगह बस का अड्डा है। अच्छी खासी चहल-पहल भी रहती है—दिल्ली में और कौन-सी ऐसी जगह है जहाँ इतने अपरिचित बिना कुछ खर्च किए एक दूसरे के साथ इतनी देर तक मिल-जुल सकें? अतएव हम वहीं आपसे मिलेंगे।

आप अपने घर के निकटवाले बस अड्डे पर हमारी प्रतीक्षा कीजिएगा। यदि हम न आएँ तो समझ लीजिए कि अपने घर के निकटवाले अड्डे पर हम बस का इंतजार कर रहे हैं। आप वहीं चले आइएगा।

इस सिलसिले में हमारे एक सुहृद ने हमें जो घटना सुनाई उसे हम ज्यों का त्यों आपके सामने रखे दे रहे हैं। उन पर यकीन करने का हमारा तो मन नहीं होता पर घटना इतनी प्रभावोत्पादक है कि शायद सच ही हो :

बस के अड्डे पर बड़ी देर से हम खड़े थे; हमने कहा, "आज मालूम होता है दफ्तर का देर हो जाएगी।"

वे बोले, "आप अभी नवयुवक हैं, दुनियादारी नहीं जानते, वरना आपको कभी देर न हो।"

हमने प्रार्थना की हमें कम से कम बस से संबंधित दुनियादारी का कुछ ज्ञान दे दें, तो कृपा हो।

वे बोले, "देखिए जिस दिन आपको बस से दफ्तर जाना हो उस दिन आप एक अर्जी दफ्तर को भेज दीजिए कि मुझे आज बस का इंतजार करना है इसलिए दफ्तर से आज की छुट्टी दी जाए। उसके बाद आप क्यू में शांतभाव से खड़े हो जाइए। शाम तक क्यू स्वयं दफ्तर तक पहुँच जाएगी।"

[*जनसत्ता*, 11 नवंबर 1952]

आज का प्रसंग

भ्रष्टाचार पर अंकुश

यह निस्संदेह संतोष की बात है कि भ्रष्टाचार मिटाने के उपाय बतानेवाली संथानम समिति की बहुत-सी सिफारिशें अब कानून की शक्ल में कारगर होने लगेंगी। इनके पालन के लिए वर्तमान भ्रष्टाचार विरोधी कानूनों में संशोधन का एक विधेयक आज ही लोकसभा ने पास किया है। इस पर पिछले दिनों जो बहस हुई वह भ्रष्टाचार के प्रति सारे देश में फैली हुई नैतिक विरोध भावना का सारांश थी। सरकारी दफ्तरों में देर, दायित्वहीनता और दखलंदाजी की शिकायत खास तौर से सुनने को मिली। इसमें कोई शक नहीं कि जनता इन चीजों से ऊब गई है और चाहती है कि जैसे भी हो, उसकी ज़िंदगी से यह कोफ्त मिट जाय। इसके लिए जाहिर है कि उसे न सिर्फ़ कुछ अधिकार सत्ता को देने पड़ेंगे बल्कि खुद उसके साथ उस हद तक सहयोग करना पड़ेगा कि कोई मामला कानून के शिकंजे से छूटने न पाए। संसद की बहस में कुछ सदस्यों का ख्याल था कि यह विधेयक विशेष पुलिस को जरूरत से ज्यादा अधिकार दे रहा है। उनके दुरुपयोग से व्यक्ति को नाहक परेशानी उठानी पड़ सकती है। एक आपत्ति यह भी थी कि सार्वजनिक कर्मचारी की परिभाषा में मंत्री भी क्यों न शामिल हों।

जहाँ तक सरकारी नौकरों का सवाल है, भ्रष्टाचार की गुंजाइश वहीं होती है, जहाँ जनता के काम में किसी तरह की रोक लगाने का मौका हो। इस दृष्टि से एक सदस्य का यह सुझाव अच्छा था कि किसी भी मेज पर कोई फाइल तीन दिन से ज़्यादा न रुकने पाए। लेकिन सिर्फ़ इतने से नहीं होगा। क्योंकि सिर्फ़ सरकारी नौकर ही भ्रष्टाचार के जिम्मेदार नहीं हैं। कम वक्त में, कम मेहनत से, दूसरों का हक छीनकर, अपनी प्रतिष्ठा का फायदा उठाकर, जरूरत से ज्यादा आर्थिक या सामाजिक लाभ का लालच करनेवाले लोग तरह-तरह से भ्रष्टाचार पैदा कर सकते हैं। अगर ईश्वर का डर उन्हें होता तो शायद ऐसा न करते। पर ईश्वर का डर नहीं है तो कम से कम कानून का डर होना चाहिए। इसलिए कानून को ज्यादा कारगर बनाना जरूरी है। इस विधेयक के पास हो जाने से वर्तमान कानूनों के कई ऐसे सुधार हो जाएँगे जिनसे घूस लेने और देने या किसी भी तरह का भ्रष्टाचार करनेवाले पर फौरन मुकदमा चलाकर फैसला किया जा सकेगा।

पुरानी कहावत है कि जब कर नहीं तो डर नहीं। इसके अनुसार ईमानदार सरकारी नौकर को इस विधेयक से कोई खतरा नहीं। पुलिस को अधिकार ज्यादा दिए जा रहे हैं। इसमें कोई शक नहीं। लेकिन उसे यह आदेश भी दिया गया है कि अगर किसी सरकारी नौकर पर कोई आदमी आरोप लगाए तो उस आरोप पर तभी कान दें जब आरोप लगानेवाले में अपना नाम बताने की हिम्मत हो। वरना किसी पर भी कोई भी कैसा भी आरोप लगा सकता है। और जैसा कि सब जानते हैं, इस तरह के मामले अक्सर हुआ भी करते हैं। जब फिजूल की शिकायतों पर ध्यान नहीं दिया जाएगा तो वे आप से आप बंद हो जाएँगी। यह एक बहुत बड़ी बात होगी। क्योंकि इससे जनसाधारण को भ्रष्टाचार की व्यापकता के बारे में अतिरंजित नहीं बल्कि सच्ची स्थिति का पता लग जाएगा।

जहाँ तक मंत्रियों का सवाल है, यह पहले भी कहा जा चुका है कि यदि किसी मंत्री पर भ्रष्टाचार का मामला जाहिरा साबित हो जाए तो उसे त्यागपत्र दे देना चाहिए। यही बात आज फिर सरकारी तौर पर संसद में कही गई है। लेकिन इतना याद रखना जरूरी है कि भ्रष्टाचार का आरोप एक चीज है, और भ्रष्टाचार का मामला जाहिरा साबित होना और चीज है। मंत्रियों के लिए सदाचार की जो नियमावली स्वीकार की गई है, उसमें इस तरह के मामले बाकायदा निपटाने की पूरी व्यवस्था है और उसके पालन की जिम्मेदारी प्रधानमंत्री और मुख्यमंत्रियों के योग्य हाथों में सौंप दी गई है।

[*आकाशवाणी*, 22 नवंबर 1964]

मैथिलीशरण गुप्त का महत्त्व

यदि आधुनिक भारत का ऐसा कोई इतिहास कभी लिखा गया, जिसमें साहित्यकार के कृतित्व को अपना सच्चा श्रेय मिले तो भारतीय उत्कर्ष के पिछले 100 वर्षों में मैथिलीशरण गुप्त के जीवन के 78 वर्षों का विशिष्ट स्थान होगा।

यह व्यक्ति जो अपने लिए कहता रहा कि 'जो पीछे जा रहे उन्हीं का मैं आगे का जयजयकार' जब नहीं रहा, तो देश भर के साहित्यकारों की श्रद्धांजलि से उसकी चिता ढँक गई है। अभी उसका सही मूल्यांकन होना बाकी है, क्योंकि नेहरू की तरह वह भी इतना जीवंत इतिहास था कि हम अभी उसके कृतित्व की सम्पूर्णता देख नहीं पाएँगे। वह केवल साहित्यिक कृतित्व नहीं था। एक आन्दोलनपरक जनजागरण में नई चेतना का योगदान था। वह पुराने कहे जाते थे पर उनके लिए पुराणभित्येव न साधु सर्व—आदि की उक्ति बदलकर यों कहनी पड़ेगी कि पुराने में सब पुराना नहीं होता, बहुत कुछ नया भी होता है, जैसे वह थे। नहीं तो मनुष्य की शक्ति का घोष ऐसे समय में कौन करता जब जातीय स्फूर्ति क्षीण हो चली थी और यह कहने की जरूरत थी कि—

शक्ति दो भगवान हमें,
कर्तव्य का पालन करें।
मनुज होकर हम न परवश,
पशु समान जिएँ मरें।।

यह पद्य उन्होंने वर्तमान शताब्दी के पहले कुछ वर्षों में लिखा था। तब से अब तक उनकी प्रखर समसामयिक चेतना काव्य को आलोक देती रही और उन्होंने स्वतंत्रता दिवस पर साहसपूर्वक कहा—

स्वतंत्रता का जन्म दिवस यह आया।
यही देश का देहविभाजन भी कर लाया।।
राजनीति का एक नया मद है अब छाया।
राम तुझे भी भुला न दे तेरी यह माया।।

समसामयिक चेतना बहुत कवियों में होती है और उसका जितना साहित्येतर उपयोग वे कर ले जाते हैं, उतनी साहित्यिक प्रसिद्धि भी उन्हें बहुधा मिल जाया करती है। परन्तु जिन कवियों का आराध्य कोई कट्टरपंथ या सत्ताधीश न होकर मनुष्य होता है, उनके लिए समसामयिकता की बड़ी कठिन प्रतिज्ञा हो जाया करती है क्योंकि उन्हें मनुष्य को अपने विविध विकारों, अभावों, दुःखों, दुराग्रहों और आनन्दों के साथ स्वीकार करना पड़ता है। गुप्तजी जैसा कवि जो शिशु के दाँतों की दृष्टि छवि से पुलकित और युवती की विरह व्यथा से पीड़ित हो सकता है वह यदि कहे भी कि केवल मनोरंजन नहीं कविता में उपदेश भी होना चाहिए तो औरों से अधिक युगकर्मी है।

इस सन्दर्भ में यह रचयिता अपना जो काम कर गया है, उसका साहित्य की आधुनिक परम्परा के लिए विशेष महत्त्व है। आज विचारधाराओं और मतवादों के पोषण से अलग रहकर जो नई प्रवृत्तियाँ आधुनिक साहित्य में संघर्ष कर रही हैं, उन्हें मैथिलीशरण के कृतित्व में अपनी जड़ें कहीं न कहीं अवश्य मिलेंगी, यदि वे उन्हें खोज सकें तो—

यहाँ श्रद्धांजलि ही अभीष्ट है और यह तथ्य और भी उल्लेखनीय है कि नए साहित्य के प्रति बहुधा कट्टर वैमनस्यवृत्ति के साहित्यकारों से घिरे रहने पर भी मैथिलीशरण अकेले ऐसे पुराने साहित्यिक थे जो कभी दुराग्रह में नहीं पड़े। उन्होंने कभी यह भी आवश्यक अनुभव न किया कि वे नए साहित्य पर प्रशंसात्मक कुछ कहकर अपने को आज के साथ ले आएँ। आज के साथ वह मन से थे और जो कुछ रचते थे, उसमें अपनी क्षमता भर समसामयिक भी होते थे। उतने ही से वह पूर्वानुभव करते थे।

समकालीन बहुत से कवियों ने अपने को अनास्था से घिरता पाकर अनास्था को बुरा-भला कह रहे हैं और अनास्था में घिरे लोगों के साहित्य को दुतकारा है। लेकिन मैथिलीशरण गुप्त ने नहीं, इसलिए कि उनमें आस्था के लिए जो संघर्ष था, वह रचनाकार का निजी आन्तरित संघर्ष था और उसे दिखाने को ही वह काव्य नहीं मानते थे। आज भी आधुनिक साहित्य में ऐसी प्रवृत्तियाँ हैं जो चमत्कार को नहीं, सृष्टि को काव्य मानती हैं और वे इस युग प्रवर्तक कवि के काव्य में अपनी परम्परा का उद्गम पाकर आश्वस्त हो सकती हैं।

[*आकाशवाणी*, 18 दिसंबर 1964]

दृष्टिकोण

हमारा मनोबल

दिल्ली में हालत यह है कि अगर शहर की सबसे खास नुमाइशी चीज़ बस—जिसका सबसे ज़्यादा संबंध जनता से है, घंटों से धूप में खड़े स्त्री-बच्चों के लिए रुके बिना बस-अड्डे के सामने से गुजर जाए तो आप कुछ कर नहीं सकते—सिवाय रुको-रुको चिल्लाते रह जाने के और आखिरकार इस नतीजे पर आने के कि मार के पत्थर रोक दें बस को।

क़रीब-क़रीब यही चीज़ यहीं नहीं, सब जगह सब स्तरों पर शुरू हो गई है और अगर अभी उसका विरोध नहीं किया गया तो कुछ दिनों में यह भी उतनी ही मामूली, रोज़ की चीज़ मान ली जाएगी जितना, मिसाल के लिए, क़ायदे-क़ानून के पालन में सरकारी हस्तक्षेप मान लिया गया है। आप ग़ौर करें कि कुछ बरस हुए लोग यह कहते सुने जाते थे कि सरकार बिना दबाव पड़े कुछ नहीं करती। यानी तब सिर्फ़ इतना ही बिगड़ा था कि प्रशासन ने जनहितैषिणी बुद्धि से अपने आप काम लेना बंद कर दिया था; अब हम देख रहे हैं कि शान्तिमय आंदोलनों का असर, सरकार पर उतना भी नहीं पड़ रहा है—इन प्रयत्नों का कोई वैचारिक जवाब भी सत्ताधारी दल की ओर से नहीं आ रहा है—और यह भावना जड़ जमाती जा रही है कि सिर में कील ठोंके बिना कोई विचार आज के बड़े-बड़े सिरों में धँसाया नहीं जा सकेगा। यह एक खतरनाक लक्षण है।

जिस हद तक इस मजबूरी के पैदा होने में बुद्धिजीवी समाज ने मदद दी है, उस हद तक वह समाज आज के इस खतरे की अनदेखी भी कर रहा है। यह और भी ज्यादा खतरनाक लक्षण है। मदद उसने दी है क्योंकि जब-जब सत्ताधारी राजनीति के जबड़ों में कलाकार या अध्यापक की टाँग आई है, उसने कहा है कि वह इसलिए नहीं बोलेगा कि वह राजनीति में टाँग अड़ाना नहीं चाहता। लँगड़ी टाँग लेकर चलना उसने पसंद किया है। यह स्वतंत्रता के बाद के वर्षों का एक निरपवाद सत्य है कि सत्ताधारी बहुमत के भाषा, साहित्य और संस्कृति संबंधी कामों में हाथ बँटानेवाले भाषाविदों, साहित्यिकों या संस्कृति-शास्त्रियों में से एक ने भी किसी सरकारी अनुष्ठान से इस आधार पर संबंध नहीं तोड़ा कि वह सरकारी नीति से असहमत है। अधिक से अधिक ऐसे मामलों पर विद्रोह हुआ है कि जिनमें पूजनीय बुद्धिजीवी के असत्कार की आशंका रही हो—उसकी बुद्ध की उपेक्षा से उसे पीड़ा नहीं हुई है—और यह विद्रोह भी ज्यादा सफल समझौते के लिए हुआ है। सत्य तो यह है जिन व्यक्तियों से वैचारिक उत्तेजन की आशंका थी उन्हें सरकारी समितियों-मण्डलों में शामिल ही नहीं किया गया। पर कटु सत्य यह है कि जिनसे सरकार को आशंका नहीं थी (उनसे हम सबको थोड़ी-बहुत आशा तो थी ही) उन्होंने मतभेद का मतलब शायद देशद्रोह समझकर उसी हद तक मतभेद किया जिस हद तक उससे कोई बात बदलती न हो।

खैर, पिछले सत्रह-एक वर्षों में बुद्धिजीवियों का आत्मविश्वास टूटा जरूर है, लेकिन एक नई चीज़ चीनी आक्रमण के बाद से होने लगी है। वह है, इस वर्ग में पिछले वर्षों से दबे हुए अपमान का फूट निकलना। चीन ने अपने उद्देश्य में इतनी सफलता वाक़ई पाई है कि उसने भारतीय प्रबुद्ध समाज को दिखा दिया है कि वह संसदीय लोकतंत्र का दम भरते हुए भी अपने दोषी शासक को बदल नहीं सकता है। हमारे लोकतंत्र में हमारी सरकार इतनी बड़ी पराजय के बाद भी अविजित रह सकती है (पार्टी नहीं तो व्यक्ति ही बदलता) यह अनुभव करना अपने में ही घुटन का एक बड़ा कारण है। मानो इस घुटन का बदला लेने के लिए बुद्धिजीवी वर्ग में जहाँ-तहाँ श्री नेहरू के लिए और उनकी सरकार के लिए तिरस्कार उपजा था। वह तिरस्कार था, स्वस्थ विरोध फिर भी न था। मतभेद का साहस तब भी केवल राजनीतिक दलों की ही बपौती बना रहा। बुद्धिजीवी में, अपने बौद्धिक कार्यक्षेत्र में ही स्वतंत्रचेता बनने की शक्ति चीनी आक्रमण तक इतनी चुक गई थी कि वह मारे ऐंठ के और अधिक असम्पृक्त ही बन सका—और राजनीति जैसे सामाजिक सत्य से उसका संबंध और भी दुर्बल हो गया।

अब श्री नेहरू के न रहने के बाद वह दुगने ज़ोर से उस घुटन का बदला ले रहा है। वर्तमान शासक वृंद में वह सबको तीन कौड़ी का समझता है—प्रतिपक्षी दलों में सबको दो टके का। जब किसी भी वक्त उसने अपने को महान् राजनीतिक नेता के बराबर स्थान नहीं दिया, दबकर रहा, तो अब सामान्य राजनीतिक नेता को अपने से घटिया समझना उसे प्रिय लगता है।

मगर दरअसल वह अपने से बड़े किसी मालिक की चाह अभी भी क्या नहीं कर रहा है? वह

आज की भारतीय ज़िन्दगी में हिस्सा नहीं ले रहा है और अपने को हर लगाव से बचाए चल रहा है, यह और क्या दिखाता है सिवाय इसके कि गुलामी के मज़े छोड़ने की दर्द-भरी प्रक्रिया उसने अभी शुरू नहीं की है।

इस तरह देखें कि दो बड़े-बड़े सवाल लें। एक सीमान्त का और दूसरा भाषा का। आर्थिक विकास एक तीसरा बड़ा सवाल है, पर उसको यहाँ लेने से बात उलझ जाएगी क्योंकि वह दरअसल कई सवालों का संग्रह है। भारतीय सीमान्तों पर जो कुछ होता है वह केवल सेना का मामला है यह भोलाभाला बहलावा अपने को देकर हमारे लेखक, या तो चीन-की-चटनी-बना देंगे-मार्का साहित्य रचते रहे हैं, चाहे बालकवि बैरागी हों चाहे दिनकर हों, या यह बताते रहे हैं कि प्राचीन काल में कब-कब अन्याय के विरुद्ध शस्त्र उठाया गया था। आश्चर्य की बात है कि भारतीय विदेश नीति का कोई विवेचन इन्होंने नहीं किया (हालाँकि सुख की बात यह है कि उस पर कविता नहीं लिखी), जब कि भारत भूमि के साथ जो मर्दन घर्षण हो रहा है वह मूलतः हमारी विदेश नीति का परिणाम है। उसका उद्देश्य भी समूचे भारत प्रदेश पर सैनिक आधिपत्य करना नहीं, छोटे ठीहे हथियाकर और फिर वहाँ जम कर चिरकाल से पूजारत भारत माता के सपूतों का मनोबल तोड़ना है। वह भी रक्षा और प्रत्याक्रमण का मनोबल उतना नहीं जितना इस लोकतंत्र का मनोबल जो हमारी आराध्य जीवन व्यवस्था है।

इस काम में शत्रु की सहायता भारतीय बुद्धिजीवी बड़े इतमीनान से कर रहे हैं। इसमें यदि इनका कोई प्रतिद्वंद्वी है तो वह वर्तमान सरकार है। विचार को और कार्य को अलग-अलग करके विचारक यह काम पूरा कर रहे हैं और सरकार इसमें पहले से ही पारंगत है। अक्तूबर '62 के चीनी आक्रमण से तो श्री नेहरू भी घबरा गए थे इसलिए सब जगह से चंदा जमा हुआ था और नग़मे गाए गए थे पर अपनी ही भूमि को निरंतर विवादग्रस्त मानते रहकर जो धोखा अपने को दिया जा रहा है उससे जब सरकार नहीं घबरा रही है तो साहित्यिकों-अध्यापकों-कलाकारों को अपने में उथल-पुथल मचाने की क्या जरूरत है। जब फिर कभी फूँक सरकने की नौबत आएगी तब ये हौसला बढ़ाने के कार्यक्रम पेश करने आ जाएँगे। फ़िलहाल, विश्वविद्यालयों में और साहित्यकार-गोष्ठियों में कंजरकोट जैसी घटना के बाद भी भारतीय विदेश नीति के बारे में कोई ख़ास वैचारिक हलचल होने का प्रमाण नहीं मिला है। ऐसा लगता है कि सब जो होना है सो रामरचि राखा में विश्वास करते हैं और तर्क करके शाखा बढ़ाना नहीं चाहते।

ऐसे विचारकों के लिए भविष्य सुखद है इसका संकेत सरकार की तरफ़ से जब-तब मिलता रहता है। इस प्रसंग को एक सच्ची घटना का वर्णन करके समाप्त करता हूँ। राजधानी में एक नए संसदसदस्य के यहाँ प्रीतिभोज के बाद जब कुछ ऐसा लगा कि हम लोगों ने कुछ बौद्धिक खूराक तो पाई ही नहीं, तो मान्य अतिथि से प्रश्न पूछे जाने लगे। वह थे योजना आयोग के अध्यक्ष श्री अशोक मेहता। एक प्रश्न प्रजासमाजवादी पार्टी के क्रमशः विसर्जन के बाद समाजवाद के भविष्य के बारे में था। (इस प्रकार वह वास्तव में उपाध्यक्ष के अतीत के बारे में ही था) इसका उत्तर थोड़ी देर बाद आया। संक्षेप में वह यह था कि हमें विचार करना चाहिए। इसके लिए उन्होंने अध्यापकों, साहित्यिकों, बुद्धिजीवियों की एक स्थाई गोष्ठी का सुझाव दिया। 'उसमें चुने हुए लोग हों' क्योंकि विचार करना हर एक के बस की बात नहीं है। विचार के लिए एक विशेष प्रकार की प्रतिभा और तैयारी की ज़रूरत है। विचारक विचार करें फिर उस विचारक विरचित विचार को राजनीतिज्ञ जनता तक पहुँचाएँ।

जब पूछा गया कि आखिर विचार क्या करना है, जनता के लिए ही तो कुछ करना है न? तो उन्होंने कहां जनता से निपटना विचारक का काम नहीं। वह तो राजनीतिज्ञ का काम है। मतलब यह कि राजनीतिज्ञ अलग चीज़ है और विचारक अलग चीज़ है और इन दोनों से अलग जनता एक तीसरी चीज़ है।

ज़ाहिर है कि यदि यह विचार-गोष्ठी बनी तो इसमें अत्यन्त सुरक्षित कमरे में विचार हो सकेगा। मेरा ख़याल है कि मौसम को छोड़कर ये विचारक सभी विषय ले सकेंगे क्योंकि उनके कमरे में वह कड़ी धूप या बर्फ़ीली हवा न होगी जिसमें बस अड्डे पर बूढ़े-बच्चे इंतज़ार कर रहे हैं—उस बस का जो रुके बिना चली जाएगी और वे पत्थर उठाकर मारने को छटपटाते रह जाएँगे।

विचार को कर्म से अलग रखने में फ़ायदा ही फ़ायदा है। मसलन 14 साल तक हिंदी में पारिभाषिक शब्दावली का निर्माण करते रहना तभी संभव हो सकता है जब उस शब्दावली का इस्तेमाल कहीं न किया जाए। इससे यह संभावना भी बनी रहती है कि जब यह शब्दावली निरी किताबी भाषा कहकर नापसंद की जाएगी तो उसे सुधारने के लिए फिर नई समितियाँ बन सकती हैं। हर हालत में सरकार से हिंदी के विकास के लिए पैसा और प्रतिष्ठा मिलती रह सकती है—बशर्ते कि आप हिंदी के इस्तेमाल के लिए आवाज़ न उठाएँ। मुझे याद है कि जब श्री गोपाल रेड्डी से हिंदी वालों की अक्ल दुरुस्त करने को श्री नेहरू ने कहा था, तो महामान्य सेठ गोविन्ददास के घर श्री रेड्डी के स्वागत में प्रीति चाय का आयोजन हुआ। उसमें सेठजी ने रेड्डी जी की खूब खबर ली। रेड्डी जी इस सत्कार के लिए तैयार न थे। वे बहुत नाराज़ हुए। डॉ. नगेन्द्र ने उन्हें शांत होने में सहायता दी। कुछ अदबक़ायदे से बहस भी चली, मगर एक बार भी रेड्डी जी से किसी साहित्यिक ने नहीं कहा कि आप आकाशवाणी में अनुवाद बंद कराने का उपक्रम करें तो भाषा सरल हो सकती है। आख़ीरकार बाद में तोड़ अनुवाद की जाँच कराने पर हुआ—अनुवाद समाप्त करके मौलिक समाचार संग्रह और लेखन जारी कराने पर नहीं। भाषा की आज़ादी की बात नहीं उठी; भाषा की गुलामी के मज़े लूटे गए।

हिंदी को लेकर जो उथल-पुथल हिंसात्मक प्रदर्शनों ने पैदा की थी वह धीरे-धीरे ख़तम होती जा रही है। जो पत्थर नहीं मारना चाहते हैं वे अगर चाहें कि इस मामले पर चिंतन असल सवाल से न हटने पाए, तो उन्हें सरकार के मंत्री, मंत्रियों के दोस्त, दोस्तों के आश्रित आदि साहित्यकारों-राजनीतिज्ञों का लंबा कारवाँ किसी मृगतृष्णा की तरफ़ भटकता दिखाई देता है। यह मृगतृष्णा है राजभाषा क़ानून में संशोधन का सवाल। राजभाषा कानून में संशोधन होकर श्री नेहरू के आश्वासन उसमें जोड़े जाएँगे या नहीं, इससे कुछ नहीं बनता-बिगड़ता। सवाल यह है कि आज, अभी, इसी वक़्त, अपनी मातृभाषा में (देखिए, 'कल्पना' दिसम्बर '57 संपादकीय) हर व्यक्ति को जीने की सुविधा आप देंगे या नहीं। हिंदीभाषी क्षेत्रों में यदि हिंदी में राजकाज और जीवनयापन करने को हम तैयार हैं तो आज, अभी, इसी वक़्त से हमें करने देंगे या नहीं। यह सवाल उठाना विचार को कर्म से जोड़ना है। इस पर बहुत आग्रह नहीं हो रहा है तो उसका कारण यही है कि हिंदी आज भी उस गाय की तरह है जिसका दूध पीने से ज़्यादा फ़ायदेमंद है उसे पहना-ओढ़ाकर उसके सहारे द्वार-द्वार भिक्षा एकत्र करना। हिंदी आज भी या तो हिंदुत्व जैसे किसी ध्येय का या राज संभार जैसी किसी साध का माध्यम बनी हुई है। उसे भाषा बनाने का काम एक घटिया, कम लाभप्रद और, सच पूछिए तो, खतरनाक काम समझा जाता है, क्योंकि अगर सब लोग हिंदी में सोचने-लिखने-बोलने लगे तो, हमारे शासक उपचेतन मन में जानते हैं; विचारों की वह क्रांति हो जाएगी जिसका सीधे कर्म से संबंध होता है।

नई दिल्ली में पिछले दिनों कुछ साहित्यकारों ने एक वक्तव्य जारी किया था जिसमें उन्होंने भारत रक्षा क़ानून और केरल में राष्ट्रपति शासन के परिणामों से चिंता प्रकट की थी। उन्हीं साहित्यकारों ने भाषा के मामले पर भटकाव से बचने की कोशिश में एक वक्तव्य तैयार किया है जो यहाँ दिया जा रहा है। इस पर टिप्पणी की आवश्यकता नहीं। उसमें जितनी चीज़ों पर आग्रह किया गया है सब व्यावहारिक हैं और हिंदी के इस्तेमाल को बढ़ाने वाली हैं।

वक्तव्य

भाषा के सवाल पर जो गतिरोध पैदा हो गया है, उससे उन सभी लोगों को कुंठा का अनुभव विशेष रूप में हो रहा है, जो सृजनात्मक कार्यों के लिए भाषा को माध्यम बनाते हैं या मानवीय संवेदना की अभिव्यक्ति के अन्य किसी क्षेत्र में सक्रिय हैं जिससे किसी समाज की संस्कृति निर्मित होती है।

यही कुंठा है, जिसने सारे देश की जनता के आर्थिक, सामाजिक, सांस्कृतिक, शैक्षिक, और वैज्ञानिक विकास को अवरुद्ध कर रखा है, क्योंकि अपने स्वाभाविक विकास और अभिव्यक्ति के लिए मातृभाषा का जो साधन प्रत्येक को मिलना चाहिए उससे उसे वंचित रखा गया है और जो राजनीतिक समझौते सरकारी स्तर पर अभी तक सोचे जा रहे हैं, वे आगे भी रखेंगे। अभी तक कोई भी अवसर जनता को भाषा के इस्तेमाल का नहीं मिला है, जबकि इस्तेमाल से ही भाषा बन सकती है।

इसलिए सबसे पहला क़दम जो इस गतिरोध को तोड़ने के लिए उठाना चाहिए वह है, मातृभाषा में सोचने और लिखने की आज़ादी। राज्यों में या और भी जगह यह आज़ादी तभी कोई मतलब रखती है जब सरकार शिक्षा और राजकाज़ में मातृभाषाओं को प्रतिष्ठित करे। उनके साथ अंग्रेज़ी चलते रहने से उस आज़ादी का कोई अर्थ नहीं रह जाता।

इसलिए हम आग्रह करते हैं और इस आग्रह की पूर्ति के लिए तैयार होते हैं कि

1. राज्यों में मातृभाषाएँ राजभाषाओं के रूप में प्रतिष्ठित हों।

2. जहाँ तक हिंदी मातृभाषा प्रदेशों का प्रश्न है, इस काम में बिलकुल देर नहीं होनी चाहिए। तैयारी या सुविधा के लिए समय माँगने का मतलब केवल उस जनता को और रोके रखना होगा जो आज भी अपनी मातृभाषा में काम कर सकती है, अगर मातृभाषा राजभाषा के रूप में प्रतिष्ठित हो।

हम मानते हैं कि शब्दकोशों या पारिभाषिक शब्दावलियों के लिए रुकना न सिर्फ़ भाषा और जनता दोनों के विकास को आगे भी रोके रखना होगा, वरन् अंग्रेज़ी को ज़बरदस्ती अपने ऊपर लादे रखना भी होगा।

3. जिन प्रदेशों में मातृभाषा हिंदी है, वहाँ सभी सरकारी काम हिंदी में होना चाहिए। हिंदी प्रदेशों में केंद्रीय सरकार के कार्यालय अगर अंग्रेज़ी में या अंग्रेज़ी में भी काम करते रहें, तो राज्यों की भाषा से विरोध पैदा होता है, और कुंठा बनी रहती है। ऐसा नहीं होना चाहिए, और हमारा आग्रह है कि हिंदी मातृभाषा राज्यों में केंद्रीय कार्यालय तुरंत हिंदी में अपना काम शुरू करें।

जिन राज्यों में उनकी मातृभाषाएँ अभी प्रतिष्ठित नहीं हुई हैं, उनसे व्यवहार में केंद्रीय कार्यालय अंग्रेज़ी का प्रयोग कर सकते हैं, पर हिंदीभाषी राज्यों में केंद्र का अंग्रेज़ी के माध्यम से काम करना जनता के प्रतिकूल चलना होगा, जिसका कोई भी औचित्य नहीं है।

4. किन्हीं राज्यों में यदि मातृभाषाएँ प्रतिष्ठित हो जाएँ, और वे यदि हिन्दी में नहीं, वरन् अपनी मातृभाषा में केन्द्र से व्यवहार करना चाहें, तो उनकी इस इच्छा से हमें विरोध नहीं होगा।

हिन्दीतर भाषी राज्यों में हिन्दी के लिए जगह हो, इसका सिर्फ़ यही रास्ता है कि पहले वहाँ मातृभाषाओं के लिए जगह हो। हम इसके लिए होनेवाले आन्दोलनों में सहयोग करेंगे।

5. हम भारतीय भाषाओं के सहयोग से हिन्दी के सार्वदेशिक विस्तार में विश्वास करते हैं, और इसलिए हिन्दी के भावी रूप के लिए हमारी धारणा है कि वह आज ही रूढ़ नहीं किया जा सकता। जो ऐसा करते हैं, वे दूसरे प्रदेशों में हिन्दी की स्वीकृति में सबसे बड़ी बाधा देते हैं।

6. यह आवश्यक है कि प्रशासन की भाषा के अनुरूप ही शिक्षा के भी क्षेत्र में व्यवस्था हो। शिक्षा और परीक्षा का माध्यम सभी स्तरों पर मातृभाषाएँ हों। अंग्रेज़ी की पढ़ाई वैकल्पिक हो। अंग्रेज़ी की पढ़ाई में, और अहिन्दीभाषी क्षेत्रों में हिन्दी की पढ़ाई में, आग्रह भाषा सिखाने पर हो, साहित्य

की शिक्षा पर नहीं।

7. शिक्षा और प्रशासन दोनों ही क्षेत्रों में पारिभाषिक शब्दावली शुद्धता पर ध्यान न दिया जाए वरन् प्रचलित शब्दावली से ही काम चलाया जाए। इससे विदेशी शब्द या तो मँजकर भाषा के अंग बन जाएँगे या कुछ समय बाद अपने-आप ही छँट जाएँगे।

[*कल्पना*, मई 1965]

भय और ढोंग के बीच

पिछले दिनों एक ऐसी घटना हुई जिसने, न जाने क्यों, बहुत कम लोगों का ध्यान खींचा, जबकि वर्तमान संदर्भ में उस पर ध्यान जाना और भी ज़्यादा ज़रूरी था। पूर्वी पाकिस्तान में हज़ारों आदमी तूफ़ान और बवंडर की लपेट में आ गए। मानव-प्राणी मारे गए, जो बचे वे बेघरबार हुए और दैवी प्रकोप का आतंक, जो कहीं भी, किसी भी देश में हो सकता है, प्रकृति को वश में करने वाले मनुष्य पर एक बार छा गया।

भारत में, वक़्त निकल जाने के बाद सरकार के कान पर जूँ रेंगी। 12 मई को यह प्रकोप हुआ, खबर थी कि 15 मई तक पाँच हज़ार से ऊपर लोग मरे होंगे और 20 के अख़बारों में राष्ट्रपति का वक्तव्य छपा। प्रकोप के इतने दिन बाद तक न तो कोई समवेदना संदेश भेजा, न किसी तरह की मदद का भरोसा दिलाया। जैसे कि—और सिर्फ़ यही मतलब निकल सकता है—अगर पूर्वी पाकिस्तान में मुसलमान मरे तो अच्छा हुआ। क्यों उन्होंने कच्छ में चढ़ाई की थी? और, आप चाहें तो जोड़ लें—'ईश्वर ने दंड दे दिया न? देखा?' या कि 'हम कहते न थे कि अंत में विजय सत्य की होगी।' किंतु दुःख तो यह है कि ये बातें भी नहीं कही गईं—दिखाई दिया केवल एक जड़, ठस, घुन्नहा, कमीना दिमाग़ जो किसी तरह भारतीय नहीं कहलाया जा सकता।

पूर्वी पाकिस्तान में मरनेवाले अधिकांश में निस्व, निर्धन प्राणी थे, यह अलग से समवेदना का कारण हो सकता है। पर इससे अधिक यह कारण क्यों नहीं हमारे मन में आया कि जो हताहत हुए हैं वे उसी समाज के हैं जिसकी एकता के हम गाने गाते रहे हैं—या कम से कम यही सही कि उनके समधर्मी हमारे धर्म-निरपेक्ष समाज के अभिन्न अंग हैं और रहेंगे।

इस दुर्घटना पर भारतीय समाज को अपने पाकिस्तानी प्रतिरूप से कोई सहानुभूति नहीं हुई होगी, यह मानना कठिन है। प्रश्न उसकी अभिव्यक्ति का है। वह जनप्रतिनिधि सरकार का काम है। पूर्वी पाकिस्तान में 1963 और '64 में भी तूफ़ान ने नरसंहार किया था। भारत सरकार ने तब समवेदना प्रकट की थी और सहायता का हाथ भी बढ़ाया था। उन दिनों भी पाकिस्तान का व्यवहार भारत के प्रति शत्रुवत ही था।

अब अपनी तरफ़ से चुप्पी साध कर हम क्या दिखाना चाह रहे हैं? क्या यह कि हिंदुओं और मुसलमानों में हमने वह भेद हमेशा के लिए मान लिया है जो पाकिस्तान बनानेवाले, चाहे वह अंग्रेज़ हों या धर्मांध मुसलमान हों या धर्मांध हिंदू हों, बराबर मानते रहे हैं? क्या पाकिस्तान की सरकार और पाकिस्तान की जनता को हम एक ही मानने लगे हैं?

यदि ऐसा है तो यह भी मानना होगा कि केवल इसी मामले में हमने यह रवैया अपनाया है—जिस मामले में मौक़ा पाते हैं वहाँ हम पाकिस्तान के शासनतंत्र में नागरिक स्वतंत्रता के अभाव का यानी सरकार और जनता के अलगाव का प्रचार अब भी करते रहते हैं—यानी वहाँ जहाँ अपने यहाँ लोकतंत्र के किसी क्षय को छिपाना चाहते हैं।

यह मान लेना सुखकर होगा कि भारतीय धर्मनिरपेक्षता में हमारे प्रशासकों की आस्था हमेशा के लिए टूट नहीं गई है। यदि कच्छ-आक्रमण का यही नतीजा देश पर थोपा जाना हो, तो यह बहुत बड़ा दंड होगा, और यह दंड उस जनता को दिया जाएगा जो कच्छ तक नौबत आने की रत्तीभर ज़िम्मेदार नहीं है। जो विद्वेष और घृणा की भावनाएँ फैलाकर नहीं तो फैलने देकर, जनता को उलझाए रखते रहे, जो पाकिस्तान से समस्याएँ निपटा न पाने का दोष, सार्वजनिक उत्तेजना के आवरण में छिपाते रहे, वे बच निकलेंगे। यह स्वतंत्रता के संग्राम के इतिहास के साथ, जो हिंदू-मुसलिम एकता के निस्पृह प्रयत्नों का इतिहास है, धोखा होगा। पर क्यों इस बार भारत सरकार ने ऐसा लीचड़पन दिखाया? शायद भय के कारण।

समाज के एक वर्ग के भय के कारण शायद वह चुप रही। इसे जनमत का आदर नहीं कहा जाएगा क्योंकि सच्चा जनमत यह नहीं है। जो भारतीय संस्कृति के सबसे बड़े ठेकेदार हैं वे ही उसको संकीर्ण, जनविरोधी, और एकांगी बनाने के सबसे बड़े पक्षधर भी हैं। उन्हीं के भय से यदि प्रशासन चुप रह जाता है, एक ग़लत दिशा में देश के मानस को जाने देता है, तो यह शुद्ध भय है, विचारहीनता के कारण उपजा हुआ भय। यह भय सामरिक पराजय के भय से भी बुरा है।

इस एक छोटे से काम का जो सही वक़्त पर नहीं किया गया, कितना बड़ा और अच्छा असर हमारी लोकतंत्रीय परंपरा पर पड़ता, यह नहीं सोचा गया। हिंदुओं और मुसलमानों में वैरभाव बढ़ाने का उससे अच्छा कोई तरीक़ा नहीं हो सकता था जो पूर्व पाकिस्तान के निवासियों की दुर्दशा पर चुप रह कर भारत सरकार ने अपनाया है।

यह सोचकर ग्लानि से मन भर जाता है कि देश की सबसे बड़ी राजनीतिक पार्टी द्वारा संचालित शासनतंत्र, कितनी आसानी से जनविरोधी भावनाएँ भड़का कर सारे भारतीय चिंतन को दलदल में घसीट ले जा सकता है। यह संभव हो सकता है तो इसीलिए कि हम बुद्धिजीवी यह मान लेने लगे हैं कि 'हमारे शोर मचाने से कुछ नहीं होगा।' क्या वे यह भी नहीं कह सकते कि पाकिस्तान से अपनी भूमि वापस लेने के संकल्प की पूर्ति के लिए यह भय मानना ज़रूरी नहीं है?

एक ओर तो भीड़ का यह भय है जिससे सरकार चालित होने लगी है और दूसरी ओर भीड़ का वह ढोंग है जिसे वह सिर पर नाटक के मुकुट की तरह बाँधे हुए है।

श्री नेहरू का सिक्का और जवाहर ज्योति, इस पाखंड मुकुट के दो सबसे बड़े रत्न हैं। इस देश में, जो वर्षों से तिलतिल कर जलने वाले परिश्रम से, मनुष्य को मनुष्य जैसा समझना शुरू ही कर रहा था, श्री नेहरू के नाम का सिक्का टंकित करना, यदि मृतक पूजा का नहीं तो मूर्तिपूजा का झंडा गाड़ने का उपक्रम था। श्री नेहरू की अच्छाइयों के जो प्रेमी हैं उन्हें भी इस सिक्के से उनकी स्मृति का संबंध जोड़ना कठिन हुआ होगा। ऐसे प्रशंसक, उनके ऐतिहासिक गुणों के प्रशंसक थे, उनके गंजे सर के नहीं—और ख़ास तौर से उस जगह बिठाए हुए सर के जो बादशाह की जगह मानी गई है। स्वतंत्रता के बाद भारतीय सिक्कों पर से बादशाह की सूरत हटा दी गई थी। निस्संदेह उसका कुछ मतलब था। वह यह था कि भारत का साधारण, अपढ़ जन, सिक्के पर इस सूरत का रिश्ता मालिक से जोड़ता है और अपना गुलाम से।

मालिक से देवता के बीच की यात्रा जवाहर ज्योति की यात्रा है। वह इस लेख के प्रकाशित होने तक पूरी हो गई और गाजे-बाजे के साथ उसका स्वागत देश के करोड़ों भोलेभाले आधे पेट रहने वालों को रिझाते हुए, शीर्षस्थ नेता कर चुके होंगे। किसी समझदार आदमी का इस ढकोसले में शामिल होना कैसे संभव हुआ होगा, नहीं समझ में आता। ऐसा कहते हुए मैं यह मान कर चलता हूँ कि श्री नेहरू के नाम को सच्ची इज्ज़त देने में बहुत से समझदार आदमियों को दिलचस्पी है। पर यह मानने से हर वक्त इनकार करूँगा कि एक ऐतिहासिक व्यक्ति को आदर देने का तरीका एक ही देश में, एक ही समय, समझदार लोगों के लिए अलग और जाहिल लोगों के लिए अलग

होना चाहिए। जवाहर ज्योति तो घूम आई और सिक्का भी साल भर चल चुका। अब श्री नेहरू की श्रेष्ठ स्मृति का शालीन सत्कार इसी प्रकार हो सकता है कि इन दोनों की पुनरावृत्ति न की जाए।

[*कल्पना*, जून 1965]

आजादी की दूसरी लड़ाई

युद्ध, मैदानों के साथ-साथ, आदमी के दिमाग़ को भी सपाट कर दिया करता है। ख़ास तौर से हमारे देश में जहाँ, बड़ी हद तक अभिव्यक्ति की स्वतंत्रता होते हुए भी विचारों का टकराव जगह-जगह उन प्रलोभनों से कुंठित हो जाया करता है जो उत्पादन के असम वितरण से उपजे हैं, इस समय बड़े आदर्शों के विस्मरण का काफ़ी बड़ा खतरा है।

एक चीज़ सवालों से परे है—युद्ध इस समय अनिवार्य ही नहीं आवश्यक है। पर एक और चीज़ सवालों के ज़रिए निरन्तर स्पष्ट होती रहनी चाहिए—युद्ध किसलिए और किस अन्तिम उद्देश्य से।

क्या पाकिस्तान के घृणामूलक आक्रमण को कुंद कर देना ही काफ़ी है? घृणा के मूल को नष्ट करना क्या हमारा तात्कालिक न सही तो अन्तिम उद्देश्य नहीं है? यदि नहीं है तो क्या हम युद्ध में सर्वस्व दे देने वाले जनसाधारण को यह आश्वासन दे सकेंगे कि युद्ध का अंत बेहतर ज़िंदगी लाएगा?

जब तक भारत में और पाकिस्तान में घृणा के आधार पर राज करने का स्वप्न देखने वाले तत्त्व सत्ता के लिए संघर्ष करते रहेंगे तब तक साधारण आदमी को राष्ट्र की नियति में न तो हिस्सा लेना संभव होगा न हिस्सा पाना आसान होगा। वह साधारण आदमी घृणा नहीं करता।

पिछले 18 साल में आर्थिक और सामाजिक रास्तों से हमने अपने करोड़ों कमज़ोर देशवासियों को और नहीं तो दोनों वक़्त भरपेट खाने का ही साधन दे दिया होता, अगर हमें धर्म के नाम पर अलगाव करनेवाली शक्तियों से अंदर और बाहर दोनों जगह बराबर उलझना न पड़ा होता।

खुद पाकिस्तान धर्म की आड़ में मनुष्य पर अत्याचार करनेवाले तत्त्वों के स्वार्थ चक्र में फँस कर इस समय हत्या की राजनीति चलाने को बाध्य हुआ है और इसी तरह के रास्ते पकड़नेवाले दूसरे देशों के साथ घिसट रहा है।

भारत ने आज़ाद होने के बाद—अगर हिन्दू-मुसलमान के बँटवारे को मानने की ग़लती अनिवार्य थी तो—इस गलती के सुधार के लिए क्या किया है? अपने देश में ज़रूर साम्प्रदायिक तत्त्वों को एक हद तक दबा रखा गया है पर वह भी बहुत करके प्रगतिशील भारतीय परम्पराओं के कारण संभव हुआ है, सरकारी नीति के कारण नहीं। परंतु सद्यःस्वतंत्र दूसरे देशों के लौकिक आदर्शों के साथ एक होकर एशिया में नवजागरण की यात्रा पर अपनी आज़ादी के बाद हमारा देश नहीं चला है। परिणामतः उसकी महानता धीरे-धीरे अपने ही अंदर लौटकर पाखंड बनती गई है।

इसका सबसे तीखा अहसास उस वक्त हुआ था जब चीन ने आक्रमण किया था। तब बिलबिलाकर वे लोग जो भारतीय महानता के उपजीवी थे, भर्राए गले से गीत गाने लगे थे कि डर भाग जाए, पर दाँत भींचकर उन लोगों ने जो अपनी महनत के सहारे जीते थे, अपने आखिरी चार पैसे भी कोष में दे दिए थे ताकि दुश्मन भाग जाए।

18 वर्षों का भटकाव काफ़ी होता है। पर इतिहास में रास्ते अक्सर रातोंरात भी मिल जाते हैं—और अब जिस वास्तविकता के सामने हम खड़े हैं वह ऐसा ही रास्ता खोल दे सकती है। पाकिस्तान हमारे कल तक के भाइयों का देश है यह विचार युद्ध का मनोबल धीमा नहीं, तेज़ करता है—बशर्ते कि हम सचमुच चाहते हों कि बँटवारा खतम हो जाए। पाकिस्तान को जीतकर उसे भारत का अंश या उपनिवेश बनाने की कल्पना मैं नहीं कर रहा हूँ—पाकिस्तान की जनता को सिर्फ़ इतना मौका देना काफी होगा कि वह पूरे भारतीय भूखंड की आर्थिक-सामाजिक समृद्धि में हिस्सा लेने के फायदे समझ सके। इसके लिए अपने यहाँ भारत को बहुत कुछ परिवर्तन करना पड़ेगा पर वह सब असंभव नहीं है।

भारत और पाकिस्तान के 'संघर्ष' का 18 वर्ष पुराना इतिहास बार-बार दिखा चुका है कि जब-जब किसी मामले पर मेलमिलाप की कोशिश की गई है, दोनों देशों में सांप्रदायिक तत्त्व भड़के हैं—क्योंकि दोनों ज़बानी जमाखर्च में एक-दूसरे से तगड़े हैं। परन्तु भारत में स्वतंत्रता-संग्राम ने जो उदार लोकतंत्रीय भूमि तैयार करके दी थी, उसने कभी साम्प्रदायिक जड़ों को इतने गहरे जाने नहीं दिया कि उन्हें फौजी फावड़ों से खोदकर उखाड़ना पड़े। पाकिस्तान में भारत जो सैनिक कार्रवाई कर रहा है, उसे यदि अपनी तार्किक परिणति तक ले जाया जाए, तो वहाँ फौजी सरकार का पलटना जरूरी हो जाता है। वहाँ की जनता अपने को लोकतंत्रीय आधार देने के लिए इससे कम किसी साधन को कारगर पा भी नहीं सकती।

चीन के आक्रमण के, या कहें कि प्रथम आक्रमण के समय—क्योंकि इन पंक्तियों के प्रकाशित होने तक दूसरा भी हो जाना अजब न होगा—साहित्य में ख़ासी खलबली मची थी। उस समय सबको दो चीज़ों की चिंता थी—देश की और नेहरू की। आज नेहरू नहीं हैं पर देश है और पहले से ज़्यादा मज़बूत है क्योंकि अब उसे सिर्फ़ अपनी फिक्र करनी है। इसलिए, समझा जा सकता है कि अब 'चीन-की-चटनी-बना देंगे' मार्का साहित्य उतनी बदहवासी के साथ न लिखा जाएगा। निस्संदेह, यदि इस समय कविता लिखने की वह जरूरत किसी को नहीं मालूम होती जो कलासृष्टि के मूल में होनी चाहिए यानी जो कलाकार की अदम्य आवश्यकता होती है, तो कविता लिखे बगैर भी देश की शक्ति बढ़ेगी। यदि किसी को मालूम होगा तो वह लिखेगा ही और शायद इस समय ज़्यादा गहरी चीज़ रची जाएगी। आज हम जिन मान्यताओं से गुत्थमगुत्था हैं वे हमारे संस्कारों पर घाव करनेवाली मान्यताएँ हैं। चीन ने 1962 में हमें सिर्फ़ इतना ही दिखाया था कि हम विदेश नीति, और आन्तरिक संगठन में खासे कमज़ोर हैं।

चीन की दोबारा धमकी से एक विश्वस्थिति पैदा हो गई है उसमें तानाशाही और लोकतंत्र का संघर्ष औट रहा है और हम जाने-अनजाने दुनिया की बड़ी शक्तियों से इस संघर्ष में शामिल होने की आशा करने लगे हैं। अगर हमारे लोकतंत्र की बात है तो कोई दूसरा देश हमसे ज्यादा उसके लिए कष्ट नहीं उठाना चाहेगा। और तानाशाही भी किसी को अखरेगी नहीं जब तक कि वह उसके दरवाज़े पर अपना डंडा न खटखटाए। ग़रज़ यह कि यहाँ भी हमें अपनी कुछ निजी कोशिशों पर निर्भर करना पड़ेगा—और इनमें युद्ध—आज नहीं तो इसी पीढ़ी के उत्तरार्द्ध में अनिवार्य है।

[*कल्पना*, अक्टूबर 1965]

ग़ैर-कांग्रेसी राजनीति का दूसरा दौर

ग़ैर-कांग्रेसी सरकारें बनाने की राजनैतिक प्रक्रिया का पहला दौर समाप्त हो चुका है। दूसरा दौर शुरू हुआ है जो बची हुई ग़ैर-कांग्रेसी सरकारों को बचाए रखने का दौर कहा जा सकता है। मध्यप्रदेश और बिहार इसकी विशेष प्रयोग-भूमि हैं। यहाँ की सरकारों को बचाए रखना ग़ैर-कांग्रेसी दलों के लिए एक राजनैतिक मजबूरी है क्योंकि वे नहीं जानते कि इसी समय जनता से वोट माँगने पर क्या मिलेगा।

सभी प्रमुख राजनैतिक दलों के सामने इस समय प्रश्न यह है कि जनता को वह कौन-सा मुँह दिखाएँगे : आम चुनाव के पहले का मुँह अब दिखाने क़ाबिल नहीं रहा और बाद का चेहरा आंतरिक कष्टों से विकृत हो चला है। वे जानते हैं कि उन्हें अभी न सही कुछ समय बाद सही राष्ट्रीय प्रश्नों पर अपनी विचारधारा मतदाताओं के सामने प्रकाशित करनी पड़ेगी। आशंका यह है कि कहीं इस काम की कठिनाइयाँ देखकर वे व्यापक राष्ट्रीय प्रश्नों को सिकोड़कर स्थानीय न बना दें। राज्यों में सरकारों की उलट-पुलट के वातावरण में आज प्रतिपक्षी दलों की भी दृष्टि राष्ट्रीय से हटकर तात्कालिक और सीमित प्रश्नों पर आ टिकी है।

जनसंघ और संसोपा जिन दो दलों के बारे में विश्वासपूर्वक कहा जा सकता है कि इन्होंने देशी राजनीति का व्यापक भारतीय आधार बनाने का भरपूर प्रयत्न किया, इस समय देश के सामने सबसे बड़ा सवाल यही ला पा रहे हैं कि क्या इन्हें मध्यप्रदेश और बिहार के मंत्रिमंडल में फिर से शामिल होना चाहिए या नहीं। कच्छ-सत्याग्रह के समय मध्यप्रदेश मंत्रिमंडल से बाहर जानेवाले मंत्री किस हद तक इस सत्याग्रह के लिए बाहर गए थे यह विवादास्पद है और यदि वे लौटे तो सिद्ध हो जाएगा कि वह नैतिक रवैया केवल एक पाखंड था।

बिहार में संसपा ने जब बहुमत रहते हुए भी मुख्यमंत्रित्व के प्रश्न पर एक असंतुष्ट कांग्रेसी से समझौता किया तो उसके सामने ज़मीन, भाषा, सिंचाई, आमदनी आदि का एक व्यापक राष्ट्रीय समाजवादी कार्यक्रम था।

अब संसपा का बिहार मंत्रिमंडल में अपनी शर्तों पर फिर शामिल होने का फ़ैसला उस मंतव्य से बिलकुल बेमेल है जिसमें सत्ताधारण के छह महीने के अंदर क्रांतिकारी नीति पर अमल करके अपने को कांग्रेस से भिन्न प्रमाणित करना अभीष्ट था। संसपा की प्रतिष्ठा जनसाधारण में है। पर वह उसके निरे सिद्धांतवादी होने के कारण नहीं, अमल पर ज़ोर देने के कारण है। बिहार विधानमंडल में सबसे बड़ी पार्टी होते हुए भी जब मुख्यमंत्रित्व का संसपा ने आग्रह छोड़ा तब वह और दलों को साथ और कांग्रेस को बाहर रखने के लिए छोड़ा था। पर बिहार में ग़ैर-कांग्रेसी सरकार हटी तो वह संसपा के कार्यक्रमों पर आग्रह के कारण नहीं, पार्टी के अंदर सत्ता के सिद्धांतहीन मोह के कारण हटी थी। अब फिर उन्हीं सिद्धांतों को शर्त बनाकर यदि संसपा एक और ग़ैर-संसपा मुख्यमंत्री के नेतृत्व में ग़ैर-कांग्रेसी सरकार चलाए रखना चाहती है तो उससे संसपा की विशिष्टता नहीं बल्कि सामान्यता ही सिद्ध होती है।

ग़ैर-कांग्रेसी राजनीति के दूसरे दौर में इन पार्टियों के सामने कठिनाई यह है कि अब इनके अंदर राजनैतिक सत्ता से प्राप्त होनेवाले लाभों के इर्द-गिर्द मँडराते हुए छोटे-छोटे झुंड बन गए हैं और वे पार्टी की सिद्धांतप्रियता में खोट पैदा कर रहे हैं। यह प्रवृत्ति उन स्थानीय व्यक्तियों और स्वार्थों को ज़रूरत से ज़्यादा महत्त्व दिलाती है जो कि भारत में समाज को हमेशा बँटवारे की ओर

ले जाते हैं। उधर केंद्र में कांग्रेस-मठाधीश राज्यों की अस्थिर-चित्तता पहचानते हुए देख रहा है कि दिन-प्रतिदिन छोटे होते भारत का प्रधानमंत्रित्व भी आज मिल जाए तो बहुत बड़ी चीज़ होगी—उसके लिए वह भाषा को, ज़मीन को गिरवी रखने और भारतीय स्वतंत्र मानस को कुचलने के लिए तैयार बैठा है : वह राष्ट्रीय एकता की बात तो करता है परंतु प्रत्येक समस्या को संदर्भ से तोड़कर तात्कालिक बनाता जाता है जैसे पूर्वोत्तर भारत में पहाड़ी और मैदानी जातियों के मिलन की समस्या को उसने दबोचकर असम कांग्रेस की समस्या बना दिया है जब कि है वह सारे देश में व्याप्त हिंदू समाज के पुनस्संगठन की समस्या।

जैसे-जैसे प्रश्न राष्ट्रीय की जगह प्रांतीय और प्रांतीय की जगह जनपदीय होते जाएँगे वैसे-वैसे उनका हल होता जाएगा—बँटवारा। हरियाणा के चुनाव में विशाल हरियाणा पार्टी की शक्ति-वृद्धि प्रमाण है कि जनसंघ और संसपा के राष्ट्रीय नारों से भी अधिक आकर्षक आज प्रांतीय नारा हो गया है। डर है कि मध्यावधि चुनाव की नौबत आते-आते केंद्र और राज्यों की यह प्रवृत्ति भारतीय विभाग को चुपचाप कुछ और छोटा न कर जाए।

[*दिनमान*, 16 जून 1968]

हिंदू मुसलमान एकता की समस्या

आज की समस्या को सांप्रदायिकता की समस्या कहकर क्यों पुकारा जा रहा है, हिंदू-मुसलमान एकता की समस्या क्यों नहीं? क्यों आज हमारे सत्ताधिपति हिंदू और मुसलमान बिरादरियों में समानधर्मिता के प्रमाणों का प्रचार नहीं कर रहे हैं, दोनों में शुद्ध समझौते की लालसा ही क्यों दिखा रहे हैं।

वस्तुतः आज केंद्र, कांग्रेस अंतरंग और अन्यान्य दल अपने को प्रतिवादी की स्थिति में खड़ा पाते हैं: वे सफ़ाई दे रहे हैं, प्रेरणा नहीं : एक अस्पष्ट तथापि धारदार अभियोग उन पर आरोपित है कि उन्होंने, बहुसंख्यक समाज ने, अल्पसंख्यक मुसलमान समाज के लिए कुछ नहीं किया। इसी अभियोग के खूँटे में बँधा हुआ एक और अभियोग यह है कि दंगे जनसंघ करा रहा है, परिणाम यह है कि हिंदू-मुसलमान समन्वय के सच्चे कार्यक्रमों का कहीं ज़िक्र नहीं सुन पड़ता। शासक नेता हिंदू और मुसलमान दो किस्म की सांप्रदायिकता बताकर दोनों की भर्त्सना कर रहे हैं। दंगा हो जाने के बाद इसके कारणों की जाँच करेंगे यही उनका अकेला ठोस निर्णय है। जहाँ तक जनसंघ का प्रश्न है यह दंगे कराने के आरोप के जवाब में आरोप करने में बुरी तरह बझा हुआ पाया जाता है।

उत्तरप्रदेश में, जहाँ के गाँवों में मुसलमान और हिंदू एक ही बोली बोलते हैं, शहर लखनऊ के क्षय-विशेषज्ञ डॉ. फ़रीदी, मुसलमानों की अभियोग-वृत्ति के इस समय सबसे अधिक प्रकट प्रतीक हैं। दूर-दूर से आकर रात सड़क पर इंतज़ार में काटनेवाले रोगियों में से प्रथम साठ को छोड़कर डॉ. साहब रोज़ सवेरे बिना फ़ीस, बिना जाति-भेद के देखते हैं। मगर अपनी इस दुनिया से बिल्कुल अलग सामाजिक रोगों की एक अद्भुत दुनिया वह बसाए हुए हैं जिसमें हिंदुओं का इलाज जो हो सो हो मुसलमानों का विशेष इलाज होता है। बीस वर्ष की कांग्रेस ठेकेदारी की बदौलत समाज को समाजवादी विकास नहीं मिला, यह फ़रीदी की व्यापक वेदना है, लेकिन मुसलमानों को हिंदी पढ़ाना बंद कर दिया जाए तो वह शांत हो सकती है : इसके साथ ही मुसलमानों की नौकरियाँ अनुपाततः तब तक के लिए सुरक्षित कर दी जाएँ जब तक उनका पिछड़ापन दूर नहीं होता तो ठीक है और हमेशा के लिए कर दी जाए तो क्या कहने हैं।

वस्तुतः डॉ. फ़रीदी कह रहे हैं कि कांग्रेस के आदर्शों के बावजूद जब हिंदू समाज में सार्वजनिक संपत्ति से घर भरना और जात-पाँत के आधार पर सत्ता बाँटना जारी है तो मुसलमान ही क्यों इस भ्रम में रहे कि कांग्रेस एक धर्मनिरपेक्ष भारतीय समाज में औरों की तरह हमें भी हमारा प्राप्तव्य दिलवाएगी। कांग्रेस से निराश फ़रीदी के नेतृत्व में मुसलमानों ने गत वर्ष ग़ैर-कांग्रेसी दलों का समर्थन किया। ("उत्तरप्रदेश में कम्युनिस्ट हमारे बूते जीते, नहीं तो राष्ट्रीय स्वयंसेवक संघ उन पर भारी था") परंतु अब उनका नेता दावा कर रहा है कि वर्त्तमान कोई राजनैतिक दल हमारा हित नहीं कर सका। इसके बाद एक ही रास्ता रह जाता है : हम अपना दल बनाएँ। पर उसके बाद के सब रास्ते उलझे हुए हैं। मुस्लिम मजलिस उत्तरप्रदेश में खुद चुनाव लड़ेगी? निर्दलीय उम्मीदवारों से समझौते करके उन्हें जिताएगी? कांग्रेस से लेन-देन करके उसका साथ देगी? या फिर चुनाव के बहिष्कार की धमकी देगी? ये सब विकल्प विचाराधीन हैं और कोई स्पष्ट निर्णय करने के लिए अभी बहुत वक्त भी पड़ा हुआ है। परंतु एक निर्णय मन ही मन हो चुका है; वह यह कि उत्तरप्रदेश में इस बार के मध्यावधि चुनाव में कोशिश की जाएगी कि जो कोई सरकार मुस्लिम मजलिस की माँगें न माने, ठहर न पाए। ख्याल है कि प्रदेश के राजनैतिक दलों में से कोई अकेले सरकार बनाने या बनाए रखने लायक़ बहुमत लेकर चुनाव-मैदान से विधानसभा में न लौटेगा और वह हमेशा कुछ-एक दृढ़ निश्चय दल-बदलुओं की कृपा पर आश्रित रहेगा। कोशिश होगी कि इस बार काफ़ी बड़ी संख्या ऐसे व्यक्तियों की हो जो मुस्लिम मजलिस के संगठित समर्थन से जीते हों।

यह तभी संभव है जब हिंदू वोट जातियों के आधार पर इतना बँट जाएँ कि कोई उम्मीदवार बिना मुसलमानों के संगठित समर्थन के जीत न सके। डॉ. फ़रीदी ने इस संवाददाता से कहा, "हम पहले के मुकाबले चौगुने संघबद्ध हैं और जनसंघ के कृतज्ञ हैं कि वह हमें डराकर, और अधिक एकत्र होने पर मजबूर कर रहा है।" प्रश्न : क्या इसी तर्क से आप ग़रीब मुसलमानों को डराकर और अधिक एकत्र होने पर मजबूर नहीं करना चाह रहे हैं? और क्या आप पर यह शक नहीं किया जा सकता कि इस एकता के लिए आपको खुद दंगों में दिलचस्पी है? उत्तर में डॉ. फ़रीदी ने कुछ खिन्न होकर इलाहाबाद और बनारस में जनसंघ की वृद्धि का उल्लेख करके कहा : तात्कालिक लाभ जनसंघ को ही है और यह सांप्रदायिक दंगों ने ही दिलाया है।

हिंदू-मुसलमान राजनीति के दिग्सूचक मानचित्र में दो कोण और रेखांकित किए जा सकते हैं। ये हैं : (1) भारतीय मुसलमान अब अपनी सच्ची-झूठी तकलीफ़ों से भागकर पाकिस्तान नहीं जाना चाहता (2) वह गत बीस वर्ष की सामाजिक विषमताओं से उतना ही निराश है जितना हिंदू है—अंतर यह है कि वह अल्पसंख्यक एक शुद्ध सांप्रदायिक संस्था में अपनी तकलीफ़ों के जवाब ढूँढ़ने सिमट जा सकता है जबकि हिंदू बहुसंख्यक, यदि उसे सचमुच जवाब चाहिए तो, ऐसा नहीं कर सकता। यदि वह मुसलमान सांप्रदायिकता के जवाब में किसी प्रकार की भी सांप्रदायिकता फैलाए तो अंततः वह ब्राह्मण, बनिया, ठाकुर, शूद्र आदि अलग-अलग संप्रदायों की सांप्रदायिकता ही विकसित करेगा, जो यह नहीं चाहता। उसके सामने अकेला रास्ता सामाजिक विषमता के निवारण के व्यापक कार्यक्रमों का है, जिनमें जाति-भेद-निवारण प्रमुख होना चाहिए।

नक्शे का एक और पहलू है : देशव्यापी फूट में कुछ विदेश को गहरी दिलचस्पी हो सकती है। वे पैसे और प्रेरणा से इसमें कारण बन सकते हैं। लोकसभा में इस खतरे का शोर उठने पर गृहमंत्री ने हाँ में हाँ मिलाई थी कि जब देश में कुछ विकृति दिखाई देगी तो शत्रु उसका लाभ स्वभावतः उठाना चाहेगा। मगर इस सूत्र वाक्य के पश्चात् बहस कुछ इस आशय की हो चली थी कि हम में दोष हो तो हो, तुम चीनी और अमेरिकी उनका लाभ उठानेवाले कौन हो।

इससे यह ध्वनि निकलती सुन पड़ती है कि सबसे पहले तो लाभ हम ही उठा रहे हैं। और यह नितांत कल्पना नहीं है कि यह ध्वनि सुन पड़ रही है। मुसलमानों और हिंदुओं में भेद-भाव बढ़ा

कर इसका तात्कालिक फ़ायदा उठाने में जैसे अंग्रेज़ों को दिलचस्पी थी वैसे ही बहुत-से भारतीयों को भी है—ख़ासतौर से उन्हें जो हमेशा राज करते रहना चाहते हैं।

जब गृह-मंत्री उत्तरप्रदेश सलाहकार संसदीय समिति की बैठक (नैनीताल 13 जून) में उत्तरप्रदेश नौकरशाही को फटकारते हैं कि दंगे केवल तात्कालिक क्रोध से उत्पन्न नहीं हैं, देशव्यापी षड्यंत्र से प्रसूत जान पड़ते हैं तो वह किससे, क्या कह रहे हैं : उत्तरप्रदेश में इस समय शासन उन्हीं का है, हर पंद्रहवें-बीसवें प्रचारित होता है कि गृहमंत्री ने विद्वेष भड़कानेवाले लेखों पर सख्त कार्रवाई की सलाह राज्य को दी है तो उससे डॉ. फ़रीदी का काम थम नहीं जाता। वह और उत्तरप्रदेश के राजनैतिक दल, बिना कोई सख्त लेख लिखे, अपना काम किए जा रहे हैं। मुस्लिम मजलिस की स्थापना पर किसी दल ने कोई सैद्धांतिक आपत्ति नहीं की है। सब इस फ़िक्र में गुप-चुप हैं कि यह पकी-पकाई हाँडी हमारे हिस्से में आ जाए तो कैसा रहे—कहीं दूसरों के न चली जाए। गृहमंत्री की अपनी पार्टी मौन रहकर उत्तरप्रदेश में मुस्लिम वोट की सौदेबाज़ी में क्या कर रही है? कहीं ऐसा न हो जैसा दल-बदल पर गलाफाड़ बहस के समय संसद में हुआ था। गृहमंत्री ने कुछ हँसकर कुछ खीझकर कहा था, यह कैसे हो सकता है कि दल-बदल दूसरे दल करें तो ठीक, और कांग्रेस करे तो गलत मानी जाए। अब किसी समय किसी के मुँह से कहीं यह न सुनाई पड़े कि जो भी ग़लत काम राष्ट्रीय स्तर पर हो रहा है उसमें कांग्रेस अवश्य हिस्सा लेगी—क्योंकि वही अकेली राष्ट्रीय संस्था बच रही है।

[*दिनमान*, 23 जून 1968]

आज के संकट का अर्थ

इस वर्ष जनवरी में हैदराबाद में कांग्रेस का जो अधिवेशन हुआ था, पिछले कई बरसों के अंदर शायद पहला अधिवेशन था जिसके प्रस्तावों पर पार्टी जी-जान से अमल कर रही है। इस अधिवेशन में कांग्रेस ने अपने पुराने सत्ताधारी दिनों की तरह आर्थिक और वैदेशिक नीतियों पर प्रस्ताव नहीं पास किए। केवल एक प्रस्ताव सामने आया जिसमें गैर-कांग्रेसी सरकारों की वजह से छाए संकट की व्याख्या करके दावा किया गया था कि इस विपत्ति से कांग्रेस देश को बचाएगी। इसी के साथ यह दावा भी किया गया था कि कांग्रेस ख़राब होने पर भी दूसरी पार्टियों से अच्छी है। जनता दूसरी पार्टियों से ऊब और थक गई है और इस वक्त उसे हमारे नेतृत्व की ज़रूरत है। प्रस्ताव पर बहस के वक्त पंडाल में छोटे-बड़े ग़ैर-सरकारी कांग्रेसियों की व्याकुलता देखने लायक थी। ग़ैर-कांग्रेसी सरकारें हटाई जाएँगी तो ग़ैर-सरकारी कांग्रेसी को क्या मिलेगा? यह सवाल सारे अधिवेशन पर छाया हुआ था। देश को विपत्ति से उबारने में बहुत कुछ सरकारी शक्ति इस्तेमाल करनी पड़ती है, यह प्रत्येक कांग्रेसी जानता है। अब जब ग़ैर-कांग्रेसी सरकारें हटेंगी तो उनकी जगह लेने सब कांग्रेसी तो नहीं आ पाएँगे—कुछ एक ही आएँगे और यदि वे पश्चात्तापी प्राणी हुए और कांग्रेस छोड़ने का लाभ उठाने के बाद फिर कांग्रेस में आने का लाभ चाहते हुए तो पहले उन्हीं को पूछा जाएगा—दल में बराबर पड़े रहनेवालों को क्या मिलेगा? बड़े नेताओं की आलोचना संक्षेप में इस प्रकार थी : आप लोग इस समय कांग्रेस की बची-खुची शक्ति के एकाधिकारी बने हुए हैं। ऊपर ही ऊपर आप प्रधानमंत्री के साथ शक्ति का बँटवारा किए ले रहे हैं। इधर चुनाव में बड़े पैमाने पर हारने के कारण हम छोटे नेताओं को जनता से अलग हो जाने का अनुभव हो रहा है। हमें आप जनता के पास जाने को जो कहते हैं तो यह भी बताइए कि सत्ता और संगठन में आप हमें क्या स्थान देंगे?

आज की स्थिति का संचालन करनेवाले तत्त्व क्या हैं यह समझने के लिए हैदराबाद अधिवेशन के कुछ अँधेरे कोनों पर ज़रा और रोशनी डाल दें। कांग्रेस संगठन के ढाँचे में परिवर्त्तन की इच्छा सर्वोच्च स्तर पर प्रकट की गई थी। साथ ही कहा गया था कि इस समय देश को नौजवान नेताओं की नहीं खुर्राट नेताओं की ज़रूरत है। प्रधानमंत्री ने नौजवान की परिभाषा की : जो दिल से नया वह नौजवान। श्री पाटील ने कहा : बीच का रास्ता सबसे सही होता है और कांग्रेस की महानता यही है कि उसने हमेशा बीच का रास्ता अपनाया। श्री मोरारजी देसाई ने कहा : विचारों का ध्रुवीकरण कोई बहुत अच्छी बात नहीं है।

जनवरी से लेकर अब तक देश की राजनैतिक भूमि में जो अनिश्चय उपजा है वह मार्च 1967 के बाद के कुछ महीनों में उत्पन्न अनिश्चय से एकदम भिन्न चीज़ है। उसमें चौथे आम चुनाव की भावना को अभिव्यक्ति मिल रही थी। जहाँ परिवर्त्तन नहीं हो सका था वहाँ भी राजनैतिक जोड़-तोड़ से परिवर्त्तन हो जाना तुष्टिकर माना जा रहा था। उत्तरप्रदेश में कांग्रेस का 18 दिन का शासन पलटना एक प्रकार से चौथे आम चुनाव की आकांक्षा की ही पूर्त्ति थी। आज यह स्थिति हो चुकी है कि बहुत-सी ग़ैर-कांग्रेसी पार्टियाँ कांग्रेस से कहीं भी भिन्न नहीं हैं और उनमें से कुछ के भीतर कुर्सी-पार्टियाँ बन गई हैं जैसी कि कांग्रेस में हमेशा से थीं। आज ग़ैर-कांग्रेसी सरकारों में सरकार बनाने-बिगाड़ने की ताक़त रखनेवाले लोगों का सवेरे-शाम धमकी देना वह माने नहीं रखता जो 1967 में नए जनहितैषी कार्यक्रम लेकर दलों के एकत्र होने में था। आज वह करीब-करीब वैसा ही दिखता है जैसा एकछत्र कांग्रेसी राज में उत्तरप्रदेश, मध्यप्रदेश, बिहार, पंजाब आदि के जाने-माने कांग्रेसी नेताओं का परस्पर संघर्ष दिखता था। तब भी लोग पूछते थे कि यदि चंद्रभानु गुप्त की जगह कमलापति त्रिपाठी हो जाएँगे तो क्या बदल जाएगा? इन दोनों नेताओं का नाम यहाँ इसलिए लिया जा रहा है कि बरसों तक समस्त उत्तरप्रदेश को इन्होंने अपने आपसी झगड़ों की डिबिया में बंद करके रखा है। आज जब कामाख्यानारायण सिंह और गोविंदनारायण सिंह सिर या दाँत में दर्द होने के कारण सरकार उलट-पुलट करने चलते हैं तो उनसे पूछा जा सकता है कि तुम यह अस्थिरता पैदा करनेवाले कौन होते हो? क्या तुम्हारे पास कोई कार्यक्रम, कोई विचार है जिसके पक्ष में हम तुम्हें अपना समर्थन दें।

परंतु स्पष्ट है कि इन्हें अथवा ऐसे ही अन्य नेताओं को जन-समर्थन की परवाह इस समय नहीं है। वह चिंता पुराने प्रतिष्ठित राजनैतिक दलों को किसी हद तक अवश्य है परंतु नवबढ़ राजनैतिक आढ़तियों को नहीं। वे एक बार वोट लेकर जन-प्रतिनिधि बन चुके हैं और भारतीय संविधान में ऐसी कोई व्यवस्था नहीं जिससे उनसे इस समय या समय-समय पर पूछा जा सके कि अब आप किसका प्रतिनिधित्व कर रहे हैं। दिशाहीनता, झूठे वायदों और सतही नारों के भरोसे वर्षों गुजर-बसर करनेवाली जनता को आज कांग्रेस और उसके ये उपग्रह मिलकर मानो सुना रहे हैं कि तुम्हें घटिया नेतृत्व ही मिलेगा, अधिक से अधिक इतनी कृपा की जा सकती है कि उसकी बारी बदलती रहे।

विचारों का ध्रुवीकरण, जिसकी आशा डॉ. लोहिया के लोकसभा में आने के बाद प्रखर हो चली थी, झूठे वामपंथ और दक्षिणपंथ के मतभेद में फिर धुँधला चला है। भारतीय लोकतंत्र में विदेशी पैसे का इस्तेमाल हो या नगावासियों की भारतीयता का प्रश्न हो या मुसलमान समुदाय के संस्कार का सवाल हो, कोई राष्ट्रीय नेता इस समय मौलिक भारतीय दृष्टि से न देख रहा है न देखने दे रहा है। 'बीच का रास्ता' जिसे अभी 8 महीने पहले कांग्रेस के एक बुद्धिजीवी श्री पाटील ने हैदराबाद में आलोकित किया था आज फिर पहले की भाँति दो झूठे मुकदमेबाज़ों के बीच सरपंच की भाँति हो गया है। कुछ अंतर इन मुकदमेबाज़ों के रूप में आया ज़रूर है—पहले वे स्वतंत्र पार्टी और कम्युनिस्ट पार्टी थे अब वे जनसंघ और कांग्रेसी-समाजवादी हो गये हैं। समता, मनुष्य जीवन की गरिमा, समाजवादी जीवन-पद्धति के बारे में अब किसी राष्ट्रीय नेता के मुँह से कुछ सुनते ही नेहरू युग के अंतिम दिनों की याद आती है जब उपदेश सुनते-सुनते भारत के कान पक गए थे। सायास कुछ कहने का प्रयत्न

करनेवाले सत्ताधारी नेता विचार-शून्य जान पड़ते हैं। परंतु ये जब अनायास कुछ कह जाते हैं तो प्रकट होता है कि मनुष्य के बारे में उनके क्या विचार हैं। ऐसे उदाहरण यहाँ दिए जा सकते हैं—और वे केवल संयोग नहीं माने जा सकते हैं—क्योंकि किसी बड़े राजनैतिक नेता को भूल से कुछ कह जाने का अधिकार नहीं होता। कुछ दिन हुए आकाशवाणी पर एक संवाददाता ने खाद्यमंत्री जगजीवनराम से पूछा था : दाग़ी मैक्सिकी गेहूँ सरकार क्यों ख़रीद रही है जबकि वह मनुष्य का प्राण संकट में डाल सकता है। उत्तर : सरकार जो खरीदती है वह इतना ही दागी होता है कि पेट-दर्द भले कर ले पर मारे नहीं। प्रश्न : उससे अधिक दागी क्यों बिकने दिया जा रहा है। उत्तर : उससे क्या। जो कोई ख़रीदेगा वह सरकार को तो दोष नहीं दे पाएगा, देगा तो व्यापारी को देगा। क्या खाद्यमंत्री के लिए खाद्य और अखाद्य केवल सरकार की बदनामी का सवाल है, मनुष्य के प्राण का नहीं? वित्तमंत्री ने बजट अधिवेशन में पोस्टकार्ड की मूल्य-वृद्धि के विरोधी सदस्यों को ललकारा था : आखिर आप किसके लिए रियायत माँग रहे हैं? हमारे समाजवादी लोगों को इतना भी नहीं मालूम कि इस देश में 80 प्रतिशत जो निरक्षर हैं उन्हें मैं मुक्त रख रहा हूँ। बोझ केवल उन पर डाल रहा हूँ जो साक्षर हैं और चिट्ठी लिख सकते हैं। मोरारजी देसाई का एक और तर्क उनके उपचेतन मानस का परिचायक है। टाफ़ी-चाकलेट पर टैक्स बढ़ाने के विरोधियों को उन्होंने सुनाया था : यह टैक्स अमीरों पर लगाया गया है। इसका विरोध क्यों करते हैं? क्या ग़रीबों के बच्चे चाकलेट खा सकते हैं जो उन्हें यह टैक्स देना पड़ेगा?

[*दिनमान*, 30 जून 1968]

छोटे लाटसाहब का शासन

बिहार में राष्ट्रपति-शासन के साथ उत्तर भारत में छोटे लाटसाहब का राज कुछ इतनी शान से स्थापित हो गया है कि शायद केंद्र को खुद कुछ आश्चर्य हो रहा हो—वैसा आश्चर्य जैसा बहुत जल्दी सफल हो जाने वाले नौबढ़ को होता है। हैदराबाद-अधिवेशन के छह महीने के अंदर कांग्रेस ने पश्चिम बंगाल, उत्तरप्रदेश और बिहार तीन बड़े मैदान सर कर लिए और दिल्ली-महासमिति में जयघोष किया कि देश की राजनैतिक अवस्था सुधरने लगी है। वास्तव में हुआ यह है कि जनसाधारण को एक बार फिर कांग्रेस शासन के सामने गरदन झुकानी पड़ी है—इस बार गड़ासा कुछ और भोथरा है यानी केंद्र शासित नौकरशाही का है।

यह नौकरशाही किस प्रकार शासन चला रही है, किन नैतिक और सामाजिक मान्यताओं को बढ़ा रही है, कौन-से जनहितकारी काम कर रही है, यह पूछने का अवसर जन-प्रतिनिधियों को नहीं है—विधानसभाएँ विसर्जित हैं। एक जीता-जागता उदाहरण उत्तरप्रदेश का है जहाँ संविद सरकार ने प्रशासन में जनभाषा के व्यवहार की एक अनिवार्य व्यवस्था की थी : समझा जाता है कि राष्ट्रपति शासन ने उसे पलट दिया है : व्यवस्था यह थी कि वित्तमंत्रालय हिंदी में काम करेगा। उद्देश्य था कि सभी मंत्रालय हारकर अपने काग़ज़ हिंदी में भेजेंगे क्योंकि वित्तमंत्रालय से सबको साबक़ा पड़ता है। अब सरकार-सचिव सब काम अंग्रेज़ी में माँगते हैं और सब मंत्रालय करके दे भी रहे हैं। पूछा जा सकता है कि हिंदी-प्रदेश की सरकार ने प्रायः एक वर्ष की मोहलत में भी प्रशासन को विधानपूर्वक जनभाषी क्यों नहीं बनाया, केवल विभागी आदेश से क्यों संतोष किया जिससे कि वह आज पल में बदला जा सका? किंतु इस प्रश्न का औचित्य भले हो अवसर नहीं है क्योंकि निर्वाचित मंत्री ही पदासीन नहीं हैं : प्रश्न उसी से पूछा जाएगा जो पदासीन है और प्रश्न यह है कि जब एक प्रक्रिया

चल पड़ी थी कि जिससे कालांतर में शासन जनाभिमुख होता तो उसे क्यों अवरुद्ध किया गया।

इंटरमीडिएट छात्रों के लिए अंग्रेज़ी पाँचवें विषय के रूप में पढ़ाने का निर्णय भी जन सरकार के महत्त्व की अवज्ञा करता है : यही नहीं वह केंद्र की 'अंग्रेज़ी बढ़ाओ' नीति के साथ राज्य की नौकरशाही की लय मिली होने का भी प्रमाण है।

वि-प्रगति के इन तात्कालिक उदाहरणों से भी बड़ी एक दुर्घटना घटित हो रही है। जनता को स्थाई शासन देने का दावा करके राज्यपाल ने अपने को 1967 के महान लोकतंत्री प्रयोग का परीक्षक नियुक्त कर लिया है : संसद में पिछले महीनों की दलबदल-बहसों के दौरान गृहमंत्री ने एक से अधिक बार विधानसभा-अध्यक्ष के कार्य की आलोचना और राज्यपाल के निर्णय की प्रशंसा की थी—ऐसा दिखता था जैसे राज्यपाल ही इस समय अपढ़, जाहिल जनता का असली रक्षक है, संविधान का तो है ही। वास्तव में चौथे आम चुनाव के बाद के लोकतंत्र की शक्ल देखकर अपरिवर्तन के समर्थक कुछ इतना चौंक गए थे कि वे किसी लोकतंत्री समस्या से जूझना नहीं चाह रहे थे : यदि राजा के घर लड़का पैदा होने-जैसा सीधा नतीजा आम चुनाव से निकला होता तो शायद वे संतुष्ट रहते। दल-बदल के प्रति घनी व्याुकलता लोकतंत्री शक्ति के इसी अपरिचय से उपजी थी। उन्होंने दल-बदल को ही समस्या मान लिया गया था जब कि यह समस्या नहीं, समस्या का लक्षण था—समस्या यह थी कि पुराने प्रतिपक्षी, जिनमें फूट थी, एक होकर सरकारी कुर्सियों पर चले गए थे परंतु सत्ताधारी, जो एक दल के थे, प्रतिपक्षी कुर्सियों पर बैठना नहीं चाहते थे। इस संदर्भ में हरियाणा और पश्चिम बंगाल में मुख्यमंत्री की शक्ति का निर्णय जिस तरीके से राज्यपाल ने किया वह आम चुनाव के बाद संविधान के शोषण और लोकतंत्री मान्यताओं के विघटन की नज़ीर बन चुका है और आगे भी इस्तेमाल किया जा सकता है।

हरियाणा में राज्यपाल ने दल-बदल की भर्त्सना जिस स्वर में की थी उसमें लोकतंत्री परिवर्तन के प्रति कोई सहानुभूति नहीं थी। 'सिद्धांतहीन' दल-बदल का तिरस्कार करके प्रकारांतर से सुझाया गया था कि राज्यपाल को सिद्धांत-निरूपण का अधिकार भी है। यह तथ्य ढाँक लिया गया था कि आम चुनाव के पहले राजनैतिक शक्ति बटोरने के उद्देश्य से हरियाणा की रचना जो कांग्रेस ने की वही उस प्रदेश में राजनैतिक अस्थिरता ले आई थी। चुनाव के बाद यही राजनैतिक मूल्यों के पतन और विधायक की मूल्य-वृद्धि के रूप में प्रकट हुई। राज्यपाल ने अपने प्रतिवेदन में दल-बदल को इस राजनैतिक संदर्भ से काटकर ऐसे देखा जैसे कोई नकचढ़ा सरकारी कर्मचारी ही देख सकता है।

अन्य राज्यपालों के प्रतिवेदन में और तरह का राजनैतिक रुझान दिखाई देता है। श्री धर्मवीर ने राजभवन में बैठे-बैठे मालूम कर लिया कि अजय मुखर्जी को विधानसभा में बहुमत प्राप्त नहीं है और दल-बदल कर आए हुए श्री प्रफुल्लचंद्र घोष को मुख्यमंत्री बना दिया—जैसे कि वह अपने आई.सी.एस. के दिनों में एक मुलाज़िम को गिराकर दूसरे की पद-वृद्धि करते रहे होंगे। यों पश्चिम बंगाल में दल-बदल के सहारे सरकार बहाल की गई जब कि हरियाणा में दल-बदल के कारण सरकार बरखास्त की गई। हरियाणा में केवल 'अच्छे प्रशासन के लिए' राष्ट्रपति-प्रशासन माँगा गया, जबकि घेराव-जर्जर पश्चिम बंगाल में 'राष्ट्र की सुरक्षा' के लिए भी वह ज़रूरी नहीं समझा गया। दोनों राज्यपालों के 'विवेक' में तार्किक संगति नहीं थी परंतु राजनैतिक एकरूपता थी। दोनों राज्यों में ग़ैर-कांग्रेसी सरकार का टाट उलट रहा था। अनंतर बंगाल में राष्ट्रपति शासन उस समय लागू किया गया जब कांग्रेस सरकार बनने की रत्ती भर उम्मीद बाक़ी नहीं बची।

उत्तरप्रदेश में चरणसिंह के त्यागपत्र के बाद दलों को गठबंधन बदलने का खुला निमंत्रण देकर राज्यपाल ने संविधान की रक्षा के कर्त्तव्य से अधिक कुछ करने का दुस्साहस किया था। पहले तो उन्होंने दल-बदल के पौधे की सिंचाई की फिर उसे फलता न देखकर विधानसभा ही विसर्जित करा दी। बिहार में भी विधानसभा को किसी दावे पर मुख्यमंत्री की शक्ति जाँचने का अवसर नहीं मिला।

सबसे बड़े दल कांग्रेस के नेता अपनी सरकार बनाने के लिए 4 दिन का समय चाहते थे मगर विनियोग-विधेयक इतनी प्रतीक्षा कर नहीं सकता था।

यह केवल संयोग नहीं है कि तीनों राज्यों में कांग्रेस-केंद्र का प्रतिरूप-शासन तभी लागू हुआ जब राज्य-कांग्रेस अच्छी-खासी मोहलत मिलने पर भी आपसी फूट के चलते सरकार बनाने की स्थिति में न आ पाई। तीनों जगह कांग्रेस से अलग होनेवाले वे नेता जो संविद के नायक बनने के निजी लाभ को देशहित मानते थे अकेले पड़ गए थे, और इनमें से दो जगह इनकी सरकारों को कांग्रेस का समर्थन भी नहीं बचा सका था। पहले ग़ैर-कांग्रेसी सरकारों का टूटना, फिर कांग्रेस से टूटे हुए लोगों की सरकारों का टूटना और फिर कांग्रेस सरकार का न बन पाना—इस प्रक्रिया में संविधान की सत्तानुकूल व्याख्या करते हुए राज्यपालों की पीठ पर केंद्र सरकार का हाथ बराबर रखा दिखाई देता रहा है। ग़ैर-कांग्रेस मोर्चा तोड़ने के फेर में कांग्रेस ने राज्यपाल को संविधान से बहुत शक्ति दुह लेने दी है। मान लिया जाए कि विद्रोही उत्तर भारत को नौकरशाही का राज्यपाल-शासन केवल फरवरी तक ही सहना पड़ेगा तो भी वह समाजवाद और समता के आदर्शों की जड़ें आठ महीने में काफ़ी खोद सकता है। प्रश्न तो यह है कि 20 वर्ष कांग्रेस की छत्रछाया में पुलिस और क़ानून की ताक़त जुटानेवाली नौकरशाही आगामी आंदोलनों का दमन अपनी वृद्धि के लिए और भी राजनीति-विरोधी नृशंसता से करे तो क्या उसके हाथ में फँसा केंद्र उसे रोकना चाहेगा—या रोक पाएगा?

[*दिनमान*, 7 जुलाई 1968]

राजाओं का शाही भत्ता

राजाओं का शाही भत्ता क्रमशः बंद कर देने का निर्णय आख़िरकार केंद्रीय मंत्रिमंडल की चलनी से गुज़रकर शुद्ध होकर प्रकाशित हो गया और सर्वोच्च नेताओं ने चैन की साँस ली कि कांग्रेस के दस सूत्री कार्यक्रम की नैया आख़िरकार वह किनारे खे लाए। दोहरे संतोष का विषय तो यह है कि उसमें बैठे हुए कांग्रेसी समाजवादियों का बेड़ा भी पार हो गया।

परंतु कांग्रेस महासमिति के प्रस्ताव के कुछ और पहले जाकर देखें तो मालूम होगा कि राजाओं के विरुद्ध इस समाजवादी आंदोलन का उद्गम कहाँ है। 1967 के आम चुनाव के कुछ पहले श्री अतुल्य घोष ने राजाओं को सचेत किया था कि अगर वे राजनीति में अपनी टाँग अड़ाते रहे तो उनका शाही खर्च छिन जाएगा। घोष महाशय ने काफ़ी घबराकर यह चीत्कार किया था क्योंकि उस आम चुनाव पर राजाओं का असर पहले तीन आम चुनावों से कहीं ज़्यादा दिखाई दे रहा था। घबराहट पैदा हुई थी मध्यप्रदेश और राजस्थान में और एक हद तक ओडिसा और गुजरात में भी कांग्रेसी राजाओं के खिलाफ़ देसी राजाओं की मोर्चेबंदी से। उल्लेखनीय तो यह है कि जब ये राजे लोकतंत्री राजनीति में उतरते हैं तो लोकतंत्री राजनीति के आधार, जैसे कि पार्टी-कार्यक्रम आदि, बहुत कुछ अप्रासंगिक हो जाते हैं। बीकानेर, जयपुर, बड़ोदा, पटियाला आदि के राजा जनता को 'प्रजा' बनाकर जिधर चाहें उधर ले जाने का दम रखते हैं और उन्हें पार्टियों के बिल्ले लगाने की ज़रूरत नहीं महसूस होती, पार्टियाँ चाहें तो अपने उम्मीदवारों पर उनके बिल्ले लगा सकती हैं। पर यह समझ लेना अच्छा होगा कि इनकी इस शक्ति का संबंध इनके शाही भत्ते से प्रत्यक्ष नहीं है क्योंकि आम चुनाव के समय के मध्यप्रदेश का उदाहरण लें तो वहाँ कुल 60 शाही भत्तेवाले राजा थे और कुल मिलाकर इन सबको प्रायः 74 लाख रुपया ही शाही भत्ता मिलता था। इनमें से सिर्फ़ 25 राजनीति के मैदान में थे और उनमें से भी कांग्रेस के समर्थक काफ़ी थे। कांग्रेस को वहाँ खतरा वोट झोरनेवाली

राजमाता नामक आँधी और जशपुर, कवर्धा, बिजावर, कोठी, दतिया आदि छोटे-छोटे बवंडरों से था। राजस्थान में भरतपुर, डूँगरपुर, जोधपुर, किशनगढ़ आदि कांग्रेस के साथ नहीं थे और इनमें से सब बड़े-बड़े अमीर नहीं थे—किंतु, प्रभावशाली थे। झल्लाकर चुनाव के दौरान श्रीमती इंदिरा गाँधी, कामराज और चव्हाण का इनके खिलाफ़ यह नारा उठाना आसान था कि 'आज़ादी के बाद से राजाओं के कारनामे देखे जाएँ तो शून्य ही हाथ लगेगा'—क्योंकि अपने कारनामों के बारे में इन्हें खुद यह कहने की सुविधा है कि 'हम पूरी तरह सफल नहीं हो सके हैं'।

चुनाव के नतीजे आने पर प्रजा और राजा दोनों से अपने को अपमानित पाकर राजाओं के ख़िलाफ़ कांग्रेस के गुस्से में उबाल आया। महासमिति के अधिवेशन में कार्यकारिणी का प्रस्ताव जिसमें केवल राजाओं के विशेषाधिकार समाप्त करने की माँग थी, गृहमंत्री के प्रदेश महाराष्ट्र के एक प्रतिनिधि द्वारा संशोधित हुआ कि विशेषाधिकार के साथ शाही भत्ता भी ख़त्म किया जाए। विशेषाधिकार समाप्त करने का प्रस्ताव मूलतः राजस्थान कांग्रेस के अध्यक्ष ने रखा था जहाँ कांग्रेस को राजाओं ने नाकों चने चबवा दिए थे—यह भी पूरी तस्वीर समझने के लिए याद रखना चाहिए।

लेकिन तस्वीर पूरी की पूरी दिखाई नहीं जाती रही है। राजाओं के विशेषाधिकार पर आज़ादी के 20 साल के अंदर आँच नहीं आने दी तो किसने? समता, मानवीय प्रतिष्ठा और जनता और प्रशासन के सम्यक् संबंध के हित में इन्हें एकदम मिटा देना चाहिए था, पर नहीं मिटाया तो किसने? ये विशेषाधिकार अद्‌भुत प्रकार से असामाजिक हैं। पानी-बिजली मुफ़्त, आयात-महसूल माफ़, शस्त्र-कानून से मुक्ति और महलों पर सशस्त्र गारद रखने की छूट—ये कुछ ही हैं, बाकी छोटे-मोटे और बहुत से हैं जो सामान्य नागरिकों के पास नहीं हैं। ये विशेषाधिकार किसी आम चुनाव के अप्रीतिकर नतीजों के सामने आने पर ही खलें तो संदेह करना चाहिए कि विशेषाधिकार नहीं खल रहे हैं अपनी पराजय खल रही है।

जो हो, जब शाही भत्ता भी समाप्त करने का संशोधन अकस्मात पारित हो गया तो इसकी व्यावहारिकता पर एक लंबी बहस उठाई गई। इस बहस में जो सवाल उठते थे वे भत्ता समाप्त करने की असंवैधानिकता और अनैतिकता को लेकर होते थे। सरकारी तौर पर पहली भेंट में 3 नवंबर 1967 को गृहमंत्री ने राजाओं से कहा था कि मेरे पास कोई योजना है नहीं और सरकार को आपसे कोई शत्रुता भी नहीं है। यह सच है कि सरकार कांग्रेस महासमिति का प्रस्ताव लागू करने को वचनबद्ध है, परंतु हम नहीं चाहते कि किसी प्रकार की 'मानवीय वेदना' से आपको गुज़रना पड़े। इसके बाद दूसरी और फिर तीसरी और अंतिम बैठक में, जिसका ज़िक्र ऊपर किया गया है, यही बातें दोहराई गयीं। तीसरी बैठक में महाराजा ध्रांगध्रा ने प्रायः 20 पृष्ठ के लंबे प्रतिवेदन में कहा : शाही भत्ता कोई पेंशन नहीं है वह तो सोने की अक्षय खान है। उसे आप ले कैसे जा सकते हैं। प्रतिवेदन शांति से पूरा सुनने के बाद गृहमंत्री बोले, संक्षेप में कहिए आप शाही भत्ता ख़त्म करने में किस तरह हमसे 'सहयोग' करना चाहेंगे।

अंततः ज़मींदारी-उन्मूलन की नज़ीर पेश करते हुए गृहमंत्री ने मन्त्रिमंडल को समझाया कि महासमिति के प्रस्ताव में यह कहीं नहीं कहा गया कि शाही भत्ता एकाएक या बिना मुआवज़ा के या मानवीय कष्ट के साथ ख़त्म किया जाए। गृहमंत्रालय ने बड़े दर्द के साथ तर्क दिया था कि राजा लोग एक विशेष प्रकार के जीवन के आदी हो चुके हैं और उन्हें एकाएक अपना तौर तरीक़ा बदलने को मजबूर करना उनके ऊपर अत्याचार होगा। इसके साथ ही राजाओं के आश्रितों की ज़ोरदार पैरवी की गई थी—कुल मिलाकर प्रायः 10 हज़ार परिवार इस समय शाही भत्ता का दिया खाते हैं। यह सब देख-समझकर मन्त्रिमंडल ने 20 साल में थोड़ा-थोड़ा मुआवज़ा (कुल 43.16 करोड़ रु.) देकर छुट्टी पाने का फ़ैसला किया, जिससे 'सहयोग' की गुंजाइश 20 साल तो बनी ही रहे। विधिमंत्रालय की राय थी फ़रमान जारी करके राजाओं को निस्वत्व किया जा सकता है पर मन्त्रिमंडल ने राजाओं का राजत्व समाप्त

करने के लिए संविधान से उनके विशेषाधिकार संबंधी उल्लेख हटा देने का पक्ष लिया तो सिर्फ़ इसलिए नहीं कि निरा सरकारी फ़रमान अदालत में विवादास्पद हो सकता है बल्कि इसलिए भी कि संविधान संशोधन के लिए वर्त्तमान संसद में सभी दलों का मत अनिवार्य होगा और इससे कांग्रेसी समाजवाद से सभी की सहमति का अच्छा विज्ञापन हो सकेगा।

कुल मिलाकर मंत्रिमंडल के फ़ैसले से निश्चित है कि राजाओं का शाही भत्ता और विशेषाधिकार दोनों ही धीरे-धीरे समाप्त होंगे परंतु यह मानना कठिन है कि पिछले आम चुनाव में राजाओं की तेजस्विता वास्तव में शाही भत्ते की ही आभा थी। वह उनके विशेषाधिकारों की प्रतिभा थी जो 18 साल से अक्षुण्ण चले आ रहे थे। यह मानना और भी कठिन है कि शाही भत्ता समाप्त कर देने से ही ये विशेषाधिकार एकाएक समाप्त हो जाएँगे। काग़ज़ पर अवश्य ये मिटा दिए जा सकते हैं लेकिन सिद्धांतहीन पद-लिप्सा का प्रतिद्वंद्वी कोई भी छोटा-मोटा लोकतंत्री नवाब किसी पुराने राजा को उसी के दाँव-पेंच से उसे परास्त करना चाहे तो न किसी की हार होगी न जीत—दोनों में समझौता होकर ही रहेगा। आम चुनाव में राजाओं का जो समर्थन कांग्रेस खो चुकी थी, शाही भत्ता समाप्त करने से वापस आनेवाला तो नहीं है, पर राजाओं के स्थानीय प्रभाव के इस्तेमाल में कांग्रेसी उम्मीदवारों को पहले से ज़्यादा हिस्सा मिलने की संभावना शायद हो सकती है। विशेषकर के इसलिए कि गृहमंत्री ने मानवीय वेदना से उन्हें मुक्त रखने के लिए मंत्रिमंडल से प्रस्ताव किया है कि सरकारी समारोहों में राजाओं को शाही भत्ताविहीन हो जाने पर भी उनके 'सामाजिक गौरव' के अनुकूल सम्मान दिया जाए। वे एक बहुत बड़े विशेषाधिकार के हक़दार भी बने रहेंगे—बिना केंन्द्र सरकार की अनुमति के कोई उन पर मुक़दमा न दायर कर सकेगा बशर्ते कि मामला उनके राजत्वकाल का हो।

[*दिनमान*, 14 जुलाई 1968]

गाँधी के बीस वर्ष

यदि आरंभ को प्रमाण माना जाए तो गाँधी शतवार्षिकी समारोह की वर्तमान योजना सोचने-समझने वाले भारतीयों की बुद्धि और आत्मा पर एक बड़ा बोझ बनने जा रही है। नेतृत्व के संकट के पिछले पाँच-छह वर्षों में अपनी कमज़ोरियाँ और अपना खोखलापन किसी पवित्र धारा में धो लेने का अवसर एकसाथ इतनी आसानी से नेताओं को नहीं मिला था जितना कि अब से लेकर 2 अक्तूबर, 1961 तक मिलेगा। यों तो अपने मुँह अपनी आलोचना का एक अंदाज़ नेहरू ने 1962 के चीनी आक्रमण से चलाया था पर वह नेहरू को अपनी ग़लतियाँ खुद माननेवाले श्रेष्ठ व्यक्ति का दर्जा बहुत देर तक नहीं दे सका। जितनी देर तक भी दे सके वही नेहरू शैली इस समय सब बड़े और उत्तरदायी नेता अपनाते दिखाई देते हैं। 'हमारी खाद्य-नीति है ही नहीं, शिक्षा-नीति चली नहीं, सीमांत नीति व्यर्थ साबित हुई और कुल मिलाकर हमें जितना करना चाहिए उतना नहीं किया' लेकिन हम नहीं मानते कि कोई दूसरा हमसे ज़्यादा कर सकता है—यह दावा कांग्रेस के केंद्र में स्थापित रहने और अनेक राज्यों में पुनःथापित होने में छिपा हुआ है। यह स्थिति समूचे राष्ट्र में बौद्धिक और मानसिक पराभव का वातावरण तैयार करती है। इस वातावरण में एक ऐसे व्यक्ति का नाम-जाप जिसने कभी नहीं चाहा था कि भारत सरकार इस तरह से बने जैसी कि वह बनी और सत्ताधारी दल इस रूप में रहे जिसमें वह है, उस व्यक्ति के साथ अन्याय है और उस व्यक्ति के किसी आदर्श रूप का आदर करनेवाले असंख्य भारतीयों के साथ विश्वासघात है। पिछले सप्ताह लंदन से लेकर दिल्ली तक महात्मा गाँधी के आदर्शों के अनुकरण की अपनी अयोग्यता का विलाप दोहराया गया और जहाँ-जहाँ भारतीय नेता गाँधी का संदेश फैलाने जाएँगे वहाँ सिवाय इसके और कुछ नहीं कर सकेंगे। भविष्य में

गाँधी-आदर्श-पालन की सद्घोषणा कितनी खोखली रहेगी जब तक कि अब तक की गाँधी-विकृति सुधारी न जाए। गाँधी-इतिहास के सौ वर्ष का समारोह करनेवाले लोग इस इतिहास के पिछले बीस वर्ष जो इन्हीं सौ वर्षों में शामिल हैं, बड़ी चतुराई से पोंछकर अपनी जेब में रखे ले रहे हैं।

इन बीस वर्षों में गाँधी के साथ क्या हुआ इस सत्य की खोज यानी गाँधी की खोज की जरूरत है। सत्तातुर नेताओं के साथ समझौता करके जीवन के अंतिम दिनों में मोह-भंग की अवस्था में शुद्ध निजी प्रतिकार का व्रत लेकर गाँधी ने शेष जीवन बिताने का निश्चय किया था—नोआखाली जिसका उदाहरण है, वर्तमान सत्ताधारियों में किसी से इतना महान निर्णय करने की आशा व्यर्थ है कि वह अकेला अपने को समाज के परिष्कार में लगा देगा। जो सत्ता में प्रवेश न करके बाहर हैं वे भी जहाँ-तहाँ राजनैतिक जोड़-तोड़ की कोशिशें करते दिखाई देते हैं बशर्ते कि उन्हें गाँधी स्मारक संबंधी किसी कार्य में जीवन समर्पण का अवसर न मिल गया हो। सत्ताधारी के लिए आचरण का सबसे न्यायसम्मत रूप सत्ता के प्रयोग द्वारा मनुष्य-जीवन में मौलिक परिवर्तन करना ही हो सकता है। सत्ता का अस्त्र गद्दी के नीचे दाबकर प्रवचन उपदेश की मुद्रा में प्रकट होना दोहरे प्रतिमानों का इस्तेमाल करना है—और अंततः यही नतीजा निकालना है कि किसी को सत्ता के उपयोग पर कोई शंका नहीं उठानी चाहिए।

एक सरसरी निगाह समारोह के साज-सामान पर डालने से दीखता है कि भाषणों के बाद दूसरे नंबर पर प्रदर्शनों की भरमार है। इनमें गाँधी के चित्र, गाँधी के साथ खड़े या बैठे नेताओं के चित्र और गाँधी साहित्य है। सरकारी नीतियों के परिपालन में गाँधीदृष्टि के दृष्टांत इनमें नहीं के बराबर हैं। राजधानी में 2 अक्तूबर को एक ओर वीररस कवि सम्मेलन के आयोजन और दूसरी ओर चाँदनी चौक में पथराव ने 2 अक्तूबर की एक नई शक्ल दिखाई थी। पर ये घटनाएँ सतही भी हो सकती हैं, गाँधी का सिक्का ढालना और जार्ज पंचम की जगह पर उनकी मूर्ति खड़ी करना सतही नहीं है। ये राजनेताओं के मन के भीतर बहुत गहरी छिपी किसी वैचारिक खोट के लक्षण हैं। गाँधी को एक प्रभु के रूप में प्रदर्शित करना उसी के लिए संभव है जो यह मानकर चलता है कि भारतीय जनता पर बिना राजा के क़ाबू नहीं पाया जा सकता। साथ ही यह चिंता जनता और गाँधी का परस्पर संबंध मौलिक रूप से बदलने की भी चेष्टा है। गाँधी का भारतीय जनता पर अतल अनंत विश्वास था। वह राजपथ पर या राजमुद्रा पर अपना चेहरा दिखाकर जनता को प्रभावित करने का विचार मर्मांतक मानसिक आक्रोश के साथ अस्वीकार करते—यदि यह उनके जीवन में प्रस्तुत किया गया होता। जो अब उनके पीछे इसे चलाना चाह रहे हैं वे जनमानस में अपना प्रतिबिंब बहुत कुछ वैसा ही या तो देख रहे हैं या देखना चाहते हैं जैसा उन्हें बादशाह सिक्के पर दिखाई देता है।

[*दिनमान*, 13 अक्टूबर 1968]

सँकरी गली में जीप

बाढ़ की दर्दभरी ख़बरों के साथ कभी-कभी एक तस्वीर भी छपा करती है जिसमें कोई राजनेता हेलिकोप्टर से लोक-व्यथा का निरीक्षण करता देखा जाता है। मंत्रियों के प्रचार-अधिकारियों से पूछना चाहिए कि क्या वे सचमुच समझते हैं कि ऐसी तस्वीरें देखकर पाठक आकाशचारी मंत्री की करुणा के क़ायल हो जाएँगे, या वे केवल इसलिए फ़ोटू छपा रहे हैं कि अपना चित्र देखकर प्रसन्न होना सामान्य विकार है? समय आ गया है—बल्कि कहें कि आ चुका है कि मंत्री की प्रसन्नता का मापक उस चित्र को बनाया जाए जो उनके ज़मीन पर पाँव रखने के बाद खींचा गया हो : इस दशा में जलपाइगुड़ी में

श्री मोरारजी का कोई चित्र प्रकाशित नहीं हुआ है। किंतु कहना होगा कि उनके और राज्यपाल धर्मवीर के विमान-विचरण का चित्र भी न छापकर उनके साथ सद्भाव ही बरता गया है। वह चित्र किसी को भी पसंद नहीं आ सकता था। सड़ती लाशों की गंध के बहुत ऊपर से उड़कर जाना जानकारी प्राप्त करने का उपाय है परंतु आज के अधीर, हतविश्वास जन-समुदायों से अपनी दूरी और बढ़ाने का सर्वोत्तम साधन भी है। इतना काफ़ी होगा कि प्रशासन के प्रतिनिधि यह जानकारी प्राप्त कर लें और जनप्रतिनिधि को बता दें : उससे किसी का मन दुखेगा नहीं। आख़िरकार सेवा-सहायता सेना सहित प्रशासन वाले ही करते हैं और उन्हें मंत्रियों से कहीं अधिक स्वाभाविक अधिकार है कि गले तक डूबे मनुष्यों की आवश्यकताएँ समझने के लिए उसके सर पर से उड़कर जाएँ।

जलपाइगुड़ी की घटना बहुत कुछ बताती है। उपप्रधानमंत्री और केंद्रीय शासक प्रतिनिधि राज्यपाल का यह कह देना कि क्रोध से क्या समस्याएँ सुलझ जायेंगी उस घटना को बिल्कुल न समझने की दिशा में जाना है। अभी तक किसी सत्ताहितैषी ने श्री देसाई के इस संशय की पुष्टि का साहस नहीं किया है कि जलपाइगुड़ी के क्रुद्ध निवासी राजनैतिक उद्देश्य से चालित थे परंतु जब कभी यह घटना दिल्ली के राजनैतिक मंच पर याद की जाएगी तो कोई अजब नहीं कि यह तर्क कई टटपुँजियों के मुख से सुना जाए—यह जन-आक्रोश की अभिव्यक्ति के अनेक उदाहरणों के प्रसंग में सुना गया है। ओडिसा और बिहार के दुर्भिक्ष के और लखीसराय रेल-दुर्घटना के समय यही तर्क दिया गया था। इस तर्क का कवच भारतीय राजनीतिक ने ओढ़ लिया है और उसके पीछे वह तब तक के लिए सुरक्षित है जब तक वाद-विवाद दो राजनीतिकों में चल रहा है और कोई तीसरी शक्ति बीच में नहीं आती। वह शायद समझता कि वह जन-आक्रोश का लक्ष्य बना है तो यह कुछ व्यक्तिगत मामला है और उसे जन की नहीं अपनी रक्षा करनी है : धीरे-धीरे, घिसट-घिसटकर वह ममता मर चुकी है जिससे राजनीतिक देख सकता था कि यदि लोग यातना से उद्विग्न हैं तो सबसे पहले वे ही रक्षा के पात्र हैं। निश्चय ही श्री मोरारजी का यह कथित उद्गार कि मेरा प्राण ले लो तो उससे तुम्हें क्या मिलगा, आवश्यकता से अधिक घबराहट का नहीं तो अहं का सूचक है : उनका प्राण लेना नहीं, लोग अपना प्राण बचाना चाहते थे और यदि कारणवश उपप्रधानमंत्री भी वास्तव में उसी विपत्ति में पड़े होते जिसमें लोग थे तो लोग अपने साथ मंत्री का प्राण भी बचाने की चिंता अवश्य करते।

स्थानीय सरकारी प्रबंध से व्याकुलता की हद तक असंतुष्ट भीड़ का जलपाइगुड़ी-प्रसंग अकेली घटना नहीं है। केवल उसी के गुण-दोष का विवेचन करना यहाँ अभीष्ट भी नहीं है। यह एक संपूर्ण इतिवृत्त है जिसमें आज की राजनीति भीड़ की शब्द-शक्ति, वोट, का इस्तेमाल करने को लालायित है परंतु अपनी शब्द-शक्ति खो बैठी है—और इस न्यूनता से बेख़बर है। जो भाषा हमारे राजनायक बोलते हैं वह वर्तमान की चुनौती से संघर्ष की भाषा नहीं है। वह या तो अतीत के संस्मरण की है या भविष्य के आश्वासन की है। यह लक्ष्य करना चाहिए कि जनता नेता से भविष्य के लिए माँगना धीरे-धीरे छोड़ रही है और अधिकाधिक व्यग्रता से पूछ रही है कि अभी तत्काल क्या किया जा रहा है जो अतीत से आगे हो और भविष्य को बना सके।

हो यह रहा है कि यह प्रश्न बार-बार दोहराया जाकर और संवाद न पाकर प्रश्न से प्रलाप बनता जा रहा है और प्रलाप जब दोहराया जाता है तो स्वयं जनता उसे सुनना नहीं चाहती। तब मंत्री जागते हैं और जनता से संवाद की माँग करते हैं—जलपाइगुड़ी में कहते हैं कि क्रोध से क्या होगा, अधिकारियों से सहयोग करो। स्पष्ट है कि वर्तमान की पहचान में मंत्री और जन की बुद्धि में अंतराल है : यह व्यवधान 'राजनैतिक उद्देश्य' से किसी विरोधी दल ने नहीं पैदा किया है, मंत्री और जन के मध्य की दूरी ने पैदा किया है। जलपाइगुड़ी में सँकरी गली के कीचड़ के कारण यह दूरी दुर्गम थी और जब मंत्री की जीप वह कीचड़ उछालती चली तो माँग आई कि वह पैदल चलें। कहा जाता

है अनंतर एक संवाददाता के प्रश्न पर मंत्री ने कहा—'मैं पैदल क्यों चलूँ?....मैं नाटकीय अदाएँ नहीं दिखाता', ऐसा जो कहता है वह शायद नहीं समझ पा रहा है कि इस कथन के बाद संवाद की सब संभावनाएँ समाप्त हो सकती हैं। किसी का उसे यह बात समझाना दोनों पक्षों से बड़े धीरज का तकाज़ा करेगा, यहाँ इतना याद दिलाना ही काफ़ी समझा जाए कि जीप से उतरकर अन्य लोगों की तरह पैदल चलने को उनसे लोगों ने ही कहा था—उनके प्रचार विभाग ने नहीं...मगर मालूम नहीं कि यह संकेत उस वर्ग के लिए काफ़ी होगा या नहीं जो 1948 में गाँधी की शवयात्रा में भी अर्थी पर चढ़कर चला था, पाँव पाँव नहीं।

[*दिनमान*, 20 अक्टूबर 1968]

राजनीति या राजमार्ग

अब जबकि मध्यावधि चुनावों के कुछ ही महीने बाक़ी रह गए हैं, चुनाव प्रचार में फँस जाने के पहले ठंडे दिमाग़ से एक बार देख लेना अच्छा होगा कि हमारी राजनीति किधर जा रही है।

क्योंकि इतना तो स्पष्ट है कि उत्तर के बड़े-बड़े राज्यों से कांग्रेस का वर्चस्व हटने और ग़ैर-कांग्रेस सरकारें बनने के बाद से राजनीति की शक्ल अच्छी तरह बदल गई है : अब सब दल सरकार के ज़रिए एक-दूसरे से लड़ रहे हैं और इस लड़ाई में शामिल होना दल के केवल कुछ लोगों को मयस्सर है। राजनीति जन से हटकर राज की ओर मुड़ गई है। यह कहना यह शिकायत करना नहीं कि सत्ता की इच्छा बुरी बात है : मन टूटता है तो यह देखकर कि जब सत्ता के इस्तेमाल से इतर राजनैतिक दलों ने समाज में परिवर्तन नहीं किया तो सत्ता को उसी तरह पकड़ लिया जैसे कांग्रेस ने पकड़ा था : अब वे जानते हैं कि सरकार में रहना जन-आंदोलन में रहने से ज़्यादा शक्तिदायक है और यदि दोनों घरों में एकसाथ रहा नहीं जा सकता तो पहलेवाले घर में ही रहना ज़्यादा आरामदेह है। मध्यप्रदेश को इस समय के राजनैतिक जीवन का दर्पण माना जा सकता है और उसमें देखा जा सकता है कि सत्ता से बाहर जाकर जन-साक्षात्कार से हमारा राजनीतिक कितना घबराने लगा है। उसे भय है कि फिर कांग्रेस को गद्दी सौंप देने से प्रगति और समाज-परिवर्तन के तत्त्व नष्ट हो जाएँगे। यह भय इस हद तक है कि वह बिलकुल देख नहीं रहा है कि उसमें और कांग्रेस में अंतर कितना कम हो गया है।

पर इस भय ने इससे भी बड़ा नुकसान पहुँचाया है। जितना यह भय बढ़ता है उतना ही वह राजनीतिक मानता जाता है कि वर्तमान संसदीय प्रणाली की सरकार हमारे लिए अंतिम रूप से अच्छी चीज़ है, जबकि यह प्रकट है कि सरकारें कुछ भी बदल नहीं सकी हैं। जब जन-साधारण संपूर्ण राजनैतिक तंत्र को समाज-परिवर्तन में विफल पा रहा है तो मुट्ठी भर नौजवान-अधेड़ मंत्री इस तंत्र के प्रति निस्संशय भाव से समर्पित हुए पड़े हैं।

5 वर्ष पहले राजनीति की हालत यह थी कि विचारों का नक़ली ध्रुवीकरण होने के कारण मानसिक घुटन थी, सत्ता का दुरुपयोग होने के कारण नैतिक पतन था और संसद में सरकारी दल का भीमाकार बहुमत होने के कारण संसदीय दमन था। 1963 से 67 तक 4 साल के संक्षिप्त अंतराल में एक व्यक्ति ने, जो संसदीय प्रणाली को अंतिम सत्य नहीं मानता था, इस रेत से भी जितना तेल निकाला जा सकता था निचोड़ा और नक़ली विरोध और भीमाकार बहुमत दोनों के खोखलेपन को बजाकर दिखा दिया, पर भारतीय मतदाता की आंतरिक गुलामी के कारण यानी पूर्णतः स्वतंत्र हो जाने के भय के कारण केवल राज्यों में ही टाट पलटा, केंद्र में नहीं।

केंद्र कितनी भी सफ़ाई दे, इसमें कोई शक नहीं कि ग़ैर-कांग्रेसी राज्य सरकारों के साथ—केवल द्रमुक और केरल को छोड़कर—केंद्र ने शुरू से ही चुनौती की मुद्रा बनाई थी और अंत में उन्हें निष्कासित करके ही दम लिया। (निश्चय ही अकेले केंद्र को इतने बड़े काम का यश नहीं दिया जा सकता : कांग्रेस से भागे महाशयों ने भी हाथ बँटाया था।) अब संविदों या ग़ैर-कांग्रेसी दलों में कहा जाने लगा है कि जब तक केंद्र में कांग्रेसी सरकार है तब तक राज्यों में ग़ैर-कांग्रेस प्रक्रिया सफल नहीं हो सकती। केंद्र के परिवर्तन में इतनी दिलचस्पी बढ़ गई है कि यदि केंद्रीय कांग्रेसी-नेतृत्व में भी कोई बदल हो तो वे शायद उसे एक बार किसी बड़े बदल का सूत्रपात मानने की नादानी कर बैठें।

केंद्र में कांग्रेसी बदल हो या ग़ैर-कांग्रेसी सरकार बने दोनों दशाओं में केंद्र, उसकी संसदीय प्रणाली और केंद्र-राज्य-संबंध अपने आप बदलनेवाले नहीं। संसद की वर्तमान कार्य-पद्धति जो अंग्रेजी संसद की सामंती अनुकृति है, बहस को निरी बहस बनाकर छोड़ती रहेगी; भाषा और अन्न, दो मौलिक मामलों में केंद्र और राज्यों के हितों का टकराव वैसे ही जारी रहेगा और विचारों का ध्रुवीकरण कुछ और तरह से नक़ली हो जाएगा क्योंकि सरकार के जरिए समाज बदलने की लालच से और भी लोग सरकार में बने रहना चाहेंगे। यह प्रवृत्ति हमें एक और बड़े दल-बदल में ले जाकर फँसा सकती है क्योंकि इसमें वर्तमान राजनैतिक तंत्र के लिए शुद्ध स्वीकार अभी है और न्यस्त स्वार्थ आगे हो जाएगा। केंद्र की ओर ललचाई निगाह से देखनेवाले दलों के साथ कोई बड़े जन-आंदोलन नहीं हैं—त्यागपत्र और मंत्रिमंडल-विस्तार के राजभवनी टोटके ही हैं और मंत्री-प्रतिनिधियों के इर्द-गिर्द अनुदानभोगी राजनैतिक तत्त्वों का फैलता हुआ मंडल है—अपाहिज राजनैतिक व्यवस्था के लिए और भी व्यापक स्वीकार का मंडल!

इस निस्संशयता की घुटन से निकलने की आशा केवल एक बच रही है : राजनैतिक दलों में अंदरूनी विचार-भेद का उभार। कांग्रेस से तो इसकी आशा करना मूर्खता होगी : उसके झल्लाते और पिनपिनाते नौजवानों की असलियत उतनी ही खुल चुकी है जितनी उसके कुढ़ते और भुनभुनाते बुड्ढों की खुल चुकी थी। जनसंघ और स्वतंत्र पार्टी में विचारभेद प्रक्रिया का बहुत प्रकट कोई प्रमाण नहीं है। इससे इन्हें छोड़ें। संसपा में राजसत्ता, प्रसपा, और लोहिया-नीति—तीन ओर जानेवाले तत्त्व मुखर हैं और उनका कोई ज़बर्दस्त टकराव आगामी चुनाव के पहले शायद दिखाई नहीं देगा। अंततः कम्युनिस्ट दलादि ही बच रहते हैं जो अपने भीतर विचार के बँटवारे से देश की राजनैतिक व्यवस्था को प्रभावित कर सकते हैं—पर बहुत खतरनाक ढंग से और बहुत खराब नतीजों के साथ।

इसलिए कि उनमें आपसी बँटवारे रूस और चीन की भारत-नीतियों की प्रतिकृतियाँ हैं और चूँकि रूस की भारत-नीति इस समय दोस्ती और दबाव की नीति है इसलिए कम्युनिस्ट मंडल का एक अंश केंद्र से किसी न किसी प्रकार संयुक्त रहेगा और उससे इस प्रकार की तनातनी बढ़ाएगा कि दल की राजनैतिक प्रतिष्ठा केंद्र में बढ़े—जन में बढ़े या न बढ़े। इस तरह ऊपर से वैचारिक भेद दीखनेवाले बँटवारे कम्युनिस्ट पार्टी के केंद्राभिमुख कार्यक्रम के ही अंश होंगे और जन को मौलिक सामाजिक परिवर्तनों की संभावना से और भी दूर शिखर परिवर्तनों की ओर ढकेल ले जाना चाहेंगे जिनसे—फ़िलहाल—रूसी हित सधता हो। पर यदि वह बिना परिवर्तन के ही सधता रहे तो वर्तमान को ही बनाए रखने में कम्युनिस्टों की दिलचस्पी होगी : यानी उस परिवर्तन में नहीं जो भारत की देशी-विदेशी नीतियों में भारत के हित के लिए होना चाहिए।

[*दिनमान*, 27 अक्टूबर 1968]

100 लड़के और कोई दल नहीं

अक्तूबर 1962 की बात है, श्रीमती इंदिरा गाँधी जो तब प्रधानमंत्री नहीं थीं, कनाट प्लेस के एक मैदान में बोल रही थीं। "ये लोग (आचार्य कृपलानी आदि) जो इस समय नेहरू की आलोचना कर रहे हैं, वही लोग हैं जिन्हें नेहरू ने बढ़ाया; आज देश को जो लोकतंत्र मिला है (जिसमें कि ये मनमानी आलोचना कर सकते हैं) वह किसकी वजह से है...? जिस समय आज़ादी मिली थी उस समय अगर हम लोग चाहते तो इस देश में कोई और तरीका भी चला सकते थे परंतु हमने लोकतंत्र को सही माना।"

यह उद्धरण स्मृति से दिया गया है क्योंकि इस समय प्रधानमंत्री के जलपाईगुड़ी-प्रयोग के बाद अचानक उनका यह चित्र याद आ रहा है। दोनों में एक सूक्ष्म समानता दिखती है। यहाँ उन्होंने कहा था कि हम लोगों ने देश को लोकतंत्र दिया। वहाँ वह कह रही हैं कि प्रदर्शनों के बावजूद लोगों को सहायता दी जाएगी। दोनों चीज़ें देने का अभिमान उन्होंने ऐसे किया है जैसे कि चाहें तो उन्हें रोक भी सकती हैं।

श्रीमती गाँधी जो पिछले कुछ महीनों के अपने भाषणों में पहले से अधिक उल्लेख अपने पिता का करती रही हैं अवश्य जानती हैं कि वह श्री नेहरू नहीं हैं। प्रथम भारतीय प्रधानमंत्री का भीड़ से आमना-सामना एक रोमांचकारी अनुभव हुआ करता था—प्रधानमंत्री के लिए और शायद भीड़ में भी कुछ लोगों के लिए। धीरे-धीरे यह साक्षात्कार जवाबतलब करनेवालों और जवाबदेह के बीच का साक्षात्कार बन चुका है। अब किसी भी नए प्रधानमंत्री के लिए भीड़ के सामने खड़े होकर उसे शांत कर सकने की कल्पना सिवाय गर्वोक्ति के और कुछ नहीं रह गई है। श्रीमती इंदिरा गाँधी जब जलपाईगुड़ी जा रही थीं तभी यह आशंका उठी थी कि कहीं मोरारजी की तरह उनसे भी उद्विग्न लोगों का आमना-सामना न हो जाए। एक उम्मीद यह थी कि शायद उनके साथ ऐसा कुछ न हो पर यदि प्रधानमंत्री के सचिवालय या सलाहकार मंडल में किसी ने सोचा रहा हो कि उपप्रधानमंत्री और प्रधानमंत्री में कोई अंतर दिखेगा तो वह निराश हुआ होगा। सिवाय इसके कि प्रधानमंत्री ने किसी फ़ोटोग्राफ़र की सीढ़ी पर से जंगले पर चढ़कर लोगों से बात करने की कोशिश की जबकि उपप्रधानमंत्री ने जीप में बैठे ही बैठे की थी, दोनों की स्थितियों में कोई विशेष अंतर नहीं रहा है। फिर भी उनके लौटने के बाद उनके सूचनाधिकारियों ने बड़ी स्वामिभक्ति के साथ ऐसे गहन प्रश्नों पर स्पष्टीकरण छपवाए हैं जैसे कि प्रधानमंत्री किस स्थान पर कितनी देर रहीं और क्या वह देर नियत समय से अधिक थी या कम उन्हें नहीं पता कि इससे कोई अंतर नहीं पड़ता कि वह कम देर रहीं या अधिक देर रहीं। वह जाएँ या न जाएँ इसका भी कोई असर साधारण आदमी पर नहीं पड़ता। प्रधानमंत्री के राजनैतिक स्वरूप पर ही पड़ता है—ठीक वैसे जैसे कि प्रदर्शन राजनैतिक उद्देश्यों से आयोजित बताए जाते हैं। सूचनाधिकारियों ने एक और स्पष्टीकरण बड़ी मासूमियत से किया है। उन्होंने कहा है कि प्रदर्शनकारियों का क्रोध पुलिस के प्रति था प्रधानमंत्री के नहीं—जैसे कि प्रधानमंत्री और पुलिस दो अलग-अलग चीज़ें हैं। वैसे भी यह किसने कहा था कि प्रदर्शन प्रधानमंत्री के व्यक्ति के विरुद्ध हुए थे। प्रधानमंत्री के व्यक्ति की इतनी चिंता सूचनाधिकारियों को होने का मतलब यह है कि प्रधानमंत्री को नहीं तो कम से कम उनके प्रवक्ताओं को वही भ्रांति है जो मोरारजी देसाई को थी कि प्रदर्शन उनके व्यक्तित्व के विरुद्ध था।

दोनों ही अब एक ऐसी पार्टी और ऐसी नीतियों का प्रतिनिधित्व करते हैं जिससे अपने को अलग करके अपना व्यक्तित्व बनाना असंभव हो गया है। वह सुविधा नेहरू के लिए इतिहास ने दी थी और उन्हीं के साथ गई। अब प्रधानमंत्री पार्टी बैठक में भले ही कह लें कि मैं सीधे जनता से संपर्क रखती हूँ लेकिन जब तक प्रधानमंत्री हैं और कांग्रेस की सदस्या हैं, तब तक मद्यनिषेध, भाषा, समाजवाद

और धर्मनिरपेक्षता जैसे मामलों में कहने कुछ और करने कुछ वाली पार्टी की नियति से वे अपने को अलग नहीं कर सकतीं। निस्संदेह प्रधानमंत्री में अपार धैर्य है और उनके आंतरिक गुणों का पता संकट में ही मिलता है तो भी जनता से इस प्रकार का साक्षात्कार जिसमें एक पक्ष में तरस खाने की भावना हो और दूसरे पक्ष में सवाल पूछने की इच्छा हो, बार-बार न किए जाएँ तो प्रधानमंत्री के लिए अच्छा ही होगा।

प्रवक्ता कहते हैं "बाहर पुलिस ज़्यादती के विरुद्ध प्रदर्शन हो रहे थे अंदर प्रधानमंत्री स्थानीय नेताओं से बातचीत कर रही थीं। बातचीत करने के बाद वह बाहर आईं और भीड़ के बीच कुछ समय रहीं। उनके खिलाफ़ कोई प्रदर्शन नहीं हुआ। जब प्रधानमंत्री चारदीवारी पर चढ़ गईं तो उनका जयजयकार हुआ लेकिन उनकी बात कोई सुन नहीं सका क्योंकि लाउडस्पीकर नहीं था।" मान लिया जाए कि प्रवक्ता का अभिप्राय यह नहीं है कि जयजयकार का घोष बहुत ऊँचा होने के कारण प्रधानमंत्री का स्वर जनता को नहीं सुनाई दिया! कलकत्ते के सरकारी क्षेत्रों की धारणा और भी दिलचस्प है और एक गंभीर प्रश्न की ओर संकेत करती है। घटना के समय उपस्थित अधिकारियों का कहना है कि सौ से अधिक लड़के, जिनमें कुछ तो 17-18 बरस के थे, प्रधानमंत्री की स्थानीय नेताओं से बात नहीं होने देना चाहते थे और जिस तरह से उन्होंने प्रदर्शन किया उससे स्पष्ट है कि उन्होंने अपना इरादा पूरा करने की पक्की योजना बना रखी थी। यही लड़के थे जो मुख्य प्रदर्शनों से छिटककर बंगले के अहाते में घुस गए थे। मुख्य प्रदर्शन संयुक्त मोर्चा दलों का था पर यह प्रदर्शन, अधिकारियों ने स्वीकार किया है कि, किसी दल का नहीं था। यही नहीं यह उन लोगों का भी नहीं था जिन्हें और कोई विशेषण न दे पाने पर नक्सलबाड़ीवाले कह दिया जाता है।

तब ये लोग कौन थे? प्रधानमंत्री के साथ दौरे पर गए विलायती दुनिया में पले-पुसे अधिकारी इन लड़कों को हिप्पी, बीट या माड की तरह जल्दी पहचान नहीं सके होंगे। उनकी पहचान का सूत्र है स्थानीय नेताओं का विरोध : एक नई तबियत द्वारा एक ऐसे नेतृत्व का विरोध जिसने राजनीति के माध्यम से नए खून को हमेशा धोखा दिया है। या सिर्फ़ नेतृत्व का विरोध, कैसा भी वह नेतृत्व हो। क्योंकि मात्र असफल रहा है। इस असंगठित या दलहीन विरोध को दलपति महत्त्व नहीं देना चाहते लेकिन यही वह विरोध है जो इस समय तमाम नई पीढ़ी में राजनैतिक संगठन और नेताओं के प्रति जाग रहा है।

जलपाईगुड़ी की इस घटना को प्रधानमंत्री की प्रतिष्ठा से जोड़ना आवश्यक भी नहीं और व्यर्थ भी है। प्रधानमंत्री का दुखियों को कंबल बाँटना या आकाश मार्ग से बाढ़ का नज़ारा देखना बहुत गिने-चुने लोगों के लिए महत्त्व का है। आज अधिकांश भारतीयों के लिए महत्त्व का है वह असंगठित विरोध जो संगठन के प्रति उठता है और जिसे केवल इसलिए नज़रअंदाज़ कर दिया जाता है कि उसका कोई संगठन नहीं है।

[*दिनमान*, 3 नवंबर 1968]

क्या एक और नेहरू-दौर?

नेहरू के बाद के 4 वर्ष ने आधुनिक भारतीय इतिहास में जितना समय घेर लिया है वह उनकी अवधि से कहीं अधिक है : 1964 के बाद देश में इतनी तरह की शक्तियाँ तेज़ी से फूटकर दौड़ी हैं कि शक होने लगा है कि नेहरू कहीं इन्हें ज़बर्दस्ती दबाए हुए तो नहीं थे। इतनी खड़ी ढलान से 4 वर्ष गड़गड़ाकर लुढ़के हैं कि मालूम होता है कि नेहरू को गए एक युग बीत गया : नेहरू

ने खुद कोई युग नहीं बदला था। नेहरू के बाद वह अपने-आप बदल गया है।

नए भारत की प्रायः सभी देशी-विदेशी नीतियों के जन्मदाता नेहरू की चौतरफ़ा योजनाओं में एक समान सूत्र था—नए भारतीय राष्ट्र को किसी भाँति विच्छिन्न नहीं होने देना है। विविधता में एकता की राजनैतिक शक्ति नेहरू ने पहचानी थी। सांस्कृतिक विविधता ही नहीं, आर्थिक विविधता में भी वे एक प्रकार की एकता देखते थे और अमीरी और ग़रीबी के दो छोरों में से कभी एक तरफ़ से और कभी दूसरी तरफ़ से समाज में समृद्धि के प्रवेश की कल्पना करते थे। लेकिन भारत की सांस्कृतिक विविधता के हामी होते हुए भी वह कश्मीरी और नगा लोगों की सांस्कृतिक स्वतंत्रता के क़ायल थे क्योंकि औसत भारतीय मनुष्य का अधकचरापन उन्हें क्षुद्र जान पड़ता था। भाषावार राज्यों की स्थापना तक तो वह गए थे लेकिन लोकभाषा के माध्यम से भारतीय मनुष्य की राजनैतिक आकांक्षाओं की पूर्ति उन्हें दुर्गम थी। विज्ञान और विकास का उनसे अधिक अच्छा समर्थक कोई न था, लेकिन 27 करोड़ व्यक्ति 3 आने रोज़ाना पर गुज़र करते हैं इस स्थापना का विरोध करना उनके लिए अपने अंतिम दिनों में दूभर हो गया था। इन अंतर्विरोधों के सजीव रूप नेहरू की सबसे ताज़ा तस्वीर एक पराजित किंतु अपतित कुलीन योद्धा की तस्वीर है और यह भी याद आता है कि अकसर उन्होंने खुद अपनी असफलता का ज़िक्र बड़ी शालीनता से किया है। वे अपनी असफलता अपनी नीतियों की अपूर्णता से उपजी नहीं मानते थे। अपने कार्यक्रमों के अधूरे रह जाने से उन्हें शिकायत थी पर शायद वह यह न मानते कि उनका हाल के इतिहास को सबसे बड़ा योगदान है : भारत को उसकी तमाम दरारों सहित एकत्र रखना।

इससे अधिक बड़े नेहरू की कल्पना या तो भक्ति होगी या प्रचार। नेहरू ने स्वयं कभी किसी मौलिक सामाजिक या वैचारिक क्रांति का दंभ नहीं किया। इसका प्रमाण यह है कि उनके लेखों और भाषणों में से खोजकर निकालने पर भी कोई ऐसा अंश नहीं मिलता जो मनुष्य की नियति को जान-बूझकर किसी दिशा में ले जानेवाला, इतिहास को मोड़नेवाला विचार-बीज हो। वर्तमान से जूझने और पूरी ईमानदारी से उसे सँवारने की ललकार उनके भाषणों में है। कहीं-कहीं विश्व-हित की कल्पना से धुल-निखर कर वह पुकार उदात्त हो गई है। किंतु इससे अधिक कुछ नहीं। हजारों वर्ष की अनेक परंपराओं से भारत को जोड़ने की ललक अवश्य, परंतु उनमें कुछ परंपराओं को बचाकर बाक़ी को तोड़ने की तड़प नहीं। दरअसल नेहरू ने बहुत कुछ बनाया—एशिया के सबसे बड़े बाँध से लेकर प्रतापसिंह कैरों तक को। पर उन्होंने तोड़ा प्रायः कुछ नहीं। अपना कोई स्वप्न भी नहीं। सबकुछ सँभालकर रखने की उनकी संरक्षण-समन्वय प्रकृति ने उनके दल में इतने विविध तत्त्व प्रतिष्ठित कर दिए कि उन सबका एकसाथ समाजवादी कहलाना इस दौर का सबसे बड़ा ऐतिहासिक मज़ाक बन गया।

नेहरू की स्मृति भावी भारत को बनाने और समझने के लिए आज आवश्यक है और बहुत समय तक रहेगी। आज नेहरू के टुकड़े बटोरकर उनकी एक साकार प्रतिमा खड़ी की जा रही है। ये सब खंड हैं वास्तविक नेहरू-खंड लेकिन कुल मिलाकर जो प्रतिमा बनाई जा रही है वह असली नेहरू नहीं है। वह एक सजा-धजा, चिकना-चुपड़ा ताज़ा हाथ से अनछुआ उत्पादन जैसा दिखाई देता है। हमें फिर 1947 में ले जाना है। क्या एक और नेहरूदौर के लिए?

बहुलांश भारतीयों के लिए नेहरू की इसी खंडित प्रतिमा का महत्त्व है जो 4 वर्ष पहले लोकसभा में खड़ी जवाब देती दिखाई दी थी। वही नेहरू का सबसे सही ऐतिहासिक स्वरूप था : उसे स्वीकार करना ही देश के प्रति सचमुच ऐतिहासिक दृष्टि से देखना है। असल सवाल अब है : क्या हम नेहरू की कल्पना के अनुसार दूर भविष्य में बलवान धनवान होने तक अपने समाज में आमूल परिवर्तन रोके रहेंगे? या फिर परिवर्तन आज अभी करेंगे—चाहे उस प्रक्रिया में बहुत कुछ नेहरू नष्ट हो जाए।

[*दिनमान*, 17 नवंबर 1968]

आदमी और बैल

फजलुर्रहमान हाशमी पद्य में लिखते हैं कि हमारे देश में लोग जानवरों के कारण बलिवेदी पर सदियों से चढ़ते आ रहे हैं चाहे गाय हो, सूअर हो या बैल हो...बागमती रेल दुर्घटना भी परंपरा का निर्वाह है। एक बैल को बचाने के लिए हजारों घरों में क्रंदन है, आह है।

हाशमीजी, कविता में चमत्कार के चक्कर में फँस गए हैं। क्या कह रहे हैं शायद खुद नहीं जानते। क्या वह आदमी आदमी नहीं था जिसने एक जान को भरसक बचाना तत्काल सहज कर्तव्य समझा—सिर्फ बैल शब्द से आकृष्ट होकर कुछ व्यंग्य लिखने के लोभ में आपने दरअसल यह लिख डाला है कि ड्राइवर को हर हालत में मुसाफिरों की जान बचाने के लिए एक जान कुर्बान कर देनी चाहिए थी यानी बैल की जगह आदमी होता तब भी गाड़ी नहीं रोकनी चाहिए थी। भूल रहे हैं कि जो आदमी बैल को नहीं बचा सकता, वह आदमी को भी नहीं बचा सकता। और यह भी कि जब हम किसी एक की जान बचाने के लिए कुछ साहसिक काम करते हैं तो उसमें औरों की रक्षा का भाव भी छिपा होता है—कौन जाने ड्राइवर का अनुमान यह रहा हो कि बैल से टक्कर होने के बाद गाड़ी उलट जाएगी और वह बैल से सिर्फ टक्कर बचा रहा हो। उससे उसकी जान भी बच ही जाती।

प्रधानमंत्री या दल की अध्यक्ष

सुलतानपुर से जिला युवा जनता के अध्यक्ष ओमप्रकाश पाठक लिखते हैं कि 21 मई को जनता पार्टी के संभावित प्रत्याशी का नामांकन पत्र जमा करने के लिए जिलाधिकारी कक्ष में जाने पर एक अधिवक्ता ने जिलाधिकारी से कहा 'चूँकि आप निर्वाचन अधिकारी हैं और श्रीमती इंदिरा गाँधी एक राजनैतिक दल की अध्यक्ष हैं, अतः उनका चित्र यहाँ लगाना चुनाव की निष्पक्षता को संदिग्ध बनाता है और इसका सीधा अर्थ यह है कि आप दलीय अध्यक्ष का चित्र लगाकर उस दल का चुनाव-प्रचार कर रहे हैं। इस पर जिलाधिकारी ने लिखित आपत्ति लेकर तत्काल आदेश लिखकर श्रीमती गाँधी का चित्र हम लोगों के सामने ही तुरंत उतरवा दिया जिसका जनता पार्टी के कार्यकर्ताओं ने हर्षध्वनि से स्वागत किया।'

पाठकजी बहुत प्रसन्न हुए कि एक बड़ा काम उनके दल ने करा दिया। श्रीमती गाँधी प्रधानमंत्री हैं और प्रधानमंत्री का फोटो जब तक सरकारी कार्यालयों में लगाने की प्रथा चली आ रही है, उनका फोटो चुनाव के दिनों में किसी चतुर अधिकारी ने भले ही हटा दिया हो, चुनाव के बाद वह फिर लग जाएगा, जहाँ लगा था। जाकर देख तो आएँ, क्या स्थिति है।

विरोध करना है तो या तो प्रधानमंत्री का फोटो सरकारी कार्यालय में लगाने का विरोध करें या प्रधानमंत्री के दल के अध्यक्ष भी होने का। दोनों में से किसी एक का विरोध भी क्या कोई दल करेगा?

हड्डियों का व्यापार और उनका पेट

'नरकंकालों का निर्यात भारत से ही क्यों?' को तथ्यों से परिपूर्ण महज एक भावना प्रधान लेख है, बताते हुए कुल्लू के श्री राजीवकुमार सिंह का तर्क है कि 'जिन्हें हम भरपेट रोटी नहीं दे सकते उनकी हड्डियों को लेकर चिंताग्रस्त रहें, ठीक नहीं लगता। या तो सरकार कंकालों को स्वयं उसी भाव पर खरीदे, जो इस समय है या उन्हें चुपचाप जाने दे। कंकाल खरीदने से बेहतर रहेगा कि सरकार उद्योग धंधे लगाए, जिससे भविष्य में अन्य कंकाल विदेश न जा सकें और उनके विधिवत दाह-संस्कार या दफन का प्रबंध हो सके।'

सोचिए राजीव भाई, क्या कह रहे हैं आप। जिन्हें हम भरपेट खिला नहीं सकते, उनकी हड्डी बेच खाएँ। यही न? आपका तर्क भाई कोई तानाशाह सुन जाए तो खुश होगा; कहेगा सब भूखों को गोली मार दो। उनकी हड्डी का धंधा करो और उससे पैदा रुपए से उनको और खिलाओ जिनका पेट भरा हुआ है। हाँ, सरकार उद्योग-धंधे चलाए तो ठीक है, पर यह मान लेने का कोई तर्क नहीं है कि उससे कंकाल का निर्यात रुक जाएगा।

[*दिनमान,* 28 जून-4 जुलाई 1981]

एक तमाशा मेरे आगे

चंद्रकिरण सौनरैक्सा के 'एक तमाशा मेरे आगे' पर नई दिल्ली से ऊषा पाठक को जिज्ञासा हुई कि कहीं मादाम ज्यूकोवा की सुविधा के लिए तो ऐसा नहीं किया कि अंग्रेजी में बोलते रहे। तो ऊषा जी को निश्चय ही यह सूचना है कि सभी विदेशी अंग्रेज़ी बोलते या समझते हैं। ऐसा नहीं है कि बल्कि कभी-कभी तो उन्हें अंग्रेज़ी बोलने में बड़ी कठिनाई होती है। सब विदेशी अंग्रेज़ हैं, ऐसी भावना गलत है। यूरोप में तो सिर्फ अंग्रेजी जानने से अकसर आप कोई संवाद ही नहीं कर सकते।

यह विचार हमारे अज्ञान का परिणाम है। क्योंकि हमने दुनिया को सिर्फ अंग्रेज़ों से जाना है। पर ऊषाजी के इस प्रश्न का कारण क्या है और जवाब क्या है यह हमें नहीं सूझ रहा। लिखती हैं, 'चंद्रकिरणजी के अनुसार आजकल सब जगह अंकल-आंटी सुनने को मिलता है। तो इनकी जगह क्या संबोधन प्रयुक्त किया जाए, कोई भी आज की सभ्यता में चाचा, चाची सुनना पसंद नहीं करेगा।'

क्या सचमुच ऊषाजी का यही ख्याल है कि चाचा-चाची कोई पसंद नहीं करेगा? (नेहरू चाचा तो हमने सुना था।) अगर ऐसा है तो यह मानवीय रिश्तों के लिए एक बड़ी खतरनाक बात है। हिंदी के लिए चाहे न भी हो—अंकल-आंटी एक अर्थहीन शब्द है। किसी भी अजनबी के लिए बिना भावना की सच्चाई के इस्तेमाल किया जाता है। कभी-कभी नई पीढ़ी के लिए एक सतही, खुदगरज़ काम निकालू सभ्यता की भाषा का सबसे अधिक सक्षम संबोधन बन जाता है—और सबसे अधिक अपने को खोखला करनेवाला। उधर चाचा, चाची, मामा, मामी, ताऊ, दादा, बुआ, मौसी ये सब संबोधन उनको, जो कुटुंब के नहीं हैं परंतु परिवेश के हैं, पूरी पहचान के साथ दिए जाते हैं—मोहल्ले के लोग सभी अंकल नहीं हो जाते। वे अलग-अलग राग संबंध के अनुसार पदवी पाते थे। और वे भी जो सेवा करते थे, चाकर होते हुए भी वय के अनुसार चाचा, बुआ आदि होते थे।

आज की व्याख्या ने रिश्ते खत्म कर दिए। एक सुविधाजनक शब्द दिया अंकल—उसी व्यवस्था ने अंग्रेजी भी दी। आज चाचा, चाची सुनकर यदि कोई चौंकता है तो वह फिर से मानवीय संबोधन

सुनने पर असमंजस में पड़ने के कारण चौंकता है—वह किसी के इतना नज़दीक नहीं आना चाहत जितना ये शब्द जाहिर करते हैं।

सुभाष थलेडी विश्वविद्यालय में हिंदी तथा आधुनिक भारतीय भाषा विभाग, श्रीनगर गढ़वाल से लिख हैं कि भारत में हिंदी की दुर्दशा बड़े अधिकारियों तथा राजनेताओं ने की—हिंदी केवल शोषित व की भाषा बनकर रह गई है तथा अंग्रेज़ी ने सामंतवाद का चोगा पहन रखा है। बच्चा-बच्चा उसक अंधानुकरण कर रहा है। भाई, आपने सही लिखा है, पर एक ही बात पूरी तरह सही नहीं लगती हिंदी शोषितों की भाषा हो गई होती तो कितना अच्छा होता (शोषितों के लिए भी और हिंदी व लिए भी) पर हुई नहीं है। वह हुई है एक और तरह की अंग्रेज़ी। अंग्रेज़ी की नकल—एक दा भाषा। शोषितों की, विरोध की, असहमति की भाषा का एक गहरा मानवीय अर्थ भी होता है औ वह बड़ी राजनैतिक ताकत भी रखती है। यदि शोषितों की भाषा हिंदी हो जाए तो वह राष्ट्रभाष हो जाएगी, राष्ट्रभाषा वह नहीं हो पाई तो इसीलिए कि वह शोषितों की भाषा बनने की जगह शोषक की भाषा बनती गई है।

'हिंदी प्रदेशों के निवासियों के हिंदी-प्रेमी होने का भ्रम न पालिए। इनमें अनपढ़ या कम पढ़े 'को नृप होय, हमें का हानी' मनोवृत्ति से उदासीन हैं। और वे अंग्रेज़ी में भारत का भविष्य देख हैं..., ये शब्द हैं हरियाणा से प्रसाद प्रभाकर के। इसी पत्र में आगे भी उन्होंने हिंदी-प्रेमियों को उलाहन दिया है और ताना मारा है।

प्रभाकरजी, हिंदी-प्रेमियों की असलियत आपने ठीक ही पहचानी। इन्होंने 34 साल हिंदी के विका का ठेका लेकर सरकार को आश्वासन दे रखा था कि आप हमसे हिंदी विकास करवाते रहिए। ह उसे इस्तेमाल नहीं होने देंगे। उसकी पूजा करवाएँगे। आज हिंदी को प्रेम की नहीं, हिंदी को पूज की नहीं, हिंदी के साथ बराबर के दर्जे पर खड़े होकर उसको बरतने की ज़रूरत है। भाषा भी उ तीन-चार वस्तुओं की तरह है, जिनका एक पद्य में यह गुण बखाना गया है कि मर्दन किए जा से ही इनका वर्द्धन होता है।

[*दिनमान*, 5-11 जुलाई 1981]

जी, आपने कुछ कहा?

दिल्ली में दो लाख सत्तर हज़ार टेलीफोन हैं। इतने सारे टेलीफोन हमेशा ठीक कैसे रह सकते हैं य न समझने के कारण बहुत-से लोग दुख उठा रहे हैं और जब तक नहीं समझेंगे, उठाते रहेंगे। उनव लिए कुछ नहीं किया जा सकता। ऐसे लोग ज़रा विचार करें कि यह देश बहुत बड़ा है। पहले इ देश के बड़े होने की बात इस देश की महानता बताने के लिए की जाती थी अब यह बताने व लिए की जाती है कि सब जगह पानी पहुँचाना क्यों संभव नहीं है। कहीं-कहीं लोगों का भूखे रहन और धीरे-धीरे मरते जाना क्यों संभव है, इसलिए कि देश बहुल बड़ा है। इसी तरह टेलीफोन बहु हैं इसलिए उनका खराब रहना समझ में आना चाहिए। यह कोई आदर्श भी नहीं है कि सारे टेलीफो ठीक ही रहें। आखिर दुनिया भर में टेलीफोन खराब रहते हैं, और यह एक विश्वव्यापी घटना है—भ्रष्टाचा की तरह, जैसा अभी विदेश जाने के पहले श्रीमती गाँधी बतला गई हैं (गरीबी भी एक विश्वव्याप घटना है यह तो पहले कई महत्त्वपूर्ण लोगों द्वारा बतलाया जा चुका है) हमारे **आँकड़े** स्तंभ में यि

म यह सूचना दे सकते कि विश्वव्यापी भ्रष्टाचार से लेकर विश्वव्यापी खराब टेलीफोन तक के मामलों भारत अभी कितना पीछे है तो शायद रोज-रोज शिकायत करनेवालों को कुछ ग्लानि होती कि राष्ट्र की उन्नति में विरोधी दलों की तरह कितनी बाधा दे रहे हैं।

तो भी शिकायत करनेवालों में से कुछ के साथ सहानुभूति होती ही है। जैसे अटल बिहारी वाजपेयी को लें। दिल्ली में टेलीफोन की पतित अवस्था पर सर्वेक्षण करने निकले कुछ स्वयंसेवी दो हज़ार दो सौ भले व्यक्तियों के पास गए थे। वाजपेयीजी के पास भी गए। अटलजी ने कहा मेरे नंबर पर बार-बार घंटी बजती है, उठाता हूँ तो मालूम होता है कि फोन तुगलक रोड थाने के लिए था।

वाजपेयीजी हँसते हैं; जोरों से हँसते हैं तो और भी अच्छे दिखाई देते हैं; मगर इसका मतलब नहीं है कि वह हँसमुख हैं, यह तो नहीं कि हँसोड़ हैं। ऐसा होता तो मान लिया जाता कि उन्होंने हँसी में ऐसी शिकायत कर दी है। हाँ, ऐसा भी नहीं कहा जा सकता कि उन्होंने ऐसी शिकायत करके भाजपा को एक सशक्त विरोधी दल बनाने के लिए भारत सरकार पर एक ज़बर्दस्त चोट मारने की चाल चली है। चाल चलनी ही होती तो उन्हें कहना चाहिए था कि जब फोन उठाता हूँ तो मालूम होता है कि तुगलक रोड थाने से (के लिए नहीं) फोन आया था। इससे शायद ऐसा मालूम होता कि उन्हें राजनैतिक कारणों से तंग किया जा रहा है।

पर यह सबकुछ नहीं। कल्पना कीजिए वाजपेयीजी अभी-अभी गपतालीसवीं बार घंटी बजने पर फोन उठा चुके हैं। पिछली बार कोई पूछ रहा था, 'थानेदार कहाँ है, बुलाओ।' उसकी पिछली बार किसी ने कहा था, 'हाँ जी, अर्दली घर भेज दो, मेम साहब ने कहा है।' उसकी पिछली बार किसी ने कहा था, 'अबे फलाने के बच्चे, तुझसे कहा क्या था और कर क्या आया?' इस बार कोई पूछता है, 'आप तुगलक रोड थाने से बोल रहे हैं?'

वाजपेयीजी कहते हैं, 'और नहीं तो क्या अटलबिहारी वाजपेयीजी के यहाँ से बोल रहा हूँ?'

'माफ़ कीजिएगा मैंने तो अटलजी का नंबर मिलाया था' आवाज़ कहती है और फोन रख दिया जाता है।

धीरज बड़ी चीज़ है। टेलीफोन उपभोक्ताओं को सी.एम. स्टीफन यही बताते हैं। 'आप जब टेलीफोन करते हैं तो दूसरी तरफ आवाज़ नहीं पहुँचती?' उन्होंने एक उपभोक्ता से कहा (उपभोक्ता यानी भुगतनेवाला), 'तो आप मेरे पास क्यों आए? ज़ोर से बोला कीजिए। मेरी आवाज़ तो कभी सुनाई न पड़ने की शिकायत किसी ने नहीं की। कई बार तो ऐसा भी हुआ कि टेलीफोन गुमसुम था मगर मेरी आवाज़ उधर सुनाई पड़ गई। आपने संसद में मेरा भाषण सुना है? उतने ही ज़ोर से टेलीफोन पर बोलना आदर्श होगा।'

उपभोक्ता ने कहा, 'मगर मैं जब भी इधर से बोलता हूँ तो उधर कुछ सुनाई नहीं पड़ता।'

स्टीफन समझ गए। उन्होंने कहा, 'नहीं, ऐसा नहीं होगा। सुनाई पड़ता होगा मगर कहीं आप हमारे फोनोग्राम सर्विस की बात तो नहीं कर रहे हैं?'

यह सोचकर कि मंत्रीजी शायद कुछ उपकार करनेवाले हैं, उसने कहा, 'जी, जी।'

'तो आपने अपना नाम बताया होगा?'

'जी, जी।'

'क्या नाम बताया?'

'रामकृष्ण।'

'तो उसने क्या कहा?'

'उसने कहा, ऐं जी।'

'फिर क्या हुआ?'

'फिर मैंने ज़ोर से कहा, मेरा नाम है रामाकृष्णा।'

'तो?'

'तो उसने कहा ऐसे बोलिए न। रामकृष्ण क्या होता है?'

'तो अब आप समझ गए? रामाकृष्णा ही कहा कीजिए। जाइए।'

अपने नाम के देसीपन को सुधारने का मन बनाकर वह 'जी, अच्छा' कहकर जाने लगा कि पीछे से एक घनगरज़ जैसी आवाज़ आई—

'ज़ोर से बोलिएगा—रामाकृष्णा—और याद रखिए आप अपने घर में बैठे बात नहीं कर रहे। टेलीफोन पर बोल रहे हैं।'

[*दिनमान*, 27 सितंबर-23 अक्टूबर 1981]

रसायन नहीं रस चाहिए

गिरिडीह से जैनुल आबदीन लिखते हैं कि " 'मेरे अँगने में तुम्हारा क्या काम है' पर रोक लगाने की माँग जबलपुर की नागरिक परिषद के महिला प्रकोष्ठ ने की है तो यह नाकाफी है। ऐसे तमाम गानों पर रोक लगा देनी चाहिए 'जिनमें अश्लील और बेहूदा बातें कहीं गई हैं और औरतों को केवल भोग-विलास की वस्तु बनाया गया है। ये गाने अधिकांशतः हिंदीभाषियों में, विशेष रूप से भोजपुरी में होते हैं, जो शादी में बजाए जाते हैं, हैरत की बात तो यह है कि इन गानों में मर्दों से ज्यादा औरतें दिलचस्पी लेती हैं। इनकी रिकार्डिंग में छोटी ही नहीं बड़ी कंपनियाँ भी शामिल हैं..."

जैनुल आबदीन ने एतराज किया है इन गानों से या इनके रिकार्डों से? यह बात समझने की है। ग्राम और कस्बे के जीवन में खुद गाने का चलन जीवित रहा है। अब तेजी से मरते हुए इस चलन को सिनेमा और रिकार्ड ने दबोच लिया है और उसका रस यानी उसके शरीर का रक्त पी रहा है। जिन गानों पर जैनुल आबदीन को गुस्सा आ रहा है, वे गाने किसी समय बजाए नहीं, मौकों पर गाए जाते थे (मेरा अज्ञान पाठक क्षमा करेंगे, शायद आज भी गाए जाते होंगे।) शादी के दिनों में स्त्री-पुरुष दोनों कुछ उन्मुक्त हो उठते हैं। यह मेरे विचार से स्त्री के शोषण की संस्कृति की नहीं बल्कि नर-नारी समता की संस्कृति की पहचान है। और विवाह के अवसर पर भात के समय स्त्रियाँ ही पुरुष को गाली सुनाती हैं। इनका प्रधान स्वर स्त्री के शोषण का नहीं, पुरुष शक्ति के उपहास का होता है। कुछ गाने पुरुषों की ओर से सिर्फ चुहल के लिए बनाए गए हैं, वे निरे रति प्रसंग के गाने हैं। उनमें शोषण नहीं, कामना अधिक है।

जब ये गाने रिकार्ड में बंद कर दिए जाते हैं, तो इनका एक गानेवाला मर जाता है और सौ सुननेवाले पैदा हो जाते हैं जो न बरात में गए होते हैं न जिनके घर शादी की रसभरी चहल-पहल होती है। रति-कामना को ये सुननेवाले किसी पुरुष और किसी स्त्री के बीच का काम-व्यापार मानकर गाने सुनते हैं : मानो उन दोनों के रति-व्यापार में ताकझाँक कर रहे हों। यह ताकझाँक की संस्कृति ही अमानवीय बनानेवाली और वस्तु बनानेवाली संस्कृति है। विरोध उससे होना चाहिए न कि उन गानों से। मैं तो कहूँगा कि हो सके तो आग्रह करना चाहिए कि सभा समाज में जहाँ अपने घर की स्त्रियाँ या जिस घर से संबंध हो रहा है, उस घर की स्त्रियाँ भी मौजूद हों, काम कौतूहल के गाने समारोह में शामिल लोग क्यों न गाएँ। पर खुद गाएँ। तभी वे सचमुच वे गाने गा सकेंगे जिनको शोषण का माध्यम नहीं बनाया जा सकेगा, जिनमें नर-नारी की समता मूल रूप से विद्यमान होगी। जिनमें ऐसा कुछ नहीं होगा, वे गाने ऐसी सभाओं में गाए नहीं जा सकेंगे।

मुझे मालूम नहीं कि हमारे पाठक सहमत होंगे या नहीं लेकिन मुझे दीखता है कि हमारे समाज

में काम-भावना के प्रकट होने के उपलब्ध साधन शोषक होते जा रहे हैं और हम लोग भूल से इन साधनों का विरोध न करके उस भावना का विरोध करने लगे हैं। जब सिनेमा ने 'मेरे अँगने में तुम्हारा क्या काम है' लिया तो यह गाना लोक की स्थिति से लोकप्रिय की स्थिति में पारसी रंगमंच की बदौलत आ चुका था और वहीं का वहीं पड़ा हुआ था। पारसी थियेटर में, जितनी मुझे अपने बचपन की याद है, यह गाना प्रहसन की शृंखला की एक कड़ी के रूप में मुख्य नाटक के बीच में आ जाया करता था। मंच पर केवल दो व्यक्ति, एक स्त्री, एक पुरुष। या शायद केवल एक स्त्री ही रहते थे। कहीं ऐसा तो नहीं कि यह गाना एक स्त्री की व्यंग्यात्मक अर्जी था? पारसी थियेटर को ज्यादा अच्छी तरह जाने हुए लोग शायद बता सकते हैं। जो हो, यह निःसंदेह सच है कि सिनेमा ने इस गाने के गानेवाले को और गानेवाले के परिवेश को बदलकर गाने से वह अर्थ छीन लिया है जो दर्शकों के आमने-सामने रंगमंच पर गाती हुई स्त्री अपनी उपस्थिति से इसमें भर देती थी। अब गानेवाला कैमरे का पिट्ठू है और उसका अपना कोई व्यक्तित्व नहीं है। जो हो सकता था, उसकी भी निर्देशक ने चिर्रीबत्ती बना दी है।

तो जैनुल आबदीन साहेब, आप भी विचार करें। 'जीवन से रस ले जाओ क्योंकि रस डिब्बे में बंद हो गया है' यह माँग न करके हम कम से कम यह सिद्ध कर सकते हैं कि हम जीवन के रस को डिब्बे में बंद करनेवालों की ओर से नहीं बोल रहे हैं, जो कि हम ऐसा कहने पर अनजाने ही बोल रहे होते हैं। हमें कहना चाहिए कि हमें डिब्बा बंद रस नहीं चाहिए क्योंकि इसमें एक तो लेबल लगा है, दूसरे इसमें केवल उस रसायन का स्वाद आता है, जो इसे सड़ने से बचाने के वास्ते इसमें डाला गया है। हमें ताजा रस चाहिए और हम हिम्मत करेंगे कि उसे चुल्लू से पिएँ। और हाँ, जो कवि इन गानों के लेखक नहीं हैं फिर भी इनके डिब्बा बंद किए जाने पर अपने नाम की मोहर इन पर लगाने की इजाजत देते हैं, वे कम से कम यह तो न करें। ऐसे नए गाने लिखने की हिम्मत हो तो लिखें, तब समाज देख लेगा कि वे शासक प्रचार-साधनों के चाकर हैं कि लोक के सहचर।

[दिनमान]

गीली स्याही

घर के साथ रहना घर में रहना नहीं होता

जूता अपनी शकल पहननेवाले के पाँव के अनुसार बना लेता है और देखनेवाले को मालूम नहीं होता। ऐसे ही घर भी होते हैं। हर घर और रहनेवाले के बीच एक रिश्ता होता है। आले, पटरे, बरतन, बक्से, छत से लटकती और दीवार पर टँगी तरह-तरह की चीजें जो काम की भी हैं और शोभा की भी, मकान की बनावट का हिस्सा बन जाती हैं। तब उस मकान में अपने ही जूते में पैर डालने जैसा आराम मिलता है।

दूसरी तरह के मकान भी होते हैं। जो उनमें रहते हैं वे आराम का अर्थ सिर्फ इतना जानते हैं कि जब लेटे या बैठे हों तो शरीर को सुख मिलता रहे। दरअसल ये लोग मकान में रहते नहीं, उसमें खाते, शौच करते और सोते हैं। इन तीनों क्रियाओं के अलावा भी 'रहने' का मतलब होता है, वे यह भूल नहीं चुके हैं तो भूलते जा रहे हैं। मकान के किसी कोने में बैठ जाएँ और पूरे मकान को अपने साथ आ जाने दें, उसके साथ हो लें तो मकान एक जीते-जागते व्यक्ति की तरह सामने खड़ा हो जाएगा। तब हम उसके साथ रह रहे होंगे। इसी को मकान के साथ 'रहना' कहना चाहिए।

मैंने बड़े धनीमानी लोगों के घर देखे हैं जिनमें कोनों-दीवारों और ताकों में सुंदर वस्तुएँ गँजी पड़ी रहती हैं—वे वस्तुएँ जिन्हें सुंदर माना जाता है। जैसे तस्वीरें या खिलौने, कभी-कभी आदिवासी समाज के जीवन में काम आनेवाली अनगिनत वस्तुओं को सुंदर मानकर ऐसे मकानों में जहाँ-तहाँ भर दिया जाता है।

आदिवासियों के जीवन में ये सुंदरता की नहीं, कर्म की वस्तुएँ थीं। हम इनके जैसा जीवन नहीं जीते और जैसा जीते हैं उसके कर्म की वस्तुएँ हमें सामान्य लगती हैं। इसलिए हम आदिवासियों की वस्तुएँ सुंदर मानते हैं। इस भावना के पीछे सुंदरता की जो पहचान है, वह कहीं न कहीं विजेता की और श्रेष्ठतर की शक्ति से पैदा हुई है। इसलिए उन वस्तुओं का प्रदर्शन शिकारी के घर में बारहसिंघे के सींगों के प्रदर्शन जैसा ही होता है। किसी-किसी समृद्ध घर में तो हस्तशिल्प और आदिवासी संस्कृति का इतना बड़ा संग्रह सजा हुआ मिलता है कि लगता है उसमें रहनेवाले खाई के इस पार हैं और सजावट उस पार या फिर समृद्ध विदेशों के वैभव की अनुकृतियाँ सजी होती हैं, जो विजेता के समकक्ष होने की इच्छा दिखाती हैं, सुंदरता की समझ नहीं। ऐसे मकान में रहनेवाले कितने भी अमीर क्यों न हों उनकी सांस्कृतिक दरिद्रता उनके चारों तरफ बिखरी हुई दिखाई देती रहती है—क्योंकि जिन चीजों को वे सुंदर मानते हैं, वे उनकी जिंदगी से बहुत दूर हैं।

कोई गिनती नहीं की गई है, पर देश भर में लाखों मकान ऐसे होंगे जो बिना इस तरह की ओढ़ी हुई सजावट के भी सुंदर हैं। उनमें रहनेवाले 'उनमें' नहीं बल्कि 'उनके साथ' रहते हैं। वे उन्हें इस तरह इस्तेमाल करते हैं कि जरूरत की चीजें ही सुंदर हो जाती हैं और जिन-जिन जगहों पर उन्हें रखा गया है वे किसी अजनबी को भी बिलकुल 'ठीक' जगहें दिखने लगती हैं। पानी के घड़े को वहीं रखा जाए जहाँ उसका काम पड़ेगा और बिस्तर वहीं लगाया जाए जहाँ वह आराम देगा तो घर से एक मधुर रिश्ता बन जाता है। यही बात चित्रों के लिए कही जा सकती है। चित्र भी घर में ऐसे रहें जैसे घर के निवासी रहते हैं, यह संभव है। पर तभी जब हमने उसे दूसरों को दिखाने के लिए नहीं, बार-बार अपने देखने के लिए लगाया हो।

इन जीर्ण घरों में जाने कितने कभी अच्छी हालत में रहे होंगे। आज कई जगह इनके मालिक अपने लिए नए मकान बनवाकर इन्हें बेच दे रहे हैं और जो इन्हें खरीद रहे हैं वे इनमें रहने के लिए नहीं, इनकी लकड़ी और पत्थर को बेचकर दाम कमाने के लिए खरीद रहे हैं। इन मकानों में आँगन, बरामदे, सहन, छतें और मौसम के अनुसार धूप या हवा देने काबिल खिड़कियाँ, छज्जे और दरीचे थे। प्रकृति के साथ दोस्ती करके रहना चाहिए, यह सिद्धांत इनके वास्तुकारों ने माना था। ऐसे मकानों की खोज में फोटोकार टी.एस. नागराजन अभी दक्षिण की ओर राजस्थान की यात्रा करके लौटे हैं। वे सैकड़ों फोटो खींचकर लाए हैं जिनमें से पचास उन्होंने दिल्ली में दिखाई हैं। थोड़ी और खींचेंगे फिर बंबई में दिखाएँगे।

नागराजन जिन मकानों में गए उनमें कुछ तो रईसों के बनवाए हुए थे। एक में देखा कि एक प्रबंधक हैं और सारा घर खाली पड़ा है। मगर साफ-सुथरा है। कुछ हैं जिनमें कोई एक-दो लोग रहते हैं जो मकान बनवानेवालों के वंशज हैं। दरिद्र हो गए हैं, परंतु घर बेच नहीं रहे हैं। घर की मूल सजावट बदली नहीं है केवल बंद कमरों में पड़ी ऐसे पियरा रही है जैसे धूप न मिलने से आदमी की खाल पीली हो जाती है। कुछ घरों में जीवन की धड़कन है। इनमें से कुछ प्राचीन विद्यालय हैं जहाँ गुरु-शिष्य साथ-साथ रहते हैं। इनमें कभी समृद्धि थी, आज सादगी है और समृद्धि के नाम पर बनावट न पहले थी, न अब है। पहले ये सुंदर थे और जीर्ण हो जाने पर भी सुंदर हैं। इनके सुंदर होने का कारण यह नहीं है कि ये अब पुरातत्व की वस्तु बन गए हैं, बल्कि यह है कि इनमें लोग रहते हैं और इन्हें बरत रहे हैं। यह सही है कि गरीबी ने इन मकानों को अकसर इतना घिसा है कि इनकी चमक उखड़ गई है। मगर यह भी सही है कि जहाँ गरीबी इतनी निर्मम नहीं रही वहाँ

इसी घिसने से ये मँजकर चमक गए हैं—बरते हुए बरतनों की तरह।

रहने के मकानों का वास्तुशिल्प दुनिया में सभी जगह जलवायु और रहन-सहन के तरीकों से पैदा होता है। यह पुराने मकानों में बचा हुआ है। पर वे मकान ही नहीं बचे रह पा रहे हैं। नया आधुनिक वास्तुशिल्प बिना ठंडे और गरम करनेवाले यंत्रों के मकान की कल्पना नहीं कर पा रहा है। जहाँ उसने कोशिश की भी है, वहाँ आधुनिक रहन-सहन के आग्रहों ने, जो कि हमेशा सच्चे नहीं होते अकसर झूठी नकल ही होते हैं, मकानों को कष्टकर बना डाला है और उनमें निवास को अप्रीतिकर। उदाहरण के लिए दो या तीन कमरों के मकानों का नक्शा बनानेवाले सरकारी और गैर-सरकारी किसी वास्तुशिल्पी ने आज तक ऐसा नक्शा नहीं बनाया जिसमें घर में घुसने के पहले जूते निकाल कर रख देने का प्रबंध हो। घर के भीतर बाहर से लाए जूते न पहनने का भारतीय तौर-तरीका सिर्फ इसलिए रद्द हो गया है कि दरवाजा खोलते ही हम सीधे घर के भीतर पहुँच जाते हैं।

[*नवभारत टाइम्स*, 'गीली स्याही', 13 मार्च 1983]

खड़े रहो, गाँधी

गाँधी को मरे हुए 36 साल हो गए हैं। गाँधीजी को मैंने कभी देखा नहीं था। सिर्फ उनके विचार पढ़े हैं और यह देखा है कि उनके विचारों को किस तरह तोड़ा-मरोड़ा गया है। आज भी यह तोड़ना-मरोड़ना जारी है और जारी रहेगा। जिनका मंशा एक सम्पन्न वर्ग का वर्चस्व बनाए रखना है वे गाँधी के नाम, विचार और जीवन के हजार इस्तेमाल निकालते जा सकते हैं, जिनका उद्देश्य गाँधी को गलत ढंग से पेश करना ही नहीं, अपने गलत ढंग को गाँधी के नाम से जोड़कर उसे सही साबित करना भी है।

'इस देश में किसी को बेकार नहीं रहने दिया जाएगा' ऐसा ही कोई वाक्य लेकर उसके नीचे गाँधी का नाम लिखकर एक कपड़ा मिल अपना विज्ञापन अभी कुछ बरस पहले तक दिया करती थी। उपभोक्ता सामग्री के विज्ञापन के लिए गाँधी के नाम की उपयोगिता घटती-बढ़ती रह सकती है, पर विचारों के व्यवसाय में उसका सामर्थ्य अनन्त है। वह एक नाम है, जो करोड़ों हिंदुस्तानी जानते हैं। मेरे जैसे भी जिन्होंने गाँधी को कभी देखा न था और वे भी जो पूछने पर कि गाँधी कौन थे, बता नहीं पाते। वे यही मानते हैं कि कोई बहुत बड़े शक्तिशाली आदमी थे जो सब चीजों के मालिक थे और उनको पूजना हमारा धर्म है।

इस अस्पष्ट पूजा-भावना के मुकाबले क्या कोई ठोस काम दिखाया जा सकता है? नहीं। कारण यह है कि गाँधी के जितने ठोस काम थे, वे आज की राजनीतिक, आर्थिक व्यवस्था को नकारनेवाले विकल्प थे। झूठी आधुनिकता के बजाय एक जमीन से जुड़ी संस्कृति के आदमी थे गाँधी। इसलिए उनके नाम पर न उनकी बताई शिक्षा-पद्धति बची है न उत्पादन-प्रणाली। और तो और, जो आरोग्य पद्धति भी जो वह चाहते थे वह केवल उन लोगों या उन क्षेत्रों में बच रही है जो निरीह और असहाय हैं या आधुनिक लोगों की निगाह में विचित्र हैं।

गाँधी को किस तरह की चीज बताया गया है यह पब्लिक स्कूलों में पढ़ाई जानेवाली किताब के एक पाठ से मालूम हो जाता है। यह निचले दर्जा के लिए है, जिनमें पढ़नेवालों के मन पर पड़ी छाप अमिट होती है। गाँधी एक निराले आदमी दिखाए गए हैं जो किसी छोटी पैंसिल को, किसी खाली लिफाफे को फेंकते नहीं थे, उसे लिखने के काम लाया करते थे। गाँधी समाधि पर बंदूकों की सलामी होती है और वर्दीधारी अंगरक्षकों के हाथ में रखे हुए थाल से लेकर फूल चढ़ाते हैं।

दोनों बातें भारतीय परम्परा की वीभत्स विकृतियाँ हैं : गाँधी के साथ बंदूक की राज्यशक्ति का प्रदर्शन और श्रद्धांजलि देते समय नौकरों से सेवा लेने का दंभ। इन्हें मिलाकर देखिए : मालूम होगा कि यह अजब-सा अजनबी बूढ़ा है और एक राज्याध्यक्ष है जो फूल का थाल अपने हाथ से नहीं उठा सकता क्योंकि उससे वह देहाती मालूम होगा। दोनों मिलकर राष्ट्र की राज्यशक्ति बन गई है।

आज से अठारह साल पहले की बात है। 'गाँधी वाङ्मय' से चुनकर कुछ वाक्य राजघाट की समाधि पर उकेरने की बात चल रही थी। श्रीमन्नारायण और रंगनाथ दिवाकर जैसे गाँधीवादियों से सुझाव माँगे गए थे। काका साहेब कालेलकर और गाँधी के जीवनीकार तेंदुलकर से भी, पर ये दोनों कारणवश दे न सके। उन सुझावों में से जो 26 वाक्य एक सरकारी समिति ने चुने थे वे सब मैं यहाँ नहीं दे रहा हूँ। पर बानगी देख लीजिए।

1. जो सत्य जानता है, मन से, वचन से और काया से सत्य का आचरण करता है वह परमेश्वर को पहचानता है। इससे वह त्रिकालदर्शी हो जाता है। उसे इसी देह से मुक्ति प्राप्त हो जाती है।

2. निर्मल अन्तःकरण को जिस समय जो सत्य प्रतीत हो वही सत्य है।

3. रामराज्य का भावार्थ यह है कि उसमें गरीबों की रक्षा की जाएगी। सब कार्य धर्मपूर्वक किए जाएँगे और लोकमत का हमेशा आदर किया जाएगा।

4. धर्म खुद जीवन से भिन्न नहीं है। जीवन ही धर्म माना जाए। बगैर धर्म का जीवन मनुष्य जीवन नहीं है वह पशु जीवन है।

ये विचार गहरी सच्चाइयाँ हैं। इन्हें इतिहास और संस्कृति के उदाहरण और कारण देकर समझाना चाहिए। शिलालेखों की तरह उकेर देने से इनका लौकिक और सामाजिक संदर्भ बिखर जाएगा। अच्छा हुआ कि यह वाक्य समाधि पर नहीं उकेरे गए। समाधि का जितना राजनैतिक दुरुपयोग हो चुका है वही कम नहीं है। जनता सरकार के समय की शपथ और बिना शपथ के कांग्रेस सरकार का आचरण याद कीजिए, जो परम्परा के केवल रूढ़िवादी तत्त्वों को ही याद रखता है। यही एक काम गाँधी के खिलाफ काफी काम है।

अन्याय से लड़ने की जरूरत पड़ने पर पौरुष की रक्षा के लिए अस्त्र लेकर भी लड़ने की सीख देनेवाले विचारक के रूप में गाँधी को अब याद नहीं किया जाता। गाँधी ने राष्ट्रीय एकता के लिए 'हिंदू-मुसलमान मेरी दो आँखें हैं' यह कहकर छुट्टी नहीं पा ली थी। उन्होंने उत्पादन को जीवन की रक्षा करनेवाली प्राद्योगिकी से अनन्य बताकर भारत की भूमि से सभी धर्मों और मतों को बाँध लिया था। यही नेशनल इंटीग्रेशन है।

राष्ट्रीय एकता का कोई ऐसा चिन्तन जो वर्तमान और शाश्वस्त हो, रोजी-रोटी के साथ जीने के आनन्द को जोड़े बिना कोई मतलब नहीं रखता। बेजुड़ा चिंतन तो प्रशासकीय प्रबंध है, समाज-निर्माण नहीं। परम्परा से तोड़कर एक नई जीवन-पद्धति, जो न्याय, समता और समृद्धि को एकसाथ एक में मिला सकती हो, नहीं बन सकती। सिर्फ परंपरा से जोड़ना भी उसे नहीं बना सकता। परंपरा को बनाना ही उसे बना सकता है। गाँधी का काम अधूरा तो उनके जीवनकाल में ही रह गया था। जीवन के अंतिम वर्षों में उसके पूरा किए जाने की संभावना भी इतनी क्षीण रह गई कि आजादी के बाद राजसत्ता के अभ्युदय ने गाँधी का पुनरुद्धार भी एक भारी आंदोलन के बिना कल्पना से परे कर दिया। जो हो सकता था, सरकारी माध्यमों से वही हो पाया है : वह आंदोलन जिसका एक राजनैतिक लक्ष्य होता, डाक्टर लोहिया के साहस और परिश्रम से चला पर गाँधी का वह राजनैतिक रूप जो डाक्टर लोहिया ने चाहा था, विरोधी शक्तियों के सामने टिक नहीं पाया। अब उसे फिर से जिलाना लोहिया के किए काम से भी बड़ा काम होगा। उसकी रणनीति क्या होगी?

निश्चय ही वह चुनाव की रणनीति नहीं होगी। चुनाव की शर्तें वर्तमान राजनैतिक व्यवस्था की सबसे निकृष्ट अंशों को स्वीकार करने और बनाए रखने की हैं। आम चुनावों में जीतकर सरकार

बनाने के बाद हम गाँधी को लागू नहीं कर सकेंगे, जब तक कि चुनाव के पहले आपने गाँधी से आगे का कार्यक्रम बनाया और फैलाया नहीं है। जो कुछ भी गाँधी के नाम पर तैयार है वह यथास्थिति को बनाए रखने का साधन बनने से बच नहीं पाएगा जब तक कि वह सुधारा, बदला और समसामयिक न बनाया जाए यानी संशोधित न किया जाए।

गाँधी का आध्यात्मिक पक्ष ठुकरा देने लायक नहीं है। मगर वह हम पर लाद देने लायक भी नहीं है। गाँधी को फिर से जन्म लेना ही होगा, और इस बार उनके आध्यात्मिक मूल्यों का अनुवाद मठों में नहीं होगा, जहाँ एकांत, शुद्ध और सात्विक जीवन की व्रत-साधना नेताओं को जनता से वैसे ही अलग कर रही है, जैसे राजभवन में निवास कर रहा है। वह प्रत्येक उस क्षेत्र में होगा जहाँ अपने राजनैतिक अधिकार के लिए संघर्ष से ही हम अपने नैतिक मूल्य पाते हैं। गाँधी के कई वाक्य कई तरह के अवसरों पर याद दिलाने के लिए महापंडितों ने ढूँढ़ रखे हैं। उन्हीं में से एक को लेकर हम उसे नया अर्थ दे सकते हैं। वह है : 'कोई यह नहीं कहे कि मैं गाँधी का अनुयायी हूँ। मैं जानता हूँ कि मैं अपना कितना अपूर्ण अनुयायी हूँ।'

गाँधी की कितनी ही मूर्तियाँ देश भर में चौराहों पर खड़ी हैं। यह एक से एक भौंडी, बूची और कुत्सित हैं। इन्हें तोड़ने की जरूरत नहीं। ये खड़ी रह सकती हैं। असल बात तो यह है कि हम राजनीतिक गाँधी को कैसा बनाते हैं।

[*नवभारत टाइम्स*, 30 जनवरी 1984]

खुशवंत सिंह और अयोध्या भेजे गए भिखारी

आजकल कई पत्रकार लिखते अंग्रेजी में हैं, मगर उनके लेख हिंदी में अनूदित होकर छपते रहते हैं। श्रीमान खुशवंत सिंह के लेख भी इसी तरह हिंदी में छप रहे हैं। अभी हाल में उनका एक लेख छपा है जिसमें उन्होंने इंदिराजी को एक सलाह दी है। इंदिराजी को सलाह देना बुद्धिजीवियों के लिए कोई नई बात नहीं है। उनकी सलाह बहुत बड़े-बड़े मामलों के बारे में हुआ करती है। छोटी-छोटी बातों पर वे सलाह नहीं देते।

दिल्ली में जनवरी में करीब दो हजार भिखारी मर्द-औरत पकड़े गए। इन सबको दिल्ली से बाहर करना था या भिक्षुक गृहों में बंद करना था। दिल्ली के तीन भिक्षुक गृहों में जगह नहीं थी इसलिए उन्हें उत्तरप्रदेश, राजस्थान और मध्यप्रदेश के गृहों में भेजा गया। राजस्थान और मध्यप्रदेश की तो खबर नहीं है, मगर उत्तरप्रदेश में अयोध्या की एक पुरानी जर्जर इमारत में इन्हें रखा गया—कुछ लोगों को खुले में भी, और इनमें से ग्यारह ठंड से मर गये। जब मर गए तो जिला अधिकारियों की अनुमति और पोस्टमार्टम के बिना ठिकाने लगा दिए गए। यह ग़ैरकानूनी काम था। इसका तर्क यही रहा होगा कि उनके कोई वारिस नहीं थे और इनकी कोई हैसियत नहीं थी। मगर सच यह था कि शायद ये सब के सब भिखारी भी नहीं थे। सिर्फ छोटे-मोटे काम-धंधे करके गुज़ारा करते थे जैसे फेरी लगाना, खिलौने-चाट और मूँगफली बेचना। इन कामों से अधिकारियों ने नतीजा निकाला होगा कि जब ये सड़क पर दुकान लिए फिरते हैं तो भीख भी माँगते होंगे। और जब मर जायेंगे तो पूछना किससे और बताना किसको। उनके मरने के साथ-साथ अधिकारियों की यह जिम्मेदारी भी खत्म हो गई कि उन्हें मरने का कारण बताना है।

अब भिखारियों का क्या किया जाए ? यह खुशवंतजी थोड़े ही बताएँगे। हो सकता है वह सचमुच जानते न हों हालाँकि दो-तीन वर्ष हुए उन्होंने ऐसी ही किसी समस्या का उपाय बताया था जिससे तमाम

लोगों का सवाल जुड़ा था। उपाय शायद यह था कि डंडे मारकर ठीक करो या ऐसा ही कुछ।

अभी उन्होंने इंदिरा गाँधी को जो सलाह दी है वह एक क्रांतिकारी काम करने के लिए है। लिखते हैं : इन्दिराजी यदि आप चापलूसी के लिजलिजे वातावरण से बाहर निकलना चाहती हैं और वाहवाही के शौक से उबरना चाहती हैं तो आपको भारत की प्रधानमंत्री तथा कांग्रेस की अध्यक्षता से हटकर अपने देश की देखभाल करनी चाहिए। आप और केवल आप ही यह कर सकती हैं। लेकिन केवल तब जबकि आप अपने को पद तथा प्रशासनिक जिम्मेदारियों की बेड़ियों से मुक्त कर लें।

है न क्रांतिकारी सलाह? अभी तक तो टूट की मरम्मत के ही सुझाव बुद्धिजीवी दिया करते थे। योग्य सलाहकार नहीं रखे हैं आपने, बुद्धिजीवियों से यथेष्ट संबंध नहीं है आपका वगैरह वगैरह। अब वे कह रहे हैं कि आप प्रधानमंत्री न रहें और कांग्रेस अध्यक्ष भी न रहें। प्रधानमंत्री न रहकर आप देश को ज्यादा अच्छी तरह चला सकेंगी। यह सुझाव कि आप कांग्रेस अध्यक्ष भी न रहें, शायद खुशवंतजी ने यह सोचकर दिया है कि कांग्रेस कोई संस्था तो है नहीं, वह तो प्रधानमंत्री का ही दूसरा रूप है। तब जब रूप न रहेगा तो दूसरा रूप एक बोझा ही तो बन जाएगा।

बहरहाल यह सुझाव कोई मंजूर नहीं करेगा। करना भी नहीं चाहिए। खुशवंत सिंहजी जैसे बुद्धिजीवियों का (जिनका भारतीय समाज के विकास में योगदान लोगों को उनकी जातियों और उपजातियों का गौरव याद दिलानेवाली पत्रकारिता से आँका जाएगा) भारतीय जनता से अधैर्य होना सहज है। चलते-चलते यह बता दें कि उनके जमाने की 'इलस्ट्रेटेड' वीकली से ही मुझे पहली बार मालूम हुआ कि देश के बड़े-बड़े सृजनात्मक कलाकार किस-किस जाति के हैं। मैं तो उन्हें सिर्फ भारतीय समझता था।

इसके पहले दूसरे बुद्धिजीवी भी इसी से मिलते-जुलते सुझाव दे चुके हैं। एक यह था कि राष्ट्रपति प्रणाली भारत की संस्कृति के अनुरूप है, उसी को लागू कर दिया जाए। कैसे? वह एक अलग सवाल है। सवाल उठने पर भी बुद्धिजीवी सलाहकार होते। कम से कम एक विचार परिषद तो बन ही जाती। खुशवंत सिंहजी के नए सुझाव को मानने से भी एक विचार परिषद बनेगी।

पर सोचिए कितनी बड़ी कीमत वे देश से दिलवाने का प्रस्ताव रख रहे हैं। हमें प्रधानमंत्री को और कांग्रेस अध्यक्ष दोनों को बदलना पड़ेगा। गनीमत है कि खुशवंतजी ने अभी तक यह नहीं कहा है कि ये पद ही समाप्त कर दिए जाएँ। इन पदों पर कौन हो, यह सलाह उन्होंने समय पर देने के लिए छिपा रखी है।

विचार के सहारे राजनीति में दखल देना कोई बुरी बात नहीं है, मगर विचार की राजनीति करना कोई सही बात नहीं। विचार का मतलब ही है प्रगतिशील परिवर्तन का विचार। समाज के संगठन को बदलने की कोशिश से अलग कोई परिवर्तन का विचार चौंका देनेवाला, चटपटा और कभी-कभी चतुर भी हो सकता है और अखबार में बिक भी सकता है, पर वह उनका विचार नहीं हो सकता है जो समाज संगठन को बदलने की सच्ची कोशिश कर रहे हैं।

युवजनों के कई समूह भारत की असली जिंदगी में बराबरी, न्याय और उन्नति के बंद रास्ते खोलने के लिए और बेमतलब जिंदगी में मतलब पैदा करने में लगे हुए हैं। वे नहीं कह रहे हैं कि इंदिरा गाँधी दोनों पद या एक ही सही, छोड़ दें, तो देश-निर्माण होने लगेगा। मगर खुशवंतजी कह रहे हैं तो इसमें कोई मसलहत होगी। खोजने से वह भी उनके लेख में मिल जाती है। उनके सुझाव का सार-तत्व वही है। उन्होंने कहा है कि वह चाहते हैं कि राजनैतिक दल केवल उन्हीं-उन्हीं को चुनावी उम्मीदवार बनाएँ जो आवश्यक शैक्षणिक स्तर रखते हों। आपकी पार्टी सबसे बड़ी होने के कारण यह मिसाल कायम कर सकती है कि चुनाव के जरिए प्राप्त होनेवाले पदों के लिए प्रत्याशी चुनते समय जाति, धर्म तथा भाषाई मुद्दों को नजरअंदाज कर दिया जाए। यह कहा नहीं है कि पढ़ाई की डिग्री देखी जाए, पर वाक्य इन्हीं शब्दों सहित पूरा अर्थ देता है।

चीजें बदल रही हैं। हम खुशवंतजी के अगले सुझाव की प्रतीक्षा कर रहे हैं। वह इतना अजब

शायद न निकले। शायद वह यह हो कि स्कूल से लेकर यूनिवर्सिटी तक जो अव्वल दर्जे में आप पास होता रहा हो, उसी को राजनीति में चुनाव लड़ने दिया जाए। चुनाव भी क्यों, उसी को संसद सदस्य और चाहें तो मंत्री बना दिया जाए। तब देश अयोध्यावाले भिखारियों का उपनिवेश बन जाएगा। उस पर राज करना तब आज के मुकाबले कितना सुगम होगा। अयोध्या में यही तो हुआ है।

[नवभारत टाइम्स]

चालीस साल पहले का दर्द

कई साल पहले की बात है। लखनऊ में, भारत विभाजन के सताए हुए लोग आकर रहने और काम करने की जगह खोज रहे थे। शहर के जीवन में बदलाव आने लगा था। पहले कभी जो पंजाबी लोग लखनऊ में दिखा करते थे, उनमें ये नवागंतुक बहुत भिन्न थे। इनमें कोई एक चीज दिखती थी जो पहले के लोगों में नहीं थी। उसे देखकर हम लखनऊ के पुराने निवासी सिर्फ यही समझ पाते थे कि ये जान बचाकर, घर-बार खोकर आए हुए लोग बेचारे हैं मगर बहादुर हैं। इनकी इज्जत होनी चाहिए। मगर धीरे-धीरे यह भी मालूम होने लगा कि इनके जीवनमूल्य पुराने अविभाजित भारत में एक जमाने से बसे लखनऊवासियों के जीवनमूल्यों से मूलतः अलग हैं और उन्हें समझने के लिए इतिहास की दुखद भारत विभाजन की घटना को समझना जरूरी है।

छोटे-छोटे दिलचस्प अनुभव थे जो जिंदगी के नए लोक की झलक देते थे। जैसे लखनऊ का एक तरीका था कि किराए के ताँगे में बैठनेवाला पूरा ताँगा ही किराए पर लेता था। खुद के अलावा किसी सवारी को अपने साथ बिठाने का कोई रिवाज न था। एक से ज्यादा सवारियाँ जिस एक वाहन में बैठती थीं वह इक्का था, ताँगा नहीं (जब कि इक्का नाम से कोई मान सकता है कि इसका संबंध कहीं न कहीं एक से है)। दरअसल लखनऊ की सभ्यता में एक सवारी गाड़ी पर एक से अधिक मुसाफिरों का बैठना मामूली बात थी तो सिर्फ निचले वर्गों में थी। जरा-सी ऊँची हैसियत के लोग ताँगे पर अकेले या बहुत हुआ तो सिर्फ दोस्तों या घरवालों के साथ बैठा करते थे।

यह रिवाज लखनऊ में विभाजन के बाद भी बना रहा। बल्कि जब बदला तो बड़े अजब तरीके से बदला कि ताँगे गायब होने लगे और जो बच रहे उनकी एक से अधिक सवारी बिठाने के मामले में प्रतियोगिता साइकिल-रिक्शा से रह गई जिसमें साइकिल-रिक्शा को ही जीतना बदा था।

लखनऊ की आबादी में नए लोग आकर चुपचाप जिंदगी के रंग में बदलाव ला रहे थे। अगर आप कभी 1947 से पहले के लखनऊ की याद कर सकें तो आपको एक नाम याद आएगा—झंडेवाला पार्क। यह जगह कई मायनों में लखनऊ की सार्वजनिक जिंदगी से जुड़ी हुई थी। यह एक काफी बड़ा पार्क था जिसमें घास की हरियाली बारहों महीने बनी रहती थी। धूल-धक्कड़ नहीं था और सच पूछिए तो फूल-पौधे भी नाम लेने भर को थे। इसके चारों तरफ पक्की सड़क थी और सड़क के पार एक बाजू में बड़ी-बड़ी दुकानें थीं, जिनमें से कुछ एक जमाने में लखनऊ की जिंदगी में मशहूर रहीं। होम्योपैथिक के सरताज डॉ. प्यारेलाल श्रीवास्तव का दवाखाना वहीं था। गाँधी भंडार भी वहीं था और प्रसिद्ध खुर्दनी तंबाकूवाले इकतिदा हुसैन मुरतिजा हुसैन भी वहीं थे। एक और मशहूर जगह थी ग्रामोफोन और रिकार्डों की एक भरी-पूरी दुकान जिसमें कस्बे-देहात से लेकर फिल्मी बाजार तक के गाने बेशुमार भरे पड़े थे। नाम लीजिए और रिकार्ड हाजिर। उस वक्त के निम्न-मध्य वर्ग की पसंद के ट्विन रिकार्ड का नाम आपने सुना होगा। इसी पंक्ति के एक सिरे पर दूसरे नामी और हरदिल अजीज डॉक्टर लाहिरी एलोपैथिक की वह दुकान चलाते थे जिसमें जाते हुए गरीब आदमी

को और एलोपैथ के यहाँ की तरह डर नहीं लगता था। मगर खुद डॉ. लाहिरी जनता के डॉक्टर होते हुए भी रईसी और शान में कम न थे। बड़ा डाकखाना के साथ यह पंक्ति खत्म होती थी।

दुकानों से उस वक्त के लखनऊ की आर्थिक, सांस्कृतिक हालत की झलक मिलती थी मगर वास्तविक झलक तो उन दफ्तरों में पाई जाती थी जो इन्हीं दुकानों के ऊपर की मंजिल में बने थे। कोई छोटा-मोटा राजनैतिक दल न था जिसका दफ्तर वहाँ न रहा हो, बस कांग्रेस का दफ्तर वहाँ नहीं था। हिंदू महासभा के, मुस्लिम लीग के और छोटे-बड़े कई समाजवादी केंद्रों के कार्यालय वहीं थे। सड़क के पार पार्क के दूसरी ओर कांग्रेस दफ्तर की खास जगह थी। गंगाप्रसाद मेमोरियल, जिसके भवन की नीचे की मंजिल में उन दिनों का एकमात्र पक्का बड़ा सभागार था और संलग्न था मेमोरियल हाल का वाचनालय। झंडेवाला पार्क के नाम से ही आप समझ गए होंगे कि इसका ताल्लुक झंडे से है। मगर आज के पाठकों को याद दिलाना जरूरी है कि जैसे इस इलाके में अनेक पार्टियों के दफ्तर बने हुए थे वैसे ही इस पार्क में झंडे भी एक से अधिक थे। हाँ, कांग्रेस का तिरंगा सबसे बड़ा था जिसको खड़े रखने का किसी सरकार ने हुक्म नहीं दे रखा था, मगर कोई पार्टी अपने को कितनी ही बड़ी चीज क्यों न मानती हो, असलियत से भाग नहीं सकती थी और असलियत यह थी कि झंडेवाला पार्क राजनीति का स्वाभाविक कुतुबनुमा था। जनता वहाँ जिस पार्टी के लिए बड़ी संख्या में जमा होती उसी का सबसे ऊँचा झंडा पार्क में लगने का विधान अपने आप बन जाता। यह बात 1947 के पहले की है। यह बड़ी पार्टी 1946 के कांग्रेस मुस्लिम लीग चुनाव संघर्ष के दिनों में भी और कोई नहीं नेहरू-गाँधी की कांग्रेस ही थी। मुस्लिम लीग की कोई सभा आज तक झंडा पार्क में हुई भी हो तो कांग्रेस जितनी बड़ी नहीं हुई।

मगर मुस्लिम लीग का एक अजब किस्म का दफ्तर अमीनाबाद पार्क के सामने दो-मंजिले पर खुल गया था। यह अमीनाबाद पार्क कभी झंडा पार्क नहीं कहलाया। यह तो शाम के वक्त ठंडी हवा में दूब के मैदान पर गृहस्थों, खानदान की स्त्रियों और कभी-कभी युगल-प्रेमियों के मिलन का स्थान था। इस मिलन-कार्रवाई में हनुमानजी का एक मंदिर सहायक हुआ करता था। यह पार्क लखनऊ के गरीब-अमीर सभी वर्गों का प्यारा और सबको सुगम था। अमीनाबाद पार्क के साथ शहर की व्यक्तिगत जिंदगी का जुड़ा होना उतनी ही महत्त्वपूर्ण ऐतिहासिक घटना है जितना झंडा पार्क के साथ राजनैतिक और सांस्कृतिक हलचलों का संबद्ध होना। झंडा पार्क का लोकप्रिय नाम वास्तव में जनता का स्वीकारा हुआ नाम था और उसका असली संभ्रांत नाम यानी अमीरुद्दौला पार्क सिर्फ कभी-कभी याद किया जाता था। अजब बात है कि राजनीति का नाता इस पार्क से निश्चित कर देने के बाद एकांत में बौद्धिक कार्यकलाप के स्थल एक पुस्तकालय को भी अमीरुद्दौला के नाम से याद किया जाता था। मगर हाँ, वह इन दोनों प्रतीक पार्कों से दूर बाग के पास निराले में बसा हुआ था और उसका पड़ोसी भी उसके स्वभाव के अनुकूल एक पुरातत्व संग्रहालय था, पार्क नहीं।

पर हम अमीनाबाद की बात कर रहे थे। आजादी से पहले अंतरिम सरकार बनाने के लिए चुनाव के दौर में मुस्लिम लीग ने अमीनाबाद पार्क में शाम को जमा होनेवाली भीड़ को अपना श्रोता बनाया और कांग्रेस ने अमीरुद्दौला पार्क के प्रेमियों पर आस लगाई। रोज शाम को घंटे-डेढ़ घंटे भाषण, कविताएँ गाने और उसके बाद अगला दिन। यह प्रचार दोनों पार्कों के सामने के दो-मंजिले से हुआ करता था। कार्यक्रम में इन दफ्तरों का नाम था नस्रगाह यानी ब्राडकास्टिंग हाउस।

वक्त बदल रहा था। अंतरिम सरकार बनी। विभाजन हुआ। पंजाब में खून का दलदल फैला। कई घर उजड़े कुछ नए और बने। वक्त पाकर पहले से ज्यादा आजाद और समृद्ध हुए। अमीनाबाद पार्क और अमीरुद्दौला पार्क ने अपनी भूमिकाएँ दो तरह से अदा कीं। झंडा पार्क राजनैतिक हलचल की नई शक्ल लेकर आया। नेहरू, कृपलानी, सरदार पटेल, वहाँ झंडे के तले खड़े होकर वह सब अच्छी-अच्छी बातें कह गए जिनसे विभाजन की वेदना कम हुई होगी मगर जब दूर रक्तपात के

बाद 1947 में शरणार्थियों का लखनऊ में आना शुरू हुआ तो जिंदगी के रंग को और ढंग को बदलने से कोई रोक न सका। कुछ बदलाव ऐसे हुए जिनसे फर्क मामूली पड़ा, जैसे बोली, खानपान, दुआ-सलाम बदला, भीड़ बढ़ी, उजड्डपन आया, गोश्त रोटी आई और फल का रस आया। कुछ चेहरे कड़ी मार खाते हुए, दाँत भींचकर बोझ ढोते हुए दिखे, कुछ मस्त बेफिकरे दिखे जिन्हें झूठ, हेराफेरी से परहेज न था और जो हर ऐसी गिरावट को वक्त का तकाजा समझते थे, इन्हीं के साथ दौलत, अधिकार और माँगों के दबाव बढ़े। कई अन्यायों के मुआवजे मिले, कई हकों को भुला दिया गया।

इतिहास की यह कहानी कई दिशाओं में एकसाथ मुड़ती है। एक साहित्यकार को यह देखकर इतिहास की समझ का एक और आयाम हासिल होता है कि 1947 के बँटवारे को आज लोग न तो विप्लव कहते हैं न विपरीत मानते हैं, उसे कहा जाता है आजादी।

अमीनाबाद पार्क ने भी नए-नए चेहरे व्यक्तिगत संत्रासों से लड़ते हुए, पार्क के हरे-भरे आरामगाह में बेडौल खोंचे लगाए हुए, रोटी के लिए दिन भर मेहनत करते हुए, भाई-चारे की कहानियों को जन्म देते हुए शरणार्थी पड़े देखे। उनके खोंचों के ग्राहक थे लखनऊ के घरेलू आरामपसंद लोग जिनके संस्कार में सड़क पर चाट खाने से परहेज न था मगर रोटी खाने से था। उत्तरप्रदेश के इस स्वभाव के साथ पंजाब के चोटखाए मिजाज के टकराव से बहुत-से कथानक पैदा हुए, ये एक लेखक ने उस वक्त नहीं लिखे थे पर अब उसे याद आ रहा है कि ये उसकी चेतना में कहीं समाहित हो चुके हैं।

[*सुलभ इंडिया,* जुलाई 1987]

विभाजन में एकता की पहचान

1947 में जब मैं विश्वविद्यालय में पढ़ने आया तो मैंने देखा कि दुनिया बहुत बड़ी हो गई है। जाने कहाँ से निकलकर हजारों लोग मेरे संसार में घुसते आ रहे थे। इंटर कालेज में साथ पढ़े हुए लोग कभी-कभी मोहल्ले की सड़कों पर या अमीनाबाद के अड्डों पर मेले में मिले दोस्तों की तरह दिख जाया करते थे, मानो वास्तव में अपनी ही दिलचस्पियों के लिए आए हों, नहीं तो मेरा और उनका रास्ता एक न हो। मगर विश्वविद्यालय में जो जनसमुदाय विद्यार्थी होकर आया था वह वास्तव में पूरे मध्यवर्गीय शिक्षित समाज की तस्वीर था।

एक नमूना गाँव में मिल्कियत और जाति का अभिमान करनेवाला था। मगर शहर में अपने कमीज-पाजामे और बूट-जूते की बेमेल पोशाक पर उसे आत्मविश्वास नहीं हो पा रहा था। उम्र में वह विद्यार्थी से अधिक गृहस्थ लगता था, और था भी। एक और नमूना था जो चिकने कपड़ों और साफ-सुथरी सज्जा के साथ विश्वविद्यालय में एक तरफ से आता और दूसरी तरफ से निकल जाता था। मानो समाज में उसकी यही हिस्सेदारी है। एक नमूना वह भी था जिसे विद्या और विवाद से इतना लगाव था कि मनुष्य की और चिंताओं के लिए उनके पास वक्त ही नहीं था। मगर असलियत यह थी कि गाँव से पहली बार शहर में प्रतियोगी बनने आए हुए नौजवानों की अपेक्षा वह कहीं अधिक आश्वस्त था। उसका सुखद भविष्य सुनिश्चित था, क्योंकि शहर में कहीं-न-कहीं उसके पुरखों की परंपरा थी, जिसमें आधुनिक जीवन का अभ्यास था। दूसरी ओर एक बड़ा समाज उन वर्गों का था जिनमें आजादी के साथ जुड़े अधिकार-संपन्न जीवन की ललक जाग उठी थी। यह समाज वास्तव में विश्वविद्यालय में भर गया था। अवश्य इसका अस्तित्व स्वीकार करने में 'आधुनिक' लोगों का परहेज बहुत समय तक बना रहा और इस समाज से मानो बदला चुकाने के लिए आधुनिकता का एक सजावटी संसार पश्चिमी तौर-तरीकों के मध्यवर्गीय अनुकरण के बूते खड़ा होने लगा। तब यह

पश्चिमी संसार उतना आक्रामक नहीं था जितना आजादी के बाद के बीस वर्षों में हो गया। मगर इन्हीं बीस वर्षों में जमीन से जुड़े लोगों का एक बड़ा वर्ग भी भारतीय राजनीति में आया, जिसने एक बार एक सिरे से दूसरे सिरे तक इस नकली आधुनिकता की सत्ता को झकझोरकर रख दिया।

भारत की यह आधुनिक बनाम देशी तस्वीर मैंने 1947-48 में अपने विश्वविद्यालय में एक झलक भर देखी थी। पर उस समय दोनों तस्वीरों का ध्रुवीकरण विश्वसनीय नहीं जान पड़ता था। मध्यवर्ग का नवयुवक विचार की दुनिया में कोरा किताबी न होकर व्यावहारिक था और वह शहर से या कस्बे से आकर सिर्फ अपनी चतुराई, बम्हनई या मुंशीपन के भरोसे नहीं, बल्कि मेहनत के भरोसे सरकारी नौकरी में अपने पिता से एक दर्जा बड़ा पद पाने का स्वप्न देख रहा था। वह परदेस में किराए की कोठरियों में पड़ा हुआ अपने कस्बे के पारिवारिक वातावरण को याद करता हुआ, लखनऊ के सिनेमाघरों और हजरतगंज की चहलपहल को लालच से देखकर रह जाया करता था। हीन भावना ने उसे त्रस्त नहीं किया तो इसीलिए कि मध्यवर्गीय पारिवारिक संस्कृति में उसकी जड़ें गहरी थीं, और आजादी की संस्कृति ने उस संस्कृति पर चोट नहीं की थी।

बीच का रास्ता मध्यवर्गीय नौजवान को आसानी से दिख जाता था। भ्रष्टाचार का नाम आजादी के छः महीने के अंदर सब जान गए थे, पर भ्रष्टाचार में डूब जाने की जरूरत सिर्फ कुछ लोलुपों ने मानी होगी। नवयुवकों में से अधिसंख्य को भ्रष्टाचार एक सनसनी जैसी चीज मालूम होती थी, दूर से देखने और कभी-कभी छू लेने लायक और वह स्पर्श भी एक बीच का रास्ता था।

इसी तरह पूर्ण सहमति और पूर्ण असहमति के दो संसार भी अलग-अलग होने के बावजूद एक-दूसरे में गुँथे हुए थे। प्रगतिशील मूल्यों के पक्षधर भी प्रतिष्ठान के अंश थे। विश्वविद्यालय में विशेष रूप से कम्युनिस्ट पार्टी, कांग्रेस पार्टी और सोशलिस्टों के दायरे बने हुए थे; पर सबको विश्वास था कि वर्तमान सरकार को दमन की नीति चलाने में समर्थन नहीं मिलेगा। 1947 के बाद के तीन वर्षों के अंदर ही कम्युनिस्ट पार्टी के भीतर अपनी रणनीति के चलते संयुक्त मोर्चा के कारण वैचारिक बँटवारा हुआ, पर विश्वविद्यालय के लिए यह बड़ी घटना न थी। उसके लिए बड़ी घटना थी आचार्य नरेन्द्रदेव जैसे समाजवादी का विश्वविद्यालय का उपकुलपति बनकर आना, जबकि इनके पहले तक उपकुलपति सामंती संस्कृति के पक्षधर ही हुआ करते थे।

भारत विभाजन का असर गहरा था। मैंने पहली बार पहचाना कि विभाजित भारत में पाकिस्तान से आए हुए शरणार्थियों में भी शोषक और शोषित वर्ग दोनों हैं। शरणार्थियों में से विश्वविद्यालय में तो बहुत कम लोग आए थे, ज्यादातर लोग अमीनाबाद पार्क में ही खोमचे लगाए पड़े थे। पाकिस्तान की वर्ग संस्कृति थोक भाव से उठकर लखनऊ आ गई थी और भारत की वर्ग संस्कृति के बीच ठीक जगह पर जाकर बैठ गई थी। जो शरणार्थी आए थे वे या तो पढ़े-लिखे नौकरीपेशा लोग थे या सिर्फ मेहनत के बल पर जीनेवाले, और व्यापार के नए व्यावहारिक मूल्यों को अपनानेवाले। लखनऊ में खाने-पीने की तमाम दुकानें खुल गईं और छोटी-मोटी डिगरियोंवाले लोग सरकारी या अर्द्धसरकारी दफ्तरों में जगह पा गए।

अवश्य वे खुशकिस्मत भी आए जो पाकिस्तान में भी किसी सुरक्षित पद पर थे और उन्हें यहाँ भी उतनी ही सुरक्षा सहित स्थापित होने में देर न लगी। मैंने किसी ऐसे शरणार्थी को लखनऊ में नहीं देखा जो रो रहा हो, कि उसका देश पीछे छूट गया। ये सब विस्थापित, नौकरियों और पेशों से विस्थापित थे, जमीन से नहीं, और उनके पास रोजी का एकमात्र साधन जमीन नहीं थी कि जो छिन गई हो। 1965 में भारत-पाकिस्तान युद्ध के समय पाकिस्तान के सियालकोट क्षेत्र में मैंने जरूर ऐसा आदमी देखा था जो सचमुच पाकिस्तान की भूमि से विस्थापित होकर युद्धबंदी के रूप में भारतीय युद्धबंदी शिविर में कैद था। उसने कहा था—"मैं हिंदुस्तान में नहीं टिकना चाहता, वापस अपनी जमीन पर जाना चाहता हूँ।" मैंने पूछा था—"मगर तुम तो हिंदू हो, विभाजन के समय सब हिंदू भारत

आ गए थे, तुम क्यों नहीं आए?" उसने कहा था—"जो तब भारत आ गए थे, वे हिंदू थे। पर मैं तो जमीन पर खेती और जमीन की नौकरी करनेवाला हरिजन हूँ।"

शरणार्थी लखनऊ शहर के सबसे उम्दा चायघरों में साफ-सुथरे कपड़े पहने मेरे साथ उठते-बैठते थे। वे विश्वविद्यालय में अंग्रेजी जैसे विषयों में भरती हो गए थे और उनके रिश्ते राजधानी तक थे, और यह भरोसा उनके साथ पाकिस्तान के अतीत से चला आ रहा था। वे शाब्दिक अर्थ में विस्थापित नहीं थे, क्योंकि उनके लिए भारत में एक आर्थिक-सांस्कृतिक वर्ग संरक्षक के रूप में मौजूद था।

विभाजन के साथ-साथ भाषा के सरकारी संरक्षण का संतुलन बदला। जिस तरह लोकतंत्र को बहुमत और अल्पमत की शक्ति के तराजू पर तौला जाता है, उसी तरह हिंदी और उर्दू को भी भारत और पाकिस्तान के पलड़ों में तौल दिया गया था। विभाजन के बाद आनेवाले पंजाबियों के लिए लखनऊ अपनी बोलचाल की उर्दू के शहरी इतिहास के कारण अनुकूल पड़ता था, क्योंकि उर्दू का लगाव उन्हें एक राष्ट्रीय दर्जा देता था, जबकि राष्ट्रभाषा हिंदी से लगाव कहीं-न-कहीं उन्हें नए देश में होने की याद दिलाया करता था। लखनऊ इसलिए अच्छा था कि वहाँ हिंदी भी वही थी जो उर्दू थी, और ऐसा नहीं था कि पंजाबी बुद्धिजीवियों को अपने उर्दू समाज के कारण कहीं दुराव का अनुभव करना पड़े। इसके अलावा उनकी मातृभाषा पंजाबी के लिए तो लखनऊ जैसी महानगरीय संस्कृति में गुंजाइश न होने का सवाल ही नहीं था। विभाजन के बाद पाकिस्तान से जो पढ़े-लिखे पंजाबी लखनऊ आए और नौकरियाँ करने लगे, वे साहित्य के उर्दू क्षेत्र में आसानी से अपनापा पा गए। ऐतिहासिक संयोग था कि प्रगतिशील लेखक संघ का उर्दू विभाग 1948-49 में विशेष रूप से सक्रिय था और विभाजन के कई दर्दों में से उर्दू के छूटने का दर्द लखनऊ से बढ़ने नहीं दिया।

हाँ, परंतु विश्वविद्यालय में उर्दू का रंग कुछ और था। वहाँ उर्दू बोलचाल की भाषा उसी तरह से नहीं थी, जिस तरह से शुद्ध हिंदी बोलचाल की भाषा नहीं थी। प्रगतिशील लेखक संघ का विश्वविद्यालय के उर्दू विभाग से घना संबंध था। संघ की बैठकों में उर्दू के नए भारतीय लेखक भरे रहते थे। प्रगतिशील लेखक संघ के हिंदी विभाग में मुश्किल से छः-सात लेखक थे, जिनमें दो तो पदाधिकारी ही थे। विश्वविद्यालय के हिंदी विभाग का, और प्रगतिशील लेखक संघ का एक-दूसरे से कोई मतलब ही न था। विभाजन का यह नतीजा अब याद करने पर गहरे परिणामों से भरा हुआ मालूम होता है। मगर हिंदी-उर्दू का कोई राजनैतिक अभिप्राय उस नई पीढ़ी के लिए विशेष मतलब नहीं रखता था, जिसे नया हिंदुस्तान बनाने की गहरी इच्छा थी और जो आजादी की नई मानवीय संभावनाएँ पहचान रहा था। यह अंतर्विरोध स्पष्ट कर देना जरूरी है कि गाँव-देहात से जो भीड़ विश्वविद्यालय में आ रही थी, उसका हिंदी से संबंध हिंदी राष्ट्रभाषा की राजनीतिक शक्ति से अधिक था, समसामयिक रचनात्मक शक्ति से कम। पूरे विश्वविद्यालय में हिंदी साहित्य के समर्थक और प्रशंसक ऐसे ही लोग थे जो किसी भाषा के रचनात्मक प्रश्नों को मुश्किल से पहचान पाते। उनके इर्द-गिर्द जिस तरह का समसामयिक साहित्य पनपता वह दकियानूसी और पिछड़ा हुआ था। निष्पक्षता से तुलना करें तो उर्दू विभाग का हाल इससे बेहतर नहीं था। बल्कि वहाँ प्रगतिशीलता के नाम पर घटियापन को बढ़ावा देनेवाला संरक्षक तत्त्व भी मौजूद था। हिंदी में तो नई पीढ़ी का एक जागरूक वर्ग रूढ़िवादी हिंदी से टक्कर लेने को फिर भी तैयार था, पर उर्दू से पिछड़ेपन को रूमानियत ने मार्क्सवादी जामा पहना दिया था। पहना क्या दिया था, उसे खूँटी से लटका दिया था।

यह स्थिति बहुत दिन नहीं चली। लखनऊ में ही यह स्थिति टूट सकती थी। वह टूटी और मार्क्सवादी प्रगतिशीलता में भी परिवर्तन आया और रूढ़िवादी हिंदी साहित्यिक मानसिकता में भी।

[*सुलभ इंडिया*, अगस्त 1987]

अधूरे संघर्षों का इतिहास है आज़ादी

मैंने अपनी चालीस साल पुरानी आजादी के प्रथम वर्षों में लखनऊ विश्वविद्यालय में आचार्य नरेंद्रदेव के उपकुलपति बनने की और विश्वविद्यालय के सामंती मानस में हल्का-सा परिवर्तन आने का जिक्र किया था। आचार्य नरेंद्रदेव ने उन नए विद्यार्थियों को आजादी की नई जिम्मेदारियों की सीख एक आंदोलनकारी नेता की तरह नहीं एक गंभीर विद्वान की तरह दी। पर पुरानी पीढ़ी के सुस्ती और आरामतलबी के वातावरण से परेशान नए खून को फुर्ती से असलियत को समझने की और समाज को बदलने की इच्छा हो रही थी।

कुछ ही बरसों के अंदर एक नेता ने इस इच्छा को प्रकट करने का रास्ता दिखाना शुरू किया। वह एक लंबी कहानी है कि किस तरह लोहिया राजनीति के मंच पर अपनी व्याख्याओं को लेकर आए और एक ताकत बन गए जिससे सत्ता के खिलाड़ी उम्मीदें रखने लगे। 1951 में लखनऊ से दिल्ली आकर बस जाने पर मुझे अखबार से मालूम हुआ कि डॉ. लोहिया दिल्ली के फिरोजशाह रोड स्थित एक बँगले पर समाजवाद के बारे में बात करेंगे। जब मैं इसे सुनने पहुँचा तो भीड़ तो थी पर ज्यादातर श्रोता लोहिया के कार्यकर्ता थे और भाषण में बार-बार लोहिया बार-बार उन्हें सीख दे रहे थे कि संगठन को चलाने के लिए अनुशासन और लगन दोनों चाहिए। वह लोहिया एक कारगार समाजवादी संगठन बनाने की कोशिशों का दौर था। उस दिन की तुलना जब मैं लोहिया के 1963 से लेकर 1967 के संसदीय दौर से करता हूँ तो देखता हूँ कि आजादी ने भारत को बदलने की इच्छा करनेवाले प्रतिपक्षी नेताओं से एक नया समाज ही नहीं एक नई सरकार बनाने की माँग जोरों के साथ की थी। 1951 से 1963 तक के बारह साल में समाजवाद की लड़ाई साफ तौर पर सत्ता के द्वारा समाजवाद लाने की लड़ाई बन चुकी थी और लोहिया से सत्ता हासिल करके कुछ कर दिखाने की उम्मीद की जाने लगी थी। मगर लोहिया की समाजवाद की लड़ाई सारे हथियार सरकार के हाथ में सौंप देने की लड़ाई नहीं थी। चाहे वह उन्हीं की मनचाही सरकार क्यों न हो। समाजवाद के लिए संघर्ष सरकार के बाहर भी चलते रहना चाहिए और नया नेतृत्व जनता में से उभरते रहना चाहिए—यह उनका दृष्टिकोण था। 1963 में संसद में पहली बार बैठने से सफल होने से लेकर 1967 में उत्तर भारत के राज्यों में चुनाव के जरिए कई सरकारें बदल डालने तक लोहिया की रणनीति का एक दौर था—दूसरा शुरू हुआ 1967 के चुनाव घोषणा पत्र में समाजवादी पार्टी के इस वायदे से कि यदि 6 महीने में किसी राज्य सरकार ने सप्त क्रांति में से किसी एक को अमल में लाकर नहीं दिखाया तो समाजवादी पार्टी उस सरकार के विरुद्ध जनमत बनाएगी और उसे प्रसिद्ध सप्तक्रांतियों में से किसी एक के लिए कानून बनाने पर बाध्य करेगी।

डॉ. लोहिया से एक दिन मैंने पूछा : "किसी एक क्रांति के लिए आपका कानून बनाना क्या कोई सगुन करना है? यह तो सिर्फ दिखावा होगा।" "नहीं", उन्होंने कहा था, "ये सातों कार्यक्रम एक-दूसरे से इतना जुड़े हैं कि किसी एक के होते ही एक-एक करके बाकी करने ही पड़ेंगे।"

पर इतना धीरज किसे था। लोहिया की बात उनके अनुयायियों ने नहीं मानी और वही हुआ जिसकी चेतावनी लोहिया ने दे दी थी। एक प्रतिपक्षी राज्य सरकारों को केंद्र सरकार ने अपने पास सुरक्षित विशेषाधिकारों के बूते उखाड़ फेंका और एक भी राज्य सरकार यह कहने की हकदार नहीं रह पाई कि हमने एक क्रांतिकारी कानून बनाया था—जिसका पालन कराने की लड़ाई अब जनता जारी रखे।

यह ऐतिहासिक घटना इस वक्त बार-बार याद आती है क्योंकि जनता को लड़ाई जारी रखने की इच्छा आज फिर है और वह इसके लायक आज भी नहीं है। पिछली राजनैतिक लड़ाइयों ने कोई ऐसे अधूरे संघर्ष पूरे करने को छोड़े ही नहीं हैं जो राजनैतिक दल अपने संगठन के बल से

जारी रख सकें। इस बात का मतलब यह नहीं है कि सब संघर्ष पूरे कर डाले गए हैं बल्कि यह है कि किसी संघर्ष ने इतनी ताकत नहीं पैदा की है जो उसके अधूरे काम को पूरा कर सके। प्रतिपक्ष की दशा वास्तव में लोकतंत्र की दशा बताती है। इसलिए यह कहना गलत न होगा कि चालीस वर्ष में आजादी की असलियत जाननी हो तो सरकार के कारनामे न देखे जाएँ, प्रतिपक्ष की करतूतें देखी जाएँ। अगर कुछ सरल वाक्यों में एक गूढ़ बात को समझना है तो यों करना होगा कि सत्ताधारी दल और प्रतिपक्ष को आजादी के इस्तेमाल का बँटवारा कर लेना चाहिए। सरकार का काम यह रहे कि कोई बाहरी ताकत देश की सीमा को छोटा न करने पाए और प्रतिपक्ष का काम यह रहे कि भीतरी ताकत आजादी की सीमा को बढ़ाती रहा करे। चालीस साल में लगता है दोनों कामों में थोड़ी बहुत उलट-पुलट हो गई है—बाहरी ताकत का भय दिखाकर हमारे नियामक देश की भीतरी ताकत को छोटा करते जा रहे हैं। इसके प्रमाण हैं जनता की एकमात्र ताकत अर्थात् न्याय के लिए शांतिमय अहिंसक संघर्ष के दमन के लिए पुलिस और गुंडों के इस्तेमाल। इस इस्तेमाल की भी एक नीति है यह नीति सेंसर और हल का मिला-जुला सहारा लेती है और आज पुलिस और गुंडों का मेल जातियों को एक-दूसरे से तोड़ने के काम भी कर रहा है सिर्फ अधिकार की माँग का मुँह बंद करना अकेला उद्देश्य नहीं रह गया है। दलितों के बीच फूट डालना भी एक उद्देश्य है।

आजादी के चालीस साल में असफल राजनीति-सुधार-प्रयत्नों का उतार-चढ़ाव से भरा सिलसिला है। पर इसमें भी एक रीति जैसे दिखती है। लोकतंत्र में आम चुनाव का अपने पर शासन अर्थात् आजादी का अधिकार कभी हमेशा के लिए छोड़ता नहीं, निश्चित अवधि के लिए अपने प्रतिनिधि को सौंप दिया करता है। आजादी के समारोह के थोड़े ही समय बाद लोहिया ने इस अधिकार का महत्त्व समझाना शुरू कर दिया था। कालांतर से जयप्रकाश नारायण ने इसे एक बार फिर समझाया और शायद हम भूल गए हैं कि कांग्रेस पार्टी को हटाकर पहली गैर-कांग्रेस केंद्र सरकार बनानेवाली जनता पार्टी की अविश्वसनीयता भी जनता पार्टी सरकार के पतन के कुछ पहले बन चली थी। जनता पार्टी की घुटनभरी एकता देश को केवल एक नई तरह की कांग्रेस पार्टी दे रही थी। स्वस्थ विरोधी दल कोई नहीं था। देश को तब एक स्वस्थ विरोधी दल चाहिए था जो तब के प्रतिपक्ष अर्थात् कांग्रेस की तरह नकारात्मक न हो। जनता पार्टी सरकार के नष्ट होने के बाद जब जनता पार्टी प्रतिपक्ष में आई तो वह एक तरह की कांग्रेस पार्टी बन चुकी थी। इस आत्महीन प्रतिपक्षी चरित्र से वह अभी तक उबर नहीं सकी है। इस प्रकार एक सच्चे प्रतिपक्ष की खोज ही अधूरे संघर्षों के इतिहास की शेष परिणति अर्थात् 40 साल की आजादी की उपलब्धि है।

[1987]

तानाशाही के विरुद्ध लेखक

एक महीना पहले मैं यूरोप के उस देश में था, जिसे भारत में हम नेहरू की अंतर्राष्ट्रीय 'गुटनिरपेक्षता' के सहनिर्माता टीटो के देश के रूप में जानते हैं। युगोस्लाविया भारत की ही तरह लोकतंत्र का पक्षधर है और भारत की ही तरह उसके अलग-अलग प्रांतों में लोगों की अपनी-अपनी भाषा और संस्कृति के लिए बड़ा स्वाभिमान है। राजधानी बेओग्राद में (जिसे अंग्रेजी बोलनेवाले भारतीय बेलग्रेड कहते हैं) यूरोप के साहित्यकारों का सम्मेलन हो रहा था। उसके विषय में यहाँ इतना ही कहूँगा कि उसमें बातचीत का मुख्य विषय था 'साहित्य और इतिहास में महापुरुष का महत्त्व'। कहीं-न-कहीं यह विषय सत्ता और राज्य के दबावों से उत्पन्न प्रश्नों को उठाता था और कलाकार की स्वाधीनता पर जोर

देता था। इस समय तो मुझे बार-बार यही याद आ रहा है कि सम्मेलन में आए तेईस देशों के प्रतिनिधियों में प्रायः सभी कवि थे और दो-चार को छोड़ सब एक-से-एक जिंदादिल आदमी थे। इनमें से कई कवियों की टोलियाँ सम्मेलन के बाद, कार्यक्रम के अनुसार, सर्बिया के तीन-चार नगरों में कविता-पाठ करने गईं। बेओग्राद में भी तीन बड़े-बड़े कविता-पाठ आयोजित हुए—एक नगर के विशाल सभागार में, एक प्रसिद्ध पुस्तकालय में और एक विदेशी भाषा अध्ययन केंद्र में, जो विश्वविद्यालय के अधीन है।

युगोस्लाविया में कविता का समाज से यह संवाद श्रोताओं के लिए शायद नया अनुभव नहीं था। विश्वविद्यालय में और पुस्तकालय में कविता-पाठ के श्रोता प्रायः युवा थे। जिस 'होटल युगोस्लाविया' में ठहरा था, उसमें दिन-रात नौजवान लड़के-लड़कियों का आना-जाना लगा रहता था, पर उन्हें देखते ही पहचाना जा सकता था कि ये कविता सुननेवाले नौजवान नहीं हैं, मस्ती काटने आए हैं। पुस्तकालय के युवा श्रोता बहुत कुछ भारत के पढ़ने-लिखनेवाले युवकों जैसे उत्सुक, जिज्ञासु और गंभीर दिखते थे। उन्होंने विदेशी कवियों को सुना और उनके चेहरे से प्रकट हुआ कि उनमें कुछ घटा है। कुछ ने कविता-पाठ के बाद कवियों से बातचीत की। उनके सवाल कुछ तो प्रथम परिचय के आनंद और कविता के आह्लाद से और कुछ कवि की रचना के विषय में और अधिक जानने की इच्छा से भरे हुए थे।

पूरा कार्यक्रम सुनियोजित व्यवस्था और मिलनसरिता का एक सुंदर समन्वय था। सहज भाव से श्रोताओं ने पंक्ति में बँधी जगहों को छोड़ दिया था परंतु मनमाने ढंग से नहीं। मंच के निकट बैठने के लोभ में जहाँ अपनी कुर्सी खिसकानी पड़ी, वहाँ बड़े सलीके से ऐसे खिसका ली गई थी कि किसी दूसरे को बैठने और देखने में असुविधा न हो। न बातचीत की भनभनाहट थी, न जूते घसीटने और कुर्सी खींचने की आवाजें। इस सब सौजन्य का असर काव्यपाठ के अनुकूल साबित हो रहा था। कार्यक्रम के बाद मैं सोचता रहा कि इस सभा का न कोई अध्यक्ष था; न उद्घाटनकर्ता, और किसी महानगर परिषद का कार्यकारी पार्षद या उपराज्यपाल तो पास भी फटक नहीं पाया था। साहित्य के महंत थे भी तो उन्होंने लेखक संघ के पदाधिकारियों के रूप में प्रबंध में योग दिया था, कवि के रूप में कविता नहीं पढ़ी थी। सत्ता या सरकार या व्यापार प्रतिष्ठान की उपस्थिति कहीं नहीं थी।

इससे श्रोता समाज के स्वभाव और बोली गई कविता के संप्रेषण पर अवश्य अच्छा प्रभाव पड़ा होगा, इसमें संदेह नहीं। पूरे कार्यक्रम में कविता के समाज का अपनापन बना रहा। इसके साथ-साथ नवीनता बनी रही, क्योंकि कई भाषाओं के कवि शामिल थे। उनकी अपनी काव्यभाषा के उच्चारण और उनके अपने वाचन की प्रतिभा थी, जो हर भाषा में संभव होती और केवल कवि के मुख से निकली आवाज ही उसे प्रकट कर सकती है। कहना आवश्यक है कि हर भाषा की कविता के आगे या पीछे उस कविता का युगोस्लाविया की राष्ट्रभाषा में अनुवाद पढ़ा गया जो विदेशी भाषा अध्ययन केंद्र और सर्बिया के लेखक संघ ने मिलकर पहले से तैयार करके मूल तथा अनुवाद के क्रमानुसार निश्चित कर रखा था।

सबसे अच्छी बात यह थी कि कविताओं को किसी उद्घोषक की टिप्पणियों से सूत्रबद्ध नहीं किया गया था; जैसे कवि-सम्मेलनों में संचालक महोदय किया करते हैं। लेखक संघ का एक प्रतिनिधि कवि का नाम और उसकी राष्ट्रीयता बता दिया करता था। बाकी काम कविता ही करती थी।

इस कार्यक्रम की विधि का वर्णन करने का उद्देश्य यह बताना है कि कविता सुनाने का और सुनने का संस्कार जो हर समाज में होता है, किस तरह व्यावसायिकता के संसार से अपने को अलग रखकर भी अपनी लोकप्रियता सुरक्षित और विकसित कर लेता है।

ऐसा ही काव्यपाठ जब नगर के बड़े सभागार में हुआ तब मंच श्रोताओं के सामने ऊँचे पर था और उस पर तेज रोशनी थी। कविता का अनुवाद पढ़नेवाले अनुभवी प्रशिक्षित वाचक थे। उनका

वाचन के क्षेत्र में नाम था। कुछ रंगमंच के वाचक थे, कुछ सिनेमा के। कविताओं का क्रम और कवि का परिचय अधिक औपचारिक था। पुस्तकालय की अपेक्षा यहाँ प्रवेश निमंत्रण के द्वारा निश्चित था। यहाँ अनुशासन कविता में साझेदारी के अतिरिक्त एक सामाजिक रीति से भी प्रेरित था। यूरोप की सभ्यताओं ने विशाल सभागारों में समुदाय एकत्र करने की परंपरा विकसित की है। उस भूखंड के ठंडे जलवायु ने भी शायद इस विकास में योग दिया है, पर जलवायु को निर्णायक मानना अत्यंत सरलीकरण ही कहा जाएगा। वास्तव में औद्योगिक सभ्यता में वह आत्मानुशासन निहित है।

जलवायु नहीं, यह समाज की साझेदारी है जो दो सौ हों या एक हजार, श्रोताओं को एक कमरे में बाँधती है और उन्हें एक बड़े अनुभव में से गुजरने का अवसर देते हुए उन्हें बदलती चलती है। इस अनुभव में जो मानवीय समझ मिलती है वह किसी संस्थान द्वारा इस्तेमाल नहीं कर ली जाती, क्योंकि यूरोपीय कवि-सम्मेलन के चरित्र में किसी राजनैतिक संस्था का विज्ञापन निहित नहीं है। यहाँ तक कि न कोई राजनैतिक नेता है, न साहित्यिक महंत, या संयोजक, या संचालक, या सरकारी संस्था के प्रतिनिधि। कवियों की ही संस्था है और उसके पदाधिकारी साहित्य-संरक्षक या कवि के रूप में मंच पर नहीं हैं।

युगोस्लाविया में यह जो साहित्य सम्मेलन हुआ वह वार्षिक आयोजन है। इसका नाम ही अक्तूबर सम्मेलन पड़ गया है। इसमें एशिया के लेखक प्रतिनिधि सिर्फ दो थे; एक श्रीलंका के नरसिंह मल्लिमाराई और एक भारत से इन पंक्तियों का लेखक। एक लेखक इजराइल से था और एक तुर्की से भी। बाकी ब्रिटेन, स्वीडन, स्पेन, पोलैंड, चेकोस्लोवाकिया, सोवियत संघ, पूर्वी जर्मनी, आस्ट्रिया, हालैंड, हंगरी, इटली, कनाडा, कूबा (क्यूबा) और अन्य देशों से थे। मैं कवियों और कविता की बात कर रहा था; इसलिए एक और प्रसंग बताना भी आवश्यक है। सम्मेलन के बाद कवियों की तीन टोलियाँ बना दी गईं और उन्हें दो-दो, तीन-तीन नगरों में कविता-पाठ करने के लिए ले जाया गया। मैं जिस टोली में था उसमें रोमानिया, स्पेन, क्यूबा, हालैंड और युगोस्लाविया (सर्बिया) के कवि थे। हम लोग घूम भी सर्बिया के नगरों में रहे थे। निगोटिन नामक शहर में हमारी कवि-सभा अठारहवीं शताब्दी के एक संगीतकार और कवि के मकान के अहाते में हुई, जिसे सुरक्षित रखा गया है और जिसके नीचे के तल में एक सभागार भी बना दिया गया है। मकान भी लकड़ी का और सभागार भी। यहाँ के श्रोता समाज में जब मुट्ठी भर मिलनसार नागरिकों को देखा तो औपचारिकता अपने आपमें लुप्त हो गई और मित्र गोष्ठी का-सा वातावरण बन गया। शाम को भोजन के समय एक कवि ने गाना शुरू किया। वह कविता नहीं सुना रहे थे, लोकगीत गा रहे थे।

सर्बिया के लोग ऐसे ही हैं जैसे भारत में पंजाब या हरियाणा के लोग। वे खुशी से भरकर गा भी लेते हैं और नाच भी उठते हैं। साथ में अगर कोट-पतलून पहने हुए हों तो उन्हें यह वेश भी हरियाणवी या पंजाबी लगने लगता है। परंतु भारत में आजादी के चालीस साल में भी यह गा उठना सहजस्फूर्त नहीं हो सकता है, क्योंकि एक से अधिक भाषा बोलनेवाले लोग थोड़े से ही हैं।

पर हमारी मंडली में सर्बिया प्रदेश के नगरों में यात्रा करनेवाले पूरे यूरोप के कवि थे। उन्होंने कितनी सहजता से अपने को सर्बिया के देसी रंग में घुला दिया यह देखकर मैंने पहचाना कि कोई चीज राजनैतिक राष्ट्रवाद से ऊपर होती है। परंतु वह राष्ट्रीयता है, राष्ट्रवाद नहीं। पूर्वी यूरोप की एक राष्ट्रीयता है। यह उन देशों के परस्पर आदान-प्रदान से बनी है, जो कई शताब्दियों तक अपनी स्वतंत्रता और अस्मिता के लिए संघर्ष करते रहे हैं। हंगरी, युगोस्लाविया, चेकोस्लोवाकिया और पूर्वी यूरोप के कई समाज आपस में किसी-न-किसी के, या किसी पड़ोसी के अतिक्रमण को या तो झेलते या रोकते रहे हैं। सदियों के अंतराल में उन्होंने लोकतंत्र और समाजवाद का एक व्यापकतर परिप्रेक्ष्य अपना लिया है और अब उनमें भाषाओं का आदान-प्रदान अधिक और रचनात्मक होता जा रहा है। इसका एक प्रत्यक्ष प्रमाण है—युगोस्लाविया में यूरोप की भाषाओं के साहित्यों का बड़े पैमाने पर

युगोस्लाविया की चारों भाषाओं में अनुवाद। यह कहना जरूरी है कि अंग्रेजी का इस्तेमाल वहीं है जहाँ कोई यूरोपीय भाषा संपर्क-भाषा नहीं बन सकी है, वरना रूसी और जर्मन अधिक प्रचलित सम्पर्क माध्यम रहे हैं, और अब भी हैं।

इस तरह यूरोप के पश्चिमी और रूसी समाज से भी युगोस्लाविया ने सांस्कृतिक नाता जोड़ रखा है।

अब पाठकों को यह भी बता दूँ कि इतिहास और साहित्य के महापुरुष की अवधारणा के विषय में सम्मेलन के निष्कर्ष क्या रहे। हम इस नतीजे पर पहुँचे कि रचनात्मकता के लिए सांस्कृतिक महापुरुष या राष्ट्रीय महापुरुष की अवधारणा के अनुसार कोई व्यक्तित्व समाज पर आरोपित कर देना अनैतिहासिक और रचनाविरोधी होगा। महापुरुष अपने दौर के बहुत बाद पहचाना जाता है और वह भी इतिहास के हाथों कभी-कभी उस रूप में नहीं, जिसमें युग के नियामक चाहते हैं। इसलिए अधिक रचनात्मक समाज तब बनता है जब हम उस पर कोई राष्ट्रीय महापुरुष लादें नहीं।

स्पष्ट है कि इस निष्कर्ष पर पहुँचने के पीछे यूरोप का हिटलर, स्तालिन और छोटे-मोटे तानाशाहों का अनुभव काम कर रहा था। युगोस्लाविया लोकतंत्र का पक्षधर और तानाशाही का विरोधी है। किसी लेखक ने टिप्पणी की कि टीटो के बाद युगोस्लाविया में भी तानाशाही के फैलने का खतरा बढ़ रहा है। अक्तूबर सम्मेलन इस खतरे का जवाब देने के लिए ही महापुरुषवाद की अवधारणा का पुनर्मूल्यांकन कर रहा हो तो इसमें क्या आश्चर्य!

[*सुलभ इंडिया,* जनवरी 1988]

अपनी लज्जा, उनका शोक

बिहार में भूकंप, दिल्ली में हैजा, पंजाब में हत्या—ये कुछ बड़ी-बड़ी खबरें हैं, जिनको जानकर हमारे समाज में भीतर से आवाज उठती है कि यह हमारे कुकर्मों की सजा है, जो हमें मिल रही है। छोटी खबरों पर भी यही प्रतिक्रिया होती है, पर अंतर यह होता है कि उनमें से कुछ को अपने और कुछ को दूसरों के कुकर्मों की सजा मानने की सुविधा हम अपने आप पा लेते हैं। सर्वसाधारण के पापों का दंड उन्हीं परिणामों को कहा जाता है जिनके कर्ताओं को हम पहचान नहीं पाते या पहचान भी लेते हैं तो सामाजिक प्रक्रियाओं से उन्हें दंड दे नहीं पाते। प्रतिदिन एक ऐसे समाज में, जहाँ या तो समाज की ही असमर्थता के कारण या पाप की प्रकांडता के कारण मनुष्य की दंडशक्ति अशक्त प्रतीत होती है, हम यह मुहावरा सुनते रहते हैं कि ईश्वर इसे, मुझे या हमें अपने किए का फल देगा।

यही वाक्य जब 1934 में अपने-अपने ढंग से कहा गया होगा तब भी अभिप्राय यह नहीं रहा होगा कि ईश्वर ने जमीन के अंदर घुसकर उसे हिला दिया, बल्कि यह कि बिहार के भूकंप को न मनुष्य ने पैदा किया न वह उसे रोक पाया तो भी अब उसे त्रस्त भाई की रक्षा करनी है। इस घटना पर गाँधीजी और रवींद्रनाथ ठाकुर का मतभेद भी अर्थभरा है। गाँधी ने कहा था कि विधना ने हमें अछूत प्रथा बनाए रखने की सजा दी है, पर अवश्य ही यह हमारे दूसरे कई पापों का भी फल है। इसे सुनकर रवींद्रनाथ ठाकुर ने कहा था, 'यह बहुत अवैज्ञानिक बात है और खेद का विषय तो यह है कि 'हमारे' समाज में प्रकृति के प्रति ऐसी अवैज्ञानिक दृष्टि सहज ही स्वीकार कर ली जाती है,' उन्होंने यह भी कहा था कि यह प्रकट सत्य है कि दैवी प्रकोप किसी न किसी भौतिक कारण से होते हैं...यदि हम प्रकृति के कर्मों के नैतिक कारण मानने लगें तो हमें यह भी मानना पड़ेगा कि

विधि की अपेक्षा अधिक नैतिक तो मनुष्य ही है, क्योंकि वह सदाचरण की शिक्षा देने के लिए घोर विनाश नहीं करता।'

सुनने में लगता है कि गाँधीजी सदियों से अज्ञान में लिप्त अपने गरीब भारतवासियों की तरह अंधविश्वासी और अवैज्ञानिक थे और रवींद्रनाथ ठाकुर आधुनिक चिंतन में समर्थ प्रबुद्ध भारतीय मानस को वाणी दे रहे थे। यह कदाचित भ्रम है : गाँधी तो कवि की तरह लोक की वाणी बोल रहे थे, जिसमें मूल्यों के संरक्षण का स्वर होता है और रवींद्रनाथ ठाकुर आधुनिक राजनीतिक नेता की तरह आभिजात्य की भाषा बोल रहे थे। गाँधीजी समझ रहे थे कि मनुष्य ने प्रकृति से सहजीवन का रिश्ता न रखकर उसके शोषण का कुकर्म किया तो आदमी और जमीन के रिश्ते में कहीं बुराई पैदा होगी, जिसका परिणाम मनुष्य को भुगतना पड़ेगा। इसका प्रतिलोम भी सत्य है। प्रकृति के साथ सहजीवन में दोनों का उपकार है, यह तर्क समझने के लिए किसी अंधविश्वास की नहीं, विश्वास की जरूरत पड़ती है। इस विश्वास की कि प्रकृति हमारे देह-मन-आत्मा के बाहर नहीं है। अछूत प्रथा मनुष्य से द्रोह है, इसलिए प्रकृति से द्रोह है।

यदि हम किसी असाधारण विपत्ति का सामना कर रहे हों, तो उसके तात्कालिक कारणों के पीछे मनुष्य की प्रकृति विरोधी हरकतों और भूलों का कमोबेश लंबा इतिहास देखना ही चाहिए। जब मैथिलीशरण गुप्त ने गाँधी की हत्या पर कहा था—*हरे राम हम कैसे झेलें अपनी लज्जा उसका शोक, गया हमारे ही पापों से अपना राष्ट्रपिता परलोक*। तो वह सिर्फ नाथूराम गोडसे की हरकत पर नहीं बोल रहे थे। आधी सदी का सबसे बड़ा हैजा बताकर जब दिल्ली के अखबार दिल्ली के हैजे को सिर्फ एक जोरदार शीर्षक के रूप में दिखाकर और कुछ अफसरों पर प्रधानमंत्री के कोप का समाचार छापकर मामला रफा-दफा किए डाल रहे थे, तब जनमानस में उसे दिल्ली में मनुष्य की जान पर कई मानव निर्मित आक्रमणों की एक कड़ी माना जा रहा था। आर्थिक-सांस्कृतिक शोषण और दरिद्रीकरण के लंबे दौर की परिणति था यह हैजा। उस मनुष्य निर्मित विपत्ति का दंड मनुष्य को देने की सामर्थ्य वर्तमान राजनीतिक संस्कृति में समाज के पास भी नहीं रह गई है—दो-एक अफसरों के तबादलों का मतलब अब दोषी का दंड नहीं, व्यवस्था की पापमुक्ति माना जाता है। कोई आश्चर्य नहीं कि लापरवाहों द्वारा सैकड़ों-हजारों जानों के साथ खिलवाड़ की सजा की आशा जनमानस प्रकृति से कर रहा हो और इसी तर्क से यह भी मान रहा हो कि प्रकृति पूरी जाति को सजा देती है, चुन-चुनकर व्यक्तियों को नहीं।

भूकंप के विषय में अवधारणा यह रही है कि इसके घटने में मनुष्य का हाथ नहीं, पर अनेक अनुसंधानों ने सार्थक प्रश्न उठा दिया है कि शायद मनुष्य-निर्मित जलाशयों और अन्य निर्माण का असर (विशेषतया भूगर्भ की कुछ बनावटों के इलाके में) हालाडोला पैदा भी कर सकता है। भूकंप की भविष्यवाणियाँ पहले ही की जा चुकी हैं। परंतु उनकी विश्वसनीयता संदिग्ध होने के कारण यदि ईश्वर-निर्मित खतरा सिर पर आ जाने के पहले बचाव के उपाय नहीं किए तो ऊपर की छत गिर पड़ने और पाँव तले की धरती खिसक जाने के बाद मानव-निर्मित उपाय जो किया जाना चाहिए वही हमारी चिंता का विषय रह जाता है।

इस मामले में जो सरकारी तौर पर हो रहा है, वह आँकड़ों का विषय बन गया लगता है, मानव जीवन का नहीं। संख्याओं से ताजा बिहार भूकंप की क्षति नापना राजनीतिक अधिक, नैतिक कम है। 1934 के भूकंप से तुलना करनी हो तो उस विपत्ति के समय लोगों के संगठित होकर एक-दूसरे के लिए सहायता का हाथ बढ़ाने की तत्परता से आज की तत्परता की तुलना करनी चाहिए। संगठनों ने पहल की है, पर उनके लिए प्रोत्साहन क्या उतना ही मौजूद है जितना 1934 में राजनीतिक संगठनों के लिए था? यदि नहीं तो क्या यह भारतीय संस्कृति का दोष है या सरकार का?

समाज के इतिहास में सत्ता के सघन केंद्रीयकरण के साथ-साथ जब समूहों की हिस्सेदारी का

क्षय राष्ट्र को बाहरी शत्रुओं के षड्यंत्रों से भी अधिक दुर्बल कर सकता है, यह समझ समाज में कम होती दिखती अवश्य है, पर वास्तव में वह जड़ से मिट नहीं गई है। जिनके पास समाज को रास्ता दिखाने के साधन हैं, उनकी जिम्मेदारी बनती है कि भारतीय एकता की बातें करने के बजाय उन स्रोतों को सहारा दें, जिनसे लोकशक्ति विकसित होती है। सरकार नामक शक्तिशाली संगठित व्यवस्था द्वारा इस काम में संकोच करने का अभिप्राय यही प्रकट होगा कि जहाँ ऐसे अवसर उपस्थित होते हैं, वहाँ उनकी संभावनाओं को सहयोग देना उसे अनुचित या अनावश्यक जान पड़ता है। क्या इसका खमियाजा भी प्रकृति किसी समय हमसे वसूल करेगी?

लक्षण अच्छे नहीं हैं। 'बिहार का भूकंप' बार-बार कहनेवाले एक क्षण के लिए चेतते नहीं दीखते कि बिहार भारत में है और यह दुर्घटना सारे भारत के साथ हुई है। वे बिहार के लोगों को पिछड़ा, सुस्त, जातिवादी, झगड़ों में लिप्त कहने में गर्व का अनुभव करते हैं। ऐसे भले आदमी बिहार की सहायता के लिए जो कुछ करेंगे, उसमें संदेह होगा कि बिहार की जनता को मौत के मुआवजे के अलावा जीवन की इच्छा भी दे सकेगा या नहीं।

[*रविवार,* 18-24 सितंबर 1988]

लेखक के चारों ओर

एक बिल्ली के दुश्मन

बहुत दिन पहले की बात है अज्ञेयजी ने बातचीत में कहा था : हमारे लेखक भाइयों को पशु-पक्षियों का, पेड़-पौधों का और फूल-पत्तियों का नाम नहीं मालूम रहता। अज्ञेयजी ने ठीक ही कहा था। महानगर के मुहल्ले में जिस जीवन को लेखक अपने चारों ओर लपेटे रहता है, उसमें ये सब चीजें मानो हैं ही नहीं! कभी-कभी संस्कृत साहित्य में वर्णित किसी वृक्ष या पक्षी को लेकर अपने सुरुचिहीन कमरों में अपने ज्ञान का अभिमान करते हुए लेखक दिख जाते हैं। वह वृक्ष या पक्षी नहीं दिखता। जिस गाँव में लेखक पैदा हुआ था, उसमें कौन-कौन-सी चिड़ियाँ थीं, यह सवाल अगर 'रविवार' के संपादक अपने लेखकों से पूछें तो मजा आए—इसमें यह सवाल भी जोड़ दें कि उनमें से कौन-सी आपके वर्तमान नगर में आपने देखी है, तो और भी अच्छा।

एक व्यक्तिगत बात कहूँ। मैं गाँव में पैदा नहीं हुआ था। पला और बढ़ा भी गाँव में नहीं। थोड़ा बड़ा होने पर गाँव में दस-पंद्रह दिन रहने गया जरूर हूँ। चूँकि पौधों से ज्यादा प्रकट जानवर होते हैं, क्योंकि वे चलते-बोलते और आदमी से सार्वजनिक रिश्ता बनाते हैं, इसलिए कुत्ते-बिल्लियाँ-गाएँ-भैंसें-बैल और कभी-कभी साँप दिखे। मैंने देखा कि इनमें गायों, भैंसों और बैलों का तो उपयोगी होने के कारण मनुष्य से कुछ मधुर संबंध था, पर कुत्ते-बिल्लियों का तनाव से भरा हुआ था! गाँव का आदमी वैसे भी सशंक रहता है, फिर ये दोनों जानवर तो होशियारी में अपने-अपने ढंग से आदमी से मुकाबला करते रहते हैं, इसलिए कुल मिलाकर इनके प्रति गाँव में विरोध का वातावरण ही रहता है। यही गाँव में इन जानवरों के प्रति सामान्य व्यवहार को निश्चित करता है ! बस, इतना ही। इससे अधिक नहीं। परंतु शहर में तो जहाँ मैं रहता हूँ, लोग इन्हें मार डालते हैं। मैंने गाँव में, किसी कारण से सही, कुत्ते या बिल्ली की जान लेते हुए किसी को नहीं देखा या सुना। अनुभव बताता है कि बिल्ली की जान लेना अत्यंत क्रूरता से ही संभव होगा, क्योंकि वह आखिरी दम तक अक्ल और देह का उपयोग करते हुए अपनी जान बचाती है और जवाब में उतनी ही आक्रामक भी हो

सकती है ! क्या इसीलिए बिल्ली की हत्या पाप माना जाता है? क्रूर होना पाप ही तो है—या हो सकता है जवाबी आक्रमण के खतरे से बचने के लिए ही उस पर आक्रमण निषिद्ध मान लिया गया हो। कोई भी व्यावहारिक कारण हो, उसमें यह बात तो निहित है ही कि बिल्ली अत्यंत सुंदर और सहृदय प्राणी है, इससे उसकी प्राणरक्षा मानव संस्कृति में वृद्धि करती है। साँप को न मारने का तर्क भी कहीं-न-कहीं बिना वजह मुसीबत मोल न लेने का तर्क है : साँप को छेड़ो मत, तो वह अपने रास्ते चला जाएगा। आदमी उसके रास्ते में नहीं है। आदमी खुद उसके रास्ते में न आए, तो उसका रास्ता और है आदमी का और। इस 'तू न मुझको छेड़ मैं तुझको न छेड़ूँगा' रिश्ते को एक गरिमा देने के लिए साँप की पूजा का तंत्र बनाया गया है। धरती को शेषनाग धारण किए हुए हैं, यह विचार और कुछ नहीं इस तथ्य का उलट है कि धरती अपने में सर्प को धारण किए हुए है। शिश्न के आकार से साम्य सर्प को प्रजनन का प्रतीक बनाता है और धरती उर्वरा शक्ति का प्रतीक है। समस्त ग्रामांचल में मिट्टी की खुदाई में साँप प्रकट होने पर कुदाल रखकर किनारे खड़े हो जाने की रीति है। यह सृष्टि से एक संतुलित सार्थक रिश्ते को स्वीकार करने का प्रमाण है।

पर एक बस्ती और है, जो न गाँव है न शहर है। उसमें रहनेवालों के परस्पर आर्थिक रिश्ते अपने प्रतिवेशियों की उपजों और हुनरों के जीवनोपयोगी प्रयोगों से प्रभावित और उन पर आश्रित नहीं हैं। वे शहर की बड़ी पूँजी संस्थाओं के उत्पादन यंत्र के अनुपूरक या उपजीवी हैं। बहुधा वे उसके उच्छिष्ट हैं। दिल्ली के उन मोहल्लों में जो 1947 के पुनर्वास अभियान के दिनों में शरणार्थियों को सस्ते दामों पर मकान बनाकर दे देने से बस गए थे, कोई आर्थिक विकास योजना न थी। बाजार में बढ़ते हुए उपभोक्ता माल की तात्कालिक खपत के भरोसे तरह-तरह की दूकानें खुल गईं और नए मोहल्ले के केंद्र में जरा बड़े-बड़े और साफ-सुथरे मकान बन गए। मैले की निकासी का थोड़ा ठीकठाक प्रबंध हो गया ! कुछ बरसों में सरकारी अनुदान से पोढ़े शरणार्थी मकानमालिकों ने अपने एकमंजिला मकानों पर दो-दो मंजिलें चढ़वा दीं। द्वार पर बिजली लगवा ली, फाटक बँधवा लिए, पड़ोस के मकान खरीदकर दो को एक कर लिया। पुरानी शरणार्थी बस्ती नौदौलतियों की आधुनिक आबादी दिखने लगी।

जहाँ यह बस्ती खत्म होती है, वहाँ एक गाँव था। उस गाँव की जमीन को इस बढ़ते शहर के पैसे ने, जो उपभोक्ता सामग्री की बिक्री के मुनाफे से आया था, खरीदना शुरू किया। पर गाँव में जिनकी जमीन थीं, वे मुसलमान थे और शहर के बढ़ने से जो अपना धन जमीन और सामाजिक पद बढ़ा रहे थे वे हिंदू थे। मुसलमानों में जो गरीब थे, वे मज़दूरी और मेहनत की कमाई से सिर्फ गाय का सस्ता गोश्त और रोटी भर खा पाते थे, पूँजी जमा करके उसे बढ़ती हुई शहरी बस्ती से कुतरे जाते गाँव की शक्ल को नियंत्रित करने की उनकी राजनीतिक हैसियत न थी—हाँ, अपने अल्पसंख्यक चरित्र की दुहाई देकर वे दूसरे दर्जे के राजनीतिक फायदे जरूर हासिल कर सकते थे। दूकानें खुलीं—प्लास्टिक के डिब्बों, चप्पलों, साबुन-पाउडरों की दरजियों और साथ में बहुत सस्ते नानबाइयों की, चायवालों की, भड़कीले शीशेवाले नाइयों की जो थोड़ी दूर पर बसी बस्ती के सस्ते नमूने थे, जो खुद कुछ और दूर पर बसे कनाट प्लेस का घटिया नमूना थी। इन दूकानों के सामने गलियों में कुचले चीथड़े पहने नौजवान और दूकानों में सिले सूटों को आजमाते अधेड़ लोग थे। फटेहालों की संस्कृति उपभोक्ता सामग्री के अधकचरे नमूनों के सुंदर डब्बे चुन-चुनकर एक शहर बना रही थी, जो वास्तव में एक नंगाबूचा गाँव था। उसमें पाखाना कमाकर ले जाने के लिए सिर पर ढोयी जानेवाली टोकरियाँ थीं और एक बड़ा ढाबा था, जहाँ ठसाठस भरे कमरे में दोनों वक्त मुसलमान बढ़ई, मिस्त्री, कस्बाब, और फुटकर दिहाड़ी मजदूर, तामचीनी की उखड़ी तश्तरियों में वह गोश्त और मैदे की रोटियाँ खाया करते थे, जो मुल्ला गरीबी के साथ बाँध दिया करते हैं—मुसलमानों के सफर के वास्ते—और उसकी पोटली पर इस्लामी संस्कृति की मोहर लगाकर सफाई को विजातीय हिंदू संस्कृति घोषित कर देते हैं।

वह एक गाँव था, जो न गाँव के आपसी रिश्ते बनाकर रख पाया था, न शहर के बंधनों को इंसानी बना सका था, न गरीब मुसलमानों और खरीदार हिंदुओं के निचले स्तरों को ऊपर उठा रहा था। हाँ उन अमीर मुसलमानों को न भूलें, जो इस बीच मध्येशिया की कमाई से समृद्ध हो गए थे और अल्पसंख्यकों की परंपरा प्रबल मानसिकता को पैसे से पुष्ट कर रहे थे। मगर उनकी परंपरा का हाल यह था कि मसजिद में कारी के पास लाउडस्पीकर तो था, मगर गले में सुर नदारद था और उसकी अजान में किसी पंजाबी लोकगीत की झलकियाँ सुन पड़ती थीं। खाते-पीते हिंदुओं और गरीबी से कुछ बेहतर मुसलमानों के बीच वह बेसुरी अजान एक दीवार बनकर खड़ी हो जाया करती थी। अगर यह सुर में होती, तो इसका एक रचनात्मक व्यक्तित्व होता, पर वह नहीं था और समाज में लूट और आधुनिकता के नाम पर जो भोंडापन फैला हुआ है, वही इसके द्वारा सामने आता था, इस्लाम नहीं।

बस्ती के सामने एक चौड़ी सड़क थी, जो किसी वक्त दिल्ली से बाहर जाने का बड़ा रास्ता रही होगी। अब उसके पार अमीर हिंदुओं की एक नई बस्ती बस गई थी। ये गरीब मुसलमान उस तरफ मकान बनवा सकने में समर्थ नहीं थे। हाँ, इनका एक कब्रिस्तान उस अमीर बस्ती के दरम्यान जरूर था। कब्रिस्तान से लगी हुई एक जमीन थी, जिसे सरकार ने हिंदू-मुसलमान सबके लिए सार्वजनिक बाग घोषित कर रखा था। असलियत यह थी कि घुटन और भीड़ से भरे शहर बनते हुए गाँव के घरों से निकलकर मुसलमान बच्चे इस कब्रिस्तान में आते और वहीं उन्हें खुली हवा में साँस लेने का मौका मिलता। मगर वह अपने भीतर वही घुटन लेकर आते थे, जो उन्हें अपनी गरीबी और तंगी में मिली थी। उनके साथ कोई हिंदू बच्चे खेलने न आते। क्योंकि वे न अंग्रेजी बोलते थे, न उर्दू, न साफ कपड़े पहनते थे, न अदबकायदा जानते थे, न किसी रिश्तेदार का नाम बता सकते थे, न सामाजिक नेता का, उनकी कल्पना करते ही गुंडों और लफंगों की तस्वीर मन में बना लेने की आदत हिंदू बच्चों को और उनके माँ-बाप को पड़ गई थी।

ये मुसलमान कब्रिस्तान से जुड़े मैदान में आकर खेलते भी थे। इनका प्रिय खेल था अपने पालतू खूँखार कुत्तों को लाकर हिंदू बस्ती के पालतू खूबसूरत पिल्लों और बिल्लियों पर छोड़ देना और उन्हें घेरकर लाठी से खेदते रहना ताकि वे घेरे से निकल न पाएँ और कुत्तों को उकसाते रहना कि उन्हें नोच डालें। ये बच्चे बड़े हो रहे थे। किशोर होते-होते इस हिंसा में नई जवानी की तेजी आ जाती थी और फिर किसी मानवीय अनुभव की गुंजाइश बहुत अरसे के लिए, शायद अधेड़ उम्र तक के लिए जब दुनिया उन इंसानों को ठोकरें मारकर सबक सिखा देती, मिट जाती थी। फिलहाल वे अपनी बस्ती से निकलते, जहाँ वे एक धार्मिक द्वीप में कैद थे, खुले में आते जहाँ हिंदुओं का वैभव उन्हें मुँह चिढ़ा रहा था, कब्रिस्तान में पहुँचते, जहाँ अल्पसंख्यक अधिकार उनकी रक्षा कर रहे थे, क्योंकि मौलवी उस जमीन पर अपनी बस्ती का हक जता चुके थे और बर्बर हत्या के आनंद में अपनी अस्मिता पाते क्योंकि किन्हीं और सामाजिक समुदायों का उनके किसी खेल में साथ न होने से वे आनंद की नीचता कभी पहचान नहीं सकते थे।

इसी बर्बर हिंसा के खेल में पिछले हफ्ते इन लड़कों ने अकेले में घेरकर मुनमुन को मार डाला। वह मेरे घर में पैदा हुई थी, मेरी पत्नी, मेरे बच्चों और मेरे साथ बारह बरस पली और बड़ी हुई थी और वह हम सबकी और हम सब उसकी बोली पहचानने लगे थे। वह एक देसी बिल्ली थी। उसके देखने में, आँख फेर लेने में, उठकर चल देने में और बिना बुलाए आ जाने—सबमें, कोई अभिप्राय था, जो मनुष्य की बोली में सिर्फ बहुत से शब्दों में प्रकट किया जा सकता था, पर उसकी भाषा में गूढ़ रहता है। जब उसके लड़ते हुए मारे जाने की खबर मिली, तो हम लोगों को एकाएक समझ में आया कि वह अपने हत्यारों की कल्पना में कितनी अजनबी, कितनी अनचाही और असामान्य रही होगी, उनकी वास्तविक दुनिया से कितना विजातीय एक प्राणी—एक अप्राकृतिक पशु जंतु।

गरीबी की घुटन में हिंसा का संबल, समाज में अपनी क्षुद्रता में सुरक्षा का, मनुष्यों के पराएपन का और फिर सृष्टि से पराएपन का अहंकारयुक्त आश्वासन, जहाँ प्रेम कोई मूल्य नहीं है, भय है, मुनमुन की हत्या का कारण था। जहाँ मेरी पत्नी के, मेरे और मेरे बच्चों के साथ एक जानवर के प्रेम को आज एक सामाजिक मूल्य नहीं माना जाएगा, वहाँ कोई भरोसा नहीं कि हम लोगों के एक-दूसरे के साथ प्रेम को भी कल केवल एक अत्यंत आत्मपरक और असामाजिक अनुभव मान लिया जाए। इसलिए मैं आज और अभी विरोध कर रहा हूँ। वे सब गाँव से शहर बनती हुई बूची नंगी बस्तियाँ, धार्मिक सुरक्षा के नाम पर वे सब प्रतीक्षात्मक हिंसाएँ और वे सब गरीबी के खानों में खड़े वे सब सामाजिक कठघरे—उनका मैं मुनमुन के लिए विरोध करता हूँ, जिसे हत्यारों से वैसा ही संवाद करने का अवसर नहीं मिला, जैसा वह मुझसे करती थी।

[*रविवार*, 'लेखक के चारों ओर', 1 जनवरी 1984]

लोग कैसे निकम्मे हैं

पिछले दिनों एक प्रतिपक्षी पार्टी के एक शिविर में बात हो रही थी कि लोग जाने कैसे हो गए हैं कि किसी गंभीर प्रश्न पर सोचना ही नहीं चाहते। जिस कार्यकर्ता ने यह बात बताई, वह खुद यह सुनकर चौंके थे, मैंने सुना तो मैं भी चकराया। क्या अब राजनीति में यह नौबत आ गई है कि प्रतिपक्षी दल जनता पर सोते रहने का दोष डाल रहा है। सरकारी पार्टी की बात और है, वह अपनी नीतियों की विफलता का दोष बरसात, नौकरशाही, व्यापारी, दूसरे दल, बड़े राष्ट्र और उनके भारतीय एजेंट पर डालती रहती है। लोगों पर भी उसने दबी जबान आरोप आक्षेप किया है, पर उनमें फूट डालकर एक वक्त एक ही वर्ग को कोसा है, सबको नहीं। जिस दिन वह सबको दोष देने लगेगी, वही कविता चरितार्थ हो जाएगी, जिसमें कवि तानाशाह से कहता है कि तुम बहुत से तरीके बदल चुके मगर जनता ने तुम्हारी बात नहीं मानी : अब तो यही चारा बाकी है कि तुम इसे बदलकर दूसरी जनता ही ले आओ। उसी कार्यकर्ता ने कहा कि गनीमत हुई कि उपचुनावों के नतीजों से पार्टी की जान में जान आ गई, नहीं तो लोग निकम्मेवाली बात लिखकर एक प्रस्ताव के अंदर शामिल कर दी गई होती। तब हम मुँह दिखाने लायक न रहे होते।

मगर एक तरह से देखें तो बहुत जरूरी है कि हर लोकतंत्रीय राजनीतिक पार्टी जनता को बदले। हो सकता है जनता पलटकर उस पार्टी की सरकार को ही बदल दे। पर जनता कहीं नाराज होकर सरकार न बदल दे, इस डर से पार्टी जनता का मन ही न बदले तो राजनीति क्या करेगी?

एक सभा में मैंने सुना, एक पढ़े-लिखे प्रतिपक्षी नेता, जो किसी समय मंत्री रह चुके हैं, शिकायत कर रहे थे कि तैंतीस साल आजादी के हो गए और अभी तक तमाम गाँवों में पीने का पानी भी नहीं पहुँचा। यह वाक्य कहीं सुना हुआ-सा लगा। कहीं किसी सत्तासीन मंत्री ने तो नहीं कहा। कहा जरूर होगा, केंद्रीय विकास योजनाओं की बनावट में छिपी कमजोरियों के कारण दूसरे मध्यावधि योजना मूल्यांकन (1963-64) के बाद कभी-न-कभी किसी-न-किसी मंत्री ने यह वाक्य कहा जरूर है। मानो अभी जनता की तरफ से बोल रहे हैं कि प्रगति अधूरी है फिर सरकार की तरफ से बोलेंगे कि हमने बड़ी प्रगति की है।

सोचने की बात यही है कि क्या तैंतीस साल में जनता ने कुछ समझा नहीं, ज़ो हमारे नेता बेधड़क तैंतीस साल से जारी किसी अनीति को ऐसे बताते हैं, जैसे कोई नई खबर दे रहे हों। निश्चय ही जनता ने समझा है, मगर हमारे देश में संगठित केंद्रीय राजनीति जिस शासक वर्ग के हाथ में

है, वह आश्वस्त है कि लगातार जारी अन्याय के प्रतिकार के लिए शोषित लोगों ने अभी तक कोई नई राजनीतिक रणनीति नहीं निकाली है। इसलिए पुराना शोषण जारी रखने से कोई हर्ज नहीं। पीड़ा से भरे लोग जो शिकायतें करते हैं, लोगों के प्रतिनिधि उन्हीं को चीख-चीखकर दोहराते जाते हैं, पीड़ा का विकल्प नहीं देते। लोग अपनी जो दुर्दशा ठेठ शब्दों में बतलाते हैं, उनके प्रवक्ता उन्हीं को ज्यादा साहित्यिक शब्दों में कह दिया करते हैं। असलियत यह है कि हर बार जब समाज का एक अंश इतना निर्जीव हो जाता है कि उसको फिर से पनपा सकनेवाले तंतु सूख जाएँ, तो उसकी विकृति समाज में स्थायी हो जाती है। और पूरे समाज में अनावश्यक नए तनाव, आपसी हिंसा को जन्म देते हैं। उसे व्यवस्था बिगड़ने का मामला बनाकर जवाबी हिंसा सत्ताधारी वर्ग की ओर से होती है। पुलिस कानून और आजकल गुंडे इस हिंसा का साधन बनते हैं। पहल रचना के हाथ से निकलकर हिंसा के हाथ में जाती है।

आज दलों को उम्मीद है कि आम चुनाव हो जाएँ, तो वे सत्ताधारी दल को बहुमत प्राप्त न करने देंगे। परंतु समाज में कई स्तरों में फैली हुई हिंसा का विश्लेषण करते ही प्रकट हो जाएगा। चुनाव जीतकर समाज को यदि उसी दमन और हिंसा से नहीं चलाना है, जिससे अभी सत्ताधारी वर्ग चल रहा है, तो उम्मीदवार पार्टी को उसके उपाय अभी से बताने होंगे। यही नहीं उन उपायों का प्रचार करना होगा और साथ-साथ उनको लागू करने लायक लोग तैयार करने होंगे।

देश में एक तरह की वामपंथी राजनीति ने बार-बार बताया है कि सारी व्यवस्था ही भ्रष्ट है और उसे जड़ से बदल देने पर ही भारतीय जनता का भविष्य सुधरेगा। यह नारा दूसरे दलों ने भी पकड़ लिया है। इस आशा में जीनेवाले नेता और नागरिक परंपरा से परिवर्तन की शक्ति ग्रहण करना भुला बैठते हैं। वे नई सौंदर्य दृष्टि और कर्म-दर्शन को और एक नए मानव संबंध को जीवन से आविष्कृत करने का जोखम नहीं उठाते। इससे भारतीय राजनीतिक मानस में एक ठोस नुकसान होता है। वह मानस समझता रहता है कि सिर्फ उत्पादन और खपत के ज्ञात और घोषित सिद्धांतों का यंत्रवत पालन करने से नतीजे हासिल होते जाएँगे। इसीलिए राष्ट्रीय राजनीति, शिक्षा, धर्म, स्त्री, परिवार, कला, खेल और साहित्य जैसे क्षेत्रों को आज नीति का विषय नहीं बना रही है। नेताओं और उनके संगठनों में यह समझ कम होती गई है कि इन क्षेत्रों में जिनका अभी नाम लिया गया, करने योग्य कर्म क्या है। और उसका राजनीतिक आजादी के लिए महत्त्व क्या है। राजनीतिक सत्ता की खोज में इन्हीं पर कब्जा करने का लोभ बढ़ता गया है। खोजो और रचो की जगह, जो कि राजनीति का असली काम है, आज का नारा है छीनो और लूटो। राजनीति डॉ. लोहिया के वक्त से अब तक यहाँ पहुँच चुकी है कि उसे सत्ता बनाए रखने के लिए माँगने और खर्च करनेवाले मनुष्यों की संख्या चाहिए, पैदा और जमा करनेवाले व्यक्तियों का समाज नहीं।

राजनीति छोटी हो जाए और सिर्फ ताकत को समझ सके, तो एक अधूरी आजादी बनती है। थोड़ा-सा लालच देकर या डर दिखाकर हमसे बड़ी ताकत रखनेवाली सभ्यताएँ उसे हमसे छीन ले सकती हैं, क्योंकि हमारे लोगों में अपनी जिंदगी से अलगाव पैदा हो चुका है। हम जिंदगी को न कुछ दे रहे हैं न उससे ले रहे हैं। सिर्फ उसे खर्च कर रहे हैं—कुछ लोग भोग रहे हैं, ज्यादा लोग भुगत रहे हैं। आजादी पर आए इस खतरे को हमारे नीति-नियामक नहीं पहचानते। वे खुद नकल को जरूरी, शानदार और आधुनिक मानते हैं। उसी अनुपात में वे लोगों को निरुत्साह करते हैं कि वे अपने कर्म और परिवेश से जो आनंद और सौंदर्य रच सकते हैं, वह घटिया है—श्रेष्ठ तो वह है, जो पूँजी, मशीन और मुनाफे के संयोग से तैयार होता है। मगर दोनों में फर्क है, एक आजादी से, सम्मान से जीने का बल हमें परंपरा से लाकर देता है, दूसरा बताता है कि गुलामी में भी बड़े मजे हैं। एक ऐसी भरी-पूरी जिंदगी से लगाव बढ़ाता है, जिसमें हम नई परंपराएँ डालते हैं, जो आजादी के बिना संभव नहीं है। दूसरा कुछ नहीं करता, सिर्फ किसी भी वक्त यह कहकर कि लोग ठीक

से तरक्की नहीं कर रहे लोगों से काम कराने का ठेका किसी दूसरी ताकत को सौंप देने को तैयार खड़ा रहता है।

[*रविवार*, 'लेखक के चारों ओर', 29 जनवरी 1984]

आत्महत्या के विरुद्ध

ऐसा प्रतीत होता है कि आनेवाले दिनों में सत्ताधारी दल के राजनीतिक विचारक, जो कि आजकल या तो अदृश्य हैं या अंग्रेजी अखबारों के स्तंभों में दिखाई देते हैं, भारत को परमाणु बम बनाने की ओर ढकेलेंगे।

प्रधानमंत्री ने जब अपने राष्ट्र के नाम संदेश के प्रसारण में रविवार (15 जनवरी) को कहा था कि युद्ध हमारे दरवाजे पर खड़ा है, तो उसका एक भयानक मतलब यह निकल रहा था कि भारत सरकार की विदेशनीति अपने पड़ोसियों के और अपने हितों की समानता के आधार पर विश्व में कोई स्थान नहीं बना पाई है और अगली लड़ाई पाकिस्तान से हो या न हो, भारत को बड़ी शक्तियों की युद्धलिप्सा का वाहक बना दिया जाएगा। अर्थात वह परमाणु बम बनाकर ही दरवाजे पर खड़े खतरे को टाल सकता है। यह तर्क मानने का उस पर दबाव पड़ेगा।

पिछले 35 वर्षों में, दूसरे महायुद्ध के बाद से यूरोप में, जिसने महायुद्ध में सबसे अधिक तबाही देखी थी, अपने को दुनिया का केंद्र बना लिया है, जहाँ तिजारत और हथियार दोनों का भंडार है। इस क्षेत्र में साढ़े तीन दशकों में कहने लायक कोई युद्ध नहीं हुआ। तब से दुनिया भर में 160 युद्ध हो चुके हैं और ये सब यूरोप से बाहर हुए, जहाँ हाल में आजाद देश अपनी-अपनी आजादी सँभालने में लगे हुए थे, या जहाँ बड़े राष्ट्र या उनके गुर्गे घुसपैठ कर रहे थे। पिछले नवंबर में अमरीका के क्रूज और प्रक्षेपास्त्र पश्चिम जर्मनी, ब्रिटेन और इटली, में आए, तो पहली बार यूरोप की भूमि पर मानो ऐसी स्थिति बन गई, जैसी लीक करती गैस से रसोई में बन जाती है। परंतु यूरोप ने इस लीक होती गैस को मानो वायु प्रदूषण की अपनी समस्या के साथ रख लिया और मामला ठंडा हो गया। ठंडा हो गया पर वह हलका-फुलका नहीं है, क्योंकि यूरोप के भक से न उड़ जाने का विकल्प बड़ी शक्तियों के पास यही होगा कि एशियाई देश सुलगते कभी-कभी झुलसते रहें।

दुनिया यानी यूरोप की दुनिया, जिससे बड़ी शक्तियों का औद्योगिक, व्यापारिक और सामाजिक भाईचारा है, अभी यानी लंबे समय तक भक से नहीं उड़ेगी। कम-से-कम जब तक एशिया, मध्येशिया, मध्य अमरीका और कई चुनी जगहों पर ऐसा विध्वंस न होने लगे, जिससे छोटी शक्तियाँ अपनी जनता के दबाव में आकर परमाणु अस्त्र बनाने की इच्छा न करने लगें। यह उन्हें परमाणु शक्तियों के और करीब लाएगी और कम-से-कम दो गुट बनेंगे। इस राजनीतिक लाभ को वसूल कर शेष दुनिया को लूटने के पहले ही परमाणु शक्तिधारी अपना अंतिम दाँव चल देंगे, यह तर्कसंगत नहीं दिखता।

मैंने जब एक मित्र से, जो बड़ी देर से दुनिया के सामने खड़ी मौत की तसवीर खींच रहे थे, यही कहा तो वह बोले, यह आप किस बूते पर कह रहे हैं कि दुनिया मिट्टी में नहीं मिलने पाएगी, जबकि परमाणु गोला दागने का हुक्म देनेवाला यंत्र फेल हो जा सकता है। कोई पागल जबरदस्ती घुसकर बटन दबा दे, तो भी युद्ध हो जा सकता है। मैंने कहा, कह नहीं सकता, लेकिन मेरी समझ में मानव सभ्यता के इतिहास में वह ऊर्जा हमेशा बचाकर रखने का प्रयत्न मानव ने किया है, जिससे उसने सभ्यता को और फिर संस्कृति को जन्म दिया। कोई चीज़ है जो दुनिया को मरने नहीं देगी

और वही महत्त्वपूर्ण है।

उन्होंने पूछा, 'क्या तर्क है ऐसा कहने का आपके पास?'

मैंने कहा, 'तर्क कोई नहीं है, केवल विश्वास है।'

उन्होंने कहा, 'देखिए, आपने जिस सच्चाई से यह बात कही, उसे सुनकर मुझे भी विश्वास हुआ कि शायद ऐसा ही हो, परंतु सोचा तो आपके विश्वास का कोई आधार नहीं मिला। आपकी शुभकामना सर आँखों पर, परंतु हम यथार्थवादी समाजशास्त्री, क्षमा कीजिएगा, शुभकामना के आधार पर यथार्थ को नहीं मानते। मैं यह मान सकता हूँ कि इस संकट को टालने या इससे उबरने के लिए अमुक उपाय किए जाने चाहिए, पर यह नहीं कह सकता कि उसके परिणाम में हम संपूर्ण विश्व के ध्वंस से मुक्त होंगे या नहीं। यह भी कह सकता हूँ कि विफल रहे, तो दूसरा उपाय सोचेंगे, पर मनुष्य की नियति बचे रहने की है, ऐसा कैसे कह सकता हूँ।'

मैं बात बदलकर विदा लेकर चला आया। एक लेखक भी मिले थे, कह रहे थे, यों ही मानकर बैठे रहना कि मनुष्य अपनी बनाई सभ्यता को नष्ट नहीं करेगा, मूर्खता है। जाने कितनी सभ्यताएँ नष्ट हो चुकी हैं। उन्होंने कई उद्धरण देकर, जो मुझे याद नहीं हैं, यह भी बताया कि मानव जाति के समूह के समूह आत्महत्या कर लेते रहे हैं।

यह सब सुनकर मैं एक बार फिर उन कागजों को लेकर बैठ गया, जिनमें परमाणु संबंधी सूचनाएँ लिखी हुई थीं।

देखिए : मैंने क्या पढ़ा। विश्वयुद्ध में यदि सौ मेगाटनवाले एक हजार परमाणु विस्फोट हो जाएँ, तो धरती पर जीवन की सृष्टि थम जाएगी। न कोई विजेता रहेगा, न विजित। हम जानते हैं कि इससे कई गुना अधिक यानी दस हजार से भी अधिक अस्त्र अमरीका और आठ हजार से भी अधिक सोवियत संघ के पास हैं। दोनों इस अस्त्र लूट में वृद्धि ही कर रहे हैं। अस्त्रों की संख्या में ही नहीं, मारक सामर्थ्य में भी वृद्धि साथ-साथ होगी। जिन देशों के पास परमाणु अस्त्र नहीं हैं, वे कहेंगे कि यदि यह सामर्थ्य वृद्धि बड़ी शक्तियाँ कर रही हैं, तो क्या संख्यावृद्धि भी नहीं कर सकते। उधर पता चला है कि परमाणु अस्त्र संपन्न देश अपनी ही सेनाओं के विभागों को छोटे परमाणु अस्त्र, जैसे पनडुब्बी बनाने और छोड़ने का अधिकार दे रहे हैं।

निष्कर्ष यह है कि सोवियत संघ और अमरीका दोनों मानते हैं कि परस्पर परमाणु युद्ध में पहला वार करनेवाला भी उतना ही भस्म हो जाएगा जितना दूसरा, परंतु यदि अमरीकी पनडुब्बियों और परमाणु अस्त्र बनाने की अमरीका समर्पित पाकिस्तानी धमकी से डरकर (ये पनडुब्बियाँ भारतीय समुद्र में मौजूद हैं) भारत परमाणु अस्त्र बनाने की अपनी नीति अपनी प्रतिरक्षा नीति में शामिल कर ले, भारत पाकिस्तान में एक होड़ बढ़ जाएगी। इन दोनों इलाकों पर बड़ी शक्तियों की राजनीति का एक नए सिरे से अखाड़ा बनाने की मजबूरी लादी जा सकेगी।

भारत परमाणु बम बनाए, इसका प्रचार शुरू हो गया है। भारतीय ही यह प्रचार कर रहे हैं। इनमें से कुछ तो राष्ट्रीय गौरव की एक प्रतिक्रियावादी समझ से ऐसा कह रहे हैं और कुछ इस अस्पष्ट आशा में कि वर्तमान शासक वर्ग की सत्ता इसी उपाय से बनी रहेगी।

भारत की विदेश नीति अपने देश के हितों का विस्तार न रहने पाएगी। ऐसा वह रही होती, तो पड़ोसी देशों के और अपने हितों को, उन 35 वर्षों में जब यूरोप समृद्धि को लूटकर बटोर रहा था, एक बनाती। इसकी जगह भारतीय विदेश नीति ने बड़ी शक्तियों से अपने कार्यों का समर्थन पाने को महत्त्व दिया और बड़ी शक्तियों के प्रयत्नों ने भारत के पड़ोसी देशों के हितों को बाँट दिया। अब स्थिति यह है कि हमारी विदेश नीति भूगोल को लाँघकर अपने देश से नहीं अमरीका या सोवियत संघ से जुड़ने की मजबूरी बता रही है। परमाणु अस्त्र भूगोल को लाँघकर वार कर सकता है, परंतु यह खतरा टालना सबसे पहले औद्योगिक देशों को अपने हित के लिए जरूरी है। भारत और पाकिस्तान

परमाणु अस्त्रों के निर्माण का विरोध न करके स्वयं ये अस्त्र बनाने को प्राथमिकता देने लगे, तो विदेश नीति फिर अपने पैरों पर खड़ी करने की रही-सही संभावना भी चुक जाएगी और यह वही आत्महत्या होगी, जिसका जिक्र मुझसे असहमत लेखक ने किया था। पर इसके पहले यह एक लंबी स्थायी गुलामी होगी, जो मृत्यु से भी भयानक है।

[*रविवार*, 'लेखक के चारों ओर', 5 फरवरी 1984]

पुलिस हमारा भाई है

'हम सारा दोष पुलिस पर डालकर संतुष्ट हैं किंतु यह उचित नहीं है, उनकी हालत भी दयनीय है। अकसर वे ज्यादा बुद्धिमान नहीं होते। वेतन भी उनका कम है और पूरे उपमहाद्वीप में किस्म-किस्म के जो अपराध फैल रहे हैं, उनसे निपटने के लिए आवश्यक साज-सामान भी उनके पास नहीं हैं, और जो थोड़े-बहुत साधन उनके पास हैं, उन्हें भी अतिविशिष्ट राजनीतिज्ञों की उस प्रजाति की सुरक्षा के लिए झोंक दिया जाता है, जो हमारे प्रजातंत्र की निशानी हैं। यह वर्ग अपनी हृदयहीनता के कारण केवल अपने वरिष्ठों की सुरक्षा के लिए ही चिंतित रहता है।'

एक रोना यह है, जो ऊपर रोया गया। इसके लेखक हैं रोमेश थापर। उनका यह लेख अँगरेजी में लिखा गया और एक नामी हिंदी दैनिक में अनूदित होकर प्रकाशित हुआ। इसी रोने का दूसरा पहलू देखिए।

'हमारे समाज का ताना-बाना कुछ इसी तरह से बुना जा रहा है। और हमसे उम्मीद यह की जाती है कि यदि हम पूरी तरह से आँख न मींच सकें, तो कम से कम चरित्र और नैतिकता का जो भयंकर अधःपतन हो रहा है, उस पर कोई टिप्पणी न करें। चुपचाप सबकुछ सह जाने को ही हमारा भारतीय चरित्र बनाकर एक नई गरिमा प्रदान की जा रही है।'

जब मैंने 1982 के आरंभ में प्रकाशित अपने काव्य संग्रह का नाम 'लोग भूल गए हैं' रखा था, तब ऊपर की पंक्तियाँ जैसे विचार रखनेवाले लोग ही मेरी नजर में थे। इन्होंने कुछ याद नहीं रखा है, जो आँकड़ों में न सही, तो अनुभवों में याद रखने योग्य था और यह बात उछालते हुए कि 'अपराधों से निपटने के लिए पुलिस के पास आवश्यक साज-सामान भी नहीं हैं,' वे भूल गए हैं कि पुलिस के पास साधनों की लगातार वृद्धि पिछले 36 वर्ष में होती रही है। रोमेश थापर जैसे बुद्धिजीवी, जो एक ओर डिप्टी क्लेक्टर की बोली में बोलते हैं, दूसरी ओर करुणा क्रांतिकारी विचारक की भाषा में, अपराधों से निपटने के लिए साज-सामान की कमी की बात कर सामान बढ़ाने का निमंत्रण देते हैं, इस आशा में कि यह अपराधियों को मिटाने के काम आएगा। अगर हथियार जिसके हाथ में है, वही बताएगा कि अपराधी कौन है, तो हम साज-सामान की कमी की शिकायत करके अपने लिए खतरा पैदा कर रहे हैं। आज हर उस ताकत से, जिसे अपराधी को मारने के काम में लाया जाना है, ईमानदार को सबसे ज्यादा डर हो गया है। यह समय का फेर है। मगर श्री थापर की शिकायत का जवाब सरकार दे रही है।

'पुलिस अनुसंधान व विकास ब्यूरो सीमा सुरक्षा बल के सहयोग से ग्वालियर के निकट टेकनपुर में आँसू गैस छोड़नेवाले उपकरण तैयार कर रहा है, जो पूर्णतः जी हाँ पूर्णतः स्वदेशी तकनीक पर आधारित है। वहाँ ऐसे बम व गोले बनाने का काम भी चल रहा है, जो तेज चमक और धमाके के साथ अपहरणकर्ताओं और आतंकवादियों को कुछ देर के लिए निष्क्रिय बना देंगे। प्लास्टिक की ऐसी गोलियाँ भी बनाई जा रही हैं, जो भीड़ को तितर-बितर करने में सहायक होंगी।'

समाचार इतना ही नहीं है, पर पूरा का पूरा यहाँ उद्धृत करने का स्थान नहीं। 'स' नामक रसायन बनाया जा रहा है, जिसके छिड़कने पर अपराधी कुछ देर के लिए बेहोश हो जाए। ये सब हथियार मारक नहीं हैं, पीड़क ही हैं, जैसे बंदूक से मारी जानेवाली रबर की गोली। पर यह गोली फुलगेंदवा नहीं है। अगर किसी मर्मस्थल पर लग जाए, तो घातक हो सकती है। और जानलेवा हथियार ही एक हथियार नहीं होता। एक हथियार यह भी है कि देश-विदेश में विभिन्न लोगों के चेहरों के विभिन्न चित्र इकट्ठा करके अपराधी की हुलिया का अंदाजा लगाया जा सके। वह भी तैयार हो चुका है। और उसका इस्तेमाल भी हो रहा है।

पिछले वर्ष जवाहरलाल नेहरू विश्वविद्यालय में छात्रों के एक वर्ग ने एक आंदोलन किया था, जिसकी सबसे बड़ी घटना थी—उपकुलपति का घेराव। कुछ लड़के घेराव कर रहे थे, कुछ सिर्फ खड़े देख रहे थे। दो-तीन हफ्ते बाद एक सूची तैयार करके अधिकारियों ने जारी की, जिसमें कुछ लड़कों के नाम थे और उन्हें उपकुलपति के घेराव के आरोप में निकाल दिया गया था। किसी लड़के ने सवाल किया कि उसे व्यर्थ ही दंड दिया गया है, क्योंकि वह घेराव में नहीं था। उसकी पैरवी करनेवाले मित्र के सामने अधिकारी के मुँह से अनजाने ही ये शब्द निकले—'ऐसा कैसे हो सकता है? प्रत्येक छात्र की शिनाख्त भरती के समय के आवेदन-पत्र में लगी फोटो से मिलाकर की गई है।'

यह फोटो कहाँ से आ गई? और भीड़ की फोटो में एक-एक आदमी का चेहरा उसके भरती के पत्रक में फोटो से मिलाया तभी गया होगा, जब एक-एक फोटो कई कोणों से ली गई होगी और तब बड़ी की गई होगी। इस तरह विश्वविद्यालय में घेराव देखते हुए खड़े लड़कों यानी अपराधियों की शिनाख्त कितनी आसान हो गई है।

पुलिस जुल्म की निंदा और पुलिस की शक्ति बढ़ाने की माँग बुद्धिजीवी आसानी से एकसाथ कर लेते हैं। पुलिस की आलोचना के पीछे अत्याचार के शिकार लोगों के प्रति सहानुभूति है या अकर्मण्य पुलिस को अपने सेवक के रूप में डाँटने की इच्छा, यह कहना कठिन है। जनता पार्टी की सरकार के शुरू के दिनों में एक ऊँचे पुलिस अफसर बिहार आंदोलन के दौरान हुई गिरफ्तारियों का विश्लेषण करने आए हुए थे और कदमकुआँ में जयप्रकाश नारायणजी से कई बार मिले थे। मुझसे बात करते हुए उन्होंने कहा था कि हम लोग नागरिकों पर तीसरे दरजे के तरीके इस्तेमाल करते हैं, लेकिन हमसे यह कोई नहीं पूछता कि तीसरे दरजे का तरीका अपनाने के लिए हमें कौन मजबूर करता है। यह कहकर उन्होंने कई किस्से सुनाए। सब नौकर-चाकरों को छोटी-मोटी चोरी-चकारियों और बत्तमीजियों में पकड़े और सजा दिए जाने के बारे में थे। उन्होंने कहा, हमने जब किसी बेचारे को डाँट-डपटकर छोड़ दिया, तो उसके मालिक बाबू साहब हमसे लड़ने आए कि आपने उसको कस कर पीटा क्यों नहीं। हालाँकि अपने इस तर्क का इस्तेमाल यह अधिकारी महोदय आगे चलकर यह सिद्ध करने के लिए करते कि राजनीतिक व्यक्तियों के खिलाफ पुलिस कोई निर्दय भावना नहीं दिखाती है, तो भी उनकी बात में इतना सच था कि समाज में जिनको शक्ति मिली हुई है, उनके कहने पर पुलिस उनकी सेवा में लगी रहती है। श्री थापर जैसे बुद्धिजीवी एक ओर इंदिरा गाँधी की निंदा देश भर में अपराध बढ़ने पर करते हैं और दूसरी ओर पुलिस की हिमायत यह कहकर करते हैं कि उनके पास साज-सामान की कमी है, तो क्या अर्थ निकलता है—यही कि अगर इंदिरा गाँधी पुलिस को और अधिक हथियार (और शक्ति) दे दें, तो सब ठीक हो जाए। नई कांग्रेस सरकार 1980 में बनने के बाद से यही अर्थ रखनेवाले विचार बार-बार प्रकट किए गए हैं। इंदिरा कांग्रेस के विख्यात बुद्धिजीवियों ने यह विचार इमर्जेंसी के पहले भी बार-बार प्रकट किए हैं। तब इसकी शक्ल यह हुआ करती थी कि जहाँ कहीं दंगा हो, वहाँ के कलेक्टर को सजा दे दी जाए, क्योंकि उसने पुलिस का कसकर इस्तेमाल नहीं किया। पुलिस का काम सख्ती करना हो सकता है, मगर पुलिस का रिश्ता बाकी समाज से एक खूँखार जानवर का रिश्ता बनाना राजनीति के आधार ही बदल देगा। भारतीय सब बराबर

हैं और अपराधी बढ़ रहे हैं, तो इसके पीछे शौकिया अपराध करने की तरंग नहीं, आर्थिक दुरवस्था और बड़े लोगों की चलाई हुई लूट है।

[*रविवार*, 'लेखक के चारों ओर', 28 फरवरी 1984]

आप कौन हैं पुरस्कार देनेवाले?

दिल्ली की बसों में कुछ आदेश और कुछ उपदेश लिखे रहते हैं। शायद ही कोई इन पर ध्यान देता होगा। हाँ, जब कोई नई और विचित्र हिदायत नए रोगन के साथ लिख दी जाती है, तो उधर ध्यान जाता है और तभी याद आता है कि इसके पहले क्या लिखा हुआ था। अभी हाल में जो नई हिदायत लिखी देखी, वह थी कि महिलाओं के लिए बताई हुई सीटों पर महिलाओं को बैठने दें। याद आया कि इसके पहले ऐसा प्रार्थनामूलक आदेश नहीं था, इसकी जगह केवल यह सलाह थी कि शिष्टाचार दिखाना उचित है। अब साफ कहना पड़ रहा है कि महिलाओं की सीट पर महिलाओं को बैठने दें। जहाँ तक बाकी मामलों में शिष्टाचार का सवाल है, उसे एक वाक्य में समेट लिया गया है : 'जो काम मुसकान करा सकती है, वह मुष्टि-प्रहार नहीं करा सकता'। सरल हिंदी की वकालत करनेवाले अध-पढ़े राजनीतिज्ञों को माँग करनी चाहिए कि मुष्टि-प्रहार चाहे कितना ही जोरदार क्यों न हो, सरल हिंदी में लिखा ही जा सकता है। क्यों नहीं लिखा गया! घूँसा, मुक्का बहुत आसान शब्द हैं और इनमें निहित बल प्रयोग 'मुष्टि-प्रहार' के मुकाबले कम नहीं है। झापड़, लप्पड़ भी अच्छे शब्द हैं। इन्हीं में से कोई लिख दिया होता, मुष्टि-प्रहार क्यों! कुछ सोचने पर समझ में आने लगा कि इतने प्रचलित शब्दों की जगह 'मुष्टि-प्रहार' लिखने की क्यों जरूरत आ पड़ी होगी। कितनी जोर से हमला किया गया है, यह तो बाजुओं का जोर तय करेगा ही, मगर संस्कृत में लिखकर कुछ फालतू जोर और डाल दिया गया है : यानी घूँसे का जोर अलग और संस्कृत का जोर अलग।

यह लेख संस्कृत के बारे में नहीं है। अगर होता, तो मैं इसके आगे संस्कृत में रेडियो से पढ़े जानेवाले समाचारों की भाषा का जिक्र करता, जहाँ संस्कृत की अपनी अंदरूनी ताकत समाचारी अंग्रेजी के शाब्दिक अनुवाद कराके क्षय कराई जा रही है। यहाँ तो दिल्ली की बस में लिखी गई हिदायतों का जिक्र हो रहा था। क्या-क्या नया है यह खोजते-खोजते नजर दौड़ाने पर दिखाई दिया कि एक सीट के पीछे लिखा है : विकलांगों के लिए। देखा कि उस पर समूचे अंगोंवाले दो आदमी बैठे हुए हैं। इससे समझ में आया कि बस कंपनी की मंशा यह नहीं थी कि किसी बस में विकलांग न चढ़ पाएँ तो सीटें खाली जाएँ। मगर यह नहीं समझ में आया कि अगर किसी तरह ऐसा कोई विकलांग, जो बस में किसी तरह चढ़ सकता हो, चढ़ जाए और अपनी सीट खाली न पाए, तो क्या करे! क्या वह आशा करे कि भीड़ में भरे हुए लोग आप यह देखकर कि बेचारा विकलांग है, इसके लिए दो सीटें खाली कर देंगे।

स्त्रियों ने तो बहुत दिन तक ऐसी आशा करके देख लिया और हमारे समाज को बनानेवाले लोगों ने भी मान लिया कि अब जनता को सीधे-सीधे हुक्म देना पड़ेगा कि औरतों की सीटों पर औरतें बैठेंगी। क्योंकि अच्छे खासे नौजवान और अधेड़ बेशर्मी के साथ बैठे रहते हैं, औरतें खड़ी रहती हैं और वे सीट खाली नहीं करते। औरतों की सीटें खाली करो, ऐसा साफ-साफ लिख देने पर भी जब लोग खाली नहीं करेंगे तो यह नहीं कहा जा सकता कि औरतें क्या करेंगी, इतना जाहिर है कि मर्द कुछ नहीं करेंगे। उनका यह चरित्र होता, तो यह नई हिदायत देने का बहाना बसवालों को क्यों मिलता।

विकलांग लोगों के लिए एक सीट खाली रखने के पीछे कुछ ऐसा ही दिमाग काम कर रहा है। यह तो शुरू से ही मानकर चला जा रहा है कि यह बात न समझने के लिए है, न इसके समझाने से कोई फायदा होगा कि विकलांगों की सीट उनके लिए खाली कर देनी चाहिए। ऐसी कोई हिदायत अभी तक दिल्ली की बसों में लिखी नहीं गई है। यदि किसी को सचमुच यह सुविधा चाहिए, जो विकलांगों के लिए सुरक्षित सीट से मिल सकती है, तो उसे एक निर्मम और अंधे समाज में अपने-आप सब लोगों के सामने अपना विज्ञापन करना पड़ेगा कि मैं विकलांग हूँ, इसलिए मेरे लिए सुरक्षित सीट मुझे दी जाए।

मुझे दिल्ली की ही एक घटना याद आ रही है। बहुत पुरानी नहीं है। अभी इसे चार ही साल हुए हैं। इसी बस चलानेवाली कंपनी ने, जिसे दिल्ली परिवहन निगम भी कहा जाता है, अंग्रेजी में एक विज्ञापन छपवाया था, 'जो एकदम अंधे हैं, वे यदि राष्ट्रीय अंध समाज सम्मेलन, 12 निजामुद्दीन ईस्ट का प्रमाण पत्र पेश करें, तो उनको नगर निगम की बसों के टिकट में आधे दाम की रियायत मिल सकती है।'

यह देखने के लिए कि कोई एकदम अंधा है, दो आँखें काफी हैं, जो कि अगर नियम बिल्कुल बदले नहीं हैं, तो कंडक्टरों और ड्राइवरों के होती हैं।

परंतु प्रमाणपत्र माँगनेवाली निर्ममता और दंभ के मिले हुए वाक्य के अलावा इसमें वह कुलीन रवैया भी छिपा हुआ है जो आज के समाज में विकलांगों के साथ दिखाया जा रहा है। रियायत का टिकट या बैठने की सीट माँगने के लिए एक विकलांग को अपने लिए अकेले लड़ना पड़े और उस पर तरस खानेवाले लोग तरस खाते दिखाई दें, मानो यही इच्छा ऐसे आदेशों और विज्ञापनों के पीछे है, जिनका जिक्र किया गया। विकलांग को सीधे गैर विकलांग समाज से टकराने के लिए मजबूर किया जा रहा है। जबकि दोनों के बीच एक कड़ी एक सज्जन, सहृदय समाज की हो सकती है, वह कड़ी कभी थी। इतनी टूट गई है कि विकलांग को जनसाधारण के बीच उसकी सुविधा दिलाने का बोझ सीधे प्रशासन पर आ पड़ता है। पर वह इस बोझ को उठाना नहीं चाहता। इसकी जगह वह उस टूटी हुई कड़ी को ही काटकर फेंक देना चाहता है। जिसको सुविधा की जरूरत है, उसे सीधे उसके सामने खड़ा कर देना चाहता है, जिसके हाथ में वह सुविधा है। ऐसा करके अपनी समझ में प्रशासन ने मार्के का काम किया, मगर क्या उसका काम एक जनता से दूर महल में बैठे शासक की तरह सिर्फ अपनी जिम्मेदारी छोटी कर लेने का है। बस में एक सतर यह भी लिखी जा सकती थी—'अगर किसी विकलांग को बस में सफर करते देखें, तो उसके लिए सुरक्षित सीट उसे दिलवा दें' और 'एकदम अंधे लोगों के लिए आधे दाम के टिकट की रियायत' देते हुए क्या यह नहीं लिखा जा सकता था—'जो व्यक्ति किसी नेत्रहीन मित्र या परिचित को नगर निगम की बस में आधी दर का रियायती टिकट दिलाना चाहते हों, वे उनके लिए राष्ट्रीय अंध समाज, 12 निजामुद्दीन ईस्ट से प्रमाण पत्र लाकर टिकट बनवा ले सकते हैं। यदि नेत्रहीन व्यक्ति को साथ ले आएँ तो प्रमाण पत्र की जरूरत नहीं।'

विकलांग के प्रति गैर-विकलांगों के कुल रवैये पर लोग बहुत नहीं सोच रहे हैं। सिर्फ उनको पुरस्कार बँटते देखकर खुश हैं। उनके लिए विशेष खेल-कूद प्रतियोगिता और विशेष पुरस्कार जैसे कार्यक्रम और इन कार्यक्रमों के विज्ञापन आए दिन दिखाए जा रहे हैं। यह जाँचने की बात है कि इन सब बातों का नतीजा क्या हो रहा है। यह जाँच इस आधार पर करना गलत होगा कि विकलांगों को क्या मिल रहा है। वे एक तरह से वंचित लोग हैं और उन्हें आसानी से मजबूरी के किसी क्षण में यह मानने पर मजबूर होना पड़ सकता है कि जो मिल रहा है, वह बहुत है। निश्चय ही इनमें से विवेकवाले लोग भी मिलेंगे, जो गैर-विकलांगों को बतलाएँगे कि विकलांगों की तरफ कौन-सा रवैया सम्मानजनक बराबरी का होगा, कौन-सा नहीं। जिनके पास प्रकृति ने पूरा शरीर दिया है, वह

केवल इसी शरीर के कारण समाज में विशिष्ट व्यक्ति बनने के अधिकारी नहीं हो जाते। एक स्वस्थ रवैया यह होगा कि हम विकलांगों को पुरस्कार देने के लिए उन्हें दौड़ाकर और फिर पुरस्कार देकर श्रेय माँगना बंद करें।

[*रविवार*, 'लेखक के चारों ओर', 11-17 मार्च 1984]

अनाथबंधु को जानते हैं?

भाग्यशाली हैं वे, जो बीते जमाने को याद कर सकते हैं और आज के वक्त से भागना नहीं चाहते। वे शायद कुछ लिख सकते हैं, जो नया जीवन देगा।

मैं खो गया हूँ। मैं तमाम घटनाओं की भीड़ में खो गया हूँ, जिनके चेहरे पहचान में नहीं आ रहे हैं। कुछ ने अपने ही चेहरे को बदल लिया है, जैसे आदमी गलमुच्छे बढ़ा लेते हैं, गंजे सिर पर एक तरफ के बालों को समेटकर सामने ले आते हैं, दाढ़ी-मूँछ सफाचट करा लेते हैं,...औरतें बाल कटवाकर चेहरा मालिश और पालिश करवा लेती हैं। भीड़ में ऐसे ही होता है, जरा-सी देर को उँगली छूटी और साथ छूटा। लगता है, एक बार कहीं साथ छूट गया है, दोबारा से साथी दिख नहीं रहा। दिख भी जाए, तो उसको वह बात याद आएगी या नहीं, जो उँगली छूटने के पहले हम लोग कर रहे थे।

पर एक लेखक की जिंदगी में ऐसे साथ छूटने की घटनाएँ जाने कितनी बार होती होंगी। अभी लीजिए, मैं मुहल्ले के खेल के मैदान से ही शुरू करता हूँ। कबड्डी मेरा प्रिय खेल था, कितना नाटकीय और आविष्कार-भरा। बेहद लंबू बंगाली अनाथबंधु मुखर्जी का एक तो नाम ही मुझमें कल्पना जगाता था, दूसरे जब वह ताल सुर सहित धीमी लय से बोलता, 'छल कबड्डी आल ताल, मेरी मोंछे लाल लाल', तो मैं कबड्डी में मूँछवाली इस तुकबंदी से चकित रह जाता। कहाँ होगा वह आज, नहीं कह सकता। एकदम नहीं कह सकता। हाई स्कूल में हमने स्कूल बदल लिया था। लेकिन इंटरमीडिएट में फिर मिले थे। वहाँ एक दिन हम दोनों ने मिलकर एक पत्र तैयार किया, 'कॉलेज में हर साल हम लोगों को उद्योग-धंधे दिखाने के लिए अर्थशास्त्र विभाग हमें हमारे पैसे से दौरे पर ले जाता है, इसमें कितना खर्चा आ रहा है? पढ़ाई तो हो नहीं रही है, हमारे पैसे से तनख्वाह पानेवाले अध्यापक काम नहीं कर रहे हैं। यह सब क्या है!' लिखकर ठीक से मोड़-माड़कर, जैसा तय हुआ था, मैंने इसे कॉलेज बंद होने पर भूगोल-अर्थशास्त्र के रोबीले वाजपेईजी के कमरे में (उनका अलग दफ़्तर, कमरा, चपरासी सबकुछ था) दरवाजे के नीचे से सरका दिया। हम दोनों अपने-अपने घरों से दौरे के लिए पैसा माँगने की स्थिति में नहीं थे।

दूसरे दिन कक्षा में वाजपेईजी ने कहा : "मुझे एक पत्र अपने नाम मिला है। इसमें और बातें जो हैं सो हैं, एक बात सब लड़के समझ लें। मैं किसी विद्यार्थी से अपना वेतन नहीं माँगने जाता हूँ। मैं कॉलेज से वेतन पाता हूँ और उसी के प्रति जिम्मेदार हूँ। पढ़ाई ठीक नहीं हो रही है, तो जिसका ऐसा खयाल है, मुझसे आकर मिले। इधर मैं पता लगा रहा हूँ कि गुमनाम चिट्ठी लिखकर रात को मेरे कमरे में डाल जानेवाला डरपोक लड़का कौन है ! मैं जानता ही हूँ। दो दिन में सबको मालूम हो जाएगा।"

मैं कक्षा में सबसे आगे की पंक्ति में ही बैठता था। बड़ी मुश्किल से गरदन पर काबू रखकर पीछे मुड़कर देखना रोके रहा। अनाथबंधु की सीट बहुत पीछे कहीं थी। दो-तीन दिन तक हम दोनों एक-दूसरे से मिले ही नहीं। कुछ कतरा भी रहे थे, कुछ संयोग ऐसा हो गया कि भेंट नहीं हुई।

वाजपेईजी ने न किसी का नाम घोषित किया, जैसी कि धमकी उन्होंने दी थी, न दौरे पर जाने का फैसला हुआ। फिर अनाथबंधु ने मुझसे मिलना जान-बूझकर छोड़ दिया। हम दोनों एक-दूसरे पर संदेह कर रहे थे कि यह लड़का वाजपेईजी को बता आया है।

अब मैं अनाथबंधु से मिलना चाहता हूँ। वह भी अब 50-55 साल का हो गया होगा। इतनी उम्र में उसने राजनीति को कैसे देखा, अपने को क्या बनाया, यही सब जानने को मैं बेचैन हो उठा हूँ। सच बात तो यह है कि उससे मेरी इतनी रागात्मक घनिष्ठता नहीं थी कि मुझे उसके सुख-दुख की बड़ी चिंता हो रही हो। मेरे लिए वह जीवन को और समाज को पहचानने का एक पात्र है, जो मुझसे बिछुड़ गया है। नहीं, मैं इतना निर्मम नहीं हूँ कि उसे एक वस्तु मान बैठूँ। पर आज उसे दोबारा जानकर उसके साथ अपनी और कई अन्य पात्रों की तुलना करके मैं कितना बड़ा रागात्मक संसार बना सकता हूँ। जहाँ कहीं हो, अनाथबंधु मुझे अपना पता दे।

खो तो मैं गया हूँ, पर खोए हुए लोगों की सूची बना रहा हूँ। अनाथबंधु के अलावा और कई नाम याद आ रहे हैं, पर उनमें से छाँट-छाँटकर कुछ नाम रख रहा हूँ। बाकी छोड़ दे रहा हूँ। कोई बुरा न माने, जीवन में अब इतना समय नहीं रह गया है कि सबको बुलाऊँ। कुछ को तो छोड़ना ही पड़ेगा कि कहीं अपने आपसे 'अरे तुम!' कहकर मिल जाए, तो मिल लेंगे। अभी सूची में बहुत नाम हैं; कमला : जिसके साथ पैदल स्कूल जा रहा था कि श्यामा प्रसाद स्कूल की बस हरहराती हुई पास से गुजरी। उसका फाटक खुला हुआ था। झूलते दरवाजे ने रोज की तरह मुँह बाए चलती हुई कमला के सिर में चोट मारकर उसे गिरा दिया। साथ में नरेश बरनवाल भी तिरछा-तिरछा चल रहा था। हम दोनों स्कूल में तेज दौड़नेवाले लड़के थे। एक-दूसरे का मुँह देखकर हम दोनों घर दौड़े। पहुँच कर पड़ोसी कमला के बड़े भाई से कहा, 'गजब हो गया।' भाई ने पूछा, 'कमला है कहाँ!' हम दोनों ने फिर एक-दूसरे का मुँह देखा और तब समझ में आया कि हम उसे वहीं सड़क की पटरी पर पड़ी छोड़ आए थे।

वापस पहुँचकर दो-चार लड़कों को कहते सुना, वह लड़की जिस लड़के के साथ चल रही थी, उसे सामने सड़क के पारवाले घर के लोग पहचानते हैं। तुम सहाय साहब के लड़के हो न? जाओ उसी घर में उसे ले गए हैं।

हम गए। कमला सिर में बड़ी भारी पट्टी बाँधे बहादुरी के मारे खुश लेटी हुई थी। उसे ले आए। प्रनब मित्र ने अपनी माँ से कहा, मैं कहता न था कि मैं लड़के को पहचानता हूँ। माडल हाउस में रहते हो?

प्रनब मित्र का पता मैं जानता हूँ। विश्वविद्यालय में हम लोग साइकिल और चप्पल को चमका कर रखते थे और क्लास कट करके चाय और चॉप खाने भागा करते थे। नौकरी छोड़कर अब वह कलकत्ता में व्यापार कर रहा है। अच्छा है, उसी से अनाथबंधु का भी पता ले लूँगा।

नहीं, आपको इनके बारे में और ज्यादा बताने की जरूरत नहीं। ये कोई विचित्र लोग नहीं हैं, जिनके वर्णन में साहित्य के पाठक मजे की तलाश करते हैं। हाँ, कमला इसके बाद कई बरस जीती रही। ग्यारह बरस की होकर मर गई।

[*रविवार*, 'लेखक के चारों ओर', 1-7 अप्रैल 1984]

अखिल भारत और पड़ोस की गरीबी

पिछले दिनों दिल्ली में इस बात को लेकर काफी दिमागी हलचल दिखाई दी कि विश्वविद्यालय अनुदान आयोग केंद्रीय विश्वविद्यालयों में छात्रों को छात्र संघ का संगठन करने से रोकनेवाला है और भरती

के मामले में भी कुछ ऐसा करनेवाला है कि सिर्फ बड़े साहबों के अच्छे बच्चे ही दाखिला पा सकें। कुछ सिफारिशें छपी हैं, जिन पर हल्ला भी मचा है, लेकिन आयोग की सिफारिशों को सतही तौर पर देखने से उस अमानवीय सत्तालोलुपता का पंजा अपने नाखूनों सहित नहीं दिखाई देता, जो सिफारिशों के भीतर कहीं बैठा हुआ है।

प्रतिवेदन का सबसे अधिक मूर्खतापूर्ण, पर चालाकी से भरा हुआ वाक्य यह है कि भारतीयों के मामले में 'कोई भी केंद्रीय विश्वविद्यालय अपना अखिल भारतीय' चरित्र बनाए नहीं रख पाया है। देखा गया है कि कुछ विश्वविद्यालयों में विद्यार्थी केवल पड़ोसी क्षेत्रों से आते हैं और वह भी अकसर सिर्फ कुछ जिलों से। इससे भरती में विश्वविद्यालयों को 'अपने' लोगों को तरजीह देने का मौका मिल जाता है और फिर 'इनब्रीडिंग' शुरू हो जाती है। ... आयोग की जाँच समिति ने विद्यार्थियों और अध्यापकों की भरती के प्रत्येक स्तर पर 'इनब्रीडिंग' के पक्के सबूत पाए।'

प्रतिवेदन के ऊपर लिखे वाक्यों के अनुसार यह अंतःप्रजनन बहुत बुरी बात है, मानो व्यभिचार जैसा कुछ। पर इन वाक्यों के शब्दों को पढ़ने से एक बहुत सहज प्रक्रिया का ही आभास होता है। 'छात्र विश्वविद्यालयों में पड़ोसी क्षेत्रों से आते हैं और वे भी अकसर सिर्फ कुछ जिलों से' इस बात से केंद्रीय विश्वविद्यालय का चरित्र अखिल भारतीय नहीं रह पा रहा है, तो क्या करना चाहिए। यदि आयोग का बस चले, तो केंद्रीय विश्वविद्यालय के इर्द-गिर्द के तमाम गाँवों, कस्बों और शहरों में रेल, बस, साइकिल, पैदल यात्रा करनेवालों को सड़क पर बाड़े बनाकर विश्वविद्यालय पहुँचने से रोक देना चाहिए। भारत में अखिल भारत होने के लिए पड़ोस के लोगों को बाहर कर देना जरूरी है। यह नई बात प्रतिवेदन की साहबी भाषा से मेरी समझ में आई।

पर असल में यह नयी बात नहीं है। भारत में जिस काम को भी उठाया जाता है, दो शिकायतें शुरू से ही कर दी जाती हैं। एक तो यह कि यह देश बहुत बड़ा है और सब लोगों के लिए वे सुविधाएँ उपलब्ध नहीं हो सकतीं, जिनको पहुँचाने का हम इंतजाम कर रहे हैं। दूसरे यह कि श्रेष्ठता, गुणवत्ता आदि सब लोगों के वश की नहीं। उसको तो सिर्फ कुछ गिने-चुने विशिष्ट लोग प्राप्त कर सकते हैं और उन विशिष्ट लोगों का चुनाव किसी प्रतियोगिता से करना बेकार है। शुरू से ही हम यह जान लेंगे कि कौन लोग उन विशिष्ट ऊँचाइयों तक पहुँचने लायक हैं कौन नहीं। मसलन जाने कितने बच्चों में कलाओं की और अनेक विधाओं की संभावनाएँ हैं, पड़े-पड़े मुरझा जाती हैं। बहुत हुआ तो किसी विकृत रूप में प्रकट हो लेती हैं और उसी विकृति के दायरे के भीतर कुछ लूला-लँगड़ा रच लेने के सुख से वे बच्चे संतोष कर लेते हैं।

तब फिर विश्वविद्यालय अनुदान आयोग अगर केंद्रीय विश्वविद्यालयों में आसपास के लोगों के घुसने से परेशान हो रहा हो, तो उसका कारण समझ में आना चाहिए। उसका कारण यही है कि सारा भारत एक मैदान बनकर रहे, जिसमें से सबसे अच्छा उठा लेने का अधिकार सिर्फ कुछ लोगों को रहे; और जहाँ यह सबसे अच्छा खुद उठा लेने की सुविधा हो, वहाँ आसपास के लोग न घुसने पाएँ। यह लेख लिखते-लिखते मेरी निगाह एक समाचार पर पड़ी। समाचार यह है कि 'आज भिखारियों की एक खेप राजधानी से बाहर कर दी जायेगी। 70 भिखारियों को दक्षिण एक्सप्रेस के एक विशेष डिब्बे में मद्रास रवाना किया जा रहा है। इनके परिवार दिल्ली की झुग्गी-झोंपड़ी में रहते हैं या दिल्ली प्रशासन के समाज कल्याण गृहों में या भिक्षु गृहों में घुट रहे हैं। यह बर्ताव केवल मद्रास के भिखारियों के साथ नहीं किया जा रहा है। पिछले दो सालों से पंजाब, मध्यप्रदेश, बिहार आदि सभी राज्यों के भिक्षुकों को समाज कल्याण विभाग उनके राज्य को भेज रहा है। ऐसा करने का फैसला मंत्रिमंडलीय एक बैठक में किया गया।' इस उद्धरण से मेरी बात समझने में सहूलियत होगी।

स्नातकोत्तर शिक्षा में श्रेष्ठता के प्रतिमान बनने चाहिए इसमें दो राय नहीं, पर इसका उपाय यह नहीं है कि देश के दूसरे भागों से चुन-चुनकर के श्रेष्ठ हो सकनेवाले लोगों का आयात किया

जाये। इसका उपाय वास्तव में श्रेष्ठता के पैमाने को सिर्फ सख्ती से लागू करने में नहीं, साथ-साथ श्रेष्ठता के लिए एक आदर्श भी पैदा करने में है। ऐसा कोई आदर्श समाज के प्रतिनिधियों को सत्तासीन करते समय कभी रहा करता होगा और आज उसकी जगह कुनबापरवरिश, कामचलाऊपन, बलप्रयोग और आदर्श के लिए तिरस्कार (साथ ही उसके पाखंडी समर्थन) ने ले ली है। मगर इस रोने को लेकर हम कोई नया रास्ता नहीं खोज सकते। रास्ता खोजने की इच्छा सचमुच है, तो केंद्रीय विश्वविद्यालय के तथाकथित अखिल भारतीय चरित्र की पूरी अवधारणा को नए सिरे से समझना होगा।

अगर मैं कहूँ कि एक छोटे-से गाँव में कुछ ऐसा हो सकता है जो सार्वदेशिक हो, जो राष्ट्रीय हो, तो क्या आप कहेंगे कि यह संभव नहीं है। हो सकता है कि कहें, क्योंकि आपके दिमाग में अखिल भारतीय नामक एक वाहियात शब्द बिठा दिया गया है। यह केवल संख्याओं को कूतनेवाला शब्द है, गुणों को नहीं। अगर विश्वविद्यालयों में सारे राष्ट्र के बारे में ज्ञान, लगाव और उसके प्रसार और सुधार की इच्छा और नीति मौजूद हो, तो वही सार्वदेशिक है और राष्ट्रीय है। सारे भारत से लोगों को बुलाने से भारत एक जगह इकट्ठा नहीं हो जाता। वह तो एक जगह से सारे भारत को जानने से ही होता है। और इस जानने में जाना जाना तो केवल एक व्यावहारिक जरूरत है, असल जरूरत बौद्धिक और राजनीतिक है। अगर आपके चिंतन में वह नहीं है, तो फिर आप उसकी जगह ऐसे लोगों को पकड़-पकड़कर लाएँगे, जिनके होने से सारे भारत का नमूना एक जगह दिख जाए और उसी नमूने को आप हमारे ऊपर लाद दें। अगर आप ऐसा करेंगे, तो देर-सबेर और किसी और शक्ल में सही, आप वही कर रहे होंगे, जो ऊपर उद्धृत समाचार में किया गया है। 'भिखारियों को पकड़कर भेज दो' की जगह कुछ दिन में शायद यह सुनें कि देहात के छात्रों को पकड़कर दूर कहीं भेज दो, क्योंकि पड़ोस में शिक्षा पाने की आकांक्षा करने से वे शिक्षा के स्तर को गिरा देते हैं।

[*रविवार*, 'लेखक के चारों ओर', 15-21 अप्रैल 1984]

जयप्रकाश और आज का वक्त

21 सितंबर 78। कदमकुआँवाले मकान के बरामदे में जे.पी. आरामकुर्सी पर बैठे हुए हैं। आज उनकी डायलिसिस का दिन है। साढ़े नौ-दस कुछ बज रहा है, उनसे कहा जा रहा है कि नहा लें। साफ है कि जे.पी. नहाना टाल रहे हैं। असल में वह डायलिसिस टालना चाह रहे हैं : नहा लेने का मतलब है दिनचर्या में लग जाना और फिर इसी क्रम में दोपहर के करीब डायलिसिस का हो जाना। वह जानते हैं कि इससे उन्हें कोई छुट्टी नहीं दिला देगा, मगर बच्चों की तरह सोच रहे हैं कि कुछ देर और टल जाए, तो अच्छा। मुझे काफी वक्त दिया जा चुका है। मैंने इजाजत ली और चला आया।

आज 11 अक्तूबर 84 को उनके जयंती दिवस पर उनकी अनेक स्मृतियाँ जाग रही हैं। तब मुझे जे.पी. से बातचीत करते यह समझने की इच्छा हो रही थी कि क्या कारण है, जो आज चारों ओर सिर्फ जनता पार्टी की असफलताओं की चर्चा और आलोचना हो रही है, जिससे अनजाने ही पीछे लौटने की इच्छा होती है और 1974 के आंदोलन की असफलताओं की चर्चा नहीं हो रही है, जिससे आगे का रास्ता खोजा जा सकता है।

उस दिन जे.पी. ने कहा था, 'तब लोगों में उत्साह था, उमंग थी, एक निश्चय था कि जो आज है वह ठीक नहीं है। एक उद्देश्य था, पीछे से धकेलनेवाली कोई शक्ति ऐसी थी, जो उन्हें आगे बढ़ा

रही थी। लेकिन अब जो लघुक्रांति हुई, उससे तानाशाही तो गई और लोकतंत्र तो आया, लेकिन यह नाकारा लोकतंत्र है। सच्चा यह तभी हो सकता है, जब उसमें जनता हिस्सा ले रही हो। यह नहीं हो रहा है, जबकि होना यही चाहिए था। इतना ही हुआ है कि इंदिरा गई, मोरारजी भाई आए। तानाशाही की तरफ देश का जाना रुक गया, पर यह लोकतंत्र बहुत कारगर नहीं है।'

इसी बातचीत में जे.पी. ने कहा था, 'मैं (वह अपने को घायल सेनापति कहते हैं) ऐसे जीवन से ऊब गया हूँ। मेरा बाहर की घटनाओं से संपर्क नहीं है। मोरारजी को मैंने और दादा (कृपलानी) ने प्रधानमंत्री नामजद किया था, पर वह भी कोई संपर्क नहीं रखते। सिद्धराज ढड्ढा को यहाँ लाया ही इसलिए गया था कि वह मुझे बाहर की घटनाओं से संपर्क में रखें, पर वह अपने ही कारणों से व्यस्त रहते हैं। राधाकृष्ण से कुछ उम्मीद थी, पर वह भी कुछ कर नहीं पाते।' ये बातें किसी खीजे हुए बूढ़े की शिकायतें नहीं थीं, सिर्फ एक व्याकुल मन की बोली थी, जो ताजा हवा नहीं पा रहा है, जब कि ताजा हवा का मिलना कठिन नहीं होना चाहिए। मेरे जैसे न जाने कितने लोग, जो उन्हें जानकारी दे सकते थे, देना चाहते थे, पर उनसे हमेशा मिल सकना व्यावहारिक कारणों से संभव नहीं था। जाया तो कई प्रकार के लोग करते थे और यह सुनकर लौट आते थे, आपकी बात तो सुन ली, दूसरों की तो मालूम हो। असल में अधिकांश लोग अपना पक्ष ही बताने जाते थे या फिर किसी और का पक्ष लेकर पैरवी करने। पत्रकार ही आज की समस्याओं पर उनके विचार जानना चाहते थे। राजनीतिक लोग नहीं। मगर ज्यादातर पत्रकार जे.पी. की प्रतिक्रियाओं को शिखर राजनीति के दंगल में एक हथियार की तरह बरतने को उतावले रहते थे।

उनके पास एक और किस्म के संदेशवाहक भी आने लगे थे। ये कहने आते थे कि आप अपने मन की बात जनता के सामने बोल मत दीजिएगा। वह बात यह थी कि लोग नहीं मानते थे कि आज की सरकार को हमीं ने बनाया है। हम बनाते, तो यह ऐसी न होती, जैसी जनता पार्टी सरकार 1978 के सितंबर तक साबित हो चुकी थी। 21 सितंबर को मैंने जे.पी. से पूछा था कि आजकल बड़े-बड़े पढ़े-लिखे और ताकतवर लोग सवाल उठा रहे हैं कि क्या भारतीय लोकतंत्र के योग्य हैं। उस दिन बात पूरी नहीं हो पाई, तो अगले दिन 22 सितंबर को जे.पी. ने सवाल याद रखा और उत्तर दिया कि इस मिट्टी में कुछ ऐसा है, जो लोकतंत्र के लिए प्राणदायक है। यह बिलकुल मिथ्या प्रचार है कि लोकतंत्र कोई विदेशी पौधा है, जो यहाँ लगा दिया गया है। सितंबर 1978 में वह मान रहे थे कि जनता ने एक बार इंदिरा गाँधी का चेहरा देख लिया है और अब वह उन पर भरोसा नहीं करेगी...'मेरा खयाल है कि लोग जरूरत पड़ने पर फिर संगठित हो जाएँगे—तानाशाही के खिलाफ...बुद्धिजीवियों को चाहिए कि इमर्जेंसी ने समाज का जो विनाश किया है, उसका गहराई से अध्ययन करें और आगे के लिए रास्ता खोजें।'

ये बातें जनता पार्टी सरकार बनाने और तोड़कर इंदिरा गाँधी की पार्टी को फिर जितानेवाले जे.पी.-भक्त भूल गए हैं। पर जनता पार्टी सरकार और जनता में आज भी अंतर है। जे.पी. ने उस दिन कहा था—'मुझे लोगों से कभी शिकायत नहीं रही। सही किस्म का नेतृत्व दिया जाए, तो वे हमेशा वक्त का तकाजा पूरा करते हैं।'

यही आज आम आदमी कह रहा है।

[*रविवार*, 'लेखक के चारों ओर', 28 अक्टूबर-3 नवंबर 1984]

मृत्युकामना से विरत करने का दायित्व

पिछले वर्ष के अंत में, इसी स्तंभ में मैंने एक बिल्ली की मृत्यु की घटना के बारे में लिखा था। वह पालतू, हत्यारे कुत्तों के द्वारा एक जानवर की जिंदगी में हस्तक्षेप की कहानी थी। मैं इस मामले में शामिल था, तो इसलिए कि मैं उस बिल्ली का मित्र था और उसे बचा नहीं पाया। आपको शायद याद आएगा कि बिल्ली का नाम मुनमुन था। मुनमुन नाम का कोई प्रसंग नहीं, प्रसंग इस बात का है कि मैं उसे बचा नहीं पाया।

लेखक के लिए जरूरी है, वह अकाल मृत्यु से जिसको बचा सकता हो, बचाए। उसे हर अकाल मृत्यु के समय उपस्थित रहना है। मृत्यु को लेकर यह दृष्टि सही, सच्चे अर्थ में मानवीय और सृजनात्मक है कि मृत्यु को स्वीकार करना ही चाहिए, परंतु इससे यह सिद्ध नहीं होता कि हत्या को स्वीकार करना चाहिए। इससे बस इतना ही सिद्ध होता है कि मृत्यु अवश्यंभावी है।

विद्वान लोग कहते हैं कि यह भारतीय दृष्टि है। पश्चिम की दृष्टि है, जरा-मरण के विरुद्ध संघर्ष करो और मृत्यु के भय को मानो। यह दो दृष्टियाँ कहाँ से आई हैं? निश्चय ही देश से अर्थात भूगोल से और काल से, अर्थात प्रकृति से अपने संबंध पहचानने की ही परंपराओं से इन दो दृष्टियों का आविष्कार हुआ है। जहाँ प्रकृति पर विजय प्राप्त करने की लालसा को निरंकुश बनने दिया गया, वहाँ मृत्यु को भयानक शत्रु मानकर चलने में ही जीवन माना गया, क्योंकि इस लालसा का परिणाम है, मृत्यु और मृत्यु के विरुद्ध रहकर ही प्रकृति को वश में किया जा सकता है। परंतु प्रकृति को वश में करने की आवश्यकता क्या है? एक हद तक उसके साथ जीने के लिए भी उसे वश में करने की विद्या सीखनी पड़ती है, परंतु उस हद के बाद वह विद्या प्रकृति के सबसे महत्त्वपूर्ण उपादान, मनुष्य को वश में करने के काम आने लगती है। तब प्रकृति विजय की विद्या अर्थात प्रौद्योगिक मनुष्य-विरोधी हो जाती है और मनुष्य की हत्या पर निर्भर होने लगती है। यह हम प्रतिदिन उन समाजों में घटित होते देखते हैं, जहाँ—अन्य प्रमाणों को यहाँ विस्तार के भय से संकोचवश छोड़ दें—औषधि का प्रयोग किया तो रोग से मुक्ति के लिए जाता है, परंतु वह औषधि ही रोग का कारण बनती है। जरा-मरण विरोधी प्रौद्योगिकी में औषधि प्राकृतिक है ही नहीं, तो रोग से मुक्ति कैसे होगी। वह रोग के एक प्रकार से दूसरे में ले जाकर रोग-मुक्ति का मिथ्या आभास ही कराएगी, सो वह कराती है। इतना ही नहीं, औषधि की यह विकृति इसी तर्क से यह दावा भी करती है कि मृत्यु को रोका जा सकता है। परंतु यह क्या! थोड़ा-सा आगे बढ़कर वह कहती है—नहीं, वेदना को नहीं थामा जा सकता; उसे सहा नहीं जा सकता और जिस जीवन में वेदना असह्य है, वह रक्षणीय नहीं है।

पश्चिम में यह बहस पुरानी है या नई, सो मैं नहीं जानता, पर जब वेदना जीवन में व्याप्त हो जाए, तो जीवन पूर्ण होने के पहले ही किसी के लिए उपयोगी नहीं रह जाता, यह विचार पश्चिम का ही विचार है। ईसाइयत से इस विचार का कोई संबंध नहीं। संबंध पश्चिम में प्रकृति और देश के शोषण द्वारा मनुष्य की स्वाधीनता को वश में कर लेने की पिपासा से है। हम कह सकते हैं कि भारत में भी मनुष्य के जीवन की उपयोगिता का निर्णय करने का अधिकार दूसरों ने अपने हाथ में लेने की चेष्टा की है। जन्मते ही कन्या की हत्या का और एक सामाजिक समस्या बनते ही विधवा का जीवन मिटा देने का विचार प्रचलित किया है, परंतु भारतीय परंपरा में दुख से, पीड़ा से, वेदना से जीवन का व्यर्थ हो जाना कभी माना गया! हाँ, यह माना गया है कि जीवन से अब कुछ लगाव नहीं रह गया है, क्योंकि वह पूर्ण हो चुका। जब रोग असाध्य हो जाए, तो रोगी के प्राणांत की दूसरे को अनुमति दे देना पश्चिम में भी अवैध माना गया है, परंतु इसे कानूनी वैधता देने की जरूरत बतानेवाले लोग भी हैं। इन्हीं को संबोधन करके अभी हाल में पोप जान पॉल ने

रोमन कैथोलिकों से आग्रह किया है कि इनके मत का विचार और कर्म दोनों से विरोध करें। उनका कहना है कि तर्क से यह सिद्ध तो किया जा सकता है कि जिस जीवन में आस न रह गई हो, बस वेदना ही रह गई हो, वह मिटा देने योग्य है (माने उसे मिटा देने से ही प्राणी कष्ट से और समाज उस वेदना के पाप से मुक्त हो पाएगा), परंतु यह तार्किक निर्णय अमानवीय और अर्थहीन है।

पोप के मत से कोई लेखक, कलाकार, रचयिता सहमत हुए बिना नहीं रह सकता। वह क्या रचना करेगा, जो वेदना को सहने की सीमा अर्थात जीवन की सीमा दूसरों के लिए निर्धारित करने का अधिकार ग्रहण करना चाहे ?

आपने कभी किसी को कहते सुना होगा : इस जीवन से तो अच्छा है कि ईश्वर मुझे अपने पास बुला ले : यहाँ तक तो मैं व्यक्ति का निश्चित अधिकार मान सकता हूँ। स्वयं ईश्वर के पास चले जाने का निर्णय भी मनुष्य करता है—आत्महत्या करके और उसके स्वीकार्य तर्क सिद्ध कारण हो सकते हैं। जलसमाधि का दृष्टांत भारत में और हाराकिरी का जापान में और विगत यूनानी सभ्यता में ऐसे ही कुछ सर्वविदित हैं। पशुओं में सुना है, सामूहिक रूप से आत्महत्या करने की भी प्रवृत्ति कभी जाग उठती है पक्षियों में विशेष रूप से ऐसा होता सुना गया है। कुछ चिंतकों की मान्यता है कि मानव समूह भी जीवन को व्यर्थ मानकर सामूहिक आत्महत्या कर सकते हैं। परंतु यदि बीसवीं सदी में मानव सभ्यता के विकास का कोई बौद्धिक और रचनात्मक दायित्व हम आधुनिक कहलानेवाले लोग मानते हैं, तो मनुष्य की आत्महत्या को भी और सुखमृत्यु को भी रोकने का, अर्थात इन दोनों को मृत्युकामना से विरत करने का, दायित्व हमारे ऊपर आ पड़ता है। पशु को सुखमृत्यु देना भी मनुष्य को अपराधमुक्त नहीं करता, क्योंकि वह मृत्यु न तो पशु ने माँगी है, न चाही है।

[*रविवार*, 'लेखक के चारों ओर', 1984]

लोहिया अस्पताल में लोहिया की मौत

लोग कहते हैं कि लेखक पीड़ा से गुजरकर साहित्य रचता है। जितना अधिक प्रचलित यह विश्वास है कि साहित्य का लिखनेवाला पीड़ा झेलकर साहित्य में एक नए संसार की रचना कर पाता है उतना प्रचलित यह विश्वास नहीं है कि राजनीति करनेवाला पीड़ा से गुजरकर राजनीति करता है। साहित्य के समालोचक सभ्यता और संस्कृति के शताब्दियों पुराने इतिहास के दौरान यह सीख चुके हैं कि व्यक्ति की निजी पीड़ा से ऊपर एक व्यापक, सामाजिक, आध्यात्मिक, मानसिक पीड़ा भी होती है और श्रेष्ठ रचनाकार उसी को आत्मसात करता है। यह मान्यता सैकड़ों कवियों और लेखकों ने प्रकट की है और लेखक समाज में बहस जारी ही रहती है कि व्यापक और सामाजिक के क्या अर्थ हैं। राजनीति के कर्ताओं के क्षेत्रों में ऐसी कोई बहस जारी नहीं दिखाई देती। यह सच है कि ऐसी बहस लम्बे-लम्बे अंतरालों के बाद राजनीति की दुनिया में भी उठती रहती हैं पर जब उठती हैं तो उसके आगे या उसके पीछे एक वैचारिक आंदोलन भी आता है।

गाँधी ऐसी ही राजनीति करनेवालों में एक थे। दक्षिण अफ्रीका में रंगभेद की उनकी लड़ाई एक व्यक्तिगत लड़ाई नहीं थी, यह सब जानते हैं हालाँकि उन्होंने पीड़ा को वैसे ही झेला था जैसे एक कवि ने झेला होता। पर उन्होंने उसका व्यापक अनुभव किया और आज अन्याय के विरुद्ध जितनी राजनैतिक कोशिशें जारी हैं, उनमें रंगभेद के विरुद्ध लड़ाई आज तक की सबसे अधिक महत्त्वपूर्ण लड़ाई है।

राजनीति की आज जो हालत दुनिया भर में हो गई है उसमें बड़े वैचारिक आंदोलन या तो रह नहीं गए हैं या इतने व्यापक हो गए हैं कि वे आंदोलन नहीं बन पाते। परमाणु बम के विरुद्ध विचार और प्रचार व्यापक है मगर इतना घना नहीं है कि कहीं पर वह किसी समाज में, किसी देश में राजनीतिक निर्णय करा सके। आज की राजनीति जो सिर्फ सत्ता को उद्देश्य मानती है और उससे परे समाज को अपना उद्देश्य नहीं मानती, भविष्य के लिए कुछ छोड़ रखना नहीं चाहती क्योंकि वह ऐसा समझती है कि लोग सिर्फ आज के चुनाव के लिए जमा होते हैं या आज की हिंसा के लिए जमा होते हैं। गाँधी ने भारत में राजनीति का अर्थ बदलना चाहा था। हिंसा को तो उन्होंने राजनीति के बाहर ही कर दिया था, चुनाव को राजनीति को बस एक पड़ाव माना था। गाँधी के अनुसार चुनाव के बाद राजनीति जारी रहती है पर वह अगले चुनाव की राजनीति नहीं होती। वह अगले प्रतिनिधि बदलने की राजनीति से ज्यादा अगले मतदाता बदलने की राजनीति होती है। यही गाँधी की राजनीति का सिद्धांत है। गाँधी के भक्त खद्दर से लेकर अहिंसा तक उनके बहुत से कार्यक्रम बनाते रहते हैं परंतु लोहिया की तरह वे सामाजिक रिश्तों को बदलनेवाले गाँधी के कार्यक्रम नहीं बनाते। वे जानते हैं कि जिस सात क्रांतियों का कार्यक्रम लोहिया ने लोगों के सामने रखा था इनमें से कोई अपने आपमें पूरी नहीं। हर कार्यक्रम दूसरे कार्यक्रम से मिलकर ही पूरी शक्ल पाता है। परंतु इन कार्यक्रमों को एक दूसरे से काटकर वे इस तरह लागू करने की योजनाएँ बनाते रहते हैं जिससे इनसे लोगों की अपने भविष्य का निर्णय करने की ताकत बढ़ने न पाए। वह ताकत जब-जब उभरे तो हर बार एक अंधी गली में ले जानेवाले कार्यक्रम का रूप ले ले। गैरबराबरी मिटाने के कार्यक्रम को गरीबी हटाओ कार्यक्रम बना डालना इस भटकाव का सबसे प्रकट रूप है।

कोशिश तो यह की हुई है कि मत का अधिकार भी दूसरे अधिकारों से काटकर अलग से एक सुंदर वस्तु बनाकर दिखाया जाए। मताधिकार रहने दिया गया था और अभिव्यक्ति का अधिकार दबा दिया गया था। पर वह चेष्टा अपने ही अन्तर्विरोधों के कारण चली नहीं। लोकतंत्र को पटरी से उतारकर फिर पटरी पर खड़ा करने का जो काम 1975 और 1977 में हुआ उसकी असलियत की जाँच हो रही है—हर बार जब देश में सम्प्रदायों के मुठभेड़ होती है और हिंसा एक निर्दलीय शक्ति के रूप में ताकतवर होती जाती है, हमारे सामने यह निष्कर्ष प्रकट होता है कि लोकतंत्र लोगों की स्वतंत्रता के बगैर सिर्फ एक बाजारतंत्र रह जाता है। हर बार जब हम समाज को इस तरह बदलने का दावा करते हैं कि समाज बदलकर लोगों को सौंप दिया जाए और लोग कहें कि हमने इसे पसंद किया, तो हम लोकतंत्र को कमजोर करते हैं और गाँधी को नाकारा।

समाज के 'प्रबंध का तर्क देकर समाज की स्वायत्तता घटाना लोकतंत्र को बढ़ावा नहीं है, यह बात गाँधी ने अपने नर-नारी संबंध, हिन्दू-मुसलमान संबंध और गरीब-अमीर संबंध में बार-बार निहित की थी। लोहिया ने इन निहितार्थों को पूरा रूप देने का प्रयास किया। दोनों के न रहने के बाद इन्हीं मान्यताओं, जो गाँधी और लोहिया ने बताई थीं, सत्ता के केन्द्रीयकरण के छोटे-बड़े तमाम कार्यक्रमों में इस तरह पैवस्त करने का प्रयत्न होता रहा है कि जिन सुधारों की आशा जनता को हमेशा होती ही है और उनसे लोग इनकार नहीं कर सकते, वे जनता को तैयार माल की तरह पेश किए जाएँ। यह बात महत्त्व की है कि गाँधी का नाम आजकल यह तैयार माल वाली सभ्यता ने लेना छोड़ रखा है। अब सत्ता और साधनों का केन्द्रीयकरण इस हद तक बढ़ गया है कि गाँधी का नाम लेकर जनता को इन्हीं कार्यक्रमों में सहमत होने को कहना केंद्रीयकरण तंत्र के लोग निरर्थक मानने लगे हैं। ठीक यही समय है कि नए समाज के हितैषी एक गाँधी आंदोलन की रूपरेखा स्पष्ट करें जिसमें गरीबी हटाओ के दावे से न तो होड़ ली जा रही हो न उसका विकल्प बताया जा रहा हो जो कि संगठन के अभाव में सिर्फ एक किताबी दावा मालूम होगा, चूँकि आज के केन्द्रीयकरण कार्यक्रमों की अमानवीयता सब पहलुओं से दिखाई जा रही है। ऐसा समय समाज में आता ही है जब संगठित

साधनों की इतनी क्षति हो चुकती है कि ऐसे संगठन बनाने के लिए साधनहीन सहारों को खोजना पड़ता है। साहित्य ऐसा ही एक सहारा है। वह संगठन नहीं बनाता परंतु समाज की पीड़ा को जानकर एक नए संसार की नई वास्तविकता को लोगों के सामने रखता है।

गाँधीवादी साहित्य यह काम नहीं कर सकेगा। न लोहियावादी यह काम कर सकेगा। लोहिया की कल्पना के नए संसार को साहित्य से प्रकट करना शायद कुछ अधिक सुगम प्रतीत हो क्योंकि लोहिया को गए अभी अठारह साल हुए हैं जबकि गाँधी के बाद उसका दूने से अधिक समय बीत चुका है। परंतु जिस तेजी से सारे प्रेरणा-स्रोतों पर प्रचार तंत्र कब्जा किए ले रहा है उसको देखते हुए यह अंतर भी कुछ बड़ा अंतर नहीं रह गया है। इसलिए लोहिया के जीवनादर्श के साथ भी उतना ही धोखा-धड़ी और ढकोसला हो सकता है जितना गाँधी के साथ हुआ और तब तक होता रहेगा जब तक गाँधी के नाम की बिक्री हो पाएगी। इस मामले में लोहिया फिर भी बचे हैं। उनके नाम का व्यापार गुपचुप हुआ है या छोटे पैमाने पर हुआ है। वक्त आ गया है कि उनके नाम का इस्तेमाल बंद कर दिया जाए और समाज को तोड़नेवाली प्रवृत्तियों का विरोध आज जो किया जाए वह लोहिया की दुहाई देकर नहीं, अपनी-अपनी साख के बूते किया जाए। लोहिया अस्पताल का नाम हमें नहीं चाहिए। वह एक धोखा है। हमें वह अस्पताल और वह चिकित्सा व्यवस्था चाहिए जिससे लोग स्वस्थ भी हों उनकी गैर बराबरी भी घटे। लोहिया अस्पताल के जरिए लोहिया का नाम चिरंजीवी हो जाएगा। यानी जब तक लोग नाम को बर्दाश्त करते रहेंगे वह नाम रहेगा। पर यह लोहिया की अस्पताल में मौत का ही दूसरा संस्करण होनेवाला है।

[*प्रतिपक्ष*, 1-14 अक्टूबर 1985]

बात

अकविता की आहट

कांग्रेस शताब्दी समारोह में जनता को दुतकारकर राजीव गाँधी ने वही किया है जो 1967 के आसपास औरत को लताड़कर हिंदी की अकविता कर रही थी। हिन्दी की अकविता को आप जानते होंगे। एक जमाने में वह बड़ी मशहूर हुई थी। इसके कवि देश की दुर्दशा का रोना रोते थे, सब कुछ नष्ट हो गए होने का बयान करते हुए आधुनिक शैली की खोज से चौंकानेवाली उपमाएँ खोजते हुए उग्र हिंसात्मक धमकियाँ देते थे कि हम बाकी सब भी रौंदकर रख देंगे। राजनीति इन कवियों की निगाह में सारे झगड़े की जड़ थी और उसका तिरस्कार इनकी हर सामाजिक चिंता में निहित था।

होता भी क्यों नहीं। ये कवि आखिर मध्यवर्ग के उप-स्तरों के ही थे जो जाति, वर्ग, वर्ण के आधार पर सत्ता से सिर्फ जुड़े ही नहीं, हजारों साल से जुड़े हैं। आजादी के बीस साल में कांग्रेस शासन ने इन स्तरों को और अधिक प्रतिष्ठित किया था। पर इन्हीं बीस साल में समाज के कुछ कम प्रतिष्ठित परंतु कर्मठ वर्ग उभरे थे और वे प्रतिनिधित्व का अपना लोकतंत्रीय अधिकार माँग रहे थे। अकविता के कवियों को राजनैतिक चेतना बहुत नहीं थी परंतु स्वभाववश वे जानते थे कि जिस संस्कृति से उनका वर्चस्व जुड़ा हुआ है वह लोकतंत्र में खतरे में पड़ रही है। इसके पीछे राजनीति है। बुरा हो राजनीति का और संसदीय लोकतंत्र का। इस साहित्य के दो ही विशेष गुण थे, एक तो बताना कि सावधान, सबकुछ नष्ट हो रहा है दूसरे, यह बताना कि हम जो आक्रोश दिखा रहे

हैं वही असली है। जो टूटते हुए को बनाने का संघर्ष कर रहे हैं वे असली काम नहीं कर रहे हैं, बल्कि राजनीति को जनहित में बना रहे हैं।

यह दौर अजब किस्म से अच्छे को बदलकर बुरे काम में लगाने का दौर था। 1962 में विदेश नीति और अंतर्राष्ट्रीय महिमा, दोनों के मामले में भारत की राष्ट्रीय इज़्ज़त पर धूल पड़ चुकी थी। और 63 में पंचवर्षीय योजना की मध्यावधि समीक्षा ने उनके समाजवादी दावों को भी उतना विश्वसनीय नहीं रहने दिया था जितना उनको समझा जाता था। यह बात लगभग हर जगह स्वीकार की जाने लगी थी कि योजना का लाभ चुने हुए वर्गों को मिल रहा है और पैसा बेतहाशा खपा जा रहा है। हालाँकि लोगों को बार-बार समझाया जाता था कि विकास होगा तो, भ्रष्टाचार होगा ही मगर सरकार बदलने की इच्छा एक बड़े समुदाय के मन में जाग चुकी थी। यह समुदाय उन वर्गों का मिलाजुला समुदाय था जो सत्ता, विद्या और अधिकार से आभिजात्य से शहराती अर्थ से विहीन था।

वह नेहरू के और अंग्रेजों के बनाए राजतंत्र और मानस में सत्ता को एक बार काँपते हाथों से दबोच तो पाया परंतु उसकी जगह तो लोक आंदोलन की थी। वहाँ से वह हटा तो फिर राजनीति की उसकी धारणा डगमगा गई। सत्ता ली जाती है तो समाजवादी परिवर्तन की राजनीति के लिए, यह बात वह बिसर गया। यह 1947 से 1963 तक के राजनीतिक जीवन से उसने सीखी थी। 1967 के बाद उसका अभ्यास करने से पहले ही राजनीति के रास्ते भरसक बंद कर दिए गए और अर्थव्यवस्था में एक ऐसा वर्ग विकसित किया गया जो हिन्दुस्तानियत को बेचता था और उसे सिर्फ एक उपभोक्ता सामग्री की तरह पनपने देता था। इस हिन्दुस्तानियत से समाज परिवर्तनकारी राजनीति संभव नहीं थी सिवाय नकली, बनावटी, लक्ष्य को भ्रष्ट करनेवाली और राष्ट्रीय एकता को कमजोर करनेवाली छिटपुट लड़ाइयों के।

अकविता पनप नहीं सकी। बहुत जल्दी 1967 के बाद उसका देहांत हो गया। पर उसकी आत्मा आज टी.वी. और अखबार प्रचार माध्यम के शरीर में पैठ चुकी है।

कांग्रेस शताब्दी समारोह में जिस तरह का क्रोध प्रधानमंत्री ने दिखाया था वह रजनी और अकविता दोनों से अलग है। उसमें वह अधिकार भी शामिल है जो सबकुछ बिगड़ जाने के बाद सबको बर्खास्त करने के लिए होना चाहिए जबकि अकविता सिर्फ इतना करती थी कि अपने संरक्षकों के लिए रास्ते को राजनीतिविहीन करके छोड़ देती थी ताकि वे संरक्षक जनचेतना को साहस और सामाजिक उद्देश्य से युक्त न होने दें।

फिर भी, जब सत्ता का आशीर्वाद होगा तो उसी तरह का साहित्य खुले आम लिखा जाएगा जैसा सत्ता को पसंद है चाहे वह उसे जरूरी लगता हो या नहीं। उसका कुछ ना कुछ उपयोग तो सत्ताप्रतिष्ठान के लिए होगा ही। उसमें पैसा भी होगा।

तो क्या हम अकविता के पुनरुत्थान का दौर देखने के लिए तैयार हो जाएँ? वह अपेक्षया निरीह होगा, क्योंकि अक़विता के भी कुछ प्रतिमान तो हैं ही और उसमें कवि-सम्मेलनी तुकबंदी और हीं-हीं भी संभव नहीं है। माने अभी तक नहीं थी। अब शायद वह भी हो जाए।

[*इतवारी पत्रिका*, 'बात', 19 जनवरी 1986]

सत्ता, पैसा और मानवीय संबंध

मानवीय संबंधों को सत्ता और पैसा बिगाड़ता है यह बात एक जमाने से लिखी और बताई जा रही है। पर यह भी देखा जाता रहा है कि कुछ लोग हर दौर में जमे रहे हैं और संबंधों की पवित्रता

को बनाए रखने में सक्रिय योग देते रहे हैं। सक्रिय योग देते रहने से मतलब यह है कि खुद ऐसा कुछ भी नहीं करते रहे हैं जिससे उन संबंधों की पवित्रता पर आँच आए, बल्कि उन्हें बरतने के आदर्श प्रस्तुत करते रहे हैं।

यह कोई नर-नारी संबंध का सीमित प्रश्न नहीं है, यह एक सामुदायिक प्रश्न भी है। विवाह एक मंगल कार्य है जिसमें समुदाय शामिल होता है। विवाह तो दो व्यक्तियों के बीच होता है पर उनके उत्सव में बहुत से लोग शामिल होते हैं, इसलिए मैं विवाह के निमंत्रण पत्रों को जरा ध्यान से देखता रहता हूँ कि इनमें समाज से कैसा मानवीय संबंध बनाया गया है।

एक निमंत्रण पत्र अभी आया है। इसमें विशेष बात यह है कि यह बहुत महँगे कागज पर बहुत महँगी छपाई से तैयार हुआ है पर इसकी शान इसकी में ही नहीं इसकी भाषा में भी है।

लिखा है अंग्रेजी में कि मेरी बेटी का विवाह है, कृपया समारोह में [जिसके लिए दरिद्र अंग्रेजी भाषा में 'रिसेप्शन' ही एक शब्द है] आएँ जिससे आपके साथ रहने से हमें आनंद हो। अंत में कोष्ठक में लिखा है—कृपया खाने के लिए रुक जाएँ।

यह निमंत्रण पत्र पढ़कर मुझे लगा कि इसमें आनंद आपके उपस्थित रहने से होने का बताया है। मुझे ऐसा निमंत्रण लिख देने को कहा जाता तो मैं लिखता कि हमें आपके साथ खाने का आनंद प्राप्त हो इसलिए आप आएँ। पर जिस अंग्रेजी संस्कृति को हम अपने सामुदायिक संबंधों में उतार रहे हैं उसमें आनंद इस बात का है कि एक समारोह में आपकी उपस्थिति हो।

समारोह में आप एक विशिष्ट व्यक्ति हैं, यह बताने के लिए आपको कह दिया गया है कि आप भोजन के लिए रुक जाएँ। बिना कहे कह दिया है कि कुछ लोग भोजन के लिए रुकने को निमंत्रित नहीं हैं, घबराएँ नहीं आप उन लोगों में नहीं होंगे।

यह सब चालाकी करने के कुछ कारण आर्थिक हैं। इतना खर्च नहीं करना चाहता है कोई कि सबको भोजन कराए तो आप अपनी संस्कृति की रक्षा करने को उसे बाध्य तो नहीं कर सकते। पर आपको अपनी इज्जत में बट्टा लगता दिखाई देता है कि हमारे यहाँ विवाह में अतिथि थोड़े ही आए। इसलिए असभ्यता आधुनिक संस्कृति की आवश्यकता मान लेते हैं कि बुलाएँगे हजार को, खिलाएँगे सौ को, जिनको नहीं खिलाया है वे यह तो कहने नहीं जाएँगे कि हमें खिलाया नहीं पर दुनिया देखेगी कि हजार अतिथि ही आए थे।

कहीं-कहीं यह भी देखा गया है कि जिनके यहाँ कारज है उनका बड़ा नाम होता है और उस नाम का उल्लेख करने से मंगल कार्य की गरिमा बढ़ने का भ्रम पैदा होता है। जहाँ तक घर के लोगों का सवाल है वे तो आनंद के अनुभव में ऐसे ही गरिमा का अनुभव करते रहते हैं पर बाहर के लोग यह जानकर कि जिस घर में कारज हो रहा है उसका एक महत्त्वपूर्ण व्यक्ति से निजी संबंध है किस तरह की गरिमा का अनुभव करते होंगे? सोचकर देखिए तो वह कोई गरिमा नहीं है, केवल एक प्रकार का आतंक है। जो आतंक जबर्दस्त धूमधाम करने से होता है वही बड़े-बड़े नाम लेने से होता है। लड़के या लड़की का बाप या निमंत्रण देनेवाला व्यक्ति स्वयं नामी आदमी हो तो कोई आतंक नहीं फैलता, वह तो एक स्वाभाविक जानकारी है, पर यदि निमंत्रण पत्र के साथ एक परची लगी हुई आए कि जिस विवाह का निमंत्रण आपको दिया जा रहा है वह मेरे भतीजे का विवाह है या मेरे नाती का है तो जाहिर है कि निमंत्रण जिस व्यक्ति ने दिया है उसकी पैरवी की जा रही है। आपसे पधारने का अनुरोध किया जा रहा है इसलिए कि आप मेरा नाम सुनकर आएँगे पर मैं निमंत्रण देते हुए भी एक आकर्षक वस्तु और एक भव्यता ही हूँ, विवाह के समारोह का कर्ता नहीं। इस तरह की पर्चियाँ निमंत्रण पत्र में जोड़ने को मैं एक असभ्यता ही मानूँगा। इसके पीछे अहंकार है इतना कहना काफी नहीं इसके पीछे अहंकार को पाखंडपूर्वक विनम्रता दिखाने की इच्छा भी है। सीधे यह लिखने में क्या बिगड़ता था कि मेरे भतीजे या नाती या पोते का विवाह

हो रहा है।

शायद तर्क दिया जाएगा कि विवाह का निमंत्रण तो पिता की ओर से ही जाना चाहिए। तब फिर मैं कहूँगा कि उसी निमंत्रण में लिख दिया जाए कि इस अवसर पर अमुक-अमुक बड़े आदमी भी उपस्थित रहेंगे। इनमें से कौन-कौन पिता के क्या लगते हैं यह भी लिख दिया जा सकता है। कैसा लगेगा भारतीयता का यह नव-धनाढ्य संस्करण?

जब कभी अखबारों में समाचार छपता है कि अमुक मंत्री या महामंत्री ने अपनी पुत्री के विवाह में इतना खर्च किया या इतनी भीड़ बुलाई तो उस पर एक हल्की सी गुदगुदी होकर रह जाती है—फिजूलखर्ची और फिजूल की तड़क-भड़क के खिलाफ एक सादगी के पक्ष में कुछ टिप्पणियाँ करके लोग वह प्रसंग भुला देते हैं। पर नहीं, प्रश्न पैसा फूँकने का नहीं है, मानवीय और सांस्कृतिक मान्यताओं को सत्ता और पैसे से घिनौना बनाने का है जैसा इस निमंत्रण पत्रिका के उदाहरण से देखा जा सकता है।

[*इतवारी पत्रिका*, 'बात', 16 म[illegible] 1986]

सिख आधुनिकता

पंजाब में लोकतंत्र रह गया है या नहीं, यह हम कैसे समझें। निर्वाचित सरकार है मगर सार्वजनिक जीवन में हत्या भी है। हमारे व्याख्याता चुप हैं, नहीं तो मालूम हो जाता कि लोकतंत्र और हत्या दोनों साथ-साथ कितनी देर तक निभ सकते हैं। हमारी समझ में दोनों में से लम्बी जिंदगी एक ही जी सकता है। परंतु दीखता यह है कि पंजाब की राजनीति में हिंसा और लोकतंत्र के साथ-साथ चलाने का प्रयोग हो रहा है।

अक्तूबर 1982 या इसके आगे-पीछे किसी महीने में पंजाब में एकाएक चौंकाने और दिल दहलाने वाली हत्याएँ शुरू हो गई थीं। तब से लेकर 1984 के शुरू तक अखबार हत्याओं की खबरों में इस तरह खेलते रहे जैसे अमीर घरों के बच्चे सोने-चाँदी में खेलते हैं। किसी राजनैतिक दल के मंच से हत्याओं का कोई जबर्दस्त विरोध नहीं हुआ। गैर-राजनैतिक मंच पर कोई विचारशील इकाई यह कहने नहीं आई कि हिंसा बंद करो। और किसी ने हिंसा के विरुद्ध आंदोलन की शुरूआत नहीं की। एक बहस पंजाबियत के समर्थन में कुछ बुद्धिजीवियों ने उठाई जरूर मगर वह बाकी भारत के लिए कोई खास मतलब नहीं रखती थी और सिख हठधर्मिता के विरुद्ध वह एक छोटी-सी मिमियाहट बन कर रह गई।

ये बातें इसलिए लिख रहा हूँ कि आज भी सही मायने में कोई सामाजिक शक्तियाँ अपने को सामने लाकर समाज का मन बदलने की कोशिश नहीं कर रही हैं। अखबार ही यह जानने का साधन हैं कि ऐसी कोई कोशिशें हो रही हैं या नहीं। और अखबारों में रोज प्रथम पृष्ठ की खबरें यही रहती हैं कि कितनी हत्याएँ कहाँ हुईं। जब थोड़ा-बहुत आभास हुआ है कि पानी सर के ऊपर आ गया है तो विपक्ष के सहयोग की और आतंकवाद को मिटाने के लिए भारी सहायता की बात कही और छापी जाने लगी हैं। सारा जोर आतंकवादियों को खोज निकालने और उनके विरुद्ध समुचित कार्रवाई करने पर है।

समुचित कार्रवाइयाँ दो तरह की बताई गई हैं। एक है जब चाहें तब सेना की मदद लेकर कानून और व्यवस्था बनाए रखने, दूसरी है आतंकवादियों को अलग-थलग करना। तीसरी कोई कार्रवाई नहीं है। यदि तीसरी कार्रवाई की कल्पना होती तो कहा जाता कि सिखों और हिंदुओं का बिगड़ता हुआ

मन बदलना भी एक काम है। यह काम धीरे-धीरे ही होता है मगर कोई-कोई नेता जादू भरा असर भी डालता है और एकाएक परिवर्तन होता है। बाबा आमटे ऐसे ही नेता हैं। सतही राजनीति से परे गहरी सामाजिक चेतना से भरे उनके आने-जाने, बोलनेबताने के असर का टोकरी भर राजनीतिक नेताओं के प्रभाव से ज्यादा वजन है।

परंतु बाबा आमटे से यह आशा करना कि वह पिछले 6-7 साल में जमा हुए मैले को बुहार कर साफ कर देने और मैला करनेवालों से कोई माँग न करना कि वह दोबारा मैल नहीं करेंगे, राजनीति और समाज-निर्माण के साथ एक फूहड़ मजाक करना होगा। आतंकवाद के लक्षण जब झलकना शुरू हुए थे, रेडियो टी.वी. पर व्याख्यानों में और भारतीय इतिहास की परिभाषा करनेवाले संपादकीयों में बार-बार कहा जाता था कि आतंकवाद की कोई वैचारिक निष्ठा नहीं होती और वह किसी संगठन को नहीं मानता है। परंतु बड़े पैमाने पर आतंकवाद का हल्ला मचाकर पूरे भारत में प्रचार किया गया कि हम आधुनिक हो गए हैं क्योंकि यूरोप और अमरीका की तरह आतंकवाद हमारे यहाँ भी आ गया है। रेडियो पर एक परिचर्चा में एक विचारक ने कहा कि यदि हमें आधुनिक बनना है तो औद्योगिक सभ्यता के परिणामों को भी स्वीकार करना पड़ेगा। उस परिचर्चा में मैं भी था इसलिए मुझे याद है कि उन्हें इन बचकाने तर्क का जवाब क्या दिया गया था। किसी राष्ट्र को जो अपने को अभी तक आधुनिक हो गया नहीं मानता है, आधुनिक होने के बदले में अपनी आजादी उठाकर दे देने का हक नहीं है क्योंकि यदि आधुनिक होने की कीमत जनता की आजादी है तो यह आधुनिकता राष्ट्रविरोधी शक्तियों की जरूरत पूरी करती है, राष्ट्र की नहीं। यह प्रचार विश्व की साम्राज्यवादी शक्तियों का फैलाया हुआ है कि वे राष्ट्र जो शोषित और निर्धन हैं, आधुनिक नहीं हैं तथा उन्हें आधुनिक होने के साथ ही साथ गुलाम हो जाना चाहिए। आतंकवाद की जो व्याख्या साम्राज्यवादी शक्तियाँ करती हैं उसमें मुख्य बात यह है कि वे आतंकवाद को विचारधाराविहीन मानते हैं। यह कहकर साम्राज्यवादी लोग विचारहीनता के बहाने से राजनीतिहीनता को बढ़ावा देते हैं जो उन्हें गुलामी और साम्राज्यवाद फैलाने में मदद देती है।

भारत में सत्ता के केंद्रीयकरण के परिणामों को गाँधी ने आजादी के पहले से ही पहचाना था और लोहिया ने आजादी के बाद से उन्हें और अधिक प्रखरता से बताया। पंजाब में सत्ता के दोहरे स्तर पर प्रपंच होते रहे हैं—एक तो सत्तासीन दल के भीतर के शक्ति संघर्ष से और दूसरे सिख समुदाय के भीतर इतिहास में अपना रचनात्मक स्थान न खोज पाने के संघर्ष। सिख समाज को भारतीय राष्ट्र में इहलौकिक दृष्टि से विशेष स्थान मिलता रहा है जिसके ऐतिहासिक और भावनात्मक कारण थे। परंतु पश्चिम की राज्य की अवधारणा में ईसाई नमूने पर काम करनेवाली सभ्यता के अंतर्गत धर्म भी मजहब बन जाता है। सिख धर्म के साथ भी कालांतर में यही हुआ और कालान्तर में सिख मानस इस्लाम के-से संगठनबद्ध संप्रदाय के गुणों को धर्म के गुण मानने लगा। परिस्थिति विशेष में पड़कर अपने प्राचीन हिंदू संस्कार को उसने बहुत बदला और आज हम देख रहे हैं कि भिंडराँवाले को लेकर अधिकारों की लड़ाई लड़ी गई थी जिसमें एकमात्र साधन हथियार थे।

इस क्रम में आतंकवाद को एक वैचारिक आसन भी मिल गया है। संगठन के नाम पर जो जहाँ स्थानीय कारणों से प्रबलतर होता है अपना प्रभुत्व बना लेता है। चाकूबाजी का यह खेल एक अंधी गली में खेला जा रहा है। पिट जाने पर किसी भी खिलाड़ी को भाग निकलने की राह नहीं मिलनेवाली है। बचने का एक ही उपाय है—खेल बंद करके अपनी किताब खोल लेनी चाहिए। उससे कुछ परंपराएँ लिखी मिल जाएँगी। शायद वे इक्कीसवीं सदी के आने तक सहारा दे जाएँ।

[*इतवारी पत्रिका*, 'बात', 13 अप्रैल 1986]

एकता नहीं, विविधता की खोज

हमारा प्यारा भारतवर्ष विचित्र देश है। मुझे यह विचित्र ही अच्छा लगता है। कभी-कभी यह सोचकर चिंता होती है कि यदि यह इतना विचित्र न होता तो इसमें रहा कैसे जाता। देश तो दूर की बात है जिस मोहल्ले में मैं रहता हूँ उसी में यदि भाँति-भाँति के लोग न रहते होते तो जीना दूभर हो गया होता। कल्पना कीजिए मोहल्ले में सब निवासी एक ही तरह से रोते, एक ही तरह से गाते, एक ही तरह से अचरज और एक ही तरह से गुस्सा प्रकट करते तो उस समाज की एकरूपता से कितनी घुटन फैलती—उसके सारे छोटेपन एक जगह जमा होकर अपने उबाऊपन को धौंस के साथ मेरे ऊपर लादने लगते। कोई मानने को तैयार ही न होता कि मैं भी भारतीय हूँ, हाँ उनके जैसा नहीं हूँ।

इसलिए मैं तो बहुत खुश हूँ कि हमारे देश में इतनी सारी भाषाएँ हैं। उधर मंत्रीजी इसी बात से परेशान हैं। पता नहीं हम दोनों में कौन ज्यादा भारतीय है कौन कम। इतनी सारी भाषाएँ होने से देश में एकता कैसे रहेगी, यही मंत्रीजी की चिंता है। इधर मैं बचपन से ही पढ़ता आ रहा हूँ कि विविधता में एकता भारत की विशेषता है। मंत्रीजी के विचार में यह बात नहीं आती है। हो सकता है बचपन में उन्होंने यह बात पढ़ी न हो।

यह एक महत्त्वपूर्ण प्रश्न है। मंत्रीजी को राजनीति में जरूर कोई अच्छा शिक्षक नहीं मिला रहा होगा तभी न जितनी बातों में मेरे स्कूल मास्टर ने इस देश की समता बताई थी उन सबमें उन्हें विषमता लगती है। जैसे यह देश बहुत बड़ा है, इसमें अनेक जातियाँ हैं। अनेक भाषाएँ हैं। कल वहीं वह यह शिकायत करें कि इसमें अनेक प्रकार की भूमि और जलवायु हैं और अनेक लोग हैं। क्या कहा? यह शिकायत कर चुके हैं? हाँ याद आया। उन्होंने कहा है कि पीने का पानी सारे देश में नहीं पहुँचाया जा सकता क्योंकि भारत विशाल है और पानी माँगनेवाले असंख्य हैं। उन्होंने कहा है कि जनता प्रशासन की कठिनाइयों को नहीं समझती। देश के बारे में कुछ भी कहने के समय इतिहास, संस्कृति, भूगोल और मानवीय आवश्यकताओं का विचार करने की जगह प्रशासनिक सुविधाओं का विचार करना चाहिए। मत भूलो कि स्वतंत्रता पाने के बाद हम सब प्रशासक हो गए हैं नागरिक नहीं रह गए। समस्याओं को यदि हम विचारकों की तरह न देखकर म्युनिसिपल कमिश्नरों, डिप्टी कलेक्टरों या आई.ए.एस. अफसरों की तरह देखें तो उनके हल निकल आएँगे। संतुलित दृष्टि से अपने वर्तमान को देखकर हम मसले हल करने के उपाय बताएँगे और जहाँ देश का विशाल होना प्रगति में बाधक होगा, देश को छोटा कर लेंगे और प्रगति को उस पर लाद देंगे। आजादी के 39 वर्षों से सीख लेकर हमें अपने लक्ष्यों की पुनः समीक्षा करनी चाहिए। लगता है 1947 में कहीं भूल हो गई थी। ये शब्द कहीं से उद्धृत नहीं किए गए हैं। ये मंत्रीजी के भाषण की टीका ही है। टीका मेरी है। मंत्रीजी काल्पनिक हैं।

मंत्रीजी स्वयं नहीं कहते कि संविधान बनानेवालों ने समानाधिकार, बालिग मताधिकार, लोकतंत्री चुनाव, नियोजित विकास, भाषावार राज्य, राज्यों के अधिकार और कर्तव्य आदि का निर्देश करके गलती की। वे केवल टीका किया करते हैं। उसी से जो समझ में आ जाया करता है वही बताया है मैंने। उनकी धारणा यह है कि बीसवीं सदी ने मानवभविष्य संबंधी जो विचार दिए हैं वे सब जड़ से उखड़ गए हैं। इनकी जड़ें खोदकर कहीं और जमानी पड़ेंगी भले ही चार शताब्दी पीछे के इतिहास में जाना पड़े। कम से कम ईस्ट इंडिया कंपनी तक तो जाना ही पड़ेगा। मैकाले की शिक्षा नीति ने क्रांति कर दी थी। आज फिर बड़े पैमाने पर आधुनिक शिक्षा की जरूरत है। हमारा प्यारा भारतवर्ष विशाल है। सबको शिक्षा और एक-सी शिक्षा नहीं दी जा सकती। वैसे ही जैसे सबको पीने का पानी नहीं दिया जा सकता। यहाँ तक मंत्रीजी के विचार हैं, आगे मेरे।

फिर भी मैं अपने देश के विशाल ही नहीं विचित्र होने से प्रसन्न हूँ। यही ज्ञान आधुनिक काल को पहचानने का मेरा साधन है। मैं इसे पहचानूँगा और अगर मंत्रीजी कहते हैं कि हमारे आदर्श पुराने पड़ गए हैं तो नए आदर्श बनाऊँगा। सबसे पहले तो यह नया आदर्श कि विविधता में एकता का नारा न सिर्फ पुराना पड़ गया है बल्कि झूठ था और झूठ साबित हो गया है। नारा होना चाहिए 'एकता में विविधता'। एकता है; बस उसकी विविधता को पहचानना है भाई साहब। यह नहीं कि विविधता है, बस उसकी एकता को कहीं से खोजकर लाना है। यह तो विदेशी शासकों की दृष्टि थी जो हमें विभिन्न जंगली सभ्यताओं का पिटारा समझा करते थे और एकता जिन्हें यूरोप में विविधताओं के टकराव को शांत करने के लिए आवश्यक जान पड़ा करती थी जीवन में समन्वय और संतुलन के लिए नहीं।

[*इतवारी पत्रिका*, 'बात', 25 मई 1986]

स्वाधीनता की याद करना आतंकवाद है?

एक दिन बैठे-बैठे ख्याल आया कि मैं कवि हूँ। मुझे समाज के दिल की धड़कन सुनकर समाज का हाल पहचानना चाहिए। वैद्य जैसे नाड़ी की गति जानकर विचित्र रोगों का वर्तमान बता सकते हैं, वैसे ही कवि को समाज में घटनाएँ जानकर बता सकना चाहिए कि उसके भीतर, देह-मन-आत्मा में, क्या हो रहा है। तो कोशिश करने पर मुझे मालूम हुआ कि कुछ असाधारण परिवर्तन हो रहे हैं। लंबा सैद्धान्तिक विवरण न देकर इतना ही कहूँगा कि हम जिन चीजों को अपने मन में पवित्र मानते थे, उनको अब हम संदिग्ध मानने लगे हैं। इस संक्षिप्त लेख में एक ही उदाहरण देकर बात पूरी करना चाहता हूँ।

एक दिन खबर मिली कि पंजाब से गुप्तचर विभाग ने दिल्ली के दूरदर्शन को सलाह दी है कि उन क्रान्तिकारियों के विषय में नाटक आदि न दिखाएँ, जिनका स्वाधीनता संघर्ष में ऐतिहासिक योगदान था। उनकी कथाएँ आजकल दूरदर्शन पर दिखाई जा रही थीं। गुप्तचरों ने कहा, ये कथाएँ देखकर पंजाब के आतंकवादी हिंसा की प्रेरणा ले रहे हैं।

गुप्तचर विभाग को किन सूत्रों से यह रहस्य विदित हुआ, यह तो मैं नहीं जानता, परंतु सुनते ही मुझे अविश्वास जरूर हुआ था। क्रांतिकारी वीरों की कथाएँ अब हमें इसलिए नहीं दिखाई जा सकतीं कि वे हिंसा फैलाती हैं? ऐसा है तो कहीं हमारी क्रान्ति की, हिंसा की, स्वाधीनता की, वीरता की और इतिहास की समझ में बहुत बड़ी गड़बड़ फैल गई है। मैं प्रशिक्षित अनुसंधानकर्ता तो हूँ नहीं जो जल्दी से पता लगा लूँ कि इन पाँचों में से कौन-सी चीज बिगड़ गई है। यही कह सकता हूँ कि हो न हो, पाँचों बिगड़ी हुई हैं। मगर मूल गड़बड़ी किस अवधारणा में है? मेरा उत्तर है—स्वाधीनता की अवधारणा में ही वह खोट घुस आया है जिसकी बदौलत सारी संवेदनाएँ और परिभाषाएँ विकृत हो रही हैं। पंजाब का आतंकवादी यदि कोई राजनैतिक उद्देश्य लेकर चलता है तो वह उद्देश्य स्वाधीनता नहीं है, वह भितरघात है। यदि वह स्वायत्तता की आकांक्षा से अपने को हिंसा में लगाता है तो क्रान्तिकारी वह तभी होगा जब वह किसी गुलामी से मुक्त होना चाहता हो, जैसा भारतीय स्वाधीनता के सिपाही चाहते थे। ब्रितानी साम्राज्य से मुक्ति की कथा दिखाते समय दूरदर्शन यदि भारतीय गणराज्य से मुक्ति की आकांक्षा को बल देने लगता है तो खोट स्वाधीनता की अवधारणा में किसके यहाँ है? कार्यक्रम देखनेवाले आतंवादियों के यहाँ या कार्यक्रम तैयार करनेवाले निर्माताओं के यहाँ? अधिक संभावना यही है कि निर्माताओं के दिमाग में ही स्वाधीनता की समझ बिगड़ गई हो।

दूरदर्शन पर किसी न किसी प्रकार के राष्ट्र-प्रेम के कार्यक्रम बनानेवालों का शैक्षिक, सांस्कृतिक और राजनीतिक ज्ञान कभी ऐसा नहीं दिखा जिससे इतिहास और राष्ट्रीयता की कोई गहरी रचनात्मक समझ झलकती हो। उनके लिए जैसे हर ऐतिहासिक घटना खबर या एक वस्तु है जिसको माल बनाकर बेचा जा सकता है, वैसे ही क्रांतिकथा भी है। इसमें निर्माता आज के खरीददार का ध्यान रखकर चलेंगे तो आज का ग्राहक अपनी माँग को ही सबसे पहले देखेगा और उसी के द्वारा क्रांति को पहचानेगा। वास्तव में निर्माता में इतनी रचनाशीलता नहीं है कि वह देखनेवालों को कुछ सिखा भी सके या उनका मन परिवर्तन कर सके। पर क्या यही कारण है कि पहले मंजूरी देकर और 6-7 कथावृत्त दिखाकर अचानक उन कथामालाओं को बंद कर दिया गया? अवश्य ही कुछ और कारण भी होंगे। हो सकता है निर्माता ने अधिकारियों को अच्छी तरह खुश न किया हो। पर यह तो नहीं हो सकता कि कार्यक्रमों का आलेख अधिकारियों ने अनुमति देने के पहले देखा न हो। हाँ, अनुमति देने के बाद अधिकारियों में मतभेद उठ खड़े हुए हों और बंद कर देने का आकस्मिक निर्णय अपनी ही गलती को सुधारने का परिणाम हो तो और बात है। अगर ऐसा है तो यह बात दूरदर्शन के नए कार्यक्रमों की योजना करने के मामले में एक बहुत मूलभूत खोट की ओर ध्यान दिलाती है। यह गैर पेशेवाराना काम कहा जाएगा कि एक बार निर्माता को दूरदर्शन अनुमति दे दे, बाद में जब देखे कि हमने किसी गलत काम की अनुमति दे दी है तो, चुपचाप बिना बताए फैसला पलट दे। इसमें लाखों रुपए की—निर्माता के रुपए की और दूरदर्शन के समय की बरबादी है। पर इससे बड़ी बरबादी है स्वतंत्रता संग्राम की अवधारणा में एक खोट डालकर उस खोटे सिक्के को चला देने की हरकत, जो एक साजिश की तरह स्वाधीनता संग्राम को बदनाम करती है और पंजाब के उग्रवादियों को उग्रवादिता का आतंक टीवी के निर्देशकों पर जमाने का श्रेय दिलाती है।

प्रश्न है कि वे क्रांतिकारी कार्यक्रम कहाँ गए? यदि उनमें कुछ दृश्य या वाक्य अधूरे हैं तो क्या उन्हें सुधारकर या काट-छाँटकर दिखाया नहीं जा सकता? या आतंकवाद, मूर्खता और अयोग्यता ने मिलकर क्रांतिकारी वीरों को परदे से पोंछकर मिटा ही दिया है—यह तो एक पराजय है। यह प्रचार कि इन कथाओं से आतंकवादी प्रेरणा ले रहे थे, जानबूझकर राष्ट्रीयता-विरोधियों ने कराया हो तो कोई आश्चर्य नहीं होना चाहिए। क्योंकि अभी तक यह प्रचार सफल ही रहा है और इसकी काट दूरदर्शन ने नहीं की है। चुप रह जाना कोई काट नहीं है।

[*इतवारी पत्रिका,* 'बात', 14 सितंबर 1986]

संस्कृति और रोटी

8 नवंबर को दिल्ली में 'अपना उत्सव' शुरू हो गया। 8 तारीख के काफी पहले से दूरदर्शन इसका प्रचार कर रहा था। बेचारा दूरदर्शन इस उत्सव का सिर्फ प्रचार कर सकता है, क्योंकि जितने कला-प्रदर्शन हो रहे हैं वे जमीन पर जनता के सामने हो रहे हैं—दूरदर्शन में नहीं। अपना उत्सव की जो विशेषताएँ बताई गई हैं वे कोई मायने भी तभी रखेंगी जब कार्यक्रमों का आयोजन धरती पर आँखों के सामने होगा और आमने-सामने देखा जा सकेगा—परदे पर नहीं। यह और बात है कि परदे पर उनका अक्स उन बेचारों के लिए दिखाया जाए जो दिल्ली की बसों की भीड़ों और उत्सवस्थलों की दूरियों के कारण ये नाचगाने आमने-सामने नहीं देख सकेंगे।

8 नवंबर के पहले एक दिन दूरदर्शन पर उत्सव का प्रचार देखा। एक सज्जन एक दूसरे सज्जन को इंटरव्यू दे रहे थे। दूरदर्शन रेडियो की दुनिया से अभी तक निकल नहीं पाया है, नहीं तो अपना

उत्सव जैसे हंगामे को दृश्य, वर्णन, टिप्पणी और बहस जैसी चीजों से दिखाया जाता। पर दूरदर्शन के अधकचरे तरीकों और घटियापनों की समीक्षा यहाँ उद्देश्य नहीं है—वह मैं किसी अन्य स्तम्भ में करूँगा। अभी तो आपको यह बताना चाहता हूँ कि वह कौन-सा दिमाग है जो इस उत्सव की विचारधारा को बना रहा है।

पिछले कुछ चुने हुए वाक्य सुन लीजिए : 'अपना उत्सव इसलिए हो रहा है कि लोगों का नजरिया बहुत छोटा हो गया है। हम सारी कलाओं को समेटकर दिल्ली में रख देंगे, इससे उनका नजरिया बड़ा हो जाएगा।'

उद्धरण के शब्दों में कहीं हेर-फेर हो गया होगा। मगर आशय यही था। यह तर्क सुनकर ऐसा लगा कि वक्ता महोदय बड़ी फालतू ताकत से बोल रहे हैं। लोगों का नजरिया छोटा नहीं हो गया है, दिल्ली के उन लोगों का जीवन छोटा हो गया है जो अपने-अपने लोगों को भूल गए हैं और इनका नजरिया बड़ा करने के लिए इन्हें अपने-अपने इलाके की संस्कृति के 'नमूने' देखने से कुछ हासिल नहीं होनेवाला है। इन्हें अपने-अपने इलाकों के लोगों के साथ आनंद में जीना चाहिए—कौतूहल में नहीं। यह तभी हो सकता है जब उन इलाकों में जिंदगी भरी-पूरी हो। नाचगाने उन इलाकों में उस जिंदगी को तभी भरी-पूरी करते हैं जब वे वहीं हों और बाहर के लोगों के लिए तमाशा न बनाए जाएँ। बल्कि स्थानीय जीवन में रचना की प्रेरणा दें।

चूँकि यह अपना उत्सव हर साल होगा इसलिए अब से साल भर के अंदर ऐसी योजनाएँ बनानी चाहिए, जिनसे ये स्थानीय कार्यक्रम दिल्ली में नुमाइश के लिए नहीं, अपने समाज में अपने समाज को बनाने के लिए किए जाते रहें।

दूरदर्शन इंटरव्यू में बार-बार कहा जा रहा था कि दिल्ली में अपना उत्सव करने से कलाकारों की गरीबी दूर होगी। एक वाक्य सुनिए—'गरीब कलाकार रोटी के पीछे दौड़ते रहते हैं। यानी उनके पेट में रोटी नहीं होती, पर उनकी कला का प्रदर्शन साहबों के देखने लायक होता है।' रोटी और कला का संबंध इंटरव्यू में इस तरह बताया गया कि संस्कृति के प्रदर्शन से उनकी रोटी की समस्या हल हो जाएगी। मगर इसके लिए उन्हें दिल्ली में जमा होना पड़ेगा। अपने गाँव में तो बेचारे संस्कृति का काम करते रहते हैं पर उनके पेट में रोटी नहीं होती।

इंटरव्यू जो सज्जन कर रहे थे वह हर बात में हाँ में हाँ मिलाते हुए यह मान रहे थे कि भारत में संस्कृति की पहचान पहली बार कराई जा रही है। यानी सबको एक जगह समेटकर संस्कृति को एक जगह जमा करने के पहले उसकी कोई पहचान कहीं थी नहीं। यानी जनजन में संस्कृति में से संस्कृति उठ गई थी। संस्कृति वाले भूखे थे, अब उनकी तरफ ध्यान देते ही संस्कृति का पुनरुद्धार हो जाएगा। पर इस पुनरुद्धार के लिए जरूरी है कि उनकी कला को इकट्ठा कर दिया जाए। यानी दर्शनीय बनाया जाए। दूरदर्शन पर यह कला का इकट्ठा होना कला की हर कृति को एक दर्शनीय अजूबा बनाकर किया जाएगा—इसमें कोई संदेह नहीं।

उत्सव शुरू होने के पहले एक और कार्यक्रम में दूरदर्शन ने जीवंत कलाकर्म के टुकड़े-टुकड़े करके एक प्रचारात्मक कार्यक्रम दिखाया जो अगले कार्यक्रम का वक्त आते ही काट दिया गया। इस कार्यक्रम से यही मालूम हुआ कि भारत दिल्ली के बाहर एक विचित्र देश है, जिसमें भाँति-भाँति की कला के नमूने हैं पर उनमें डूबने की फुरसत हमें नहीं है। इसलिए कोई लोकगीत न पूरा सुनाया जा सकता है न उसका जीवन से संदर्भ प्रकट किया जा सकता है। बिकाऊ माल की एक झलक काफी है। नुमाइशी चीजों की तरह ये लोकगीत और नृत्य दिल्ली के भद्रसमाज को दिखाए जा रहे हैं, जिन पर उसकी प्रतिक्रिया यह हो रही है कि अमुक नृत्य में कुछ लोग एक अजब असभ्य तरीके से उछलकूद कर रहे या चक्कर लगा रहे हैं।

जहाँ तक रोजी-रोटी का सवाल है दिल्ली का जीवन से उखड़ा दर्शक यह सब मुफ्त देख रहा

है और संस्कृति को पहचानने के लिए पैसा खर्च करने की उसे जरूरत नहीं पड़ रही है। इससे यह संस्कृति नाम की चीज कलाकारों के गुलाम ही बनाएगी, जिनका कर्त्तव्य माना जाएगा कि सरकार उन्हें हमारे मनोरंजन के लिए पैसे देती है और हम सिर्फ कौतूहलवश कुछ देहातियों का असभ्य मटकना-नाचना देखते हैं दरबार में बैठे हुए।

यह उत्सव को समझना बाकी है कि कला रोजी तभी दे सकती है जब दर्शक का सरोकार कुछ चिंताओं से हो, जो कलाकार कला में प्रकट कर सकता है। कला का मनोरंजन इसी चिंता या सरोकार या लगाव की उपज है। पर अपना उत्सव को अभी यह बात समझ में नहीं आई है और उस वक्त तक आएगी भी नहीं जब तक उत्सव के पीछे संस्कृति को इकट्ठा करने का गौरव काम करता रहेगा और संस्कृति को एक दर्शनीय माल बनाने की समझ काम करती रहेगी।

[*इतवारी पत्रिका*, 'बात', 16 नवंबर 1986]

कुतर्क के चक्र में भारतीयता

विदेश में जब कभी भारत के विषय पर विचार गोष्ठी हो रही हो तो बहुधा विचित्र नतीजे निकलते रहते हैं। इनमें से एक यह है कि कुछ विचारकों को आश्चर्य होता रहता है कि अच्छा! भारत में ऐसा है! और कुछ उस आश्चर्य रूपी बुराई को सुधारने के उपाय सोचने-बताने लग जाते हैं।

यह विदेश में जाकर मालूम होता है कि भारत में एक बुराई उसका 'बड़ा देश' होना है, जिसमें कई तरह के लोग और कई भाषाएँ हैं। तुरंत यह मान लिया जाता है कि इस बुराई का उपाय निकाले बिना भारत का हित विचार में भी लाया नहीं जा सकता। बस साहित्य हो या राजनीति, बहस यह सिद्ध करने में लग जाती है कि यदि सब भारतीय अपनी-अपनी विशेषता छोड़ दें तो उनमें भिन्नता न रहे और भिन्नता न रहे तो 'एक' विचित्र देश न रहे और स्वीकार्य हो जाए। पर इस कुतर्क का भेद यह है कि जिस विचित्रता के कारण भारत की ओर लोग ध्यान दे रहे हैं, उसी विचित्रता को भारत की अशक्यता बता रहे हैं। इस कुतर्क के पीछे कौन-सी मनःस्थिति काम करती है? यही, कि हम एक हीनतर समाज हैं जिसमें विचित्रता को, जो हमारी शक्ति है, हम अपनी हीनता बताकर सहानुभूति पाने के लिए बाध्य किए जा रहे हैं।

दुख की बात यह है कि हम बाध्य हो रहे हैं, किए नहीं जा रहे। पर किस लालच में? पिछले चालीस वर्ष के स्वतंत्रता के अनुभव में यह हीनभावना और यह लालच एक वर्ग के दिमाग पर हावी रहा है और भारतीयता के उन्मेष के अनेक आन्दोलनों के बावजूद भी—और उनमें से अनेक के भीतर भी—इस बात को स्वीकार करने से यह वर्ग कतराता रहा है कि हमारे देश का वैविध्य एक परंपरा के प्रवाह का वैविध्य है। इसलिए हमें उस वैविध्य को अधिक से अधिक अभिव्यक्त करने से ही भारतीयता की पहचान हो पाएगी—हमें भी और विदेशियों को भी।

भाषाओं की ही बात लें। यहाँ अपने बारे में यह सफाई देना जरूरी है कि आज किसी भी बहस में हिस्सा लेनेवाले को अपनी प्रामाणिकता की घोषणा करना आवश्यक हो गया है। जाने कितने विचारक आज लोकतंत्र पर बहस कर रहे हैं, मगर उनमें से आधे खुले आम और आधे छिपेछिपे, सिद्ध यही करने पर तुले हैं कि लोकतंत्र भारतीय नहीं है। भाषा और साहित्य के बारे में भी यह मौलिक अवधारणा लेकर अनेक विचारक बहस शुरू करते हैं कि राष्ट्रीय एकता के लिए कोई भारतीय भाषा सिवाय फूट फैलाने के और कुछ नहीं कर सकती। इस बात को मन में छिपाए रखकर वे अगला तर्क यह देते हैं कि भारतीयों को साहित्यों को अलग-अलग खानों में बाँटकर देखना पसंद है, वे भावुक हैं और मिथकों-प्रतीकों के दायरे में रहते हैं, यथार्थ को वे पहचानते ही नहीं और पहचानते

हैं तो उनमें से केवल वे लेखक पहचानते हैं जो या तो अंग्रेजी में लिखते हैं या जिनकी रचनाएँ अंग्रेजी में अनूदित होकर भारत में साहित्य मानी जाती हैं। इस तरह, तथा ऐसी ही अनेक भ्रष्ट स्थापनाओं से वे यह वातावरण फैला देते हैं कि विश्व में मान्यता के लिए भारतीय साहित्य का अंग्रेजी में अनुवाद होना आवश्यक होगा। दरअसल इस वातावरण में इस वर्ग के लोगों को यह अधिकार जमाने का मौका मिल जाता है कि अंग्रेजी में अनूदित भारतीय साहित्य की श्रेष्ठता की जाँच अंग्रेजी अनुवाद के अंग्रेजी भाष्य से होगी अर्थात अंग्रेज ही उसके निर्णायक होंगे। भारतीय भाषाओं के साहित्य में नई रचनाधर्मिता का क्या आविष्कार कर रही है, यह जानने-पहचानने का अधिकार भाषाओं के गुणियों-समीक्षकों को नहीं रहेगा।

1947 में जो षड्यंत्र शुरू हुआ था कि अंग्रेजी को किसी तरह अधिकार की भाषा बनाए रखा जाए, वह 1986 में 'विदेशी' को 'अंग्रेजी' की जगह ले आने की चाल चलकर बढ़ाया जा रहा है। यह 1947 के मुकाबले कहीं ज्यादा घातक है, क्योंकि इससे भारत के सत्ताधारी वर्ग की भाषा अंग्रेजी विदेश में प्रकटतः एक संपर्क भाषा के रूप में प्रकट होती है, परंतु वस्तुतः अधिकांश भारतीय अंग्रेजी के अलावा कोई विदेशी भाषा न जानते हैं न जानने को तत्पर किए जाते हैं। व्यवहार में अंग्रेजी ही एकमात्र विश्व संपर्क भाषा के रूप में प्रतिष्ठित होगी। और विदेश के समकक्ष भारतीय सत्तासमाज में भारतीयों से भी साहित्यिक संपर्क की भाषा के रूप में चुपचाप मान्य होगी, तर्क यही होगा कि नहीं तो फिर हम विदेश में मान्यता कैसे पाएँगे।

इस कुतर्क के कुचक्र को तोड़ने का एक ही रास्ता है। भारतीय भाषाओं में ऐसे विद्वानों को प्रोत्साहन दें और उनका समर्थन करें जो भारतीय भाषाओं से सीधे विदेशी भाषाओं में साहित्य का अनुवाद कर सकते हों और उनकी कृतियाँ भरती की नहीं, प्रामाणिक हों। फ्रांस, जर्मनी [दोनों जर्मनी], सोवियत संघ, जापान, पूर्वी यूरोप की कई भाषाओं ने और इधर चीन ने भी भारतीय भाषाओं से अपनी भाषाओं में अनुवाद किए हैं। पर यह बताते हुए मुझे जापान के एक युवा कवि, अध्यापक और भारत प्रेमी की एक बात याद आ रही है। कई वर्ष हुए उनका किया एक अनुवाद देखकर मैंने प्रशंसा के भाव से कहा था—अब तो आपको अमुक कवि की रचनाओं का भी अनुवाद कर देना चाहिए। उन्होंने एक व्यंग्य भरी मुस्कान के साथ कहा, "मैं ही हिन्दी सीखूँ और जापानी में अनुवाद करूँ। आप क्या करेंगे? आपको जापानी सीखकर अपने श्रेष्ठ कवियों का जापानी में अनुवाद करने में गर्व न होगा?"

[*इतवारी पत्रिका*, 'बात', 19 दिसंबर 1986]

जो बीत गई सो बात गई

पिछले कई महीनों से एक नई बात हो रही है। मरना तो कोई नई बात नहीं है, परंतु कुछ लोगों का मरना एकाएक याद दिला जाता है कि काल के प्रवाह में वे हमसे बहुत दूर चले गए—इतनी दूर कि अब जीते-जागते नहीं दिख सकते। ऐसे लोगों के बारे में हम उनके जीतेजी जान जाते हैं। हमें किसी तरह आभास हो जाता है कि ये जब मरेंगे तो हमें इनके स्थान पर उत्पन्न शून्य का ज्ञान हो जाएगा। जिस नई बात का मैंने जिक्र किया वह यह है कि अब मरने की खबर छपती है और वह शून्य हमें काटने को तो दूर चिकोटने को भी नहीं दौड़ता। दो-चार महीने के अखबार उठाकर देख लीजिए, कभी-कभी तो पहले पन्ने पर ही छपी मृत्यु-वार्ता ऐसी लगती है जैसे काल के प्रवाह में इस मृतक का कोई स्थान था नहीं, बलात् वह यहाँ पहले पन्ने पर घुस आया है। वह

छोटे छापे में दुबककर बैठ रहा है और हम अपनी स्मृति के कुहासे में उसके जीवन का इतिहास खोज रहे हैं। जब वह याद आ जाएगा तो शायद यह भी ज्ञात हो जाएगा कि जो दुनिया से उठ गया है वह इतिहास में कहाँ चला गया है। शायद इतना ज्ञात होने पर एक और प्रश्न उठ खड़ा हो जाए।

तब प्रश्न यह होगा कि जीवन भर अपना हालचाल देते रहने पर भी वह हमारी स्मृति के खाते में अपने नाम कुछ चढ़ा नहीं पाया तो क्यों? किंतु प्रश्न यह भी हो सकता है कि यह उसका दोष नहीं कि हम उसे भूले-बिसरे लोगों की जमात में बिठाए दे रहे हैं, इतिहास का चरित्र ही ऐसा है कि जो आदमी अंत तक तमाशा नहीं करता रहता उसका जीवन-खेला दर्शक भुला देते हैं। इनमें से कोई भी प्रश्न पूछिए, उत्तर यही पाइएगा कि कुछ भी अमर नहीं है, वैसे ही जैसे कुछ भी अनश्वर नहीं है। किंतु प्रश्नों का अंत नहीं। अब प्रश्न यह है कि जब कुछ भी अमर नहीं है तो हम जीवन भर काँखते पादते अमरत्व की आकांक्षा क्यों ढोते रहते हैं, रोज का काम निबटाकर आज की छुट्टी क्यों नहीं कर देते ताकि कल फिर नया दिन शुरू हो सके।

यही तो मुश्किल है। सच बात तो कोई नहीं जानता, लेकिन आदमी ने मान लिया है कि हर दिन अपने अस्तित्व को नए सिरे से जानवर ही शुरू करते हैं, मनुष्य स्मृति का संचय करके उसी से नया दिन शुरू करता है। अमरत्व की आकांक्षा का कारण ही यह है कि मनुष्य के पास कल तक की स्मृति होती है।

पर यह गुत्थी सुलझती नहीं कि हम अमुक को जो, विद्वान, राजनयिक, शासनविद्, राज्यपाल, राजदूत सबकुछ एक-एक करके रह चुके हैं, अखबार के द्वारा मृत घोषित करके उनकी याद को कहाँ छिपा जाते हैं। इससे तो अच्छा जिंदा आदमी था जिसके मरने पर उसकी लाश को छिपाना असंभव होता है जैसा अपराध के अनुसंधान विशेषज्ञ कहते हैं। वास्तव में सुलझती इसलिए नहीं कि इस गुत्थी का हल हम चाहते नहीं। मरने के बाद सबको शांति चाहिए। यह जीवन ही एक जीवन मिला है जिसमें जो करना है वह कर सकते हैं। उसी के सीमित समय को अधिक से अधिक बढ़ा लेने का नाम अमरत्व रख दिया गया है और जिसे हम अमर होने की छटपटाहट में हाथ-पाँव फेंकना कहते हैं, वास्तव में वह इसी जीवन को भरपूर जी लेने की तड़प है। यह शब्दों की अपूर्णता ही है जिससे हम अमरत्व का बोझ लादे फिरा करते हैं पर...यह बोझ अपनी जिंदा लाश का बोझ उठाए फिरने से बेहतर है—धोखा वह भी है पर गनीमत है कि आखिरी साँस के साथ वह अमरत्व का धोखा खत्म हो जाया करता है। छोटे छापे में छपी वह छोटी-सी पंक्ति जो बच गई है मालूम नहीं क्यों बच रहती है। शायद एक लेख लिख डालने के लिए।

[*इतवारी पत्रिका*, 'बात', 28 दिसंबर 1986]

राजनारायण का उपहास एक खिसियाई हँसी

वह बुड्ढा अब नहीं रहा जिसको निशाना बनाकर सिद्धांतहीन, आदर्शहीन नौजवान अपने कायर खुशामदी चरित्र की कुंठा मिटाया करते थे। राजनारायण का उपहास करके अवसरवादियों, यथास्थितिवादियों, खुशामदियों और मक्कारों को एक तरह का संतोष मिला करता था और वे गँवारों के बीच परिष्कृत सूट-टाई की पोशाक पहने सरकारी गुमाश्ते दिखने लगते थे।

राजनारायण का उपहास इस तथाकथित आधुनिक वर्ग में बीस साल से होता रहा है—अंदाजन उसी समय से जब से केंद्र सरकार ने संविद सरकारों को तोड़ना शुरू किया। यह वही वक्त है जब डॉ. लोहिया ने सात क्रांतियों में से एक-न-एक की शुरुआत कर देने की सलाह संविद सरकारों को

दी थी, क्योंकि वे चाहते थे कि भारत में पहली बार पूर्व से पश्चिम तक कांग्रेस का सफाया हो जाने के बाद गैरकांग्रेसी राजनीति का जनाधार पुष्ट होता रहे, नहीं तो जैसे केंद्र की कानूनी ताकतों के सहारे संविद सरकारों को गिरा दिया जाएगा वैसे ही राजनीति में गैरकांग्रेसवादी ताकतों को भी बदनाम कर दिया जाएगा। और यही नहीं, सरकार के सहारे राजनीति करने का लालच उन्हें निस्तेज भी कर जाएगा।

गैरकांग्रेसी राजनीति को बदनाम करने का षड्यंत्र डॉ. लोहिया के मरने के बाद कई बार हुआ और राजनारायण को माध्यम बनाकर अभी परसों तक हो रहा था। उनके निधन पर अखबारों ने उन्हें विचित्र विदूषक बनाकर पेश करने की पूरी कोशिश कर डाली है। इस कोशिश में वे अखबार हास्यास्पद हो गए हैं, क्योंकि जनता के डर के मारे वे राजनारायण का यह दावा झूठा बताने की हिम्मत अभी तक नहीं जुटा पा रहे हैं कि सत्तारूढ़ पार्टी बेईमानी से और नियमोल्लंघन से चुनाव जीता करती थी। वे राजनारायण की दाढ़ी और छड़ी पर खीझ उतारते हैं। शुभ अवसरों पर मुँह मीठा करने के संस्कार को गँवारपन बताते हैं क्योंकि वह राष्ट्रपति भवन में किया गया, जहाँ यूरोपीय शिष्टाचार का बोलबाला है। एक लेखक ने तो स्वास्थ्य मंत्री राजनारायण की इस शिक्षा का भी मजाक उड़ाया है कि बच्चे को माँ का स्तनपान करने देना चाहिए, जबकि सारी दुनिया इसी को आधुनिकता मान रही है।

दुख की बात यह है कि राजनारायण का उपहास करने में उन लोगों ने हिस्सा लिया है जिन्हें समाजवादी पार्टी से कोई व्यक्तिगत शिकायत रह गई है। राजनारायण का उपहास समाजवादी गुटों के छुटभइयों ने भी किया, क्योंकि उनके गुटों के नेता को राजनारायण पसंद नहीं थे।

पर देखने की बात यह है कि समाजवादी पार्टी के बाहर के लोगों में जो राजनारायण का उपहास करते हैं वे किसी एक खास मतवाद के पोषक नहीं हैं। वे एक खास संस्कृति के पोषक हैं। उन सारे पत्रकारों, अफसरों और धनाढ्यों का एक-एक कर चरित्रांकन किया जाए तो मालूम होगा इनकी मान्यताएँ किसी विचारधारा का नहीं सिर्फ सत्ता का समर्थन करती हैं। ये लोग बहुधा राजनीति के इतिहास के मामले में अपढ़ हैं और ये सिर्फ सत्ताधारी प्रचार के कुछ लटके जानते हैं। ये स्वयं भड़ैती करते हुए जनता को मनोरंजन मुहैय्या करने का दावा करते हैं और अपने मालिकों को दिखाते हैं कि वे कितने होशियार हैं। इस तरह के लेखकों, पत्रकारों की एक लंबी सूची बन सकती है जो लोहिया के समाजवादी दल का पक्ष संसदीय राजनीति में प्रबल होने पर उस दल के इर्द-गिर्द मँडराने लगे थे। लोहिया की मृत्यु के बाद इनको समाजवादी दल से वैचारिक नाता रखना व्यावहारिक नहीं जान पड़ा।

पर राजनारायण अडिग रहे। उन्होंने लोहिया के बाद के वर्षों में उनके वाक्यों को व्यवहार में उतारा, परंतु लोहिया का यह विचार अमल में नहीं आ रहा था कि कोई आंदोलन बिना एकसाथ कई क्रांतियों को लक्ष्य बनाए उठ नहीं सकता। राजनारायण की लड़ाइयाँ मधु लिमये और जार्ज फर्नांडीज की लड़ाइयों की ही तरह अंततः इकहरी लड़ाइयाँ साबित हुईं, पर उपहास का पात्र न जार्ज बनाए जा सके न मधु, क्योंकि राजनारायण पर धोती और हिंदी के बहाने हँसना आसान था। राजनारायण मंत्री बनने के बाद भी फर्श पर बैठे सैकड़ों आदमियों से रोज मिलते थे और उन्हें भोजन जैसे व्यक्तिगत काम के लिए एकांत भी नहीं मिलता। इसका मजाक 'टेबल मैनर्स' को मंत्री का कर्तव्य माननेवाले लेखक उड़ाएँ तो क्या आश्चर्य।

भारतीय राजनीति के पाखंड के मुकाबले यह राजनारायण की जीत है कि यथास्थितिवादियों के तमाम उपहासास्पद प्रयासों के बावजूद जनता में न्याय और परिवर्तन की भूख मिटी नहीं है। वह भूख मिटाने के फेर में चुनाव में बेईमानी, कानून में हेराफेरी, लोकतंत्र का दमन और बोलने की आजादी की घुटन हम 1974 से लेकर अब तक क्रमशः देखते आए हैं। इन सबके विरुद्ध राजनारायण

ही थे जिन्होंने निर्भीकता से आखिरी दम तक लड़ाई लड़ी और एक ऐसा ऐतिहासिक फैसला अदालत से और जनता से एकसाथ हासिल किया जिसने हमेशा के लिए सिद्ध कर दिया कि झूठे लोकतंत्र की हार अवश्यंभावी है। प्रचार-तंत्र एक क्रांतिकारी की छवि मलीन करने पर तुला है, पर वह झूठ को सच नहीं साबित कर सकेगा, खिसियाई हँसी हँसता रह जाएगा।

[*इतवारी पत्रिका*, 'बात', 18 जनवरी 1987]

मोहभंग के मरीज

तो आखिरकार वह हो ही गया जो होना था। इसलिए मैंने पहले ही कह दिया था कि बाद में यह न कहना कि पहले क्यों नहीं बताया। यों तो आज के जमाने में मोहभंग के मरीज मारे-मारे घूम रहे हैं लेकिन जब रोग इस दरजे का हो कि राष्ट्रीय स्तर के नेता बाम्हन-ठाकुर की लड़ाई लड़ने लगें तो हम और कुछ नहीं कर सकते, तो अपना ईमान तो बचाए रख सकते हैं कि हम इस स्तर पर नहीं लड़ेंगे। पर कमलापति नाम के मिश्र और अर्जुन नाम के सिंह बेगुनाह नागरिकों को घसीट कर मजबूर कर रहे हैं कि राजनीति में जाति का पक्ष खुल्लमखुल्ला लो नहीं तो इस समाज में राजनीतिविहीन होकर रहना पड़ेगा। मेरे जैसे गरीब लोगों के सोचने का विषय यह है कि जिन 50 सालों से राजनीति करते रहने का रोआब कमलापतिजी जनता पर गाँठ रहे हैं उन्हीं 50 सालों का अधिकांश समय हमने एक नए इनसान और नई राजनीति की नींव पक्की करने में लगाया। इस नींव में हमने राजनीति के एक नए समाजवादी संघर्ष की बुनियाद डाली जिसमें जातिवाद न होगा और फूट न होगी। आज इंदिरा गाँधी के न रहने के तीन साल बाद—सिर्फ तीन साल जो आज मानवीयता को तीन सौ साल पीछे ले जा चुके हैं, हम इंडियन नैशनल कांग्रेस के चुने हुए प्रधानमंत्री की खोपड़ी पर चढ़े राष्ट्रीय नेताओं को द्वंद्व मचाते हुए देख रहे हैं।

ऐसा होना ही था। 1974 की असफलता के बाद और 1977 की पराजय के बाद 1980 में जब विजय का डंका बजाते हुए राष्ट्रीय कांग्रेस ने संसद में प्रतिपक्ष को बेदम बनाकर छोड़ दिया था तब एक प्रसिद्ध पत्रकार ने बड़े आत्मविश्वास से कहा था कि संसद में प्रतिपक्ष अवश्य भहरा कर गिर पड़ा है मगर इसका मतलब यह नहीं कि लोकतंत्र में प्रतिपक्ष रहेगा ही नहीं। उन्होंने अपनी समझ में बड़ी ईमानदारी से भरोसा दिलाया था कि सत्ताधारी दल के अलावा दूसरे दल निष्प्रयोजन हो गए हों तो हुआ। सत्ताधारी दल ही अपने अंदर से आलोचना और असहमति पैदा करके लोकतंत्र की गाड़ी चलाता रहेगा। मेरा माथा तो उसी वक्त ठनका था। यह घटना तो हम नेहरू के वक्त में भी होते देख चुके थे। दस्तावेज साबित कर सकते हैं कि खुद नेहरू ने (विशेष रूप से 62 के बाद) कितनी ही बार कहा है 'हम अपना काम पूरा कर नहीं सके। हमने गलती की, हमारे मंसूबे गलत निकले और हर बार गलतियाँ बढ़ीं।' यह सब अवश्य ही उन्होंने उसी शैली में कहा था जिसमें हमारे पत्रकारजी ने लोकतंत्र का दावा सिद्ध करने के लिए सत्ताधारी दल को ही प्रतिपक्ष का काम भी करते रहने की सलाह दी थी। तभी मालूम था कि कौटुम्बिक व्यभिचार की यह सलाह मानने से विकलांग शिशु ही पैदा होंगे। राजनीति में प्रतिपक्ष और सत्तापक्ष एक ही शरीर में रहेगा तो समाजवाद और साम्राज्यवाद की लड़ाई बाम्हन-ठाकुर की लड़ाई बनकर ही राजनीति को चलाएगी। राजनीति कौटुम्बिक व्यभिचार नहीं है। बाम्हन और ठाकुर राष्ट्रीय कांग्रेस की राजनीति में एक ही कुटुंब है।

पत्रकारों को अकसर राजनैतिक विश्लेषण की तुलना में राजनैतिक कविता करना आसान पड़ता है। वे कर भी देते हैं और भाषा इतना चंचल माध्यम है कि वह तर्क को छोड़कर भी अपनी धाक [थोड़ी देर के लिए] जमा ले जाता है। इस तरह की उक्तियाँ जैसे यह कि यदि प्रतिपक्ष नहीं रहा

तो जनता की शक्ति इतनी अखंड है कि वह सत्ता से ही प्रतिपक्ष का काम ले लेगी, स्वस्थ राजनीति के बिलकुल प्रतिकूल एक रुग्ण राजनीतिविहीन समाज को प्रोत्साहन देती है। 'वाह वाह' करने लायक कविसम्मेलनी कविता की तरह यह चमत्कारी उक्ति राजनैतिक युवजन की समझ के लिए घातक है। राजनीतिविहीनता देश में छोटे-छोटे बाम्हन-ठाकुर जैसे टुकड़े कराएगी, यह बात 'बूढ़े बाम्हन' और 'जवान ठाकुर' दोनों समझ लें। मोहभंग के इस दौर में अनेक सेठी, बनर्जी, मिश्र, सिंह की उक्तियाँ दर्ज करके रखने लायक होंगी। दर्ज करना इसलिए चाहिए कि राजनीतिविहीन सत्ता संघर्ष में छोटे-मोटे नाम ज्यादा दिन नहीं चलेंगे। या तो ये फिर से चूहा होकर रह जाएँगे या बिल्ली इन्हें लील जाएगी।

[*इतवारी पत्रिका*, 'बात', 8 फरवरी 1987]

सुधरो या टूटो

[बीस बरस बाद लोहिया]

राममनोहर लोहिया आज होते तो 77 वर्ष के होते। उन्हें गए बीस साल हो गए। मगर मेरा अगला वाक्य यह नहीं है कि वह अब भी हमारे बीच जिंदा हैं। मैं सिर्फ यह मोटी-सी बात कह रहा हूँ कि उनका कहा और लिखा मूल रूप में जहाँ मिल सकता हो, वहाँ से जुटाकर आज वे सब बूढ़े और नौजवान पढ़ें जिन्होंने अभी तक पढ़ा न हो, या पढ़ा हो तो पूरी तरह समझा न हो। बूढ़े लोगों में भी ऐसे बहुत से मिल जाएँगे जिन्होंने लोहिया को केवल एक विचित्र व्यक्ति के रूप में दूर से जाना था। इनमें से कम से कम दो तो एक समय प्रधानमंत्री ही थे।

यह भी एक विशेष अर्थ रखनेवाली बात है कि देश में एक राष्ट्रवादी रचनात्मक व्यक्तित्व जीवन के अनेक क्षेत्रों में विचार और कर्म की प्रेरणा देता है और देश के लोकतंत्री प्रतिनिधि उससे सहयोग नहीं कर या ले पाते। इस बात का विशेष अर्थ यह है क्योंकि लोहिया केवल प्रतिपक्ष की राजनीति को समाजवादी परिवर्तन के लिए तैयार नहीं करते रहते थे, स्वतंत्रचेता नागरिकों को समाज की रचनात्मक समझ भी दिया करते थे। वह समझ सत्ता-प्रतिष्ठान को अपनी नीतियों और स्वार्थों के लिए कष्टकर जान पड़ती थी। यहाँ हाँडी के एक चावल की तरह हम उस बहस को याद करें जो लोहिया ने संसद में चुने जाकर सदस्यता की शपथ लेने के महीने भर के अंदर उठाई थी। वह तीन आने और पंद्रह आने रोज की बहस के नाम से प्रसिद्ध हुई और बढ़ती गरीबी और बढ़ती अमीरी के सत्य पर आँखें खोलनेवाली रोशनी पड़ी।

इसके साथ उन सात क्रांतियों का ब्योरा भी पढ़ना चाहिए जो डॉ. लोहिया ने कई बार और विशेष रूप से 1967 के समाजवादी पार्टी के चुनाव घोषणा-पत्र में दिया है। समाजवादी पार्टी की शक्ल 1967 से अब तक बहुत बदल चुकी है इसलिए कुछ लोग इस नतीजे पर आ जाना चाहते हैं कि सप्तक्रांतियों को अमल में न ला पाना उनके असंभव होने का प्रमाण है। यह बेबुनियाद तर्क है, क्योंकि गैरबराबरी मिटाने का लक्ष्य किसी पार्टी के निष्क्रिय हो जाने से भ्रष्ट नहीं हो जाया करता। वह एक नैतिक लौकिक और राजनैतिक लक्ष्य है और तब तक सार्थक रहेगा जब तक लोकतंत्र और स्वतंत्रता संसार में सामाजिक चेतना को अनुप्राणित करती रहेगी।

याद दिलाने के लिए बहुत ही संक्षेप में इन्हें गिना देना फिलहाल काफी होगा। ये हैं : 1. जातियों की बराबरी; 2. हरिजन, वनवासी आदि के लिए समान अवसर; 3. रंगभेद की समाप्ति; 4. नरनारी समानता; 5. हथियारों का विरोध; 6. दाम की बराबरी और 7. जीवन की आजादी।

जातिप्रथा ने समता की आकांक्षा को कितना विकृत किया है यह नई पीढ़ी के लोग विशेषतया

वंचित लोग अच्छी तरह जानते हैं। हरिजन वनवासी आदि सदियों से दबाकर रखे गए हैं और उन्हें बाकी लोगों के बराबर अवसर मिलना दुष्कर है। इसी से समान अवसर को संभव करने के लिए दलितों को कुछ समय के लिए विशेष अवसर देना होगा। रचनात्मक उपायों के साथ मिलकर यह विशेष अवसर उन्हें अपना सामर्थ्य विकसित करने का समय देगा। और वे सदियों से सुविधा प्राप्त बड़ी जातियों के बराबर आ सकेंगे। ऐसे ही नरनारी समानता की क्रांति भी विशेष सुविधाओं के साथ-साथ स्त्री-शिक्षा और पुरुष के संस्कार के साथ संभव होगी। रंगभेद विश्व में गैर बराबरी का सबसे बड़ा प्रमाण है। इसकी समाप्ति ऊपर से देखने में काले-गोरे का मामला लगता है, पर यह हर देश में सत्ता के जातिवाद का ही रूप है जिसमें समाज को दो हिस्सों में बाँटकर दुर्बल का शक्तिशाली द्वारा विधिवत शोषण करने का षड्यंत्र छिपा है। हथियारों का विस्तार स्पष्टतया शोषण के बूते बलवान बने राष्ट्रों की गुलाम राष्ट्रों के विरुद्ध कुचक्र की उपज है। इस शोषण के मूल में कुछ राष्ट्रों का अपने औद्योगिक सामर्थ्य को कुछ दूसरे राष्ट्रों के शोषण के बूते और भी बढ़ाते जाना और संसार में नए उपनिवेश स्थापित करते रहना ही है। जीवन की आजादी के अर्थ केवल कानून, सामाजिक चेतना और प्रशासन द्वारा सबको आत्मनिर्णय का अधिकार ही नहीं है, विचार और रचना और धर्म की अबाधता भी है।

सातों विचार एक-दूसरे पर निर्भर और एक-दूसरे से जुड़े हुए हैं। यदि इनमें से दाम की बराबरी की क्रांति का महत्त्व कोई न समझा हो तो यह देखते ही समझ में आ जाएगा कि जिस तरह विश्व में संपन्न राष्ट्र विपन्न देशों के कच्चे माल को घसीटकर उनको स्वयं उन्नत नहीं होने दे रहे हैं, उसी तरह भारत में भी कुछ उपनिवेश और कुछ साम्राज्य बन रहे हैं। इससे उद्योग के बूते कारखाने में तैयार माल का दाम खेत में पैदा होनेवाले माल में कई गुना बढ़ाकर लूटना संभव हो रहा है। लोहिया की सप्तक्रांति किसी पार्टी का नारा किसी पार्टी के खिलाफ नहीं, आदमी का नारा राक्षस के खिलाफ है। चूँकि यह नारा इसी लोक में मानव जाति के उद्धार के लिए दिया गया है, संसार में राजनीतिक दल भी होंगे और किसी दल में राक्षसी प्रवृत्ति विशेष रूप से हो तो कोई आश्चर्य नहीं। आश्चर्य तो यह है कि लोहिया की मृत्यु के बीस वर्ष में इन आसुरी प्रवृत्तियों ने जगह-जगह दल-बदल के द्वारा सभी दलों में और उनके बुद्धिजीवियों में राजनीति को भ्रष्ट कर दिया है। राजनीति का अर्थ आज बहुत से लोग बटमारी, बेईमानी, लूट-खसोट और इन सबके लिए कुरसी पर बैठे रहना बताते हैं, संगठन द्वारा समाज-परिवर्तन नहीं बताते।

लोहिया को उनके समय में ही छोटे-बड़े कई लोगों ने इस्तेमाल किया था। पर उनके सामने यह बेजा हरकत देर तक ठहर नहीं पाती थी और ऐसा करनेवालों को वक्त अपनी सही जगह दिखा ही देता था। लोहिया को भारतीय समाज की अद्‌भुत रूप से सटीक ऐतिहासिक समझ थी। इस समय के आधार पर क्रांति के मामले में पैबंद लगाना संभव नहीं था। उनका नारा जो उनके अनुयायी भी आज भूल गए हैं, उनका दुरुपयोग न होने की सबसे बड़ी गारंटी थी—वह था सुधरो या टूटो।

आज जिन्होंने लोहिया की राजनीतिक संगठन शैली और रणनीति को आमने-सामने देखा था, उन्हें भी लोहिया को फिर से पढ़ने और समझने की जरूरत है। उस नई पीढ़ी को तो खास तौर से यह जरूरत है जो लोहिया के जीवन-काल में न्याय और समता के लिए होनेवाले संघर्षों को पूरी तौर से होता नहीं देख पाए। उनके अधूरे काम के विरुद्ध प्रतिहिंसा से साम्राज्यवादी, फासीवादी और मानव विरोधी तत्त्व चिकने-चुपड़े बनकर कभी लोहिया का नाम लेकर कभी बिना नाम लिए यथाशक्ति प्रयत्न कर रहे हैं कि जो जनशक्ति लोहिया ने जगाई थी वह समता की भूख भ्रष्ट कर दे। उनके उपाय समाज-परिवर्तन के नहीं हैं, समाज-प्रबंध के हैं और वे दरअसल साम्राज्यवादी शक्तियों के एजेंट हैं जो समाजवादी भेस धरकर कभी भारतीयता कभी लोकतंत्र के साइनबोर्ड के तले दूकान लगाए हुए हैं।

[*इतवारी पत्रिका*, 'बात', 22 मार्च 1987]

दिल्ली मेरा परदेस

राजेंद्र यादव की शिकायत थी कि मैं 'हंस' के लिए कुछ लिख नहीं रहा हूँ इसलिए उनके कहने पर, उनके दिए विषय पर लिखने की कोशिश करने बैठा तो मालूम हुआ कि कायदे से यह विषय एक किताब का बल्कि आत्मकथा का विषय है। संपादक ने कहा था कि लिखिए दिल्ली ने आपको क्या दिया। मैं लखनऊ विश्वविद्यालय से अंग्रेजी साहित्य में एम.ए. करके वात्स्यायनजी के कहने पर 'प्रतीक' में सहायक संपादक होकर दिल्ली आया था। लखनऊ मेरा वतन है और तीन पीढ़ियों से हम वहीं रहते हैं। उन्नाव में हमारी जमींदारी थी। और तीन पीढ़ियों में अध्यापन, संस्कृत, आर्य समाज, हिंदी और अंग्रेजी साहित्य से लगाव ने मिलकर मुझे एक नागरिक सभ्यता के लिए तैयार कर दिया था। इसलिए जब मैं दिल्ली आया तो मुझे दिल्ली की चकाचौंध से कोई आतंक नहीं मालूम हुआ। वास्तव में सैंतालीस और इक्यावन के बीच अर्थात आजादी के तीन साल के अंदर मेरे जैसे रचनात्मक भाषा के खोजी और कर्मी लोगों को सामाजिक संवेदना के कई आयाम मालूम हो चुके थे जो गँवई गाँव से आनेवाले साहित्यकारों को बहुत बाद में और वह भी छायावाद का कुहासा छटने पर दिखाई दिए। आधुनिक संवेदना की देहाती समझ का लखनऊ से दिल्ली आने पर एक विचित्र और हास्यास्पद रूप भी दिखाई दिया। शायद उर्दू की बदौलत लखनऊ का प्रगतिशील साहित्य आंदोलन अधिक साफ-सुथरा और पैना था और उसमें नागर तत्त्वों का प्रवेश गहराई से हो चुका था। मैं उसी परिवेश में प्रशिक्षित हुआ। परिणामतः दिल्ली में प्रगतिशील लेखक संघ की एक बैठक में हनुमान जी पर जब लेख पढ़ा गया और उसमें लाल लँगोटी और लाल झंडी की तुलना धड़ल्ले से की गई तो मैं चौंका कि कहाँ आ गया। बहस की कोई गुंजाइश ही न थी। यह दिल्ली में मेरा पहला मोहभंग था। कहाँ लखनऊ में प्रोफेसर हलीम, एहतेशाम हुसैन, आले एहमद सरूर, आदित्य मिश्र, गोकुलचंद रस्तोगी, रजिया आपा, बन्ने भाई, यशपाल, अमृतलाल नागर, और कृष्णनारायण कक्कड़ की कॉफी हाउस की पैनी बहसें और कहाँ चाँदनी चौक में हनुमानजी के मार्क्सवाद का बेहूदा विश्लेषण। लखनऊ में प्रगतिशील लेखक संघ के साथ समालोचना के प्रश्नों पर नई पीढ़ी के मतभेद बढ़कर यशपाल, अमृतलाल नागर, कृष्णनारायण कक्कड़ और नरेश मेहता के साथ लखनऊ लेखक संघ नामक एक नई संस्था को जन्म दे चुके थे। इसे कृष्णनारायण कक्कड़ लखनऊ में चला रहे थे। मेरे पास दिल्ली में मिलजुलकर साहित्य-चर्चा करने का भी साधन नहीं रह गया था।

जब मैंने राजधानी में नेहरू के अंतिम वर्षों में मनुष्य की परिस्थिति का हवाला पुस्तकाकार प्रकाशित किया तो उसका नाम रखा 'दिल्ली मेरा परदेस'। दिल्ली को परदेस मानने की शुरुआत दिल्ली के समकालीन पछाँही साहित्य समाज के एक अजब तरह के वैचारिक ठसपने को देखकर हुई और यह देखकर बढ़ती गई कि शहर की अपनी कोई जड़ें नहीं हैं। कहीं न कहीं संवाद की कमी दिल्ली के समाजों के अंदर भी बार-बार उभरकर आती थी। इसके साथ यह अनुभव भी जोड़ लें कि दिल्ली शहर का भूगोल सामुदायिक जीवन के अनुकूल नहीं है, खानों में बँटे हुए जीवन को ही सहारा देता है और फिर इसके साथ यह सुविधा भी जोड़ लें कि दिल्ली के इलाके अपने आपमें आत्मनिर्भर हैं जिसके पीछे नगर विकास की योजना का हाथ कम और सन् 1947 के विभाजन के बाद बड़े पैमाने पर समाज के मन में अपने पुनर्वास की आकांक्षा अधिक है। कुल मिलाकर सन् 1951 में दिल्ली आने के वक्त से बहुत लंबे समय तक मोहल्लों में, समाजों में और व्यक्तियों में परस्परावलंबन का न होना दिल्ली को लगातार परदेस बनाता रहा। निस्संदेह भारत भर से रोजगार की तलाश में आए हुए शिल्पियों, बुद्धिजीवियों और राजनीतिज्ञों की मौजूदगी और आवाजाही ने दिल्ली को एक रंगमंच

बना दिया था। इस पर हर अभिनेता अपनी ही भाषा में लिखी अपनी भूमिका प्रस्तुत कर रहा था। इस सबके बीच में मेरे अपने जीवन के लगभग उतने ही वर्ष यहीं बीते, जितने देश की आजादी को बीते हैं।

एक अनुभव जो दिल्ली में रोजमर्रा के संघर्षों के बावजूद इतने सारे वर्ष बार-बार होता रहा है वह यहाँ प्रकृति से अपनापे का है। खुले दूर तक फैले पथरीले इलाके, बहुत बड़ा आकाश, सड़क के किनारे और बंगलों के भीतर वृक्षों का एक-दूसरे से संतुलित और प्राकृतिक संबंध दिल्ली की विशेषता रहे हैं। यह विशेषता सन् 1951 के पहले के लखनऊ में सिर्फ बेलीगारद के खँडहरों की वनस्पति में मिलती थी। बाद में शहरीकरण के प्रकृति को लखनऊ में भी खाने बनाकर बाँट दिया। हो सकता है आप इस लेख को पढ़ने के पहले ही कल्पना कर चुके हों कि इसमें अपने काम-धंधे, रचनात्मक लेखन और शिल्प तथा व्यक्तिगत टकरावों के बारे में ब्योरेवार लिखकर अंत में बताऊँगा कि दिल्ली ने मुझे क्या दिया। अगर ऐसा है तो आपकी पसंद के मुहावरे में कह सकता हूँ कि काम मैंने अखबार, रेडियो और टेलीविजन में किया जिसका सिलसिला दिल्ली आने से बहुत पहले शुरू हो चुका था। इन तीनों इलाकों में इन विधाओं को बढ़ानेवाले महत्त्वपूर्ण काम किए। साहित्य में अपना भरपूर विकास किया, जो कि जारी है। राजनीति में, समाज में रचनात्मक योग देनेवाले विचारों और संगठनों में शामिल हुआ और उन्हें बनाने में मदद दी। कला और शिल्प में अपनी पहुँच और दखल को बढ़ाया और नई चीजें पैदा कीं। पत्नी और चार बच्चों के परिवार को संरक्षण दिया और उनसे दोस्ती की। और लखनऊ से लेकर विश्व के नगरों तक फैले हुए समाज में मित्र बनाए। दिल्ली के 37 साल इतने अधिक चेहरों से भरे हुए हैं कि उनमें से अनेक अपनी मधुरताएँ और दुष्टताएँ बिखेरने के बाद अपने को मिटा चुके हैं और उनसे उलाहनों या शिकायतों का खुद मेरे जीवन में भी वक्त नहीं रह गया है। अगर सचमुच आत्मकथा जैसी कोई चीज लिखनी हो तो शायद मेरे कार्यक्षेत्र अर्थात साहित्य रंगमंच, राजनीति आदि के संदर्भ में अपनी डायरियों से बहुत से प्रसंग निकालकर एक रोचक पुस्तक तैयार की जा सकती है उनमें अनेकानेक नाम आएँगे जो इन्हीं क्षेत्रों के महत्त्वपूर्ण कृतिकारों के नाम होंगे क्योंकि वह सब दिल्ली के रंगमंच पर आते-जाते या ठहरे रहे हैं। इनमें बहुत से ऐतिहासिक प्रारंभों की तारीखें दर्ज होंगी और बहुत से वैचारिक प्रयत्नों का उद्भव और कभी-कभी विलयन भी दर्ज होगा पर इन डायरियों में से बहुत छप भी चुका है। काफी कुछ तो इस शक्ल में छपा है कि उसे डायरी कहना मेरे ही साथ अन्याय है। वह मेरे रचनात्मक व्यक्तित्व का अंश है। वह मेरी कविता में भी मिलेगा जिनमें से दूसरा सप्तक की रचनाओं को छोड़कर बाकी सब यहीं दिल्ली में—अपने परदेस में—लिखीं। उतना ही बड़ा अंश मेरी पत्रकारिता में मिलेगा जिसमें मेरे हाथ के लिखे शब्दों के अलावा उस रचनात्मक संबंध के प्रमाण भी शामिल हैं जो मैंने अखबार और उसके पाठक के बीच दिनमान के अपने 14 वर्ष के संपादन के द्वारा बनाए। अगर अब भी कुछ कहना रह जाता है तो वह एक वाक्य में कहा जा सकता है, यह कि दिल्ली ने मेरे व्यक्तित्व के विकास में साहित्य, रंगमंच, पत्रकारिता और मानव संबंध के क्षेत्र में मुझे श्रेष्ठ उपलब्धियाँ दीं, पर दिल्ली ने खुद अपने सांस्कृतिक भंडार में से कुछ नहीं दिया और तो और पंजाबी बोलना भी मैं सीख नहीं पाया।

[*हंस*, नवंबर 1987]

छोटे इनसान का बड़ा देश

पिछले बीस बरस में भारत की विशालता के विषय में किसने-किसने क्या-क्या कहा है, इसकी खोज करना एक बढ़िया काम हो सकता है। मेरे पास इतनी किताबें, पत्र-पत्रिकाएँ—अखबार जमा नहीं हैं कि यह खोज कर सकूँ। पर याद से कह सकता हूँ कि स्कूली बच्चों ने समारोहों में भारत की विशालता की स्तुतियाँ पढ़कर सुनाई हैं और सत्ताधारी नेताओं ने रोना रोया है कि यह देश बहुत बड़ा है।

कुछ वाक्य तो मुझे भी याद हैं। इनका आशय यह है : सारे देश में हम रेल, बिजली, पानी, साक्षरता, रोजगार और खुशहाली फैलाना चाहते हैं, मगर क्या करें, देश बहुत बड़ा है। आबादी बहुत ज्यादा है।

जैसे कि ये दोनों बुराइयाँ हैं जो एक पिछड़े हुए समाज ने अभिजात वर्ग पर लाद दी हैं। अगर हमारे सत्ताधारी यूरोप में पैदा हुए होते और वहीं राज कर रहे होते तो कितना सुगम होता सबकुछ। ये वाक्य वही कह सकता है जिसने विशाल भूमि की धूल में लोटते मनुष्यों को देखकर मुँह मोड़ लिया हो—असभ्य, दरिद्र लोग।

1947 में जब हमको एक राष्ट्रगीत की जरूरत हुई तो राष्ट्रकवि और उपराष्ट्रकवि तथा महज गीतकारों ने भी बहुत-सी कविताएँ लिखीं। ये 1962 में चीन से दो-दो हाथ होने के बाद लिखी गई कविताओं से संख्या में कम ही रही होंगी, मगर एक बात इनमें जरूर थी—यही कि हमारा देश बहुत विशाल है (भले उसकी जमीन पर शत्रु घुस बैठा है) और हम एक विराट लोग हैं। हमारी आबादी बहुत है, यह 'त्रिंश कोटि कंठ कलकल निनाद कराले' से लेकर किसी भी राष्ट्रगीत में देख लीजिए। इस तरह हिमालय और कन्याकुमारी दोनों अच्छी तरह मौजूद हैं।

तब देश का बड़ा होना और आबादी का ज्यादा होना लोगों के बिना पानी तरसने और बिना अक्षर घुटने का कारण क्यों बताया जाता है? अगर सचमुच यही कारण है तो राष्ट्रगीत में से और देशप्रेम की प्रार्थनाओं में से ये दोनों संदर्भ निकाल देने चाहिए। इनकी जगह लिखना चाहिए : हमारे देश में जरूरत से ज्यादा लोग हैं, पर बेचारे बड़े देशभक्त हैं, देश छोड़कर कहीं जाना ही नहीं चाहते। देश की सीमाओं के अंदर ही यहाँ से वहाँ रोजी-रोटी के चक्कर में भटकते रहते हैं। और हमारा देश! कहने को तो हमारे यहाँ हिमालय से लेकर कन्याकुमारी तक है, मगर बीच में बहुत ऊबड़-खाबड़ है। अकेले एक आदमी को सब जगह पहुँचना मुश्किल है। हम किसी तरह हैलिकॉप्टर और टेलीविजन से काम चलाते हैं। पर कविता में यह नई देशभक्ति कैसे लिखी जाएगी, मैं नहीं जानता।

मामूली आदमी के सोचने का मसला यह है कि अगर देश के बहुत फैले और आबाद होने की वजह से विकास योजनाएँ ठीक से नहीं चल पा रही हैं तो इस पर शासन कैसे हो रहा है? हो भी रहा है कि नहीं? बड़े देश में राजनैतिक निर्णय जनसंख्या और भूमि पर असर डालते हैं। उन्हें करने का अधिकार सिकुड़कर एक जगह जमा हो जाए तो बड़ी शक्ति जमा हो जाएगी। देश के मुकाबले आदमी छोटा हो जाएगा। वह हर निर्णय बड़े केन्द्र में होने का इंतजार करेगा। जब निर्णय नहीं होगा तो गरजेगा या गिड़गिड़ाएगा, फिर नहीं होगा तो अपने ही अधिकार को उससे खरीदने पर मजबूर होगा, जिसने उसे दबा रखा है। इसी को रिश्वत कहते हैं। फिर इस पैसे से एक नई

लूट की दुनिया पनपेगी। आदमी और भी लाचार और छोटा होगा।

अभी एक गोष्ठी में एक पुराने समाजवादी बालेश्वर दयाल ने कहा है कि भारतमाता के गाँवों में तीन जातियाँ रहती हैं। एक काश्तकार, दूसरी कारीगर और तीसरी भूमिहीन। काश्तकार के पास जमीन और सिंचाई घट रही है। कारीगर के पास कौशल और औजार घट रहे हैं—बस भूमिहीनों की तीसरी जाति के पास कुछ बढ़ रहा है। जब भूमि घटते-घटते चुक गई हो तो भूमिहीन की संख्या ही बढ़ेगी। इस तरह वह रोटी के लिए इस उत्पादन पर निर्भर हो जाएगा जो जमीन से नहीं होता, विद्या और उद्योग से होता है, पर वह कारीगर जाति में भी नहीं जा सकेगा। वहाँ जमीन से जुड़ी कारीगरी की कीमत घट गई है और मशीन ने ऐसी तरकीबें निकाली हैं कि हर आदमी उनसे काम न कर सके। तब इस भूमिहीन को मिट्टी खोदने की ही कारीगरी करने को मिलेगी। मैंने एक परिवार को छत्तीसगढ़ के इलाके में बीस मील पैदल चलकर काम खोजने जाते और निराश लौटते देखा है, क्योंकि काम जो मिल रहा था वह चिनाई का था—एक दर्जा अधिक कुशल काम, और यह परिवार का परिवार सिर्फ मिट्टी तोड़ना जानता था। वह काम उस वक्त था नहीं। भूमिहीन, कौशलहीन, वह परिवार भटक रहा था। इसके लिए पैसेवाली हिंदी संस्कृत शब्द का इस्तेमाल करती है—पलायन—जिसका सीधी हिंदी में अर्थ होगा, भागना। हाँ, भाग ही रहा था यह परिवार—मौत की लज्जा से। मगर हिंदी जब लिखी जाती है तो संपन्न साक्षरों की संस्कृति जनसाधारण पर लाद देती है : इसलिए पलायन शब्द लाचारी से भटकने के लिए लिखा जा रहा है।

यह देश बहुत बड़ा है। इसमें बहुत-से सूखे इलाके हैं। इसकी आबादी बहुत है। इसमें बहुत-से छोटे इंसान हैं। सम्मानपूर्वक इंसान की जिंदगी जीने का उनका अधिकार ही देश को बड़ा बनाता है। लोगों के प्रतिनिधि अगर बार-बार लोगों से पूछकर सरकारें बनाते रहें और फिर भी ऐसे निर्णय नहीं हुए, जिनसे जमीन को पानी और आदमी को अक्षर मिलें, जिससे वह जानवर की तरह मारामारा न फिरे, तो जाहिर है कि निर्णय करने की शक्ति एक जगह जमा कर देने से देश बड़ा नहीं हो जाता। वह छोटा हो रहा है, क्योंकि छोटे इंसान की कीमत कम हो रही है।

करीब दस साल पहले मैंने तब के गृहमंत्री (उमाशंकर दीक्षित) से पूछा था कि जिन चुने हुए इलाकों में सघन खेती से बहुत अनाज और पैसा पैदा किया गया है वे आज अपने चारों तरफ गरीबी और हिंसा फैला रहे हैं, तो अगर एक क्षेत्र में बहुत पानी पहुँचाने की बजाय, जो सिर्फ पैसे के लिए जल्दी पैदा होनेवाली फसलें उगाने के लिए जरूरी है, कई जगह कुएँ और नहरें बना दी जाएँ तो सिर्फ पानी की बदौलत ज्यादा लोग कुछ न कुछ पैदा करने लगेंगे और गरीबी मिटेगी। हिंसा कम होगी। उनका जवाब था—क्या आप यह राय देकर जनता को भूखा मार डालना चाहते हैं? हम जितना खाने को पा रहे हैं—इसी पूँजी-बहुल रासायनिक खाद और संकर बीजों की बदौलत है। उनके विचार से समाज में यह जरूरी होता है कि सप्लाई पूरी कर देने का आँकड़ा दिखा दिया जाए। अनाज खरीदने लायक हैसियत हो या न हो।

बड़े देश को छोटा करनेवाली इस दृष्टि का असर सभी रचनात्मक कामों पर पड़ रहा है। शिल्प से लोकमाध्यमों का प्रबंध, संप्रेषण एक केंद्र से होने लगा है। लोककला में व्यक्ति एक स्वायत्त समूह का प्रतिनिधि होता है। उससे कला की माँग उसका परिवेश करता है। हमारी नीतियाँ तरह-तरह की लोककला के केंद्रीय बाजार बनाने की हैं। इससे देश बड़ा नहीं हो रहा, सिर्फ बाजार बड़ा हो रहा है और कलाकार छोटा हो रहा है। ऐसा लगे कि कला का क्षेत्र विशिष्ट क्षेत्र है तो खेल का क्षेत्र देख लें : पिछले ओलंपिक में चीन ने तैराकी के इतने स्वर्णपदक जीते कि भारत के सारे कांस्य पदकों को जोड़कर भी संख्या कम निकलेगी। यह बात बताई भाई बालेश्वर दयाल ने, जिनका गाँवों से गहरा रिश्ता है। उन्होंने पूछा, यह कैसे हुआ जब भारत नदियों का देश है और तैरना गाँव-देहात के लोगों को जन्म से आता है! नदियाँ पूजी जाती हैं और उनके नाम भाषा में घुलमिल चुके हैं।

तब उनमें तैरनेवाले लोग इतने पिछड़े क्यों मान लिए गए हैं कि उनकी तैराकी विश्वमंच पर आ नहीं पाती। छोटे इनसान को बड़ा न करने के कारण हम हारते हैं। क्या विशाल भारत में छोटे इनसान की रचनात्मकता सत्ताधारी वर्गों के लिए इतनी खतरनाक चीज है?

[*जनसत्ता,* 15 जनवरी 1984—'अर्थात्' के लिए रघुवीर सहाय का पहला लेख]

चित्रेजी का एतराज़

भोपाल में निराला सृजनपीठ के अध्यक्ष और कविता पुस्तकालय वागर्थ के निदेशक दिलीप चित्रे ने कहा है कि हमारे अखबारवाले जितने अशिक्षित और असंस्कृत हैं उतने शायद ही कहीं हों और संभवतः यही कारण है कि हमारे समय में कविता जैसी चीज हेडलाइन नहीं बन सकती। उन्होंने कहा कि बैंकलूट, डकैती, बलात्कार, अपहरण, दुर्घटना और राजनीति जैसी चीजें हर बार अखबारों में हेडलाइन बनती हैं लेकिन यदि हिंदी या मराठी में एक अच्छी कविता छपकर आती है तो वह हेडलाइन क्यों नहीं बन सकती? अखबारवाले कवि के दायित्व की चर्चा तो बहुत करते हैं पर कविता के प्रति उनका क्या दायित्व है, यह उन्होंने कभी नहीं सोचा। (*नई दुनिया* : 2 फरवरी 84)

'यूनीवार्त्ता' को दी हुई एक विशेष भेंट में कही ये सब बातें हेडलाइन बन गईं। डबल कॉलम की हेडलाइन। पाँचवें पृष्ठ पर। हेडलाइन थी 'कविता के सुर्खी नहीं बनने पर चित्रे को एतराज़।'

अब चित्रेजी को एतराज़ करना चाहिए कि यह ख़बर पाँचवें पन्ने पर सिर्फ डबल कॉलम हेडलाइन क्यों बनी? पहले पन्ने पर बैनर नहीं बन सकती थी क्या?

कविता के पक्ष में चित्रेजी का यह उद्गार पढ़कर अच्छा लगा। अखबार के बारे में अक्सर साहित्यकारों की राय यह रहती है कि वह एक घटिया चीज़ है और उसमें काम करनेवाले भी घटिया लोग हैं। कहाँ साहित्य-रचना और कहाँ पत्रकारिता! एक शाश्वत मूल्यों की, मानवीय करुणा की या क्रांतिकारिता की सृष्टि करती है, दूसरी सिर्फ आज की खबरें बताया करती है जो कल बासी हो जाएँगी। परंतु चित्रेजी अखबार को इतना बुरा नहीं समझते। उसमें यदि कविता बड़े-बड़े शीर्षक से छपे तो उन्हें लगेगा कि अखबार कविता के लिए कुछ कर रहे हैं।

मुझे भी चित्रेजी की यह बात पढ़कर अच्छा लगा। मैंने छत्तीस वर्ष अखबारों में भी काम किया और कविता भी लिखी। मुझे तो कविता की हेडलाइन बनने से खुशी होगी, मगर इसमें मेरी एक शर्त है। वह यह है कि कविता का संपादन न कर दिया जाए। एक कॉमा, फुलस्टाप आपने इधर-का-उधर किया और अर्थ का अनर्थ हुआ। मैंने तो इसीलिए किताब में भी पिछले दस साल से कविता में कॉमा, फुलस्टाप सब हटा दिया है। जिसको इतनी समझ न हो कि कविता पढ़ते हुए कहाँ थोड़ा रुकना है, कहाँ ज्यादा, उसको दो-तीन बार और जरूरत पड़े तो पच्चीस बार कविता पढ़नी चाहिए। समझ में आ जाएगा। तब कॉमा, फुलस्टाप लगाकर मैं पच्चीस बार कविता पढ़नेवाला पाठक हाथ से क्यों जाने दूँ?

उपसंपादक हेडलाइन बनाते हैं। मान लीजिए कॉमा, फुलस्टाप ठीक जगह लगाने के अपने अधिकार का उपयोग उन्होंने यह मानकर छोड़ दिया कि रघुवीर सहाय की कविता है, उन्होंने नया फैशन चलाया है कि अर्ध और पूर्व विराम नहीं होता। मगर वे कहीं कविता की हेडलाइन न बनाने लगें। मेरी एक कविता में ये पंक्तियाँ आती हैं :

जब सीमा के उस पार पड़ी थीं लाशें
तब सीमा के इस पार पड़ी थीं लाशें
सिकुड़ी ठिठरी नंगी अनजानी लाशें

इसकी हेडलाइन अखबार ने कहीं यह बना दी : 'सीमा के दोनों ओर लाशें!' तो मैं क्या करूँगा? मैंने तो कविता की हेडलाइन बनाई थी 'पैदल आदमी'।

मैंने छत्तीस वर्ष तक कविता भी लिखी और अखबार में भी काम किया, इसकी तारीफ नहीं चाहता, मगर जरा यह तो सोचिए, ये छत्तीस वर्ष मुझे कितने संघर्ष में बिताने पड़े। संघर्ष यही था कि कहीं मैं कविता में खबर या लेख न लिख डालूँ। इतना ही होता तो गनीमत थी। संघर्ष यह भी था कि कहीं लेख और खबर में मैं कविता न लिख डालूँ। ऐसा न करके मैंने कविता और पत्रकारिता के संबंध के बारे में ही लिखकर संतोष किया। साहित्य और राजनीति के संबंध के बारे में भी अक्सर लोग लिखते रहते हैं। पर वह बात और है। वे लेखक लोग साहित्य में राजनीति करने के लिए अक्सर जमीन तैयार कर रहे होते हैं। राजनीति में भी साहित्य किया जाता है, यह तो आप मानवता की रक्षा के लिए पुकार लगानेवाले राजनीतिज्ञों के भाषणों में देखते ही होंगे।

मैंने अखबार की बात की थी, क्योंकि ये सब मेरे विचार चित्रेजी के उद्‌गारों की सिर्फ डबल कॉलम हेडलाइन देखकर ही तो पैदा हो रहे हैं। अभी तो ऐसा होने से मुझे सिर्फ दुख है। कहीं उपसंपादक ने सिंगल कॉलम बना दिया होता तो गुस्सा आ जाता। और सिंगल कॉलम बाक्स कर दिया होता, तो मैं तुरंत चित्रेजी को सहानुभूति की चिट्ठी लिखता। शायद तब मैं दो वाक्य यह भी लिखता कि चित्रेजी बुरा मत मानिए, यह अखबार ही घटिया, अशिक्षित और असंस्कृत है।

मेरी अपनी राय चित्रेजी से कुछ अलग है। सुसंस्कृत अखबार वह है जिसे पढ़ने के बाद मालूम हो कि मैंने एक कविता पढ़ी—यथार्थ की कविता जिसमें वर्तमान की खबरें हो सकता है कल बासी हो जाएँ, लेकिन मैं आज भविष्य की ओर बढ़ चुका हूँ, क्योंकि आज इस अखबार ने मुझे जो वर्तमान बताया है वह भविष्य की ओर जाने का मन बना रहा है। यही तो कविता है, और अगर है तो वह सारे अखबार में ही हो सकती है, हेडलाइन में नहीं। कवि का काम और खबरनवीस का काम अलग-अलग नहीं है। 1967 में 'आत्महत्या के विरुद्ध' नामक मेरा संग्रह छपने पर जबरदस्त आलोचना की गई थी कि यह अखबारी कविता है। शायद इन कविताओं में बहुत-सी घटनाओं का जिक्र था और घटनाएँ अखबार में छपती हैं, इसलिए आलोचकों ने इन कविताओं को अखबारी कह दिया। पर वे घटनाएँ कहाँ और कब घटी थीं, किसी को नहीं मालूम। बात यह थी कि कवि ने इनका देश और काल सब अपने मन से बदलकर एक नया विश्वसनीय देश और काल बना दिया था। असल में घटना एकदम से घटकर एकदम से खत्म नहीं हो जाती। वह लंबे समय तक एक से अधिक जगहों पर और एक से अधिक वक्तों में घटती रहती है। और घटना तब बनती है जब असलियत इतनी बदल चुकी होती है कि हम एकाएक किसी एक समय उसे किसी एक स्थान पर देखने लगते हैं और एक असाधारण असलियत मान लेते हैं। उसका एकाएक असाधारण लक्ष्य कर लिया जाना कविता नहीं है, वह खबर है। कविता उसका घटते रहना है जिसके दौरान वह एकाएक खबर बन जाती है। इस तरह देखें तो कवि और पत्रकार दोनों एक ही काम कर रहे होते हैं। यानी कवि खबर के घटने को बता रहा होता है, पत्रकार खबर को। दोनों के औजार में फर्क है, लेकिन उद्देश्य में नहीं। जब कोई असाधारण घटना बन जाती है तो उसे लिखते हुए कवि उसमें असलियत का सिलसिला नहीं बदल सकता। जो सही सिलसिला है वह खोजकर ला सकता है। मगर उसे बताना वैसे ही पड़ेगा, जैसे वह है। कविता लिखने में यह जरूरी है कि कवि खुद एक घटना-क्रम बनाए, असलियत को इस तरह घटते हुए देखे जिस तरह घटने से वह एक नई असलियत बनकर सामने आएगी। यह नई असलियत ही कविता है। खबर वही नहीं है जो लोगों को घटना बताकर चौंकाती है। खबर वह भी है जो लोगों को भरोसा देती है, हिम्मत बँधाती है और समाज को अपनी बदलती हुई शक्ल की परछाईं देखने को देती है। कविता भी यही करती है दो अलग-अलग तरीकों से।

मगर कविता की हेडलाइन? जरूर छापिए उसकी हेडलाइन, मगर मेहरबानी करके वही छापिएगा

जो कवि ने कविता के साथ-साथ बना दी है। इतना ही है कि वह इसे हेडलाइन नहीं कहता है, शीर्षक कहता है। और यह भी सुन लीजिए कि कोई शीर्षक न हो तो भी कविता के अंदर वह चीज रहती है, जिसे चित्रेजी अखबार की बोली में हेडलाइन कह रहे हैं।

[*जनसत्ता,* 12 फरवरी 1984]

औरत की देह औरत का देश है

राँची में तीन लड़कियों पर 21 जनवरी को पुलिसमैनों ने बलात्कार किया। तीन में से 14 वर्ष की एक लड़की ने, जो ईसाई आदिवासी थी और नाम जिसका एलिजाबेथ एक्का था, आत्महत्या कर ली। इसका पूरा वृत्तांत कई जगह छप चुका है, पर यहाँ हम उसके एक वाक्य को दोहराएँगे। पुलिसमैनों ने मूँछों पर ताव देकर कहा कि हमने कुछ नहीं किया। लड़कियों का कौमार्य तो पहले ही भंग हो चुका था और उनके गुप्तांग पर ऐसे कोई चिह्न भी नहीं मिले, जिनसे कहा जा सके कि उन्होंने संभोग का विरोध किया—अर्थात बलात्कार नहीं हुआ।

अगर आपको मथुरा नाम की एक लड़की की याद हो, जिस पर बलात्कार के अभियोग से अभियुक्त को न्यायाधीश ने इसी आधार पर बरी कर दिया था कि मथुरा के यौन-संबंध बलात्कार से पहले भी हो चुके थे और बलात्कार के विरोध के प्रमाण न्यायाधीश को नहीं दिखे थे। चार वकीलों ने और 'दिनमान' ने, जिसका तब मैं संपादक था, इस मामले को जनता के सामने उठाया था।

इन दोनों घटनाओं पर गौर कीजिए तो समझ पाएँगे कि औरत-आदमी के रिश्ते के बारे में कुछ बातें हमारे समाज में कहीं छिपी बैठी हैं। समय-समय पर हममें से कुछ विचारशील लोग इन्हें उठाते रहते हैं। परंतु ये बदलती नहीं। उलटे ऐसे और लोग पैदा होते जाते हैं जो इन्हें मानते हैं और इन्हें न माननेवालों को भौंह चढ़ाकर देखते हैं, मानो उन्हें अपना दुश्मन समझ रहे हों। ये बातें क्या हैं? एक तो यह है कि स्त्री सब बुराइयों की जड़ है। दूसरी यह है कि पुरुष को यदि कोई महान काम करना है तो उसे स्त्री से दूर रहना चाहिए। तीसरी यह है कि स्त्री यदि सुन्दर है और उसका शरीर स्वस्थ और सुडौल है, तो वह पुरुष को रति-व्यापार के लिए आकृष्ट कर रही है और पुरुष उस पर बलात्कार करने के लिए स्वतंत्र है। चौथी यह है कि स्त्री पर-पुरुष की हमेशा कामना किया करती है। पाँचवीं यह है कि उसके साथ रति-कर्म हमेशा उसकी सहमति से ही होता है, अर्थात रतिकर्म हुआ तो उसकी सहमति अवश्य रही होगी और छठी तथा सबसे अधम बात यह है कि यदि किसी स्त्री ने बलात्कार की शिकायत की और डाक्टरी जाँच से पाया गया कि वह इसके पहले पुरुष-संसर्ग कर चुकी है तो उसकी शिकायत में दम नहीं है, वह शिकायत करने की अधिकारिणी नहीं है, वह पुरुष-संसर्ग स्वीकार करती है, वह दुश्चरित्र है, उसके साथ फिर-फिर बलात्कार किया जाए, वह तैयार और राजी माल है!

ये सब मान्यताएँ पतित दिमागों की उपज हैं। जो पुरुष इन्हें मानते हैं, बीमार हैं। उनका इलाज होना चाहिए, मगर बीमार से भी अधिक वे लोकतंत्र के दुश्मन हैं। स्त्री के राजनैतिक अधिकार यों तो वही हैं जो पुरुष के होते हैं। परंतु पुरुष के हाथ में इतनी सत्ता केंद्रित हो गई है कि वह कानून, व्यवहार, वाणिज्य-व्यापार और प्रचारतंत्र द्वारा स्त्री का हर समय दमन किया करता है। यह कभी प्रकट होता है कभी दबा-ढँका रहता है—न पुरुष उसे देखना चाहता है, न स्त्री उसे दिखाना चाहती है। पुरुष निर्ममता के कारण और स्त्री भय के कारण। इसलिए ऊपर लिखी पुरुषग्रंथियों के विरुद्ध खड़े होने की कोशिश करना स्त्री का विशिष्ट राजनैतिक अधिकार हो जाता है। पुरुष के और स्त्री

के अन्य राजनैतिक अधिकार समान रहते हैं, पर स्त्री की देह उसका देश है और यह अधिकार कि वह किस समय किस पुरुष का रति-संसर्ग स्वीकार करेगी, उसका अनन्य राजनैतिक अधिकार है। ऊपर लिखीं पुरुष-ग्रंथियों में अंतिम, अर्थात यह मान्यता कि यह स्त्री एक बार पुरुष-संसर्ग कर चुकी है तो फिर वह पूरे मन से हर पुरुष से संसर्ग करेगी एवं उस पर बलात्कार करनेवाले को दोषी नहीं माना जाएगा, इस अधिकार को नहीं मानती। मैं यह जोर देकर कहना चाहता हूँ कि स्त्री का शरीर उसकी संपत्ति है। वह इच्छा से कितनी बार कितने ही पुरुषों से संसर्ग करे, किसी को उसे पुरुषवर्ग की साझा संपत्ति मान लेने का हक नहीं मिल सकता। उसका एक पुरुष से शरीर-संबंध बनाना, जो समाज की विवाह नामक संस्था ने स्वीकृत किया है, समाज को यह अधिकार नहीं देता कि वह उसे ऐसे ही और भी संबंध बनाने को बाध्य करे। समाज ऐसे एक संबंध को अनुचित मानता है, माने। बस यहीं तक उसका अधिकार है—और वह भी संदिग्ध है।

स्त्री के अपने शरीर के राजनैतिक अधिकार को छीनने के लिए समाज ने कई तरकीबें निकाल रखी हैं। इनमें से एक यह है कि बलात्कार करो और उसे बलात्कार सिद्ध मत होने दो। बलात्कारी का वकील शरीर और हथियार और राजतंत्र के बल से डरी हुई औरत से पूछता है, "अरी औरत, तू यह बता कि तुझे बलात्कार में आनंद आया था कि नहीं? तू यह बता कि तूने विरोध किया था या नहीं? तू दिखा कि तेरे शरीर पर विरोध करने के निशान कहाँ हैं?" यह प्रश्न गधेपन को वहशीपन की हद तक ले जाने पर ही पूछा जा सकता है। यदि स्त्री के शरीर पर निशान देखे जाएँगे तो वे आक्रामक के बलप्रयोग के निशान होंगे न कि स्त्री के छटपटाने के। पर यही प्रश्न निर्णायक होता है। इसी से तय किया जाता है कि स्त्री रजामंद थी या नहीं। यह गधापन और वहशीपन पुलिस और अदालत में दिखता है। मध्यवर्गीय समाज में इसी का रूप यह वाक्य है, "तू पर-पुरुष द्वारा भोगी जाने के पहले मर क्यों न गई?" दूसरे शब्दों में, इसे यों कहा जाएगा; "तूने विरोध में अपना गला क्यों नहीं काट लिया?"

भारतीय राजनीति के इतिहास का यही सारांश है। 'हम लड़कर जान दे देंगे' ऐसा बोलना बड़ी बहादुरी मानी जाती रही है। 'हम लड़कर दुश्मन की जान ले लेंगे' ऐसा वाक्य वीरगाथाओं में सुनने-पढ़ने को नहीं मिलता। ऐसा क्यों? हमने औरत को यह क्यों नहीं सिखाया कि वह बलात्कार को अपने पर राजनैतिक आक्रमण समझे और यह भी समझे कि विरोध में अपनी जान गँवा देने का प्रमाण देने में सतीत्व की प्रतिष्ठा नहीं है, बलात्कारी की जान ले लेने में हो सकती है। और हर हालत में यह प्रमाण देना कोई मतलब नहीं रखता कि स्त्री ने विरोध किया था या नहीं, क्योंकि वह प्रमाण जाँचनेवाला वही पुरुष है जो यह वाक्य कहता रहता है, "तू बेइज्जत होने से पहले मर क्यों न गई"..."और तब नहीं मरी तो बेइज्जत होने के बाद सही, अब मर जा।"

लोकतंत्र सिर्फ वोट देने के अधिकार से नहीं बनता। सबसे पहले वह अपने अधिकार के लिए लड़ने से बनता है। औरत को वोट देने का अधिकार देकर हमने लोकतंत्र नहीं बना लिया। औरत का सबसे पहला अधिकार यह बताने का है कि अपनी देह का वह क्या करती है। वही तय कर सकती है कि वह कब और किस पुरुष को देह का संग देगी और वही तय कर सकती है कि वह कब माँ बनेगी। आबादी बढ़ जाने के भय से जो राजनीतिक नेता औरत को बच्चा पैदा करने के नाकाबिल बना देना बहुत सही उपाय बताते हैं, वे अगर औरतों के साथ मिलकर उनकी अपनी देह की आज़ादी के लिए लड़ें तो एक ज्यादा ताकतवर समाज बनेगा...और औरत लोकतंत्र की सिपाही बनेगी, बच्चा पैदा करने की मशीन नहीं।

[*जनसत्ता*, 4 मार्च 1984]

तस्वीरें बोलती हैं

तस्वीरें बोलती हैं मगर अत्याचार के शिकार के प्रति सहानुभूति और अत्याचारी के प्रति विद्रोह की भाषा वे उस वक्त नहीं बोल सकतीं जिस वक्त यह सहानुभूति और विद्रोह समाज के मन में कई अन्य माध्यमों से जगाया न गया हो। कला, साहित्य और राजनीति ने यह काम अगर ईमानदारी से नहीं किया है तो अखबार में गरीबी के मारों की तस्वीरें गरीबी को न्यायोचित ठहराने लगेंगी और खुशियों की तस्वीरें हर बार दिखाएँगी कि सबसे बड़ी खुशी दूसरों को लूटने में है।

1975 और 1980 के बीच एक वक्त आया था जब व्यवस्था के प्रति जनता के उत्साह को जागृत रखने के लिए डाकुओं की हत्या के समाचार धड़ाधड़ छापे जा रहे थे। शायद इनके पीछे यह विचार था कि दलीय राजनीति में उखाड़-पछाड़ की खबरों के बराबर मनोरंजन इन खबरों से भी पैदा हो सकता है। उन्हीं दिनों किसी अखबार ने एक औरत की लाश की तस्वीर छापी। यह लाश नंगी थी। बताया गया कि औरत एक डकैतिन थी। जिस अखबार में वह छपी थी उसके पाठकों को थोड़ी-सी निराशा जरूर हुई होगी क्योंकि आँख गड़ाकर देखने पर भी तस्वीर में वह सबकुछ साफ दिख नहीं पा रहा था जो जिंदा जली औरत में दिखता। मगर यह किसी को नहीं दिखा कि यह तस्वीर असभ्यता, बर्बरता और नीचता की कहानी कह रही है जिसमें इस राजनैतिक विचार का समर्थन किया जा रहा है कि पुलिस के पास बेरोकटोक ताकत रहनी चाहिए तभी यह समाज चल सकता है। क्यों नहीं दिखा?

अक्सर संपादक यह तर्क देते हैं कि हमने असलियत दिखा दी है, पाठक अपने नतीजे आप निकालें, चुनाँचे नंगी लाश देखकर पाठक यह नतीजा भी निकाल सकता है कि डकैतिन की सजा में मार डालना और नंगा कर डालना शामिल है। जिस समाज में जिंदगी की इज्जत करना सिखाया जाता हो उसमें लाश की इज्जत करना भी सिखाया जाता है। मगर ताकत के केंद्र ने अपने पास जमा सारी कानूनी शक्ति से भी अधिक शक्ति झपटकर ले ली और मरी हुई औरत का अपमान किया तो क्यों? क्या इसलिए कि वह समाज में जिंदा औरत के अपमान को बढ़ावा देती है और साहित्य, कला और राजनीति इस अपमान को सिवाय प्रतिष्ठित वर्ग के और सब वर्गों की स्त्रियों के लिए ठीक मानते हैं। संपादक ने यह चित्र एक ऐसे व्यक्ति के अपमान के प्रमाणस्वरूप छापा था जो प्रतिष्ठित वर्ग की सत्ता में हिस्सा बँटाना चाह रहा था—उस वर्ग की डकैती के समतुल्य तरीकों से—मगर पुलिस की चिंता थी कि संपन्न वर्ग की राजनैतिक प्रतिष्ठा उसे नहीं मिलनी चाहिए। इस चित्र को इस विश्वास से छापा गया था कि इसे देखकर ताकतवर समाज का और उसके मुसाहबों का जी जुड़ाएगा। जब खुर्दबीन से देखने पर भी उस लाश में कोई ऐसी जिंदा चीज बची न मिली जो औरत की देह का उपयोग करनेवाले संचार माध्यम दिखाते हैं तो दर्शक ने अपना पैसा वसूल किया औरत के प्रति अपनी घृणा को बढ़ाकर। यह घृणा किसी के डकैत होने के प्रति नहीं थी, डकैत स्त्री के विरुद्ध बल्कि स्त्री के विरुद्ध थी। इस तरह 'अपने नतीजे आप निकालें' वाले सिद्धांत के अनुसार डकैतिन की हत्या को न्यायोचित ठहराकर उसकी लाश को नंगा दिखाने का नतीजा यह निकला कि यदि यह औरत जीवित होती तो उसके नंगे शरीर का उपभोग करना भी इसके डकैतिन होने का दंड होता पर अब जब उस देह पे लार टपकाते हुए देखने लायक भी कुछ नहीं रह गया है, तो आओ इस राजनैतिक विचार को ही जिंदा रखो कि उससे कोई सहानुभूति नहीं रहनी चाहिए।

कभी-कभी संपादक लोग औरत को अपमान के लायक व्यक्ति सिद्ध करने के लिए बड़ी-बड़ी तपस्या करते या अपने संवाददाताओं से करवाते हैं। फूलनदेवी को 'दस्यु सुंदरी' कहा गया, जैसा सभी डकैतिनों को कहा जाता है (दस्यु और सुंदरी एकसाथ कहने से औरत को दस्यु होने का दंड

अपने सौंदर्य से चुकाना पड़ेगा—कितना मजा आएगा तब!) और उसकी तस्वीर की खोज में संवाददाता भेजे गए। किसी ने एक तस्वीर खींची और बता दिया कि फूलन तो मिली नहीं, यह उसकी बहन है। फूलन ऐसी ही होगी, अंदाज से माल देख लीजिए। फिर जब असली तस्वीर आई तो यह भी दुख प्रकट किया कि यह तो उतनी रूपवती नहीं है जितनी हम अपनी भोग्या वस्तु को देखना चाहते थे। फिर फिल्म के द्वारा बिल्कुल संशोधित चरित्र बताकर फूलन को बड़े पैमाने पर बेचा गया। फूलन की वह पीड़ा बताना जो उसने राजनैतिक शोषण से भरे हुए समाज में अपमान बर्दाश्त करते हुए झेली थी, इस तस्वीरबाजी का उद्देश्य न था, न उसकी जो तस्वीर छपी उससे समाज के सुरक्षित और संपन्न वर्ग के अखबार पढ़नेवाले लोग कोई संबंध बना पाए। 'अपने नतीजे आप निकालें' के सिद्धांत के अनुसार यही राजनैतिक संबंध बना कि यह एक अप्राप्य, संभवतः हमारे अयोग्य भी, परंतु हमारे दास वर्ग की संपत्ति और हमारी भोग्या है।

माया त्यागी की याद होगी। उसकी तस्वीर के साथ मानो बड़ी सच्ची और पक्की खोज करके उन उत्तरों को भी छापा गया था जो असल में पाठकों के सामने एक मनोरंजन भरी हिंसा की तस्वीर पूरी करने के लिए पूछे और दर्ज किए गए थे। एक अखबार में तो संवाददाता यों प्रश्न पूछने लगता है मानो आँख के इशारे से कह रहा हो, 'हाँ हाँ, शरमाओ नहीं, बता दो कि जब उसके कपड़े उतरवा लिए तो पहले कहाँ हाथ लगाया।' इसके बाद के सवालजवाब पाठक 'अपने नतीजे आप निकालें' के सिद्धांत के अनुसार सोच लें। क्या यह संपादक जिन्होंने माया त्यागी से भेंट छापी, अपने संवाददाता से आगरा में छपकर पटरी पर टिकनेवाली 'मुझे उसने आ दबोचा' किस्म की किताब लिखवा रहे थे? शायद उस प्रतियोगिता में ठहर न पाने के डर से उसे धारावाहिक छापने का विचार छोड़ दिया होगा।

इन तस्वीरों को छापकर अखबारों ने उस औरत को पहले से भी अधिक सुरक्षित करके उसी समाज में वापस फेंक दिया है जिसमें उस पर अत्याचार हुआ था। क्या इसके पीछे इस विज्ञापन की भावना नहीं होती कि यह औरत सामूहिक बलात्कार के लिए उपलब्ध है? हम समाज में ऐसे अत्याचार का राजनैतिक-सामाजिक हल नहीं निकाल रहे हैं, हम इसके विरोध की चेतना नहीं फैला रहे हैं, हम अपने संपन्न वर्ग के पाठकों को उन नृशंसताओं से जोड़ रहे हैं जो उन्हीं के वर्ग की ताकत के प्रतिनिधि करते हैं और निम्न वर्ग के पाठकों को उन्हीं के वर्ग पर हुए अत्याचार को दिखाकर उनकी औकात पहचनवा रहे हैं। उनकी असहायता का बोध कराना और उनमें उससे लड़ने की इच्छा न पैदा करना और क्या है सिवाय उनकी औकात याद दिलाने के।

तस्वीरें बोलती हैं जरूर पर दमन और पतन के दौर में ऐसा वक्त भी आता है जब तस्वीरों को शीर्षक देना पड़ता है कि वे उसी को बोलें। नहीं तो वे गूँगी कठपुतली बन जाती हैं जिसके पीछे से कोई न कोई आक्रमणकारी अपना संवाद बोलने लगता है। 'अपने नतीजे आप निकालें' का सिद्धांत धोखे से भरा है। अगर अन्याय के शिकार के लिए समाज के मन में जगह नहीं बनाई जाएगी तो अन्याय की तस्वीर अलग-अलग रूपों में अन्यायी की ताकत का और अन्याय के औचित्य अतएव अनिवार्यता का विज्ञापन बनकर ही आएगी। क्या पत्रकारिता की यह धारा जो खासतौर से 1980 के बाद से चली है, लोगों को अपने नतीजे आप निकाल देने की नीति इसलिए अपना रही है कि उसे लोगों की सामाजिक चेतना के बढ़ने का भरोसा है या कि उसे उस समझ के नष्ट होते जाने का संतोष है। क्यों वह पाठक और अत्याचार के शिकार दोनों को अकेला छोड़ रही है और आज की पतनशील नागर संस्कृति को दोनों के बीच उपभोक्ता और उपभोग्य का संबंध बनाने के लिए मुक्त क्यों रहने दे रही है। जब संगठित राजनैतिक दल जीवन कर्म की विविधता से उदासीन और वर्तमान व्यवस्था के निहित अन्यायों का कोई भी विकल्प देने में असमर्थ हो गए हों तब अखबार कम से कम इतना करें कि बुनियादी मान्यताएँ रोजमर्रा जिंदगी की खबरें देते हुए खुद याद रखें,

पाठकों को याद कराएँ और कराते रहें। पत्रकारिता का विकास और कुछ नहीं, उस बोली का विकास ही है जो यह याद कराने की जरूरत पूरी करने के लिए ईजाद की जाती रहती है।

[*जनसत्ता*, 3 जून 1984]

पंजाब के बाद

'तो पंजाब के बारे में क्या सोचते हो तुम?' एक वरिष्ठ पत्रकार ने पूछा। हम लोग पुस्तकालय के अहाते में अकस्मात मिल गए थे और पेड़ की छाँह में खड़े होकर बात करने लगे थे।

मैं तो सोच रहा हूँ कि कुछ बरसों से जो हिंसात्मक द्वेष और अविश्वास फैला है उसके बारे में बताना चाहिए कि हमारी परंपरा में ऐसी घटनाएँ मौजूद हैं कि...

वरिष्ठ पत्रकार ने लपककर बात काटी : "हाँ, हाँ, यही तो बात है। हजारों, सैकड़ों, पाँच सौ पचास, जो कहिए, बरसों से जो हिंसा हमारी परंपरा में बसी हुई है..."

मैंने विचलित होकर टोकना चाहा, क्योंकि मेरी बात का जो अर्थ लगाकर वह पुलकित हो रहे थे वह मेरे मन में नहीं था, पर यह सोचकर रह गया मुख से 'रा' निकलते ही यह सज्जन 'रावण' समझ बैठे हैं तो इनकी पूरी बात सुन लें, कम से कम उनकी विचारधारा तो मालूम हो जाएगी, जो इस भ्रम से कि मैं उन्हीं के मन की बात कहनेवाला था, सहसा उन्होंने खोल दी है। वह समझे थे कि मैं हिंसा की परंपरा का अस्तित्व मानते हुए सरकारी प्रतिहिंसा का समर्थन करूँगा। मैं अपना वाक्य पूरा कर पाता तो वह यों होता... हमारी परंपरा में ऐसी घटनाएँ मौजूद हैं कि जिनसे हमारा राष्ट्र एक बना हुआ है और एक बना रह सकता है। उन्हीं को हमें आज आगे बढ़ाना चाहिए।

इसके आगे मुझे यह भी कहना था कि एक प्रदेश को सेना के हाथ में सौंप देने का अर्थ आज की दशा में यह न हो कि भाईचारे और परस्पर विश्वास की जो परंपरा जनजीवन में आज भी जीवित है और संगठित राजनीति द्वारा बढ़ाई नहीं जा रही है, उसे बढ़ाने की राजनीतिक इच्छा मर जाए, क्योंकि हमने उग्रपंथियों के सफाए के लिए सैनिक कार्रवाई को अनिवार्य माना है और कहा है कि कोई चारा नहीं बचा था; मगर हमें सरकार से और सरकार को हमसे पूछना चाहिए कि 'था' तो माना, क्या आगे के लिए भी कोई चारा नहीं बचा 'है'?

दूसरे शब्दों में कहें, तो स्वर्ण मंदिर में प्रवेश स्वर्ण मंदिर में प्रवेश ही रहना चाहिए, भारत के दिमाग में प्रवेश नहीं बन जाना चाहिए। भारत के दिमाग में उग्रवादी, फूटवादी, हिंसावादी परंपरा भी मौजूद रही होगी जिसको ध्यान में रखकर हमारे वरिष्ठ पत्रकार मेरे तर्क को अपनी दिशा में बढ़ाना चाह रहे थे और उसे मेरा तर्क बनाए दे रहे थे। पर निश्चय ही इन परंपराओं के अलावा दूसरी परंपरा भी है। वे न रही होतीं और उनके जीवित रखने की इच्छा और आशा और संभावना न रही होती तो नेहरूजी अनेकता में एकता का नारा कैसे दे पाते? आखिरकार यह नारा उनका आविष्कार नहीं था। परंपराओं में से एक का उनका समर्थन था।

हमारे वरिष्ठ पत्रकार ऐसी किसी परंपरा को याद ही नहीं कर पा रहे थे जो 'अब और कोई चारा नहीं रह गया है' कहने के बजाय यह कहती हो कि 'तब कोई और चारा नहीं रह गया था।' उन्हें और उनसे कम वरिष्ठों को तो और भी जरूरी है कि वे वर्तमान की यह अधूरी तस्वीर देखना और दिखाना बंद करें। राजनीतिक संगठन, प्रशासन, पुलिस इनमें से कुछ भी पंजाब में विश्वसनीय नहीं रह गया था और सेना को बुलाना पड़ा, इतना सही है। पर सेना ने क्या कहा है, यह भी याद रखना चाहिए। उसके प्रतिनिधियों ने, जो स्वर्ण मंदिर के अंदर गए, जो बातें कहीं हैं उनकी ध्वनि

थी—एक यह कि उन्हें स्पष्ट आदेश थे कि हरमंदर साहब पर खरोंच न आने पाए और इस आदेश का जरूरत से ज्यादा जानें देकर पालन किया। दूसरी यह कि किसे अपने भाइयों पर हाथ उठाते अच्छा लगता है, मगर यह जरूरी था। स्पष्ट है कि सेना शुद्ध सामाजिक कर्तव्य भी निबाह रही थी। यह राजनीतिक कर्तव्य अकेले सेना का नहीं था। अगर आगे चलकर यह सिर्फ सेना का ही कर्तव्य बना कि वह राजनीतिक मूल्यों की रक्षा करे तो लोगों का योगदान नहीं हो पाएगा। सेना पंजाब की बिगड़ती हुई राजनीति का कोई विकल्प नहीं दे सकती सिवाय इसके कि उसे जड़ से हटा दें।

सेना की कार्रवाई के बाद एक दिन दूरदर्शन पर बैठे चार हिंदुस्तानी जैसे-तैसे अंग्रेजी बोलते हुए बता रहे थे कि अब 'हीलिंग टच' कैसे देना चाहिए। इनमें से एक सुझाव ऐसा था कि अखबारों को बार-बार लोगों को बताना चाहिए कि सेना ने हरमंदर साहब को बचाकर रखा है। यह था उनका बताया हुआ 'हीलिंग टच'। वे बेचारे सिखों और हिंदुओं दोनों को देसी आदमी मानकर उनकी भावनाओं को भी वस्तु जैसा मान रहे थे जिसे दुकानदार माल का पैकिंग दिखाकर बदलना चाहता है। वे सोच रहे थे कि हरमंदर साहब को कोई नुकसान नहीं हुआ, यह देखकर सिख संतोष की साँस लेंगे और इमारत नहीं आदमी की खोपड़ी में जो नुकसान हो गया है, उसे भूल जाएँगे। भावना आदमी की राय बनाने में बहुत योग देती है, पर आदमी सिर्फ भावना से नहीं चालित होता और भावना भी सिर्फ हरमंदर साहब से नहीं निर्धारित होती। और बातें भी, मसलन तर्क और बुद्धि भी भावना को बढ़ाने में सहायक होती हैं। क्या लोगों को बताना कि तुम लोग असल में शुद्ध भावुक प्राणी हो, विवेक और तर्क तुम्हारे पास है नहीं, किसी तरह का आरोग्य देने में सफल होगा? आरोग्य और 'हीलिंग टच' में अंतर है। आरोग्य पूरी देह का संस्कार होता है, 'हीलिंग टच' टूटी हुई टाँग की मरहम-पट्टी। आरोग्य के लिए क्या करना है, वह बताइए भाई!

मान लिया देश भर में सिख संगठित होकर सैनिक कार्रवाई का जो विरोध कर रहे हैं वह बहुत साधारण है, उसका कोई असर नहीं है। और यह आकर चला जाएगा, पर कैसे? कौन-सी चीज़ उस विरोध को समाहित कर लेगी, जिससे वह मिटने लगे? सारे भारत में सेना के भगोड़े, त्यागपत्र देनेवाले विधायकों, पुरस्कार लौटानेवाले लेखकों आदि की संख्या एक, दो, तीन सौ, चार सौ होगी और इसे जीवन भर मामूली संख्या बताते रहा जा सकता है। परंतु सेना के भीतर एक जाति में इस विरोध भावना का एक बार भी प्रकट हो जाना उतना ही खतरनाक है, जितना पूजाघरों में हथियार छिपा रखना।

यह मानना पड़ेगा कि स्वर्ण मंदिर को एक हिंसात्मक राजनैतिक कार्रवाई का गढ़ बने हुए देखते जाना संभव नहीं रह गया था। कहा जाता है कि बड़े धीरज के साथ सरकार ने प्रतीक्षा की। जब और नहीं कर सकी तो राजनैतिक छोड़कर सैनिक कार्रवाई की। पर इस प्रतीक्षा के दौरान राजनैतिक कार्रवाई की सब संभावनाएँ खत्म हो गई हैं तो पंजाब में ही वे खत्म हुई हैं। सारे देश में नहीं। स्वर्ण मंदिर की कार्रवाई से पंजाब की राजनीति राष्ट्रीय राजनीति न मानी जाने लगे, इसका उपाय सभी राजनैतिक दलों को करना होगा क्योंकि प्रधानमंत्री के निर्णय का सब दलों ने स्वागत किया है और अकेले प्रधानमंत्री जिम्मेदार नहीं ठहराई जा सकतीं। जहाँ तक उनका सवाल है, उन्होंने सैनिक कार्रवाई के खतरों को पहचानते हुए जहाँ सेना को बधाई दी है वहीं जनता से भी कहा है कि पंजाब में सैनिक कार्रवाई से जो परिणाम निकले हैं, उनको जीत मानकर खुशियाँ न मनाएँ।

इस चेतावनी को पूरा समर्थन मिलना चाहिए। दरअसल हिंदू-सिख वैर बढ़ने से रोकने की और दो करोड़ सिखों के मुकाबले छह करोड़ हिंदुओं को खड़े होने से रोकने की यह पहली शर्त है।

[*जनसत्ता*, 17 जून 1984]

सफरमैना सलाहकार

पाकिस्तान में सैनिक शासन से जनता का सहयोग है, यह सिद्ध करने के लिए मजलिसेशूरा बनी हुई है, पर हमारे यहाँ सैनिक शासन अभी पूरी तरह आया नहीं है, इसलिए एक अनौपचारिक सलाहकार मंडली जो भजन मंडली का भी काम करती है, अपने आप बन गई है। जो बुद्धिजीवी पत्रकारनुमा हों, वे इसमें शामिल हो सकते हैं। जो शामिल हो चुके हैं वे अपने एक न एक साथी के सुझाव की आलोचना यह कहकर करते रहते हैं कि ऐसा सुझाव सरकार का काम बिगाड़ देगा। ये अवैतनिक मनीजर सरकार का काम चलाने के लिए अपनी प्रशासनिक अक्ल लड़ाते रहते हैं। मानो आई.ए.एस. अफसर न होने की कमी पूरी कर रहे हों। 1980 से ही इनमें से कुछ ने प्रधानमंत्री के सलाहकारों और मंत्रियों को नालायक बताना शुरू कर दिया था और सिद्ध करना चाहा था कि बेचारी प्रधानमंत्री गलत लोगों से घिर गई हैं। कहा तो नहीं था मगर इशारा जरूर किया था कि हम बुद्धिजीवियों की सेवाएँ सरकार चलाने के लिए जाहिर हैं। मगर हमारे देशप्रेमी विचारकों के अनुसार जिन गलत लोगों से प्रधानमंत्री घिरी हुई थीं, उन्होंने इन राजनीतिक और प्रशासनिक मनीजरों को न मंत्रिमंडल में घुसने दिया, न मजलिसेशूरा का कोई हिंदुस्तानी नमूना तैयार होने दिया। ऐसे बुद्धिजीवियों के विचार एक सिरे से पढ़े जाएँ तो उनमें कहीं नहीं मिलेगा कि जनता का काम क्या है, वह ठीक से चल रहा है या नहीं, उसकी आंतरिक शक्ति बढ़ रही है या नहीं। और उसके दुख-सुख, भावोद्वेग, आत्मसंघर्ष और देश को पहचानने और राष्ट्र को जगाने के प्रयत्न कैसे सफल होंगे। यही बुद्धिजीवी हैं जिन्होंने सरकारी प्रशासनिक नीतियों में एक-एक करके पनपते भेदों का विरोध कभी जानते-बूझते, कभी अपने गाबदूपने के चलते नहीं किया है और समाज में अपनी पहचान बनानेवाले समूहों के बीच फूट और आजाद व्यक्तियों के बीच परस्पर दूरी बढ़ाई है। सच पूछिए तो 2 जून के पहले दो-तीन महीने से इन्होंने जनता के बीच आत्मविश्वास और परिचय फैलाने का काम बंद कर दिया था। पंजाब में आए दिन हत्याओं के समाचार छाप-छापकर या पढ़-पढ़कर ये मान रहे थे कि अब कोई बड़ा भारी कांड होनेवाला है और उसके बाद ही हमारे दिन फिरेंगे। हमें काम मिल जाएगा। हम सरकार को सलाह देने लगेंगे, और उस पर बहसें होने लगेंगी, हमारी प्रतिष्ठा बढ़ने लगेगी।

यह तो बुद्धिजीवियों को महज एक दिलासा है कि अगर लोकतंत्र में आपका नंबर नहीं आया तो अर्द्धसैनिक तंत्र में आ जाएगा। बस आप कहते जाइए कि सैनिक कार्रवाई के सिवा कोई चारा न था, न है न होगा।

मगर लगे हाथों जरा दूरदर्शन के कार्यक्रम देख लिया करें। यह माध्यम ऐसा बेहया है लाख छिपाओ सचाई को उजागर कर ही देता है। भले ही तस्वीर का मतलब कुछ बताया जा रहा हो, सही मतलब निकल ही आता है। पंजाब के शहरों में जिंदगी की हलचल दिखाकर दूरदर्शन कहता है अब यहाँ फिर पहले जैसी आवाजाही होने लगी है। अर्थ यह निकाला जा रहा है कि स्वर्ण मंदिर में सेना घुसने के पहले तक ये दूकानें, खोमचे, स्कूटर चलाती लड़की, रिक्शा खींचते मरियल इंसान, तरबूजे, करेले, अब मारे डर के जमींदोज हो गए थे। हलवाइयों के यहाँ पसेरियों मिठाई दूरदर्शन पर दिखाई जाती है और हमें समझाया जाता है कि यह तो सैनिक कार्रवाई की बदौलत बन गई है।

जी नही, यह जिंदगी है जो बड़े-बड़े महायुद्धों में नहीं मरती, अपने ही देशवासियों की दुष्टता, मूर्खता और आत्मघात से क्या मरेगी! यहाँ कम से कम इतना तो मान लीजिए कि जिस सामान्य जीवन की गतिविधि को दिखाकर दूरदर्शन मानो प्रकारांतर से धमकी दे रहा हो कि सेना चली जाएगी तो यह फिर नष्ट हो जाएगा। वह सेना के नहीं, लीचड़ राजनैतिक दलों के भी नहीं, बल्कि भारतीय जीवन परंपरा और हमारी जिजीविषा के सहारे चलता है। असैनिक शासन बहुत कोशिश कर चुका,

इस जीवन परंपरा के धागे को तोड़ नहीं पाया, उसके जोड़ में गाँठ नहीं डाल सका। अफसोस कि पंजाब में सैनिक कमान का प्रचार सिर्फ यह बताने के लिए हो रहा है कि सिख दुखी नहीं हैं, उनके जो क्लेश हैं मिटाए जा रहे हैं। यह समझाने की इच्छा किसी को नहीं है कि स्वर्ण मंदिर के बाहर हिंदू और सिख के बीच बंदूक का रिश्ता नहीं था, स्वाभाविक रूप से नहीं था, बनाया गया था।

बुद्धिजीवी भाइयो, सरकार को और सेना को आपकी खैरख्वाही अच्छी लगेगी, मगर इन दोनों के पास आपसे ज्यादा अच्छे सलाहकार हैं।

आप फिलहाल जनता के सलाहकार बन जाइए क्योंकि अपने ही देश में सेना के घुस आने से एक कई राजनीतिक परिस्थिति पैदा हो गई है। भिंडराँवाले पंजाब को देश से काटकर अलग कर देना चाहता था। यही काम हमने खुद कर दिया है। चौंकिए नहीं, पंजाब भारत में ही है और रहेगा। मगर हमें बार-बार ऐसे दिखाया जा रहा है जैसे कोई अधिकृत इलाका हो। क्या सरकार के अवैतनिक सलाहकार इस कुप्रचार की काट नहीं कर सकते? चाहें तो करने से पहले सरकार से पूछ लें। वह मना नहीं करेगी।

[*जनसत्ता*, 1 जुलाई 1984]

लोहिया जयप्रकाश अस्पताल

दिल्ली में अस्पतालों पर कुछ बहुत अच्छे लेख छपते रहते हैं। दिल्ली के बाहर के अस्पतालों पर भी आँख खोलनेवाली खबरें और वृत्तांत छपते हैं। इनसे मिली जानकारियाँ हमारी समझ में कहीं न कहीं कुछ जोड़ जाती हैं। हम अस्पताल नाम की संस्था से परिचित हो लेते हैं। पर दिल्ली के अस्पतालों के नाम पढ़कर उस परिचय के विषय में कम से कम एक सवाल हर बार मेरे मन में पैदा हो जाता है। जयप्रकाश नारायण, राममनोहर लोहिया, गोविंदवल्लभ पंत, मौलाना आज़ाद और कुछ इनसे कम बड़े नाम अस्पताल में क्या कर रहे हैं? नेहरू का नाम अस्पताल से नहीं जुड़ा है, विश्वविद्यालय से जुड़ा है इसलिए उनके बारे में यह सवाल नहीं पैदा हो पाता, दूसरे सवाल पैदा होते हैं जो ज.ने.वि. की घोषित मान्यताओं और वास्तविक कामों पर विवाद का विषय बना करते हैं। इसमें आश्चर्य क्या! जहाँ युवजन होंगे, भले ही उनमें से कुछ चिरंतन युवजन हों, वहाँ राजनीति उनके जीवन में अपना काम करेगी ही। इसलिए उसकी शिकायत नहीं कर रहा हूँ। सिर्फ पूछ रहा हूँ कि जयप्रकाश और लोहिया जैसे नामों को, जो युवा राजनीति में नया जीवन जगाने के लिए जिए-मरे, जनसाधारण के आरोग्य के संसार में क्या करने के लिए अवतरित किया गया?

क्या इसलिए कि हजारों-लाखों आदमी जब इन अस्पतालों में जाएँगे तो इन नेताओं के नाम याद करेंगे? क्या ये नाम रखनेवालों ने इनकी याद बनाए रखने का यह राजनैतिक नुस्खा तैयार किया था? या ऐसा कोई कारण नहीं था; केवल आदर की भावना थी? पर इन दोनों नामों के प्रति केवल आदर की भावना का क्या मतलब है? वह तो दिल्ली में सैकड़ों राजनैतिक यों ही कर रहे हैं।

इरविन और विलिंगडन विदेशी शासकों के नाम थे। इनमें इलाज के लिए जानेवाले भारतीय इन्हें सुनते थे, बार-बार सुनते थे, पर नाम का असर उनके इलाज पर नाम के कारण नहीं होता था, इस कारण होता था कि इनसे शान-शौकत, विशेषाधिकार और सामाजिक प्रतिष्ठा का आभास जगता था और इलाज बढ़िया हो जाता था। अगर भारतीय नाम रख देने से इस आभास में कोई अंतर पड़ा हो तो मुझे उसकी खबर नहीं, क्योंकि देखता यही हूँ कि अस्पताल के बाहर की दुनिया

अब भी विशिष्ट और अविशिष्ट में बँटी हुई है। इस बँटवारे में विशिष्ट वर्ग की संख्या शायद अविशिष्ट वर्ग की तुलना में बढ़ी ही होगी और हो सकता है उसमें घुसना कठिन भी हो गया हो। यह वृद्धि उसी अनुपात में हुई है जिसमें रोग बढ़े हैं, रोगों की चिकित्सा की सुविधाएँ बढ़ी हैं, दवाइयों के आविष्कार बढ़े हैं। तमाम सहृदयता और परिश्रम के बावजूद ये अस्पताल दोनों प्रकार के वर्गों का अंतर सामाजिक स्तर पर नहीं मिटा सकते, व्यक्तिगत स्तर पर इनके डाक्टर मरीजों को, चाहे वे किसी वर्ग के हों, आरोग्य देने में सच्ची और व्यावहारिक सहानुभूति दे सकते हैं और ऐसे डाक्टर हैं। सच पूछिए तो महान राजनैतिक नेताओं का नहीं इन्हीं डाक्टरों का नाम उनके मरीजों की याद में और जबान पर बार-बार आता है।

मरीजों के विशिष्ट और अविशिष्ट वर्गों का विभाजन जान-पहचान, सिफारिश, कभी-कभी दबाव के आधार पर होता है, सिर्फ डाक्टर की सनक या चिकित्सा पद्धति के आधार पर नहीं। यह गनीमत समझिए। आज का डाक्टर स्वयं जिस मध्यवर्ग की पैदावार है उसमें समाज की अवस्था की समझ पहले से कहीं ज्यादा है। पैसा कमाने के लिए डाक्टरी पढ़नेवालों को एक सिरे से धूर्त मान बैठना वैसा ही अतार्किक होगा जैसा विश्वविद्यालय में साहित्य पढ़ानेवालों को एक सिरे से दकियानूसी या रिश्वतखोर मान बैठना होगा। असल बात तो यह है कि मानवीयता मशीन की तरह नहीं काम करती। धीरज, प्रेम और चिंता डाक्टरी के सिद्धांतों के साथ पढ़ाई जरूर जाती है परंतु पैदा वह डाक्टर के अंदर उसके पारिवारिक और सांस्कृतिक संस्कारों से होती है। उसका व्यावहारिक रूप कैसे प्रकट होता है यह डाक्टर के अपने पेशे के प्रति बनी हुई धारणा पर निर्भर करता है।

एक जमाना हुआ, मेरे शहर में एक डाक्टर थे जो गरीबों के डाक्टर कहे जाते थे। उनकी बड़ी भारी कोठी थी, दवाखाने में सवेरे से शाम तक भीड़ लगी रहा करती थी, बीच-बीच में वह घर पर मरीज देखने भी उठकर चले जाया करते थे। बाकी मरीज धैर्य से बैठे रहते थे। वे जानते थे कि लौटने पर डाक्टर हरेक को देखेगा। डाक्टर की बोली में शहद नहीं मिला रहता था। पर उसकी आँखें मीठा बोलती थीं। वह घंटों किसी से हाल नहीं पूछता, उसे बहुत से मरीजों का पिछला हाल याद रहता था। साथ में घर के एक-दो लोगों की तकलीफें भी पूछता जो उसने पहले कभी सुन रखी थीं।

आप कह सकते हैं कि वह ग्राहक बना रहा था। उसके पास बहुत समय था। उसके घर में कोई कमी न थी। तीनों बातें सही हों तो भी क्या बुरा है। मगर असलियत यह है कि जब वह बहुत बीमार पड़ा तो दवाखाने में बैठना बंद कर दिया तो एक समय तक पुराने मरीज़ इस उम्मीद में आते रहे कि उनका डाक्टर भाई उपचार करेगा। नए मरीज दूर-दूर के गाँवों से बड़े डाक्टर का नाम सुनकर आते और निराश लौटते रहे। फिर धीरे-धीरे दवाखाने की जगह किसी व्यापारी का गोदाम बन गया। वह संस्था खत्म हो गई। डाक्टर का नाम आज भी जिंदा है।

यह सब सोचकर ही मैं कहता हूँ कि जिन कारणों से जयप्रकाश और लोहिया का नाम था, उन्हें बढ़ाया होता तो और बात होती। ये डाक्टर नहीं थे और इनके नाम लोग अस्पताल में चंगे हो जाने पर भी याद नहीं रख पाएँगे। बल्कि एक दिन किसी ऐसे शासन के द्वारा जिसे इन दो नामों के राजनैतिक प्रभाव का या तो डर खत्म हो जाएगा, या जरूरत खत्म हो जाएगी, इन नामों की जगह कोई नए राजनैतिक नाम रख दिए जाएँ तो किसी को कलख न होगी।

अस्पताल में इलाज कितना अच्छा होता है, इस पर निर्भर है कि समाज में कितनी तंदुरुस्ती है—शरीर और दिमाग की ही तंदुरुस्ती नहीं, खुद समाज की। समाज की तंदुरुस्ती का मतलब है विषमताओं का कम होते जाना। हर अस्पताल के बाहर मरीजों की एक दुनिया मँडराती रहती है। ये वे नहीं हैं जिन्हें अस्पताल में जगह नहीं मिली। ये वे हैं जिन्हें अस्पताल के अंदर के लोगों के लिए बाहर से उनकी सेवा करनी पड़ती है। ये मैले कागज से ढँका मौसमी के रस का गिलास फलवाले

से निकलवाकर भीतर ले जाते हैं। फलों की दूकानें मानो पुकार-पुकारकर कहती हैं कि फल दुर्लभ और महँगे हैं, पर इलाज का मतलब ही है महँगा पोषण। मरीज के घर की गरीबी के इश्तिहार हैं ये दूकानें। और घरवाले दूर देहात से आए हों या दिल्ली से, खुद जिन चटपटे खानों को खरीदकर भूख मिटाते हैं, वह पूरे समाज में फिजूलखर्ची और चटोरेपन की संस्कृति का एक बेचारा, गरीब-सा इश्तहार है। कीचड़, मक्खियाँ, गंदे हाथ, सभी कुछ अस्पतालों के बाहर एक छोटी-सी दुनिया बनाए हैं जिसका संदेश यह है कि इलाज तो भीतर होता है, बीमारी यहाँ मिलती है।

राममनोहर लोहिया ने मेरे जैसे हजारों नवयुवकों को सही भारतीयता और आधुनिकता की आलोचनात्मक समझ दी थी। जयप्रकाश नारायण का काम यह नहीं था, पर उन्होंने एक ऐतिहासिक समय में वह चीज दी जो राजनीति के दावेदारों ने नष्ट कर दी थी—साहस। अस्पतालों में इन दोनों का पाठ पढ़ाने के लिए मैं यह लेख नहीं लिख रहा हूँ। यह तो आनेवाले दौर में कोई पढ़ाना चाहेगा तो पढ़ाएगा। मगर ईश्वर के लिए (यह तो मुहावरा है, असल में इंसान के लिए) कम से कम इन नामों को लाखों बीमारों के सीने पर लादकर अपनी पीठ मत ठोकिए कि हमने हाथ में अधिकार आते ही इतिहास में इनका नाम अमर कर दिया। अमर नहीं कर दिया, इतिहास का मैदान छोड़कर आप दुखी जनता की मजबूरी का फायदा उठाने लगे कि हमारी राजनीति से नहीं तो इनकी लाचारी में सही, ये नाम हमारी बपौती बने रहेंगे।

इस लेख का निष्कर्ष यह नहीं है कि ये नाम मिटा दिए जाएँ, बल्कि यह है कि समाज की वह समझ जो इन दोनों ने बढ़ाई थी, अस्पताल के बाहर बढ़ाई जाए। अस्पताल में डाक्टरों और मरीजों का रिश्ता बेहतर होना चाहिए। मगर यह धोखा कि आप यह काम कर रहे हैं, इन नामों की आड़ में नहीं चल सकता।

[*जनसत्ता*, 8 जुलाई 1984]

सैनिक लोकतंत्र?

पंजाब में जो हुआ है उसके बाद भारतीय राजनीति के चरित्र में अगला परिवर्तन क्या होगा यह प्रश्न महत्त्वपूर्ण है। इसको स्वर्ण मंदिर की मरम्मत, सिख भाइयों की 'मरहम-पट्टी' और गाँव-गाँव में पकड़-धकड़ का कार्यक्रम बनाकर हल किया जा रहा है। मगर सब जानते हैं कि असल काम सिर्फ इतना नहीं है। आम चुनाव भी है, बल्कि आम चुनाव ही है। इसी के साथ प्रत्येक राज्य में (और प्रत्येक राज्य के इंका संसार में विशेष रूप से) तरह-तरह की रद्दोबदल भी शामिल कर लें तो अगले कुछ महीनों में राजनीति इसी काम में लगी रहेगी।

इसका मतलब यह होगा कि एक बहुत बड़े मसले पर से लोगों का ध्यान हटा रहेगा। लोग भूल जाएँगे—नहीं, भूल नहीं जाएँगे, हमेशा के लिए याद कर रखेंगे कि भारत की राजनीति का नक्शा सेना के प्रवेश के कारण बदल गया है।

हमें नहीं भूलना चाहिए कि भारत की सेना ने किसी और देश की सीमा में प्रवेश नहीं किया है। वैसा करती तो वह एक साधारण बात होती। उसने उस संसार में प्रवेश कर लिया है जहाँ भारतीय समाज में समूहों के संबंधों को बनाने का काम कुछ लोकतंत्रीय संस्थाएँ सेना के बगैर किया करती थीं। सेना का असर उन लोकतंत्रीय संस्थाओं पर नहीं था, अगर कोई असर होता तो वह इन लोकतंत्रीय आकांक्षाओं का होना चाहिए था और सेना पर होना चाहिए था। वास्तव में यह हमारे राजनैतिक

जीवन की एक आकांक्षा होनी चाहिए थी कि हमारी सेना कुछ मौलिक लोकतंत्रीय आदर्शों के अनुसार सुधारी और संगठित की जाए। सेना के 'भारतीयकरण' का बार-बार प्रयत्न किया भी गया है।

वैसा प्रयत्न अब भी जारी रह सकता है, रहेगा भी, पर इससे यह सत्य बदल नहीं जाएगा कि राज्य के संचालन में लोकतंत्रीय प्रयत्नों की हार हमने मानी और उनकी जगह सेना का इस्तेमाल अनिवार्य पाया। गनीमत है कि हमने यह नहीं माना कि सेना को अब हम हर बार हर मसला सुलझाने के लिए भेज दिया करेंगे। बल्कि यह एलान किया है कि उसका काम जैसे ही खत्म हो जाएगा वह लौट जाएगी। मगर पंजाब से लौट जाएगी, हमारे सामाजिक-राजनैतिक जीवन से कैसे लौट जाएगी, जब तक उस शून्य को भरनेवाली राजनैतिक-सामाजिक शक्तियाँ पैदा न होंगी? वे शक्तियाँ जो सेना को समाज के संचालन से अलग, मगर समाज की आकांक्षाओं के अधीन रख सकें; दूसरे शब्दों में, सेना को सिविल तंत्र के अधीन रख सकें, रातोंरात पैदा नहीं होतीं। ये हर समाज में आर्थिक-सामाजिक विकास के साथ-साथ उस समाज की परंपराओं में जीवन को हिंसा से मुक्त रखने की जागरूक कोशिशों के साथ पैदा होती हैं। इन्हीं को हम बिरादरी, पंचायत, नगरपालिका, विधानसभा और संसद के नाम से पहचानते रहे हैं—ये नाम साकार संस्थाओं के नाम हैं : इनके अलावा समझ, भरोसा, धीरज और न्याय के लिए संघर्ष जैसे कुछ नाम भी हैं जो अपनी शक्ल समय-समय पर, विशेष रूप से संकट के समय दिखाते हैं। जब नहीं दिखा पाते तो समझना चाहिए कि राजनैतिक और धार्मिक नेतृत्व विफल रह गया है।

सेना किसी राष्ट्र के आंतरिक शौर्य का कुल जमा हासिल होती है, उस शौर्य से अपने राष्ट्र को 'सबक' नहीं सिखाया जाता। दुर्भाग्य से प्रधानमंत्री के यह साफ-साफ कहने के बावजूद कि स्वर्ण मंदिर में सेना का प्रवेश किसी की विजय न माना जाए, धनाढ्य वर्ग का एक बड़ा हिस्सा (जिसमें अफसोस है कि वे बेचारे भी शामिल हैं जो धनाढ्य कहने-भर को हैं) इसी विजय की तृप्ति में मग्न है। यह वर्ग सिर्फ हिंदुओं का नहीं है, लेकिन इसमें हिंदू ही अधिक हैं, और नहीं तो केवल इस कारण से कि उनका बहुमत है और इस तात्कालिक कारण से भी कि आनेवाले आम चुनाव में निर्णायक संघर्ष हिंदी क्षेत्र में होगा जो सत्ता की चुनाव-राजनीति में हिंदुओं का प्रबल प्रतिनिधित्व करता है।

इस तर्क से हम यह नतीजा निकाल सकते हैं कि लोकतंत्र में सैनिक प्रवेश के कारण जो नई स्थिति बनी है वह भविष्य में बिगड़ने से हिंदू बहुमत की समझदारी के भरोसे ही बचाई जा सकती है। वह बहुमत ही है जो सेना को अपनी औकात के भीतर रख सकता है। अगर वह हिंदू चुनाव जीतने के लालच में वर्तमान हिंदू-सिख भेद को जीतने और हारनेवालों का भेद मान बैठा तो सरकार बनने में शायद कोई दिक्कत न आए। मगर हमारे टूटे-बिखरे समाज के बनने में दिक्कतों का अंत न होगा।

हिंदू समाज ने अनेक मतों और पंथों को जना और पोसा है। यह अपने आपमें विग्रह और फूट का कारण नहीं है। राजसत्ता के साथ नहीं बल्कि जनजीवन के साथ मिलकर इन मतों और पंथों के नियमन में हिंदू समाज सफल हुआ है। किसी सैनिक कार्रवाई या अध्यादेश की शक्ति के बूते नहीं। इसीलिए ये विभिन्न पंथ हिंदू समाज में आचार-विचार की समानता के कारण विलीन रहते हैं और इनके अनुयाइयों के सामाजिक और आर्थिक अधिकारों के लिए हिंदू समाज का लोकतंत्रीय राजनैतिक पक्ष अनुमति माँगता और हासिल करता है। यदि राजसत्ता के हिंसक माध्यम की संस्कृति इस हिंदू समन्वय पर अनुशासन करने लगे तो हिंदू संस्कृति को आसुरी बनाने का लोभ उन राजनैतिक वर्गों में उत्पन्न होगा जो संख्या, भूगोल और इतिहास के कारणों से राजसत्ता पर आसीन हैं। विडंबना यह है कि यही तीन कारण हैं जिनसे लोकतंत्र भी भारतीय समाज में जन्मजात है। इसका उलट चलने की कोशिश हिंदू समाज को अवरुद्ध करेगी। लोकतंत्र का वह आधार ही तब

कहाँ रहेगा जिसका भारत की खोज करनेवाले नेहरू ने बार-बार गुणगान किया है? 'आतंकवादी-दूषित क्षेत्र अध्यादेश' को सारे देश में, केवल पंजाब में नहीं, लागू करना, सेना के लोकतंत्र में प्रवेश का एक संशोधित रूप है। हिंदू नेताओं को इस विषय में क्या कहना है यह हम जानते नहीं। जानें भी कैसे? किस प्रकार के विजयोन्माद में इस विषय पर सोचना और बोलना बंद किए अपने-अपने मंदिरों में बैठे हैं जहाँ हथियार नहीं जमा हैं, मानो यही लोकतंत्रीय होने का सबसे बड़ा प्रमाणपत्र हो।

[*जनसत्ता*, 22 जुलाई 1984]

अंग्रेजी हिंदू-हिंदुस्तान

अंग्रेजी के एक पत्रकार ने एक सही बात लिखी है : 'यह स्पष्ट है कि सरकार को पंजाब में परिस्थितियों का एक बार फिर जायजा लेना चाहिए और साथ ही यह भी सोचना चाहिए कि सेना की भूमिका क्या हो। क्योंकि यह बात नहीं सोची गई तो कहीं ऐसा न हो कि जो फायदे हो सकते हैं उनकी जगह नुकसान होने लगे।'

इसके बाद सारे लेख में उन्होंने हस्बमामूल कई परस्पर विरोधी तर्क देते हुए अंग्रेजी में जनता के बारे में लिखने की दोमुँही शैली में तीन काम करने की सलाह सरकार को दी है। (क) सेना की भूमिका कम करनी चाहिए (ख) प्रशासन में घुसपैठ हो चुकी थी, उसका मनोबल टूट चुका था और वह अतिवादियों की चुनौती का सामना करने में असमर्थ हो चुका था इसलिए वहाँ सरकारी अफसर बदले जाएँ जैसे मुख्य सचिव, पुलिस के इंस्पेक्टर जनरल और जिला मजिस्ट्रेट। वह मानते हैं कि 2 जून के बाद से अब तक हिंदुओं की रक्षा करने का सैनिक दायित्व बना हुआ है। बावजूद इसके कि आजकल सिख हिंदुओं से नाराज नहीं हैं : नाराज तो वे अब भी हैं पर हिंदुओं से नहीं सरकार से हैं। हालाँकि आज भी तर्क दिया जा सकता है कि सेना को वापस बुला लेने से हिंदुओं की संपत्ति और जान को हिंसा और खतरे का दोबारा सामना करना पड़ सकता है मगर इस खतरे को घटाने के लिए आज की तरह सेना को पंजाब के संचालन की पूरी जिम्मेदारी दिए रहना जरूरी नहीं है : प्रशासन के पीछे सेना खड़ी रहे तो फिलहाल काफी है। ये सब उन्हीं लेखक महोदय के तर्क हैं।

ये तर्क यहाँ मैं इसलिए लिख रहा हूँ कि ये सेना को हिंदुओं की रक्षा का प्रतीक बनाते हैं, देश की अखंडता और विदेशी हाथ के मुकाबले का प्रतीक नहीं। बात यह है कि इन लेखक ने मान लिया है कि हिंदुओं की रक्षा ही राष्ट्रीयता है और राष्ट्रीयता पर खतरे का कोई जिक्र न करके हिंदुओं पर खतरे का जिक्र करने से बात समझ में आ जाएगी। कम से कम हिंदुओं की समझ में तो आ ही जाएगी। सांप्रदायिकता फैलाने का यह बहुत बढ़िया तरीका है। इसलाम खतरे में है से लेकर सिक्खी खतरे में है और हिंदुत्व खतरे में है तक की यह विचार यात्रा शुरू तो शादी की बरात की तरह होती है मगर खतम मरघट को जाती हुई अर्थी पर होती है। हिंदू खतरे में हैं यह नारा अंग्रेजी में राज करनेवाले जब लगाते हैं तो वह आधुनिक दिखने लगता है क्योंकि इसे उठानेवाले विलायती शिष्टाचार और रहन-सहन सीखे हुए हैं मगर इसमें और जिन्ना या भिंडराँवाले के सोच में कोई अंतर नहीं है। अगर है तो यह है कि मुसलमान की रक्षा या सिख की रक्षा की आवाज उठानेवाले मुसलमानों के लिए अलग राज्य और सिखों के लिए अलग राज्य की माँग करके ही खतरे के इस प्रचार को उसकी तार्किक परिणति तक ले जा सकते थे जबकि हिंदू खतरे में है—कहने वाले को भरोसा रहता है कि सारा देश ही हिंदू है इसलिए कोई बँटवारा क्यों होगा। पर मैं कहना चाहता हूँ कि सावधान रहें इस विचार से कि हिंदुओं में आज नहीं तो कल बँटवारा होगा और तब सेना

देशभर में फैलानी पड़ेगी।

यह राजनीति और इतिहास दोनों के साथ धोखा है और हिंदू-धर्म के विचार के साथ तो धोखा है ही। राजनीति से धर्म को अलग रखा जाए मगर सेना को इसमें मिला दिया जाए—यह है ऐसे विचारकों की असली राजनैतिकता। अगर हिंदुओं में यह हीन भावना भर दी जाए कि अब उनकी ऐतिहासिक परंपरा खत्म हो गई इसलिए अब उन्हें एक लौकिक धर्म की उन्नति का विचार छोड़कर सेना की शरण में आ जाना चाहिए तो हिंदू धर्म खत्म हो जाएगा और इसी धर्म की रक्षा के बहाने खत्म होगा। इस मरण-कामना का अगला कदम यही होगा कि हिंदुओं के भीतर अनेक मतों, पंथों और संप्रदायों को एक-दूसरे से भय उत्पन्न हो और वे एक-एक जिन्ना और एक-एक भिंडराँवाला पैदा करें। सिखों से, पूरे सिख समाज से हिंदुओं के बीच डर फैलाना या उसे बढ़ाना भिंडराँवाले की प्रतिष्ठा बढ़ाने के सिवाय कोई नतीजा नहीं निकाल सकता। अगर कोई नतीजा निकाल सकता है तो यही कि हिंदुओं के हर मत और पंथ में उन हिंदुओं के प्रति आशंका और अपने प्रति हीन भावना पैदा हो जो हिंदू समाज में शक्तिशाली हैं—वर्ण के आधार पर हों चाहे लाठी के चाहे (अब) बंदूक के आधार पर।

ऐसे विचारक जिनका अभी उल्लेख किया गया यह आत्मघाती खेल सिर्फ बुद्धिजीवी होने का प्रमाण देने के लिए खेल रहे हैं। इनके विचारों से सरकार, प्रशासन सेना की गुंजाइश है, लोक जीवन की नहीं। किसी साम्राज्यवादी उपनिवेशवादी तंत्र की तरह वे लोकजीवन को सिर्फ अजायबघर में रखने और अपने से बड़े साम्राज्यवादी के दरबार में बतौर तोहफा पेश करने की चीज समझते हैं। हिंदुस्तान में तो वे मानते ही नहीं कि कोई हिंदुस्तानी बोली बोलनेवाला आदमी आधुनिक हो सकता है क्योंकि आधुनिकता की अपनी पहचान उपनिवेशवादी है। राष्ट्र के अंदर आर्थिक, औद्योगिक-खेती हर पैमाने पर उन्होंने उपनिवेश बना रखे हैं और जब पंजाब के बाद वे हिंदू समाज के आर्थिक औद्योगिक स्तर पर सबसे प्रबल अंश को भी राजनैतिक स्तर पर एक उपनिवेश बनाने की कल्पना कर रहे हैं। 'हिंदी-हिंदू-हिंदुस्तान' का नारा उन्हें सांप्रदायिक लगता है—और मैं उस नारे में भी कमजोरियाँ पाता हूँ—मगर 'अंग्रेजी-हिंदू-हिंदुस्तान' का नारा उन्हें अच्छा लगता है भले ही वह चुनावी लोकतंत्र के रहते इसे वोट खोने के डर से उठाने की हिम्मत न करें। मगर जरा इस लोकतंत्र में हिंदू समाज में फूट पड़ने दीजिए—आप यह नारा भी बहुत बढ़िया धोखेबाज अंग्रेजी में सुन लेंगे।

[*जनसत्ता*, 5 अगस्त 1984]

हँसी की हिंसा

अमेरिका के राष्ट्रपति रेगन रेडियो पर बोलनेवाले थे। स्टूडियो में बैठकर अपना भाषण शुरू करने के पहले अधिकारियों ने उनसे टेस्ट देने को कहा। पाठकों को बता दें कि यह टेस्ट असल में माइक्रोफोन का नहीं, बोलनेवाले की आवाज का सुर देखने का टेस्ट होता है क्योंकि शब्दांकन मशीन को उसी के अनुसार काम करने के वास्ते तैयार कर लिया जाता है।

खैर, श्रीमान रेगन ने आवाज का टेस्ट दिया। इसे न तो प्रसारित होना था न अंकित। जो शब्द वह बोलते वे सिर्फ प्रसारण कार्यालय में सुन पड़ते। वहाँ काम करनेवाला एक-एक व्यक्ति भी उन्हें सुन लेता तो भी प्रसारित कार्यक्रम श्रोताओं की अपरिमित संख्या की तुलना में उनकी संख्या न के बराबर होती और जितना बड़ा प्रसारण तंत्र अमेरिका के पास है—देश-विदेश और अंतरिक्ष में फैला हुआ—उसे देखते हुए एक-एक प्रसारित शब्द एक-एक अस्त्र की-सी ताकत रखता है।

चूँकि रेगन को अहसास था कि उनकी यह ताकत इस समय काम में नहीं आ रही, ठीक वैसे जैसे उनके प्रक्षेपास्त्र चलाने का बटन अभी नहीं दबाया गया है। वह इसके आतंक से अपनी समझ में मुक्त हो गए और उनका हँसने का मन हुआ। आवाज का टेस्ट ही तो है, यह सोचकर उन्होंने कहा—"अमेरिकी भाइयो और बहनो, मैंने अभी-अभी एक कानून पास किया है जिसके द्वारा रूस को हमेशा के लिए 'दुनिया बाहर' कर दिया जाएगा। पाँच मिनट में बमबारी शुरू होनेवाली है।" जो उन्होंने बोला वह किसी को सुनाने के लिए नहीं था और जो उन्होंने नहीं बोला और जो अपने मन में उन्होंने सुना होगा वह था—'हा हा हा'।

तो ये आवाज का टेस्ट भी आधुनिक जीवन की एक परिस्थिति है। अपने मुँह से निकले शब्द को हम तुरंत 'सुनने के लिए' और 'न सुनने के लिए' इन दो भागों में बाँट लेते हैं, यह बँटवारा हम शब्द के प्रचार माध्यम पर नियंत्रण करके साधते हैं और इसकी खामख़याली यहाँ तक पहुँचती है कि हम एक वाक्य को कहने के बाद और प्रसारित कर देने के बाद भी अपने को और दूसरों को यह समझाने की सीनाजोरी कर लेते हैं कि यह वाक्य तो देश के या विदेश के अमुक वर्ग, जाति या अमुक दल के उपभोग (राजनीतिक टिप्पणीकार जिसे अंग्रेजी में कहते हैं कंजंपशन) के लिए था। गनीमत यह है कि शब्द के उपभोक्ताओं को बाजार में दो तरह के माल की तरह दो तरह के अर्थ देने की यह व्यापारिकता जब छपे हुए शब्द के साथ की जाती है तो तुरंत या देर-सबेर इस करतूत की पोल खुल जाती है। क्योंकि छपा हुआ शब्द बार-बार पढ़ा जा सकता है, उसका प्रमाण (छापे की भूल न हो तो) सच्चा प्रमाण माना जाता है।

रेगन ने मुक्ति अनुभव करते हुए एक परिहास किया था कि ऐसा वह खुद और बहुत-से ऐसे लोग जो दिमाग से काम लेना बंद कर चुके हैं, मानते होंगे। अब सोचने की बात यह है कि परिहास आखिर है क्या चीज? एक जानी-पहचानी परिभाषा को बहस के लिए काफी मान लें तो परिहास विसंगति का ही दूसरा नाम है। परंतु रेगन के परिहास से हम यह भी पहचान रहे हैं कि विसंगति से तटस्थ रहने पर ही परिहास सुननेवालों को वह परिहास लगता है। यदि परिहास करनेवाले के पास उस विसंगति को बदलकर अपने पक्ष में संगति बना लेने की शक्ति है तो फिर विसंगति से वह तटस्थ नहीं है, और उसका परिहास भय पैदा करेगा, हँसी नहीं। हँसी वह केवल उनके मन में पैदा करेगा जो उस विदूषक के पक्षधर हैं। आए दिन दिल्ली दूरदर्शन पर भिखारियों, औरतों, विकलांगों और साधारण मानवीय दुर्बलताओं के सामने झुक जानेवालों का मजाक उड़ाया जाता है। विशेष रूप से रविवार को 'आपके लिए' कार्यक्रम के जरिए। यह सुनकर किसी को जो कि हर कमजोर पक्ष में रहना चाहता है, गुस्सा आएगा, हँसी नहीं। मगर दूरदर्शन और उसको चलानेवाली व्यवस्था इन कमजोरों के पक्ष में नहीं है। इसीलिए वह देख नहीं पाती कि इन चुटकुलों में हिंसा है, हँसी नहीं।

अच्छा तो, रेगन महोदय अपने मन में "हा-हा-हा" बोलकर अमेरिकी भाइयों के लिए उपर्युक्त शब्दों की व्याख्या करने लगे मगर उन्हें पता नहीं था कि आवाज का टेस्ट मशीन की असावधानी से प्रसारण बन गया है। जब रूस पर पाँच मिनट में बमबारी होने की घोषणा लोगों ने सुनी तो एक और घटना घटी। गुस्सा नहीं आया क्योंकि लोग जानते थे कि सचमुच बमबारी करने की हिम्मत रेगन में है नहीं। तब हँसी आनी चाहिए थी क्योंकि यह तो विसंगति का उत्कृष्ट प्रमाण था। परंतु रेगन के चुनाव प्रतिद्वंद्वी ने कहा, "राष्ट्रपति को सोच-समझकर मुँह खोलना चाहिए।" पश्चिम जर्मनी में कहा गया, "बूढ़ा रेगन जिम्मेवार है" और नाटो-विरोधी ग्रून (अंग्रेजी में ग्रीन) पार्टी ने कहा—"यह विकृत मजाक है। इसे सुनकर हर समझदार आदमी का खून सूख जाएगा।"

हँसी इतनी डरावनी हो सकती है। जरूरी नहीं है कि पारसी रंगमंच की तरह भयानक हँसी के ठहाके लगाए जाएँ (पारसी रंगमंच से बात साफ न हो तो बंबइया हिंदी फिल्म कहने से चल जाएगा),

सिर्फ अपने पास अतुलित शक्ति जमा कर लेना अपनी हँसी को हिंसा बना डालने के लिए काफी है। परंतु हँसना-हँसाना परंपरा से समता का प्रतीक और लक्षण रहा है। इसीलिए आज की दुनिया में जबरदस्त भी उसकी नकल करके सभ्य दिखना चाहते हैं। हर बार जब वह यह कोशिश करते हैं, कुछ मुसाहिब 'हैं-हैं-हैं' करते होंगे। मगर अधिकांश लोग उनसे सतर्क हो जाते हैं, और यही आज की भयानक दुनिया में ईश्वरीय न्याय यानी जैसे को तैसा है।

पर यह परिहास जो कि शक्तिशाली के मुख से हमारा उपहास बनकर निकलता है, तभी तक संभव है जब तक एक आदमी भी इसकी पोल खोलने को "सहसा मुझे अकेला पाकर फिर से आप हँसे" कहने को बाकी न रहे।

[*जनसत्ता,* 19 अगस्त 1984]

सत्याग्रह नहीं, मगर छुट्टी नहीं

आंध्र में विधानसभा बुलाने का निर्णय हो जाने के बाद व रामराव की इस माँग पर आंदोलन के नेता अटल नहीं रहे कि भास्कर राव की अवैध नियुक्ति को रद्द कर, रामराव को उनका मुख्यमंत्रित्व देकर, फिर उनका बहुतम सदन में जाँचा जाए। देश भर में होनेवाला सत्याग्रह उन्होंने एक दिन पहले रद्द कर दिया। इसके पहले आंध्र में एक लाख लोग गिरफ़्तारी देने को तैयार हुए थे। इस तैयारी से सारा आंध्र और देखादेखी से सारा देश बता चुका था कि उसने राजनीति में अनैतिकता पसंद नहीं की है। पाँच सितंबर से जो सत्याग्रह होता उसमें सारे भारत को, विशेष रूप से हिंदी प्रदेश को यही बताना था कि हम अनैतिकता के विरुद्ध हैं। परंतु रामराव के दिल्ली आने पर रामलीला मैदान की सभा में हिंदी प्रदेश ने जो नारा लगाया था वह विचित्र था—'रामराव तुम संघर्ष करो हम तुम्हारे साथ हैं' यदि उत्तर भारत को रामराव का साथ सचमुच देना होता तो नारा होता 'हम संघर्ष कर रहे हैं, रामराव तुम साथ रहो।' इसका मतलब होता कि दिल्ली सरकार को पलट देने की जो अतिभावुक प्रतिज्ञा रामराव ने की थी उसका एक व्यावहारिक रूप बनता। क्या हिंदी प्रदेश के नेता यह नारा लगाकर कि 'संघर्ष तुम करो साथ हम देंगे' आंध्र में हुई राजनैतिक अनैतिकता को सिर्फ इस्तेमाल कर रहे थे। रामराव के हिंदी बोलने का अर्थ शायद उन्होंने हिंदी प्रेम लगाया होगा, जबकि वह अन्याय के विरोध में उत्तर को शामिल करना था। राजनीति द्वारा सत्ता के नक़्शे में कोई वास्तविक परिवर्तन हिंदी प्रदेश के सांसदों के बिना नहीं हो सकता, यह दुर्भाग्य से संविधान का यथार्थ है, तब आंध्र का मामला हिंदी प्रदेशों का मामला बनाए बिना वह नैतिक आग्रह राजनैतिक परिणाम कैसे दिखा सकेगा जिसकी रामराव ने प्रतिज्ञा की है और तेलगु जनता ने तैयारी की थी। सच बात तो यह है कि उत्तर के हिंदी प्रदेशों के नेता दिल्ली में कोई बहुत परिवर्तन को उत्सुक नहीं हैं। क्यों नहीं हैं? कारण यह है कि दिल्ली सत्ता को जिस तरह बटोर चुकी है उसी तरह बटोरने से दिल्ली सार्थक हो सकती है और यह हिंदीवाले सूँघ चुके हैं। सूँघ ही नहीं 1977 से 80 तक चख भी चुके हैं। इसलिए उन्हें दिल्ली तो चाहिए मगर वह यथास्थिति भी चाहिए जो दिल्ली को सार्थक बनाती है, देश को निरर्थक करती है। इसलिए संदेह हो सकता है कि कहीं आज वे श्रीमती गाँधी के कृतज्ञ होंगे कि उन्होंने आंध्र में विधानसभा सत्र बुलवा दिया यानी इसके श्रेय में उन्हें साझा देने को वे कुशल राजनीति मानते होंगे। अब उनकी दृष्टि में रामराव संघर्ष करें, हैदराबाद में दंगे। नेपथ्य में विधायकों की खरीदी और खुद तेलगु देशम पार्टी में एकता की नई समस्याओं से वह निपटें और मंगलवार को बहुमत लाकर दिखाएँ, हम साथ हैं यानी इसके सफल

होने पर रामराव की प्रतिष्ठा बढ़ी तो एक बार फिर उनसे हिंदी बुलवा लेंगे।

रामराव ने कहा है कि धर्म की जीत हुई है और विपक्षी दलों की एकता और सद्भावना ने यह संभव किया है। अगर ये पंक्तियाँ छपने तक किसी विपक्षी नेता का यह बयान भी आ गया हो कि दुर्बल शारीरिक अवस्था में न्याय के लिए संघर्ष करने का जोखिम भरा साहस करके रामराव ने यह आंशिक विजय प्राप्त की है तो साबित हो सकेगा कि विपक्षी नेताओं ने एक भारतीय मूल्य की कीमत पहचानी।

सत्याग्रह के दिन के एक दिन पहले और रामराव की अवैध बर्खास्तगी के पाँच दिन कम एक महीना बाद, जबकि रामराव सिर्फ 48 घंटे माँगते थे, यह विधानसभा बुलाई जा रही है जिसमें इस बीच संविधान के संरक्षण में बड़े पैमाने पर तोड़-फोड़ हो चुकी है। रामराव को विफलता के आने वाले खतरों से बचाने के लिए अगर विपक्षी दलों के सत्याग्रह की नहीं तो एकता की आज पहले से ज्यादा जरूरत है। सत्याग्रह रद्द किया गया है इसका मतलब यह नहीं कि राजनीति में नैतिकता का जो आग्रह रामराव ने केवल भाषण में नहीं व्यवहार में दिखा दिया है, उससे जागी हुई स्फूर्ति एक 'रियायत' पा लेने से बिखर जाए। रामराव ने हिंदी इसलिए नहीं बोली थी कि हिंदीवाले उसे हिंदी की पूजा बनाकर छोड़ दें।

उसका एक राजनैतिक अभिप्राय था—वही जो आजादी के लड़ाई के दिनों में प्रकट हुआ था। वह 1951 के बाद बनी अंग्रेजी की दासी अनुवादी हिंदी नहीं थी। वस्तुतः चीरे हुए दिल से निकली हिंदी थी जिसमें भारतीय मुहावरा था, जो एक और भारतीय सांस्कृतिक ऊर्जा और भाषा (तेलगु) से आया था, एक विदेशी भाषा (अंग्रेजी) से नहीं।

विपक्षी नेता आगे सिर्फ चुनाव गठबंधनों का कार्यक्रम बनाते हैं या आंध्र का संघर्ष अपना संघर्ष मानते हैं, यह रामराव की मंगलवार को विजय हो या पराजय, दोनों हालतों में भविष्य के लिए एक-सा महत्त्वपूर्ण रहेगा। भविष्य केवल 1985 का आम चुनाव नहीं है और दिल्ली की गद्दी पर देह का एक अंग टिकाना नहीं है। वह सारे देश को ऐसी एकता में बाँधना है, जैसी दिल्ली की रिजर्व पुलिस और सेना नहीं बाँध सकती, तोड़ ही सकती है। वैसी राष्ट्रीय एकता में धर्म ही बाँध सकता है—वह धर्म जिसे रामराव ने आंध्र में राजनैतिक अनैतिकता के विरुद्ध संघर्ष करके संभव किया है और जिसकी वह विजय मानते हैं।

[*जनसत्ता*, 9 सितंबर 1984]

अपनी मिट्टी, अपने पत्थर या बंदर का तमाशा?

किसी दैनिक में विलायत से आई यह खबर पढ़ी थी कि विक्टोरिया के जमाने की शैली में बनी विलायती सजावटी वस्तुओं को भारत में जहाँ-तहाँ से बटोरकर इंग्लैंड में ले जाकर दिखाने का या बेचने का धंधा जोर पकड़ रहा है। एक पुरातत्व संग्रह करनेवाले एक सज्जन से पूछा तो उन्होंने इसकी पुष्टि की। बोले, आपके पास भोंपूवाला फोनूगिलास (तब फोनोग्राम, बाद में ग्रामोफोन और अब रिकार्ड प्लेयर) हो तो ले आइए, ज्यादा नहीं तो हजार रुपए दिलवा दूँगा। (यह वही है जिसकी तस्वीर एच.एम.वी. रिकार्डों पर बमय एक स्वामिभक्त कुत्ते के छपी रहती है) मेरे पास नहीं था और मैं पछताने लगा कि मेरे घर में दो पीढ़ी पहले था मगर उसे पाँच रुपए में बेचा जा चुका है। हाँ रिकार्ड मैंने तभी, जब बचपन में उन्हें सुना करता था, छिपाकर रख लिए थे। प्यारा साहेब, मुहम्मद अली नगीनावाले और जानकी बाई की गायकी और जिल्ला और गारा जैसे अब अप्रचलित राग तब

के खयाल और टप्पा शैलियों में उन तवों में बंद रखे हैं। ये तवे काफी समय पहले बजते थे। इन्हीं में पारसी थिएटर के सोराबजी के 'यारों मैं दो जोरू वाला' जैसे मजाहिया गाने श्रोताओं की 'वंस मोर' सहित मिलते हैं और रेडियो नाटक की शैली पर बने 'साउंडएफेक्टों' का खूब इस्तेमाल करनेवाले 'स्किट' (धुएँ की गाड़ी उड़ाए लिए जाए) भी। यह सब तो सुरक्षित है जो टूट सकता था और आज भी भारतीय संगीत और नाटक परंपरा के कामचलाऊ प्रमाण की तरह सुना जा सकता है। मगर घड़ियाँ, चीनी की नंगी मूर्तियाँ, कुरसी, कलमदान, छड़ी तश्तरी, चाकू और डिबिया जो गरीब किसानों से चूसे हुए पैसे से राजे-महाराजे अंग्रेजों की नकल पर खरीदकर अपने महल सजाने के लिए विलायत से लाए थे, फिर वहीं वापस जा रहा है। एक बार मन में आता है—जाने दो।

मगर सवाल उठता है, ये जा रहा है तो क्यों? उत्तर है इसी कारण से जिससे 'राज' के दिनों के अंग्रेजों की सस्ती एय्याशी की कहानियाँ अंग्रेजी में लिखी जा रही हैं। अंग्रेज अपनी वर्तमान पीढ़ी को यह बताने के लिए आतुर हैं कि आज जो भारत; बावजूद अपनी जातिप्रथा और विचित्र रीतियों के और डगमगाती आर्थिक आजादी के, कई मायनों में स्वाधीन है, वह अभी हाल तक तुम्हारे पुरखों का गुलाम था। ये सजावटी सामान इंग्लैंड में और अमेरिका में भी अपनी शक्तिशाली साम्राज्य परंपरा की पिछड़े भारत को देन के रूप में देखा जाता है।

मैं यह नहीं कह रहा हूँ कि विक्टोरिया शैली की वस्तुओं को हम बाहर न जाने दें क्योंकि वे हमारी परंपरा की प्रतीक हैं। बल्कि यह कह रहा हूँ कि अगले कुछ वर्षों में भारतीय पुरातत्व की जो सात प्रदर्शनियाँ विदेश जानेवाली हैं उनकी ओर हम ध्यान नहीं दे रहे हैं। वास्तव में उन्हें बाहर जाने देने की उपयोगिता पर विचार होना चाहिए। क्यों न विदेशी नागरिक और कला-रसिक भी भारत आकर उन्हें देखें। हम अपनी दुर्लभ कलाकृतियाँ चोरी का, नकल का और बिचौलियों के मुनाफे की लूट का खतरा उठाकर विदेश में ढोकर क्यों ले जाएँ? आजकल राष्ट्रीय संग्रहालय में दुर्लभ मूर्तिशिल्प की जो प्रदर्शनी चल रही है ऐसी कितनी प्रदर्शनियाँ विदेशी सरकारें भारत आने देती हैं? नहीं के बराबर। वे जानती हैं कि जो भारतीय उनके देश जाएँगे और वहाँ उनकी संस्कृति के दृष्टांत देखकर आएँगे वे उन देशों का सम्मान करेंगे हमारी नौकरशाही मुनाफाखोरों के साथ मिलकर भारत का सबकुछ विदेश में भेज देने को तैयार है, भले ही वह हमारी संस्कृति की बानगी दिखाने के बहाने हो। इससे भारत का सम्मान बढ़ता नहीं, बल्कि घटता है। विदेशी हमें अधिक से अधिक अध्ययन की वस्तु बनाकर सम्मान देने का पाखंड करते हैं और उस अध्ययन के पीछे हमारे इतिहास की व्याख्या हमसे काटकर अपने ढंग से करने की नीति छिपी रहती है।

आप कहेंगे, इसमें इतना भय क्यों? जो चाहे वह अपनी व्याख्या करे, हमें अपना आत्मविश्वास नहीं खोना चाहिए। पर भारत में पुरातत्व के अवशेषों का जितने बड़े पैमाने पर बिखराव है इतने ही बड़े पैमाने पर उनके लिए अवज्ञा और उनकी चोरी से पैसे कमाने का धंधा चल रहा है। इससे आम लोगों में पुरातत्व के प्रति श्रद्धा तो दूर उत्सुकता भी नहीं जाग सकती। तब हम आत्मसम्मान कहाँ से लाएँगे? राष्ट्रपति और उपराष्ट्रपति और प्रधानमंत्री के हुक्म से?

मैं जोर देकर कहना चाहता हूँ कि दुर्लभ कृतियों को एक तो बाहर ले जाना नहीं चाहिए, भले ही प्रदर्शनी के लिए जाने का बहाना बेचने के लिए ले जाने से कम हानिकारक बताया जा रहा हो। दूसरे याद रखना चाहिए कि विदेश में प्रदर्शनी और चोरी के बीच सीमा की दीवार पारदर्शी काँच की बनी है। दिल्ली के संग्रहालय में कला वस्तुओं के इर्द-गिर्द खड़े काँच के घेरे को देखकर इस धोखे में नहीं आना चाहिए कि ये वस्तुएँ विदेश में सुरक्षित ही रहेंगी। यह तथ्य कि विदेशी संग्रहालयों में भारतीय दुर्लभ वस्तुओं का संग्रह दिन-प्रतिदिन भारत के अपने संग्रहों से भी बड़ा और महत्त्वपूर्ण बनता जा रहा है तथा भारत सरकार के पास उन वस्तुओं की पूरी और प्रामाणिक सूची तक नहीं है, हमारी आँखें खोल देने को काफी होना चाहिए। अंग्रेजी में हमारी आँखें पुरातत्व को, अतीत को

आधुनिकता विरोधी कोई चीज मानने के लिए तैयार की जा रही हैं। हिंदी में यह विचार फैलाया जा रहा है कि आधुनिकता को अभारतीय यानी पश्चिम से उधार लिया विचार मानकर हमें भविष्य में नकल रूपी विकास करना है। तब हम वर्तमान में कहाँ हैं? ये पहाड़, जंगल, मिट्टी के मैदान हरे छोटे हो रहे हैं जो इतिहास में बड़े देश के प्रमाण थे। इनकी विशालतां का कोई गुणगान अब सुन नहीं पड़ता। देश के बड़े देश होने का गौरव अब व्यक्ति की विदेश में प्रतिष्ठा बढ़ाता है, देश में बर्बरता...।

[*जनसत्ता,* 16 सितंबर 1984]

जीवन स्तर उठाना या उन्नति करना

गाँधी को गुजरे छत्तीस बरस हो गए। जाने कितने नौजवानों ने इन छत्तीस बरसों में गाँधी का नाम सुना होगा पर यह जरूरी नहीं कि उन्होंने 'गाँधी वाङ्मय' पढ़ा हो। हाँ, दो अक्तूबर को उन्होंने अखबारों में छपे दो विज्ञापन जरूर देखे होंगे। आधे-आधे पेज के इन दोनों विज्ञापनों ने हिंदी और अंग्रेजी में दिल्ली विकास प्राधिकरण की आत्मप्रशंसा की। अंग्रेजी में ऊपर बड़े-बड़े अक्षरों में लिखा था 'टू सर्विस आव सोसाइटी इज़ दैट व्हेयर बाई सोसाइटी दैट इज़ आल इट्स मेंबर्स आर अपलिफ्टेड'। इसके नीचे छोटे छापे में लिखा था—महात्मा गाँधी। मतलब यह कि यह वाक्य मोहनदास करमचन्द गाँधी ने लिखा या कहा है। कहाँ और कब, इसका कोई उल्लेख नहीं था। (उद्धरण चिन्हों के भीतर वाक्य लिखकर नीचे जो नाम दिया जाता है वह लेखक का होता है। यहाँ नाम है—महात्मा गाँधी। यह लेखक का नाम नहीं, वह नाम है जिससे आप लेखक को पुकारना चाहते हैं। मो.क. गाँधी ने अपने को महात्मा गाँधी कभी नहीं लिखा) इस वाक्य को हिंदी में समझा जाए तो अर्थ यह है कि 'समाज की सच्ची सेवा वह है जिससे समाज की अर्थात उसके सभी सदस्यों की उन्नति होती है।'

प्राधिकरण ने जो विज्ञापन हिंदी में छपवाया है उसमें लिखा है 'समाज की सच्ची सेवा इसके सभी वर्गों के जीवन स्तर को उठाने में है'—महात्मा गाँधी।

'जीवन स्तर' शब्द पढ़ते ही संदेह होता है यह गाँधी का शब्द नहीं हो सकता। यह नेहरू का शब्द है।

यह गाँधी और नेहरू का अंतर दिखाता है और बताता है कि नेहरू गाँधी के समाज चिंतन से बिलकुल उल्टी दिशा में सोचते थे। 'जीवन स्तर उठाना' उपभोक्ता सामग्री खरीदने और एक गुलाम दिमाग से खुश रहने की सीख देनेवाला शब्द है, 'उन्नति करना' या 'अपनी उन्नति करना' जीवन जीने में समाज के साथ जुड़ने और अपनी और सबकी आजादी की रक्षा करना सिखानेवाला शब्द है। 'जीवन स्तर उठाना' और 'उन्नति करना' इन दोनों को एक ही बताने के लिए दिल्ली विकास प्राधिकरण ने अनुवाद की आड़ में भाषा का अर्थ खंडित कर दिया है।

गाँधी के वाक्य का खंडित रूप वह है जो हिंदी के अखबारों में छापा गया है। प्राधिकरण को आशा रही होगी कि लाखों लोग जो रोज हिंदी पढ़कर साक्षर हो रहे हैं और लाखों लोग जो साक्षर होकर हिंदी पढ़ रहे हैं हमारे विज्ञापन में गाँधी के नाम से छपे वाक्य को गाँधी का असली विचार मान लेंगे। न मानेंगे तो जाएँगे कहाँ क्योंकि हमने यह तो बताया ही नहीं है कि वाक्य कहाँ से लिया गया है। इस तरह प्राधिकरण सरकार की और समाज के सशक्त वर्गों की वह नीति गाँधी के नाम पर चलाने में सरकार और सशक्त वर्गों को मदद पहुँचाएगा जो गाँधी के खिलाफ और इन वर्गों के पक्ष में है।

यह काम गाँधी का नाम लेकर किया जाएगा। इस विज्ञापन ने वही काम किया है जो छोटे-मोटे व्यापारी करते तो उस पर तुरंत निगाह जाती और गाँधी का नाम विज्ञापनों में देने के विरुद्ध आवाज उठती। 'गाँधी बीड़ी' या 'गाँधी साबुन' छापने से गाँधी के नाम का दुरुपयोग पकड़ लिया जाता, किसी और नहीं तो इस कारण कि विज्ञापनदाता ने चालाकी से काम नहीं लिया और मुँहफट हो गया। परंतु इन दोनों विज्ञापनों में गाँधी का बेजा इस्तेमाल बड़ी होशियारी से किया गया है। मैं केवल इस होशियारी की निंदा नहीं कर रहा हूँ। मैं तो यह बता रहा हूँ कि गाँधी के 36 साल बाद एक लंबी और क्रमिक योजना के अधीन सरकारी संस्थानों के दिमाग से गाँधी की सही समझ पोंछकर मिटा दी गई है और अब इन संस्थानों के संचालकों को अपनी समाज-विरोधी समझ गाँधी का नाम लेकर फैलाते हुए पता भी नहीं चलता कि वे खुद क्या कर रहे हैं। यह खतरनाक मासूमियत गाँधी विचार को जान-बूझकर भ्रष्ट करने के मुकाबले कहीं अधिक निंदनीय है।

ज़रा दोनों विज्ञापनों पर एक नजर दुबारा डालें। जीवन स्तर उठाना शराब की बोतल खरीदने से संभव है परंतु शराब पीने से उन्नति होगी ऐसा नहीं कहा जा सकता। इसके बाद कुछ और विज्ञापन आ सकते हैं जिनमें सब वर्गों का जीवन स्तर उठाने के लिए सबको टेलीविजन पर आधुनिक जीवन की 'माया' दिल्ली से प्रसारित दिखाने का श्रेय यह कहकर लिया जाएगा कि हम गाँधी के बताए रास्ते पर चल रहे हैं। ऐसा नहीं कि यह सिलसिला रोका नहीं जा सकता, लेकिन भाषा के जरिए गाँधी के साथ यह बेईमानी और बदतमीजी करनेवालों को रोकने में अगर तमाम लोगों को लगा दिया जाए तो वे इस मोर्चे पर जूझते रह जाएँगे और अर्थव्यवस्था और समाज-व्यवस्था की उपभोक्ता संस्कृति पर खरीदने और बेचनेवाले कब्जा करते जाएँगे।

जीवन स्तर उठाने और ऊपर से सभी वर्गों के जीवन स्तर को ऊँचा उठाने का अर्थ सिर्फ यह है कि सभी वर्गों के बीच रचनात्मक रिश्ते टूटते जाएँ और सभी वर्ग जीवन में कर्म और आनंद पर अपने अधिकार को छोड़ते जाएँ और उन्हें किसी अपाहिज करनेवाली शिक्षा, उत्पादन और उपभोग व्यवस्था के हाथों सौंपते जाएँ। इसके विपरीत उन्नति एक ऐसी शिक्षा और उत्पादन व्यवस्था में ही संभव है जिसमें बराबरी हो और शोषण न हो क्योंकि समाज की उन्नति उसके 'सभी सदस्यों की उन्नति' है। गैर-बराबरी के और शोषण के रहते हुए वह संभव नहीं है। हाँ अगर हम समाज के सदस्यों को बाँट दें और कुछ के लिए एक तरह का जीवन 'विकास' बताने लगें तो आसानी से गैर-बराबरी फैलाई और बढ़ाई जा सकती है। एक वर्ग विकास करेगा और उसके विकास से कुछ झूठन दूसरे वर्गों को खाने के लिए बचेगी जिसे वे अपना 'जीवन स्तर' उठाने के काम में लाते रहेंगे।

गाँधी के अंग्रेजी वाक्य में भाषा के भीतर छुपे हुए अर्थ हैं इसीलिए उस वाक्य में अर्थ है। हिंदी में जो वाक्य प्रचारित किया गया है उसमें से बहुत-से अर्थ काट दिए गए हैं। जैसे अंग्रेजी के वाक्य में बताया गया है कि समाज की सच्ची सेवा क्या है और साथ ही बिना बताए कह दिया गया है कि सच्ची सेवा क्या नहीं है।

उसमें 'समाज' का भी अर्थ बता दिया गया है : समाज अर्थात उसके सभी सदस्य, वर्ग नहीं। यही गाँधी की भाषा है। इन अर्थों को काट देना एक चाल है और इसका विरोध होना चाहिए। चाहे यह आखिरी दम का विरोध क्यों न हो।

[*जनसत्ता*, 7 अक्टूबर 1984]

स्वास्थ्य की राजनीति

शरीर को स्वस्थ रखना अच्छी बात है परंतु विचित्र बात है कि स्वास्थ्य के बारे में किसी का बहुत अधिक व्यस्तता दिखाना दूसरों को आतंकित करने लगता है। मालूम नहीं क्यों, किसी की तंदुरुस्ती देखकर तो खुशी होती है परंतु किसी के मुँह से बार-बार यह सुनकर कि मैं अपने स्वास्थ्य को बनाए रखने के लिए क्या-क्या करता हूँ, थोड़ा बहुत सामान्य ज्ञान भले मिल जाए, कोई आनंद नहीं मिलता। सबेरे की सैर, खान-पान और आहार का विचार, चिकित्सा के अनेक प्रकारों में से उपयुक्त प्रकार का चुनाव, ये सब बहुत व्यक्तिगत बातें हैं परंतु हममें से ज्यादातर लोग एक उम्र में इनके बारे में इतनी बातें सार्वजनिक रूप से करते हैं कि जितनी राजनीति के बारे में नहीं करते होंगे। लगता है कि समाज में स्वास्थ्य को लेकर असुरक्षा की एक भावना व्याप्त है। वह युवावस्था में बहुतों को नहीं दिखती परंतु अधेड़ होते ही दिखने लगती है और फिर स्वस्थ रहने को एक विशेषाधिकार मान लिया जाता है। जिन्हें यह विशेषाधिकार उपभोग करने की बुद्धि है या सुविधा है वे एक विशिष्ट वर्ग में शामिल हो जाते हैं।

इस वर्ग में अमीर भी हैं, कम अमीर भी, परंतु गरीब नहीं हैं। स्वास्थ्य संबंधी वार्तालाप भी पैसे के साधन के अनुसार अलग-अलग तरह का होता है। अमेरिका में हृदय की धमनियों की मरम्मत करा लेना इस समय स्वास्थ्य की राजनीति के सबसे अधिक शक्ति का प्रतीक बन गया है। एक व्यक्ति ने तो सार्वजनिक घोषणा कर दी है कि 'बाईपास सर्जरी' के बाद अब वह कहीं अधिक समर्थ और शक्तिशाली हो गया है। गनीमत है कि उन्होंने इसके साथ-साथ धमकी नहीं दी कि अब मेरी आलोचना करके या मुझसे असहमत होकर कोई देखे तो भला। राष्ट्रपति जैल सिंह के प्रति मेरे मन में आदर किसी और बात से उतना नहीं बढ़ा होगा जितना इस बात से कि उन्होंने अपनी बाईपास सर्जरी के बाद कोई वक्तव्य अपने आरोग्य के अहंकार में नहीं दिया। चाहते तो कह सकते थे कि अब मैं रोगी होने के कारण पद से नहीं हटाया जा सकता, इसलिए मेरे विरोधी होशियार हो जाएँ। और यह भारतीय संस्कार की दृढ़ता ही है। जिसके कारण समाज में किसी प्रबल राजनीतिक पदाधिकारी के स्वास्थ्य के विरुद्ध सिवाय 'मुर्दाबाद' के नारे के कोई राजनीति कार्रवाई खुले आम नहीं की जाती है।

निस्संदेह, हत्या से परहेज जरूर कम होता जा रहा है। हाँ, चोरीछिपे बीमार राजनीतिक से उसका पद छीन लेने में उसी तरह देर नहीं लगती जैसे ऊँघते हुए मुसाफिर की गठरी उठा ले जाने में नहीं लगती है मगर लुटे हुए आदमी ने एक बार दिखा दिया कि स्वास्थ्य की बहुत अधिक चिंता न कर वह जान हथेली पर रखकर अपने हितों के लिए लड़ सकता है तो उसको पीछे से समर्थन मिलता है। आंध्र में रामराव ने दिखा दिया था कि वह शारीरिक और राजनीतिक संकट के सामने आत्मबल के बूते खड़े हो सकते हैं।

एक बार किसी राजनीतिक मित्र ने टिप्पणी की थी कि आम चुनाव के पहले का दृश्य लड़कर जीतने की इच्छा करनेवालों के घमासान का नहीं जिंदा रहकर इंतजार करनेवालों के धैर्य का है। इससे मुझे एक मशहूर हंगारी लेखक का वह नाटक याद आया जिसमें दो ही पात्र हैं और दोनों परस्पर प्रतिद्वंद्वी हैं। दोनों की लड़ाई सिर्फ इतनी है कि पहले कौन मरता है। जो बचेगा वह इसलिए जीता हुआ कहलाएगा कि उसका विरोधी अब नहीं रहा। (यह नाटक दिल्ली में और लखनऊ में खेला जा चुका है) याद करके देखें तो पता चलेगा कि अधिक जीने की इच्छा से समाज के विशिष्ट लोगों में से अनेक ने हृदय की बाईपास सर्जरी पिछले दो-तीन वर्ष में कराई होगी। इसके पहले के युग में भी कायाकल्प कराने का फैशन था परंतु मेरा ख्याल है तब जीवन के इंद्रिय सुख भोगने की लालसा प्रमुख रहती थी। आज अधिकार सुख अधिक मादक है।

राजनीति में लंबी जिंदगी पाने की लालसा कोई बुरी बात नहीं होनी चाहिए परंतु चारों ओर इतने सारे लोग घिसट-घिसटकर मर रहे हैं कि उनके वोट से गद्दी पर बैठकर उनके खर्चे से लंबी जिंदगी का इंतजाम करने में अपराध भाव होगा ही। इसलिए मुझे एक भी राजनीतिक नेता नहीं मिला जो बातचीत में कहता पाया जाए कि 'हाँ कुछ दिन से मेरा रक्तचाप बढ़ा हुआ रहने लगा है।' इसकी जगह इस तरह के वाक्य सुनने को मिलते हैं कि नेता मालिश, सवेरे की सैर, योगाभ्यास, दूध के साथ आँवला आदि का सेवन कर रहा है। एक प्रतिपक्षी नेता ने प्रचारित कराया था कि मैं रोज सुबह-शाम मालिश कराता हूँ और मेरा मालिश करनेवाला वही है जो गृहमंत्री की मालिश करता है। बाद में भक्तों ने इस प्रचार में यह भी जोड़ दिया कि प्रतिपक्षी नेता और गृहमंत्री के बीच कोई बात करानी हो तो मालिश करनेवाले की मदद लेनी चाहिए—वे दोनों लेते ही हैं।

अफसोस कि इस तरह का संबंध दूसरे दर्जे के राजनीतिक लाभ पानेवालों अर्थात साहित्यकारों के बीच नहीं बना है। कम से कम हिंदी साहित्य में तो नहीं। पंजाबी की मैं नहीं जानता। अन्य किसी भारतीय भाषा के साहित्यकारों में भी शायद ऐसा सेतु नहीं बना होगा। हो सकता है न बन पाने की वजह यह हो कि वहाँ दो साहित्यकारों के बीच तीसरे मालिश करनेवाले पर भी साहित्यकार होने का संदेह किया जाता हो। खैर, विषय पर आएँ तो मानना पड़ेगा कि स्वास्थ्य की गिरावट की भी एक राजनीति होती है वह आजकल की राजनीति नहीं है। मुझे याद है कि एक जमाने में एक प्रसिद्ध कवि मिलते ही बताते थे कि पिछले तीन महीने में बारी-बारी से हृदय रोग, फुफ्फुस रोग, आँत रोग या अमाशय रोग से पीड़ित रहा हूँ। मालूम नहीं इसके पीछे क्या भाव था, क्या यह कि मुझ पर सहानुभूति की दृष्टि रखो, या यह कि बावजूद इस कष्ट के मैं जीवित हूँ मेरी यह शक्ति स्वीकार करो। परंतु मैं दया का पात्र हूँ, यह भाव अपनी बीमारी सबको बताने तक सीमित रहे तो गनीमत है, कविता में यह आत्मदया न दिखाई जाए तो कविता अच्छी रहेगी।

अपने स्वस्थ रहने के बारे में किसी को समाज को कितना विश्वास पात्र बनाना चाहिए कितना नहीं, इसका कोई नियम नहीं है। खुद मैं नहीं समझ पा रहा हूँ कि क्या किया जाए। जाने कैसे शायद बहुत लोगों ने ताड़ लिया है कि इस दिसंबर में मैं पचपन वर्ष का हो जाऊँगा। मिलते ही पूछते हैं 'अब आपका स्वास्थ्य कैसा है?' 'ठीक है' कह देने से उनको या तो विश्वास नहीं होता या खुशी नहीं होती। बार-बार पूछते हैं कि शायद किसी बार मैं कह दूँ 'और तो सब ठीक है बस जरा सवेरे आँख देर से खुलती है' तो वे यह ज्ञान लेकर जाएँ कि उन्निद्र रोग है। सोचता हूँ जो सत्य है वही कह दूँ जो आजकल के मौसम में भोर से पहले जागकर खुली हवा में घूमने का मन होता है। कहीं तब भी वे यह न कहें 'देखा।' रात को नींद नहीं आती इसलिए सवेरे बिस्तर में जल्दी उठकर टहलता रहता है। फिर भी इतना भरोसा आपको दिला सकता हूँ कि आप कभी पूछेंगे कि स्वास्थ्य कैसा है तो खुशी से कहूँगा 'ठीक है' क्योंकि ठीक है। मुझसे बीस बरस बड़े एक साहित्यकार हैं जिनसे यह सवाल पूछते ही वह सतर्क हो जाते हैं कि कहीं समाज में ऐसा प्रचार तो नहीं हो रहा कि वह अस्वस्थ रहने लगे हैं। पूछने पर थोड़ा चिढ़कर कहते हैं 'ठीक है' ध्वन्यार्थ होता है 'किसने कहा कि मैं अस्वस्थ हूँ।'

यह भी कोई बहुत सही बात नहीं। एक उम्र में शरीर के स्वाभाविक क्षय के समेत शरीर को स्वीकार करने में ही स्वास्थ्य है, यह कैसे समझाया जाए; शायद लिखकर नहीं, उस उम्र तक जीकर ही समझाया जा सकता है।

[*जनसत्ता,* 4 नवंबर 1984]

यह किसका विश्वासघात था?

31 तारीख को जब सबेरे ख़बर आई कि किसी ने इंदिरा गाँधी को गोली मार दी है तो इस पर विश्वास नहीं हो रहा था। जब उन्हें अस्पताल ले जाया गया और सुना कि उनको बचाने की कोशिश जारी है, तो विश्वास हो रहा था कि डाक्टर उन्हें बचा लेंगे। इन दोनों छोरों के बीच कहीं प्रतिहिंसक प्रतिशोध का नपुंसक राजनैतिक उत्साह अधर में लटका हुआ था। तीसरे पहर यह ख़बर फूटी कि उन्हें बचाया नहीं जा सका और मेडीकल इंस्टीट्यूट के अहाते से समूह के समूह नौजवान निकल कर सिखों पर हमले करने लगे।

प्रधानमंत्री के सुरक्षा दल में से दो व्यक्तियों ने विश्वासघात किया था, पर यह 'सुरक्षा व्यवस्था' द्वारा विश्वासघात था या 'सिखों' द्वारा? यह प्रश्न पूछने और जाँचने के पहले ही कोई न कोई नेतृत्व देनेवाला सामने आकर जनभावना को एक निकास दे देता है। यह निकास हिंसा की ही ओर जाता है। जिस वक्त तक सेना और सरकारी तंत्र हिंसा के इस हमले को दबाने में सफल हो सकेंगे, प्रतिहिंसा के हमले को दबाने का समय जा चुका होगा।

फिलहाल गैरसिख मानस दो परस्पर विरोधी दिशाओं से सोच रहा है। एक ओर वह सोचता है कि सिखों ने बहुत बुरा किया, उनको इसकी सजा मिलनी चाहिए। दूसरी ओर वह संशयग्रस्त है। सोचता है कहीं ऐसा न हो कि आगजनी, लूट और हत्या का बदला सिख भी लें। फिर सोचता है कि नहीं, सिखों की, कम से कम दिल्ली में इतनी हिम्मत नहीं होगी। इसी के साथ सोचता है कि हुई भी तो हमारी सेना और हमारी पुलिस उन पर काबू पा लेगी। जो हो, 31 तारीख की रात से लेकर वातावरण में यही संशय गाढ़ा होता गया है; दुख उतना गाढ़ा नहीं हुआ जितना होना चाहिए था। गाँधी की हत्या और इंदिरा गाँधी की हत्या के बीच समाज के ठेकेदारों ने समाज को जैसा बनाया है उसी का यह लक्षण है। गुस्सा 1948 में भी था और तब दुख भी था पर दुख गुस्से से अधिक था। आज 31 तारीख से लेकर अब तक जो होता रहा है उसे देखकर कहना पड़ता है कि दुख इतना नहीं है कि उसकी तीव्रता से विवेक जाग्रत हो सके। वह गुस्सा जो खीझ का रूप है, अधिकांश नई पीढ़ी को चालित कर रहा है। वह विवेक जो भविष्य को बनाने के लिए होना चाहिए, बहुत धीरे-धीरे लौट रहा है। जो लोग सत्ता के द्वारा संरक्षित नहीं हैं, उन्हें भविष्य की चिंता नहीं है। वे आज और अभी भड़ककर जो कर सकते हों, कर लेना चाहते हैं।

कई इलाकों में दिमाग इस अंधे आक्रोश और उसमें मिली हुई अवसरवादी राजनीति के प्रतिकूल काम करता भी दिखाई दिया है। बेरोजगार निम्न मध्य वर्ग में फिलहाल ऐसी रचनात्मक बुद्धि सबसे अधिक दिखाई दे रही है। इस वर्ग के लोग तुरंत पहचान गए हैं कि हत्या और लूटपाट करनेवाले उनसे भी कम से कम तीन-चार दर्जा नीची आर्थिक और सामाजिक हैसियतवाले लोग हैं। एक मुसलमान ने कहा—ये मकानों में आग लगा रहे हैं, लुच्चे और नंगे लोग हैं। इनमें कोई सयाना (उसका मतलब था शरीफ) आदमी नहीं है। सिखों के एक मोहल्ले में कई लोगों ने एक स्वर से जोर देकर कहा कि गिरी-पड़ी हैसियतवाले लफंगे किसी और इलाके से आ-आकर आक्रमण कर रहे हैं। हमारे पड़ोसी यह काम नहीं करते।

किंतु हमें यह विश्लेषण करके निश्चिंत होकर रह जाने का कारण नहीं होना चाहिए। निश्चिंत हो जाने से विश्लेषण अपनी तार्किक दिशा में नहीं चल पाएगा और हम यह मीठी-मीठी बातें कहते पाए जाएँगे कि पड़ोसियों में एकता बड़ी चीज़ है। यह अर्द्ध सत्य है। समाज के बहुत बड़े वर्ग को समाज में ही अपनी जड़ें जमाने नहीं दी गई हैं, वह केवल जूठन और लूट पर जिंदा है, उस जूठन में बहुत कुछ चटख और चमकीला और शानदार भी है, जो सिर्फ लूट से ही उसका हो सकता है। इसलिए किसी भी ऐसे मौके पर उच्चवर्ग और उच्च मध्यवर्ग को सुरक्षा देनेवाला सामाजिक तानाबाना

बिखरता दिखाई दे, वहाँ नेतृत्वहीन लोगों को हिंसा और लूट की प्रेरणा मिलती है। दिल्ली में इस समय छोटे राजनीतिक लोगों की लोलुपता ने अगले चुनाव के नतीजे में अपना हिस्सा बटोरने की योजना बना ली है और उन्होंने समाज और राजनीति से बाहर खदेड़े हुए उस वर्ग की ऊर्जा को इस्तेमाल कर लिया है जो बड़े लोगों की जूठन के आसरे जिंदा हैं। ऐसा कुछ ही घंटों के अंदर योजना बनाकर नहीं हुआ, मगर एकाधिक दशकों से जो ज़मीन पकती चली आ रही थी उसी ने तत्काल ऐसा फल प्रकट किया है।

फिर भी जहाँ कहीं, चाहे आत्मरक्षा के भाव से ही क्यों न हो, विवेक और शांति को बनाए रखने की इच्छा हिंदुओं और सिखों दोनों में बची हुई है, वहाँ इसको पहचानना और इसकी जड़ों को सींचकर पौधे को अगर बढ़ाना नहीं तो कम से कम हरा तो रखना ही एकमात्र रास्ता है जिससे सबको खा जानेवाला यह पागलपन थामा जा सकता है। ऐसे प्रयत्नों के दृष्टांत कम नहीं हैं, पर इनको खोजने और प्रचारित करनेवाले लोग कम हैं। अखबार, रेडियो और टी.वी. जैसे प्रचार-साधन यह काम कर सकते हैं, पर ये माध्यम सशक्त कहलाते हुए भी वास्तव में इसलिए कमजोर हैं कि ये नुमाइश या सर्कुलेशन पर पहले निर्भर हैं, जनता के रागात्मक या वैचारिक उत्थान पर बाद में या कभी-कभी तो बिल्कुल नहीं।

एक मोहल्ले के लोगों में जहाँ सौ-डेढ़ सौ घर पत्रकारों के हैं, पड़ोस के एक सिख मोहल्ले में जाकर वहाँ के निवासियों से मिलने की इच्छा पैदा हुई। यह इलाका करीब सात-आठ साल से बसा हुआ है और इसके अधिकांश निवासी सक्रिय पत्रकार हैं जो खोज और आलोचना करते रहते हैं, सक्रिय राजनैतिक या सामाजिक संगठन में हिस्सा नहीं लेते। यह पहला अवसर था कि उन्हें या तो अपनी सुरक्षा की या सामाजिक आदर्शों की चिंता ने अपने पड़ोस के एक ऐसे मोहल्ले में जाकर मिलने-जुलने को बाध्य किया जो कम से कम प्रकट रूप में उनके जितना समृद्ध नहीं है। वहाँ जाने पर एक नया विश्वासजनक अनुभव हुआ। उस मोहल्ले के लोग भय, पश्चात्ताप, तनाव और आत्म-सम्मान के पंचमेल अनुभव से गुजर रहे थे। बूढ़ी औरतों ने आनेवालों की बातें सुनकर दुआएँ दीं और हालाँकि उन्हीं पिटे हुए शब्दों को दोहराया जिनको ये संभ्रांत और सुरक्षित लोग बोल रहे थे, लेकिन उनकी आवाज में सच्चाई थी जिसके कारण उनके दरवाजे जाकर मिलनेवालों की बोली भी सच्ची हो गई थी। वयस्क पुरुषों ने सविनय कृतज्ञता दिखाई, लेकिन बराबरी का भाव रखा। नौजवानों ने सबसे कम शब्द इस्तेमाल किए। पर आँखों से और भंगिमा से जता दिया कि वे नहीं चाहते हैं कि हिंसा और प्रतिहिंसा की उस विरासत में शामिल होने को वे मजबूर किये जाएँ जो पिछली पीढ़ी ने उन्हें दी है। वे चाहते थे कि कोई रास्ता हो जिससे वे दूसरे नौजवानों के साथ मिलकर पिछली पीढ़ी की गलतियों को सुधार सकें। पर क्या यह काम वे अकेले कर सकते हैं?

स्थिति यह है कि हिंदू लोग एक ओर यह भी कह रहे हैं कि अगर दो सिखों ने पागलपन दिखाया तो इसका मतलब यह नहीं कि सब सिख पागल हो गए हैं। दूसरी ओर वे यह भी सोच रहे हैं कि अच्छा हुआ कि सिखों को एक जघन्य अपराध का दंड दे दिया गया। हिंदू मानस में यह खोट हमें पहचाननी चाहिए और इसको बुद्धि के स्तर पर दूर करना चाहिए। अगर पहलेवाली बात सही है, जो कि वह वास्तव में सही है, तो दूसरीवाली बात सही नहीं हो सकती। दोनों को एकसाथ सत्य सिद्ध करने के लिए समाज में तर्क और विवेक का नहीं, सिर्फ पुलिस और सेना का सहारा लेना पड़ेगा। पूरी तरह से पुलिस और सेना के अधीन हो जाने पर समाज में राजनैतिक निर्णय भी इन्हीं दोनों के हाथ में चले जाएँगे। सारी स्थिति का एक सकारात्मक पक्ष यह है कि हिंदू समाज में धीरे-धीरे विवेक जागृत होने के लक्षण दिख रहे हैं। शुरुआत में इस समाज के संपन्न लोगों के मन में एक बड़ी हिंसा के बाद एक अपराध-बोध जागा है, इसी से यह भय पैदा हुआ है कि अब

उनसे बदला लिया जाएगा और इसके साथ जुड़ा हुआ है यथार्थ का यह ज्ञान कि फिर हिंसा और लूट में वे सब उपेक्षित वर्ग शामिल हो जाएँगे जिनकी समाज में कोई प्रतिष्ठा नहीं बनने दी गई है। जब तक एक स्पष्ट-सा विश्वास संपन्न हिंदू वर्ग में था कि सेना और पुलिस उन्हीं की है और बदला लेनेवालों से वह उन्हें बचाएगी, तब तक अपने कर्मों पर ठंडे दिमाग से विचार करने की जरूरत नहीं समझी गई। पर अब असलियत का व्यापक रूप देखकर अहसास हो चला है कि सेना और पुलिस भी एक विशिष्ट वर्ग को बचा नहीं पाएगी, क्योंकि उसको बड़े पैमाने पर तमाम लोगों के लिए प्रबंध करना पड़ेगा भले ही अंत में कुछ खास लोगों को ही इस प्रबंध का लाभ मिल सके। असुरक्षा की यह नई पहचान हिंदू समाज को यदि विवेक की एक नई शक्ति दे जाए तो समाज और राष्ट्र की एकता की एक सार्थक कोशिश हो सकती है। 'हिंदू-सिख भाई-भाई' या 'हम सब एक हैं' के नारे बिना इस विवेक के खोखले हैं और अपने को धोखा देनेवाले हैं। आज के दिन तो स्थिति यह है कि जो साहस भीतर होना चाहिए था, वह या तो बाहर मशीनगनों से लैस बख्तरबंद गाड़ियों से मिल रहा है या अपने को ही सुनने के लिए बोले हुए नारों से।

[11 नवंबर 1984]

1984-तंत्र में राजनैतिक विचारक

आजकल राजनैतिक लेखन में छायावाद का बड़ा जोर है। बहुत-से राजनैतिक विचारक सिद्ध करने पर तुल गए हैं कि भारत का लोकतंत्र पश्चिम के लोकतंत्र से अलग एक माया है और भारत की जनता रहस्यमयी है। भारतीय आदमी लोकतंत्र की चक्की तो पीसता रहता है, पर असल में लोकतंत्र उसके स्वभाव में ही नहीं है। वह राजतंत्री मानसिकता में पगा हुआ है। इसलिए लोकतंत्र में संसद का चुनाव नेहरू के लिए किया जाता रहा। अब नेहरू के सही प्रतिरूप राजीव गाँधी के लिए देशी लोकतंत्र ने एक संसद बना दी है। इतने दिन हम गाँधी को भुला रहे थे और गाँधी के मानसपुत्र नेहरू को स्वीकार कर रहे थे। जनता तो सिर्फ चक्की पीस रही थी।

इस अंतिम वाक्य में जो खोट है, आशा है वह पाठकों ने देख लिया होगा। गाँधीजी नेहरू को राजनैतिक ताकत दिलाने के काम आ सकते थे, इसलिए नेहरू को गाँधी का मानसपुत्र घोषित कर दिया गया है। परंतु वह मानसपुत्र थे नहीं। होते तो गाँधी को हम भुला क्यों देते। यही इस वाक्य का खोट है।

ऐसा खोटा तर्क देनेवाला विचारक पहले से कुछ निष्कर्ष निश्चित कर चुका है और रहस्यवादी कार्यकारण संबंध बताकर भाषा में तर्क की हत्या करके उन निष्कर्षों को सिद्ध कर देना चाहता है जो सर्वसाधारण को दीन, दयनीय, कर्महीन घोषित कर समाज-संगठन के साधन उनके हाथ से छीन लेंगे। इसका दिमाग दो-तीन मुँहों से एकसाथ बोलता है। वह एक ओर कहता है कि हम जो कर रहे हैं, वह लोकतंत्र की हिंदुस्तानी शैली है और दूसरी ओर मानता है कि इस हिंदुस्तानी शैली की बदौलत संसद में प्रायः अयोग्य व्यक्ति पहुँच गए हैं और फिर भी राजीव गाँधी को मिला विशाल बहुमत उनकी राजनीति का सार्वजनिक प्रमाणपत्र है, परंतु इस बहुमत में अयोग्य व्यक्ति घुस गए हैं जो समर्पित नहीं हैं। तीसरी ओर कहता है कि यूरोप की आँखों से लोकतंत्र को देखनेवाले लोकतंत्र की हिंदुस्तानी शैली को लोकतंत्र ही नहीं मानना चाहते, क्योंकि वे विदेशी हैं और भारत के अंग्रेजी विचारक उसकी नकल करके हिंदुस्तानी लोकतंत्र का विरोध कर रहे हैं। यहाँ से साँप-सीढ़ी के खेल में अपने ही तर्क से साँप से लीले जाकर वह उस खाने में आ गिरता है जिसमें लिखा है : 'भारतीय

लोकतंत्र राजतंत्र का ही दूसरा नाम है।' परंतु तर्क का आडंबर वह इतनी जबर्दस्त पटखनी खाने के बाद भी नहीं छोड़ता। साफ-साफ कहने की हिम्मत नहीं होती कि मैं लोकतंत्र-फोकतंत्र नहीं चाहता—इसके बजाय बहस करता है कि हम पश्चिमी समझ से हिंदुस्तानी लोकतंत्र को समझ नहीं पाएँगे क्योंकि पश्चिमी समझ हमारे लोकतंत्र को स्वीकार नहीं करती : हमारा लोकतंत्रीय भारतीय मानस राजतंत्र में पगा हुआ है। इसके आगे का स्वाभाविक तर्क हमारा चुनावोत्तर विचारक साफ-साफ नहीं बताता, निहितार्थ से बताता है; वह यह है कि हम इस राजतंत्र की बुराइयों को बताकर आपको भ्रम में डालेंगे कि हम लोकतंत्र की बुराइयों को सुधार रहे हैं और वास्तव में एक ऐसा राजतंत्र बनाएँगे जिसमें संसद भी एक तरफ पड़ी रहेगी और उसी को लोकतंत्र कहा जाएगा। यह बात हिंदी का यही लेखक यदि अंग्रेजी में कहे तो यही कुतर्क अंग्रेजी की बात को घुमा-फिराकर दबी जबान कहने की शैली कहेगा। पर वह मालिकों को सहने लायक लगेगा, क्योंकि अंग्रेजी में होने के कारण गरीबों की समझ से परे होगा। गरीबों के लिए वही अंग्रेजीदाँ लेखक यही बात हिंदी में लिखेगा तो भारतीय, हिंदुस्तानी, देसी और परंपरागत ऐतिहासिक तथ्यों को तोड़-मरोड़कर राजतंत्र के पक्ष में दिखाएगा और वर्तमान के बारे में हताश जनता को बताएगा कि इसे सुधारने के लिए जनता से और अधिक सत्ता छीनना जरूरी है।

भाषा को और तर्क को दो-चार पाँचमुखी शैली में प्रस्तुत करना और उसे विश्लेषण का जामा पहनाना लोकतंत्र की हिंदुस्तानी शैली की दुहाई देकर गुलामी को कबूल करवाना 1984 के चुनावोत्तर दौर में ही शुरू हुआ हो, ऐसा नहीं है। जब-जब आम चुनाव ने कुछ जबर्दस्त नतीजे निकालकर दिखाए हैं, बुद्धिजीवियों के एक प्रभावशाली वर्ग ने समाज में असहमति का संतुलन शासक वर्ग के प्रतिकूल हो जाने पर लोकतंत्र के बरबाद हो जाने का रोना शुरू किया है (1977) और यह संतुलन शासक वर्ग के अनुकूल हो जाने पर लोकतंत्र को यों बदल देने का प्रचार शुरू कर दिया है, कि जिससे असहमति की लोकतंत्रीय शक्ति दोबारा जागने न पाए (1984)। 1977 में ये बुद्धिजीवी लोकतंत्र के देसीपने का मजाक बना रहे थे। 1980 और 1984 में ये बुद्धिजीवी देसी लोकतंत्र को राजतंत्र कहकर उसकी सिफारिश करने लगे। यह बात उन्होंने अंग्रेजी की राजनैतिक मदद से जनता पर थोप दी तो आजादी का अर्थ ही बदल जाएगा। इस वक्त समाज ने अपने राजनैतिक अधिकार लोकतंत्रीय ढंग से पाँच वर्ष के लिए सांसदों को सौंपे हैं। किसी वक्त वे उन्हें वापस लेकर दोबारा स्वतंत्र निर्णय न कर पाएँ, क्या इसीलिए संविधान को बदल देने की बात उठाई जा रही है? साथ ही जनता में राजनीति के प्रति अविश्वास पैदा किया जा रहा है। एक राजनैतिक लेखक ने लिखा है : 'देशवासियों को राजनेताओं की चालू किस्म पर भरोसा नहीं कि वे निस्पृह भाव से देश को ऐसा संविधान दे पाएँगे, जिस पर देश को यकीन हो।'

एक बार इस दोमुँहेपन को और देख लीजिए। यह वही संसद है जिसे राजीव गाँधी के लिए चुना गया है और उसी के राजनेताओं पर अविश्वसनीयता का यह आरोप है। कहावत है कि एक म्यान में दो जीभें नहीं रह सकतीं। दुनिया जानती है कि कहावत यह नहीं है, बल्कि यह है कि दो तलवारें नहीं रह सकतीं, मगर क्या करें, आजकल बहुत-से निष्कर्ष प्रमाणों से नहीं मुहावरों और कहावतों से सिद्ध किए जा रहे हैं। यह नई कहावत क्या बुरी है!

मुझे संदेह हो रहा है कि जिस तरह का राजनैतिक लेखन 1984 में तेजी से पनपना शुरू हुआ है, ऑरवेल के 1984 की भारतीय शैली कहीं वही तो नहीं है? इसमें किसी दल का ऑरवेल के कल्पित समाज पर आधिपत्य तो यूरोपीय ढंग से संभव नहीं है। इस दौर में ये राजनैतिक विचारक, जिनकी आस्था का पता नहीं, अवसरवादिता का पता है। हिंदीभाषी जनता में प्रचार करेंगे कि जनता भ्रष्ट है, कर्महीन है, मगर रहस्यमय होने के कारण एक लोकतंत्र भारतीय शैली में बनाए हुए है—अगर आप कहते हैं कि नहीं, जो बनाए हुए है वह ठीक नहीं है तो कोई बात

नहीं, लीजिए हम बदलकर उसका चौरासीतंत्र बनाए देते हैं। शुद्ध भारतीय चौरासीतंत्र। ऑरवेल का तो यूरोपीय है।

[*जनसत्ता*, 30 जनवरी 1985]

स्वर्गलोक में

दिल्ली की एक चौड़ी सड़क के किनारे बस का इंतजार करते हुए एक परिवार ने मुझे गाड़ी रोकने का इशारा किया। पिता, तीन संतानों और माँ को देखकर मैं रुक गया। बच्चों में दो लड़कियाँ, एक लड़का था, माता-पिता दोनों सीधे-सादे, लंबे-पतले युवजन थे, बच्चे निराडंबर, शांत और हँसमुख थे। उम्र रही होगी पाँच, सात, नौ या इतनी ही कुछ। गाड़ी से उतरते वक्त धन्यवाद देकर पिता ने मुझसे कहा, मेरी बिटिया आपको एक भेंट देना चाहती है। मेरे साथ मेरे एक मित्र भी थे। उन्हें भी वह भेंट देना चाहती थी।

हम दोनों ने प्यार से भेंट ले ली। वह एक पोस्टर था जिस पर एक रंगीन चित्र छपा था। शीर्षक था: स्वर्ग का देश—अंग्रेजी में 'द हेवेनली सिटी।'

यह परिवार अमेरिकी था। मैंने पोस्टर फैलाकर देखा। बिटिया ने पिता के द्वारा पूछा, 'क्या आप यहाँ जाना चाहते हैं?'

इस संसार में अपनी बाकी जिम्मेदारियों का ध्यान करके मैं विनोद से हँसकर बोला, 'हाँ बेटे, पर इतनी जल्दी नहीं।'

हम विदा ले ही रहे थे कि बेटी ने फिर पुछवाया, 'अभी नहीं सही, मगर फिर कभी जाना चाहेंगे?' मैंने कहा, 'हाँ, जब मेरा पासपोर्ट बन जाएगा तब।'

बच्ची ने बच्चों की तरह अधीर होकर पूछा, 'अगर आपका पासपोर्ट मैं बना दूँ तब जाएँगे?'

यह सुनकर मैं हँसा और हँसने से मन हलका हो गया। 'बना दो' मैंने कहा।

तब बच्ची ने अपने पिता से अनुमति ली और पिता ने उसको मदद करते हुए उसकी ओर से हम दोनों व्यक्तियों से पूछा, 'आप स्वर्ग के देश जाना चाहते हैं? आप? और आप भी?'

दोनों के हामी भर लेने पर लड़की गंभीर होकर खड़ी हो गई और बोली, 'मैं कल दोनों का पासपोर्ट बना रही हूँ। मैं जो बोलूँ, आप दोहराते जाइए।'

उसने कहा, 'प्रभु यीशु, मैं मानता हूँ कि आप ईश्वर के पुत्र हैं और आपने मेरी खातिर प्राण दिए। मेरे सब पाप क्षमा कीजिए और मेरे हृदय में पधारिए, मुझे अपने पीछे-पीछे चलने दीजिए। यीशु का नाम लेकर यह कामना करता हूँ सो पूरी हो।'

प्रत्येक वाक्य पर वह रुकी। हमने उसे दोहराया। अंत में वह बोली, 'अब यीशु आपमें बस गए और अब आपका पासपोर्ट बन गया।'

हँसकर मैं विदा लेकर चला आया। इतनी आसानी से कहीं भवसागर से मुक्ति मिलती है। जहाँ तक मैं जानता हूँ, उसी में तैरते रहने में ही मुक्ति है। बच्ची ने अभी तैरना शुरू ही किया है, इसी से उसका मन अबोध है और विश्वास सहज है।

घर आकर पोस्टर को कौतूहलवश पढ़ डाला। उसमें एक स्वर्गलोक का सचित्र वर्णन था। भवनों, उद्यानों, सड़कों का नाम देखते-देखते याद आया कि हमारे भारत में कुछ धर्मसंघों ने स्वर्ग का प्रतीकों में वर्णन किया है। इस पोस्टर में तो इमारतों की ऊँचाई भी लिखी हुई थी। स्वर्ग का क्षेत्रफल तक दिया हुआ था। सोचा, शायद मर्त्यप्राणियों को स्वर्ग ले जाने का मोह दिलाना सभी धर्मसंघों को आवश्यक

जान पड़ता है क्योंकि मनुष्य की प्रवृत्ति इसी इहलोक में स्वर्ग बनाने की है, इसलिए उसका यह मानना सहज है कि स्वर्ग कहीं और नहीं होगा, यहीं होगा। तब फिर कोई भी प्रभु, कोई भी अवतार कहीं ले जाने के लिए क्यों दरकार हो?

शायद इसीलिए सांसारिक सुखों का रूपक लेकर स्वर्ग के सुखों का वर्णन धर्मसंघों द्वारा किया जाता है। बात यह है कि कोई भी संघ आज न किसी सभ्यता का विकल्प दे पा रहा है, न किसी संस्कृति का, सब वर्तमान के ही तरह-तरह के रूप बतला देकर जनसाधारण को मोहित करना चाह रहे हैं। धर्मसंघों में ही क्यों, राजनीतिक संगठनों में भी यही हाल है। कोई वर्तमान का विकल्प नहीं दे रहा और कोई नहीं कह रहा कि किसी अन्य की तुलना में हम एक नए, भिन्न समाज का निर्माण करेंगे। सब होड़ बंद कर दावा कर रहे हैं कि इसी समाज का, यथास्थिति का हम दूसरे दलों की अपेक्षा अच्छा प्रबंध कर सकते हैं। पर यथास्थिति को हम भी रखेंगे।

पोस्टर में अतिकल्पना थी, जैसे स्वर्ग के हर वर्णन में होगी। छह हजार मील लंबी दो सौ सोलह फुट ऊँची चारदीवारी है, जिसमें अठारह-अठारह फुट ऊँची बारह परतें हैं और हर परत में हीरा-माणिक-पन्ना आदि जड़ा हुआ है। एक स्फटिक-भवन है जो इतना बड़ा है कि पता नहीं रहता कि हम भवन में भीतर हैं या बाहर। एक जीवनधारा-दायक नदी भी है। नदी के वर्णन में सुझाव है कि इससे यात्रा करते हुए एकांत में प्रेम करने की सुविधा भी रहती है।

ये सब वर्णन प्रतीकात्मक हैं। यह मानकर चलने में ही भला है। नहीं तो स्वर्ग जैसा पार्थिव लोक और कोई न रहेगा। किंतु आगे पढ़ने पर कुछ और वर्णन मिले, जिनको प्रतीकात्मक मानना भयावह लगने लगा। सबसे पहले एक स्वागत कक्ष था जिसमें स्वर्गलोक में दाखिल होनेवाले हर व्यक्ति का नाम-पता लिखकर उसे नया पता दे दिया जाता है। एक अन्य भवन में परिचय-पुस्तक रहती है जिससे आप मित्रों और कुटुंबियों के पते जान सकते हैं। यहाँ तक कि आदम और हौव्वा तक अपने पुरखों के वंश का पता लगा सकते हैं।

जानने की विशेष बात यह है कि जिस संसार का प्रतिरूप वह स्वर्ग है वह खुद कितना जर्जर और आतंकग्रस्त है। उसी के वजन पर स्वर्ग में भी एक सुरक्षा केन्द्र भी है, वहाँ स्वर्गलोक की रक्षक देवदूत पुलिस रहती है और स्वर्गलोक के बाहर किसी 'आरक्षित राष्ट्र' से आनेवाले अजनबी को बिना विशेष अनुमति के भीतर आने नहीं देती। इस स्वर्गलोक में अनेक अजनबियों को राजनैतिक शरण पाने की अनुमति भी मिलती ही होगी।

पोस्टर पढ़कर उस बच्ची के बारे में सोचने लगा जिसने सहज बालसुलभ प्रेम से मुझसे बात की थी। पर हर बच्चे के बालसुलभ व्यवहार में यह स्वाभाविक आकांक्षा छिपी रहती है कि वह बड़ा हो और बड़ा होकर बड़ों की तरह सोचने, बोलने और बर्ताव करने लगे। मेरे पास स्विट्ज़रलैंड के छपे रंगीन पोस्टर नहीं हैं और होंगे भी क्यों, मैं किसी धर्मसंघ तो दूर, धर्मस्टोर तक का कोई नहीं हूँ। पर किसी तरह एक बच्चे को यह दिखा सकूँ कि आज यह समाज मनुष्यों में सुखों की कल्पना मनुष्यों को आपस में और खुद मनुष्य को अपने भीतर तोड़कर प्रचारित कर रहा है। प्रतीकों का बेजा इस्तेमाल हो रहा है। सबसे पहले धर्मसंघ यह काम करते हैं, फिर जड़ प्रतीकों का अर्थ समाज के एक अंश में व्याप्त हो जाता है। उम्र में युवा परवाह नहीं करते, अधेड़ फुरसत नहीं पाते, बूढ़े थककर बैठे रहते हैं और बच्चे बच रहते हैं जो विकसित न होने पाने का बोझ लिए हुए बड़े होते जाते हैं। यह आधुनिक विचार में यथास्थिति की प्रमुख लालसा है, न कि परिवर्तन की। परिवर्तन की लालसा रहन-सहन में परिवर्तन तक सीमित रह गई है।

[*जनसत्ता*, 21 अप्रैल 1985]

छत पर हत्या

रात को छूटनेवाली उस मेल में इतनी खाली जगह मैंने कभी न देखी थी। प्लेटफार्म सूना पड़ा था, मुसाफिर जो सीट पर बैठे नहीं थे, साफ-सुथरे कपड़े पहने टहल रहे थे, जो बैठ गए थे आराम कर रहे थे, जैसे यात्रा करने और घर में बैठने में फर्क न हो। इनमें से हर एक के व्यवहार में एक शालीनता थी, चिड़चिड़ापन किसी की बोली में झलकता भी न था। क्या रेलवे व्यवस्था इतनी सुधर गई कि समाज ही बदल गया? मैंने मुसाफिरों पर एक खोजती हुई निगाह डाली। ऐसा दिखा जैसे जो लोग रेल के डिब्बे में निश्चिंत हैं, वे रेल के बाहर जीवन में भी निश्चिंत होंगे। यहाँ भी उनके लिए सीट रिजर्व है, बाहर भी उनके लिए सीट रिजर्व है।

यहाँ कुछ रुककर समझा देना जरूरी है कि इस लेख का संबंध गुजरात से नहीं है। यहाँ बात रेलवे में सीट रिजर्व करने की हो रही है, जाति के आधार पर नौकरियों में सीट आरक्षित करने की नहीं। रेलवे में सीट जाति के आधार पर आरक्षित नहीं होती, परंतु कुछ ऐसा होता है कि रेलगाड़ी के आरक्षित डिब्बों में वही वर्ग बहुतायत से दिखाई देता है जिसकी सीट समाज में कमोबेश सुरक्षित होती है।

भीड़ का कारण है। भीड़ वहाँ है जहाँ यात्रा महँगी करके अधिकांश लोगों को यात्रा के अधिकार से वंचित कर दिया गया है। यात्री की औकात से रत्तीभर ज्यादा दाम होते ही बड़ी संख्या में अधिकांश यात्री अपने आप भीड़ बन जाते हैं, बाकी अपने आप आरक्षित हो जाते हैं। इसके बाद उन यात्रियों को, जो भीड़ बन गए हैं, रेल के डिब्बे में घुसने के प्रयास में क्रमशः डिब्बे से बाहर होते जाना पड़ता है। सबके अंत में जो होते हैं वे छत पर बैठकर यात्रा करते हैं और उनका अंत उन पाठकों के पढ़ने की खबर बन जाता है जो रेल के टिकटघर से सीट रिजर्व कराने के पहले ही समाज के टिकटघर से आरक्षित हो चुके थे।

रेल की छत पर बैठकर यात्रा करना दुर्घटना को निमंत्रण देना है, यह बात भीड़ को समझाई जा रही है। परंतु दुर्घटनाओं में, चाहे वे छत पर हुई हों या डिब्बे के अंदर, एक अजब भयानक रहस्य छिपा रहता है। इनमें हमेशा सबसे अधिक नुकसान समाज में सबसे कम आरक्षित वर्ग का ही होता है। यह सभी तरह की यात्राओं के विषय में सच पाया जाएगा : बस, नाव, साइकिल, पैदल। यह भी देखा जाएगा, ये बसें खचड़ा होंगी, नावें जर्जर होंगी और साइकिल सवार या पैदल तो हर मार्ग पर सबसे कमजोर यात्री होंगे ही। वाहन दुर्घटना के समय सवारियों से लदे भी रहे होंगे क्योंकि जिस तर्क से यात्री कुछ वाहनों में आरक्षित सीट पर बैठकर जाता है, उसी तर्क से वह बहुसंख्य लोगों को बाकी वाहनों में अरक्षित छोड़ जाता है। इनमें शरण की अंतिम जगह छत ही हुआ करती है।

यह प्रवृत्ति लोगों के चरित्र से पैदा नहीं हुई है, उन पर लादी गई है। जनता का पैसा उन चीजों और कामों पर खर्च किया जाता है जो कुछ लोगों के अभावों को दूर करें और फिर इन्हीं लोगों से यह प्रमाणपत्र हासिल किया जाता है कि सबके अभाव मिटा दिए गए हैं। जब दिल्ली में बस-सेवा का विस्तार करने की योजना बनती है तो विशेष बस (डीलक्स) चलाई जाती है। किराया चालीस पैसे से बढ़ाकर एक रुपया कर दिया जाता है। कम लोग 60 पैसे अधिक दे सकते हैं। एक रुपएवाली बसों में गद्दे, परदे लगा दिए जाते हैं और उनमें भीड़ कम हो जाती है। चालीस पैसे की जगह एक रुपया दे सकनेवालों को विश्वास हो जाता है कि व्यवस्था सुधर गई। होता सिर्फ यह है कि एक रुपया दे सकनेवालों ने सार्वजनिक संपत्ति को निजी पैसे से खरीद लिया होता है।

कल पीने का पानी भी उन्हीं लोगों को मिले जो उसका पैसा दे सकते हों, तो इस सुधार के तर्क के हिसाब से वह सही होगा जबकि वह खुलेआम पैसेवालों के साथ मिलकर सार्वजनिक पैसे

का गबन करने की योजना है। अगर आपने कभी भीड़-भरे बस अड्डे पर एक रुपएवाली बस के अंदर घुस जाने पर भी धूप में औरतों, बच्चों, बूढ़ों को मुरझाए हुए इंतजार करते देखा होगा तो आप समझ सकेंगे कि कितनी बड़ी संख्या में लोग बस से खदेड़कर बाहर कर दिए गए हैं।

यह अलगाव जारी रहता है। बहुत जल्दी एक वक्त आ जाता है जब वह वर्ग जिसने जनता की चीज घूस देकर हथिया ली है, उस वर्ग की ओर से उदासीन हो जाता है जो इस लूट का परिणाम भुगत रहा है। जब छत पर यात्रा करते मुसाफिर घायल होकर मरते हैं तो सारे भारत में एक भी आवाज इस हत्याकांड के विरुद्ध नहीं उठती। यथार्थबोध की कविताएँ लिखनेवाले प्रतिबद्ध कवि एक कविता तक नहीं लिखते। क्योंकि छत पर यात्रा करनेवाले व्यक्ति वे नहीं हैं और जो हैं वे कविता लिखने के लिए अगर जीवित बचे भी हैं तो उनकी जिंदगी ही उनकी कविता है, वे उसे झेलते हैं, लिखते नहीं।

एक बार मरनेवालों और बचे रहनेवालों में भावना का अलगाव स्थापित हो जाता है तो जब-जब जनसाधारण को कोई अन्याय होता दिखाई देता है वे बँटे हुए लोग उसका विरोध करने के लिए कसौटियाँ खोजने लगते हैं क्योंकि उसकी एकमात्र सच्ची कसौटी, समता को उन्होंने अपनी समझ के पैमाने से बाहर कर दिया है। तब इस तरह की कसौटियाँ बनाकर विचारक सामने लाते हैं—क्या हम इस दुर्घटना को छत पर खदेड़कर हत्या करना मानेंगे? इसे सिद्ध करने के लिए हमारे पास तकनीकी तथ्य क्या है? आदि...तब हम दुर्घटना के शिकार की ओर से कुछ भी बोलने लगते हैं—तकनीकी मामले इंसान की जिंदगी के मुकाबले ज्यादा बड़े और प्राथमिक हो जाते हैं और इसकी आड़ में सार्वजनिक संपत्ति का उपभोग राजनैतिक सत्ताधारी वर्ग की बपौती बनने लगता है।

जिस रेलगाड़ी में जगह खाली देखकर मैं आया था वह एक रुपया टिकटवाली बस की तरह है—वह इस नीति पर टिकी है कि सब रेलगाड़ियों में आरक्षण नहीं हो सकता, केवल उनमें किया जाएगा जिनमें बैठने की हैसियत आरक्षण की भारी फीस देनेवाले रखते हैं। एक स्वच्छंद प्रतियोगितावादी पूँजी व्यवस्था में यह बात मान भी ली जाए तो इसे चलाने के लिए एक-एक आदमी का वोट गिनकर प्रतिनिधि चुना गया है और उसे अधिकार सौंपा गया है। उसमें हर योजना जो सार्वजनिक क्षेत्र में है, सबके उपभोग के लिए है और होनी चाहिए। मरनेवालों और बचे रहनेवालों में जो भेद रेलगाड़ी दुर्घटना में दिखाई दे जाता है वह अनाज की दूकान में, पढ़ाई के स्कूल में, अस्पताल में और सड़क पर मौजूद है और सरकारी तत्त्वावधान में मौजूद है। यह है और इसे बनाए रखने के लिए समाज को बाँटा जा रहा है और एक वर्ग को दूसरे से लड़वाया जा रहा है। राष्ट्रीय एकता के खिलाफ यह षड्यंत्र किसी को आपत्तिजनक नहीं लगता क्योंकि इससे केंद्रीय सत्ता पर फिलहाल आँच नहीं आ रही है।

[*जनसत्ता,* 28 अप्रैल 1985]

1985

कह नहीं सकता क्यों ऐसा लगता है मगर लगता यही है कि 1984 जरा जल्दी ही बीत गया। दिन तो इसमें 365 थे, मगर इनमें कुछ दिन ऐसे थे कि अपने भीतर काल के लंबे-लंबे अंतराल छिपाए हुए थे। कम से कम दो दिन तो ऐसे थे ही। स्वर्ण मंदिर में खून-खराबा और इंदिरा गाँधी की हत्या। विचित्र है कि दोनों ने समय को बहुत पीछे ले जाकर रख दिया, जबकि हमें समझ यही पड़ा कि घटनाएँ तेजी से घट गईं। क्या जाने मुझको ही ऐसा लगा कि हम इन दो घटनाओं के कारण इतिहास

में बहुत पीछे ले जाकर छोड़ दिए हैं या कि और लोग भी ऐसा मानते होंगे। यह कुछ ऐसा ही है जैसे नापसंद व्यक्तियों को आँखों पर पट्टी बाँधकर शहर से दूर छुड़वा दिया जाए। यह दिल की बात बता रहा हूँ; दिमाग से इसे समझने में कुछ दिक्कत होगी। बल्कि भाषा को बरतनेवाले विशेषज्ञ शब्दों के जरिए साबित करने की कोशिश करेंगे कि हम बीसवीं शताब्दी के आखिरी दिनों में दौड़ते हुए इक्कीसवीं शताब्दी की ओर भाग रहे हैं। जो हो, किसी-किसी दौर में दिल इतिहास की सही शक्ल बताता है। तब दिमाग के साथ मिलकर उस शक्ल को जाँचना चाहिए। दहशत अगर होती है तो उसे बतानेवाले बहुत से संकेत एक बार में ही तर्क के द्वारा समझे या समझाए नहीं जा सकते। कोई चीज ऐसी होती है जो भीतर से कहती है कि होशियार हो जाओ। बस इतना ही। किससे होशियार हो जाओ, क्यों हो जाओ और होकर क्या करो, यह हमें समाज और इतिहास की अपनी समझ से पता लगाना पड़ता है।

1984 का शेष 1985 का आरंभ कुछ ऐसे ही 'होशियार' कह रहा है। असल में खतरों से आगाह करने का काम हर समय किया जाया करता है : कुछ क्षण ऐसे होते हैं जब यह सबसे आसान और सबसे पहला काम बन जाता है जैसे कोई त्योहार हो, जिसमें नहाना और साफ कपड़े पहनना जरूरी हो गया हो। मगर मैंने बहुत से विचारकनुमा लोगों को आगाह करनेवालों की आलोचना इसी आधार पर करते सुना है कि ये चेतावनी का धंधा चला रहे हैं। यह आलोचना ज्यादा दहशत पैदा करनेवाली है या वह चेतावनी, जिसको धंधा बताया जा रहा है? इसका जवाब यह है कि जिन्होंने हर चेतावनी की अनसुनी की है, हर परिस्थिति को बिगड़ने दिया है और खतरे सामने आ जाने पर खतरों से बचानेवाला अपने को बताया है, वे खतरे का धंधा करते हैं, न कि चिंता करनेवाले चेतावनी का। बहुत-सी सरकारें इसी खतरे के धंधे पर टिकी हुई हैं। इसी को बहुत जगह राजनीति मान लिया गया है।

एक समन्वयवादी विचार यह होगा कि दोनों ही दोषी हैं। होंगे, हुआ करें; दोनों में किसी को तो पहले रोकना होगा। जिनके पास खतरे को बढ़ाने के साधन हैं, अर्थात जिनका पैसा, रोजगार, विद्या और बंदूक पर कब्जा है और इसके साथ-साथ जिनके पास राज्यशक्ति और पुलिस-सेना का बल भी है, पहले उन्हीं को पकड़ना होगा। पता चलेगा कि इन्होंने ही चेतावनी देनेवालों का भी प्रतिष्ठान बनवा रखा है और इस प्रतिष्ठान में ये चेतावनी देनेवाले हर किसी को घुसने नहीं देते। बात ऐसी ही है जैसे 'सिगरेट पीना स्वास्थ्य के लिए हानिकर है' जैसी चेतावनी अगर सिगरेट बनानेवाला छापे तो वह चेतावनी का धंधा कहलाएगा। अगर खुलेआम सिगरेट के पाकिट पर चेतावनी छापे तो धंधा और भी सफल होगा। साथ ही यदि दो-एक विशेषज्ञ बुलवाकर यह विवाद भी खड़ा कर दे तो सफलता निश्चित है कि क्या सचमुच सिगरेट हानिकारक है? या रोग अच्छी खुराक न खाने के कारण हो रहे हैं, दोष सिगरेट को दिया जा रहा है? इस क्रम के अंत में बताया जाएगा कि अच्छी खूराक सिगरेट के कारखाने में ही बनी हुई टॉनिक से मिल सकती है। मगर चेतावनी जब वे लोग देते हैं जिनको केंद्रीयकरण से मिली ताकत से चेतावनी देनी है तब उनको प्रचार योजना के अनुसार देशद्रोही कहा जाता है।

1984 के अंत में इंदिरा गाँधी की हत्या न हुई होती तो खतरा पैदा करनेवाले तंत्र को वक्त की मुश्कें बाँध लेने का अवसर न मिला होता। अब 1985 में हम इस बँधे हुए वक्त को किस तरफ ले जाएँगे? क्या चुनाव के नतीजे इसका उत्तर दे सकेंगे? सिर्फ चुनाव के नतीजे इसका उत्तर नहीं दे सकते, सरकार किसी की भी बने। अभी तक मोटे तौर पर दो प्रकार का चुनाव प्रचार हुआ है। एक कहता है कि प्रतिपक्ष देशद्रोही है और उसे राजनीति में रहने का अधिकार नहीं दिया जा सकता। दूसरा कहता है कि सत्ताधारी दल निकम्मा है और घर-फूँक तमाशा देखनेवाला है, उसे कुर्सी पर बैठने का अधिकार नहीं दिया जा सकता। अगर प्रतिपक्ष के पास प्रधानमंत्री तय करके चुनाव

लड़नेवाला कोई दल नहीं है तो उसका सफाया हो जाना चाहिए, यह प्रचार एक तरफ है। निकम्मी-भ्रष्टाचारी सत्ताधारी पार्टी को सरकार नहीं बनाने देना चाहिए, यह प्रचार दूसरी तरफ है। दोनों दावों में से कोई भी सिर्फ चुनाव के नतीजों के कारण पूरा नहीं हो पाएगा। राज्यशक्ति का उपयोग करके ही दोनों में से कोई भी पक्ष अपना वायदा निबाह पाएगा।

'होशियार, इक्कीसवीं सदी आ रही है' की आवाज उठानेवाला दिल सारी दुनिया में राज्यशक्ति के निरंकुश इस्तेमाल से थर्राया हुआ है। इक्कीसवीं सदी तो अभी दूर है, 1985 ही साधारण समाज के विरुद्ध सारे संसार में सत्ता की ताकत के इस्तेमाल के नए तरीके ईजाद करने का वर्ष होगा। विश्व के नक्शे पर प्रकृति के और आदमी सहित प्रकृति के साधनों का सत्ता के केंद्रीयकरण में इस्तेमाल 1985 में बंद नहीं हो जाएगा। बल्कि पेचीदा होगा, और बढ़ेगा। इस खतरे को पहचानने के लिए पड़ोसी देशों को देखें और बड़ी शक्तियों की तुलना में छोटे उन देशों को देखें जो विश्व के भौगोलिक राजनैतिक नक्शे में अपनी सामरिक और आर्थिक सुरक्षा के चक्रव्यूहों में फँसे हैं। आदमियों को गुलाम जानवर और राष्ट्रों को सिर्फ मैदान बना देने की विश्वभर में कोशिश करनेवाली सरकारें तीसरी दुनिया के देशों में समाज की समझ पर बौद्धिक नियंत्रण करना चाहती रही हैं। इसके मुकाबले अपने देश के समाज की समझ पर अपने ही देश के पिछड़े दिमाग और तगड़े मुक्केवाले लोग कब्जा करने को उतारू हैं। 1985 में भारतीय लोकतंत्र पर इन बड़ी शक्तियों के प्रचारकों का आक्रमण चाहे बाद में हो, पहले उन्हीं भारतीयों का आक्रमण होगा जो इंदिरा गाँधी की हत्या के पहले एक नई लोकतंत्रीय व्यवस्था की जरूरत पर बोल रहे थे। कोई ताज्जुब नहीं कि इन लोगों का प्रचार इंदिरा गाँधी का ही नाम लेकर दुबारा शुरू किया जाए—और इसमें इस बार वे भी शामिल होंगे, जो पहले नहीं थे।

टूटी-फूटी कांग्रेस बनवा लो

दस साल पहले तक सोवियत संघ में जगह-जगह मरम्मत यानी रिमांत की दूकानें पाई जाती थीं। इनमें लोग अपने भारी ऊनी कपड़े, कैमरे, टेलीविजन, घड़ियाँ और मेज-कुर्सी तक मरम्मत करने के लिए दे आया करते थे और कभी-कभी कह दिया करते थे मरम्मत करके मेरी चीज़ अच्छे दाम पर बिके तो कमीशन काटकर बेच दीजिएगा। कैमरों की मरम्मत तो दस साल पहले पश्चिम जर्मनी में भी होती मैंने देखी थी। इससे यह समझ में आया कि दस साल पहले तक आधुनिक प्रौद्योगिकी के अंतर्गत चीज की मरम्मत करना फायदेमंद माना जाता था—रूस में भी जहाँ विलास सामग्री पैदा करने प. बहुत जोर नहीं था और पश्चिम जर्मनी में भी बढ़िया प्रौद्योगिकी के बावजूद पुरानी उम्दा चीजों की मरम्मत कराने का महत्त्व माना जाता था।

अब हालत कम से कम जर्मनी में बदल गई है। रूस की मुझे खबर नहीं। जर्मनी में अब घड़ी, कैमरा या ऐसी ही चीजों की एक किस्म ऐसी बनती है और खूब बिकती है जिसके एक बार खराब होने पर मरम्मत नहीं कराई जाती, उसे फेंककर दूसरा माडेल खरीद लिया जाता है। यह छोटी-छोटी चीजों की बात है। बड़ी मशीनें जैसे शौकीनों की मोटरकार तो बहुत पहले इस कोटि में शामिल हो चुकी थी और यह विश्वव्यापी घटना थी—जर्मनी से लेकर जापान तक पुरानी मोटरों के ढेर के ढेर खड़े हो गए थे जिसकी मरम्मत कराना नई लेने से भी ज्यादा महँगा पड़ रहा था।

अपने यहाँ अभी विकास की यह हालत नहीं हुई है। सुख-सुविधा और आनंद की वस्तुएँ अब भी यहाँ जीवन-भर के लिए (उपभोक्ता के जीवन-भर के लिए, वस्तु के नहीं) प्राप्त की जाती हैं।

वस्तु ही नहीं शादी-ब्याह जैसे मानवीय संबंध और रीति-रिवाज जैसे सामाजिक आचार भी जीवन-भर के लिए विचारे जाते हैं। फर्क यह हुआ है कि ये चीजें अब एक बड़े कारखाने में एक बड़े बाजार के लिए बनने लगी हैं। पहले ये हाथ से, मन से, स्मृति से और प्यार से बना करती थीं। थोड़े से ग्राहकों के लिए उनके संस्कारों और उनकी आवश्यकताओं के अनुसार एक निर्माता या एक परिवार या एक समूह द्वारा इन्हें बनाया जाता था। जब एक आदमी के उपयोग के लिए दूसरे का शिल्प काम आता था तो चीज में इस्तेमाल करनेवाले की भी छाप हुआ करती थी और बनानेवाले की भी। अब दूकानदार की छाप हुआ करती है।

अब बहुत कुछ बदल गया है। बाजार में प्रचार अब सिर्फ अपने माल की बड़ाई का नहीं होता, प्रतिद्वंद्वी के माल की बुराई का भी होता है। आज की सभ्यता का सबसे सफल प्रचार वह है जिसमें एक माल की जरूरत को इस तरह साबित किया जाए कि दुनिया जानती रहे कि यह माल घटिया है पर खरीदे उसी घटिया माल को क्योंकि दूसरा माल इससे भी ज्यादा घटिया है।

कई बरस पहले अखबारों में धड़ाधड़ खबरें थीं कि लोग झोपड़पट्टी में चुआई शराब पी-पीकर मर रहे हैं। मरते हुए लोगों की, मरे हुए लोगों की, बिलखती विधवाओं की, भूखे बच्चों की तसवीरें पत्रकारों ने और उनकी पत्रिकाओं ने जैसी जिसकी श्रद्धा हुई उतनी सजावट के साथ छापीं। क्या साबित हुआ? क्या यह कि शराब पीकर बरबादी करना बुरी बात है? नहीं, साबित यह हुआ कि झोपड़पट्टी से नहीं हजरतगंज से शराब खरीदो और घर में ले जाकर पियो। इसमें सुरक्षा है। इससे अगली सीढ़ी यह है कि अमुक छाप पियो। उसमें सुरक्षा और स्वाद दोनों हैं। कोई धोखा नहीं। मतलब यह कि लैसंस की शराब की लत डालने में कोई खतरा नहीं। यह उस शराब का सबसे बढ़िया विज्ञापन है जिसके बनाने और बेचने का लैसंस सरकार ने दे रखा है। यह बिना लैसंस के शराब बनानेवालों से कंपटीशन का रास्ता खोलता है, उन्हें शराब बनाने और बेचने से नहीं रोकता। रोके भी क्यों, लैसंसशुदा शराब का व्यापार भी शराब पीने से ही तो पनपता है चाहे वह जहरवाली शराब क्यों न हो।

कुछ समय पहले एक राजनैतिक पुरुष ने विज्ञापन दिया था कि वक्त आ गया है कि सीमित तानाशाही देश में लागू कर दी जाए। जैसा कि बाजार में माल बिकने की संभावना जाँचकर देखने का रिवाज है, इस विज्ञापन में जिसकी शक्ल एक वक्तव्य की-सी थी, विज्ञापनदाता को जो दीखता था वह गलत था। असल में अभी इसका मारकेट नहीं बना और विज्ञापन छाप दिया गया। यानी विज्ञापन छपने पर पता चला कि अपना घिसा-पिटा संसदीय लोकतंत्र काम दे रहा है और अभी देता रहेगा। इसलिए सीमित तानाशाही लाने के लिए सरकार कोई संविधान संशोधन या प्रस्ताव नहीं लाई। बात यह हुई थी कि जो मार्केट सर्वेक्षण विपणन के पहले कराना चाहिए था वह विशेषज्ञों से न कराके निरे शुभचिंतकों से करा लिया गया था। यहीं भावी उत्पादक मार खा गए। तैयार माल के बनाने की नौबत ही न आई। हाँ उसका कच्चा माल पोटली बाँधकर रख लिया गया। 1975 में उसमें से कुछ मसाले चुनकर लोकतंत्र की नौरतन चटनी बनाई गई।

कुछ और भी प्रयोग हुए हैं। यह बात बड़ी शिद्दत से फैलाई गई कि संसदीय लोकतंत्र बढ़िया काम नहीं कर पा रहा है। मगर साबित तो यह करना था कि संसदीय लोकतंत्र इस लायक रह गया है कि उसे कचरे में फेंक दिया जाए। सो नहीं हुआ। न मालूम इसलिए कि उसकी जगह लगाने के लिए राष्ट्रपति प्रणाली की मशीन तैयार नहीं हुई थी। संसदीय लोकतंत्र की मशीन से कुछ काम लेना बाकी रह गया था। जहाँ तक पता है इस गणना में संगणक का हाथ नहीं था।

उस उदाहरण का सबक यह है कि कुछ माल ऐसे भी होते हैं जिसके बारे में कंप्यूटर से नहीं जाना जा सकता कि उनकी खपत बाजार में होगी या नहीं क्योंकि कोई नतीजा निकालने के लिए जो जानकारी कंप्यूटर में डालनी होती है वह सबकी सब गणित नहीं होती, उसका एक अच्छा-खासा

हिस्सा संस्कार और परंपरा से बना होता है और हम जनजीवन के दिमाग से जो बात जान सकते हैं वह कंप्यूटर से नहीं जान सकते।

लोकतंत्र के नए-नए माडेल बेचने की कोशिशें जारी हैं। आविष्कारकों को परेशानी यह है कि भारत की जनता अड़ियल है। एशिया के और देशों की तरह समाज में शक्तिशाली लोगों की प्रधानता इतनी नहीं है कि वे ही अपने को देश घोषित कर दें। ताजातरीन किस्सा यह है कि चटपटी राजनीति के एक विक्रेता ने यह सुझाव दे डाला है कि प्रधानमंत्री राष्ट्रपति के मन मुआफिक बर्ताव नहीं कर रहे हैं इसलिए बजाय उनका अनादर करने के उनका पद ही क्यों न समाप्त कर दिया जाए। सौभाग्य से कटिया के इस चारे को किसी मछली ने मुँह में नहीं लिया।

अब कांग्रेस के अगले सौ साल के लिए मरम्मत का एक कार्यक्रम खुद कांग्रेस ने घोषित किया है। इसमें ऐसा लगता है कि कांग्रेस को ठोक-पीटकर, कील-काँटा कसकर, गिरीस डालकर उसे चालू किया जाएगा। पर प्रोग्राम तो उसे ओवरहाल करने का बताया गया है। इसमें कितने पुर्जे घिसे पाए जाएँगे और उनकी मरम्मत नए पुर्जों के मुकाबले कितनी महँगी पड़ेगी अभी नहीं मालूम। यह भी हो सकता है कि उन पुर्जों की जगह नए पुर्जे लगे हुए हैं जो हमने नहीं बनाए हैं। सिर्फ उनके फिटर और मैकेनिक तैयार कर लिए हैं। आखिर में जो कांग्रेस अपने कारखाने से बनकर निकलेगी उसमें संसदीय लोकतंत्र नाम का पुर्जा होगा या नहीं, यह हम अभी जान ही नहीं सकते। मरम्मत के एस्टीमेट में कलपुर्जों को बदलने का खर्च तो जोड़ा नहीं गया है। मगर बड़ी कंपनियों में अक्सर रिवाज है कि शुरू में पूरा एस्टीमेट नहीं दिया जाता। बाद में मिल जाता है और चीज पालिश करी-कराई पैसे देकर घर ले जानी होती है। जो बात हम जान गए हैं वह यह है कि कांग्रेस को फेंक नहीं दिया जाएगा जैसा सठियाए गाँधी ने चाहा था।

[*जनसत्ता*, 24 नवंबर 1985]

सहमति का संयत संसार

बोलने की आजादी पर बहुत दिनों से कोई बहस नहीं सुनने या पढ़ने में आई। क्या उसके हासिल करने में अब कोई समस्या नहीं रह गई? या कि उसके हासिल कर लेने के बाद अब कोई समस्या उठना बंद हो गई? समस्या तो बोलने की आज़ादी पाने में भी है और रखने में भी है, बस उस पर सार्वजनिक बहस नहीं हो रही है। इससे ऐसा दिखता है कि सब ठीक है। परंतु ठीक है नहीं।

बोलने की आजादी उन लोगों को हमेशा हर तंत्र में रहती है जो सोचते नहीं। जो लोग सोचते तो हैं मगर ऐसी बातों पर नहीं सोचते जो बोलते ही नहीं, सोचने, बनाने, करने और दिखाने की आज़ादी को बढ़ाते हों उन्हें भी आज़ादी रहती है। उनकी वाणी को सत्ता पसंद करती है। सरकार प्रचार माध्यमों के इस्तेमाल में उन्हें हिस्सा दिया जाता है। आजकल तो इतना ज्यादा दिया जा रहा है कि सार्वजनिक जीवन में ऐसे लोगों की पूरी जमात बन गई है जो पूर्ण सहमति के वातावरण में जीते और पनपते हैं। असहमति का समाज में स्थान धीरे-धीरे हटाकर ऐसी जगह रख दिया गया है जहाँ उसके अंदर आलोचना और बहस नहीं होती। वह केवल विरोध की एक बनावटी कोशिश बना दी गई है। यह बनावटी असहमति आज बोलने की आजादी का रूप है और इसकी अभिव्यक्ति करनेवाले को पहले या बाद में कोई समस्या नहीं उठती। इसलिए आमतौर से बुद्धिजीवी वर्ग में यह आजादी बहस का विषय नहीं रह गई है।

बनावटी विरोध ज्यादातर लोगों को आसान पड़ता है। सिर्फ उन मामलों में असहमति प्रकट

करें जिनमें किसी नीति का विरोध न हो, केवल प्रबंध की आलोचना हो तो वे आसानी से व्यक्तिगत मामले बनाए जा सकते हैं। उन पर इसी तरह के व्यक्तिगत मामलों में अपना हित साधनेवालों का समर्थन भी मिल सकता है। कुछ ज्यादा बड़ी संस्था में ऐसे लोगों का भी समर्थन मिल सकता है जो समाज की रचना में अपने को एक विशिष्ट वर्ग मानने लगे हैं, शिक्षा और संस्कार ने जिन्हें यह नहीं सिखाया है कि समाज और राष्ट्र उनकी बपौती नहीं हैं। ऐसे लोग हर समय होते हैं परंतु लोकतंत्र में उनके ऊपर समाज की अपनी अंदरूनी न्यायधर्मिता नैतिक दबाव डालती रहती है। किसी समय जब अधर्म इतना बढ़ जाता है कि इस दबाव का उल्लंघन शक्ति के मद में डूबे लोग करते हुए डरें नहीं तब सच्चाई की पहचान भी वे ही बनाकर समाज पर थोपने लगते हैं। यदि उनके हाथ में प्रचार के साधन हुए तो उसी सच्चाई को वे प्रचारित भी करते हैं और उसकी आलोचना भी स्वयं करते-कराते हैं। यह आलोचना बनावटी आलोचना होती है।

आलोचना करने की और असहमति प्रकट करने की ऐसी क्या जरूरत है जो खुद ही बनाई व्यवस्था को बुरा बताया जाए? बात यह मालूम होती है कि विश्व इतिहास ने असहमति की अभिव्यक्ति, सत्य के शोध और निर्बल की पक्षधरता की एक परंपरा को हिंदुस्तानी दिमाग में पहचनवा दिया है और हमारी चेतना में यह बात पैठा दी है कि सत्य ही जीतता है। यदि बलप्रयोग से अधर्म को स्थापित भी कर लिया जाए तो हमारी जमीन पर वह पनप नहीं सकता। क्या यही परंपरा से मिला हुआ संस्कार नहीं है जिसे सत्ताधारी जनता में देखता है और डरता है। वह समय-समय पर उपाय निकालता रहता है जिससे इस भय की काट कर सके। आजकल का तरीका यह है कि वह खुद अपने को क्रांतिकारी बताता है और अपने पिट्ठुओं द्वारा असहमति के नमूने पेश करवाकर उनको शाबाशी देता है।

इस प्रवृत्ति की सैकड़ों मिसालें हैं। उन्हें सुनाते-सुनाते ढेर लग जाएगा और जो विश्वास न करने पर तुले हुए हैं वे हर मिसाल को रद्द करके रख देंगे। इससे अच्छा है मैं 1980 का एक किस्सा सुना दूँ। जनता पार्टी की दूर तक न देख सकनेवाली दृष्टि के कारण जब पार्टी की सरकार में परिवर्तन हुआ और 1980 के चुनाव नतीजों में श्रीमती गाँधी जबर्दस्त बहुमत से जीतीं तो कांग्रेस पार्टी के अटल समर्थक एक पुराने पत्रकार ने जीत का स्वागत किया। परंतु उसी क्षण उन्होंने यह भी भाँप लिया कि इस जीत के बावजूद लोगों ने यह नहीं माना कि इमरजेंसी और उसके अत्याचार सहित लोकतंत्र का दमन ठीक था। लोग यह भी नहीं चाहते हैं कि इंदिरा गाँधी की इतनी बड़ी जीत हो कि जनता उनके सामने छोटी पड़ जाए और प्रतिपक्ष नंगा-बूचा रह जाए। इसलिए उन्होंने अपनी प्रिय पार्टी की साख बनाए रखने के लिए एक अजब-सा तर्क दे डाला। उन्होंने कहा, यह ठीक ही हुआ कि जनता ने विशाल बहुमत से अपना नेता चुन लिया। अब पार्टी के भीतर सत्ता के लिए छीनाझपटी न होगी जैसी जनता पार्टी में हो रही थी। देश का विकास जनता ने रोककर हमें पिछड़ जाने पर मजबूर कर दिया था। अब जिधर देखेंगे उधर प्रगति ही प्रगति दिखाई देगी। ऐसी हालत में प्रतिपक्ष का ही काम होगा कि वह सत्ताधारी दल को उसकी गलतियाँ बताता रहे पर कांग्रेस पार्टी का विशाल बहुमत है और प्रतिपक्ष दिशाहीन है। इसलिए कांग्रेस पार्टी को ही प्रतिपक्ष का काम करना पड़ेगा। उसे अपनी ही सरकार को चेताना पड़ेगा। संसद में अब कांग्रेस प्रतिपक्ष भी होगी।

यह सोच अपने आपमें कपोलकल्पना है और काम अपने-आपमें एक धोखा है। अपने को और दुनिया को एक भ्रम में रखने के अलावा इस सोच से और कुछ संभव नहीं है। इस तरह का प्रतिपक्ष मूलतः उसी नीति का समर्थन करता है जो सत्ता पक्ष की है, केवल इतनी भर बहस करता है कि इसके फायदे बटें तो किसको ज्यादा मिलें और किसको कम। यह लोकतंत्र की एक कामचलाऊ बहस हो सकती है पर असली बहस नहीं हो सकती। असली बहस तो यह होगी कि समाज को, लोकतंत्र

को और अधिक योग्य बनाने के लिए नीतियाँ किस तरह की हों। प्रतिपक्ष नीतियाँ बनाने के लिए सत्ता पर अंकुश रखता है न कि बनी-बनाई नीतियों का इंतजाम सँभालने के लिए।

शुरू में मैंने कहा था कि बोलने की आजादी पर कोई बहस सुनने में नहीं आ रही है। हो सकता है ऐसे कुछ समाचार और वृत्तांत आए हों जिनमें किसी पत्रकार को पीटा गया हो या जान से मार डाला गया हो। पर ऐसा कुछ नहीं किया जा रहा है जिससे मालूम हो कि बोलने की आजादी पर क्या खतरा आया हुआ है। बात असल में यह है कि खतरा अदृश्य है और बड़े पैमाने पर गिरफ्तारियों या सेंसर की कार्रवाइयों जैसा प्रकट नहीं है। परंतु चारों तरफ से अमीरी बढ़ाने की जो खबरें आ रही हैं उनको सुनकर यह लगता है कि इस नई असहमति की मानसिकता के लिए गुंजाइश कम होती जा रही है। लोकतंत्र के सही मायने में बने रहने की शर्त विरोध को प्रकट करते रहना ही नहीं है। नीतियों से असहमत होने की आजादी का आदर करना भी है। आज का 'जल्दी लूटो जल्दी पनपो' वाला समाज हर ऐसी राय को जो इस लूटखसोट में सीधे-सीधे मदद नहीं पहुँचाती, अपनी मुख्यधारा के विरुद्ध मानता है। वह मुख्यधारा कहीं न कहीं इसके समर्थक को भी चेता जाती है कि वह मनुष्यता के और मानव जाति के प्रतिकूल है इसलिए इसमें नैतिक समर्थन यानी सहमति प्राप्त करना ही सत्ता बनाए रखने के लिए जरूरी है। लोकतंत्र के लिए इससे अधिक क्षयकारी बात और क्या होगी कि प्रत्येक असहमति को रोजी-रोटी के अधिकार से वंचित करने का अदृश्य डर दिखाकर दबाया जाए। पर लूटो और जल्दी अमीर हो की संस्कृति को वही लोकतंत्र चाहिए जहाँ 100 प्रतिशत सहमति हो और विवाद सिर्फ लूट के बँटवारे को लेकर हुआ करे।

यही संस्कृति स्वस्थ विवाद और आलोचना को पनपने नहीं देती है। जनता को प्रकट हो जाता है कि प्रत्येक भिन्न प्रकृति का चिंतन उसके प्रतिष्ठान के लिए खतरनाक है। इस संस्कृति में रचनात्मक गुंजाइश नहीं रहती है। नई-नई नकलों की बिक्री खुलेआम होती है और संपत्ति पैदा करनेवाले संस्थान न जाने कब हमारे अनजाने ही सत्ता के पर्याय बनकर अपना अदृश्य सेंसर और खुफिया विभाग चलाने लगते हैं। कभी-कभी जब कोई पत्रकार मार डाला जाता है तब हमें एक समाचार मिलता है जिसे बनावटी असहमति के व्यापारी अखबार दिलचस्प बनाकर छाप देते हैं। परंतु अदृश्य सेंसर जारी रहता है क्योंकि वह सनसनीखेज नहीं है।

[*जनसत्ता,* 1 दिसंबर 1985]

चौक में मजा नहीं आया

कुछ दिन हुए दो जजों ने फैसला सुनाया था कि एक स्त्री को जिंदा फूँक डालने के अपराध में उसकी सास और पति को फाँसी की सजा दी जाए और वह भी किसी चौराहे पर। जजों का खयाल था कि औरत को जिंदा फूँक डालना एक नृशंस अपराध है और यह अपराध कुछ ज्यादा ही नृशंस तरीके से किया गया, इसलिए हत्यारों को सरेआम खंभे से लटका देने पर लोग देखकर सबक लेंगे। मगर मेरा खयाल है कि यह नाटक यदि किया गया होता (जजों ने तो थियेटर भी बता दिया था) तो फाँसी देखने के लिए लोग आते हुए डरते और अगर वे खुद अपनी जिंदगी से मुँह चुराते और दर्शक को यथार्थ की दुनिया में मुँह छिपाते फाँसी को देखने जाते भी तो डरते अपराध से नहीं, उन अदृश्य शक्तियों से, जो आज के समाज में ताकतवर हो गई हैं और जिन्हें अदालत और कानून के बाहर किसी को सरेआम खत्म कर देने से कोई कार्यपालिका रोक नहीं पा रही है। ऐसी राज्येतर शक्तियाँ मौजूद हैं और समय-समय पर अपनी राजनैतिक ताकत दिखाती रहती हैं। परिवार के परिवार, गाँव

के गाँव और जाति की जाति को सरेआम कुचलकर अपनी सत्ता दिखलानेवाले छोटे-छोटे शक्ति केंद्रों के भय से जो लोग मुक्त हैं या जो लोग खुद इन केंद्रों से मानसिक तौर पर जुड़े हैं, वे ही फाँसी का दृश्य देखकर शायद कहते कि अच्छा हुआ अपराधी ने किए की सजा पाई, हमें मजा आया। क्योंकि यह दृश्य उनके समाजविमुख अकर्मण्य जीवन की ग्लानि को ढाँक लेता। स्त्री को अत्याचार का शिकार बनने से रोकना ऐसे लोगों को बेकार का काम मालूम होता है। सुधार और आंदोलन के सामाजिक प्रयत्न में वे नहीं शामिल हैं। होते तो जितनी फुर्ती से सरेआम फाँसी के विचार की हाँ में हाँ मिलाई जा रही है उतनी आवाज न उठती। उसकी जगह स्त्री को आग लगाकर फूँक देने के विरोध में संगठन बनता। अभी जो हो रहा है वह अपने कर्तव्य से भागकर तमाशबीन बनने की प्रवृत्ति का प्रमाण है। यों भी मृत्यु यदि दूसरे की हो तो एक अपरिपक्व और आत्मकेंद्रित व्यक्ति को उसका दृश्य देखकर मजा लेने को उकसाती है, परंतु जब समाज में एक दूसरे को पोसनेवाले रिश्ते कमजोर होते जाएँ और उनका इस्तेमाल न होने के कारण उनमें जंग लग चुका हो तो फाँसी का संबंध न्याय से टूट जाता है और वह केवल एक हिंसा बनकर रह जाती है। समाज के प्रति और व्यक्ति के प्रति सरोकार से विहीन दिमाग में ऐसी हर हिंसा चाहे वह किसी भी मंच के अनुष्ठान में की गई हो—पुलिस के सेना के और तो और अदालत के मनोरंजन का सामान पैदा करती है। दूसरों के लिए दर्द जब कम हो जाए तो समाज में संवाद के संस्थान चाहे वे नाटक हों, फिल्म हो या राजनीति हो, लोगों के बीच न्याय और नैतिकता के संदेश नहीं पहुँचा पाते, उन संदेशों की भौंडी नकल ही कर सकते हैं—कौन जाने कब ऐसी नकल भौंडी ही नहीं पाखंडी भी बन जाती हो।

अखबार, दूरदर्शन और राजनीति आज ऐसे ही पाखंडों को विरोध का बिल्ला लगाकर बेच रहे हैं, क्योंकि विरोध नामक सच्ची चीज की नकल करना मुनाफाखोर सभ्यता को सस्ता पड़ता है। वह नकली विरोध की अलग-अलग छाप बाजार में लाती और बदलती रहती है। जज महोदयों ने जब यह पहचाना कि इस वक्त विरोध का एक जबर्दस्त कदम ही समाज में विरोध के रूप में स्वीकृत होगा तो उन्होंने 'फाँसी' तो सुनाई ही, 'चौक में फाँसी' भी सुना दी। मालूम नहीं क्यों उन्हें समाज की मानसिकता की अपनी पहचान के बारे में खुद कुछ शक था और संविधान की सांस्कृतिक, नैतिक और राजनैतिक पहचानों की ऐतिहासिक ताकत को पहचानते हुए उन्होंने थोड़ा संकोच भी किया : 'अगर संभव हो तो फाँसी सरेआम दी जाए।'

मगर समाज के मन का मूल्यांकन जो न्यायपालिका करती है और जो संविधान ने किया था उन दोनों में एक अंतर दिखलाई दिया है। अवश्य ही कानून के आधार पर अदालती फैसलों में न्याय की भाषा के शब्द ही काफी नहीं, न्याय की आत्मा भी होनी चाहिए। वह तो लिखे कानून के अंदर छिपी होती है और एक सजग न्यायपालिका ही उसे बाहर जाहिर कर सकती है। पर क्या जजों ने सोचा होगा कि लोग स्त्री को फूँक डालने का विरोध काफी जोरों से नहीं कर रहे हैं, अपराधी को फाँसी सुनाए जाने से भी लोग डर नहीं रहे हैं। वे जानते हैं कि फाँसी क्या होती है, उन्हें अपनी आँखों से देखना चाहिए? ऐसा था तो उन्होंने समाज में न्याय के पक्ष में सोचने और बोलनेवालों को मानो कुछ गिना ही नहीं।

तो भी हमें उन जजों का कृतज्ञ होना चाहिए कि उन्होंने फैसले में बस यही लिखा कि चौराहे पर फाँसी दी जाए, यह नहीं लिखा कि शहर के सबसे अधिक प्रतिष्ठित और संभ्रांत कुलीन नेता अपने हाथ से फाँसी दें। इन संभ्रांत नेताओं में फाँसी देने की सत्यावादी प्रतिष्ठा को भुनाने की होड़ मचने नहीं पाई, जैसी सरेआम फाँसी देने में शामिल लोगों में मचना तर्कसंगत है। न मचे तो यही सिद्ध होगा कि लोग बेमन से सरकार के साथ हैं, पूरे मन से नहीं। सर्वोच्च न्यायालय ने आखिरी तौर पर यह बहस खत्म कर दी है कि सरेआम फाँसी दी जाए या नहीं। यह बहस सचमुच में कोई बहस भी नहीं थी, क्योंकि इसमें एक पक्ष तो मुखर था कि फाँसी सरेआम देने से हमारी नपुंसकता

पर पर्दा पड़ रहा है इसलिए हम इसका समर्थन करते हैं, दूसरा पक्ष जो सरेआम फाँसी को गलत मानता था, सिर्फ सुन्न से कुछ बोलकर रह गया था कि तभी सुप्रीम कोर्ट ने उसे जोर से बोलने की घटिया मेहनत से बच निकलने का मौका दे दिया और वह बच निकला।

जहाँ तक हाई कोर्ट के जजों का सवाल है, जज बेचारे करते भी क्या! वे अपनी अटारी में बैठकर फाँसी लगते हुए आदमी का दृश्य खुद देख ही तो सकते थे। और दूसरों को देखने का निमंत्रण भी दे तो सकते थे। वे कानून के जरिए अपने किसी फैसले के पालन के दौरान यह कैसे दिखाते कि स्त्री को जीतेजी फूँक दिए जाने पर स्त्री पर क्या बीतती है। अब चूँकि यह फाँसी अगर लगेगी तो सरेआम नहीं लगेगी, बहस बंद करके यह बात समझने के लिए मौका है कि प्रतिशोध वास्तव में दंड तभी बनता है जब वह निरा प्रतिशोध न हो, संस्कार भी हो। प्रतिशोध की योग्यता समाज में नया समाज बनाने की योग्यता के साथ-साथ उसी अनुपात में विकसित हो सकती है, उससे अधिक नहीं। अत्याचार के शिकार के लिए समाज के मन में व्यथा न हो तो अत्याचार के अपराधी को कानून द्वारा दंड देना केवल यही बता सकता है कि प्रतिशोध इस हद तक नृशंस हो सकता है। चौक में जो दिखती वह नृशंसता दिखती, न्यायप्रियता नहीं और उससे वह क्रूरता नहीं दिखती जो माँ बेटे ने दुल्हन के साथ की थी, बल्कि वह दिखती जो सत्ता व्यक्ति के साथ कर रही है। कानून को समाज निर्माण में हिस्सा लेना है तो उसे हमेशा उन शक्तियों के साथ होना चाहिए जो समाज निर्माण करती हैं। ये शक्तियाँ मानव मूल्यों में और समाज में संवाद की परिस्थितियों में छिपी हुई हैं।

कोई राजनैतिक दल भी इनको प्रतिबिंबित कर सकता है पर इस वक्त कोई नहीं कर रहा है। तो भी ये हमारी परंपरा में हैं और हमारा काम है कि भले ही राजनैतिक दल आदमी की नाक पर बार-बार भिनभिना रहे हों, पर हम मक्खी उड़ाने के लिए आदमी के मुँह पर पत्थर दे मारें। अगर सिर्फ फाँसी की सजा सुनाना काफी दिल दहलानेवाला निर्णय नहीं है, तो इसका अर्थ यही हुआ कि आँखों से यह सजा देखकर किसी का दिल दहलेगा नहीं। उसी तरह जैसे औरत को कैद कर उसे जिंदा जला डालने की खबर सुनकर किसी का दिल नहीं दहलता।

[15 दिसंबर 1985]

हृदय की बोली

एक जमाना था कि कांग्रेस पार्टी जनसाधारण की नजरों में एक पार्टी थी जिससे सहमत या असहमत हुआ जा सकता था। आज वह एक पार्टी नहीं है, एक आश्चर्य है। उससे सहमत या असहमत होने का सवाल ही नहीं उठता। वह जनता के मन में विचार नहीं पैदा करती, भय पैदा करती है। बाजार में वस्तुओं की महँगाई की बात नहीं कर रहा हूँ क्योंकि मैं न तो व्यंग्य लिख रहा हूँ न अर्थव्यवस्था पर टिप्पणी। मैं तो केवल अपनी मानसिक पीड़ा का वर्णन कर रहा हूँ। यथार्थ को पिछले चालीस वर्ष से आलोचनात्मक दृष्टि से देखते-देखते आदत पड़ गई है कि साहित्य हो या राजनीति, संगीत हो या नाटक, आदमी का उसमें क्या हाल है यह खोजे बिना चैन नहीं मिलता। आज यह हाल बुरा है। बाज लोग हैं कि यथार्थ में राजीव गाँधी का हाल खोजने लगते हैं और खोजते ही चले जाते हैं। शायद वे समझते हों कि इस तरह प्रधानमंत्री की पूँछ पकड़कर वह आदमी तक पहुँच जाएँगे क्योंकि प्रधानमंत्री भी तो वहाँ जा रहे हैं। पर बगल में खड़े आदमी को वे नहीं देखते।

आलोचनात्मक दृष्टि से देखने की शिक्षा मेरी पीढ़ी को मुझसे पहले की पीढ़ी ने दी थी। उनमें से किसी एक का नाम लेकर बताना तो आसान नहीं है परंतु सिर्फ एक बात बता देने से उस दौर

की शिक्षा का अभिप्राय स्पष्ट हो जाएगा। वह बात यह कि जब हम अपने समाज की स्वाधीनता के लिए संघर्ष कर रहे थे, हमारी हर अनुभूति इसलिए आलोचनात्मक थी। असत्य पलक खोलते ही उजागर होता था, पाखंड क्षणभर के भीतर बेपर्दा। कभी-कभी देर लगती भी थी तो इसलिए कि अपने सपाट वर्ग को ही हम भारतीय समाज मान बैठे होते थे। पर यह भ्रम चारों ओर से आँख खोले रहने से टूट जाता था—भारत के किसी एक अंश को पूरा जानते ही हम बाकी को जान जाते थे। आजादी के 1947 के समारोह के बहुत पहले यह आलोचनात्मक दृष्टि और जिज्ञासा हमारी चेतना की विशेषता बन चुकी थी। हममें से वे जिनको अपने वातावरण से समुचित संस्कार मिले थे, अभिव्यक्ति के माध्यमों में वैसी ही आलोचनात्मकता विकसित करते रहे और भाषा के निखार पर उन्होंने अधिक ध्यान दिया, संगीत के परिपक्व रसास्वादन में उनकी गति बढ़ी और साहित्य, नाटक और फिल्म को उन्होंने प्रौढ़ विधाओं की तरह स्वीकार किया। जिनको अभिव्यक्ति की यह सुविधा नहीं थी, वे करोड़ों भारतीय एक जीवित परंपरा के स्वयं स्पंदित प्रमाण थे।

आप पूछ रहे होंगे कांग्रेस पार्टी से इसका क्या मतलब? मतलब यह है कि जब कांग्रेस पार्टी, आजादी से पहले एक विशाल भावनात्मक संगठन थी तो उसके प्रति आलोचनात्मक दृष्टि सामने आने पर भी न तो मन कड़वा कर जाती थी, न उसे तोड़ जाती थी। यह मैं उनकी बात कर रहा हूँ जो आलोचना की दृष्टि से देखते हुए मतभेद तक पहुँच जाया करते थे और वहाँ से खिसकना उनके लिए मुश्किल हो जाया करता था। बाकी वे जो उम्र के हिसाब से नौजवान और मिज़ाज़ के हिसाब से जल्दी गरम और जल्दी मुँलायम पड़ जानेवाले स्वभाव के थे, साफ-साफ वैचारिक मतभेद होने पर भी कांग्रेस को एक बड़ा मिलनसार घराना ही मानते थे जिससे जायदाद का बँटवारा करके बाहर हो जाना कल्पना से परे था। यह घराना भारत की धड़कती हुई पहचान से भरा हुआ था, दिल्ली की क्वाटर्ज़् घड़ी की टिकटिक से नहीं।

वह कांग्रेस अब नहीं है। यदि कोई कहे कि हाँ वह अब नहीं है क्योंकि वह विकास करके बहुत आगे निकल गई है तो मैं पूछूँगा कि वह अकेले क्यों आगे निकल गई? उनको साथ क्यों नहीं ले गई जिनका इतनी देर से मैं बयान कर रहा था? सारे भारत को सहज प्रतीति से उसकी विशालता और विविधता समेत पहचान सकनेवाले और भाषा, संस्कृति और मानव-मूल्यों को आजादी के संघर्ष के दिनों में ही तथा संघर्ष की बदौलत ही आत्मसात कर पानेवाले समुदायों को वह आज एक भगदड़ में पीछे क्यों छोड़ गई है।

पिछले बीस बरस को ही लें, कांग्रेस के बड़े घराने की तस्वीर में इतना परिवर्तन हो गया है कि अब वह बड़े कबीले की तस्वीर बन गई है जिसमें बाहरी किसी आदमी का प्रवेश संभव नहीं। उसे कबीले का ही होना पड़ेगा। उसे अपनी एक कबायली पहचान बनानी पड़ेगी। एक सच्ची राष्ट्रीय पहचान जो साहित्य, संस्कृति और कलाओं के गहरे परिचय से आती है, अब एक आम कांग्रेसी की पहचान नहीं रह गई है।

यह न्यूनता अभी हाल में एक बार बहुत प्रखर होकर दिखी थी। नए असम के लोगों ने जब पुराने नेतृत्व को बदल डाला तो दिल्ली में राजनैतिक टिप्पणीकारों ने कहना शुरू किया कि प्रादेशिक पार्टी राष्ट्रीय दृष्टि नहीं रख सकती। यह एक वाक्य ही यह बताने को काफी है कि कांग्रेस का वर्तमान चरित्र राष्ट्रीयता को कितना खंडित करके पहचान रहा है। वह चरित्र दिल्ली में सिमटकर रह गया है। आज की दिल्ली की समझ में असम विचित्र परंपराओं और बोलियों का देश है जिसमें लोकतंत्री घामड़ बसते हैं और राष्ट्रभाषा अंग्रेजी हास्यास्पद तरीके से असमिया ढंग से बोली जाती है। यह वाक्य कुछ और भी बताता है। भारत की जातीय संरचना के विषय में यह निरा अज्ञान जताती है। हर प्रांत में भाषा और भाषा के माध्यम से राष्ट्र की अनुभूति संचित होती है और परंपरा

उसे माँजती रहती है। यह राष्ट्र की मुख्य धारा है और आज की कांग्रेस इस मुख्यधारा से कटी हुई है। प्रादेशिक यह भूगोल के अर्थ में है और इतिहास के अर्थ में यह सार्वदेशिक ही है।

असम ने तो सिद्ध किया है कि मुख्यधारा भारत के सब प्रांतों के स्थानीय हितों से भी बड़े राष्ट्रीय हित की रक्षा करने से बनती है और उसे कोई भी प्रदेश बना सकता है। दिल्ली या पंजाब या जिस समय जिस गुट के पास केंद्रीय सत्ता के संचालन का भार हो उसकी सनक का पालन करने से वह नहीं बनती। हर राज्य की सरकार प्रथमतः अपने राज्य की आर्थिक-सांस्कृतिक जिंदगी को बनाने की जिम्मेदार होती है मगर वह अपने राज्य का योगदान भारत की परंपरा में पहचानती है। तो भी, असल बात यह है कि बाकी राज्य भी उसे पहचानते हैं या नहीं और इसे पहचानने में केंद्र राज्यों की मदद करता है या नहीं। केंद्र का काम सांस्कृतिक झाँकियाँ निकलवाना नहीं है, विशाल सांस्कृतिक भारत को पहचानना और उसकी मुख्यधारा में शामिल होना है ताकि कहीं वह स्वयं निरंकुश न हो जाए।

स्वतंत्र भारत का समग्र विकास और राष्ट्रीय स्वाभिमान उसके आर्थिक और प्रतिरक्षात्मक संयोजन पर निर्भर है। जिस सांस्कृतिक विकास की हम बात कर रहे थे वह राज्यों के आर्थिक आयोजन और प्राकृतिक संपदा के उत्पादन में भी स्वायत्त होने पर ही संभव है। सांस्कृतिक विकास लोक-संस्कृति की नुमाइश का दूसरा नाम नहीं है जैसा आज केंद्र से होनेवाले राष्ट्रीय आयोजन दिखाते हैं।

और अंत में, राष्ट्रीय मानसिकता का साधन राष्ट्रीय भाषाओं में से कोई एक या कई एक हो सकती हैं, एक ऐसी भाषा नहीं जो सिर्फ कागज पर भारत को एक रखती है और जैसे ही कागज से उतारकर कंठ तक लाई जाती है, भारत के उतने ही टुकड़े करने लगती है जितनी भारत की भाषाएँ हैं। आज की कांग्रेस इसी कागज पर लिखी एकता को चलानेवाली पार्टी है और यही एक कारण है कि जिससे उसकी अंग्रेजी हमारे राष्ट्रीय जीवन के टुकड़े-टुकड़े किए डाल रही है। उसकी बोली हमारे हृदय की बोली नहीं है। यह बोली देश में कांग्रेस पार्टी की हालत से ही पैदा हुई है, वैसी ही बनावटी, बोझिल और बदरंग।

[*जनसत्ता*, 29 दिसंबर 1985]

बाबू जगजीवन राम के बाद

जगजीवन राम से अखबारनवीसी के सिलसिले में न जाने कितनी बार भेंट हुई होगी मगर सबसे अच्छी और लंबी भेंटवार्ता की है जो आकाशवाणी के संग्रहालय के लिए दो किस्तों में उन्हीं के घर पर हुई। बाबूजी के राजनैतिक और सामाजिक जीवन के विविध पक्षों को जिनको, जानना अगली पीढ़ियों के लिए आवश्यक हो, कुरेद-कुरेदकर उघारना इस संग्रह का उद्देश्य है। जानकारियों को ऐसा भी होना था कि व्यक्ति का असली परिचय दें और ऐसा भी कि भविष्य में सुरक्षित रखने योग्य हों। काम मुश्किल था पर इस बात ने मुझे अपनी क्षमता पर भरोसा दिला दिया कि आकाशवाणी के सुझाए गए नामों में से बाबूजी ने मेरा नाम तुरंत पसंद कर लिया।

उनके हाल के भी और बहुत पहले के ऐतिहासिक क्षणों के बारे में उन्हें बोलते हुए सुनकर अनेक नए तथ्य मालूम हुए।

उनकी आवाज अजब तरह से आश्वस्त करनेवाली थी। मोहक मुस्कान भी थी जो बनी तो निरंतर रहती थी पर अंत तक आते-आते खिलकर पूरे आनन पर फैल गई थी मानो कह रही हो कि मेरा कथन स्वतःसिद्ध है। वह मुस्कान अपने में कभी व्यंग्य की ध्वनि समेटे रहती थी कभी रहस्योद्घाटन की तो कभी क्षमा की। उनमें कड़वाहट नहीं थी जैसी बहुधा जमाने के सताए राजनीतिकों

में होती है।

बाबूजी के निधन पर अनेक साथियों ने उनके काम को आगे बढ़ाते रहने की प्रतिज्ञा की है। इनके कामों में से एक तो ऐसा है जिसके पूरा होने की आशा बाबूजी छोड़ चुके थे। सत्ता में हिस्सेदारी प्रधानमंत्री के रूप में उस समाज में संभव नहीं है जिसमें श्रेष्ठता और निकृष्टता की माप जन्म के आधार पर की जाती हो। यह बाबूजी का डर भरा दृढ़ निष्कर्ष था। जब तक जात नाम की चीज यह माप बनाती रहेगी तब तक भारत के भावी प्रधानमंत्री होने का अधिकार किसी हरिजन को नहीं मिल सकता। यह बात बाबूजी ने जाने कितनी बार दोहराई होगी। इसी अप्रैल को अपने जन्म दिवस पर समता दिवस पर भी प्रधानमंत्री की उपस्थिति में उन्होंने जो कहा, उनका निहितार्थ भी यही था। साथ ही उन्होंने अत्यंत स्पष्ट शब्दों में प्रधानमंत्री को राष्ट्र संकट मिटाने में सहयोग देने का आश्वासन भी दिया। ये दोनों विचार कुल मिलाकर बाबूजी की विचारधारा का समुचित प्रतिनिधित्व करते हैं। और उनके साथियों की कार्यशैली बाबूजी के सामने विकसित हुई थी उससे बहुत भिन्न नहीं हो सकती। किसी व्यापक आंदोलन की तो कल्पना भी नहीं की जा सकती। हाँ सरकारी कार्यक्रमों में सहयोग के रास्ते से कुछ उपलब्धियाँ अवश्य हो सकती हैं।

राष्ट्रीय राजनीति का रास्ता अब से 7 वर्ष पहले शिखर समझौते की ओर मुड़ चुका था। चरणसिंह के जन्म दिन पर इंदिरा गाँधी का गुलदस्ता इस रास्ते की हरी झंडी बना और बाबू जगजीवन राम के जन्म दिन पर राजीव गाँधी की मौजूदगी तो मानो गाड़ी का सही टेम पर स्टेशन पहुँचना ही था। उन तमाम हरिजनों का क्या होगा जो जन्म लिए होने के कारण भव बाधा रूपी दमन और भेदभाव झेल रहे हैं। उनका देह धरने का दंड उनके नामी नेता ने भी झेला और प्रधानमंत्री पद का सुख भोगने से वह वंचित रहा और रखा क्या, यह दोनों तथ्य क्या भारतीय समाज में सतत हरिजनोद्धार की राजनीति की ओर हरिजनों को ले आगे भी जाते रहेंगे? या किसी आक्रामक रास्ते को पकड़कर हताश का तर्क पकड़ लेंगे। यदि बाबूजी की अधिकार माँगने, समझौता करने और हरिजन आंदोलन बनाए रखने की नीति बदलकर कुछ और नीति चलानी है तो राष्ट्रीयता और लोकतंत्र के मूल्यों को नया नेतृत्व देने के लिए बहुत कम समय हरिजनों के पास बचा है। ऐसा नहीं लगता कि बीसवीं सदी के समाप्त होते-होते हरिजन आंदोलन में या कोई मौलिक परिवर्तन या कोई नया नेतृत्व पैदा हो पाएगा। इस मायने में बाबू जगजीवन राम का जाना एक युग समाप्त होना है पर एक नया युग शुरू करने के लिए एक सच्चे क्रांतिकारी दिमाग की जरूरत होगी और वह है नहीं। पर इस बीच जो अंतराल पैदा होगा क्या वह समान परिवर्तन को अब तक की जानी-पहचानी बची-खुची पद्धतियों को एकदम बेकार साबित करके हमें समझौतों और बीच के रास्तों की राजनीति पर चला सकेगा? उसके लिए भी एक कुशल आंदोलन और नेतृत्व की जरूरत होगी। कविवत लाभ के रास्ते खोलने वाले राजनैतिक समझौतों नहीं बल्कि सामूहिक हितों को साधने की रणनीति के कौशल भी तो हरिजनों को बहुधा उपलब्ध नहीं हैं—वे आर्थिक वर्गों को उपलब्ध हैं पर तभी जब आर्थिक वर्गों में किसी जाति की बहुतायत हो।

[*जनसत्ता*, 13 जुलाई 1986]

राष्ट्रगान का गाना

क्या राष्ट्रगान को न गाना सही नहीं है? क्या गाने को मजबूर कराया जाना सही है? धर्म और संविधान में टक्कर है तो कौन बड़ा है? ये प्रश्न आजकल उठे हैं और मुझे तो लगता है कि इन पर बहस

कचहरी में ही हो लेगी, चौराहे तक नहीं आएगी। मगर क्या राष्ट्रगान को जो गा रहा है वह सही गा रहा है, यह सवाल किसी कचहरी में नहीं पूछा जाएगा। चौराहे पर तो उसका आना मुमकिन ही नहीं। दरअसल असली सवाल तो वही है, क्या आप राष्ट्रगान गा लेते हैं? सवाल यह नहीं है कि क्या आप राष्ट्रगान गाने को तैयार हैं। तैयार हैं तो इससे सिर्फ यह सिद्ध होता है कि राष्ट्रगान की राजनैतिक मर्यादा आपने मानी है। उसके सुरों का आपने क्या किया है वह तो तभी पता चलेगा जब आप उसे गाकर सुनाएँगे।

जन गण मन गाना है भी मुश्किल। जिनके गले में सुर है उनके लिए भी मुश्किल है। सुर हो या न हो बहुतेरे तो यही तय नहीं कर पाएँगे कि जय जय को कैसे बोलेंगे, जैसे बृज में बोलते हैं या जैसे बंगाल में। जैसे इंग्लिस्तान में राजा की भाषा को प्रतिमान माना जाता है वैसा तो भारत में कोई दृष्टांत नहीं है। राष्ट्रपति की भाषा जैसा कोई मुहावरा सुनने में नहीं आता। पर प्रश्न वास्तव में उच्चारण का नहीं है, सुर का है। सुर को साधने में ही राष्ट्रगान गानेवाले की परीक्षा हो जाती है। राष्ट्रगान को स्कूल की प्रार्थना में गाने पर जोर देने का एक फायदा यह भी है कि भीड़ में यदि कोई इक्का-दुक्का बेसुरा भी हो तो उसकी विचित्रता समवेत में विलीन हो जाती है।

फिर भी यह बात लोग समझ नहीं पाते कि राष्ट्रगान गाना उनके सुर की परीक्षा नहीं है। बहुत-से लोग एकसाथ गाएँगे तो पता भी नहीं चलेगा कि कौन सुर ऊँचा या नीचा लग गया। यह बात जरा अच्छी तरह लोगों को समझाई जाए तो सब लोग अपने गले की चिंता छोड़कर राष्ट्रगान गाने लगेंगे।

राष्ट्रगान के साथ यह गाने का सवाल जुड़ ही क्यों गया है? यह भी एक पूछने लायक बात है। क्या जब राष्ट्रगान की धुन बजती है तो सीधे खड़े हो जाना राष्ट्रगान के प्रति काफी सम्मान नहीं होता? परंतु सभी समाजों में गाना गहरी आंतरिक अभिव्यक्ति होती है इसलिए राष्ट्रगान के गाने का भी विशेष महत्त्व है। तो क्या राष्ट्रगान का गाना एक सिरे से सिखा नहीं दिया जा सकता? पर इसके सीखने से इंकार करने पर सजा देने का कोई कारण नहीं। जैसे हिंदी न सीखने पर सजा देना ठीक नहीं समझा जाता वैसे ही गाना न सीखने पर सजा गैरजरूरी है। प्रलोभन देना ही ठीक है जैसे राष्ट्रगान के मामले में दिया जाता है। सिखाना है तो निश्चय ही स्कूल ठीक जगह है परंतु प्रार्थना सभा में क्यों सिखाया जाए, संगीत की कक्षा में क्यों नहीं? और वहाँ भी जो छात्र गले में सुर न होने से वंचित हों, उन्हें केवल सुनने की ही शिक्षा दी जाए। सुनना भी संगीत की शिक्षा का महत्त्वपूर्ण पहलू है। सुनते-सुनते कम से कम यह तो होगा ही कि छात्रों को सही गाने की पहचान हो जाएगी। खुद चाहे वह एक सुर सही न निकाल सके।

कहा जाता है कि उदाहरण से सबसे अच्छी शिक्षा मिलती है। अब इसके लिए क्या करना होगा यह भी क्या बताने की जरूरत है? उदाहरण सामने रखना चाहिए और क्या। पर इसकी जाँच बड़ी मुश्किल है कि राष्ट्रगान होने पर कितने ऐसे व्यक्ति उसे गाते हैं जो दूसरों के सामने अगर उदाहरण रखें तो उसका असर पड़ेगा। उदाहरण देने में समर्थ होने के लिए गले में सुर होना बिलकुल जरूरी नहीं। अधिकार होना चाहिए यानी सुर पर अधिकार नहीं, समाज में, अपने कार्यक्षेत्र में अर्थात अपने विषय में। यदि किसी का कृतित्व उसके अपने कार्यक्षेत्र में पहचाना गया है अर्थात उसे एक कृति के रूप में पहचाना गया है तो वह समूह में खड़े होकर राष्ट्रगान गाने से, सुर में हो या बेसुरा हो, राष्ट्रगान को गाने की प्रेरणा दे ही सकता है। देखिए, संगीत ही सबकुछ नहीं है, व्यक्ति भी एक सत्ता है और उसका सबके साथ गाना उसकी विशिष्टता का समाज से बराबरी का संबंध जोड़ता है। स्कूल में छात्रों को राष्ट्रगान गाना सिखाइए, खुद अगर आप बड़े आदमी अपने को मानते हैं तो गाइए, मगर मेहरबानी करके बेसुरा गाने पर सजा न दीजिए और न गाने पर उदाहरण देकर गाने की इच्छा जगाइए। प्रलोभन भी दे सकते हैं पर जिस समाज में हर प्रलोभन पैसे की शक्ल में होता है उसमें राष्ट्रगान बड़ा महँगा सौदा साबित

हो सकता है। कुछ और प्रलोभन सोचिए?

कुछ भी करिए मगर यह मत भूलिए कि कोई गाना उतना ही गले से बाहर निकलेगा जितना मन, इतिहास और परंपरा के भीतर होगा। 'झंडा ऊँचा रहे हमारा वीरों को हरषानेवाला' एक ऐसा ही गाना है। पर उसे हम सिर्फ इसलिए नहीं गाते कि वह राष्ट्रगान नहीं है। उसका चलन जारी रहना चाहिए, भले ही राष्ट्रपति के आने पर वह न गाया जाए।

[*जनसत्ता*, 7 सितंबर 1986]

दोराहे के मुसाफिर

पीटर वाइडहास एक जर्मन व्यक्ति का नाम है। बर्लिन के विभाजन के पहले वे माता-पिता सहित नगर के उस हिस्से में रहते थे जो अब पूर्व बर्लिन कहलाता है और जर्मन जनवादी गणतंत्र का अंग है। उन्होंने कहा, मेरे बुजुर्ग जनवादी गणतंत्र से घिरे हुए वहीं हैं जबकि मैं जर्मन संघीय गणराज्य से घिरा हुआ उनसे दूर हूँ। उनके और मेरे जैसे बिछोह के जाने कितने उदाहरण पाए जाते हैं।

पीटर वाइडहास कवि हैं और फ्रांकफुर्त पुस्तक मेला के अध्यक्ष हैं। मेला इस बार जब 1986 में होगा तो भारतीय पुस्तकें उसके केंद्र में होंगी। यह सोचकर मैंने कहा कि इन्हें जातीय बिछोह की भारतीय पहचान से अवगत करा ही देना चाहिए। जब उन्हें यह बताया गया कि भारत में विभाजन की ऐसी ही परिस्थिति 37 वर्ष हुए आई थी और तब से बनी हुई है तो उन्होंने आश्चर्य से कहा, 'पर वह तो एक सर्वमान्य समझौता था और हिंदू और मुसलमान अलग-अलग रहना चाहते थे।' यह बात मानने में उन्हें कुछ देर लगी कि दोनों में, जो आजादी के समझौते के बाद अपने को एक दूसरे का प्रतिद्वंद्वी मानने को बाध्य हैं, आज भी इस बिछोह की पीड़ा बनी हुई है और बहुत-सा साहित्य विभाजन के दुख को ही लेकर लिखा जा चुका है।

यह साहित्य भी कई प्रकार का है। इसे विभाजन से टूटे हुए हिंदुओं ने भी लिखा है और मुसलमानों ने भी। इसमें अपनी जमीन और सामाजिकता से उखड़े हुए हिंदुओं की भी रचनाएँ हैं और मुसलमानों की भी। दोनों समूहों की रचनाओं में अंतर इतना ही है कि एक ने समस्या को कभी-कभी भूगोल के एक कोने से देखना चाहा है और दूसरे ने दूसरे कोने से। मगर दोनों में से किसी समूह ने इतिहास को पलटा कर ले जाने का आग्रह नहीं किया है। राजनैतिक विभाजन को रद्द करने का विचार अव्यावहारिक माना जाने लगा है। यद्यपि भावात्मक विभाजन और सांस्कृतिक अलगाव से दुख दोनों को है। भारत विभाजन एक यथार्थ बन चुका है पर सांस्कृतिक समझ न तो उसे हर प्रकार से स्वीकार करने को तैयार है न दोस्ती की आवाज सत्ता के विरोध में उठाने को।

वास्तव में भारत और पाकिस्तान नाम से दो भौगोलिक इकाइयाँ बनाकर हमने उनके भौगोलिक अलगाव को संपूर्ण राजनैतिक अलगाव बनाने की निरंतर चेष्टा की है। यहाँ तक कि इतिहास और सभ्यता की पहचानें एक-एक करके राजनीति के हाथों में ऐसे सौंप दी गई हैं कि सत्ता उनका जब जैसी जरूरत हो तब वैसा उपयोग करती जाए। उन्हें मिटने न दे। कोई बढ़ाना चाहे तो अलगाव दर अलगाव भारतीय उप-महाद्वीप में मौजूद है। सवाल यह नहीं है कि इसको अपने शासक वर्ग की लत बनाए रखने के लिए और अपने भाइयों में फूट पैदा करने के लिए शासक वर्ग किस चतुराई से इस्तेमाल करें। सवाल यह है कि लोकतंत्रीय अधिकारों के पीछे इतिहास की और सभ्यता की जो ताकत है उसे हम कैसे आजाद करें। जिससे हम तानाशाही और परमाणु बम की तरफ नहीं बल्कि सच्चे लोकतंत्र और समान अधिकार की तरफ जाएँ। "हम" का मतलब भारत और पाकिस्तान के

शोषित वंचित लोग हैं। यह बात तो लोग ही कहेंगे, दोनों देशों की सरकारें तो नहीं कहेंगी। उनका काम जनता का कल्याण करना है, अपना अधिकार लेना तो जनता का काम है।

क्या यह स्थिति क्या बहुत कुछ जर्मनी में बर्लिन के विभाजन से उत्पन्न मानसिकता जैसी नहीं है? बिलकुल नहीं, क्योंकि दोनों जर्मनी विचारधारा के मामले में एक-दूसरे के विरुद्ध हैं और विचारधारा ने रचनात्मक कार्यों और रचनात्मकता के प्रति उनकी दृष्टि में बहुत दूर तक परस्पर भेद उत्पन्न कर दिया है। भाषा एक होते हुए भी हिटलर की पराजय के बाद नवनिर्माण में दोनों जर्मनियों ने दो अलग-अलग रास्ते पकड़े और साम्यवाद और पूँजीवाद की भाषा, साहित्य और ललितकला संबंधी दो दृष्टियाँ विकसित हुईं। भारत और पाकिस्तान में भी कला और संस्कृति में दो धाराएँ बही हैं परंतु उनमें अंतर साम्यवाद और पूँजीवाद का नहीं है, पूँजीवाद के ही दो ऐतिहासिक रूपों का है जिनका राजनैतिक मुखौटा मजहब है।

मुझे पाकिस्तान की सही खबर नहीं परंतु भारत में विभाजन के पक्षधर शायद ही किसी लेखक ने भारतीय पाठकों पर कोई नाम लेने लायक असर डाला होगा। लेखक ज्यादातर उसी वर्ग के होते हैं जिसमें विभाजन स्वीकृत हो चुका है और दोनों मजहबी वर्गों में अब हिंदू और मुसलमान की एकता की नहीं, दोनों सरकारों की दोस्ती की सिफारिश की जाती है। सरकारों की दोस्ती का महत्त्व है, पर वह दोस्ती अब इतनी महत्त्वपूर्ण बन गई है कि जनता की दोस्ती का नंबर उसके नीचे आ गया है। हमको सिर्फ पाकिस्तान की परमाणु बम से हमला करने की तैयारी और हमारी उस खतरे के सामने तनकर खड़े रहने की बहादुरी के अलावा दोनों देशों के बीच सोचने-समझने का कोई विषय नहीं दिखाई दे रहा है और किसी के द्वारा दिखाया भी नहीं जा रहा है। यह बहुत अच्छा है कि हिंदू और मुसलमान दोनों देशों में अपने-अपने लिए विशेष मजहबी अधिकारों की माँग अपनी-अपनी सरकारों के माध्यम से नहीं कर रहे हैं, मगर वे किन्हीं धार्मिक अधिकारों की माँग नहीं कर रहे तो किन्हीं लौकिक अधिकारों की माँग पर एक दूसरे के साथ भी नहीं हो रहे हैं। यह तो वैसे ही है जैसे दो पड़ोसी देशों में आना-जाना शुरू होने पर दोनों सरकारें सहमत हो जाएँ। मगर हर आने जाने वाले पर बंधन रहे कि वह पैदल जमीन के रास्ते न जाए। उड़कर हवाई जहाज से जाए। इससे जमीन से उसका संपर्क भी कम रहेगा और वह एक विशिष्ट एकता-प्रेमी बना रहेगा।

भारत और पाकिस्तान की जनता में दोस्ती और एका की माँग के जवाब में चुपके से स्थाई अलगाव के पक्षधरों की ओर से यह सवाल खड़ा कर दिया जाता है कि दोस्ती और एका का मतलब कहीं यह तो नहीं है कि दोनों समूहों को अपना भविष्य सुधारने और अपने लोकतंत्रीय अधिकार लेने के लिए अपनी मानसिक और सामाजिक अवस्था में परिवर्तन करने होंगे? अगर यह मतलब है तो दोनों मजहबों के नेता इसका विरोध करेंगे चाहे वह साम्यवादी खेमे में हो चाहे, पूँजीवादी तंबू में।

कई बरस पहले की शायद 1968 की एक घटना मुझे याद आती है। इलाहाबाद में सांप्रदायिक दंगे हुए थे और कई और जगहों पर भी हो रहे थे या हो जाने का खतरा था। दिल्ली में कुछ बुद्धिजीवियों ने सरकार के संरक्षण में एक बैठक हिंदू-मुस्लिम एकता के लिए बुलाई। बैठक में किसी ने प्रस्ताव किया कि हिंदू-मुसलमान दंगे सत्ताधारी राजनैतिक नेता कराते हैं ताकि दोनों वर्ग कभी एक न होने पाएँ। लोगों ने अपने-अपने भाषणों में पुलिस को पहले से अधिक अधिकार देने और दंगा न रुकवा पाने पर जिलाधिकारियों को कर्तव्य विमुख होने का अपराधी घोषित करने के प्रस्ताव रखे। पुलिस को और अधिक अधिकार देने की माँग करने का फैशन उन दिनों राजनैतिक कार्यकर्ताओं में चल पड़ा था। ये कार्यकर्ता या छुटभइया नेता ज्यादातर सत्ताधारी पार्टी के ही हुआ करते थे। मगर मध्यवर्गीय बुद्धिजीवियों में यह फैशन जड़ पकड़ रहा था। किसी छात्र ने कहा कि हिंदू-मुसलमान को एक करने के उपाय यदि पुलिस बताएगी तो उनका क्या काम रह जाएगा जो नीति की बातें करते हैं। इसलिए

हमें बताना चाहिए हम दोनों वर्गों में असमान सिविल कानून बताए हुए हैं और इस तरह अलगाव बढ़ा रहे हैं। दोनों संप्रदायों के लिए समान सिविल कानून बनाया जाए। हमारी माँग यही होनी चाहिए। पुलिस अपना काम करे।

कांग्रेसी, कम्युनिस्ट और निरे बुद्धिजीवी श्रोताओं की ओर से इस बात का घनघोर विरोध हुआ। इसका नेतृत्व करने आ गए उस समय नेता के रूप में उभर रहे कुलदीप नैयर। उन्होंने कहा, मुसलमान कभी इतने बड़े परिवर्तन के लिए तैयार नहीं हैं। सज्जाद जहीर (अब दिवंगत) ने भी इस प्रस्ताव के पास न करने का यही कहकर विरोध किया कि अभी मुसलमान तैयार नहीं हैं कि उनके और हिंदुओं के लिए सिविल कानून एक हो। कवि बच्चनजी ने सज्जाद जहीर साहब को समझाया कि क्यों परेशान होते हैं, मान जाइए, ऐसा परिवर्तन हुआ कहाँ जाता है प्रस्ताव पास होकर रह जाएगा। विरोध करने से फायदा क्या। परंतु सभा ने जो हिंदी-मुस्लिम एका के लिए बुलाई गई थी, दोनों धर्मों के माननेवालों को अपने-अपने मजहबी नेताओं की संकीर्णताओं की रक्षा करते रहने का अधिकार दिया और समान सिविल कानून की माँग को इतना तोड़-मरोड़कर पास किया कि वह प्रस्ताव परमेश्वर से प्रार्थना के समान सुभाषित और शुभैषी बनकर रह गया। अभी मुसलमान अपने समाज के उद्धार के लिए तैयार नहीं हैं—यह कहनेवालों को सर्वोच्च न्यायालय की शाहबानो-फैसले से सचमुच तकलीफ हुई होगी। परंतु जिन लोगों ने 1968 में कहा था कि समान सिविल कोड का विचार क्रांतिकारी है, मगर कुछ धीरज रखना चाहिए और जनमत को इसके पक्ष में तैयार करना चाहिए; वे देख रहे हैं कि जनमत हिंदू-मुसलमान विभाजन को पक्का करने के पक्ष में तैयार किया जा रहा है। 15 वर्ष कुछ बनाने की खातिर बहुत कम वर्ष होते हैं मगर तोड़ने के वास्ते काफी हैं। 2001 ई. तक हिंदू-मुसलमान एकता को सिर्फ नुमाइश के लिए धराऊ जोड़े की तरह इस्तेमाल किया जाने लगेगा। हम उसे पहन-पहनकर मैला नहीं कर रहे हैं और धुलवा नहीं रहे हैं सिर्फ उसमें पैबंद लगाने जा रहे हैं और हर साल उसे तहा करके संदूक में रख दिया जा रहा है।

[*जनसत्ता*, नवंबर 1986]

छप्पन छुरी की कहानी

नवंबर का महीना दिल्ली में आता है तो शरद के बाद का मौसम काम की हलचल का मौसम बन जाता है, उसकी शरदोत्सव की मीठी स्मृति तेजी से मिटने लगती है। दिल्ली नामक गाँव के व्यवसाय में क्रय-विक्रय ही मुख्य होता है और वह उत्सव का मुख्य उद्देश्य बन जाता है। वर्षा के बीत जाने पर कीचकाँदों से पथ मुक्त हो जाते हैं, घर सुधारे-सँवारे जाते हैं, मिलन की ऋतु आती है। वही है शरद। पर मिलन के अनेक उत्सव पर्वों के ऊपर शहर में छा जाता है उजड़ते हुए गाँवों का त्रस्त मानस और उनके तरह-तरह के खोंचों का साल ऐसा ही एक खोंचा उजड़ते मानव का श्रम और शरीर भी है। अंग्रेजी पत्रकारिता के पीछे हिंदी की नई पत्रकारिता ने शरीर के प्रकट पण्य रूप को स्त्री के शरीर में ही देखा है इसलिए वह जनता की भाषा में छपनेवाले अखबारों की पत्रकारिता होते हुए भी गाँव के आदमी के शरीर और मन की बिक्री को समझ नहीं पाती है।

वर्ष का यह समय जो अब से लेकर कुछ महीनों तक अर्थात जब तक दुकानों पर माल बिकने आता रहेगा, अर्थात जब तक गाँव की पैदावार से हुई आमदनी शहर के तराजू पकड़ने और कलम घिसनेवालों को रोजगार देती रहेगी तब तक 'सीजन' रहेगा। ऋतु तो आई और चली गई। सीजन में क्या विकता है यह ऋतु से टूटे हुए लोग अपनी बनावटी जरूरतों के हिसाब से तय करेंगे और

करवाएँगे। अखबारों में सत्ता के झगड़ों की खबरें बहुत ज्यादा आने लगी हैं, उन्हें कम कराने के लिए झगड़ें तो कम नहीं कराए जा सकते। सांस्कृतिक समाचार कुछ ज्यादा छापे जाएँगे। वैसे भी बिना किसी के उकसाए हुए, सांस्कृतिक समाचारों के लेखकों का एक वर्ग जो फिल्म समीक्षा लिखता है बेहद सक्रिय है। यह वर्ग फिल्म कला के बारे में जो लिखता है वह जनसाधारण के योग्य नहीं माना जाता इसलिए वह छपता नहीं : छपते हैं इश्तिहार के रूप में लिखी व्यापार-व्यवसाय के लिए समीक्षा। यह फिल्म को सांस्कृतिक कार्रवाई के दायरे से दिन-ब-दिन बाहर खदेड़ती जा रही है और मानवीय संपर्क के अनुभवों में से केवल पण्य अनुभवों को अंदर जाने दे रही है। पण्य होने के योग्य वे ही अनुभव माने जाते हैं जिनके फिल्मांकन की बेशुमार लागत टिकट खिड़की से वसूल ही नहीं हो जाती बल्कि एक ओर वैसी ही फ़िल्म बनाने भर की रकम भी दे जाती है। स्पष्ट है कि इस योग्यता को सब कलाकर्मी सिद्ध नहीं कर पाते और सांस्कृतिक समाचार यह नहीं बन पाता कि किसी अछूते विषय पर कोई नया फिल्मकर्मी काम कर रहा है। समाचार यही बनता है कि किस ठस दिमाग और भारी तोंदवाले ने किस नए कलाकार को अपने यहाँ काम दिया है। समाचारों के ऐसे मौसम में एक पत्रिका में लेख पढ़ने को मिला जिससे फिल्म विधा या फिल्म समीक्षा का कोई संबंध नहीं है परंतु जिससे पत्रकार लेखक के काम के एक पहलू को समझने में मदद मिलती है। यह लेख एक औरत की कहानी है। औरत की कहानी पत्रकारों ने बिक्री की चीज बना दी है।

पिछले 15-20 साल में खास तौर से ये कहानियाँ कभी किसी रूप में कभी किसी रूप में इस तरह बनाई और लिखी गई हैं कि पढ़नेवाले कल्पना में नायिका का उसी प्रकार का शोषण करने लगते हैं जैसा 'अत्याचार' में बताया गया है। जिस लेख की मैं बात कर रहा हूँ वह एक कलाकार के बारे में है क्योंकि हम उसे कलाकार के नाम से ही जानते हैं मगर है वह एक औरत के बारे में। यह स्तंभ पढ़नेवालों में ऐसे कम ही होंगे जिनकी पैदाइश उन्नीसवीं सदी की हो पर दो-चार ऐसे निकल आएँ तो निकल आएँ जिन्होंने जानकी बाई के रिकार्ड सुने होंगे। उन मुट्ठी भर अनजान लोगों में से मैं भी हूँ। 'श्री रामचंद्र कृपालु भजनम हरण भवभय दारुणम' उनका यह रिकार्ड मैंने तब सुना था जब मैं पाँच-साढ़े पाँच साल का था। वह अब भी मेरे पास है। और इस दौर को यानी 1930 के आसपास बने और गायकों के भी जो रिकार्ड मेरे पास हैं उनमें मुझे हमेशा आकृष्ट करता रहा है। हर गाने के अंत में जानकी बाई रिकार्ड करती थी 'मेरा नाम जानकी बाई इलाहाबाद।' यह उनका कापीराइट बचाए रखने का तरीका साबित हुआ है नहीं तो उस वक्त के रिकार्डों के लेबल पुराने पड़ जाने पर यह मानना मुश्किल होता। यों तो जाननेवाले जानकी बाई की गायकी को पहचान जाएँगे चाहे नाम छपा या बोला हुआ हो या न हो।

जानकी बाई पर यह अभूतपूर्व शोध कार्य किया है कैलाश गौतम ने और इसे छापा है गुणी संपादक केशव चंद्र वर्मा ने उत्तरप्रदेश की 'छायानट' नामक पत्रिका में। केशव चंद्र वर्मा स्वयं संगीतज्ञ ही नहीं साहित्य संगीत के संबंध को पहचाननेवाले विद्वान हैं जिन्हें आज की पीढ़ी 'नई कविता' के प्रसिद्ध कवि के नाम से ही जानती है। पर वह गहरे डूबे हुए कलाकार हैं। छायानट का संपादन उन्होंने अनेक संपादकों के हाथों इस पत्रिका में उलट-पुलट होते रहने के एक लंबे दौर के बाद सँभाला है। 'मेरा नाम जानकी बाई इलाहाबाद' में हम जान पाते हैं कि उन्नीसवीं के अंत और बीसवीं शताब्दी के शुरू में समाज में स्त्री का स्थान क्या था—हर तरह से संकटापन्न था। जानकी बाई का नाम छप्पन छुरी पड़ा क्योंकि शरीर पर छप्पन घाव छुरी के खाकर वह जिंदा बची रही। पर कहानी से मालूम होता है कि उसके दिल पर सैकड़ों घाव रहे होंगे। वह अपने वक्त की सबसे बदसूरत गायिका थी और जब उसका गाना सुनकर राजे-महाराजे एक कामिनी के भोग्य रूप की कल्पना करने लगते थे तब उसको साक्षात देखकर उनको अपने इस अपराध के लिए पश्चात्तापपूर्वक क्षमा माँगनी पड़ती थी।

पर वह जमाना और था। उसी जमाने के आज बचे हुए स्त्री प्रसंगों से सुन-सुनकर कैलाश गौतम ने यह कहानी लिखी है और हम संपादक के ऋणी हैं कि उसने इन व्यक्तियों के नाम लेख के अंत में छापकर हमें एक जीवंत अतीत से जोड़कर परंपरा में शामिल कर दिया है।

[*जनसत्ता*, 2 नवंबर 1986]

पीने का पानी और शहाबुद्दीन

सैयद शहाबुद्दीन को गणराज्य दिवस के सरकारी समारोह का बहिष्कार करने पर बुरा-भला कहा जा रहा है। यह सरकारी समारोह परेड देखना ही है जो 1951 के मुकाबले आज वैसे भी विशिष्ट और महँगा काम हो गया है। सैयद शहाबुद्दीन जब परेड का बहिष्कार करने की सोच रहे होंगे उसी वक्त जाने कितने लोगों को परेड निकालनेवालों ने ही बहिष्कृत कर दिया होगा। इसलिए मैं इस झूठी बहस में नहीं पड़ना चाहता कि सैयद साहब ने बहिष्कार किया होता तो यह काम राष्ट्र-विरोधी कहा जाता या नहीं। परंतु देखता हूँ कि सैकड़ों-हजारों लोग 26 जनवरी के दिन ऐसा कोई काम नहीं करते जिससे ऐलानिया साबित हो जाए कि वे समारोह में शामिल नहीं हो रहे हैं। यह भारतीय राष्ट्र की मौलिक शर्त है कि किसी भी मत और संप्रदाय को मानना या न मानना अनिवार्य नहीं है। इससे भी कम अनिवार्य है किसी राजनैतिक दल को मान्यता देना। जो लोग 26 जनवरी को बिना यह बताए कि मैं विरोध के लिए परेड देखने नहीं जा रहा हूँ, परेड देखने नहीं जाते हैं, वे राष्ट्रविरोधी नहीं हैं। जो लोग यह बताकर के कि मैं गणराज्य दिवस के पक्ष में हूँ, कुछ ऐसा प्रमाण देते हैं कि वे शामिल थे, वे भी कौन जाने राष्ट्र-समर्थक हैं या नहीं कोई फर्क नहीं पड़ता। इसके अलावा समारोह में करोड़ों लोग कोई हिस्सा नहीं लेते और तरह-तरह के कामों में दिन काटते हैं, जैसे कल की रोटी की चिंता करना, सामने खड़े आततायी से अपने बीवी-बच्चों को बचाना, दोस्तों के साथ मौज उड़ाना और समाज की हालत पर रोना। यह निहायत पोच विचार है कि 26 जनवरी को हर आदमी से हलफिया बयान माँगा जाए कि वह 26 जनवरी की परेड का आनंद उठाने नहीं गया तो कहाँ था। अगर वह खाली धूप सेंक रहा था तो बताए कि वह इस काम को राष्ट्र-विरोधी मानकर तो नहीं कर रहा था। संक्षेप में कहा जाए तो हमारी बौद्धिक हालत यह है कि हम 26 जनवरी के बहिष्कार को या समर्थन को महत्त्व नहीं देते, मगर किसी ने यदि गणराज्य दिवस के दिन यह अपशकुन किया कि सबको बताकर अपना नैतिक और राजनैतिक विरोध वर्तमान के यथार्थ में प्रकट कर दिया, तो यह राष्ट्र-विरोधी कर्म कहलाएगा। यह है हमारे लोकतंत्र की और तर्कबुद्धि की पोल।

बहरहाल हमारे ऐसा समझने से सैयद शहाबुद्दीन की राजनीति का निराकरण नहीं हो जाता। वास्तव में वह राजनीति तो 26 जनवरी का बहिष्कार वापस करने से ही सफल हो गई। इस बहिष्कार की राजनीति की पोल खुलना कठिन है, क्योंकि इसमें शहाबुद्दीन और उनके विरोधी दोनों शामिल हैं और दोनों का संघर्ष इस राजनीति को चलाते रहने में न्यस्त है। अभी शहाबुद्दीन ने जो सफलता प्राप्त की है, वह यह है कि एक स्थानीय मामले को उन्होंने राष्ट्रीय बना दिया है और हमेशा के लिए नहीं तो कम से कम तब तक सरकार के लिए शहाबुद्दीन और मुसलमानों द्वारा 26 जनवरी के बहिष्कार को विचारणीय बना दिया है, जब तक सरकार के हाथ में 'परिस्थिति से निबटने के लिए' कुछ और नागरिक अधिकार जमा नहीं हो जाते। जिन सीढ़ियों पर चढ़कर शहाबुद्दीन राष्ट्रीय मंच पर पहुँचे हैं उनमें बड़े-बड़े नेताओं ने जीने लगाए थे। इसका दंड बड़े लोग नहीं भुगतेंगे। छोटे आदमी से ही पूछा जाएगा कि

वह हिंदू है या मुसलमान और 26 जनवरी को वह क्या कर रहा था।

जिस दिन हमारे शासक इस तरह के प्रश्न खुल्लमखुल्ला पूछने लगेंगे उस दिन राष्ट्र का अंत और सेना का अभ्युदय समझिए। इसके साथ ही साथ यह राष्ट्र जो छोटा होता जा रहा है, हमेशा के लिए बौना बनकर रह जाएगा। बड़े राष्ट्र की पहचान यही है कि अपने समाजों में साथ-साथ रहने-पहनने का चाव और स्वीकारने-अस्वीकारने का माद्दा जगाता है। जो राष्ट्र अपने समाजों को बाँटकर, उनके रिश्ते बनानेवाली परंपराओं को किताबी बनाकर प्रशासकों द्वारा लागू होने के लिए छोड़ देता है वह न बड़ा है, न बड़ा बन पाएगा। उसका भूगोल चाहे उतना ही रहे, वह राष्ट्र छोटा होता जाएगा। स्वाधीनता और लोकतंत्र की बड़ाई जो लोग कर गए हैं वे केवल मताधिकार और निर्वाचित सरकार के लिए नहीं कर गए हैं। राष्ट्रीयता की पहचान विकसित करने के लिए लोकतंत्र के अमल का बड़ा हाथ रहता है। परंतु शहाबुद्दीन जैसी राजनीति लोकतंत्रीय नहीं है। ऐसी झूठी और बँटवारा पोषक राजनीति जब कई स्वार्थ मिलकर लड़ते हैं तो वह छोटे आदमी के खिलाफ ही होती है। इनसे राजनैतिक संगठनों को और नागरिकों को होशियार रहना होगा। लोकतंत्र का काम राष्ट्र को एक में बाँधनेवाली परंपराओं को परिवर्तनशील बनाए रखना है। राष्ट्र की परिभाषा बहुत व्यापक और राष्ट्रविरोधी की परिभाषा बहुत सीमित रहे यही बड़े राष्ट्रों की पहचान है।

हमको अभी केवल 40 वर्ष अपने देश में पानी का प्रबंध करते हुए बीते हैं। इस बीच हमने दो वर्ग बना दिए हैं : एक वह जो 26 जनवरी का उत्सव दुनिया को दिखाकर मनाता है, दूसरा वह जिसके पास पीने को और खेत सींचने को पानी नहीं है। 40 वर्षों की राजनीति में पानी और गणराज्य दिवस दो अलग-अलग चीजें बन गई हैं। इसी बीच सैयद शहाबुद्दीन ने आकर हल्ला मचा दिया कि मैं गणराज्य दिवस का बहिष्कार करूँगा। राजनीतिक और बुद्धिजीवी गणराज्य दिवस पर पानी की बात भूलकर मंदिर-मस्जिद की बात कर रहे हैं। साथ ही वे शहाबुद्दीन की राजनीति का गुण-अवगुण भी विचारने लगे हैं। यह काम बेकार है, क्योंकि दोनों पक्षों का उद्देश्य राजनीति को असल बात से भटका देना है। राजनीति जनसमुदाय को अपने अधिकारों के लिए सचेष्ट करने और उनको यथार्थ बनाने के लिए सत्ता जुटाने का ही दूसरा नाम है। इसका एक तीसरा काम भी है कि राजनीतिक मनुष्यों को एकत्र करें और उनके नैतिक अर्थों को राजनीति में रूपायित करें। पर यह संगठित राजनीतिक दलों के विकास के बिना संभव नहीं। हम देख रहे हैं कि किसी भी दल में राष्ट्र की व्यापक पहचान को राजनीति में मूर्त करने के लिए कोई आंदोलन नहीं है। हो भी कैसे सकता है। राष्ट्रीय चिंता के विषयों पर गोष्ठी-सेमिनार की तरह विचार नहीं जमा किए जा सकते। जनता के अधिकारों के प्रश्न पर जो आंदोलन मन में और समाज में होता है, उसी की उपज के रूप में राष्ट्र के प्रश्नों पर राष्ट्रीय विचार फैल सकते हैं। अलग से कुछ प्रश्नों को राष्ट्रीय कहकर उठाने के नतीजे उतने ही मूर्खता और दुष्टतापूर्ण निकलेंगे जितने शहाबुद्दीन के गणराज्य दिवस बहिष्कार के निकलनेवाले हैं। इसलिए शहाबुद्दीन और उनके विरोधियों को, जो दोनों गणराज्य दिवस पर मिलीभगत किए हुए हैं, पानी का अभाव और आजादी के 40 साल की बात करनी चाहिए, मंदिर और मस्जिद की नहीं।

[*जनसत्ता*, 1 फरवरी 1987]

प्रायोजित लँगड़ापन

हमारी बोली को क्या हो रहा है? वह इतनी गुस्सैल क्यों होती जा रही है? अगर वह कड़वी होती तो और बात थी, मगर वह कड़वी नहीं है, सिर्फ़ गुस्सैल है। कड़वाहट में कई चीज़ें छिपी हो सकती

हैं और कड़वाहट कहीं न कहीं मानवीय हो सकती है, परंतु गुस्सा तो एक सपाट चीज़ है। वह बोली को न दर्द देता है न सहानुभूति, सिर्फ हिंसा देता है। कुछ लोग, जिन्होंने जीवन को सपाट बना लिया है, कहते हैं कि 'मानवीय' अनुभव या तो सुख है या दुख, परंतु क्रोध भी मानवीय हो सकता है, यह नहीं जानते। हाँ, वह मानवीय तभी हो सकता है जब तक कि वह हिंसा न बने। हिंसा बनते ही वह तर्क के विपरीत हो जाता है और इसलिए मानवता के विपरीत भी।

लिखे हुए साहित्य में यह गुस्सैलपन आसानी से पकड़ा जा सकता है, क्योंकि भाषा के अपनी परंपरा से टूटते ही पाठक का माथा ठनक जाता है। पाठक आँखों से जो पढ़ता है उसे बिंब बनने के लिए पाठक के दिलो-दिमाग से होकर गुजरना पड़ता है। वहाँ परंपरा की पहचान बार-बार भाषा की शिनाख़्त कराने के लिए भाषा के भीतर ही मौजूद रहती है। मानवीय परंपरा से साहित्य कहीं टूटा है, इसकी पहचान भाषा में मौजूद रहने पर भी यदि किसी पाठक को नहीं दिख पाती तो समालोचक की मदद से दिख जाती है। दरअसल वह पहचान यही है कि जो साहित्य कहीं परंपरा से टूटा है वह परंपरा से ही कहीं और जुड़ा है या नहीं। यह पहचानना वहाँ जरा मुश्किल हो जाता है जहाँ आजकल के साधनों से श्रव्य और दृश्य दोनों मिलकर भाषा को बना रहे हों यानी जहाँ पाठक को अपने दिलो-दिमाग में बिंब बनाने का मौका बहुत कम मिल पा रहा हो। यह बिंब बनाना और कुछ नहीं शब्द के अगणित रिश्तों में से कुछ रिश्तों को चुनना और उनसे अर्थ की एक पूरी तस्वीर बनाना है। (पाठ्यक्रमों के पढ़ानेवाले अध्यापक लक्ष्य करें कि इसका बिंबवाद से कोई संबंध नहीं है। इसका संबंध भाषा के बहुआयामी चरित्र से है और हर वाक्य के साथ लगी हुई उन तहों से है जो अगले वाक्य तक पहुँचने के लिए पाठक को पार करनी पड़ती हैं)। पूरी तस्वीर न देख पाने से ही भाषा लँगड़ाने लगती है। अखबार में या कहानी में यह लँगड़ाना दिख जाता है। आजकल के प्रचलित कार्यक्रमों में टेलीविजन की भाषा, जिसमें श्रव्य और दृश्य दोनों शामिल हैं, इस लँगड़ेपन के नमूनों से भरी पड़ी है। यह लँगड़ापन ही वह गुस्सैलपन है जिसका जिक्र शुरू में किया गया था। इसे हम पहचानकर इसके जवाब में किसी कदर भली-चंगी भाषा का इस्तेमाल टेलीविज़न कार्यक्रमों में करना चाहें तो वह तब तक न कर पाएँगे जब तक उसे टेलीविज़न पर दिखा पाने का निर्णय उन लोगों के हाथ में रहेगा जो चंगी भाषा को अपना शत्रु मानते हैं।

बीच का रास्ता संभव है यदि टेलीविज़न कार्यक्रम हमें, यानी उन्हें जो चंगी भाषा के पक्षधर हैं, खुद बनाने का अधिकार हो और उन्हें दिखाए जाने का निर्णय सीधे हमारे और टेलीविज़न अधिकारियों के बीच बातचीत से किया जाए। अभी तो टेलीविज़न कार्यक्रमों के दिखाए जाने का निर्णय दिन-ब-दिन उन लोगों के हाथों में चला जा रहा है जो टेलीविज़न को कार्यक्रम दिखाने के लिए पैसे देते हैं।

आज वही कार्यक्रम दिखाए जा सकते हैं जिन्हें खरीदने के लिए सरकार नहीं बल्कि वे लोग तैयार हों जो दर्शकों को एक-दूसरे से तोड़कर अपने उद्देश्यों के मुताबिक समाज बनाना चाहते हैं जिसमें आदमी के रिश्ते अधूरे और अमानवीय हों। ऐसे समाज में खुद समाज की परंपराएँ या आदमियों के नए चंगे रिश्ते इस अधूरेपन को पूरा नहीं करते, बल्कि उपभोक्ता सामग्री उन्हें पूरा करने का बुलावा देती है। प्रायोजित कार्यक्रम अभी तक इसके अतिरिक्त किसी और उद्देश्य के लिए बनाए ही नहीं गए हैं। अगर टेलीविज़न अधिकारी इन कार्यक्रमों को स्वीकार करने के पहले कोई पैमाने निश्चित करें और लोगों को उन पैमानों की खुलेआम जानकारी दें तो बेहतर होगा। पर काफी यह भी नहीं होगा। असल में तो यह बात भी खुलेआम बतानी होगी कि निर्णय करनेवाली कोई सार्वजनिक समिति है या सब फ़ैसले अफ़सरों और व्यापारियों के बीच हो जाया करते हैं।

किसी प्रायोजित कार्यक्रम का सामाजिक उद्देश्य है या नहीं, उसमें संविधान के प्रति विद्रोह तो नहीं है, किसी वर्ग के लिए अपमान तो नहीं, अश्लीलता नहीं है—यही सब कसौटियाँ हैं जिन पर टेलीविज़न स्वनिर्मित या प्रायोजित कार्यक्रम को दिखाने से पहले कसता है। कोई कार्यक्रम सामाजिक

रिश्तों को कितना मानवीय और प्रगतिशील बनाता है, यह टेलीविज़न के यहाँ कोई कसौटी नहीं मानी जाती। केवल एक उदाहरण देना यहाँ काफ़ी होगा : हँसी-मज़ाक के सारे कार्यक्रम चाहे वे स्वनिर्मित हों चाहे प्रायोजित, हमेशा कमज़ोर पर हँसने के लिए बनाए जाते हैं। आज तक एक भी कार्यक्रम ऐसा नहीं देखा गया जो लोगों को आक्रामक-अत्याचारी पर हँसने का मौका देता हो। दरअसल जो आदमी कमज़ोर पर हँसता है, पर खुद एक आक्रामक अत्याचारी है। जब वही आदमी कार्यक्रम खरीद रहा होगा तो वह ऐसे कार्यक्रम, जिनमें हम अपने पर भी हँस सकते हों, तब तक नहीं खरीदेगा जक तक कि फ़ैसला करने का अधिकार पूरी तरह उसके हाथ में रहेगा और इस अधिकार पर अंकुश रखनेवाली समितियों में सार्वजनिक प्रतिनिधि नहीं होंगे।

[*जनसत्ता*, 12 अप्रैल 1987]

राजनैतिक सलाहकारी

जब से भारतीय राजनीति में प्रतिद्वंद्विता का नया तरीका शुरू हुआ है, राजनीति की शक्ल ही बदल गई है। नया तरीका यह है कि राजनीति विकल्प नहीं खोजती है, बदल खोजती है। किसी व्यक्ति की विचारधारा को अस्वीकार करना और उसे रद्द करके उसकी जगह दूसरी विचारधारा लाना अब उद्देश्य नहीं रह गया है। यह विकल्प की खोज करना होता। इसकी बजाय बदल की खोज हो रही है। अर्थात जो विचारधारा चालू है, उसी को किसी दूसरे मसाले से बना लिया जाए तो वह चालू नीति का बदल हो जाएगी। चीज वही रहेगी, रंगत बदल जाएगी। इसका मतलब यह है कि जो दल राजनीति कर रहे हैं, उनका उद्देश्य सत्ता प्राप्त कर, नीति बदलकर नया समाज बनाना नहीं है, सिर्फ नई विधि लाना है जो पिछले शासक का ही काम बेहतर ढंग से करती हो। राजनीति का उद्देश्य नए लक्ष्य सिद्ध करना नहीं, नई शैली प्रचारित करना हो गया हो।

यह तो होना ही था। यानी ऐसे समाज में जहाँ राजनीति सत्ताधारी वर्ग के विविध समूहों के हाथ में हो, यही होना था। आज के उपभोक्ता समाज की बोली में कहें तो अपने माल की बिक्री जारी रखने के लिए माल का विकल्प नहीं देना होता है, माल की पैकिंग नहीं तो शक्ल बदलनी होती है—आपका मंजन, अब धारीदार रूप में! धारीदार होने से वही मंजन दाँत के किसी छिपे हुए रोग को उसी कीमत पर दूर करने लगेगा, यह भी बता दिया जाए तो जब तक किसी नए रोग का अगली बार आविष्कार न हो तब तक के लिए धारीदार मंजन ही मंजन है, बाकी सब पिछड़ापन है।

अभी कल किसी विचारक ने लिखा है कि देश का पतन उसे रसातल में भले ही ले जाए, वर्तमान नेतृत्व का कोई विकल्प नहीं है, क्योंकि हम भारतीयों का चरित्र ही पतन के लिए बना है। इसी सोच का एक पहलू खुद नेतृत्व के अहाते में ही दीख चुका है। याद नहीं किसने मगर किसी शक्तिशाली व्यक्ति ने ही कहा है कि हम झींखते क्यों हैं, आखिर लोकतंत्र को बरतते हुए हमें कितने कम दिन ही तो हुए हैं, अर्थात 1947 से 1987 तक सिर्फ चालीस साल! सुनकर बंकिमचंद्र के एक लेख की याद आई जिसमें 1911 में दिल्ली दरबार की रपट लिखने ब्रितानी सम्राट के साथ भारत आए एक अंग्रेज संवाददाता पिछड़े भारतीयों का वर्णन यों करते हैं : 'मैंने देखा कि भारतीयों ने मैनचेस्टर का बना कपड़ा आ जाने पर भी अपनी आदतें छोड़ी नहीं हैं—कोई कमर से ऊपर नंगा रहता है, कोई अपने पुराने शासकों की तरह सुथन्न चढ़ा लेता है और कोई कुछ तय न कर पाने के कारण बदन पर कपड़ा लपेटकर ही काम चलाता है।' जिस महानुभाव ने धोती को पहरावा नहीं माना वह लोकतंत्र को भी नहीं देख पाए हों तो क्या आश्चर्य? पर जो वाक्य उद्धृत किया गया

वह ब्रितानी सम्राट के साथ आए (और आशा है कि उन्हीं के साथ वापस गए) अंग्रेज संवाददाता का था, जबकि 1947 में लोकतंत्र आने की खबर किसी भारतीय की ही दी हुई है। अनुमान है कि यह भारतीय इतना कम उम्र का नहीं होगा कि इसने 1967 में भारतीय लोकतंत्र का इस्तेमाल देखा ही न हो।

भारतीय लोकतंत्र के इतिहास के विषय में मिथ्या धारणाएँ कम नहीं हैं। समय-समय पर ये धारणाएँ बनाई और फैलाई गई हैं। अतीत को इतिहास में से तोड़कर अलग कर देने की इच्छा सत्ता के मद में डूबे लोग करते हैं। मानो वे अपनी चुनी हुई तारीख से अपना संवत चलाना चाह रहे हों। बीता हुआ जो वक्त समाज के ये ठेकेदार इतिहास में से काटकर अलग रख देना चाहते हैं, उसके अंदर लोग हैं। उन्हीं के अधिकारों और उन्हीं की आकांक्षाओं को लेकर सत्ताधारियों ने शक्ति संग्रह किया है। 1969 में जब शासकों ने प्रचार किया कि समाजवाद की लड़ाई आज से शुरू होती है तो वे समता के लोकतंत्री अधिकार के उद्घाटन का नाटक कर रहे थे। पर नाटकीय ढंग से ही तो लोगों की आकांक्षाएँ चक्कर काटकर फिर सामने आईं। अवश्य ऐसा जब-जब होगा तब-तब राजनीति इस व्यतिक्रम का सूद वसूल किया करेगी और मूल्यों का नुकसान होता रहेगा।

आज का वक्त यही दिखाता है। जिन मूल्यों के लिए आज लोग संघर्ष करते दीख रहे हैं, वे संघर्ष की तरह अनेक प्रकार के हीनतर मूल्यों की मिलावट से बने हैं। न तो निराशा का विषय है, न चिंता का। परंतु यह धारणा कार्रवाई का तकाजा करती है कि भारत में लोकतंत्र अभी कच्चा है और हमारा चरित्र नेतृत्व में परिवर्तन के अनुकूल नहीं है।

आत्महीनता के ऐसे विचार बहुधा उन राजनैतिक लेखकों द्वारा प्रकट किए जाते हैं जिनका धंधा पेशेवर मुसाहबत करना है। वे जानते हैं कि भारतीय मानस में नैतिक मूल्यों की प्रतिष्ठा साहित्य के माध्यम से बहुत बड़े पैमाने पर होती रही है और समकालीन यथार्थ का एक इतिहास तथा मानव-मूल्यों की एक परंपरा है जो निरी यूरोपीय नहीं, और निरी समसामयिक नहीं। उस परंपरा के चलते भारत में हर नेतृत्व को नैतिकता की कसौटी पर कमोबेश खरा उतरना ही पड़ता है। किसी तरह के अस्वीकार्य नैतिक आचरण की सफाई देने के साथ-साथ इन राजनैतिक प्रचारकों को दोमुहाँ होना अपने मुवक्किल की न सही अपनी साख के लिए जरूरी लगने लगता है। अफसोस कि यह तरकीब भी कारगर नहीं होती।

तो भी हमारे राजनैतिक टिप्पणीकार राजनैतिक अनीति और भ्रष्टाचार को एक मुँह से अनुभवहीनता और बचपना बताकर आलोचना की मिठबोली बनाते हैं, दूसरे मुँह से निर्भीक और जनहितैषी बने रहकर संकट का उपाय यह बताते हैं कि गलत सलाहकारों को दूर किया जाए। बेचारे भाषा की व्यंजना के मामले में इतने घामड़ हैं कि यह उपाय बताते ही अपनी नौकरी की जो अर्जी उनके हाथ में रखी दिखाई दे जाती है उसे वे अदृश्य मान लेते हैं। क्यों न हो, आखिर वे अंग्रेजी में लिखते हैं—अर्जी भी और पैरवी भी। कहीं न कहीं भाषा की पोल खुलकर रहती है। साफ तौर पर प्रकट हो जाता है कि ये अपने सलाहकारों की जमात में कुर्सी माँग रहे हैं।

सिर्फ इतनी सी बात होती तो बेरोजगारी के आलम में हमदर्दी के मारे कोई बुरा न मानता। मगर बात सिर्फ इतनी नहीं है। राजनैतिक समस्याओं का उपाय यह बताना कि अयोग्य सलाहकारों को परे किया जाए, राजनीति को बंद कमरे में कैद रखने की सलाह देना है। इस सलाहकार की चाल है कि राजनीति मैदान में न जाने पाए और खुली हवा से वंचित उसका चरित्र कभी स्वस्थ न रहे।

[*जनसत्ता*, 26 अप्रैल 1987]

गुलामी के मजे और आजादी का भय

भारत में पैदा होने का स्वाभाविक परिणाम है कि 1947 के साथ हमारा भविष्य बँधा हुआ है। आजादी का सपना अभी अधूरा ही है। इसके अलावा गुलामी के नए-नए रूप विकसित होते जा रहे हैं। यही नहीं, भारतीयता के भी नए पतनशील अर्थ बताए जाने लगे हैं। इसके विपरीत जैसे-जैसे स्वतंत्र राष्ट्र भारत का आर्थिक-औद्योगिक विकास अपने भौगोलिक-ऐतिहासिक प्रभाव डालने की क्षमता सिद्ध करता जाता है वैसे-वैसे विश्व की राजनीति उसके सामने चुनौती रखती जाती है कि वह अपने भूगोल और इतिहास के अनुरूप शक्ति के संचय के लिए संघर्ष करे। गरज यह है कि पराधीनता से आजादी की लड़ाई के साथ-साथ दुनिया में लोकतंत्र जारी है। 1947 चुक नहीं गया।

यह बात भारत में बहुत लोग समझते हैं पर बहुत अधूरे और सतही ढंग से। शायद आजादी की लड़ाई के दौरान भविष्य की जो तस्वीर लड़ाई के उद्देश्यों और तरीकों ने हमारे मन में बनाई थी वही अधूरी और सतही थी या शायद 1947 के बाद बाकी लड़ाई जिस ढंग से लड़ी गई वही नाकाफी था। और यह तो है ही कि जिन भारतीयों ने 1947 के बाद भारतीय प्रतिभा को जगाकर उसे आजादी और लोकतंत्र के मूल्यों की कसर दूर करने में प्रवृत्त किया वे पूरी तरह अपना काम कर नहीं पाए। आजादी न सिर्फ अधूरी रही बल्कि उसे पूरा करना हर बार थोड़ा और पीछे जाकर शुरू करने का मोहताज होता गया। और यह तो जगजाहिर है कि राष्ट्रपति और प्रधानमंत्री के अधिकारों का जो द्वंद्व इस समय दिखाई दिया वह ऐसे विवाह का नतीजा था जो अनेक अधूरे विवादों के एक के ऊपर एक जमा होने की पैदावार है। इनका समवेत हल निकालने की कोशिश में कूटनीतिक विषयों के विशेषज्ञ अपने तर्कों के खोखल प्रकट करते हैं, राजनैतिक समझ के हल नहीं जैसे यह कि राजनैतिक दल में लोकतंत्र न होते हुए भी आम चुनाव में लोकतंत्र हो जाएगा। आज की गुत्थी के भीतर की ग्रंथियाँ खोलना तो दूर, बताना भी विचारकों को अच्छा नहीं लग रहा है क्योंकि उन्हें बताना यह भेद खोलना है कि झूठी आजादी की अवधारणा कुछ अलोकतंत्रीय मान्यताओं के सहारे पुष्ट की जाती रही है।

यहाँ मैं तीन मौलिक बातों का उल्लेख करूँगा। ये हैं—धर्म, एकता और केंद्र-राज्य संबंध। तीनों के मामले में पिछले 40 साल में बार-बार साबित होता रहा है कि हम भ्रांतियों को आधार बना कर चले हैं और ऐसा हमने मूर्खता के वश नहीं किया है—राजनीतिक स्वार्थ और गुलामी के वश किया है। दोनों में अर्थात् मूर्खता और स्वार्थ में कोई अंतर नहीं।

धर्म से, जैसा भारतीय भाषाएँ जानती हैं, धर्म संस्थान का अर्थ ग्रहण नहीं किया जा सकता पर गुलाम भारत से धड़ल्ले से किया जाता रहा है। अवश्य यह भूल अंग्रेजी के 'रिलिजन' शब्द को 'धर्म' मान लेने से ही नहीं पैदा हुई है, जानबूझकर धर्म संस्थान नामक मान्यता को बनाए रखने से भी हुई है और उस मान्यता का सत्ता के उपभोग के हित में प्रचलित इस्तेमाल करते रहने से भी हुई है। भारत-विभाजन को स्वाधीनता का आधार बना लेने के बाद सत्ताधारी वर्ग को आजादी के अर्थ में से इहलौकिकवाद को छोड़ देना आसान जान पड़ा। अल्पसंख्यक मुसलमान समाज को पिछड़ा और संरक्षक राज्यसत्ता का पोषक बनाए रखने का आधुनिकतावादी सत्ताधारियों ने निरंतर प्रयत्न किया। इहलौकिकवाद का सही अर्थ कभी पूरे भारतीय समाज पर लागू नहीं किया गया क्योंकि सत्ता के स्थायित्व के हित में यथास्थितिवादी राजनीति में एक वर्ग को पिछड़ा बनाए रखना था और विभाजन की इस विकृत परिणति को ही आजादी बताते रहना था। इस कुतर्क का एक पक्ष यह भी था कि हिंदू-मुसलमान दोनों वर्गों में मजहब और धर्मप्रतिष्ठान को लोकतंत्री सरकार के समकक्ष बनाए रखना था जिससे सांप्रदायिक तत्त्वों से सत्ता को समर्थन सुनिश्चित हो जाए। कालांतर में दूसरे

अल्पसंख्यकों को भी समांतर सत्ता केंद्र का-सा स्थान मिला जैसे इसाइयों और सिक्खों को तो इहलौकिकवाद को सत्ता संग्रह के लिए खतरनाक मानने के आधार पर। भाषा और शिक्षा के क्षेत्र में इसके दृष्टांत अनेक हैं पर समाज नीति के मसले में सारे भारतीयों के लिए समान नागरिक कानून न बनाने की नीति जो विदेशी शासकों की तरह हमने भी अपना रखी है, गुलामी का सबसे प्रखर उदाहरण है। यह आजादी यानी समान शिक्षित कानून के भय का भी उदाहरण है। इसके पक्ष में केवल एक तर्क है जो सत्ताधारी देते रहे हैं कि 'लोग अभी इस सही कदम के लिए तैयार नहीं हैं।' यानी सत्ताधारी भारत-पाकिस्तान बँटवारे के लिए तैयार थे और देशवासियों को विभाजन की गुलामी में बाँधे रखने के लिए तैयार थे पर उनके जीवन में समान शिक्षित कानून लाने के लिए तैयार नहीं थे और विभाजन के बाद विभाजन होते जाएँगे, वे सबक न लेंगे।

दूसरी गुलामी और भी गहरी है। भारत में विभिन्न भाषाएँ हैं, विभिन्न भूगोल हैं पर इतिहास एक है। इसका मतलब है कि विभिन्नता भी है पर एकता है। हमारे राष्ट्रनायकों ने इसका नारा बनाया है विभिन्नता में एकता। यह समाज और इतिहास की और आजादी की समझ के बिलकुल उलट है। भारत को भारतीय बुद्धि से न समझने का यह सबसे स्पष्ट प्रमाण है। भारत से बाहर के किसी सत्ता केंद्र से देखने पर ही कहा जाएगा कि भारत एक राजसत्ता के अधीन एक साम्राज्य है जैसे अंग्रेजों के वक्त में प्रचारित किया गया जिसमें भाँति-भाँति की प्रजा एक छत्रछाया में रहती है। इतिहास छत्रछाया नहीं है, वह प्रवाहमान जीवनधारा है। जो तत्त्व भारतीयों को बाँधता है वह उनका ठोस आधार उनका देश है। पर 1947 के बाद हमें सही जगह से यानी भारत में से भारत को देखना नहीं सिखाया गया क्योंकि वैसा करना आजादी का इस्तेमाल भविष्य को बनाने के लिए करना होता। तब हम इतिहास बनाने की समझ हासिल कर पाते। पर इतिहास की एक सर्वसत्तावादी धारणा अतीतोन्मुख एकता का लोभ दिखाकर हम पर थोप दी गई मानो हर समय हमें आजादी का भय सता रहा हो, यह भय कि विभिन्न भाषा संप्रदाय और भूगोल के कारण भारत का केंद्रीकरण छिन्न-भिन्न हो जाएगा। भारत की एकता की यह व्याख्या कि भारतीय संस्कृति में अनेकता में एकता है, गतिशील व्याख्या नहीं है और इतिहास को उलटा चलाने की कोशिश करती है। यह 1947 से आगे नहीं ले जाती। गुलामी से मुक्त नहीं करती बल्कि उसी में रहकर उसके लाभ उठाने को प्रेरित करती है। इसी अस्वाभाविक दृष्टि से देखने पर भाषाओं की विविधता को हम नहीं देख पाते, उनकी एकता को भी नहीं देख पाते और दावा करते हैं कि किसी शासक भाषा से सबमें एकता लाई जा सकती है। यह गुलामी का, साम्राज्यवाद का प्रमाण है; स्वाधीन भारत का नहीं; स्वाधीन भारत में सभी लोगों की यानी भाषाओं की सर्जनात्मक प्रतिभा स्वाधीन होगी, सबको किसी एक भाषा का गुलाम बनाकर नहीं चाहे वह हिंदी ही क्यों न हो जो अंग्रेजी का काम कर रही हो। भाषावार राज्य बनाने का प्रस्ताव आजादी की लड़ाई के दौरान ही माना गया था पर आजादी के बाद उससे भारत सरकार कतराती रही। जब जनमानस में विद्रोह जागा तक जाकर लोकतंत्र के भय ने आजाद होने के भय पर विजय पाई और भाषावार राज्य बने पर आज तक भाषा को एकता के बहाने से अंग्रेजी अर्थात् गुलाम भारत के अधीन करके रखा गया है।

अपनी भाषाओं में राजकाज का सिद्धांत अंग्रेजी से अनुवाद का सिद्धांत नहीं है। वह अपनी भाषा में अपनी राजनैतिक योजना का दस्तावेज या मसौदा बनाने का भी निरा भाषाई सवाल नहीं है। वह मनुष्य के भाग्य-निर्णय के राजनैतिक अधिकार का उपयोग है जो स्वाधीन भारत में मातृभाषा ठेठ को व्यक्त करने के लिए न तो दुभाषिए रख सकता है न पुरोहित। हम ठेठ मनुष्य से ही जान सकते हैं कि वह क्या है और क्या होना चाहता है।

एक सवाल जो गुलामी के पक्षधर अक्सर पूछते हैं यह है कि इतनी भाषाओं के या मातृभाषा के माध्यम से देश में राज कैसे चलेगा। एक भाषा तो होनी ही चाहिए। इसका उत्तर वही है कि

जैसे इतने सारे शासकों के देश में आजादी आई वैसे ही राजकाज चलाने का तरीका निकालिए। यह भारतीय राजनैतिक प्रतिभा की विफलता है कि वह केंद्र को अंग्रेजी या उसकी प्रतिरूप हिंदी के द्वारा चलने का विकल्प नहीं निकाल पा रही है। केंद्र में एक से अधिक भाषा राजकाज की माध्यम रहे यह असंभव नहीं पर इसको संभव करने के लिए आजादी की लड़ाई जारी रखनी पड़ेगी और उपायों का आविष्कार करना पड़ेगा, अनुकरण नहीं।

इसके साथ केंद्र और राज्यों के संबंध का प्रश्न, सत्ता के विकेंद्रीकरण का प्रश्न, सहज रूप से जुड़ा हुआ है। 1967 में जब राज्यों में केंद्र में सत्तासीन पार्टी से अलग पार्टियों की सरकारें बनी थीं तब से लेकर 1975 में जब केंद्र इमरजेंसी के बहाने पूरी तरह राजनीति पर छा गया था, केंद्र-राज्य संबंध एक विचाराधीन प्रश्न बना रहा। 1975 के बाद केंद्र में गैर-कांग्रेसी सरकार बनने के बाद केंद्र और राज्यों का संबंध, राज्यों में गैर-कांग्रेसी केंद्र सरकार के प्रतिरूपों की सरकारें बनने के साथ-साथ संतुलित हुआ और शीघ्र ही गैर-कांग्रेसी राज्य सरकारें जानी-मानी वास्तविकताएँ बन गईं। परंतु यह प्रश्न अब भी गुलामी के पक्षधरों को सालता रहता है कि केंद्र में कांग्रेस पार्टी का वर्चस्व कैसे बनाए रखा जाए जबकि भारत की राष्ट्रीय अस्मिता ऐसे किसी केंद्रीकरण के पक्ष में नहीं है। प्रश्न राष्ट्रीय चरित्र को आजादी के तर्क से समझने और बनाने का है। भारत का भूगोल और इतिहास इस दिशा में आविष्कार और पवित्रता का तकाजा कर रहा है, पर हम राष्ट्रीय एकता और आजादी दोनों की समझ में इसलिए कोई परिवर्तन नहीं करना चाहते कि 1947 में जो गुलामी हमने बनाकर रख ली थी उसके मजे हम खो नहीं देना चाहते और सच्ची आजादी से हमें भय है।

[*जनसत्ता*, 10 मई 1987]

यात्रा का अधिकार

मेरे पास आँकड़े नहीं हैं कि इस लेख में मैं बता सकूँ कि देश में कितने आदमी दिन भर में कहाँ से कहाँ यात्रा करते हैं, पर यह मेरा आँखों देखा है कि अपना घर छोड़कर लोग रेल में, बस में, पैदल, दूर-दूर तक यात्रा सिर्फ इसलिए कर रहे हैं कि कहीं रोजी मिलने की उम्मीद है। इन यात्राओं में दर्द के सिलसिले होते हैं, आज की तंगी, कल की चिंता, नई जगह की अनिश्चितता, टूट-फूट, नोच-खसोट, लूटे-ठगे जाने का डर और हर वक्त बचाव की मुद्रा, भूखे-प्यासे, अपमान-भरी तकलीफ झेलने की मजबूरी। रेलगाड़ियों में आरक्षण की सुविधा है, पर जिस यात्री को अपने घर में ही रोजी का आरक्षण नहीं है उसे रेल में सीट का आरक्षण कहने-भर को होता है। हजारों यात्री आरक्षण के बिना यात्रा करते हैं। आरक्षित सीटों पर जो यात्री बैठ जाते हैं, वे एक अलग समाज के हैं। आरक्षित दुनिया से अलग होकर यात्री नामक मनुष्य सभ्यता से अलग एक वस्तु बन जाता है, इस ढुलाई को यात्रा नहीं कहा जा सकता। रेल में आरक्षण की सुविधाओं पर भी समाज के आरक्षित वर्ग इसी तरह डाका डालते हैं, जैसे रोटी, कपड़ा और मकान पर डालते हैं। व्यवस्था ने प्रशासन और प्रबंध के स्तर पर बढ़िया इंतजाम के दावे करके आदमी और आदमी में गैरबराबरी की यह असलियत छिपाने की कोशिश की है, पर इस प्रबंध को कभी **विशेषाधिकार** ठेंगा दिखा जाता है कभी **भ्रष्टाचार**। आदमी की तरह यात्रा करने का जन्मजात अधिकार भी कोई चीज है, यह कोई वंचित जानता नहीं और कोई वंचक मानता नहीं।

बिचौलियों के जरिए रेल टिकट न खरीदने की शिक्षा का प्रचार दूरदर्शन से किया जाता रहा

है, पर दूरदर्शन देख सकनेवालों के वर्ग में ही एक बिचौलिया व्यवस्था काम करती रहती है। यह व्यवस्था लाइन लगाकर ईमानदारी से कंप्यूटर द्वारा टिकट खरीदनेवालों में से एक विशिष्ट वर्ग को समय-समय पर उपलब्ध होती रहती है। इससे लाइन की वैधता भी बनी रहती है और लाइन तोड़ने का विशेषाधिकार सिर्फ कुछ विशिष्ट व्यक्तियों को अपने वर्ग-संबंधों की बदौलत प्राप्त हो पाता है, इसके विरुद्ध भद्र समाज में कोई अस्वीकार पनप नहीं पाता। समाज में विशिष्ट व्यक्ति नामक वर्ग का अस्तित्व राजनीति, शिक्षा, चिकित्सा, प्राणरक्षा और कुल मिलाकर समस्त जीवन में बिना चूँ किए मान लिया गया है। अधिकाधिक भद्र लोग इस विशेषाधिकार में थोड़ा-सा हिस्सा बाँटने की अर्जी लिए खड़े दिखाई देते हैं, इसे बदलकर बराबरी की माँग करना भद्र लोग प्रायः भूल गए हैं। अपने लिए खास रियायत की पैरवी करते-करते ये लोग हर भ्रष्टाचार में हिस्सा माँगने को ही अपना राजनैतिक अधिकार मान बैठे हैं।

पर उस दिन एक ऐसा अनुभव हुआ जिससे मालूम हुआ कि समाज को दो वर्गों में बाँटकर व्यवस्था को अनुशासित रखने का ढोंग कभी-कभी चल नहीं पाता। ढोंग की पोल जब खुलती है तो ऐसा नहीं कि लोगों ने संगठित प्रतिकार करके खोली हो। वह भ्रष्ट व्यवस्था के अपने ही अंतर्विरोध से खुलती है। पर उस पोल के खुलने पर पूरे समाज के लिए—विशिष्ट और असाधारण इन दो वर्गों में बँटे हुए समाजों के लिए नहीं बल्कि पूरे समाज के लिए—उसका अर्थ संगठित होकर ही प्रकट किया जा सकता है। यदि लोगों में अन्याय की समझ नहीं है तो पोल को अन्यायी फिर ढाँक ले जाता है।

इस बात का ठोस उदाहरण लें। गोमती एक्सप्रेस नामक तेज रेलगाड़ी में आरक्षण और रास्ते में नाश्ता-खाना वगैरह का बढ़िया इंतजाम रहता है, ऐसा बताया जाता है। यहाँ तक कि इससे यात्रा आधुनिक विकास का प्रमाण मानी जाती है। छोटे-मोटे विशेषाधिकारियों के बूते जो नियम-कायदे के परे अपना काम निकाल लेते हैं, वे हमेशा इस रेलगाड़ी के गुण गाते हैं। पर एक दिन क्या हुआ कि एक रिजर्व डब्बे में बिना आरक्षण बेशुमार यात्री बैठ गए। यह नहीं मालूम कैसे बैठे, पर या तो बिना आरक्षण चलने का अधिकार उपयोग करनेवालों की संख्या बहुत हो गई होगी, उनका बाँध टूट गया होगा—उन्हें दुनिया से खत्म तो नहीं किया जा सकता—या किसी ने उन्हें भरमा कर आरक्षित डब्बे में बैठा दिया होगा या कंप्यूटर ने ही दगा दे दिया होगा और किसी को पता न होगा कि उनकी सीट कहाँ है। जो भी हो, उस दिन यह भेद खुल गया कि रोजी के लिए जैसे भी हो, यात्रा करने का अधिकार छीना नहीं जा सकता। यात्रा व्यवस्थित करने के बहाने यदि वह कुछ से छीना जाता है और कुछ को विशेषाधिकार की आड़ में भोगने दिया जाता है तो एक दिन इसी भेदभाव के तरीके उलट-पलटकर सारी शोभा बिगाड़ देते हैं। उस दिन गोमती के उस डिब्बे में न खाना था न पानी था न टिकट चैकर। ठसाठस भरे यात्रियों ने रेल आरक्षण की असलियत देख ली।

पर इससे क्या उनकी समझ में आया कि यात्रा का विशेषाधिकार माननेवाली व्यवस्था ही गलत है, अमानवीय है और असामाजिक है? भारत की आर्थिक और सामाजिक व्यवस्था में अबाध और सुगम यात्रा का अधिकार एक राजनैतिक और नैतिक अधिकार होना चाहिए। यात्रा के सस्ती और मानवीय होने की माँग सिर्फ सुविधाओं के आधुनिकीकरण की माँग नहीं है, वह कार्यकुशल रेलगाड़ियों की संख्या बढ़ाने और गाड़ियों में बैठने की जगह खास-खास लोगों के लिए छेंक न रखने की माँग की है। वह इस बात की भी माँग है कि लोग गाड़ियों में यात्रा चाहे रोजी खोजने के लिए करते हों चाहे समाज-व्यवहार के लिए, उन्हें रेल हर सूरत से आदमी की तरह इज्जत बख्शे। रेलगाड़ी में सीट का व्यापार करनेवाली यह व्यवस्था जो विज्ञापन दिखाया करती है कि रेल जनता की रक्षणीय संपत्ति है, वह हास्यास्पद है। मानो सरकार को डर हो कि तमाम सारे भूखे भारतीय रेल की सीटें

उठा ले जाएँगे। वे तो सिर्फ यह चाहते हैं कि जब वे रोजी और प्यार की खोज में निकलें तो उन पर बिना घूस दिए बैठने को मिले और वे थोड़ी बहुत आरामदेह हों।

[*जनसत्ता*, 19 जुलाई 1987]

राजनीति प्रबंध

काफी समय से देश पर आए संकटों का नाम ले-लेकर चिंताएँ प्रकट की जाती रही हैं। इनमें से स्विस बैंक, हथियार खरीदी, सीमा सुरक्षा ये नाम अकसर डरावने जान पड़ते हैं। पर देश के भीतर राजनैतिक दलों की हालत को कोई संकट नहीं माना जा रहा है। असल बात यह है कि संकट की पहचान शीर्ष पर आए संकट से की जा रही है, आधार पर आए संकट को कोई देखना नहीं चाहता। इसी उल्टी दृष्टि के पीछे कौन-से प्रेरक तत्त्व काम कर रहे हैं?

राजनैतिक दल नाम की चीज का नाम बहुत बदनाम हो चुका है। कानवेंट में पढ़कर आए बड़े अफसरों के बेटे राजनीति का उपहास करते घूमते हैं और भारतीय राजनैतिक पद्धति को बदलने की बहस उठाते हैं। यह वर्ग राजनीति में दल की संरचना के विषय में इतना ही जानता है कि प्रधानमंत्री के पद की रक्षा के लिए किसी और व्यवस्था के अभाव में दलीय व्यवस्था बनी रहनी चाहिए। पर दल को बने रहने के लिए ऐतिहासिक और राजनैतिक आधार की जरूरत है, इसकी पढ़ाई कानवेंट में नहीं हुई है। व्यापार प्रबंध विद्यालय की पढ़ाई के आधार पर ही यह युवा वर्ग राजनीति को पहचानना और बरतना चाहता है।

राजनैतिक दल के विषय में प्रबंध विद्यालयी सोच परंपरा से टूटा हुआ ही नहीं बल्कि राजनीति के ही विरुद्ध है। राजनीति से अगर पाठक अभी तक दावपेंच, उखाड़-पछाड़ का मतलब लगा रहे हों तो निवेदन है कि यह राजनीति नहीं। राजनीति तो समाज में सत्ता के द्वारा मनुष्यों के जीवन में प्रभावी परिवर्तन लाने का ही दूसरा नाम है। राजनैतिक दल सत्ता के स्रोतों का नियमन, अधिग्रहण और इस पद्धति द्वारा समाज का मनुष्य के जीवन में परिवर्तन लाने का काम संगठित करनेवाली संस्था है। उसका जनता से सत्ता के केंद्र तक और केंद्र से जनता तक आना-जाना समाज के स्वास्थ्य के हित में बहुत जरूरी है। आज यह गतिविधि बहुत धीमी और वक्र हो गई है। पर इस सबको उन संकटों में नहीं गिना जा रहा है जिसको दृष्टि में रखकर आज राजनीति हो रही है।

राजनैतिक दलों के दफ्तर बने हुए हैं। पर दल सारा का सारा दफ्तर में तो नहीं बैठ सकता। वह खुले में बैठता है। जब कभी किसी विषय पर उसे खुले में आने को कहा जाता है तब उसकी संख्या भी दिख जाती है। पर किसी दल की पहुँच का सही अंदाज करना हो तो देखना चाहिए कि दल की आयोजित सार्वजनिक सभा में दल के बाहर के कितने लोग आए हैं। अगर हम हाल की कुछ सभाओं का ब्यौरा प्राप्त करें तो पाएँगे कि नतीजे निराशाजनक नहीं हैं। फिर भी कुछ और प्रमाण हैं जो आरोग्य के प्रमाण नहीं हैं और उनके रहते स्वस्थ राजनीति की आशा नहीं की जा सकती।

एक तो यही है कि कोई राजनैतिक दल आजादी के बराबर महत्त्व की घटना विभाजन के बारे में अपनी नीति को निरंतर घोषित और व्यवहृत नहीं कर रहा है। गैरबराबरी के विषय में भी एक किताबी बयान से अधिक कार्यक्रम-आधारित कोई विचार सामने नहीं है। यही बात शिक्षा नीति के बारे में लागू होती है और धर्म प्रतिष्ठानों के विषय में भी। दरअसल धर्म एक ऐसा विषय है

जिस पर राजनैतिक दल चुप हैं। धर्म के नाम पर होनेवाले दंगों पर बयान दे दिए जाते हैं जो धर्म की समझ में न कुछ जोड़ते हैं न घटाते हैं, यथास्थिति बनाए रखते हैं।

इस तरह के यथास्थिति-मानस के भविष्य को न समझा जा सकता है न सँभाला जा सकता है। जनता की यह शक्ति भी राजनीति की जरूरी शर्त है कि वह भविष्य को पहचान सके और उसे सँभालने की ताब ला सके। बार-बार यह याद दिलाने से कि विदेशी हस्तक्षेप से खतरा है, क्या हम विदेशी हस्तक्षेप को बर्दाश्त करने के लिए तैयार हो जाएँगे? तैयार तो हम तभी होंगे जब हम निश्चय कर चुके होंगे कि स्वाधीनता के मानदंड अडिग हैं और उनके बारे में कोई समझौता नहीं हो सकता।

परंतु कुछ भयानक लक्षण दिख रहे हैं। एक विचार जोर पकड़ रहा है कि कुछ पुरानी मान्यताएँ गलत थीं जैसे ईमानदारी। ईमानदारी बुरी चीज है, वह गरीबी लाती और दुख देती है, यह तो मेरे पुरखों के वक्त से ही कहा जाता रहा है। पर तब वह सुविधा भी दी जाती रही है कि चाहो तो दुख उठा लो और ईमानदारी निभा लो, अधिक से अधिक गरीबी के बोझ से पिसना पड़ेगा। आज की संस्कृति में विकल्प इतना सरल है कि पसंद से चुन लिया जाए। आज का प्रचार यह है कि नैतिकता राष्ट्र की शत्रु है और उसको बहुत आवश्यक मानकर चलना राष्ट्र को गुलामी के गर्त में ढकेलना है। इस तर्क के अनुसार सूरत यह है कि नैतिकता का विकल्प केवल गुलामी है और कोई स्वाभिमानी व्यक्ति अनैतिकता और गुलामी में से एक चुनने को मजबूर होगा तो वह दोनों में से कोई नहीं चुनेगा। इसी से सिद्ध है कि यह तर्क ही गलत है कि नैतिकता के रहते आजादी नहीं रह सकती। जो स्वाभिमान के लिए आवश्यक है, वही नैतिक है और स्वाधीनता भी उसी में है।

[*जनसत्ता*, 7 जून 1987]

क्या कटमुल्ला हिंदू राज करेगा?

एक रचनाकार जब यथार्थ को समाज में सत्य और न्याय की अभिवृद्धि के उद्देश्य से पहचानने का प्रयत्न करेगा तो उसे कुछ परंपरागत मूल्यों को स्वीकार करना और कुछ परंपरागत मूल्यों को अस्वीकार करना होगा। आज इन दो मूल्य वर्गों की पहचान कैसे की जा सकती है, इस प्रश्न पर विचार करते हुए एक अद्‌भुत तथ्य प्रकट होता है। वह यह है कि हम हिंदू समाज की जाँच करें और देखें कि वह कितना हिंदू रह गया है और कितना हिंदू नहीं रह गया है। परंतु पहले तो विद्वानों से अपनी अल्पज्ञता के लिए क्षमा चाहते हुए मैं यही पूछना चाहूँगा कि हिंदू क्या है, उसकी कोई पहचान है या नहीं और क्या वह कोई जड़ व्यक्ति या वर्ग है जो कभी बदलता नहीं और दकियानूसी बना रहता है।

पहली बात तो यह कि हिंदू से ज्यादा लचीला और परिवर्तनशील आदमी और वर्ग मिलना मुश्किल है, दूसरी यह कि उसकी कोई बाहरी पहचान नहीं है जो प्रामाणिक हो। (ऐसे अपने-अपने छापे तो लोग लगाया ही करते हैं, चाहे चेहरे पर लगाएँ चाहे माल पर।) और आखिरी बात यह है कि हिंदू के लिए धर्म उसके बाहर किसी नियमाचार से नहीं आता, वह उसके जीवन से ही निर्धारित होता है और अंतःकरण में सिद्ध होकर स्वधर्म कहलाता है। और इतनी विशेषताएँ काफी न हों तो यह भी समझ लीजिए कि इस बात का सच्चे हिंदू के लिए कोई महत्त्व नहीं है कि वह ईश्वर को मानता है या नहीं मानता। महत्त्व इस बात का है कि यदि उसका कोई ईश्वर है तो उसके और उसके ईश्वर के बीच में सिवाय उसके अपने प्रतिरूप के कोई मध्यस्थ नहीं है।

ऐसे आदमी को आज के संसार में बड़ी मुश्किलों का सामना करना पड़ता है। धर्म के अनुसार राष्ट्र का रूप निर्धारित किया जाए तो सारा मानव समाज एक राष्ट्र हो जाएगा। यह आज के विश्व में शक्ति का 'संतुलन' गड़बड़ा देगा क्योंकि जिसे संतुलन कहा जाता है उसमें समन्वय तो कहीं है ही नहीं। निरा सहअस्तित्व है जिसके मूल में विषमता है। जब पड़ोसी राष्ट्रों में टकराव होगा तो सहअस्तित्व का महत्त्व माना ही जाएगा परंतु विश्व के जिन भागों में राष्ट्रों का अस्वाभाविक बँटवारा किया गया है वहाँ यह सहअस्तित्व उस अस्वाभाविक बँटवारे को स्थाई ही नहीं आदर्श भी बताकर प्रस्तुत करेगा। भारत और पाकिस्तान का मामला इसी तरह का है। 1947 से अब तक हमारी सरकार की राष्ट्र की अवधारणा में भारी परिवर्तन हो चुका है और वह पाकिस्तान को भारतीय राष्ट्र की अस्मिता के लिए जरूरी मानने लगी है। इसी तरह शासक-तंत्र मुसलमान से तनातनी को हिंदुत्व के लिए जरूरी मानने लगा है और यह तनातनी इस कारण से नहीं है कि मुसलमान मुसलमान है और हिंदू हिंदू है, बल्कि इस कारण से है कि मुसलमान आधा मुसलमान है और आधा हिंदू। यह स्थिति उस हिंदू के लिए क्लेशकर है जो खुद आधा मुसलमान नहीं है। पाकिस्तान में हालात क्या हैं, मैं ठीक-ठीक नहीं जानता पर भारत में दिन-ब-दिन ऐसे हिंदू को जो आधा मुसलमान और आधा हिंदू है, सत्ता के दरबारों से धकेलकर बाहर किया जा रहा है। वैसी संस्कृति जो मानवीय मूल्यों के प्रमाण से मिलीजुली कहा सकती है, 'राष्ट्र' के लिए और राज्य के लिए जो राष्ट्र का नया पर्याय बनता जा रहा है, घातक मानी जाने लगी है क्योंकि हिंदू को, जो भारत को अपनी संस्कृति मानता है, मानवीय मूल्यों को सबकी संपत्ति नहीं मानता, इसमें अपने राष्ट्र का विखंडन दिखाई देने लगता है। विश्व संस्कृति इस तरह के भीरु हिंदू के लिए भारत पर अपने कब्जे में बाधक प्रतीत होती है और वह तुरंत हिंदू संस्कृति की इस तरह दोहाई देने लगता है जैसे इसी हिंदुत्व खतरे में है के नारे से हिंदुत्व बचा रहेगा। हिंदुत्व को असली खतरा भारत को हिंदू संपत्ति मानने से है, यह राज्य को राष्ट्र माननेवाला हिंदू समझ नहीं पा रहा है।

पिछले दिनों पाकिस्तान से सतर्क रहने की, उसके विरुद्ध लैस होने की और यही नहीं, उन समस्याओं को जो पूरे महाद्वीप की हैं, पाकिस्तान के कारण पैदा बताने की हवा चली है। यह मानसिकता पहले भी खतरनाक थी और इसने हिंदू को बेसिरपैर का एक सिद्धांत प्रचारित करने को बाध्य किया। वह यह था कि हम भारत-पाकिस्तान की जनता में एका नहीं होने देंगे, दोनों सरकारों में एका की कोशिश करते रहेंगे। अब सिख समाज के संदर्भ में यह जहर फैलाया जा रहा है कि वे हिंदुओं से अलग कोई चीज हैं और अलग ही रहेंगे क्योंकि यही हिंदुओं के लिए धर्म है। यह प्रचार सिखों में ऐसा ही माननेवालों को ताकत दे रहा है और ऐसा न माननेवालों को कमजोर कर रहा है। जो हिंदू सिखों से आशा करता है कि वे समाज में हिंदुओं से अलगाव के समर्थक भी बने रहें और इस अलगाव को सहअस्तित्व के अधीन मान लेने को तैयार भी हो जाएँ वह बेचारा खालिस्तान का अनजाने ही समर्थन कर रहा है। सिखों से दोस्ती होगी तो इतिहास के अनुसार पूरी दोस्ती होगी। शांतिपूर्ण बँटवारा जैसी कोई चीज होती नहीं है, यह हम पाकिस्तान के बँटवारे के मामले में देख चुके हैं। मुसलमान, सिख, हिंदू तीनों का मुँह बँटवारे की ओर हो जाएगा तो 'हिंदू राष्ट्र' अपने भीतर सैकड़ों बँटवारे करता पाया जाएगा। सच्चा हिंदू कम से कम इसके लिए राजी नहीं है। पर क्या वह यह बात दृढ़ता से कह रहा है या स्वधर्म भूलकर कठमुल्ला बनने को तैयार हो रहा है? इक्कीसवीं सदी में क्या यही जड़ हिंदू टुकड़ों में बँटे हिंदुस्तान यानी भारत पर राज करेगा?

तिहाड़ का तमाशा

कुछ मित्रों को बहुत आश्चर्य है कि चार्ल्स शोभराज के तिहाड़ जेल से फरार हो जाने की खबर जानकर देश में कोई हलचल नहीं मची। अक्टूबर 1984 में इंदिरा गाँधी की हत्या के समय सुरक्षा-प्रबंधों के ढीलेपन पर थोड़ा बहुत हल्ला मचा था, पर उसका गुस्सा बदलवाकर हिंदू-सिख हिंसा-प्रतिहिंसा बना दिया गया और नए प्रधानमंत्री के तुरंत चुन लिए जाने से एक संतोष ने वातावरण को भर दिया कि इंदिरा गाँधी के बाद क्या का उत्तर हमारे पास है। परंतु अभी उसी राजधानी में, जिसमें इंदिरा गाँधी की हत्या के बाद और आतंकवाद के सीमांत इलाकों में बढ़ने के बाद सुरक्षा-प्रबंध निश्चय ही पहले से तगड़े हो गए हैं, पहुँचे हुए अपराधी सर्वोत्तम सुरक्षा-प्रबंध के लिए मशहूर तिहाड़ जेल के बरामदों में टहलते-टहलते फाटक के बाहर चले जा सकते हैं। यह असलियत जानकर हमारा प्रबुद्ध समाज क्या समझ रहा है? क्या यह कि जैसे बिंदेश्वरी दुबे को उखाड़ने या वीरबहादुर सिंह को पछाड़ने की चालों की खबर रोज आती है, वैसे ही चार्ल्स शोभराज के भागने की खबर भी एक दिन आई और छप गई। इसमें कोई शक नहीं कि खबरों के मामले में यह घोटाला जारी है। बेचारे अखबार भी क्या करें? जिंदगी से कटे हुए अंग्रेजी अखबारों ने जो प्रतिमान बनाए हैं, उनके आधार पर खबर का समाज से रिश्ता यही बताया गया है कि खबर जितनी ज्यादा सनसनीखेज हो उतनी ज्यादा खबर है। खबरों में कौन-सी ज्यादा सनसनीखेज है, यह पहचानना ऐसे अखबारों के लिए मुश्किल हो गया है जो इस प्रतिमान को सही मानकर चलते हैं।

समाज की असलियत खोलने के लिए किसी अखबार को एक सर्वेक्षण करना चाहिए कि शोभराज ने जो किया उसे क्या कहा जाएगा? क्या साहस कहा जाएगा या दुस्साहस? जेल वे प्रबंध की कमजोरी को क्या कहा जाएगा? एक अमीर आदमी की दी हुई घूस के सामने गरीब कर्मचारियों की लाचारी? या भ्रष्टाचार को एक सार्वजनिक मान्यता दिलानेवाले ताकतवर वर्गों की उद्दंडता? हो सकता है इस सर्वेक्षण से असलियत खुल जाए मगर सवाल तो फिर भी यह रहेगा कि हमारी आँखें खुलती हैं या नहीं। जब एक बार कुछ मूल्यों के लिए विरक्ति पैदा हो जाती है तो प्रश्न यह बच रहता है कि उन मूल्यों के विरुद्ध चलनेवाले के लिए समाज के मन में सम्मान बढ़ रहा है या अपमान। क्या जो नया मनुष्य सामने आ रहा है, वह समाज की टूट को देखकर प्रसन्न और निश्चिंत हो रहा है या दुखी और चिंतित? यदि वह दुखी और चिंतित है तब तो तुरंत यह सवाल भी उठता है कि फिर अपने दुख और चिंता के जवाब में वह क्या कार्रवाई करेगा। अगर वह प्रसन्न और निश्चिंत है तो कोई प्रश्न नहीं उठता। यही सिद्ध होता है कि वह भ्रष्टाचार के पक्ष में है। भ्रष्टाचार में हमेशा से एक सर्वग्रासी प्रक्रिया छिपी रही है। वह लोकतंत्र, आजादी, सभ्यता और संस्कृति को नष्ट करनेवाले तत्त्वों से हर समय जुड़ता रहता है और समाज इस पतनशील राह पर एक-एक कदम बढ़ता जाता है। एक व्यापक राजनैतिक आंदोलन अवश्य इस राह को बदल सकता है, पर इतिहास में ऐसे दौर भी आते हैं जब आंदोलन व्यापक नहीं हो पाते, छिटपुट उद्देश्यों और उत्तेजनाओं की शक्ल में बिखर जाते हैं।

यह बिखराव इतिहास को बनाने और जोड़नेवाली शक्तियों के विरुद्ध हमेशा चलता रहता है। इसको रोकने और बदलने से हमारा सरोकार गहरा है। यह सिर्फ एक नैतिक आदर्श को बचाए रखने का सवाल नहीं है। यह समाज में समूहों या व्यक्तियों के बीच आपसी संबंध को मुर्दा होने से बचाए रखने का सवाल भी है। आदमी को सपाट होने से बचाने का और एक नए फासीवाद को पनपने से रोकने का सवाल भी है। आप चाहें तो कह सकते हैं कि सीमाओं के पार से विदेशी प्रभाव के घुस् आने और भारत को टुकड़े-टुकड़े करके उसे गुलाम बनाने के षड्यंत्र के विरोध का सवाल भी

है। यह हमारी आजादी का सवाल भी निश्चित रूप से है, क्योंकि जिस समाज में सत्ता के केंद्रीकरण के सब प्रमाण मौजूद हों परंतु उसमें लोगों के बीच आपसी लगाव न हो, वह समाज और उसमें से बनी हुई सरकार देश को चिरकाल के लिए आजाद नहीं रख सकती।

तिहाड़ जेल एक जेल है। सत्ता के केंद्रीकरण का निर्विवाद नमूना होता है जेल। इसमें आजकल जो मानवीय सुविधाएँ दी जाने लगी हैं वे सारी दुनिया में एक-सी तो नहीं ही हैं, अलग-अलग जेलों में भी एक-सी नहीं हैं। वे सत्ता की अलग-अलग सामाजिक इकाइयों में केंद्रित सत्ता के अनुरूप ही वर्गों में बँटी हुई हैं। इस केंद्रीकरण को सरकार के लिए कम कष्टसाध्य बनाने के वास्ते की गई ये रियायतें मूलतः आदमी की आजादी के दमन के विरुद्ध नहीं हैं। इसका प्रमाण संसार के कुछ देशों के जेल हैं जहाँ आदमी की आजादी छीनने के लिए यंत्रणा और अत्याचार की विशेष पद्धतियाँ ईजाद होती रहती हैं। यह सब कहने का उद्देश्य केवल यह याद दिलाना है कि शोभराज का तिहाड़ जेल से टहलते हुए भाग जाना जेल नामक व्यवस्था में मानवीय उदारता के बढ़ने का प्रमाण नहीं है, बल्कि उस व्यवस्था में दरारें पड़ने का प्रमाण है। हमें सिर्फ उन सैकड़ों जेलों की याद करनी है, जहाँ राजनैतिक अपराध के बहाने से सैकड़ों-हजारों व्यक्तियों को यातनाएँ दी गई हैं और हजारों तरुणों की विकास की संभावनाएँ नष्ट की गई हैं। यह सब याद दिलाने पर तर्क दिया जाएगा कि ऐसा दुखी और शोषित प्राणी तो हमारे समाज की ही तस्वीर है। इसका जवाब यह है कि चार्ल्स शोभराज़ जैसा प्राणी भी हमारे समाज की तस्वीर है और उसे जेल के सींखचों के पीछे ही रखना चाहिए। पर उसका नोट लुटाते हुए, सीटी बजाते हुए जेल से सरक जाना किस समाज की तस्वीर है—उसी की, जिसमें सारी ताकत अपराध के हाथ में होती है।

कार्यकुशलता बस इतना ही?

आम चुनाव के बाद के माहौल में हारे लोगों की परेशानियाँ समझनेवालों की बड़ी कमी दिखाई दे रही है, परेशानियाँ बतानेवालों की इफरात है। 'चुनाव में बूथ कब्जा किया गया; वोट पड़ जाने के बाद मतपत्र का डब्बा खोलकर बदला गया; इंका के पास बेतहाशा पैसा था; जीप-वीडियो-लाउडस्पीकर सबकुछ जबर्दस्त था; हाँ, हम भी बँटे हुए थे; मिली-जुली सरकार का विचार किसी वोटर को जमा नहीं; दोस्तों ने वादा खिलाफी की; सहानुभूति लहर काम कर रही थी : हिंदू वोट हमसे छिनकर इंका के पास चला गया...' इस तरह की दस और व्याख्याएँ एकसाथ सुनते-सुनते आज किस नतीजे पर आते हैं? शायद यही कि हार के कई कारण थे और सब एक-दूसरे से जुड़ गए थे। मगर हार के सब कारण जुड़ क्यों गए थे। इस पर किसी विश्लेषक ने अभी तक गौर नहीं फरमाया है। ऐसा क्यों हो गया कि जितनी कमजोरियाँ चुनाव के पहले तक एक परिस्थिति का स्वाभाविक रूप दिखाई दे रही थीं और जिनसे ऊपर उठकर किसी एक बड़ी भारी भावना के अधीन थोड़ी-बहुत जीत हो जाना निश्चित था, वे सब हराने में ही जुट गईं?

यहाँ शास्त्रीय विश्लेषण का न स्थान है न विशेष प्रयोजन। अभिप्राय केवल यह सुझाना है कि हमारे समाज में संसदीय चुनाव पिछले दो दशक से एक असंतुलित लोकतंत्र में हो रहे हैं। इसमें बाकी आजादियाँ कम होती गई हैं, वोट की आजादी का समारोह बढ़ता गया है। वोट से हम क्या करेंगे, यह प्रश्न भी इन्हीं बरसों में कुछ बौद्धिक और राजनैतिक रूप धरकर उठा और उठाया गया है। 1967 एक दृष्टांत है। तब बड़े पैमाने पर वोट ने बहुत-से दायरों में सत्ता का परिवर्तन कर दिया था। वह परिवर्तन जिस रूप में हुआ था, उसी में उसको टिकाए रखने की कोई जरूरत न थी, कोई फायदा न था। उसे तो एक ज्यादा मूलभूत परिवर्तन के राजनैतिक तरीके निकालने और

इस्तेमाल करने का सामान मुहैया करना था। बहुत-से विश्लेषकों ने यहाँ तक तो माना है, मगर इसके आगे बड़ी चतुराई से यह कहकर किस्सा खत्म कर दिया है कि 1967 के चुनाव के महीने के बाद लोहिया मर गए। हाय-हाय। तब परिवर्तन की इच्छा झूठी साबित हो गई न? ये विश्लेषक यह बात छिपा जाते हैं कि लोहिया ने भारतीय राजनीति को समाज-परिवर्तन की ओर उन्मुख करने के लिए चुनाव के बाद के कार्यक्रम में अगले परिवर्तनकारी कदमों की तैयारी करते रहने और सत्ता का इस्तेमाल उन परिवर्तनों को यथार्थ और संभव प्रमाणित करने के लिए उपाय बताया था। किसी नेता के मर जाने पर उसके बनाए कार्यक्रम आगे नहीं चल पाएँ, तो यह कार्यक्रम में निहित दोष नहीं, कार्यक्रम के पीछे तैयारी की कमी और नए कार्यक्रम बना सकने की अक्षमता है। 1967 के बाद वह कमी पूरी करने की इच्छा बिखरी, इसमें भी कोई शक नहीं, पर यह भी यश-अपयश, जीवन-मरण विधि के हाथ होने के कारण नहीं, किसी और कारण हुआ। वह कारण क्या था? और 1977 में एक बार फिर परिवर्तन की इच्छा पैदा होने और अभिव्यक्त होने पर फिर 1980 में क्यों वह पलटकर परिवर्तन का नहीं वोट का समारोह बनकर रह गई जिसका परिणाम आज अंतर्राष्ट्रीय दबावों, भीतरी फूटों और लोकतंत्र में समानांतर सत्ता के उफानों के रूप में हो रहा है? इसका कारण क्या है?

वोट यह बताने का साधन है कि नागरिक सत्ता चाहता है। सत्ता का वह क्या करना चाहता है, यह मोटे तौर पर नागरिक यह कहकर ही जता सकता है कि जीवन की दशा बेहतर हो। अगर जीवन की दशा बेहतर होने से अपने लिए निर्णय करने की आजादी छोड़ दी जाए तो जीवन को सुधारने का एक नमूना बनता है। उसमें मजा हो सकता है, बल्कि होगा ही, पर वह गुलामी का और गरीबी का मजा नहीं होगा। इसके समानांतर एक नमूना यह भी बनता है कि जिनके पास देश के साधनों से और विदेशी मालिकों के आशीर्वादों से जीवन को बेहतर बनाने के अपरिमित साधन जुट चुके हैं वे उन्हें और बढ़ाते जाएँ। आज की स्थिति में जहाँ राजनीति ने समाज को स्वस्थ, रचनात्मक और न्यायमूलक बनाने का कोई स्वप्न सामने नहीं रखा है, केवल जो है उसका अच्छा प्रबंध करने का वायदा किया है, वहाँ ये दो नमूने जिनका ऊपर जिक्र किया गया, एकसाथ काम कर रहे हैं। ये ही दो आदर्श हैं जिनमें से देश को चुनना था। असल में दोनों आज की दशा में राजनैतिक स्तर पर एक ही नमूने के दो रूप हो जाते हैं, क्योंकि राजनीति केवल सत्ता के सहारे हो रही है। सत्ता के सहारे राजनीति को उकसाने और जनता के सहारे उसे बदलने का कोई विचार भी आज के राजनैतिक नेताओं में नहीं है। वोट राजनीति के लिए जरूरी है। वोट में बेईमानी है, इसलिए हम वोट को छोड़ नहीं दें, बल्कि वोट से प्राप्त सत्ता के इस्तेमाल को एक कदम और जनता से प्राप्त आदर्श को (आदेश नहीं, आदर्श को) दूसरा कदम बनाएँ, तो लोकतंत्र की एक कारगर शक्ल उस वक्त भी मिल सकती है जब संसद में लोकतंत्र की पहचान यानी प्रतिपक्ष लगभग पुछ गई हो।

इंका को विशाल वोट गरीबों ने अपनी बची-खुची जमा-जथा बचाए रखने के लिए और अमीरों ने अपनी दौलत और जमा करने के लिए दिया है। कार्यकुशलता जिसको अपनी योग्यता की पहचान अटलजी, राजीवजी, चंद्रशेखरजी और सभी इंका विरोधियों ने बताया था, अपने-आपमें कोई लक्ष्य नहीं है। अवश्य ही वह इन दोनों वर्गों को आकर्षक, उपयोगी और सुखदायी लगती है। कार्यकुशलता से अच्छी और क्या चीज होगी, अगर सड़क पर हर समय दुर्घटना का डर हो, नौकरी के हर समय छिनने का डर हो, देश पर हर समय हमले का डर हो। पर राजनीति केवल कार्यकुशलता नहीं है। निरी कार्यकुशलता यथास्थिति का दूसरा नाम है और यह नाम कम से एक शोषित, बुभुक्षित, अपमानित समाज में तो राजनीति का नाम नहीं है।

आपकी कृपा से

हममें से बहुतेरे उस आदमी को पहचान जाएँगे जिसका जिक्र अगली पंक्तियों में किया जाएगा। हाँ, यह जरूर होगा कि वह हर पाठक को अलग-अलग दिखेगा, क्योंकि वह एक नहीं है, उसकी अनेक शक्लें हैं।

सबसे पहले तो वह मुझे एक नामी लेखक की शक्ल में मिला था। लेखक नामी जरूर थे, पर कहीं उन्हें शक हो चला था कि अब उनको नया साहित्य लिखने की प्रेरणा नहीं मिल रही है। मिल भी रही हो तो जो लिखते हैं, वह नया नहीं जान पड़ रहा है। वे जब मिलते तो पहली बात यही बताते कि वह अभी-अभी एक कठिन बीमारी से उठे हैं, फिर बातचीत बीमारी के प्रकार और धीरे-धीरे उसके इलाज के ब्योरे पर चली जाती और साहित्य के बारे में कोई चर्चा हो पाए, इसके पहले हम दोनों अपने कारणों से ऊब जाते।

दूसरी शक्ल दिखाई दी जब हमारे मित्र एक पत्रकार से भेंट हुई जो यों तो पत्रकारिता में आए सिर्फ इसलिए थे कि हिंदी भाषा की सेवा में सरकारी सलाहकारियाँ चुक गई थीं और पैसेवाली नौकरी सिर्फ अखबार में रह गई थी, मगर आते ही वह काफी प्रसिद्ध हो गए थे। हिंदी की नौकरियों की परंपरा यही है कि जिस काम के लिए आदमी नौकर रखा जाता है उसमें नहीं, हिंदी की राजनीति में प्रसिद्धि प्राप्त करता है। यहाँ एक किस्सा याद आता है। कई साल पहले, 1957 में मैं ज़हाँ नौकरी करता था वहाँ, यानी रेडियो के समाचार विभाग में, मैंने निदेशक से पूछा कि आप हिंदी में काम कर सकनेवाले समाचार संपादक या उपनिदेशक क्यों नहीं नियुक्त कर लेते ताकि अंग्रेजी से अनुवाद न करना पड़े, मूल काम हिंदी में होने लगे। उन्होंने कहा, 'नवयुवक, क्या तुम जानते नहीं कि हिंदी समाचार संपादक के पद के योग्य जो व्यक्ति हिंदी सेवा में होगा वह अब तक अपने राज्य का उपमंत्री बन चुका होगा?'

तो हमारी मुख्य कहानी के पात्र से मिलने पर बातचीत स्वास्थ्य और कुशल क्षेम के समाचार से ही शुरू होती थी जो कि अच्छी बात है, पर यदि कहीं भूल से मैंने कह दिया कि 'मुझे कल रात नींद नहीं आई' तो वे तुरंत कहते 'मुझे भी।' फिर वह थोड़ा-सा इंतजार करते कि मैं कहूँ 'मुझे रक्तचाप बढ़ा लग रहा था' और वे कहें 'मुझे भी।' कई बार जब ऐसा हो चुका तो एक दिन मैंने शरारतन कह दिया, 'मुझे कल रात नींद नहीं आई (फिर कुछ रुककर) मच्छर बहुत थे हमारे घर में।' आप क्या समझते हैं इससे वे पथभ्रष्ट हो गए? नहीं, उन्होंने कहा, 'हाँ हमारे घर में भी मच्छर बहुत थे।' इस सहानुभूति-प्रदर्शन को मैं बहुत दिन तक समझने की कोशिश करता रहा। एक दिन समझ में आया कि वह सहानुभूति प्रदर्शन नहीं था, यह दावा था कि 'क्या समझते हैं आप? मैं किसी से कम नहीं हूँ।' इस प्रतियोगिता की पराकाष्ठा थी कि एक बार मुझे सूचनार्थ बताना पड़ा कि तीन साल हुए मुझे दिल का दौरा पड़ा था। उन्होंने क्षणभर के संकोच के बाद कहा 'मुझे भी' फिर पूछा, 'कब पड़ा था आपको?' और मेरी तारीख बताने पर झूठ बताया कि 'मुझे भी। और वही तारीख थी।' पर यह कहने के बाद उन्होंने सोचा कि इतना साम्य दिखाने में कोई विशिष्टता नहीं बचती और उन्होंने तारीख तो वही रखी पर महीना बदल दिया।

इस व्यक्ति के अनेक चेहरे हैं। मालूम नहीं क्यों वह बिल्कुल मेरे जैसा हो जाने में गौरव तो नहीं मानता पर करीब-करीब वैसा ही हो जाने का दावा करता ही रहता है। शायद वह शिष्टाचारवश कहना चाहता हो कि आप जैसे मुझसे अपना दुख बता रहे हैं वैसे ही मैं भी आपको अपना दुख बता देता हूँ। परंतु इसमें भी प्रतियोगिता की भावना जाती नहीं। 'मुझे बुखार आ गया था' यह सुनकर वह अक्सर कहना चाहता है कि उसे 'मलेरिया हो गया था, और बुखार तीन महीने तक बार-बार आता रहा।'

इसी व्यक्ति के एक अन्य रूप के दर्शन भी दुर्लभ नहीं हैं पर यह रूप सचमुच विशिष्ट है। इनसे जब पूछिए, 'कैसे हैं, स्वास्थ्य ठीक-ठाक है?' तो उत्तर मिलता है 'हाँ! मुझे कुछ नहीं हुआ है।' वे परंपरा के अनुसार यह नहीं कहते, 'मुझे कुछ नहीं हुआ है, ईश्वर की कृपा है।' ईश्वर की कृपा न बताएँ, यह भी नहीं बताते कि आपने पूछा तो यह आपका स्नेह है। वह माने बैठे हैं कि कुशल समाचार यह जानने के लिए पूछा गया है कि तुम बीमार हो या नहीं; यदि बीमार हो तो मैं तुम पर आक्रमण करूँ।

बेचारा नहीं समझता कि यही डर मुझे खुद रहता है। इसलिए किसी के यह पूछने पर कि आपका स्वास्थ्य ठीक-ठाक तो है, मैंने यह कहना सीख लिया है कि 'स्वास्थ्य? जी, वह तो ठीक-ठाक है।' आशय यह रहता है कि इसके बाद मेरी और किसी न्यूनता के बारे में वे पूछें तो मैं उनकी सहानुभूति पाने का एक नाटक करूँ जिससे उनको संतोष हो जाए, मेरा मनबहलाव हो जाए।

मैंने स्वास्थ्य संबंधी पूछताछ के उत्तर के कई और विकल्प सोचे हैं। यहाँ एक ही बताकर समाप्त करता हूँ। 'स्वास्थ्य? जी, आपको कैसा दिख रहा हूँ?' अब इसके उत्तर पर निर्भर है कि आगे बातचीत क्या होगी। यदि उन्होंने कहा 'कुछ झटक गए हैं आप?' तो कहना होगा, 'ऐसा? अभी तक तो ठीक था।' यह प्रेमवश अस्पष्ट छोड़ दूँगा कि अभी तक का अर्थ पिछले महीने तक है या आपके आज दर्शन होने तक।

एक आदमी जो था ही नहीं

मालूम नहीं कि अखबार पढ़नेवालों को याद है कि नहीं कि एक श्री गुलजारी नंदा थे जिनके बारे में एक जानकारी तो यह है कि वह कभी भारत के प्रधानमंत्री थे और दूसरा यह है कि उनका असबाब अदालत की अनुमति से घर से उठाकर सड़क पर फेंक दिया गया था। मगर इस घटना के बीस दिन बाद यह स्तंभ लिखते हुए मुझे रशदी और खुमैनी नहीं, गुलजारीलाल क्यों याद आ रहे हैं।

शायद इसलिए कि मैं उनसे तादात्म्य अनुभव कर पाता हूँ और इस घटना को अर्थात् में लिखने का विषय भी मानता हूँ। मैं शुरू में ही कह देना चाहता हूँ इस घटना का अर्थ क्या है। यह घटना नंदाजी के इस्तेमाल की घटना है जो सत्ता और अखबार ने मिलकर किया है। मेरी कोशिश यह होगी कि पाठक इस इस्तेमाल में साझा न करे।

जिस दिन मुख पृष्ठ पर बिखरे हुए सामान की फोटो के साथ खबर छपी, किसी अखबार ने अपना सामान्य काम भी नहीं किया था अर्थात् यह जानने की कोशिश नहीं की थी कि असलियत क्या है। हर अखबार के लिए जनता को बताने लायक जानकारी यह थी कि एक आदमी जो दो बार प्रधानमंत्री की कुर्सी पर बैठ चुका है कल घर से बेदखल कर दिया गया। हिंसा में मनोरंजन को खोजने और बेचनेवाले अखबार तंत्र ने इस खबर में नंदाजी की मुफलिसी, सामान का फेंका जाना, खड़े-खड़े देखनेवालों की इस मनोरंजन में साझेदारी और कुल मिलाकर समाज की उदासीनता और सत्ता की क्रूरता के शिकार की असहायता का प्रचार किया। संपादकीयों में अगले दिन करुणा प्रकट की गई कि बेचारा किराए के मकान में रहता था और दौलत पैदा कर लेने के मौके छोड़ता रहा जबकि दो बार उसको सबसे बड़ी कुर्सी पर बैठने का मौका दिया गया। यह भी कि सादगी और सिधाई का मतलब यह नहीं कि सरकारी कृपा से कोई विशेषाधिकार प्राप्त न किया जाए। ऐसा आदर्शवाद आधुनिक जीवन में बेमेल है। उधर उसी दिन यह खबर भी छपी कि सरकार ने नंदाजी की गरीबुल्वतनी पर पसीजकर एक छोड़ दो-दो मकान उन्हें अलाट कर दिए हैं—एक बड़ी सरकार ने और एक छोटी सरकार ने। मगर इस अखबार-सरकार गठजोड़ से बाहर के एक आदमी का अगले दिन बयान छपा

कि उसे अपनी गरीबी की खबर है न अपनी ऐतिहासिक हैसियत की, दरअसल जिस घटना में ये दोनों मसाले मिलाकर उसे छापा जा रहा है उसमें वह है ही नहीं। यह बयान गुलजारीलाल नंदा का था। उन्होंने बताया कि किराए का वह मकान जिसको लेकर अखबार समाचार बना रहे हैं, और सरकार अपनी सभ्यता में उदारता दिखा रही है, मैं कब का छोड़ चुका। सामान की मुझे चिंता नहीं।

सनसनी के पीछे इतनी तेजी से न भागे होते तो अखबारों को मुख पृष्ठ पर छापते समय ही पता लगाकर खबर में लिख देना था कि मकान की जवाबदेही नंदाजी दो साल पहले ही छोड़कर उसे खाली कराने की स्वीकृति देकर दिल्ली भी छोड़ गए हैं। पर तब वह मुखपृष्ठ का, केंद्र सरकार-दिल्ली सरकार-अदालत-जनता सबको लपेटनेवाला समाचार न बनता जिसमें नंदाजी को एक वस्तु बनाकर छोड़ दिया गया।

जबकि असलियत यह है कि सब वस्तु बनानेवाली संस्कृति के समर्थन में वाकई लिपटे हुए हैं। फर्क यह है कि इस असलियत को बताने के लिए एक आदमी को पीटकर दर्शकों को रुलाने की जरूरत नहीं थी। यह काम उपभोक्ता संस्कृति से बंबइया फिल्म करती है। अखबार भी इस संस्कृति में शामिल हो गए हैं पर शायद पाठक सबके सब नहीं हुए हैं। वह अब भी इनसान की इज्जत करना चाहते हैं।

अभी एक खबर बाकी है। दो मकान अलाट किए जाने के बाद वह नंदा नाम का फालतू आदमी तो पकड़ में नहीं आया क्योंकि उसने उनमें से किसी मकान में रहने के लिए लार नहीं टपकाई। मगर जिन्होंने दो मकान देकर अपनी आधुनिक चुस्त छवि को दुरुस्त कर लिया था उनके चेहरे पर खिसियाहट का लक्षण नहीं दिख रहा है।

अध्यापक की मृत्यु

पोस्टकार्ड अक्सर मृत्यु की खबर लाते हैं। मानो वे बनाए ही इसलिए गए हों। थोड़े में और खुले आम गमी की खबर देने के लिए यह पोस्टकार्ड बंद लिफाफे की तुलना में अधिक उपयुक्त है भी।

जो पोस्टकार्ड मुझे अभी मिला और जिसका यहाँ जिक्र हो रहा है, वह यों शुरू होता है :

> 'प्रिय रघुवीर,
>
> तुम्हें दुख से बता रहा हूँ कि हमारे सहयोगी, मित्र और तुम्हारे पूज्य शिक्षक श्री के.के. जोशी तेरह मई की शाम को चल बसे। काल ने उन्हें कुछ और दिन नहीं जीने दिया तो इसका कारण यह था कि उन्होंने अखबार पढ़ना छोड़ दिया था और रेडियो पर खबरें भी नहीं सुनना चाहते थे। मृत्यु के एक सप्ताह पूर्व उन्होंने अन्न-जल त्याग दिया था। उन्हें यकृत शोध, विषम रक्तचाप और हर्निया का कष्ट था। हम सबने, स्कूल के हर शिक्षक ने उनका जी बहलाने की भरसक कोशिश की मगर बेकार रही।'

जोशीजी के मन में सैकड़ों प्रश्न रहे होंगे। मृत्यु से डेढ़ महीना पहले तक जब उन्होंने खबरों से किनारा कर लिया, उन्हें कुछ प्रश्नों के उत्तर भी मिल रहे होंगे। परन्तु मेरे बाहर क्या हो रहा है, यह जानने की इच्छा का ऐसा कठोर दमन, जैसा उन्होंने देह त्याग करने से पहले किया, क्या देह त्याग करने की तैयारी था? शायद ऐसा ही था। उन्होंने पहले मन को अशांति से मुक्त किया, फिर शरीर को इच्छा से छोड़ा। अखबार और रेडियो अशांति ही उपजाते हैं और फिर जोशीजी के मन में तो अनेक अस्वीकार, अनेक असहमतियाँ विद्यमान थीं, उनका कोई निदान आजकल के जनसंचार के माध्यम दे नहीं सकते। ये अधिकाधिक लोगों को खबरों का उपभोक्ता बनानेवाली की संस्कृति की उपज

हैं, जिसमें माना जाता है कि बिकती वही चीज है जो चाहे खुद घटिया न होने का दावा करती हो, पर ग्राहक को घटिया बनाकर छोड़ दे—समाचारपत्र के पाठक को कुछ और अस्थिरगति कर जाए, ताकि वह अगली बार और अधिक जघन्य कृत्य की खबर में रुचि ले सके।

वर्षों पहले जब जोशीजी हमारे स्कूल में पढ़ाने आए थे तो हमारे यहाँ विज्ञान की पढ़ाई नवें-दसवें दर्जे में शुरू ही हुई थी। परीक्षा मंडल ने हाई स्कूल में विज्ञान शिक्षा की अनुमति दे तो दी थी पर वह सामान्य विज्ञान की अनुमति थी, जिसकी पढ़ाई कुछ हल्की अवश्य थी पर प्रतिष्ठा कुछ कम न थी। जोशीजी हमारे सर्वज्ञ विज्ञान शिक्षक थे। आठवें के बाद वह नवें को भी उसी सहज योग्यता से पर कुछ अधिक गौरव-भावना से विज्ञान पढ़ाने लगे। प्रयोगशाला नई-नई बनी थी और काँच की नलियों और चषकों में उबलते द्रव्यों के इर्दगिर्द खड़े होकर हम कभी जोशीजी को कभी नलियों को उत्सुक होकर निहारते रहते।

उनके प्रिय छात्र भी थे और ऐसे छात्र भी जिनसे वे प्रसन्न नहीं थे। पर उदासीन वह किसी के प्रति नहीं रहे। यह और बात थी कि अनुशासन और सच्चाई के उनके मानदंड उनके सबसे प्रिय विद्यार्थियों को भी उनकी झक मालूम होते और हर एक के बस में नहीं था कि उनका पालन करके दिखाए। ये मानदंड प्रशासनिक नहीं थे, व्यक्तिगत थे। नतीजा यह था कि सारा स्कूल जोशीजी को दिल से चाहता था, पर जोशीजी दिन-प्रतिदिन अकेले होते जा रहे थे।

उन्हें अपनी किस्म के लोगों के साथ घंटों शांत स्वर में आलोचना करते हुए बिताना बहुत पसंद था। उन्हें गर्मियों की छुट्टियों में बाहर जाते हुए शायद ही किसी ने देखा होगा। उन्हीं लोगों में से एक के साथ जो रोज सामने दिखते थे, वे शाम के पाँच बजे से रात के नौ बजे तक इस तरह बैठे रह सकते थे जैसे दोनों कोई बहुत गूढ़ प्रश्न की छानबीन कर रहे हों, जबकि होता यही था कि वे सिर्फ किसी बहुत जानी-पहचानी सामाजिक समस्या को बार-बार कई तरह से बता रहे होते। जोशीजी ही बता रहे होते, दूसरा व्यक्ति सुन रहा होता। असहमति के तमाम पहलू वे एक के बाद एक बताते, सुननेवाला तब या तो ऊब जाता या घोर निराशा में डूब जाता। पर यह जोशीजी को खुद नहीं मालूम हो पाता, क्योंकि वह किसी बात पर अड़ते नहीं थे लिहाजा असहमति एक सतत प्रवाह से बहा करती थी।

अनंतर वह बीमार रहने लगे थे। तब तक मैं अपना शहर छोड़कर दूसरे शहर जा चुका था। मैंने उनको अस्वस्थ नहीं मगर अपने पिता के इलाज के लिए रोज दवाखाने में बैठे लगातार देखा था। दवाखाने में उन दिनों टिकियाँ और गोली खरीदने नहीं, मिक्सचर बनवाने जाना पड़ता था। यह अपने आपमें धीरज रखनेवाला काम था और जोशीजी को नुस्खा बँधने में देर होना कभी शिकायत करने लायक नहीं जान पड़ा। वह धीरज से दो-तीन घंटे बैठे रहते। इस बीच दुकान मालिक से उनकी आत्मदया और कुंठा से भरी आलोचना चला करती। कंपाउंडर बड़े एहतियात से नुस्खा बाँधा करता। सारी कार्रवाई में भीतर-बाहर एक तालमेल था।

वे बहुत पढ़ते थे। दैनिक अखबार, साप्ताहिक पत्र, सभी कुछ। पर पत्रिकाएँ वे सँभालकर भी रखते थे। उनकी बैठक में पत्रिकाओं की गड्डियों का ढेर लगा रहता। सभी अंक तले ऊपर जमे रहते, पर उनमें क्रम भी रहता या नहीं, यह मैं नहीं जानता। इन गड्डियों को वे अपने चारों ओर की उदासी और क्रूर समाज से अपने बचाव की दीवार की तरह लगाए रहते। शायद इन्हीं में से उन विचारोत्तेजक लेखों का जो उन्होंने पढ़े थे, अपने कमरे में मौजूदा होना और फेंका न जाना उन्हें शांति देता था मानो इनको कल्पना में बार-बार पढ़-पढ़कर वह गए वक्त को अपने जैसा बना लेंगे।

पचीस वर्ष पहले उन्होंने मुझे एक पत्र लिखा था। उसमें गुरु के आशीर्वाद थे, शिक्षा पद्धति, परीक्षा व्यवस्था, अफसरशाही की औंधी खोपड़ी, धाँधली, धोखाधड़ी और कुल मिलाकर चारों ओर असहायता का वर्णन था। अपने स्वास्थ्य की कोई शिकायत न थी।

मैंने इतनी निराशा को अभिमानवश अस्वीकार कर दिया और आलस्यवश उत्तर नहीं दिया। उन्होंने दोबारा नहीं लिखा तो अवश्य उसका कारण यही रहा होगा कि वह पत्र उनके मन में एक सतत संवाद का अंश था। प्राण त्यागने के पहले अनुत्तरित संबोधन उनके मौन व्रत में विसर्जित हो गया होगा। (कम से कम मैं चाहता हूँ कि हो गया हो)। नहीं तो मुझे इस पाप से मुक्ति न मिलेगी कि जब वह संसार से विदा ले रहे थे, मेरी उच्छृंखलता ने उनकी निर्लिप्ति में बाधा दी।

पर वह पत्र कहीं मेरे पास होगा। उसे खोजकर पचीस वर्ष बाद फिर पढ़ूँगा। वह एक सच्चे व्यथित हृदय का दस्तावेज होगा जो धीरज से जुटा रहा, जिसने असहमति में हार नहीं मानी, परंतु जब जीवन के मोड़ पर इस सत्य की परछाईं लंबी होकर पड़ने लगी कि संघर्ष में साथ के बिना जीवन का उद्देश्य नहीं रह जाता तो मेरे स्कूल के अध्यापक ने ऋषियों की तरह स्वेच्छा से जीवन तज दिया।

अकेले में शराब

यों तो सभा-समाज में तरह-तरह के लोग मिल ही जाया करते हैं मगर राजधानी के दूतावासों के राष्ट्रीय दिवस समारोहों की बात कुछ और ही है। कम से कम चार किस्म के लोग वहाँ मिलते हैं।

एक तो वे हैं जो कमरे में आते ही सीधे राजदूत से मिलने चले जाते हैं। वहाँ विशेष अतिथियों के लिए एक मेज पड़ी रहती है। उस पर थोड़ी देर बैठ आते हैं और एक चक्कर लगाकर कुछ लोगों से आँखें चार कर अपनी गाड़ी मँगवाते हैं और लौट जाते हैं। ये राजनयिक हैं। पत्रकारों, लेखकों, प्राध्यापकों से, यदि परिचित हुए तो खाली मुस्कराकर रह जाते हैं, चित्रकारों, नर्तकों—दार्शनिकों से, यदि वे अंतरराष्ट्रीय ख्याति-प्राप्त हुए तो या मिलवाएँ जाएँ तो, दो जुमले बोल भी लेते हैं। दूसरी किस्म के लोग मंत्रालयों के वरिष्ठ अधिकारी हैं जिनका विदेशों से या जिसका राष्ट्रीय दिवस है, उस देश से साबका पड़ता रहता है। ये अपने विषय के विशेषज्ञों, व्यापारियों और अपनी लम्बी उन्नति-यात्रा में जिन-जिनसे मेल रखते हैं उनके साथ खड़े होकर सामाजिक-राजनैतिक-सांस्कृतिक विषयों पर बोलते बतलाते हैं—कभी-कभी विभागीय पदोन्नतियों पर भी। अक्सर इन्हें पुरानी मित्रताओं के अनुरूप सहज और मिलनसार होते हुए भी देखा जाता है, मगर बराबर के दर्जेवालों से। तीसरे हैं जिनका काम व्यापार, प्रकाशन, संगठन आदि कई प्रकार की सेवाएँ जुटाना है और इनमें अपनी बिरादरी के बीच संयत पर-निंदा, आत्मप्रशंसा और अनुकंपा-अनुदान होता रहता है। पीते हैं तो एक ही किस्म की शराब शुरू से आखिर तक पीते रहते हैं, बदलते नहीं हैं, और झूमते-लड़खड़ाते नहीं हैं। इनकी शराब पार्टियों में आने की योग्यता इनकी हैसियत के अलावा इनके सामाजिक सुसंस्कार से आँकी जाती है और परीक्षा में पास होने का प्रतिमान यह होता है कि ये अपने को सँभाले रह सकें जिसे अंग्रेजी में ये लोग कहते हैं कि 'अपना ड्रिंक सँभाले रह सकें।'

चौथी किस्म के लोग हमें खेद है, मगर दूतावासों को खुशी है कि कम होते जा रहे हैं। भारतीय आजादी और राजधानी के दूतावासों के संक्षिप्त इतिहास पर कभी लिखा जाएगा तो यह अवश्य सुंदर काले छापे में अंकित किया जाएगा कि एक समय इस किस्म के लोग सभाभवन, सभामैदान या सभाकक्ष में घुसकर सीधे वहाँ पहुँचते थे जहाँ खानसामे मेज पर बोतलें सजाए ढाल-ढालकर तश्त के तश्त जाम आगे रवाना किया करते थे। ये तश्त बमय जाम आगे वहीं तक जा पाते थे जहाँ हमारे मेजबान (चतुर्थ श्रेणी) ऊपर से यों ही गप लड़ाते हुए मगर भीतर से मानो ध्यान-साधना द्वारा लक्ष्य को थोड़ा अपने पास आने को प्रेरित और स्वयं को थोड़ा लक्ष्य की ओर जाने को तत्पर किया करते थे। 1954-55 में जब भारतीय गणराज्य को घोषित हुए सिर्फ तीन-चार वर्ष हुए थे और इतने समय में ही गाँधी

टोपी और जनता के बीच दूरी काफी बढ़ चुकी थी, तश्त पर बीस हाथ खामोशी से झपट्टा मारते और बीस वोद्का गायब हो जाते मानो चिड़िया खेत चुग गई हों। एक संक्षिप्त दौर सुधारों का आया और दूतावासों के दरवाजे पर सिर्फ डराने के लिए निमंत्रण पत्र देखनेवाला एक अधिकारी खड़ा कर दिया गया। यह दूतावास के अपने चरित्र पर अधिक और भारतीयों के चरित्र पर कम निर्भर था कि वह अधिकारी सचमुच निमंत्रण पत्र जाँचेगा या वे अतिथि दूर से ही ठिठककर मुड़ लेंगे जो अपने आत्मविश्वास के बारे में अनिश्चित हों। पर यह दौर समाज में, समाजवाद के नहीं शराब के, प्रचलित और सुलभ होते जाने तथा सामान्यतया मध्यवर्गीय लालच के शामिल होते जाने के साथ स्वाभाविक मृत्यु को प्राप्त हो गया और अब इस अतिथि वंश के गिने-चुने वंशधर बचे हैं। मिलते ये हर दूतावास पार्टी में हैं। मगर इनको पहचानना बहुत आसान होता है। यह विशेषता आज से बीस बरस पहले नहीं पाई जाती थी।

अब ऐसे समारोहों में आपको एक अकेला आदमी गिलास थामे, कोने में खड़ा, न किसी से बोलता न बतलाता, कभी कनखियों से इधर-उधर ताकता, कभी एकाग्र दृष्टि से शून्य में निहारता और हर कीमत पर हर गिलास को संबद्ध कार्यक्रम के अनुसार जल्दी से जल्दी खत्म करता दिखाई दे तो ऐसा न समझा जाए कि उसके पास नियंत्रण नहीं है, यही समझा जाए कि उसके पास सोहबत नहीं है।

समाज विज्ञान के तर्कों के अनुसार वर्गों के चरित्र उन्नति करते और बदला करते हैं। अफसोस कि जिस वर्ग का अभी जिक्र किया गया, वह कोई अपवाद नहीं है। सोहबत की कमी उस वर्ग को भी खलने लगी है जो जिसमें वरिष्ठ अधिकारी हैं या समझते हैं कि हैं। बातचीत के विषय कम हो गए हैं। खुले आम सहयोगी अफसरों की निंदा से थोड़ा परहेज किया जाने लगा है, और हर किसी बात में अपने देश का रोना-रोना भी उतना फैशनेबल नहीं रहा। यह काम अब अवकाश प्राप्त बुजुर्ग सरकारी अफसर करते हैं। एक पार्टी में एक सज्जन जो कम से कम 25 साल से शिक्षा-संस्कृति और विश्वविद्यालयों के संसार में ऊँचे दरजे की लफ्फाजी का प्रबंध करते रहे हैं, अब फालतू लोगों से समसामयिक प्रश्नों पर बातचीत करने का अवसर खोजते रहते हैं। इनमें से जाहिर है एक समाज और सुगम विषय हिंदी भाषा की अपरिपक्वता और हिंदी साहित्य की संदिग्धता है। उन्होंने कहा : 'मैं तो अपनी मातृभाषा पंजाबी में या फिर उर्दू में सबसे अच्छा लिख सकता हूँ, परंतु वर्षों से अंग्रेजी में काम करते-करते अब अभिव्यक्ति अंग्रेजी में ही अपने आप होने लगती है। परन्तु हिन्दी में क्या कुछ ऐसा लिखा गया है जो विश्व साहित्य के मुकाबले खड़ा हो सके? मैंने पढ़ा नहीं है, कृपया क्षमा करेंगे?

मैंने कहा : कर दिया। और तुम्हारे जैसे दयनीय चरित्र के साथ क्या किया जाए सिवाय क्षमा करने के।

इसके बाद उन्होंने वहीं पाँच-छह अतिथियों को रोककर बात की, 'मैं अभी अपने मित्र से हिंदी साहित्य के विषय में बात कर रहा था...'

दिखा कि हिंदी साहित्य को पढ़ना नहीं परंतु अंग्रेजी भाषी दासों के बीच उसके विषय में बात करना प्रतिष्ठा का विषय बन रहा है। इक्कीसवीं सदी में एक और बेमेल अचंभा।

मेजबान से विदा लेकर लौटते हुए देखा कितना सुखी था वह आदमी जिसके पास निमंत्रण तो था, पर बात करने की सोहबत नहीं थी (और पीने की सोहबत की तो उसे जरूरत ही नहीं थी) क्योंकि उसकी प्रतिष्ठा अंग्रेजी में चार लोगों को यह बताने पर निर्भर नहीं है कि अपने मित्र के साथ हम अभी हिंदी साहित्य के विषय में बात कर रहे थे।

आत्मसम्मान का मतलब

आत्मसम्मान का मतलब अब से कुछ वर्ष पहले तक यह हुआ करता था कि हम दूसरों की इज्जत करना सीखें। दूसरों की इज्जत करने का मतलब यह हुआ करता था कि हम यह मानकर चलें कि वे ईमानदार हैं। आज ये दोनों मतलब उलटे लटका दिए गए हैं। इन दोनों का तीसरा अर्थ भी था—यह कि इसके खिलाफ चलनेवालों का विरोध किया जाए। यह तीसरा मतलब अब नहीं है। इसकी जगह एक हँसी है, जैसी किसी के फिसलकर गिर पड़ने पर हँसी जाती है। यह समाज के नैतिक पतन का रोना नहीं है, आदमी पर राजनैतिक आक्रमण की कहानी है।

अपने आपमें कोई भावना नैतिक या अनैतिक नहीं हो सकती—दूसरों के साथ संबंध के सामने ही वह दोनों में से एक हो सकती। इस विषय में बहुत दर्शन बघारे बिना हम कह सकते हैं कि दूसरों के साथ संबंध हमेशा एक सच्चे अर्थ में राजनैतिक होते हैं, क्योंकि उनके बनाने में दूसरों की आजादी यानी उनका आत्मसम्मान निहित होता है।

इस विषय में निबंध लिखना मेरा उद्देश्य नहीं है। जो होता रहा है उसका ब्यौरेवार खुलासा करना भी नहीं। जो हो रहा है, उसी पर बात कर रहा हूँ। एक सवेरे अखबार में पढ़ा कि पाकिस्तान से आए एक फिल्म निर्माता-निर्देशक जिन्होंने हिंदू-मुस्लिम एकता की कोई फिल्म बनाई थी और भारत सरकार को भेंट की थी, बंबई में किसी टैक्सी ड्राइवर के हाथों पीटे और लूटे गए। खबर कुछ इस तरह लिखी गई है कि निर्देशक की दुर्गति पर सारा ध्यान है, इसके विरोध पर रत्ती भर नहीं। तटस्थ खबरनवीसी यह नहीं है। भाषा का इस्तेमाल करते हुए तटस्थ रहने का मतलब है कि तथ्यों को तोड़ा-मरोड़ा न जाए, मगर आजाद आदमी के पक्ष में उनको इस तरह समझाया जाए कि बेइंसाफी के खिलाफ सच्चाई मालूम हो। जिस अखबार में मैंने यह खबर पढ़ी उसमें कोशिश (जाने या अनजाने का कोई महत्त्व नहीं, महत्व नतीजे का है) यह थी कि आप बेचारे निर्देशक पर अपने सुरक्षित कमरे की दूरी पर बैठे सवेरे-सवेरे जरा मुस्करा दें। दो दिन पहले ही दूरदर्शन पर एक विज्ञापनदाता की बनवाई फिल्म देख चुका था, जिसका खुल्लमखुल्ला उद्देश्य दर्शक का मनोरंजन करना था और इस मनोरंजन के बदले में उस माल के व्यापारी को धन्यवाद दिलवाना था, जिसने फिल्म बनवाई। पुलिस (ताकत) खुफिया पुलिस (दुगनी ताकत) और एक लड़की, जिसे यही व्यापारी समाज दूसरे विज्ञापनों में मोहिनी बनाकर पेश करता है—ये इस फिल्म के पात्र थे। लड़की हर मोटरवाले मुसाफिर की भलमनसाहत और मर्दानगी का फायदा उठाकर पैसे वसूल करती है—उसकी दया को उकसाकर, देह को नहीं। हमारी फिल्म की खुफिया पुलिस उसे पकड़ लेती है और हमें मानो यह बताकर कि ऐसी औरतों से होशियार रहो, उसे केवल लताड़ बताकर छोड़ देती है (देखा आपने, शरीर पर कोई हिंसा नहीं की गई, लेकिन व्यक्तित्व पर की गई) औरतें मर्दों को बेवकूफ बनाती हैं। मर्द जब उन्हें पकड़ लेते हैं तो वे शक्तिशाली पुलिस के आदर्श रूप बन जाते हैं।

मगर ये दो उदाहरण तो अपमान के सैकड़ों उदाहरणों में से यों ही इस लेख में अपनी जगह खाली देखकर घुस आए हैं। असल उदाहरण तो श्रीमान आदिक और श्रीमान संत भिंडरावाले हैं।

दोनों को ही अपने पक्ष में कुछ न कुछ कहना होगा। उससे मुझे मतलब नहीं। मतलब इस बात से है कि लोगों ने इनके कामों को अलग-अलग कारणों से समाज के लिए अवांछनीय माना है। हो सकता है, कल यह सिद्ध हो जाए कि वे सारी औरतें जिन पर अखबार के अनुसार श्री आदिक गिरे पड़ रहे थे, बहुत कम कपड़े पहने हुए थीं और यह भी समाज-विरोधी है, या कहा जाए कि भिंडरावाले से क्यों नाराज होते हो, यह तो विदेशी ताकतें करवा रही हैं। इसी सिलसिले में जनमत यह भी सीख सकता है कि शराब पीना कभी भारतीय इतिहास में प्रभुदास पटवारी को छोड़कर किसी राजकीय स्तर पर अनुचित नहीं बताया गया और हत्या से तो इतिहास भरा पड़ा है। पर इस बहस

में घसीटे जाने का मेरा इरादा नहीं है। मैं सिर्फ यह कहना चाहता हूँ कि वह राजनीति आदमी की इज्जत नहीं करती जो पहले घुमा-फिराकर और अब खुल्लमखुल्ला कह रही है कि श्री आदिक का व्यवहार, जिसकी सच्चाई की जाँच कांग्रेस पार्टी में होनी बाकी है, कैसा भी हो, उससे पार्टी की राजनीति पर खराब असर नहीं पड़ना चाहिए, राजनीति की मान्यताओं पर भले ही पड़ जाए। महाराष्ट्र की अंदरूनी लड़ाइयाँ इस बात से ज्यादा महत्त्वपूर्ण हैं कि जिस व्यक्ति को लोग अपना प्रतिनिधि चुन रहे हैं, वह इनसानी रिश्तों में ताकत का क्या इस्तेमाल कर रहा है और अपने अलावा बाकी सबके आत्मसम्मान को क्या कर रहा है।

इसी तरह पंजाब का खून-खराबा आदमी की इज्जत का सवाल नहीं है, पार्टी की जीत का सवाल है और अगर उस जीत के लिए इंतजार करना जरूरी है, तो इंतजार किया जाएगा, भले ही राजनीति (और यह पार्टी से ज्यादा बड़ी चीज होती है) हार जाए—खत्म हो जाए और सिर्फ खून करने की ताकत बनकर रह जाए।

विशिष्ट टेलीफोन

फोन पर किसी से बात शुरू करते समय यह बताना जरूरी होता है कि बोलनेवाला कौन है। सीधी बात यह है कि जब आप कहीं फोन मिलाते हैं और घंटी बजने पर कोई फोन सुनता है तब आप जानना चाहते हैं कि क्या आपने सही नंबर पा लिया है? इसलिए जो फोन उठाता है, उसे फोन उठाते ही अपना परिचय देना चाहिए। इससे समय नष्ट होने से बचता है और बात जल्दी खत्म हो जाती है। मगर ऐसा लगता है; कुछ लोग घंटी बजने पर फोन उठाकर अपना नाम बताना अपनी शान के खिलाफ मानते हैं। ऐसे लोग बड़े जोर से 'हलो' या 'हाँ जी' चिल्लाकर इंतजार करते हैं कि जिसने फोन किया है, वह उनके सामने अपना निवेदन प्रकट करेगा। जाने कितनी बार मुझे अनुभव हुआ है कि जहाँ घंटी बजी है, वहीं से किसी ने पहले चिड़चिड़ाई हुई या रोआबदार या बुझी हुई आवाज में 'हलो' कहा और फिर इंतजार किया कि उनसे पूछा जाएगा कि आप कहाँ से बोल रहे हैं। यह तो एक पक्ष की बात हुई। दूसरे पक्ष में भी लोग कुछ कम नहीं हैं। वे इतना तो जता देते हैं कि उन्हें अमुक से बात करनी है मगर यह नहीं पूछते कि अमुक इस फोन पर हैं भी या नहीं। सीधे लट्ठ मारते हैं, 'शर्मा जी को दो।' तब उधर से कोई बोलता है, 'कौन शर्मा जी?' फिर इधर से आश्चर्य प्रकट किया जाता है कि 'क्या यह शर्मा जी का नंबर नहीं है।' तब उधर से डाँटकर जवाब दिया जाता है, 'नहीं है।' मगर यह नहीं बताया जाता कि किसका है। फोन रख दिया जाता है। इस सारी बात से सिर्फ एक फल निकलता है : जिसने फोन किया था वह झुँझला जाता है कि फोन तो शर्मा जी को ही किया गया था। मगर जाने क्या बात हुई जो यह नकारात्मक जवाब मिला। क्या शर्मा जी का नंबर बदल गया है या शर्मा जी इस वक्त घर पर नहीं हैं या हैं और उन्होंने कह रखा है कि फोन आए तो बात मत कराना।

मन ही मन कुढ़ते हुए लोगों का इस तरह से बात करना फोन का इस्तेमाल करनेवाले समाज में कुल मिलाकर इतना चिड़चिड़ापन और दबा हुआ गुस्सा पैदा कर रहा है कि अमेरिकी समाजशास्त्रियों ने अगर इस पर अभी तक कोई शोध न किया हो तो कर डालें। इस शोध का विषय होगा 'विश्व शांति के लिए टेलीफोन का सही उपयोग, उन सबके द्वारा जिनके घर में टेलीफोन है।' कुछ वर्ष पहले जब रूस और अमेरिका ने अपनी-अपनी राजधानियों को हरदम चालू टेलीफोन से जोड़ दिया था तब कुछ आशा बढ़ी थी कि कम से कम दो आदमी न तो फोन पर चिल्लाएँगे न झुँझलाकर टेलीफोन पटक देंगे। इन दो में से एक अमेरिका के राष्ट्रपति होते और एक रूस के। मगर बाद

में पता चला कि दोनों की फोन पर कोई बातचीत ही नहीं हुई। दरअसल फोन का तार जोड़ा सिर्फ इसलिए गया था कि जब एक राष्ट्रपति परमाणु प्रक्षेपास्त्र रवाना कर दे तो दूसरा टेलीफोन करके पूछ ले कि क्या तुमने हमला कर दिया?

जब मेरे घर में कोई बाईस साल पहले फोन लगा था तब मेरे बच्चे काफी छोटे थे। बेचारों को उन दिनों मेरे कारण बहुत मुश्किल उठानी पड़ी। बाद में तो बड़े होते जाने के परिणाम भुगतते-भुगतते बहुत कुछ सीख गए। मैंने उन्हें सिखाया था कि जब भी फोन आए तो अपना परिचय देकर पूछो, 'आपका शुभनाम?' कई लोगों ने मुझसे शिकायत की कि आपको फोन करते हैं तो कोई ठीक से बात ही नहीं करता। 'शुभनाम' जैसा जाने क्या बोलने लगता है। कुछ ने इस तरह जरूर कहा कि तुमने बच्चों को अच्छा सिखाया है, मगर उनके कहने में भाव या तो यह था कि तुमने बच्चों को बिगाड़ दिया है या यह था कि तुम्हारी सीख के कारण ये जीवन में बहुत भुगतेंगे। नतीजा यह हुआ कि मेरे जिम्मे यह काम बढ़ गया कि मैं निगरानी रखूँ और जिस दिन मुझे अपने बच्चे के मुँह से पहली बार सुनने को मिले कि 'कौन बोल रहा है?' उस दिन से होशियार हो जाऊँ कि आधुनिक सभ्यता का हमला मेरे घर पर हो गया है।

अब बच्चे तो बड़े हो गए हैं और उन्होंने सीख लिया है कि किससे 'आपका शुभनाम?' कहें और किससे कहें कि आपको किससे बात करनी है। मगर अब मुश्किल मेरे लिए हो गई है कि मैं कहीं फोन करता हूँ और उधर से फोन उठाए जाने पर अपना नाम बताकर पूछता हूँ कि 'खन्ना जी हैं?' तो यह कोई नहीं बताता कि हैं या नहीं, पूछता है 'आप कौन हैं?' इस पर मैं मन से जितना हो सकता है उतना निरीह होकर अपना नाम बताता हूँ क्योंकि यही मेरा परिचय है। उधर से एक भौंचक मौन सुनाई पड़ता है। फिर कुछ देर बाद ये शब्द आते हैं, 'आप कहाँ से बोल रहे हैं?' अब क्षण-भर मौन रहने की मेरी बारी होती है। फिर मैं एक-एक शब्द साफ-साफ बोलकर अपना पूरा पता बताता हूँ क्योंकि यही तो पूछा गया था। कुछ असमंजस से भरा उत्तर आता है, 'हाँ, मगर कहाँ से?' फिर पूछनेवाला खुद ही यह समझकर कि उसने अजब-सा प्रश्न किया है स्पष्ट करता है 'मेरा मतलब यह है कि आप किस दफ्तर से बोल रहे हैं?' यह बताने पर कि किसी दफ्तर से नहीं, आवाज कहती है, 'मेरा मतलब है कि कोई तो आफिस, दफ्तर, निगम, संस्थान, होगा जहाँ से आप बोल रहे हैं।' इस पर जरा तंग होकर कहता हूँ कि नहीं इनमें से किसी भी जगह से नहीं बोल रहा हूँ।

अब एक और छोटा-सा अंतराल आता है। इसके बीच उधरवाला आपसे क्या कहना चाह रहा होगा, यह मैं उसके मौन में ही सुन लेता हूँ। वह कह रहा होगा तो फिर आप क्यों फोन कर रहे हैं? मत कीजिए क्योंकि जब आप किसी जगह से नहीं बोल रहे हैं, तब समाज में आपकी कोई जगह नहीं है। अब एक ही चारा रह जाता है कि मैं उसको बताऊँ कि खन्नाजी से कह दो कि अमुक ने फोन किया है और वो जैसा कहें वैसा करो।

आप ही बताइए कि अगर किसी आदमी का परिचय केवल उसका नाम हो तो क्या समाज में उसकी कोई जगह नहीं है, मैं तो अपना 'शुभनाम' बताने के लिए हर समय तैयार हूँ। अगर जिनके पास फोन आते रहते हैं, उन्होंने मान लिया है कि वे किसी जगह पर बैठे हुए हैं और बाकी लोगों को उनसे बात करने के लिए जरूरी है कि वे अपना नाम, पद या कोई ऐसा काम जिससे कि उनके पद का अनुमान मिलता हो, बताएँ।

टेलीफोन जो कि फटाक से सीधे बात कर लेने का साधन है, समाज में एक विशिष्ट वर्ग के लोगों का यंत्र मान लिया गया है, जिसको केवल विशिष्ट लोग विशिष्ट लोगों के साथ विशिष्ट विषयों पर बात करने के लिए इस्तेमाल कर सकते हैं।

लोग क्या सचमुच भूल गए हैं

इक्कीसवीं शताब्दी के आने की तैयारी में हम लोग इतने व्यस्त हो गए हैं कि दस वर्ष पहले क्या हुआ था, यह याद नहीं रख पाते। चालू शताब्दी का तीन-चौथाई अंश हमने स्वतंत्रता की कल्पनाओं में, उसके लिए जारी संघर्ष के उतार-चढ़ाव में और स्वतंत्रता के बाद उसे बनाए रखने के प्रयत्नों के सफल होने या असफल रहने की चिंताओं में बिताया। 1975 के बाद से बीसवीं शताब्दी और भारतीय मानस का संबंध बदलना शुरू हो गया। जिस कल्पना को अभी तक छोटे-बड़े सब विचारक और कवि गैरबराबरी मिटाने, अन्याय समाप्त करने और समाजवाद लाने का नाम दिया करते थे, वह 1975 में एक लट्ठमार वाक्य 'गरीबी हटाओ' बन गई और प्रचार किया गया कि शोषण हटाना उतना जरूरी नहीं है जितना खैरात बाँटना और सम्मान का ईमान से कोई संबंध नहीं है। मेरे विचार से यह वर्ष राजनैतिक गठबंधनों में जो परिवर्तन एक के बाद एक लाया है उनके नैतिक परिणामों को इस शताब्दी के बाकी 15 वर्ष भारतीय समाज झेलता रहेगा। वह उनमें से कुछ को बदलने की एक आखिरी कोशिश कर डाले तो अब भी नक्शा कुछ सुधर सकता है।

यह देखना चाहिए कि 1975 के परिणाम क्या हैं। सबसे प्रकट परिणाम तो यह है कि एक बिलकुल नए समाज की कल्पना ही बिखर गई है। उसके लिए इच्छा कुछ व्यक्तियों में अब भी कहीं न कहीं होगी परंतु वे व्यक्ति बिल्कुल अकेले हैं और अपने जैसे विचार रखनेवालों को संगठित नहीं कर पा रहे हैं। संगठित करने की शैली जो 1975 के बाद की परिस्थितियों में नए सिरे से विकसित की जानी चाहिए थी, अधर में लटकी रह गई है। 1975 के पहले की शैलियों की भौंडी नकल कई तरह के मंचों पर से होती रहती है। परंतु वे मंच इतने अधूरे हैं कि वे केवल यही सिद्ध कर पाते हैं कि ऐसी नकल जिस मूल की है वह मूल ही गलत है। जिनके पास समाज की बनावट के चलते संगठन करने के साधन हैं उनके पास प्रचार ही एक साधन बचा है। सत्य और साहस जैसी चीजें इसलिए व्यर्थ मान ली गई हैं कि 1975 के बाद इन चीजों के दुरुपयोग की एक न एक मिसाल सामने आती गई है और यह भावना दृढ़ होती गई है कि कहीं कोई ईमानदारी बची ही नहीं है जिसे आदर्श मानकर एक नमूना प्रस्तुत किया जाए। विचारों के नए प्रतीक नहीं बने हैं, शक्ति के नए प्रतीक बनते गए हैं। यही नहीं, कर्म के प्रतीक जो थे वे संपूर्ण समाज को नहीं, अन्याय और शोषण के सीमित दायरों को अपने-अपने क्षेत्र बनाकर पनपे हैं और संपूर्ण क्रांति की कल्पना की जगह संपूर्ण भारत की कल्पना प्राथमिक बताई जाने लगी है। हुआ यह है कि संपूर्ण राष्ट्र की कल्पना और सारे राष्ट्र में परिवर्तन की कल्पना एक ही भावना के दो पहलू होते हैं, परंतु जब परिवर्तन की संपूर्णता के लिए संगठित प्रयत्न छूट गया तो एक नया नारा क़ेवल 'संपूर्ण भारत' के पक्ष में उठ खड़ा हुआ। उस नारे का अर्थ यही है और कुछ नहीं कि भारत संपूर्ण रहे, क्रांति संपूर्ण न होने पाए।

इस तरह 1975 के बाद से विचार-जगत में जो परिवर्तन हुआ है उसे हम मुख्य रूप से यों बता सकते हैं कि प्रत्येक पतन को यदि वह पतन को और बढ़ाने में सहायक हो सकता है, स्मृति में रख लिया गया है और प्रगति के प्रत्येक संघर्ष को यदि वह उत्थान में अर्थात् मूल्यों को मानवीय बनाने में सहायक होता रहा है, भुला दिया गया है। इतिहास में कोई मूल्य अकेले प्रकाश-स्तंभ की तरह खड़ा रहकर अगली पीढ़ियों को रोशनी नहीं देता रह सकता। उसके प्रकाश में हर दौर के विचारकों और कर्मशीलों को कुछ न कुछ योग देते रहना पड़ता है। तब जाकर कोई मूल कालजयी कहला सकता है।

1975 में कई विचारकों का कहना था कि राजनीति अब पहले जैसे कभी न हो पाएगी। उस समय मैं समझ नहीं पाता था कि इसका पूरा मतलब क्या है। मगर अब समझ में आता है कि

शायद इसमें यह आशंका निहित थी कि विचार का महत्त्व अब नहीं रहेगा। आज विचार की दशा यह है कि मतभेद है तो फिर संवाद नहीं है और मतैक्य है तो किसी संवाद की जरूरत नहीं मानी जाती। जिन भाई लोगों ने 1947 में अपनी जवानी और भारत की आजादी दोनों में एकसाथ प्रवेश किया था, उन्हें अच्छी तरह याद होगा कि जिस हालत का ऊपर बयान किया गया है वह तब नहीं थी, बल्कि पाया यही जाता था कि घोर मतैक्य या घोर मतभेद के बावजूद विचारों के आदान-प्रदान की एक स्वतंत्र सत्ता है। वह हाँ में हाँ मिलाने नहीं देती और बोलचाल बंद होने नहीं देती! एक बारीक विभाजन-रेखा थी जिसके इधर कठमुल्लापन है और उधर ढुलमुलयकीनी। इस सतत जागरूकता में से युवा जगत की निरंतर जिज्ञासा और रचनाशीलता स्फुरित हुआ करती थी।

क्या हुआ उस कठमुल्लापन-विरोधी और ढुलमुलयकीनी-विरोधी चौकन्नेपन का? वह किस शक्ति ने आकर मिटा दिया या वह किस ऊर्जा की कमी से अपने आप मिट गया? यदि यह अभाव प्रतीत होता है तो क्या उसे पूरने की कोई इच्छा होती है या कि कोई अभाव प्रतीत ही नहीं होता? तब हम किस दुनिया में खोए हुए हैं?

ये सब प्रश्न परस्पर जुड़े हुए हैं। इनकी जगह हम दूसरे प्रश्न भी बनाकर सामने रख सकते थे। शायद उत्तर काफी रोचक मिलते। मगर मैंने कोशिश की है कि मौलिक समस्या को समझा जाए। मैं समझता हूँ कि वह यही है—हम किस दुनिया में खोए हुए हैं? शायद हम जिस दुनिया में खोए हुए हैं वह उम्मीदों की दुनिया है। हममें से वे जिनके पास यह आश्वासन है कि जब ये उम्मीदें पूरी होंगी तो सबसे पहले उन्हें हिस्सा मिलेगा, यह चेतना खो चुके हैं कि समाज में सचमुच वंचित और कथित अयोग्य लोगों के साथ संघर्ष में हिस्सेदारी हुए बिना मानवीय मूल्यों में हिस्सेदारी सिर्फ बनावटी होगी। 1975 में उन्हें अच्छी तरह सिखा-पढ़ाकर दुनिया में भेजा है कि गरीबी न बाँटी जाती है न गैरबराबरी मिटाई जाती है, सिर्फ गरीबी हटाई जाती है। गरीबों को अलग-अलग बाँटते हुए और गरीबों और अमीरों को भी अलग-अलग बाँटते हुए हम 1975 के बाद से इसी दुनिया में खोए हुए, भीतर खंड-खंड होते रहते हैं। लोग इस भ्रम में पड़े रहते हैं कि वे सुरक्षित हैं क्योंकि वे किसी मान्यता का पक्ष नहीं ले रहे, किसी का विरोध नहीं कर रहे, उनका पक्ष-विपक्ष नहीं है और उनका कोई अपना विचार नहीं है, वे समृद्धि की कल्पना में खोए हुए हैं।

महँगे जूते का रहस्य

प्रायोजित कार्यक्रम 'अन्याय के खिलाफ लड़ाई' उर्फ 'रजनी' को भी आलोचना सुननी पड़ रही है, यह अजब बात है। क्या लोग अन्याय के पक्ष में हो गए हैं? नहीं, ऐसा नहीं हो सकता। दरअसल बोलने की आजादी और दौलत में हिस्सेदारी दोनों एकसाथ पाकर अन्याय के विरुद्ध आवाज कुछ ज्यादा उठने लगी है। आवाज नहीं 'आवाजें' कहना चाहिए। अजब बात अगर है तो यह कि 1975 के बाद अन्याय की परिभाषा एक नहीं रह गई : जितने स्वार्थ हैं उतनी परिभाषाएँ हैं। राजनीति का सही काम या सही राजनीति का काम अन्याय और न्याय दोनों की मान्यताओं के बारे में अधिकाधिक लोगों को सहमत और संगठित करना होता है। इसकी जगह पिछले दस वर्षों में राजनीति ने खुद अपनी परिभाषा यह बना ली है कि वह पहले से ही बिखरे और बँटे लोगों में अपनी परंपरा से टूटने और समाज निर्माण की शक्ति खो देने की प्रवृत्ति जगाती है। राजनीति जन-समूहों को उनका स्वधर्म बताने की नहीं, एक झंडे तले पराधीन कर देने की विद्या है। वहाँ न्याय की पहचानें बँट जाती हैं। समूहों के मतभेदों को आपस के मिलने-जुलने से नहीं, केन्द्रीय फैसलों से निपटाना आसान

मालूम होने लगता है। अन्याय की समग्र पहचान खत्म हो जाती है और अन्याय के विरुद्ध संघर्ष धोखे से भरा साबित होने लगता है।

बंबई में टैक्सीवालों ने टैक्सी में सफर करनेवाली एक निर्भीक स्त्री की शिकायत पर विरोध किया और दूरदर्शन के प्रायोजित कार्यक्रम बनानेवालों को सलाह दी कि किसी वर्ग की भावनाओं को ठेस न पहुँचाएँ। इसका मतलब यही है कि जब किसी एक वर्ग ने अन्याय का प्रतीक किसी एक वर्ग को माना और उस वर्ग ने एतराज किया कि वह खुद अन्याय का शिकार है अन्याय का कारण नहीं, तो नीति बना दी गई कि कोई किसी की भावना को ठेस न पहुँचाए। मतलब यह कि अन्याय जारी रहे और अन्याय के शिकार लोगों में अन्याय को बताने और एक-दूसरे से सहानुभूति पैदा करने की कोई कोशिश न हो—होगी तो कहीं सिद्ध न हो जाए कि अन्याय की जड़ कहीं गहरे में हमारी शोषण—निर्भर व्यवस्था के भीतर हैं।

वास्तव में सरोकारों का बँटवारा जाति, भाषा और दौलत के बँटवारे से इतना जुड़ा नहीं है जितना निराशा फैलानेवाले स्वार्थों ने प्रचारित कर रखा है। इसी देश में इन सब बँटवारों के रहते हुए भी जब-जब अन्याय बहुत व्यापक हुआ है तो लोग एक होकर उसके विरुद्ध खड़े हुए हैं। कोई बात ऐसी रही है जिससे न्याय के लिए पक्षधरता की परंपरा चलती आई है और अन्याय के पोषक अपना चेहरा दिखाने से डरते रहे हैं।

वह कोई बात है परंपरा में अपनी जड़ों को पहचानना। संप्रेषण के माध्यमों के नए रूप विकसित होने के साथ-साथ जड़ों का यह पहचानना मुश्किल होने लगा है। फिल्म, टेलीविजन आदि इन माध्यमों में न कोई पैदाइशी खोट है, न इनको बरतने के तरीकों की समझ का अभाव है। परंतु फिल्म, दूरदर्शन, रेडियो और अखबार सब मिलकर यह विचार फैला रहे हैं कि जो कुछ संप्रेषित किया जाना है, वह किसी न किसी वर्ग के लिए उद्दिष्ट है। वही वर्ग इसे देखे और सुने।

इसी दृष्टिकोण से देखने पर दिखेगा कि मध्यवर्गीय संभ्रांत गृहिणी को जुल्मों से टकराते हुए दिखाना है तो उसे बता देना चाहिए कि वह सब्जीवाले से टकराए। श्रीमती मन्नू भंडारी ने रजनी प्रसंग पर विवाद में अपना पक्ष रखते हुए एक तर्क दिया है, जिसे यहाँ बताना जरूरी है। उन्होंने कहा है : 'एक बड़ी जूता कंपनी जब (ग्राहक को) अच्छी तरह मूँडती है तो सामान्य आदमी उन कीमती जूतों की ऐयाशी या शान का मोह छोड़ सकता है, लेकिन जब सब्जीवाले मोल और तोल दोनों में मारते हैं तो गुस्सा आना स्वाभाविक है। सब्जी न ऐयाशी है न शान है, बल्कि अनिवार्यता है।'

इस तर्क को मान लेना कठिन है। देखिए, जूते का दाम बढ़ाकर जूता बाजार में रखा गया है, यह तो स्वयंसिद्ध है। पर एक मजबूत, सुंदर और टिकाऊ जूता ऐयाशी का सामान है नहीं, बना दिया गया है। उपभोक्ता सभ्यता अपने उत्पादनों से होनेवाले मुनाफे का चुटकी भर अंश इसी विज्ञापन पर खर्च करती है कि यह जूता इतना कीमती है कि आप इसे पहनकर ऐयाशी और शान का अनुभव करने लगेंगे। मूँड़े जाइए और शानियल कहलाइए। सच तो यह है कि यह सभ्यता हमें सिखाती है कि किसी उत्पादन की असली कीमत कोई चीज नहीं है, निर्माता उसका जो दाम रख देता है वही उस चीज की वकत बन जाता है। पाँव में सुंदर और टिकाऊ जूता अनिवार्यता नहीं तो क्या है? मगर मनवा दिया गया कि वह ऐयाशी है जिसे सामान्य आदमी को महँगी मालूम होने पर छोड़ देना चाहिए। यानी उसकी हैसियत नहीं है कि वह मजबूत जूता सही दाम पर खरीद सके। क्योंकि मुनाफाखोरी की संस्कृति बढ़िया जूते को सिर्फ उनकी पहुँच में आने देना चाहती है जो मूँडे जा सकें। बाकी लोग तुरंत सामान्य जन घोषित कर दिए गए हैं और घटिया माल की बनी चप्पलें सटकाते हुए सामान्य होना सिद्ध कर रहे हैं तथा साल में दो-तीन बार नई पनही खरीदकर जूता कंपनी को मालामाल करने को अभिशप्त हैं।

सब्जी की अनिवार्यता भी विचार करने योग्य विषय है। आज इसे अनिवार्य कहा जा रहा है, मगर कल नहीं तो परसों इस मुनाफाखोर और उपभोक्ता वस्तु-प्रधान सभ्यता में इसे ऐयाशी की या शान की वस्तु बना दिया जाएगा। सिर्फ वे सब्जियाँ हम अनिवार्य मानते रहेंगे जो हमारी पहुँच के भीतर होंगी। ये वही सब्जियाँ होंगी जो गोदाम में तब तक रखी जा सकती हैं जब तक मुनाफा कमाने के लिए या घाटा बचाने के लिए उनका बेचना जरूरी न हो जाए। बाकी सब्जियाँ, फल, फूल, जिनके मोल और तोल में बेईमानी करनेवाले को अन्याय करने की सजा मध्यवर्गीय संभ्रांत गृहिणी दे या पुलिए द्वारा दिला सकती है, एक-एक करके ऐयाशी और शान की चीज बनती जा रही हैं। जो वर्ग इनको खरीद सकता है, अन्याय की शिकायत उसको होगी तो होगी। वरना बाजार से सब्जी भी गायब और अन्याय भी गायब। बची ऐयाशी, तो उसके विरुद्ध कौन है?

समझने की बात यह है कि अन्याय को हम खानों में बाँटकर नहीं देख सकते। कोरी निर्भीकता के प्रदर्शन के लिए ऐसी खंडित सामाजिक चेतना उपयोगी हो सकती है। परंतु यदि लोगों में अन्याय के खिलाफ खड़े होने की इच्छा सचमुच जगाती है तो सभी अन्याय पीड़ितों को एक होने की इच्छा और परस्पर प्रीति भी जगानी होगी।

नीचे घास ऊपर आकाश

दिल्ली की एक संपन्न बस्ती की बात है जहाँ करीब-करीब हर परिवार अपने निजी मकान में रहता है। मकानों का यह समूह एक सहकारिता सभा का बनवाया हुआ है। इनकी सफाई-पुताई, मरम्मत, चौकीदारी की व्यवस्था सभा ही करती है। सभा में विविध आर्थिक स्तरों के मकान-मालिक हैं और इनके सांस्कृतिक स्तर भी एक-से नहीं हैं। लिहाज से इनकी आपसी बहसों में दिलचस्प नतीजे निकलते हुए दिखाई देते हैं।

जैसे कुछ का विचार है कि अगर सभ्य लोगों की तरह शान से रहना है तो सजावट और रखरखाव पर खर्चा करना जरूरी है। कुछ इस विचार से एक अंश से सहमत हैं यानी कि सजावट और रखरखाव जरूरी है, दूसरे अंश से सहमत नहीं हैं यानी कि खर्चा जरूरी है। दोनों ही वर्गों के लोग इस बस्ती को आदर्श मानते हैं, क्योंकि यह बाहर की झंझट भरी दुनिया से किसी कदर मुक्त है मगर इसके रखरखाव के खर्च के बारे में एक वर्ग अपने से भी रईस वर्ग की नकल करता है और दूसरा वर्ग अपनी तुलना में ज्यादा गरीब वर्ग से सहानुभूति रखते हुए उसके समान किफायतशारी करना चाहता है।

दोनों का यही अंतर अनेक बस्ती में समस्याओं की जड़ है। आमदनियों का अंतर समाज में सांस्कृतिक और सामाजिक भेदभाव को पैदा करता है। उधर मध्य वर्ग की संस्कृति दिनोदिन उन रीतियों को हीन मानकर छोड़ती जा रही है जो उस वर्ग में परंपरा से हैं और राजनैतिक आजादी से संघर्ष के दौरान परिपुष्ट हुई थीं। इन रीतियों का उद्देश्य ऊँच-नीच को मिटाकर सामाजिक व्यवहार में अधिक से अधिक समता पैदा करना था और यह उद्देश्य राजनैतिक आजादी की माँग का ही एक रूप था। समृद्धि का प्रदर्शन न करना सामाजिक व्यवहार की मर्यादा बनाता था, आजादी मिलने पर हमारी अपनी सरकार ने ऐसी मर्यादा का पालन सुगमतर करने के लिए परंपरा को समझते हुए आर्थिक कानून और व्यावहारिक प्रशासन के रास्ते अपनाए होते तो जीवन का अनावश्यक क्लेश बहुत कम हो गया होता।

गरीब और अमीर के बीच की खाई को पाटने के लिए गुलाम भारत में कुछ परंपरागत रीतियाँ काम आया करती थीं। दया, दान, परोपकार इनमें से कुछ हैं। इनके लिए कोई कानून नहीं हो सकते,

केवल कुछ मान्यताएँ हो सकती हैं। इसी तरह मनुष्य की बराबरी भी सिर्फ रीतियों से नहीं सिद्ध हो सकती। कानून भी चाहिए। कानून और रीतियाँ दोनों मिलकर बराबरी की इच्छा और सुविधा उत्पन्न करती हैं। और यह निर्विवाद है कि दोनों में से सिर्फ एक का रास्ता पकड़ा जाए तो कानून में चोरी बढ़ती है और रीतियों में पाखंड पनपता है।

जिस सहकारिता बस्ती का जिक्र है वह जब बनी थी तो दावा यह था कि साधारण हैसियत के लोगों को भी सम्मान, सुविधा और सांस्कृतिक सौजन्य सहित जीवन बिताने का साधन इस बस्ती में जुटाया जाएगा। करीब-करीब यही दावा 1947 में आजाद भारत का भी था। आज वर्षों बाद भारत में जीवन जीने का हर सुंदर, सहज और सांस्कृतिक साधन साधारणजन को दुर्लभ और विशिष्ट जन को सुलभ होता जा रहा है। ठीक यही उस छोटी-सी बस्ती में भी हो रहा है जिसका जिक्र है। यह तर्क के अनुसार स्वाभाविक होगा पर जीवन के संतुलित निर्वाह के हित में बाधक है। यह केवल इस कुतर्क को जन्म देता है कि यदि शांति चाहते हो तो जीवन से भाग जाओ या पाँच तारा शैली में जीने का पैसा कमाओ (कैसे? यह न पूछो, न बताओ) यही एक नहीं, अनेक कुतर्क इस विकृति से जन्मे हैं। जैसे यह कि जो कुछ सांस्कृतिक है वह विशेषज्ञों का काम है—यानी गाना-बजाना से लेकर घर को सजाना और शरीर को ढँकना तक। ये काम करना साधारण जीवन जीनेवालों के बस का नहीं। वे तो यह काम दिन-ब-दिन भूलते जा रहे हैं और जब कोई उन्हें सिखाता है तो वह सिखानेवाला भी साधारण जिंदगी से कटा हुआ और कोई न कोई अधूरा व्यक्ति होता है। इस संस्कृति का एक अधकचरा अदद लेकर उसे इस तरह पेश करता है जैसे लो, यह तरीका बरतो तो शान बढ़ेगी। यह नहीं कि इस तरह जियो तो जीवन में आनंद बढ़ेगा जिसका शान से कोई ताल्लुक नहीं। आजकल दिल्ली के किसी आधुनिक भोजनालय में दाल खरीदने जाइए तो यूरोप के वातावरण-प्रदूषण के सताए समाज में प्रकृति को खरीदनेवालों की तरह प्रकृति की हिंदुस्तानी संतान को भी 'हर्बल' दाल खरीदनी होती है। 'हर्ब' (जड़ी-बूटी) की आधुनिकता यूरोप से भारत में आ रही है। हर्बल (हर्ब युक्त) दाल और कुछ नहीं धनिया, पुदीना, करीपत्ता, तेजपात, सोया-मैथी आदि मिली हुई हमारी दकियानूसी दाल ही है जिसे आज के यूरोपीय प्रतिमानों के अनुसार 'आधुनिक' हुए हजारों साल हो चुके हैं।

सवाल दाल की पाकविधि का नहीं है। संस्कृति को शान की खातिर महँगा बनाने का है। इसी के साथ-साथ समाज में गैरबराबरी को एक जीवन-मूल्य के रूप में प्रतिष्ठा देने का भी है। अगर हम इस रवैये को बदलते नहीं तो यह गरीबी को सांस्कृतिक पिछड़ापन बना देगा और अमीरी को सांस्कृतिक खोखलापन।

तब रास्ता कहाँ है? रास्ता बीच का है मगर इसके बावजूद टेढ़ा है। वह आविष्कार का रास्ता है—रिश्तों में गोश्त और हड्डी की धड़कती हुई आत्मीयता के आविष्कार का, किताबी आस्थाओं का नहीं जो पहली झलक में ही झूठी मालूम होती हैं और आखिर तक पहुँचते-पहुँचते पाखंड बन जाती हैं। जिस संस्कृति में शोषण और दमन नहीं है वही आविष्कार की संस्कृति है। वही तो हर अनुभव में मनुष्य की गरिमा और स्वाधीनता अर्थात् एक जीवन-शैली खोजती रहती है जो समृद्धि का दिखावा नहीं करती, जहाँ दिखाने लायक सतही समृद्धि होती ही नहीं।

यह संस्कृति हर प्राकृतिक साधन के निकट है। प्रकृति को वह डब्बाबंद करके पण्यवस्तु बनाने के विरुद्ध है। ऐसा करना पड़ता है तो कम से कम करती है, परंतु खेद है कि संस्कृति बाहर की, विदेश से लेकर भारतीय महानगरों तक की, नकल-संस्कृति के आगे बहुत प्रकार से असहाय भी है। नकल-संस्कृति ने मकानों की वास्तुकला में अभी तक ऐसा आविष्कार नहीं किया जिससे घर में रहनेवाले लोगों को मौसम के खिलाफ कार्रवाई करने पर रोटी से ज्यादा खर्च और परिश्रम दोनों करना पड़ता है—और इस खर्च में जो अधिक समर्थ हैं उनकी शान बढ़ती है, जो नहीं हैं उनकी घटती है। प्रकृति

से सामंजस्य महँगा हो गया है और उसकी कम-खर्च रीतियाँ विस्मृत हो गई हैं। छोटी बस्तियों में इन रीतियों का पुनरुद्धार संभव था, मगर वे बड़ी और आक्रामक बस्तियों से घिरी हुई हैं और उन्हीं के जैसे मानवीय रिश्ते बना रही हैं—वह भी आधुनिकता के नाम पर।

थोड़ी पंजाबियत पंजाब में भी हो

पिछले साल के चुनाव-नतीजों में पंजाब ने एक सवाल पैदा कर दिया है।

क्या पंजाब के आम चुनाव में लोंगोवाल पक्ष के दो-तिहाई बहुमत से जीतने के लिए जरूरी था कि खुद लोंगोवाल खत्म हो जाएँ? इंदिरा कांग्रेस का तीन-चौथाई बहुमत आने के लिए क्या जरूरी था कि इंदिरा गाँधी खत्म हो जाएँ? इंदिरा गाँधी और लोंगोवाल की तुलना नहीं की जा सकती परंतु बहुमत का प्रादुर्भाव दोनों मामले में अलग-अलग कारणों से होने पर भी एक माने में समान है। दोनों के मरने के बाद जो आम चुनाव हुआ वह भावनाप्रधान था।

इस दौर में एक और आदमी मारा गया था भिंडराँवाला। उसके मरने का असर क्या हुआ? यह कि लोंगोवाल जैसा ठंडा दिमाग उभरा और दूसरी तरफ राजनीति-विरोधी आतंकवाद पनपा। दोनों एक-दूसरे के विरुद्ध चीजें हैं। लोंगोवाल संगठन बनानेवाली तार्किक समझदारी है और आतंकवाद तार्किकता ही नहीं बल्कि राजनैतिक संगठन को बेकार की चीज समझता है। भारत की अस्सी बाद की राजनीति को खुद अपनी सूरत धुँधली-गँदली दिखाई दे रही थी। सलेट को एकदम पोंछ डालना जरूरी लग रहा था। जब वह एकदम पुछ गई तो आत्मविश्वास से लोगों ने उस पर राजीव गाँधी का चुनाव और बरनाला का चुनाव लिखा।

क्यों? क्या हमारी राजनैतिक चेतना कुछ तोड़ने और साथ ही साथ कुछ बनाने की ताकत खो बैठी है? क्या उसमें परंपरा नाम की चीज नहीं रह गई है जिसकी बदौलत समाज दो विचारों के टकराव में एक को रख लेता है और दूसरे को तज देता है।

मेरा उत्तर है : नहीं, लोक और परंपरा दोनों जीवित हैं। पंजाब में हत्यारों की घटनाएँ हुईं मगर हिंदुओं और सिखों में गाँवों में, बस्तियों में सांप्रदायिक दंगे नहीं हुए। चुनाव में जिस हिंदू-सिख एकता का दर्शन हुआ है वह समाज में छिपी हुई थी। वह मौका पाकर साकार हो गई। वही पंजाबियत है। इसकी दिल्ली में बड़ी धूम है पर है यह गाँव की चीज। भावना की यह अभिव्यक्ति समाज को बनानेवाली है। उत्तेजना ही भावना नहीं होती है, शांति भी भावना होती है। शांति के उफान को सम्हाले रहना उत्तेजना को सम्हाले रहने से ज्यादा मुश्किल होता है। आज पंजाब में चुनाव के बाद जो वातावरण बना है उसे चार दिन में उफनकर बह जाने नहीं दिया जा सकता। उसे सामाजिक-राजनीतिक कई प्रणालियों में ढालने की जरूरत है। आज जो प्रणालियाँ हम बनाएँगे उनमें से कुछ आतंकवाद की जड़ों में मट्ठा पहुँचाएँगी और कुछ केंद्र-राज्य संबंध को पानी से सींचेंगी। तोड़ने या बनाने के और भी काम बाकी हैं मगर ये दो मुख्य हैं। इन दोनों कामों का उद्देश्य राजनीति को फिर से पटरी पर ला खड़ा करना है और उसके चल पड़ने के बाद असल बदलाव शुरू होगा। स्वर्ण मंदिर की फौजी कार्रवाई के बाद मरहम-पट्टी का मुहावरा बहुत बार इस्तेमाल किया गया था। अब पट्टी खुल रही है और विश्वास हो रहा है कि घाव भर चुका है।

वक्त आ गया है कि हम घाव का भरना भी पहचानें जिस तरह हम मरहम की जरूरत पहचान रहे थे। भारत के एक और राज्य में एक ऐसे राजनैतिक दल की सरकार बनी जिसकी केंद्र में सरकार नहीं है, यह बात केंद्र-राज्य संबंध में कुछ बदलाव के कारण संभव हुई है परंतु जब कुछ बदलाव होने से यह बात संभव हुई है तो इस बात के होने से भी कुछ बदलाव होना चाहिए। बादल का

यह कहना महत्त्वपूर्ण है कि अकाली मंत्रिमंडल में ऐसे व्यक्तियों को भी शामिल किया जाना चाहिए जो मंत्री बनने के योग्य हैं परंतु विधायक नहीं हैं। इसके शामिल होने के छह महीने के अंदर इन्हें जनता के पास वोट के लिए जाना पड़ेगा। यह अकाली दल के जनता से और अधिक नजदीक आने का रास्ता खोलेगा। केंद्र से अकाली दल का अभी टकराव नहीं है, मगर जब नया समाज बनाने को उसकी नीतियाँ अमल में आने लगें तब भी टकराव नहीं होना चाहिए।

पंजाब के भीतर पंजाबियत और बाहर हिंदुस्तानियत होनी चाहिए, यह बात कहनेवाले शायद कहना यह चाहते हैं कि केंद्र अगर कुछ दायरों में पंजाब को अपना-सा बनने दे तो दिल्ली के मामलों में पंजाब सरकार दिल्ली को अपनी राह चलने देगी। यह सिर्फ अधूरी बात है। पंजाब और उन दूसरे राज्यों के बीच जिनको केंद्र से ऐसा ही संबंध बनाना है, यह समझदारी होनी चाहिए कि वे आपस में साथ रहेंगे। जहाँ तक पंजाबियत का सवाल है यह अच्छा है कि उसे पंजाब में भी लाया जाए। सारे भारत में तो वह अपने ढंग से फैल ही चुकी है। पंजाब में पंजाबियत के माने अगर यह हैं कि दो पंजाबियों में हिंदू और सिख के आधार पर भेदभाव न रहे, या जो विकास किया जाए उसके आर्थिक फायदे एक ही वर्ग को न मिल जाएँ, कुछ गैर-बराबरी भी मिले तो यह काम अब अपनी सरकार के हाथों होना चाहिए, केंद्र से माँगकर नहीं।

मुख्यमंत्री बरनाला ने राष्ट्रीय सुरक्षा कानून के अंतर्गत बंदी 224 लोगों की मुक्ति के आदेश दिए हैं। यह सामान्य जीवन-व्यवहार के लिए हितकर होगा। इसी के साथ बरनाला सरकार की यह दृढ़ इच्छा कि स्वर्ण मंदिर अहातों में पुलिस या सेना न घुसे। पंजाब सरकार की शैली की सफलता राष्ट्रीय सहयोग का आधार पैदा कर सकती है। किसी राज्य में पुलिस या सेना का इस्तेमाल करने की नौबत ले आना और फिर सारे राष्ट्र से उसका अनुमोदन करने को कहना केंद्र-राज्य संबंध के स्वस्थ विकास के विरुद्ध है।

थैंक्यू-सॉरी

इंग्लैंड के रहनेवाले एक युवा मित्र कई महीने मेरे अतिथि रहे थे। वह शाकाहारी थे। आधुनिक औद्योगिक सभ्यता की मुनाफाखोरी के विरुद्ध थे और एक सभ्यता के लिए ब्रिटेन से आंदोलन करने वाले युवजनों के बीच प्रिय थे। उनकी आदतों में एक यह थी कि कोई चीज चाहे वह पत्र ही क्यों न हो, लिफाफे में रखकर उन्हें दो तो वह चीज निकाल रख लेते थे और लिफाफा तुरंत वापस कर देते थे। पूछो क्यों? तो कहते थे कि यह उपभोक्ता संस्कृति इस लिफाफे यानि पैकिंग के दाम लेती है। यही उसका मुनाफा है। हम इसका प्रचलन क्यों प्रोत्साहित करें। लंदन में एक बार उन्होंने एक प्रसिद्ध शरबत कंपनी के माल की खाली बोतलें जो दुकान पर ढेर की ढेर जमा हो जाया करती थीं मित्रों की मदद से एकत्र कर दीं और शरबत कंपनी के मुख्य कार्यालय के सामने सड़क पर रातों रात चिनवा दीं। नतीजा यह हुआ कि उन्हें समुद्र में फेंकने के लिए इंतजाम और खर्च कंपनी को खुद अपनी जेब से करना पड़ा जिससे शायद उसने यह सीखा होगा कि इनको दोबारा इस्तेमाल कर लिया जाया करे। बात यह है कि इन युवक के अनुसार ब्रिटेन में हर बोतल और इसकी ढुलाई का खर्च हो जाता है असल माल सिर्फ तीस पैसे का होता है। यह लूट नहीं तो क्या है।

एक दिन इन्होंने मोहल्ले के बच्चों को जो अंग्रेजी नहीं बोलते थे, बहुत देर तक अपने बड़ों से वार्तालाप करते सुना। इसका एक शब्द भी वे समझ नहीं पाए। परंतु अंत में बोले कि आप लोग बच्चों को अंग्रेजी में 'थैंक्यू' या 'सॉरी' बोलना सिखा रहे हैं, सो क्यों। किसी पड़ोसी ने उत्तर दिया क्योंकि यह शिष्टाचार है। लीजिए, हम धन्यवाद या शुक्रिया और 'सॉरी' को क्षमा कीजिए या माफ

कीजिए कहे लेते हैं। तब उस अंग्रेज ने जो उत्तर दिया वह हिंदुस्तानियों को जानना चाहिए।

उसने कहा, "आपके समाज में मानवीय संबंध गहरे होते हैं उनकी पूरी अभिव्यक्ति दो शब्दों से नहीं हो पाती। 'थैंक्यू' एक व्यावसायिक शब्द है और 'सॉरी' भी। ये केवल इतना बताते हैं कि जिस व्यक्ति से यह शिष्टाचार किया जा रहा है, उससे एक व्यावहारिक और क्षणिक रिश्ता बनाए रखना है, क्योंकि न बनाए रखा तो वैमनस्य हो जाएगा। पश्चिम में कामचलाऊ दो शब्द हैं, पूर्व से इनके जैसे दिखनेवाले जो शब्द प्रिय होंगे वे इनसे कहीं अधिक गंभीर अर्थ रखते होंगे।"

मैंने सोचा, शायद यह बात सही है। धन्यवाद शब्द ही कृत्रिम है। हाँ, 'धन्य-धन्य' स्वाभाविक है, पर उसका अर्थ यह नहीं है कि आपके किए से मैं उपकृत हुआ, बल्कि यह है कि आप धन्य हैं। यह 'थैंक्यू' से कहीं अधिक बड़ा शब्द है। और 'क्षमा कीजिएगा' या 'क्षमा' एक व्यापकता, सामाजिक अनुकंपा और अभय की याचना है जो 'सॉरी' अर्थात् मुझे खेद है से कहीं ज्यादा गहरे रिश्ते की अभिव्यक्ति है।

अगर हम बच्चों को बात-बात पर 'थैंक्यू-सॉरी' कहना सिखा रहे हैं तो हम उनकी अनुभूतियों को पनीली बना रहे हैं और सामाजिक व्यवहार में उसी पनीलेपन को प्रतिष्ठित कर रहे हैं। अगर हम इन शब्दों का हिंदीकरण करके या उर्दूकरण करके उनकी अंग्रेजियत दूर करने पर प्रसन्न हो रहे हैं तो हम इनके तथाकथित भारतीय पर्यायों का अवमूल्यन कर रहे हैं। दोनों कामों में अपने बच्चों के लिए घाटा ही है। हम अपने पास जो पूँजी है उसे छोड़ रहे हैं।

'थैंक्यू-सॉरी' वाली जमात अनुग्रहों को स्वीकार करने पर 'थैंक्यू-सॉरी' हमेशा ही कहती हो, ऐसा नहीं। अक्सर यह अनुग्रह करनेवाले के सामाजिक स्तर को भाँपकर उसके अनुसार 'थैंक्यू' कहती या नहीं कहती है। दिल्ली के कानवेंट के पढ़े लड़के-लड़कियों को अपने से कम हैसियतवाले मामूली आदमियों से 'थैंक्यू' या 'सॉरी' कहते कम ही सुना जाता है। यदि किसी साधारण हैसिंयत के व्यक्ति ने कोई उपकार लड़के-लड़कियों पर किया हो और उसे 'थैंक्यू' कहा गया हो तो दरअसल उसका अर्थ थैंक यू जैसा कुछ नहीं होगा। उसका अर्थ होगा, ठीक है तुम्हारा पुरस्कार तुमको दिया। तुमने सेवा की, दफा हो। 'सॉरी' तो यह वर्ग तभी बोलता है जब टक्कर पर बराबर की या बड़ी हैसियत या कोई व्यक्ति हो। उस 'सॉरी' में डर होता है। मुलामियत होती है। कम हैसियतवाले किसी से बोला 'सॉरी' ऐसा कुछ नहीं होता। वह उपस्थित लोगों के सामने अपने आक्रामक चरित्र को छिपाने का प्रयत्न होता है? बस। इससे अधिक कुछ नहीं।

मेरे अतिथि ने अपना अनुसंधान जारी रखा। उन्होंने दो व्यक्तियों से पूछा कि जब आपके माँगने पर आपके निकट का कोई व्यक्ति एक गिलास पानी लाकर आपको देता है तो आप क्या कहते हैं? सबने कहा, कुछ नहीं, मैं सिर्फ ले लेता हूँ। परंतु विदेशी ने लक्ष्य किया कि इस गिलास को स्वीकार करते हुए या तो देनेवाले से निरंतर परिचय की स्मृतियाँ दोनों पक्षों के बीच में प्रकट होने लगती हैं या परिचय पहली बार हुआ तो कृतज्ञता का भाव लेनेवाले और विनय का भाव देनेवाले के आचरण में प्रकट हो जाता है। भारतीय जीवन में भाषा केवल शब्दों से नहीं बनती, व्यवहार से बनती है और आमतौर से पश्चिमवाले भाषा की इस प्रकृति को भाषाविज्ञान की किताबों में पढ़ते हैं पर जीवन में नहीं देख पाते, क्योंकि उनके जीवन में प्रकृति से विरोध ही अधिक है, प्रकृति से सामंजस्य कम है। पर इस अतिथि ने भारत में यह भाषा पहचानी थी जो भारतीय ही भूले जा रहे हैं। उन्हें एक समुन्नत संस्कृति की नकल करने का लाभ हो रहा है, इसलिए वह सुविधाजनक है और उसमें मानवीय संबंधों को बिना बनाए हुए औपचारिकता से काम चल जाता है।

सिर्फ यह भी नहीं। छोटे-बड़े का भेद अंदर-अंदर बनाए रखना और ऊपर से लोकतंत्रीय दिखना भी इस 'थैंक्यू-सॉरी' में संभव है। इसमें बोल के लिए बड़े पैमाने पर अंग्रेजी की आवश्यकता का विज्ञापन किया जा रहा है तो वह भाषा गँवार मानी जाने लगेगी जिसमें सिर्फ एक स्पर्श, एक मुद्रा

और एक चितवन बहुत कुछ कह देती है। और यह भाषा कम से कम अपने आत्मीयों से संबंध जितना घनिष्ट बनाती है 'थैंक्यू' और 'सॉरी' उतना ही उथला बनाते हैं।

हर कोई जो पूर्वी उत्तरप्रदेश, बिहार, उड़ीसा, मध्यप्रदेश, महाराष्ट्र, गुजरात आदि इलाकों में रह चुका है, जानता है कि हिंदीभाषी किसी से पैर छू जाए तो तुरंत उसके घुटने छूकर प्रणाम करता है और बातचीत जारी रहती है। वह प्रणाम कोई कर्मकांड नहीं है, एक सहज अभिव्यंजना है, जिसका अर्थ अंग्रेजी में है—'आई एम सॉरी।' 'ओह आई आम बेरी सॉरी' कहने को बाध्य हो रहे तो जरा-सी गर्दन झुका लीजिए। दरअसल वह भी जरूरी नहीं। आँखें ही कह देंगी।

भारतीय परंपरा में पला व्यक्ति सारे शरीर से भाषा बोलता है। अंग्रेजी के शुद्ध उच्चारण को सीखना पड़ता है, जबकि हिंदी में उच्चारण सीखने की सख्त जरूरत सिर्फ रेडियो और दूरदर्शन के वाचकों को है, हम सबको जो राष्ट्रीय प्रतिमान के अनुसार उच्चारण करने को बाध्य नहीं हैं, केवल हिंदी की जीवन संस्कृति फिर से पहचानना बहुत काफी होगा। वह संस्कृति समाज में परस्पर संप्रेषण का हमेशा माध्यम रही है और सामाजिक तथा मानवीय व्यवहार की मुद्राएँ और भंगिमाएँ जैसी कि अच्छी हिन्दी की परंपरा से मिली हैं, बच्चों को सिखानी चाहिए, 'थैंक्यू' और 'सॉरी' नहीं।

गाँवों का उजड़ना और शहरों का उखड़ना

गाँव और शहर का विवाद पुराना है। किसी समय यह विवाद आर्थिक रहा होगा और कालांतर में ही सांस्कृतिक हुआ होगा, पर स्वतंत्र भारत में गाँवों का उजड़ना और शहरों का उखड़ना एकसाथ होता रहा है और यह कोई निरी प्राकृतिक घटना नहीं रही है। सत्ता के केंद्रीकरण का परिणाम ही था कि परंपरा से जाति, पैसे या लाठी के बल पर शक्तिशाली शोषक तत्त्वों का गाँव और शहर दोनों में परस्पर सहयोग बढ़ा। इस समय आजादी की प्रायः आधी शताब्दी बीतने पर हम उन सभी सरलीकरणों को संदिग्ध पा रहे हैं जो आजादी के संघर्ष के दिनों में हमने बनाए थे जैसे यह कि गाँव में सर्वत्र प्रेम और शांति भरी है तथा शहर में चहुँ ओर घोर क्लेश और हिंसा व्याप्त है। फिर भी किसी भारतीय नागरिक के लिए यह स्वीकार कर लेना मृत्यु के समान होगा कि गाँव मानवद्वेषी मूल्यों के भंडार हैं या यह कि शहरों में जो मानवीयता है वह झूठी है। जीवनप्रद तो यही होगा कि वर्तमान में गाँव और शहर के बीच फँसे मनुष्य की लोकतंत्रीय आकांक्षाओं की परस्पर विरोधी दीखनेवाली परिस्थिति को ईमानदारी से समझा जाए।

हाल के वर्षों में गाँव से कमाए हुए पैसे से शहर में संपत्ति खरीदने का सिलसिला आजादी के शुरू के वर्षों की तुलना में बहुत बढ़ गया है और काले धन के विराट समर्थन ने शहरों में पूँजी का कृत्रिम साम्राज्य और अधिक आक्रामक बना दिया है। इसकी आक्रामकता का परिणाम गाँव की संस्कृति के बहुत तेजी से 'आधुनिक' होते जाने में दिखता है। पर जो एकाएक नहीं दिखता वह है गाँव की कमाई से शहर में संपत्ति के अलावा विशेषाधिकार प्राप्त करनेवाले वर्ग का उदय। निश्चय ही इस वर्ग के रिश्ते राजनैतिक सत्ता में भी हैं और प्रशासन प्रतिष्ठानों में इसकी पहुँच है। शहरों में जैसी अधकचरी संस्कृति आधुनिक वैभव का भ्रम पैदा करती है वैसी इस वर्ग को सुलभ है और स्वीकार्य भी। पर इसे यह विज्ञप्ति करने में अपना स्वार्थ न्यस्त जान पड़ता है कि वह गाँव से आया है, कि उसकी जड़ें गाँव में हैं और वह गाँवों की संस्कृति का पक्षधर है। सच तो यह है कि वह ग्राम संस्कृति जिसका पक्षधर यह संभ्रांत व्यक्ति अपने को बताता है वही संस्कृति है जो गाँव में भूमि अथवा जाति के वर्चस्व और गैरबराबरी के स्थायित्व की पोषक है। जहाँ तक भारतीय शहरों का सवाल है उनकी रचना ही गाँव से स्थानांतरित पूँजी और प्रताड़ित श्रम के मेल से हुई है तथा

उनकी अधकचरी आधुनिकता में इस संभ्रांत ग्रामीण का खप जाना बहुत मुश्किल नहीं है क्योंकि वहाँ उसकी विचित्रता की भी कीमत लग जाएगी। यह व्यक्ति अपने को विशिष्ट मानता है। ठीक उसी तरह जैसे हिंदी के वे भक्त अपने को विशिष्ट मानते हैं जो हिंदी के साथ-साथ अपने साहबों की भाषा अंग्रेजी पर भी अधिकार रखते हैं। उसी के कारण वे हिंदी भाषा समाज में विशेष सम्मान के पात्र हैं। यहाँ शहरों से जुड़े हुए इस व्यक्ति के मुँह से बार-बार अपने गाँव से जुड़े होने का विज्ञापन सुनकर ऐसा लगता है मानो कोई नौकरशाह घोषणा कर रहा हो कि मैं हिंदी धाराप्रवाह बोल लेता हूँ।

गाँव से जुड़े होना कोई बुरी बात नहीं है। मगर कोई खास बात भी नहीं है। खास बात होगी किसी का दावा करना कि मैं गाँव से जुड़ा नहीं हूँ। गाँव से जुड़े होने के कारण ही किसी के लिए सब मनुष्यों को एकसमान समझना संभव हो सकता है। पर गाँव से जुड़े होकर जब कोई व्यक्ति शहर के उस वर्ग का माध्यम बन जाए जो गाँवों के शोषण पर टिका हुआ है तो उसकी सामाजिक प्रतिबद्धता के विषय में सचेत हो जाना चाहिए। उस दुर्भाव से अच्छा तो यह होता कि बजाय यह गाना गाने के कि गाँव से जुड़ा हुआ हूँ वह दावा कर सकता कि मैं गाँव छोड़कर चला आया हूँ, क्योंकि वहाँ मेरा अब कोई स्वार्थ नहीं रह गया है।

निस्संदेह गाँव से भाग आए लोगों में ऐसा दावा कर सकनेवाले शहर में कम नहीं होंगे। पर वे शहर के उस हिस्से में रहते होंगे जहाँ मिट्टी तोड़नेवाले मजूर या आदमी को ढोनेवाले आदमी साइकिल रिक्शा चालक रहते हैं। इन दोनों में से कोई कभी अपने गाँव से जुड़े होने को भुना नहीं सकता। अधिक से अधिक वह यही कर सकता है कि शहर के मानवद्वेषी समाज में जहाँ उसे रहने पर मजबूर किया गया है वह नई संस्कृति के पक्ष में संघर्ष करे।

अपने को ग्राम-संस्कृति का पक्षधर कहनेवाला हमारा संभ्रांत ग्रामीण नागरिक जो अब शहर में सुखासीन है, इस तरह के संघर्ष को गाँव से जुड़ना नहीं मानता है, यह तो स्पष्ट ही है, पर वह यह भी समझने से इनकार करता रहे कि एक स्वस्थ मानवीय नागर संस्कृति का निर्माण लोकतंत्र के लिए आवश्यक है तो उसे संकीर्ण सांप्रदायिक सामंती मानसिकता का पक्षधर कहना उचित होगा न कि गाँव की मानवधर्मी नैतिकता का जो भारतीय गाँव में अब भी मिल जाती है।

कीटनाशक की दासता

भारत की सांस्कृतिक राजधानी भोपाल से लगातार कई दिन तक मौतों की संख्या की खबरें आती रही हैं। यह संख्या बढ़ती जा रही है। शीर्षकों में यह इस तरह छापी गई है जैसे वही खबर हो। खबर वह नहीं है। खबर है भोपाल में संस्कृति का जीवन से लगभग संपूर्ण अलगाव।

"लगभग" इसलिए कि एक छोटा-सा समाचार भी छपा था, जिसमें कई लोगों के एक विरोध जुलूस निकालने की खबर थी। समाचार में जहाँ तक याद पड़ता है कोई नाम नहीं थे, जिनका संस्कृति की राजधानी में कोई महत्त्व हो और कोई वक्तव्य या कार्य भी नहीं था जिससे यह बात कम से कम थोड़ी-सी सामने आए कि कीटनाशक की निर्माण-प्रौद्योगिकी किस तरह संस्कृति में मनुष्य का अवमूल्यन कर रही है। गैस रिसना कार्यकुशलता का अभाव दिखता है, पर वह सिर्फ इतना ही नहीं है। वह भारतीय समाज को एक ताकतवर उद्योग के लिए कच्चा माल बनाकर छोड़ देने की दासतापोषक नीति का भी हजारों जानों की कीमत पर पर्दाफाश करता है। एक चुनावी विज्ञापन में गनीमत है कि यह दावा नहीं किया गया था कि हमने देश में कीड़ों-मकोड़ों से, जो विपक्ष ने पैदा किए थे, देश को बचाने के लिए टनों कीटनाशक बनवाया। किया होता तो बहुत बुरा होता, क्योंकि तब सारी

बहस मध्यप्रदेश सरकार के पक्ष या विपक्ष की बहस बन गई होती। आज तो वह संस्कृति की बहस है, मगर हो नहीं रही है क्योंकि जो कर सकते थे वे मर गए हैं। जो जिंदा हैं वे अपने सांस्कृतिक जीवन को छूत से बचाए हुए बैठे हैं। प्रौद्योगिकी का जीवन से संबंध सांस्कृतिक राजधानी में विचारगोष्ठियों का विषय कभी नहीं रहा। आज भी नहीं है।

मगर असल विषय वही है।

अन्न की राजनीति ने पी एल-480 के रुपए के भंडार से भारतीय समाज को नियंत्रित करने की कोशिश करके एकाएक एक दिन यह तरीका छोड़ दिया था। उस समय इस परिवर्तन को भारत-अमेरिकी संबंधों में भारतीय विदेश नीति की विजय और अमेरिकी सदाशयता का प्रमाण माना गया था। परंतु यह परिवर्तन और कुछ नहीं, अमेरिकी राजनीति में अन्न उत्पादकों के प्रभुत्व का करिश्मा था : ये उत्पादक अनाज की नई किस्में बेचना अनाज बेचने से ज्यादा उपयोगी मानने लगे थे, क्योंकि इससे वे भारतीय समाज पर और सरकार पर ज्यादा गहरी पकड़ जमा सकते थे। नई किस्मों के माने थे उर्वरक का बेहद ज्यादा इस्तेमाल। उर्वरक का बाजार नई किस्म के बीजों के प्रचार के साथ-साथ निश्चित हो जाता और ये उर्वरक अपने साथ कीटनाशक लाते, नहीं तो फसल एक बार दागी होने से पूरी की पूरी चौपट होती।

आज हमारी खेती कितनी बुरी तरह नई किस्म के बीजों, जमीन को अनुर्वर बनाकर घनी फसल देनेवाले रसायनों और अन्न को रोगमय करनेवाले कीटनाशकों पर निर्भर हो गई है, यह कोई भी निष्पक्ष विशेषज्ञ बता सकता है। आप किसी दिन किसी मुख्यमंत्री या कृषिमंत्री का वक्तव्य पढ़ लेंगे कि यदि देश को भूखों मरने से बचाना है तो कीटनाशक जैसे पदार्थों का उत्पादन और इस्तेमाल करना होगा। इसके जहरीले असर से पर्यावरण दूषित होने की आप लोग जो चिंता कर रहे हैं, वह देश के हितों के विरुद्ध है।

पर्यावरण पिछले कुछ वर्षों में एक फैशनेबल विषय बन गया है। इसे एक अकादमीय विषय के रूप में कई बड़ी-बड़ी संस्थाएँ, भारतीय बुद्धिजीवियों के बीच प्रचारित कर रही हैं। इस विषय पर इतनी थोथी बहसें संभ्रांत वर्ग में होती रहती हैं कि एक सरकारी पोस्टर जो पर्यावरण की रक्षा के लिए प्रचारित किया गया है, इस हाल पर सबसे सही टिप्पणी करता है। इसमें एक किशोरी का बड़ा-सा चेहरा है जो ओठ पर उँगली रखे चुप रहने का संकेत कर रही है। शीर्षक है—'शोर पर्यावरण को दूषित करता है।' कीटनाशक रसायन की तरह यह पोस्टर भी पश्चिमी बाजार की खपत बढ़ानेवाले माल का विज्ञापन है। वह माल है **पर्यावरण विशेषज्ञ** जो पश्चिम से यहाँ आकर यही बताना चाहता है कि शोर ने आधुनिक सभ्यता में वातावरण को असह्य बना दिया है। वह यह नहीं बताता कि पश्चिम के रसायनों के प्रचार ने मीलों दूर तक चिड़ियों, मछलियों और खरगोशों को खत्म कर दिया है। इसलिए वहाँ आदमी को रसायन-प्रदूषण के लिए अपने देश से बाहर तीसरी दुनिया के देशों की जरूरत है। रसायनों से माल तैयार होगा तीसरी दुनिया के देशों में, मुनाफा जाएगा अमेरिकी दुनिया में। प्रदूषण होगा तीसरी दुनिया में जहाँ अमेरिकी उद्योग को प्रदूषण पर नियंत्रण की जिम्मेदारी नहीं उठानी पड़ेगी। तीसरी दुनिया को बताया जाएगा कि सिर्फ पानी, खेती की अनुभवी समझ और जमीन की ताकत से भूख मिटाने लायक पैदावार हो ही नहीं सकती। उसे बताया जाएगा कि तुम अमेरिका और यूरोप के लिए खरीददारों का बाजार भी हो और अमेरिका-यूरोप में बिकनेवाली चीज भी हो। तुम गुलाम और असमर्थ रहो, इसी में तुम्हारी आधुनिकता का विकास है।

भोपाल इस बारे में क्या सोचता है? क्या यह विषय खेती का विषय है कि संस्कृति का? मैं समझता हूँ खेती और संस्कृति दो अलग-अलग चीजें नहीं हैं। हर प्रौद्योगिकी जो आदमी को व्यापार के सामने लाचार बनाती है, संस्कृति को पराधीन बनाती है। यह सांस्कृतिक राजधानी में बहस का

ाषय होना ही चाहिए। मगर मुझे आशंका हो रही है कि कहीं वहाँ चित्रकार मौतों की तस्वीरें न नाने लगें और नाटककार त्रासदी पर प्रयोगधर्मी नाटक न खेलने लगें।

इमरजंसी की औलादों की राजनीति

श की राष्ट्रीय एकता और लोकतंत्री परंपरा पर कल मेरे घर में घुसकर कुछ लोगों ने हमला बोल दया। ये लोग बता रहे थे कि सारे देश में कोई राजनीतिक दल ईमानदार नहीं रह गया है। दलों ; नेता नौजवानों को झाँसा देकर अपने स्वार्थों के लिए उनका दुरुपयोग कर रहे हैं। राजनीति से से भी कोई परिवर्तन नहीं हो सकता और काम तो डंडे से ही हो सकता है। डंडा माने स्टेनगन। ह तो बच्चा-बच्चा जानता है कि स्टेनगन सेना के पास होती है, मगर ये लोग जो मेरे घर में घुस ाए थे, बता रहे थे कि हमारे पास भी है। स्टेनगन से ही हर समय हम काम लेते हों, ऐसा नहीं; ात-मुक्के, पेट्रोल, आग, चाकू, साइकिल की चेन, लाठी, हाकीस्टिक (यह खेल का एक औजार आ करती थी—किसी जमाने में और भारत ने इसमें किसी वक्त नाम भी कमाया था) से काम लेते । जहाँ तक नौजवानों का सवाल है, वे समाज में भ्रष्टाचार बढ़ता देखकर उसके अड्डों को नेस्तनाबूद रने पर तुले हुए हैं, मगर यह काम सरकार नहीं कर रही है इसलिए वे खुद करने लगे हैं। इसमें न्हें किसी सहारे की जरूरत नहीं। समाज मर चुका है। उसके अंदर अन्याय से लड़ने की शक्ति र चुकी है। यहाँ तक कि एक आदमी भी अन्याय के विरुद्ध नहीं बोलता, सिवाय इन नौजवानों ; जो मारपीट करके ही समस्या को सुलझाने को तैयार हैं। इन्होंने न्याय के लिए गुंडा बनना स्वीकार कया है, क्योंकि न्याय की लड़ाई में अब कोई और रास्ता नहीं बचा है। नौजवानों में जो देश को क नया नेतृत्व देने की शक्ति रखते हैं, वही हैं जो मुक्के में ताकत रखते हैं। यह ताकत इन नौजवानों मेरे घर में प्रदर्शित करके मुझे जता दिया कि यदि मैं बोलूँगा कि 1929 से यानी जिस साल पैदा आ था, तब से लेकर अब तक मैंने अपने माता-पिता से और माता-पिता ने पुरखों से जो सीखा ा, वह मेरे खानदान की, मेरे पुरखों की और मेरे गुरुओं की कायरता और मूर्खता थी। मिल-जुलकर, र्क से, प्रेम से, समाज में न्याय की परंपराओं के दबाव से, कोई शक्ति नहीं पैदा होती, वह केवल से नौजवानों के हाथों हुए खूनखराबे से पैदा होती है जिन्होंने न राष्ट्र की किसी जन-परंपरा को ाना है, न किसी परंपरा को पहचाना है, न किसी विद्यालय में गुरुओं के पास बैठकर कुछ सीखा , न माता-पिता से कुछ ग्रहण किया है। दरअसल इन नौजवानों में जो बार-बार कह रहे थे कि म कुछ करना चाहते हैं, एक ऐसा भी था जिसके माँ-बाप उसे समाज को बदलने नहीं दे रहे थे। न माँ-बाप और बेटे के बीच कोई बातचीत ही नहीं हो रही थी। बेटा गुंडागर्दी में शामिल होकर ाष्ट्र को उन्नति के पथ पर चला रहा था, मगर बाप गुंडागर्दी से डरकर राष्ट्र की उन्नति के पथ बाधा डाल रहा था। बेटे ने हर सामाजिक समस्या पर—जैसे मटका, सट्टा, बेरोजगारी, चुनाव में से के जोर पर ताकत जमा करना आदि पर आक्रमण किया और हर बार आक्रमण करते हुए वह मकी देता रहा कि मैं तुम्हें जान से मार डालूँगा। यह वाक्य और इसके अनेक साहित्यिक रूप मैंने ो घंटे में बीस बार सुने।

ये लोग एक फिल्म में से होकर मेरे कमरे में टेलीविजन के जरिए आ घुसे थे। मैं सोचने लगा, वे नहीं हैं जो नक्सलपंथी कहलाते थे। इनके पास कोई विचारधारा तो दूर, विचार तक नहीं हैं। किसी भी आतंकवादी दल के लिए अच्छे कार्यकर्त्ता बन सकते हैं। सिर्फ इंतजार करने और भाँपते हने की देर है कि परंपरा, परिवार और सच्ची राजनीति का विनाश काफी हो गया कि नहीं। जब ाह दिखे कि हो गया तो अमेरिका, पाकिस्तान, चीन या किसी भी साम्राज्यवादी देश को बस इतना

करना रह जाएगा कि नौजवानों को हिंसा के नए-नए तरीके सिखा देने होंगे। भारतीय राष्ट्र को भीत से जोड़े रहनेवाली शक्तियाँ बिखर जाएँगी। विदेशी शक्तियों की घुसपैठ हमारी सीमाओं पर होगी तो हमारी सामाजिक एकता अदृश्य हो जाएगी।

यह एक फिल्म थी जो मैं देख रहा था। परंतु यह केवल फिल्म नहीं थी और मैं इसकी कल की आलोचना नहीं कर रहा हूँ। मैं इसकी राजनीति की आलोचना कर रहा हूँ। काश कि फिल्म के क्षेत्र में क्या हो रहा है, इसकी उत्सुकता से भरकर फिल्म और जनता के संबंध में लिखने और पढ़नेवाले अब यह समझ लेते कि राजनीतिक संगठन और विचार को मिटाकर एक ऐसा प्रचार का साधन देश के दिमाग को अपनी तरह का बना रहा है। वह प्रचार कर रहा है कि तोड़ो-फोड़ो—मकान को शहर को, समाज को और इंसानी हिम्मत और ईमानदारी को तोड़ो। साथ ही मसीहा बनकर हिंसा करो। यही भारत का भविष्य है।

यह एक राजनीति है जो सब राजनीतिक दलों को भ्रष्ट और नाकारा बताती है। फिल्म इस राजनीति के प्रचार का सबसे बड़ा साधन है। और राजनीतिक दल, राष्ट्र की एकता या लोकतंत्र की परंपरा के विषय में नौजवानों को कुछ सिखा नहीं रहे हैं। फिल्म की समीक्षा करने से कुछ हासिल नहीं होगा। जो राजनीति इन फिल्मों को बना रही है, वही समीक्षा का विषय है और उसका जवाब हमें राजनीति के पैमाने पर देना है। यह राजनीति जो राजनैतिक विचार और संगठन को रद्द करती है, एक बार हम दस बरस हुए देख चुके हैं। इस बार उस राजनीति की नई पीढ़ी सामने आ रही है।

आदिवासी की पूजा बंद करो

इस लेख का आरंभ जिस वाक्य से हो रहा है वह एक आग्रह का वाक्य है—'आदिवासियों की पूजा बंद करो।' यह वैसा ही वाक्य है जैसा कई साल पहले मैंने लिखा था—हिंदी की पूजा बंद करो। हिंदी को इस्तेमाल न करके हमने उसे उसकी जड़ों से कुतर-कुतरकर अलग कर दिया है, और अब वह जहाँ निर्णायक विचार होते हैं, उन हलकों में कैक्टर करोटन और फर्न का पौधा बन गई है। आदिवासियों को अपने वे कपड़े पहनकर सामने आने को कहकर, जो हमारे लिए उनके सिंगार हैं पर दरअसल उनके जीवन के व्यवहार हैं, हम उनको दीवानखाने में खूँटी पर टाँग तो नहीं रहे हैं पर उनके साथ रिश्ता कुछ ऐसा ही बना रहे हैं। इस अलगाव की हद तो यह है कि हम उनके घर जाने पर उनके जैसे कपड़े डाल लेते हैं और इस खुशी में नाचने भी लगते हैं। हमारे जीवन में नाच सिर्फ गुरु-शिष्य परंपरा में या शादी-ब्याह में रह गया है और नहीं तो ऊर्जा को बाहर फेंकने के डिस्को संगीत में काम आता है, इसलिए हम आदिवासियों के लोकजीवन के छंदों की नकल करते हैं। उद्देश्य उस लोकजीवन के छंद को सीखना तो दूर जानना तक नहीं है, सिर्फ आदिवासियों को यह बताना है कि हम तुम्हारे हितैषी हैं और प्रचार माध्यमों को यह बताया है कि हम विदेशी नहीं हैं। इसी को कहते हैं आदिवासी पूजा।

हाल में राजीव गाँधी के आदिवासी दौरों की मुख्य घटनाएँ तो एक दिन और फिसड्डी अखबारों में दो दिन छप लीं। तब से अब तक दो तरह की खबरें छपती चली आ रही हैं : एक यह कि कैसे प्रधानमंत्री ने कुछ लोगों को मीठी झिड़कियाँ पिलाईं जिनकी वजह यह थी कि वे स्वामिभक्त हो पौधों को कच्ची मिट्टी में खोंसकर बगीचे लगा रहे थे, शिलान्यास हो चुकने पर उसको प्रधानमंत्री के हाथ से छुआकर पवित्र करा रहे थे और स्कूल, अस्पताल जैसी संस्थाएँ जो एक दिन पहले बनी थीं, अपने शासन की उपलब्धि बता रहे थे। अच्छा हुआ, यह धोखाधड़ी पकड़ी गई। परंतु यात्रा

को काफी दिन हो गए हैं। अब हम इस सनसनी का मजा ले चुके हैं कि राजीव गाँधी ने जासूसी का ऐसा जाल फैलाया कि वे हेलीकाप्टर से उतरे नहीं कि हजारों की पगार कमानेवाली अंग्रेजीभाषी खुफिया दल से सारी चालाकियों की रपट ले जाए।

मगर सनसनी से जी भर चुका है। अब हम वह जानना चाहते हैं कि वे पौधे जमे कि नहीं, वे स्कूल भरे कि नहीं, उन दवाखानों में शफा हुई कि नहीं। जो पत्रकार जन्नाटे से उड़कर (गालिबन) गए थे अब हय्युप हय्यु करते हुए जाएँ, जैसे राजीव गाँधी की कीचड़ में छपाछप करती हुई बहादुराना तस्वीर उन्होंने छापी थी, वैसे ही फचरफचर करें और खबर लाएँ कि उन संस्थाओं में जो फटाके से खुल गई थीं चर्रचूँ करके बंद तो नहीं हो गई हैं। और हाँ यह भी पता लगाकर आइएगा कि अगर पढ़ाई हो रही है तो क्या पढ़ाया जा रहा है।

आदिवासियों से यह रिश्ता कि हम तुम्हारे बीच में जब आते हैं तो तुम्हारे साथ नाच लेते हैं—चाहे हमारी हड्डियाँ कुरसी पर बैठे कड़ी हो गई हों और हम शरीर में कोई अभिव्यक्ति नहीं केवल ओठों पर एक मंद सुसंस्कृत मुस्कान ला पाते हों—पुराना है। नेहरू ने इसे चलाया था, नंदाजी को इसमें दिलचस्पी नहीं रही, शास्त्रीजी को मौका नहीं मिला, इंदिराजी ने कभी अकेले कभी अपनी अभिजात सहेली तेजी बच्चन के साथ नाचा मगर राजीव गाँधी को प्रचुर अवसर हैं। एक तो वह युवा हैं, उनकी हड्डियाँ लचीली हैं दूसरे वह जरूर कोई न कोई झटक-मठक पश्चिमी नाच या और कुछ नहीं तो अपने पूर्वजों का भाँगड़ा जानते होंगे। ऊपर से वह सुघर और संस्कृत है चाहे तो पलक झपकाते आदिवासी ताल पकड़ सकते हैं। कहने का मतलब यह नहीं कि यह नाचें। मतलब यह है कि नाचना जीवन जीने की प्रक्रिया का एक हिस्सा है, राजनैतिक सहानुभूति की पहचान नहीं। आदिवासियों की जिंदगी में कदम-कदम पर सुंदरता है, उनके परस्पर व्यवहार में है, सभ्यता के व्यवहार में है और आचार-विचार में है। पंजाब से गया हुआ एक आदमी उन सबको असभ्य मान सकता है क्योंकि वे जमीन पर बैठकर खाते-पीते और लेटकर सोते हैं। यह बात मैंने हजारों बार दक्षिणवालों के लिए उत्तर भारतीयों के मुँह से सुनी है। यह जमीन से स्पर्श की अवज्ञा जहाँ-जहाँ सभ्यता की पहचान बन गई है वहाँ-वहाँ संस्कृति की भीतरी से भीतरी कोने तक सहानुभूति सूख गई है। आदिवासी के साथ तो यह अपरिचय अवज्ञा से लेकर तिरस्कार तक की शक्ल ले चुका है। उनके जीवनयापन के उपकरणों का तिरस्कार ही है जिसके कारण हम उनके पात्रों को अलमारी में सजाते हैं, उनमें उनके पेय तो दूर पानी तक नहीं पीते। हमारे दीवानखानों में दीवार पर तीर कमान, तुरही, ढोल, लटक रहे हैं। हमने कभी उनकी धार पर हाथ तक नहीं फेरा होगा। ईश्वर की कृपा है कि इन्हीं के साथ-साथ आदिवासियों के मुंड नहीं लटके रहते जैसे इस शताब्दी के आरंभ में विलायती साहबों को शिकार खेलाने ले जानेवाले को हिरन के सर बतौर इनाम दे दिए जाते थे।

क्या यह संभव होगा कि अगले दिनों जिन-जिन इलाकों में राजीव गाँधी बिना इत्तला दिए जाएँ उनमें पीछे से अखबारवाले भी जाएँ। तब उनकी खबरों का मसाला यह नहीं होगा कि किस मुख्यमंत्री को राजीव गाँधी ने झाड़ पिलाई बल्कि यह होगा कि उन इलाकों में आदिवासियों की जीवन पद्धति के अनुसार क्या विकास होना चाहिए। उपभोक्ता व्यवस्था की निर्मित वस्तुएँ उन पर लदना विकास नहीं है, परंतु जिस प्रवृत्ति के गुणों को अपनी सीमित आवश्यकता थी उन्होंने कारण पहचाना नहीं है और जो उनके पास फालतू हैं और इफरात से हैं उसके कल्याणकर उपयोगों को बरतने का शिल्प उन्हें सिखाया जाए। बाकी सब कृपया वैसे ही छोड़ दें—उदाहरण के लिए उन्हें गाने दें, नाचने दें और जब हमारे नवयुवक चाहें तो उनको साथ भी नाच लेने दें।

कुछ जिंदगियाँ बेमतलब

'कुछ जिंदगियाँ बेमतलब' ओमप्रकाश दीपक के एक उपन्यास का नाम है। स्वयं दीपकजी लुजलुजे और चंद बुद्धिजीवियों को एक चुनौती थे और उनके समाजवादी विचारों में सत्यवादी लोहिया की मक्खी पर मक्खी जैसी नकल नहीं, झूठ की खरी आलोचना हुआ करती थी। आज 'कुछ जिंदगियाँ बेमतलब' शीर्षक उनकी स्वर्गवासिनी आत्मा से कृतज्ञतापूर्वक उधार लेकर मैं उस अध्यादेश के विषय में इस्तेमाल कर रहा हूँ जो जन प्रतिनिधित्व कानून में संशोधन करके निर्दलीय उम्मीदवारों की जिंदगी को बेमतलब बनाने के लिए जारी किया गया है।

जरा वह भाषा देखिए जिसमें जन प्रतिनिधित्व कानून की 52वीं धारा का संशोधन करनेवाले इस अध्यादेश का गुणगान अखबारों ने किया है। "अध्यादेश के अनुसार अब सिर्फ मान्यता प्राप्त राजनीतिक दल के उम्मीदवार की मौत होने पर ही उस क्षेत्र में चुनाव स्थगित हो पाएगा।" यानी अगर आप चुनाव लड़ रहे हैं और मान्यता प्राप्त दल के उम्मीदवार नहीं हैं तो आपकी जिंदगी का सामूहिक राजनीति में कोई मतलब नहीं है। दरअसल प्रतिनिधित्व का आपका प्रयत्न ही पोच है। अगर आप एक साधारण आदमी हैं जिसके पीछे कोई दल नहीं है। आपके मार दिए जाने से हम नहीं मानते कि चुनाव में कोई कमी आ जाएगी या बिना आपके चुनाव हुआ तो जनता के प्रति अन्याय होगा, क्योंकि आपके पास कोई जनमत है ही नहीं जो आप लड़ते और राजनीति पर असर डालते। यही सोच है जो इस अध्यादेश के भीतर से बोलता है। और यह लोकतंत्री सोच नहीं है।

मैं किसी दल का सदस्य नहीं हूँ पर जन प्रतिनिधित्व करने का मेरा अधिकार तर्क, सामान्य बुद्धि, न्याय और संविधान की भावना के अंतर्गत मेरे किसी दल के सदस्य होने अथवा किसी विचारधारा के समर्थक होने से सिद्ध नहीं होता। वह इस बात से सिद्ध होता है कि मैं भारत का नागरिक हूँ और पागल अथवा अपराधी नहीं हूँ। मेरे चुनाव में खड़े होने से मेरे चुनाव जीतने की संभावना स्वयंभू है, सफलता चाहे संदिग्ध हो। एक अज्ञात विफलता के आधार पर यह घोषित कर देना कि राजनीति में अकेले स्वाधीनचेता व्यक्ति का स्थान नगण्य है और मेरे मारे जाने से चुनाव पर इतना असर नहीं पड़ेगा कि मेरा स्थान किसी के न ले पाने पर चुनाव अपूर्ण रह जाएँ, जन प्रतिनिधित्व कानून की ऐसी तैसी करना है। यदि मैं हार जाता हूँ तो यह चुनावप्रक्रिया की सफलता है कि उसने मुझे अयोग्य सिद्ध कर दिया और जीत जाता हूँ तो यह उसकी सफलता है कि उसने मुझे योग्य सिद्ध कर दिया। आप चुनाव होने के पहले से मेरी राजनीति पर अपने पूर्वग्रह से यह तय करने कहाँ से आ गए कि वह आदमी मारा जाए तो भी कोई फर्क नहीं पड़ता। दरअसल आप यह भी कह नहीं रहे हैं। आप सिर्फ यह कह रहे हैं कि यह आदमी जीत जाए तो कोई फर्क नहीं पड़ता और हार जाए तो कोई फर्क नहीं पड़ता। आपकी निगाह में उसका चुनाव लड़ने का अधिकार ही कोई मतलब नहीं रखता। सिर्फ यह बात मतलब रखती है कि चुनाव स्थगित न होने पाएँ। मारे जाने से चुनाव स्थगन होते हैं तो उसे बचाने की जगह आप उसे आरक्षित कर दे रहे हैं। उधर मारने वाली राजनीति के लिए सिर्फ यह बात मतलब रखती है कि उसके मारे जाने से चुनाव स्थगित हो जाएँ। आप दोनों में से किसी को उसकी जान की कीमत चुनाव स्थगित न होने या होने के सिवाय किसी बात में नहीं दिखाई देती। उसके विचार में तो बिल्कुल नहीं। तब यह नतीजा कि मारनेवाली राजनीति और बचानेवाली राजनीति, यानी हत्यातंत्र और लोकतंत्र दोनों में राजनैतिक अभिव्यक्ति कोई मतलब नहीं रह गया है—चुनाव हो जाने का ही मतलब रह गया है। जिन लोगों ने आज तक सीखा समझा था कि इसलिए चुनाव का मतलब जन प्रतिनिधित्व को व्यक्त करना होता है वे चुपचाप बैठें और सोचना बंद कर खैर मनाएँ कि वे कभी चुनाव में खड़े नहीं हो पाएँगे क्योंकि वे जन प्रतिनिधित्व के लायक नहीं हैं।

अखबार के अनुसार सरकारी सूत्रों ने बताया कि अध्यादेश के कारण निर्दलीयों पर कातिलाना हमला होने का खतरा टल गया है। निर्दलीयों की भारी भरकम तादाद के कारण उम्मीदवारों की पूरी-पूरी हिफाजत करना सरकार के लिए बहुत मुश्किल हो रहा था। नौकरशाही दिमाग से यह तर्क बहुत हद तक विश्वसनीय जान पड़ता है क्योंकि इससे अच्छा चुनाव प्रबंध और क्या होता कि न रहेगा बाँस न बजेगी बाँसुरी। इससे अच्छा तो यही होता कि चुनाव की पद्धति ही बदल दी जाती। पार्टियाँ ही उम्मीदवार खड़े करें और निर्दलीय या स्वाधीनचेता लोगों को चुनाव लड़ने का अधिकार ही न रहे। इसे बहुत विश्वसनीय न माना जाए तो ऐसा कर दिया जाए कि निर्दलीयों में से केवल वे चुनाव लड़ें जिन्हें पहले से ही जाँचकर मालूम कर लिया गया हो कि वे लायक हैं और उन्हें भी वही संरक्षण दिया जाए जो मान्यता प्राप्त दलों को दिया जाता है। पर यह शायद इतना ज्यादा खुल्लमखुल्ला लोकतंत्र विरोधी कदम होता है कि इसे लागू करना बौद्धिकता का प्रमाण यानी अक्लमंदी नहीं माना जाता। अक्लमंदी तो यह कदम भी नहीं माना जाएगा पर उसमें गुंजाइश यह है कि जब तक इसे अदालत में चुनौती न दी जाए तब तक यह चलेगा। अदालत में चुनौती दी नहीं जाएगी क्योंकि जनमत इस वक्त पंजाब में चुनाव शांतिपूर्ण कराकर पंजाब का मामला निपटा देने के पक्ष में है। सवाल सिर्फ यह है कि किसी मामले को शांतिपूर्वक निपटा देने की कीमत जन प्रतिनिधित्व के सार्वजनिक और सार्वभौम अधिकार को लोकतंत्रीय परंपरा को अपनी मौत से चुकानी पड़ रही है। अच्छा होगा यदि अवसर मिलते ही इस अध्यादेश को अभी नहीं तो पंजाब चुनाव पूरा होते ही सुधार दिया जाए।

पर यह भी सुधार एक अधूरा उपाय है क्योंकि पूरा उपाय तो हत्या की राजनीति को विफल करना है। वह राजनीति को सुधारने से ही होगा। वे पार्टियाँ जिनको चुनाव प्रक्रिया में पूरा अधिकार दिया गया है यानी जिनके उम्मीदवारों को चुनाव में हिस्सा लेने के लिए मार डालनेवालों से बचाया जाएगा वे अपने उन राजनीतिक भाइयों को मारे जाने से बचाएँ जिन्हें पुलिस नहीं बचाएगी और जिनके बचने का उपाय यही होता कि वे किसी पार्टी में नहीं इससे निरीह हैं? बेचारे गुरदयाल सैनी तो निश्चय ही एक राजनैतिक बिरादर थे। वह पहले पार्टी में थे और बाद में अलग हुए। उनके जैसे किसी राजनीतिक के प्रति भविष्य में क्या यह रवैया ईमानदारी का कहा जाएगा कि जब यह शख्स हमारी पार्टी में नहीं है तो उसकी रक्षा न दलीय राजनीति करे न सरकार?

सामाजिक यथार्थ : फ्रांस भारत संवाद

फ्रांस में भारत मेले की तैयारियाँ हो रही हैं। फ्रांस में पेरिस विश्वविद्यालय की हिंदी आचार्या श्रीमती निकोल बलवीर कुछ फ्रांसीसी लेखकों और पत्रकारों के साथ भारत आई हुई हैं और साहित्यकारों से मिल-जुल रही हैं, ताकि एक तो फ्रांस में समकालीन भारतीय साहित्य के बारे में कुछ ठीक-ठाक बताया जा सके और दूसरे भारत मेला के लिए कार्यक्रम बनाए जा सकें। फ्रांसीसी मित्र समाज के कमरे में नई दिल्ली में एक गोष्ठी इस सिलसिले में हो चुकी है।

भारत और फ्रांस के लेखकों के बीच संवाद होगा तो किस आधार पर होगा? यह समझने की जरूरत है। दोनों देशों के सामाजिक, आर्थिक और राजनैतिक चरित्र में मौलिक अंतर है। यह अंतर यों है कि संपत्ति के उत्पादन, प्रौद्योगिकी और प्राकृतिक एवं शिल्पगत साधनों पर अधिकार के मामले में भारत में बराबरी, न्याय और स्वाधीनता के पक्ष में एक लड़ाई जारी है। हम 'भारत की खोज' में आज भी लगे हुए हैं और लगे रहेंगे, क्योंकि हमने अभी तक नहीं माना है कि 1947 के बाद हिंदुस्तान पर काले साहबों का राज हो गया है या नहीं हो गया है तो हो जाना चाहिए, बल्कि दिन-ब-दिन

हम सत्ता के दुरुपयोग के विरुद्ध लोकजीवन में प्रतिकार के स्वरूप प्रकट होते देख रहे हैं। उधर राजनीति बार-बार परास्त हो रही है और एक सामाजिक कर्म के रूप में इतनी संगठित नहीं हो पा रही है कि इस प्रतिकार की शक्ति को एकत्र कर ले और एक गुणात्मक सामाजिक परिवर्तन के लिए समाज का मन बना सके। मगर साहित्य में हालत कुछ बेहतर है। वहाँ परंपरा शाश्वत मूल्यों को मूल्यवान बनाए रखने की और साथ ही उन मूल्यों के लिए बदली परिस्थितियों में संघर्ष के नए रास्ते खोजने की ताकत देती है। यों कहना चाहिए कि परंपरा के भीतर से वह दृष्टि मिलती है जिससे समाज नए रास्तों को खोज सकता है और यह भारतीय लेखक के लिए जीवनदायी अनुभव है। हमारे यहाँ लेखक जानता है कि वह एक नया समाज बनाने के लिए लिखता है, जो केवल शुभाशंसा से भरा और अन्याय से पोषित समाज नहीं है, बल्कि कर्म के साधनों में बराबरी की हिस्सेदारी देनेवाला और आदमी की आजादी की मान्यता बार-बार दोहरानेवाला समाज है जिसमें अपने बनाए आनंद के लिए जगह है। साहित्य वहाँ शोषण से उत्पन्न उत्पादन की खपत बढ़ानेवाला विज्ञापन नहीं है। प्रेम, विद्रोह और भाईचारे का अनुभव वहाँ न खुद बिक्री का माल है न आत्मा को वैसा माल बनने देता है। सत्ता या किसी भी तरह की केंद्रीयकरण की शक्तियाँ इस समाज में साहित्य के सामने एक प्रतिद्वंद्वी की तरह खड़ी होती हैं। इसके साथ एक निरंतर टकराव से ही एक स्वस्थ संतुलन उपजता है जिसमें संगठित सरकार भी संभव है और मनुष्य की आजादियाँ भी।

इस खोज में फ्रांस ने लोकतंत्र के कई बरस खर्च किए और अंत में एक अनुदारतावादी सरकार को, जो राष्ट्रवाद और बड़ी संहारक शक्तियों से सहअस्तित्व के आधार पर अपनी राष्ट्रीय स्वाधीनता बनाए हुए है, जन्म दिया। इसकी तुलना में हम फ्रांस से बहुत पीछे हैं, क्योंकि राजनैतिक प्रवृत्तियाँ फ्रांस के लगभग समान दिखती भले हों, परंतु विशाल जनता उन्हें समर्थन नहीं देती। हमारे यहाँ लोकतंत्र की एक गहरी परंपरागत भावना बहुत से अधिनायकवादी प्रयत्नों को सर्वानुमति नहीं देती। असहमति की और प्रतिकार की भाग्य भारतीय राजनैतिक संस्कार में बसी हुई है और यह अभी तक तो जन के पक्ष में ही है। अगले 15 वर्षों में विश्व में राजनीति की वे नई चालें, जो दुनिया के उपजाऊ और मेहनतकश समाजों को राजनीतिक गुलामी में फाँस लेने के लिए चली जाएँगी, भारत को किस तरह फाँसती हैं, यह वक्त रहते ताड़ना और इसका उपाय करना ही भारत को एक नए किस्म का अखाड़ा बनने से बचा पाएगा। इसीलिए भारतीय लेखक आज भी पश्चिम के और विशेष रूप से फ्रांस के साहित्य और समाज संबंधी विचारों के प्रति जागरूक रहते हुए उन्हें स्वीकार नहीं सकता है। इसीलिए सामाजिक यथार्थ को जानना और उसे साहित्य के द्वारा बरतने का प्रयत्न भारतीय लेखक के लिए साहित्य के रूप और व्याकरण की चिंता से न विच्छिन्न है, न हो सकता है, कम से कम तब तक नहीं, जब तक कि वह आत्मदया और परपीड़ की संस्कृति के आगे पूरी तरह परास्त नहीं हो जाता। ऐसा हो नहीं सकेगा, इसका आश्वासन साहित्य को जीवन और समाज के प्रति अपनी जिम्मेदारी मानने की परंपरा से मिलना है। विश्वासपूर्वक कहा जा सकता है कि अगले बरसों में भारत की विशालता और प्राचीनता ही अपने भीतर से ऐसी विविधता और लोकतंत्रीय चेतना बाहर लाएगी जो यूरोप की शोषणमूलक सभ्यताओं से अलग एक भारतीय यथार्थवादी, लौकिक समझ पैदा करेगी। आज यही विशालता सत्ता के केंद्रीयकरण का बहाना बनाई जा रही है मगर यह विचारधारा इतिहास को पीछे ले जानेवाली और गुलामी को मंजूर करानेवाली नकली आधुनिकता की पैदा की हुई है। भारत और यूरोप के बीच कोई भी संवाद इस असलियत को उजागर किए बिना संभव नहीं है और संभव कराया भी गया तो झूठा होगा।

बिचौलिया हिंदुस्तानी

ंग्रेजी के उपन्यासकार आर.के. नारायण, जिन्हें हिंदीवाले 'गाइड' फिल्म के कारण जानते हैं, जिसे हले वहीदा रहमान, फिर किशोर शाहू और फिर देवानंद के कारण जाना जाता है, एक अमेरिकी ाखबार में लिखते हैं कि अंग्रेजी राज ने भारतीयों और अपने बीच एक बिचौलिया हिंदुस्तानी पैदा केया और खुद हिंदुस्तानियों को जानने-समझने और उनके जीवन में बैठने की कोशिश नहीं की, ैसी अमेरिकियों ने की है। यह लेख 'न्यूयार्क टाइम्स' मैगजीन में इसी वर्ष सितंबर में छप चुका ़। नारायण के अनुसार अंग्रेजों ने अपने आई.सी.एस. अधिकारी वर्ग को हृदयहीन बनाया (जो पाठक अंग्रेजी परिभाषाओं का हिंदी अनुवाद किए बिना हिंदी को सुगम नहीं पाते उनकी सुविधा के लिए कह दूँ कि हृदयहीन 'डिहयूमनाइज्ड' का मेरा अनुवाद है) पर अंत में जैसा अंग्रेजी अखबारों में लिखने ाले सभी भारतीयों की गति होती है, अपनी आपत्ति को संतुलित करते हुए श्री नारायण ने पहाड़ी इलाकों में चाय, काफी, इलायची आदि के बागान लगानेवाले अंग्रेजों के भारतीय जनता में घुल-मिल ाने की तारीफ की है और लगभग सिसकते हुए, यानी उतना जितना टकसाली अंग्रेजी में अनतिभावुक होते हुए संभव है, कहा है कि वे अंग्रेज तो मरने के लिए भी भारत भूमि आए।

विदेशियों के भारत प्रेम की कहानियाँ कई प्रकार की हैं। कुछ का आरंभ अपने स्वदेश में औद्योगीकरण की आपाधापी से होता है जिसमें प्रकृति के साथ-साथ रहकर जीवन-यापन की सुविधा, जो अधिकांश यूरोप दे भी नहीं सकता, भारत में मिलती देखकर यूरोपीय यहाँ आता है। कुछ को एक गहरी करुणा, जो ईसामसीह की पूरक है, भारतीय धर्म दर्शन में मिलती है। कुछ को एक अद्भुत अज्ञात सौंदर्य को आत्मसात करने का बौद्धिक उत्तेजन और अंततः आत्मोल्लास खींचकर लाता है। पर बागानों में जिस तरह का शोषण होता चला आया है, वह श्री नारायण को शायद बहुत महत्त्वपूर्ण नहीं जान पड़ता। और जिस घुलने-मिलने की बात वह तारीफ के तौर पर कहते हैं वह, अंग्रेज हो या भारतीय, दोनों किस्म के ऐश्वर्य में सिवाय एक और हृदयहीनता, एक लकदक हृदयहीनता के और कुछ नहीं है। बागानों में वह आलीशान बंगलों के भीतर की जाती है, इसलिए उसमें जूठन भी रंगीन और उपभोग्य खाद्यों की पैकिंग भी सुसंस्कृत दिखाई देती है।

खैर, यहाँ विषय श्री नारायण नहीं हैं। उनके विदेशी बाजार से संबंध उन्हें मुबारक हों। विश्व साहित्य में वह बाजार उनकी बाजारू जगह अगर तय नहीं कर चुका है, तो कर देगा। पर अंग्रेजों ने जो काले साहब नाम के बिचौलिए बताए थे, आज हम उनके बारे में दो-चार बातें लिख रहे हैं। यह सिद्ध करने की जरूरत नहीं कि वे बिचौलिए आज भी हैं। उनकी एक से अधिक पीढ़ियाँ गुजर चुकी हैं। अब वर्तमान पीढ़ी में वे हैं जो इस समय राजनीति में ताकत के दरवाजे पर हल्की-हल्की दस्तक दे रहे हैं, ताकि उनके वे रहनुमा, जो भीतर पहुँच चुके हैं, उन्हें बुला लें। आप कहेंगे कि सबको कैसे बुला लेंगे? कुछ तो रह ही जाएँगे। पर मैं कहूँगा कि सब न सही, जो भी भीतर आ जाएँगे, वे बिचौलियों की एक विराट संस्कृति को, जो विश्व भर के तीसरे देशों में गरीब देसियों की गरीबी हटाने का दावा करती हैं; फैलाने के साधनों पर कब्जा कर लेंगे। जिस विदेशी साँठ-गाँठ का आरोप आजकल चुनाव के प्रचारक चुन-चुनकर लोगों पर लगा रहे हैं, वह यह बिचौलिया जमात पैदा करने और मकबूल कराने की राजनीति है और यह जिस शैली में कराई जा रही है, वह मूलतः आर्थिक है। भारतीय एक बाजार बनाए जा रहे हैं जहाँ हर एक भारतीय अपने श्रम और कौशल को बाकी भारतीयों को गुलाम बनाने के लिए इस्तेमाल होने के लिए बेचने लगा है। अनजाने ही वह यह कर रहा है। पर जरा देर में ही जब वह यह जान भी जाएगा कि क्या कर रहा है तो तीर हाथ से निकल चुका होगा। तब तक हमारा समाज हृदयहीन हो चुका होगा।

ऐसे ही एक बिचौलिए भारतीय से एक दिन भेंट हुई। वह पब्लिक स्कूल में पढ़े थे मगर लखनऊ

में जन्मे और बड़े हुए होने के कारण जबान पर कानवेंट का निहायत अधकचरा रंग नहीं चढ़ पाय था। दो-चार बार उन्होंने दिल्ली के एक ऐसे विद्यालय की तारीफ भी की जिसमें भारतीय संस्कृति और कानवेंट की साहबियत का मेल किया गया है : उनकी माँग दिल्ली में कानवेंटी समाज के बड़े घरों में आजकल बढ़ी है क्योंकि ये घर समझते हैं कि अगर हमें गरीब हिंदुस्तानी पर राज करने के लिए अंग्रेज बनना है तो अब ठेठ पब्लिक स्कूलों की साहबियत से काम नहीं चलेगा। वह तो 'जनता' से दूर ले जाएगी। कुछ ऐसी सभ्यता बनानी चाहिए जिसमें दोनों भाषाएँ हों—अंग्रेजी, सत्ताधारी वर्ग में अपनी योग्यता बताने के लिए और हिंदी, शासित वर्ग से अपनी आत्मीयता बताने के लिए इस सभ्यता में भारतीय जीवन की हर रचना एक पुण्य वस्तु होगी : रीतिरिवाज, खाना-पीना, ओढ़ना-बिछौना पहनावा, गाना बजाना, सब। फर्क सिर्फ यह होगा कि जो आदमी इन्हें इस्तेमाल करता था और अक्सर खुद बनाकर करता था, वह अब इनका उपभोक्ता हो जाएगा और इन्हें ये बिचौलिए बनाएँगे। वे इनको भारतीय नाम देंगे, जो रोमन लिपि में लिखे जाएँगे, ताकि कम से कम एक सम्मानसूचक दूरी तो हिंदुस्तानियों के और बिचौलिया हिंदुस्तानियों के बीच बनी रहे।

मुझसे जिन महोदय का परिचय हुआ था वह कह रहे थे, आज मैं सबसे बड़ी सफलता इस बात में मानूँगा कि मेरे अधीन काम करनेवाला कर्मचारी मेरी इतनी इज्जत करे और मुझे इतना प्यार करे कि अगर मैं उससे 36 घंटे लगातार ड्यूटी करने को कहूँ तो वह घर-द्वार, फुरसत, आराम छोड़कर जुट जाए और काम पूरा करके दिखा दे। इसी से मैं एक योग्य प्रबंधक माना जाऊँगा।

तब मुझे गरीब से इज्जत और प्यार चाहनेवाले अपने नवपरिचित मित्र से सहानुभूति हुई। 36 घंटे उनकी योग्यता सिद्ध करने के लिए खटनेवाला गरीब हिंदुस्तानी, उन्हें जो सफलता दिला रहा है, उसमें किसी मानव-विरोधी हृदयहीन तंत्र का स्वार्थ है, यह बात मेरे मित्र शायद पूरी तरह नहीं जानते। इज्जत और प्यार की परिभाषाओं में ईमानदारी लाने के लिए नई पीढ़ी को उत्पादन और उद्योग की आक्रामक विदेशी नीतियों की जगह नई नीतियाँ बतानी पड़ेंगी, यह बात उनके पब्लिक स्कूल में सिखाई नहीं गई है।

क्या भ्रष्ट सत्य लोकप्रिय हैं

मुझसे पूछा जाए कि इस देश में ऐसी कौन-सी शक्ति प्रबल हो रही है तो मैं कहना चाहूँगा प्रचारशक्ति। राजनैतिक दल महत्त्वपूर्ण नहीं रह गए हैं। दलों से बाहर लोकशक्ति महत्त्वपूर्ण नहीं रह गई है और दलों में वह लोकशक्ति केवल सीमित रूप में प्रकट हो रही है। वह या तो चुनाव में प्रकट हो रही है या व्यक्तियों के चरित्र के अन्वेषण में। लोकमानस का निर्माण और नियंत्रण तो प्रचारशक्ति ही कर रही है।

प्रचारशक्ति के साधन बहुत-से हैं। हम जब अपनी राय देते हैं तो वह भी हमारे बोलने की शक्ति का इस्तेमाल होता है। हम सच बोलते हैं तो हमें लगता है कि हमारी शक्ति का असर होना चाहिए, लेकिन जब हम अधूरे सच या झूठ बोलनेवालों की शक्ति का असर ज्यादा होता हुआ पाते हैं तो माथा ठनकता है कि ऐसा क्यों हो रहा है। पता चलता है कि सच बोलने से ही काम नहीं चलेगा। अगर हम चाहते हैं कि सच को ज्यादा लोग सच समझें भी और सच को समझकर उसके अनुसार आचरण भी करें, तो सच के व्यापक प्रचार के साधनों का इस्तेमाल भी करना पड़ेगा और यह इस्तेमाल काफी हो। इतना काफी हो कि सच या आधे झूठ के प्रचार के साधनों के मुकाबले ज्यादा असर करे तो हम सच का खूब ज्यादा प्रचार करने की कोशिश करेंगे।

पता चलता है कि प्रचार के साधन उनके पास ज्यादा हैं जिन्हें आधे सच का प्रचार करना है

और उनके पास कम हैं जिन्हें सच का प्रचार करना है। तब क्या किया जाए? साधनों की इस छोटाई-बड़ाई के सामने क्या चुप होकर बैठ रहा जाए। ऐसा साबित हो पा रहा है कि सच की ताकत और प्रचार के साधनों की ताकत का मुकाबला हो पा रहा है। सच और झूठ का या सच और आधे सच का मुकाबला हो नहीं पा रहा है। प्रचार के साधन सच के सामने आ जाते हैं कि हमसे मुकाबला कर लो, फिर अपने को बताने की ताकत दिखा पाओ तो बताओ, नहीं तो चुप बैठो। सच के पक्षधरों को प्रचार के सामने साधनों की ताकत बढ़ाने के लिए कौन-से रास्ते खुले हैं? एक आदमी की जगह दो या दस सौ आदमी अपने गले का इस्तेमाल करें, अपनी लेखनी का इस्तेमाल करें या छापे का इस्तेमाल करें। मशीनी और इलेक्ट्रानिक साधनों का इस्तेमाल करना चाहें तो उसमें खर्च ज्यादा है। वह हर एक के बस की बात नहीं है। तब फिर जो साधन हर एक के बस में हो उसको उपलब्ध और विकसित करना चाहिए।

इलेक्ट्रानिक साधन भी अब इतने महँगे नहीं रह गए हैं। उनका इस्तेमाल कुछ लोग मिलकर तो कर ही सकते हैं। हाँ, उन पर कानून के द्वारा कुछ बंधन हैं जो अपने गले का या कलम का इस्तेमाल करनेवालों पर लागू बंधनों की तुलना में अधिक कड़े हैं। जैसे आप एक वीडियो फिल्म बना सकते हैं, परंतु उसे दिखा आप सिर्फ अपने घर में सकते हैं। किसी ऐसी जगह दिखाना चाहें जहाँ प्रवेश का टिकट न हो तो वह प्रबंध की दृष्टि से कठिन है। और कठिन न भी हो तो सार्वजनिक प्रदर्शन पर सेंसर के नियम तो लागू होते ही हैं।

साहित्य को सत्य का वाहक माना जाता है, पर साहित्य का प्रचार अबकी परिस्थितियों में सिर्फ छोटे और सरल साधनों तक सीमित रह गया है। रेडियो, वीडियो, टीवी जैसे साधनों से काम लेने में बहुत खर्च और संगठन की जरूरत अब भी पड़ती है। यह सच है कि इसे भी कम खर्च में करने के रास्ते खुलते जा रहे हैं परंतु छपा हुआ साहित्य अब भी सबसे कम खर्चीला साधन है।

सच्ची बात यह है कि श्रव्य और दृश्य साधनों से किसी रचना को लोगों तक बड़े पैमाने पर पहुँचाने के लिए सिर्फ पैसा नहीं प्रचार के तंत्र की भी जरूरत पड़ती है और वह तंत्र बहुत महँगा है, ध्वनि या रूप दोनों के कैसेट थोड़े सस्ते भी हो जाएँ, तो उन्हें दिखाने या सुनाने का तंत्र, जैसे रेडियो या टेलीविजन या फिल्म उद्योग, बहुत पैसे माँगेगा। यह पैसे दे सकना ऐसे तमाम लोगों के बस के बाहर की बात हो जाएगी जो सत्य को अर्धसत्य बनाकर दिखाने या बताने को अच्छा नहीं मानेंगे। यह प्रचार का तंत्र जब तक अपने ही भीतरी दबावों से इतना दबता नहीं कि वह सच को जनता की पसंद के अनुसार बताए तब तक एक ओर वह सच को बिगाड़कर या तोड़कर बताएगा, दूसरी ओर यह बताएगा कि देखने या सुननेवाले ऐसे ही खंडित सत्य को देखना पसंद करते हैं। खंडित सत्य के प्रचार का एक पहलू यह है कि वह खंडित सत्य के लोकप्रिय होने का प्रचार करता है। इसलिए समझ लेना चाहिए कि संघर्ष सिर्फ सत्य और खंडित सत्य के बीच नहीं है, सत्य को लोकप्रिय बनाने और खंडित सत्य को लोकप्रिय बनाने के बीच भी है।

जो लोग, लेखक, नाटककार, कवि, फिल्मकार और फिल्म अभिनेता प्रचार-साधनों का उपयोग करते हैं, अर्थात् अपनी अभिव्यक्ति को अधिक से अधिक लोगों तक पहुँचाना चाहते हैं, उन्हें इस असलियत को पहचानना चाहिए। क्या लोकप्रिय होने का मतलब सच को बिगाड़कर बताना ही है या दूसरे शब्दों में कहें तो सच बिना बिगाड़े बताना क्या लोक में प्रिय होना नहीं है। जिस संघर्ष का जिक्र ऊपर किया गया है वह सारे साहित्य और कला जगत के लिए निर्णायक है। यदि नतीजा निकलता है कि लोकप्रिय होना आवश्यक है, क्योंकि तभी सत्य को फैलाया जा सकेगा और सत्य को भ्रष्ट करना आवश्यक है, क्योंकि तभी लोकप्रिय हुआ जा सकेगा तो पूरी संभावना है कि समझौता भ्रष्ट सत्य को लोकप्रिय बनाने के पक्ष में हो। रचनाकारों के लिए यह परिस्थिति एक चुनौती है या वे अपने को भुलावा दे रहे हैं कि भ्रष्ट सत्य ही सही, लोकप्रिय होने से ही परिवर्तन हो जाएगा।

कोई दर्द दिल में नहीं उठता

हर दस या बीस बरस बाद सामयिक साहित्य का मुहावरा बदलता है। 1910-20 तक का मुहावरा देशाभिमान था, 1920-40 तक सामाजिक और राजनैतिक अभिज्ञान था। 1940-60 तक नई शैली और समझ के द्वंद्व का दौर था, 1960-70 तक हर तरह का अस्वीकार का—झूठ का भी और सच का भी। 1970-80 तक राजनैतिक दुराग्रह के बाद 80 से जो दौर आरंभ हुआ है, उसका मुहावरा व्यंग्य है। यह नहीं है जैसे समाजवाद 1969 में कांग्रेस की फूट के पहले नहीं था वैसे ही हिंदी साहित्य में व्यंग्य भी जनता पार्टी शासन के पतन के बाद आया, परंतु यह निर्विवाद है कि व्यंग्य आज साहित्य की विधाओं पर छाया हुआ है। यदि कोई एक विधा इससे नई है तो वह है आलोचना, उसमें भी गुरुजनोचित गंभीरता के साथ रामविलास शर्मा जी जितना बन पड़ता है, करते रहते हैं। यह यथार्थ से भागने का सबसे आसान और लोगों को धोखे में डाले रहने का सबसे सफल तरीका निकल आया है : यानी व्यंग्य करो और असलियत से भाग जाओ।

आज का मुहावरा ऐसा व्यंग्य है जिसमें पक्षधरता की जरूरत नहीं, किसी नव निर्माण की कल्पना नहीं। वह एक सार्वजनिक कीचड़ है जो चाहे किसी के लग जाए, साहित्यिक बिरादरी खुश होती है। वास्तव में यह असहमति का विरोध का दौर है जिसमें साहित्यकार अपनी नैतिक और राजनैतिक आस्थाओं को प्रकट नहीं करता और हर परिवर्तन को टिली-लिली बोलता है। यह व्यंग्य भड़ौती से मिलता-जुलता है और पनप रहा है, क्योंकि यह समाज में नैतिक आस्था के पक्ष में कुछ न करने, कुछ न होने देने और कुछ न चाहने का दौर है, जिसमें हर परिवर्तन का, जो मानव समाज को नए मानव संबंध और नए मानव मूल्य की पहचान कराए, मखौल उड़ाया जाता है। यही मखौल रूपी व्यंग्य आज का मुहावरा है। आप समझ सकते हैं कि यदि उपहास के पीछे कोई विश्वास हो तो मखौल कितना बड़ा हथियार हो सकता। पर बिना विश्वासों के उपहास परिहास बन गया है। हास्य और व्यंग्य के किसी भी अच्छे लेखक से पूछ देखिए, वह कहेगा कि सिद्धांततः गहरी आस्था व्यंग्य को प्रामाणिकता देती है परंतु आजकल बहुत सारे लेखक बिना प्रामाणिकता के इतर विधाओं में भी प्रतिष्ठित हो रहे हैं, व्यंग्य में भी क्यों न हों।

सुना है आकाशवाणी या दूरदर्शन में से एक ने पिछले दिनों कुछ लेखकों को, जो लिखते चाहे स्तुति हों, अपनी जान में सफल व्यंग्य लेखक हैं, एक कार्यक्रम में रचना पढ़ने को निमंत्रित किया जिसका शीर्षक 'रंग और व्यंग्य' था और उपशीर्षक था 'विश्वास कीजिए या जरा सोचिए तो—राष्ट्रीय एकता।' आकाशवाणी-दूरदर्शन का अभिप्राय शायद रंग और व्यंग्य नामक विस्तृत परिधि में बँधे राष्ट्रीय एकता नामक किसी शुद्ध विषय से रहा होगा। पर मैंने यही समझा कि राष्ट्रीय एकता नामक विस्तृत परिधि में रंग और व्यंग्य कहाँ-कहाँ मिलता है, यही बताना उद्देश्य रहा होगा। कौन जाने, पूरा कार्यक्रम रंग और व्यंग्य (1) राष्ट्रीय एकता में (2) राष्ट्रीय गौरव में (3) राष्ट्रीय-स्वतंत्रता में इत्यादि हो। आज राष्ट्रीय पहचान यह हो गई है कि सरकारी प्रचार तंत्र रंग और व्यंग्य के ही अंतर्गत उसे पहचान न पा रहा हो तो अचरज नहीं। इसी को कहते हैं "मियाँ की जूती, मियाँ के सर।"

समकालीन कविता में चौंकाने का गुण 1947 की आजादी के समय से ही हो रहा है। बात यह है कि 1947 की आजादी ने बहुत लोगों को चौंका दिया था। इनमें से एक ने तो लिखा भी था कि आजादी जाने कहाँ से भारत में पत्थर की सिल की तरह टूट पड़ी है। शायद उनकी कविता की भाषा में यह पंक्ति इतनी लट्ठमार नहीं, बल्कि कुछ आध्यात्मिक रही होगी। यह कविता 1947 के बाद उन्होंने लिखी थी क्योंकि काफी समय लगता है यह समझने में कि जो खोपड़ी पर आ गिरा है, वह क्या है और उसे बताया तो मौका देखकर ही जाता है। खैर, वही एक उदाहरण चौंकाने वाली कविता का नहीं है, जिससे यथार्थवादी या सच को उघरनेवाले कहा जाता था। बहुधा उसमें

सिर्फ उघारनेवाली भाषा होती थी, कोई सच नहीं होता था जो उघारा जाए। व्यंग्य कविता के बारे में सोचा यह है कि वह झूठ का पर्दाफाश करती है, परंतु व्यंग्य को एक राजनैतिक दर्जा इतने बड़े पैमाने पर मिलने का कारण क्या असहमति व्यक्त करने की राजनैतिक इच्छा ही है? मैं रेडियो, टीवी कवि सम्मेलनों में सुनता रहा हूँ और साहित्यिक अखबारों में जो पढ़ता रहा हूँ, उससे तो ऐसा नहीं लगता। लगता है कि सब कविता कोई न कोई पोल खोलने के लिए, किसी न किसी की टाँग खींचने के लिए या गुस्से से एक न एक दरवाजा भड़ाक भेड़कर चले जाने के लिए लिखी जा रही है। इसकी लोकप्रियता बन रही क्योंकि यह मनोरंजन है, मानस मंथन नहीं, क्योंकि इसे लिखने में कोई दर्द नहीं लगता, क्योंकि इसमें कोई शिल्प नहीं है और हर कोई इस पर हाथ आजमा सकता है।

तो क्या इस कविता पर जो वाहवाही मिलती है, वह सब मूर्खों की दी हुई है? लोग जानते हैं कि समाज में कोई अन्याय है, असंगति है, जिसको खोजकर बताना है और उससे क्रोध और असहमति जतानी है। उन्हें आशा रहती है कि इसी सिलसिले में ऐसे यथार्थ की एक समझ भी बन जाएगी, जो आगे नए यथार्थ को बनाने की समझ और हिम्मत देगी। इसीलिए वे हर कविता को सुनने पर उसमें व्यंग्य की झलक खोजते हैं और कविता का पूरा अभिप्राय समझने की प्रतीक्षा किए बिना अपने को आश्वस्त कर लेते हैं कि इसमें कोई न कोई पाखंड तोड़ा गया है। अफसोस, कि कविता का यह धोखा चल जाता है, कुछ इसलिए कि इसका प्रचार बहुत है (यह बिकता है) और कुछ इसलिए कि राजनीति का धर्म आज कुछ मूल्यों में आस्था विकसित करना नहीं, कुछ मूल्यों में अनास्था जाग्रत करना है। राजनीति और साहित्य के परस्परावलंबन के इस पहलू पर समालोचकों का ध्यान अभी नहीं गया है : राजनीति में नैतिक मूल्यों के लिए जब आग्रह नहीं रहेगा तो यही होगा कि साहित्यकार सभी आस्थाओं को नष्ट करेगा और पाठक या श्रोता इस धोखे में कला की निर्भीकता खोजते हुए बार-बार धोखा खाते रहेंगे। उनकी भी मजबूरी है। हर पाठक कवि से सेतु बनाना चाहता है। यदि पुल का पथ आधे रास्ते में पहुँचकर झटका दे तो अधर में लटके रह जाने की लाचारी कबूल करनी पड़ती है। यही अधिसंख्य व्यंग्य कविताओं में होता है। हर चुभती हुई लगनेवाली पंक्ति पर दाद दी जाती है, मगर कोई दर्द दिल में नहीं उठता।

'आजकल' बंद क्यों हो

यह खबर पढ़कर चोट लगी कि 'आजकल' नामक मासिक पत्रिका का प्रकाशन सरकार बंद करना चाह रही है। यह पत्रकारिता पर किसी तरह का दमन नहीं है क्योंकि पत्रिका सरकार की ही है, न किसी तरह का साहित्यिक सेंसर है क्योंकि जब से यह पत्रिका निकली है इसने अत्यंत सधे हुए सरकारी कदम ही रखे हैं और इस पर सेंसर की जरूरत नहीं है।

परंतु एक मासिक पत्रिका जो नियम से छप और वितरित यानी कमोबेश टिक रही थी बंद हो जाए, यह आज की राजनैतिक-सामाजिक परिस्थिति में चिंता की बात है। आज के वातावरण में इस प्राथमिक उपचार की जरूरत है कि 'आजकल' को बंद करने के कारणों की जाँच की जाए और उन्हें दूर किया जाए।

जो कारण प्रकट समाचारों से मालूम हुए हैं वे अत्यंत हलके हैं और 1947 से निकल रहे एक साधनसंपन्न पत्र को उनके आधार पर बंद कर देना कोई विश्वसनीय कारण नहीं है। बताया गया है कि 'आजकल' शुरू में ऊँचे साहित्यिक आदर्श स्थापित करने के लिए निकाला गया था और उसकी बड़ी प्रतिष्ठा मानी जाती थी परंतु चार दशक तक छपने के बाद आज उसकी बिक्री सिर्फ पंद्रह हजार है। 'आजकल' हिंदी और उर्दू दोनों में छपता है। दोनों पर प्रकाशन विभाग जो इनका प्रकाशक है,

सालाना आठ लाख रुपए खर्च करता है, कमाता तीन लाख से भी कम है।

इस छोटे-से लेख में उन सब कारणों की खोज करने का स्थान नहीं है जिनसे तीस वर्ष में 'आजकल' की बिक्री सिर्फ पंद्रह हजार हो पाई। एक बड़ा कारण यह है कि उसे लोगों तक पहुँचाया नहीं गया। यदि सिर्फ हिंदी 'आजकल' को ही लें, (उसके आँकड़े अलग से उपलब्ध नहीं हैं) तो हिंदीभाषियों की गाँव-गाँव तक फैली हुई संख्या को देखते हुए पंद्रह हजार का अर्थ यही निकलता है कि वह गाँवों में पहुँच नहीं रहा है।

क्यों नहीं पहुँच रहा है? सूचनामंत्री शायद सारे मामले पर विचार कर ही रहे हैं। तकनीकी, व्यवस्थापकीय और लागत संबंधी मामले तो वे देखेंगे ही, यह प्रश्न भी देखें कि शहर और गाँव के बीच में, जहाँ तक प्रचार माध्यमों का सवाल है, एक नकली और स्वार्थी दीवार खड़ी कर रखी गई है। दूरदर्शन, रेडियो और शायद सरकारी पत्रिकाएँ भी घोषित रूप से मानती हैं कि गाँव का आदमी एक अलग जंतु है, शहर का एक अलग जंतु है। ये संस्थाएँ इन दोनों जंतुओं की जरूरतें अलग-अलग बताती हैं। गाँववाले को छोटे दिमाग का, संकीर्ण बुद्धि का और शेष संसार से मतलब न रखकर सिर्फ अपनी खेती से मतलब रखनेवाला बताती हैं। इन संस्थाओं की मूर्खता की हद यह है कि ये सोच ही नहीं सकतीं कि जब खेती का काम करने से गाँववाले को वक्त मिलेगा तो वह अपने को खेती की मशीन बनने से रोकेगा और कुछ और रचनेवाला आदमी बनेगा। ये प्रतिष्ठान यह भी नहीं देखना चाहते कि यथार्थ क्या है—गाँव में एक तरफ खुशहाली है मगर वह हिंसा पैदा कर रही है साहित्य नहीं। क्यों?

इस पर सूचना मंत्रालय को सोचना चाहिए। सोचने का सूत्र मैं यहीं बता देना चाहता हूँ ताकि कम पढ़े-लिखे सलाहकार खुशामद करने के लिए अपने-अपने सुझाव लेकर स्थिति को और अधिक बिगाड़ें नहीं। सच्चाई यह है कि जीवन में ऊँचे साहित्यिक मानदंडों की रचना और रक्षा दोनों साथ ही साथ होती हैं, सिर्फ जोश मलीहाबादी जिन्हें उर्दू 'आजकल' के प्रथम संपादक के रूप में याद किया गया और हिंदी 'आजकल' के संपादक अनंत मराल शास्त्री जिनका नाम ही नहीं लिया गया, पाठक संख्या नहीं बढ़ा सकते थे। पाठकों से उनका रिश्ता ही वह चीज है जो पाठक को पत्रिका से अपनापा दिला सकता है। इसके अभाव में 'सरस्वती' जैसी महान मासिक पत्रिकाएँ जिनका हिंदी पत्रकारिता में योगदान विवाद का विषय नहीं, ऐसे संपादक के हाथ में पड़ने से जिसे जनता की खबर नहीं, विचार-विवाद तो दूर, विचार का विषय भी नहीं रह जाती और धूमधाम से उनकी अंत्येष्टि कर देने में भी हिंदी के दिग्गज इतिहास में उल्लेख के दावेदार हो जाते हैं।

'आजकल' को बचना चाहिए। यह आजादी के बाद एक प्रतिष्ठित पत्रिका थी। अगस्त 1947 में (संख्या चार, वर्ष तीन, मूल्य साढ़े चार रुपए वार्षिक, एक प्रति छह आना) इसके संपादक श्री शास्त्री थे परंतु अनंतर देवेंद्र सत्यार्थी, चंद्रगुप्त विद्यालंकार और मन्मथनाथ गुप्त जैसे नाम भी इसके संपादन से जुड़े रहे (पूरी सूची उपलब्ध नहीं है)। बाद के वर्षों में सरकारी सूचना सेवा से तरक्की पाकर जो ऊपर आया, संपादक बना और वही इस सरकारी पत्रिका का जनता से संबंध भेद का कारण बना।

हिंदी में मासिक पत्रिका की एक गौरवमयी परंपरा है। 'विश्व व्यापार' को हिंदी पाठक अपने स्वभाव से ही अपना सरोकार मानता है। हिंदी राष्ट्रभाषा है तो इसीलिए, संख्या के बल पर नहीं अपने प्रांतीय सरोकारों से भी बड़े राष्ट्रीय और विश्व सरोकारों के बल पर वह अनेक प्रकार के भीतरघात के बावजूद समाज का दर्पण बनी हुई है और विश्व चेतना का माध्यम भी। 'आजकल' को खत्म कर देने की जरूरत क्यों? उसे सुधारने की क्यों नहीं कोशिश करते श्रीमान गाडगिलजी। न तो संपादनकला की परंपरा की धारा सूख गई है, न विराट लेखक समुदाय उदासीन हो गया है। यदि 'आजकल' की बिक्री कम हो गई है तो उसके लिए वह सरकारी तंत्र जिम्मेदार है जो जीवन

की धारा को, साहित्यिक परंपरा को और मानवीय चेतना को जानता नहीं है, जानता है सिर्फ अपने अफसरों की मनमानी नीतियों को। ऐसे में घाटा न होगा तो और क्या होगा।

अभी भी समय है। 'सरस्वती' ने एक संपूर्ण पत्रिका का कर्तव्य जो निबाहा था उसे आदर्श मानकर 'आज़कल' का जीर्णोद्धार करना संभव है।

जर्मनी से हिंदी

पश्चिम जर्मनी में राजधानी बॉन के एक बड़े बाजार में रात के ग्यारह बजे अँधेरा था। सिर्फ न जाने कहाँ से आकर कुछ रोशनियाँ शीशों के पीछे सजे सामान पर धुँधली सी चमक फेंक रही थीं—वह भी इतनी सीधी नहीं कि सबकुछ दिखाई देने लगे—बस इतनी कि भीतर, एक रहस्यमयी समृद्धि का आभास मिल सके। अँधेरे में कहीं एक गंभीर परिपक्व संगीत आ रहा था—दर्द से भरा, मगर रोता हुआ नहीं, सिर्फ एक अछूता दर्द जगाता हुआ। लाउडस्पीकर ने उसे गुँजा दिया था, परंतु आधुनिक औद्योगिक सभ्यता के यंत्रों के स्वरों की गरिमा को हल्का नहीं किया था। संगीत का पक्कापन मशीन के साथ ऐसे जी रहा था जैसे सम्मानपूर्वक गुँजाया जाना सम्मानपूर्वक बर्दाश्त कर रहा हो।

तब मैंने देखा कि सुनसान में अकेले पैदल डेरे को लौटता हुआ मैं अकेले नहीं था। कोई व्यक्ति आस-पास कहीं था, क्योंकि वह संगीत कह रहा था कि यह हाथ से अभी बजाया जा रहा है, मशीन से नहीं निकल रहा है। हाँ, एक चौड़ी पटरी पर चार टाँगों पर खड़े एक मेजनुमा वाद्ययंत्र को, जो एक तरह का घंटीतरंग था, एक लंबा-दुबला युवक काला सूट पहने हुए बजा रहा था। उसकी देह चंचल थी। उसके बजाने में उसे सप्तकों की दूरी तक पहुँचने के लिए लंबे हाथों और पैरों से अपने को तानना पड़ता था, मगर उसे इसकी सुध न थी। वह अपने लिए बजा रहा था। शायद उसे कुछ पैसे मिल जाते। गरीबी के साथ उसके इस समझौते में तब भी वही जीतता, क्योंकि वह बड़े धीरज के साथ बजा रहा था। इससे हलके दर्जे के भी बजानेवाले मैंने कई शहरों में कई जगह देखे। दो-एक को देखकर तो उनकी असहायता पहले समझ में आई, उनका प्रयास बाद में ये बजानेवाले सब जर्मन नहीं थे, रोजगार की तलाश में आए हुए युगोस्लाव और तुर्क भी थे। सड़क के किनारे, कुछ तेज चलते कुछ टहलते भली तरह पहने-ओढ़े और खाए-पिए साफ-सुथरे लोगों की भीड़ में ये हमेशा गरीब दिखते थे, मगर दयनीय नहीं।

वैभव और गरीबी का साथ-साथ होना जाने क्यों शांति और भय के साथ-साथ होने की याद दिलाता है। जर्मन मानस की यही अवस्था है। वह अमेरिकी प्रक्षेपास्त्रों की जर्मन भूमि पर स्थापना का विरोध करता है, परंतु जब वह हो जाती है तो उसे स्वीकार कर लेता है। यह विरोध शांत होकर जर्मन राष्ट्रवाद के एक नए आग्रह की शक्ल लेगा क्या? अमेरिकी प्रभुत्व को जर्मन मानस स्वीकार नहीं कर सकता, परंतु सोवियत आक्रमण की आशंका से मुक्त होने के लिए वह अमेरिका से स्वतंत्र कोई उपाय करते ही क्या जर्मन-भूमि रणक्षेत्र नहीं बन जाएगी।

40 वर्ष से जो स्वर्ग जर्मनी अपनी जमीन पर बना रहा है वह क्या इस आधार पर खड़ा है कि वह एक स्वतंत्र तीसरी शक्ति न बने? यह विरोधाभास वास्तविक है और उसको सुधारने के उपाय घूम-फिरकर इसी नतीजे पर पहुँचाते हैं कि यूरोपीय सभ्यता अपने विनाश की ओर तेजी से कदम बढ़ा रही है। और उसी उठे हुए कदम को स्थापित रखने में मुक्ति है, पर क्या उसी काल में वह किसी विकल्प की रचना कर पाएगी? वह विकल्प इस पूँजीवादी सभ्यता में अमेरिका और सोवियत संघ दोनों से अलग कुछ होना चाहिए।

इन विकल्पों में भी विरोध की गुंजाइश बहुत नहीं है। हाँ, यह व्यवस्था अपने विकास के लिए

जो सामान तैयार करती है, उसी से जितना विरोध संभव है उतना हो सकता है। जैसे फिल्म का कच्चा माल बहुतायत से और सस्ता बनता है, तो फिल्म-व्यवस्था के द्वारा होनेवाले मानसिक आक्रमण के विरुद्ध उस माध्यम का प्रयोग करने की सुविधा मिल जाती है—छपाई के सस्ते और सुगम साधन बन जाते हैं, जिससे 16 डी.एम. में एक बड़ा कविता संग्रह छापकर बेचा जा सकता है, भले ही 1000 प्रतियों से अधिक न बिकें। गरम घरों में रासायनिक खाद के बूते जो हरी सब्जियाँ उगाई जाती हैं, उनका बहिष्कार कर घर के पिछवाड़े थोड़ी-सी कच्ची मिट्टी में खुद खाने लायक बोया जा सकता है। पर यह भी किसी महाविनाश को सिर्फ स्थापित रखने के बराबर है।

पर अमेरिका (और इंग्लैंड के भी) प्रभुत्व के विरुद्ध एक और काम है, जो संभव है। वह है उन लोगों से सीधा संबंध बनाना, जो तीसरी दुनिया माने जाते हैं। साहित्य में यह काम हो रहा है और विश्वविद्यालयों में जर्मन भाषा में एशियाई भाषाओं से सीधे अनुवाद को महत्त्व दिया जाने लगा है। अनुवाद की सफलता कहीं दो संस्कृतियों के टकराव को समझने और एक नए राजनैतिक रिश्ते को बनाने पर निर्भर है, इसलिए बीच से अंग्रेजी को हटा देना और सीधे हिंदी या बंगला या मराठी से जर्मन में अनुवाद करना जर्मन मानस को इन भाषाओं के लोगों से ज्यादा झकझोरनेवाला साक्षात करा सकता है। दिसंबर के शुरू में जब मैंने अपनी कविताएँ पाँच नगरों में पढ़ीं और उनके जर्मन अनुवाद जर्मन कवियों और साहित्यिकों ने पढ़कर सुनाए तो श्रोताओं की प्रतिक्रिया दो प्रकार की हुई। एक यह कि यह तो आधुनिक कविता है भारतीय नहीं हो सकती, क्योंकि भारतीय तो जरूर ही कुछ भावुक और विचित्र होना चाहिए। दूसरी यह थी कि यह विश्व कविता है, तीसरे देश की नहीं, इसलिए यह हमारी ही कविता है।

गेटे ने विश्व साहित्य की अवधारणा की थी, पर उसके पीछे जर्मन शक्ति अथवा यूरोपीय शक्ति का भाव था। आज वह भी क्या जर्मन जाति को सचमुच एक नया विश्व रचने में सहायक हो सकेगा? अनुवाद अपने आपमें अपने को पहचानने का साधन है, संवाद का साधन वह सच्चे अर्थ में तभी बन सकता है, जब जिस भाषा में अनुवाद किया जा रहा है, वह भाषा अनुवाद की प्रक्रिया में अपने को पहचानने और अपने समाज को बदलने लगे। जिन लोगों ने जर्मनी में आधुनिक हिंदी कविता को लोठार लुत्से के अनुवादों में पढ़ा है वे इस समय इस बहस में लगे हुए हैं कि मनुष्य के संकट की यह पहचान हमें अपने राष्ट्रीय संकट को समझने में कैसे मदद दे रही है और हम कैसे बदल रहे हैं? इस बहस में विरोधी पक्ष उन लोगों का है, जो महाशक्तियों के टकराव में इतना तो समझ गए हैं कि जर्मन मानस को स्वतंत्र होना है, परंतु यह मानने से हिचक रहे हैं कि स्वतंत्रता की यही इच्छा एशिया, अफ्रीका के देशों में भी हो सकती है।

नौ अगस्त

रघुपति का नाम वे सब जानते हैं जो 1974 के बिहार आंदोलन में कहीं न कहीं साथ थे और उनके संस्कार में समाजवादी विचार का कुछ न कुछ हाथ था। जनता पार्टी सरकार बनने के साथ-साथ आंदोलन के बाद के कार्यक्रम आंदोलन के साथियों में अलग-अलग बँट गए। वे बुद्धिजीवी जो आंदोलन के दिनों में भी पार्टीबाजी के सहारे विचार करते थे, समाजवादी कार्यकर्ताओं के बँट जाने का उपहास 1980 में जनता सरकार के भ्रष्ट होकर टूटने से लेकर अब तक कर रहे हैं। यही बुद्धिजीवी सत्ता के सलाहकार बनने की राजनीति करते हैं। जनता के दुख-दर्द समझने की और उसे अपने अधिकारों

के लिए लड़ने का साहस देने की राजनीति तो ये बिखरे हुए समाजवादी ही कर रहे हैं। ये कभी एकत्र होंगे या नहीं होंगे, होंगे तो उनका नेतृत्व इन्हीं में से उपजेगा या किसी दल में से, ये सब प्रश्न इस लेख के विषय नहीं हैं—इसका विषय तो है आजादी के चालीस साल बाद आजादी की अभिव्यक्ति करनेवालों का दमन।

देश में जगह-जगह से समाचार आ रहे हैं कि अन्याय के विरुद्ध अहिंसक और शांतिमय संघर्ष करने के रास्ते बंद करने के हिंसक प्रयत्न पुलिस और गुंडों के बल पर शक्तिशाली वर्ग करते हैं और उनसे सरकार मिली रहती है। आठ जुलाई को गया जिले के शेरधारी प्रखंड में (जयपुर गाँव) संपूर्ण क्रांति मंच के सहसंयोजक रघुपति और छात्र युवा संघर्ष वाहिनी के प्रांतीय संयोजक अरुण आनंद को पुलिस ने बेतहाशा मारा-पीटा। इरादा उन्हें मार-मारकर खत्म कर देना जान पड़ता था या शायद भ्रष्टाचार का विरोध करनेवालों को डराना था कि भविष्य में जबान न खोलें। दोनों ही मतलब हासिल नहीं हुए। रघुपति को यातनाएँ देने और एक सप्ताह कष्टकर परिस्थिति में जेल में बंद रखने के बाद बिना शर्त रिहा कर दिया गया क्योंकि जनता का दबाव था। मगर कातिलाना हमला करने वाले पुलिस अधिकारियों पर कोई कार्रवाई नहीं की गई।

इस महीने बड़ी धूमधाम से आजादी की चालीसवीं वर्षगाँठ मनाई जा रही है। यह वर्षगाँठ हर साल पड़ती है पर इस साल आजादी की वैधता प्रमाणित करने की कुछ ज्यादा ही कोशिश हो रही है। नौ अगस्त जनता की आजादी का दिन है। सरकार की आजादी का दिन 15 अगस्त है। पर इस साल नौ अगस्त को सरकार ने भी अपने समारोह किए। नौ अगस्त का नाम कोई निर्गुण नाम नहीं है। वह सगुण नाम है क्योंकि वह किसी मामूली नौ अगस्त का नाम नहीं, **नौ अगस्त 1942** का नाम है और उसे भारत छोड़ो के नाम से याद किया जाता है। पर नौ अगस्त को कोई मामूली सरकार मना नहीं सकती। क्योंकि यह सत्याग्रह और सिविल नाफरमानी का दिन है और जो सरकार इसे मनाएगी उसकी राजनीति की समझ दकियानूस, घिसीपिटी, यथास्थिति की पोषक राजनीति के विपरीत होगी। वैसी सरकार तो अशिक्षा, जातिवाद, गैरबराबरी और हिंसा को बार-बार समाज के पास जाकर दूर करने के लिए संगठन में परिवर्तन माँगेगी। सत्याग्रह और सिविल नाफरमानी से उसके संगठन को नया नेतृत्व और नीति मिलेगी और उसकी सरकार संगठन की बनाई और बदली नीतियों पर चलेगी। ऐसी राजनीतिक प्रक्रिया असंभव नहीं है। परंतु वर्षों तक सत्तारूढ़ पार्टी का अपने संगठन और सरकार के बीच यह आदान-प्रदान रहा नहीं है। सारे भारत को समझा दिया गया है कि आजाद देश में सत्याग्रह हो ही नहीं सकता, सिर्फ अर्जीनवीसी हो सकती है।

—

आजादी के चालीस साल भौतिक उपलब्धियों के साल होंगे, हुआ करें। हमें यह जानकर कोई क्रांतिकारी खबर नहीं मिलती कि अब हम कितना इस्पात और कितना सीमेंट पैदा कर रहे हैं। हम कितना रोजगार पैदा कर रहे हैं यह जानने लायक बात है और इसी के साथ यह भी कि हमारी कितनी नई प्रतिभा अपने-आपको रचनात्मक कर्म में लगा पा रही है और आविष्कार कर पा रही है, चाहे साहित्य में चाहे विज्ञान में। और सबसे बढ़कर हम यह जानना चाहेंगे कि राजनीति के द्वारा हमने मनुष्य को स्वतंत्रता की कितनी समझ दी है। अगर चालीस साल में हमने यही निष्कर्ष निकाला है कि समाज के टुकड़े करके फिर उन्हें एक जगह से संचालित करना ही राष्ट्र कहलाता है तो हमने गुलामी का केवल स्वातंत्र्योत्तर संस्करण तैयार किया है और कुछ नहीं। यह गुलामों की एक नई पौध के लिए तैयार किया गया होगा। पर वह भी थोड़े वक्त के लिए इसके धोखे में आएगी, हमेशा के लिए नहीं।

यह बहुत सीधी-सी, ईमानदारी से समझ में आ सकनेवाली बात है कि आजादी रखे-रखे छीज जाती है। उसे हर वक्त बरतते रहना पड़ता है। पिछले वर्षों में गुलामी के आनंद बहुत बाँटे गए हैं।

प्रचार-माध्यमों द्वारा शिक्षा दी गई है कि निर्वाचित प्रतिनिधियों से नागरिक का रिश्ता दाता और मंगते का है। अब नागरिक अपने निर्वाचित प्रतिनिधि से चुनाव घोषणापत्र पालन करवाने की शक्ति खो चुके हैं और टूटे हुए गुलाम समाज में रह रहे हैं। पिछले कई वर्षों में बार-बार देखा गया है कि दंगा-अकाल या दुर्घटना या किसी भी सामाजिक संकट के समय जनता और सरकार के बीच की कड़ी जनता के कोई प्रतिनिधि नहीं बने, प्रशासन के प्रतिनिधि ही बने। प्रशासन के प्रतिनिधि ही सरकार के सच्चे अनुयायी हैं, ऐसा प्रचार किया गया है। जिन राजनीतिकों की खुशामद किन्हीं लोगों ने इस आशा से की कि वे सरकार के किसी एक निर्णय को उनके अनुकूल बना देंगे, उन्होंने भी राजनीतिकों को सरकार का प्रतिनिधि नहीं केवल उसका उपभोक्ता माना है, जो अपने नाजायज हिस्से में से कुछ न कुछ जरूर बाँट सकता होगा। राजनीति से यह रिश्ता अपने अधिकारों के प्रति उदासीन होते जाने की प्रक्रिया जनता में शुरू करता है और सत्ता के केंद्रीकरण की प्रक्रिया राजनीति में।

राजनीति के निर्णयों में जनता की साझेदारी सिर्फ वोट तक रह जाने से हम 15 अगस्त मना रहे होंगे, नौ अगस्त नहीं। 15 अगस्त और नौ अगस्त में एक और अंतर है। 15 अगस्त सीमाओं पर अतिक्रमण के समय देश को एक कर सकता है पर देश की सीमा बचाने के साथ-साथ उन मूल्यों को भी बचाना है जो स्वतंत्रता से उत्पन्न हैं तो नौ अगस्त ही काम आएगा।

आजादी के चालीस साल में केवल सीमाओं की रक्षा करनेवाली स्वतंत्रता काफी नहीं रह गई है। यही आजादी के चालीस साल का सबसे बड़ा सबक है।

[*जनसत्ता*, 16 अगस्त 1987]

स्व-सेंसर

सेंसर 1977 में उठा लिया गया था। तब से अब तक कई बार यह सवाल उठा है कि क्या वह वापस आएगा, पर यह सवाल नहीं उठाया गया है कि क्या वह वापस आ चुका है। उसके वापस आने के कारण मौजूद हैं, उसके उठाए जाने के कारण गायब हैं। मगर उसके 1975 में लगने और 1977 में हटानेवाले आयारामों-गयारामों की एक नई बिरादरी बन चुकी है जिनके बारे में कहना मुश्किल है कि वे किस जमात में हैं। देखा जाए तो 75 के बाद के और 77 के बाद के दोनों दिमाग आज सेंसर के पक्ष में हैं बस, यह बात वे खुले आम बताते नहीं हैं। पूछो तो कहेंगे जब सेंसर है ही नहीं तो उसके हटाने या लगाने पर बहस क्या करें। मगर सेंसर है, यह बात वे जानते हैं जो सेंसर को कई प्रकार से लगाने की सभ्यता विकसित करते रहे हैं। वे यह भी जानते हैं कि अब किसी एक व्यक्ति, संस्थान, सरकार या पार्टी को लगाने का दोषी नहीं ठहराया जा सकता। दोष के दायित्व और दोष के लाभ दोनों में समाज के एक से अधिक वर्ग भागीदार हो गए हैं।

सेंसर लगाने का काम बँट गया है। जाने कितने नए प्रकाशन, प्रसारण, रेडियो, दूरदर्शन, राजनैतिक दलों की समितियाँ, पुरोहित-पंडे यह काम कर रहे हैं और ऐसा नहीं कि इनके पास वह साधन नहीं हैं जो राज्यतंत्र के पास हैं। रोजी-रोटी, सामाजिक अस्मिता, रागात्मक सुरक्षा जैसे बिषयों से लेकर सशरीर व्यक्ति तक इन सेंसर केंद्रों के आक्रमण के शिकार हो सकते हैं। इन शिकारों में भी बड़ा एक और शिकार है—व्यक्ति की आत्मा। कह सकते हैं कि स्व-सेंसर ही आज के सेंसर की पहचान बन गया है।

स्व-सेंसर कैसे काम करता है? उसका दफ्तर कहाँ है? अपनी आत्मा पर हिंसा करना ही स्व-सेंसर है और स्पष्ट है कि उसका दफ्तर कहीं भी हो सकता है। व्यक्ति को अपनी आत्मा पर आक्रमण करने को बाध्य करता है : 'भय।' 'यदि मैं सत्य कहूँगा तो बुरा होगा'—यह आशंका हमें उन लोगों

के साथ सहमति प्रकट करने को ललचाती है जो समाज में हमारे जीवन पर अधिकार रखने का दावा करते हैं। कभी-कभी हम इसे सहमति के वैचारिक या कलापरक कारण समझते हैं या समाज से इसकी मान्यता यह कहकर प्राप्त करते हैं कि भविष्य निर्माण करनेवालों के साथ है। कभी-कभी हम किसी संगठित दल या व्यक्ति के साथ जुड़ जाते हैं। कभी आजाद रहने के फेर में इतना भटक जाते हैं कि वर्तमान से कोई मतलब ही नहीं रह जाता। शाश्वत और अनंत ही हमारा लक्ष्य बन जाता है। आज वाणी को साधन बनानेवाले साहित्य और राजनीति दोनों माध्यमों में इन दोनों प्रकार के समझौतों की मिसालें देख सकते हैं। ये दोनों ही स्व-सेंसर के प्रमाण हैं। अपवाद अवश्य होंगे पर वे उनके कृतित्व से ही प्रकट होंगे।

आम साहित्य और राजनीति दोनों में कोई केंद्रीय सेंसर काम नहीं कर रहा है। साहित्य और कलाओं में जाने कितने अज्ञात संपादक, सलाहकार, समीक्षक, परीक्षक, विश्लेषणकर्ता काम कर रहे हैं, सो कोई नई बात नहीं है। इन सबकी ईमानदारी पर संदेह करने का तत्काल कोई कारण भी नहीं है और इस लेख का वह विषय भी नहीं है। कहने लायक बात तो यह है कि आज की परिस्थिति में जहाँ चारों ओर एक सामूहिक सेंसर खुल्लमखुल्ला काम कर रहा हो, स्व-सेंसर से काम लेते हुए लेखक की छटपटाहट दीखती नहीं। वह इस तरह स्व-सेंसर करता जाता है जैसे यह रोजमर्रा की बात है। वह या तो छोटे-मोटे समझौते करता है या मुख्य बहस से बाहर रहता है और विवादास्पद विषयों को नहीं छेड़ता। लेखक शब्दाडंबर को या शब्दालंकार को माध्यम बना लेते हैं। और कोई-कोई विविध प्रकार की ऐसी साहित्यिक और बौद्धिक बहसों में उलझे रहते हैं कि जिनसे किसी भी शक्तिशाली वर्ग को आपत्ति न हो (हालाँकि ऐसे विषय जल्दी ही बच नहीं रहनेवाले हैं)। आजकल के दौर में बहसों का बहुत होना मगर उनके विषयों का व्यापक से व्यापक होते जाना क्या दिखाता है? बौद्धिक और ऐतिहासिक-वैज्ञानिक समझ की प्रगति? या व्यापक विषय के मैदान में सत्य को खो देने का स्व-सेंसर? मैं जानना चाहता हूँ कि कहीं आज की बहसों के परस्पर असंबद्ध और विशाल शब्दाडंबरों के पीछे अपनी आत्मा पर ऐसा अंकुश रखने का स्व-सेंसर तो काम नहीं कर रहा है जो असहमति को प्रकट करने की जगह विचार को ही रेगिस्तान में बहा देता हो?

सेंसर के विकेंद्रीकरण के कुछ प्रसंग याद आते हैं। एक नई पत्रिका निकली जिसमें पैसा कहाँ से आया, यह अंतरंग जानकारों को मालूम होगा, हर एक को नहीं। जिन लेखकों से रचनाएँ माँगी गईं उनमें से दो-चार नामी लेखक भी थे। इनमें से एक को स्व-सेंसर में मदद देते हुए उनसे निवेदन किया गया कि राजनैतिक दलों का नाम न लिखें तो अच्छा रहेगा।

मालूम नहीं कि यह निवेदन लेखकों ने माना कि नहीं माना और माना तो बिना नाम लिए कोई बात समझा पाना उन्होंने संभव पाया कि नहीं पाया, पर यह निवेदन अपने-आपमें आँखें खोल देने वाला है। यदि कोई लेखक अपने ऊपर इतना नियंत्रण कर ले कि वह नाम नहीं लिखेगा क्योंकि नाम लिखने से प्रकट होनेवाली असहमति अनावश्यक है तो उसके असहमति प्रकट करने के दायरे को सँकरा करते जाने का आरंभ हो चुका है। परंतु सेंसर और स्व-सेंसर के मिले-जुले अभियान में एक चरण वह भी आएगा जब सेंसर के पात्र के जीवन में, उस दफ्तर में जहाँ वह नौकरी करना चाहता है, उस स्कूल में जहाँ बहन पढ़ाती है, उस कॉलेज में जहाँ उसकी बच्ची पढ़ती है और उस घर में जहाँ बेटी का विवाह होनेवाला है—इसी तरह की परिस्थितियाँ परस्पर जुड़ने लगेंगी। तब मालूम होगा कि स्व-सेंसर एक ही जगह नहीं सब जगह करना पड़ता है और एक आदमी अगर सब जगह कतराकर बच निकलने का रास्ता टटोलता है तो वह यह न समझ बैठे कि अपनी आत्मा पर आक्रमण कर एक-दो बार में उसे छुट्टी मिल जाएगी।

स्व-सेंसर की सबसे खतरनाक बात यह है कि सत्य-विरोधी समाज, जो सत्ता का केंद्रीकरण और सेंसर का विकेंद्रीकरण करता है, स्वतंत्र विचार और अभिव्यक्ति की कोई चौहद्दी नहीं बाँधता और

स्वाधीन विचार के समर्थक यह बात पसंद करते हैं। परंतु वही व्यवस्था जो सीमा पर बाड़ नहीं लगाती, बाड़ के पहरेदार भी नहीं बैठाती, इस मिली-जुली व्यवस्था में सीमा में सेंध लगाने पर मुजरिम को पकड़ सके।

अंततः यह दायित्व लेखक और विचारक को ही उठाना पड़ता है कि अभिव्यक्ति और विचार की सीमाएँ बराबर चौड़ी ही होती जाएँ। लेखन, साहित्य, अभिव्यक्ति का यही दायित्व है कि वह बाड़ों को तोड़े और तोड़ती ही रहे। बजाय यह करने के जब लेखक अपने ही किए की जाँच करता है, अपने को ही दंड देता है और अपने पर ही ज्यादती करता रहता है तो उसके मन में चोर का निवास ही समझिए। मन में चोर पालकर कोई साहित्य नहीं लिखा जा सकता। स्व-सेंसर फिलहाल सस्ते छूटने जैसा उपाय दिखाई दे सकता है। मगर कुछ ही समय के अंदर अलग-अलग लेखकों में आगे-पीछे, रचनाशक्ति मुरझाकर सूखती और सूखकर झर जाती है। जो लोग स्व-सेंसर का यह तर्क देकर समर्थन करते हैं कि इसमें बल-प्रयोग नहीं है उन्हें देखना चाहिए कि इस मानसिकता में स्वयं कलाकार पर हिंसा का प्रयोग हो रहा है। यह हिंसा कलाकार के ही हाथों हो रही है। कोई भ्रांति न रह जाए इसलिए मैं यह भी कहना चाहता हूँ कि रचना की श्रेष्ठता के हित में अपने कथ्य और कृति को काटना-छाँटना बिल्कुल दूसरी बात है। आत्मा की व्याकुलता, संशयग्रस्तता, रचना की संपूर्णता के विषय में आश्वस्त न होने की स्थिति—ये सब बातें स्व-सेंसर नहीं हैं, जिसका यहाँ जिक्र हो रहा है। भारत में सेंसर का 75 से अब तक का अनुभव बताता है कि अब स्व-सेंसर लेखक से वह भी सेंसर करवा लेता है जिसे कहने या बोलने को किसी ने मना नहीं किया था अर्थात् स्व-सेंसर आदमी जितना गिरा हुआ था उससे भी ज्यादा गिरा देता है। यह कोई आजादी नहीं है जैसा कि स्व-सेंसर शब्द से भ्रम होता है।

[*जनसत्ता*, 27 सितंबर 1989]

बोकाबक्स, सिनेमा और करिश्मा

किसी समय बहुत पहले यह बात जाहिर हो चुकी थी कि भारतीय राजनीति में संगठित दलों का महत्त्व खत्म के बराबर है और उसमें एक नई शक्ति उभर रही है। आप सोचते होंगे कि युवाशक्ति की बात कर रहा हूँ। नहीं, वह नई शक्ति है प्रचार की शक्ति और खासतौर से ऐसे प्रचार की जिसमें सिर्फ शब्द इस्तेमाल नहीं होते हों बल्कि प्रतीति के कई माध्यम एकसाथ काम आते हों। तो क्या रंगमंच? क्योंकि अनेक कलाओं का संपुंजन उसमें भी होने का सिद्धांत बताया गया है। परंतु यह भी नहीं, क्योंकि केवल अनेक कलाओं का होना जिस तरह की शक्ति रंगमंच को दे सकता है वह रंगमंच की ही कसौटियों पर कसी जाएगी और कभी-कभी निकम्मी भी साबित होगी। तब सिनेमा ही वह प्रचार-शक्ति बचती है जिसको राजनीति दल की जगह इस्तेमाल कर सकती है। इसे पूरी तरह से इस काम के लिए उपयोगी बनाने में जरूरी है कि इसकी कसौटियों को बदल दिया जाए ताकि इस माध्यम में अनेक कलाओं के सृजन की स्वाभाविक ताकत न रह जाए। इसी काम में आजकल वे आलोचक लगे हुए हैं जो राजनैतिक दलों पर लिखना छोड़कर सिनेमा पर लिख रहे हैं। लिख रहे हैं के माने यह है कि सिनेमा द्वारा राजनैतिक दल के एवज में जो काम किया जा रहा है उसका प्रचार कर रहे हैं। सिनेमा का एक रूप बोकाबक्स भी है (अंग्रेजी ने जो इडियट बाक्स शब्द आलोचना की भाषा को दिया है—उसकी जगह बंगला और हिंदी का यह वर्णसंकर शब्द मैंने बनाया है)। आज बोकाबक्स और सिनेमा की रूपवादी समालोचना होने लगी है जिसमें कसौटियाँ यह बनाई जा रही

हैं कि किसने अपने को कितना उपयोगी बनाकर दिखाया और जब यह कसौटी भी बड़प्पन का फैसला नहीं कर पाती तो यह कसौटी काम में लाई जाती है कि किसने कितना पैसा अपने सिनेमा से कमाया। अगर आप समझते हों कि यह निष्कर्ष आयकर देने की कानूनी या नैतिक जरूरतों पर आग्रह के लिए निकाला जाता है तो समझिए कि इस नई शक्ति का उद्देश्य सफल हुआ क्योंकि आप पूरी तरह धोखा खा गए। इसका उद्देश्य आपको आयकर जैसी एक टुच्ची-सी औपचारिकता की नहीं, पैसे की ताकत की याद दिलाना है।

सिनेमा या बोकाबक्स एक राजनैतिक दल के प्रचार का काम नई राजनैतिक जरूरतों के अनुसार करता है। इस माध्यम की अपने अंदर से पैदा कसौटियाँ रह नहीं जातीं, बल्कि यह साबित किया जाने लगता है (और अभी नहीं तो देरे-सबेर किया जाने लगेगा) कि ऐसी कोई कसौटियाँ होती ही नहीं और कभी थीं नहीं। इस माध्यम से पूरा राजनैतिक फायदा हासिल करने के लिए यह अवमूल्यन जरूरी है। पूरा फायदा, उदाहरण के लिए, यह है कि जब विचार का प्रचार करने से लोग विचार बदलें तो इतना और ऐसा प्रचार न किया जाए कि नया विचार नई पीढ़ियों को भी बदलता जाए। इसी तरह जब विचार का दमन करना संभव न रह जाए तो प्रचार से ऐसा विचार बनाया जाए कि विचार की जरूरत ही न रहे।

झूठ यह है कि ऐसी कोई भी भारतीय या दक्षिण भारतीय प्रवृत्ति नहीं है। आदमी को भगवान का अवतार, देवता, करिश्मा या सिर्फ महापुरुष मानना बल्कि अनंतकाल तक मानते रहना, मनुष्य को अपनी धरती से (जिसमें मिट्टी, हवा और इतिहास सब शामिल हैं) उखाड़ दिए जाने पर ही संभव है। यह उखड़ापन एक नियोजित ढंग से अनेक तत्त्व मिल-जुलकर चलाया करते हैं और इसका नेतृत्व एक जगह केंद्रस्थ होता रहता है। साम्राज्यवाद के रूप बनते-बदलते रहते हैं और अच्छी राजनीति धरती की ओर जाने की नई ताकत पैदा करती है और जो है उसे पालती रहती है। राजनीति की परिभाषा यही है कि मनुष्यों को स्वतंत्र करे ताकि वे अपनी धरती को लौट सकें। पर इतिहास में ऐसे दौर भी आते हैं जब परिभाषाएँ प्रचार के बल पर बदल दी जाती हैं, जैसे आज का दौर है, जिसमें एक पूरी नई पीढ़ी को सिखा दिया गया है कि राजनीति का मतलब जीवन के साधन पराधीन करके छल-छंद से लोगों को जमा करके उनकी ताकत अपने पास रख लेना ही है।

जिसे भारतीय राजनैतिक प्रवृत्ति कहकर प्रचारित किया जा रहा है उसे उन्हीं लोगों ने ईजाद किया है जो लोगों को अपनी धरती और इतिहास से उखाड़ने की तरकीबें ईजाद करते हैं। यदि इस बौद्धिक षड्यंत्र का भंडाफोड़ न किया जा सका तो जैसे इसके राजनैतिक प्रचारक अतीत में, स्वाधीनता संघर्ष से लेकर 1947 के बाद की हर लड़ाई के बाद तक, आवाज उठाने की कोशिश करते रहे हैं कि लोकतंत्र बेकार की चीज है, वैसे ही एक दिन यह आवाज भी उठा सकते हैं कि आजादी बेकार की चीज है। इतना ही है कि लोकतंत्र सत्ता की वैधता का आधार है और तानाशाही को आधार बनाकर दुनिया में कहीं भी अनंतकाल तक रखा नहीं जा सकता। आजादी ही एकमात्र आधार रह जाता है जिस पर कभी तानाशाही और कभी लोकतंत्र या दोनों मिले-जुले रहकर किसी को सत्तासीन रख सकते हैं। इसलिए आजादी को बेकार की चीज घोषित करने का काम अव्वल दर्जे के प्रचार संस्थान भी नहीं कर सकते।

यह प्रचारित करके कि भारतीय जनता महापुरुष की अवधारणा को पूरी जीवन व्यवस्था का आधार मानती है, दक्षिण का दृष्टांत कुछ विचारक अपने तर्क का खोखलापन कुछ देर तक छिपाए रख सकने के लिए चाहें तो दे सकते हैं। पर इसके सार्वदेशिक प्रमाण देना आसान नहीं, बल्कि असंभव होगा। जितने प्रमाण जुटाए जाएँगे वे भारतीय स्वभाव से नहीं भारतीय राजनीति से ही उत्पन्न पाए जाएँगे और व्यर्थ सिद्ध होते जाएँगे। अपने पुरखों की गलतियों को हम इतनी प्राचीन कभी नहीं बता सकते कि उनकी उत्पत्ति अपनी मानसिकता में साबित कर दें। देशकाल के अनुसार परिवर्तन

प्रकट होते होंगे पर मौलिकता भूगोल और इतिहास से ही आती है। क्या यह साबित किया जाएगा कि हमारे यहाँ कई भाषाएँ हैं और देश बहुत बड़ा तथा जंगलों, पहाड़ों, रेगिस्तानों से भरा पड़ा है, इसलिए हम स्वभाव से फूट के तथा अलगाव के अभ्यस्त हैं। थोड़ी-सी और बरबादी हमारा क्या बिगाड़ेगी बशर्ते कि हम एक बार एक छत्र के नीचे गुलाम हो जाएँ। सिर्फ एक महापुरुष को छत्र के तले बैठा देने की देर है।

सिनेमा और राजनीति के रिश्ते पर लिखनेवालों के लिए हाल में एक लिखने लायक विषय उठा था। एम.जी. रामचंद्रन का निधन ही यह विषय था, पर सिनेसमालोचना ने इसे शायद राजनीति का विषय मानकर राजनैतिक समालोचकों के लिए छोड़ दिया। अब राजनैतिक समालोचक इस तरह के तात्विक प्रश्न उठा रहे हैं कि एम.जी.आर. की दीर्घजीवी लोकप्रियता क्या तमिल लोगों की किसी देसी प्रवृत्ति से उपजी है? प्रच्छन्न प्रश्न यह है कि हिंदी प्रदेश में ऐसा कोई नेता क्यों नहीं पैदा हुआ और निहितार्थ यह है कि दक्षिण में तो (आंध्र में भी) हो चुका है इसलिए सिद्ध हुआ है कि सिनेमा के द्वारा करिश्मा-राजनीति दक्षिण का स्वभाव है। यहाँ तक तो यह तर्क रेंग लेता है पर इस अड़चन को लाँघ नहीं पाता कि हिंदी क्षेत्र में और उससे भी बढ़कर पंजाबी में (जो बहुत तेजी से हिंदी में आ रही है) सिनेमा ने करिश्मा कर दिखानेवाला राजनैतिक नेता क्यों नहीं पैदा किया? परंतु अपने तर्क को अंत तक ले जाने को ही अतार्किक घोषित कर उसे ठीक वहीं समाप्त कर देना, जहाँ वह अपनी मूर्खता या धौंस को आप पर लादने में सफल हो जाएँ, ताकत का तरीका है। इसलिए कोई इस प्रश्न को विचारार्थ भी स्वीकार करना नहीं चाहता। स्वीकार किया तो माध्यम का बाजार खराब हो जाएगा। दस-बारह आदमी जो दलीय राजनीति के समाप्त हो जाने पर पैसा लगाकर सिनेमा बनाने की राजनीति के उम्मीदवार हैं, मंदी के शिकार हो जाएँगे और उन्हें बाजार में बढ़ानेवाले न मिलेंगे। यह मूल 'राजनैतिक' स्थापना छोड़ने का सवाल ही नहीं पैदा होता कि दलीय संगठन और विचार के बिना राजनीति होती है और भारतीय स्वभाव में वही स्वीकार्य है—वह तो आज के राजनैतिक समालोचकों ने सिद्ध कर दी है। इसे मान लें और आगे न बढ़ें नहीं तो स्थापना का झूठ साबित हो जाएगा।

[*जनसत्ता*, 10 जनवरी 1988]

भारतीय साम्राज्यवाद

पिछले दिनों जब आजादी की चालीसवीं वर्षगाँठ मनाई जा रही थी तो मुझे याद आया कि 1947 के बाद के लगभग दस वर्षों को छोड़कर बाकी समय आजाद भारत के मुखर नेताओं की मुख्य चिंता यह रही है कि भारतीयता क्या है। पहली बार यह बात सुनकर एकाएक हँसी आती है कि हम भारतीय हैं और हम भी नहीं जानते कि हम क्या हैं। परंतु बात हँसने की नहीं समझने की है। स्वाधीनता संघर्ष के किसी दौर में गाँधी ने कहा था कि पहले अंग्रेज यहाँ से चले जाएँ फिर हम देख लेंगे कि हमें राज कैसे करना है। ठीक ही कहा था क्योंकि अपने को पहचानना स्वतंत्र भारत में ही संभव है और अपनी व्यवस्था भी हम ही बना सकते हैं। इसलिए यह ठीक है कि आज वह बहस सैकड़ों बार दोहराई जा चुकी है कि भारतीयता क्या है, भारतीय समाजवाद क्या है, भारतीय एकता क्या है और भारतीय साहित्य क्या है। यदि इन बहसों से हम किसी ऐसे नतीजे पर पहुँचते हैं जो भारतीयता के उन प्रमाणों को पुष्ट करते हों जिन्हें हमने आजादी के पहले गुलामी के दिनों में आजादी की लड़ाई के मैदान में सार्थक पाया था तो तय होगा कि यह बहस सही रास्ते पर जा रही है।

परंतु भारतीय स्वभाव और परंपरा के अनुसार एक नई राजनैतिक व्यवस्था बनाने का विचार जब-जब इस नकली मुखौटे के पीछे से उठाया गया है कि वर्तमान लोकतंत्री व्यवस्था पश्चिम से उधार ली गई है और हमारे अनुरूप नहीं है, तब-तब वह कोई न कोई खोट लेकर आया है। जैसे यही खोट है कि हर बार हर बहस में एक स्वर यह उभरा है कि भारत में एक विराट साम्राज्यवादी परिकल्पना ही भारतीय हो सकती है और इस स्वर के पीछे कहीं यह चिंता भी है कि विश्व में किसी देश के भीतर विराट साम्राज्यवादी परिकल्पना को स्वाधीनता की ही आवश्यकता सिद्ध किया जाए। दूसरे शब्दों में यह समझाया जाए कि यदि भारत अपने देश की सीमाओं के भीतर साम्राज्यवादी हो जाता है तो विश्व की साम्राज्यवादी शक्तियों से उसको स्वाधीन रहने में मदद मिलेगी। यह साम्राज्यवाद के सारे तर्कों के विपरीत धारणा है। इतिहास के सारे प्रमाण भी यही बताते हैं कि साम्राज्यवाद किसी एक देश की योजना नहीं रही है। इस योजना के पालन में छोटे साम्राज्यवादी देशों को बड़े साम्राज्यवादी देशों की नकल करनी पड़ी है। यानी बड़े साम्राज्यवादी देशों का गुलाम होना पड़ा है। उन छोटे देशों में सरकार भले ही स्वाधीन रहे परंतु राष्ट्र स्वाधीन नहीं रहा है।

प्रश्न यह है कि यदि हम नई भारतीयता की यह नई अवधारणा मान लेते हैं तो क्या हम 1947 के चालीस साल बाद आजाद सरकार को बनाए रखने के लिए राष्ट्र को गुलाम बना रहे हैं? क्या आजादी की चालीसवीं वर्षगाँठ का यह अर्थ होगा? ये प्रश्न हैं जिनका उत्तर राजनीति के विद्वानों को देना है।

यह कोई किताबी बहस नहीं है। मानव समाज के दो व्यावहारिक कार्यों से इसका संबंध है जो अंततः आजादी के ही काम हैं : वे हैं, लोकतंत्र और राष्ट्रीय एकता। पहले तो यही देखें कि क्या लोकतंत्र विफल हो गया है? विफल लोकतंत्र का अर्थ यही होना चाहिए कि समता और समृद्धि दोनों एक साथ नहीं चल रही हैं। मजबूत, कमजोर को दबा रहा है। कमजोर अपने अधिकारों के लिए लड़ रहा है। शोषण संगठित रूप से हो रहा है जबकि अधिकार का संघर्ष करनेवाले बिखरे हुए हैं। जो दमन कर रहे हैं उनमें आपस में भी संघर्ष है—अपने स्वत्व को अपने ही वर्ग के भीतर बनाए रखने का संघर्ष। अधिकार के लिए संघर्ष करनेवाले संघर्ष को संकुचित कर देने के प्रलोभन में पड़ रहे हैं, क्योंकि इसमें उन्हें विजय दिखाई दे रही है। पर यह विजय नहीं है, बँटवारा और अलग्योझा है। वास्तव में देश के विभिन्न क्षेत्रों की एक-दूसरे के प्रति आर्थिक निर्भरता ही एक स्वाधीन एकता का सूत्र बन सकती है और यही लोकतंत्र का सूत्र भी है। इसलिए राष्ट्रीय एकता की चिंता को लोकतंत्र की चिंता से अलग रखकर शब्दजाल गढ़ना व्यर्थ है। जब तक समता और समृद्धि की नीतियों के अनुसार नियोजित समान आर्थिक विकास नहीं होगा तब तक स्थाई राष्ट्रीय एकता नहीं होगी। हाँ, एक साम्राज्यवादी तानाशाही हो सकती है जिसमें देश के भीतर उपनिवेश हों और उन उपनिवेशों के मानव संसाधन और उनकी प्राकृतिक और भूमि संपदा की एकता परंपरा का उदाहरण देकर एकत्र रखी जाए ताकि उसका आर्थिक शोषण आसानी से होता रह सके। हर भारतीय अपने राष्ट्र की एकता की प्राचीन परंपराओं को पूजनीय मानता है। वर्तमान में क्या हो रहा है, यह पूरे राष्ट्र के फलक पर देख पाना उसके लिए बँटे हुए संवेदनों और स्वार्थों के रहते हुए सरल नहीं है। इस भारतीय कमजोरी के कारण प्राचीन एकता का नाम लेकर वर्तमान भारत को विचार के मामले में लंबे समय तक धोखे में रखा जा सकता है।

पर आँखें खोलकर देखने से वर्तमान भारत को कोई नहीं रोक सकता। देश-भर में बिखरी हुई प्राकृतिक संपदा को शोषण और विशाल भू-क्षेत्रों में उनके कारण उजड़ी हुई बेरोजगार आबादियाँ दिखती हैं। ये प्रमाण यथेष्ट रूप से सिद्ध करते हैं कि वास्तविक एकता यही है। प्राचीन एकता के मोह में न पड़कर हमें आज निर्मम होकर जाँचना पड़ेगा कि क्या हम देश के विशाल भूखंड को,

जिसे हमारे ही आर्थिक तरीकों ने विषमताओं से ऊबड़-खाबड़ कर दिया है, एक में बाँधे रहने के लिए उन्हीं सब राजनैतिक तरीकों का समर्थन कर सकते हैं जिनके कारण हम साम्राज्यवाद के गुलाम हो गए थे।

[*जनसत्ता,* 20 मार्च 1988]

खब्ती औरत

एक औरत, दो बच्चे एक गोद एक पैदल
पता पूछती रहती है प्रधानमंत्री का
दस बरस बेदखल हुए उसे हुए पाँच अधपागल
अत्याचार समाचार बन गया इंसान का अपमान छपा नहीं
दस बरस मुझे भी जड़ हो गए हुए
अब रह गया सिर्फ उस औरत का खब्त...

इक्कीस साल पहले यह कविता, जिसकी छह पंक्तियों से मैंने यह खेल शुरू किया है 'आत्महत्या के विरुद्ध' के पहले संस्करण में प्रकाशित हुई थीं। तब से अब तक यह औरत कई बार मुझे मिल चुकी है। दिल्ली को खूबसूरत बनाने के लिए समय-समय पर जो गरीबी हटाई जाती है उसी के साथ बुहरकर वह या तो कहीं फिंक गई होगी या दिल्ली का जो विस्तार लगातार होता रहता है उसमें कहीं हेरा गई होगी। हो सकता है सड़क दुर्घटना की खबरों में जब-तब जिस औरत के ट्रक से कुचलकर मर जाने का जिक्र आता है, वही मेरे इक्कीस साल पहले की कविता की औरत रही हो, यह मुझे मालूम नहीं हो सकता क्योंकि 1975 के बाद से अखबारों में ट्रक से कुचले हुए लोगों के नाम, पते, ठिकाने, घर-बार, काम-धंधे बताने की कोशिश नहीं की जाती।

पर यही दैनिक अखबार एकमात्र साधन रह गए हैं जिनसे आदमी का हाल मिल सकता है और इन्हीं पर भरोसा करके मैं इतना तो विश्वासपूर्वक कह सकता हूँ कि उस खब्ती औरत को अभी तक सुरक्षा संतरियों ने मार नहीं डाला है। लोहे का ऊँचा मजबूत फाटक फलाँगकर वह किसी अहाते में नहीं घुसी थी, सिर्फ सड़कों पर भटक रही थी, शायद इसीलिए पुलिस की गोली से बच गई।

मगर पिछले महीने की इक्कीस तारीख को सुरेश कुमार खेलवाल को जाने क्या सूझा कि वह एक विकराल फाटक फाँदकर संसद भवन के अहाते में घुस गया। जिस फाटक को उसने फाँदना तय किया, वह बड़े लोगों के आने-जाने के लिए निश्चित है। मगर यह अपने-आपमें फाटक फाँदने की कोई वजह नहीं हो सकती। संतरी ने उसे ललकारा। खेलवाल ने मालूम नहीं सुना कि नहीं सुना, पर पलटकर उसने सलाम नहीं किया। खेलवाल और संतरी के बीच आगे क्या हुआ, यह पुलिस के दो विभाग अलग-अलग ढंग से बताते हैं, पर इसके बाद की महत्त्वपूर्ण घटना के बारे में दोनों सहमत हैं। मतलब यह कि एक सूत्र कहता है कि खेलवाल ने संतरी की बंदूक छीनने की कोशिश की, दूसरा नहीं कहता, पर दोनों मानते हैं कि खेलवाल को उन्होंने मार डाला। जो पुलिस सूत्र कहते नहीं हैं, मगर जनता के दिमाग में बैठाने की कोशिश करते हैं, वह यह है कि जो आदमी आवाज देने पर रुक न जाए और रुक जाने पर भी जिससे बात करना मुश्किल हो उसे गोली मार देनी चाहिए। चूँकि खेलवाल से संतरी की कोई बात ही नहीं हुई थी, इसलिए यह नतीजा निकालने का कोई कारण नहीं बनता कि अगर बात करने पर पुलिस को कहीं पता चला होता—जो बाद में अपने अफसर को उसके बूढ़े माँ-बाप के पास हरियाणा में भेजने और बेटे की लाश की शिनाख्त करवाने

पर पता चला—तब भी पुलिस उसे गोली मार देती। जैसा आप जानते हैं, पिता पर यह भेद खुलने के पहले ही जाहिर हो चुका था कि लड़के के हाथ में कोई हथियार नहीं था।

गोली मार देने के बाद जब संतरी और उसके दल ने धड़कते दिल से लड़के की तलाशी ली होगी कि कहीं वह बुलेट प्रूफ जेकेट के नीचे इमारत को उड़ा देनेवाला परमाणु बम न छिपाए हो तो उन्हें गोली मार देने के अपने निर्णय पर तो संतोष ही हुआ होगा, क्योंकि गोली तो वे मार चुके थे, हाँ लड़के पर हँसी आई होगी क्योंकि जेब में सिर्फ एक डायरी निकली जिसमें कुछ पते थे—शायद उसकी कपड़े की दुकान के कारोबार के या स्कूल के पते रहे होंगे जहाँ वह टीवी मरम्मत सीखता था। हाँ, एक चीज और निकली थी—हनुमान चालीसा। शायद यह उसने भूत-पिशाच निकट नहीं आने देने के लिए रखी थी। पर वह नाकाम रही। पुलिस के दो विभागों के दिए हुए तथ्यों में भी यह अंतर पाया जाना अब बेकार हो चुका है कि एक के अनुसार लड़के ने संतरी की बंदूक छीनने की कोशिश की थी और दूसरे के अनुसार नहीं की थी।

संदेह और सुरक्षा के तंत्र ने दो आदमियों के बीच संवाद खत्म कर दिया था—यह इस घटना के खुद सुरक्षा समर्थक तंत्र के बताए ब्यौरों से मालूम होता है। यह स्पष्ट है कि सुरक्षा तंत्र एक संदिग्ध मुजरिम को दबोच सकता था। अगर तंत्र इतना भी नहीं कर सकता था तो यह एक और बुरी खबर है। पर उसने लड़के को दौड़कर पकड़ा नहीं, पकड़कर पूछताछ नहीं की और कानून के हवाले नहीं किया। भाषा का पुल टूट चुका था और उस पर से होकर आदमी की जिंदगी का रास्ता जा नहीं रहा था। मेरे एक पुराने समाजवादी बंधु ने कहा, 'सभ्यता और राजनीति के बीच रिश्ता नहीं रह गया है।' यही एक टिप्पणी इस घटना पर मैंने सुनी या पढ़ी है। भाषा, मनुष्य, संत्रास, क्रांति, मूल्य आदि से सरोकार रखनेवाले चित्रकारों और नर्तकों को छोड़ भी दें तो उपन्यासकारों, कहानीकारों और समालोचकों के लिए यह हत्या एक बड़े 'राष्ट्रीय' दैनिक में छपे समाचार की थी, एक मनुष्य के अपमान की नहीं थी।

संदेह और सुरक्षा का तंत्र आदमी के साथ एक तनातनी (जिसे अंग्रेजी से अनुवाद करनेवाले पत्रकार शीत युद्ध कहते हैं, मानो हिम प्रदेश से संवाद दे रहे हों) बनाए रखता है। यह तनातनी अपने-आपसे इष्ट नहीं है, इससे निकलनेवाले फायदे ही असल फायदे हैं। वे फायदे ये हैं कि हम कभी सच को नहीं जान पाएँगे और जितना सच जान पाएँगे उतना यही तंत्र नाकाफी बनाकर छोड़ देगा। उदाहरण के लिए यदि हम लोग, जिनकी पुलिस अफसरों तक पहुँच नहीं है, जवाब माँगें कि जब सुरेश के गाँव जाकर पता लग गया कि उसका खुद कोई खतरनाक इरादा नहीं था और वह किसी गिरोह में भी नहीं शामिल था, तब फिर तंत्र को अपने गोली चलाने पर और नहीं तो पछतावा क्यों नहीं हो रहा है, तो उत्तर शायद यह मिल सकता है, आप चुप रहिए क्योंकि हमें बहुत-सी बातें मालूम होती रहती हैं जो हम सबको बताने को मजबूर नहीं हैं। सुरक्षा, जिसने संदेह के बल पर बिना संवाद के हत्या की है, एक बार फिर संदेह के बल पर सुरक्षा को और सुरक्षा के बल पर संदेह को चक्राकार दुगुना करके हमें हर तरह के संप्रेषण से बाहर कर देती है और सुरेश कुमार खेलवाल और संतरी के बीच बंदूक ही एक पुल रह जाता है, उससे होकर एक साधारण आदमी आ-जा नहीं सकता।

पर यह अशक्यता वर्तमान राजनीति के नियामक पहचानते नहीं हैं। वे सिर्फ उन अशक्यताओं को पहचानते हैं जो संदेह और सुरक्षा का तंत्र राजनीति के माध्यम से जनता पर लादता है, जैसे 1975 में एमरजेंसी को दलों ने फौरन पहचान लिया था। पर जो उद्देश्य एमरजेंसी का था वही उद्देश्य एमरजेंसी के बिना, राजनीति नहीं सभ्यता को गुलाम बनाकर भी सिद्ध किया जा सकता है। यह बात आज के राजनीतिक दल नहीं समझ सकते।

वह खब्ती औरत जो मुझे इक्कीस साल हुए कविता में दर्ज होने के लिए मिली थी, आज भी

जिंदा है। आज भी वह उतनी ही बड़ी है जितनी तब थी, जब अपने दो बच्चों को लेकर वह प्रधानमंत्री का पता पूछती भटकती रहती थी। अब तो वह पता भी नहीं पूछ सकती। भटकने को वह दिल्ली के बाहर आजाद है, दिल्ली में नहीं, क्योंकि उसे बता दिया गया है कि कहीं भी, सुरक्षा क्षेत्र में न सही संदेह क्षेत्र में सही, उस पर गोली चल सकती है और सुरक्षा और संदेह के घेरे एक-दूसरे के अंदर-बाहर चक्राकार घूमते रहते हैं।

[*जनसत्ता*, 10 अप्रैल 1988]

आत्महत्या के विरुद्ध

जब से यह समाचार पढ़ा है कि मेरठ में शंकराचार्य ने उपदेश किया कि जो स्त्री स्वेच्छा से पति की चिता पर भस्म हो जाना चाहती हो उसे रोकना अधर्म है तब से यह सोच रहा हूँ कि दिवराला कांड पर इतना आक्रोश प्रकट हुआ था वह क्यों व्यर्थ गया। क्यों शंकराचार्य का साहस हुआ कि वह असहाय स्त्री की आत्महत्या को एक बार फिर धर्म प्रतिष्ठान का संरक्षण दें। क्यों नहीं हमने, जो दिवराला कांड को गौरवान्वित किए जाने के विरुद्ध और स्त्री की स्वतंत्रता के पक्षधर हैं, सती कांड को धर्म प्रतिष्ठान के तर्कों से अमान्य करने के बजाय लौकिक-सामाजिक दृष्टि से उचित ठहराया। हमने शत्रु पर जवाबी हमला तो किया परंतु उसी के हथियार से जिसके चलाने की सैकड़ों विधियाँ उसे मालूम हैं। उन्हें जब-तब वह सामने लाता रहेगा और हम बार-बार उससे उसी के बनाए हथियारों से लड़ने का नाटक करते रहेंगे। यदि सचमुच लड़ना है तो हम अपने मैदान में शत्रु को ले आएँ। समय इतना कम है कि हमें शंकराचार्य के नए वक्तव्य पर आश्चर्य प्रकट करने की छूट नहीं है। यह तो स्पष्ट है कि वह सती होने से रोकने को अधार्मिक कार्य मानते हैं। यह पूछने की जरूरत नहीं है कि वे इसे अधार्मिक मानते हैं या अधर्म। उनके लिए धर्म और धार्मिक में कोई अंतर नहीं है जबकि सामान्य लोकभाषा में अधर्म वही है जिसे शंकराचार्य धार्मिक बता रहे हैं।

प्रश्न यह है कि जब कोई व्यक्ति इस लोक में अपने जीवन की आशा छोड़ चले तो हम उसे नई आशा में जीने के लिए बल दें। हम बीसवीं शती के शेषकाल में जी रहे हैं और धर्म प्रतिष्ठानों की नहीं मानवीय रचना प्रतिभा की चिंता कर रहे हैं। परमाणु युद्ध से संभव विनाश से लेकर प्रकृति के मानवनिर्मित उत्पीड़न तक सब हमारी चिंता के विषय हैं। इन सबके आदि और अंत में एक ही सिद्धांत है कि हम समाज में अन्याय और असमता को बदल सकते हैं और बदल रहे हैं और रचना को बल देते हुए अपने कामों की समीक्षा करते बदलते जाएँगे। इस चिंता के अंतर्गत संस्कृति के विकास के लिए आवश्यक हो जाता है कि हम मनुष्यों में प्रीति और परस्पर आत्मिक बल बढ़ाएँ।

आत्महत्या को पुराने लोगों ने पाप कहा है। वह पाप है तो इसीलिए कि मानव जाति में समय पाकर मृत्यु को स्वीकार करने के संस्कार के वह प्रतिकूल है। उसे रोकना धर्म है क्योंकि रोकना एक नए जीवन की संभावना जगाना है। आत्महत्या को रोकना धर्म है क्योंकि समाज की और सृष्टि की हमारी लौकिक समझ के अनुसार मनुष्य में कर्म की अनंत संभावनाओं को आत्महत्या वैसे ही नष्ट कर देती है जैसे हत्या कर देती है। शंकराचार्य ने स्वेच्छा से सती होनेवाली स्त्री का नाम लेकर उसकी स्वेच्छा की रक्षा करने पर जोर दिया है। मैं उसकी स्वेच्छा की नहीं उसके प्राण की रक्षा करने पर जोर दूँ तो मैं उन सबके मन की बात कहूँगा जो मनुष्य की मेधा और प्रतिभा पर विश्वास करते हैं। स्वेच्छा का महत्त्व है, व्यक्ति की स्वतंत्रता का भी महत्त्व है, पर इससे भी अधिक महत्त्व इस

बात का है कि हम जिसे स्वेच्छा कह देते हैं वह असहायता और परवशता की पराकाष्ठा का दूसरा नाम है—स्वेच्छा कदापि नहीं। इच्छा-मृत्यु का भी महत्त्व है परन्तु जीवन पूर्ण होने के पहले इच्छा-मृत्यु का विज्ञापन हत्या को छिपाने का हत्यारा प्रचार ही है।

और यदि हम शंकराचार्य की तरह शून्य से सुरक्षित प्रतिष्ठान के भीतर न रहकर वर्तमान लोक में रह रहे हों जहाँ हम अतीत और भविष्य दोनों से कर्म द्वारा निरंतर जुड़ते चलते हैं तो इस समाज की संरचना में स्त्री के व्यक्तित्व के शोषण का यथार्थ पहचानेंगे और यथास्थिति नहीं रहने देंगे, परंतु समाज को बदलने के लिए हम जो कर रहे हैं उसका भी कोई मतलब तभी है जब बदलने का इंतजार न करके हम तत्काल हस्तक्षेप द्वारा मनुष्य को आत्महत्या से रोंके। हर क्षति को थाम देने के बाद उसकी पूर्ति का उपाय मानव सभ्यता के पास निकल आता है और हर स्वजन-शोक के बाद जीवन से मोह नए सिरे से जाग उठता है। केवल वे ही इस प्रयोग का विरोध करेंगे जो विधवा स्त्री पर वैराग्य बलपूर्वक लादेंगे ताकि वह अपनी विरक्ति के बीच से जीवन में आस्था न खोज सके और अपनी अपार संभावनाएँ अपने हाथों नष्ट कर ले क्योंकि वह एक औरत है।

सती कांड का समर्थन कहीं न कहीं इस दुराग्रह की पुष्टि भी है कि स्त्री पुरुष की बराबरी नहीं कर सकती। इस दृष्टि की एक विकृति यह है कि स्त्री की संभावनाएँ पुत्र जनने से लेकर पति की सामाजिक शोभावस्तु बनने तक सीमित हैं और पति के रहते पत्नी का शेष हो जाना कोई सामाजिक क्षति नहीं है। शंकराचार्य का यह कहना कि स्वेच्छा से प्राण त्याग देने को तैयार स्त्री को रोकना अधार्मिक कार्य है, धार्मिक मूल्यों की रक्षा की नहीं, नर-नारी के बीच असंतुलन बनाए रखने की चेष्टा है जिसका राजनैतिक अभिप्राय है : शंकराचार्य का प्रतिष्ठान अनेक सत्ता प्रतिष्ठानों को सहयोग देता है और जहाँ तक मालूम है नर-नारी समता के पक्षधर प्रतिष्ठान उन सहयोग पानेवालों में नहीं हैं। मालूम नहीं शंकराचार्य इतनी दूर तक सोचते हैं या नहीं जितनी दूर तक अज्ञानी लोग सोच सकते हैं, परंतु स्त्री को संभावनाहीन नगण्य जंतु मानकर चलनेवाली दृष्टि स्त्री की देह का अश्लील विज्ञापन करनेवाली दृष्टि से मूलतः भिन्न नहीं है। दोनों एक-दूसरे की पूरक ही हैं। बल्कि दूसरी पहली के मुकाबले ज्यादा ईमानदार है क्योंकि वह धार्मिकता की आड़ में यह दमन नहीं चलाती।

असल बात यह है कि यह भनक पड़ते ही कि कोई स्त्री सती होना चाहती है या किसी को सती किया जा रहा है, हर एक को अपनी पहुँच के अंदर उसे रोकने का प्रयास करना चाहिए। यही मानव धर्म है। बीसवीं शती के शेषकाल में मानव-मूल्यों की रक्षा के लिए हस्तक्षेप अनिवार्य है। उन्हीं से परंपरा का निर्माण संभव है, उपदेशों से नहीं।

[10 जून 1988]

पूर्वज स्मृति

पिछले दिनों मुझे दो-तीन अवसरों पर अपने पूर्वजों की स्मृति में आयोजित भाषण सुनने को मिले। वक्ताओं में उम्र के लिहाज से छोटे-बड़े कई तरह के सज्जन थे। वक्ताओं का आज से संबंध दो तरह का दिख रहा था। एक प्रकार के वक्ता अपने पूर्वज के अमरत्व, उनके मूल्यों के शाश्वतत्व और आज के हीनत्व का बार-बार उल्लेख कर रहे थे। प्रातःस्मरणीय पूर्वज के कर्मक्षेत्र में आज क्या हो रहा है इसका नाम इन वक्ताओं ने एक बार भी नहीं लिया, मोटे तौर पर प्रकारांतर से यही कहा कि तब का जमाना अब नहीं रहा। यह बिना जाने हुए कह रहे थे कि हमारे पूर्वज जिनका हम स्मरण कर रहे हैं आज अप्रासंगिक हो गए हैं। पर यदि वह जान जाते कि वर्तमान के प्रति

बातों से मतलब यही निकल रहा था तो वे शायद नवयुवकों से नाराज हो जाते या शायद स्पष्टीकरण करते कि उनका यह मतलब नहीं है, वे तो केवल युवकों को पूर्वजों के महान आदर्शों की याद दिला रहे हैं।

उदाहरण के लिए पत्रकारिता और समाज विषय पर उस गोष्ठी को लें जो पिछले महीने मध्यप्रदेश साहित्य परिषद ने भोपाल में बुलाई थी। स्वर्गीय माखनलाल चतुर्वेदी की स्मृति में इस गोष्ठी में पत्रकारिता और मूल्यबोध, पत्रकारिता और स्वतंत्रता और पत्रकारिता और साहित्य इन तीन विषयों पर विचार किया गया। इसमें सबसे विचारोत्तेजक विषय था पत्रकारिता क्या सोच या कर रही है। यह नहीं तो यह कि स्वतंत्रता से पत्रकारिता का क्या संबंध है। बातचीत का मुख्य विषय जाने-अनजाने यह हो गया था कि पत्रकार की स्वतंत्रता रह गई है या नहीं या कहीं उसका दुरुपयोग तो नहीं हो रहा है। परिषद के सचिव, गोष्ठी के संचालक श्री सोमदत्त गर्ग ने सभा को दो-एक बार याद भी दिलाया कि पत्रकारिता में स्वतंत्रता का विषय गोष्ठी के बड़े विषयों का हिस्सा ही हो सकता है परंतु कोई बात थी जिससे सभा में वह हिस्सा सबसे बड़ा हिस्सा होने का हुमास भरता रहा। इतना ही नहीं, पत्रकारिता और मूल्यबोध तथा पत्रकारिता और साहित्य विषयों पर बातचीत में भी इस तरह के सवाल उठ-उठकर आते रहे जैसे कि जो लोग साहित्य और पत्रकारिता दोनों में दखल रखते हैं उनको सरकार से पहले कितना सम्मान मिलता रहा है और आज क्या स्थिति है। पत्रकार की स्वतंत्रता और पत्रकार के साहित्यिक सम्मान की चिंता के आगे राष्ट्रीय स्वतंत्रता की और साहित्य और पत्रकारिता में गबड़-सबड़ न होने की चिंता मानो नगण्य हो गई थी। यह बात भी कई बार उठी कि पत्रकारिता आज पहले की तरह कोई सेवाव्रत नहीं है और उसके साधन आधुनिक हो गए हैं। यह दावा करनेवाले साफ-साफ स्वीकार नहीं कर पा रहे थे, परंतु कहीं न कहीं उनके मन में यह विचार छिपा हुआ लग रहा था कि यदि पत्रकारिता कोई व्रत नहीं है तो साहित्य भी व्रत नहीं हो सकता, स्वतंत्रता की आकांक्षा भी किसी राष्ट्र के लिए व्रत नहीं हो सकती। इसके बजाय पत्रकारिता और साहित्य व्यवसाय है। स्वतंत्रता राष्ट्र के मानस का नहीं सरकार की नीति का मामला है। जहाँ तक पत्रकारिता और स्वतंत्रता का सवाल है, जब राष्ट्र की स्वतंत्रता का सवाल ही नहीं है तो सरकार के स्थायित्व का सवाल ही एकमात्र सवाल है और स्वतंत्रता तो पत्रकार केवल अपनी नौकरी के संदर्भ में पहचान सकता है। जहाँ तक पत्रकारिता के आधुनिक साधनों का सवाल है, यह सवाल जहाँ-जहाँ जिस-जिस तरह उठाया जाता है उससे भेद खुल जाता है कि मन में चिंता साधनों की आधुनिकता की नहीं, पत्रकारिता व्यवसाय में भारी पूँजी लगाकर साधनों को थोड़ी पूँजीवाले लेखक और पत्रकार के हाथ में न रहने देने की है। पर किसी कारण से इन असली बातों पर बहस नहीं हो रही थी। क्या इसीलिए कि ये सब व्यवसायी पत्रकारिता की पोल खोलनेवाले सवाल थे? पूर्वजों की स्मृति में वर्तमान को ढाँक रखनेवाले तर्कों की पोल खोलने को परतंत्रता की सभ्यता जिसे हम जी रहे हैं, अशोभन मानती है।

तब पूर्वजों की स्मृति में इन विषयों पर विचार करते समय क्या करना चाहिए जो उनकी चिंता और कर्म के विषय थे। एक वर्ग के पास इसका उत्तर दन से मिल जाएगा। स्मारक बना हो, मूर्ति हो, ग्रंथ हों, संग्रहालय हो, कुछ भी हो उसमें अतीत की स्मृतियाँ, तालिकाएँ, आँकड़े, फोटो ही हों, उन सबकी सहायता से हम दिवंगत को स्मृति में कैद कर रख देंगे। पर यह उत्तर एक चाल है, इसका उद्देश्य यह बताया जाता है कि नई पीढ़ी पूर्वजों की याद रख सके, पर वास्तव में कुछ और ही जो मध्यप्रदेश साहित्य परिषद के आयोजन में भाग लेनेवाले पत्रकारों का स्वतंत्रता की इतनी संकुचित समझ प्रदर्शित करना और सचिव के याद दिलाने पर भी पत्रकारिता और स्वतंत्रता नामक विषय में राष्ट्र की स्वतंत्रता पर आज की पत्रकारिता के कर्तव्य को दरकिनार करते रहना दिखता है।

क्या कोई दूसरा वर्ग भी है जो पूर्वजों से मिले दाय को पूजता नहीं बरतता हो, और इसी में उनकी स्मृति की रक्षा मानता हो?

मेरे विचार से है पर वह विचार-सभाओं में उपस्थित हो जाए, यह बहुधा संभव नहीं है। घटिया राजनीति और उससे भी घटिया संस्कृति से संपन्न व्यक्तियों का प्रकाशन साधनों पर दिन-ब-दिन बढ़ता हुआ कब्जा और पत्रिकाओं और अखबारों का घटता हुआ स्वर उन कर्मियों को अकेला करता जाता है जो परंपरा को बरतते और जहाँ जरूरी समझते हैं वहाँ वर्तमान से भविष्य में पहुँचने के लिए अतीत को तोड़ते-छोड़ते हैं।

पत्रकारिता और स्वतंत्रता के विषय के बारे में यह विशेष सार्थक है। माखनलालजी, प्रेमचंद जी, गणेशशंकर विद्यार्थीजी और कितने ही पूर्वज हैं जो राष्ट्र की स्वतंत्रता की चिंता करते थे और उनका पत्रकारिता-कर्म उसी चिंता का सहजीवी था। इन सबसे अगली पीढ़ियों ने कुछ तो सीखा ही होगा पर क्या वजह है कि स्वतंत्रता के सत्तासीन पक्षधर स्वतंत्रता की चिंता का वह अर्थ ही नहीं समझ पा रहे हैं जो इन पूर्वजों के जीवनकाल में नहीं प्रकट हो सकता था। नई पीढ़ी को राष्ट्र की स्वतंत्रता की चिंता है मगर पुरानी पीढ़ी की तरह वह एक विराट आंदोलन के अंतर्गत एक झंडा, एक राष्ट्रगीत, एक राष्ट्रीयता लेकर अपने को किसी पंद्रह अगस्त के इंतजार में समर्पित नहीं कर सकती। उसका समर्पण पहले से कहीं अधिक निर्दिष्ट और कहीं अधिक विशिष्ट है, उसमें निहित अनेक कर्त्तव्य हैं और कहीं अधिक अधिकारों के लिए कहीं अधिक संघर्ष है। पूर्वजों का स्मरण करनेवाले जो लोग यह बात न समझ पा रहे हों वे उनके योगदान को एक बार और निष्ठापूर्वक समझने का प्रयत्न करें।

स्वतंत्रता के पर्व को चालीस साल बीते हैं, यही चालीस साल परतंत्रताओं के बचे-खुचे रूपों के नई शक्लें लेने के चालीस साल भी हैं। इसे स्वीकार करना स्वतंत्रता का एक रूप है जो बचा रहना चाहिए और बचा है भी। इसे स्वीकार न करना बची-खुची परतंत्रता का ही एक रूप है और खेद है कि वह भी बचा हुआ है।

[*जनसत्ता*, 14 अगस्त 1988]

मध्यवर्ग : हिंसा में मनोरंजन का नया विषय

साहित्य के विद्वानों को शायद याद हो कि एक जमाने में यथार्थ के समर्थक कहानीकार 'पतिता' स्त्रियों की कहानियाँ लिखना विद्रोह का प्रमाण माना करते थे। समाज की मार से स्त्रियों को मजबूरन 'पतिता' बनना पड़ता है और समाज से विद्रोह करने के लिए लेखकों को उनकी कहानियाँ लिखनी पड़ती हैं—यह कहते थे ये कहानीकार। पर वे ईमानदारी से मानते थे कि उनका उद्देश्य वेश्याओं के घर जाकर चटपटी कहानियाँ खोजना नहीं बल्कि समाज के ठेकेदारों के बनाए सत्साहित्य के उस परदे को खोलकर रख देना है जिसकी आड़ में वे सच्चाई को छिपाए रखना चाहते हैं। इसके बाद कुछ घटिया लेखकों ने सच्चाई को बेपरदा करने से यह फायदा भी ताड़ लिया कि लगे हाथ एक किस्म के पाठक को वह सत्य भी दिखाया जा सकता है जो छिपा रहने के कारण मजेदार बन गया। जिन लेखकों ने इस तरह की रचनाएँ लिखीं वे तत्काल कुछ साहित्य बेच ले गए होंगे। पर साहित्य के इतिहास ने उनकी रचनाएँ कूड़े के ढेर में डाल दी हैं। अभी हाल तक, इमरजेंसी के दौर में भी कोशिश होती रही है कि यथार्थ के नाम पर वह असलियत बताई जाए जिसे बदलकर बेहतर इंसानी रिश्ते बनाने की इच्छा न लेखक में थी न उस सत्ता प्रतिष्ठान में जिसने उस लेखक को संरक्षण दिया था।

इमरजेंसी में यथार्थ के साथ जैसा बरताव होता था करीब-करीब वैसा ही आज फिर होता दिखाई दे रहा है। इस बार साहित्य नहीं अखबार इसका साधन है। यह सिलसिला आज शुरू नहीं हुआ, इमरजेंसी उठने के साथ ही पत्रकारिता से एक किस्म की सच्चाई को बताने की होड़ लग गई थी। रंगीन चिकनी पत्रिकाओं के मालिकों को यह सच्चाई पैसा कमाने का साधन दिखाई देती थी। यह समाज में अंदरूनी तोड़-फोड़ करती थी सो अलग। इमरजेंसी हटानेवाली सरकार अपने चरित्र के कारण इस तरह पत्रकारिता के मन में समाज का डर नहीं बैठा सकी और जब और इमरजेंसी-सी लगानेवाली राजनीति का उत्थान हुआ तो—कमोबेश 1980 से—समाज की हर टूट यथार्थ के वर्णन का मुख्य विषय वैसे ही बन गई जैसे एक जमाने में बिक्री बढ़ानेवाले घटिया साहित्य में बनती थी।

हिंसा से मनोरंजन का एक भरपूर दौर तभी से जारी है। पत्रकारिता में इस हिंसा का पात्र कमजोर वर्ग माना जाता है। जिस वर्ग का पत्रकार समाचार, संपादकीय या संदेश लिख रहा हो उससे तुलना में कमजोर वर्ग पर आक्रमण किया जाता है और ताकत वर्ग को अखबार बेचा जाता है। इस षड्यंत्र के सफल होने का रहस्य यह है कि कमजोर वर्ग भी उस अखबार को पढ़ने के लिए मजबूर है क्योंकि उसे अपने पर हुए आक्रमण की खबर भी उसी से मिलती है। कमजोर वर्ग के पास अपने खुद के साधन इतने नहीं जुट पाते कि वह असलियत की ऊपरी खबरें खुद जमा करे, छापे और इसी पैमाने पर वितरित करे जिस पर हिंसा में मनोरंजन प्रचारित करनेवाले उसके शत्रु कर रहे हैं।

मनोरंजन के शिकार इस कमजोर वर्ग में आज से 9-10 वर्ष पहले बहुत करके 'विपन्न दलित' नागरिक हुआ करते थे। पिछले कुछ महीनों में मध्यवर्ग को भी इस मनोरंजन की वस्तु बनाया जा रहा है। यह मध्य वर्ग के पाठकों ने देखा तो जरूर होगा, शायद अभी तक पहचाना नहीं है। गाँव-देहात के बेघरबार लोगों पर जुल्म की खबरें शहर में रहनेवालों को रस देती रही हैं, गरीब पर बलात्कार में शहर में किसी को मानहानि नहीं दिखाई देती थी क्योंकि जिसका अपमान हुआ था वह कोई गैर था। आज हम देखते हैं कि पिछले कई महीनों से शहरों के मध्य वर्ग के परिवारों में स्त्री-पुरुष संबंध की विकृतियों की खबरें लाई जा रही हैं। इनको खोजकर लाने और इनमें स्त्री के चरित्र पर बड़ी चालाकी से कीचड़ उछालनेवाले भी मध्य वर्ग के पत्रकार होते हैं पर वे पूरी खबर नहीं देते। पूरी खबर में स्त्री का पक्ष भी देना होगा। यह सोचकर हमारा पत्रकार उस पक्ष को खारिज ही कर दे रहा है। मध्य वर्ग के नागरिकों पर बलात्कार की खबरें देने के साथ स्त्री की चरित्र हत्या का इंतजाम भी किया जाता है। मध्य वर्ग में चरित्र का मामला अपने-आपमें एक रसभरा विषय है, उसमें अवैध नर-नारी संबंध का संकेत देने से ही मनोरंजन हो जाएगा। बलात्कार की खबरों में स्त्री का नाम, पता, फोटो छापना और साथ में आस-पड़ोस के लोगों से कहलवा देना कि यह स्त्री पर-पुरुषों से संबंध रखती थी, हिंसा में भी मनोरंजन की विकसित शैली है जिसमें खून नहीं बहता पर हिंसा होती है।

[*जनसत्ता*, 9 अक्टूबर 1988]

आजाद भारत में नंगे पाँव

पिछले दिनों चित्रकार हुसैन को बंबई के किसी धनी-मानी क्लब में बगैर जूता पहने चले आने से मना कर दिया गया तो मेरे मन में सवाल उठा कि क्यों मना किया जबकि हुसैन बंबई के मोहल्लों-सड़कों से लेकर क्लबों तक में हमेशा स्वीकारे जाते हैं और इसी बदतमीजी से पेश आनेवाले इसी क्लब

में वह कोई अजनबी नहीं थे। हुसैन ने कहा, मुझे पता है क्यों मुझे रोका। बात यह है कि आजाद भारत में भी गुलाम क्लब बने हुए हैं। ये तो इंग्लिस्तान भेज दिए जाएँ तो अच्छा रहे। आजाद भारत में क्लब चलाने की काबिलियत इनमें नहीं है। मैंने मन में कहा कि पीछे-पीछे हुसैन भी विलायत जाकर इसी क्लब में बगैर जूता पहने बैठ जाएँ तो कैसा रहे। फिर मन में ही उत्तर दिया, बहुत अच्छा रहे, वहाँ एक शानदार माहौल में नंगे पाँव रहना एक आधुनिक कलाकार की महज झक मानी जाएगी और पूरब की हर कला को अचरज से देखने का आम चलन है सो आधुनिक भारतीय का नंगा पाँव भी सराहा जाएगा, खासतौर से जब वह भारतीय कला और धन दोनों से समृद्ध हो।

ऐसी घटना की कल्पना करें तो पाएँगे कि उसमें उलटी धारा बह रही है। बजाय इसके कि हुसैन इस अपमान की शिकायताना खबर दें, क्लब अखबारों को बताएँगे कि कैसे उन्होंने एक बड़े कलाकार की उल-जलूल हरकत बर्दाश्त कर ली। कोई ताज्जुब न होगा अगर वह सामान्य सदस्यों के लिए बने नियम से कम से कम दिन भर के लिए एक असामान्य कलाकार को मुक्त रखने की घोषणा कर दे।

परंतु इस कल्पना की विडंबना भी हो सकती है। हो सकता है कि यह विचित्र आचरण इंग्लिस्तान की खबर ही न बने। वहाँ मान लिया जाए कि हुसैन नंगे पैर रहकर सिर्फ अपनी व्यक्तिगत आजादी की अभिव्यक्ति कर रहे हैं, भारत की आजादी से उसका कोई संबंध नहीं है।

हुसैन के साथ जिस वक्त यह हरकत हुई वह खाना खा रहे थे। उस वक्त का यानी खाने के पहले का हाल हमें नहीं मालूम, यह भी नहीं पता कि हुसैन खाने से खुश थे या शिकायत कर रहे थे। काम की बात यही है कि हुसैन के मित्रों से अनुरोध किया गया कि यह जो भलामानस बिना जूते के बैठा हुआ है, उससे कहिए कि जूता पहन ले नहीं तो चला जाए। हुसैन के मित्रों ने यह जरूरी समझा कि जिस संगत में बैठे रहने से हुसैन की और बिरादरी की प्रतिष्ठा बनी रहती है उससे वे बाहर न जाएँ, लिहाजा वे नंगे पैर न रहने का सामान हुसैन के वास्ते ले आए। पर यह काफी न था।

यद्यपि हमारी सीमित जानकारी के अनुसार हुसैन के उठकर चले आने का कारण बस इतना ही था तो भी स्पष्ट है कि हुसैन को क्लब में आने से अन्य या अन्यथा कोई एतराज न था और क्लब को भी हुसैन से कोई चिढ़ न थी। हर तरह से दोनों पक्ष एक दूसरे के योग्य थे। जिस समृद्धि-संस्कृति ने हुसैन को स्वीकारा था उसे इस अंतरराष्ट्रीय चित्रकार की प्रसिद्धि और प्रतिष्ठा की जरूरत थी। जिस समाज में हुसैन मित्रों की बिरादरी में प्रसन्न थे उसकी हुसैन को जरूरत थी। सारी समस्या उस वक्त पैदा हुई जब लेन-देन का संतुलन बिगड़ गया। वरना वह समृद्धि-द्वीप बंबई के सागर तट की शांति में सारे भारत की बिवाई अपने सभी सदस्यों और अतिथियों समेत लिए हुए पड़ा रहता।

जहाँ तक नंगे पैर रहने की पसंद का सवाल है, निश्चय ही इससे किसी समझदार आदमी को एतराज नहीं होना चाहिए। मैं ऐसे कई उद्योगपतियों और अफसरों को जानता हूँ जो घर लौटते ही सूट और टाई तो धारे रहते हैं, जूता उतार देते हैं क्योंकि उसे उतार देने से शरीर को आराम मिलता है। और गैर-उद्योगपति और गैर-अफसर ऐसे और भी अधिक लोगों को जानता हूँ जो खाना खाते वक्त जूता नहीं पहने रहना चाहते। हो सकता है उनके माँ-बाप ने उन्हें सिखाया हो, हो सकता है उन्होंने अनुभव से सीखा हो या किसी देशी-विदेशी वैज्ञानिक लेख में पढ़ा हो कि खाते वक्त नंगे पैर, और हो सके तो नंगे बदन रहना स्वास्थ्यकर भी है, रुचिवर्द्धक भी। आजाद भारत के अनुरूप बड़े आदमियों की आरामगाह बनाने का सवाल जरूर एक अलग सवाल है जिसे हुसैन ने अपने साहसिक विरोध के द्वारा उठा दिया है। बंबई के क्लब संचालकों को विलायत भेज देने से यह फायदा जरूर हो सकता है कि हुसैन की कल्पना के आजाद भारत में उनकी कल्पना की आजादी के अनुरूप क्लब चलाने लायक संचालक हिंदुस्तान में ही रोजगार पा जाएँ, उन्हें देश नहीं छोड़ना पड़ेगा, क्योंकि ऐसे

कई क्लब खुलेंगे। सिर्फ एक शर्त होगी, नंगे पाँवों के साथ-साथ कोई वह दिमाग और वह गरीबी क्लब के अंदर न ले आए जो क्लब की फीस के नियमों के विरुद्ध है। नंगे पाँवों से कोई हर्ज नहीं। उतनी आजादी सुंदर है, बशर्ते कि क्लब हो।

[*जनसत्ता*, 13 नवंबर 1988]

ठहरिए, क्या हम ज़रा पीछे लौट सकते हैं?

जिस समय यह लेख छपकर आपके सामने आया होगा आकाशवाणी का लखनऊ केंद्र अपनी स्वर्ण जयंती मना रहा होगा। सन 1938 के पचास साल बीत गए। याद कीजिए कि पचास साल पहले आप कहाँ थे। अगर पैदा हो चुके थे और बहुत बड़े भी हो चुके थे तो आपसे यह याद करने को कहूँगा कि उस वक्त आपके आसपास कहीं रेडियो था या नहीं। रेडियो स्टेशन नहीं बल्कि रेडियो सेट। मेरे तो घर में या पड़ोस में सन 38 में कोई रेडियो सेट नहीं था। आज मेरी तब की उम्र के लड़कों की जेब में रेडियो और पड़ोस में एक न एक रेडियो स्टेशन पाया जाता है। कसर सिर्फ इतनी रह गई कि रेडियो स्टेशन खोलने के लाइसेंस अभी बँटना नहीं शुरू हुए हैं। वरना सारे प्रायोजित कार्यक्रम अकेले आकाशवाणी से नहीं सुनाई देते।

अंग्रेजों के राज में जो संस्थाएँ शुरू हुई थीं उनकी जयंतियाँ आजाद भारत की सरकार ने अक्सर मनाई हैं। सेना की, उसके विभिन्न अंगों की और विभागों की जयंतियाँ इस तरह मनाई गई हैं जैसे इन्हें आजाद भारत सरकार ने ही पचास या सौ साल पहले शुरू किया हो। इतिहास के सामने भौंचक खड़े और अतीत के सामने मुँह के बल पसरे 1947 की आजादीवालों ने पराधीनता के कलंक को मखमल, टमटम, ढोल, तोप और पगड़ी, छत्र, चँवर एवं जयजयकार के साबुन से धोकर रख लिया है। मालिकों की दी हुई संस्थाओं में सेना तो फिर भी गनीमत है जिसका कम से कम इतना भारतीयकरण तो हो गया कि कमान के शब्द राष्ट्रभाषा में बोले जाने लगे मगर पुलिस उन्हीं अंग्रेज-प्रदत्त संस्थाओं में से एक है जिसका भारतीयकरण जितना अधिक होता है अमानवीकरण उससे कुछ ज्यादा ही हो जाता है। पर इस शब्दजाल को यहीं छोड़कर काम की बात पर आएँ नहीं तो कोई पाठक यह भी पूछ बैठेगा कि यदि अंग्रेजों की पुलिस से ज्यादा अमानवीय आजाद भारत की पुलिस है तो यह तो अंग्रेजों की दी हुई आजादी और पुलिस दोनों के बहीखाते में बढ़ोतरी हुई। आज के लेख में काम की बात लखनऊ आकाशवाणी केंद्र की स्वर्ण जयंती है।

इससे भी ज्यादा काम की बात यह है कि आकाशवाणी आल इंडिया रेडियो नामक अंग्रेज-निर्मित संस्था के लिए आजाद भारत में यह संभव ही नहीं था कि वह अन्य केंद्राधीन संस्थाओं की तरह जन-चेतना से प्रकट रूप से विमुख रहती। इस कसर की जगह कुछ ज्यादती ही रही। यही कि सन 47 के बाद यह संस्था अदबदाकर भारतीय हो गई। आजादी के चालीस साल और आकाशवाणी लखनऊ के पचास साल का एक हिस्सा ऐसा भी है कि जब आकाशवाणी के शब्द नामक मुख्य साधन का रचनात्मक उत्कर्ष इसे एक प्रायः स्वतंत्र संस्था का स्थान दिलाने में सहायक हुआ था। लखनऊ केंद्र हिंदी के साहित्य और उससे प्रभावित कलाओं का प्रेरक बना था और आल इंडिया रेडियो आकाशवाणी केंद्राधीन रहते हुए भी रचनात्मकता की स्फूर्ति के कारण उतना गुलाम नहीं रहा जितना आज स्वर्ण जयंती के अवसर पर पूरा आकाशवाणी तंत्र विचार और भावना के मामले में हो गया है।

पर आप मुझे यह छूट दें कि मैं कुछ व्यक्तिगत बातें कह लूँ। यों इस स्तंभ में मैं यही कर

रहा हूँ और आप सौजन्यवश मानते रहे हैं कि किसी हद तक यह सच बोलने के लिए जरूरी होता है। मैंने 1946 में पहली बार रेडियो स्टेशन के स्टूडियो में माइक्रोफोन के सामने अपनी रचना पढ़ी। इंटरमीडिएट कान्यकुब्ज कॉलेज से पास करके मैं विश्वविद्यालय में भरती ही हुआ था पर मेरे रचना पढ़ने का विश्वविद्यालय की पढ़ाई से कोई संबंध नहीं, बल्कि पढ़ाई से फुरसत पाकर कुछ करने से है। जिस कार्यक्रम में मैं बुलाया गया वह बच्चों का कार्यक्रम था। गर्मी की छुट्टियों में एक कहानी लिखकर मैंने रेडियो स्टेशन को भेजी थी। अगस्त-सितंबर में कभी पाँच रुपंए फीस का एक अनुबंध डाक से आया जिसमें उस कहानी के प्रसारण की तारीख लिखी हुई थी। यह सोचकर कि मैं कहानी पढ़ूँगा मैं सलीके से तैयार होकर रेडियो स्टेशन पहुँचा। सईदाबानो, जिन्हें वहाँ जाकर मैंने पाया सब लोग आपा कहते थे और जो बाद के वर्षों में जब मैं दिल्ली के समाचार विभाग में काम करने लगा, उर्दू में खबरें पढ़ती थीं, इस प्रोग्राम की प्रोड्यूसर थीं। उन्होंने मुझे स्टूडियो में औरों के साथ बिठा दिया मगर न मुझसे किसी ने कहानी पढ़ने को कहा, न पूछा कि मैं तैयार हूँ कि नहीं। जरा देर में मालूम हुआ कि मेरी कहानी मेरे समवयस्क एक युवक पढ़ने की तैयारी कर रहे हैं। मुझे इस वक्त याद नहीं कि इस पर मैं निराश हुआ कि नहीं हुआ। लेकिन बैठा सुनता रहा और जब मालूम हुआ कि पढ़नेवाले युवक का नाम युक्तिभद्र दीक्षित है तो खुशी हुई क्योंकि इनके पिता का नाम मैंने सुन रखा था। युक्तिभद्र से इस परिचय के कई वर्ष बाद 1948 में आई.पी.टी.ए. के लखनऊ सचिव की हैसियत से मुझे उनके साथ नुक्कड़ों पर गानों में शामिल होने का अवसर मिला और हम लोग आगे भी शायद काम करते बशर्ते कि कम्युनिस्ट पार्टी के राजनैतिक फैसलों के अनुसार लखनऊ आई.पी.टी.ए. खत्म न कर दिया होता। बहरहाल बच्चों के प्रोग्राम से निकलकर मैं 'हमारा पंचायत घर' में पहुँचा जहाँ रेडियो स्टेशन के दरवाजे पर से मुझे अर्जुनलाल नाम के एक सज्जन ले गए थे यह कहकर कि अवधी बोल सकते हो तो हमारे प्रोग्राम में चलो। अवधी तो मेरे घर की बोली थी। अर्जुनलाल के दफ्तर में रमई काका से भेंट हुई और उनके अफसर द्विवेदीजी से भी। द्विवेदी ही अफसर थे और माइक्रोफोन के सामने शायद ही कभी आते हों। मगर अर्जुनलाल और रमई काका एक घंटे के पंचायत घर कार्यक्रम में जिंदादिल अवधी का समाँ बाँधे रहते थे। जाहिर है कि देहाती भाइयों के लिए सारा सरकारी प्रचार भी इसी जिंदादिली के बीच हो जाया करता था। दरअसल यह इन्हीं दोनों बेमिसाल प्रसारकों का करिश्मा था कि हमारा पहला कार्यक्रम बरसों तक लखनऊ का सबसे अधिक लोकप्रिय कार्यक्रम बना रहा। इस प्रेम में अगर कोई तीसरी चीज हिस्सा बाँट करती थी तो वह अवधी बोली थी।

अब रमई काका नहीं हैं। अर्जुनलाल के विषय में मैं कहना चाहता हूँ कि वह जहाँ कहीं हों मेरा उन्हें प्रणाम पहुँचे। वे मेरे गुरु समान ठहरे। उन्होंने मुझे माइक्रोफोन पर बोलने की विद्या सिखाई जो वर्षों मेरे व्यवसाय में मेरे काम आई और आकाशवाणी से मेरे समाचार व्याख्या और वार्ता के नई दिल्ली कार्यक्रमों में मेरा अवलंब बनी।

फिर लखनऊ आकाशवाणी से वह संबंध शुरू हुआ जो साहित्यिक क्षेत्र में एक नए प्रकार की योग्यता के विकास में सहायक होता है। 1947 से लेकर कई वर्षों तक लखनऊ केन्द्र में नई-नई प्रतिभाएँ आती रहीं। गिरिजाकुमार माथुर तो वहाँ थे ही। नरेश मेहता और भारतभूषण अग्रवाल भी आए। उन दिनों वार्ताओं और नाटकों में नए साहित्य की नई प्रयोगधर्मी रेडियो रचनाएँ लिखी और लिखवाई जा रही थीं। सिर्फ नई रचनाएँ ही किसी रेडियो केंद्र का महत्त्वपूर्ण योगदान नहीं होतीं। पूरे साहित्यिक वातावरण में रचनात्मक रुझान की जो ऊर्जा होती है उसे पहचानना और उसके कर्मियों में से रेडियो शिल्प के योग्य कृतित्व को आमंत्रित और संकलित करना ही किसी रेडियो केंद्र के योगदान का परिचय दे सकता है।

लखनऊ अवधी बोलचाल का केंद्र है जैसे इलाहाबाद है। पर लखनऊ की अवधी बैसवाड़ी के

नजदीक है। और लखनऊ की खड़ी बोली में उसके लहजे की परिपक्वता है। एक नागर बोली को संवेदनशील खड़ी बोली बनाने के लिए लखनऊ की नगर की सभ्यता और अवधि की परिपक्वता दोनों की जरूरत है। लखनऊ रेडियो की स्वर्ण जयंती का उत्सव एक काम कर सकता है जो आगे की पीढ़ियों के लिए रास्ता दिखाएगा। खड़ी बोली का एक अर्थमय लहजा जो लखनऊ ने विकसित किया है, प्रसारण के नए कर्मियों को याद दिलाना और सिखाना या कम से कम बचाए रखना एक बड़ा काम होगा। स्वर्ण जयंती के अवसर पर आकाशवाणी सही ढंग से सही लहजे से हिंदी बोलने की इज्जत करे और जितना अच्छा कुछ भुलाया जा चुका उसे फिर जीवित करे अर्थात पीछे की ओर लौटे और अपनी जड़ें फिर सींचे तो बड़ी बात होगी।

[*जनसत्ता*, 1988]

बलात्कार का नैतिक अधिकार

पुरुष का चरित्र सब जानते हैं परंतु स्त्री का भाग्य अविदित है। यह कथन उस कहावत का विलोम है जो जाने कितनी पीढ़ियों को सिखाई गई है—'स्त्री चरित्रं पुरुषस्य भाग्यं देवो न जानाति कुतो मनुष्यः।'

पुरुष का चरित्र ईश्वर के यहाँ से बनकर नहीं आया है। उसे हम मूलतया इन वाक्यों से पहचान सकते हैं जो बहुत-से पुरुषों ने मन में या प्रकट कहा होगा। 'यह स्त्री शिकायत क्यों करती है कि मुझे बलपूर्वक विवश किया गया? यह स्वयं पुरुष के सामने इस रूप में आई थी कि पुरुष बलात्कार पर विवश हो जाए।' 'स्त्रियाँ इंकार करती हैं जबकि उनका मन स्वीकार का होता है। बलात्कार का विरोध करते-करते यह मर क्यों न गई।'

इसी विचार को और अधिक सरल करते हुए यह स्थापना की गई कि जो नारी हमारी परिभाषा के अनुसार दुश्चरित्र है उस पर बलात्कार करनेवाले को दोषी नहीं कहा जा सकता।

पर इसके आगे जाते हुए यह कुत्सित तर्क सरणी ठिठक जाती है क्योंकि आगे उसे यही कहने को रह जाता है कि दुश्चरित्र स्त्रियों पर चरित्रवान और चरित्रहीन दोनों प्रकार के पुरुषों द्वारा बलात्कार वैध हो जाना चाहिए जिससे कि बलपूर्वक स्त्री की अस्मिता को न रहने देना अपराधों की सूची से बाहर कर दिया जाए।

अभी एक और सीढ़ी बच रहती है। ऐसी स्त्री के व्यक्तित्व का अपहरण करने के बाद उसकी हत्या कर देने का विधान बना दिया जाए, और आप चाहें तो यह सीढ़ी भी फलाँगकर कह सकते हैं कि बलात्कार का परिश्रम बचाकर सीधे-सीधे हत्या ही क्यों न कर दी जाए।

परंतु यह तर्क हत्या पर आकर हिचकने लगता है तो इसका कारण यह नहीं है कि हत्या का खुल्लमखुल्ला प्रचार आज की हत्या संस्कृति तक में अनैतिक कहलाएगा। कारण यह है कि इसे आतंकवादियों की करतूत कहकर अनिवार्य नहीं बताया जा सकेगा और विदेशी शक्तियों का विध्वंसात्मक षड्यंत्र कहकर राष्ट्रीय मजबूरी नहीं दिखाई जा सकेगी। नैतिकता का डर नहीं है जो आज के समाज में स्त्री की हत्या को वैध बनाने से रुक जाता है, बल्कि यह है कि स्त्री पर आक्रमण का तार्किक आधार खोजते-खोजते हमारा पुरुष पाता है कि हद तक पहुँच गया है। उसकी उपभोक्ता संस्कृति में इसके आगे जाने से औरत का इस्तेमाल अलाभकर हो जाएगा। लाभकर इस्तेमाल तो यह है कि स्त्री को जीवित रखा जाए, पर वह व्यक्ति न बनने पाए, वस्तु बनकर पड़ी रहे।

राजनीति के आज के दौर में औरत का अपमान अनेक स्तरों पर होने लगा है। आज से कई दशक पहले औरत के प्रति आदर्श व्यवहार यह माना जाता था कि पुरुष उसे एक ओर पूजा की और दूसरी ओर दया की चीज माने। सन साठ के दशक में लोहिया ने यह समझ दी कि स्त्री जाति

समाज का सबसे अधिक शोषित वर्ग है और शोषितों के अधिकारों की कोई भी लड़ाई नर-नारी की समता की लड़ाई के बिना पूरी नहीं हो सकती। पर दस साल बाद यानी सन सत्तर से अस्सी के बीच में जिस तेजी से राजनीति केवल सत्तानीति बनती गई, उसी अनुपात में स्त्री पर अत्याचार बढ़ता गया। यह पतनशील मूल्यों को स्थापित करनेवाली राजनीति में होना ही था। यह अत्याचार पुरातनवादिता के भी अनुकूल है और आधुनिकता के भी। औरत के बारे में पब्लिक स्कूल के पढ़े आदमी के विचार भी अकसर वैसे ही होते हैं जैसे शास्त्रों का उदाहरण देनेवाले वर्णवादियों के। ये दोनों शक्तिशाली वर्ग की सभ्यता के ध्रुव हैं और उपभोक्ता संस्कृति के पोषक व्यावसायिक औद्योगिक तंत्र के आधार हैं। दोनों ध्रुवों पर टिकी सभ्यता अन्याय के शिकार को राहत देकर गुलाम बनाने की राजनीति को आवश्यक मानती है। इस संस्कृति में विज्ञापन व्यवसाय से घनिष्ठ रूप से जुड़ी पत्रकारिता में औरत की देह से कमाई करने की शक्ति जब चुक जाती है तब दूसरा प्रकार खोजना ही सृजनशीलता कहलाता है। यह पत्रकारिता दौड़-दौड़कर बलात्कार की शिकार औरतों की तस्वीरें ला रही है, उसके और उसके परिवार के लोगों के नाम छाप रही है। जाहिर तौर पर इसलिए कि सच्चाई उजागर हो, मगर असल में इसलिए कि सनसनी पैदा हो और औरत के इस्तेमाल का बाजार जारी रहे।

औरत का इस्तेमाल बलात्कार के द्वारा यौन स्वार्थ की पूर्ति के लिए होना समस्या का केवल एक पक्ष है। इसके पीछे पुरुष की वासना से अधिक है पुरुष समाज की वह राजनैतिक आकांक्षा, जिसकी पूर्ति में वह एक शक्तिशाली वर्ग के साथ शामिल है और जिससे यह रणनीति बनती है कि मनुष्यों को स्वतंत्र व्यक्ति न रहने दिया जाए। स्त्री इस रणनीति में सबसे पहला आसान आक्रमण झेलने को अभिशप्त है। पिछले बरसों में कमजोर वर्गों की स्त्रियों पर सामूहिक आक्रमण यदि बलात्कार के रूप में प्रकट हुए हैं तो वे उन वर्गों के राजनैतिक दमन के लिए किए गए हैं जिनकी स्त्रियाँ बलात्कार की शिकार हुई हैं।

ऊँचे मध्य वर्ग में स्त्रियों पर बलात्कार चिंता, कौतूहल और रसिक मनोरंजन के विषय बने हैं, राजनैतिक आक्रमण के नहीं, क्योंकि उस वर्ग की स्त्रियों पर अन्य प्रकार के राजनैतिक आक्रमण अधिक सुगम हैं और जब वे होते हैं तो समाज में उन्हें उसी वर्ग की विशृंखलता अथवा त्रासदी के रूप में प्रचारित करना उपभोक्ता संस्कृति को अधिक लाभकर दिखाई देता है।

पर बलात्कार-विज्ञापन के प्रचार का एक लाभ तो सत्तासीन वर्ग उठाता ही है। पुलिस, प्रशासन और जब प्रकारांतर से न्यायपालिका भी अपने स्त्री-विरोधी राजनैतिक षड्यंत्र से साधारण नागरिकों को शामिल करने में सफल हो रही है, आज किसी भी औरत के बारे में कह दिया जा सकता है कि चूँकि वह पर-पुरुष से संबंध रखती थी इसलिए उस पर किसी ने बलात्कार किया तो क्या बुरा किया। इसी दृष्टि का एक रूप यह है कि बागपत में माया त्यागी को सड़क पर नंगा किया तो कौन-सा अपराध हुआ, क्योंकि वह डकैत थी और पुलिस का यह कथन कि हमने नहीं जनता ने उसे नंगा किया और भी भयानक है क्योंकि पुलिस सिद्ध कर रही थी कि इस काम में हम और जनता साझेदार हैं। यह एक ओर जनता पर लांछन है और दूसरी ओर पुलिस से मिल जाने का न्यौता है। स्त्री-मुक्ति के आंदोलन आज नर-नारी समता के आंदोलन नहीं रह गए हैं, अन्यथा वे घोषणा करते कि कोई स्त्री पर-पुरुष के पास जाती हो इससे किसी पुरुष को उस पर बलात्कार करने का नैतिक अधिकार नहीं मिल सकता।

[*जनसत्ता*, 19 मार्च 1989]

घर जाते रहना चाहिए

पिछले सप्ताह मैं लखनऊ गया था। यह बताने लायक बात है, क्योंकि लखनऊ मेरा वतन है और मेरी राय में हर लेखक को बार-बार अपने वतन जाना चाहिए। जब-जब मैं वहाँ जाता हूँ, जिंदगी की और समाज की थोड़ी-सी समझ और लेकर आता हूँ। मैं उसी शहर में पैदा और बड़ा हुआ, इसलिए मैं वहाँ की बोली और मिजाज को सिर्फ एक अलंकार की तरह नहीं देखता, जैसे किसी दूर प्रदेश से आनेवाले देखते होंगे। मुझे हर यात्रा में कुछ ऐसा मिलता है जो टूट रहा है, कुछ ऐसा जो बन रहा है, कुछ ऐसा जो न बनता तो अच्छा होता मगर जब बन रहा है तो वह भी एक असलियत बन जाएगा। पर मैं उसको स्वीकार यानी पसंद नहीं करूँगा।

उदाहरण के लिए इस यात्रा में मैंने पिछली कई यात्राओं की तरह अपने कई चिरपरिचित मकान खँडहर होते देखे, मगर उनसे ज्यादा वे मकान थे जो पाँच वर्ष पहले उसके भी पाँच वर्ष पहले से खँडहर होते आ रहे थे और अब गायब हो गए थे। उन्हें पैसेवालों ने खरीदकर, ढहाकर नया कर दिया था। यह कहना कठिन है कि उन मकानों में पुराने मकानों की तुलना में उपयोगिता और सुविधा ज्यादा थी या पैसे की नुमाइश ज्यादा थी। निस्संदेह कुछ में, एक में, जो मेरे ही मोहल्ले में है, कूच पलस्तर और सुनारी का नया काम इस तरह से किया गया था कि मुझे 1944 की शैली में बहुत खूबसूरत दिखनेवाले उस सीधे-सादे मकान की शक्ल हूबहू दिखाई दे रही थी। मगर यह एक अपवाद था। शायद एक ऐसे खानदानी आदमी का घर था वह, जिसके पास इतना पैसा नहीं था कि वह लखनऊ की नई बस्तियों में रहने की शान दिखाने चला जाता, मगर इतना था कि मरम्मत कराके अपनी परंपरा को ढहने से बचा लेता। जो हो, असल बात यह है कि गुचकुलियापन मुख्य सड़कों पर बने मकानों के अंदर और पड़ोस में बढ़ गया है, इन गलियों में जिन्हें मैंने बचपन में एक मुख्य सड़क से दूसरी मुख्य सड़क तक पहुँचने के लिए नए-नए रास्ते खोजते हुए कितनी बार शब्दशः नए सिरे से पाया था, जिनके निवासियों के रहन-सहन को, चाहे वे गरीब हों चाहे मध्यवर्गी, थोड़े-थोड़े दिन बाद इस तरह विस्मय से (जी नहीं, ताक-झाँक कर-करके नहीं) देखा था जैसे किसी उपन्यास का रोज एक अध्याय पढ़ रहा हूँ।

इस बार मुझे कुछ घर बिल्कुल मिट्टी में मिले हुए दिखे। इनमें से कुछ का भूगोल थोड़ा बहुत मैं जानता था, क्योंकि टाट के परदे के पीछे से कभी मुथरा-कमीज पायजामा पहने हुए घर का मालिक निकलता था या बत्तखों को पकड़कर घर में लाने के लिए कोई लड़का बाहर आता था तो छोटे-से सहन में पिसी हुई ईंटों के फर्श और एक-दो कोठरियों की झलक मिल जाया करती थी। उसकी जगह अब जो मलबा था, उससे कहीं एक फंतासी भी नहीं बन सकती थी कि यहाँ घर की बहू के लिए परदा करके उसका बिस्तर डाला जाता रहा होगा। बत्तखें लोप हो गई थीं। टाट के परदे अब नहीं थे। उनकी जगह भिड़े हुए दरवाजे थे। गली का फर्श खुद गया था। किसी पैसेवाले ने इस इलाके को इस लायक भी नहीं समझा था कि यहीं पैसा लगाए, क्योंकि यहाँ रहने में कोई इज्जत नहीं थी। और लुंपेन किस्म के लोगों के वहाँ कुछ घरों में अड्डे भी बन गए थे।

उन दिनों बुरका ओढ़े या डोली में बैठी औरतें कभी-कभी गली से आती-जाती दिख जाया करती थीं, क्योंकि वे उसी गली में रहती थीं। अब एक मुख्य सड़क से दूसरी मुख्य सड़क तक जाने के लिए लड़कियों का बस चले तो वे इन गलियों से शायद न ही जाएँ।

ये गलियाँ ही नहीं, वे सभी जगहें जहाँ लोग जमा होकर समाज को समूहों में देख, सुन और सूँघ-चख सकते थे, अब लखनऊ में खत्म होती जा रही हैं। कुछ मशहूर पान की दूकानें जहाँ शाम को चार दोस्त मिल ही जाते थे, अब नहीं हैं। कुछ हलवाई भी सामाजिक अड्डे थे। उनके यहाँ बँधे ग्राहकों और परदेसियों का ताँता बँधा रहता था। उनके यहाँ की मिठाई तो जायके के लिए

मशहूर थी ही, कचौड़ियाँ पेट भरने के लिए और जलेबियाँ नाश्ते के लिए जिंदगी की एक जरूरत बन गई थीं। दूकान और ग्राहक के बीच यह रिश्ता अब सिर्फ खर्च करने की हैसियत का प्रमाणपत्र बनकर रह गया है। अब वे छोटे-छोटे बच्चे नहीं हैं जो प्यार में दिए गए अपने मामूली-से जेब खर्च से भी बाइज्जत खरीदार की तरह कुछ खरीद सकते थे। ये सब निम्न मध्य वर्ग के बच्चे थे। अब पैसे रखनेवाले बच्चों को हम सिर्फ बहुत महँगी चॉकलेट या वीडियो तमाशा खरीदते देखते हैं। जी हाँ, ककड़ी भी नहीं, अमरूद भी नहीं, कसेरू भी नहीं, फालसा और खिरनी भी नहीं।

सार्वजनिक आवाज ही के जरिए जिंदगी में मेलजोल और तजुर्बा बढ़ानेवाली जगहों पर अब सजांवट ज्यादा है। कहीं-कहीं तो इतनी सजावट है कि दूकान पुकार-पुकारकर कहती है हम बेच रहे हैं तुम खरीद रहे हो। हमें कोई परवाह नहीं कि तुम खुश हो और खुश हो रहे हो या नहीं, पाँच मिनट के लिए सही, मगर यहाँ आकर खुश।

मैं अपने घर में सिर्फ दो दिन रुका। दिल्ली मेरा परदेस—23 साल से मेरा परदेस—बुला रहा था। मगर मैं कुछ लेकर आया हूँ जो परदेस में अपने साथ रखना चाहिए। यह अहसास कि यहाँ तुम पैदा हुए थे, वहाँ लोग जिंदगी को कुछ सोच-समझकर जी रहे हैं, कीमती चीज है। अपने नगर के पुराने मोहल्ले में मैंने हर चौराहे पर देखा कि होली की आग सुलग रही है। उस दिन होली जले चार दिन हो चुके थे। कुंदे इतने बड़े-बड़े थे कि अभी सात-आठ दिन और सुलगते। दिल्ली की तरह नहीं, कि झाड़-झंखाड़ जो मिला फूँक-तापकर बराबर किया। मैं कई परिचितों के घर गया। कुछ बहुत मामूली हैसियतवाले थे, कुछ और भी गरीब थे। मगर होली का पकवान सबके यहाँ मिला। वह उनकी समृद्धि का प्रतीक नहीं था, क्योंकि कहीं-कहीं वह बहुत मामूली था, जिसमें शान की कोई बात न थी। महत्त्व जायके या माल का नहीं था, उन व्यंजनों के पकाने का था जो होली के साथ जुड़े हुए हैं। न पकाना एक पटरी से उतर जाना होता, जिसके बाद एक रेगिस्तान में एक बनावटी संस्कृति की खोज और बाजार की गुलामी ही शुरू हो सकती थी।

स्टेशन से उतरते ही मैंने देख लिया था कि इस शहर में बहुत कुछ जिंदा है, बावजूद 'धक्का मारो आगे बढ़ो' संस्कृति द्वारा इस प्रचार के कि उत्तरप्रदेश का (या बिहार का कह लीजिए) आदमी मेहनत से जी चुराता है (जिस मेहनत के बहुत गीत गाए जाते हैं उसका एक नमूना, 1951 में दिल्ली आकर रहने पर मुझे दिखा। कनॉट प्लेस की एक पटरीवाली दूकान से जूते की एक महँगी पॉलिश खरीदी, मगर उससे रंगीन मोम निकला। 1951 में अपने वतन लखनऊ में मैंने यह धंधा नहीं देखा था।) साइकिल-रिक्शा चालक ने, जो भारत के परिवहन उद्योग की सबसे प्रतिनिधि इकाई है, चारबाग स्टेशन से लक्ष्मी सहाय रोड के तीन रुपए माँगे। 'तीन रुपए कब से कर दिए तुमने?' मैंने कहा। उसने बगैर हाजिरजवाबी दिखाने का नाटक किए और बगैर दया की भीख माँगते हुए नम्र लखनवी बोली में जवाब दिया—'जब से दूकानदारों ने गेहूँ तीन रुपये किलो कर दिया।'

[*जनसत्ता*, 2 अप्रैल 1989]

भारत में भगदड़

कई साल पहले की बात है, बिहार के लखीसराय स्टेशन पर एक रेलगाड़ी ने कई सौ यात्रियों को कुचल दिया, कितने ही मर गए। वे तीर्थयात्रा के सिलसिले में अपनी रेलगाड़ी की प्रतीक्षा कर रहे थे पर जहाँ आशा थी वहाँ न आकर वह रेलगाड़ी किसी अन्य प्लेटफार्म पर आ गई। प्रतीक्षा के स्थान से अपनी गाड़ी तक एकाएक पहुँचना जरूरी हो गया जिसके लिए रेल पटरी को फलाँगकर ये यात्री दौड़ ही रहे थे कि एक दूसरी रेलगाड़ी ने उस पटरी पर आकर उन्हें दबोच लिया।

लोकसभा में इस दुर्घटना पर आधा घंटे की बहस की इजाजत मिली। इसमें यह निष्कर्ष निकला कि हत्यारी रेलगाड़ी, जिसे स्टेशन पर रुकना नहीं था, सिर्फ गुजर जाना था, स्टेशन से कुछ दूरी पर एक मोड़ को तय करके जब स्टेशन पर आती दिखायी देती तो अपने आप उसकी गति इतनी तेज होती कि उसे पटरी पार करते आदमियों को बचाने के लिए रोकने में काफी देर लगती। इसलिए मुसाफिरों की मौत और भगदड़ दोनों स्वाभाविक थी। रेलवे ने पहले ही बड़ा-बड़ा नोटिस लगवाकर कि पटरी पार करके दूसरे प्लेटफार्म पर जाना अपराध है, अपना कर्तव्य पूरा कर दिया था। यात्रियों ने अपनी मौत आप बुलाई।

यह बहस मुझे अपनी अमानुषिकता समेत बार-बार याद आती है। प्रेस दीर्घा में मैंने इसे सुना था और लिखा भी था। यह बात 1967 या 1968 के आरंभ की है, जब लोकसभा की बहसों से मालूम हुआ करता था कि समाज में मानवमूल्य और मानव-संबंधों की हालत क्या है। उनसे खबरों के अंदर की खबरें मिलती थीं जिनके पाने के लिए खोजी पत्रकारिता जरूरी नहीं थी सिर्फ संवाददाता के अंदर कुछ मूल्यों का होना जरूरी था।

भगदड़ में मौत की खबर बार-बार आई है। पिछले दिनों कम से कम दो बड़ी दुर्घटनाओं की खबर छपी और कई छोटी-मोटी दुर्घटनाओं की आशंका की झलक मिली जो अखबार की खबर नहीं बनी। यह बात खबर मानी ही नहीं जाती है कि जहाँ भीड़ होती है भगदड़ का होना एक सामाजिक पतन की निशानी है और इस पतन का प्रकट होना खबर है कि समाज का ढाँचा कुछ टूट गया है। खबर यह है कि पैदल आदमी की जान का महत्त्व नहीं रह गया है : वह असल में इसी योग्य है कि भीड़ में कुचलकर मरे, यह बर्बर विचार उस सभ्यता का मूल स्वर है जो हम बना रहे हैं। इस सभ्यता में पैदल आदमियों के संगठित समूह की कल्पना नहीं, भीड़ की कल्पना है। अभी-अभी नई दिल्ली रेलवे स्टेशन पर जो हुआ वह किसी एक आदमी की लापरवाही का परिणाम चाहे न हो मगर इसी कारण वह एक सामूहिक अपराध है जिसकी जिम्मेदारी समूची सत्ता व्यवस्था पर आती है। यह खबर कभी पुरानी नहीं होती, हर बार जब आती है नई चेतावनी लाती है।

1981 की एक दुर्घटना की शायद किसी को याद हो जो कुतुबमीनार में हुई थी। उस पर भी लोकसभा में एक बहस हुई थी। काम रोको प्रस्ताव नहीं आया था क्योंकि सदन से स्वीकृति माँगने की अनुमति मिलने पर प्रतिपक्ष के नेताओं ने उसे टाल दिया था, शायद उनके यचेष्ट सदस्य ही सदन में नहीं थे। दुर्घटना के लिए किसी पर तब भी जिम्मेदारी नहीं डाली गई थी। यह याद कर इतना संतोष तो होता है कि मुफ्त प्रवेश के उस दिन कुतुब में जबरन भरते हुए जमघट को रोकने में असमर्थ चौकीदार को गुनाहगार नहीं ठहराया गया, क्योंकि यह स्पष्ट है कि सबसे अधिक जोर-जबर्दस्ती हमारे गुलाम समाज में सबसे नीचे के अमले पर ही की जाती है। पर आम नागरिकों को यह बताना कि जिम्मेदार कोई नहीं ठहरता, शोषण और लूट के इन तत्त्वों को ही आड़ देना था जो जबर्दस्ती करके कुतुब में घुस गए थे। लखीसराय कांड और कुतुब कांड दोनों में यह कहना कि दुर्घटना मनुष्यनिर्मित नहीं है, कोई अर्थ नहीं रखता। आज की दुनिया में तूफान भी उस हद तक मनुष्यनिर्मित है जिस हद तक हम उसके खतरे की सूचना देकर लोगों को बचाने में विफल रहते हैं।

क्या वजह है कि आज लोग भगदड़ में दिखाई देते हैं और हर जगह उन्हें जबर्दस्ती ठँसकर जीवन जीना पड़ रहा है। कोठरियों में सिकुड़े, नावों में लदे, बसों में भरे, रेलगाड़ियों में लटके वे मरने को अभिशप्त हैं यानी भीड़ में हैं, भीड़ का शाब्दिक अर्थ यहाँ लागू हो गया है यानि विपत्ति में हैं। उनको ढकेलकर भीड़ बना दिया गया है और भारतीय मानस को यह विकृति सिखाई जा रही है कि विशिष्ट होने से ही भीड़ में न होना संभव है जबकि किसी स्वस्थ समाज में भीड़ में न होना एक महज मानवीय अधिकार होना चाहिए। इस विकृति की वजह वह अर्थव्यवस्था है जो

अधिकाधिक लोगों को साधनहीन बनाती जा रही है और इसमें सहायक हो रही है वह राजनैतिक मानसिकता जो उन्हें निरर्थक बनाती है और यह ऐसे समाज की निरुद्देश्यता ही है कि उसमें भगदड़ की मौतों से बचने की कोई इच्छा नहीं दिखाई देती।

[*जनसत्ता*, 9 अप्रैल 1989]

तीसरा कौन था?

साहित्य के प्रतिष्ठानों में विद्वानों ने यह मत प्रचारित किया है कि साहित्य और समाचार दो अलग-अलग चीजें हैं। इनकी भ्रांति को तोड़ने के लिए हम एक समाचार उदाहरणार्थ ले रहे हैं। देखना चाहिए कि इस समाचार में जो कुछ दिखता है उसके अतिरिक्त क्या है जो समाचार में नहीं शामिल किया गया जबकि वही असल समाचार है और जिसे जब भी कोई खोजेगा तो वह साहित्यकार ही होगा, चाहे वह समाचार न लिखे कुछ और ही लिखे।

झुग्गी में रहनेवाले एक दंपत्ति अपने घर में मरे पाए गए। किसी तीसरे व्यक्ति के हत्या के समय मौजूद होने या हत्या करने का कोई प्रत्यक्ष प्रमाण नहीं दिखाई दिया। जो समाचार 3 मई के सबेरे अखबारों में छपा उसमें पति-पत्नी के शरीर पर सांघातिक घावों का जिक्र है। पुलिस ने पड़ोसियों से उस दिन तक जो पूछताछ की थी उसका भी जिक्र है—पुलिस को बताया गया कि पत्नी-पत्नी झगड़ालू नहीं थे बल्कि पड़ोस की बिरादरी में झगड़े निपटाने में पहल भी करते थे। संवाददाता ने पुलिस के हवाले से यह भी बताया था कि पति और पत्नी के घरवालों के इलाकों में दोनों के बारे में पुलिस की पूछताछ जारी है। समाचार के अंत में एक पंक्ति उल्लेखनीय है—दोनों की हत्या करनेवाले को कभी सजा नहीं दी जा सकेगी।

इस पंक्ति के अर्थ में यह निहित है कि पुलिस ने जो पूछताछ की और कर रही है उसका उद्देश्य हत्यारे को खोजकर सजा देना है और प्रस्तुत साक्ष्य के आधार पर पुलिस ने निष्कर्ष निकाल लिया है कि दोनों एक-दूसरे के हत्यारे थे। अब दोनों नहीं हैं इसलिए सजा किसी को नहीं दी जाएगी। पुलिस का काम खत्म।

दोनों ने एक-दूसरे की हत्या कर दी, इस अपराध-रोनांच-रहस्य की पटकथा भी अखबार के लिए पुलिस ने गढ़ दी है। वह इस प्रकार रची गई है। जब पति काम से दोपहर को घर लौटा तो पत्नी या तो सो रही थी या लेटी हुई थी। दोनों के कोई संतान नहीं थी। पति को पत्नी की सच्चरित्रता पर संदेह था। उसने मिट्टी का तेल का पूरा कनस्तर पत्नी पर उड़ेल दिया। वह माचिस जला ही रहा था कि पत्नी को पता चल गया कि मेरी जान ले लेगा और उसने कहीं से रसोईघरवाला चाकू प्राप्त कर लिया। पत्नी ने चाकू मारकर पति की आँतें बाहर निकाल दीं। बदले में क्रूर पति ने मरने से पहले पत्नी के सीने पर और पेट पर वार किया। दोनों खत्म हो गए। इसी पटकथा में या तो पुलिस ने या संवाददाता ने यह संशय भी जोड़ दिया है कि सच्चरित्रता की कमी स्त्री में न रही हो तो पुरुष में रही हो सकती है। बहरहाल पूछताछ से और साक्ष्यों से जो प्रकट नहीं था वह घटना की पटकथा में लिख दिया गया है—अर्थात् यह कि यह परस्पर हत्या पत्नी के पुंश्चली या पुरुष के लंपट होने का परिणाम थी। और यह अखबारों में छाप दिया गया है।

एक बिल्कुल काल्पनिक तथ्य को यह मान्यता देना और सामने मौजूद कम से कम दो बड़े प्रमाणों को कोई महत्त्व न देना क्या दिखाता है? ये दो बड़े प्रमाण ये हैं कि दोनों के विवाह को आठ वर्ष हो गए थे और वे निस्संतान थे। आठ वर्ष (या किसी अखबार ने कुछ कम लिखे हो सकते हैं) झुग्गी के सँकरे स्थान में एक दूसरे के साथ जीवन काटनेवाले दो व्यक्तियों के जीवन में पुलिस को

सबसे पहले तीसरा व्यक्ति दिखा जो उनके बीच में अलगाव कराने आ गया था मगर वह तीसरा व्यक्ति नहीं दिखा जो उनके जीवन में नहीं आ रहा था और उनका सारी दुनिया से अलगाव बढ़ा रहा था। यदि कल्पना ही करनी थी तो उस शिशु की कल्पना की जा सकती थी जो यदि होता तो अभाव, अकेलापन और असहायता की पीड़ा को शायद बाँट देता या शायद बढ़ा देता पर दोनों हालतों में वह एक समृद्ध अनुभव की कल्पना होती।

चूँकि उपलब्ध तथ्यों में से दो तथ्यों को ही लेकर कल्पना कर रहे हैं और हमने यह लगभग सिद्ध कर दिया है कि तीसरे व्यक्ति ने हत्या नहीं की इसलिए स्त्री के सो रहे या लेटे होने और मिट्टी के तेल से तर किए जाने की कल्पनाएँ छोड़ दें और एक नई पटकथा बनाएँ संतान की इच्छा जिसके केंद्र में हो तो कैसा रहे। क्या कोई लिखने की कोशिश करेगा? या हमारे समाज के चौकीदार हर समय सबसे आसान अनुमानों से अपने अनायास हाथ लगे तथ्यों को सजाते रहेंगे क्योंकि मानव जीवन और मानव व्यवहार के कुछ घिसे-पिटे नमूनों से ही उन्होंने समाज की पहचान बनाई है और समाज उनकी निगाह में ऐसी मान्यताओं पर टिका हुआ है। किसी व्यक्ति के कोई अँधेरे कोने हो ही नहीं सकते जहाँ उसकी पीड़ाएँ प्रकट होने को व्याकुल होती हों और जहाँ पीड़ा के अतिरंजित ठोस रूपों से अलग कुछ साधारण सूक्ष्म पर घृणा से भरे समाज के रक्षक सोचते हैं कि होते भी होंगे तो वे झुग्गी में रहनेवाले सफाई कर्मचारी के घर में कहाँ से होंगे? वहाँ तो केवल छिनारा जैसी मोटी हरकतें ही होंगी जो अक्सर हुआ करती हैं—औरतों द्वारा।

[*जनसत्ता*, 21 मई 1989]

आम आदमी एक वस्तु था

साहित्य के शास्त्र में यथार्थ और रचना के परस्पर संबंध के विषय पर साहित्य प्रतिष्ठानों ने बड़ी-बड़ी बहसें आयोजित की हैं, पर अखबार में यथार्थ को बताने में भाषा का क्या व्यवहार होना चाहिए, इस विषय पर विचार कम होता है। यह लंबा-चौड़ा विषय है और इस छोटी-सी टिप्पणी में इसका विस्तृत विचार संभव नहीं, पर एक प्रत्यक्ष उदाहरण पर कुछ कहना आवश्यक होगा। हत्या एक यथार्थ है जो अखबारों में सबसे अधिक जगह पा रहा है और संयोग है कि वर्तमान में अखबारों में अधिकृत रूप से लिखनेवालों में काफी बड़ी संख्या ऐसे लोगों की है जो भाषा का व्यवहार कविता-कहानी आदि लिखने में भी करते हैं।

तो जब मंडी हाउस के पास एक बिगड़ैल बस ने दो की जान ले ली और कइयों को घायल कर दिया तो यथार्थ यह था कि वे लाशें पिद्धल हुई पड़ी थीं और सड़क खून से रँग गई थीं। मगर यह आधा यथार्थ ही है। बाकी आधा यह है कि दोनों लाशों का उनसे क्या संबंध था जिन्होंने भाषा के द्वारा यह तथ्य दूसरों को बताया। खबर के छपने पर मालूम हुआ कि एक लाश की जेब से शिनाख्त कार्ड मिला जिसे शायद पुलिस ने अखबार के सामने प्रमाणित किया। एक की जेब में शायद कुछ नहीं था। उसकी अधिकृत शिनाख्त कोई नहीं कर सका। अखबार ने फैले हुए खून और बिखरे हुए चनों को देखकर या अन्य साधनों से अनुमान कर बताया कि वह शायद चनेवाला था जो उसी बस अड्डे पर चने बेचा करता था।

समाचार के अनुसार बस अड्डे पर क्रुद्ध भीड़ में रोष था। अन्याय के प्रति रोष होना जीवित समाज का लक्षण है पर बस अड्डे पर इंतजार करनेवाले लड़के-लड़कियों और अधेड़ बाबुओं ने कभी तो या तफरीहन या भूख के मारे इस चनेवाले से सौदा लिया होगा। न भी लिया हो तो उसकी

शक्ल तो देखी होगी। उसकी जिंदगी से किसी को कोई वास्ता रहा होता तो उसके मरे हुए चेहरे को भी पहचाना जाता। अंत में नतीजा यह निकला कि खबर बताने के लिए चनेवाले का नाम बताने की जरूरत नहीं है। अर्थात उसके नाम का इस मृत्यु के यथार्थ में कोई आवश्यक स्थान नहीं है।

इस समझ का एक मतलब यह निकला कि हत्या का—और यह दुर्घटना स्पष्टतया दुर्घटना नहीं थी, एक उच्छृंखल ताकत के हाथों हत्या ही थी—यथार्थ बताने के लिए आदमी से किसी नाते की जरूरत नहीं। उसकी लाश ही काफी है।

यथार्थ के साथ यह व्यवहार सीधे-सीधे भाषा के साथ उस आदमी के रिश्ते का सवाल है जो मरे हुए आदमी की खबर बताने के लिए जिंदा बच गया है। क्या वह पूरी खबर अर्थात पूरा यथार्थ है जिसमें आदमी का नाम न हो और जिसके परिवेश का उसके अस्तित्व के साथ कोई संबंध भाषा बता न रही हो—या इतना ही संबंध बता रही हो जितना उसकी लाश से जुड़ा हुआ है? क्या यही अखबार में आम आदमी से जुड़ना है?

गाँव में विपन्नता बढ़ने के साथ-साथ हर साल अनेक गृहस्थ घर छोड़कर बाहर आते रहते हैं। शहर में जहाँ अखबार में अपनी अभिव्यक्ति पाने का अवसर भाषा के जानकारों को मिल जाता है, उन बेघर लोगों की खबर लिखनेवाले भी अक्सर अपनी जमीन छोड़कर आए थे। फर्क ज्यादातर इतना ही था कि उनकी जमीन खेती की नहीं थी, मगर एक जमीन तो रही ही होगी जिस पर खड़े होकर वे बाकी समाज को और जीवित मनुष्यों को देखते। उस जमीन पर से कम से कम इतना तो दिख जाना चाहिए कि अखबार में भाषा का ऐसा इस्तेमाल वे न करें जो उन्हें अपनी ही तरह के विस्थापितों को सिर्फ वस्तु बनाकर छोड़ देने का षड्यंत्र करती हो। इस षड्यंत्र के पीछे भाषा के तंत्र से संगठन काम करते हैं और बड़ी पूँजी से काम करनेवाले ये संगठन भाषा को बरतने में सक्षम उन लोगों का उपयोग करते हैं जो सिर्फ अपने साधन से अपनी अभिव्यक्ति भाषा के जरिए दूसरों तक पहुँचा नहीं पाते। यथार्थ को बताने की जो शैली बड़े अखबार विज्ञापित कर रहे हैं उसमें सन्नू चनेवाले की खुद तो कोई जगह है ही नहीं, है तो सिर्फ उसकी लाश पर विलाप करती विधवा की तस्वीर की है जो हत्या के दो दिन बाद चनेवाले का नाम बताते हुए छाप दी गई थी और जिसके साथ कोई शब्द न थे।

[*जनसत्ता*, 24 सितंबर 1989]

पुलिस के साथ शाम की सैर

दक्षिण दिल्ली में सरकारी कर्मचारियों की एक विशाल बस्ती है जिसे पुष्पविहार कहा जाता है। इस बस्ती में कोई इमारत नहीं है जो आवासीय क्वार्टरों से ज्यादा ऊँची हो। कोई मीनार, मिल की चिमनी, पहाड़ी, कोई पेड़ अर्थात् ऐसा कुछ नहीं है जो एकरसता को तोड़ता हो, हाँ पानी की टंकियाँ जरूर ऊँचे खंभों पर खड़ी हैं पर वे इतनी अपरूप हैं कि कोई सर उठाकर उन्हें निहारता नहीं। नतीजा यह है कि पूरा इलाका और भी पसरा हुआ लगता है, यहाँ तक कि कोई पहली बार यहाँ आए तो चाहे चला सिर्फ सौ कदम हो लेकिन भ्रम में पड़ जाएगा कि मैं बहुत दूर निकल आया।

एक दिन बीतते अगस्त की शाम को जो इस साल वर्षा न होने से कभी अक्तूबर-सी कड़ी और कभी सितंबर-सी मुलायम लगती थी, मैं किसी का घर ढूँढते-ढूँढते वाकई बहुत दूर निकल गया। भटककर देखा, दूर पर जगरमगर है, मानो किसी के यहाँ कोई सामाजिक उत्सव हो रहा है। बस्ती से बाहर निकलने का रास्ता शायद वहीं पूछने से मालूम हो जाएगा, वह सोचकर उधर बढ़ता गया तो धीरे-धीरे मीठे अँधेरे में आँखों को साफ-साफ दिखने लगा—सरकारी मारकीट के सामने बीस-पच्चीस

लोगों की भीड़ तितर-बितर-सी मौजूद थी मानो लोग जानबूझकर एक जगह इकट्ठा न हुए हों। और भी नजदीक पहुँचने पर उन्हीं के बीच एक आदमी दहाड़ता और छड़ी घुमाता दिखा। दस कदम पास पहुँचकर देखा, एक नौजवान उसे जवाब दे रहा था। न उसके पास वह शरीर था न कोई छड़ी थी पर वह अपमान के जवाब में गुस्से से बोल रहा था। वह कह रहा था तुम अपने को समझते क्या हो, तुमने डंडा चलाया कैसे?

छिटके हुए लोग दो-दो, चार-चार के गुट बनाकर बात कर रहे थे मानो इसी प्रसंग पर बोल रहे हों। उनमें से एक से मैंने पूछा क्या हुआ क्या है। मुन्न से कुछ जवाब मिला। दूसरे गुट से पूछा तो उसमें तीन-चार लड़के किसी और ही बात पर ठट्ठा कर रहे थे। एक जगह दो-तीन वयस्क व्यक्ति थे जिनको देखकर समझना मुश्किल था कि खड़े होकर सुन रहे हैं या चल दिए हैं।

यह बस्ती है सरकारी मकानों की, मगर इसमें कई लोग ऐसे भी रहते हैं जो किसी सरकारी नौकर से पूरा या आधा मकान किराए पर लेकर टिके रहते हैं। यानी तब तक जब तक कि मकान का अधिकृत किराएदार उन्हें मकान बदलने को मजबूर न करे। कुछ कानूनी किराएदार नौकरी की तलाश में किसी के यहाँ दो-एक महीने के वास्ते टिक गए होते हैं। कुछ किराएदार नहीं होते, किसी परिचित के घर में दिल्ली में भाग्य आजमाने के लिए बसेरा कर रहे होते हैं और हो सकता है कि कुछ बेरोजगार निठल्ले भी हों जिन्हें मालूम नहीं कि वे जिंदगी में कहाँ जाकर टिकेंगे।

छड़ी घुमाता और गरजता आदमी मुझे ऐसा पात्र लगा जो पिछले दिनों दिल्ली में सुरक्षा के हित में छपे पुलिस की मुस्तैदी का प्रचार करनेवाले विज्ञापनों से निर्मित वीडियो फिल्म में काम करने के लिए चुना गया हो। ये विज्ञापन आपने पढ़े होंगे। इनमें बताया गया है कि लगभग हर अजनबी संदिग्ध व्यक्ति होता है। वह भयंकर आतंकवादी से लेकर मालिक की हत्या करने पर तुला हुआ घरेलू नौकर तक हो सकता है। कौन जाने वह सिर्फ दरवाजा खटखटानेवाला छुरा लिए आगंतुक हो। मगर सरकार ने जनता को सचेत कर दिया है। अगर जनता अपने में से किसी पर बिना शक किए रहती है तो सरकार जिम्मेदार नहीं।

इतने में लड़के की नाराजगी में एक लड़की भी शामिल हो गई। वह डंडेवाली वर्दी से कह रही थी, 'क्या कर लोगे तुम? देखें तुम्हारी हिम्मत! तुमने डंडा चलाया!'

वर्दीवाला कह रहा था, 'तू कहाँ से आ गई? ये लड़का बड़ी देर से उस लड़की से सटा-सटा चला आ रहा था। मैं सब जानता हूँ। ऐसे बदमाशों को मैं ठीक कर दूँगा। इस इलाके में रहने नहीं दूँगा सालों को। साले लड़कियों को छेड़ रहे हैं। शरीफ बनते हैं।'

लड़की ने कहा, 'जिस लड़की की तुम कह रहे हो वह तो दूसरी सड़क से अभी-अभी इधर आई। हम दोनों तो अलग से साथ-साथ आ रहे थे पूरे रास्ते।'

डंडेवाला गरम हो गया, 'तू क्या कहती है। तेरे को मैं जानता हूँ, ऐसी धंधा करनेवाली बहुत देखी हैं। तू इसकी कौन लगती है? बता?'

लड़की ने कहा, 'मैं इसकी बीवी हूँ।' लड़का मेरे पास आकर बोला, 'देखिए, मैं इंदिरा गाँधी एयरपोर्ट में इंजीनियरी के सेक्शन में असिस्टेंट हूँ। ये देखिए मेरा कार्ड। मैं बीएससी पास हूँ, ये मेरी बीवी है। हम लोग घर जा रहे थे। इसने हमें रोका, गाली दी, डंडा चलाया, मैं वार बचा गया। अब मुझे यह धमकी दे रहा है कि मैं लड़की को छेड़ रहा था, मुझे बंद करा देगा।'

लड़की ने लपककर डंडेवाले के सामने आकर कहा, 'कर ले जो करना है। मैं देख लूँगी तेरे को। बंद करा देगा? मैं तुझे बंद करा दूँगी।'

डंडेवाले ने मानो जो भी सुनता हो उसे अपनी तरफ करने के लिए फिर धमकी दी, 'ये तेरी बीवी है? बोल? ये तेरी बीवी है? तू उस दूसरी लड़की से घुस-घुसकर क्या कर रहा था?'

लड़की ने फिर चीखकर सबसे बताया, 'कोई लड़की नहीं। एक और दूसरे रास्ते पर आई, हमारे

पास से होकर चली गई। हम लोग सेक्टर सात में रहते हैं, वहीं जा रहे हैं। इसकी हिम्मत देखो? सर फूट जाता तो क्या होता?'

लड़की रुआँसी थी मगर रो नहीं रही थी। वह डंडेवाले के सामने आँखें तरेरकर खड़ी हो गई। डंडेवाले ने लड़की को धमकी दी, 'ठीक कर दूँगा तेरे को।' उसने डंडा पटका।

लड़की ने कहा, 'क्या करेगा तू। तू कर जो करना है। मारेगा? मैं तुझे देख लूँगी।'

डंडेवाले ने कहा, 'ऐसे देखनेवाले देख लिए, क्या कर लेगी तू?'

लड़की ने पूरी ताकत से जवाब दिया, 'वह तो तुझे पता चल जाएगा, तू हाथ तो उठा मुझ पर!'

लड़का बोला, 'आप देखिए, इस तरह शरीफ घरों की औरतों को धमकाते हैं और मुझे तो मार ही दिया होता।'

अब दो दुकानदारों ने आकर लड़के को सलाह दी, 'आप जाइए, घर चले जाइए, यहाँ बात बढ़ाने से कोई फायदा नहीं।' डंडेवाला लड़के से बोला, 'जाओ, जाओ।' जब लड़का-लड़की अपने रास्ते चल दिए तो दोनों दुकानदारों से बोला, 'शाम को निकल आती हैं धंधा करने। कहती हैं मैं इसकी बीवी हूँ। आजकल की औरतों का यह काम है।'

[*जनसत्ता,* 8 अक्टूबर 1989]

संदिग्ध भारतीय

दिल्ली के एक क्लब में दोपहर के समय का दृश्य : यह क्लब बुद्धिजीवियों, कलाकारों, विचारकों और सरकारी, अर्द्धसरकारी समाजसेवी संस्थाओं के मान्य पुरुषों का प्रिय है। इसकी सदस्यता पहले बहुत दुर्लभ नहीं थी, हाँ इसकी विशिष्टता से लोग आतंकित अवश्य रहा करते थे। अब नए सदस्य बनने को ललचाते संपन्न लोगों की उम्मीदवार सूची काफी लंबी हो गई है। और इनमें से जो अभी सदस्य नहीं बन पाए हैं और पुराने सदस्यों के अतिथि बनकर क्लबों की सेवाओं का उपयोग करते रहते हैं।

दृश्य यह है कि बड़े कमरे में अधेड़ मर्द और औरतों के मंथरगति से पधारने और विराजने के बाद वातावरण एकाएक विदेशी हो गया है। यह तब जब कि न कोई मर्द प्रचलित विदेशी की वेशभूषा में है न कोई औरत मेम बनी हुई है, बस पोशाकों में एक झलक उस दिमाग की है जो पिछड़े देशों के सामान और श्रम से बने कपड़ों की पश्चिम के बाजार में निर्यात के लिए डिजाइनें बनाता है। कुरता इनमें एक खास चीज है। यह कमीज और कोट के नजदीक की कोई चीज बन गया है। इसका गरेबान और दामन विदेशी हो गया है, इसे पहननेवाला इसे अपनी अंतरराष्ट्रीय आधुनिक पहचान दिखाने के लिए पहनता है। इसके साथ ही पायजामा जैसी चीज का सांस्कृतिक दर्जा जरा अस्थिर हालत में है। (इसका मतलब यह न लगाइएगा कि पायजामा ढीला हो रहा है।) मतलब सिर्फ यह है कि अभी तक एक आधुनिक पायजामे का प्रतिमान आविष्कृत नहीं हो पाया है और अलीगढ़िया पायजामे को पतलून जैसी संलोतर पोशाक बनाने में प्रयोग हो रहे हैं। हाँ, लखनवी पायजामे का पत्ता जरूर कट चुका है। किसी समय खादी भंडार का बना हुआ कुरता आयातित या कैसी भी जीन स्वीकृत हो गई थी पर वह जल्दी ही इस वर्ग में घुसपैठ करनेवाले साधारण लोगों ने अपना ली। इसलिए विशिष्ट जनों के लिए अब वह संभ्रांत पोशाक नहीं रही। हमारे क्लब में जब कभी कोई ऐसा पुरुष दिखे जिसने कुरता-पायजामा तो पहन रखा हो पर वह किसी लिद्धड़ हिंदुस्तानी की तरह न दिख रहा हो जो घर और बाहर एक ही तरह की पोशाक पहनता है तो समझ लीजिए कि कुरते-पायजामे

के नए नॉन-रेजिडेंट इंडियन संस्करण का आविष्कार हो गया। इस क्लब में वही पहनकर आया है वह भारतीय जो अमेरिका में भी पहनकर भारतीय कहलाना स्वीकार करेगा।

मैं कमरे के एक कोने में बैठकर यह दृश्य देख रहा हूँ, लोगों की बातें करने का शोर एक मंद भनभनाहट बनकर मेरे कान में पड़ रहा है। किसी के शब्द सुन नहीं पड़ रहे हैं और उनके ओठ खुलते देख सकता हूँ। हाँ औरत के ओठ एक विशिष्ट तरह से खुलते और बंद होते हैं, चाहे बोले चाहे मुस्कराए, वह ओठ और जबड़े की हरकत उसी तरह से करती है जो उसे बचपन में अंग्रेजी बोलना सिखानेवाले स्कूल में बताया गया था। अब वह जब भी बोलेगी तो बोले चाहे वही भाषा जिसमें उन हिंदुस्तानियों से बात की जाती है जो अंग्रेजी नहीं जानते मगर मुँह उसी तरह खुलेगा और बंद होगा जैसे अंग्रेजी बोलने के लिए खुलता और बंद होता है। यह औरतें आज चालीस-पचास साल से सही तरीके से अंग्रेजी बोल रही हैं। इनके मुकाबले में वे ठहर नहीं सकतीं जिन्होंने सही अंग्रेजी देसी स्कूल में सीखी है और वे तो कहीं भी गिनी भी नहीं जा सकतीं जो अभी कुछ बरस पहले अंग्रेजी सीख गई हैं क्योंकि उन्हें अंग्रेजी बोलने के लिए शब्दों के उच्चारण के वास्ते मुँह कितना और कैसे खोलना चाहिए यह नहीं सिखाया गया। ये बिचारी वैसे ही मुँह फाड़कर अंग्रेजी बोल देती हैं जैसे भोजपुरी बोल देती हैं। पर इस तरह की औरतें यहाँ हैं ही नहीं, वह अपने आप बाहर हो गई हैं।

शब्दों की भाषा के साथ शरीर की भाषा का भी व्याकरण होता है। हँसना, हामी भरना, नकारना, अचरज दिखाना, यह सब एक तो ठेठ हिंदुस्तानी तरीके से होता है और एक आभिजात्य आंग्ल तरीके से। इस तरीके से भावनाएँ प्रदर्शित करनेवाला व्यक्ति एक विशिष्ट भाव का प्रदर्शन भी करता है जिसकी शरीर-भाषा ठेठ हिंदुस्तानी शैली में विकसित ही नहीं हुई है। इस भाव का अर्थ होता है 'मैं क्या जानूँ' या 'मैं कर ही क्या सकता हूँ', 'हुआ करे कुछ मेरी बला से।' इसमें शब्द गायब रहते हैं और पखोरे काम करते हैं। अंग्रेजी से अनुवाद करके कई हिंदी लेखकों ने इसे कंधे उचकाना जैसी अजब क्रिया का नाम दिया है।

मैं शरीर-भाषा के इतने सारे रूपों के बीच बैठा हुआ था कि मुझे अपने ठेठ हिंदुस्तानी होने का जबर्दस्ती विश्वास होने लगा। वैसे तो मुझे कभी जरूरत नहीं पड़ती कि मैं पता लगाऊँ कि मैं हिंदुस्तानी हूँ या नहीं पर जब कोई आदमी ऐसे चेहरों और भंगिमाओं से घिर जाए और उसे गलत जगह आ गए होने का अहसास देने लगे तो उसे मजबूरन सोचना पड़ता है कि वह कौन है जो यहाँ आ गया है।

एकाएक मुझे लगा कि मैंने अपने इस विचित्र परदेसीपन का कारण जान लिया है। हो न हो मैं भी भारतीय हूँ मगर वह भारतीय हूँ जो भारत में रहता है। मेरे चारों तरफ वे भारतीय हैं जो भारतीय हैं वह भारत में नहीं रहते। भारतीय पासपोर्ट पर विदेश में रहते हैं। एन.आर.आई.। क्या इस क्लब में यही प्रवासी भारतीय बैठे हुए हैं। यह क्लब क्या इनके कब्जे में आ गया है और क्या अब इसमें वह भारतीय जो प्रवासी न हो एक अजनबी बन जाएगा।

कल्पना बड़ी विकट चीज है। कल्पना में ही मैंने देखा कि अजनबी बन जाने में भी एक बचाव का रास्ता है, शायद भारत की कम जानी हुए जातियों की सूची में शामिल कर लिया जाऊँ जिनके वर्णन भारतीय न रहनेवाले भारतीयों के ज्ञानवर्द्धन के लिए दूरदर्शन करता रहता है गनीमत है।

पर बुरा हो कल्पना का। मेरे मन में किसी ने कहा भारतीयों की एक और सूची बची है, कहीं इसमें शामिल न कर लिए जाओ। वह दूरदर्शन पर बताई जाती है। वह है भीड़ में, सड़क पर, मेले में, कहीं भी, हर जगह पाए जानेवाले संदिग्ध भारतीयों की सूची। शायद क्या, निश्चित ही तुम उसी के योग्य हो। तुम्हारे विचार ऐसे ही हैं।

[*जनसत्ता,* 3 दिसंबर 1989]

रामदास की नौकरी

रईसों की बस्ती में रामदास झाड़ू लगाता है। वह सड़कें बुहारता है। सदर दरवाजों पर सफाई, जीनों की धुलाई करता है, महरिनें घरों के अंदर झाड़ू-पोंछा करके जो कचरा पेटी में जमा रखती हैं, रोज उसे बटोरकर कचरा ठेले में भरकर दूर फेंक आता है। यह बस्ती पढ़े-लिखे लोगों की किसी आवास संस्था ने बनाई है। इसमें अनेक जातियों और पेशों के खाते-पीते सदस्य अपने-अपने मकान बनवा कर रहते हैं। बिजली, पानी, सफाई, बागवानी, चौकीदारी के कामों के लिए मासिक वेतन या दिहाड़ी मजूरी पर नौकर रखकर सदस्य खुद ही संस्था का प्रबंध करते हैं। उनकी एक निर्वाचित प्रबंध समिति है।

रामदास जब बस्ती में झाड़ू लगाने के लिए रखा गया तो जमादारों में एक और बढ़ गया। सदस्यों को लगा, कि पहले के जमादार काफी नहीं पड़ रहे थे। या तो पढ़े-लिखे लोगों ने कूड़ा-कचरा ज्यादा फैलाना शुरू कर दिया था या पुराने जमादार कामचोर हो गए थे। बहरहाल एक जमादार और रखने की जरूरत सही मालूम हुई और रामदास यह जरूरत पूरी करने लगा।

बस्ती में कई जातियों और पेशों के लोग रहते थे। प्रबंध समिति में भी ऐसे ही विविधता थी। तनख्वाह पर नियुक्त सेवक जैसे मुनीम, लिपिक, खजांची, मैनेजर, मिस्त्री, माली, चौकीदार भी किसी एक जाति के ही नहीं थे। ये सब बाम्हन, ठाकुर, क्षत्रिय, कायस्थ वगैरह थे। इनमें जमादार की जाति का रामदास भंगी को छोड़कर दूसरा कोई न था। यह कहने की जरूरत नहीं कि बाम्हन, ठाकुर, बनिए, कायस्थ वे सब काम करने के लिए मिलते ही न थे जो जमादार करता था। जमादार इन सबसे अलग और इन सबके समाज से टूटा हुआ था। वह भंग होकर वहाँ पहुँचा था जहाँ ऐसे भंग लोगों को समाज से हाँककर भंगी बना दिया गया है।

यह सोचकर कि इस शब्द का अर्थ कहीं मैंने अपनी कविबुद्धि से तो नहीं निकाल लिया है, मैंने दो-तीन शब्दकोश जो मेरे हाथ लगे देख डाले। संस्कृत में भंग शब्द मिला जिसका अर्थ है पार्थक्य, पराजय, हताश आदि। हिंदी में भंगी है ही नहीं मानो वह कोई अर्थापेक्षी शब्द ही नहीं है, उसका अर्थ तो संपृक्त समाज ने तय ही कर दिया है। हाँ भंगन शब्द नया है तो उसका अर्थ कोश में दिया था भंगी की स्त्री अर्थात भंगन भी अपने में कोई इकाई नहीं है। उसी पूर्वनिश्चित शब्दधारी की औरत है। खैर, एक बार उर्दू शब्दकोश भी देखा। उसमें 'भ' अक्षर ही नहीं मिला यानी उर्दू कोश भंगी को उर्दू भाषा में शामिल ही नहीं करता।

शब्दकोश और भी होंगे पर मैंने देखे नहीं। शब्द-चर्चा मेरे लिए एक हद के बाद एक मनुष्य-विरोधी कार्रवाई बन जाती है। वह हद आने से पहले मैं कोश छोड़कर फिर इसी मानवसमूह में आ गया जहाँ रामदास झाड़ू लगाता है।

वहाँ आकर पता चला कि प्रबंध समिति ने रामदास को बरखास्त कर दिया है। उससे कह दिया गया है हमें अब तुम्हारी जरूरत नहीं है। मुझे सुनकर लगा कि रामदास के चारों तरफ घेरा डाले बड़ी जातवालों में किसी को नाराज कर दिया होगा जिसका दंड उसे दिया गया है। मगर मालूम किया तो पता चला कि रामदास से किसी को नाराजगी नहीं थी। उसका काम पक्का था। वह फुर्ती और मुस्तैदी से झाड़ू लगाता था और उतनी ही फुर्ती और मुस्तैदी से सलाम भी करता था।

पूछताछ से मालूम हुआ है कि बड़ी जातवालों में से किसी ने सवाल उठाया था कि एक नया जमादार रखने से प्रबंध समिति पर खर्चे की बड़ी जिम्मेदारी आ गई है और उसने तय किया है कि फिजूलखर्ची कम करने के लिए कोई न कोई कर्मचारी बर्खास्त किया जाए। जिस समाज में सेवा करने के लिए भंगी, माली, चौकीदार, लिपिक, मैनेजर आदि भाँति-भाँति के कर्मचारी नियुक्त हों वहाँ खर्च कम करने के लिए भंगी के पेट पर लात क्यों मारी जाए। यह प्रबंध समिति में कोई नहीं

पूछ सकता क्योंकि वहाँ सभी लोग उन्हीं जातियों के हैं जिनके ये दूसरे कर्मचारी हैं, भंगी तो सिर्फ अकेला है और उसकी जाति का दखल न प्रबंध समिति में है न बस्ती के निवासियों में।

संस्कृत शब्दकोश में भंग शब्द का अर्थ याद आता है पार्थक्य। पढ़े-लिखे लोगों को लगना चाहिए कि उनकी मातृभाषा और राजभाषा/अंग्रेजी के अपार्थीड शब्द में उनकी पूजापाठ की भाषा संस्कृत की स्पष्ट झलक है। इतना तो वह दैनिक अखबार में अंग्रेजी पढ़कर ही देख सकते हैं—संस्कृत को तो वे मुंडन-कनछेदन के समय किसी पोंगा पांडे से बुलवाते ही होंगे। पर पार्थक्य नामक भाव को जिस व्यक्ति पर बड़े लोगों ने लोकभाषा हिंदी में लागू कर दिया है वह भंगी समाज से इस तरह पृथक कर दिया गया है कि अब वह सिर्फ झाड़ू लगाते हुए उसमें घुस सकता है और ड्यूटी खत्म होने के बाद वह वहाँ रह नहीं सकता। उसे डिसमिस कर दिया जाएगा। यही अपार्थीड की वह शक्ल है जो हमारे समाज में जिंदा है। यही रामदास की कहानी है। पर चूँकि यह हिंदी में है जिसके बनाने में रामदास का योग शब्दकोश और शस्त्र स्वीकार नहीं करते इसलिए पार्थक्य की शक्ल सिर्फ अंग्रेजी के जरिए दक्षिण अफ्रीका में देख लिया करते हैं बेचारे हिंदीवाले।

दया, मानवीय भावना, करुणा, ममता ये सब संस्कृत भाषा के अमूल्य शब्द हैं। पढ़े-लिखे लोगों की मातृभाषा और राजभाषा अंग्रेजी में भी इनके समानार्थक अच्छे-अच्छे शब्द प्रचलित हैं। इनका इस्तेमाल कभी-कभी ये पढ़े-लिखे लोग अपने पार्थक्यपोषक समाज को ऋणमुक्त करने के लिए करते हैं। ऐसी ही कोशिश किसी रामदास हितैषी ने रामदास की छोटी-सी जीविका बचाने की खातिर की थी, कहा था रामदास को बर्खास्त करने से यह फिजूलखर्च घट जाएगा जो आपने अपने कारणों से बढ़ा रखा है तो घटा लीजिए पर गरीब पर तरस खाइए। आपके अन्य सेवकों की नौकरियों में से कोई खाली हो तो एवजी पर ही इसे रख लीजिए। बाल-बच्चोंदार आदमी भूखा तो न मरेगा। उत्तर था उन जगहों पर जो बाकी लोग बैठे हैं, वे अपने बीच भंगी को कैसे स्वीकार करेंगे? तब तो अनुशासनहीनता फैलेगी।

अर्थात उन कामों को करने के लिए भी जिन्हें कोई भी चंगा व्यक्ति केवल उस काम का अभ्यास करके सीख सकता है क्योंकि उनके लिए विद्यालय के प्रशिक्षण प्रमाणपत्र की आवश्यकता नहीं, उसी को परखा जा सकता है जो भंगी नहीं है अर्थात जिसे लंबे वक्त से जारी सामाजिक पार्थक्य ने भंगी घोषित नहीं कर रखा है। ऐसे लोगों को काम में समर्थ होने का कैसा भी प्रमाण देना जरूरी नहीं, जाति का प्रमाणपत्र लिए हुए पैदा होना ही काफी है।

बात यहीं पर खत्म नहीं होती। हमारे प्रबुद्ध भारत में कोई भी संस्था किसी छोटी जात के कर्मचारी को सेवा के दौरान किसी बड़ी जिम्मेदारी के लिए योग्यता प्राप्त करने के अवसर तब तक नहीं देती जब तक अपनी जात को छोटी नहीं बड़ा बताकर बड़ी जातवालों में स्वीकृत किए जाने का दावा नहीं करता। यह रास्ता भी सफाई कर्मचारी के लिए तब तक बंद है जब तक भंगी का काम कम से कम दो-चार बड़ी जातवाले करने को राजी न हो जाएँ। एक उपाय यह हो सकता था कि रामदास कम से कम अपनी किसी अगली पीढ़ी के लिए रास्ता खोलने के ख्याल से अपने बच्चों को पढ़ाने-लिखाने लगे। आखिर दूरदर्शन पर जनोदित प्रतिभाएँ समाज में क्रांति के उद्देश्य से हर इंटरव्यू में गरीबों से यही तो पूछती है—'तो आप अपने बच्चों को यही काम करने देंगे जो आप कर रहे हैं? कोई तरक्की नहीं चाहते?'

पर वह ऐसे अच्छे स्कूल में अपने बच्चे को किसी तरह नहीं पढ़ा पाएगा जिनमें बच्चे को भरती करने के पहले माँ-बाप की योग्यता परखी जाती है। वह योग्यता माँ-बाप के गुणों की नहीं उनकी असलियत की होती है। कहीं ऐसा तो नहीं कि झाड़ू लगा-लगाकर उन्होंने स्कूल की फीस लायक पैसा कमा लिया हो और झाड़ू लिए हुए उनका बच्चा स्कूल आने लगे।

तीसरी और अंतिम सूरत यह हो सकती है कि प्रधान जमादार पद पर बढ़िया तनख्वाह और

सवारी के साथ पहुँचने की उम्मीद से रामदास तरक्की करता जाए और अंत में उसकी सामाजिक हैसियत उसके पद के कारण मान ली जाए जैसा सबके साथ होता है। पर यह कम से कम उस वक्त तक संभव नहीं दीखता जब तक खर्च कम करने के लिए नौकरी छुड़ाई जाएगी तो रामदास की ही छुड़ाई जाएगी।

[*जनसत्ता,* 15 अप्रैल 1990]

पाकिस्तान से होशियार

पिछले कुछ दिनों से प्रधानमंत्री सेना को बार-बार चेता रहे हैं कि वह पाकिस्तान के आक्रमण से होशियार रहे। पर हमारे देश के सभी लोग तो सेना में नहीं हैं। उन बाकी लोगों के लिए क्या संदेश है? क्या उनके लिए भी कोई चेतावनी है, जैसे सेना के लिए है या किसी और तरह का संबोधन है? क्या सिर्फ उपदेश?

प्रश्न यह है कि जब सीमा के अतिक्रमण की आशंका सामने खड़ी होती है तो हम सेना को सतर्क करके जनता को सूचना दे देते हैं कि सेना सतर्क कर दी गई, अब जनता हम पर विश्वास जारी रखे मानो जनता को हमारे ऊपर विश्वास रखना ही मुख्य बात है, जनता का जनता पर विश्वास रखना मुख्य बात नहीं है। होती तो अब तक प्रधानमंत्री ने एक बार तो जनता को याद दिलाया होता कि पाकिस्तान, जो अपने को मुस्लिम राष्ट्र बताता है, भारत के मुसलमानों और हिंदुओं में अलगाव पैदा करके ही सीमा पर आक्रमण का लाभ उठा पाएगा।

इसलिए सीमा पर सेना को सचेत कर देना काफी नहीं है। तब क्या करना चाहिए? क्या भारत के मुसलमानों पर निगरानी रखनी चाहिए? क्या उन्हें शक की निगाह से देखना चाहिए? और उन्हें पाकिस्तान के आदमी मानकर उनका भी मुकाबला करना चाहिए मानो हम पाकिस्तानी सेना का मुकाबला कर रहे हों?

हरगिज़ नहीं। यह करना अपनी बुनियाद को खोदना होगा। हमारी बुनियाद मुसलमान और हिंदू का सहजीवन है। सहजीवन यानी लोकजीवन। लौकिक परंपराएँ और उनके विकास का समाजीकरण ही हमारी बुनियाद हो सकती हैं। यह बुनियाद बराबर बनती रहती है। भारत और पाकिस्तान के बीच लड़ाइयों के मैदान बनाकर उन मैदानों में उनको बार-बार घसीट मत लाइए जो अपनी-अपनी जगह चुपचाप यह बुनियाद बनाते रहते हैं। यह हरकत आप एक बार कर चुके हैं मगर बड़ी चालाकी से। आप हिंदू-मुसलमान दोनों को बुत्ता देकर गायब हो गए थे और पूर्व पाकिस्तान में हिंदुओं और मुसलमानों ने मिलकर जो आदमी बनाया था उसे आपने हिंदुस्तान से मिलने ही नहीं दिया था।

उसी से मिलने का लालच देकर तो आप हिंदुस्तान को लड़ाई में घसीट ले गए थे। अब तो पाकिस्तान या भारत के किसी हिस्से में कोई ऐसा आंदोलन भी नहीं है जो हिंदू-मुसलमान के बीच में से एक इतना ताकतवर नया आदमी बना रहा हो कि वह दो राष्ट्र के सिद्धांत को तोड़ सके। इसलिए अब युद्ध की तैयारी करने या युद्ध के लिए तैयार रहने का मतलब ईमानदारी से देखें तो भारत में हिंदू-मुसलमान मेल ही हो सकता है। पर जैसा सेना की तैयारी इसके सदा मुस्तैद रहने की परंपरा में ही किसी दिन हुकुम देकर संभव है वैसे ही हिंदू-मुसलमान का मेल भी अचानक हुकुम देकर संभव तभी है जब उसकी परंपरा को बनाए रखा गया हो अर्थात जानबूझकर बढ़ाया न गया हो तो कम से कम जानबूझकर तोड़ा तो न गया हो।

भारत-पाकिस्तान में हथियार-युद्ध से कहीं ज्यादा खतरनाक भारत-पाकिस्तान 'शीत युद्ध' हो सकता

है। देसी हिंदी में कहें तो ठनाठनी से ज्यादा खतरनाक हो सकती है तनातनी। पर दासी हिंदी में 'शीत युद्ध' कहकर हम अंग्रेजी के कवच में खोपड़ी छिपा लेते हैं। जो हो, दासी हिंदी और देसी हिंदी इस लेख का विषय नहीं है, उस पर अन्यत्र लिखूँगा।

अभी तो हिंदुओं और मुसलमानों दोनों के राजनीतिक नेताओं से और साहित्यकर्मियों से एक बात कहनी है। राजनीतिकों से यह कि आप सेना को पाकिस्तान का कोई आक्रमण विफल करने को कह सकते हैं मगर भारत के नागरिकों से यह कहने का आपको कोई अधिकार नहीं है कि हिंदुओं और मुसलमानों में मेल न होने दो। गनीमत यह है कि कम से कम खुल्लमखुल्ला आपको यह न कहने की बुद्धि बाकी बची है कि उनमें फूट डालो।

साहित्यकर्मियों से यह कि साहित्य-भाषा ही एक क्षेत्र बचा है जिस पर हिंदू-मुसलमान मेल की परंपरा बढ़ाते रहने का और उसकी उपज को भारत की रौंदी हुई धरती में फिर बोते रहने का जिम्मा आ पड़ा है। वर्तमान नई पीढ़ी के और आनेवाली नई पीढ़ी के हिंदू और मुसलमान लेखक नई हिंदी, नई उर्दू और नया इंसान बनाएँगे। वही दो राष्ट्र के सिद्धांत की असली काट होगी, आज भी और भुट्टो के हजार साल बाद भी।

[*जनसत्ता*, 29 अप्रैल 1990]

तिलक ब्रिज पर सज़ा

तिलक ब्रिज पर मैं उपस्थित नहीं था। मैंने तो अखबार से जाना कि रेलयात्रियों ने गुस्से के मारे पुलिस और होमगार्ड के सिपाहियों को पीट-पीटकर मार डाला। गुस्से की वजह यह थी कि एक मुसाफिर चलती ट्रेन में चढ़ते हुए गिरकर कट गया था। पुलिस ने उसे चढ़ने की कोशिश करते देखकर रोका था। मुसाफिर के हाथ से हैंडिल छूट गया था।

अखबार के संवाददाता महोदय भी घटना के समय उपस्थित नहीं रहे होंगे। तिलक ब्रिज पर पहले से खड़े रहने का कोई कारण भी नहीं था। रेलगाड़ियाँ वहाँ से गुजरती ही रहती हैं। उस दिन आरक्षण-विरोधी प्रदर्शन के कारण यात्रियों की भीड़ जरूर रही होगी। पर यह भी संवाददाता के लिए संभव नहीं था कि वह प्रदर्शन की खबर लेने एक ही जगह खड़ा रहे। उसने घटना के बाद पूछपाछ करके मालूम किया होगा कि एक मुसाफिर कट मरा और दो सिपाही पीट-पीटकर मार डाले गए तो क्यों।

अखबार में यह खबर दूसरे या तीसरे दिन छपी और पढ़नेवालों ने सिर्फ इतना जाना कि पुलिस और होमगार्ड ने 65-70 साल के उस आदमी को चलती गाड़ी में चढ़ने से रोका और आदमी पायदान या हैंडिल से छूटकर नीचे आ रहा। जिस डब्बे में वह चढ़ने की कोशिश कर रहा था वह जनाना डब्बा था।

चूँकि अखबार ने यह नहीं बताया कि पुलिस ने यात्री को किस प्रकार रोका, हमारे जैसे साधारण पाठक मान लेते हैं कि चिरौरी नहीं की होगी। यह भी नहीं मालूम कि पुलिस की निगाह में उसका वह अपराध क्या था जिसे करने से पुलिस ने मना किया था। क्या अपराध चलती गाड़ी में चढ़ना था या जनाने डब्बे में चढ़ना था। दोनों में से कोई भी रहा हो उसकी सजा मौत नहीं थी। वह अपराध हो जाता तो किसी व्यक्ति का या समाज का इतना कुछ नहीं बिगड़ जाता कि नैतिकता और कानून का ताना-बाना बिखर जाए। नियम-कायदों की रक्षा करनेवालों को अगर यह मानवीय समझ रहती कि नियमों का पालन हिंसा के बूते कराना किसी समय अमानवीय हो जाता है तो वे भीड़ से भरे

स्टेशन पर गाड़ी पर चढ़ने की भगदड़ में उस ताऊ को हड़काते नहीं जो शायद बिना यह जाने हुए कि वह जनाने डब्बे में चढ़ने का सांघातिक अपराध कर रहा है, पायदान पर पंजा टिकाकर दम ले रहा था।

यात्रियों को जब मालूम हुआ कि एक मुसाफिर पुलिस के डर के मारे चलती रेल से गिर पड़ा तो उन्होंने यात्री को दोष नहीं दिया क्योंकि वे तो समाज के साथ लेते-देते चलते हैं और व्यक्तियों के बीच आपसी रिश्तों की जरूरत को पहचानते हैं। किसी ने भी, यहाँ तक कि जनाने डब्बे के यात्रियों ने भी एतराज नहीं किया होता कि मर्द जनाने डब्बे में क्यों आ गया। अगर उन्हें उस परिस्थिति का पता होता जिसमें वह चढ़ा था तो वे शायद यही कहते 'बैठ जाओ ताऊ, चुपचाप बैठे रहो'। यात्रियों ने अगर पुलिस को दोष दिया तो नियमों का मानवीयता के विरुद्ध पालन करने का दोष दिया जबकि पुलिस समझ रही थी कि उसे अपनी ताकत दिखाने का पुरस्कार मिलेगा।

पुलिस और नागरिकों पर कोई टिप्पणी यह कहे बिना पूरी नहीं हो सकती कि अपने प्रचार साधनों के बूते पुलिस तंत्र नागरिकों के मानवीय-सांस्कृतिक चरित्र को उसी तरह तोड़-मरोड़ रहा है जैसा उसने 65-70 साल के ताऊ को रेल के पायदान पर से हड़काकर किया। हर पड़ोसी, हर अतिथि अजनबी है और हर अजनबी खतरनाक है—यह संस्कृति पुलिस के विज्ञापनों से हर पढ़े-लिखे आदमी को सिखाई जा रही है। अखबारों में उसी शैली में विज्ञापन छप रहे हैं जिसमें साबुन या साड़ी के सेल के विज्ञापन छपते हैं। उद्देश्य यह है कि जैसे सस्ते में मिलनेवाली हर चीज को हासिल कर लेना बाजार व्यवस्था में हर नागरिक की सफलता की कसौटी है, वैसे ही अपराध व्यवस्था में सुरक्षा हासिल कर लेने का यह सुनहरा मौका नागरिकों को न छोड़ना चाहिए भले ही उसके बदले में पड़ोसी से हम अजनबी बन जाएँ। मगर सुरक्षा व्यवस्था नाम की एक चीज हमारी सामाजिक चेतना बनकर हमें आधुनिक कर जाएगी।

आदमी को आदमी से लड़ाने की यह प्रक्रिया आगे बढ़ाने में अखबार भी हाथ बँटा रहे हैं। उनके प्रति सदाशयता को मान लिया जाए ऐसा वे अनजाने ही कर रहे होंगे क्योंकि जिन खबरों के लिखने और छपने से अखबार बनता है उनमें से कम से कम आधी तो मध्यवर्गीय परिवारों के पढ़े-लिखे लोग ही लिखते हैं और जिसके बारे में लिखते हैं वे भी लिखनेवालों से कोई बहुत भिन्न नहीं होते। पर तिलक ब्रिज वाली खबर में बताया गया है कि अगले स्टेशन पर यात्रियों ने पुलिस और होमगार्ड के सिपाहियों को पीट-पीटकर रेलगाड़ी में डाल दिया और उसके बाद साहिबाबाद पर अस्पताल में उन्होंने मृत घोषित किया। क्या खबर लिखनेवाले को एक भी यात्री ऐसा नहीं मिला जो पीटे हुए सिपाहियों को जानवरों की तरह रेल के डब्बे में डालकर आगे चल देने से दूसरे यात्रियों को रोकता। अगर हम खबर को लिखते वक्त समाज को खबर में शामिल नहीं करते तो हम उन्हीं तत्त्वों के हाथों का खिलौना बन जाते हैं जिनका उद्देश्य आदमी को अजनबी बनाना है ताकि वह आपस में कोई चीज़ बाँट न सके, हर चीज उसे खरीदनी पड़े और उसकी कीमत हो उसकी सोचने, जीने और बदलने की आजादी।

[9 सितंबर 1990]

मूल्यों पर हमला

यह समय बहुत कुछ वैसा है जैसा एक गैर-कांग्रेसी के अपने कर्मों से गिरने के समय 15 बरस पहले था। 1975 में जब सत्तारूढ़ राजनैतिक दल में नया नेता चुनने की समस्या का हल पार्टी की

सकत के बाहर था तब इमरजेंसी लगी थी। पार्टी से बाहर के तत्त्व नागरिकों की संवैधानिक आजादी का इस्तेमाल न कर पाएँ इस उद्देश्य से सेंसर लगा था। जिन लोगों ने सेंसर का फायदा उठाकर जनसाधारण को बहस और विचार से विमुख किया उन्हें राजनीति का वह नक्शा बहुत अनुकूल पड़ता था जहाँ किसी विचार का कोई विकल्प न हो। सेंसर उठने के बाद नए-नए अखबारों की बाढ़ आई और इनमें बहस को भटकाने या दबाने की नई शैलियाँ उन्हीं ने विकसित कीं जिन्होंने सेंसर को अपनी राजनीति के धंधे में मुफीद पाया था। आज अखबारों ही में कुछ ऐसे हैं जो सेंसर की नई परिभाषा और शैली विकसित कर रहे हैं।

इन शैलियों में एक है, किसी व्यक्ति या संस्था के चरित्र पर लांछन लगाना, इस लांछन का प्रतिवाद करते हुए जब कोई लिखित वक्तव्य अखबार को दिया जाए तो उसे भी छाप देना और साथ में यह टिप्पणी कर देना कि निर्भीक पत्रकारिता की उन्नति के लिए हम मामलों की जाँच जारी रखे हैं और समय आने पर और भी सामग्री एवं तथ्य प्रकाशित करेंगे, इसके बाद जब और भी अपुष्ट तथ्य प्रकाशित करें तब उनका प्रतिवाद भी छाप देना परंतु फिर कुछ और तथ्य प्रकाशित करने की धमकी भी दोहरा देना।

इस तरह तथ्यों का प्रतिवाद जारी रहता है परंतु तथ्यों के प्रकाशन के पीछे उद्देश्य कोई जानकारी देना नहीं बल्कि विचाराधीन प्रश्न का अर्थ जानने के इच्छुक पाठक को भटकाना ही होता है। सेंसर का असली उद्देश्य होता है अभिव्यक्ति पर अंकुश अथवा उसका निषेध। इस नई शैली में प्रकटतया न कोई अंकुश है न कोई निषेध है, पर इसका उद्देश्य तर्क और विचार की ईमानदारी को निरस्त करना है। इस निकृष्ट पत्रकारिता का सिद्धांत यह है कि प्रतिवाद छापो पर विचार मत छापो। विचार का वैविध्य तर्कसम्मत मत होने दो। विचार की जकड़बंदी के भीतर तथ्यों की बहुलता की अभिव्यक्ति होने दो और उसी को स्वतंत्र पत्रकारिता घोषित करो। पर कोई तथ्य ऐसा मत प्रकाशित होने दो जो जकड़बंदी में दरार डालता हो। इस शैली में बहुधा लांछनों, आक्षेपों और संदेहों का धारावाहिक प्रकाशन होता रहा है और अखबार या पत्रिका उनके अयथेष्ट प्रतिवाद छापकर निर्भीक पत्रकारिता का प्रमाणपत्र अपने माथे पर चिपका लेती है। इस तरह सेंसर का उद्देश्य विचार पर प्रतिबंध लगाए बिना पूरा हो रहा है क्योंकि इसमें सोचने को प्रोत्साहन देना मना है।

'आरोप छापो प्रतिवाद छापो—परंतु विचार मत छापो' यह इस नई पत्रकारिता का मूल मंत्र है। इसमें तथ्यों को विकृत करने और फिर उसी विकृति को प्रतिवाद का विषय बनाने के बहाने से आरोप-प्रत्यारोप और खंडन-विखंडन की प्रक्रिया चलाई जाती है। इससे एक बार फिर विचार का भ्रम फैलता है।

किसी अखबार में एक पृष्ठ पर प्रकाशित किसी समाचार या टिप्पणी का बाकी पृष्ठों से क्या संबंध है? यह भी एक महत्त्वपूर्ण प्रश्न है। ऐसे अखबार भी हैं जिनकी प्रकाशित सामग्री अपने पाठकों को किसी तरह के विचार-विमर्श के लिए तैयार नहीं करती। उसके पाठक सिर्फ अपने मन की ही बातें पढ़ते-पढ़ते समझना बंद कर देते हैं कि किसी विचार के कोई आयाम ऐसे भी हो सकते हैं जो उन्हें अभी तक न सूझे हों। जब ऐसे जड़ पाठकों को कोई नई बात बताई जाती है तो उनकी पहली प्रतिक्रिया एक नई समझ के आविष्कारक की नहीं होती बल्कि वह नई समझ उन्हें अपनी सुरक्षित गढ़ी पर आक्रमण जैसी जान पड़ी है और वे समझ के दरवाजे आत्मरक्षा में बंद कर लेते हैं। यदि किसी अखबार को विचारों के विस्तार से विरोध है तो उसके पृष्ठों पर प्रकाशित लांछनों, आरोपों या आक्षेपों के प्रतिवाद को सहज स्वीकार करनेवाले पाठकों की संख्या अधिक नहीं होगी। ऐसे अखबारों से आरोपों-प्रतिवादों को निर्भीक पत्रकारिता बताने की चालाकी आसानी से चल सकती है क्योंकि उनमें छपे प्रतिवाद भी अपने पाठकों में निष्पक्ष भाव उत्पन्न करने में अक्षम पाए जाते हैं और निर्भीकता आरोप लगाने की उद्दंडता बनकर रह जाती है।

इस तरह प्रतिवाद और प्रति-प्रतिवाद का सिलसिला पाठक को सोच के दायरे से दूर भावना के

दायरे में बाँधता जाता है और यथार्थ की ऐसी भावनात्मक समझ उसके मन में बनती जाती है जो एक तरह के साहित्य के लिए गुणकारी हो सकती है पर समाज-निर्माण के लिए बहुत हानिकारक ही सिद्ध होगी। बहस की जगह यह पत्रकारिता अपने विचार पर अड़े रहना और उसे यथार्थपरक सिद्ध करना सिखाती है। चूँकि सभी पाठक स्वयं वह यथार्थ नहीं देख रहे हैं जो पत्रकार दिखाना चाह रहा है बल्कि पत्रकार की आँखों से उसे देखने पर निर्भर हैं। यह लेखन का गहरा और देर तक असर करनेवाला जहर समाज में भर देगा। चेतावनी किसी एक पक्ष को दूसरे के हित में नहीं दी जा रही। यह सभी के हित में है कि वे पत्रकारिता के प्रतिमानों की अगली गिरावट का मुकाबला अभी से करें क्योंकि अगली गिरावट के दौर में कवियों पर तो कम मूल्यों पर ज्यादा हमला होनेवाला है।

1975 में मूल्यों के पक्ष में विचार आज की अपेक्षा स्पष्ट थे पर पक्षधरता प्रकट होने में देर लगती थी। आज पक्षधरता प्रकट होगी और मूल्यों के विचारों पर ही अस्पष्टता का भाषाई प्रचार अस्त्र के रूप में चलाया जाएगा। यह पहले से देखकर जो लेखक अपनी मूल्यों के प्रति पक्षधरता का विचार करेंगे वे ही भाषा का सार्थक उपयोग करेंगे। कोशिश की जाएगी कि आज सेंसर व्यवस्था के अभाव में शक्तिशाली तत्त्व विचारों को दबाने की तरकीब छोड़कर विचारों को भटकाने के तरीके प्रचारित करें। इनके साधन इन तत्त्वों ने पिछले 15 वर्षों में बहुत विकसित कर लिए हैं।

[*जनसत्ता*, 4 नवंबर 1990]

गुमशुदा चेहरों का लापता हो जाना

आकाशवाणी और दूरदर्शन के कार्यक्रमों में एक है 'खोए हुए लोगों से संबंधित कार्यक्रम।' इसका परिचय वाचक या वाचिका इन्हीं शब्दों में देता या देती है जो ऊपर लिखे गए हैं। कभी-कभी जैसा मुझे याद पड़ता है इसे यह कहकर भी विज्ञापित किया जाता है कि 'अब आप खोए हुए लोगों के बारे में सूचना सुनिए।' यों तो यह वाक्य शीर्षासन कर रहा है क्योंकि वास्तव में कार्यक्रम का उद्देश्य खोए हुए लोगों के बारे में श्रोताओं को सूचना सुनाना नहीं बल्कि श्रोताओं से सूचना माँगना है, परंतु हिंदी वाक्य-विन्यास का जैसा सर्वनाश आकाशवाणी और दूरदर्शन करता है (दूरदर्शन कुछ अधिक, आकाशवाणी कुछ कम) उसे देखते हुए दूरदर्शन का हिंदी गद्य एक अलग समीक्षा ग्रंथ का तकाजा करता है और उसे तनिक भी पूरा करना प्रस्तुत लेख के विषय के लिए रत्ती-भर जगह नहीं छोड़ेगा। इसलिए हिंदी शुद्ध लिखने और बोलने पर दूरदर्शनवालों से फिर कभी बात हो लेगी, अभी तो हम उन चेहरों के बारे में बात करें जो इस कार्यक्रम में दिखाए जाते हैं।

मुझे नहीं पता कि इस कार्यक्रम को कितने लोग देखते हैं और देखकर क्या करते हैं। अवश्य ही अभी तक किसी तेल-साबुन प्रतिष्ठान को उत्साहवर्धक नतीजे निकलते नहीं दिखे हैं तभी इस कार्यक्रम के साथ कोई विज्ञापन नहीं जुड़े हैं, केवल उन्हीं कोरे चेहरों के विज्ञापन दिखाए जाते हैं जो लापता हैं। मैं तो इस कार्यक्रम को रोज देखता हूँ और हर बार खुद भी लापता आदमी बन जाता हूँ। इसमें खोए हुए व्यक्ति के बारे में वे सब आवश्यक सूचनाएँ होती हैं जो फरार मुजरिम की तलाशं के लिए न्यूनतम और अनिवार्य होनी चाहिए—उम्र, लंबाई, रंग और कभी-कभी उस कमीज का वर्णन जिसे पहने-पहने वह समाज से बिछुड़ गया था। चेहरे, जो इन सब तथ्यों के साथ दिखाए जाते हैं, व्यक्तियों की एक न एक पूरी कहानी कह जाते हैं। इनकी तस्वीरें कहीं स्कूल के दिनों के किसी क्षण में खिंची या नौकरी के दस्तावेज से बरामद या शादी के पहले देखुवाओं के लिए तैयार नमूनों में से बची कोई एक नमूना होती हैं और कुछ मध्यवर्गीय रहन-सहन की चीज और

कुछ कस्बाई फोटोग्राफी के चलते धुँधली दिखाई देती हैं। जैसी उनके प्रतिरूपों की जिंदगियाँ थीं। हर तस्वीर में दिखाई जाने के वक्त न जाने कहाँ से एक दर्द उभर आया करता है—हो सकता है वह उसके कर्ता के खो जाने के कारण उभर आया हो या हो सकता है वह मेरे ही अंदर से रिस निकला हो मगर अधिक संभव यह है कि वह पहले से ही उपस्थित था।

वाचिका कहती है कि इनके बारे में जानकारी मिलने पर सूचना अमुक-अमुक पते पर दी जाए और जैसे ही यह पता बताया जाता है गृह मंत्रालय के नियमों के अनुसार वह काफी शानदार दीखता है। (गुमशुदा तलाश विभाग या ऐसा ही कुछ) पर मुझे लगता है कि चेहरे की तस्वीर ने इस व्यक्ति को अगर मेरे हाथ बढ़ाकर छू लेने भर की दूरी पर खड़ा कर दिया था तो इस निर्जीव पते ने उसे अब सलाखों के पीछे धकेल दिया है। वह पता जिस पर मुझे विज्ञप्ति के अनुसार खबर करनी है किसी का घर नहीं है—एक बेघर को एक फाइल में चस्पाँ करने का ठिकाना है। वहाँ से वह छूटकर अपने घर या अनाथालय पहुँच तो निश्चय ही जाएगा पर मैं उसे एक उखड़ी धुँधली उदास तस्वीर के अधिक जान नहीं पाऊँगा।

इस कार्यक्रम को देखकर मैं अपने को एक लापता आदमी क्यों मानने लगता हूँ, इसकी वजह यही है कि वह पता मेरा नहीं है जिस पर सूचना देने का कर्तव्य मुझे दूरदर्शन ने बताया है। मुझे यह उम्मीद भी नहीं सिरजने का मौका दिया गया है कि कहीं किसी गली-मोहल्ले में मैं अचानक पहचान सकूँ कि जिस अजनबी का हुलिया मुझे बताया गया है उसका भाई यहीं रहता है।

खोया हुआ आदमी, उसका भाई और मैं खुद, तीनों अजनबी बना दिए गए हैं। हम तीनों पर हावी होने के लिए एक तंत्र तैयार बैठा है—प्रकटतः वह प्रशासन का तंत्र है पर भीतर ही भीतर वह हम तीनों के रिश्तों को तोड़ने की व्यवस्था का छिपे-छिपे मजबूत होता हुआ पुलिस तंत्र है। उसे सब लापता लोगों की उम्र, लंबाई और खाल के रंग के ढक्कनों में बंद वस्तुएँ बना देता है और उनकी जिंदगियों की कोई पहचान दिखने नहीं देता है—क्या पता कहीं इस बहाने हम उनके पतों पर जाकर उन्हें एकजुट न कर लें।

[*जनसत्ता*, 18 नवंबर 1990]

चाहिए एक राष्ट्रीय स्मारक

महात्मा गाँधी की समाधि पर भारत सरकार के प्रतिनिधियों और अतिथियों का समय-समय पर उपस्थित होना गाँधी की याद दिलाता है। इसमें कोई शक नहीं कि यह भी आज के भारत में एक उपयोगी काम है जिसे भले सिर्फ लोकलज्जा के हित में किया जाता हो, कुछ न कुछ लाभ तो गाँधी नामक प्रतिष्ठान को मिल ही जाता है। एक अच्छी बात तो यह होती है कि सरकार नामक शक्ति गाँधी नामक विचार को समर्थन देती है तो गाँधी की गौरव-गरिमा में वृद्धि होती रहती है और सरकार के बाहर जो नादान कुजात गाँधी 1948 में एकत्र स्मारक निधि को विकसित किया करते हैं वह कुछ पटती रहती है। गाँधी एक उद्योग है, उसके साथ बड़े व्यापारिक संस्थानों जैसे तामझाम का मेल आजकल गाँधी की गरिमा के पक्ष में स्वाभाविक माना जाता है।

फौज को गाँधी स्मारक में ले जाने को अभी इतना जरूरी नहीं समझा गया है जितना कुछ लोग चाहते होंगे। परंतु आज की राजनैतिक संस्कृति में फौज से कुछ कम सही मगर काफी हिंसात्मक प्रतीक चुपचाप स्वीकृत हो चुके हैं और उनकी अपसंस्कृति बहुत लोगों को खटकती है। पर ये बहुत लोग बहुत मामूली लोग हैं और बहुत अकेले हैं। किसी न किसी स्मारक पर श्रद्धांजलि अर्पित करते

हुए कोई सत्ताधारी अपने हाथों में फूल लिए हुए मामूली आदमी की तरह श्रद्धांजलि के फूल चढ़ाने शायद ही आता हो। एक वर्दीधारी अर्दली एक थाल में फूल लिए खड़ा दिखाई देता है और नेताजी उस थाल से फूल उठाकर अर्पित करते हैं। गनीमत है कि थाल में फूल होते हैं किसी कृत्रिम गोले पर मढ़ा हुआ पुष्पचक्र नहीं होता जैसा कई सामरिक राष्ट्रों में स्मारकों पर टिकाकर खड़ा किया जाता है। उसे भारतीय सत्ताधारी संस्कृति सुधर, सहज मानने लगी है तो कारण केवल यह है कि अपने वरेण्य वीरों के साथ शक्ति के प्रतीक जोड़ने की लालसा में विनय की भावना को फालतू बना दिया है जो फूल चढ़ाने में निहित होती है। स्मारक पर फूल चढ़ाना एक बनावट बन जाता है, तब फूल की शक्ल और फूल चढ़ाने की शक्ल दोनों बदल जाती हैं जैसा हम आए दिन देख रहे हैं। किसी को फूल भेंट करने की भी शक्ल बदल गई है और गुलदस्ते की जगह बहुत कम जीवन की अवधि के फूलों को देर तक सुरक्षित रखनेवाले सेलोफेन मंडित तैयारशुदा गुच्छों ने ले ली है। इनमें व्यक्तित्व भी नहीं है, व्यक्ति का स्पर्श भी नहीं है, सिर्फ एक व्यापारिक उपयोगिता है—इससे अधिक और कुछ है तो पैसे की धौंस है। ऐसे गुलदस्ते कोई केवल प्रेम के साधन से नहीं बना सकता, इसमें पैसा लगता है।

फूल को शक्ति के संसार में धकेलकर प्रवेश करनेवाली संस्कृति का एक चिन्ह गुलाब का फूल है। इस धक्के में जिस फूल को चोट आई है वह गेंदा है। बिना भारतीय संस्कृति की शास्त्रीय दुहाई दिए हुए गेंदा की वकालत की जा सकती है; यहाँ तक याद दिलाया जा सकता है कि गेंदा की इतनी किस्में हैं जितनी गुलाब की नहीं और गुलाब की जितनी किस्में हैं सब इत्र और अर्क बनाने के लिए उत्तम हैं सिवाय उनके जो सूखने के पहले कुम्हलाते ही बदबू देने लगती हैं मगर दिखावे के काम खूब आती हैं। पर यहाँ फूलों की किस्मों का जिक्र जरूरी नहीं है। बात तो स्मारक पर श्रद्धांजलि देने की है।

इससे मुझे एक पुरानी घटना याद आती है। आज से कोई दस साल पहले हमारे तत्कालीन राष्ट्रपति श्री संजीव रेड्डी रूस गए थे। वहाँ उन्होंने दूसरे महायुद्ध के शहीदों की मजारों पर श्रद्धांजलि चढ़ाई। लेनिन की समाधि पर भी गए। यह तो मुझे याद नहीं कि वहाँ उन्होंने फूलों का पहिया खड़ा किया या अंजुलि-भर फूल कुरै दिए। वैसा करना निश्चय ही अधिक भारतीय होता। पर एक और भारतीय काम हम लोग कर सकते हैं। अगर हमारे यहाँ कोई विदेशी राष्ट्रपति शहीदों के मजारों पर जाना चाहे तो उसे निराश न करें। पर कहाँ ले जाएँगे। स्वाधीनता संग्राम के शहीदों के स्मारक देश-भर में यहाँ-वहाँ बने हुए हैं पर शायद किसी को राष्ट्रीय दर्जा हासिल नहीं है। होता तो विदेशी अतिथियों को जरूर वहाँ ले जाता जाता। तो क्या बुरा ख्याल है कि 1947 में आजादी मिलने के बाद जो हिंदू-मुसलमान एक-दूसरे के हाथों मारे गए थे उनका एक राष्ट्रीय स्मारक बनाया जाए। विदेशी अतिथि वहाँ जाएँ तो जाएँ, न जाएँ तो न जाएँ। हम लोग जो उस हत्याकांड से बच गए हैं, वहाँ हो ही आया करें।

[*दिनमान,* 2 दिसंबर 1990]

राममंदिर तोड़ा गया

पत्रकारिता की भाषा में परिवर्तन आता रहा है यह तो सभी जानते हैं, पर पत्रकारिता की पढ़ाई करानेवाली संस्थाओं और पत्रकारिता विद्यालयों के लिए पाठ्य-पुस्तकें लिखनेवाले विद्वानों को अभी तक यह नहीं समझ में आया कि यह भाषा क्यों बदलती रही है। इसमें बदलाव समाजभाषा में बदलाव के साथ-साथ आता है पर समाजभाषा और पत्रकारिता की भाषा दोनों में बदलाव काव्यभाषा में बदलाव

के साथ जुड़ा चलता है। काव्यभाषा, अलंकारों के आधार पर नहीं, मानवीय संवेदनाओं को समृद्ध करने के साधनों के आधार पर निर्मित होती है। पर यहाँ इस विषय पर नहीं, पत्रकारिता की भाषा में इस काव्यभाषा के प्रतिबिंब के विषय पर बात की जा रही है। और इसमें भी विशेष रूप से हाल के सप्ताहों में छपी भाषा के एक नमूने पर अपने विचार रख रहा हूँ।

एक समाचार छपता है जिसका शीर्षक है 'अयोध्या में राममंदिर तोड़ा गया।' समाचार के शब्द पढ़ने पर कई घटनाओं का पता चलता है पर राममंदिर का कहीं नाम नहीं मिलता। शिलान्यास कुंड पर लगी छतरी का नाम आता है और शिलान्यास कुंड में रखी हुई किसी मूर्ति का उल्लेख होता है। पर मंदिर की संज्ञा का नहीं और उसके टूटने की क्रिया का भी नहीं। शिलान्यास कुंड में वास्तव में कोई मूर्ति कभी थी भी या नहीं, यह तथ्य भी विवादास्पद है। तब फिर दिखता है कि 'राममंदिर तोड़ा गया' नामक क्रिया का यथार्थ यह है कि मंदिर नहीं था, परंतु जब उसके टूटने की घटना को समाचार बनाना उद्देश्य हो तब उसके यथार्थ की सृष्टि उन खंड तथ्यों को जोड़कर कर ली जाए जो लिखनेवाले की कल्पना में मंदिर के चिन्ह हैं। इन चिन्हों को जोड़ने से केवल इस समाचार लेखक के पूर्वग्रह में मंदिर की सृष्टि होती है। वास्तविकता के किसी नैसर्गिक नियम के अधीन मंदिर का स्थापत्य नहीं खड़ा हो जाता।

अब हम लेखक की इच्छा को लेखक तक सीमित छोड़कर पाठक का पक्ष देखें। समाचार के शीर्षक में यह पढ़ते ही कि राममंदिर तोड़ा गया, पाठक पूछता है कौन-सा राममंदिर था जो तोड़ा गया। शिलान्यास स्थल को मंदिर मान लिया जाए तभी यह कथन अंशतः सत्य हो सकता है कि मंदिर तोड़ा गया क्योंकि शिलान्यास कुंड पर से छतरी हटा दी गई थी। पर यह मानना तर्कसंगत नहीं क्योंकि जिस मंदिर के निर्माण के लिए शिलान्यास किया गया था उसका अस्तित्व होता तो फिर शिलान्यास कुंड न होता और उस पर छतरी न होती बल्कि मंदिर होता। सब तरह से सिद्ध है कि वास्तविकता यह थी कि मंदिर कोई था ही नहीं जो तोड़ा जाता। जिस घटना की खबर दी गई वह यही थी कि शिलान्यास कुंड पर से छतरी हटा ली गई थी और जहाँ तक मूर्ति के हटाए जाने का प्रश्न है मूर्ति हटाया जाना भी उसके पहले से वहाँ होने पर निर्भर है और उसका वहाँ होना अनेक प्रमाणों के अनुसार संदिग्ध है। शिलान्यास स्थल पर मूर्ति स्थापना का कोई कर्मकांड नहीं विदित है।

इस शीर्षक की भाषा में भाषा के साथ बलात्कार किया गया है क्योंकि यह जिस बड़े यथार्थ का संक्षिप्त रूप है वह इस शीर्षक की व्याख्या करने से खुलकर सामने नहीं आता—वह केवल उसी पाठक के मन में नहीं आता है जो पहले से ही इस व्याख्या को जाने-पहचाने है और जिसे वास्तव में भाषा के द्वारा किसी यथार्थ से परिचय करने की आवश्यकता ही नहीं पड़नेवाली है। वह पाठक भाषा की जरूरत विचार को हृदयंगम करने के लिए नहीं मानता, केवल अपने पूर्वग्रहों को दूसरों पर थोपने के लिए उसका इस्तेमाल करता है। अपने अलावा दूसरे किसी को यथार्थ की समझ बनाने और बढ़ाने की अनुमति जो संस्कृति नहीं देती उसकी काव्यभाषा मानवविरोधी और दमनात्मक ही हो सकती है। इसी काव्यभाषा की उपज है यह व्यवहार भाषा जिसमें यह समाचार लिखा गया।

[*जनसत्ता*, 16 दिसंबर 1990]

जातिप्रथा की कसौटी

अंग्रेजी में लिखनेवाले बुद्धिजीवी लोग सोचते हैं कि जाति के बारे में बातचीत न करने से जातिप्रथा खत्म हो जाती है।'

यह वाक्य समाजवादी आंदोलन के अग्रणी नेता किशन पटनायक का है और यहाँ 'सामयिक वार्ता' नामक प्रसिद्ध मासिक पत्र से उद्धृत किया जा रहा है जिसका किशनजी संपादन करते हैं। परंतु यह एक वाक्य उद्धृत करने का कारण यह है कि इस वाक्य में हमारे बौद्धिक पतन और पाखंड का सारांश छिपा हुआ है। समाज के, विशेष रूप से बहुमत के बल से संपन्न हिंदू समाज के मन में अपने को पहचानने की प्राचीन भारतीय परंपरा का अर्थ आत्ममंथन करना नहीं, केवल गर्व से यह कहना रह गया है कि हम हिंदू हैं। 'सामयिक वार्ता' के संपादकीय से कुछ बातें और पढ़ने लायक हैं। इनसे अपने को बदलने की प्रेरणा मिलती है। जैसे—

'जातिप्रथा खत्म हो रही है या जमी हुई है, इसके बारे में जिसको संदेह है वह दो कसौटियों पर आसपास की जाँच कर ले (1) शिक्षित आदमी की मित्रमंडली में कितनी जातियों के लोग हैं? ऐसे दोस्त जो घर में जाकर खाना भी खाते हैं या परिवार के लोगों के साथ घुलमिल जाते हैं, सिर्फ दो या तीन जातियों के होते हैं—अपनी जाति के ठीक ऊपर की एक-दो जाति या ठीक नीचे की एक-दो जाति—इसी दायरे में 99 प्रतिशत शिक्षित लोगों की दोस्तमंडली सीमित रहती है। (2) भारत के कितने गाँवों में एक कुएँ से द्विज और हरिजन मिलकर पानी लेते हैं? क्या पाँच प्रतिशत भी गाँव ऐसे हैं?

किशन पटनायक के ये विचार पढ़कर एकसाथ बहुत-सी बातें समझ में आने लगीं। कुछ समय से देख रहा हूँ कि कुछ जाने-पहचाने लेखकों के नामों में एकाएक उनका जातिसूचक विशेषण प्रकट हो गया है। कमलेशजी कमलेश शुक्ल हो गए हैं या स्व. सोमदत्तजी सोमदत्त गर्ग हो गए थे। क्यों उन्हें एकाएक अपनी पहचान अधूरी जान पड़ने लगी जबकि अपने कृतित्व के बूते उनकी अस्मिता प्रकट हो चुकी थी? मुझे यह भी याद आया कि यह घटना इस समय चाहे कुछ व्यापारियों के मन में अपने और समाज के परस्पर संबंध को अपने-आप नए ढंग से बताने की घटना हो, परंतु इसके पीछे एक समय एक निश्चित उद्देश्य था। खुशवंत सिंह नामक एक संपादक ने अपनी साप्ताहिक पत्रिका में भारत की विभिन्न जातियों के नामी आदमियों का सचित्र परिचय छापना शुरू किया था और हर सप्ताह पाठकों को बताया जा रहा था कि अमुक रससिद्ध वादक या गायक या विचारक वास्तव में अमुक जाति का सदस्य है : इन्हीं संपादक की विद्या या विचार के जातिगत टुकड़े करने वाली पत्रकारिता की बदौलत मुझे पहली बार ज्ञात हुआ कि रविशंकर जिन्हें मैं अपने चारों ओर की जातियों से ऊपर 'कलाकार' की जाति का सदस्य मानता था, और कुछ नहीं केवल रविशंकर मुखर्जी हैं। रविशंकर मुखर्जी या भट्टाचार्जी होना मेरे लिए तब भी निरर्थक था, अब भी है। पर तब भी मुझे अपमान लगा था कि मुझे यह सूचना देने की टुच्ची हरकत खुशवंत सिंह ने क्यों की जबकि रविशंकर ने अपने सितार में एक बार भी 'मुखर्जी-मुखर्जी' नहीं बजाया था।

किशन पटनायक ने जातिप्रथा के जमी रहने या खत्म होते जाने की एक कसौटी यह बताई है कि शिक्षित आदमी की मित्रमंडली में कितनी जातियों के लोग हैं। यह कसौटी उन्होंने यह सोच कर रखी है कि 60 प्रतिशत शिक्षितों का कोई न कोई मित्र अपनी जाति के बाहर ही होता है। इस कसौटी पर वास्तविकता को कसते ही मुझे हिंदू-मुसलमान रिश्तों के बारे में वह बहस भी याद आई जो कुछ दिन पहले कुछ साहित्यकारों ने साहित्य अकादमी की पत्रिका 'समकालीन साहित्य' में उठाई थी। बहस यह थी कि हिंदी में कथा-कहानी आदि में मुसलमान पात्रों का कोई विशेष स्थान नहीं है तो क्यों? मैं सोचने लगा कि क्या इस प्रश्न का उत्तर यह है कि हिंदू लेखकों के घर मुसलमानों का आना-जाना नहीं होता है। मगर गौर किया तो समझ में आया कि घर ही क्यों कहीं भी मुसलमानों का आना-जाना इस तरह नहीं होता है कि घर के आदमी के आने-जाने जैसा लगे। एक तरह का हिंदू सजग रहता है कि वह देखो मुसलमान जा रहा है। फिर भी एक और तरह का हिंदू है जो मुसलमान को वस्तु नहीं व्यक्ति मानता है और उसके लिए कथा-कहानी का पात्र होना व्यक्ति के

एक नया मनुष्य होने पर निर्भर है, हिंदू या मुसलमान होने पर नहीं। साहित्यकारों की उस बहस में सुना है किसी ने स्वीकार किया कि यह पतन का लक्षण है कि हिंदू लेखक मुसलमान पात्रों का चित्रण नहीं करते। पतन का लक्षण तो वास्तव में यह है कि हिंदू लेखक और मुसलमान लेखक इस विषय पर बहस कर रहे हैं जबकि नई सभ्यता, नई संस्कृति, नए समाज और नई भाषा की समझ फैलानेवाला साहित्य किसी ऐसे मुसलमान या किसी ऐसे हिंदू को स्वीकार नहीं करता जिसकी बस यही पहचान है। मेरे लिए यह एक अजब-सी बात है कि हम हिंदुओं या मुसलमानों को उनके मजहब का विज्ञापन करने के लिए साहित्य में लाएँ। पर साहित्य के साथ सत्ता के तंत्रों का संबंध इंसानों को बदलनेवाली भाषा से नहीं बल्कि खानों में बाँटने और बिक्री के लिए पैकेटबंद करनेवाली भाषा से बनता है। इसलिए यह बहस उन साहित्यकारों के मतलब की है जो भाषा, साहित्य और मनुष्य का यही इस्तेमाल करना चाहते हैं।

जो हो, यह यथार्थ है कि हम-से वे लोग जो एक विशाल बहुमत की छत्रछाया में अपने को सुरक्षित समझते हैं और अपनी भाषा के माध्यम से समाज से संबंध बनाने के दायित्व से अपने को मुक्त रखे हुए हैं—यही मानते रहेंगे और अंग्रेजी में या उस हिंदी में जो वास्तव में अंग्रेजी का काम कर रही है, लिखते रहेंगे कि जातिप्रथा खत्म हो रही है। अंततः यह पतन और पाखंड हमारे समाज में एक ऐसे गर्व को जन्म देगा जिसका कोई लोकतंत्रीय आधार नहीं होगा, सिवाय सर्वसत्तावाद के।

[*जनसत्ता*, रघुवीर सहाय की जिंदगी के अंतिम दिन प्रकाशित टिप्पणी। 30 दिसंबर 1990]

सिनेमा
दूरदर्शन
रेडियो

फिल्म का आरंभ

कुछ दिन हुए, एक फिल्म देखी थी जिसमें एक युवा दम्पति के प्रेम के अनुभव की कहानी थी। दोनों तंदुरुस्त, जबर्दस्त तरीके से तंदुरुस्त थे—इतने कि जब खेल छूटा तो पूरे सिनेमाघर में एक भी जोड़ा उतना खाया-पिया नहीं दिखा बल्कि ज्यादातर लोग तो अत्यंत निर्बल और निस्तेज दीखने लगे। वैसे ही वे थे भी। वे एक तगड़े और सफल मनुष्य की खोज में सिनेमा गये थे। और वह मय शानशौकत और औरत के उन्हें परदे पर पसरा हुआ मिला।

इस फिल्म में प्रेम की समस्या का आधार यह है कि पति को पत्नी के लिए समय नहीं है। चाय, खाना वगैरह के लिए पति का ज़रूरतन जो सम्पर्क हो सकता था, वह नौकरों से होता है। घर में कोई बच्चा नहीं है और बच्चा वह स्त्री चाहती है।

समस्या बहुत विशिष्ट किस्म की है। पर इसकी कोई तो गहराई होगी जहाँ जाकर वह तमाम औरतों और आदमियों की समस्या के रूप में पहचानी जा सके? फिल्म का पति बड़े ऊँचे ओहदे पर है। उसका घर एक महल की तरह आरामदेह सामान और 4 नौकरों से लैस है जिसमें से एक नौकर तो उस घर को जीवनदान ही किए हुए है। वे पति भी जो क्लर्की करते हैं उन पत्नियों को समय नहीं दे पाते हैं जो एक कोठरी में खाती-पकाती और सोती रहती हैं। क्या इन घरों में पति के समय न दे पाने से जो होता है वह भी फिल्म की कहानी में शामिल है?

बिलकुल नहीं; बड़े, चौड़े घर के मुकाबले एक कोठरी के घर में कहीं अधिक हिंसा घटती है। उसमें समय न दे पाना कहीं अधिक निर्मम और दे पाना कहीं अधिक नीरस हो जाता है।

फिल्म को जो मकान दिखा रही थी उसका ऐश्वर्य देखकर पहले तो मुझे आतंक का अनुभव हुआ, फिर उपेक्षा का—मकान से नहीं, उसमें रहनेवालों से। मकान को तो बाद में अपने में एक सुंदर वस्तु मानकर मैं एक-एक दृश्य के साथ सराहने लगा। थोड़ी देर में केवल मकान देख रहा था, व्यक्ति नहीं और व्यक्ति परदे पर एक तरह आ रहे थे जैसे मकान के चलते-फिरते फर्नीचर हों।

क्या यह अभीष्ट था? शायद हाँ। दूसरा कोई तरीका ही न था जिससे दम्पति की समस्या को मेरे जैसे तमाम मामूली हैसियत के फिल्मदर्शकों के गले उतारा जाए। मालूम हुआ एक नयी फिल्मशैली है कि एक पोच समस्या लो, दर्शक को ठोस ऐश्वर्य का आतंक दिखाकर मजबूर करो कि उस पोच समस्या को ठोस मान ले। पुरानी शैली से अंतर यह है कि इसमें सारा फर्नीचर नया होता है।

तो एक दिन फिल्म की पत्नी नौकरों को हटा देती है। अब वह खाना पकाकर और खिलाकर पति का प्यार पाएगी। जैसे कोठरी में रहनेवाली औरत पाती है : पाती क्या है, वह पकाती जाती है, प्यार पाए या न पाए। और पकाते-खिलाते, तीमारदारी करते अंत में वह फिल्म यानी पति को पूछते हुए पाती है कि लड़का या लड़की? और तब उसका जीवन सफल हो जाता है। मालूम हुआ कि इतने दौलतमंद घर की मालकिन होकर भी उस पत्नी को वही औरत बनना है जैसे फिल्म उससे कह रही हो कि दौलत से क्या होता है, हो तो आखिर औरत ही न। तुम्हारी जिंदगी में ऐसा कुछ नहीं हो सकता जिससे तुम अपने व्यक्तित्व को पूर्ण कर सको सिवाय उसके जो तुम्हारे पति द्वारा

होता है—बल्कि शायद फिल्मकार यह भी कहना चाह रहा है कि जितने समृद्ध लोग हैं उन्हें इस मसले में दकियानूस होना ही चाहिए नहीं तो दकियानूसी कहाँ रहेगी।

इस फिल्म में और भी बहुत-सी बातें हैं जिससे गुस्सा आता है पर मैं फिल्म की समीक्षा का अधिकारी नहीं हूँ इसलिए समीक्षक जैसे समझाएँगे वैसा ही मान लूँगा। अभी तो मैं कोठरीवाली बीवी और बम्बई के महलनुमा कोठेवाली बीवी की तुलना कर रहा हूँ। दोनों की समस्याओं में शायद एक अंतर और भी है : बच्चे महल में नहीं थे पर कोठरी में ज़रूर होंगे। और यह भी संभव है कि वे पति-पत्नी के बीच के प्रेम के शून्य को कम और कोठरी को ज्यादा भर रहे हों। परंतु फिल्म के महल में सिर्फ एक बच्चा चाहिए और प्रेम का अनुभव भरपूर हो जाएगा। लड़का और लड़की दोनों हों तो भी कोई हर्ज नहीं, उससे घर की गरीबी नहीं बढ़ेगी। फिल्म कहती है कि दौलत कमाने के सिलसिले में अपनी बीवी को इतना मत भूल जाओ कि उसे एक बच्चा भी न दो। जाओ, दो, और जीवन सुखी होगा।

यह फिल्म देखने के दूसरे दिन मैंने नयी दिल्ली के शानदार ताकतवर अंग्रेजी दैनिक 'स्टेट्समैन' के 25 जून के अंक में एक लेख पढ़ा, जिसमें लिखा था :

"1969 में अनुमानतः दस लाख बच्चे भूखे और बेसहारा थे। 1979 में और भी होंगे क्योंकि परिवार नियोजन उन (गरीब) वर्गों में नहीं पहुँचा है जहाँ प्रजनन अबाध और अमंद गति से जारी है। पुंसत्व और स्वामित्व के विषय में गरीब लोग कोई एतराज सुनना नहीं चाहते"..."यदि भारत में गर्भपात विधेयक बर्दाश्त किया जा सकता है जो शायद प्रत्येक धर्मनीति के प्रतिकूल है तो समाज के उन वर्गों की अनिवार्यता बधिया कर देने का कानून क्यों नहीं बनाया जा सकता जो गरीबी में सबसे अधिक योग देते हैं? यदि 'गरीबी हटाओ' निरा नारा नहीं है तो यह भी करना ही होगा।"

[*दिनमान*, 23 जुलाई 1972]

सेंसर—प्रेम की कैंची

केंद्र सरकार ने फिल्म सेंसर मंडल को कड़ा आदेश दिया है कि फिल्मों में हिंसा और अश्लीलता के चित्रण मंजूर करने से पहले उनकी 'और कड़ाई से जाँच' किया करे। इस आदेश का जितना स्वागत किया जाए उतना कम है। फिल्म उद्योग पैसा कमाने की होड़ में अपने को धकेलकर इतने नीचे ले आया है कि उसको कम-से-कम और नीचे न जाने देने की कोशिश सेंसर मंडल को करनी ही चाहिए। परंतु "और कड़ाई से जाँच" का आदेश दे देना जितना आसान है, जाँच उतनी आसान नहीं—क्योंकि केवल पैसा ही नहीं है जो फिल्म उद्योग को अपना माल और अधिक गोरे गोश्त और ताजे खून से रँगने-चुगने पर बाध्य करता है : सामाजिक मूल्यों की एक संहिता भी है जिसमें उसकी आस्था है और जिसके कारण एक-दूसरे से जुड़ी कई मान्यताएँ प्रचारित करता रहता है। सम्भ्रांत बुद्धिजीवी इस प्रचार की उपेक्षा करते हैं : यह इतना सूक्ष्म और साथ ही प्रकटतः इतना विशृंखल है कि उन्हें या तो यह दिखाई नहीं पड़ता या वे उसे निर्बल जानकर छोड़ देते हैं। परंतु यह कस्बों में, जहाँ एक ओर खँडहर और दूसरी ओर कपड़ों की दूकानें बढ़ रही हैं, प्रेम और घृणा के विकृत रूपों और उनके पोषक पतनशील सामाजिक संबंधों को एक ज़बर्दस्त हाथ से ठेलकर असहाय दिमागों में उतार रहा है। यह प्रचार योजना इतनी विशृंखल नहीं है जितनी दीखती है। इसके अधीन गरीबी ऐसे दिखाई जाती है जैसे वह हमारी सामाजिक व्यवस्था की एक उपज नहीं, कोई आकस्मिक संकट है जो किसी भावनासमृद्ध वर्ग के लड़कों पर आ पड़ा करता है। ऐसे संकट से निस्तार नहीं होता जब तक कि

समृद्ध वर्ग के सहचर गुंडों में से कोई एक भला गुंडा आकर हिंसापूर्वक दुष्टों का दमन न करे। ऐसे दृश्यों में हत्यारी पिटाई इतनी देर तक जारी रखी जाती है कि अपनी छोटी-छोटी असुरक्षाओं से घिरा दर्शक दहलते-दहलते सुन्न पड़ जाए : एकसाथ यह मान ले कि इतनी बर्बरता उचित और इतनी शारीरिक शक्ति सम्भव है और उसका यह ज्ञान कि यह सब भाड़े के अभिनेताओं की एवजी है, उसे नायक-खलनायक दोनों की अतिमानवता के प्रति बजाय अविश्वास के, श्रद्धा दे जाए—वे इतने महान् हैं कि खुद मारपीट का शारीरिक परिश्रम नहीं करते। अंत में दोनों एक ही विजेता रहते हैं। जो धराशायी हो रहता है वह भी मानो एक समझौते के अधीन लोट जाता है। ताकत दोनों में बराबर ही है क्योंकि आखिरकार दोनों एक ही शक्तिसम्पन्न वर्ग के अंश हैं—शोषित वर्ग के किसी व्यक्ति को किसी फिल्म में समृद्ध अत्याचारी को पीटकर जमीन सुँघाते दिखाया गया हो तो वह कोई अदृश्य फिल्म ही होगी।

भीड़ों को हमेशा उपभोक्ता बनाए रखने के तर्क में चलनेवाला सबसे बड़ा उपभोक्ता उद्योग फिल्म है। साबुन के विज्ञापन के लिए जो छोटी फिल्में बनती हैं, वे बड़ी कथा फिल्मों की अपेक्षा कहीं अधिक निरीह हैं। वे "लेना हो लो, न लेना हो न लो" के सिद्धांत पर चलती हैं। परंतु जिन फिल्मों में हिंसा और अश्लीलता निकाल फेंकने की कोशिश सदाशय सेंसर मंडल करेगा उनमें प्रायः प्रत्येक सामान और व्यक्ति एक ललचानेवाली उपभोग्य सामग्री बनाकर रखा जाता है जिसे लेना एक ज़रूरत नहीं एक स्वप्न है। मकान शान-शौकत के आदर्श होते हैं, व्यक्ति रूप और स्वास्थ्य के। इसी परिवेश में स्त्री को स्थायी रूप से रूपसी दासी का दर्जा देकर उसके दासत्व को तरह-तरह से सम्माननीय बनाने का प्रयत्न होता रहता है। नर-नारी समता के विचार का जब-तब मखौल उड़ाना तो एक छोटी बात है, बड़े पैमाने पर यह उद्योग स्त्री को स्त्री के अपने हित में एक महँगी और विशिष्ट सामग्री बनने की प्रेरणा दिया करता है। स्त्री-पुरुष संबंध के प्रति यह मान्यता भी उसी सामाजिक मूल्य का अंग है जिसमें हिंसा (स्त्री को जीतने के लिए भी) वरेण्य होती है। ऐसी स्थिति में अश्लीलता की कड़ाई से माप सेंसर मंडल शायद अधिक-से-अधिक कपड़ा नापने के फीते से ही कर सकेगा। औरत के प्रति हमारे सत्तासम्पन्न वर्ग की दृष्टि मूलतः अश्लील है, यह बात कैंची चलाकर सेंसर मंडल फिल्म बनानेवालों के दिमाग में बैठा सकेगा इसमें बहुत संदेह है।

पूरे सामाजिक ढाँचे में आज समूहों के आपसी संबंध पैसे और ताकत के भयंकर एकाधिकार के परिणाम में तनाव से कसमसा रहे हैं। जहाँ-तहाँ ताकतवर लोग न्यायव्यवस्था के मालिक बनकर हिंसा का बेधड़क इस्तेमाल कर रहे हैं। सबके ऊपर दिन-प्रतिदिन संगठित हिंसा का साधक बनता जा रहा है। राज्य के हाथ में लाठी और बंदूक हिंसा को एक आतंककारी प्रतिष्ठा दे रही है। इस फिल्म उद्योग से आशा करना कि वह इस हिंसा को प्रदर्शित करके जनसाधारण में हिंसा के विरुद्ध अस्वीकार फैलाने की कभी इच्छा करेगा, उसे आत्महत्या करने का निमंत्रण देना होगा। वह राज्य की शक्ति का एकसाथ सबसे बड़ा प्रतिद्वंद्वी और मित्र है और जनसाधारण को एकरूप करने में अपने साधनों को अप्रत्यक्ष रूप से सत्ता की राजनीति के हित में प्रयोग करता है। और मनुष्य की समस्या को बम्बई का फिल्मी गीत और दिल्ली का राजनीतिक भाषण जिस स्तर पर टोहता है वह एक ही समान सरलीकृत और सलोतर है, यह बात अब किसी से छिपी नहीं रही।

तो भी सेंसर मंडल को हमारी शुभकामनाएँ पहुँचें। जरा कड़े हाथ से काम लेने पर फिल्मों का घिनौनापन तो दूर किया ही जा सकता है, जरा पैने दिमाग से काम लेने पर शायद उनमें से कुछ अयथार्थ सुंदरताओं को भी काट फेंका जा सके जिनके बिना जीवन अधिक सुंदर हो सकता है।

[*दिनमान*, 25 जुलाई 1973]

माफिया को मत छेड़ना

फिल्म के माध्यम को मैंने हमेशा एक चुनौती माना है। छोटी उम्र में सोचता था कि अशोक कुमार की तरह गाना और बैठना-उठना चाहिए। कुछ और बड़े होने पर मानने लगा कि कुछ दृश्य अच्छे लगते हैं, कुछ में फिजूल की भरती होती है : घटिया और बढ़िया की पहचान होनी चाहिए। यह चुनौती बहुत जल्दी अपनी शक्ल बदलकर, यह सवाल बन गयी कि कुछ फिल्में असलियत को बनावटी बनाकर क्यों दिखाती हैं।

फिल्म का यह वर्तमान सामाजिक चरित्र राजनीति के वर्तमान सामाजिक चरित्र के समान है। समान नहीं, समानांतर है। फिल्म और राजनीति दोनों में एक समतुल्यता है। दोनों विराट जनसमुदायों से नाता जोड़ती हैं, पर राजनीति जब सत्य के लिए जीवन की सामाजिक व्याख्या करना बंद कर देती है, तो फिल्म जीवन की सामाजिक व्याख्या अपनी शर्तों पर करने लगती है। और सत्य की शर्तें अनिवार्य नहीं रहतीं। एक सिरे से 'अंकुर', 'निशांत', 'आक्रोश', 'सुबह', 'मंडी', 'अर्द्धसत्य', 'इनक्लाब' जैसी इधर की नयी फिल्में प्रकट और परोक्ष हिंसाओं की स्वीकृति को बढ़ावा देती और बड़े पैमाने पर 'सामाजिक उद्देश्य' से युक्त मान ली जाती हैं, क्योंकि बड़े पैमाने पर सामाजिक उद्देश्य की चेतना राजनीति के सत्ताधारी और प्रतिपक्षी दोनों वर्गों ने फैलाना बंद कर दिया है।

हिंसा ही परिवर्तन का साधन मान ली गयी है। ये परिवर्तन हताश समाज को एक सनसनी देते हैं और वही फिल्म की बिक्री का कारण बनती है। इसके समानांतर सरकारी पक्ष से बड़े सूक्ष्म ढंग से निराशा फैलाई जा रही है और बीच-बीच में आशा की फुलझड़ियाँ छुड़ा दी जाती हैं, जैसे एशियाड, क्रिकेट में जीत...और अब अंतरिक्ष में हिंदी। (रत्नाकर या सुधाकर किसी पांडे ने इन्दिराजी का जो गुणगान किया है, उसमें अंतरिक्ष के भारतीय कार्यक्रम की नहीं, एक भारतीय अंतरिक्ष यात्री की भी नहीं, हिंदी की प्रशंसा की है, क्योंकि वह अंतरिक्ष में बोली गई और भारत में सुनाई पड़ी) सरकारी निराशा प्रचार के बावजूद एक सहज मानवीय हितैषिता से जनसाधारण यथार्थ का अर्थ लगा लेते हैं, पर यह जरूरी नहीं होता कि वह समाज और परम्परा को आगे बढ़ानेवाली व्याख्या हो। यदि ऐसे ही सहज अनुभव से लोग हमेशा न्याय और सत्य को पा लिया करते, तो न तो समाज में कोई दुर्गुण रह जाते, न समाज सुधार, परिवर्तन या क्रांति (जो चाहें) के लिए संगठन की जरूरत रह जाती।

आज की राजनीतिक स्थिति ऐसी सकारात्मक दिशा देनेवाली पहल करने में असमर्थ हो गई है। राजनीति असमर्थ नहीं हो गई है, आज की राजनीति हो गई है। उसका क्षेत्र खाली देखकर जनसम्पर्क का दूसरा माध्यम, कैमरे के कमाल से लेकर बंदूक के कमाल तक जिसके साधन बनते हैं, सामाजिक चेतना के अपने संरक्षकों के हितों की सेवा में अर्पित हो रहा है। इस सेवा का मेवा उन संरक्षकों को तो मिलता ही है, उन संरक्षकों के संरक्षकों को और दोनों के सेवकों को भी मिलता है। यह घटना विशेष रूप से उल्लेखनीय इसलिए है कि आज की राजनीति में सभी संगठित दल या वे बुद्धिजीवी समूह, जो चोरी-छिपे सत्ताधारी अथवा सत्ताधारी से मिले हुए दलों से जुड़े हैं, प्रचार माध्यमों के जन-विरोधी राजनीतिक उद्देश्यों को छिपाते हैं और बहस कीजिए, तो उनके पक्ष में दलीलें देने को भी तैयार हो जाते हैं। उदाहरण के लिए एक सज्जन ने मुझसे एक लंबी बहस यह साबित करने के इरादे से की कि 'अर्द्धसत्य' में यथार्थ को थोड़ा ही सही, उभारा तो गया है और 'हमारी लड़ाई' के लिए यह रणनीति जरूरी है कि अगर थोड़ी भी सच्चाई सामने दिखायी जा सके, तो हम उसकी तारीफ करें। मेरा तर्क यह था कि यह 'हमारी लड़ाई' नहीं, पुलिस और जनसाधारण के बीच की लड़ाई है जिसे बड़ी चालाकी से निर्देशक कथाकार ने बदलकर राजनीतिक सत्ताधारी और गुंडों की लड़ाई का आभास बना दिया है, जबकि नायक का वीरत्व और पौरुष सिर्फ बहुत लाचार छुटभइयों को बात-बात पर बेरहमी से डंडा और झापड़ मारने (और तीसरे दरजे के तरीके अपनाने से उसे कौन

रोक सकता है, यह और बात है कि वे दिखाए न गए हों) तक सीमित है। जब नायक बेशर्मी के साथ स्वीकार करता है कि उसने पिटाई इतनी सावधानी से की थी कि चोट के निशान न पता चलें, पर वह पकड़ा गया, तो निर्देशक को आशा है कि तब तक दर्शक हिंसा को पुलिस का धर्म-कर्म मान चुके होंगे और वे इन्स्पेक्टर को हिंसा में सावधानी बरतने पर भी सजा मिलने का मन ही मन विरोध कर रहे होंगे। वास्तव में गुंडों (माफिया) को या राजनीतिक सत्ताधारियों को कहीं भी सजा मिलना दिखाया तो दूर, सुझाया भी नहीं जाता।

यह फिल्म जनसाधारण पर पुलिस, माफिया और भ्रष्ट राजनीतिक नेता तीनों के आक्रमण की कहानी है, जिसमें माफिया और राजनीतिक नेता जीतते हैं, पुलिस को यह विजय-प्रतिष्ठा नहीं मिलती पर दूसरे दरजे का लाभ यानी सहानुभूति वह पा लेती है। उसकी कार्यकुशलता को प्रमाणपत्र दे दिया जाता है कि वह सारे समाज को बेहतर बनाकर रख देगी। बशर्ते राजनीतिक नेता अड़ंगा न लगाएँ।

आज स्थिति बदल गयी है। तब फिल्म राजनीति की सिर्फ सेवा कर रही थी। आज सेवा भी कर रही है, टक्कर भी ले रही है। 'अर्द्धसत्य' अपने राजनीतिक संरक्षकों से कह सकती है कि आपके अनुसार पुलिस को एक आदर्श सिखाने के लिए हमने फिल्म बनायी। पुलिस से कह सकती है कि राजनीतिकों की पोल खोलने के लिए बनायी और जनता से कह सकती है कि तुम्हारे दस-पाँच झापड़ लगा दिए, तो क्या, पुलिस और राजनीति की पोल तो खोल दी। हाँ, माफिया को मत छेड़ना।

[*रविवार*]

आम आदमी सुंदर है

आम आदमी के बारे में लेखक हमेशा एक अजब तरह के अस्वस्थ भाव में जीता है। माने हमारा मध्यवर्गीय लेखक। इस भाव से सहज मुक्ति होने पर ही वह सचमुच कुछ अच्छा लिख सकता है। उदाहरण के लिए प्रेमचंद लिखते थे, तो उन्हें बताना नहीं पड़ता था कि यह आम आदमी के बारे में लिख रहा हूँ। रवींद्रनाथ ठाकुर से महादेवी वर्मा से होते हुए कमलेश्वर को छूते हुए आज के जनवादी तक सबको यह बताने की फिक्र है कि आम आदमी मेरे साहित्य का विषय है और दबी जबान यह भी कह देते हैं कि वही मेरा पाठक भी है। यह दूसरी वाली बात लेखक की ईमानदारी पर शक किए बिना भी विवादास्पद लगती है। माने आज लगती है।

ओमपुरी को सिनेमा में इनाम मिलते ही हल्ला मच गया है कि आ गया...आम आदमी...साधारण चेहरा आ गया। 'आ ही नहीं गया, असल बात यह है कि आते ही खास चेहरा भी बन गया' कहनेवालों का 'खास चेहरा' से मतलब 'बड़े आदमी का चेहरा' नहीं होगा, मानते हैं, 'अच्छे कलाकार का चेहरा' ही होगा, पर विडम्बना यह है कि फिल्म उद्योग उसे दूसरे अर्थ में 'खास चेहरा' बनाने पर तुला हुआ है और यह ओमपुरी भी जानते हैं कि उन्हें अपने इस बेजा इस्तेमाल के विरुद्ध संघर्ष करना है। कई शुभैषी समीक्षकों ने 'आम आदमी का चेहरा' फिल्म में आने पर ऐसी किलकारी मारी है कि पूछने का मन होता है कि इस चेहरे में 'आम' क्या है! पूछो, तो जवाब मिलेगा : 'चेचक के दाग'। जवाब होना चाहिए : ओमपुरी का अपने परिश्रम और प्रतिभा के बूते अपना लोहा मनवा लेना।

असल में यही आम आदमी की पहचान है। हर जगह पैसा, रिश्तेदारी और व्यावसायिक-राजनीतिक इजारेदारी के मुकाबले एक साधारण हैसियत के घर का लड़का धौंस पर जीनेवाले तमाम उम्मीदवारों को पछाड़ देता है, यह खबर है। यह खबर नहीं है कि आम आदमी के चेहरे को बड़ी इज्जत मिल गयी। अव्वल तो यह मिल नहीं गयी है : ओमपुरी ने अपनी चीज चोरों के हाथ से छीनकर वापस

ले ली है। दूसरे, ओमपुरी की विजय का श्रेय फिल्मोद्योग को दिया जा रहा है, यह अन्याय है—और दोहरा अन्याय है, क्योंकि जिस नये फिल्मोद्योग ने पुराने के साथ टक्कर लेने के सिलसिले में ओमपुरी को मौका दिया है, वह भी दर्शकों को दगा देता रहता है। जैसे 'आक्रोश' में और 'अर्द्धसत्य' में दिया : यथार्थ को दिखाकर—यथास्थिति का समर्थन किया है, मानो स्त्री के शरीर का व्यापारिक इस्तेमाल करनेवाला कोई विज्ञापनदाता अभिजात स्त्री के नहीं, गरीब स्त्री के शरीर का विज्ञापन करके अपने को यथार्थवादी, क्रान्तिकारी बनाए (उसकी शर्त फिर भी यह रहेगी कि गरीब तो हो, मगर काम्य हो)।

ओमपुरी के साथ हो रहे इस अन्याय का एक तीसरा पक्ष भी है, जो उनके प्रशंसकों की निगाह में आना चाहिए : उन्हें समझना चाहिए कि सुंदरता की परिभाषा बदलना जरूरी है, मगर फिल्म उद्योग में यह नहीं हो रहा है : हो यह रहा है कि सुंदरता को वस्तु बनाया जा रहा है। जैसे शबाना आजमी को जब फिल्म में लिया गया, तो उसे एक गरीब औरत पर यौन आक्रमण की वस्तु बनाया गया, जिससे वह सुंदरता की जो शक्ल चुक गयी थी, उसकी जगह एक नयी वस्तु दिखाई दे। इस अभिनेत्री की उत्तम अभिनय प्रतिभा को स्त्री-पुरुष के संबंध में बली वर्ग की महिमा सिद्ध करने के काम लाया गया। जो स्त्री बली वर्ग में भी सुंदर मानी जाती है, उसे भी अकसर कुछ फिल्मों में यौन राजनीति में शोषण का शिकार बनाया जाता है, पर उन फिल्मों में इस बात का ध्यान रखा जाता है कि स्त्री को उसी श्रेष्ठ वर्ग की सदस्या होने का भ्रम दिलाया जाए और पुरुष को भ्रम में रखा जाए कि यह निचले वर्ग की है। न जाने कितनी फिल्मों में यह भ्रम पैदा करने के लिए आदिवासी, कबाइली, मजदूरिन आदिवासियों को रूपसी दिखाया जाता है कि दर्शक उन पर हुए अत्याचार में रस लेता है, पर कथा में स्त्री को जिस वर्ग की बताया गया है, उस वर्ग से अपने को कभी जोड़ नहीं पाता।

आम आदमी का चेहरा जीवन में वास्तविक शोषण का शिकार है—औरत का हो या आदमी का। फिल्मोद्योग में उसका इस्तेमाल करनेवाले को वह शोषण भी दिखाना पड़ेगा, तब माना जाएगा कि उस चेहरे को वास्तव में स्थान मिला है। बात यह है कि यह ओमपुरी को पुरस्कार मिलना ओमपुरी की अभिनय प्रतिभा का चमत्कार है और इस प्रतिभा के आगे अपने न्यस्त स्वार्थों के परास्त हो जाने की खीज छिपाने के लिए ओमपुरी के साथ उसी तरह की सहानुभूति दिखाई जा रही है, जैसे अपंग लोगों के साथ शरीर से सम्पन्न लोग अपंगों की दौड़ करवाके पुरस्कार देते समय दिखाते हैं। वे अपंगों को पुरस्कार देकर अपंग को समाज का अभिन्न अंश नहीं स्वीकार करते, अपनी दयाशीलता का श्रेय लेते हैं।

फिल्मोद्योग के मन में यह बात बैठी हुई रही है कि हर चेहरे से उसे सरोकार नहीं है, सिर्फ विशिष्ट चेहरों से है। पात्र चुनते समय वह मान लेता है कि कुछ साँचे में ढले चेहरे ही वह जीवन जीते हैं, जो फिल्मों में एक नकली आकर्षक दुनिया का जीवन है। इसीलिए उसकी नजर में साधारण तौर पर हर आदमी बदसूरत है। सिर्फ अमीर लोग खूबसूरत हैं।

ओमपुरी ने जो पुरस्कार जीता है, उसका अर्थ यह है कि एक कलाकार ने कला पर बहुत बड़ा दबाव डाला दिया है कि गोरे चेहरों को काला रंग पोतकर आदिवासी न बनाया जाए, और जो चेहरा गोरे प्रतिमानों के अनुसार सुंदर नहीं है, उसे निचले वर्ग का चरित्र बनाकर फिल्म में इस्तेमाल न किया जाए।

[*रविवार*]

फिल्म अभिनेता के काम पर एक बहस

अमिताभ बच्चन ने दूरदर्शन के एक साक्षात्कार में एक बड़ी जरूरी बात की तरफ ध्यान दिलाया है। बात यह है कि फिल्मों में प्रतिदिन कई-कई बार भावुक प्रसंगों के अभिनय के लिए अपने को तैयार करते हुए फिल्म अभिनेता क्या जीवन के प्रति एक ही तरह की प्रतिक्रिया के चक्र में नहीं पड़ने लगता है? क्या आकस्मिक और वास्तविक घटनाओं के लिए उसके मन में कोई स्थान रह जाता है? उन्होंने उदाहरण दिया था : जब मुझे किसी दृश्य (जैसे किसी संबंधी की मृत्यु) में गहरी पीड़ा दिखानी होती है, तो मैं स्मरण करता हूँ कि ऐसे ही किसी प्रसंग में मैंने क्या अनुभव किया था। तब मैं मृतक के स्थान पर अपने किसी निजी संबंधी को रखकर उस अनुभव की स्मृति जगाता हूँ; परंतु वास्तविक जीवन में यदि मुझे किसी मृत्यु का सामना करना पड़े तो शायद मेरी प्रतिक्रिया वही नहीं होगी, क्योंकि वास्तविक जीवन में मनुष्य संकट से मुँह मोड़ने के लिए या अन्य कारणों से अपनी अनुभूति को कई तरह से बदलता रहता है। फिल्मी पत्रिकाओं में या अन्यत्र भी इस खतरे पर बहस होनी चाहिए, जबकि वहाँ जाने क्या-क्या बातें लिखी और छापी जाती रही हैं, उन्होंने कहा था।

यह स्फूर्ति देनेवाली बहस होगी, यह मानते हुए मैं इस बहस को उठा रहा हूँ। पर इसके पहले इसी साक्षात्कार में अमिताभ बच्चन की कही हुई एक बात बता देना उपयोगी होगा। इस प्रश्न के उत्तर में कि आप कम लागत की फिल्मों में क्यों नहीं काम करते, उन्होंने कहा था कि मैं अपने दर्शकों के प्रति उत्तरदायी रहना चाहता हूँ। उन्होंने अभी तक मुझसे जो आशाएँ बनाई हैं, वे कम लागत की फिल्म में काम करके मैं पूरी नहीं कर सकूँगा। उन्होंने यह भी कहा कि मेरा मॉसिस (जनसमुदाय) से नाता है। कम लागत की फिल्में एलीट (भद्रलोक) के लिए बनती हैं। यदि मैं उनमें काम करूँगा, तो उनके निर्माता और दर्शक भी मनचाहा फल नहीं पाएँगे। इन दोनों बातों के मेल से और निश्चय ही इन दोनों में मेल होगा—यह नतीजा निकलता है कि अमिताभ बच्चन ने अपनी अभिनय शैली लोक के लिए बनाई है। ऐसा वास्तव में है या नहीं, इसकी जाँच तो बाद में कर सकते हैं, पर अभी यह देखें कि जिस शैली का उन्होंने ऊपर बहुतायत से इस्तेमाल करने की विवशता बताई है, वह है क्या। यह स्तानिस्लावस्की के अभिनय सिद्धांत का महत्त्वपूर्ण अंश है, जो अभी तक यथार्थवादी अभिनय की शैली में इस्तेमाल किया जाता है। इसे इमोशनल मेमोरी (रागस्मृति) नाम दिया गया है, जिसमें अभिनेता अपने निजी रागात्मक अनुभवों को फिर अपने मन में दोहराकर अभीष्ट रस को पैदा करता है। स्तानिस्लावस्की के सिद्धांत का उद्देश्य शैली की खोज है। इसमें अभिनेता को जो शैली मिलती है, वह उसकी स्मृति में बैठे अनुभव का लगभग प्रतिरूप होती है—वही आंगिक चेष्टाएँ, वही भंगिमाएँ, वही स्वर, यों कहें कि अभिनय के चारों—आंगिक, वाचिक, आहार्य और सात्विक—प्रकार में अभिनेता अपने आपको उन्हीं शैलियों तक सीमित कर लेता है, जो पुराने अनुभवों को दोहराने से निकलती है। स्मृति के इस जगाने में, उदाहरण के लिए, मृतक का स्थान अभिनेता के यथार्थ जीवन का एक व्यक्ति लेता है।

अमिताभ बच्चन ने जिस खतरे का जिक्र किया था, वह इसी सिद्धांत से निकला है। इस सिद्धांत के अनुसार अभिनेता मृत्यु की घटना से उस मृतक से सहारे जुड़ता ही नहीं, बल्कि उसमें डूब जाता है। इसलिए बार-बार ऐसा करते-करते वह अनुभव के एक तरीके का शैलीकरण कर बैठे, तो आश्चर्य नहीं। यह बात अमिताभ बच्चन समझते हैं। पर इसके आगे का रास्ता तो सिर्फ स्तानिस्लावस्की के सिद्धांत से बचने में ही मिल सकता है। क्या ऐसा नहीं हो सकता कि जब अभिनेता को मालूम करना हो कि इस करुण प्रसंग में उसे कैसे अभिनय करना है, तो वह मृतक की जगह अपने संबंधी को

रखकर अपनी स्मृति जगाने के बदले अपने को उस व्यक्ति की जगह रखे, जो मृतक की मृत्यु से दुखी हुआ है। यदि वह ऐसा करता है, तो इसका एक अर्थ यह होगा कि वह विलाप करनेवाले अभिनेता की जगह अपने निजी यथार्थ को न देकर उस व्यक्ति के यथार्थ को देगा, जिसे कथा के अनुसार इस समय विलाप करना है। दूसरा अर्थ होगा कि वह मृतक के चरित्र को भी उस तरह पहचानेगा, जिस तरह वह कथा में बताया गया है। अभिनय का यह सिद्धांत ब्रेश्ट का सिद्धांत है, जहाँ अभिनेता से यह तकाजा किया जाता है कि क्या करना है वह इसका विश्लेषण करे न कि इसका कि कैसे करना है। वह चरित्र के सामाजिक परिवेश का विश्लेषण कर, कथ्य को गहराई से समझे, परिस्थिति क्या है, चरित्र की मानसिक दशा क्या है और वह किससे सम्मुख है, इस पर भली-भाँति विचार करे और अभिनय के दौरान वह जो कुछ कर रहा है, उसका भी एक अलगाव के साथ स्वयं मूल्यांकन कर सके। इस सिद्धांत का पालन प्रायः लोकनाट्य के अभिनेताओं में देखा जाता है। लोक नाट्य में अभिनेता इसीलिए हर बार नया सृजन करता है, क्योंकि वह हर बार चरित्र से अलग खड़ा होकर चरित्र को देखता है और वैसा अभिनय करता है, जैसा उस चरित्र के पात्र को उन सब परिस्थितियों में करना चाहिए, जिसमें वह चरित्र है।

स्वयं स्तानिस्लावस्की के शास्त्र में भी ब्रेश्ट के समान एक सिद्धांत है कि अभिनेता कल्पना करे कि वह उन्हीं परिस्थितियों में है, जिसमें चरित्र है और इससे अपने अभिनय का ढंग निकाले। इस सिद्धांत का आधार अभिनेता के जीवन के पर्यवेक्षण की शक्ति है। जबकि पहलेवाले सिद्धांत का आधार अभिनेता का निजी अनुभव है। स्पष्ट है कि पर्यवेक्षण अनुभव के मुकाबले अधिक विस्तृत होगा और उसमें कल्पना का काम ज्यादा होगा। इसीलिए इस सिद्धांत को द मैजिक इफ (कल्पना के चमत्कार) का सिद्धांत भी कहा जाता है। पर स्तानिस्लावस्की और ब्रेश्ट में मूल अंतर है। पहला सिद्धांत पद्धति के माध्यम से अभिनय की खोज करता है और दूसरा विचार और रागात्मक अनुभव को प्रधानता देता है। ब्रेश्ट मन में अनुभूति और बुद्धि में विचार पैदा करने को कहते हैं, जो कि पद्धति को आधार बनाकर अभिनय करने से बहुत सीमित रूप में ही पैदा हो सकता है।

अमिताभ बच्चन को फिल्म जगत में प्रतिदिन कई बार जब अपने परिचित सिद्धांत से अभिनय पद्धति की खोज करनी पड़ती है, तो वास्तव में वह खोज नहीं हो रही होती है, वह एक बनी बनाई खोज को बार-बार दोहराने का ही नाटक होता है। क्योंकि फिल्म जगत ने सब चरित्रों को रूढ़ कर दिया है। रागात्मक स्मृति का सिद्धांत ऐसी दशा में अभिनेता के बहुत दूर तक काम नहीं आ सकता, जिसमें चरित्रों का निजी यथार्थ भी हर बार अभिनेता को कोई चुनौती नहीं देता हो। इसकी तकलीफ को अमिताभ बच्चन जानते हैं, यह उनके विश्लेषणशील और बुद्धिमान व्यक्तित्व का प्रमाण है, किंतु जब वे कहते हैं कि जनसमुदाय उनके इसी अभिनय से खुश है, तो वह तर्कसंगत नहीं जान पड़ता। अवश्य ही जनसमुदाय उस अभिनय पर फिलहाल मुग्ध है, परंतु वह मुग्ध हुआ है तो बहुत कुछ इस कारण कि फिल्म जगत में एक ही से प्रसंगों को एक ही ढंग से बार-बार दिखलाकर जनसाधारण को लगातार एक ही तरह का अनुभव फिल्म जैसे दूर-दूर तक अर्थात् असंख्य लोगों को दिखलाए जा सकनेवाले माध्यम से दिया है; और उस विराट दर्शक समुदाय में किसी वस्तु की खपत बहुत लम्बे समय तक होती रह सकती है, यह इस माध्यम पर नियंत्रण करनेवालों के हाथ होता है कि वे किस वस्तु को खपत के लिए बाजार में डालें। कुछ-कुछ समय बाद ये ही नियंत्रक वस्तु को बदलते रहते हैं और एक-एक नई वस्तु के अनुसार दर्शक समाज भी बार-बार मुग्ध होता चलता है। परंतु इसी माध्यम के क्षेत्र में जो लोग परिवर्तन करना चाहते रहे हैं, वे केवल वस्तु बदलने से नहीं सफल हो सकते; वे जानते हैं कि उसके साथ-साथ उन्हें अभिनय की शैली भी बदलनी होगी। अमिताभ बच्चन की तथाकथित 'जन समुदाय' के प्रति जवाबदेही इस परिवर्तन में निहित है या नहीं? वह कहते हैं कि जनसमुदाय को और निर्माता को भी मेरे काम से संतोष नहीं मिलेगा, क्योंकि मैंने कम

लागत की फिल्मों में काम किया, तो वे भद्रलोक की होंगी। यह बात पूरी नहीं है। यदि वे यों कहें कि पिटे-पिटाए रागात्मक अनुभवों को पिटे-पिटाए ढंग से दिखाते रहने (हाँ, बीच-बीच में कुछ वस्तु परिवर्तन कर देने) वाले फिल्म जगत को नये कथ्य और नई अभिनय शैली से चुनौती भी मिल रही है, तो बात पूरी होगी। वे यह भी कहते हैं कि जिस अभिनय शैली को वह रोज-रोज इस्तेमाल कर रहे हैं, वह अभिनेता के लिए या समाज के लिए एक खतरनाक स्थिति पैदा करते हैं। तब क्या दूसरी अभिनय शैलियाँ खोजने की जरूरत पैदा नहीं होती? जब वह इस खतरनाक स्थिति पर बहस की जरूरत बताते हैं, तब क्या वे नई कहानियों और नई पटकथाओं की जरूरत नहीं बताते हैं, जिनके यथार्थ से अभिनय की नई शैलियों की खोज संभव हो सके? बार-बार यदि मरती माँ और विह्वल पुत्र को देखते ही दर्शक जान जाया करेंगे कि अब माँ क्या कहेगी और पुत्र कैसे रोएगा, तब बिना नई कहानी में नई माँ और नए पुत्र के नए अभिनय कहाँ से आएँगे? दूसरे शब्दों में क्या अमिताभ बच्चन स्वयं इस नतीजे पर नहीं पहुँचेंगे कि अभिनय शैली की अभिनेता के निजी अनुभव पर आधारित खोज, जिसे वह एक खतरनाक स्थिति मानते हैं, अभिनेता ने अपने ऊपर नहीं लादी है; बल्कि वर्तमान फिल्म व्यवसाय ने उसके लिए अभिनय का कोई रास्ता ही नहीं छोड़ा है। फिल्म के परदे पर वह जड़ होता जा रहा है और शायद जीवन में अमानवीय होता जा रहा है। 'खतरनाक स्थिति' का इससे अधिक सही वर्णन और क्या हो सकता है?

पर अमिताभ तो कम लागत की फिल्मों में काम करना नहीं चाहते हैं। ऐसी फिल्मों में फिलहाल यह तो है ही कि कहानी एक ही तरह की नहीं होती और निर्माता, निर्देशक नई-नई कहानियों में नए चरित्रों को नए विचार और नए ढंग के साथ रखने की कोशिश करते हैं। यदि अमिताभ इन्हें भद्रलोक की फिल्में कहते हैं, तो क्या लोक की फिल्में वे होंगी, जिनमें अभिनय करने से अमिताभ बच्चन जैसे प्रतिभावान कलाकार को एक तरह की खतरनाक स्थिति का सामना करना पड़े। निश्चय ही लोग जिन्होंने अभी एक बड़े संकट में उनके दीर्घायु की कामना की है, नहीं चाहते कि वे कहीं कुंठित होते जाएँ।

[27 दिसंबर, 1982]

आप किसके डायलाग बोलेंगे?

किसी भेंटवार्ता में अमिताभ बच्चन ने कहा है 'अब मैं अपने डायलाग बोलूँगा'। उनके हिसाब से यह उनके जीवन में बड़ा परिवर्तन होगा कि वह जो डायलाग बोलेंगे वे किसी और ने लिखकर नहीं दिए होंगे, पर बोलेंगे वह डायलाग ही। उन्होंने कम से कम इस भेंटवार्ता में (जो गत सप्ताह कहीं छपी है) अपने कोई राजनैतिक विचार प्रकट नहीं किए हैं। मेरा ख्याल है उनके राजनैतिक विचार होंगे जरूर। हालाँकि आज सत्ता की राजनीति में इतना कह देना भी विचार मान लिया जाता है कि मैं ऐश्वर्य और शौकत के माहौल से तंग आ गया हूँ और अब आम आदमी की तरह सामान्य जिंदगी जीना चाहता हूँ।

ऊँचे विचार हैं ये, पर अमिताभजी को अगर यह मुगालता है कि संसदीय राजनीति में जाकर और लोकसभा के सदस्य बनकर वह आम आदमी की जिंदगी जी सकेंगे, तो यह मुगालता वह अभी छोड़ दें, इसलिए कि यदि वे चुनाव लड़े और नई पीढ़ी के समर्थन में जीते, तो उन्हें राजीव गाँधी मंत्री जरूर बनाएँगे, फिर ऐश्वर्य और शानोशौकत के माहौल में जीना उनके लिए जरूरी हो जाएगा। मैं यह नहीं चाहता कि पहली ही बार जो भला आदमी चुनाव लड़ रहा है, वह जीतने पर अपने

ही कहे हुए के विरुद्ध काम करता दिखाई दे। यह तो अभी तक तमाम चुनाव लड़नेवाले कर चुके हैं। कम से कम एक नौजवान आदमी कथनी और करनी के भेद को मिटा न सके तो घटाकर तो दिखाए।

अमिताभ बच्चन संगठित और संसदीय राजनीति में क्या उद्देश्य लेकर आ रहे हैं, यह भी इसी समय उन्हें बताना चाहिए। भेंटवार्ता में उन्होंने कहा है : "मैं राजनीति में पूरी लगन और निष्ठा के साथ काम करने की कोशिश करूँगा...मैंने पूरी तरह अपने आपको राजीव के हाथ में सौंप दिया है...श्रीमती गाँधी के अधूरे रह गए कामों को पूरा करने में शक्ति भर मदद करूँगा।" इसके ठीक पहले वह कहते हैं : "फिल्मों में जो शोहरत मैंने पाई और आज पा रहा हूँ, इसके पीछे एक संघर्षपूर्ण कहानी है। इसी तरह अपने ही बलबूते पर मैं राजनीति में कुछ करने का प्रयास करूँगा।"

जिस 'शोहरत' का उन्होंने जिक्र किया है और जिस 'संघर्षपूर्ण कहानी' की मिसाल दी है वह सब दूसरों की राजनीति के अंतर्गत समाज में कुछ विचारों को फैलाने की कहानी है। इसमें कथा, पटकथा, गाने, संवाद सब इन्हीं लोगों के लिखे हुए हैं जिनकी वह राजनीति है। वह राजनीति तो पुलिस, हिंसा, कालाधन, और अंत में अपनी हाल की एक फिल्म में सामूहिक हत्या की राजनीति है। इन आदर्शों को दूसरे के लिखे हुए कथानक के अनुसार जिस अभिनेता ने प्रदर्शित करके शोहरत पाई हो, उसके लिए इतना कह देना काफी नहीं होना चाहिए कि वह ऐश्वर्य से विरक्त हो गया है। अमिताभ को यह भी बताना चाहिए कि वह क्यों विरक्त हो गए हैं? क्या उन्हें इस व्यवस्था में अब काम नहीं मिल रहा है या उन्हें अब दिखाई देने लगा है कि यह व्यवस्था मानव विरोधी है। यह पूछना इसलिए जरूरी है कि कहीं फिल्म की समर्थक राजनीति को दिए गए अमिताभ बच्चन आम आदमी का जीवन बिताने तो नहीं चले आ रहे हैं? क्या वह राजनीति में भी उसी हिंसा के बूते सुधार करेंगे जिसके बूते एक लुटेरी आर्थिक व्यवस्था उनसे एक सुधारक का अभिनय कराती रही है? हिंसा, कालाधन, लूट को समाज में जिन फिल्मों के द्वारा प्रतिष्ठा दिलाई गई है अमिताभ उन्हीं के हीरो बनाए गए हैं। यही अमिताभ बच्चन की विचारधारा के रूप में अब तक हमारे सामने आया है।

यह राजनैतिक विचारधारा किसी एक पार्टी की नहीं है, मगर आम आदमी के खिलाफ है। यह विचारधारा उन लोगों की है जो साधारण आदमी को अपने अधिकारों को पहचानने और माँगने से रोकते हैं और उसे केवल व्यक्तिगत दया पर जीने की सीख देते हैं। इस राजनीतिक विचार के प्रणेता वही लोग हैं जो हिंसा को हथियारों, गुप्त यंत्रों, यातना कक्षों और कानून के ठेकेदारों की मदद में समाज में स्वीकृत और प्रतिष्ठित कराते हैं। उदाहरण कहाँ तक गिनाए जाएँ। एक सिरे से बम्बई की फिल्मों में यह काम कर रही हैं।

जिस 'संघर्षपूर्ण कहानी' का जिक्र अमिताभ बच्चन ने किया है वह एक अभिनेता के राजनैतिक व्यवस्था के समर्थकों से काम और नाम हासिल करने के संघर्ष की कहानी भले ही हो, उस आम आदमी के अपने अधिकार प्राप्त करने के संघर्ष की कहानी नहीं है जिसका जीवन बिताने के लिए अमिताभ ऐश्वर्य और शान और शौकत को छोड़ देने की धमकी दे रहे हैं।

इस धमकी का रोआब किनके ऊपर पड़नेवाला है, यह अमिताभ के चुनाव अभियान के मैनेजर लोग ही जानते होंगे। जिन लड़कियों ने अपने दुपट्टे अमिताभ के चलने के लिए बिछा दिए और नारा लगाया कि 'अमिताभ मैं मर रही हूँ। तुम दर्शन दो हमें स्वर्ग मिलेगा' वे लड़कियाँ वे नहीं हैं जो मीलों दूर से पीने का पानी सिर पर घड़े रखकर लाती हैं, गोबर पाथती हैं, खेत की रखवाली करती हैं, गाँव के गुंडों से इज्जत बचाती हैं, अंग्रेजी नहीं बोलतीं और जब संगठित गुंडे गाँव पर हमला करते हैं तो बलात्कार का शिकार होती हैं या शहर में जब कालेधन और फिजूलखर्ची की संस्कृति में उनसे शान-शौकत के लिए दहेज माँगा जाता है तो आग लगाकर मर जाती हैं या उन्हें

भस्म कर दिया जाता है। वह छोटा-सा समाचार उसमें लड़कियों ने अमिताभ से कहा था, 'तुम्हें देख लूँ तो स्वर्ग चली जाऊँगी' किस समाज की घटना है? क्या यह वही समाज है जिसे अमिताभ बच्चन बनाना चाहते हैं। औरत के दुख का जो ब्यौरा ऊपर दिया गया है वह अमिताभ बच्चन के राजनीति में उम्दा फिल्मी शाट का मसाला दे सकता है। खासतौर से मेहनत में लगी हुई औरत के जिस्म को अपने आप उघरना उस दुनिया में बड़ी भारी कलात्मक उपलब्धि मानी जाती है। अगर इस दुनिया को अमिताभ समाज में नहीं बनाना चाहते हैं तो इसी वक्त लिखकर बताएँ और अपने विचार को फैलाने के लिए संघर्ष करें। खुद अपने डायलाग लिखने की जरूरत नहीं है, क्योंकि चुनाव कोई शूटिंग स्क्रिप्ट नहीं है। सिर्फ अपने विचार और कार्यक्रम बताने की जरूरत है, इसलिए कि हम समझ सकें कि राजनीति में जो आदमी शून्य से शुरुआत कर रहा है वह भीतर से शून्य नहीं है। जहाँ तक इस पिटी-पिटाई शिकायत का संबंध है कि अभिनेता लोग राजनीति में क्यों आ रहे हैं, यह एक थोथी शिकायत है। हर आदमी को राजनीति में आने का अधिकार है। अभिनेता हो जाने से उसका वह अधिकार छिन नहीं जाता, मगर हमारा यह अधिकार कि हम उसके विचार जानें, अभिनेता यह कहकर छीन नहीं सकता कि आपने मेरी इतनी फिल्में देखी हैं और मुझे इतनी शोहरत मिली है, बस यही मेरा विचार है। और मैं क्या कहूँ। आगे का हाल परदे पर नहीं, परदे के पीछे देखिए।

[अर्थात]

हिंसा का प्रचार करनेवाले दृश्य

यह फिल्म समीक्षा नहीं है, बल्कि माध्यम के राजनैतिक इस्तेमाल पर एक टिप्पणी है। हाल में 'अर्द्धसत्य' और 'इन्कलाब' की अनेक समीक्षाएँ छपी हैं। इनको पढ़कर सवाल पैदा होता है कि लोगों ने इन फिल्मों को देखने की जो भीड़ लगाई, वह क्या इसलिए हुई कि वे इनमें अत्याचारों के विरुद्ध खड़े होने की ताकत पा रहे थे? या इसलिए कि अत्याचार होते देखकर लोगों को मजा आ रहा था?

'अर्द्धसत्य' के बारे में तो यह बड़े दावे के साथ कहा जाता है कि उसने पुलिस के भ्रष्ट और नृशंस चरित्र को नंगा कर दिया है और एक नई चेतना दी है। इस पर कई सवाल उठते हैं। पुलिस भी भारत की आबादी में से चुनकर नौकर रखी जाती है। नौकरी के अलावा उनकी एक नागरिक और मनुष्य की जिंदगी भी होती है। अतः जो बर्बरता वह अपराधी को, या निरपराध को मारने में दिखाता है, वही सारी सच्चाई नहीं हो सकती।

पुलिसवाला अपने घर-परिवार, समाज, देश और दुनिया के बारे में कुछ सोचता होगा। पर इस फिल्म में वह सब कहीं नहीं है। सिर्फ इतना है कि वह अपनी औरत को पीटनेवाले एक पिता का पुत्र है और वह खुद जब उस अपराधी को पीटता है जिसे वह पीट पाता है। (उसके नहीं जो पुलिस के ही बराबर शक्तिशाली है), तो इस तरह कि चोट का सबूत न मिलने पाए। सवाल यह है कि फिल्म पुलिस के लिए कोई सहानुभूति जगाती है या शक्तिशाली गुंडा समाज की सत्ता स्थापित करती है। 'अर्द्धसत्य' देखकर इन दोनों बातों में से कौन-सी बात पाठक के मन में जागी?

पिछले वर्षों में काफी निरंतरता के साथ फिल्म उद्योग ने लोकतंत्र विरोध और दलित वर्गों के शोषण को कुछ सुपरहिट फार्मूलों के साथ जोड़कर बढ़ावा दिया है। आज ऐसी फिल्मों की कमी नहीं है जो खुलेआम उन चीजों की वकालत करती हैं, जिन्हें डेढ़ दशक पहले साहित्य-निर्माता अथवा राजनैतिक विचारक त्याग देने और बदल देने योग्य बताया करते थे।

नर-नारी संबंध को बराबरी के स्तर पर लाने का चिंतन झूठी आधुनिकता में भी पाया जाता है और लोक संस्कृति में भी। ऊपर से देखने में बराबरी, परंतु अंत में दासता सिद्ध करनेवाले कथानक एक के बाद एक फिल्मों के रूप में प्रचारित किए गए हैं। जैसे-जैसे राजनीति द्वारा समाज में परिवर्तन करने की इच्छा मरती गई है वैसे-वैसे राजनीति से वे लोग बाहर होते गए हैं, जिन्हें सचमुच एक स्वस्थ और न्यायपूर्ण समाज-परिवर्तन की इच्छा है। एक ताकतवर वर्ग, भाषा और कला को चालाकी से इस्तेमाल करता गया है।

भाषा के इस्तेमाल पर उस संस्कृति का कब्जा होता गया है जो मानवीय संवेदना को सरल करके जल्दी से खर्च करने की चीज बनाती है—वैसे ही जैसे वह उपभोक्ता के लिए वस्तुओं को तैयारशुदा, सस्ता और क्षणभंगुर बनाती है। एक भ्रष्ट राजनीति का लक्ष्य होता है कि लोगों को बात ऐसे बताई जाए कि वे इसे एक अच्छी बात मानने लगें और भविष्य में वे खुद कुछ रच न सकें। फिल्म व्यवसाय ने मानवीय गरिमा को क्षणिक सिद्ध करनेवाले कितने ही कथानक हाल में पैदा किए हैं। उसने भाषा और कला के स्तर पर कहीं-कहीं सीधे लठमार तरीके से काम किया है, कहीं वैसी चालाकी दिखाई है जिसका अभी उल्लेख किया गया। यह चालाकी स्वस्थ विद्रोह को ऐसी परिणति तक पहुँचा देने की है कि उस विचार में ऊपर सें तो विरोध का तेवर दिखाई पड़े, परंतु वह कोई आशा या शक्ति पैदा न करे।

सेंसर इसको रोक नहीं रहा है। इसका सीधा कारण यह है कि सेंसर ने मानवाधिकारों की नहीं, बल्कि विशेष अधिकारों की रक्षा को अपना कर्तव्य मान लिया है। सेंसर को ऐसा निर्देश दिया गया है कि उसे हिंसा और सेक्स के ऊपर नजर रखनी है। साथ ही कला की सतही आधुनिकता का एक सिद्धांत बताकर, सेंसर के विवेक को चुनौती भी दी गई है कि जहाँ कहीं कलात्मक कारणों से सेक्स या हिंसा का प्रदर्शन उचित और आवश्यक हो वहाँ उसे न रोका जाए।

यह सिद्धांत अपने में गलत नहीं है किंतु जब समाज में न्याय और परिवर्तन की आकांक्षा धीमी पड़ जाती है तब यह तय करना कि कौन से स्थल उचित और आवश्यक हैं, उन लोगों के हाथ में चला जाता है जो समाज को पीछे ले जाने की राजनीति के समर्थक हैं।

सेंसर ने आज तक इस बात पर बहुत बहस कर डाली है कि क्या अश्लील है और क्या नहीं। ये सारी बहसें इस अंतर्विरोध की उपज हैं कि जहाँ नग्नता लोगों को गिराए वहाँ वह अच्छी है और जहाँ लोगों को ऊँचे उठाए वहाँ बुरी है। अंत में ऐसी बहसें उन लोगों को ही अश्लील ठहरा देती हैं जो समाज को बदलना चाहते हैं। सेंसर की बुद्धि यह है कि कथानक के अंत में एक भला और मानवीय लगनेवाला कृत्य हो तो आरम्भ और मध्य के दृश्यों में नृशंस हिंसा को कलात्मक मान लिया जा सकता है। भले ही वे हिंसा की शक्ति का प्रचार करनेवाले दृश्य हों। चेतना को ऐसे कथानक धीरे-धीरे भ्रष्ट करते जाते हैं। वह स्थिति आ जाती है जहाँ कार्यपालिका, न्यायपालिका और विधायिका तीनों व्यर्थ सिद्ध हो जाते हैं। मानो इनको समाप्त करने का कोई संवैधानिक तरीका नहीं होने के कारण उन्हें हिंसा से ही समाप्त करना होगा।

सेंसार इस विचारधारा को रोक नहीं सकता। रोकने के लिए वहीं पर कार्रवाई करनी होगी जहाँ पर ये पैदा होती हैं। दूसरे शब्दों में एक राजनैतिक चेतना ही एक वास्तविक सेंसर का काम कर सकती है। राजनैतिक जागरूकता के अभाव में हमें ऐसे दृश्यों से अपने आपको यह धोखा देने के लिए प्रेरित किया जाता रहेगा कि हम राजनैतिक दृष्टि से सचेत हैं क्योंकि हम एक सड़े-गले समाज का विध्वंस कर रहे हैं।

[*नवभारत टाइम्स*, 1983]

स्मिता पाटील का भ्रम

नारी मुक्ति के कई सवाल संभ्रांत वर्ग की स्त्रियों ने उठाए हैं। इन पर एक सरसरी नजर डालने से प्रकट हो जाता है कि ये ज्यादातर नारी के शरीर के बेजा इस्तेमाल के बारे में हैं। यह ठीक भी है, क्योंकि सबसे अधिक बेजा इस्तेमाल नारी शरीर का हो सकता है और होता है, परंतु संभ्रांत वर्ग की ये स्त्रियाँ एक गलतफहमी में पड़ी हुई हैं : वे मानती हैं कि विज्ञापन के लिए उनके शरीर का इस्तेमाल अपमानजनक है, परंतु पुरुष के शरीर के विज्ञापन के बारे में उनके पास कोई विचार नहीं हैं। अगर है भी, तो यह कि उसका व्यावसायिक इस्तेमाल नहीं होता है, क्योंकि इससे कुछ लाभ नहीं मिलेगा। स्मिता पाटील ने एक दूरदर्शन कार्यक्रम में कहा, 'स्त्री के ही शरीर का विज्ञापन किया जाता है, क्योंकि पुरुष को नंगा दिखाने से तो कुछ होना नहीं है।' स्मिता स्त्री देह के विज्ञापन का विरोध कर रही थीं। पर यह वाक्य, जो कि लगभग जैसे-का-तैसा उद्धृत किया गया है और जिसमें 'कुछ होना नहीं है' से मुझे आपत्ति है, उनके विरोध को एक प्रकार से नारी देह की विज्ञापनोपयोगिता का समर्थन बना रहा है। निश्चय ही उनका उद्देश्य यह नहीं है। तब क्यों वह अपने उद्देश्य के विपरीत काम करती दिखती हैं?

कुछ तथ्य विचारणीय हैं। पिछले दशक में पुरुषों के नंगे शरीर का विज्ञापन बहुत बढ़ा है। वह शुरू हुआ ढकी हुई देह के कपड़ों के विज्ञापन से और समाज में पुरुष की प्रधानता उसके सुंदर वस्त्रों से पुष्ट करने की ओर चला। ये वस्त्र वैसे भी महँगे, दुर्लभ सिलाई और पद और सफलता की पहचान थे और यह भी बताते थे कि पैसा और गुण दोनों में से कोई न हो, तो उधार के कपड़े ही काफी हैं। फिर दिखाया गया कि यह प्रधानता यौन जीवन में भी है। इसके बाद अब देह के विज्ञापन में नारी को पूरी तरह और निर्विरोध शामिल कर लेने के लिए पुरुष की देह को भी शामिल किया जा रहा है। देखिए : नितंब और उपस्थ को बदन से ढँकनेवाले सटे कपड़ों के विज्ञापन। इनका विरोध पुरुष नहीं कर रहे हैं, क्योंकि इसमें भी उन्हें स्त्री पर हुकूमत दिखाई देती है। पुरुष देह का उपयोग करते हुए देह या तो कीमती कपड़ों से लदी या सिर्फ उतनी ढँकी दिखाई जाती है, जितने से उसके शरीर का प्रतीक पहचाना जा सके। अनावृत पुरुष देह विज्ञापन में कम दीखती है, क्योंकि उसका आकर्षण तब तक नहीं है, जब तक वह सचमुच सुंदर न हो। ऐसी शरीर यष्टि कम ही मिलती है। (स्त्री शरीर से सुंदर न हो, तो भी दमनात्मक समाज में भोग्या है। परंतु यह हिंसक समाज पुरुष को वीर होने पर ही भोग का अधिकार देता है) लिंग का प्रतीक भी शक्ति का प्रतीक है और शानदार कपड़े भी। परंतु एक जाँघिए का विज्ञापन उस प्रतीक को दिखाकर पुरुष समाज में भले ही अपने वर्चस्व का अभिमान जगाता हो, वास्तव में वह पुरुष को भी नारी के समान दास बना रहा है। बिना दोनों को दास बनाए हुए यह संस्कृति, देह को किसी और उपभोग्य वस्तु के विज्ञापन का साधन पूरी तरह बनाने के अपने उद्देश्य में सफल नहीं हो सकती।

मानवीय अनुभवों को एक ढाँचे में ढालकर उसे बार-बार नया बताने का प्रचार ही मनुष्य को अनावश्यक धन अपनी पूँजी में से निकालकर अनावश्यक उत्पादन के काम में लगाते रहने को उकसाता है। ऐसे उत्पादन का गुण जीवन को सुखमय और मानवीय सुखों को भोगने में समर्थ बनाना एक अंश तक है, उसके बाद उस उत्पादन का स्वामित्व और लाभ पानेवाले वर्ग को लाजिमी हो जाता है कि ग्राहक को मानवीय अनुभूतियों की और सामाजिक मान्यताओं की परिभाषा बदलने को प्रेरित करे तथा उन्हें बिना स्वस्थ स्वाभाविक कारणों के खरीदने पर उकसाए। स्त्रियाँ मुझ पर रीझ रही हैं, क्योंकि मैंने बढ़िया कोट पहन रखा है, यह विज्ञापन स्त्री-पुरुष संबंध को इतना अमानवीय या कहें अपमानवीय बना देता है कि स्त्री-पुरुष दोनों ही उसके शिकार एकसाथ बन जाते हैं और इसका

कड़ा विरोध करने की ताकत खो बैठते हैं। स्त्री-पुरुष दोनों में फूट पड़ गई है और वे दोनों अपने-अपने स्वार्थ पहले देखने लगे हैं। पुरुष इस अपमान को भूलकर कि कोई स्त्री उसके गुणों पर नहीं, शक्ल पर भी नहीं, कपड़ों पर रीझी, यह हीनभाव स्वीकार करने लगता है कि बुद्धि और रूप में यह शक्तिशाली वर्ग मुझसे श्रेष्ठ है ही, मुझे सिर्फ इन कपड़ों का सहारा है। इसी के साथ यह भावना उसे संतोष देती है कि ये कपड़े पहनना सबके बस की बात नहीं। मैं उस वर्ग में शामिल हूँ, जिसके बस की बात है और इनको पहनते ही मैं हीनता छोड़ रहा हूँ। पर वह नहीं पहचान रहा कि स्त्रियों ने उसका चुनाव अगर किया है, तो एक ऐसी चीज के आधार पर किया है, जो सिर्फ अमुक निर्माता ही बनाता है और इस तरह पुरुष का यह संतोष कि वही पसंद किया गया है, स्त्री-पुरुष के बीच परस्पर चुनाव का स्वतंत्र मामला नहीं रह गया है। एक विज्ञापनदाता है, जो मनुष्यों की सौंदर्यानुभूति पर नियंत्रण रख रहा है और उनके मानवीय संबंधों पर भी।

इस शोषण का अगला कदम पुरुष को यह आभास दिलाने का है कि वह यौनाचार में, अपनी पुंशक्ति के बूते स्त्री से श्रेष्ठ है। निस्संदेह इच्छा यह है कि जब स्त्री ऐसे विज्ञापन देखे, तो यही आभास स्त्री को भी होना चाहिए। इसके अतिरिक्त स्त्री को यह आभास भी होना चाहिए कि उसकी देह पुरुषों को आकर्षित कर उनके निर्णयों को प्रभावित कर सकती है और इसी में उसकी उपयोगिता है। स्त्री-पुरुष दोनों की देह के दो अलग-अलग इस्तेमाल मिलकर अपमान और शोषण की तस्वीर को पूरा कर देते हैं, पर वह तस्वीर देखने में जोड़े की होते हुए भी नर-नारी के बीच फूट डाल जाती है। स्त्री और पुरुष दोनों एक-दूसरे से पराए और अपने-अपने स्वार्थ के दायरे में बंद अपनी देह का शोषण होने में खुश रहने लगते हैं।

यही नहीं, स्मिता पाटील और उनकी जैसी नारी मुक्ति की कॉन्वेंटी समर्थिकाओं ने, जो अपने शोषण के विरोध में बोल सकती हैं, मान लिया है कि विज्ञापन के उपयोग में केवल नारी देह आ सकती है। वह सोचने लगी है कि यह बुरा है कि स्त्री का अपमान हो रहा है, पर यह स्त्री की विशिष्टता का प्रमाण भी है। पुरुष की देह का इस्तेमाल करनेवाले विज्ञापनों के खिलाफ वह इसीलिए नहीं बोलतीं और अपने शोषण के चक्र को अनजाने ही स्वीकृति दिला जाती हैं।

अंत में : स्मिता पाटील से जब पूछा गया कि एक फिल्म में उनकी स्नान करती अधनंगी देह क्यों दिखाई गई थी और उसके चित्र विज्ञापनों में क्यों छापे गए थे, तो उन्होंने जवाब दिया—वह एक गरीब स्त्री थी। उसका खुले में नहाना कोई बड़ी अजब बात नहीं है। इसलिए उसे दिखाने में क्या बुराई थी? परंतु विज्ञापनदाताओं ने उसका उपयोग किया, यह मुझे पसंद नहीं आया। पर मैं क्या कर सकती हूँ। फिल्म बनानेवाले और होते हैं, विज्ञापन का विभाग और होता है। उस पर मेरा बस नहीं।

ओह! ऐसा? पर स्मिताजी, आप नंगी देह दिखा रही थीं या गरीबी? और गरीब की नंगी देह दिखा रही थीं, तो वह और भी निंदनीय शोषण है, क्या यह आप समझती हैं? खुशवंत सिंह जब 'वीकली' के सम्पादक थे, तो लगभग प्रत्येक अंक में अस्वस्थ, हडैली या थुलथुल नारी देह के स्तन छापते थे। वह इतना अकसर होता था कि लगता है, नारी का शोषण उसके कामोत्तेजक शरीर का विज्ञापन करने में तो है ही, हास्यास्पद और अशक्त नारी की देह का विज्ञापन दोगुना शोषण करना है। संभ्रांत वर्ग के अधेड़ खुशवंत सिंह के साथी आतशी शीशे से देखकर चुसे हुए सीने में उभार खोज ही लेते हैं। वह मारा औरत को!

[*रविवार*, 20 नवंबर 1983]

यह फिल्म समीक्षा नहीं है

इंदिरा गाँधी के प्रधानमंत्री बनने के बाद 1966 में कांग्रेस का वार्षिक अधिवेशन जिस जयपुर में हुआ था, वह आज बहुत बदल गया है। कोई कवि उसका वर्णन करना चाहे तो भीड़ की हलचल के योग्य नया छंद और नई लय खोजनी पड़ेगी। चूँकि मुझे एक दिन ही रहना था, मैं वापस अपनी जानी-पहचानी भीड़ में लौटने के लिए बस में बैठ गया जो दिल्ली जाती थी। बस चली ही थी कि उसमें एक फिल्म दिखाई जाने लगी। खिड़कियाँ बंद थीं। बाहर की दुनिया से बस में बैठे यात्री का संबंध सहयात्रियों की बदौलत बना रहता है। पर यहाँ किसी यात्री से कोई संवाद न था। जो हो सकता था वह खत्म हो गया, क्योंकि सब यात्री फिल्म देखने लगे। जयपुर-दिल्ली बस में रोज यही होता है। साढ़े पाँच या छह घंटे यात्री जहाँ से चले हैं वहाँ की स्मृति को मिटाकर और जहाँ जा रहे हैं वहाँ की स्मृति को वर्जित कर वे एक पराई दुनिया का आक्रमण अपने ऊपर स्वीकार करते हैं।

छह घंटे में दो फिल्में दिखाई जा सकती हैं। फिल्म दिखाने के पैसे टिकट के साथ ही वसूल कर लिए गए थे। उतने पैसों में दो फिल्में हो सकती थीं इसलिए दो दिखाई गईं। देखनेवाले ऐसे निरीह भाव से उन्हें देखते रहे जैसे वे फिल्म देखने के लिए बस में नहीं बैठे हैं, दिल्ली जाने के लिए बैठे हैं। इसलिए जब तक उनकी दिल्ली यात्रा में विघ्न नहीं पड़ता, उन्हें मालूम नहीं होगा कि उनके साथ क्या हो रहा है। फिल्मों के अंदर क्या दिखाया गया यह तो मैं भी बता सकता हूँ, पर मुझे मालूम था कि मेरे साथ क्या हो रहा है। दोनों फिल्मों की कहानी एक ही थी, दोनों में नाम और रूप का अंतर था। जैसे एक ही कारखाने से निकले दो उत्पादनों में होता है (बालों का झड़ना रोकने की अचूक दवा नंबर-1 और बालों का झड़ना रोकने की अचूक दवा नंबर-2 आर्निका केश रक्षक के साथ) दोनों में अलग-अलग खोजा जाए तो ऐसा कुछ नहीं था जिससे उन्हें अलग-अलग पहचाना जा सके, न मानवीय अनुभव, न मानवीय मूल्य, न अभिनय, न शब्द, न संगीत, न दृश्य। निष्कर्ष एक ही था, उद्देश्य एक ही था। यही कि सब मनुष्य धूर्त, कायर और विश्वासघाती हैं, समाज की सब संस्थाएँ अक्षम और अर्थहीन हैं, हिंसा की पूर्ति सर्वोपरि है, उसी के प्रयोग से ऊपर बताए गए दोषों का निवारण हो सकता है। इसलिए मनुष्यों को मिलकर मानवीय मूल्यों की रक्षा, स्थापना और विकास का प्रयत्न करना व्यर्थ है। उन्हें सर्वशक्तिमान हिंसा को अपना व्यक्तित्व समर्पित कर देना चाहिए और उसका तंत्र बना रहे।

छह घंटे के इस आत्मा-परिवर्तन के अंत में यात्री दर्शक एक ध्वस्त मूल्य संस्कृति से दूसरी ध्वस्त मूल्य संस्कृति में पहुँच चुके होंगे और उन्हें पता भी न लगा होगा कि उनके साथ क्या हो गया है, क्योंकि जब यह हो रहा था तो वे सुखद कारावास में थे--बस से कूदकर भाग नहीं सकते थे। टीवी, रेडियो दोनों सरकार नियन्त्रित माध्यमों के बारे में मीनमेख निकालनेवालों को एक बार सरकारी जवाब यह कह दिया गया था कि पसंद नहीं है तो बंद कर दीजिए अपना टीवी-रेडियो, मत देखिए, मत सुनिए। जिस मंत्री ने आलोचकों को यह उपदेश दिया था, उसने अनजाने ही लोकतंत्र की आधारभूत मान्यता की याद भी दिलाई थी और साथ ही चुनौती भी दे दी थी कि 'प्रसारण माध्यम का नियन्त्रण मेरे हाथ में है।' तुम जनता को समझा सको कि मेरा बनाया कार्यक्रम न देखें तो मान लूँगा कि लोकतन्त्र की यही माँग है। देखूँ बिना अपने प्रसारण के माध्यम के जनता लोकतन्त्र की माँग कैसे कर लेती है।' अगर जयपुर-दिल्ली बस में बैठे यात्रियों में मैं यह प्रचार करूँ कि बस मालिक से ये फिल्में बंद कर देने को कहें तो जब तक एक सिरे से सब यात्री सहमत न हों, बस में लोकतन्त्र नहीं आ सकता अर्थात् लोकतंत्र को भी नैतिक, रचनात्मक, सांस्कृतिक और राजनैतिक आदर्श प्रचारित

करने की शक्ति सरकार में अर्जी देने अर्थात सर्वसत्तावाद अपनाने से ही मिलेगी। लोकतन्त्र को इस हालत में किसने पहुँचा दिया है?

आप समझ गए होंगे कि मैं फिल्म बाजार की तरफ से या स्वयं भी दैनिक अखबारों में लिखने वालों की तरह फिल्म समीक्षा नहीं कर रहा हूँ। यह लेख फिल्म के बारे में नहीं है। मैं यह तर्क भी नहीं दे रहा हूँ कि एक शहर में स्थित सिनेमाघर या वीडियो घर में फिल्म दिखाने से लोकतंत्र बना रह सकता है, परंतु एक शहर से दूसरे शहर के रास्ते चलती बस में फिल्म दिखाने से लोकतंत्र में बाधा आती है। और यह तो मैं बिलकुल नहीं कह रहा हूँ कि जो फिल्में मैंने जयपुर-दिल्ली बस में देखीं वे प्रतिबन्धित कर देनी चाहिए। मैं सिर्फ यह कह रहा हूँ कि लोकतंत्र की लड़ाई सिर्फ सिद्धांतों और संविधान के सहारे नहीं लड़ी जा सकती। इस लड़ाई में समाज के हिस्सों में रचनात्मक संबंध बनानेवालों के कामों का प्रचार शामिल होना चाहिए। एक व्यापक राजनैतिक-सांस्कृतिक मोर्चे की जरूरत होगी, क्योंकि खाली राजनैतिक या खाली सांस्कृतिक मोर्चों की नीयत आदमी और उसकी रचनात्मक आजादी के बारे में खोटी सिद्ध हो चुकी हैं। ऐसे एकांगी मोर्चे आदमी को वस्तु की तरह और इसी कारण पुण्य वस्तु की तरह इस्तेमाल करते हैं। वे प्रेम, करुणा और क्रोध को कमनीय बनाते हैं, जैसा उन दो फिल्मों में बनाया जा रहा था। ऐसा ही कवि सम्मेलनी कविता में बनाया जाता है। सिनेमा जैसे सार्थक माध्यम को बनाने के और दिखाने के आर्थिक साधनों पर कब्जा करके और वीडियो फिल्म के सरकारी नियंत्रण के अधीन छोटे परदे पर दिखाने की मजबूरी पैदा करके एक अलिखित राजनैतिक सांस्कृतिक सेंसर कबूल करवाया जा रहा है। इस सेंसर में निषेध सिर्फ ईमानदारी असहमति का है। तमाम गिरावटों को यथार्थ के नाम पर प्रचारित करनेवाला यह सेंसर उन गिरावटों से झूठा विद्रोह भी प्रचारित करता है। इस तरह यह उन दर्शकों को ईमानदार का धोखा भी बेच लेता है जिन्हें वह प्रेम, करुणा और क्रोध की सच्चाई समझने में रोज-रोज अक्षम बनाता चला जा रहा है।

लोकतंत्र की लड़ाई का मैदान हमारे सारे जीवन जैसा विस्तृत है। इसलिए एक बड़े राजनैतिक-सांस्कृतिक मोर्चे के बिना छोटी-मोटी जीत भी मुश्किल होगी। प्रतिरक्षा की तरकीबें तो हो सकती हैं, जैसे आप उस बस में जयपुर-दिल्ली यात्रा न कीजिए जिसमें वीडियो हो और जवाब में वे हर बस में वीडियो लगा दें तो या तो आप किसी बस में यात्रा न कीजिए या कीजिए तो आँख-कान बंद रखिए। पर जिस व्यवस्था में राजनैतिक-सांस्कृतिक विकल्प का अस्तित्व बनाए रखने का जन समर्थन न हो, उसमें ये सारे प्रतिरक्षात्मक उपाय अपने किसी न किसी मौलिक अधिकार की क्षति स्वीकार करके ही सम्भव हैं। इसलिए वर्तमान के अत्याचार का जवाब किसी खण्डित जीवन की शरण में जाकर नहीं मिल सकता। वहाँ जाकर आप महज एक और अत्याचार का राज पाएँगे।

[*जनसत्ता*, 10 सितंबर 1988]

भावभीने हिंदीवाले

अंतर्राष्ट्रीय फिल्म समारोह 1985 में जापान की बनी एक फिल्म दिखाई गई थी जिसमें एक कुत्ते की और एक बिल्ली की कहानी थी। बिल्ली एक खाली बक्से में बैठ जाती है। बक्सा नदी में उतराता हुआ बड़ी दूर पहुँच जाता है, कुत्ता जमीन के रास्ते बिल्ली की यात्रा का अनुसरण करता रहता है। दोनों में दोस्ती पहले से थी। कहानी उसी दोस्ती का विकास दिखलाती है। इस यात्रा में दोनों के अनेक पशु-पक्षी मित्र बनते हैं।

जब मैंने यह फिल्म देखी थी, तो कौतूहल हुआ था कि इसे कैसे फिल्माया गया होगा। मालूम हुआ कि निर्देशक ने कुत्ते के और बिल्ली के अनेक असम्बद्ध दृश्यों को जब-तब फिल्माते-फिल्माते एक समय सबको सम्पादित कर उनके स्वतः स्फूर्त्त कार्यों को तरतीब देकर एक कहानी का निर्माण कर लिया जो बाद में दर्शकों ने देखी और इस धोखे में आ गए कि कुत्ता और बिल्ली इस कहानी के अनुसार अभिनय कर रहे थे। निर्देशक को यह फिल्म पूरी करने में कई वर्ष लगे।

अभी देखा कि हमारी हिंदी ने झट से इस फिल्मी की नकल कर ली है। इसमें पशु-पक्षी जगत को वृथाभावुक शैली में लिखे और बोले वर्णनों से सुसज्जित कर दिया गया है और कहानी का भावनात्मक संदेश भावभीनी भाषा में फिल्म में ठूँस दिया गया है। जिन्होंने इस विलक्षण फिल्म की नकल बनाई उनके पास इतने साधन थे, पर इतनी कल्पना न थी—धीरज तो था ही नहीं। उनकी झोली में हिंदी कविता की फिल्मी समझ थी। उससे उन्होंने अपनी कल्पना की कमी पूरी कर ली और उनके पास फिल्म बनाने के साधन की निरुद्देश्य सम्पन्नता थी जिसे उन्होंने दार्शनिकता का गौरव देकर शालीन बना दिया।

वह आनन्ददायक अनुभव जो पशु जगत की सुन्दर गति को स्वतंत्र छोड़कर देखने से मिलता है, फिल्म जैसी सम्पूर्ण भाषा में वे हिंदीवाले नहीं देख पाए जो इस फिल्म के जापानी निर्माताओं ने देखा था। अधिक सही तो यह कहना होगा कि देख तो पाए थे, मगर हिंदीभाषी जनता पर उन्हें विश्वास न था। मैं कल्पना में सुन सकता हूँ कि इसकी नकल बनाने के पहले उन्होंने यों शंका की होगी—"है तो बड़ी अच्छी कहानी, मगर उसका सामाजिक संदेश हमारी जनता को स्पष्ट न हो पाएगा।"

'सामाजिक संदेश'—यही हिंदी भाषा की विशेषता बताई जाती है। तरह-तरह के चूरनों, साबुनों, शक्तिवर्द्धक रसायनों और देशसेवक राजनीतिक सत्ताधारियों की गुणवत्ताएँ बताने के लिए हिंदी भाषा का व्यापक प्रयोग होता रहता है। विशाल जनसंख्या तक पहुँचनेवाले प्रचार साधन इस प्रयोग में लगे पैसे को ब्याज सहित उपार्जित करते रहते हैं। भाषा के इस प्रयोग से भाषा के उत्पादकों को विश्वास हो गया है कि बहुसंख्यक हिंदीभाषियों को यही भाषा समझ में आती है। इतना ही नहीं, वे सच्चे हृदय से मानने लगे हैं कि इन हिंदी-भाषियों को चूरन हाजमे के वास्ते और सत्ता अस्मिता के वास्ते चाहिए। उन्हें अपने को या समाज को पहचानने के वास्ते मानव इकाइयों के परस्पर संबंध या प्रकृति के परिचय की जरूरत नहीं है। यह जरूरत अगर हुई तो उसका प्रबंध भी किसी सत्ता प्रतिष्ठान के अंतर्गत होना चाहिए। सामाजिक संदेश का यही मतलब है।

बम्बई के फिल्म निर्माताओं ने एक जापानी फिल्म की नकल में भारतीय जनता के प्रति जो अविश्वास प्रकट किया, वह अपनी ही नकल करनेवाले रचनात्मक कला कर्म में भी सत्ता के प्रतिष्ठान आजादी के बाद से लगातार करते रहे हैं। इसका कारण न तो भारतीय मानसिकता में है न हिंदी भाषा में। वह है इस नितांत व्यावहारिक तथ्य में कि यदि रचनात्मक कला सृजन जनता में अविश्वास की जगह विश्वास रखने लगेगा तो इतने बड़े पैमाने पर जनसाधारण कला द्वारा आत्मिक उन्नयन में शामिल हो जाएँगे कि सत्ता के छोटे-बड़े केंद्रों को अपने सब गुलाम आजाद कर देने पड़ेंगे। अभी तो वे घटियापन के प्रचार से दास बने हुए हैं।

बिल्ली की कहानी 'छात्रन', तो केवल एक उदाहरण है, परंतु है बहुत गम्भीर उदाहरण। इस कहानी के समान कोई भी उपदेश-शिक्षाप्रद सिद्धांत-प्रचार से मुक्त अनुभव होगा तो वह स्वतंत्रता का, सम्मान का और समता का संदेश अपने मानवीय संबंध के द्वारा देगा। किसी समाज की कला परम्परा यदि ऐसे अनुभवों को सामाजिक संदेश के नाम पर जकड़-बंद करना चाहेगी तो नतीजे लगभग वैसे ही निकलेंगे जैसे तानाशाही अपने अधीन समाजों में निकालना चाहती है जहाँ कुछ रूढ़िग्रस्त मानव संबंधों के अतिरिक्त बाकी सब निषिद्ध होते हैं और अंततः वैध वही संस्कार माना जाता है जो पराधीनता-पोषक हो। फिर लौकिक जीवन के वर्तमान से उसका प्रमाण नहीं मिलता, आततायी

द्वारा स्थापित अतीत से मिलने लगता है और भावी संतानों का कोई भविष्य नहीं रह जाता। यह सही है कि हर पीढ़ी इस थोपी हुई दासता का प्रतिकार और शमन करती रहती है, पर इस दीर्घकालीन अपव्यय की कीमत भी तो वही चुकाती है।

'छात्रन' की कहानी एक साधारण बिल्ली की कहानी है, कोई प्रतीक कथा नहीं है। उसका दुरुपयोग बम्बई की हिंदी संस्कृति ने किया है तो वह भी फिल्म उद्योग की दुर्घटना नहीं भारतीय मानस की सम्भावनाओं की दुर्घटना है। यह भूलना नहीं चाहिए कि यह फिल्म अगर बच्चों को इसी रूप में दिखाई जाएगी जिसमें करुणा और सौंदर्य का व्यापार करनेवाले भाषा प्रतिष्ठान ने उसे तोड़-मरोड़ कर पेश कर दिया है तो वे अपनी उम्र से चौगुने बड़े होकर रहने को मजबूर हो जाएँगे—अर्थात् नयी पीढ़ी में एकबारगी अकालवृद्ध दासों की बाढ़ आ जाएगी। बाल साहित्य के नाम पर वैसे भी जो दाढ़ी-मूँछ लगाए शिशुओं का विज्ञापन होता रहता है, कोई कम आक्रामक नहीं है।

[*जनसत्ता*, 13 अगस्त 1989]

फिल्म-समीक्षा

अफ़सर

इस अच्छी फिल्म के लिए चेतन आनंद को विदेशी लेखक गोगोल की कहानी से प्रेरणा लेनी पड़ी, यह बात कुछ दकियानूसी लोगों को चाहे न अच्छी लगे परंतु हिंदी सिनेमा में 'अफ़सर' का निर्माण निश्चय ही एक स्वस्थ घटना है।

इस फिल्म की बहुत प्रशंसा तो नहीं कर सकते क्योंकि मन लगाकर किये गए प्रयत्नों के बावजूद कथानक को तर्कसंगत लक्ष्य तक वहन करने में निर्देशक अपने सहयोगियों सहित असफल रहा है। एक संगठित व्यंग के रूप में आरम्भ होकर यह रचना समाप्ति तक पहुँचते-पहुँचते एकाएक स्थान-च्युत होकर एक बनावटी सुखांत नाटक में परिणत हो जाती है। निश्चय ही निर्माता और निर्देशक ने ऐसा इस भ्रम के वश होकर किया है कि फिल्म चलेगी नहीं अगर सुरैया देवानंद की होकर न रही।

देवानंद उस नवयुवक की भूमिका में आया है जो बेकार होने के कारण पंजाब के एक छोटे से कस्बे की एक होटल-नुमा सराय में पड़ा हुआ है, अपने बिल नहीं चुका सकता है और किसी समाचार-पत्र को कुछ संवाद इत्यादि भेजकर अपना निर्वाह करने का प्रयत्न कर रहा है। सौभाग्य से उस युवक में काफी तुरंत-बुद्धि और प्रतिभा है।

कस्बे के तहसीलदार, हेड मास्टर, पोस्ट मास्टर और घोड़ा डाक्टर, सब बाकायदा घूस खाते हैं; कस्बे के सारे कुप्रबंध के लिए वे उत्तरदायी हैं। देवानंद के लापरवाह-रोबीले-चुस्त व्यक्तित्व को देखकर कर्नैल-जर्नैल नाम के दो भले आदमी (जो इस फिल्म की रीढ़ हैं) तहसीलदार को खबर देते हैं कि जिस अफ़सर के यहाँ दौरा करने की बात थी, वह आ गया है और भेस बदलकर फलाँ सराय में ठहरा हुआ है। वह सम्वाददाता, सम्वाद एकत्र करने, अधिकारियों की पोल खोलने और शायद तफरीह करने की नीयत से अपने को वही अफ़सर घोषित भी कर देता है।

यहाँ से आरम्भ होकर छोटे अफ़सरों, व्यापारियों और इसी घूसखोर-मुनाफाखोर-क्षेत्र के अन्य कार्यकर्ताओं का बड़ा सच्चा और मजेदार चित्रण किया गया है परंतु किस कारण से निर्माता और रूपांतरकार घटनाओं के आंतरिक वैपरीत्य को समन्वित नहीं कर पाता, यह नहीं कहा जा सकता; सम्भवतः अपने दृष्टिकोण की सीमा के कारण, सम्भवतः सेंसर की कैंची के कारण, जो हो, कितना अच्छा होता यदि वह यह भी दिखला सकता कि छोटे-छोटे अफ़सरों के इस असामाजिक चरित्र में

और उसके पीछे, जो कारण हैं, जो वास्तविकताएँ हैं वह क्या हैं? इसी धारा को पकड़कर यदि कहानीकार चलता तो आगे जब नकली अफ़सर-रूपी सम्वाददाता अपनी पोल खुलने के डर से तहसीलदार की बहिन-रूपी प्रेमिका का मोह छोड़कर भागने के लिए विवश होता है तब की स्थिति में जो वेदना है वह स्पष्ट हो उठती। सहृदय दर्शकों को नकली अफ़सर के नकली होने में जो व्यंग्य है वह स्पष्ट हुआ होगा अवश्य, परंतु, जिन्होंने देवानंद को रोमा देवी और सुरैया के प्रेम में पड़ते देखकर फिल्म में रस लेना शुरू किया होगा, उन्हें उपर्युक्त व्यंग्य गूढ़ बना ही रह गया होगा। दोष उन दर्शकों की मनोवृत्ति का नहीं निर्माता के लक्ष्य-स्खलन का है।

और फिर जब तहसीलदार की बहिन की शादी उस युवक से होती दिखाई दी जो अभी तक केवल एक सामान्य सम्वाददाता होने के कारण तुच्छ एवं निर्धन तथा नकली अफ़सर के रूप में सम्मान्य था, तब बजाय कहानी के सुखांत से उल्लसित होने के हमें न जाने कैसी ग्लानि हुई, क्योंकि यह स्पष्ट हो गया था कि वह प्रणय-संबंध कभी न हुआ होता यदि नकली अफ़सर को असली अफ़सर बनने का नियुक्ति-पत्र ऐन मौके पर न मिलता।

संगीत निश्चय ही उत्कृष्ट है; जिसे कह सकते हैं—'रचित' है; भारतीय हल्के गानों में 'संगीत रचना' तो होती नहीं, केवल कुछ विलायती, कुछ जनपदीय स्वर-योजनाओं के टुकड़े जोड़-तोड़कर एक गाना पूरा कर लिया जाता है।

सचिनदेव बर्म्मन ने इस फिल्म में अपनी अन्य कृतियों की परम्परा बनाए रखते हुए 'मन मोर हुआ मतवाला' और 'नयन दिवाने इक नहीं माने', यह दो उत्कृष्ट स्वर-रचनाएँ प्रस्तुत की हैं। इन गीतों की स्वरलिपि वास्तव में रचनात्मक है क्योंकि इनके स्वर वही कहते हैं जो गीत के शब्दों का अर्थ है।

कर्नैल और जर्नैल दो ऐसे चरित्रों को स्वरूप देने के लिए निर्माता बधाई का पात्र है। यद्यपि समस्त कथानक का दृश्य पंजाब का एक कस्बा है और बहुत से मजाक, सम्वाद तथा घटनाएँ पंजाबी जीवन से जानकार होने पर और भी अच्छी समझी जा सकती हैं, कथानक के तथ्य की सार्वभौमिकता के कारण उपर्युक्त दो चरित्र सभी के लिए ग्राह्य हैं। बिना व्यंग्य के हास्य निरर्थक है, इस कथन की पुष्टि यह दोनों शरारतों और अक्लमन्दियों से करते हैं।

इस फिल्म में सुरैया को तहसीलदार की बहिन की भूमिका में एक घरेलू नवयुवती का रूप खूब फबता है। लगा कि उसके अनुरूप यही भूमिका है, और यह भी लगा कि सुरैया केवल कामुक रमणी का ही नहीं, भावुक, घर में पढ़ी-लिखी सौम्य कन्या का अभिनय भी बहुत अच्छा कर सकती है। यों उसके साथ इस बात में होड़ लेने के लिए रोमा देवी भी इसी फिल्म में थीं, उनका स्वाभाविक सौंदर्य ही उन्हें उक्त प्रकार की भूमिका के लिए उपयुक्त बनाता है।

[*प्रतीक*, जून 1951]

बिटर राइस

इटाली भाषा की इस फिल्म का अंग्रेजी में शब्दांतर अर्थात् 'डबिंग' हुआ; यह न केवल इसलिए अच्छा हुआ कि इटाली फिल्मों के तथाख्यात ऊँचे कला स्तर से हम (जो इटाली नहीं जानते परंतु अंग्रेजी जानते हैं) अवगत हो सकेंगे वरन् इसलिए भी कि जिस कलाकृति में बहुत कुछ निंदनीय और बहुत कुछ प्रशंसनीय है उसे अधिक से अधिक रसज्ञ जन देख सकेंगे।

इस फिल्म में एक सम्पूर्णता है; जैसे वृंदवादन में स्वरसम्मेलन या बहुश्रुति एक रचना को समस्त करते हैं वैसे ही इसमें भी स्वर, पृष्ठ, पार्श्व और पात्रों की क्रियाएँ सब मिलकर कथानक को स्पंदन

देते हैं।

कहानी यों है कि इटली के एक गाँव के बहुत से मजदूर धान के एक बड़े फार्म पर काम करने के लिए आते हैं। उनमें अधेड़ औरतें हैं, बच्चेवालियाँ हैं, जवान कुमारियाँ और अविवाहिता प्रौढ़ाएँ भी हैं। उनके रहन-सहन, गंदगी, अभाव, स्वभाव और व्यवहार में भारतीयों से एक अद्भुत साम्य है। यह इसलिए कि उनकी मानवीय अनुभूतियों को संचालित करनेवाली वास्तविकताएँ भारत के मजदूर-किसान के जीवन में लगभग वैसी ही हैं जैसे इटली के। दोनों देश एक ही सामाजिक व्यवस्था के अभिशापों से कमाबेश त्रस्त हैं।

इन्हीं व्यक्तियों के कष्ट, यातना, अपमान और घृणा की पृष्ठभूमि पर कहानी को एक बड़ी खूबसूरत मजदूरिन लड़की के दो प्रेमिकों और उन्हीं दो प्रेमिकों के लिए प्रेमाकुल एक अन्य मजदूरिन के आपसी द्वंद्व, ईर्ष्या और काम पर केन्द्रित कर दिया जाना हमें अच्छा नहीं लगा। बजाय उनकी प्रणय कथा के पेचीदे घात-प्रतिघातों में रस लेने के हमें एक अजब-सी भावना हुई—उसे जुगुप्सा कह सकते हैं।

कहानी का अन्त मृत्यु में होता है; सिल्वाना (अभिनेत्री का यही नाम कथा में भी है) अपने तत्कालीन प्रेमी की बेईमानी को समझकर उसे गोली मार देती है—स्वयं पश्चात्ताप में ऊँचे रंगमंच पर से कूदकर जान दे देती है। उसका पश्चात्ताप स्वाभाविक है; क्योंकि उसने अपने प्रेमी को धान की चोरी में सहायता देने और उसके साथ भाग जाने के लिए समस्त फार्म का बुरा किया था, उसने पानी का बाँध खोल दिया था जिससे सब मजदूरों का ध्यान उधर दौड़ जाए। परंतु इस स्वाभाविक पश्चात्ताप के मृत्यु में प्रतिकृत हो जाने पर भी क्यों हमें सिल्वाना से सहानुभूति नहीं होती? कारण यही समझ में आता है कि तमाम घटनाओं के पीछे जो एक मूल सत्य है उसकी ओर कथा में कहीं इंगित भी नहीं। यदि है, तो जहाँ है, वहाँ वह केवल विशेष कल्पनाशील दर्शक को ही अभिभूत करता है, उस दर्शक को जो स्वयं सामाजिक यथार्थ के प्रति सजग है।

यों 'सिल्वाना मांगानो'—वह अभिनेत्री जिस पर सम्पूर्ण कथा आधारित है, अपने अभिनय और कामुक रूप की उत्कृष्टता के बल पर दर्शकों को मुग्ध रखती है; बहुत कम दर्शक यह सोच सके होंगे कि कथानक का यथार्थ मालूम पड़नेवाला भाग सच में केवल गढ़ंत है—ऐसा वास्तव में कभी होता नहीं कि मार खाते हुए, नंगे भूखे मानव, प्रेम और ईर्ष्या के व्यक्तिगत दाँव-पेंचों में ही जीवन बिता दें। वह तो कथा की पृष्ठभूमि की चौंका देनेवाली गंदगी है जिससे दर्शक हतबुद्धि होकर कथा को सत्य स्वीकार कर लेता है।

यों तो कई स्थलों पर शैली में यह फिल्म भारतीय फिल्मों से बहुत मिलती-जुलती है—वही चमत्कारिक चरमक्षण—अति नाटकीय सम्भावनाएँ। अन्य स्थलों पर वांछित प्रभाव लाने में निर्देशक और उनके सहयोगी विशेष सफल रहे हैं। बाढ़ का दृश्य एक उदाहरण है।

समस्त प्रयोजना, फोटोग्राफी, अभिनय, सम्पादन, अत्यंत उत्कृष्ट है। उसकी प्रशंसा ही प्रशंसा की जा सकती है।

[*प्रतीक*, 1951]

अंतर्राष्ट्रीय फिल्म-समारोह 1952

भारत में होनेवाला अंतर्राष्ट्रीय फिल्म समारोह जनवरी की 24 तारीख को बम्बई में आरम्भ हो गया। इस समारोह में लगभग सभी फिल्म निर्माता देशों के प्रतिनिधि भाग लेंगे और अपने देशों की प्रतिनिधि फिल्में प्रदर्शित करेंगे।

जवाहरलाल नेहरू ने भी इस समारोह को अपना संदेश भेजा है। फिल्म-प्रेमियों को उत्साहवर्द्धन

करने के लिए उन्होंने एक अच्छी बात यह कही है :

"मैं आशा करता हूँ कि जो फिल्में केवल सनसनीखेज या अतिनाटकीय हैं या जो अपराध-कहानियों के बल पर ही पैसा बनाती हैं प्रोत्साहित नहीं की जाएँगी।

"यदि हमारे फिल्म-निर्माता इस आदर्श को ध्यान में रखें तो वह सुरुचि का प्रचार करेंगे और नवभारत का निर्माण करने में अपने ढंग से योग देंगे।"

हम भी आशा करें कि भारतीय फिल्म-निर्माता अपने को इतिहास, समाज और कलाओं के ज्ञान से लैस करेंगे—तभी वह मौलिक और महान् फिल्म-कृतियाँ बना सकेंगे—विलायती कहानियों की नकल उतार-उतारकर गर्व से अपनी गर्दन और शुभेच्छु दर्शक के पैसे से अपनी तोंद न फुलाते रहेंगे।

हॉलीवुड से

हॉलीवुड के प्रसिद्ध निर्माता और निर्देशक अमरीकी प्रतिनिधि बनकर आए हैं—उनके अतिरिक्त प्रसिद्ध अभिनेता जेनि टिरेनी, निर्माता फ्रेडा ब्रिलियन्ट (जो अभिनेता हर्बर्ट मार्शल की पत्नी हैं) तथा भारत में फिल्मायी 'द रिवर' नामक फिल्म के निर्देशक-निर्माता केनेथ मैकएलडाउनी भी हैं। इतालवी निर्माता रोबर्टो रोसिलिनी की अभिनेत्री पत्नी, इंग्रिड बर्गमैन, आनेवाली थीं परंतु आ नहीं सकीं।

रूस से

सोवियत संघ के सिनेमैटोग्राफी-उपमंत्री एम.एन. सेमिनव के नेतृत्व में रूस से जो प्रतिनिधि मण्डल आया है उसमें पाँच महिलाएँ भी हैं जिनमें एक कैमरा-चालक है—और भी सात स्टालिन पुरस्कार विजेता तथा भारतीय कला एवं साहित्य के एक विशेषज्ञ, निकोलस कोलेबवाकिन भी हैं।

कोलेबवाकिन का कहना है कि रूसी निर्माता भारत में एक फिल्म तैयार करना चाहते हैं।

अमरीका से समारोह के लिए आयी हुई फिल्में ये हैं; 'द रिवर', 'एलाइस इन द वण्डरलैण्ड', 'ब्राइट विक्टरी', 'मैग्निफिसेंट यांकी', 'नो हाइवे इन द स्काइ', 'द ग्रेटेस्ट शो आन द अर्थ'।

इस प्रकार का समारोह भारतवर्ष में पहली बार हो रहा है—इसलिए नहीं, बल्कि इसलिए कि यह आधुनिक सांस्कृतिक विनिमय का एक प्रयत्न और शिक्षा का एक अवसर है—हम इसका स्वागत करते हैं और इसकी सफलता की कामना करते हैं। यह स्वाभाविक है कि ऐसे समारोह कौतूहल अधिक उत्पन्न करें, गम्भीरता कम, परंतु भय यह है कि कौतूहल कहीं इतना अधिक न हो जाए कि सारा आयोजन एक धूम-धड़क्का बनकर ही रह जाए और देखने-सीखने का जो महत्त्वपूर्ण कार्य उन्हें करना है, वे उसे एक-दूसरे की भाव-भंगिमाओं और पोशाकों को निरखने-परखने तक ही न सीमित कर दें—यह भय निराधार नहीं है—भारतीय निर्माता की नकलची प्रवृत्ति उसकी वृत्ति में इतनी बुरी तरह झलकती है कि डर लगता ही है।

विदेशी फिल्मों की सच्चाई के बारे में हमें कोई गलतफहमी नहीं है। यह हम जानते हैं कि अधिकांश विदेशी—विशेषकर अमरीकन-फिल्में निपट सस्ती और बाजारू होती हैं और उनसे कुछ लिया जा सकता है तो यही कि उनसे कुछ न लिया जाए। परंतु शिक्षा और जीवन के अनुभव में अधिक परिपक्व होने के कारण कई विदेशी निर्माता कई भारतीय निर्माताओं से कहीं श्रेष्ठ कलाकार हैं—यह स्वीकार करना ही पड़े तो भारतीय निर्माता स्वीकार करेंगे तथा अपने को साहित्य, इतिहास और जीवन के क्षेत्र में शिक्षित करने में संलग्न होंगे तो इस समारोह का एक उद्देश्य पूरा हो जाएगा।

वह समारोह भारत के चार बड़े शहरों में घूमेगा—बम्बई में 24 जनवरी से 6 फरवरी तक, मद्रास में 7 फरवरी से 13 फरवरी तक, नयी दिल्ली में 14 फरवरी से 20 फरवरी तक और कलकत्ते में 21 फरवरी से 27 फरवरी तक।

नई फिल्में

गोपाल भाँड़

मध्यकालीन बंगाल में एक विख्यात दरबारी विदूषक हुए हैं जिनका नाम था गोपाल भाँड़। राजा कृष्णचंद्र के दरबार में मुसाहिबी करके उन्होंने जो चुटकुले और व्यंग्य रचे और प्रचारित किए वे अब दंतकथाएँ बन गए हैं।

उन्हीं का जीवनचरित अब बँगला में फिल्माया जा रहा है। निर्देशक हैं अमर कुमार दत्त; और गोपाल भाँड़ की भूमिका में बँगला फिल्मों के जनप्रिय विदूषक हरिधन मुकर्जी हैं।

द पर्शियन गल्फ

अमरीकी फिल्मोद्योग में तुरंतबुद्धि और व्यवसायबुद्धि की कितनी घनिष्ठता है, इसका एक और दृष्टांत यह है कि वर्तमान आंग्ल-फारसी-तेल-द्वंद्व को लेकर वे लोग उपरोक्त नाम से एक फिल्म तैयार कर रहे हैं—उसके प्रधान सितारे होंगे एलन लैड और सुजेन क्लाटियर। कुमारी क्लाटियर ने आर्सन बेलिस के 'आथेलो' के फिल्म-संस्करण में डेसडेमोना का अभिनय किया था।

फुलवारी

रवींद्रनाथ ठाकुर की मर्मस्पर्शी कहानी 'मालंच' को आइ.एन.ए. पिक्चर्स ने बँगला में 'फुलवारी' नाम देकर फिल्माया है।

इसमें स्वर्गीय बरुआ की पत्नी जमुना जिन्होंने कितने ही दिन पहले 'देवदास' में पार्वती का अभिनय करके अपनी विशिष्टता प्रमाणित कर दी थी, बहुत समय पश्चात् फिर पर्दे पर उतरी हैं। उनके साथ, फिल्म-क्षेत्र में नवागंतुक प्रभातकुमार नामक एक नवयुवक ने अभिनय किया है। निर्देशक : प्रफुल्लराय; संगीतकार कमलदास गुप्त।

[*प्रतीक*, 1952]

मदर इंडिया

भारतीय फिल्मों में यथार्थवाद के दो तरह के हिमायती मिलते हैं, एक तो वे हैं जिनके पास साधन कम हैं पर समझ ज्यादा है और जिन्हें अपनी फिल्मों की प्रेरणा स्वयं यथार्थ से मिलती है, दूसरे वे हैं जिन्हें प्रेरणा अपनी आर्थिक शक्ति से मिलती है—उदाहरण के लिए मदर इंडिया बनानेवाले महबूब, जिन्होंने यह फिल्म शायद सिर्फ इसलिए बनाई है कि वह गेवाकलर में कुछ अत्यंत 'यथार्थ' दृश्यों को फिल्मा सकते थे, या कि नरगिस को एक झकझोर देनेवाली भूमिका में प्रस्तुत कर सकते थे। इस चित्र को देखते हुए कभी-कभी तो ऐसा लगता है जैसे निर्माता को सारी प्रेरणा उन दो-तीन शाटों से मिली है जिनमें उसने नरगिस को कंधे पर हल का जुआ रखे खेत जोतते हुए परिकल्पित किया था—परदे पर डायगनल बनाते हुए और जोर लगाने से खिंची हुई सुंदर ग्रीवा का एक सचमुच सुंदर घुमाव दिखाते हुए, अफसोस है कि ऐसे छोटे-छोटे अनेक सुनियोजित शाट इस फिल्म में दीख पड़ते हैं पर कुल मिलाकर वे यही दिखा पाते हैं कि अर्द्धशिक्षित निर्माता कितनी छिछली भावनाओं या सूझों को कितने दम के साथ प्रस्तुत कर सकते हैं—इस सिलसिले में वह चाहे सुनीलदत्त जैसे सम्भावनामयी प्रतिभा की हत्या ही क्यों न कर डालें।

क्यों सुनीलदत्त को इस चित्र में बार-बार मुँह ही मुँह में बोलते और अस्वाभाविक रूप से झुककर खड़े होने का मोह दिखाई देता है? उसे अपनी कला साधना के आरम्भिक जीवन में ही इस तरह असुंदर हो जाते देखने से दुख लगता है : कहीं-कहीं नरगिस की हँसी या संकोच भी ठेठ शहराती है यद्यपि वह दूसरे की असुंदरता है—कमोबेश एक मजबूरी है—लेकिन दोनों ही उस महान् अपरिचय से उद्भूत होती हैं जो निर्देशक को वर्तमान गाँव के जीवन के प्रति है—सारा गाँव पुंसत्वहीन और मर्यादाहीन व्यक्तियों से आबाद है, एक स्त्री सारा जीवन अत्याचार सहती रहती है और जहाँ-जहाँ नाटकीयता की परिणति के लिए दृश्य रचे गए हैं, वहाँ भी बाकी लोगों की मानवीय सहानुभूति जैसे उस स्त्री से या उसके कष्ट से कतराकर निकल जाती है—कितना असम्भव, और संवेदनशील दर्शक के लिए कितना खिझानेवाला यथार्थ है? उन अनेक छोटी-छोटी असंगतियों का जिक्र करना जहाँ सम्भव नहीं, जो उस चित्र में आरंभ से अंत तक प्रत्येक सम्भावनापूर्ण परिस्थिति के साथ अकारण जोड़ दिए गए हैं पर नौशाद का उल्लेख जरूरी है क्योंकि वह निस्संदेह इस मिथ्या यथार्थवाद में अपना पूरा सहयोग देता है। उसका इस जोर-शोर के साथ फिल्मी संगीत जगत में पुनरागमन खासी बड़ी विप्रगति है। ऐसा लगता है जैसे नौशाद और उसका संगीत इस चित्र का मौलिक भावन का प्रतीक हो। इस फिल्म की नाट्य परिस्थितियों में मानवीय भावोन्मेषों और रागों को बुरी तरह गलत रास्ते पर ले जानेवाले, तथा सबसे बढ़कर उन प्रवृत्तियों के विरुद्ध चलनेवाले जो आज भारतीय फिल्म संगीत में जहाँ-तहाँ शुद्ध लक्षणों के रूप में दिखाई दे रही हैं, इस संगीत निर्देशक के बिना भी यह फिल्म कितनी भयंकर उलझी-पुलझी होती, इसकी कल्पना नहीं की जा सकती।

सम्पूर्ण फिल्म फीचराइजेशन की एक दुर्दम इच्छा से आक्रांत दिखाई देती है। क्यों? क्या कोई कथाकार इस कहानी को संपूर्ण फिल्म नाटक की शक्ल में देख नहीं सकता था। लगता है जैसे सिनेरियोकार के पास कुछ 'आइडिया' है, जिन्हें उसे कहीं न कहीं खपाना है—एक मौलिक आइडिया नहीं है, और उसके अभाव में जो कुछ है वह मानवीय तो क्या भारतीय भी नहीं है। गाँव, गाँव के लोग, स्त्री, उसकी अर्थसमस्या, उसका जीवन संघर्ष, कुछ भी विश्वासजनक नहीं है। इस अविश्वास के सिलसिले में महबूब की चरम सफलता उस दृश्य में मिलती है जहाँ घुड़सवारी और गोलीबाजी, सुंदर फोटोग्राफी और वृद्धा (महान कौतूहल) नरगिस द्वारा एक असम्बद्ध आदर्श की रक्षा के लिए पुत्र हत्या किसी तरह कथा को समाप्त करती है और हमें यह सोचने के लिए छोड़ देती है कि कला के क्षेत्र में इस प्रकार के अपव्यय से कितना कष्ट हो सकता है। किसी भी क्षेत्र में हो, कलात्मक पद्धतियों का गलत इस्तेमाल क्षुब्ध करता ही है। अंत में जो बच रहता है, वह यही क्षोभ है और उसका प्रतिकार उस आशा की क्षीण किरण ही कर सकती है जो किसी भी दुरवस्था में हम अपने मन में जगा सकते हैं, वह यह कि परख और अच्छी कला की रुचि रखनेवाले लोगों की राय कहीं न कहीं किसी न किसी रूप में अपना असर, कभी न कभी जरूर डालेगी।

[*कल्पना*, दिसंबर 1957]

'मैथ्यू की कहानी'

[पोलैंड की गैर-प्रतियोगी फिल्म]

आधुनिक मानव विचित्र को नहीं देखता। उसकी यही एक आदत आधुनिक अभिव्यक्ति को दुष्कर बनाने के लिए काफी है। फिर जब माध्यम सिने-कैमरा हो, तो पलक मारते विरूप और अद्भुत को पकड़ सकता है, तब किसी चरित्र या घटना को उसकी असाधारणता के मंच से उतारकर इंसानी

जिंदगी की साधारण भीड़ में शामिल कर देना और भी कठोर अनुशासन का तकाजा करता है।

मैथ्यू की जिंदगी की फिल्म बनानेवाले ने जरूर दाँत भींचकर और हाथ रोककर इसे रचा होगा। एक ऐसे आदमी की जिंदगी, जो इस दुनिया के कामकाजी सुखी गृहस्थों की जिंदगी से बिल्कुल अलग इसलिए है कि वह अपने अकेलेपन को पहचानती और उससे बनती है, जबकि बाकी लोग कमाने-खाने में खोए रहते हैं : यह है मैथ्यू की कहानी।

पर इसमें कहानी क्या है। फिल्म में आने के पहले शायद एक कहानी थी। फिल्म पर उसकी खरोंच अब भी दिखती है और वह यह है कि एक भरा-पूरा लम्बा-तगड़ा नौजवान अपनी हमउम्र बहिन के साथ रहता है, उसका और कोई नहीं है। वह कुछ नहीं करता। कुछ कर सकता ही नहीं। सारा गाँव उसे निठल्ला समझता है जो कि वह है। लेकिन दर्शक उसे इस शक्ल में नहीं देखता। मैथ्यू सोचता है कि काम करे लेकिन नहीं समझ पाता कि वह क्यों नहीं काम करना चाहता। निजी तौर पर मैं समझता हूँ कि यह एक आदर्श स्थिति है। वह लड़कियाँ भी चाहता है जो उसे मिलती हैं, सपने में और एक बार हाड़-मांस की भी (हाड़ कम मांस ज्यादा)। झील के बीच सूने टापू पर। पर वह उन्हें देखकर खुश होता है और धूप में सोता है और फिर उन्हें वापस घाट तक ले आता है और फिर खुश होता है कि लोगों ने उसे दो मदभरी जवानियों के साथ आते देखा। वह नहीं जानता लेकिन उसमें कहीं कोई प्यार की बहुत गहरी भूख है जिससे वह इन रसभरी मिठाइयों पर मुँह मारते नहीं दिखाई देता।

बहुत दिन से उसके अंदर एक डर समाया हुआ है, गाँव के सिरे पर, झील के किनारे, भाई-बहिन के अकेले घर पर से एक चील गुजर जाती है। ऐसा क्यों हुआ। मैथ्यू समझता है कि ऐसा नहीं होना चाहिए था। एक दिन निर्देशक उसे एक जंगल में ले जाता है, जिसके पेड़ों के लम्बे सीधे तने एक घनी दीवार की तरह परदे पर दिखाई देते हैं और उनके सामने तड़फड़ाता मैथ्यू चिड़िया को शिकारी की गोली से घायल होकर गिरते देखता है। उसके दिल पर चोट लगती है (सिद्धार्थ के भी लगी थी)।

पर वह चिड़िया को उठाकर घर ले आने के सिवा कुछ नहीं कर पाता। बहिन ओल्गा कहती है कि "रोते क्यों हो, चिड़िया तो मरा ही करती हैं", मैथ्यू नहीं मानता—बहुत-सी तो जाने कितने-कितने दिन जिया करती हैं—कहीं तुम मुझे छोड़कर चली तो न जाओगी। रात को उसने बहिन से कहा कि मुझे डर लग रहा है। बहिन उसे अपने पास सुला लेती है। (यह परिचय उनके लिए नहीं लिखा जा रहा है जिन्होंने इस स्थल पर सिनेमाघर में सीटियाँ बजाईं)।

एक दिन सबेरे ओल्गा मैथ्यू को बताती है कि अगर वह ईवा और अन्ना को खेकर घाट तक लाया था तो शायद वह माँझी का काम करके कुछ कमा सकता है। मैथ्यू उसी दिन, बहुत देर तक सुंदर झील में भटकने और अलसाने के बाद शाम को एक लकड़हारा घर ले आया जो जंगल में रास्ता भूल गया था। झील के आर-पार मुसाफिर मिलता भी कहाँ जबकि, जैसा कि ओल्गा ने कहा था, झील के पार कोई रहता ही नहीं है। मुसाफिर को न सिर्फ वह घर ले आया, बल्कि खाने और सोने की दावत भी दे चुका है और खुश है। ओल्गा भी खुश होती है। उसका अकेलापन टूट रहा है।

फिर मेहनत-मेहनत-मेहनत जंगल में वृक्षों की कटाई, सफाई, चिराई और नाव पर ढुलाई। मैथ्यू सिर्फ ढुलाई कर सकता है क्योंकि नाव और झील दोनों उसकी हैं। बहिन उससे प्रतिपल बिछुड़ रही है। "तुम चली तो न जाओगी" उसने कहा था। आगंतुक के, जिसने घर को खुशहाल और रोशन कर दिया है, दिल में मैथ्यू के लिए जगह है, "मैं तुम्हें दरख्त की छाल उतारना और कुंदे काटना सिखा दूँगा। तुम कमाना और अपने पैरों पर खड़े होना।" "हरगिज नहीं, मैं नाव खेता हूँ, जन्म से यही सीखा है" मैथ्यू ने सोचते-सोचते आजिज आकर नाव में खड़े-खड़े पाँव पटका। ओल्गा ने यान से कभी कहा था, "तुम मैथ्यू को एक नई नाव बना दो ना"। जर्जर नाव का तला खुल गया।

मैथ्यू समेत नाव झील में डूब रही है। मैथ्यू को नहीं मालूम। जब वह जानता है तब बहिन को पुकारता है। नहीं पुकारता नहीं, ओल्गा कहने के लिए मुँह खोलकर फिर अपनी इस चेष्टा को व्यर्थ जानकर छोड़ देता है। पर वह एक चीख सुनता है। ओल्गा की आवाज। परदे पर अँधेरा है और सन्नाटा है और उस वक्त तक रहता है, जब तक समाप्त शब्द सामने पढ़ने के लिए दर्शक का मन राजी न हो जाए।

निर्जन टापू से निराश लड़कियों को लेकर लौटते हुए मैथ्यू ने उनसे कहा था, "मैं कुछ कर ही नहीं सकता, सिर्फ नाव खे सकता हूँ।"

[*दिनमान*, 28 दिसंबर 1969]

नंगी देह

पश्चिम में पिछले चार-पाँच वर्षों में श्लील-अश्लील के संबंध में चर्चाओं की बाढ़ आई है। पुरानी मान्यताओं की स्वीकृति को बहुत संकुचित सीमाबद्ध और रूढ़िवादी घोषित करनेवालों की संख्या में बहुत बड़ी वृद्धि हुई है। और यह ध्यान देने की बात है कि इस तरह की प्रायः प्रत्येक चर्चा में फिल्म सेंसर बोर्ड का नाम आता रहा है।

घिसे-पिटे नुस्खों पर ऐसी फिल्में तैयार करने के लिए, जो बाक्स आफिस हिट बन सकें, अधिक साहस और अधिक धन की आवश्यकता होती है जबकि यदि कामोत्तेजक स्थितिवाले दृश्यों को रजतपट पर दिखाने का सुभीता होता तो फिल्म निर्माता कम लागत से, बढ़िया कमाई के लिए भविष्य निश्चिन्त मान धन लगा सकते थे।

किंतु जिन देशों के वास्तविक सामाजिक जीवन में यौन-संबंध वैसे कठोर प्रतिबंधनों से जकड़ा नहीं है जैसा कि हमारे देश में, वहाँ क्या स्थिति है? ब्रितानी फिल्म सेंसर बोर्ड के सदस्य **जान ट्रिवेलियन** ने एक वक्तव्य में कहा है कि 'फिल्मों पर सेंसर हटा दिए जाने का अर्थ होगा कि पनाले में भरी गंदगी में बाढ़ आने का इंतजाम कर दिया जाए।' इस पर समीक्षक **फिलिप जेकिंसन** ने एक लेख में टिप्पणी करते हुए कहा कि 'समाज स्वयं अपने संरक्षक उत्पन्न करता है और कोई कुछ भी चाहे ऐसी कोई भी स्थिति जनता पर नहीं लादी जा सकती जिसे वह स्वयं स्वीकार न करती हो।'

वास्तव में अमेरिका के बड़े नगरों में कामोत्तेजक फिल्म दिखानेवाले सिनेमाघरों की संख्या बढ़ी नहीं बल्कि घट रही है और यह जरूरी नहीं कि यह पुलिस अथवा उस जाँच के कारण हो जो श्री निक्सन ने हाल में कराई थी। यह केवल **अति-परिचय** द्वारा उत्पन्न स्वस्थ मन की सहज प्रतिक्रिया है। 'गंदी' फिल्म देखनेवाले की एक विशेष नियति होती है। जब वह एक ऐसी फिल्म देख लेता है तो मानो इस प्रकार की सारी तस्वीरें देख डालता है। पर ब्रिटेन में हालत यह है कि साधारण आदमी को ऐसी एक भी फिल्म देखने की सुविधा से वंचित रहना पड़ता है। इसका परिणाम यह होता है कि कामोत्तोजक फिल्मों को प्रदर्शित करने का सारा व्यवसाय लुका-छिपा हो जाता है और अत्यंत निम्न कोटि की फोटोग्राफी से बनाई गई ऐसी फिल्में चोरी-छिपे ऐसे लोगों को प्रदर्शन के लिए दी जाती हैं जो फिल्म दिखानेवाले 'प्रोजेक्टर' रखते हैं और इनके पास ऐसे गुप्त स्थान होते हैं जहाँ कानून की नजरों से छिपकर फिल्में दिखाई जा सकती हैं और साथ ही ऐसे सावधान संरक्षक-दर्शक भी, जो इस व्यवसाय की सफलता के सर्वाधिक महत्त्वपूर्ण अंग हैं।

गोदाम, बंद गैरेज, मजदूर क्लब तथा सामान ढोनेवाली बड़ी मोटर गाड़ी तक का हालैण्ड, स्वीडन और जर्मनी की ब्लू फिल्मों के प्रदर्शन घर के रूप में उपयोग किया जाता है।

इस माने में ब्रिटेन की दशा भारत से सिर्फ इसी अर्थ में भिन्न है कि वहाँ गुप्त सिनेमाघर नहीं है और यहाँ गुप्त भी नहीं हैं—पर वह जर्मनी जैसे देश से भिन्न इस अर्थ में है कि बर्लिन में रतिकथात्मक फिल्म देखने 40 वर्ष से कम के लोग आमतौर से नहीं जाते हैं। ऐसी फिल्में स्त्री-पुरुष के शरीर का उतना ही चलताऊ सम्भोग दिखाती हैं कि जितना चलताऊ बम्बइया फिल्मों में प्रेम होता है। नौउम्र जोड़े अक्सर ऐसी फिल्म शुरू होने के पाँच मिनट बाद निराश होकर बाहर जाते देखे गए हैं—यानी यदि वे सिनेमा देखने ही आए थे तो हो सकता है कि वे खाली यह देखने आए रहे हों कि जिसे हम वास्तविक जीवन में जानते हैं, वह फिल्म में कैसे दिखाया जाता है। सिर्फ एक ही स्थिति ऐसी है जिसमें पश्चिम के युवजन को अभी भी सिनेमा के परदे पर नंगी देह का आकर्षण है : तब जब कि वह देह फिल्म माध्यम से किसी भी स्थापित असत्य का विरोध करती हो।

स्टुटगार्ट (पश्चिम जर्मनी) के छोटे से मुश्किल से 100 आदमियों की समाई वाले सिनेमाघर में **एंडी वारहोल** की गोश्त (फ्लेश) फिल्म का जर्मन अनुवाद देखनेवालों की भीड़ में कच्ची उम्र की लड़कियों से लेकर अधेड़ जोड़े तक मौजूद हो सकते हैं पर जब अपना पुरुष शरीर स्त्रियों और पुरुषों दोनों की तात्कालिक जरूरत के लिए किराए पर देनेवाले नायक का सुंदर खुला सर्वांग परदे पर आता है तो छोटी लड़कियाँ नहीं, अधेड़ औरतें ठी ठी ठी करती हैं। लड़के-लड़कियाँ सीटियाँ बजाते हैं। उस वक्त तब जब फिल्म शुरू होने के पहले परदे पर आकर एक मोटा-ताजा आदमी जर्मन भाषा में एक लम्बा स्पष्टीकरण देता है। यह फिल्म अश्लील नहीं है। इसमें नंगी देह को केवल कला के लिए दिखाया गया है—

कला नहीं तो, शुद्ध पुरुष सौंदर्य ही पुरुष की नंगी देह दिखाने का काफी कारण है। शिश्न कोई वीभत्स अंग नहीं है जैसा कि उसका हर समय स्मरण करनेवाली स्त्रियाँ या पुरुष समझते प्रतीत होते हैं—फिर एंडी वारहोल अपने नायक के शिश्न को और अर्थ भी देता है—जब उसकी पत्नी, जिसके गर्भपात के लिए नायक को अपने धंधे के बूते पैसा जमा करना है, पति की जननेंद्रिय पर एक लम्बी पट्टी बाँधना शुरू करती हो—यहाँ तक कि वह एक हास्यास्पद, करुण घंटा बन जाता है—उस सभ्यता पर एक टिप्पणी की तरह जिसमें उस अंग का स्वामी जीता है।

अन्यत्र, खास तौर से 'अण्डरग्राउण्ड' फिल्मों में ('फ्लेश' अण्डरग्राउण्ड फिल्म निर्माता वारहोल की सही अण्डरग्राउण्ड नहीं, व्यावसायिक फिल्म है) हॉलीवुड या बम्बई की तरह स्त्री शरीर को ललचाने वाली मृग-मरीचिका सीना और पीठ और जाँघ नहीं दिखाई जाती—उसका भद्दर बज्जर बालों सहित सम्मुख रूप दिखाया जाता है। वह दृश्य कामोत्तेजक नहीं। स्वाधीन विरोध की अकड़ है वह नारी मुक्ति की आवाज और नर-देह का सुंदर गोपन रहस्य खोलकर वैसी फिल्म मानो कीमती कपड़ों में तोपी हुई आभिजात्य सभ्यता को ही वह चीज खोलकर दिखाई देती है जिसे सबके सामने देखना यह सभ्यता अपमान समझती है—कितने अलग-अलग मानदंड हैं इस अधेड़ सभ्यता के और अण्डरग्राउण्ड युवा सभ्यता के।

[*दिनमान*, 9 मई 1971]

'ल' काराबीनीये

[गोदार की फिल्म 'सैनिक']

कोई कारण है कि जिस फिल्म को देखकर उठने पर उसकी कहानी की परीकथा जैसी शैली मन में अटकी रह गई थी उसे अब स्मरण करने पर सिर्फ कुछ काले सफेद चार-खाने दिखाई देते हैं

जिनके चौखटों को पकड़कर चेहरे उनमें से झाँकते और अपने बाद आनेवाली तस्वीर के साथ पैबस्त होते जाते हैं। हर चेहरे में पात्रता पूरी है परंतु एक हल्का-सा भकुआपन भी है : शायद कहानी को तर्कसंगति से युक्त परीकथा बनाने के साथ-साथ अभिनेताओं का चुनाव भी गोदार ने यह ध्यान रखकर किया है कि कहीं वे अत्यंत तर्कसंगत न लगने लगें। जैसे-जैसे वे दुनिया में युद्ध के ध्वंस के बीच अविश्वसनीय रूप से बचे रहकर घूमते जाते हैं उनकी यात्रा एक मौज भरी यात्रा के सभी गुण ग्रहण करती जाती है जो परीकथा का धोखा बनाए रखने की तरकीब है। उधर उसी समय गोदार जमीन के प्रकट ध्वंस के सच्चे फिल्मांकनों का इस्तेमाल करके यथार्थ का पोषण करते हुए भी उसके बीच दो यंत्रचालित जैसे मूर्खों को जिस प्रकार का ध्वंस करते दिखाते हैं वह मनुष्य की आत्मा का ध्वंस है। वह निरी हत्या नहीं है : और घिसा-पिटा बलात्कार तो बिल्कुल नहीं : वह सैनिक को असहाय स्त्री के साथ रखकर पहले दर्शक की भावना को लीक में डालते हैं पर धीरे-धीरे 'अब बलात्कार की बारी है' ऐसा माननेवाला मन जान जाता है कि स्त्री पर करने के लिए सैनिक उससे भी बड़ा अत्याचार ईजाद कर रहा है : उसके अनतिरमणीय शरीर को उसी से उघराव कर उसे घुटनों के बल कमरे भर में घिसटने को कह रहा है। क्या यहाँ उस सैनिक के शिशुवत चेहरे का भी कोई अर्थ है? नहीं जानता।

नानी की कहानी-सी पूरी कहानी अविश्वसनीय है (जो इसे आधुनिक लेखन मानें वे कह सकते हैं कि एक डब्बा बंद रेडियो रूपक के अधिक नजदीक है जो प्रचार के लिए बजाया जाता है)। दो सैनिक कहीं से आए और उन्होंने दो भाइयों से कहा कि युद्ध में जाओ तो संसार के सब सुख प्राप्त होंगे। उनकी माँ और बहन ने उन्हें खुश होकर ठेलकर युद्ध में भेजा। बरसों बाद जब वे लौटे तो एक बक्सा साथ में लाए। औरतों ने पूछा, "कहाँ हैं हमारे गहने और जेवर?" भाइयों ने कहा, "बक्से में"। बक्सा खोला तो उसमें जेवर तो थे नहीं, सम्पूर्ण सृष्टि की तस्वीर थी। भाइयों ने कहा, "लो, ये सब तुम्हारे लिए लाए हैं" और यह कहकर सबने उन्हें हवा में उड़ा दिया।

जो बात समझने की है वह यह कि इस कहानी पर फिल्म नहीं बनाई गई है। यह वह कहानी है जो फिल्म में है। वास्तव में फिल्म खुल्लमखुल्ला सम्वादों के लट्ठमारपन के जरिए यह भ्रम निरंतर तोड़ती चलती है कि कहानी पात्रों के अप्रकट अंतर्द्वंद्व के बूते चल रही है।

यहाँ तक कि अंत में पता चलता है कि हम एक पुराने रास्ते पर चलते हुए एक नए देश में आ पहुँचे हैं। वह एक जबर्दस्त बेचैनी का देश है जिसमें विचारधाराओं की मसीहाई टूट चुकी है (जिसके लिए गोदार ने वीर क्रांतिकारिणी की शहादत का दृश्य इस्तेमाल किया) मगर दूसरे के लिए मरने का साहस बाकी है—वह किसी संस्था को दिया नहीं जा सकता क्योंकि संस्थाएँ भी सब टूट चुकी हैं। यह बेचैनी दिमाग की है कि दिल की, कहना कठिन है पर सोचना पड़ेगा कि क्या वही आज के संसार में हर कृति की असली कसौटी नहीं है? असलियत यह है कि युद्ध है, युद्ध ही असलियत नहीं है। और युद्ध के विरुद्ध जितना कुछ कहा गया है वह सब ठोस तार्किक कूड़ा है—असलियत को दर्दनाक बताता है पर इतना सोचने को मजबूर नहीं करता जितनी यह फिल्म करती है।

[*दिनमान*]

बचे हुए लोग

कूबा का फिल्म उद्योग जाहिर है कि अभी बहुत पीछे है। ज्यादा फिल्में नहीं बनती हैं। एक वर्ष में आठ-दस कथा फिल्में बन पाती हैं। वृत्तचित्र अधिक संख्या में बनते हैं—उनका औसत लगभग

पैंतालिस (वार्षिक) है। तोमास आलीया कूबा के चर्चित फिल्मकारों में से हैं। 1928 में जन्मे आलीया बंगलूर भी आए थे। उनकी चर्चा बहुत ज्यादा तो नहीं हुई पर फिल्म कला से परिचित दर्शक आलीया की महानता को पहचानते हैं। 1968 में बनी उनकी फिल्म **अविकसित अवस्था की स्मृतियाँ** दुनिया भर के फिल्म प्रेमियों में चर्चा का विषय रही है। आलीय कूबा को तीसरी दुनिया में नहीं गिनते (साम्यवादी देशों की तरह उनकी दुनिया भी 'दूसरी' है) बंगलूर में आलीया की ताजा फिल्म दिखाई गई **दि सरवाइवर्स** (बचे हुए लोग)। मूल रूप से यह 'कॉमेडी' फिल्म है लेकिन हमें भयभीत कर देनेवाली 'कॉमेडी' कि आदमी किन शर्तों पर जीना चाहता है? बंगलूर के पत्रकारों से बातचीत में आलीया ने एक बहुत अच्छी बात कही कि समाजवादी देशों में अगर अच्छी फिल्में बनें, तो समाजवाद का यह एक अच्छा प्रचार है। जरूरी नहीं है कि बार-बार क्रान्ति की घुट्टी पिलाई ही जाए।

'दि सरवाइवर्स' की दुनिया 1959 के कूबा की दुनिया से शुरू होती है। मूल कहानी एक पैसे वाले परिवार की है। कैसे उसके सदस्य अपने नष्ट हो चुके मूल्यों से चिपके पड़े हैं। वे मरने को तैयार हैं लेकिन अपने आपको बदल नहीं सकते चूँकि इसके लिए काम करना जरूरी है। परिवार की एक स्त्री खाने की मेज पर भूखा उठ जाने के लिए तैयार हो जाती है लेकिन सिद्धांत रूप में वह इस स्थिति के लिए तैयार नहीं है कि अच्छा खाने के लिए काम भी करना जरूरी है। परिवार के एक-दो सदस्य इस स्थिति से अपने को बदलना चाहते हैं पर ज्यादातर लोग इस नई हालत के सामने चित्त पड़े हैं। बदहवास हैं। अपने साथी को ही खा जाना चाहते हैं।

'दि सरवाइवर्स' में हँसना आसान नहीं है। हँसते-हँसते अचानक यह अहसास होता है कि इसमें हँसने की क्या बात है। परिवार का एक बूढ़ा सदस्य काम करने के विरोध में जब अपना तर्क देता है कि मेरी उँगलियाँ काँपती हैं तो उसके हाथों में झाड़न बाँध दिए जाते हैं ताकि उससे लम्बे समय से हवेली में जमा हो चुकी धूल (नौकर सब भाग चुके हैं) हटाने का काम ही हो सके। वह व्यक्ति धूल झाड़ते हुए मलबे के नीचे दबकर मर जाता है। परिवार की मालकिन खेत में बिजूका बनकर बँधी पड़ी रहती है—खूँखार पक्षी उसे खा जाते हैं।

आलीया की दृष्टि में बुनियादी मानवता है। एक बुर्जुआ परिवार की नष्ट हो चुकी हास्यास्पद और साथ-साथ करुणाजनक हालत में भी वह व्यक्तियों के साथ अपनी सहानुभूति को नहीं खो देते, इन मूल्यों का सिर्फ मखौल उड़ाने का कोई आसान रास्ता आलीया के यहाँ नहीं है। पटकथा कसी हुई है और संवाद चुस्त हैं। खाने की मेज पर परिवार का एक सदस्य कहता है कि एस्कीमो लोग जब किसी काम के काबिल नहीं रह जाते हैं तो वे अचानक गायब हो जाते हैं।

एक अन्य प्रभावशाली प्रसंग में परिवार का एक पागल-सा हो गया सदस्य परिवार के गौरवशाली इतिहास के पन्ने हवा में उड़ा देता है, तो एक दूसरा 'जिम्मेवार' सदस्य उन्हें इकट्ठा करने की कोशिश में जब असफल हो जाता है, तो खिसियाकर कहता है कि कोई बात नहीं, सब कुछ मेरे दिमाग में सुरक्षित है।

'दि सरवाइवर्स' में परिवार के सदस्यों के संबंध धीरे-धीरे आदिम अवस्था को छूने लगते हैं। जंगलीपन उनमें पहले से ही है (नौकरों के साथ अत्याचार का एक प्रसंग है) लेकिन उस जंगलीपन के अंतिम छोर पर वे सब पहुँच जाते हैं जहाँ सिर्फ एक-दूसरे को खा लेने का काम रह जाता है। आखिर कोई एक काम तो उन्हें करना ही है।

[*दिनमान*, 1980]

आओ, ट्रायबल ट्रायबल खेलें

'आक्रोश' की बड़ी तारीफ हो रही है। इस समीक्षक ने एक वामपंथी कला समीक्षिका से जब यह कहा कि इसमें और गत फिल्मोत्सव में प्रदर्शित कूबाई फिल्म 'द लास्ट सपर' की परस्पर तुलना उपयोगी होगी तो वह भौंचक रह गईं—"दोनों में तुलना का आधार क्या होगा, मैं नहीं समझी", उन्होंने कहा। वास्तव में आधार यह है कि 'द लास्ट सपर' कालों के गोरों द्वारा शोषण की और उसके विरोध की कहानी है जिसे काले स्वयं कहते हैं और 'आक्रोश' आदिवासियों के शोषण की कहानी बताई जाती है पर उसे आदिवासियों को खुद कहने नहीं दिया जाता है।

तो आक्रोश की तारीफ हो रही है। वह दलितों के स्वयं सुरक्षित संरक्षकों, खासतौर से कानवेंटी मार्क्सवादियों के यहाँ पसंद की जाती है, क्योंकि वह उनकी छोटी-सी दुनिया में एक छोटी-सी हलचल मचाती है। उद्देश्य उनकी जड़ता तोड़ना है और इस तरह कि उनकी सामाजिक-राजनैतिक संरक्षक स्थिति में कोई अंतर न आने पाए। उद्देश्य यह बताना नहीं है कि आदिवासी अपनी जड़ता कैसे तोड़ रहे हैं, जो कि वह तोड़ रहे हैं। वह बताने से एक राजनैतिक स्थिति का प्रचार होगा जो संरक्षकों की क्रान्तिकारी मुद्रा को प्रायः अर्थहीन दिखाकर छोड़ देगी, इसलिए आक्रोश में तमाम वक्त आदिवासी जीवन के राजनैतिक पिछड़ेपन का प्रचार किया गया है और साथ-ही-साथ यह बात भी रेत-रेतकर बताई गई है कि सिर्फ सवर्ण ही उनका उद्धार कर सकते हैं।

एक आदिवासी युवक पर अपनी पत्नी की हत्या का आरोप है। एक नवयुवक सवर्ण वकील उसका मुकद्दमा लड़ने की तैयारी करता है—अपने आप नहीं। वह इतना जागरूक नहीं। वह सरकार की तरफ से गरीब मुवक्किलों को वकील जुटाने की व्यवस्था के अधीन जुटाया गया है। अंत तक पहुँचते-पहुँचते इस युवक को सामाजिक चेतना आ जाती है और मुख्य कहानी यही है कि कैसे यह चेतना आई। पर यह इतनी लचर है (जैसे 'जो इस आदिवासी के साथ हुआ, वह मेरे साथ भी एक दिन हो सकता है') कि सिर्फ बहुत पिछड़ी राजनैतिक समझ के पढ़े-लिखे सम्पन्न युवकों को ही यह कोई नई चेतना जान पड़ेगी। आदिवासी अभियुक्त से, उसके पिता और बहन से, उसके गाँव से सम्पर्क के एक लम्बे दौर में भी सवर्ण वकील आदिवासियों के शोषण और उसके विरुद्ध उनकी चेतना के बारे में कुछ नहीं जान पाता। कहानी जान-बूझकर अपने सवर्ण नायक को अबोध रखती है, ठीक वैसे ही जैसे वह आदिवासी अभियुक्त को अवाक् रखती है। हम दो-तिहाई फिल्म में एक किस्म की राजकपूरी पीड़ा से ठस चेहरा लिए हुए नसीरुद्दीन शाह को एक और किस्म की शहराती पीड़ा से खिंचा हुआ चेहरा लिए हुए ओमपुरी से बराबर यह पूछते हुए पाते हैं कि यह बता दो कि क्या था; इससे तुम्हारा 'केस' मजबूत हो जाएगा। आदिवासी युवक ने अपनी पत्नी की हत्या नहीं की है, वह तो ठेकेदार वगैरह ने की है जो कि पत्नी के बलात्कारी भी थे। पर निर्देशक गोविंद निहलानी की फिल्म का आदिवासी आधुनिक नागर मनोविज्ञान से ग्रस्त होकर गुमसुम हो जाता है। और सिवाय इसके कि खासे बचकाने ढंग से रात को करवटें बदलता दिखाई दे, मुँह खोलकर कभी दोषियों का नाम लेना तो दूर, यह भी नहीं कहता कि वह निर्दोष है। बीते समय के दृश्य दिखाकर ही निर्देशक असलियत बताता है और उन पति-पत्नी में कितना प्यार था, यह बताने के लिए एक घनीभूत रति प्रसंग इस्तेमाल करता है। एक संभ्रान्त क्रान्तिकारी निर्देशक के लिए एक तीर से इतने उम्दा दो शिकार और क्या हो सकते थे कि एक कामकेलि भी दिखा दी और वह भी निहायत सवर्ण दिखनेवाले युवक और युवती (स्मिता पाटिल) में ताकि शहरी दर्शक उससे तादात्म्य कठिन न पाए और दूसरे यह भी बता दिया कि पत्नी से पति का घनिष्ठ संबंध था जैसे कि आदिवासी जीवन में स्त्री-पुरुष के घनिष्ठ संबंधों के शहरातियों के मुकाबले कहीं अधिक विविध रूपों का कोई मतलब ही न हो और रति ही एक मात्र पहचानने योग्य स्त्री-पुरुष संबंध हो।

यह तर्क कि फिल्म की शैली को अधिक संवेदनशील बनाने के लिए आदिवासी युवक के हताश मौन और सत्य के बीते दृश्य का सहारा लिया गया है, आश्वस्त नहीं करेगा। संवेदनशील किसके लिए? सामाजिक यथार्थ से कटे हुए मुट्ठीभर अंग्रेजीपरस्त युवजनों के लिए, या आदिवासियों के लिए? इस समीक्षक की समझ में जब कोई मध्यवर्गीय बुर्जुआ अपने वर्ग से बाहर आकर शोषितों के बारे में कुछ कहता, दिखाता या सुनता है तो उसकी कला की कसौटी यह होनी चाहिए कि क्या शोषित उससे एक यथार्थ को फिर से पहचान पाते हैं? आक्रोश आदिवासियों को दिखाई जाए तो वे उसे बड़ों का एक चोंचला ही मानेंगे, इसमें संदेह नहीं। युवक पति का झूठे हत्या आरोप के सामने मौन रह जाना नितांत गैर-आदिवासी प्रकृति है, और आज के आदिवासी यथार्थ की तो एकदम विकृति ही है। सब आदिवासी पात्र चेहरे-मोहरे, भाव-भंगिमा, अभिनय के शैलीकरण और चरित्रांकन में सौ फीसदी गैर-आदिवासी हैं। बम्बई की व्यावसायिक फिल्में पात्रों को अद्भुत पोशाकें पहनाकर, ऊट-पटाँग नाच नचाकर और अनर्गल गाने गवाकर सभ्य जनता से अलग दिखाकर आदिवासी बना दिया करती थीं। साक्षरता के प्रसार का उनके निर्माताओं पर इतना असर तो पड़ ही गया है कि अब वे ऐसी मूर्खता बेचने में डरते हैं पर अब हमारे नए चेतनशील निर्माता हर ऐसे चेहरे को जो ठेठ यूनानी, आर्य या स्लाव न हो, नीचे सामाजिक स्तर का चरित्र बना रहे हैं जैसे देहातिन नौकरानी या फिर आदिवासी। यह ऐसा ही है जैसे दीवानखाने में शरीफ घरों के लड़के-लड़कियों—स्मिता पाटिल, रीमा लागू, नाना पलसीकर, और ओमपुरी, जो अन्यथा प्रतिभाशाली अभिनेता हैं, आदिवासी आदिवासी खेल रहे हों।

अंत में नसीरुद्दीन शाह के चेहरे की पेशियाँ थोड़ी-सी हिलती हैं—मगर भयानक घबराहट से। आदिवासी युवक के पिता की मृत्यु हो गई है। केवल बहिन बच रही है जो दिवंगता भाभी के बच्चे को पाल रही है। अंत्येष्टि के लिए पुलिस-पहरे में आया हुआ युवक सहसा बहिन की हत्या कर देता है। क्योंकि वह देखता है कि अब उसके जेल या परलोक में जाने के बाद उसकी बहिन को शोषक अत्याचारियों से बचानेवाला कोई नहीं रह गया—बेहतर है वह भी न जिए। यहाँ भी आदिवासी युवक को कुछ कहने नहीं दिया जाता। इससे सवर्ण युवक की आँखें खुलती हैं, मगर उसके अभिभावक स्थानीय तरक्कीयाफ्ता आदिवासी प्रतिष्ठित वकील की नहीं; वह हताश और अविश्वासी हो चुके हैं।

संदेश बहुत स्पष्ट है। आदिवासी पिछड़े हैं, उनमें कोई चेतना नहीं है, हम सवर्ण उन्हें चेतना देंगे—आदिवासी गरीब होने के कारण ही जड़ नहीं हैं, उनमें से जो तरक्की कर गए हैं वे भी जड़ हैं, क्योंकि वे बिक चुके हैं। इसलिए आदिवासियों के बारे में जो कुछ देखना है वह उनके गाँवों में, घरों में नहीं, सवर्णों के दीवानखानों में देखने को मिलेगा—इस फिल्म में एक दृश्य भी आदिवासी जीवन की झलक नहीं देता, वह केवल भूल या संयोग नहीं है, यह एक षड्यंत्र है।

[*दिनमान*, 1981]

पुरस्कृत होने योग्य एक अपुरस्कृत फिल्म

दि मोत्सार्ट ब्रदर्स यानी मोत्सार्ट के बहाने से कलाकारों में नई समझ पैदा करनेवाले तीन रंगकर्मियों की कहानी। असल में कहानी उसी नई समझ की है जिसके लिए एक निर्देशक और उसके रंगकर्मियों ने प्रयोग किए। उद्देश्य कलाकारों को जड़ता से मुक्त करना था, जो परम्परा के पिटे-पिटाए व्यवहार ने उनमें पैदा कर दी है। उनकी संवेदना रूढ़ हो गई है। जब निर्देशक उन्हें स्वतंत्र होकर अपनी आत्मा के भीतर अनुभव करने को कहता है तो वे उसका विरोध करते हैं। रंगमंडल के वादक कहते

हैं कि हमने हाथों से बजाना सीखा है, पर यह आदमी हमसे कह रहा है कि हाथों के बल खड़े हो जाओ! यह तो संगीत नहीं है।

दरअसल हाथों के बल खड़े होने को निर्देशक ने नहीं कहा। उसने केवल यह कहा था कि किताब में जो तरीका लिखा है उससे ऊपर भी कोई चीज है—वह तुम्हारा अपना अनुभव है। लिखी हुई स्वरलिपि को भावना के बिना, पोंगापंथियों की तरह, व्याकरण की शुद्धता का दंभ लेकर, बजाते रहना कला नहीं! प्रतिष्ठान यही कहता है। परंपरा की इसी व्याख्या से निर्देशक का विरोध है। लगभग सभी वादकों-कलाकारों का विरोध अपनी पिटी-पिटाई मान्यताओं से निकाले जाने से है। वे निर्देशक को कला विरोधी कहकर उसका तिरस्कार करते हैं।

यह स्थिति भारत में भी इसी शताब्दी में, कविता आदि कलाओं के क्षेत्र में उत्पन्न हो चुकी है और प्रयोगों से परम्परा का संबंध हम लोग जान चुके हैं। कम से कम कविता के क्षेत्र में तो यह घटना हम जानते ही हैं। परंतु लगता है कि फिल्म समारोह के निर्णायक मंडल को यह बात इतनी महत्त्वपूर्ण नहीं लगी कि इस बात के आधार पर वह इस फिल्म को मान्यता दे देता। चाहे वह कितनी भी उबाऊ क्यों न होती। वैसे सच तो यह है कि यह फिल्म उबाऊ बिल्कुल नहीं है। इसके विपरीत उन प्रयोगों को सतही स्तर पर समझने और करनेवाले कलाकारों की हरकतों से हँसी का सामान पैदा होता रहता है।

कलाकारों के विरोध में परिवर्तन लाने के लिए निर्देशक उन्हें अपनी रचनात्मकता की ओर ले जाना चाहता है। वे यह परिवर्तन कहाँ से शुरू करें! पहले तो वे प्रेम करें। इसके भी पहले उसने वादकों से पूछा था कि आपके वाद्ययंत्र का आपके लिए क्या अर्थ है? अधिकतर कलाकार इतने अरचनात्मक हो चुके हैं कि वे भौचक खड़े रह जाते हैं। उनसे प्रेम करने को कहा गया तो वे बनावट करने लगे। उन्हें निर्देशक ने गुड़िया, जूता, पंखा आदि चीजें दीं और कहा, ये प्रेम के पात्र हैं। इनमें से जो पसंद हो उससे एक-एक संबंध प्रेम का बनाओ। प्रेम के अतिरिक्त एक प्रयोग वह यह भी करता है कि कलाकारों में हिंसा को उभरने देता है। पर इस खुलेपन के कारण ही कलाकारों में प्रतिक्रिया शुरू होती है—रचनात्मक प्रतिक्रिया। उनके आचरण में परिवर्तन दिखाई देता है।

अन्ततः निर्देशक आपेरा में सभी के बीच तालमेल बैठा लेने में सफल होता है और आपेरा का सफल प्रदर्शन होता है।

[*युवकधारा*, 28 फरवरी 1987]

दो साक्षात्कार

सिनेमा और रंगमंच की सुप्रसिद्ध अभिनेत्री
श्रीमती स्नेहप्रभा प्रधान

जब किसी कलाकार के सामने यह सवाल उठता है कि उसकी कला कितने लोगों तक पहुँच रही है, तब-तब वह बैठकर सोचता है और उस खोई हुई कड़ी को खोजता है जो न खोई होती तो वह जनता के अधिक निकट होता। किसी समय की प्रसिद्ध तारिका स्नेहप्रभा के सामने आजकल यह सवाल पेश है, और एक पढ़ी-लिखी और समझदार औरत होने के कारण उसने बैठकर सोचा भी है—और इस नतीजे पर पहुँची है कि यह फिल्म देखनेवालों की कमजोरी है जिसके कारण अच्छे फिल्म बाजार में नहीं आते, जिसके कारण घटिया प्रतिभा के कलाकार क्षेत्र में आ जाते हैं, जिसके

कारण उसने पिछले कई वर्षों से किसी फिल्म में अपनी छवि नहीं दिखलाई है।

मैंने कहा, "मिस प्रधान, मुझे याद है मैंने जब पहले पहल आपको सिनेमा के परदे पर देखा था तो आपके नाम की धूम थी, 'पुनर्मिलन' उस फिल्म का नाम था जिसमें आपने किशोर साहु के साथ अभिनय करके नायिका-जगत में एक नया और पहले से ऊँचा आदर्श स्थापित किया था; मैं अपनी तब की सुरुचि और समीक्षा बुद्धि को महत्त्व नहीं देता यदि अभी पिछले वर्ष 'पुनर्मिलन' को फिर देखकर उसके बारे में मेरे विचार बदल जाते। मुझे तो वह अब भी बहुत सधी हुई, सम्पूर्ण और सुसंस्कृत फिल्म लगती है। मगर आप यह बताइए कि अब आप वैसी भूमिका में क्यों नहीं उतरतीं?"

स्नेहप्रभा मँझोले और छोटे के बीच के कद की, मांसल देह की युवती हैं। आराम से होते हुए उन्होंने अपना सिर दीवान की पीठ पर लिटा लिया और एक सोई-सोई, जैसे सपने से आती हुई आवाज में पूछा, "क्या आपका मतलब है कि वैसी भूमिकाएँ अब और देखने में आती हैं, मैं ही देखने में नहीं आती?"

मुझे अपने प्रश्न की गलती मालूम हो गई थी। इसलिए मैंने, केवल जानकारी प्राप्त करने के विचार से दूसरा प्रश्न किया, "हाँ, यह ठीक है कि अब अच्छी और ऊँची कहानियों की फिल्म बहुत कम बनती हैं। मगर आपको चूँकि फिल्मों की इस अवनति से नुकसान पहुँचा है, आपको यह तो मालूम ही होगा कि इस नए रुझान—'घटियापन' की वजह क्या है?"

साधारणतः इस वर्तमान घटियापन का दोष निर्माताओं और निर्देशकों पर डाला जाता है। पर स्नेहप्रभा ने बिना किसी क्रोध या क्षोभ को प्रकट किए हुए उत्तर दिया, 'इसकी वजह हैं आप। आप क्यों सस्ते फिल्म देखते हैं? आप क्यों गन्दे गाने और भोंडे नाच और बेहूदा प्रेमालाप देखने या सुनने जाते हैं? निर्माता तो वही बनाएगा जो लोग देखना चाहेंगे।"

जब मैं स्नेहप्रभा प्रधान नामक इस गतख्याति तारिका से मिलने गया था तो मैंने सोचा था कि एक ऐसी महिला से परिचय होगा जो कभी फिल्मों की रानी थी, जिसके गुड़िया जैसे रूप और भोले स्वाभाविक अभिनय पर कभी असंख्य सहृदय न्योछावर थे—पर जो अब अपनी कला और योग्यता को बाजार में उठता न देखकर लगभग निराश और कुण्ठित हो गई है। पर मेरा अनुमान बिल्कुल गलत निकला। वह अब भी उतनी ही तीक्ष्ण और सचेत हैं, उनके रूप का आकर्षण अभी भी उतना ही ताजा है—और उनके स्वर से, अंगभंगी से और कभी-कभी उनके गम्भीर मौन से एक गहरा आत्मविश्वास प्रकट होता है जो निश्चय ही इस बात का प्रमाण है कि इस कलाकर्त्री के हृदय में कलाभिव्यक्ति की लालसा अब भी उतनी ही विकट है जितनी उसकी ख्याति के दिनों में था।

"मैं बेकार नहीं बैठी हूँ। मैं आजकल नाट्यनिकेतन के साथ रंगमंच पर काम कर रही हूँ। मराठी मेरी मातृभाषा है और सौभाग्य से मराठा रंगमंच आज समृद्धि पर है, पर रंगमंच के काम में..."

"धन कम मिलता है" मैंने आदतन बात काटी, यद्यपि बाद में मुझे खेद हुआ कि ऐसे सुमधुर स्वप्निल कंठवाली स्त्री की बात काटना कुरुचि ही है।

"नहीं, धन जो मिलता है वह तो इतना कम है कि उसको गिनिए ही मत"—फिर कुछ आजिजी के साथ, बच्चों के मचलने के अन्दाज में स्नेहप्रभा प्रधान ने शिकायत की, "रंगमंच के काम में इतना अधिक समय मेरे पास फालतू रहता है कि मेरी समझ में नहीं आता कि क्या करूँ। रात को एक या दो शो देकर फिर दिनभर खाली! और अब तो हम लोग सप्ताह में केवल दो ही शो दिखा रहे हैं, जब सबसे पहले महीने में हर दूसरे दिन एक शो देते थे तब काम में कुछ जी भी लगता था। रंगमंच का काम जब तक बहुत बड़े पैमाने पर कई कम्पनियों के साथ मैदान में उतरकर प्रतियोगितापूर्वक नहीं होता, तब तक वह ऐसे ही सुस्त रहेगा। और मुझे खाली बैठना पसन्द नहीं है।"

"तो आप दिनभर घूमिए।"

"वह मेरी आदत नहीं।"

"फिर दोस्तों को अपने यहाँ बुला लिया कीजिए।"

"मेरे ऐसे कोई दोस्त भी नहीं।"

"तो कभी-कभार दावतें पार्टियाँ तो होती ही रहती होंगी।"

"जी नहीं, मुझे उन वाइल्ड पार्टियों से सख्त नफरत है जहाँ मर्द-औरत सिर्फ शरीर के स्तर पर एक-दूसरे से थोड़ी देर के लिए मिल लेते हैं और फिर सब भूल जाते हैं। वैसी मांसलता मेरे स्वभाव में नहीं है।"

चाय आ गई थी। एक मेजबान के रूप में कोई भी स्त्री बदल जाती है। मैंने गौर से स्नेहप्रभा प्रधान को देखा। मुझे उनकी बात सही लगी—"वैसी मांसलता मेरे स्वभाव में नहीं है।"—सचमुच उनमें लावण्य है, तीव्र आकर्षण भी कभी-कभी होता है पर वह सबकुछ सौम्य है, उत्तप्त दीपशिखा का निर्मम सौंदर्य वह नहीं है। वह स्नेहसिक्त, अनुभवी, सहृदय नारी का सौन्दर्य है, जो खींचता भी है और शान्त भी करता है, केवल खींचता और खींचकर उद्वेलित नहीं कर डालता।

उन्होंने उसी वाक्य के आगे जोड़ा, "यदि बात होती तो मैं इस समय अन्यान्य अनेक तारिकाओं की भाँति अपार धन और यश की स्वामिनी होती। परंतु फिल्म व्यवसाय में जिस वस्तु के दाम लगते हैं उसके दाम बताने की मेरी इच्छा कभी नहीं रही।"

बात को दूसरी ओर जाते देखकर मैंने कहा, "आपको शिकायत है कि रंगमंच के काम में आपका तमाम वक्त खाली पड़ा रहता है जो केवल मनोरंजन से काटना आपको पसन्द नहीं। तब फिर आपका मनोरंजन कुछ तो होगा?" मैंने यह भी जोड़ा, "मैं यह सवाल पूछना नहीं चाहता था क्योंकि यह हर एक तारिका से पूछा जाता है, पर मुझे विश्वास है कि आपके मनोरंजन उतने पिटे हुए नहीं होंगे जितना यह सवाल पिटा हुआ है।"

उन्होंने खिलकर जवाब दिया, "मैं भी यही समझती हूँ। मैं वक्त काटने के लिए लिखती हूँ।"

"शुक्र है कि यही एक ऐसा मनोरंजन है जिसके साथ बुनाई नहीं की जा सकती, नहीं तो स्त्रियों के अन्य सभी मनोरंजन जो वे अकेले करती हैं, बुनाई के साथ-साथ चलते हैं।"

उन्हें शायद यह मजाक अच्छा लगा, इसलिए उन्होंने यह भी भेद खोल दिया कि वे अब तक तीन उपन्यास मराठी में और एक नाटक अंग्रेजी में लिख चुकी हैं। नाटक लड़ाई के जमाने में घायलों की सहायतार्थ खेला जा चुका है और उपन्यास अभी अप्रकाशित है।

"मगर मैं और कुछ करना चाहती हूँ—कोई ऐसा काम जो मुझे दिनभर बझाए रखे, जिसमें कुछ मेहनत पड़े।"

मैं कहनेवाला था कि आप विवाह क्यों नहीं कर लेतीं—उसमें तो दिनभर बझाए रखनेवाली जिम्मेदारी जबर्दस्ती आप पर आ पड़ेगी। पर अच्छा ही किया जो नहीं पूछा; क्योंकि थोड़ी देर बाद वार्तालाप के बीच में उन्होंने अपना मत प्रकट किया कि सामान्य पुरुष तो सजावट के सामान की तरह चटकीली लड़कियों को पत्नी के रूप में चाहते हैं जो केवल उनके आनन्द के लिए हों—और सौम्य सादे चेहरेवाली परन्तु सहृदय और बुद्धिमती स्त्रियों से आकर्षित नहीं होते। यही बात स्त्रियों के लिए भी पुरुषों के संबंध में कही जा सकती है। वे अधिकतर बातूनी चालाक और पैसेवाले उथले पुरुषों को पसंद करती हैं। और उनकी लज्जा को यह क्या होता जा रहा है? किसी भी नौजवान लड़की को देख लीजिए, सभ्य समाज में अपना प्रदर्शन करने के लिए वह झूठमूठ साड़ी का पल्ला हटाती बिठाती रहती है, (यहाँ पर उन्होंने अपनी साड़ी का पल्ला ठीक करके बताया) बनावटी ढंग से बोलती हैं और वैसा ही मेकअप भी करती हैं।

वे स्वयं बहुत हल्का-सा मेकअप किए थीं। लिपस्टिक और थोड़ी सी सुगंधि—बस। पाउडर उनकी त्वचा को हानि पहुँचाता है, इसलिए वे पाउडर या रूज नहीं लगातीं।

विवाह सम्बन्धी अपने विचार प्रकट करते हुए उन्होंने आगे कहा, "इस प्रकार पुरुषों और स्त्रियों दोनों में इस प्रकार के लोग हैं और इससे दूसरी प्रकार के भी हैं पर विडम्बना यह है कि उचित प्रकार के दो व्यक्तियों का संयोग कभी-कभी ही हो पाता है। या कहें कि नहीं ही हो पाता है।"

मैंने पूछा, "अब बात यह है कि लोग आपको फिर फिल्मों में देखना चाहते हैं। आप विश्वास मानिए बहुत से लोगों ने इस बात पर खेद प्रकट किया है कि स्नेहप्रभा अब रजत-पट पर क्यों नहीं आतीं—यद्यपि स्पष्ट है कि उनकी आवाज निर्माताओं के कानों तक नहीं पहुँची है।"

स्नेहप्रभा ने अपनी बात दुहराई कि गिरे स्तर की फिल्में स्वीकार करने के लिए केवल दर्शक उत्तरदायी हैं। उन्होंने कहा, "जो नायिका बार-बार अपने अंगों को दिखा-दिखाकर पुरुष को मोहना चाहे उसे कौन पत्नी के रूप में स्वीकार करेगा? फिल्मों में भले घर के लड़कों से ऐसी ही नायिका का विवाह होता दिखाया जाता है। यह अंग प्रदर्शन पहले टखने तक घाघरा उठाकर होता था। फिर पिंडलिया दिखाई जाने लगीं और अब धीरे-धीरे सारे शरीर की नुमाइश की जाने लगी है। यह इन्होंने अमरीकियों से लिया है। अमरीकियों की संस्कृति क्षणभर की जिन्दगी की संस्कृति है। भारतीय आदर्श वैसा क्षुद्र नहीं—उसमें केवल भोजन और काम ही नहीं है।"

मैंने पूछा, "तो क्या इस कुरुचि के विरुद्ध दर्शकों से किसी संयोजित विरोध की आशा आप करती हैं?"

छोटा-सा उत्तर था, "क्यों नहीं।"

"आप स्वयं इसका विरोध क्यों नहीं करतीं?"

'मैं करती हूँ, परन्तु एक कलाकार जो स्वयं उसी उद्योग के सहारे जीता है कहाँ तक और किस तरह से विरोध कर सकता है। सन सैंतालिस में बम्बई में एक बड़ी भारी सभा हुई जिसमें फिल्म उद्योगपतियों ने मोरारजी देसाई के खिलाफ बहुत कुछ कहा-सुना। वे चाहते थे कि लड़ाई के जमाने में कमाए हुए काले बाजार के रुपए को फिल्म में लगाकर मजा भी लूटा जाए और मुनाफा भी। मैंने उस सभा में कहा कि पहला काम फिल्म उद्योगपतियों को यह करना चाहिए कि स्टूडियो के वातावरण को सुधारें—वहाँ उठने, बैठने, अभिनय करने, तथा आने-जाने तक का प्रबन्ध तीसरे दर्जे का है जिससे कलाकारों के स्वास्थ्य और रचना पर भी काफी बुरा असर पड़ता है। दूसरा काम यह करें कि फालतू खर्च बंद करें—शराबखोरी, दुराचार, इत्यादि पर लाखों रुपया खर्च होता है। फल यह हुआ कि दूसरे दिन मेरे तीन कन्ट्रैक्ट रद्द कर दिए गए। इस तरह कलाकार स्वयं विरोध करके कोई लाभ नहीं पहुँचा सकता, क्योंकि वह क्षेत्र से बाहर कर दिया जाता है।"

मैंने पूछा, "बाम्बे टाकीज के कार्यकर्ताओं ने जो सहयोगिता के आधार पर एक नई फिल्म बनाना शुरू किया है, उसके बारे में आपका क्या ख्याल है।"

"यदि वह सफल हुई तो अवश्य वह एक उम्दा चीज होगी। पर मुझे डर है कि वैसा उद्योग पूँजीपतियों के मुकाबले में ठहर नहीं सकेगा।"

"मगर फिर किया क्या जाए? एक दर्शक और आलोचक की हैसियत से मैं आपसे यह प्रश्न पूछता हूँ। आप स्वयं संस्कृति और न्याय के पक्ष में हैं इसलिए आशा है आपके पास इसका कोई उत्तर होगा।"

पर नहीं था। वे भी इस प्रश्न से उतनी ही परेशान थीं जितने और समझदार लोग हैं और उनके सामने भी इस चक्र से निकलने का कोई मार्ग नहीं था।

मैंने सुझाया, "पहले जो निर्माता अच्छी फिल्में बनाते थे वे अब क्यों गिर गए?"

"आह ! उसकी याद मत दिलाइए। शान्ताराम कभी मेरा आदर्श था। मैं उसकी फिल्मों में मुफ्त काम करने को तैयार थी, पर अब उसकी फिल्में देखिए और उनको 'पड़ोसी' और 'आदमी' और 'दुनिया न माने', से मिलाइए। इसी तरह और भी हैं—नए लोगों में ही ख्वाजा अहमद अब्बास सुख्यात

लेखक के रूप में जब आए तो उनसे बड़ी आशाएँ थीं पर अब वे भी अमरीकी प्रभाव में पड़कर नीचे स्तर की कला प्रस्तुत करते जा रहे हैं। यह सब रुपए की प्रतियोगिता है।"

वास्तव में स्नेहप्रभा प्रधान का फिल्मक्षेत्र से बाहर हो जाना एक सामूहिक—बहुत बड़े—परिवर्तन का अंश भर है। उस परम्परा के सभी अंग—लेखक, निर्देशक, अभिनेता और निर्माता अब नहीं रहे। पिछले लोगों में से जो अभी भी बचे हैं वे समझौते करके बचे हैं—अपने आदर्श से पतित होकर।

स्नेहप्रभा ने बंगाली निर्माताओं की बड़ी प्रशंसा की और कहा कि पिछले दिनों की उथल-पुथल में उन्होंने भारतीय सांस्कृतिक और कलात्मक तत्त्व को अपनी फिल्मों से छूटने नहीं दिया। इसके लिए सभी फिल्म प्रेमियों को उनका कृतज्ञ होना चाहिए।

मैंने पूछा, "और पृथ्वीराज कपूर के बारे में आप यहाँ बात नहीं कहेंगी?" इसका उत्तर देना उन्होंने नीतिसम्मत नहीं समझा। मैंने फिर यह पूछा कि "फिल्म में नहीं तो रंगमंच में पृथ्वीराज के कृतित्व की सराहना आप करती हैं या नहीं?"

इस पर उन्होंने पृथ्वी थिएटर्स की तारीफ की। मुझे यह लगा कि पृथ्वीराज ने इस सुयोग्य अभिनेत्री को अपनी विख्यात कम्पनी से अलग रखकर अच्छा नहीं किया है।

स्नेहप्रभा से मराठी रंगमंच के बारे में बात करते हुए मुझे पता लगा कि वे मामा वरेरकर की प्रशंसक हैं और उन्हीं से सम्बद्ध नाट्य-निकेतन के साथ काम कर रही हैं जो उनके मतानुसार एकमात्र अच्छी संस्था अवशिष्ट है।

रंगमंच पर उनके और भी मत मैं लेता पर नाटकों की बात शुरू करते ही उन्होंने महिलाओं की आदत के विपरीत तुरन्त स्वीकार कर लिया कि मैंने अधिक पढ़ा नहीं है। "मानसिक अवकाश नहीं मिला," उन्होंने कहा।

रंगमंच से स्नेहप्रभा को अधिक आशा न होगी यह सोचकर मैंने पूछा, "आप यदि स्वयं फिल्म बनाएँ तो कितने रुपए की जरूरत होगी?"

उन्होंने एकदम खिलकर कहा, "मुझे फिल्म निर्माता होने में कोई एतराज नहीं। अभिनेत्री के रूप में तो इन फिल्मों में कभी न जाऊँगी—ऐसी फिल्मों में तो कभी नहीं। हाँ, मुझे कोई 5000 रु. दे तो मैं एक ऐसा रंगमंच स्थापित कर सकती हूँ जो आगे के लिए अन्यान्य प्रतिभाओं का रास्ता साफ कर देगा।"

"यह तो बड़ा आशावादी दृष्टिकोण है," मैंने कहा, "पर धन देगा कौन?"

उन्होंने कुछ उदास होकर बताया कि उनका तीन लाख रुपया बम्बई की अनेक फिल्म कम्पनियों में फँसा पड़ा हुआ है। उसके वसूल होने की कोई आशा अब नहीं। केवल रामदरयानी, रणजीत और बाम्बे टाकीज को छोड़कर लगभग सब फिल्म कम्पनियाँ उनकी देनदार हैं।

अब मैं यह सोच रहा था कि इस विडम्बना को देखिए कि ईमानदार के लिए कोई रास्ता नहीं। जितने रास्ते हैं सब एक चक्कर में हैं और घूम-फिरकर उसे किसी न किसी समझौते पर ले आते हैं। और फिर जहाँ सभी कर्म-उपार्जन पुरुष के हाथ में हों वहाँ स्त्री को कितने बड़े-बड़े समझौते करने पड़ेंगे—यदि वह सफल होना चाहती है तो।

"मैं अब किसी ऐसे काम की खोज में हूँ जो मुझे नाटकों से सम्बद्ध रखे और जिसमें केवल सामान्य आवश्यकताएँ पूरी करने भर का धन मिलता रहे।"

मैं सोचने लगा—एक उगती हुई प्रतिभा का ऐसा निरादर हमारे देश में कोई नई बात तो नहीं पर इससे उद्धार का कौन-सा मार्ग है? क्या कलाकार हार मानकर मैदान से भाग खड़ा होगा और दूसरे क्षेत्रों में जीविका के लिए भटकता फिरेगा? क्यों नहीं उस व्यक्ति को उसी जीविका में पैठ मिलता जो उसके लिए उपार्जन ही नहीं, सृजन भी है। और वह सृजन किसी मालिक के लिए नहीं—वरन् सम्पूर्ण समाज और देश के लिए है। क्यों उसे अधपढ़े धनपति अपनी इच्छानुसार कुण्ठित या उत्साहित

करने में सफल हो जाते हैं जबकि कला की प्रेरणा पाने और कला को जनता तक पहुँचाने की उसे पूरी व्यक्तिगत आजादी होनी चाहिए। हमें देखना है कि इस विषम परिस्थिति से मुक्ति पाने के लिए स्नेहप्रभा क्या करती हैं और उसे मुक्ति दिलाने के लिए उनकी कला के प्रशंसक क्या करते हैं।

[*जनसत्ता*, 1952]

नया रूसी फिल्मी अनुभव क्या होगा

[ब्लादीमीर फेतिन और उनकी प्रेयसी लुदमिला से भेंट के आधार पर]

जो लोग भारत में प्रदर्शित रूसी फिल्मों के शौकीन दर्शक रहे हैं, आगामी अंतर्राष्ट्रीय फिल्मोत्सव में रूसी फिल्में खासकर के इस दृष्टि से देखना चाहेंगे कि क्या उनमें किसी कदर वही छटपटाहट उजागर होती है जो रूस के नए साहित्य में हो रही है। अगर 1951 के अन्तर्राष्ट्रीय फिल्मोत्सव (दिल्ली) में प्रदर्शित रूसी फिल्म 'मुसोग्स्की' रूसी संगीतकार के राज्य को आत्मसमर्पण की कहानी थी तो 1957 में 'प्रगति के पथ पर' क्रांति के बाद के उद्धत युवक समाज के निर्विरोध अनुशासन की कहानी थी और उसके दो-तीन वर्ष बाद की वह फिल्म भी जिसे रूसी औदार्य का प्रमाण बनाकर दिखाया जाता रहा—'द क्रेंस आर फ्लाइंग'—व्यक्ति की अतार्किक आज्ञाकारिता की ही कहानी थी : जिस हद तक वह नायिका के जीवन में दुःखों का चित्रण करती थी उस हद तक वह यह भी दिखाती थी कि उस भरी-पूरी व्यक्ति-स्त्री का अपने पर कोई अधिकार नहीं है। गति जरूर इस फिल्म में उन पिछली रूसी फिल्मों से अधिक थी जो अपने सुस्त कथा-विस्तार में केवल चीनी फिल्मों से ही पीछे रही हैं।

'द क्रेंस आर फ्लाइंग' जो युद्ध की और युद्धोत्तर मानवीय परिस्थिति की बहुत मार्मिक कहानी बनते-बनते रह गई थी, रूसी फिल्म विकास में एक खास जगह रखती है। उसके निर्देशक निहवाइल कालातोजोव, जो फिल्मोत्सव में आए हुए हैं, मानते हैं कि विचारधारा का ठेठ अनुसरण कला की दुर्गति नहीं भी कर सकता है—'बशर्ते कि वह योग्य निर्देशक के हाथ से हुआ हो।'। फिल्मोत्सव में आई हुई 'ए टेल आफ द डान (नदी)' के निर्देशक नवयुवक ब्लादीमीर फेतिन इस तरह के वक्तव्यों से दूर ही रहना पसंद करते हैं—कम से कम फिलहाल उन्होंने इस पेचीदा मामले में पड़ना स्वीकार नहीं किया। इस अर्थ में वह अपने को करीब-करीब वैसा ही दिखा रहे थे जैसा सरकारी दौरे पर आए हुए रूसी सम्पादक या लेखक दिखाते हैं परंतु उनकी उम्र देखते हुए विश्वास नहीं होता कि वह इन सवालों से उलझ नहीं रहे होंगे। यह मानकर चलना अच्छा लगता है कि फेतिन ने पेचीदा मामलों पर बात न करके एक सफल प्रेमी होने का परिचय दिया है। सफल किंतु प्रतीक्षालु क्योंकि 8 जनवरी को ही मास्को में उनका और लुदमिला का विवाह होना था। अब फिल्मोत्सव के बाद होगा। हाँ, उनको जो सुझाव दिया गया है कि भारत से ही क्यों न शादी करके जाएँ वह मान लिया गया तो और बात होगी।

रूसी युवक समाज ने एक जमाने में 'आवारा' बहुत पसंद की थी। फेतिन इसे केवल एक संयोग मानते हैं। वे यह मानने को तैयार नहीं हैं कि राजकपूर भारतीय जीवन की प्रतिनिधि फिल्में बनाते रहे हैं। "वे यूरोपीय जीवन के अधिक निकट हैं," उन्होंने कहा और मैंने पूछा, "क्या सचमुच? क्या वे किसी भी जीवन के निकट हैं? और क्या आपको मालूम है कि देश में भी अनेक लोगों की राय राजकपूर फिल्मों के बारे में वही है जो आपकी है पर ये लोग समझ नहीं पा रहे हैं कि राजकपूर

आपके देश में क्यों इतना लोकप्रिय हुआ?" खुद फेतिन जब सिनेमा कला सीख रहे थे तब नरगिस के रूस जाने पर एक बार उनका हस्ताक्षर लेने के लिए (शायद 'परदेसी' के अंकन के समय) बड़ी दिक्कतें उठा चुके थे। पुस्तकालय से उधार ली किताब पर हस्ताक्षर लिए और फिर उसका पन्ना फाड़कर रख लिया। उन्होंने 'क्या जाने क्यों' के अन्दाज में कन्धे घुमाए और फिर से 'आवारा' का नाम कुछ इस तरह से लिया कि मैं समझ गया कि ऐसे आवारापन की चाह जिसके 'सर पर लाल टोपी रूसी' हो सोवियत युवकों को राजकपूर के उस रूप के निकट खींच ले गई होगी जो अपने यहाँ भी आवाराओं के लिए आदर्श बना हुआ है।

खैर, फेतिन के अनुसार भारतीय जीवन की प्रतिनिधि फिल्म 'दो बीघा जमीन' है 'श्री 420' नहीं और दोनों ही रूस में लोकप्रिय हो चुकी हैं और दोनों में लोकप्रियता का कारण रूसी जीवन की एकरसता से अलग किसी रोचक अनुभव की उपलब्धि है। हमारे फिल्म विकास की दृष्टि से जानने योग्य बात यह है कि रूस में अपनी फिल्मों के अतिरिक्त 'श्री 420' में या 'आवारा' में या 'दो बीघा जमीन' में सही, विद्यार्थी अभिनेत्रियों के हस्ताक्षर के लिए पुस्तकें फाड़ सकते हैं पर सत्यजीत राय की फिल्मों के लिए सिर्फ चुने हुए लोगों में 'दिलचस्पी' पैदा होकर रह जाती है।

'ए टेल आफ द डान' की नायिका लुदमिला दुनिया की अन्य अभिनेत्रियों की तरह हर सवाल पर अचरज और आशा से (फेतिन की तरफ) देखती रह जाती थीं और उनकी छवि पर यह अचरज खिलता भी खूब था। आखिरकार एक सवाल का जवाब उन्होंने दिया—अभिनेत्रियों को एक फिल्म पर 4 या 5 हजार रूबल तक मिल जाते हैं (करीब 20-25 हजार रुपया) और फिर झुककर मेज पर रखा गुलाब सूँघने लगीं। कैकेयी के देश काकेशस में पली हुई यह लड़की हवाई जहाज चलाने के स्कूल में भरती होनेवाली थी कि जाने कैसे नाट्य स्कूल में चली गई। मुझे लगा कि उसकी जिन्दगी में यह घटना रूसी कम और इन्सानी ज्यादा थी।

ब्लादीमीर फेतिन और लुदमिला दोनों नाटकों के मँजे हुए खिलाड़ी हैं। वास्तव में नाटक को वे फिल्म के पहले की जरूरी मंजिल मानते हैं। रूस में 500 नाटकघर और सवा लाख सिनेमाघर हैं मगर नाटककार और नाट्यकार अपने को सिनेमा के सामने झुकाना नहीं चाहते। मालूम नहीं वहाँ कोई नाटक फेल होता है या नहीं मगर फिल्में 'फ्लाप' होती अवश्य हैं। फेतिन का ('ए टेल आफ द डान' के निर्देशक) ख्याल है कि फिल्में फ्लाप होती हैं मगर तभी जब अभिनय खराब हो या कहानी बेकार हो। मैंने मन में कहा हमारे यहाँ तो फिल्म हिट होने के लिए ये ही दो चीजें चाहिए और आगे का हाल रुपहले परदे पर देखने के लिए चला आया।

दूरदर्शन

एक नया मोड़

1959 में प्रायोगिक टेलीविजन के प्रारम्भ में अब तक नाटक के मामले में टेलीविजन की उपलब्धि बहुत कम और प्रगति बहुत धीमी रही है, मुख्य कारण तो यह रहा है कि टेलीविजन रेडियो नाटक की तरफ एक ओर तथा बम्बइया फिल्म की तरफ दूसरी ओर झूलता रहा—रेडियो की तरफ इसलिए कि उसके सरकारी परिवार में वह उसका बड़ा भाई था और फिल्म उद्योग की तरफ इसलिए कि दृश्य माध्यम का और कोई नमूना उसके सामने था ही नहीं। दूसरा कारण यह रहा कि टेलीविजन सेट एक महँगा साधन है और इसे खरीद सकने लायक अमीरों की संस्कृति बहुत अमीरी और बहुत गरीबी वाले समाज में अमीरों की संस्कृति में पतनशील तत्त्वों की रक्षा करने को बाध्य हो जाता

है। ऐसा करने पर ही विषमता बनी रह सकती है क्योंकि गरीब वर्ग अमीरों की जूठन के लिए लालायित होता रहता है। गरीबों के लिए ऐसे समाज में उपदेश या निरर्थक वक्तभराऊ कार्यक्रम देना टेलीविजन का चरित्र बन जाएगा।

हाल में परिवर्तन दिखाई दिया है—समाज में नहीं, टेलीविजन के नाटकों में। उसका कारण यह है कि टेलीविजन दृश्य माध्यम के नमूने के लिए अब फिल्म पर उतना निर्भर नहीं रह गया है। रंगमंच और साहित्य दोनों में पिछले दशक में जो महत्त्वपूर्ण प्रयोग हुए हैं उनके असर से टेलीविजन अब अछूता नहीं रह सकता। निस्सन्देह उसने फिल्म और रेडियो दोनों की नकल छोड़ने की सामर्थ्य जुटाना शुरू कर दिया है हालाँकि अभी वह पूरी तरह से शब्दबहुलता और सस्ती नाटकीयता से छुट्टी नहीं पा सका है।

नाटक ही में क्यों परिवर्तन आना शुरू हुआ है, इसका कारण साहित्य और रंगमंच का असर ही है। पिछले एक वर्ष में कुछ नाटक ऐसे किए जा चुके हैं जो माध्यम को विश्वासपूर्वक बरतने और कथानक की सूक्ष्म समझ को बनाए रखने के अच्छे उदाहरण हैं। राजन सब्बरवाल के निर्देशन में उषा प्रियंवदा की कहानी (लखनऊ) पर और चमन बग्गा के निर्देशन में अमरकान्त की कहानी (दिल्ली) पर दो सफल टेलीविजन नाटक बने हैं। मुद्राराक्षस का 'बूँद और समुद्र' (अमृतलाल नागर) का लखनऊ में रूपान्तर एक और टेलीविजन उपलब्धि है, इनमें निर्देशकों की प्रतिभा को मँजने का पूरा मौका मिला।

अमरकान्त की कहानी 'डिप्टी कलक्टरी' एक अच्छे दर्जे का टेलीविजन नाटक कैसे बन सकी? निश्चय ही कहानी खुद ताकतवर है। वह सिर्फ बूढ़े बाप की जवान लड़के से उम्मीदों की कहानी नहीं है जो कि होती तो एक मामूली कहानी होती, वह उम्मीदों के टूटने पर भी खुद न टूटने की कहानी है जिससे वह एक श्रेष्ठ कृति बन गयी है। इतना ही नहीं, चूँकि बूढ़े बाप का खुद न टूटना उसके भीतर एक आनंद के जागने के कारण सम्भव हुआ है, उसे किसी विचारधारा का आदेश मिलने में नहीं, यह घटना दूसरों को भी—नाटक के अन्य पात्रों को भी और दर्शकों को भी—विश्वसनीय जान पड़ती है। जिस क्षण बाप बेटे को जीवित और भविष्य के लिए सुरक्षित पाता है उसे बेटे की डिप्टी कलक्टरी परीक्षा में असफलता और अपनी हताशा भूल जाती है। बस वह यह नहीं कहता पाया जाता कि आगे फिर सफलता मिलेगी या यह कि अब सफलता नहीं चाहिए। वास्तव में उम्मीद के बढ़ने के साथ-साथ जो तनाव बढ़ रहा था वह नाटक के अंत में मिट जाता है और हम कह सकते हैं कि सफलता पा जाने से मिटा होता तो भी बाप को उतना ही आनन्द दे गया होता जितना इस अभिज्ञान में मिटने पर दे जाता है कि उसके पुत्र ने आत्महत्या नहीं की है। राजेश विवेक ने बाप की भूमिका में और नादिरा बब्बर ने माँ की भूमिका में बहुत सधा हुआ और अपनी प्रतिष्ठा के अनुरूप काम किया है। चरित्र के अनुरूप पुत्र के रूप में आलोक का चुनाव निर्देशक की कल्पना का प्रमाण है।

[*दिनमान*, अगस्त 1978]

बड़े-बड़े बच्चों का प्रोग्राम

टेलीविजन को भारत में शुरू हुए अगले साल 20 वर्ष हो जाएँगे। 1959 में प्रायोगिक टेलीविजन नई दिल्ली में शुरू हुआ था। उस वक्त गिने-चुने लोग थे जिन्हें उस माध्यम से भाषा और दृश्य के विशेष तरह के उपयोग कुछ जानकारी और कुछ इच्छा थी, बाकी रेडियो की या पारसी थियेटर की

परम्परा रंगमंच की तरकीबें टेलीविजन में लिए चले आ रहे थे। ये गिने-चुने लोग ही, जिनका दूसरी कलाओं और विधाओं के साथ संस्कार था, टेलीविजन के लिए एक प्रभावशाली और शालीन शैली खोज और बना रहे थे और अनाड़ी और फूहड़ तरीकों को किसी तरह दरवाजे पर ही रोके हुए थे।

आज बीस साल बाद हम देखते क्या हैं कि जो गिने-चुने लोग टेलीविजन माध्यम को जानते थे वे उतने ही कम हैं जितने पहले थे। यही नहीं, पहले जहाँ वे घटियापन और अकौशल को पीछे धकेल दिया करते थे वहाँ आज इन दोनों की एक बाढ़ उन्हें लीलती हुई बढ़ी चली आ रही है। घटियापन और अकौशल को जिन बातों से बढ़ावा मिलता है वे कहीं न कहीं नीति से सम्बन्ध रखती हैं। कुछ एक कार्यक्रमों का विश्लेषण करने से हम उस नीति के मुद्दे पहचान सकते हैं जो आजकल टेलीविजन के पीछे काम कर रही हैं।

इनमें से एक तो यह है कि दर्शकों को कम जानकारी और सूचना देनी चाहिए, दूसरा यह कि वे जो कुछ टेलीविजन के बाहर समाज में देखते हैं उसके विश्लेषण की कोई ऐसी कोशिश टेलीविजन के परदे पर नहीं होनी चाहिए जिससे एक बेहतर समाज बनाने और बेहतर व्यक्ति बनाने में कोई पहल हो सके और तीसरा यह कि कलाओं और विधाओं में किसी प्रकार के जो प्रतिमान टेलीविजन के बाहर स्थापित हुए हैं वे टेलीविजन के संसार में प्रवेश न करने पाएँ, तीनों बातें नकारात्मक हैं और सस्ती भाषा, घटिया विचार और अज्ञान तीनों दुर्गुणों के विकास की पूरी संभावनाएँ अपने में छिपाए हुए हैं। कार्यक्रम नियोजन के प्रति वह नकारात्मक दृष्टि स्वभावतया कौशलहीन प्रसारकों का एक जमावड़ा बनाती जाती है और स्वयं उन प्रतिमानों को भी रद्द करती जाती है जो भारतीय टेलीविजन ने पिछले बरसों में समाज में व्याप्त घटियापन के विरुद्ध किसी तरह संघर्ष करके बनाए थे।

ऐसा नहीं था कि आज से पहले कभी सस्तापन टी.वी. के परदे पर देखा नहीं गया परन्तु विचार जगत में सन्नाटा छा जाने से फूहड़पन का इमर्जेंसी के दौरान तो बोलबाला ही हो गया था। वही आज भी चला आ रहा है। यदि उसको कम करने की कोई प्रबल इच्छा मन्त्रालय के स्तर पर होती जहाँ नीतियाँ बनती हैं तो सम्भव था कि टेलीविजन में पुराने और अच्छे प्रतिमानों की फिर से स्थापना कहीं-कहीं होने लगती।

नाटक के क्षेत्र में इसकी एक हल्की-सी झलक कुछ दिन पीछे दिखाई दी थी। बम्बई से 'वीर शिवाजी', लखनऊ से 'बूँद और समुद्र', दिल्ली से 'डिप्टी कलेक्टरी' (जिसका उल्लेख इस स्तंभ में पहले किया जा चुका है) आशा बँधाते थे कि इनका टी.वी. में प्रादुर्भाव रंगमंच और सिनेमा में कई वर्ष के दौरान हुए नए प्रयोगों के प्रभाव से हुआ है और बाकी अब नीति में यह परिवर्तन आ रहा है कि कम से कम नाटक के मामले में टी.वी. बाहर के प्रतिमानों का अनुकरण करे। परंतु हाल में कलकत्ते का **दलदल** और दिल्ली का **मजनू पार्क** जैसी चीजें देखकर संदेह होता है कि कहीं नीति-निर्माताओं के स्तर पर उस नए रुझान का विरोध तो नहीं हो रहा है जो उक्त दो-चार नाटकों से दिखाई दिया था, या कि वह कोई रुझान नहीं ही था केवल संयोग था।

वह जो भी रहा हो उसने इतना तो प्रमाणित ही कर दिया था कि टेलीविजन के कर्मचारियों में प्रतिभा और कल्पना से सम्पन्न लोगों की कमी नहीं है, सिर्फ उन्हें मौके मिलने चाहिए और इससे भी ज्यादा जरूरी यह कि उन्हें घटियापन पर उतरने को मजबूर नहीं किया जाना चाहिए। टेलीविजन के भीतर स्वस्थ प्रतियोगिता ही कार्यक्रमों को ऊपर उठा सकती है परन्तु यह प्रतियोगिता नीति के स्तर पर अच्छी कृतियों के प्रति पक्षपात की भावना के बिना कोई मायने नहीं रखती। यदि ऊँचे स्तर पर पहुँचने को प्रोत्साहन नहीं दिया जाएगा और नीचे स्तर की चीजों को मंत्रालय या निदेशालय या प्रसारण केन्द्र में वाहवाही मिलती रहेगी या महज बर्दाश्त ही किया जाता रहेगा तो टेलीविजन को 1975-76 के गड्ढे में से निकालना असंभव होता जाएगा।

[*दिनमान*, 24 सितंबर 1978]

दूरदर्शन : लोकतंत्र के मारे मौन है

1963 के आसपास जब हिंदी के साहित्यकार सलाहकारी और अनुवादकी से कुछ ज्यादा पैसे और इज्जत और नौकरियाँ ढूँढने लगे तो उन्हें पत्रकारिता का शौक चर्राया। नतीजा यह रहा है कि अखबारों में कविता के अनेक टुकड़े, शब्द, कभी-कभी भाषा की तरकीबें नकल होकर आने लगीं। जिन्हें इसके पहले खबरों की दुनिया का कुछ अनुभव था उन्होंने जरा सब्र से काम लिया नहीं तो नए पत्रकार गद्य में कविताएँ ही लिख डालते। फिर भी यह तो साफ दिखता था कि साहित्य की कल्पना-मय भाषा अखबारों में से झाँक रही है। गनीमत थी कि वह नई कविता की भाषा थी, छायावाद की नहीं वरना सम्प्रेषण की समस्या जबर्दस्त तरीके से उठ खड़ी हुई होती।

याद रखने लायक बात यह थी कि उन दिनों कविता लिखना करीब-करीब वैसा ही विशिष्ट और चमत्कारी काम माना जाता था जैसा आजकल टी.वी. सीरियल लिखना या अन्त से कुछ पहले एम पी, एम एल ए हो जाना। आज सीरियल नियमित रूप से प्रकट होते रहने के बहाने हैं। इससे अधिक कुछ नहीं। मुख्य कारण तो विज्ञापन है। इसलिए एक बार सीरियल खत्म हुआ कि उसमें काम करता आदमी अपनी विज्ञापन उपयोगिता लेकर नेपथ्य में इंतजार में खड़ा हो जाता है। बुलाने पर आता रहता है। पिछले तीन सालों में जो नाम सीरियलों में रोज आते रहे थे, वे अब किसी न किसी केश तेल, बिस्कुट या दर्द के दवा के पात्र बन गए हैं। उनकी असली उपयोगिता यह है कि वे पहचाने जाते हैं। वे खुद कोई चरित्र नहीं हैं, सिर्फ मुखौटे हैं।

पर यह भी अर्द्ध सत्य है। इनमें से हर पात्र अपने साथ उस चरित्र की स्मृति लिए प्रकट होता है, जिसके कारण वह कभी जाना जाता था, ठीक उन अभिनेताओं की तरह जो अपने द्वारा अभिनीत पात्रों की वे स्मृतियाँ सुरक्षित किए हुए, जो दर्शकों के मन में हैं, राजनीति में जाते हैं। उनकी लोकप्रियता उन चरित्रों के कारण है जिनको उन्होंने अभी हाल में निभाया था। इसको उन्होंने उन वायदों के ऊपर चिपका दिया है जो उन्हें चुनाव जीतकर निभाने हैं।

यह भी पूरा सच नहीं है। कम से कम दक्षिण के अभिनेता-नेता के बारे में तो यह प्रश्न पूछा ही जा सकता है कि उनकी राजनैतिक लोकप्रियता संकलित हुई है तो क्या बहुत कुछ इस कारण नहीं कि उन्होंने परम्परा में प्रसिद्ध चरित्रों का अभिनय किया है और उनकी अभिनय शैली में भी शुद्ध फिल्म की ही नहीं, नाट्य की अभिनय शैली का पुट है। इसलिए दो परम्पराओं से निर्भरता उनको आधार प्रदान कर रही है। खैर, दक्षिण भारत अन्य प्रकार से भी उत्तर भारत के परम्परा संसार से बहुत भिन्न है इसलिए इसे सारे देश का प्रतिमान नहीं बनाया जा सकता। फिर भी यह बात तो माननी पड़ेगी कि फिल्म का उत्तर भारत में इस्तेमाल प्रचार माध्यम के रूप में ही हुआ है, साहित्य के माध्यम के रूप में नहीं। क्यों नहीं हम अपने साहित्य की समझ अपने लोगों को फिल्म के माध्यम से दे पाए? यह जवाबतलब मसला है। क्यों नहीं नए दौर के आने के वक्त ही हमने फिल्म के उपयोग की कुछ मर्यादाएँ तय नहीं कर दीं ताकि शुरुआत अच्छे प्रतिमानों से हो, यह भी एक पूछने लायक सवाल है। मेरा मतलब उस सुविधा के शुरू होने से है जो फिल्म बनानेवालों को पहली बार सीरियलों के जरिए दो-तीन साल पहले दूरदर्शन पर दी गई थी। अब दूरदर्शन बहुत दुखी होकर कह रहे हैं, हमने तो सिर्फ एक प्रयोग किया था। किसे मालूम था कि इसका इतना स्वागत होगा और इसमें इतना कूड़ा पैदा हो जाएगा।

अभी भी वक्त है। इसके पहले कि जनता की 'पसंद' ही विचार की और हर कला की श्रेष्ठता की कसौटी बन जाए और उनकी भी श्रेष्ठता की कसौटी वह रुपया बन जाए जो विज्ञापनदाता उस कला को प्रस्तुत करने के लिए कलाकार को देने को तैयार होंगे, दूरदर्शन को स्वीकार करना चाहिए कि जो गलती उसने तीन साल पहले की थी वह या तो उसकी बेवकूफी का नतीजा थी या उसकी

चालाकी का—दोनों में से एक या दोनों ही उसके पीछे थे। नहीं तो यह मोटी सी बात वह कैसे छिपा गया कि दूरदर्शन एकमात्र प्रकरण साधन होने के कारण शुरू से ही उस पर यह जिम्मेदारी थी कि वह क्या दिखाने दे रहा है। यह जिम्मेदारी दूरदर्शन ने स्वीकार करना छोड़ दिया और सिर्फ पैसा स्वीकार कर लिया। इसके साथ-साथ यह भी दोहरा दिया कि निषेध का अधिकार वह अपने पास रखेगा, परंतु श्रेष्ठ कार्यक्रमों के निर्माण के लिए दबाव पूँजीपति पर नहीं डालेगा। उसका तर्क यह था कि कार्यक्रम तो बढ़िया तभी बन सकते हैं जब उनमें पैसा लगाया जाए और पैसा सरकार के पास है नहीं। इसलिए बाजारी निर्माताओं को कार्यक्रम बनाने की छूट दी जा रही है।

आज यह जरूरी है कि खुली छूट का नियमन किया जाए और सिर्फ सतही नियमन नहीं दिशा-निर्देश भी किया जाए। फिलहाल सीरियलों का अंधाधुंध पास होना रुका हुआ है। मगर जब शुरू होगा तो वही बंजर नीति फिर काम में लाई नहीं जाएगी, इसकी कोई गारण्टी नहीं है।

दूरदर्शन कहता है कि वह सेन्सर जारी रखेगा ताकि राष्ट्रविरोधी तत्त्व सर न उठाने पाएँ, मगर वह घटियापन नामक राष्ट्रविरोधी तत्त्व को बढ़ने से रोकने पर कोई चिन्ता नहीं करता। इसके न करने का तर्क यह देता है कि हम सबको अभिव्यक्ति की आजादी देना चाहते हैं। जानबूझकर दूरदर्शन यह बात दबा जाता है कि आजादी देने का कोई मतलब नहीं है जबकि प्रतिमान न बनाए जाएँ। दूरदर्शन में जो भी विचारक हैं उनका सोच यही मालूम होता है कि या तो प्रतिबंध लगाओ या खुली छूट दो—कोई निर्माता या खुद दूरदर्शन प्रतिमान बनाए, यह दूरदर्शन की समझ में नहीं आता। 1959 में जब टीवी शुरू हुआ था तब से एक प्रायः नियमित व्याख्याकार की हैसियत से दूरदर्शन के साथ जुड़े रहने के कारण मैं ऐसी पचीसों मिसालें जानता हूँ जहाँ प्रतिमान बनाने की जिम्मेदारी से दूरदर्शन कतरा गया है। पर वहाँ एक ही बता देना काफी होगा।

करीब साल भर हुआ यह बात पता चली थी कि भ्रूण में नर या नारी, यह पता लगाना सम्भव हो गया है। पता लगाने की विधि को नैतिक और आयुर्वेदिक स्वीकृति दी जा चुकी है क्योंकि कुछ जैविक परिस्थितियों में इस गर्भ की स्थिति अनुकूल होने या न होने का पता लगा लेना उचित है अन्यथा सन्तान के या माँ के स्वास्थ्य को गहरी क्षति से बचाना संभव न हो सकेगा। जब से यह विधि प्रचारित हुई, यह प्रचलित होती जा रही है। सुनने में आ रहा है कि बाप या बाप नहीं तो माएँ पता लगा-लगाकर उन भ्रूणों को नष्ट करवाने लगी हैं जो गर्भ में जी गए तो नारी बनकर जन्म ले लेंगे।

जब यह बात फैल गई तो मुझे याद आया कि साल भर पहले इसी खतरे को पहचानकर किसी ने दूरदर्शन संस्था से प्रस्ताव किया था कि अपनी प्रचार शक्ति से यह बात फैलाएँ कि एक डाक्टरी विद्या का आविष्कार जाति हत्या के लिए साधन जुटाने के काम नहीं लाया जाना चाहिए और लोगों को भी यह सिखाना चाहिए कि समाज में नर-नारी समता से सभ्यता और संस्कृति का विकास होता है—खासतौर से इक्कीसवीं सदी में तो इसकी बहुत जरूरत होगी। इसलिए यह अमानुषिक स्त्री हत्या न करें। गर्भ में एक स्त्री की हत्या का सीधा प्रभाव हर स्त्री की जिंदगी, मर्यादा और सामाजिकता पर पड़ता है, यह बात प्रचार माध्यमों द्वारा समझानी चाहिए। तब जिसने यह प्रस्ताव दूरदर्शन के सामने रखा था उससे कहा गया था—आप जानते नहीं कि हमारे समाज में कितनी विस्फोटक स्थितियाँ भरी पड़ी हैं। लोग बहुत दकियानूसी हैं। वे हल्ला मचाएँगे कि दूरदर्शन हमें विज्ञान की सुविधाओं का उपभोग करने से टोक रहा है। इस कार्यक्रम का प्रस्ताव हम मंजूर न कर पाएँगे। पर पिछले दिनों इसी विषय पर दूरदर्शन का कार्यक्रम देखा। इसमें क्या था? वैज्ञानिक, डाक्टर, प्रौढ़ा माताएँ बारी-बारी से सारी समस्या का सन्तुलित विश्लेषण कर रही थीं। दरअसल किसी के सामने कोई समस्या थी ही नहीं। एक विस्मय था—अहा! विज्ञान की कितनी बड़ी देन है। अब हम जीवन को सुखमय बना सकते हैं और वैज्ञानिक तरीके का अभिजात्य गौरव हमारा हो सकता है क्योंकि यह भावना

परिष्कृत, सभ्य सुसंस्कृत वर्ग की ही हो सकती है। गँवारों को इतनी वैज्ञानिक समझ और सुविधाएँ कहाँ नसीब हो सकती हैं। वे तो लड़की को पैदा होते ही मार डालते थे। हम पैदा होने के पहले ही मारते हैं और कहीं कोई दर्द तक नहीं।

दूरदर्शन पर बहस में 'आधुनिक' होने का बड़ा जोर था। आधुनिक होने का एक मतलब हिन्दुस्तान में पढ़े-लिखे वर्ग में यह भी माना जाता है कि किसी चीज पर भावना में बहकर राय मत दो। क्योंकि भावुकता आधुनिकता विरोधी है, जहालत का दूसरा नाम हैं। तटस्थ होना सबसे अधिक आधुनिक होना है, यह मानकर हमारा बुद्धिजीवी दूरदर्शन की विचार गोष्ठी में बोलता है और उसी को बुलाया जाता है वो 'जनता की भावनाओं' की कद्र करे—अर्थात् किसी दकियानूसी विचार का प्रचार करे। टी.वी. बाजार में उसी आयोजित विज्ञापन की माँग होती है जो आदमी को घेरकर कुछ भी खरीदने पर राजी करा ले। भ्रूण हत्या संबंधी कार्यक्रम में इसी प्रायोजित विचारक की पूछ थी जो समाज के सबसे दकियानूसी अर्थात् ताकतवर वर्ग की बात को आधुनिक जामा पहना दे औरत एक बोझ है उसे छुट्टी पाने का वैज्ञानिक, फैशनेबुल और सुरक्षित तरीका है कि भ्रूण में ही औरत को पहचान लो और वहीं उसे खत्म कर दो। दूरदर्शन इसका प्रचार करने के लिए समय और एकमात्र प्रसारण सुविधा को जुटा देगा क्योंकि वह अपनी तरफ से कोई प्रतिमान नहीं बनाता। और लोकतंत्र में वह सेन्सर नहीं मरता और मारे लोकतंत्र के वह अपना मुँह भी अन्याय के विरुद्ध नहीं खोलेगा।

[*जनसत्ता*]

दूरदर्शन हमारा चेहरा मिटा रहा है

दूरदर्शन की आलोचना की जाती है कि उस पर इन्दिरा गाँधी और राजीव गाँधी का चेहरा बहुत बार दिखाया जाता है। मेरी नजर में यह आलोचना कोई आलोचना नहीं है। अगर सूचना मन्त्रालय इस आलोचना का जवाब देता है तो अपना वक्त खराब करता है। दरअसल उसे जवाब देने की जरूरत नहीं है क्योंकि ऐसे आलोचक सिर्फ कुछ इन्दिरा-राजीव विरोधियों का चेहरा दूरदर्शन पर दिखा देने से खुश हो जाएँगे। सूचना मन्त्रालय को ये चेहरे दिखाने में कोई एतराज भी नहीं है। संसद का सत्र आरम्भ होने के पहले विरोधी दलों के चुनिन्दा प्रतिनिधियों से सूचना मन्त्री की बातचीत दिखाकर सूचना मन्त्रालय इसका प्रमाण दे चुका है। सूचना मंत्रालय को इन दलों से शत्रुता भी नहीं है। उसका असल शत्रु है साधारण जन। उसकी तस्वीर वह नहीं दिखाएगा।

दूरदर्शन का एक कार्यक्रम है 'खोए हुए लोगों के बारे में सूचना'। हिंदी के भाषा-भक्तों ने इसके कथ्य की तो दूर इसके शीर्षक तक की आलोचना नहीं की है। शीर्षक से जान पड़ता है कि जो लापता है उनके मिलने के बारे में कोई खबर मिल गई है और वह बताई जाएगी। पर कार्यक्रम देखने पर असलियत खुलती है कि लोगों ने किसी न किसी के लापता होने की खबर दी है और वही बताई जा रही है (लापता के मिलने की खबर नहीं बल्कि लापता होने की खबर) उर्दू के चार शब्द आ जाने पर या हिंदी संस्कृति का प्रचार न होने पर हिंदीवाले बड़ा गुलगपाड़ा मचाते हैं। मगर इस शीर्षक की भ्रष्ट हिंदी पर चुप हैं क्योंकि इससे उनकी महंतई पर आँच नहीं आती—बिगड़ती है तो जनता की बोली ही बिगड़ती है। दूरदर्शन में अच्छी बोली बोलने की परम्परा ही नहीं बनने दी गई है इसलिए उनके अफसर खुद यह बात नहीं समझ सकते कि यह कार्यक्रम खोए हुए लोगों के बारे में सूचना नहीं है, लोगों के खो जाने की सूचना है और इस औंधे शीर्षक को उन्हें बदलकर यह शीर्षक बनाना चाहिए जो ऊपर लिखा गया है।

पिछले सप्ताह यह कार्यक्रम मैंने बहुत दिन बाद देखा। दूरदर्शन ने इसके शीर्षक को ही भ्रष्ट नहीं किया है इसकी शैली को भी ऐसा बनाया है कि इससे ऊब पैदा हो। जो सहज उत्सुकता यह जानकर पैदा होती है कि कोई खो गया है उसका फायदा समाज के हित में उठाना दूरदर्शन नहीं जानता। इसलिए नहीं जानता कि यह इसे अपना काम नहीं समझता। कुछ दिन पहले तक लोग इस पाँच मिनट के कार्यक्रम को अगर किसी कौतूहल के कारण देखते भी थे तो यह संभावना दूरदर्शन ने खत्म कर दी है क्योंकि अब उसने यह बताना बन्द कर दिया है कि जिसके खो जाने की खबर दी जा रही है वह जब नहीं खोया था तो कहाँ रहता था। पूरे कार्यक्रम में खोए हुए व्यक्ति का नाम और हुलिया जल्दी-जल्दी बता दिया जाता है जैसे पंसारी की दुकान पर सौदे की फेहरिस्त लिखाई जा रही हो और पाँच-छह व्यक्ति, जो कि इतनी देर में व्यक्ति से सिर्फ तस्वीरें बन गए हैं, तमाम दूरदर्शन देखनेवालों की जिंदगी में एक फालतू चीज बनाकर छोड़ दिए जाते हैं। 'इनके बारे में जानकारी मिसिंग पर्संस स्क्वाड (टेलीफोन फलाँ फलाँ फलाँ) को दीजिए' यह कहकर कार्यक्रम खत्म कर दिया जाता है। यानी नादान लड़का, जवान लड़की उजबक अधेड़ और हताश बुढ़िया जो घर से गुम होकर अपार भीड़ में खो गए हैं, टेलीविजन की बदौलत साधारण जन के लिए अब कोई व्यक्ति नहीं रह गए हैं, पुलिस में दर्ज एक मामला बन गए हैं।

उनके पड़ोस से उनका संबंध पहले जो टूटा तो इसलिए कि वे घर से बिना बताए निकल गए थे, अब दुबारा तोड़ दिया गया है क्योंकि हमें बताया नहीं गया कि उनका घर कहाँ है? हम किसी खोए हुए आदमी का नाम जानते ही स्वभाव से चाहने लगते हैं कि वह मिल जाए और हम यह भी जानें कि उससे हमारा क्या संबंध है। पर दूरदर्शन इस संबंध को बनने से रोक देता है। 'शायद मैं इस खोए हुए आदमी के घर के किसी व्यक्ति को जानता होऊँ', मेरे मन में सहज ही उठनेवाला यह सामाजिक भाव दूरदर्शन कुचल देता है क्योंकि मुझे खोए हुए आदमी के घर के किसी आदमी का नाम नहीं बताता, और उस घर का पता नहीं बताता जिसका कोई न कोई पड़ोस भी होगा। मुझसे कहता है कि इस खोए हुए की जानकारी पुलिस को दूँ। यह भी नहीं कहता कि अगर यह आदमी कहीं दिख जाए या इसका कोई पता मिले तो पुलिस को बताऊँ। एक 'अगर' तक वह अपने कार्यक्रम में शामिल नहीं करता क्योंकि इस अगर को सम्भव बनाने में किसी को मदद देने की इच्छा उसके अन्दर नहीं है। सत्ता, शक्ति, व्यवस्था का घमण्ड और साधारण जन के प्रति नफरत, ये बातें दूरदर्शन के मन में हैं और इन्हें वह असहाय, खासतौर से सहायता की जरूरत जिन्हें है, ऐसे असहाय मनुष्यों पर लाद रही है। इन्दिरा-राजीव की तस्वीर लादने की शिकायत जो बड़े-बड़े नेता करते रहते हैं वे तो इन दोनों के साथ दूरदर्शन के समय में हिस्सा मिल जाने पर रोना बन्द कर देंगे। मगर जो दमन यह कार्यक्रम हमारे ही लोगों की तस्वीर हमारे ऊपर इस तरह लादकर फैला रहा है कि हम अपने साथी नागरिकों के घर के लोगों का (अभिभावक) का नाम और पता न जान पाएँ वह हर शासक की हर तस्वीर की अपेक्षा अधिक राजनैतिक है क्योंकि वह लोगों को लोगों से काटकर पुलिस से जुड़ने को मजबूर करता है। चूँकि लोग पुलिस से यों ही कटे हुए हैं और एक दुर्घटना की रपट लिखाने तक इस डर से नहीं जाते कि कहीं उन्हीं पर दुर्घटना का इलजाम न थोप दिया जाए, वे किसी को खोजने नहीं जाएँगे।

यह कार्यक्रम ऐसा होना चाहिए कि लोग इसे देखकर खोए हुए की तलाश में शामिल हो सकें। वैसा होगा तो यह भी एक राजनैतिक काम होगा। हाँ, वह जनता के पक्ष में होगा। इसलिए इसका न होने देना एक राजनीति है।

दूरदर्शन की राजनीति यही है जो खोए हुए लोगों के बहाने चलाई जा रही है और उसकी आलोचना होनी चाहिए। इन्दिरा गाँधी की तस्वीर न दिखाने की आलोचना व्यर्थ की बहस है, साधारण जन

की तस्वीर न दिखाने की आलोचना काम की बहस है। खासतौर से इसलिए कि दूरदर्शन चालाकी से जनसाधारण की तस्वीर जनसाधारण को दिखाकर जनसाधारण का चेहरा मिटा रहा है।

[जनसत्ता]

तमस का उजाला

दूरदर्शन फिल्म माध्यम की विशेषता यह है कि वह बहुत बड़े पैमाने पर लोगों को कोई कार्यक्रम देखने पर मजबूर कर सकता है। इसके नतीजे अच्छे भी हो सकते हैं। जैसे कि हुए। **तमस** को दिखाया जाना कई तरह से दूरदर्शन से साहित्य के रिश्ते के पक्ष में रहा। जितने कथानक आजकल दिखाए जाने लगे हैं उनसे उम्मीद नहीं बँधती थी कि किसी बड़े कथन के प्रति दूरदर्शन न्याय कर पाएगा। 'तमस' को दिखाने में देर के पीछे भी कारण रहे हैं। अब तो यह सिद्ध हो गया है कि गोविन्द निहलानी जैसे निर्देशक आज भीष्म साहनी जैसे लेखक के साथ मिलकर बनाएँ तो एक बड़ी ऐतिहासिक रचना बन सकती है। मगर यह भी जरूरी है कि दूरदर्शन अपनी वह सहमी हुई दृष्टि छोड़े जिससे वह समाज परिवर्तन के लिए मन को हिलानेवाले सत्य को देखने और छूने से परहेज करता है।

फिलहाल तमस के कीर्तिमान को मापने के पैमाने बदलने होंगे। इसने कितना पैसा घसीटा और कितने हफ्ते चला, सफलता का यह पैमाना नहीं लागू किया जाना चाहिए। जैसा अभी तक पैसा देनेवाला व्यापारी और उसके साथ दूरदर्शन भी लागू करता रहा है। किसी कलाकृति की लंबाई कथ्य और कला के उचित मेल से तय होती है। और यह अकाट्य नियम कविता से लेकर उपन्यास तक पर लागू होता है। वही फिल्म के माध्यम पर भी लागू होगा। एक जगह आएगी जिस पर रचना को खत्म होना ही चाहिए, चाहे वह शब्दों में लिखी गई हो चाहे फिल्म में। तमस इस प्राकृतिक नियम का पालन करता दिखाई दे रहा है क्योंकि अभी तक कोई भी फालतू फिल्मांकन नहीं किया गया है। वह अकेली अच्छाई नहीं है जो दूरदर्शन के इस अपूर्व अनुभव को ऐतिहासिक बनाती है : अच्छे से अच्छे अभिनेताओं को साथ लेकर इस रचना ने फिल्माभिनय के और छायांकन के प्रतिमान बनाए हैं और भूमिकाओं को फिल्म माध्यम की लिपि में फिर से लिखते हुए साहित्य की इज्जत की है। निश्चय ही ऐसा संभव हो सका तो इसलिए भी कि तमस के साहित्य में अनावश्यक फिल्म प्रयोग की न जरूरत थी, न बिना जरूरत सिर्फ प्रयोग के लिए प्रयोग की गुंजाइश। इस अक्लमन्दी की बहुत बड़ी वजह रही होगी लेखक और निर्देशक का पूरे समय सहयोग।

तमस के बारे में जो विवाद उठा है वह अगर और ज्यादा लोगों को तमस उपन्यास को दोबारा पढ़ने की प्रेरणा दे तो दूरदर्शन का यह धारावाहिक पूरे मायने में सफल कहा जाएगा। हर धारावाहिक की एक कमी यह होती है कि वह समग्र प्रभाव जरा मुश्किल से डाल पाता है और न चाहते हुए भी उसके खंडों को हम अलग-अलग सम्पूर्ण रचना मानने लगते हैं। एक अच्छे कल्पनाशील निर्देशक की तरह तमस के निर्देशक ने इस सम्भावना का भी पूरा फायदा उठाया है। और ऐसे चरित्रों की गहरी छाप छोड़ी है जो वृहद कथानक के प्राण हैं। हरनाम सिंह उनमें से एक हैं, बल्कि प्रमुख हैं।

तमस में धार्मिक सम्प्रदायों के पक्ष-विपक्ष की बहस है। पक्ष उसमें सिर्फ धर्मप्राणता का लिया गया है, धार्मिकता का नहीं और धर्मांधता का तो बिलकुल नहीं। सभी धर्मों के मर्म को इसी लोक के जीनेवाला प्राणी है हरनाम सिंह। यह बात परदे पर दिखाने के लिए लेखक और निर्देशक प्रार्थनासभा की तरह सूची नहीं बनाते। वे सिर्फ एक आदमी को संकट की घड़ियों से परीक्षा देते हुए गुजरता दिखाते हैं। हजार उपदेशों से अधिक गहरा असर डालनेवाले इस व्यक्ति के पास पार्टी के प्रचार के और सर्वधर्म समभाव संगठन के कोई साधन नहीं हैं पर वह अपने चरित्र में ही परम्परा को बनाए

रखता और जिलाता रहता है। फिल्म में इस भूमिका में भीष्म साहनी खुद उतरे हैं और जैसे उन्होंने इस असाधारण मनुष्य की सृष्टि की थी वैसे उसका अपूर्व अभिनय भी किया है।

तमस का महत्त्व राजनैतिक विचारों में नहीं है। विभाजन के दौर में संगठित राजनीति तो हर तरह की रचनात्मकता के वास्ते बेकार हो चुकी थी। मानवीय मूल्यों की पराजयों से उत्पन्न कलुष को जिस समय हिंदू और मुसलमान खून से रँगकर छिपा रहे थे, हरनाम सिंह उस वक्त उन मूल्यों को जीकर बड़ा कर रहा था। तमस का मुख्य पात्र तो वही है, यद्यपि उस महाभारत से मुख्यपात्र को हम पिटे-पिटाए लक्षणों से पहचान नहीं सकेंगे। उसे पहचानने के लिए महाभारत के चरित्र को ही पहचानना पड़ेगा। वह एक रण था जिसमें हर भारतीय झोंक दिया गया था और झोंकने के पहले उसके स्वतन्त्र निर्णय की सम्भावना को व्यर्थ कर दिया गया था। जरनैल जिसने कहा था हिन्दू-मुसलमान भाई भाई हैं, पाकिस्तान मेरी लाश पर बनेगा, हम मिलकर रहेंगे, उसे मार डाला गया और हरनाम सिंह को जिसने सोचा था कि जिसके साथ खेलकर बड़ा हुआ हूँ उन्हें मुझ पर हाथ उठाते गैरत न आएगी, उसे जलता घर-दुकान छोड़कर बीबी को लिए दर-दर आश्रय माँगना पड़ा। पर वह जिन्दा रहा और मनुष्य पर दृढ़ विश्वास लिए रहा, न भागा न गिड़गिड़ाया। ये तमस में यथार्थ के दो पहलू हैं जो मनुष्यता पर आए संकट में दिखते हैं। भीष्म साहनी ने हरनाम सिंह को कभी रावलपिंडी के किसी शरणार्थी शिविर में पाया था। लेखक ने जो कुछ आँखों से देखा था उसके अलावा शिविर में सैकड़ों आदमियों के दुख-दर्द को सुना-समझा था। यही सच्चाई तमस की ताकत का रहस्य है। और यही उस टीका-टिप्पणी का रहस्य है जो इस ताकत से घबराकर हो रही है।

[7 फरवरी 1988]

महाभारत-रामायण

घर पर मिलने का समय माँगते हुए किसी ने पूछा, 'ग्यारह बजे आना चाहता हूँ, पर वह तो आपके महाभारत (या शायद रामायण कहा था) देखने का समय होगा, बाद में आ जाऊँ?'

मैंने कहा, 'नहीं, आप ठीक उसी समय आइए। उस समय मेरा टीवी बन्द रहता है।'

आश्चर्य से उन्होंने पूछा, 'आप महाभारत (या रामायण जो भी रहा हो) नहीं देखते?' और आश्चर्य की मुद्रा चेहरे पर टँगी रही मानो पूछ रही हो 'क्यों नहीं देखते?' ताकि जब मैं कारण बताऊँ तो उसको लेकर वे मुझसे बौद्धिक वार्तालाप शुरू कर सकें।

साप्ताहिक पत्रिकाओं और दैनिकों ने पाठकों को निठल्ला बनाने के अभियान में इन दूरदर्शन कार्यक्रमों को प्रचलित विषय बना दिया है। प्रायः हर पत्र इन दोनों कार्यक्रमों पर टिप्पणी करता है और होड़ बन्द कर सकता है। विकय होते हैं, कथानक का निर्वाह, घटनाओं का तारतम्य, प्रभावोत्पादकता, पात्रों का चरित्र चित्रण आदि। एक ही विषय कभी विचाराधीन नहीं होता। वह है इनसे दर्शकों की कल्पना का क्षय।

मैं इन दोनों कार्यक्रमों को नहीं देखता। वे मेरी कल्पना का अपमान करते हैं। मैंने पुस्तकों में इन दोनों महाकाव्यों को पढ़ा है और रंगमंच पर इनके अनेक संस्करण देखे हैं। ये दोनों रचनाएँ युग-युग से अपने को पुनर्जीवित करती चली आई हैं तो इसलिए नहीं कि ये शाश्वत मूल्यों का भंडार हैं या मानव जीवन के रहस्य के व्याख्यान हैं अथवा सनातन धर्म के दृष्टांत हैं बल्कि इसलिए कि इनमें व्यक्त मानवीय रागानुरागों की अनुभूति हममें यथार्थ की कल्पनाएँ जागृत करती है। आज से पहले भी ये दोनों कृतियाँ पढ़ी और सुनी और देखी जाती रही हैं। इनमें शब्द ही इन्हें दृश्य बनाता रहा। कथा करने की शैली बदलती रही है, परन्तु ऐसा कभी नहीं हुआ है कि शैलीकरण से विहीन

शिल्प द्वारा इनका निर्माण किया गया हो। हो सकता है कि किसी ने प्रयत्न किया हो, पर वह प्रयत्न कहीं कोई प्रमाण नहीं छोड़ गया है। लोकनाट्य के अनेक रूपों में ये कृतियाँ निरी चाक्षुष प्रतीतियाँ नहीं रहीं।

कई विचारक और समीक्षक अज्ञानवश मानकर चलते हैं कि फिल्म या दूरदर्शन चूँकि एक आधुनिक माध्यम है इसलिए दर्शकों को अनाड़ी बताकर तर्क किया जा सकता है कि इस माध्यम की बारीकियाँ समझकर ही इसकी आलोचना करनी चाहिए और ऐसी विरक्ति नहीं दिखानी चाहिए जैसी मैं इन दो अत्यन्त लोकप्रिय कार्यक्रमों को देखने से इन्कार करके दिखा रहा हूँ, इसी स्थापना के आधार पर नए माध्यम की विशेषता की आड़ में एक ऐसा काम हो रहा है जो उन्हीं को कौतूहल से भरकर चकित कर सकता है जिन्होंने या टेलीविजन पहली बार देखा हो या महाभारत/रामायण कभी पढ़ी न हो—बचपन में भी नहीं।

अवश्य कैमरा नया माध्यम है। इसीलिए और भी आवश्यक है कि इसकी परम्परा में जितनी उपलब्धियाँ अभी तक हुई हैं उनके आगे का शिल्प आविष्कृत किया जाए। कैमरे की भाषा बहुत विकसित हो चुकी है। शब्द के साथ उसने संगम के कई सफल प्रयोग किए हैं। कैमरे के पहले के माध्यमों ने शब्द को दृश्य बनाते हुए कुछ तो किया था जिससे प्रत्येक रंग अनुभव अपने भीतर शब्द की असीम सम्भावनाएँ लिए हुए दर्शक के सामने आता था और दर्शक उनमें से जिस सम्भावना को अपनी कल्पना में प्रतिकृत कर पाता था वही सजीव हो उठती थी। नए माध्यम में ऐसा क्यों नहीं हो सकता? गाँव-देहात से लेकर वातानुकूलित रंगशाला तक महाभारत/रामायण का खेल करनेवालों की सहज चिंता रही है शैलीकरण, जो यथार्थ को उन्मुक्त करे। ये शैली के प्रयोग से दर्शक और श्रोता को लुभाते रहे हैं कि वह कथ्य और कल्पना का सहअस्तित्व स्वीकारे। दूरदर्शन का कार्यक्रम बनानेवाला ऐसा क्यों नहीं करता? इस कैमरा-भाषा का विकास करने की बजाय वह ऐसी शैली का प्रयोग क्यों करता है जो दर्शक की कल्पना को मुक्त करने के बजाय कील देती हो?

इस प्रश्न का उत्तर कोई यह कहकर देना चाहे कि ऐसा जनसाधारण के लिए निर्मित कार्यक्रम में सम्भव नहीं क्योंकि लोग कल्पना कर ही नहीं पाएँगे और करेंगे तो बहक जाएँगे, तो यह जनद्रोह है।

अगर यह कहा जाए कि नए माध्यम की दृष्टि सीमित है और वह श्रोता या पाठक को स्वीकार करनी पड़ेगी तो प्रथमतः यह झूठ है, दूसरे इसी से रहस्य खुल जाता है। इस तन्त्र में ही कुछ ऐसा है कि रचना के नए प्रयोग करने से जहाँ विचार, संवेदना अथवा अनुभावन की स्वाधीनता सुलभ होती हो वहाँ यह रचना का विरोध करता है। इसकी राजनीति है कि अधिकाधिक व्यक्तियों की कल्पना का क्षरण होता रहे यद्यपि तन्त्र को यह अनुमान भी है कि अपनी परम्परा से कुछ न कुछ पोषण बटोरकर लोग उस क्षरण को पाट लेंगे।

कल्पना की सार्वजनिक हत्या का पूरा जवाब शब्द ही देगा—वही शब्द जिसने कथा की सभी शैलियों और शिल्पों में कथ्य को दृश्य बनाया है। महाभारत और रामायण के साहित्य को छपी हुई किताब में जिन्होंने पढ़ा होगा वे इस बात को समझ सकेंगे। वे जानते हैं कि इन महाकाव्यों में प्रत्येक चरित्र का नाम एक चित्र प्रस्तुत करता है, प्रत्येक घटना एक अनुभव को जन्म देती है और प्रत्येक परिवर्तन जीवन के अर्थ को सम्पूर्ण करता है। परंतु जब मैं देव और दानव को परदे पर प्रभामंडल और सींग सहित सम्पूर्ण देखता हूँ तो मेरी कल्पना के लिए अर्थात् मेरे लिए कोई गुंजाइश ही नहीं बचती। इन दोनों के अलावा मुझे भी कोई और तो चाहिए ही जहाँ से मैं दोनों को देख सकूँ। यह ठौर मैं जिस शब्द में नहीं पाता उसे नहीं सुनता—खासतौर से जब अपना टीवी बंद करना मेरे हाथ में हो।

[*जनसत्ता*, 2 जुलाई 1989]

असभ्य धोतीधारी गाँधी

दूरदर्शन पर गाँधी की जयन्ती मनाई जा रही थी। अंग्रेजी में समाचार सुनाया जा रहा था : 'आज से इतने-इतने वर्ष पहले पोरबन्दर नामक नगर में एक बालक जनमा जिसने सारा जीवन भारत को आजाद कराने में लगा दिया। यही लड़का आगे चलकर मोहनदास करमचंद गाँधी कहलाया।'

समाचार की यह भाषा सुनी तो लगा कि मैं आज के वक्त से बहुत पहले समय में जबर्दस्ती घुस आया हूँ। यह वाक्य तो मुझे उन लोगों की भाषा का वाक्य लग रहा है जो गाँधी को अतीत का अजूबा मानते हैं और मानते हैं कि गाँधी किसी धुँधले अतीत की चीज होकर रह गए हैं। उनसे इतना अपरिचय हो गया है कि सारे देश में प्रभावशाली प्रचार करनेवाला दूरदर्शन गाँधी का वर्णन करते हुए उन्हें महात्मा गाँधी नहीं कहता। यह एक शब्द है जो पोरबन्दर में जन्मे और जीवन भर भारत की आजादी के लिए लड़नेवाले व्यक्ति के साथ एकदम एक रागात्मक संबंध बना देता है। पर समाचार बुलेटिन मानो उनके लिए नहीं लिखा गया था जिनमें वह भावना मौजूद है उनमें उसे मर जाना चाहिए, क्योंकि समाचार लिखनेवाले दिमाग में वह मौजूद नहीं है। शायद इसी बुद्धि से महात्मा गाँधी का जीवन परिचय ऐसी भाषा में दिया गया है जिसमें बहुत पुराने जमाने की कोई बात बताई जाती है। इस भाषा से यही सिद्ध होता है कि गाँधी पुरातत्व हो गए हैं और भारत की आजादी की लड़ाई से वर्तमान का कोई रिश्ता रह नहीं गया है। अब वह लड़ाई एक रहस्य कथा की तरह बताई जाया करेगी।

उसी दिन प्रश्नोत्तरी कार्यक्रम में कहा जा रहा था—'गाँधीजी के बहुत से नाम थे। एक नाम था नंगा फकीर और एक था मिकी माउस। बताओ ये नाम किसने दिए थे?'

बेचारे युवजनों ने यह तो बता दिया कि नंगा फकीर चर्चिल ने कहा था, पर मिकी माउस किसने कहा था यह नहीं बता पाए। नंगा फकीर चर्चिल ने हिंदी में नहीं कहा था। अंग्रेजी में कहा था : 'नेकेड फकीर।' अंग्रेजी भाषा में नेकेड का एक अर्थ है वह व्यक्ति जो कायदे से पूरे कपड़े न पहने हुए हो। अंग्रेजों के देश में जब गाँधी अपनी देसी पोशाक पहनकर गए तो उन्हें असभ्य धोतीधारी माना गया है। चर्चिल की अपमान भरी बोली में वह नेकेड कहलाए। इस गाली जैसे विशेषण का जब हिन्दुस्तानी भाई अनुवाद करते हैं तो चर्चिल के अपमानसूचक शब्द को इतना सतही बना देते हैं कि उसमें निहित वह तिरस्कार छिप जाता है जो असभ्य कहने से होता है और लगता है कि नंगा फकीर कहा तो नासमझी के कारण कहा, तिरस्कार के कारण नहीं—नागा बाबा ही तो कहा है चर्चिल ने भाई। यह मनोरंजन है। यह याद रखना कि ऐसा मनोरंजक नाम किसने दिया था, नई पीढ़ी के सामान्य ज्ञान वृद्धि के लिए बहुत जरूरी माना गया है। गाँधी को मिकी माउस कौन कहता था, यह याद रखना एक और कमी थी जिसे दूर करना आवश्यक माना गया। पता चला कि श्रोताओं को पता नहीं था कि यह विशेषण श्रीमती सरोजिनी नायडू की विनोदप्रियता का नमूना था।

लोग बता नहीं पाए। बताते भी कैसे, मिकी माउस गाँधीजी के चरित्र के किसी सामाजिक, ऐतिहासिक या व्यक्तिगत पक्ष का प्रतीक नाम नहीं था। एक विशिष्ट वर्ग की एक वीआईपी नेता का आत्मीयता का दावा करनेवाला परिहास था और इस व्यक्तिगत परिहास में भी न कोई उलाहना था न किसी तरह की भागीदारी थी। इसे कोई याद क्यों रखता?

गाँधी एक विचित्र प्रतीक है। उसे कहीं से भी छुओ, खुद छूनेवाले को सारा समाज छू लेता है। गाँधी को जरा-सा दिखलाने की कोशिश करते ही कोशिश करनेवाला पूरा का पूरा दिख जाता है। वह पाठ्यपुस्तक—सम्पादक लें जिसने बच्चों की पाठ्यपुस्तक में गाँधी के परिचय में लिखा कि वह किफायतपसन्द थे और पेन्सिल को छोटी से छोटी हो जाने पर भी फेंकते नहीं थे, उसे होल्डर में लगाकर उससे लिख लिया करते थे। इस शिक्षक ने यही गाँधीवादी आदत बच्चों को बताने लायक

समझी और वह भी पब्लिक स्कूल की पाठ्यपुस्तक में, जिसके पढ़नेवाले इसे कम खर्चबालानशीं नहीं कहेंगे, कंजूसी कहेंगे। यह तो गाँधी में नहीं थी। गाँधी यदि फिजूलखर्ची को मना करते थे तो सिर्फ इसलिए नहीं कि सादगी एक आध्यात्मिक गुण है, बल्कि इसलिए भी कि वह एक नैतिक गुण है क्योंकि वह शोषण को आवश्यक नहीं बनाती। सादगी शोषण के विरुद्ध है।

मेरी शिकायत यह नहीं है कि गाँधी जयंती पर कार्यक्रम सही तरीके से नियोजित नहीं किए गए। शिकायत यह है कि गाँधी के अर्थ के बदले जाने की चेष्टा अभी तक जारी है और दूर तक असर करनेवाले प्रचार माध्यमों का इस्तेमाल इस चेष्टा में किया जा रहा है। ये माध्यम नई पीढ़ी को गाँधी के बाद की असलियत भी दिखाते हैं, मगर साथ ही साथ यह नहीं सिखाते कि गाँधी के बाद गाँधी की दृष्टि से किस तरह देखना चाहिए। शोषण के विरुद्ध गाँधी ने जो किया था वह ठीक वैसे ही करना सम्भव होगा तो वह भी एक ढोंग होगा, परन्तु ठीक उसके विरुद्ध चलना और गाँधी का नाम इस्तेमाल करके नई पीढ़ी को धोखा देना ढोंग से भी ज्यादा बुरा है। वह सरासर धोखा है। यह कहना कि यह धोखा रेडियो-दूरदर्शन द्वारा दिया जा रहा है, आधा सच है। वर्षों पहले एक प्रसिद्ध गाँधीवादी नेता को उस कमेटी का अध्यक्ष बनाया गया था जिसे गाँधी स्मारक पर खुदवाने के लिए गाँधी के सुभाषित वाक्य चुनने थे। इन महोदय ने सौ ऐसे वाक्य चुने जिनमें सत्य, अहिंसा, ईश्वर की भरमार थी। सत्य का गुणगान था पर सत्याग्रह का जिक्र तक नहीं था। यह भी इतिहास के साथ एक धोखा है कि हम अन्याय का विरोध करने के गाँधीवादी तरीकों को भाषा से ही मिटा दें—यह धोखा दूरदर्शन के बिना गाँधीवादी व्यक्तियों या समितियों द्वारा भी दिया जा सकता है और दिया जाता रहा है। पर जब तक विचार, बहस बातचीत सम्भव है, तब तक इस धोखे के प्रचार से आतंकित होने की जरूरत नहीं है। कोई न कोई तरीका निकल ही आता है जिससे गाँधी का भरा-पूरा व्यक्तित्व सच्चाई को बोलने लगता है। इसी दूरदर्शन कार्यक्रम में बताया गया कि जब गाँधी घुटनों तक धोती चढ़ाए महाराज से मिलने गए और किसी ने पूछा आपने पूरे कपड़े क्यों नहीं पहन रखे थे, तो गाँधी का जवाब क्या था। जवाब था मुझे पूरे कपड़े पहनने की जरूरत क्या थी। महाराज ने चार-चार आदमियों के पहनने लायक कपड़े खुद ही पहन रखे थे। गाँधी का किया यह परिहास जब तक भाषा से पोंछकर मिटा नहीं दिया जाता, तब तक मिकी माउस की रोज याद दिलाई जाए, तो भी गाँधी मिट नहीं सकते।

[जनसत्ता]

गुनीराम की बोली

यह लेख दूरदर्शन के कार्यक्रमों की समीक्षा के स्तंभ के लिए नहीं लिखा गया है, यह तो नागरिकों के बीच सामाजिक संबंधों को अपने वर्ग स्वार्थ के अनुसार तोड़ने-मरोड़नेवालों के षड्यंत्र का भेद खोलने के लिए लिखा गया है। यह षड्यंत्र लम्बे समय से कायम प्रचार माध्यमों का आश्रय लेकर चलाया जा रहा है। फिल्मों से गत दो दशकों में यह काम बहुत लिया गया और दूरदर्शन से अब लिया जा रहा है।

एक तरह से दूरदर्शन कार्यक्रम की ओर ध्यान दें तो दिखेगा कि उसका कथानक हास्य मनोरंजन का 'निर्दोष' उद्देश्य लेकर बनाया गया है पर इस भुलावे से निकलकर हम उसके पात्रों के वास्तविक जीवन के यथार्थ को सड़क पर, दुकान पर, दफ्तर में और समाज में अन्यत्र आमने-सामने अपनी आँखों से देखें तो मालूम होगा कि उन पात्रों से हमने बिना हमारे जाने एक क्रूर अस्वाभाविक सामाजिक रिश्ता बना लिया है—उसी कथानक के माध्यम से जिसमें हम सिर्फ कुछ मनोरंजक स्थितियाँ देख रहे थे।

इन कथानकों में बहुधा एक पात्र अवश्य होता है जो सीधा-सादा निरीह प्राणी दिखाया जाता है। वह सीधा-सादा दिखता है पर दिखानेवाले का उद्देश्य होता है कि हम उसे मूर्ख भी मानें। निर्देशक दिखाता है कि वह पात्र अपने सीधेपन के कारण मुसीबतों में पड़ता है पर मुसीबतों से दूर सुरक्षित कमरों में बैठे दर्शकों को फुसलाता है कि वे उस पात्र को अज्ञानी मानें और आश्वस्त हों कि वह कभी अपने ऊपर होनेवाले अत्याचारों को पहचानकर उनके विरुद्ध हाथ उठाना तो दूर, आवाज तक न उठाएगा।

यही वह सीधा-सादापन है जिसके कारण वह पात्र हमारा प्रिय बन जाता है और यही वह मनोरंजन है जो हमें उसकी कमजोरी और अपनी ताकत पहचानकर हँसने को प्रेरित करता है। दरअसल वह हमारी हँसी नहीं है, समाज में उस पात्र के वर्ग के साथ हमारे अत्याचारी आपराधिक रिश्ते की ग्लानि से उत्पन्न निरंतर तनाव से किसी-किसी क्षण मुक्त हो जाने की राहत की अभिव्यक्ति है।

कार्यक्रम-निर्देशक ने कथानक से ऐसी कोई संवेदना नहीं उपजाई है कि ग्लानि के तनाव से यह मुक्ति क्षणभर से अधिक स्थायी हो सके और हमारे इस मूर्ख निरीह प्रतिरूप के साथ अत्याचार और शोषण के विरुद्ध शामिल होने की कोई बौद्धिक समझ हमारे अंदर जगाकर पनपने और पकने के लिए छोड़ जाए। वह तो उद्देश्य ही नहीं है बल्कि जो उद्देश्य है वह ठीक इसके विपरीत है। उद्देश्य यह है कि **मुंगेरीलाल** या **गुनीराम** को एक काल्पनिक वर्ग का प्रतीक बना दिया जाए जो दिल्ली-बंबई में बैठे दर्शक वर्ग के सामने राजनैतिक-सामाजिक-आर्थिक और सांस्कृतिक दृष्टि से हीनतर सिद्ध हो। अनपढ़, बेचारा, जो विद्रोह नहीं कर पाएगा, भलमनसाहत के मारे प्यारा, मासूम और जुल्मों का स्थायी पात्र बना हुआ दूरदर्शन के परदे में डुबकी लगाकर जीवन के यथार्थ में कभी सर न उठा पाएगा।

क्या कभी इस मनोरंजन के सामाजिक अभिप्राय पर आपने गौर किया है? हिंसा में—बशर्ते कि वह हम पर न हो रही हों, मजा लेने की राजनैतिक चाल का ही वह एक प्रच्छन्न रूप है। दूरदर्शन अपने प्रसार यन्त्रों-ट्रांसमीटरों का दुरुपयोग उन छोटे-बड़े पूँजीपतियों को करने दे रहा है जो किसी संगठित राजनैतिक प्रक्रिया के द्वारा नहीं, बल्कि प्रचार माध्यम के द्वारा 1980 में खुले आम अपनी जनविरोधी राजनीति चला रहे हैं, इसी दुरुपयोग से क्या उसे स्वायत्तता चाहिए?

बिहार के लोगों को इनके निर्माताओं ने ऐसे 'मूर्ख' पात्रों के माध्यम से यह जनविरोधी राजनीति करने के लिए चुना है यह भी कोई रहस्य नहीं है। **गुनीराम, मुंगेरीलाल** और **कक्काजी** जैसे पात्र जो बोली बोलते हैं वह किसी जनपद की नहीं है और बनावटी होने पर भी भयंकर रूप से अशुद्ध है तो भी वह हिंदी प्रदेश की है। कम से कम गरीबी से उसका नाता तो स्वतःसिद्ध है। इसलिए बम्बई-दिल्ली के निर्माता उसे टिकाऊ कच्चा माल मानते हों तो यह हिंदी क्षेत्र पर दुगना अत्याचार है क्योंकि पैसा भी वे उसी क्षेत्र से खींचकर ले जाते हैं। अगर इसी क्षेत्र में अन्याय के विरुद्ध चेतना जगानेवाले कितने ही कथानक हैं और इसी क्षेत्र की बोलियाँ बोलनेवाले उन कथानकों के अनेक नायक हैं—वे कभी भी दूरदर्शन के परदे पर नहीं दिखाई देते तो क्या इसलिए कि वे अघाए और ऊबे हुए सुखी दर्शकों का 'मनोरंजन' नहीं करेंगे?

[*जनमत*, 19 अगस्त 1990]

ब्राडकास्टिंग क्या है?

ब्राडकास्टिंग हमारे देश के लिए नयी चीज है। 1930 में दिल्ली, बम्बई और कलकत्ता के बड़े-बड़े क्लबों में लगे हुए ट्रांसमीटरों को सरकार ने अपने कब्जे में ले लिया और सूचना विभाग के अंतर्गत आल इंडिया रेडियो नामक संस्था की स्थापना की। तब से अब तक का आल इंडिया रेडियो का इतिहास काफी मनोरंजक है। एक समय था कि केवल कुछ रेडियो-मालिकों के मनोरंजनार्थ कार्यक्रम प्रसारित किये जाते थे, जिनमें बहुधा यूरोपीय संगीत के रिकार्ड हुआ करते थे। धीरे-धीरे उर्दू का महत्त्व आल इंडिया रेडियो के लिए बढ़ा और अधिकतर समय उर्दू में कार्यक्रम प्रसारित किया जाने लगा। और एक समय यह है कि एक ओर संस्कृत में कार्यक्रम प्रसारित किया जाने लगा है और दूसरी ओर रेडियो मालिक सोचने लगे हैं कि यदि रात-दिन "आएगा आएगा, आएगा आनेवाला" या "गम का फसाना किसको सुनाएँ" प्रसारित किया जाए तो हमारे रेडियो सेट की सार्थकता संभवतः प्रमाणित हो जाए।

इन 20 वर्षों में आल इंडिया रेडियो ने भारतीय सुननेवालों को समझने और ब्राडकास्टिंग को वास्तविक अर्थ में सफल बनाने का कोई भी बुद्धिमत्तापूर्ण प्रयत्न नहीं किया। आल इंडिया रेडियो की ब्राडकास्टिंग नीति सर्वदा राजनीतिक नीति रही है। किसी न किसी दल या विचारधारा के समर्थन में योग देने के लिए आल इंडिया रेडियो के ब्राडकास्टिंग पक्ष को, अर्थात् कलात्मक पक्ष को सदा हानि पहुँचाई गई है। ब्राडकास्टिंग एक कला है और उसे कला के रूप में देखने में आल इंडिया रेडियो के नियामत असफल रहे हैं। उसकी नीति के प्रत्येक पहलू में कोई न कोई ऐसा दाँव छिपा रहता है जिसका विशुद्ध ब्राडकास्टिंग कला से कोई संबंध नहीं होता।

यह कला क्या है?

किसी मंतव्य को प्रकाशित करना जिस प्रकार मूल रूप में एक कला है, उसी प्रकार उसको प्रकाशित करने के विभिन्न साधनों अथवा माध्यमों का व्यवहार करना अलग-अलग रूप में अलग-अलग कलाएँ हैं। लिखना-बोलना तथा दिखलाना जिस प्रकार अभिव्यक्ति के तीन माध्यम हैं उसी प्रकार पत्र-प्रकाशन, रेडियो और सिनेमा या रंगमंच तीन भिन्न-भिन्न कलाएँ हैं।

शब्द में जो अर्थ होता है उसे व्यक्त करने के लिए शब्द का उच्चारण किया जाता है। उच्चारण करने पर मस्तिष्क कान द्वारा शब्द की ध्वनि को ग्रहण करके उसे तुरंत अर्थ में बदल लेता है। यदि यह उच्चारण मन ही मन किया जाए, तो हम अपने उप-चेतन मस्तिष्क में उस शब्द की ध्वनि की पहले कल्पना करते हैं, फिर वह ध्वनि जिस अर्थ का द्योतक होती है वह अर्थ ग्रहण करते हैं। लिखित शब्द को समझने की क्रिया, उच्चरित शब्द को समझने की क्रिया की अपेक्षा अधिक समय लेती है क्योंकि हम शब्द का अर्थ मूलतः ध्वनि के रूप में ही ग्रहण करते हैं। यह अधिक समय कितना होता है यह नापना हमारे लिए कठिन है, परंतु यह सत्य है कि किसी वाक्य को समझने में शब्द का पढ़ा जाना या बोला जाना, अलग-अलग प्रकार से सहायक होता है। यह भ्रम नहीं होना चाहिए कि किसी शब्द को इन दो अलग तरीकों से समझने की चेष्टा करने से उसके दो अर्थ समझ में आएँगे। यह बात नहीं। होता यह है कि उन शब्दों के, जिन्हें हम अधिकतर बोलचाल में काम लाते हैं, अलग प्रभाव बन जाते हैं और उन शब्दों के, जिन्हें बहुत करके केवल किताबी प्रयोगों तक ही रखा जाता है अलग प्रभाव बन जाते हैं। अतएव हम अगर ऐसे शब्दों से निर्मित एक वाक्य

किसी को सुनाएँ, जिसमें सब शब्द किताबों के हों और शैली भी किताबी हो, तो वह श्रोता को, एक ऐसे वाक्य की अपेक्षा, जिसमें शब्द बोलचाल के हों और शैली किस्सागोई की हो, कम ग्राह्य होगा।

प्रसारित कार्यक्रम के दो विभाग होते हैं—एक रचना, दूसरा प्रयोजना। रेडियो रचना की शैली श्रव्य शैली होती है, उसमें किसी घटना के कथानक के प्रतिपादन हेतु अथवा किसी पात्र के चरित्र के विकास के हेतु, उस घटना की ध्वनि अथवा उस घटना के प्रसंग का सहारा लिया जाता है। प्रसंग से तात्पर्य यह है कि ऐसी स्थितियों को वर्णित करना जो घटना के पूर्व आ चुकी हैं अथवा घटना के समय उपस्थित हैं, अथवा घटना के बाद हुई हैं, ताकि घटना का रूप श्रोताओं के सम्मुख उपस्थित हो।

'प्रयोजना' में स्वर, स्वर का गुण, माइक्रोफोन पर स्वर की प्रक्रिया, ध्वनि, ध्वनि का प्रभाव, ध्वनि उत्पन्न करना, घटाना-बढ़ाना, रिकार्डित करना अथवा रिकार्ड द्वारा उत्पन्न करना, इत्यादि का संपादन किया जाता है। स्वर का चुनाव, चरित्र के स्पष्टीकरण के लिए स्वर की योग्यता, अभिनय के समय स्वर का संचालन आदि प्रश्न भी इसी विभाग के अन्तर्गत आते हैं।

संक्षेप में समस्त ब्राडकास्टिंग कला का यही सार है। यह सब जानते हैं कि कार्यक्रम संचालकों के सामने बड़ी-बड़ी समस्याएँ हैं, जैसे श्रोताओं की रुचि तथा आवश्यकता के आँकड़े न होना, योग्य कलाकारों का न मिलना, सफल रेडियो रचनाओं का अभाव और सबसे बढ़कर ऊँचे अधिकारियों की इस कला के प्रति उदासीनता; परंतु इसी कारण रेडियो द्वारा प्रसारित कार्यक्रमों का कलात्मक अध्ययन करना और अधिक आवश्यक हो जाता है।

[*नवजीवन*, 11 दिसंबर 1950]

रेडियो समाचार

रेडियो अखबार

अमेरिका में सरकारी आज्ञा लेकर कोई भी व्यक्ति या कंपनी अपना रेडियो स्टेशन खोल सकता है। वहाँ के दो पत्रकारों ने एक रेडियो स्टेशन खोला है जो दिन भर खबरें प्रसारित करता है। दिन भर में जो-जो घटनाएँ सुननेवालों के मतलब की होती रहती हैं उनकी खबर लोगों को बराबर मिलती रहती है।

इस रेडियो अखबार के संवाददाता जगह-जगह घूमते रहते हैं और अपने साथ कागज-पैंसिल के अलावा एक रिकार्डिंग मशीन भी रखते हैं, जो फीते पर आवाज रिकार्ड करती है। जब कहीं आग लगने की खबर सुनायी जाती है, तो सुननेवाले घटना का वर्णन ही नहीं, बल्कि आग बुझाने वाले इंजिन, पानी की धार, आग बुझानेवालों की बातचीत, तमाशीबीनों का शोर, सबकुछ सुन सकते हैं।

बी.बी.सी. के रिकार्ड

इंगलैंड की ब्रिटिश ब्राडकास्टिंग कंपनी के पास स्वनिर्मित रिकार्डों की बड़ी भारी पूँजी है। इन रिकार्डों में कुत्ते-बिल्ली की आवाजों से लेकर सागर की गर्जना या सुबह की चिड़ियों की चहक और विंस्टन चर्चिल एवं हिटलर के युद्धकालीन घनघोर भाषण तक के रिकार्ड हैं। यह रिकार्ड इतने अधिक परिमाण

में नित्य प्रति बनते रहते हैं कि इनमें से सुरक्षित योग्य रिकार्डों को रखने की जरूरत आ पड़ती है। इन रिकार्डों में कुछ तो ऐतिहासिक महत्त्व के हैं, जैसे लंदन पर 1944 के जर्मन हमले की आवाजों के, कुछ स्टूडियो से बाहर जाकर बनाए हुए प्राकृतिक स्वरों के—चिड़ियों के गानों इत्यादि के और कुछ संपूर्ण नाटकों, फीचरों, महत्त्वपूर्ण भाषणों इत्यादि के।

तीन कर्मचारी सप्ताह सप्ताह, प्रसारित हुए कार्यक्रम का अध्ययन करके यह तय करते हैं कि भविष्य के लिए प्रसारित कार्यक्रमों में से किन किनके रिकार्ड भविष्य के लिए सुरक्षित रखने योग्य है। यह लोग तीन महीने पहले के कार्यक्रमों से आरंभ करते हैं ताकि संकलन में वही रिकार्ड आएँ जो वास्तव में महत्त्वपूर्ण हों, जैसे मार्च में प्रसारित कोई कार्यक्रम यदि मई में भी महत्त्वपूर्ण लगा तो रख लिया जाएगा। सुरक्षित किए हुए रिकार्डों में बहुत से रिकार्ड खराब प्रसारित किए कार्यक्रमों के हैं जो प्रसारकों को शिक्षा देने के लिए रख लिए गए हैं कि यह प्रसारण का गलत तरीका है।

बी.बी.सी. की एक कर्मचारिणी, ओलिव शिपले का कहना है कि स्टूडियो से बाहर जाकर बनाए हुए रिकार्ड स्टूडियो के अंदर बनाए हुए रिकार्डों से हमेशा अच्छे रहते हैं क्योंकि साधारणतया स्टूडियो के अंदर आने पर बोलनेवाला घबरा जाता है और उसका स्वाभाविक वक्तव्य नहीं लिया जा सकता।

'एक घर की कहानी' (दिस इज़ ए होम) शीर्षक फीचर कार्यक्रम के लिए रिकार्ड तैयार करने के इरादे से कुमारी शिपले यार्कशायर के एक पादरी के घर मय इंजीनियर, रिकार्डिंग मशीन और माइक्रोफोन के पहुँचीं। पादरी और उनके बीबी-बच्चे तो घबरा गए कि यह क्या सरकारी कार्रवाई शुरू हो गयी; मगर कुमारी शिपले घरवालों से तुरंत हिल-मिल गईं, बच्चों को कड़े बदलवाने, धुलाई सफाई करने में हाथ बँटाने लगीं और दूसरे दिन तक उन्हीं के घर ठहरी रहीं। नतीजा यह हुआ कि दूसरे दिन पादरी के बीवी-बच्चे उनसे खूब हिल-मिल गए और कार्यक्रम का रिकार्ड हँसते-हँसते तैयार हो गया। पादरी की बीवी स्वेटर बिनती जा रही थी और माइक्रोफोन के सामने बोलती जा रही थी। क्या आल इंडिया रेडियो के कर्मचारी इतने अध्यवसाय के लिए तैयार हैं ? परंतु इससे भी प्राथमिक प्रश्न तो यह है कि हमारे यहाँ इस प्रकार के कार्यक्रम ही नहीं प्रसारित होते जिनमें सुननेवालों के जीवन की झाँकियाँ भी हों।

कला किसके लिए?

अंग्रेजी के एक समालोचक नाट्यकार और उपन्यासकार श्री सेंट जान इरवाइन ने बी.बी.सी. से एक भाषण करते हुए कहा—

"कोई भी कला हो, उसे बड़े-बड़े जनसमूहों के लिए बोधगम्य बनाने की चेष्टा की जाय, तो खतरा इस बात का हमेशा रहेगा कि उसका महत्त्व घट जाएगा। अनुभव से मालूम होता है कि सार्वभौमिक रुचि वाली कलाकृतियाँ निम्न बौद्धिक स्तर की ही बन पाती हैं क्योंकि उनमें परिपक्व बुद्धिवाले आदमी औरतों के अलावा बच्चों, बुड्ढ़ों, झक्कियों की रुचि का भी ख्याल रखना पड़ता है। फिर भी यह तो तय ही है कि मानवीय भावनाओं की सीमाएँ प्रत्येक युग में थोड़ा-थोड़ा ही बदलती हैं और मुझे तो लगता है कि सन् 2000 में भी नाटक का सर्वप्रिय कथानक वहीं रहेगा जिसमें आदिकाल से चली आनेवाली, पुरुष और स्त्री की कहानी होगी। अगर लोग इस कहानी से ऊब गए तो समझिए कि वह जिंदगी से ऊब चुके हैं।"

रेडियो नाटकों में वास्तविक घटनाओं को श्रव्य रूप देने के लिए ध्वनियों का प्रयोग उचित स्थलों पर खूब किया जाता है। इन ध्वनियों में से बहुत-सी तो रिकार्डित रहती हैं—जरूरत की जगह उन्हें मिला लिया जाता है—कुछ स्टूडियो में तुरंत उत्पन्न करनी पड़ती हैं और वह निर्देशकों के लिए अच्छा खासा सरदर्द बन जाती हैं क्योंकि बहुत-सी ध्वनियाँ माइक से गुजरकर बदल जाया करती हैं। जैसे पिस्तौल की आवाज की जाए तो माइक से गुजरने पर वह पिस्तौल की आवाज न मालूम होकर

किसी के गिरने की आवाज मालूम होगी।

बी.बी.सी. के एक कार्यक्रम 'रॉबिन हुड' में धनुष की प्रत्यंचा की टंकार और वासा की सनसनाहट सुनाने के लिए निर्देशक महोदय समझ ही नहीं पा रहे थे कि क्या किया जाए क्योंकि जिन तीरन्दाजों को उन्होंने तीर चलाते हुए जाकर देखा था उनकी प्रत्यंचा में कोई टंकार होती ही नहीं थी और उनके तीर भी चुपचाप निकल जाते थे।

फिर बहुत सोचकर उन्होंने ग्रामोफोन 'पिक अप' से गन्दाबिरोजा लगा हुआ एक डोरा बाँधा और दूसरे सिरे से खींचा। प्रत्यंचा की टंकार के लिए इस डोर को चुटकी से खींचकर छोड़ने से, 'पिक अप' के सहारे बड़ी उपयुक्त आवाज पैदा हुई, तीर की सनसनाहट के लिए डोरे पर फिर धीरे से हाथ फेरने से तीर का 'स्विश' करके दूर जाने की ध्वनि उत्पन्न हुई। इन ध्वनियों को रिकार्ड कर लिया गया और उस स्थल पर जहाँ कई धनुषों का काम दिखलाना था इस ध्वनि के कई रिकार्ड एकसाथ या कुछ-कुछ अंतर पर बजाए गए। इस तरह कार्यक्रम सफल हुआ।

[1950]

ऑल इंडिया रेडियो और संगीत

ऑल इंडिया रेडियो के, दिल्ली, लखनऊ, इलाहाबाद, पटना और नागपुर इन पाँच हिंदी स्टेशन माने जानेवाले स्टेशनों से जो कार्यक्रम दिन भर में प्रसारित किया जाता है, उसका यदि विश्लेषण किया जाए तो फल कुछ इस प्रकार से आएगा—

अलग-अलग स्टेशनों का कार्यक्रम अलग-अलग न लेकर हम औसत कार्यक्रम ले रहे हैं। उद्देश्य यह है कि एक दिन के कार्यक्रम में आल इंडिया रेडियो क्या-क्या प्रसारित करता है, यह स्पष्ट हो जाए।

कार्यक्रम में औसत अनुपात :

कार्यक्रम की अवधि	12 घंटे
वार्ता	1 घंटा
समाचार	1 घंटा 45 मिनट
अन्य सम्मिलित कार्यक्रम	1 घंटा 45 मिनट
और संगीत	8 घंटे।

यदि दिल्ली में प्रसारित होनेवाले कार्यक्रम का दृष्टांत लिया जाए—सुविधा के लिए कोई एक दिन ले लें, जैसे रविवार 23 अप्रैल 1950, तो मालूम होगा कि दिन भर के 12 घंटे और 30 मिनट के कार्यक्रम में 8 घंटे 35 मिनट संगीत ही संगीत प्रसारित हुआ, और इस संगीत में—

वाद्य संगीत	2 घंटे,
पक्के गान	2 घंटे 45 मिनट
हल्के गान	3 घंटे 50 मिनट हुए।

जिसमें रिकार्डित गाने 2 घंटे 35 मिनट थे।

आश्चर्य की बात है कि रेडियो कार्यक्रम, जो कहा जाता है कि 'सुननेवालों के लिए' बनाया जाता है दिन के 12 घंटे के कार्यक्रम में 8 घंटे संगीत प्रसारित करता है। ऐसा ज्ञात होता है जैसे

कार्यक्रम-संयोजकों ने सुननेवालों की पसंद या माँग के बारे में कुछ पूर्वाग्रह, कुछ पूर्वनिश्चित धारणाएँ बना रखी हैं जिनको वे आगामी कार्यक्रम तैयार करते समय अपने आगे रखते हैं। वे भूल जाते हैं रेडियो सुननेवाले भी परिमार्जित रुचि के हो सकते हैं और दिन के 12 घंटों में 3/4 समय यानी 8 घंटे, संगीत और फिर जैसा संगीत इन स्टेशनों से प्रसारित होता है, वैसा सुनकर ऊब जा सकते हैं। रेडियो कर 'लिसनस रिसर्च विभाग' इस दिशा में, सुननेवालों की राय पाकर वास्तव में बड़ा भारी काम कर सकता है। किन्तु इसकी आवश्यकता क्या है? संगीत का कार्यक्रम प्रसारित करने में कम मेहनत पड़ती है। नए, और रेडियो-कला की दृष्टि से सफल, कार्यक्रमों की योजना बनाना और योजना बनाना ही नहीं बल्कि उन्हें माइक के सामने प्रस्तुत करना समय और बुद्धि दोनों माँगता है और रेडियो कार्यक्रम नियोजक ये दोनों वस्तुएँ कंजूसी से व्यय करते हैं।

यह माना नहीं जा सकता कि संगीत को इतनी अधिक प्रधानता देने का कारण यह है कि रेडियो सुननेवाले संगीत और संगीत की फरमाइश करते हैं। फरमाइश अवश्य की जाती है जैसा कि रेडियो के नाम सुननेवालों के लिखे हुए प्रसारित किए जानेवाले पत्रों से हमें मालूम होता है परंतु वे फरमाइशें केवल 3-4 सिनेमा के घिसे-पिटे गानों की होती है और उनको पूरा कर देने में कोई हर्ज भी नहीं है। किंतु, रेडियो जैसी महत्त्वपूर्ण सांस्कृतिक संस्था, रेडियो जैसे सफल शैक्षणिक माध्यम और रेडियो जैसी पष्ट कला में भद्द संगीत की जैसी भरमार आजकल हो रही है और जिस प्रकार से उस ढेर भर संगीत को बिगाड़कर, गंदा कर और कुरूप बनाकर प्रस्तुत किया जा रहा है—वह निश्चय ही अनुचित बात जान पड़ती है और उसका मैं, समस्त रेडियो कला-विशेषज्ञों और रेडियो सुननेवालों की ओर से विरोध करता हूँ। यह संगीत का बाहुल्य हमें आलसी और निकम्मा बनाएगा और लोगों को हर समय नशे में रखेगा।

पहले तो यही स्पष्ट रूप से समझ लेना चाहिए कि रेडियो किसके लिए है और क्यों है। वास्तव में ब्राडकास्टिंग ऐसा एक माध्यम है जिसकी तुलना न रंगमंच से की जा सकती है न सिनेमा से, न समाचार पत्र से और न किसी और प्रचार-माध्यम से। भारतवर्ष में इस समय 3,40,000 से अधिक रेडियो मालिक हैं परंतु सुननेवाले इस संख्या के कम से कम 5 गुना हैं। इस देश में जैसे कोई अखबार खरीदकर नहीं पढ़ता, वैसे ही रेडियो सुनने के लिए भी रेडियो सेट के मालिक होने की जरूरत नहीं समझी जाती। वजह यह है कि यहाँ रेडियो सेट उस ऊँची निगाह से नहीं देखा जाता जिससे विलायत के अभिजात रेडियो सेट-मालिक अपने-अपने रेडियोसेटों को देखते हैं। वे जो कार्यक्रम सुनना चाहते हैं—सुनते हैं। कई बार ब्राडकास्टिंग संस्थाएँ वहाँ अपना-अपना कार्यक्रम, वार्ताएँ, नाटक, रूपक, संगीत, कहानी आदि प्रसारित किया करती हैं व सुननेवाले रुचि और आवश्यकता के अनुसार भिन्न-भिन्न स्टेशनों को रेडियो पर ले सकते हैं। हमारे यहाँ की तरह वहाँ हर पानवाले और हर चायवाले की दूकान पर रेडियो भँभुआता हुआ नहीं सुनाई पड़ेगा। यहाँ तो ऐसे-ऐसे रेडियो रखनेवाले भी हैं जो रेडियो के डायल पर कोई एक अपना प्रिय स्टेशन लगा देते हैं और फिर महीनों उसे छूते नहीं। स्विच दबाया और वही स्टेशन चालू हो गया। अच्छा कार्यक्रम हो या बुरा हो, वार्ता हो, समाचार हो, 'नारी लोक' हो या बाल सभा हो, कुछ शोर होते रहना चाहिए और बस यह काफी है। यह बिलकुल सच है कि तमाम सुननेवाले रेडियो कार्यक्रम नहीं सुनते हैं बल्कि रेडियो की आवाज सुनते हैं। इसका कारण अच्छे कार्यक्रमों का न प्रसारित होना भी हो सकता है और सुननेवालों की रुचि का अच्छा या बुरा होना भी हो सकता है, परंतु हर हालत में एक निष्कर्ष निकलता ही है, और वह यह है कि जैसा कार्यक्रम आजकल आल इंडिया रेडियो से प्रसारित हो रहा है वह रुचि से या लगन से सुना नहीं जाता है; शायद ही कोई व्यक्ति किसी गीत की हर पंक्ति सुनता हो (और समझता हो)। और संगीत तो रेडियो कार्यक्रम का जैसे प्रतीक बन गया है। जब रेडियो खोलिए किसी न किसी प्रकार का संगीत बजता हुआ सुनाई पड़ेगा।

यह तो तय बात है कि 8 घंटे संगीत का कार्यक्रम कोई भी सुननेवाला नहीं माँगता। हाँ यह अलबत्ता कहा जा सकता है कि संगीत का अनुपात और प्रकार के कार्यक्रमों से अधिक होना चाहिए—क्योंकि—वार्ताएँ, नाटक या मिले-जुले कार्यक्रम अधिक विस्तार के साथ प्रसारित किए जाएँगे तो सुननेवाले को, संगीत की अपेक्षा अधिक जल्दी उबा देंगे। यदि संगीत को इस कारण प्रधानता दी जा रही है कि वह हमारे जीवन का एक महत्त्वपूर्ण अंग है और भारतीय संस्कृति की परंपरा संगीत कला के कारण अक्षुण्ण चली आ रही है और यदि ऐसा मान भी लिया जाए तो क्या वजह है कि रेडियो अधिकारियों पर भारतीय संगीत की परम्परा का गला घोंटने और जीवन में संगीत नामक कला के साथ बलात्कार करने का आरोप क्यों न लगाया जाए?

संगीत कार्यक्रम का विश्लेषण

इस आरोप को सिद्ध करने के लिए पहले हम आल इंडिया रेडियो से प्रसारित होनेवाले समस्त संगीत कार्यक्रम का विश्लेषण कर लें। यदि लखनऊ स्टेशन का किसी एक दिन का कार्यक्रम सुना जाए तो मालूम होगा कि संगीत में वाद्य—(मुख्यतः सरोद, सितार, बाँसुरी, क्लैरियोनेट, वायलिन, जलतरंग और तबला)—पक्के गाने—(राग-रागिनियाँ, खयाल, ठुमरियाँ और दादरे) और हल्के गाने (गीत, भजन गजलें और सिनेमा के या स्टूडियो में तैयार किए हुए रिकार्ड)—यह तीन प्रकार के कार्यक्रम थोड़ी-थोड़ी देर बाद, समाचार वार्ता, बच्चों का कार्यक्रम, नाटक इत्यादि के आगे-पीछे प्रसारित होते रहते हैं। यदि देहाती सुननेवालों और मजदूरों के कार्यक्रम को भी जोड़ लिया जाए तो कुछ कीर्तन और कुछ लोकगीत भी संगीत के इस योग में संयुक्त हो जाएँगे। हम इनमें से भिन्न-भिन्न प्रकार के संगीत को अलग-अलग लेकर उसमें पाए जानेवाले दोषों की विवेचना करना चाहते हैं। यह दोष इतने स्पष्ट हैं और इतने भद्दे हैं कि कोई भी रेडियो संगीत प्रेमी मन में बिना विद्रोह किए नहीं रह सकता। आइए पहले भजनों की बात उठाएँ—भजन, जो कि प्रातःकाल नियमित रूप से लखनऊ, इलाहाबाद और कभी-कभी दिल्ली से भी प्रसारित किए जाते हैं। प्रातःकाल प्रसारित किए जानेवाले ये भजन प्रायः रिकार्डित होते हैं। यह रिकार्ड आल इंडिया रेडियो नहीं बल्कि अन्य रिकार्डिंग कम्पनियाँ तैयार करती हैं—और इनमें कभी-कभी बहुत प्रभावोत्पादक, मधुर और वास्तव में उत्कृष्ट कला के परिचायक भजन भी सुनने को मिलते हैं जैसे जूथिका राय; विजय घोष, सचिन देव बर्मन, विद्यानाथ सेठ और दीप्ति भट्टाचार्य के। किन्तु इनका संकलन, नियमपूर्वक अत्यन्त भद्दा होता है। जैसे 'प्रभात लहरी' शीर्षक इस प्रातःकालीन रिकार्डित संगीत के कार्यक्रम में पहले 'रामधुन' फिर भारती बोस का गाया हुआ गीत 'मेरी पुकार' और उसके बाद एक अत्यन्त सस्ता गीत, जिसके स्वर और शब्द दोनों किसी सिनेमातुक्कड़ के रचे जान पड़ते हैं, इसके बाद जूथिका राय का गीत 'जोगी मत जा मत जा मत जा' जिसे शायद पता नहीं क्या समझकर इस कार्यक्रम में रख लिया गया है। वास्तव में यह 'प्रेम गीत' है 'भजन' नहीं। किन्तु जूथिका राय ने गाया है और वे भजन ही अक्सर गाती हैं, इसलिए यह भी भजन ही होगा, ऐसा मानकर उसे उस कार्यक्रम में सम्मिलित कर लिया गया।

जहाँ ऐसी गलतियाँ नहीं होतीं वहाँ दूसरे प्रकार की गलतियाँ देखने को मिलती हैं। भजनों के चयन में जो भद्दी रुचि रेडियो अधिकारी दिखाते हैं वह मन को बुरी तरह उलट देती है। दीप्ति भट्टाचार्य का मन खिला देनेवाला भजन 'बिनती सुनो गिरधारी' सुनने के बाद आप फलाँ एंड पार्टी की गाई हुई भजन-कव्वाली सुनिए—जो इतनी खराब गाई गई है कि बस सुनने से ताल्लुक रखती है। उसकी पहली पंक्ति है—

'बजा दे बजा दे जरा बंसी बजा दे' और एक फटी हुई आवाज जब इसे कव्वाली की तर्ज पर गाती है और उसका अनुसरण नौटंकी की कुड़कुड़ कुड़ धम के साथ 10, 15 मिली-जुली आवाजें कोरस में करती हैं तो खयाल आता है कि इस भजन को हास्यरस के किसी कार्यक्रम में रखा जाता

तो अच्छा रहता। आगे की पंक्तियाँ हैं—उलफत में तेरे व्याकुल हैं गोकुल के गोपी गोप सभी, माखन चुरानेवाले, गउएँ चरानेवाले, हो। बंसी बजानेवाले जरा बंसी बजा दे (कुड़कुड़कुड़ कुड़ कुड़ धम)

मैं आपसे प्रार्थना करता हूँ कि किसी दिन 'प्रभात लहरी' या (आराधना) 'मंगल प्रभात' शीर्षक कार्यक्रम में इस अद्‌भुत भजन को अवश्य सुनें। आप सुन ही लेंगे। क्योंकि यह भजन करीब-करीब हर तीसरे-चौथे दिन दुहराया जाता है। यह भौंडा और जलील भजन इस बात की जीती-जागती मिसाल है कि कार्यक्रम बनानेवाले वास्तविक सांस्कृतिक चेतना से, जिसकी वे बात-बात में दुहाई देते हैं, कितनी दूर हैं। भजन को जितना ही पवित्र और सुमधुर होना चाहिए यह भजन उतना ही ओछा और कर्कश है। इसी तरह वे रेकार्ड हैं जो मुन्नी देवी के भजनों के नाम से मशहूर हैं। एक पेशेवर गानेवाली की तीखी कँपकँपाती हुई आवाज में मुन्नी देवी के वह भजन, जो रेडियो अधिकारी, रामधुन और 'प्रेम मुदित मन से कहाँ राम-राम-राम' जैसे उल्लास भरे भजनों के साथ जोड़ दिया करते हैं; किसी भी संगीत में रुचि रखनेवाले द्वारा पसंद नहीं किए जाएँगे। इसी श्रेणी में अर्थात् भद्दे भजनों की श्रेणी में वे भजन भी आते हैं जो कुछ सिनेमा की तर्जों पर गाए गए हैं—जैसे 'प्यारे मोहन से लड़ गईं अँखियाँ' ('मिल के बिछुड़ गईं अँखियाँ' की तर्ज पर) और 'मेरे प्यारे मोहन, पै वारूँ तन मन चले नहीं जाना' ('जिया भरमा के, अँखियाँ मिला के' की तर्ज पर) कार्यक्रम बनाते समय यह ध्यान रखना चाहिए कि भजनों के शांत, स्निग्ध, प्रेरणा से भरे हुए वातावरण में कोई सस्ता और सिनेमा के टुकाची वातावरण की गंध से भरा हुआ तथाकथित भजन न आ जाए।

यह अनुभव तो रिकार्डिंग भजनों के संबंध में है। वे भजन जो स्टुडियो में सजीव ('लिप') प्रसारित किए जाते हैं—गीतों के साथ आएँगे।

गीत—एक जमाना था जब आल इंडिया रेडियो से बड़े-बड़े और छोटे-मोटे, ऐरे-गैरे सभी उर्दू कवियों के 'गीत' प्रसारित हुआ करते थे। जाहिर है कि वे गीत ऐसे ही होते थे जैसे उर्दू कवि लिख सकते थे। वह तो यों ही था कि किसी हिंदी कवि को गजल लिखने को दे दिया जाए। न उनमें मात्राएँ होती थीं न वर्ण—न ताल, न लय, न छंद, न संगीत। उनको खींचतानकर बहुत कुछ आज के सिनेमा गीतों की तरह, स्वरों पर मढ़ दिया जाता था और वे उस ढोल की तरह बोलने लगते थे जिसके अंदर केवल पोल होती है। दो-एक पंक्तियाँ मुझे उनकी याद हैं—

"गाओ किनारे बाजा बाज"—और 'तुम मेरे, मैं तेरी, मैं तेरी मेरे साजना, हो साजना।'

जमाने लद गए। अब स्वर ताल, छंद रागयुक्त, आधुनिक हिंदी साहित्य के रससिद्ध कवियों के लिखे हुए गीत प्रसारित किए जाते हैं। इनमें सर्वश्री सुमित्रानन्दन पन्त, श्री मैथिलीशरण गुप्त, महादेवी वर्मा, रामकुमार वर्मा, बच्चन और गिरिजाकुमार माथुर मुख्य हैं। इनके अतिरिक्त दर्जनों कम प्रसिद्ध कवि भी हैं जिनके गीत प्रतिदिन किसी न किसी स्टेशन से प्रसारित होते रहते हैं। अब प्रश्न यह उठता है कि खड़ी बोली में—कुछ प्रचलित मात्रिक शैलियों में लिखे गए ये गीत कहाँ तक संगीत के अनुकूल उतरते हैं। इनमें से कुछ तो केवल कविता पाठ की भाँति पढ़े जा सकते हैं। यह सच है कि आधुनिक हिंदी कविता संगीत के अधिक निकट नहीं है। यह एकरस, नियमबद्ध और सख्त है। किंतु फिर भी यह तो नहीं है कि उसे संगीत में ढाला ही न जा सकता हो। अभी हाल ही में 27 मई को लखनऊ से 'कामायनी' का रेडियो रूपांतर गिरिजाकुमार माथुर ने प्रस्तुत किया था। उसमें 'प्रसाद' की 'कामायनी' के एक अंश को सुजाता चक्रवर्ती ने कमाल के साथ गाया था। कहने का तात्पर्य यह है कि हिंदी कविता या गीतों में गीतात्मकता (कम या ज्यादा) होते हुए भी कोई कारण है जिससे रेडियो पर कोई हिंदी गीत कभी ठीक से प्रस्तुत नहीं हुआ। भूल से कभी हो गया हो तो बात दूसरी है।

"एक तो, स्वरकार जब किसी हिंदी कविता को स्वर देता है तो भूल जाता है कि यह हिंदी कविता है और मात्रा छंद के अनुसार उच्चारित होती है। उसके कानों में हर समय सिनेमा की धुनें

और उसी से मिलती-जुलती और कुछ धुनें घूमा करती हैं। वह उन्हीं के आधार पर, दो टुकड़े इधर के दो उधर के लगाकर एक अजीब-गरीब धुन उस हिंदी कविता के लिए तैयार कर देता है और इस तरह संगीत और काव्य दोनों की हत्या एकसाथ सम्पन्न होती है। यदि स्वरकार को यह मालूम हो कि हिंदी की कविता मात्राओं के पूर्ण उच्चारण के साथ पढ़ी जाती है, उर्दू के अल्प या आहत उच्चारण के साथ नहीं, तो ऐसी भूल कभी न हो। दिल्ली से प्रसारित होनेवाली किसी भी उत्कृष्ट हिंदी कविता को सुनिए। उसका अंग-अंग आपको कहीं खिंचा, कहीं ऐंठा और कहीं सिकुड़ा हुआ मिलेगा, पूछिए 'क्यों' तो उत्तर मिलेगा—संगीत में ऐसा करना ही पड़ता है। दिल्ली स्टेशन से हिंदी छंद के साथ हमेशा ऐसा दुर्व्यवहार होता है। लखनऊ से भी काफी होता है। लखनऊ से 30 मई को प्रातःकाल सुधा गुप्ता मीरा का भजन यों गा रही थीं—'मिरा के प्राभू गिरधार नागर'। छन्द और मात्रा का यह अज्ञान क्षम्य नहीं है, विशेषकर जब हिंदी राजभाषा घोषित हो चुकी हो और सुप्रसिद्ध कवि श्री सुमित्रानंदन पंत रेडियो कार्यक्रम का निरीक्षण करते हों। यह बात तो समझ में आती है कि रेडियो पर गानेवाले अधिकतर पंजाबी या बंगाली होते हैं और इसलिए वे दोनों, अपने-अपने दर्शकों से हिंदी कविता को तोड़ते-मरोड़ते हैं। मगर यह तो कोई अच्छा बहाना नहीं है और जल्दी ही संगीत कार्यक्रम-संयोजकों को इस ओर ध्यान देना चाहिए। क्यों नहीं वे हिंदी कविता समझनेवाले नायकों को खोज निकालते। दूसरा दोष जो गीतों के प्रस्तुत करने में बड़े पैमाने पर पाया जाता है वह गीतों के साथ बजनेवाले आर्केस्ट्रा से संबंध रखता है। दिल्ली रेडियो स्टेशन का आर्केस्ट्रा समस्त हिंदी स्टेशनों में श्रेष्ठ है और कभी-कभी उसका संचालन अत्यन्त सुन्दर होता 'सुनाई' पड़ता है। मगर लखनऊ स्टेशन से प्रसारित होनेवाले गीतों के साथ अबोध रूप से 'रें-रें' करती हुई एक सारंगी और 'टप-टप' करता हुआ तबला जोड़ दिया जाता है। 10 मिनट के गीत में 7 मिनट यह दोनों वाद्य बजते हैं और 3 मिनट के गीत के शब्द मानवी कंठ से सुन पड़ते हैं। कभी सारंगी का स्वर माइक पर चढ़ बैठता है, कभी गाने का। ऐसा लगता है जैसे हवा की लहरों से दोनों स्वरों में उतार-चढ़ाव पैदा हो जाता हो। यह और कुछ नहीं निर्देशन की कमजोरी है जो काफी आसानी से दूर की जा सकती है, यदि कार्यक्रम निर्देशक इस योग्य हो।

पक्के गाने—यह ही एक ऐसा कार्यक्रम है जो संगीत के कार्यक्रम के अन्तर्गत, सफल रूप से प्रसारित होनेवाले कार्यक्रमों की श्रेणी में आता है। भारतीय संगीत के प्रख्यात महारथी, ओंकारनाथ ठाकुर, विनायक राव पटवर्धन, उस्ताद फैयाज अली खाँ, उस्ताद अलाउद्दीन खाँ, सुब्बु लक्ष्मी और गंगूबाई हंगल जैसे गायक, रेडियो पर स्वयं या रिकार्डित रूप में अपना संगीत प्रसारित करते हैं। पक्के गानों के प्रसारण की आवश्यकता और उसका अपना आनन्द क्या है, क्या नहीं यह बतलाने की विशेष जरूरत नहीं, केवल इतना कह देना यथेष्ट होगा कि पक्के गानों का एक निश्चित मात्रा में प्रसारित होते रहना आवश्यक है, क्योंकि जो गलतियाँ किसी न किसी कारण से नहीं दूर हो रही हैं, पक्के गानों का सौष्ठव, उनका गुरुत्व उन समस्त छोटी-छोटी भूलों को ढाँक लेता है। सच्चे संगीत के लोकोत्तर आनन्द का अनुभव अब भी इन पक्के गानों द्वारा सुननेवालों को होता है और इसके लिए हम पक्के गानों की हिमायत करते हैं। यों तो समस्त कार्यक्रम में संगीत का अनुपात कम किया ही जाना चाहिए, लेकिन फिलहाल पक्के गानों का नहीं।

[*अमृत पत्रिका,* 18 जून 1950]

रेडियो और कला [1]

हल्के गाने

हल्के गानों (सरल संगीत) में रिकार्डित संगीत के पश्चात वह गीत आते हैं जो वास्तव में प्रसाद, पन्त, रामकुमार वर्मा, महादेवी, सुमित्राकुमारी, बच्चन तथा और कई कवियों की कविताएँ हैं जिन्हें स्वर देकर प्रसारित किया जा रहा है। यह बात ज्ञातव्य है कि इनमें से अधिकांश कविताएँ इस विचार से लिखी ही नहीं गई हैं कि वे वाद्य मंडली के साथ गाई जाएँ। कविता को सस्वर गा देना एक चीज है और उसको सरगम देकर वाद्य के साथ गाना बिल्कुल दूसरी चीज है। आधुनिक हिंदी काव्य में कुछ इनी-गिनी रचनाओं को छोड़कर शेष, संगीतबद्ध किए जाने के लिए सर्वथा अनुपयुक्त हैं। इसके दो मुख्य कारण हैं—

1. अधिकांश कविताएँ दो ही तीन मात्रिक छन्द में लिखी गई हैं, जैसे 'दिन जल्दी-जल्दी ढलता है' या 'जैसे यह तुम्हारा हास आया' या 'प्रिये, प्राणों की प्राण' और उनमें आपस में विभिन्नता बहुत ही कम पाई जाती है। स्वरकार को ऐसी कविताएँ स्वरबद्ध करने के लिए बहुधा एक ही प्रकार के ताल का सहारा मिल पाता है। इससे स्वर लिपियों में विविधता नहीं आ पाती तथा संगीत के द्वारा कविता के मर्म की समवेदना श्रोता के मन में उत्पन्न नहीं की जा सकती।

2. अधिकांश कविताओं में स्वर ध्वनियों की सप्रयोजन योजना होती ही नहीं, वरन व्यंजन ध्वनियों को ही संगीत उत्पन्न करने के लिए प्रयुक्त किया जाता है। ऐसी कविताओं को स्वरबद्ध करते समय व्यंजन ध्वनियों पर स्वर-ध्वनियाँ आरोपित करनी पड़ती हैं और कई जगह उन्हें बलात् खींचना या तोड़ना-मरोड़ना पड़ता है। स्वर ध्वनियाँ संगीत की भाषा में अपने अलग-अलग अर्थ रखती हैं। कवि को यदि संगीत की जानकारी है और जानकारी ही नहीं यदि वह संगीत रच भी सकता है तो एक भाव को प्रकट करने के लिए कौन-सी ध्वनि या उनका कैसा क्रम उपयुक्त होगा, यह भी वह निश्चित कर सकता है। अधिकांश आधुनिक हिंदी कविता में इस विशेषता के न पाए जाने से स्वरकार का काम बहुत कठिन और कहीं-कहीं असंभव हो गया है।

फल यह होता है कि आल इंडिया रेडियो द्वारा प्रसारित सरल संगीत में निम्नांकित दोष पाए जाते हैं—

1. लगभग सभी गीतों की सरगम बहुत कुछ एक-सी होती है। स्वरकार अपनी रुचि और कविता की संगीतात्मकता दोनों में एक समझौता लाकर किसी न किसी प्रकार की एक सरगम तैयार कर लेता है। यह आधारभूत स्वरलिपि थोड़ा बहुत हेर-फेर करके हर कविता में फिट की जाती है तथा इसका भी स्वर कुछ बहुत ऊँचा नहीं होता। श्रोताओं का कहना है कि किसी भी रेडियो स्वरकार को मात्रिक कविता के शुद्ध उच्चारण का लेशमात्र भी ज्ञान नहीं है और वे मात्राओं का पूर्ण उच्चारण करने के बजाय उन्हें उर्दू छन्दों के ताल के नियम से पढ़ने का प्रयत्न करते हैं। अन्यथा, मात्रिक कविताओं में काफी एकरसता होने की अपेक्षा भी उनकी विभिन्न सरगमें तैयार करना बहुत मुश्किल नहीं है।

2. कविता के भाव को उसका संगीत कभी भी सफलतापूर्वक व्यक्त नहीं कर पाता। संगीत का प्रभाव श्रोता पर यह पड़ना चाहिए कि वह उसे संवेदनशील बनाकर उसमें उसी भाव की सृष्टि करे जिससे संगीत प्रेरित हुआ है। आल इंडिया रेडियो के स्वरकारों द्वारा तैयार की हुई गीतों की सरगमें इतनी अनुपयुक्त होती हैं कि विरह गीत को सुनने से कभी हास्य की कल्पना होती है, कभी फुटबाल के खेल की। कविता का जो भाव है, कविता को दिया हुआ संगीत उसे बजाय उसी प्रकार व्यक्त करने के विकृत कर देता है। रेडियो संगीत में काव्य और संगीत का तादात्म्य न होना बहुत

ही अखरनेवाली बात है।

3. प्रसारित गीतों में व्यंजन ध्वनियों की योजना-हीन बहुलता के कारण शब्दों का उच्चारण और शब्दों का स्वर मेल नहीं खा पाता। कई बार व्यंजन ध्वनियों का क्रम ऐसा होता है जो स्वरों के क्रम में उतारे जाने पर उच्चारण की कठिनाइयाँ उपस्थित कर देता है जैसे 'क' वर्ग के व्यंजनों का 'क' के च वर्ग के व्यंजनों का 'च' के तथा अन्य वर्गों के व्यंजनों का वर्ग के प्रथम व्यंजन के ठीक पश्चात् आना। अथवा गीत की पंक्ति का 'र', 'ह' तथा ह के मिश्रण से बननेवाले अन्य कुछ व्यंजन ध्वनियों से समाप्त होना जैसे क, ख, ध, घ, छ, द इत्यादि। उपरोक्त सभी व्यंजन-क्रम प्रसारण में बाधा डालते हैं। वह यह कि उनका उच्चारण इतना निर्बल होता है कि माइक्रोफोन के द्वारा गुजर कर 'ह' की ध्वनि का लोप हो जाता है और 'थ', 'घ' तथा 'द'—केवल 'त' ही सुनाई पड़ते हैं और 'र' का तो पूर्ण लोप हो जाता है।

4. इन कमियों के अतिरिक्त एक बात जो अखरती है वह यह कि गीत के साथ वाद्य यंत्रों की समुचित संगति नहीं होती। गीत की एक पंक्ति के स्वरों को बार-बार दुहरा देने के अतिरिक्त आल इंडिया रेडियो का आर्केस्ट्रा और कुछ नहीं करता। इस मामले में हम उनकी तुलना शुरू शताब्दी की नाटक कंपनियों की थियेट्रिकल तर्जों और उसके आर्केस्ट्रा से कर सकते हैं। आल इंडिया रेडियो से प्रसारित तमाम गीतों के साथ अधिकतर एक सारंगी और तबला होता है जो गीतों के स्वरों की नकल उतारा करता है। शब्द-संगीत अर्थात् गीतों भजनों इत्यादि के साथ बजनेवाले आर्केस्ट्रा का संगठन ऐसे वाद्यों से किया जाना चाहिए जिसकी ध्वनियाँ गीत के अर्थ को व्यक्त करने के लिए सबसे अधिक उपयुक्त हों। साथ ही वाद्य यंत्रों से, गायक का साथ देने का काम ही नहीं लेना चाहिए वरन् गीत के बीच, पहले या बाद, गीत का वातावरण प्रस्तुत करने के लिए उनका पूरा-पूरा उपयोग करना चाहिए। तैयारी के लिए समय कम मिलता है। फिर भी दिन भर के कार्यक्रम में कम से कम 5 ऐसे गीत प्रसारित हो ही सकते हैं, जिनमें उपरोक्त कर्तव्य करने का प्रयत्न किया गया हो। यह सच है कि जितने गीत एक दिन में प्रसारित होते हैं सबके लिए उचित और नवीन स्वर लिपियाँ निर्मित करना काफी बड़ा कार्य है और इतना समय एक स्वरकार नहीं दे सकता। यह एक से अधिक व्यक्तियों का काम है। यदि स्वरकार ही गीतकार भी हुआ करे तो यह दोष स्वयमेव दूर हो सकते हैं।

उपरोक्त दोष बड़े मोटे और भद्दे दोष हैं और दिल्ली, लखनऊ, पटना, यहाँ तक कि इलाहाबाद से, जहाँ स्वयं पंतजी हिंदी की रक्षा हेतु पदासीन हैं, प्रसारित हिंदी गीतों में कभी भी सुने जा सकते हैं।

[*नवजीवन*, 13 दिसंबर 1950]

रेडियो और कला [2]

संगीत

संगीत एक ऐसा विषय है जिसमें प्रसारण करने के लिए उपयोगी सभी गुण उपस्थित हैं। संगीत सुनने के ही लिए है, नाटक की भाँति 'देखने' या लेख की भाँति पढ़ने के लिए नहीं। अतएव संगीत के वास्तविक स्वरूप और प्रसारित स्वरूप में कोई अंतर नहीं होना चाहिए। किन्तु कुछ कारण हैं जिनसे प्रसारण के लिए प्रस्तुत किए जानेवाले संगीत और अन्यत्र सुने जानेवाले संगीत में थोड़ा भेद किया जा सकता है। कारण यह है—

1. प्रसारित किया संगीत श्रोता के लिए दुहराया नहीं जा सकता और श्रोता को प्रसारित संगीत का रस लेने के लिए एक निर्दिष्ट समय तथा एक ही अवसर मिलता है।

2. यह निर्दिष्ट समय अधिकतर अल्प ही होता है। अतएव उतने ही काल में, संगीत को श्रोता में संवेदना उत्पन्न करने में समर्थ होना चाहिए।

3. प्रसारित संगीत जनसाधारण द्वारा भी सुना जाता है, इसलिए उसकी संवेदनशीलता और यदि वह शब्द पर आधारित है तो उसके अर्थ भी, सामान्य रसज्ञता को दृष्टि में रखते हुए प्रायोजित किए जाएँ।

आल इंडिया रेडियो द्वारा प्रसारित संगीत में यथेष्ट भाग रिकार्डित संगीत का होता है। इसका विवरण इस प्रकार है।

दिल्ली—(ए) सरल संगीत 1 घंटा 50 मिनट, पक्का संगीत 2 घंटा 15 मिनट, वाद्य संगीत 1 घंटा 30 मिनट। कुल रिकार्डित 35 मिनट

लखनऊ—सरल संगीत 1 घंटा 25 मिनट, पक्का संगीत 1 घंटा 30 मिनट, वाद्य संगीत 2 घंटा, कुल रिकार्डित 1 घंटा 20 मिनट

पटना—सरल संगीत 1 घंटा 40 मिनट, पक्का संगीत 1 घंटा 45 मिनट, वाद्य संगीत 35 मिनट, कुल रिकार्डित 1 घंटा 10 मिनट

इलाहाबाद—सरल संगीत, 1 घंटा 15 मिनट, पक्का संगीत 1 घंटा 30 मिनट, वाद्य संगीत 10 मिनट। कुल रिकार्डित 40 मिनट।

इस रिकार्डित संगीत में 90 प्रतिशत वह रिकार्ड होते हैं जो आल इंडिया रेडियो के स्टूडियो के बाहर के तैयार किए हुए होते हैं जैसे फिल्मों के गाने या कुछ और शौकिया गानेवालों द्वारा गाए हुए गीत अथवा भजन। 10 प्रतिशत वह रिकार्ड होते हैं जो स्वयं आल इंडिया रेडियो के तैयार किए हुए होते हैं। इनमें चुने हुए रेडियो कलाकारों द्वारा गाए हुए गीत या बजाए हुए वाद्य होते हैं। आल इंडिया रेडियो की रिकार्डिंग योजना में वार्ताओं, कविताओं तथा सम्पूर्ण नाटकों अथवा संगीत रूपकों को समय-समय पर रिकार्डित करते रहने के अतिरिक्त, एक यह कार्यक्रम भी रखा गया है कि प्रख्यात कवियों की रचनाएँ, अनुकूल संगीत में बद्ध की जाएँ और आल इंडिया रेडियो के समस्त स्टेशनों से प्रचुर मात्रा में प्रसारित की जाएँ। इलाहाबाद स्टेशन पर यह कार्य, श्री सुमित्रानन्दन पन्त की देख-रेख में किया जानेवाला था। संभवतः इसमें देर इसलिए लग रही है कि नई किस्म की रिकार्डिंग मशीन, जो मँगाई गई थी, अभी आई नहीं है। यदि यह कार्य हाथ में लिया जाता है तो आल इंडिया रेडियो के रिकार्डित संगीत का स्तर वास्तव में ऊँचा उठाया जा सकेगा। अभी तो रिकार्डित-संगीत जो प्रसारित होता है, अधिकतर बाहर के स्टुडियो-सिनेमा या ग्रामोफोन कंपनियों में तैयार किया हुआ होता है और जैसा स्वाभाविक है, उसके तैयार करनेवाले उसे श्रोता के दृष्टिकोण से (या श्रवणकोण कहें) उत्तमोत्तम बनाने का प्रयत्न करते हैं। उन रिकार्डों में संगीत का स्तर चाहे मामूली और भद्दा क्यों न हो, कला की दृष्टि से किसी हद तक सफल होता है। कम से कम, उसमें यह गुण होता है कि वह ढाई तीन मिनट के समय में श्रोता को प्रभावित करने में सफल हो जाता है। किन्तु जब तक आल इंडिया रेडियो स्वयं अपने यहाँ यथेष्ट मात्रा में आवश्यकतानुसार रिकार्ड तैयार नहीं करता, रिकार्डित संगीत में उसका भाग नहीं माना जा सकता। हिज मास्टर वायस और कोलम्बिया रिकार्ड कम्पनी के बनाए हुए रिकार्डों में काव्य और संगीत दोनों की न्यूनाधिक श्रेष्ठता हम स्वीकार करते हैं (इनमें सिनेमा के गानों को सम्मिलित नहीं किया है) परंतु प्रसारण को अधिक स्वतंत्र और बहुमुखी बनाने के लिए आल इंडिया रेडियो से अनुरोध करते हैं कि वह स्वयं भी काफी रिकार्ड तैयार करे जिससे उसकी शिक्षात्मक शक्तियों का पता लोगों को लग सके। आल इंडिया रेडियो द्वारा अपने स्टूडियो में तैयार किए गए रिकार्डों से एक लाभ यह भी होगा

कि 'लोगों की पसंद है' कहकर प्रसारित किए जानेवाले अंधाधुंध सिनेमा के गानों की संख्या में सांत्वनाजनक कमी हो जाएगी।

[*नवजीवन*, 18 दिसंबर 1950]

रेडियो और लोकगीत

आल इंडिया रेडियो के हिंदी स्टेशनों से प्रतिदिन प्रसारित होनेवाले कार्यक्रम का लगभग आधा समय गीतों को दिया जाता है। इन गीतों में कुछ तो हिंदी कवियों की कविताएँ होती हैं, कुछ सिनेमा तुक्कड़ों की 'रचनाएँ' और नाममात्र को—मजदूरों या ग्रामीणों के लिए प्रसारित कार्यक्रम में लोकगीत भी होते हैं।

खड़ीबोली की कविताओं में गीतात्मकता का कितना अभाव है यह किसी भी संगीतज्ञ या स्वरकार से छिपा नहीं है। रेडियो कलाकार स्वयं कब गीतों की धुनें बनाते समय उनके 'कड़ेपन' की शिकायत करते हैं। वे कहते हैं कि गीत स्वरों के साथ मुड़ते और घूमते नहीं। सच भी है कि अधिकांश हिंदी गीतों को लिखते समय संगीत का ध्यान नहीं रखा गया है। निराला के गीतों का-सा सरल-सहज स्वर ताल समयुक्त प्रहार रेडियो से प्रसारित होनेवाले खड़ीबोली के गीतों में नहीं मिलता।

सिनेमा गीतों की धुनें बनाते समय यदि ऐसी कोई कठिनाई आ पड़ती है तो सरकार किसी स्वर को प्लुत करके या भंग करके, अथवा किसी साज का कंठ स्वर पर अतिक्रमण करवा करके, उस कठिनाई को चुटकी बजाते दूर कर देता है। इसकी बात मत करिए कि गीत का अर्थ क्या होता है या संगीतशास्त्र (अथवा साधारण संगीत के नियमों पर भी) कैसी बीतती है। गाना तो रिकार्ड हो जाता है और बाजार में चल पड़ता है। जनप्रिय होता है और लामुहाला रेडियो को सुननेवालों की पसंद का ख्याल रखते हुए उसे प्रसारित करना पड़ता है।

लोकगीतों की संगीतात्मकता की ओर जान पड़ता है रेडियो के संगीत विभाग का ध्यान नहीं गया या गया भी है तो उन्होंने लोकगीतों को साधारण वर्ग की संस्कृति का परिचायक समझकर अपने कार्यक्रम से दूर ही रखा है। यह बिलकुल सच है कि दिन भर के रेडियो कार्यक्रम में संस्कृत साहित्य, संस्कृत पाठ, शास्त्रीय संगीत, आदि-आदि आभिजात्य वर्ग की रुचि की चीजों का अंश बढ़ता ही जा रहा है। सुननेवालों में केवल आभिजात्य वर्ग के रेडियो मालिक ही नहीं हैं। भारत में रेडियो भी, अखबार की तरह लोग बिना खरीदे ही सुन लेते हैं। इसके अतिरिक्त रेडियो कार्यक्रम का मूल उद्देश्य तो यही होता है कि उसे अधिक से अधिक लोग सुनें और उससे लाभ उठावें।

लोकगीत जो लोग गाते हैं, वे संगीतशास्त्र के ज्ञाता नहीं होते परंतु वे सच्चे कलाकार होते हैं जो कि वे यथार्थ जीवन से प्रेरणा लेते हैं। लोकगीतों के शब्दकार और स्वरकार दोनों ही जनजीवन के जितने निकट होते हैं, हिंदी का रोमांटिक छायावादी कवि और मध्यवर्गीय टुटपुँजिया कलाकार (जिसे यदि कलाबाज कहा जाए तो अच्छा होगा) उससे उतने ही दूर होते हैं। खड़ीबोली के गीतों को स्वर देने में कंठ स्वर पर हिंदी छंद की मात्राओं के पूर्ण उच्चारण का जो कठोर संयम लाद दिया जाता है, वह लोकगीतों के सरल स्वाभाविक बोलचाल के लहजे में उच्चारित स्वरों में लेशमात्र भी नहीं पाया जाता। गाँवों की जनता ऐसी कोई अस्वाभाविकता अपने जीवन में नहीं आने देती। इसीलिए उसका संगीत और उसके गीत स्वाभाविक स्वस्थ छन्द, ताल और लय से संचालित होते हैं।

यह सब लोकगीतों की संगीतात्मकता प्रमाणित करने के लिए नहीं कहा गया है। इससे मैंने

यह स्पष्ट करने की कोशिश की है कि—1. लोकगीत जनता के सच्चे गीत हैं, 2. लोकगीत जनता का सच्चा संगीत है और 3. लोकगीत जनता का सच्चा साहित्य है।

अब हम यह देखें कि वास्तविक रूप से स्वस्थ, वर्द्धमान और सत्य शिव सुन्दर इन लोकगीतों के प्रचार के लिए रेडियो क्या कर सकता है।

आल इंडिया रेडियो के उत्तर भारत के चार स्टेशनों से हिंदी में कार्यक्रम प्रसारित होता है। इन चार स्टेशनों से जो कुल कार्यक्रम प्रसारित किया जाता है उसका अधिकांश भाग स्टेशनों के अपने-अपने क्षेत्रों की शहरी जनता के लिए ही होता है। ऐसा होना ही चाहिए क्योंकि गाँवों के क्षेत्रों में अभी इतने रेडियो सेट पहुँचाए नहीं जा सके हैं कि अधिकाधिक लोग कार्यक्रमों को सुन सकें। हाँ, दिल्ली, लखनऊ, इलाहाबाद और पटना इन चारों स्टेशनों से औसतन 45 मिनट प्रतिदिन 'देहाती भाइयों के लिए' कार्यक्रम अवश्य विस्तारित किया जाता है। यह कार्यक्रम विशेष तौर पर ग्रामीण सुननेवालों के लिए तैयार किया जाता है हालाँकि प्रस्तुत इसे सामान्य रूप से शहर के कलाकार ही करते हैं।

इस विशेष कार्यक्रम की उपयोगिता केवल यही होती है कि इसके द्वारा 'ग्रामीण सुननेवालों' को कुछ भजन गीत (गाँवों के और सिनेमा के भी) नाटक, फीचर, बातचीत (जिसमें खेतीबारी की बातें और सरकार का प्रचार सब शामिल हैं) और खबरें सुनाई जाती हैं। इस समय यह बता देना जरूरी है कि नियमित रूप से 45 मिनट का यह कार्यक्रम आल इंडिया रेडियो करता तो खास तौर पर 'देहाती भाइयों' के लिए है मगर हमने देखा यह है कि शहरों के रहनेवाले गृहस्थों के घर में स्त्रियाँ और पुरुष भी, जब इस कार्यक्रम का समय आता है तो रेडियो खोलकर बैठ जाते हैं, चाहे अन्य समय में रेडियो को, उबा देनेवाली वार्ताओं और भौंडे संगीत से परेशान होकर बंद ही रखते हों। जिन ग्रामीण सुननेवालों के लिए यह कार्यक्रम प्रस्तुत किया जाता है, वह उसे सुन नहीं पाते। कारण बड़ा सीधा-सा है, वह यह कि कई गाँवों के बीच एक रेडियो सेट होता है और केवल कार्यक्रम सुनने के लिए व्यस्त किसानों का रेडियो के इर्द-गिर्द रोज इकट्ठा होना सम्भव नहीं।

शहरों के सुननेवाले इस बात की जरूरत भी महसूस करते हैं कि दिन भर होनेवाले कार्यक्रम में हिंदी के क्लिष्ट गीतों और सिनेमा के भद्दे गीतों की जगह काफी मात्रा में, सुमधुर शब्द अर्थ और स्वरवाले लोकगीत रखे जाएँ। परंतु आल इंडिया रेडियो लोकगीतों को जब भी विस्तारित करते हैं—विशेष कार्यक्रम के रूप में करते हैं। जैसे दिल्ली में प्रसारित होनेवाला 'राष्ट्रीय संगीत समारोह' और इलाहाबाद और लखनऊ से प्रसारित होनेवाले स्टूडियो में रिकार्ड किए गए लोकगीत। आवश्यकता इस बात की है कि लोकगीतों का अन्यान्य गीतों से पृथक् वर्गीकरण किए बिना उन्हें दिन भर के कार्यक्रम में उचित मात्रा में वितरित कर दिया जाए। प्रातःकाल प्रसारित किया जानेवाला रिकार्ड किया गया संगीत का कार्यक्रम, दोपहर का केवल सिनेमा संगीत का कार्यक्रम और संध्या को लगभग तीन घंटे का खड़ीबोली के गीतों और कविताओं का कार्यक्रम, लोकगीतों के सम्मिश्रण से अधिक जनप्रिय, अधिक श्रुति मधुर और अधिक उपयोगी बनाया जा सकता है। विशेष कार्यक्रम के रूप में लोकगीतों को प्रसारित करने का अर्थ है, लोकगीतों को प्रसारित करने की आवश्यकता को ठीक तौर पर न समझना। आवश्यकता यह नहीं है कि लोकगीत किसी न किसी मात्रा में प्रसारित हो ही। बल्कि यह है कि वे सुननेवालों तक एक स्वाभाविक और ग्राह्य रूप में पहुँचाए जाएँ। उनकी उपयोगिता हमारे जीवन को रसमय बनाने में ही समाप्त नहीं होती। वे अपने अर्थ, उद्देश्य और अनुभूति से जीवन को सुन्दरतर और शुचितर बनाते हैं। उनका संस्पर्श हमारे शहराती जीवन के लिए स्वास्थ्यप्रद होगा क्योंकि वे एक स्वस्थ सबल और वर्द्धमान जीवन के परिचायक हैं और वह अपने साथ जहाँ से आते हैं वहाँ के वातावरण का असर लाते हैं। साहित्य का एक उद्देश्य जीवन का सुधार भी होता है। खड़ीबोली का मुरझाता हुआ साहित्य जीवन को सहारा देने में कमजोर पड़ता है। केवल जीवित लोकसाहित्य

ही हमें नई प्रेरणा दे सकता है और वही नए साहित्य की परम्पराएँ स्थापित कर सकता है। जीवन का रहस्य प्रगति में है, और आज का जन-साहित्य (आज बैसवाड़े, भोजपुर, राजस्थान और ब्रज में असली जनता की जबान पर जो गाया जानेवाला साहित्य है वह) जनता की प्रगति के साथ है। यह जरूरी है कि साहित्य को शहरों के मृतप्राय वातावरण में लाया जाए और यह इतना ही जरूरी है जितनी और कोई राष्ट्रीय योजना। रेडियो ही एक ऐसा माध्यम है जो देश के गौरवमय लोकसाहित्य का सांस्कृतिक संदेश पढ़े-लिखे और बगैर पढ़े-लिखे हर व्यक्ति तक पहुँचा सकता है।

[*अमृत पत्रिका*, 1950]

लोकगीतों का महत्त्व और उनका प्रचार

अभी हाल में किसी बड़े नामीगिरामी साहित्यिक को यह कहते सुना गया था कि हिंदी साहित्य की प्रगति रुद्ध हो गई है—कोई नई, जिंदा और सचमुच ऊँची चीज सामने आ नहीं रही है। उन्होंने कोई आश्चर्य पैदा करनेवाली बात नहीं कही। यह तो सभी पाठक और समालोचक अनुभव कर रहे थे। साफ-साफ कहने को देर थी।

"साहित्य की प्रगति रुक गई है।" आइए इस पर गौर करें और देखें कि इसके क्या मतलब निकलते हैं। साहित्य की प्रगति का रुक जाना तो सचमुच बड़ी चिंताजनक बात है। साहित्य जीवन का प्रतिबिम्ब होता है। यदि यह शाश्वत रूप से सच है तो क्या इसका मतलब यह है कि हमारा जीवन ही ठहर गया है। हिंदी देश की राष्ट्रभाषा है और दावा किया जाता है कि उसके बोलने, लिखने और समझनेवाले हर प्रांत में बड़ी-बड़ी संख्याओं में मौजूद हैं। ऐसी हालत में हम कैसे मान लें कि समस्त देश की जनता का जीवन—किसी एक प्रकार के जीवन नहीं—वरन् पूर्ण और सम्पन्न जीवन स्थिर हो गया है।

साहित्य में इस जड़ता का कारण यही हो सकता है कि हमारे साहित्यिक जनजीवन की प्रगति ये जीवन के विकास के साहित्य के पृष्ठों पर उतार सकने में असमर्थ हैं। यह असमर्थता इसी युग की विशेषता हो, सो बात नहीं। प्रत्येक साहित्य में, प्रत्येक युग में जब-जब लेखक और कवि जनजीवन से दूर चले गये हैं, ऐसा ही जड़ अप्रगतिशील और निस्पंद साहित्य पैदा हुआ है जैसा आज खड़ी बोली में हो रहा है और जिसका डर इतना विकट है कि स्वभावतः पषंग, साहित्यिकों ने भी उसे स्वीकार किया है।

हम खड़ीबोली के पढ़ने और लिखनेवाले लोग इसी हीनभावना को लेकर अपने साहित्य की पतनशीलता का रोना रोते रहेंगे मगर अपनी ही भाषा के उस महान साहित्य की ओर आँख उठाकर नहीं देखेंगे, जो हिंदी की बोलियों और जनभाषाओं में लिखा गया है।

अगर देखें तो हमें मालूम होगा कि वास्तविक जन-जीवन का स्पष्ट और निर्भीक प्रतिबिम्ब उन बोलियों के साहित्य में उतरा हुआ है। यह आवश्यक नहीं है कि वह सब लिखित रूप में मौजूद हो। इसका बहुत-सा अंश तो जनता की जबान पर ही रहता है; वहीं वह लिखा गया है और वहीं वह अमिट होकर सदियों तक जीवित रहेगा।

इस हिंदीभाषी प्रांत उत्तर प्रदेश की अनुमानतः 90 प्रतिशत जनता गाँवों में रहती है। उसके जीवन के रूप, उसके जीवन की समस्याएँ और उसके जीवन की आकांक्षाएँ हिंदी के साहित्य की आधारभूमि बनें, तभी साहित्य में जीवन आए। खड़ीबोली के लिए यह कर सकना एकदम असंभव तो नहीं परंतु दुष्कर अवश्य है—यह मानना ही पड़ेगा।

खड़ीबोली में कविता, कहानी, उपन्यास लिखनेवाले अधिकांश लोग अपने आपको मध्यवर्गीय संस्कृति के वातावरण में मरती हुई मान्यताओं के बीच पाते हैं—जिनकी एक विशेषता यह है कि जीवन में वांछित यथार्थ को न पा सकने के कारण उनमें निराशा, अतिशयोक्ति, उन्माद, अस्वाभाविकता और कुंठा का अद्‌भुत सम्मिश्रण होता है।

इसके ठीक विपरीत यदि हम उन बोलियों और जन-भाषाओं के साहित्य को लें, जिसका जनजीवन से सीधा संबंध है और जो स्वयं उस समाज की सबसे सीधी अभिव्यक्ति है तो हमें ज्ञात होगा कि आज भी, अर्थात् इस तथाकथित विषमता और अंतर्विरोध के युग में भी वह जीवित है और न केवल जीवित ही है वरन स्वस्थ भी है और बराबर उग रहा है। उसमें वर्तमान का सच्चा मूल्यांकन है और भविष्य की आशामयी कल्पना है। इस स्वस्थ जीवन्त और वर्द्धमान साहित्य की परम्परा का आरम्भ हमें अवधी के तुलसीदास और ब्रजभाषा के सूरदास से लिखित रूप में मिलता है। यों जनता की भाषा के लिए लिखे जाने की कोई कैद नहीं। तुलसीदास से 400 वर्ष पहले से ही वीरोपासक गाथाएँ गाई जाती थीं जो गाँव-गाँव में हरएक को कंठस्थ थीं। आल्हा इसी परम्परा की सबसे महत्त्वपूर्ण कड़ी है। वीरकाव्य की इस महान कृति के अतिरिक्त दैनिक जीवन से प्रेरित काव्य का कितना विशाल और वैभवसम्पन्न साहित्य हमें राजस्थानी, अवधी, बुंदेलखंडी, भोजपुरी और ब्रजभाषा के गीतों में मिलता है। ये गीत समस्त प्रान्त की जनता के कंठ में निवास करते हैं—शहरों की 10 प्रतिशत पढ़ी-लिखी जनता की बात हम नहीं कर रहे हैं। मुँहअँधेरे करबी काटते हुए, सूरज उगते-उगते खेतों को जाते हुए, और खेत में जुताई, गड़ाई या गुड़ाई करते हुए यह गीत किसी भी गाँव में जाकर सुन लीजिए। चक्की पीसते हुए और पानी भरते हुए यह गीत मेहनतकश औरत के शरीर के परिश्रम के साथ ऐसे ही ताल देते हुए सुन पड़ेंगे जैसे सावन में ऊँचे-ऊँचे झूलों पर, गोरे-गोरे पैरों को झुकाकर पेंग देती हुई कुमारियों के स्वरों में सुन पड़ते हैं।

शिशु के जन्म से लेकर जीवन के अंतिम दृश्य तक यह गीत हमारे साथ रहते हैं। इन्हीं में हमारे जीवन की सतत परिवर्तनीय सदैव नवीन आशाओं और समस्याओं की अभिव्यक्ति सच्चे रूप में होती है। इसका कारण यही है कि यह इन बोलियों की ही सामर्थ्य है कि जीवन के प्रत्येक पहलू और प्रत्येक अंग को व्यक्त कर सके।

इनके पास शब्दों का सदा भरा रहनेवाला भंडार है जो खड़ीबोली के लिए ईर्ष्या की वस्तु हो सकता है। खड़ीबोली वाले नए शब्दों के लिए संस्कृत की तरफ दौड़ते हैं। क्या ही अच्छा होता यदि वे इन जीती हुई और फड़कती हुई बोलियों से उन शब्दों को लेते जिनकी खड़ीबोली में बहुत कमी है।

किंतु इन बोलियों से केवल शब्दों को ले लेना ही काफी नहीं है। शब्दों के अतिरिक्त हमें इनसे जीवन की सफलता के साथ व्यक्त करने की प्रेरणा भी लेनी चाहिए। यह प्रेरणा हमें लोकगीतों के छन्दों, उपमाओं, अलंकारों और मुहावरों से मिलेगी। यह प्रेरणा हमें लोकगीतों के अर्थ, उनकी अनुभूति और उनकी गम्भीरता से मिलेगी।

इसलिए यह अत्यन्त आवश्यक है कि हम लोकसाहित्य की ओर अपना ध्यान गम्भीरता के साथ दें। रोजाना गाए जानेवाले गीतों को और लिखित रूप में प्राप्य काव्यों को हम पढ़ें और दूसरों को पढ़ाएँ, हालाँकि सिर्फ पढ़ना-पढ़ाना कोई मानी नहीं रखता अगर हम लोकगीतों या लोककथाओं के प्राणों में न पैठ सकें और उसके तत्त्व को न समझ सकें। लोकसाहित्य का मूल तत्त्व यह है कि वह जनता के जीवन की आवश्यकताओं के साथ-साथ चलता है।

लोकसाहित्य का अध्ययन कुछ विद्वानों ने किया है और कुछ लाभदायक पुस्तकें भी हिंदी में छपी हैं। यह पुस्तकें विद्यार्थियों और विद्वानों के लिए उपयोगी भी हैं परंतु उनका वह सार लोकसाहित्य नहीं है जो सदियों से हमारे सहस्रों गाँवों में बिखरा पड़ा हुआ है।

इस समय सार्वजनिक विकास की दृष्टि से इस लोकसाहित्य का संकलन और प्रचार अत्यन्त आवश्यक हो गया है। राष्ट्रभाषा हिंदी के समर्थक इस ओर ध्यान दें तो राष्ट्रभाषा की समृद्धि में ही वृद्धि न हो, उसका सीधा संपर्क उस जनता से स्थापित हो सके जिसके बल पर ही हिंदी राष्ट्रभाषा बन सकी है।

[*अमृत पत्रिका*, 1950]

प्रसरण के लिए संगीत

शब्द में जो अर्थ होता है उसे व्यक्त करने के लिए शब्द का उच्चारण किया जाता है। यह उच्चारण सशब्द करने से मस्तिष्क कान द्वारा शब्द की ध्वनि को ग्रहण करके उसे तुरन्त अर्थ में बदल लेता है। यदि यह उच्चारण मन-ही-मन किया जाए अर्थात् लिखित शब्द को मन में पढ़ा जाए तो हम अपने उपचेतन मस्तिष्क में उस शब्द की ध्वनि की पहले कल्पना करते हैं। फिर वह ध्वनि जिस अर्थ का द्योतक होती है वह अर्थ हम समझते हैं। लिखित शब्द को समझने की क्रिया उच्चरित शब्द को समझने की क्रिया की अपेक्षा अधिक समय लेती है—क्योंकि हम शब्द को मूलतः ध्वनि के रूप में ही जानते हैं। यह अधिक समय कितना अतिरिक्त होता है—यह नापना हमारे लिए कठिन है, परंतु यह सत्य है कि किसी वाक्य को समझने में शब्द का पढ़ा जाना या बोला जाना अलग-अलग स्थान रखता है। यह भ्रम नहीं होना चाहिए कि किसी शब्द को इन दो अलग तरीकों से समझने की चेष्टा करने से उसके दो अर्थ समझ में आएँगे, यह बात नहीं। होता यह है कि उन शब्दों के, जिन्हें हम अधिकतर बोलचाल में काम में लाते हैं, अलग प्रभाव बन जाते हैं और उन शब्दों के, जिन्हें बहुत करके केवल किताबी प्रयोगों तक ही रखा जाता है, अलग प्रभाव बन जाते हैं। अतएव हम अगर ऐसे शब्दों से निर्मित एक वाक्य किसी को सुनावें, जिसमें सब शब्द किताबों के हों और शैली भी किताबी हो, तो वह एक ऐसे वाक्य की, जिसमें शब्द बोलचाल के हों और शैली किस्सागोई की है, अपेक्षा कम शीघ्र ग्राह्य होगा। उदाहरण के लिए 'शब्द मत करो। मुझे वह आता हुआ दृष्टिगोचर हो रहा है।' इस वाक्य को यदि यों प्रस्तुत किया जाए, "चुप! वह आया।" तो बोलने वाले व्यक्ति की कही हुई बात शीघ्र-से-शीघ्र तथा अधिक-से-अधिक समझाई जा सकती है। संगीत एक ऐसा विषय है जिसमें प्रसारण करने के लिए उपयोगी सभी गुण उपस्थित हैं। संगीत सुनने के ही लिए है—नाटक की भाँति देखने या लेख की भाँति पढ़ने के लिए नहीं। अतएव संगीत के वास्तविक स्वरूप और प्रसारित स्वरूप में कोई अंतर नहीं होना चाहिए। किंतु कुछ कारण हैं जिनसे प्रसारण के लिए प्रस्तुत किए जानेवाले संगीत और अन्यत्र सुने जानेवाले संगीत में थोड़ा भेद किया जा सकता है। कारण यह है—

1. प्रसारित किया हुआ संगीत श्रोता के लिए दुहराया नहीं जा सकता और श्रोता को प्रसारित संगीत का रस लेने के लिए एक निर्दिष्ट समय तथा एक ही अवसर मिलता है।

2. यह निर्दिष्ट समय अधिकतर अल्प ही होता है। अतएव उतने ही काल में, संगीत को श्रोता में संवेदना उत्पन्न करने में समर्थ होना चाहिए।

3. प्रसारित संगीत जनसाधारण द्वारा भी सुना जाता है, इसलिए उसकी संवेदनशीलता और यदि वह शब्दों पर आधारित है तो उसके अर्थ भी, सामान्य रसज्ञता को दृष्टि में रखते हुए प्रयोजित किए जाएँ।

आल इंडिया रेडियो से प्रसारित होनेवाली अधिकांश कविताएँ दो ही तीन मात्रिक छन्दों में लिखी

गई हैं, जैसे 'दिन जल्दी-जल्दी ढलता है' या जैसे 'यह तुम्हारा हास आया' या 'प्रिये प्राणों की प्राण' और उनमें आपस में विभिन्नता बहुत कम पाई जाती है। स्वरकार को ऐसी कविताएँ स्वरबद्ध करने के लिए बहुधा एक ही प्रकार की ताल का सहारा मिल पाता है। इससे स्वरलिपियों में विविधता नहीं आ पाती तथा संगीत के द्वारा कविता के सही मर्म की संवेदना श्रोता के मन में उत्पन्न नहीं की जा सकती।

2. अधिकांश कविताओं में स्वर ध्वनियों की सप्रयोजन योजना होती ही नहीं वरन् व्यंजन ध्वनियों को ही संगीत उत्पन्न करने के लिए उपयुक्त किया जाता है। ऐसी कविताओं को स्वरबद्ध करते समय व्यंजन-ध्वनियों पर स्वर-ध्वनियाँ आरोपित करनी पड़ती हैं और कई जगह उन्हें बलात् खींचना या तोड़ना-मरोड़ना पड़ता है। स्वर-ध्वनियाँ संगीत की भाषा में अपने अलग-अलग अर्थ रखती हैं। कवि को यदि संगीत की जानकारी है और जानकारी ही नहीं, यदि वह संगीत रच भी सकता है तो एक भाव को प्रकट करने के लिए कौन-सी स्वर-ध्वनि उपयुक्त होगी, यह भी वह निश्चित कर सकता है। अधिकांश आधुनिक हिंदी-कविता में इस विशेषता के न पाए जाने से स्वीकार का काम बहुत कठिन और कहीं-कहीं असंभव हो गया है।

फल यह होता है कि आल इंडिया रेडियो द्वारा प्रसारित सरल संगीत में निम्नांकित दोष पाए जाते हैं।

1. लगभग सभी गीतों की सरगम बहुत कुछ एक-सी होती है। स्वरकार अपनी रुचि और कविता की संगीतात्मकता दोनों में एक समझौता लाकर किसी-न-किसी प्रकार की एक सरगम तैयार कर लेता है। यह आधारभूत स्वरलिपि थोड़ा बहुत हेरफेर करके हर कविता में फिट की जाती है तथा इसका भी स्तर कुछ बहुत ऊँचा नहीं होता। श्रोताओं का अनुमान है कि किसी भी रेडियो स्वरकार को मात्रिक कविता के शुद्ध उच्चारण का लेशमात्र भी ज्ञान नहीं है और वे मात्राओं का पूर्ण उच्चारण करने के बजाय उन्हें उर्दू छंदों के ताल के नियम से पढ़ने का प्रयत्न करते हैं अन्यथा मात्रिक कविताओं में काफी एकरसता होने की अपेक्षा भी उनकी विभिन्न सरगमें तैयार करना बहुत मुश्किल नहीं है।

2. कविता के भाव को उसका संगीत कभी भी सफलतापूर्वक व्यक्त नहीं कर पाता। संगीत का प्रभाव श्रोता पर यह पड़ना चाहिए कि वह उसे संवेदनशील बनाकर उसमें उसी भाव की सृष्टि करे जिसमें संगीत प्रेरित हुआ है। आल इंडिया रेडियो के स्वरकारों द्वारा तैयार की हुई गीतों की सरगमें इतनी अनुपयुक्त होती हैं कि विरह के गीत को सुनने से कभी नृत्य की कल्पना होती है, कभी फुटबाल के खेल की। कविता का जो भाव है, कविता को दिया हुआ संगीत उसे बजाय उसी प्रकार व्यक्त करने के विकृत कर देता है। रेडियो संगीत में काव्य और संगीत का तादात्म्य न होना बहुत ही अखरनेवाली बात है और रेडियो स्वरकारों की अयोग्यता का बिल्कुल स्पष्ट प्रमाण है।

3. प्रसारित गीतों में व्यंजन ध्वनियों की योजनाहीन बहुलता के कारण शब्दों का उच्चारण और शब्दों का स्वर मेल नहीं खा पाता। कई बार व्यंजन-ध्वनियों का क्रम ऐसा होता है कि स्वरों के क्रम में उतारे जाने पर उच्चारण की कठिनाइयाँ उपस्थित कर देता है, जैसे कि वर्ग के व्यंजनों का 'क के' के चवर्ग के व्यंजनों का 'क च' के तथा अन्य वर्गों के व्यंजनों का वर्ग के प्रथम व्यंजन के ठीक पश्चात् आना। अर्थात गीत की पंक्ति का 'र' 'ह' तथा ह के मिश्रण से बननेवाली अन्य कुछ व्यंजन-ध्वनियों से समाप्त होना जैसे झ, ख, घ, ध, छ, द इत्यादि। उपरोक्त सभी व्यंजन-क्रम प्रसारण में बाधा डालते हैं वह यह कि उनका उच्चारण इतना निर्बल होता है कि माइक्रोफोन के द्वारा गुजरकर 'ह' की ध्वनि का लोप हो जाता है और 'थ' 'ध' तथा 'द'—केवल 'त' ही सुनाई पड़ते हैं और 'र' का तो पूर्ण लोप हो जाता है।

संगीत कार्यक्रम में काफी समय पक्के गानों को दिया जाता है। कुछ श्रोताओं का कहना है, पक्के गाने इतने न प्रसारित होने चाहिए। कुछ प्रसारक (ब्राडकास्टर) कहते हैं कि पक्के गाने देश

की सांस्कृतिक संपत्ति हैं—और इसलिए आल इंडिया रेडियो का कर्त्तव्य है कि उन्हें प्रचुर मात्रा में प्रसारित करे।

यहाँ सांस्कृतिक कार्यक्रमों के विषय में और कुछ कहने का अवसर नहीं है, अतः हम केवल इतना कह देना चाहते हैं कि 'सांस्कृतिक विषय है' ऐसा कहकर जितने कार्यक्रम प्रसारित किए जाते हैं उनमें संस्कृति के आगे प्रसारण कला को बिल्कुल भुला दिया जाता है। जान पड़ता है कि इन कार्यक्रमों को चुनने और रखनेवाले नियोजक समझते हैं कि संगीत ऐसा ही एक प्रकाशन माध्यम है जैसा पुस्तक प्रकाशन और हम संस्कृति की जो बात कहेंगे वह सब लोगों को सुननी और समझनी पड़ेगी। ऐसा समझना प्रसारण-कला के आधारभूत नियमों से अपनी अनभिज्ञता प्रकट करना होगा।

शास्त्रीय संगीत के विषय में एक महत्त्वपूर्ण बात यह है कि वह स्वर-संगीत होता है, शब्द संगीत नहीं। अर्थात् स्वरों के क्रम विशेष से एक राग बनता है जो किसी भाव या भावना का परिचायक और संवेदक होता है। विभिन्न रागों-रागिनियों द्वारा गायक अलग-अलग भावनाएँ अथवा भाव व्यक्त करने का प्रयत्न करता है। उन रागों या रागिनियों के स्वरों के लिए शब्दों का आधार बना लिया जाता है और सम्पूर्ण राग केवल कुछ शब्दों का प्रयोग करते हुए ही गाया जा सकता है। जैसे मालकोस प्रस्तुत करने के यह बोल 'चतुरंग गुनियन सग गुन अपार' यथेष्ट है। गायक को शब्दों के उच्चारण और उनके अर्थ की ओर ध्यान देने की कोई आवश्यकता इसीलिए प्रतीत नहीं होती कि वह स्वरों का उपयोग करने में अपनी कला की इति समझती है। वास्तव में यह ठीक भी है।

पक्के गाने जब प्रसारित किये जाते हैं तब अनुभव बतलाता है कि 95 प्रतिशत रेडियो सेट बंद कर दिए जाते हैं और अन्य स्टेशनों द्वारा प्रसारित फिल्मी रिकार्डों की खोज की जाने लगती है। इसका कारण यह होता है कि श्रोता, रेडियो से निकलते हुए शब्दों का अर्थ समझना चाहता है। जितने समय में शब्द का उच्चारण पूर्ण होता है उतने ही समय में यदि उसका अर्थ श्रोता को स्पष्ट न हुआ और स्पष्ट होकर उसने श्रोता पर वांछित प्रभाव न डाला तो उस कार्यक्रम की प्रस्तावना असफल कही जाएगी। शास्त्रीय संगीत सुनते समय श्रोता गायक के द्वारा कहे गए शब्दों का अर्थ समझने की ओर ध्यान लगाता है जबकि शास्त्रीय संगीत में शब्द का कोई महत्त्व नहीं, महत्त्व स्वर का है और जबकि गायक शब्द को वह महत्त्व दे भी नहीं रहा है जो श्रोता उसे दे रहा है। फल यह होता है कि स्वरों का सम्मिलित प्रभाव श्रोता पर पूरा-पूरा नहीं पड़ पाता, उसका ध्यान बट जाता है। यही कारण है कि अधिकांश शास्त्रीय संगीत के कार्यक्रम पसन्द नहीं किए जाते। इसके अतिरिक्त एक सत्य यह भी है कि किसी राग अथवा रागिनी का पूर्ण आनन्द प्राप्त करने के लिए उसकी संपूर्ण योजना आलाप, स्थायी, अन्तरा और तान को सुनना आवश्यक होता है और रेडियो श्रोता इतना समय देने में असमर्थ होते हैं।

शास्त्रीय संगीत के कार्यक्रमों को ग्राह्य बनाने के लिए दो सुधार किए जा सकते हैं।

1. केवल वाद्य यन्त्रों द्वारा शास्त्रीय रागों को प्रस्तुत किया जाए, जिससे उन रागों का प्रभाव श्रोता पर अविकृत रूप में पड़ सके।

2. शास्त्रीय संगीत केवल 5 मिनट या 3 मिनट के प्रसारण के हेतु संक्षिप्त करके प्रसारित किया जाए; इस दिशा में हिज मास्टर्स वापस रिकार्डिंग कम्पनी के कुछ प्रयोग सराहनीय हैं।

3. गायकों के शुद्ध उच्चारण पर जोर दिया जाए। जिन्होंने सुब्बुलक्ष्मी द्वारा प्रतिपादित रागों को सुना है वह कह सकते हैं कि ऐसा सम्भव है कि रागों की स्वर-योजना और शब्द उच्चारण दोनों बिना कहीं भी नष्ट हुए साथ-साथ चल सकते हैं।

यह सुधार करने पर भी, यह तो मानना ही पड़ेगा कि रेडियो श्रोता कम समय में प्रसारित कार्यक्रम का पूरा आनन्द लेना चाहता है और शास्त्रीय संगीत बहुत सावधानी से प्रसारित किया जाना चाहिए।

[*प्रतीक*, अक्टूबर 1951]

भारतीय प्रसरण की समस्याएँ

भारतवर्ष में प्रसरण तथा ब्राडकास्टिंग कला और व्यापार साथ ही साथ हैं। व्यापार भी कैसा?—एकछत्र! अमरीका में संसार के सबसे अधिक ट्रांसमीटर हैं और वहाँ भी ब्राडकास्टिंग व्यापार ही है, परंतु वहाँ के व्यापार में प्रतियोगिता है, जो यहाँ के व्यापार में नहीं है। फलतः अमरीका के सैकड़ों रेडियो स्टेशन व्यापार भी करते हैं और कला की उन्नति भी करते हैं। अपने यहाँ रेडियो सरकारी भोंपू से अधिक अर्थ नहीं रखता है। जो प्रचार करना हो करो और इस बात की चिन्ता मत करो कि सुननेवाला क्या सुनना चाहता है। ऐसा ही कुछ दृष्टिकोण अपने आल इंडिया रेडियो के सामने है।

किसी भी देश में प्रसरण का विकास श्रोताओं पर निर्भर होता है और चूँकि हमारे यहाँ श्रोताओं की शक्ति और प्रभाव नहीं के बराबर रहा है, इस कला का विकास भी ऐसे ही हुआ है कि आज यह अष्टावक्र की भाँति गुड़ीमुड़ी हो रही है।

देश की 32 करोड़ जनसंख्या में से केवल कुछ हजार रेडियो मालिक हैं और इनमें से भी सभी रेडियो सुनते हैं और उनमें रेडियो सुनने की वह रुचि पाई जाती है जिसे अंग्रेजी में 'लिसनिंग हैबिट' कहते हैं, यह कहना बिना संशय के नहीं हो सकता। सामाजिक परिस्थितियों, समय, शिक्षा और परिष्कृति के अभाव के कारण रेडियो सुनने की वह नियमित आदत, यहाँ लोगों को नहीं पड़ सकी है। ऊपर से भारतीय रेडियो अपने प्रसारित कार्यक्रमों के द्वारा, जिनमें यह नियमितता आ सकती थी उनमें भी, उसे आने से पहले 20 वर्ष से रोकता आ रहा है। श्रोताओं से उसका कोई विशेष तादात्म्य नहीं रहा है और उसके कार्यक्रमों को लोगों ने सदा अविश्वास और सन्देह के साथ सुना है।

यह नितान्त सत्य है कि यहाँ प्रत्येक पानवाले और चायवाले ने अपनी दुकानों पर जैसे प्रादेशिक ब्राडकास्टिंग केंद्र खोल रखे हैं—शाम सवेरे भीड़ की भीड़ फिल्मी गानों के रिकार्ड सुनने के लिए उत्सुक खड़ी दिखाई पड़ती है—किंतु यह भीड़ भारतीय रेडियो के कार्यक्रमों की नियोजना पर कोई निश्चयात्मक प्रभाव डालने में असमर्थ है।

फिर भी यह एकाएक नहीं कहा जा सकता कि भारतवर्ष में प्रसरण का विकास करने की ओर कोई ध्यान ही नहीं दिया गया। भारतीय रेडियो में कुछ अध्यवसायी प्रसरण-प्रेमी हैं भी परंतु सरकार का यह विभाग सीधा जनता से मतलब रखता है। दस-पाँच कुशल सरकारी नौकरों या दो-एक हिंदी-साहित्य विभूषणों से ब्राडकास्टिंग कला की उन्नति नहीं हो सकती। होना यह चाहिए कि भारतीय रेडियो को कार्यकुशल या होनहार व्यक्तियों को नियम से इस कला की शिक्षा देनी चाहिए और रेडियो-रचना लिखने तथा प्रस्तावित करनेवाले कलाकारों की संख्या बढ़ाने की ओर ध्यान देना चाहिए।

अभी तो भारतीय रेडियो उतना ही नौकरशाही शासित विभाग है जितना कि सिविल सप्लाई विभाग। जिस कला विशेष (प्रसरण) के नाम पर इतना बड़ा व्यापार खुला है, उसका कहीं अता-पता नहीं मिलता। जितना मिलता है उतना सुननेवालों की अपार संख्या की विविधता तथा भारतीय रेडियो के उत्तरदायित्व को देखते हुए बहुत अयथेष्ट है।

इस समय भारतीय रेडियो को जिस वस्तु की सबसे अधिक आवश्यकता है वह है कार्यक्रमों की नये सिरे से नियोजना, जिसमें सावधानी और विचारशीलता से काम लिया जाए। मिले-जुले कार्यक्रमों की एक खिचड़ी जिसमें सरकारी प्रचार, मजदूर किसानों के लिए मनबहलाव इक्का-दुक्का नाटक और ढेर-सा संगीत ही हो, अच्छा पथ्य नहीं।

यह भी ठीक है कि इस नयी योजना के लिए गैर सरकारी सलाहकार समितियों की स्थापना की जाए और उन्हें काफी अधिकार दिए जाएँ। जैसे आजकल प्रोग्राम एडवाइजरी कमेटी को प्राप्त है—उससे अधिक। परंतु इस संबंध में एक महत्त्वपूर्ण सुझाव और दिया जा सकता है। यह मानना पड़ेगा कि प्रसरण कला जिस अवस्था में अभी है, उसमें रहते हुए यह असंभव है कि प्रसरण कला

के विशेषज्ञ हमें दस-पंद्रह से अधिक मिल सकें। जो प्रोफेसर, राजनीतिज्ञ नेता और साहित्यिक आजकल प्रोग्राम एडवाइजरी कमेटियों में हैं, निश्चय ही सबके सब प्रसरण-कला के विशेषज्ञ नहीं हैं।

लेखकों को रेडियो के लिए लेखन का कोई अनुभव नहीं है। कारण यह है कि एक ही प्रसरण-संस्था (वह भी सरकारी) होने तथा सुननेवालों—अतएव रुचि रखनेवालों की संख्या अत्यन्त अल्प होने से—रेडियो रचना की अपनी कला के विषय में यहाँ के लेखक कुछ जान नहीं पाए हैं। इसलिए रेडियो के लिए कोई रचना लिखते समय रेडियो रचना की अपनी विशिष्ट कला का ज्ञान होना चाहिए। यह हमारे लेखक मालूम होता है, सही नहीं मानते। होता यह है कि बड़े-बड़े साहित्यिकों की लेखनी से प्रसारित होने के लिए जो रचनाएँ निकलती हैं वह माइक्रोफोन और ट्रान्समिटर से गुजरने पर तीसरे दर्जे की रचनाएँ बनकर सुननेवालों के सामने आती हैं। वास्तव में लेखकों को रेडियो की ओर से अपना दृष्टिकोण बदलना चाहिए। रंगमंच, सिनेमा तथा रेडियो साहित्य के प्रकाशन के लिए उतने ही पुष्ट माध्यम हैं जितने मुद्रणयंत्र हैं। यह बात गौर करने तथा समझनेवाली है...क्योंकि इससे हमारे साहित्य की वर्तमान प्रगति पर महत्त्वपूर्ण प्रभाव पड़ेगा। आधुनिक जीवन के सर्वाधिक निकटतम रहने के लिए साहित्य को जीवित शैलियों तथा माध्यमों और स्वरूपों की विविधता स्वीकार ही करनी पड़ेगी।

भारतीय प्रसरण की 20 वर्ष की आयु होने तक, लेखक उससे कुछ सीख नहीं पाए, यह उन्हीं की गलती नहीं। जिन लेखकों ने, रेडियो अधिकारियों के घोर पक्षपात, कुनबापरस्ती और कई जगहों पर नासमझी के बावजूद, प्रसरण कला का कुछ ज्ञान प्राप्त किया है, वह उँगलियों पर भी नहीं गिने जा सकते हैं। उनमें से जो इस समय भारतीय रेडियो की नौकरी में हैं, वह लिखना बंद कर चुके हैं। भारतीय रेडियो के बुखारी युग के नाम से प्रसिद्ध युग के लेखकों ने आज के हिंदी युग के लिए कोई परम्परा नहीं रख छोड़ी है। यह सीधी-सी बात है कि रेडियो-रचना की शैली पढ़ी जानेवाली रचनाओं या रंगमंच पर अभिनीत होनेवाली रचनाओं की शैली से भिन्न होती है और उसमें लेखक को, प्रसरण का अर्थात् रचना को प्रसरण के लिए प्रस्तुत करने का तथा श्रोता पर सस्वर शब्द (पठित शब्द नहीं) के पढ़नेवाले प्रभाव का, यथेष्ठ ज्ञान होना प्रयोजनीय है। दूसरी ओर यह भी सत्य है कि लेखकों को इन दोनों वस्तुओं के अध्ययन या पर्यवेक्षण का अवसर प्राप्त नहीं हुआ है क्योंकि न तो वे स्टूडियो के अंदर जाकर काम कर सके हैं न कई रेडियो-रचनाओं को (जो भी हैं) प्रसारित होता सुनते रहे हैं। असल में यह मजबूरियों का एक चक्कर चलता रहा है, जिसे तोड़ने की इस समय बहुत आवश्यकता है।

भारतीय रेडियो के कर्मचारियों में आजकल विश्वविद्यालय से नए-नए निकले व्यक्तियों की संख्या काफी है। इनसे यह आशा की जा सकती थी कि वे अपने उदार और आधुनिक दृष्टिकोण से रेडियो में कला तत्त्व की यथेष्ट उन्नति कर सकेंगे। मगर उनके सामने भी मजबूरियाँ हैं।

यह पहले सुझाया गया है कि कार्यक्रमों का स्तर ऊँचा करने के लिए लेखकों, संगीतज्ञों तथा अन्य अभिनेता कलाकारों से पूरी-पूरी सहायता ली जाए। केवल रेडियो के नौकर कर्मचारियों से ही, कार्यक्रमों की कला, रुचि इत्यादि की उन्नति के लिए सबकुछ करने की आशा रखकर बैठने से काम नहीं चलेगा। श्रोताओं को जिस प्रकार के कार्यक्रम की आवश्यकता है वह केवल एक प्रकार की रुचियों तथा गुणों से सम्पन्न, कई कलाकार मिलकर ही दे सकते हैं। रेडियो कर्मचारियों पर आजकल कार्यक्रमों का लगभग संपूर्ण उत्तरदायित्व डाल दिया गया है। बाहर के लिखनेवालों तथा अन्य कलाकारों की सहायता पहले से कम ली जाती है। उनकी मजदूरियाँ कम कर दी गई हैं। कारण यह बताया जाता है कि रुपये की कमी है।

इसका एक फल यह हुआ है कि छोटे रेडियो कर्मचारियों को ही अधिकांश कार्य स्वयं करना पड़ता है और उनके बुरी तरह पिसने के कारण कार्यक्रमों का स्तर दिन-दिन गिरता जाता है। दूसरा फल यह होगा कि प्रसरण-कला के विकास में एक जबर्दस्त अड़ंगा लग जाएगा।

इन सब आवश्यकताओं एवं अभावों को देखते हुए यह अत्यंत जरूरी है कि रेडियो का खोज विभाग सुनने तथा प्रसरण के क्षेत्रों में काफी विस्तृत तथा वृहत खोजें करें। यह पता लगाना बहुत आवश्यक नहीं है कि सुननेवाले कैसे कार्यक्रम माँगते हैं। परंतु यह पता लगाना बहुत ही आवश्यक है कि वे क्या सुनते हैं क्या नहीं। सही अर्थ में सुननेवालों का अभाव भले ही हो परंतु उनकी संख्या कोई मामूली संख्या नहीं है। यह मालूम होना बहुत जरूरी है कि लोग कार्यक्रमों में रुचि क्यों नहीं ले पाते। यद्यपि भारतीय रेडियो के 21 स्टेशन नित्य भारतीय कार्यक्रम औसतन 10 घंटे तक प्रसारित किया करते हैं। अभी तक भारतीय रेडियो के पास श्रोताओं का मन जानने का कोई समुचित गवेषणात्मक प्रबंध नहीं है। होने पर लाभ यह होगा कि जनरुचि के संबंध में जो कई धारणाएँ बनी हुई हैं बहुत-सी उनमें से, निर्मूल सिद्ध हो जाएँगी, और कार्यक्रमों की योजना नए सिरे से, शिक्षात्मक तथा कलात्मक मनोरंजन के आधार पर बनाई जा सकेगी।

इसी प्रकार प्रसरण के क्षेत्र में खोज विभाग को यह करना चाहिए कि योग्य अथवा भविष्य में योग्य हो सकनेवाले कलाकारों को चुनें। इस संबंध में यह भी आवश्यक है कि भारतीय रेडियो में आजकल होनेवाले पक्षपात तथा कुनबापरस्ती को समाप्त करना होगा। प्रसरण-कला में शिक्षा प्राप्त करने के लिए वास्तव में इच्छुक कलाकारों को, प्रसरण शिक्षा केंद्र खोलकर नियमित रूप से शिक्षा दी जानी चाहिए तथा अन्य प्रकार से भी उन्हें अपने लिए प्रसरण-कला सीखने का सही मार्ग खोज निकालने में सहायता पहुँचानी चाहिए।

[*अमृत पत्रिका*, 1950]

प्रसरण और हिंदीवाले

अपनी योजनाओं के परिणामों को निरपेक्ष दृष्टि से समझते चलना लोकतन्त्रीय व्यवस्थाओं की मौलिक आवश्यकताओं में से एक है। हम लोग, जिन्होंने दुर्भाग्यवश अंग्रेजों के हाथ से पाई शिक्षाओं में से नौकरशाही की शिक्षा ज्यादा अच्छी तरह याद रखी है, इस तरह की निरपेक्षता शायद सैद्धान्तिक दृष्टि से ही जरूरी समझते हैं। 'शायद' इसलिए कह रहा हूँ कि हो सकता है इसके जितने प्रमाण मिलते हैं वे ऊपरी ही हों, अन्दर कहीं उनमें लोक-कल्याण की एक गहरी भावना छिपी हो पर लोककल्याण की यह छिपी हुई भाववाचक, अमूर्त, निश्चिन्त भावना भी आज विश्लेषण की अपेक्षा रखती है। 'हमारे हृदय में सद्भाव है' पर उस सद्भाव का प्रभाव यथार्थ में क्या हो रहा है यह देखने की जरूरत इस प्रवृत्ति के पोषकों को शायद नहीं मालूम होती—यही अभाव है उस निरपेक्षता का, जिसे लोकतन्त्र का आनुषंगिक होना चाहिए था।

पर यहाँ नौकरशाही के केवल एक क्षेत्र को ही लेकर हम चिंतित हैं। आल इण्डिया रेडियो की तीसवीं जयन्ती एक शानदार अवसर है और शानदार अवसर निश्चिंतता बढ़ाने में सहायक हुआ करते हैं, इसलिए इस समय थोड़ा-सा स्पष्ट चिन्तन आकाशवाणी और उसकी ओर कान लगानेवाले मानवों, दोनों के लिए हितकर ही होगा।

अपने मुँह से अपने कृतित्व की प्रशंसा करने में आकाशवाणी अन्य सरकारी विभागों से बहुत पीछे नहीं रही है। लगभग हर उत्सव में ऐसी एक सदाशय रिपोर्ट देने की प्रथा ही है। तो भी क्या श्रोताओं को एकदम कुन्द और बेचारा मानकर चला जा सकेगा? आमतौर से अपने यहाँ रेडियो के श्रोता दो तरह के हैं। एक वे जो कि कुछ-न-कुछ आवाज रेडियो से निकलते रहने देना ही काफी समझते हैं, दूसरे वे जो रेडियो को एक खिलौना या कौतूहल या समृद्धि का चिह्न न मानकर उसे

एक आधुनिक साधन मानते हैं। वह साधन मनोरंजन का भी हो सकता है, सूचना-संचय का भी, ज्ञानवर्द्धन का भी। पहली श्रेणी के लोगों में स्वाभाविक ही है कि आकाशवाणी के कार्यक्रमों के प्रति कोई शिकायत न हो। दूसरी श्रेणी के लोगों में ऐसे बहुत से हो सकते हैं जिन्हें अक्सर कुछ चीजें खटक जाया करती हों, पर ऐसे शायद कम होंगे जो आधुनिक जीवन की आवश्यकता समझकर तत्सम्बन्धी लोगों को तुरन्त अपनी राय से अवगत करा देना चाहते हों। सच तो यह है कि इस तरह की जागरूक चेष्टा को कितने ही पढ़े-लिखे विद्वान केवल अधिकारियों पर प्रभाव डालने का साधन मानते हैं और इसी रूप में इस्तेमाल भी करते हैं। भारतमाता के दुर्भाग्य से सरकारी विभागों में इस तरह की धमकानेवाली शिकायतों पर तुरन्त खुश करनेवाली कार्रवाई करने की रीति भी चल पड़ी है—शिकायत का गुण-दोष उनके लिए महत्त्व का नहीं रह गया है, महत्त्वपूर्ण यह रह गया है कि तत्संबंधी अधिकारी अपनी जान बचाने के लिए क्या कर सकता है।

इस तरह श्रोताओं की असली प्रतिक्रिया से वंचित रहकर आकाशवाणी ने एक ऐसी स्थिति स्वीकार कर ली है जिसमें वह, स्वतन्त्र भारतीय श्रोतावर्ग का सर्वेक्षण, अपने कार्यक्रमों की सार्थकता की जाँच, नए कार्यक्रमों या योजनाओं के पहले उनकी सचेत परिकल्पना और अपने कार्यक्रमों की प्रतिक्रियाओं के अनुसार आवश्यक परिवर्तन, इनमें से कुछ भी करने को अपनी ओर से, अपने एक नियमित कर्त्तव्य के तौर पर, तैयार नहीं है।

इसके उत्तर में तुरंत ही कहा जा सकता है कि यह बिल्कुल गलत है। प्रत्येक पत्र पर आकाशवाणी के यहाँ न्याय होता है, कोई भी शिकायत लिखकर आप देख सकते हैं। निश्चय ही यही तो समस्या है। इक्का-दुक्का चिट्ठियों पर कार्रवाई करने की मुस्तैदी और चीज है, देश की सांस्कृतिक परम्पराओं पर एक शक्तिशाली प्रचार-साधन द्वारा नियामक प्रभाव डालनेवाले अपने कार्यों के प्रति ईमानदारी और निरपेक्षता और चीज है। आल इण्डिया रेडियो के समाचार विभाग को किसी भी दिन एक जोरदार पत्र लिखकर हिन्दी के समाचारों में प्रयुक्त होनेवाले किसी शब्द को 'दुरूह' बताकर उसका लिखा जाना रोका या बदला जा सकता है—राजनीतिक विद्वान या नेता की शिकायत है, अमल होना ही चाहिए—यह लोकतन्त्र नहीं तो और क्या है ? समाचार-विभाग के ऊँचे अधिकारियों का व्यावहारिक हिन्दी-भाषा की प्रवृत्तियों और परम्पराओं का अज्ञान और राष्ट्रभाषा हिन्दी का आतंक बहुत हद तक उनकी इस विशेषता का कारण है—उन्हें इस तरह से हर एक को खुश रखना ही पड़ता है। हो सकता है पड़ता हो पर यह कोई तर्क नहीं है और इस प्रश्न का तो, कि श्रोता-सम्पर्क-विभाग और अनुसन्धान-विभाग क्यों नहीं कुछ सार्थक और सक्रिय काम कर रहे हैं, यह निश्चित रूप से अत्यन्त असन्तोषजनक उत्तर है। समाचार विभाग का भी उतना कसूर नहीं, हिंदी संबंधी अपनी अयोग्यताओं के कारण वह आकाशवाणी के अन्य विभागों से अधिक निरीह है। पर बाकी कार्यक्रमों की ओर हम ऐसी उदारता नहीं बरत पाएँगे। अगर हमें कार्यक्रमों के एक 'औसत' स्तर पर कवायद करते रहने से शिकायत है तो जो लोग असली काम करते हैं—वास्तविक माइक्रोफोन के सामने, जिनको प्रसरण की समस्याओं का आमने-सामने अनुभव होता है, जिनकी आवाज हम सुनते हैं और जिनके व्यक्तित्व की ध्वनि-तरंगें हम तक पहुँचती हैं, उनसे अप्रसन्न होना कोई ज्यादा माने नहीं रखता। वे आकाशवाणी के सबसे कम तेल पानेवाले और सबसे अधिक घिसनेवाले पुर्जे हैं। सत्य है कि उनकी उन्नति और उनकी कलात्मक प्रगति की तरफ ध्यान देना सरकार ने उतना जरूरी नहीं समझा है जितना कि रेडियो के काम का अपेक्षया न्यून अनुभव रखनेवाले बड़े-बड़े नामों के ऊपर भारी-भारी खर्चे करना, तो भी ऐसा प्रत्येक अधिकारी जिसने शुरू के दिनों में कुछ प्रसरण किया है, अपने मन में निश्चय ही जानता होगा कि इन्हें निदराकर प्रसरण कला की उन्नति वह नहीं कर रहा है। किसी तरह सब काम ठीक-ठीक चलता रहे, प्रसरण की अवधि में एक बार भी रेडियो मौन न होने पावे, बाहर के सभी प्रभावशाली व्यक्ति सन्तुष्ट रहें—इसी की व्यवस्था करने में वह लगा हुआ है। निश्चय ही वह यह जानता है

पर कुछ कर नहीं सकता। यह उसी की नहीं, हमारी-आपकी प्रशासन-व्यवस्था की विडंबना है और इतनी बड़ी विडंबना है कि आकाशवाणी के हाथों श्रोताओं पर होनेवाले अत्याचार उसके सामने राई बराबर रह जाते हैं। पर अपने को इस समय प्रसरण-व्यवस्था तक सीमित रखते हुए देखना चाहिए कि क्या कमजोरियाँ हैं जिनकी वजह से यह स्थिति पनप रही है। लालफीते की गाँठें केवल एक कारण हैं—और किसी भी कला क्षेत्र में उनका पड़ जाना दुर्भाग्य है—पर एक दूसरा कारण भी है और वह है रेडियो-समीक्षा के व्यावहारिक मानदंडों का अभाव। कितने पत्र और पत्रिकाएँ हैं—और हिन्दी-पत्रों की संख्या सबसे अधिक है यह हाल में घोषित किया जा चुका है—जो रेडियो कार्यक्रमों को साहित्य की तरह आलोचना का विषय मानती हैं? यह भी कहा जा सकता है कि साहित्य को छोड़ चित्रकला, रंगमंच, सिनेमा, दस्तकारी इनमें से किसी को कौन आलोच्य कला मानता है जो प्रसरण को माने—या यह कि साहित्य की ही आज कौन आलोचना करता है, आलोचना तो बिल्लों और व्यक्तियों की की जाती है; पर यह तर्क वे लोग नहीं मान सकते जो घटते हुए मानों को उनके विघटित रूप में स्वीकार नहीं करना चाहते हैं। प्रसरण एक कला-माध्यम है—उसकी व्यवस्था करने वाली संस्था कैसी भी हो—यह कितने दिग्गज मानने को तैयार हैं? दिग्गजों को छोड़ें, उनके शिक्षणकाल या विकास क्रम में प्रसरण का वह स्थान नहीं रहा जो आज के साहित्यिकों के समय में है या हो सकता है, आज के ही लेखकों को लें—"अरे यह तो रेडियो के लिए लिखा था, इसमें कुछ है नहीं", "अमुक को प्रोग्राम नहीं दिए जा रहे हैं", "अमुक आजकल कुछ रेडियो-वेडियो का काम कर रहा है" इस तरह की प्रतिक्रियाएँ ही अधिक देखने में आती हैं। सब लेखकों को प्रसरण का विशेषज्ञ बनना जरूरी नहीं है, ठीक वैसे जैसे सबको लेखक बनना जरूरी नहीं है, पर साहित्यिक अभिव्यक्ति का एक नया माध्यम, चलचित्र की तरह, माइक्रोफ़ोन भी है, इस तथ्य की ओर से आँखें बंद कर लेना हिन्दी-साहित्य के लिए विकास की एक दिशा—एक आयाम को बंद कर देना है इसमें सन्देह नहीं। रचनात्मक कार्य के अभाव में समीक्षात्मक कार्य नहीं ही हो सकता है—हो सकता है तो व्यक्तियों की आलोचना करने, प्रभाव डालने, या सनसनी पैदा करने के ही स्तर पर हो सकता है, जिसमें, जैसा कि हिन्दी-पत्रों के कालम देखने से विदित होगा, केवल वे ही पत्र, लेखक या सम्पादक दिलचस्पी रख सकते हैं जिन्हें इसी में दिलचस्पी हो। आज प्रसरण कला के प्रति रुचि रखनेवाले का अपना धर्म निबाहना आसान किसी तरह नहीं है, पर आल इंडिया रेडियो का अपने कार्यक्रमों के शिल्प-पक्ष पर जोर न देना ही उसकी मुश्किलों की कुल वजह नहीं। रेडियो पर बोलने को एक कौतूहल, या एक गौरव मानने, 'रेडियो ने बुलाया है' ऐसी प्रतिष्ठा से अपना 'साहित्यिक' स्तर ऊँचा उठाने और अगर रेडियो में नौकर हुए तो उसे 'अरे यहाँ तो ऐसे ही चलताऊ काम करके छुट्टी करनी है' ऐसी एक महान् सुविधा मानने में ही जिन्होंने हिन्दी-प्रसरण के प्रति अपने कर्तव्य की इतिश्री समझ रखी है, उन्होंने एक खास तरह का निश्चित और 'औसत' वातावरण पैदा किया है : यह वातावरण भी उन मुश्किलों की एक वजह है।

जब तक प्रसरण को एक कला-माध्यम के रूप में नहीं अपनाया जाता—कम-से-कम अपनाने की कोशिश नहीं की जाती तब तक रेडियो समीक्षा के स्वस्थ मानदंड भी नहीं खड़े हो सकते और जब तक कला की केवल कला की दृष्टि से समीक्षा करना हम नहीं सीखते तब तक आकाशवाणी के यहाँ उसके कार्यों के लिए निरपेक्ष आलोचनात्मक दृष्टि न होने के जिम्मेदार हम भी उतने ही हैं जितनी बेचारी नौकरशाही है। पर प्रश्न तो यह है कि क्या हम उतने ही असहाय भी हैं?

[*कल्पना*, संपादकीय टिप्पणी]

जनमन रंजन का नया प्रयोग

सूचना और प्रसार मंत्री डॉक्टर केसकर ने एक नए कार्यक्रम की घोषणा की है। मई 1957 से बम्बई और मद्रास से शक्तिशाली ट्रांसमीटर के द्वारा एक नई प्रसरण सेवा का आरम्भ होगा। सवेरे से काफी रात तक ये कार्यक्रम जनता का मनोरंजन करेंगे। कालांतर में दिल्ली से भी ऐसे ही अनुष्ठान की व्यवस्था कर दी जाएगी।

'जनता के मनोरंजन' की समस्या चिरसमस्या है—एक समय था कि आल इण्डिया रेडियो 'जनता जो चाहती हो' इस सिद्धांत को ब्रह्म वाक्य मानकर चलता था और बहुजनहिताय का अर्थ उसकी बुद्धि से बहुत दूर था। उस दुर्दशा से एक कदम उठकर अब उसके बहुजनसुखाय के साथ बहुजनहिताय भी जोड़ लिया है, पर स्पष्ट है कि जनमन को समझने को अभी भी वह अँधेरे में टोह रहा है—सीलोन रेडियो के आतंक को वह अब भी स्वीकार करता है।

आशा करें, कि आल इण्डिया रेडियो के प्रचलित कार्यक्रमों को और रोचक न बनाकर, रोचक कार्यक्रमों की जो नई व्यवस्था आरंभ की जा रही है वह सफल होगी। निश्चय ही जनता को घटिया माल देने से उसकी घटिया खरीदने की प्रवृत्ति बढ़ सकती है पर उम्दा माल देने से—अगर पहुँच के अंदर हो, तो कौन इन्कार करेगा?

वर्तमान कार्यक्रम व्यवस्था की आलोचना करना यहाँ उद्देश्य नहीं पर आगामी व्यवस्था से सुगमता और प्रेषणीयता के तत्त्व रहें और साथ ही वह क्षुद्र कुत्सित या नीरस कार्यक्रमों की पुनरावृत्ति न बन जाए इसकी चिंता सभी रेडियो प्रेमियों को है। इसी प्रसंग में कुछ प्रस्ताव हम यहाँ दे रहे हैं जो शायद काम आ सकते हों।

सुगम संगीत

रागों और लोकगीतों के अलावा कस्बाई घरेलू संगीत को भी सुगम संगीत के उपकरणों में शामिल करना चाहिए। पारिवारिक उत्सवों में गाए जानेवाले ये गीत मध्यवर्गीय श्रोतासमाज की लगभग सभी अनुरीतियों को स्वर देते हैं, ये वास्तविक लोकगीतों से थोड़ा भिन्न इस अर्थ में हैं कि इन्होंने नागर जीवन के परिवर्तनशील यथार्थ को कुछ और शीघ्रता से आत्मसात् किया है। ये पहले ही से घर-घर में प्रचलित हैं चूँकि सामान्यतः ये पारिवारिक मौकों पर ही गाए जाते हैं इसलिए ये उन अवसरों की तुरन्त रसमयी याद सुरक्षा की भावना प्रबल कर, सीधे होकर सींग आगे कर दिए। पर कुत्ता उसे कान पकड़कर घसीटने लगा। जब कान छुड़ाकर उसने सिर ऊपर उठाया तो कुत्ते ने उसकी लँगड़ी टाँग पकड़ ली। उसकी पूँछ पकड़कर खींचने लगा। कुछ देर तो गाय मुकाबला करती रही, पर फिर हारकर गिर पड़ी। कुत्ता कुछ क्षण पीछे हटकर जोर-जोर से भौंकता और फिर उस पर बेतरह झपटता। गाय प्रतिशोध न कर सकी और जब वेदना असह्य हो गई तो उसके अन्तराल से एक आवाज निकली, जो गाय की साधारण आवाज से बिल्कुल भिन्न थी। उसकी चीत्कार ऐसी थी, जिससे आँखों के आगे भय का वातावरण बन गया, जिसमें मृत्यु के बिलबिलाते हुए साए तैरते रहते हैं।

मैंने भागकर छुड़ाना चाहा पर मेरा मित्र उस महिला की शक्ति से बहुत डरता था। वह उसे गालियाँ देता, कुत्ते को मार डालना चाहता पर बेबस था। वह कहता, जो बीच में आएगा उसकी शामत आ जाएगी। और मुझे अपनी परवशता और अपने मित्र की हीन स्थिति पर रह-रहकर क्रोध आता।

सहसा धमाके के साथ-साथ बगलवाली कोठी का दरवाजा खुला। वह बंगाली व्यक्ति 40 वर्ष के करीब था और कहीं लॉ मिनिस्ट्री में अण्डर सेक्रेटरी था। हमारी कोठी में घुसते ही उसने झट

से एस.पी.सी.ए. और पुलिस को टेलीफोन किया। उसके बाद गरजकर नौकर को दरवाजा खोलने को कहा। नौकर ने डरकर दरवाजा खोल दिया। गाय आत्म-सुरक्षा के अन्तिम प्रयत्न में उठकर बाहर भागी और दरवाजे के बाहर आकर गिर पड़ी। मेम साहिब ने कुत्ते को बढ़ावा दिया। कुत्ता फिर शेर की भाँति लपककर झपटा। पर इस बार गाय के स्थान पर वह बंगाली बाबू सामने आ गए। कुत्ते के खुले हुए जबड़ों पर पूरे जोर से सरसराती हुई बेंत की छड़ी पड़ी और फिर नए पम्प शू की टो से पूरे जोर का ठुड्डा। कुत्ता उछलकर दो गज पीछे जा गिरा और उसके मुँह से झाग निकलने लगी। धीरे-धीरे बंगाली बाबू ने उस गाय को सड़क के पार कर दिया।

कुछ दिन बाद मुझे पता चला कि कुत्ते को जालिमों की तरह मारने के अपराध में बंगाली बाबू को 50 रुपए जुर्माना हो गया। मेरा मित्र अपनी चेतावनी पर जो उसने उस महिला के बारे में मुझे दी थी, दाद लेने मेरे पास पहुँचा। मेरा दिमाग भिन्ना उठा, चेहरा उतर गया।

अगले दिन एस.पी.सी.ए. का वार्षिक सम्मेलन था। मुझे वहाँ पत्रकार के नाते पहुँचने का न्योता था। न्योते पर हस्ताक्षर थे, मिसेज पी. लाल। यह वही महिला थी। और पिछले वर्ष की—एस.पी. सी.ए. की गतिविधि का ब्यौरा प्रस्तुत कर रही थी। पशुओं के प्रति उसके मन से करुणा फूट-फूटकर निकल रही थी। अन्त में उसने उस घटना का विशेष रूप से जिक्र किया, जब कि केन्द्रीय सरकार के एक उच्च पदाधिकारी को कुत्ते को छड़ी मारने के अपराध में अदालत ने सजा दी थी। हाल में करतल ध्वनि हुई और सभी मिसेज पी. लाल के उत्साह और जानवरों के प्रति प्यार की विशेष सराहना करते रहे। अगले दिन अखबार में मैंने भी यही रिपोर्ट दी।

[*युगचेतना*, 'गति प्रगति' कालम के अंतर्गत, अप्रैल 1957]

आकाशवाणी के वाणी-पुत्रों में भेदभाव

[सूचना और प्रसारण मंत्री का कार्यभार सँभालने के तुरंत बाद श्रीमती इंदिरा गाँधी ने अपनी पहली नीति घोषणा में ही यह स्वीकार करना जरूरी समझा था कि आकाशवाणी जितना अच्छा काम कर सकती है उतना कर नहीं पा रही है। निःसंदेह इस स्वीकारोक्ति में निहित था कि कुछ प्रशासनिक सुधार करने से आकाशवाणी अपना काम ज्यादा अच्छी तरह करने लग सकेगी। इस समय मन्त्रालय के विविध विभागों में सुधार के लिए नियुक्त समिति कुछ तात्कालिक उपायों पर विचार कर रही है। आशा की जाती है कि वह ऐसे समय से अपने प्रस्ताव सरकार को दे सकेगी कि अगले बजट में उनके व्यय साधन का प्रबंध रखा जा सके।]

समिति के पास कई तरह के विषय हैं। मन्त्रालय के सारे काम की पड़ताल और नई नीति के निरूपण से लेकर ब्यौरेवार विभागीय सुधारों की सिफारिश तक उसकी दौड़ इतनी लम्बी है कि उसे प्राथमिक और गौण में भेद करना कठिन हो जा सकता है पर कुछ चीजें जो पहले से अनिर्णीत चली आ रही हैं और इस समय समिति के विचाराधीन हैं उन्हें अलग से, अन्यतम महत्त्व देना ही ठीक होगा। ऐसा एक मामला स्टाफ आर्टिस्टों को सामान्य सरकारी नौकरों की तरह 'नियमित' कर देने का प्रश्न।

ये स्टाफ आर्टिस्ट

यह सवाल यों तो उतना ही पुराना है जितना स्टाफ आर्टिस्ट रखने का चलन है पर करीब पिछले एक साल से यह फैसले के नजदीक आकर लटका हुआ है।

उन्हें यह समझा देना कि स्टाफ आर्टिस्टों को पक्का नौकर इसलिए नहीं बना सकते कि उनकी आवाज खराब हो गयी तो वे किस काम के रहेंगे, उस वक्त आसान था जब कार्यक्रम प्रस्तुत करने का जिम्मा पक्के सरकारी नौकरों पर था और सिर्फ आवाज के बल पर कुछ बिगड़े दिल कलाकार रेडियो में टिके रहते थे। पर यह तर्क आज तक दिया जाता रहा है और प्रसरण की कलात्मक आवश्यकताओं से अनजान मन्त्री इसे सुन लेते रहे हैं।

कोई भी प्रसारण-अनुभवी बता सकता है कि आवाज अपने में कोई चीज नहीं—उच्चारण लहजा और शैली और स्वर मिलकर आवाज बनती है। इसमें खराब होनेवाली कोई चीज नहीं—बशर्ते कि जो कलाकार नियुक्त किया गया है वह शुरू से ही भद्‌दा बोलनेवाला न हो जैसे कि सिफारिशी कलाकार अक्सर होते हैं।

फिर उसके साथ अगर स्वर बदलता है तो यह क्यों भूलते हैं कि हर तरह की उम्र की आवाज की खपत प्रसरण कला में है। यदि कालान्तर में कलाकार अपना हुनर जो कि स्वर से अलग चीज है खो बैठता है तो उसका आवाज से कोई संबंध नहीं है—वैसे ही अपनी योग्यता कोई सचिव या उपसचिव भी खो बैठ सकता है पर उसके लिए जो प्रतिकार शासन संहिता में है वे ही कलाकार पर भी लागू हो सकते हैं—या ऐसा तो नहीं कि नियमित सरकारी नौकर अपने लिए हमेशा अलग विशेषाधिकारजन्य मानदंड रखना चाहते हैं और कलाकारों के लिए अपनी मर्जी को ही नियम बनाए रखने में अपनी प्रतिष्ठा समझते हैं ?

यहाँ जरा ठहरकर यह समझ लेना अच्छा होगा कि स्टाफ आर्टिस्ट है क्या चीज ? यह आकाशवाणी की खास उपज है। यह दो हजार रुपए महीना भी पा सकता है डेढ़ सौ रुपए भी, पर नियमित सरकारी नौकर के तिरस्कार का पात्र दोनों दशाओं में एक-सा रहता है। यह गाता है, बजाता है, बोलता है, नाटक करता है—कुल मिलाकर अद्‌भुत अफसरी-आदेशों को शब्द-स्वर में ढालता है—और भी यह कि समाचार जैसे महत्त्वपूर्ण विभागों में अनुवाद और पाठ जैसे आत्यंतिक दायित्व के काम करता है तथा नाटकों, रूपकों के संयोजन, लेखन, निर्देशन और उससे संबद्ध प्रशासन की जिम्मेदारी लेता है। पर यदि उसे बारह आने का बीजक सरकारी खजाने से भुगतवाना हो तो एक राजपत्रित सरकारी कर्मचारी के हस्ताक्षर उसे कराने पड़ते हैं, जिसका वेतन—और नियमित सरकारी कर्मचारियों में वेतन ही छोटे-बड़े की माप है—हो सकता है कि उस स्टाफ आर्टिस्ट का आधा ही हो।

इस स्टाफ आर्टिस्ट को तीन साल या एक साल के अनुबंध पर रखा जाता है और यह अनुबंध हर बार नया कराया जाता है—उस समय नौकरी खतरे में भी पड़ सकती है या कम-से-कम इस डर के जरिए स्टाफ आर्टिस्ट से कुछ कवायद कराई जा सकती है।

नियमित बनाए जाएँ

फिर पिछले प्रसंग को उठाएँ तो इन स्टाफ आर्टिस्टों को (कुल 2000 के लगभग हैं) नियमित सरकारी नौकर बनाने का प्रस्ताव कई साल से घिसटते-घिसटते एक विभागीय समिति के जलडमरूमध्य में आकर अटका हुआ था।

यह तब की बात है जब श्री सत्यनारायण सिंह सूचना मन्त्री थे। समझा जाता है कि उस वक्त उन्होंने विभागीय समिति की सिफारिशों को अलग रखकर अपने मन्त्रालय के सचिव से कहा था कि स्टाफ आर्टिस्टों को नियमित कर्मचारी बनाने के लिए कार्रवाई शुरू करें। दुर्भाग्य से उस समय सचिव महोदय दो नावों में पैर रखे चल रहे थे—या कहें कि कम-से-कम एक पैर (जहाजरानी मन्त्रालय) में जरूर था—इसलिए स्टाफ आर्टिस्ट भी डूबते-उतराते रह गए।

जब अंततः सचित महोदय ने यह सिद्धांत स्वीकार करके कि स्टाफ आर्टिस्टों में से उस वर्ग

को नियमित किया जा सकता है जो 'बोलने का काम न करते हों', कुछ प्रस्ताव ऊपर भेजे भी पर तब तक मन्त्री महोदय जा चुके थे।

भेदभाव

श्रीमती इन्दिरा गाँधी ने इन प्रस्तावों को श्री चंदा की अध्यक्षता में बनी समिति को सौंप दिया है। श्रीमती गाँधी के मन में कलाकारों के लिए स्थान है—इससे भी बढ़कर यह कि वे उनकी समस्याएँ समझती हैं—और यह आशा करना एक मामूली बात की आशा करना होगा कि वे इस मामले पर समिति से तत्काल राय देने को कहेंगी—यदि कह न चुकी हों तो। इस बीच समिति अगर उस भेदभाव पर गौर करे जो बोलने का काम करनेवाले और लिखने या सम्पादन का काम करनेवाले स्टाफ आर्टिस्टों में अभी तक किया गया है और जिसे उन्हें नियमित करने के सवाल में भी बनाए रखा जा रहा है तो वह आकाशवाणी को नया जीवन देने में वाकई कुछ कर सकेगा।

यह भेदभाव अभी तक केवल मन में है, कागज पर नहीं है। डॉ. केसकर के जमाने से प्रशासन कर्मचारियों और प्रोग्राम कर्मचारियों को दो अलग दिशाओं में बाँटने का जो प्रयोग चल रहा है, शुरू में ऊपर से लादे गए सम्माननीय साहित्यिकों के कारण उसकी बधिया बैठते-बैठते रह गई थी पर बाद में उसने काफी सार्थकता ग्रहण की, क्योंकि आकाशवाणी ने बहुत से नए कार्यक्रम इन्हीं स्टाफ आर्टिस्टों के सहारे शुरू किए।

अब केवल लेखन सम्पादन करनेवालों को नियमित कर्मचारी बनाने का प्रस्ताव उस प्रक्रिया को खण्डित कर देगा जो प्रोग्राम और प्रशासन को अलग-अलग रखने की सही दिशा में आकाशवाणी को ले जा सकता है। यदि इस खतरनाक निर्णय का आधार यही कुतर्क रहा कि आवाज का काम करनेवालों की आवाज खराब हो जाने पर वे सरकार के सिर पर बोझ बन जाएँगे तो और भी दुख की बात होगी। यह तर्क केवल प्रसरण कला के निरे अज्ञान का ही सूचक नहीं—जबर्दस्ती और जिद का भी प्रमाण है।

[*नवभारत टाइम्स*, 'राजधानी की चिट्ठी', 18 जनवरी 1965]

आकाशवाणी

आकाशवाणी पर एक बार फिर देवताओं की दृष्टि पड़ी है। इस संस्था को, जो प्रायः 24 घंटे मुखरित हुआ करती है, हमारे निरक्षर समुदाय में राजनैतिक महत्त्व आरम्भ से ही प्राप्त था, स्वतन्त्रता के साथ ही पटेल जैसे लौहपुरुष को यह मन्त्रालय, जबकि केवल 11 केंद्र देश में थे, समाज पर इसकी पकड़ के राजनैतिक लाभ देखकर ही दिया गया था। पटेल के बाद आकाशवाणी के राजनैतिक इस्तेमाल में नेहरू के जीवनकाल तक प्रायः स्थिरता रही। स्वयं नेहरू उसके सबसे बड़े भागीदार थे—बाकी विकास-कार्य में लगे मन्त्री थे। 1962 के ठीक पहले राजनीति में मन्त्रियों के आश्वासनों, समितियों की रपटों और अन्याय, गुरुजनों के उपदेशों की ऐसी मूसलाधार वर्षा होने लगी थी कि उसके पार कुछ सूझता ही नहीं था। तब भी आकाशवाणी इस समस्त प्रवाह की निकासी का मोखा बनी थी। एकाएक सन 62 के कांड ने इस शब्दमाया को विच्छिन्न कर दिया। किन्तु आकाशवाणी एक और पिष्टपेषण—विदेशी सूत्रों से प्राप्त चीनविरोधी प्रचार साहित्य—लेकर तुरन्त उपस्थित हो गई और भयभीत जनसाधारण एवं प्रसन्न ठेकेदारों की दुनिया में एक उपयोगी काम करती दीखने लगी। पहली बार 1967 के आम चुनाव के कुछ पहले से जब जनसाधारण में आकाशवाणी के वर्तमान राजनैतिक महत्त्व की पहचान आरंभ हुई तो सरकार पर कुछ दबाव पड़ा और उसके सन्तुलित और पक्षपातहीन

इस्तेमाल पर जोर दिया गया। स्वीकार करना चाहिए कि बड़ी हद तक आकाशवाणी क़ो पक्षपात के आरोप से मुक्त रखने की आकाशवाणी के अधिकारियों ने न केवल कोशिशें कीं बल्कि वह खुश भी हुए कि उन्हें आए दिन मंत्रियों और संसद सदस्यों के दबाव और हस्तक्षेप से कुछ राहत मिली। किन्तु कुल मिलाकर सरकार आकाशवाणी को 'सरकारी कामों के लिए' इस्तेमाल करने के बारे में आत्ममुग्ध ही थी। उसने विरोधी दलों को आकाशवाणी पर प्रचार का समुचित समय देने के मामले में सत्ताधारी दल के लिए सबसे अधिक समय रखने का हठ नहीं छोड़ा।

उस समय विरोधी कांग्रेस के वे महानुभाव भी सरकार में शामिल थे जो आज आकाशवाणी के राजनैतिक दुरुपयोग के विरुद्ध सबसे अधिक मुखर हो उठे हैं। इन्होंने आकाशवाणी के प्रचारात्मक प्रसारणों पर एक संसदीय समिति का नियंत्रण रखने की माँग की है। संसद का नियंत्रण आकाशवाणी पर यों भी कोई कम नहीं है। हाँ, वह बजट की माँगें पास करने से अधिक दैनंदिन पूछताछ और जवाब-तलब के रूप में है और वह भी अधिकांशतः संसद सदस्यों और मन्त्री के बीच निजी स्तर पर। आज भी आकाशवाणी के अधिकारियों को प्रायः सब समय कार्यक्रमों के सम्पादन में श्रोताओं से अधिक संसद सदस्यों की अभिरुचि का विचार करना पड़ता है। संसद की पहले से अधिक जकड़ आकाशवाणी पर हो जाए तो भी यह विश्वासपूर्वक नहीं कहा जा सकता कि तमाम श्रोताओं की अपेक्षाओं का प्रतिनिधित्व वह समिति कर सकेगी। ऐसी कोई व्यवस्था अधिक-से-अधिक यही कर सकती है कि आकाशवाणी के मंत्री और अधिकारियों को हर समय चौकन्ना रखे कि कहीं वे विरोधियों के नामादि-प्रचार में कोताही तो नहीं कर रहे हैं।

आज की राजनैतिक परिस्थितियाँ लोकतंत्र के लिए निर्णायक हैं और इनका रुझान अन्ततः प्रचार साधनों पर अधिक-से-अधिक कब्जा करने का है। यदि आकाशवाणी को एक सरकारी विभाग के रूप में नहीं बल्कि विराट भारतीय श्रोता समुदाय की सम्पत्ति के रूप में देखा जाए तो कब्जा किए जाने से सबसे अधिक खतरा उसी को है। इस समय आकाशवाणी के निरे राजनैतिक उपयोग तक ही जिनकी दृष्टि सीमित है, ऐसे आलोचक उसके सबसे अच्छे मित्र और हितैषी नहीं हो सकते। आकाशवाणी में भाषा, संस्कृति और एक समग्र भारतीय जीवन की अनेक विकृतियाँ घर कर चुकी हैं और दिन-प्रतिदिन असाध्य होती जा रही हैं। उसकी नीति में कितनी खोट समा गई है इसका सबसे ताजा प्रमाण, उदाहरण के लिए यह है कि सरदार पटेल और मौलाना आजाद व्याख्यानमाला को तथाकथित प्रतिष्ठित अंग्रेजी भाषाओं के लिए सुरक्षित करके हिंदीवालों को एक अलग दर्जा डॉ. राजेंद्र प्रसाद व्याख्यानमाला के नाम पर दे दिया गया है। अभी तक शायद डॉ. हजारीप्रसाद द्विवेदी जैसे प्रकाण्ड विद्वान को उन दो व्याख्यानमालाओं में आमन्त्रित इसलिए नहीं किया जा सका था कि वह शायद अंग्रेजी में नहीं बोलना चाहेंगे। इस बीच मितव्ययिता के नाम पर आकाशवाणी की सलाहकार समितियों के संगठन में, जो कि संसदेतर नियंत्रण की एकमात्र साधन थीं, जबरदस्त रद्दोबदल कर दिया गया है। विशेषतया भाषा के मामले में सलाह केवल हिंदी के प्रचार के क्षेत्र तक सीमित करके सरकार ने अपने को भाषा के आधुनिक गतिशील सृजन प्रवाह से एकदम काट लिया है। प्रसारकों और श्रोताओं के पूर्ण प्रतिनिधित्व सहित स्वायत्त निगम की व्यवस्था ही आकाशवाणी को निष्पक्ष, जीवंत और आधुनिक बना सकती है।

[7 दिसंबर 1969]

आज का रेडियो संगीत

काफी विविधता रहते हुए भी रेडियो संगीत कार्यक्रम हृदयग्राही क्यों नहीं बन पाते यह मुझे तब समझ में आया जब मैंने मंगलवार 17 अप्रैल को दिल्ली से 5.30 बजे अशिमा सान्याल का गाया हुआ शिवदत्त प्रभात का गीत "हृदय करता शत-शत मनुहार", और वृहस्पतिवार 19 अप्रैल को कृपाशंकर तिवारी के गाए हुए दो गीत 'प्रिय शेष बहुत है रात अभी" एवं "रजनी आज विदा मत होना' सुने।

हिंदी के वह गीत जो आल इण्डिया रेडियो ने सस्वर प्रसारित करने के लिए कंट्रैक्ट पर स्वीकृत किए हैं, अधिकांश में सस्वर प्रसारित करने के लिए लिखे ही नहीं गए हैं। कवि सम्मेलनों में गाकर पाठ करने के सब आवश्यक गुण उनमें अवश्य मौजूद हैं।

"हृदय करता शत-शत मनुहार" अशिमा सान्याल के उच्चारण से विकृत हुआ, इसका उतना खेद नहीं जितना इसके लिए अनुकूल स्वर योजना का अभाव देखकर मुझे तथा और सुननेवालों को हुआ होगा। विनीत प्रेमी के इस गीत को स्वर ऐसा दिया गया था जैसे कवि बदला चुकाने की किसी भावना को धमकी की शक्ल में अभिव्यक्त कर रहा हो। वाद्यों का समुचित प्रयोग इस गीत के साथ हुआ था। दिल्ली स्टेशन की जो विशेषता है, अर्थात् वाद्यों की सुरुचि और सफाई वह भी बरकरार रखी गई थी।

दिल्ली के इस गीत की पृष्ठभूमि में कृपाशंकर तिवारी के गाए हर यह दो गीत दुर्भाग्यवश बहुत हल्के पड़ गए। कृपाशंकर तिवारी के भजनीक-स्वर से सभी सुननेवाले सुपरिचित हैं। किसी जमाने में आपके गीतों और भजनों का लखनऊ स्टेशन पर बाहुल्य हुआ करता था। अब हमें ऐसा लगा कि उनके स्वर की परिपक्वता निस्वाद होने लगी है। तभी उनके स्वर में एक गहरापन (गहराई नहीं) था, और कह नहीं सकता, आयु के कारण या किस कारण, अब वह और 'वृद्ध' हो चला है, जैसे पकने के बाद फल और पक जाए। बच्चन का रोमानी गीत "प्रिय शेष अभी है रात बहुत" मुझे तो उनके गले से अच्छा नहीं लग सका। मेरे विचार से गीतों के प्रसारण के समय भी नाटकों के प्रसारण की तरह स्वरों की उपयुक्तता का खूब ध्यान रखा जाना चाहिए। यों तो अधिकारी वर्ग यह कहने के लिए स्वतंत्र है कि हमारी भी मजबूरियाँ हैं।

[*अमृत पत्रिका*, 1950]

कार्यक्रम नियोजना

यह तो सभी जानते हैं कि हमारे देश में ब्राडकास्टिंग (प्रसरण) एकछत्र व्यापार है, जिसमें प्रतियोगिता की और प्रतियोगिताजन्य व्यावसायिक कला की गुंजाइश नहीं है। सुननेवाले, इसी कारण प्रसरण से अपना संबंध अपने आग्रह के अनुकूल बना नहीं सकते वह उन पर आरोपित होता है। होना यह चाहिए कि प्रसरण-कार्यक्रम और शैली, सुननेवालों के आग्रह और उन्हीं की प्रतिक्रिया द्वारा निश्चित हो। नियोजकों का काम मात्र इतना है कि वह सुननेवालों की रुचि और आवश्यकता को, अपने नियोजित कार्यक्रमों पर हुई सुननेवालों की प्रतिक्रिया से सहमत करने की चेष्टा करें। सुननेवाले जो फरमाइश करते हैं, सीधे वही प्रसारित कर देना अच्छा प्रसरण नहीं माना जा सकता। इसी तरह अपनी समझ को सुननेवालों की

समझ, रुचि, और आवश्यकता पर आरोपित कर देना भी प्रसरण का अच्छा नमूना नहीं।

भारतीय प्रसरण में मूलतः गलती यही है कि कार्यक्रम-नियोजना में सुननेवालों के जीवन से प्रेरणा न लेकर नियोजकों के जीवन से प्रेरणा ली जाती है। कार्यक्रम को सम्पूर्ण और प्रतिनिधि बनाने के लिए लोकगीत, विनोद, नाटक इत्यादि गणित के अनुसार बीच-बीच में रख दिए जाते हैं। इससे नियोजकों का उद्देश्य ही नष्ट हो जाता है; सम्पूर्णता का अभाव स्पष्ट हो उठता है। हम एक ऐसे कार्यक्रम को आदर्श मानते हैं जो सुननेवालों के जीवन से प्रेरित होकर, नियोजकों की कला-बुद्धि द्वारा अंकित होकर, फिर सुननेवालों की स्वीकृति से निर्मित हुआ हो। एक मिला-जुला कार्यक्रम जिसमें कहानी, खबरें, नाटक, स्थानीय सूचनाएँ, गीत-गजल रोज होनेवाले सम्मिलित कार्यक्रम और ध्रुपद का खयाल, कर्तव्य श्रीपरायणता की दृष्टि से किसी तरह बैठा दिया गया हो—कभी भी राष्ट्रीय कार्यक्रम नहीं बन सकता। प्रिय भले ही बन सके, क्योंकि उसमें बेतहाशा फिल्मी गानों की उछलती-कूदती धुनें भी भरी होंगी।

धारावाहिक सव्याख्या वर्णन

पिछले कुछ महीनों में आल इण्डिया रेडियो ने हिंदी में कई सव्याख्या वर्णन प्रसारित किए। सव्याख्या वर्णन करना प्रसरण कला के सभी विभागों में सबसे अधिक दुःसाध्य कला है। बिना प्रसरण-कला को गहराई तक समझे हुए सव्याख्या वर्णन प्रसारित करना, कार्यक्रम को नष्ट करना होगा।

सव्याख्या वर्णन का मूल तत्त्व यह है कि घटना अथवा वातावरण का शब्द वर्णन, उस घटना अथवा वातावरण का समय और विस्तार तथा सुननेवालों पर शब्दों का प्रभाव, सब एक ही क्रिया के अंतर्गत आ जाए। अर्थात् घटनास्थल पर खड़े होकर प्रसारक जो देखता जो समझता है, सो कल्पना करता है, वह सूर कहीं बैठे हुए श्रोता की कल्पना में जागृत किया जाए। प्रसारक के लिए यह अत्यंत आवश्यक हो जाता है कि वह संवेदनापूर्ण कल्पनाशील और चुस्त हो, जो घटना जिस वातावरण में उसकी आँखों के सामने घट चुकी है, घट रही है और घटनेवाली है सबकी एक धड़कती हुई तस्वीर वह अपने शब्दों से खींच सके, और शब्द ऐसे हों जिनमें उसका व्यक्तित्व न झलकने पावे बल्कि घटना या वातावरण आ व्यक्तित्व को दबा ले। यह आवश्यक नहीं है कि सव्याख्या वर्णन में वही शामिल किया जाए जो बोलने के क्षण में प्रसारक के सामने हो। वास्तव में पहले घटित, या आगे घटनेवाली बातों से ही सव्याख्या वर्णन में वर्तमान का स्वरूप निश्चित होता है, और प्रसारक को इसका ध्यान रखना चाहिए।

अच्छे सव्याख्या वर्णन की, हम किसी शास्त्रीय राग की स्वर योजना से तुलना कर सकते हैं जिसमें स्वर, पीछे के और आगे के स्वरों द्वारा ही सार्थक होता है।

हिंदी में सव्याख्या वर्णन ठीक ढंग से प्रसारित कर सकनेवालों की कमी है। हिंदी बोलनेवालों में, भाषा पर अधिकार होते ही, लेखक बनने की इच्छा होती है, प्रसारक बनने की नहीं, क्योंकि उसका न अवसर मिलेगा, न सुविधा। इसलिए हिंदी में सफल प्रसारकों और रेडियो नाटककारों का इतना दुखद अभाव है। पिछले कुछ महीनों से हिंदी में सव्याख्या वर्णन प्रसारित होने लगे हैं यह देखकर (सुनकर) आशा होती है कि यदि प्रतिभा का आदर हुआ तो शायद कुछ वर्षों में ही हिंदी में भी सव्याख्या वर्णन में एक पुष्ट आदर्श तैयार हो जाएगा।

यों तो सुननेवालों को लगता है कि हिंदी के सव्याख्या वर्णन को उचित समय और स्थान देने की ओर से नियोजक लोग उदासीन हैं, मगर असलियत यह है कि खुद हिंदी के हिमायती इस कला को सीखने की ओर से उदासीन हैं। 26 जनवरी को दिल्ली में राष्ट्रीय सलामी का जो सव्याख्या वर्णन हिंदी में प्रसारित किया गया, अपनी शिथिलता के कारण किसी भी हिंदी हितैषी को क्षुब्ध कर देने के लिए समर्थन था। इसी प्रकार कानपुर के अन्तिम क्रिकेट टेस्ट मैच का विवरण जो 5 मिनट

के लिए खेल के बाद हिंदी में प्रसारित किया जाता था, हिंदी प्रतिनिधियों ने न सुना, न सराहा, क्योंकि हमारी अपनी राय यह है कि वह मध्यम दर्जे का होते हुए भी पिछले कई हिंदी सव्याख्या वर्णनों पर विवरणों से अधिक सफल था।

[*प्रतीक*, मार्च 1951]

रेडियो-रूपक

वार्ताओं की नई मालाएँ आरंभ करने में लखनऊ स्टेशन आल इण्डिया रेडियो के और स्टेशनों से आगे तो जरूर लगता है मगर पिछली बार 'साहित्य के आधुनिक माध्यम' शीर्षक माला में प्रसारित 'रेडियो-रूपक' नामक वार्ता ने हम पर कोई अच्छा प्रभाव नहीं डाला। हमें बड़ी खुशी हुई थी यह सोचकर, कि हिंदी वाले, रेडियो को साहित्य का माध्यम मानने पर राजी नहीं होते, अब आल इण्डिया रेडियो द्वारा प्रसारित इस वार्ता से वह कुछ नमित होंगे। इसी कारण हम यह भी आशा कर रहे थे कि इस विवाद-ग्रस्त विषय पर किसी का सुलझा हुआ वक्तव्य सुनने को मिलेगा। परंतु वार्ता में रेडियो-रूपक को साहित्य के नए माध्यम के रूप में स्वीकृत कराने का तर्क न देकर इसी आशय की प्रार्थना मात्र की गई थी। वार्ताकार थे लखनऊ स्टेशन के हाल ही में नियुक्त हिंदी सुपरवाइज़र श्री भगवतीचरण वर्मा।

वार्ताकार ने रेडियो-रूपक के मूल तत्त्वों की विवेचना नहीं की, केवल इतना कहा कि रेडियो-रूपक ध्वनि पर आधारित होता है—उसकी सफलता का श्रेय निर्देशक से अधिक लेखक को है, बड़े-बड़े साहित्यिकों ने भी रेडियो-रूपक लिखे हैं और आ.इ.रे. द्वारा दिया गया लेखकांश कम नहीं होता है। साथ ही उन्होंने प्रार्थना की कि साहित्यिकगण अधिक रेडियो-रूपक लिखकर उसे साहित्य के नए माध्यम के रूप में प्रतिष्ठित करें।

आमतौर से प्रसारित वार्ताओं की विचारवस्तु को आलोचना के अन्तर्गत नहीं लाया जाता, परंतु यहाँ वार्ता का विषय टेक्नीकल होने के कारण हमें कहना पड़ता है कि विषय को पूरा-पूरा और ठीक-ठीक प्रतिपादित नहीं किया गया।

वास्तव में रेडियो, आधुनिक अभिव्यक्ति का एक माध्यम है। साहित्य के अंगों पर इस नए माध्यम की सीमाओं का प्रभाव पड़ता है और उनमें नए रूप उत्पन्न होते हैं इसलिए केवल रेडियो-रूपक ही नहीं, रेडियो-कहानी, रेडियो-संगीत और रेडियो-वार्ता तक साहित्य के नए सीमित रूप हैं जिन्हें दकियानूसी साहित्यिकों को स्वीकार करना चाहिए। एक महत्त्वपूर्ण बात यह भी है कि बड़े-बड़े साहित्यिक रेडियो-रूपक की कला की थोड़ी अनुभव-गत जानकारी प्राप्त कर लें तो अच्छा हो।

[*प्रतीक*, अप्रैल-मई 1951]

नाटकों की सीमाएँ

वृहस्पतिवार 18 जनवरी की रात को श्री भगवतीचरण वर्मा का लखनऊ से प्रसारित नाटक 'वह फिर नहीं आई' सुना।

राजा जीवनराम नामक एक व्यक्ति जो बीस हजार का गबन कर चुका है, अपनी मोहिनी पत्नी श्यामला को लेकर एक होटल में ज्ञानचन्द नामक एक व्यक्ति का पड़ोसी होता है। श्यामला एक

दिन ज्ञानचन्द के कमरे में जाकर उसकी अंकशायिनी होकर वर्षभर उसके साथ भ्रमण करने निकल जाती है। अपना गबन भरने के लिए जीवनराम जाल करके ज्ञानचन्द के नाम से बैंक से बीस हजार निकालता है और गायब हो जाता है। पकड़े जाने पर श्यामला के गिड़गिड़ाने से छूट जाता है और ज्ञानचन्द से कहता है, "तुमने मेरी पत्नी ली, मैंने तुम्हारा रुपया, अब जब तुम्हारा रुपया वापस करूँगा तभी पत्नी भी वापस लूँगा।" (कैसी अद्‌भुत महानता है) फिर उसकी मृत्यु हो जाती है, श्यामला विरागिनी होकर ज्ञानचन्द से फिर मिलने नहीं आती।

कुछ सुननेवाले कथानक को कहेंगे 'बोल्ड है' परंतु हमें तो वह सस्ता ही लगा। आकाशवाणी केन्द्र से मानवीय संबंधों को बरतने में इतनी गैर-जिम्मेदारी क्यों ?

अब तक न जाने कितने रेडियो-नाटक स्वगत भाषण से आरम्भ हुए होंगे और थोड़ी ही देर बाद सुई घुमाकर बंद कर दिए गए होंगे। यह नाटक उन सब दृष्टान्तों की उपेक्षा करके फिर स्वगत भाषण से आरम्भ होता है और जहाँ नाटककार को ध्यान आता है कि भाषण बहुत लम्बा हो गया वहाँ कथा के किन्हीं दो चरित्रों में स्वर डालकर छोटा-सा एक कथोपकथन करा दिया जाता है। यों कहानी में इतनी घटनाएँ हैं कि वे सब एक-दूसरे के उचित सन्दर्भ में रखी जातीं तो सामान्य संवाद-शैली में ही एक अच्छा रेडियो-नाटक बन जाता। कथा को अलग-अलग शैलियों में देखने से दोष यह हुआ है कि एक ओर लम्बे-लम्बे उबाऊ भाषण हैं, दूसरी ओर अनावश्यक ध्वनि-आपेक्ष—उन छोटी-छोटी ध्वनियों के, जो कथा के तथ्य में न भी आएँ तो हानि नहीं। फिर कोई नई बात बताता होता, तो नायक का लम्बोतरा व्याख्यान सुनने में रुचि भी होती, परंतु वह तो उसी हलकी भावुकता से अकुलाकर ठंडी-ठंडी साँसें लेता था और उखड़े-उखड़े वाक्य बोलता था जिसे देसी फिल्मों में बहुत देख चुके हैं।

स्वराभिनय की इस कमी को नाटक की कोई और परिष्कृति पूरी नहीं कर सकी। कर भी सकती नहीं थी क्योंकि अभिनय की कमी तो कथा की किसी कमी से ही उद्‌भूत हुई होगी। इस नाटक के अभिनय की अस्वाभाविक भावुकता और कथा की अतिनाटकीयता एक-दूसरे से ठीक मेल खाती भी है।

प्रयोजना कुल मिलाकर साधारण ही थी। रेस्तराँवाले श्रव्य की पृष्ठभूमि में विलायती 'कुडुक-कुडुक कै झइयम-झइयम' सुनवाने की क्या जरूरत थी जब संवादों से ही रेस्तराँ का दृश्य प्रतिष्ठित किया जा सकता था, और फिर निर्देशक उस वाद्य-संगीत के रिकार्ड में से अंग्रेजी में किया हुआ बहुत-सा शोरगुल निकाल भी नहीं सका था। इसी तरह 'जीवन' की मृत्यु के समय नेपथ्य-संगीत बहुत लदफद हो गया था—एक और स्थल पर रुकता है आकर ताँगा मगर टाप बग्घी के घोड़ों की सुनाई पड़ती है।

पिछले चार-पाँच वर्षों से आल इण्डिया रेडियो के सामने यह एक समस्या रही है कि जिन उत्सवों का धारावाहिक वर्णन वे अंग्रेजी में प्रसारित करते रहे हैं उनको हिंदी में भी कैसे करें ? या शायद यह उनके लिए कोई समस्या नहीं रही है क्योंकि वे आँख मूँदकर हिंदी में कुछ प्रसारित कर डालते रहे हैं (फिर चाहे लोग कान ही मूँद लेते रहे हों) स्वतंत्रता-दिवस 1947, 48, 49, 50, गणतन्त्र दिवस 50, 51 और संख्या में कुछ इतने ही क्रिकेट मैच ऐसे अनेक अवसर रहे हैं जबकि अयोग्य वर्णनकारों का चुनाव और उन्हें न दी जानेवाली सुविधाएँ हिंदी-प्रसरण का अहित करने में सफल हुई हैं—सुननेवालों और स्वयं रेडियाई अधिकारियों ने यही नतीजा निकाला है कि हिंदी में 'रनिंग कमेंट्री' या तो हो ही नहीं सकती और हो सकती है तो ऐसी ही हो सकती है।

इस उदासीनता और गैर-जिम्मेदारी के बावजूद भी प्रसारकों के कुल प्रयत्न का कोई लाभ हुआ ही है—हिंदी धारावाहिक वर्णन की एक परंपरा बनती ही गई है। शिवकुमार त्रिपाठी, राज मेहरा, बाबूराम पालीवाल, कन्हैया लाल मिश्र 'प्रभाकर', रामचन्द्र 'महारथी', गोपालप्रसाद व्यास, भारतभूषण

अग्रवाल, प्रभाकर माचवे, भगवतीचरण वर्मा, रमेशचन्द्र श्रीवास्तव, कृष्णचंद्र श्रीवास्तव, अयाज अंसारी, हरि कपूर, देवकीनंदन पाण्डे, सुरेश अवस्थी—ये कुछ नाम हैं जिन्होंने हिंदी में धारावाहिक वर्णन प्रसारित किया है। इनमें से कोई सिनेमा-क्षेत्र में आया हुआ बिना पढ़ा-लिखा केवल छैला रहा हो किसी की योग्यता यही रही हो कि वह रेडियो-अधिकारी है या कुछ एक की आवाज साहित्यकार होने के बावजूद बहुत भोंडी रही हो, तो उनकी असमर्थताओं से हमें यहाँ बहस नहीं—वे तो आल इण्डिया रेडियो द्वारा चुने गए थे और अपनी शक्ति भर जो कर सकते थे करके चले गए। हम जानते हैं कि इन्हीं नामों में से ऐसे भी हैं जो बसूले का काम बहुत कुछ कर गए—रंदा भी वे कर सकते हैं, और उन्हें करने का अवसर न मिलेगा तो अब और प्रतिभाओं के लिए रन्दा मारना बहुत मुश्किल भी नहीं रह गया है। इन सब प्रसारकों को एक यही कैद रही कि हिंदी धारावाहिक वर्णन की कोई परम्परा नहीं थी। उस कैद से निकलने के लिए उन्होंने अनजाने ही में जो परम्परा बनाई है—भले ही वह केवल दूसरे दर्जे की हो—आज के प्रसारकों को, और उनसे भी पहले रेडियो-अधिकारियों को, उसकी ओर से सजग होना चाहिए।

[*प्रतीक*, 1951]

रंगमंच

हबीब की बोली में खड़ीबोली

'लाला शोहरत राय' विख्यात निर्देशक **हबीब तनवीर** की ताजी रचना है। फ्रांसीसी, अभिनेता-लेखक-निर्देशक **मोलिएर** (1622-73) के 'बोर्जुवा जोतिलोम' (1671) का यह रूपान्तर है और इसे छत्तीसगढ़ी कलाकारों ने खेला है। फरवरी में इसके कई प्रदर्शनों को देखने दिल्ली के जनवाद पोषक और कला संरक्षक समाज के सदस्य काफी बड़ी संख्या में आए पर इनसे भी बड़ी संख्या उनकी थी जिन्हें इन दोनों तरह की विशिष्टताओं में से एक का भी दावा न था। जवाहरलाल नेहरू विश्वविद्यालय के मैदानों में सारे भारत से आए विद्यार्थियों ने एक शाम नाटक खेलनेवालों को वैसे दर्शक दिए जैसों से घिरकर ही नाटक सफल हो सकता था। एक अभिनेता ने कहा : "हमको लग रहा था कि हम गाँव में खेल रहे हैं।"

'बोर्जुवा जोतिलोम' के इस रूपान्तर में देशिकता भाषा, अभिनय और सज्जा के तत्त्व हबीब तनवीर ने रखे भी इसी तरह हैं कि यह जहाँ कहीं खेली जाए वहाँ की आबोहवा में पनप सके—न ऐसे सेट हैं न ऐसी पोशाकें जो हर जगह ढोकर ले जानी पड़ें। मंच सामग्री के नाम पर एक छोटी-सी मसनद, एक बहीखाता, सन्दूकची, एक बड़ी खाने की मेज और कुछ छुरी-काँटे-तश्तरियाँ, शराब की खाली (पानी भरी) बोतलें चाहिए। एक विचित्र दृश्य के लिए जरूर काफी कपड़े, अँगरखे, पगड़ियाँ-चादरें दरकार होंगी। पर ये इतनी परिवर्तनीय हैं कि किसी भी चीज से काम चल जाएगा। अभिनेताओं की पोशाकों में वे कपड़े थे जो भारतीय पोशाकों के थोक विदेशी ग्राहकों ने करघे के कपड़े द्वारा पश्चिमी पोशाकों के आधार पर बनवाए हैं। ये भारत की लहँगा जैसी पोशाकों के विदेशी रूप ही हैं पर देह के आकार को अधिक प्रदर्शित करते हैं, देह की यष्टि को कम। यह लोक परम्परा में वस्त्र के उपयोग के विपरीत है। कुछ इस कारण से भी छत्तीसगढ़ी नाचा कलाकार जिनका संस्कार पश्चिमी ढंग से बोलने-चालने और शिष्टाचार करने का बिल्कुल नहीं है ऐसी अधकचरी पोशाकें पहनकर सम्भ्रान्त बनने का प्रयत्न करते दिखाई देते ही नाटक के कथ्य में एक नयी व्यंजना भर देते हैं। यही काम इस नाटक में खड़ीबोली भी करती है। ऊपर से अभिनय की शैली भी पोशाक और बोली की इस संहिता को और पुष्ट करती है क्योंकि उस अभिनय में जो प्रयत्न दिखता है वह भी सभ्य और समृद्ध बनने की चेष्टा का अनुपूरक है। इतना ही नहीं, यह प्रयत्न अपने को इतना अतिरंजित भी कर लेता है कि वह तुरन्त साहब बननेवाले का उपहास दिखाई देने लगे। लोक कलाकार इसी हमारे सांस्कृतिक उखड़ेपन के विषय को लेकर जाने कितने खेल दिखा चुके हैं। उन खेलों की स्मृतियाँ दर्शकों को वर्तमान नाटक में ठीक स्थल पर आती हैं और लोक परम्परा से हमको सहसा जोड़ जाती हैं। **गोविन्द राम** (शोहरत राय) इस बात का प्रखर उदाहरण हैं। उनकी सहज अभिनय बुद्धि में किसी कृत्रिम शैली का कोई स्थान नहीं। वह सहज ढंग से उच्चारण करते और शरीर का इस्तेमाल करते हैं। शायद यह उनकी सामाजिक धरती से उपजा है—और उनकी सामाजिक चेतना से भी और यह जनवादी समाजवादी चेतना एक तरह की तथा सामाजिक धरती दूसरी तरह की रखनेवाले कलाकारों में नहीं उपज सकता।

इस नाटक में अभिनय की कुछ उपलब्धियाँ ऐसी भी हैं जिनका लोकजीवन में अभिनय के मौलिक

सिद्धान्त से उदय हुआ है। **माला बाई** (कजरी) की उम्र सोलह बरस की लड़की से ढाई-तीन गुनी तो होगी ही। परन्तु वह सहसा उसी उम्र की राउताइन बन जाती है। यह माला बाई ने चरित्र को शारीरिक स्तर पर धारण करने के बजाय आत्मिक स्तर पर धारण करने से संभव किया। वह जब फुदकती या दौड़ती या हँसती है तो उनके यह पूरी तरह से जानने के कारण कि वह 'क्या कर रही है', उनका 'कैसे करना है' दिखाई नहीं देता सिर्फ छोटी लड़की दिखाई देती है। रवि इस मण्डली में गोविन्द राम के साथ, दूसरे अभिनेता थे जिन्होंने 1960 के सज्जाद जहीर के अनुवाद 'मिर्ज़ा शोहरत' के ठेठ शहरी प्रदर्शन में हिस्सा लिया था। तब वह केवल नाम का काम करते थे। अभी अपने उस कौशल को कुछ दृश्यों में (मामा मूशी) उन्होंने बहुत माँजकर सामने रखा है। रानी बनकर **कौशल्या** ऐसा अभिनय करती है कि दर्शकों को वह अपने गाँव की लड़की और रानी एकसाथ दिखाई देगी; गाँव की लड़की से तो तादात्म्य होगा और बम्बई सिनेमा के पश्चिम की मेम जैसा जीवन जीनेवाली नायिकाओं पर हँसी आएगी। **फिदा बाई** अपने लहजे और आवाज से ठेठ 'गौं-गौंटियाइन' अवश्य बन गई थी परन्तु उनकी कथा में जो वैचित्र्य था भी वह एकरसता में छिप गया था। शायद उनकी लोक रंगमंचीय समझ के अनुसार यह नाटक सुस्त था और उन्हें इस कमी को पूरा करने के लिए अतिरिक्त जोर लगाना पड़ रहा था।

फरवरी में **लाला शोहरत राय** के प्रदर्शन देखने दिल्ली के विशिष्ट कला प्रेमी नागरिक अच्छी खासी संख्या में आए। एक दिन तो श्रीराम सेन्टर की रंगशाला में विचित्र दृश्य था। मंच पर सबके सब छत्तीसगढ़िया जिनकी सूरत और बोली में अड़हापन था और कुर्सियों पर दर्शक जो सांस्कृतिक पोशाकें पहने विदेशी इत्र से महक रहे थे, इनमें से कुछ लोककला को दिल्ली में देखकर अपने निजी कृत्रिम कला जगत में कुछ गौरव भरने आए थे; कुछ देखने आए थे कि हबीब तनवीर ने जन कलाकारों का क्या किया है। करीब-करीब सबके सब थक गए थे। छत्तीसगढ़ी बोली वे समझ नहीं सकते थे। शायद इसलिए कि उनकी अपनी कोई बोली नहीं थी सिवाय अंग्रेजी और वह भी आलोचनात्मक अंग्रेजी के और छत्तीसगढ़ी कलाकारों के मुँह से खड़ीबोली और भी अजब लगती थी, शायद इसलिए कि उनकी अपनी खड़ीबोली इतनी अंग्रेजी हो चुकी है कि देशी लहजे उन्हें अटपटे लगने लगे हैं। हबीब तनवीर के प्रसिद्ध छत्तीसगढ़िया अभिनेताओं को करीब-करीब आधे नाटक में खड़ीबोली बोलने का पहला अनुभव था। वे अपने देशी चरित्र से उस बोली के भीतर का परिहास बाहर ले आए। मूल फ्रांसीसी से **सज्जाद जहीर** के मिर्ज़ा शोहरत नामक रूपान्तर को जब शहरी कलाकारों के साथ बाईस साल पहले हबीब तनवीर ने खेला था तब शहराती तन्त्र मजाक और लुत्फ के साथ सख्त उर्दू उसमें वह जान नहीं पैदा कर सकी थी जो सीधी-सादी हिन्दी और छत्तीसगढ़ी ने कर दिखाई। छत्तीसगढ़िया कलाकार उन स्थलों पर खड़ीबोली बोलते थे जहाँ उन्हें चरित्रों के बाहरी रूप को दिखाना होता था। जहाँ वे अपने आपे में होते थे, उनकी बोली अपनी ही रहती थी पर वे खड़ीबोली के साथ कोई खिलवाड़ न करना चाह रहे थे, न करते दिखाई दे रहे थे। यह लोक प्रक्रिया ही है कि वे लोक-कलाकार किसी भाषा को किसी विशेष उद्देश्य के लिए आत्मसात करते हैं। वैसा करने में उनकी अपनी बोली और यहाँ खड़ीबोली के बीच का सामाजिक रिश्ता उभर आता है और वह अभिनय का सहज हिस्सा बनता है। छत्तीसगढ़ में आज भी शुद्ध खड़ीबोली बोलनेवाला छत्तीसगढ़ियों के बीच अंग्रेजी बोलने वालों जैसा ही आतंकप्रद माना जाता है। निश्चय ही शोहरत राय के इस संस्करण को देखकर छत्तीसगढ़ के लोग इस नाटक का अभिप्राय तत्काल समझकर बहुत आनन्द उठा रहे होंगे।

दिल्ली के रंगमंच पर खड़ीबोली मूलतः दो प्रकार से बोली जाती है। एक कान्वेंट की अंग्रेजी द्वारा शिक्षित सुविधासम्पन्न वर्ग के अभिनेताओं द्वारा जो हिन्दी इसलिए बोलते हैं कि अंग्रेजी अपने शक्ति मण्डल को बढ़ाने के लिए एक विशिष्ट प्रकार की हिन्दी को भी अपने साथ रखना चाहती है। दूसरे उनके द्वारा जो हिन्दी में काम करने के लिए ही हिन्दी में काम करना चाहते हैं, परन्तु

किसी भी भाषा के आन्तरिक चरित्र से अच्छी तरह से परिचित न होने के कारण वे हिन्दी को भी एक सपाट चीज समझकर उसमें जगह-जगह अपनी तरह से प्राण डालते हैं जो कि कहीं न कहीं बम्बई सिनेमा की आवश्यकताओं से पैदा हुआ होता है, भाषा के अपने संस्कार से नहीं, इसके विपरीत जब अपनी बोली बोलनेवाले अभिनेता खड़ीबोली बोलते हैं तो हिन्दी में एक स्वाभाविक वृद्धि होती है। उसमें सामाजिक यथार्थ की शक्ति, लहजे, उच्चारण और लोच के साथ-साथ 'अशुद्ध व्याकरण' और 'अशुद्ध उच्चारण' का नाम देकर रोकना चाहते हैं पर यह एक वैज्ञानिक और स्वस्थ सामाजिक प्रक्रिया है कि बोलियाँ हिन्दी को अपनी ताकत दें—केवल शब्दों और मुहावरों से नहीं, लहजों और उच्चारणों से भी जो कि केवल रंगमंच कर सकता है। देखा जाए तो रंगमंच में **हबीब तनवीर** ने वही काम कर दिखाया है जो साहित्य में किसी समय रेणु, हाल में **कृष्णा सोबती** और अभी-अभी **मनोहर श्याम जोशी** ने किया है। दोनों कामों के विस्तार और प्रभाव अलग-अलग हैं पर हैं ये दोनों लोक शक्ति के भाषा में समाहित होने की उस लोकतन्त्रीय और स्वाभाविक प्रक्रिया के ही प्रमाण जो आजादी के बाद से अब तक राजनैतिक कारणों से रुकी हुई थी और अब राजनैतिक कारणों से ही एक बार फिर शुरू होती दिखाई दे रही है। यह एक रचनात्मक काम है और रचना के समर्थकों को इससे बहुत सन्तोष मिलना चाहिए कि यह हिन्दी के बिखराव और अंततः रचनाहीनता की ओर जाने के रास्ते से हमें लौटा लाने का प्रमाण है। हबीब तनवीर ने छत्तीसगढ़िया कलाकारों को लेकर अपनी नाट्य यात्रा का दूसरा चरण आरम्भ किया है। पहला, संस्कृत और हिन्दी से छत्तीसगढ़ी को था अब दूसरा इधर से उधर को है। पर इसमें अभिनेताओं को बेघर नहीं किया गया है। उनका घर बढ़ाया गया है। हाँ, खड़ीबोली के घर ही का नक्शा बदलने लगा हो तो क्या किया जा सकता है।

इस प्रयोग के साथ प्रदर्शन की शैली में तदनुरूपता बड़ी सूक्ष्म समझ के साथ रखी गयी है। विभिन्न और गिने-चुने रंगों का इस्तेमाल उनके समग्र प्रभाव को उसी तरह से बढ़ा देता है जैसे लोकजीवन से लिए हुए रंगमंच पर करते हैं—यद्यपि यहाँ ये लोकजीवन से नहीं बल्कि काल्पनिक आविष्कार से निकले हैं। जैसे तुर्की दृश्य में चोगों और पगड़ियों की डिजाइन से साबित होता है। यह दृश्य अपने रंगों के चुनाव और आंगिक अभिनय के फैलाव से मंच पर विस्तार का चमत्कारिक प्रभाव पैदा कर रहा था और साथ ही दर्शकों को गुदगुदा व हँसा रहा था। गुदगुदाता व हँसाता तो पूरा नाटक ही है यदि उसके सबके सब दर्शक श्रीराम सेन्टर के प्रदर्शन की तरह, लोक कलाकारों को संरक्षक भाव से देखनेवाले अभिजात न हों।

[*दिनमान*, 21-27 मार्च 1982]

शेक्सपियर-निर्देशक एरिक एलियट दिल्ली में

शेक्सपियर के नाटकों का अभिनय पश्चिम के देशों की संस्कृति का एक अनिवार्य अंग है, समस्त नाटक-प्रेमी शेक्सपियर के प्रेमी होते हैं। भारतवर्ष में ब्रिटेन की कुछ नाट्य-मण्डलियाँ आकर ये नाटक खेल गई हैं—अभी पिछले ही वर्ष लखनऊ, इलाहाबाद और दिल्ली में ब्रिटिश काउंसिल के तत्त्वावधान में नार्मन मार्शल ने 'हैमलेट' और 'आथेलो' के कई दृश्य दिखाए थे।

एरिक एलियट अपने साथियों के सहित अभी लखनऊ होकर यहाँ आए हैं। दिल्ली में शेक्सपियर का ऐसा विशद दिग्दर्शन शायद पहली ही बार हो रहा है। उनकी मण्डली में स्त्रियों में मार्गट फील्ड, रोजमेरी जॉनसन, विनीशिया बैरेट और पुरुषों में यूजीन बेलिस्ली, टेरेस ग्रीविज, चार्ल्स आलिंगटन

और एलन विल्सन प्रमुख हैं।

दिल्ली में ये चार दिन 1, 2, 3, और 4 फरवरी ठहरेंगे और शेक्सपियर के 'मर्चेंट आफ वेनिस', 'हैमलेट' और 'आथेलो' तथा जार्ज बर्नाड शॉ का 'कैप्टेन ब्रासबाउंड्स कन्वर्सेशन' दिखाएँगे। इनकी साज-सज्जा वही होगी जो न्यूयार्क और लन्दन में प्रदर्शित इन्हीं नाटकों में थी—सम्भवतः ये 'हैमलेट' का एक पूर्णतर संस्करण प्रस्तुत करेंगे।

[*प्रतीक*, 1951]

बम्बई में ब्रेश्ट

यदि इस नाटक पर प्रतिक्रिया इस वाक्य से शुरू हो कि इसके दौरान कुर्सी पर ढनककर बैठे रहना असम्भव था तो यह सच्ची प्रतिक्रिया होगी। किन्तु इसके आगे यह केवल एक अर्द्ध सत्य होगा कि नाटक के गुणों ने दर्शक को उत्तेजित कर रखा; आधी से अधिक उत्तेजना तो इस वजह से थी कि नाटक की भाषा बर्दाश्त की हद से ज्यादा गुस्सा दिलानेवाली थी।

एक रचनात्मक दर्शक को नाटक की मानवीय उथल-पुथल का अधूरा प्रेषण बहुत तकलीफदेह हो सकता है—इतना कि वह शुद्ध नाट्य समीक्षक की बोली में नहीं कह सकता कि मंच-कार्य अच्छा था पर भाषा में कुछ कमी थी; भाषा में कुछ कमी इतनी महत्त्वपूर्ण कमी हो सकती है कि सम्पूर्ण कृति अर्थहीन हो जाए। **खरिया का घेरा** की भाषा नाटक को इस खतरे के कगार तक धकेलकर ले गयी और कई बार तो नाटक नीचे कीचड़ में गिरा और सना-पुता बाहर आया। और हर बार एक झुँझलाहट जो कि नाटक से असंगत थी, दे गया।

इस नाटक की भाषा से एतराज क्या है ? यह कि भाषा का रचनात्मक उपयोग इसमें नहीं था। यह कि वह नाटक के बाकी उपकरणों पर न केवल लदी बैठी थी बल्कि उनको घिसटकर चलने पर मजबूर कर रही थी। और अन्त में यह भी कि इस भाषा को उर्दू कहकर इसकी अ-रचनात्मक को स्वीकृति देने का प्रयत्न क्यों किया गया। यह अन्तिम एतराज कम महत्त्वपूर्ण नहीं क्योंकि यह ऐसे लोगों का एतराज है जो हिन्दी और उर्दू भाषा के उत्तरोत्तर रचनात्मक उपयोग का एक अनिवार्य नतीजा यह मानते हैं कि अच्छी कृति हिन्दी और उर्दू के मान्य रूपों से हमेशा अलग और आगे होगी। वह यदि हिन्दी कही जाएगी तो वास्तव में उर्दू के निकट होगी और उर्दू कही जाएगी तो हिन्दी के निकट होगी। नहीं तो इन दोनों प्रचलित नामों के अधीन कोई बहुत अच्छी कृति हो ही नहीं सकती।

इस नाटक में जब अनुवादिका का छन्द से साबका पड़ा है उन्होंने हथियार डाल दिए हैं। संगीत की अपनी ताकत ठेलकर छन्द को किसी तरह चलाती है, पर हम संगीत सुनने नहीं, छन्द सुनने भी नहीं, बल्कि सूत्रधार को सुनने आए हुए हैं : वह कवि और संगीतकार दोनों की कशमकश में कठपुतली बना खड़ा दीखता है।

यही हाल नाटक की सबसे महत्त्वपूर्ण पात्र ग्रूशा का भी होता है जो सिर्फ जरूरी शब्द कहने में असमर्थ और गैरजरूरी शब्दों से उलझी अपनी गहरी पीड़ा को अक्सर 'एक दर्दभरी कहानी' बनाती दिखाई देती है और ब्रेश्ट को बम्बई में ले जाकर दगा देते-देते रह जाती है।

बहुत-से उदाहरण और हैं। पर उन्हें गिनाने से अच्छा क्या ये न होगा कि एक नाटक ही लिखा जाए?

कठपुतली की नृत्यकला

आपने कठपुतली का नाच देखा तो होगा ही, राजस्थान के रहनेवाले उस आदमी को भी आपने देखा होगा जो गली-गली घूमकर कठपुतली का तमाशा दिखाता फिरता है, और अगर आप राजधानी में रहते हैं और आपको मौका मिला हो तो शायद आप चैकोस्लोवाकिया की कठपुतलियों का तमाशा भी देख चुके हों।

कठपुतली सिर्फ मानव की शक्ल की गुड़िया नहीं है। वह गुड़िया की तरह दिख सकती है पर उसका उद्देश्य ही दूसरा है, इसलिए वह बनाई भी दूसरी तरह से जाती है और कठपुतली का तो गुड़िया की तरह इस्तेमाल भी किया जा सकता है पर गुड़िया कठपुतली की तरह इस्तेमाल नहीं हो सकती। दरअसल कठपुतली की रचना इन्सान ने अपने खेलने के लिए नहीं बल्कि अपने मनोभावों को व्यक्त करने के लिए की है—जैसे चित्र बनाने के लिए उसके रंगों का आविष्कार किया, या गाने-बजाने के लिए वाद्ययन्त्रों की रचना की। अभिनय करने की प्रवृत्ति आदमी में शुरू से है, पर ऐसा अनुमान किया जा सकता है कि खुद किसी घटना की नकल उतारने के भी पहले उसने यह कोशिश की होगी कि आदमी की शक्ल की पुतली बनाकर उससे नकल कराएँ। इसमें सहूलियत यह है कि एक आदमी कई सूरत-शक्ल की पुतलियाँ बनाकर उनसे अलग-अलग तरह के अभिनय एक साथ करा सकता है। अगर यह काम आदमियों से ही कराना हो तो उतनी तरह के आदमी ढूँढ़ने पड़ेंगे और फिर वे सब खुद जानदार होने के कारण जो अभिनय करेंगे उससे उनकी अपनी भी कुछ न कुछ झलक रहेगी ही। कठपुतली नाटक का निर्देशक खुद जिस पुतली में जैसी चाहता है वैसी जान डाल सकता है, सबको अपने मन के मुताबिक जैसा जरूरी समझता हो, चला सकता है। वह सबके सूत्र-तागे अपने हाथ में रखता है इसी से उसे सूत्रधार कहा जाता है। और यह बात ध्यान देने की है कि आज भी रंगमंच में सूत्रधार उस व्यक्ति को कहते हैं जो नाटक की घटनाओं का सूत्र दर्शकों को बताता है। रंगमंच के प्रादुर्भाव के पहले कठपुतली का सूत्रधार अवश्य मौजूद रहा होगा, तभी उसे नाटककारों ने अपनी कृतियों में योद्धा रूप बदलकर ग्रहण किया। जो हो, इस प्रश्न को छोड़ो कि कठपुतली रंगमंचीय नाटक से पहले की है या बाद की। थोड़ी देर के लिए इस पर बात करें कि आज वह क्या है ? पहले उसी कठपुतली को लें जो आमतौर पर दिल्ली या आसपास दिखाई देती है।

यह राजधानी कठपुतली है : तागे से इसका संचालन होता है। लकड़ी का सिर, बड़ी-बड़ी विस्फटित आँखें, चिरा हुआ पतले ओंठवाला मुँह, लम्बूतरा चेहरा और कपड़े के सीधे-सीधे हाथ, पैर नदारद, उनकी जगह घेरदार लहँगा। यह है राजस्थान की कठपुतली। यदि मैं कहूँ कि इसका यह रूप राजस्थानी कठपुतली कला की बेकदरी और कठपुतली नचानेवाले की वर्षों की बेरोजगारी का नतीजा है तो सुनने में दुःखद तो लगेगा, पर है ऐसा ही। कोई भी कठपुतली बिना नाटक के ज्यादा दिन तक बनी नहीं रह सकती, अगर कोई नाटक हो तो उसमें काम करनेवाले चरित्रों की पुतलियाँ बनेंगी और नए नाटक होंगे तो नई कठपुतलियाँ बनाई जाएँगी, तथा नई कठपुतलियाँ बनेंगी तो उनके बनाने और नचाने दोनों की कला में उन्नति होगी। राजस्थान के कठपुतलीवालों के पास आज केवल एक कहानी अमरसिंह राठौर की बच रही है और उसमें काम करनेवाली पुतलियाँ ही उनके पास हैं। इससे भी दुःखद बात जो हुई है वह यह कि जिस शैली में, जिस ढंग से वे अपनी पुतली का संचालन करते थे उसमें भी कमजोरी आई है क्योंकि दर्शकों का अभाव रहा है। दर्शक होते तो मजबूर होकर सूत्रधार को अपनी कला बनाए रखनी पड़ती...नहीं तो कौन देखने जाता...और सिनेमा आदि नए मनोरंजनों के सामने पुतलीवाले को झुक जाना पड़ा है। आपने देखा होगा कि वह अमरसिंह राठौर की कहानी में भी सिवाय सब पुतलियों को एक पंक्ति से खड़े कर देने और नर्तकी के मुँह से दो फिल्मी गाने

सुनवा देने के और बहुत कुछ नहीं दिखाता। कृपया यह न समझिएगा कि राजस्थानी कठपुतली की कला हमेशा से ऐसी रही है...यह तो उसका गिरा हुआ रूप है। अगर राजस्थानी शैली को समझकर नए नाटक तैयार किए जाएँ तो यही कठपुतलीवाले नई कठपुतलियाँ बनाकर उनको अपनी ही शैली में और प्रभावशाली ढंग से नचा सकते हैं।

मैंने कहा है 'नचा सकते हैं'।...इसको जरा स्पष्ट कर दिया जाए। देखिए, नचाने का अर्थ डांस कराने से नहीं है। डांस...नाच भी पुतली कर सकती है, करती ही है पर वह उसके जीवन का आदि और अन्त नहीं है। वह मूलतः अभिनय करने के लिए बनाई जाती है और जिस चरित्र का वह चित्रण करती है उसे नाटक में क्या-क्या करना है यह समझकर उसके हाथ, पैर, आँख, नाक, कान इत्यादि गढ़े जाते हैं। यही नहीं, अंगों के जोड़ भी उसी दृष्टि से डाले जाते हैं और अलग-अलग अंग की बनावट के साथ उसके सही वजन का भी ध्यान रखा जाता है। राजस्थानी कठपुतली का हाल मैंने अभी कुछ विस्तार से इसलिए कहा था कि वह आप लोगों की देखी हुई होगी, पर इसका मतलब यह नहीं है कि अपने यहाँ वही एक शैली है। भारतवर्ष में आज भी कठपुतलीवालों के एक जमाने तक निराश्रय रहने के बाद भी जितनी विभिन्न प्रकार की शैलियाँ पाई जाती हैं...भले ही जर्जर या मृतप्राय अबस्था में हों, उतनी शायद किसी देश में नहीं होंगी। बंगाल में बाँस पर चढ़ी हुई पुतली होती है...कागज की लुगदी या कपड़े और मिट्टी की बनती है और खुले मैदान में कनात बाँधकर उसके पीछे कठपुतली चलानेवाले बाँस को ऊपर उठाकर पुतली का संचालन करते हैं...इसमें तागे नहीं लगते। बाँस के डंडों से काम लिया जाता है, उड़ीसा में तागे की पुतली भी होती है जो राजस्थानी पुतली से भिन्न है...उसके पैर भी होते हैं। ऐसे ही दक्षिण में भी तागे से चलनेवाली तीन-चार प्रकार की पुतलियाँ हैं जिनके हाथ-पैर, कमर इत्यादि सब तागे से संचालित किए जाते हैं...वहाँ बाँसवाली पुतली भी प्रचलित हैं और पारदर्शी चमड़े पर रंगों से अंकी हुई पुतली भी, जिसकी छाया परदे पर डालकर दृश्य उपस्थित किया जाता है। हाथ की पुतली यानी मुट्ठी पर मढ़कर चलाई जानेवाली पुतली भी अपने देश में है, उसका बचा-खुचा रूप गुलाबो-सिताबो के तमाशे में मिलता है। पश्चिम में यह चीज ग्लवपपेट के नाम से खासी प्रचलित है...बच्चों की शिक्षा में वहाँ इसका महत्त्वपूर्ण स्थान है। पर इसका सर्वोत्कृष्ट विकास जापान में हुआ है जहाँ यह निरन्तर प्रचलित और सुरक्षित रहने के कारण आज भी जबर्दस्त प्रभाव डालने में सफल होती है...वहाँ की हाथ की पुतली काफी बड़े आकार की होती है और उसे हाथ में पहनकर संचालक सबके सामने खड़े होकर उसका अभिनय दिखाता है...मेरा आशय बनराकू शैली से है जिसमें पीछे संगीत और गायन द्वारा कथा कही जाती है। पश्चिमी कठपुतली प्रदर्शन की भाँति इसमें संचालक अपने को दर्शकों से छिपाता नहीं...वह तो उसी भाँति प्रत्यक्ष रहता है जैसे सितार बजानेवाला सितार लेकर बैठता है। कारण यही है कि पूर्वी कठपुतली परम्परा में, कठपुतली कथा के भावों, अनुरागों को व्यक्त करने का माध्यम भर है, कथा की यथार्थ नकल नहीं है जैसी कि पश्चिम में है।

वास्तव में इनकी तुलना एक प्रकार से हो ही नहीं सकती क्योंकि गिरी हालत में सही, मगर भारतीय कठपुतली, जिस पूर्वी कठपुतली कला के आधीन है वह मूलतः पश्चिमी कठपुतली कला से बिल्कुल भिन्न है। यह अन्तर हमारी और उनकी सभी कलाओं में मिलेगा...संगीत में आज दिन यह अन्तर सबसे अधिक स्पष्ट है...बाकी कलाओं में कम हो गया है। पूर्वी कठपुतली शुद्ध रूप से सूत्रधार की अभिव्यक्ति का साधन है, पश्चिमी कठपुतली साधन भी है और यथार्थ जीवन की प्रतिच्छवि भी। उनकी पुतलियाँ जीवन में दिखाई पड़नेवाले व्यक्तियों के रूप को थोड़ा बदलकर बनाई जाती हैं...हमारी भी बनाई जाती हैं...पर उनकी पुतलियाँ जीवन में दिखाई पड़नेवाले कार्यों की हूबहू नकल करती हैं...हमारी नहीं...। हमारे यहाँ की कला में जीवन का यथार्थ अनुकरण करने का सिद्धान्त कभी माना ही नहीं गया : कथा कहनेवाले कथकली नृत्य में भी संकेत और मुद्राओं से ही कथा कही जाती

है, वास्तविक नृत्य से नहीं। यही अन्तर है जिसके कारण पश्चिमी कठपुतली का खेल देखकर लोग वाह-वाह कर उठते हैं और अपने यहाँ की कठपुतली से तुलना करते हुए कहते हैं कि हमारे यहाँ तो अभी इतना विकास नहीं हुआ। यह सच है कि विकास नहीं हुआ पर यह भी न भूलना चाहिए कि हमारे यहाँ की कठपुतली में विकास रुका और आज हम उसमें विकास करेंगे भी तो वह विदेशी कठपुतली के विकास से भिन्न होगा। अच्छा होगा कि हम विदेशी शैलियों में कठपुतली बनाना और चलाना सीखें पर अपने यहाँ की प्राचीन शैलियों का भी पुनरुद्धार करें और बिना दोनों को अच्छी तरह समझे दो का समन्वय करने का प्रयत्न करें। तब तक तो पश्चिमी शैली व पश्चिमी रूप में ही सीखना और उसमें काम करना ही श्रेयस्कर होगा। और काम उसमें बहुत हो सकते हैं। आज की जरूरतों के मुताबिक वही शैली शायद ज्यादा उपयोगी है...स्कूलों में, गाँवों में और अविकसित क्षेत्रों में शिक्षा का ज्ञान या प्रचार करने के लिए पश्चिमी शैली का यथार्थवादी तत्त्व ही ज्यादा उपयुक्त है।

भारतीयता की खोज

[शम्भु मित्र से एक भेंट]

जिन्होंने पिछले 15 वर्ष में दिल्ली के रंगमंच की प्रगति का थोड़ा बहुत हिसाब रखा है, उनके लिए 'बहुरूपी' कोई नई चीज नहीं है। दिल्ली के संस्कारहीन जीवन में रंगमंच का मन्थन शुरू होते ही जो रत्न हाथ लगा था, वह था 'बहुरूपी' और जैसा कि स्वाभाविक है वह दिल्ली की न होकर के बाहर की उपज था।

तब से अब तक जाने कितना मेकअप लगाया और धोया जा चुका है और दिल्ली का अपना सस्ता, उथला संस्कार (जो आकाशवाणी के नाटकों और विशेषतया प्रहसनों में निर्वसन होता रहता है) कुछ जोर मारकर दस-बीस 'हिन्दी' नाटक सामने ले भी आया है, परन्तु यह याद रखना होगा कि उनमें से एक भी नाट्य-धर्मिता की किसी आन्तरिक खोज का माध्यम नहीं बन सका—मैं नेशनल स्कूल आफ ड्रामा को यहाँ नहीं गिन रहा हूँ—वह प्रतिभाओं का आदर्श समन्वय है और उसकी कृतियाँ आधुनिक हिन्दी रंगमंच की गहरी उपलब्धियाँ हैं—पर वह दिल्ली की उपज नहीं है।

1954 में मुझे कौतूहल था कि 'रक्तकरबी' और 'चार अध्याय' की समुचित अनुभूति यहाँ के अधिकांश दर्शक बंगला से परिचय के बिना कैसे कर सकेंगे। उन्हें छोड़ दें, जो नाटक के गुण-ग्राहक होने का अभिनय करते हैं, तो भी एक वर्ग है, जो बहुरूपी के नाटकों से तादात्म्य का दावा करता है—बिना एक शब्द बंगला जाने हुए—या हिन्दी या उर्दू कुछ भी जाने हुए। यह दावा एकदम झूठा नहीं है—तादात्म्य, हाँ, एक प्रकार का तादात्म्य, एक शिल्पपरक तादात्म्य बिना भाषा जाने भी अच्छे नाटक से पाया जा सकता है : बल्कि कह सकते हैं कि ऐसा होना अच्छे नाटक की एक कसौटी है। बहुरूपी इस बार जो नाटक अपने साथ लाया है उनमें तीन विदेशी नाटक भी हैं—'राजा औदिपौस' (ईडियस-रेक्स : सोफोक्लीस), दशचक्र (एनिमी आफ द पीपुल : इब्सेन) और 'पुतुलखैला' (द डाल्स हाउस : इब्सेन)। इनको लेने का कारण जो शम्भु मित्र बताते हैं, कड़ुआ है, पर यथार्थ है "शायद अंग्रेजी के माध्यम से ये यहाँ नए बंगला नाटकों की अपेक्षा अधिक परिचित हों" दिल्ली के नाट्य प्रेमियों को इन नाटकों के अंग्रेजी रूप से परिचय हो या न हो, विशेषता तो उनके अभिज्ञान की होगी, जो शम्भु मित्र के द्वारा उन्हें मिलेगा। वास्तव में स्वयं बहुरूपी को लोग इन विदेशी नाटकों का अनुभव एक नया प्रयोग है और अपने दर्शकों को एक जानी-पहचानी चीज का नया संस्करण

देकर उसने अपने को ठोके-बजाए जाने के लिए समर्पित कर दिया है। बंगला भाषा न जाननेवाले दर्शक शायद इतनी अच्छी तरह यह काम न कर सकेंगे, जितनी अच्छी तरह वे 'रक्तकरबी' की प्रशंसा या आलोचना करते हैं।

शम्भु मित्र से बातचीत खुलकर हो सकती है—बशर्ते कि वह पिटी-पिटाई स्थापनाओं की अन्धी गली में भटक न जाए। इसकी जिम्मेदारी बात छेड़नेवाले पर अधिक होती है, क्योंकि प्रश्नकर्ता स्वयं अपने को तथा उन्हें वहाँ से उबार लाने का प्रयत्न न करे, तो शम्भु मित्र वैसी पुनरावृत्तियों में भी रस लेते रह सकते हैं। इसलिए जब उन्होंने कहा कि बहुरूपी इन विदेशी नाटकों के माध्यम से—वैसे ही जैसे रवीन्द्रनाथ के माध्यम से—भारत का अपनी रंगशैली खोज रहा है, तो हम दोनों की बातचीत में घोषणाओं का खतरा बहुत बढ़ गया। भारतीयता क्या है, इसका किताबी विवेचन एक चीज है और कलाकार की सृष्टि, बिल्कुल दूसरी चीज। यह शम्भु मित्र की ही कलाकारोचित ईमानदारी थी कि उन्होंने तुरन्त बात वहीं खत्म कर दी—"बिना प्रयोग किए, नाटक किए मैं कैसे कह सकता हूँ कि वह भारतीयता क्या है, जिसकी मुझे खोज है। परिणाम तो कृति में ही खोजना होगा।"

तो भी 'रक्तकरबी' को लेकर उनसे थोड़ी बहुत बहस हो सकी। वह आज भी उनके मतानुसार उनकी खोज का एक दृष्टव्य प्रमाण है। कथानक विश्वजनीन है : संगठन और व्यक्ति—शोषक और शोषित, पूँजीपति और सर्वहारा को कुछ भी कह लीजिए—संघर्ष की कहानी है : पर केवल संघर्ष की नहीं। वही उसका भारतीय तत्त्व है। रंगमंच पर इसे जीवित रखने के लिए 1954 में जिन शैलियों का इस्तेमाल शम्भु मित्र ने किया था उन्हीं का आज भी कर रहे हैं। यह नहीं कि यह मुझे एकदम समझ में आ गया हो, क्योंकि खोज में लगे निर्देशक से आशा की जा सकती है कि वह अपने किए को शायद कभी-कभी कुछ उलटे-पलटेगा—परन्तु इससे कोई निराशा भी नहीं हुई, बल्कि आशा ही हुई : यह सोचकर कि पिछले 10-15 वर्ष के प्रयोगों के सन्दर्भ में एक स्थिर कृति को देखने का अवसर मिलेगा।

कलाकार होते हुए भी शम्भु मित्र शिक्षकों जैसा समझा सकते हैं। उनसे बहस हो रही थी न? वह खत्म भी हो गई थी पर उसे मानो एकदम खत्म करने के लिए उन्होंने कहा, 'देखिए, शकुन्तला को जब दुष्यन्त पहचान नहीं पाता तब क्या होता है ? पाश्चात्य नाटक के हिसाब से नाटक वहीं शेष हो जाता है। उस गणना से उतना ही, वही नाटक है। पर कालिदास कथा कहते चलते हैं। शकुन्तला लौट जाती है, उसके मन में द्वेष नहीं है, पाश्चात्य अर्थ में 'संघर्ष' नहीं है। वह अपूर्ण है पर निष्कृत-सी लगती है। अन्ततः दुष्यन्त उसे पहचानता है, तब जाकर वह पूर्ण होती है।"

यह सम्पूर्णता, यह निष्कृति भारतीयता है पर इसे आज के उखड़े, कटे, बिखरे, अधूरे अनुभवों की सतह पर बहते जानेवाले जीवन में से उठा पाने के लिए एकसाथ बहुत गहरे और बहुत दूर जाना पड़ेगा। 'बहुरूपी' शायद यह कर सकता है किंतु उसे अपने घर से निकलना होगा। उसका घेरा शम्भु मित्र मानते हैं—"हम बंगाली अपने प्रदेश के अतिरिक्त और कुछ कम ही जानते हैं। इसलिए हम कोशिश कर रहे हैं कि दूसरी भाषाओं के नाटकों से कुछ लें। पु.ल. देशपाण्डे का एक नाटक शायद हम खेल सकेंगे।" यदि बहुरूपी ने यह सिलसिला शुरू किया तो भारतीयता की खोज उसे अन्तरावलम्बन के उस रास्ते पर ले जाएगी जो नेशनल स्कूल आफ ड्रामा का 'मुहम्मद तुगलक' मूल कन्नड़ी दिखा चुका है। वह मार्ग जितना प्रशस्त हो सके उतना हमारे रंगमंच के लिए अच्छा होगा—और उस पर जितने प्रयोगी एकसाथ चल सकें उतना ही वह प्रशस्त होगा। उस पर बहुरूपी का स्वागत है।

[*नवभारत टाइम्स,* 21 अप्रैल 1966]

लाल किले में कवि जनता के आमने-सामने

आयोजक	:	श्री गोपालप्रसाद व्यास (दिल्ली प्रादेशिक साहित्य सम्मेलन)
सभापति	:	श्री बच्चन
संयोजक	:	श्री भवानीप्रसाद मिश्र
स्वागताध्यक्ष	:	श्रीमती रमा जैन

युद्ध ने सम्पूर्ण राष्ट्र-काया पर दबाव डाला है। विचार, भाषा और कर्म इन तीनों अंगों में आज सबसे अधिक तनाव है। तीनों के कर्त्ता वर्गों ने अपने को रातों-रात एक बड़ी क्रान्ति में गिरफ्तार पाया था। आज वे उसकी आवश्यकताएँ समझने और उनके अनुसार अपने को उभारने के लिए उत्सुक हैं।

हाल की बात है, दिल्ली में इसी उत्सुकता ने कवि सम्मेलन के रूप में अभिव्यक्ति पाई। उसके प्रणेताओं ने एक सहज उदात्त भावना—युद्धरत राष्ट्र का मनोबल बढ़ाने की भावना से प्रेरित होकर अपनी सम्पूर्ण निष्ठा और सामर्थ्य से एक विराट आयोजन किया था। समय उन्होंने शहीद-दिवस—गाँधी जयन्ती और प्रधानमन्त्री के जन्मदिन को चुना। इससे अधिक प्रेरक संयोग और क्या होता। स्थान उन्होंने वह चुना जहाँ सैन्य संस्कारों की सुविधा जागती है—लाल किला। और (आयोजक श्री गोपालप्रसाद व्यास के अनुमान से) 65-70 हजार की अपूर्व संख्या में श्रोता जमा हुए। रक्षामन्त्री और जनरल चौधरी भी उपस्थित थे—जे. चौधरी तो रक्षाकोष के लिए समर्पित नोटों की मालाओं से लाद दिए गए (7500 रु.) और उनकी झोली रुपए से भर दी गई (इनकी गिनती नहीं)। स्वागताध्यक्ष श्रीमती रमा जैन ने आज के अनुरूप स्वर में श्री चव्हाण को सम्बोधित किया—'राष्ट्र की रक्षा के निमित्त छत्रपति शिवाजी की तलवार पर ओजस्विता की नई सान चढ़ानेवाले कीर्तिमान रक्षामन्त्री।' जनरल चौधरी के लिए उन्होंने ये विशेषण प्रयुक्त किए—'ज्वालमालाओं से मण्डित राष्ट्र की गर्वीली विजय वाहिनी के यशस्वी सेनानी।'

यह सम्बोधन अपने में ही सम्पूर्ण था, परन्तु जिस समय उन्होंने श्रोताओं को 'वीरत्व के मस्तक पर श्रद्धा और प्यार का विजय तिलक अंकित करने के लिए सभागत भाइयो और बहनो कहकर पुकारा, आयोजन को एक नया आयाम मिल गया। उन्हीं के शब्दों में कहें तो "शत्रुओं को पराजित करने के लिए राष्ट्रीय संकल्प को तेजस्वी वाणी और क्रियाशील भावना प्रदान करने का जो दायित्व उपस्थित कवियों पर था, वह और भी अर्थवान हो उठा। ऐसा कम होता है कि इतने बड़े जनसमूह को कवि अपने सम्मुख सजीव-समुपस्थित पाए और जब होता है, तो फिर उस कवि पर यह देखने की बड़ी भारी जिम्मेदारी आ पड़ती है कि वह इस समुदाय के साथ क्या करता है। उसकी भावनाओं को किधर ले जाता है और यदि सही दिशा की ओर ही ले जाता है, तो भी कैसे ले जाता है। आखिरकार मानव-समूह, चाहे समूह क्यों न हो, विचारशील व्यक्तियों का पुंज है और उसकी प्रत्येक व्यष्टि में उतारा गया प्रत्येक विचार राष्ट्र की नियति निर्धारित करने में किसी भी समय महत्त्वपूर्ण योग या बाधा दे सकता है।

इस कवि सम्मेलन में जनता और कवि का आमना-सामना इस दृष्टि से और भी महत्त्वपूर्ण हो गया था कि "इस समय युद्ध विराम पर है और यह समय शक्ति को बढ़ाने और सँवारने का है। वे भाग्यवान हैं, जिन्हें राष्ट्र की चेतना को जगाने का और जागे हुए राष्ट्र को बलिदान के लिए प्रेरित

करने का दायित्व मिला है। ये सरस्वती के वरद्पुत्र देश में 'एक राष्ट्र' की भावना को दृढ़ करें तथा जनता को विघटनकारी प्रवृत्तियों से बचाएँ। एकता और आजादी एक ही तत्त्व के दो नाम हैं। हमें दोनों की रक्षा करनी है।" (स्वागत भाषण)

काव्य साधना यों भी हर एक के वश की चीज नहीं और फिर ऐसे कठिन समय में तो वाणी को वश में रखना और भी मनस्विता का काम हो जाता है। उधर से जब कवि को मालूम हो कि हजारों आदमी उसकी कृति की परख उसी दिन कर डालने को तैयार बैठे हैं, तब उसके अन्दाजे बयाँ पर एक और बोझ आकर बैठ रहता है—लोकप्रिय होने का बोझ।

जब तक युद्ध नहीं हो रहा था, राजनीतिज्ञों से ज्यादा उत्साह से प्रेम के गाने कवियों के यहाँ गाए जा रहे थे। यह प्रेम, कहना न होगा, ज्यादातर हवाई होता था, क्योंकि सचमुच का प्रेम करने के लिए आदमी को पहले आदमी और साथ में हो सके तो कवि होना चाहिए, जबकि हमारे अधिकांश गायक कवि पहले कवि हैं फिर कुछ और। इस तरह के प्रेम काव्य ने भाषा के साथ रन्दे का-सा सलूक किया है और सब जगह एक-सी भावनात्मक प्रतिक्रियाओं का सपाट, पनीला, सलोतर साहित्य पैदा हुआ है।

लालकिले के कवि सम्मेलन की कविताएँ इसी सलोतर भाषा के चंगुल में फँसी हुई थीं। कुछ कवियों में इससे छूटने की वीरोचित छटपटाहट थी, कुछ में इसी को अपने नए कथ्य के साथ निबाहने की मजबूरी थी, कुछ में ये दोनों परिस्थितियाँ नहीं थीं और एक बिल्कुल ताजा साक्षात्कार युद्ध से था—पर तब ऐसा न था कि उनकी कृतियाँ भाषा की सशक्तता का दावा करती ही हों। निस्सन्देह एक बड़ी बात हुई—किसी कवि पर आवाजें नहीं कसी गयीं, किन्तु इस घटना पर तो वह कहावत लागू होती है कि ताली एक हाथ से नहीं बजती—कुछ कविता ने मोहित किया और कुछ जनता ने आखिरी वक्त तक उम्मीद रखी। श्रोताओं का काम, कुल मिलाकर, खरा रहा। वे बहुत कुछ चाहते थे, पा भी सकते थे, किन्तु यदि सबकुछ न पाकर भी वे शान्त रहे, तो इसीलिए कि उन्हें कवियों की राष्ट्रीय मनोबल बढ़ाने की इच्छा में सन्देह न था, सामर्थ्य में पूरा विश्वास चाहे न हुआ हो।

ये कविताएँ सुनते हुए मुझ पर जिस चीज ने सबसे ज्यादा असर डाला, वह थी कवियों और युद्ध के बीच की वह दूरी जो आज भी, उसकी सारी ईमानदारी के बावजूद बनी हुई है। युद्ध क्षेत्र का वर्णन करने योग्य भाषा न पाकर ही शायद खड़ीबोली के किसी कवि ने इसका कोई स्पष्ट प्रयत्न नहीं किया। ब्रजभाषा के कवि श्री रामलला पर ही यह काम पड़ा और उन्होंने बखूबी निभाया। माना कि उनका अमृत ध्वनि छन्द प्राचीन युद्ध की स्मृति जगाता था, परन्तु यह भी कुछ कम न था। वास्तव में यह बहुत ही बड़ी उपलब्धि थी, क्योंकि जिस लय-ताल पर आज की अनुभूति गति पाती है, वह उसमें मौजूद थी, कई अन्य कविताओं की घूम-घूमकर एक ही टेक पर आनेवाली रेतती हुई गति से वह मुक्त थी।

श्रीमती लक्ष्मी त्रिपाठी की कविता में कथावस्तु—एक वीरगति प्राप्त सैनिक की वापसी—एक बहुत अछूती चीज थी। यह कवयित्री औरों के मुकाबले युद्ध के कुछ अधिक निकट जान पड़ी। इन्होंने भावावेग और उत्साहवर्द्धन जैसे सर्व-सुलभ उद्देश्यों को छोड़कर युद्ध की एक कथा कहने का प्रयास किया था। कितना अच्छा होता, यदि ऐसी और भी कविताएँ सुनने को मिलतीं—जरा बन्दिश और कसी होती तो हर्ज न था। इस दृष्टि से डॉ. आनन्द की कविता में भी काफी वर्णनात्मक तत्त्व था और वह रचना इसीलिए प्रभाव डालती थी कि उसमें केवल आवेश नहीं, कुछ ठोस जमीन भी थी।

एक और प्रकार की कविता ने इस कवि सम्मेलन में अपना रूप प्रकट किया—वह थी आन्तरिक द्वन्द्व की कविता। राधेश्याम प्रगल्भ की रचना, जिसमें कवि पहले ही प्रश्न पूछता है कि यह लड़ाई

कैसी है कि मन्दिर, मस्जिद और गिरजाघर, गुरुद्वारे सब उसके शिकार हैं, युद्ध की आवश्यकता पर सन्देह की दृष्टि नहीं डालती थी, युद्ध के अन्तिम उद्देश्य के प्रति पहले जिज्ञासा और फिर निश्चय प्रकट करती थी। राष्ट्रीय एकता अर्थात् आजादी के लिए उसमें जो ललक छिपी थी, वही कविता के शरीर को लावण्य देती थी—कवि को बल खाते छन्दों और लचकती आवाज का सहारा नहीं लेना पड़ा था। परन्तु इस प्रबुद्ध स्वर की रचनाओं में एक और उदाहरण, कुछ दूसरे ढंग का उल्लिखित किए बिना चित्र पूरा नहीं होगा। कविवर श्री भवानीप्रसाद मिश्र ने कहा—

जब आकाश घिरा हो, और भयंकर लगता हो
जब रह-रहकर कम्प तुम्हारे मन में जगता हो
पाँवों के नीचे की धरती खिसक रही-सी हो
आसपास की सारी दुनिया सिसक रही-सी हो

ऐसे समय अकेले ही तुम गाकर तो देखो
तूफानों पर अपने स्वर को छाकर तो देखो
कंठ खोलकर गाने से सब सम्भव होता है
हाहाकार बदलकर बरबस कलरव होता है

जड़ में चेतन में स्वर-अंकुर फूट-फैलते हैं
और कि उसके स्वर लद-लदकर टूट फैलते हैं
इतना गलत प्रभाव कभी भी उगा नहीं कहीं
जिसकी सन्ध्या में पंछी की स्वर-झंकार नहीं।

सम्पूर्ण आयोजन के पीछे छिपी हुई जन शक्ति का अच्छे से अच्छा उपयोग आयोजकों और कवियों ने किया था—यानी जैसा वे आयोजक अपने साधनों और सदिच्छा से तथा वे कवि अपने काव्य से कर सकते थे। आयोजकों ने कवियों को जनता के आमने-सामने खड़ा कर दिया था। और सभापति श्री बच्चन ने एक छोटे, परन्तु मार्मिक भाषण ने उन्हें आज की आवश्यकता से परिचित करा दिया था। यदि सभी कवि उस जनता से घनिष्ठ सम्पर्क नहीं स्थापित कर सके, तो कहीं-न-कहीं अनुभव की सच्चाई में कोई कमी अवश्य रही होगी।

[धर्मयुग]

पुरस्कार

पुरस्कार का मतलब

यह तो आपने सुना ही होगा कि साहित्य अकादमी ने 1984 के पुरस्कारों में मुझे भी शामिल किया है। जब से यह निर्णय घोषित हुआ है, अनेक प्रकार की बधाइयाँ सुन रहा हूँ। इनमें एक स्वर मुख्य है : 'देर से मिला, लेकिन खैर ठीक है।' यह बात कई तरह से कही जाती है। कोई ऐसे कहता है जैसे मेरे ऊपर तरस खा रहा हो, कोई ऐसे जैसे समय से मिलता तो ठीक भी होता, अब क्या रखा है इस पुरस्कार में। किसी को इस शिकायत से सहानुभूति होती है, जैसे अब तो तुम पुरस्कार के योग्य नहीं रहे, किसी समय थे। मगर दे दिया गया है तो ले लो, काम आ जाएगा।

किसी ने फोन पर कहा, बधाई (फिर कुछ तरस खाते हुए), कोई बात नहीं 'देर आयद दुरुस्त आयद।' 'देर आयद' क्या माने? मैंने पूछा। 'मतलब यही कि बहुत पहले मिल जाना चाहिए था।' उन्होंने कहा। 'यानी कब?' मैंने पूछा। 'पन्द्रह साल पहले,' उनका जवाब था। इससे मेरी समझ में यही आया कि पन्द्रह साल पहले शायद उन्होंने मेरी कोई चीज पढ़ी होगी और पन्द्रह साल से कोई चीज नहीं पढ़ी है। एक और व्यक्ति, एक प्राध्यापिका ने यही बात कही कि देर आयद दुरुस्त आयद। सिर्फ यह था कि उनके स्वर में न कोई तरस था न कोई उलाहना, एक पराजय का स्वीकार था कि अब हमें मानना ही पड़ेगा कि जो कविता हम 25 साल से रद्द करते आ रहे थे उसको राष्ट्रीय सम्मान दे दिया गया। इसी तरह की कई भाव-भंगिमाएँ पुरस्कार के सम्मान के साथ प्रकट हुई हैं। ये प्रश्न जो मुझसे पूछे गए हैं, एक विचार पर केन्द्रित हैं, कौन-सी त्रुटि कहीं पकड़ी जाए। यह मुखौटा कि बेचारे को पुरस्कार मिल तो गया (क्योंकि वह कलम पकड़ना सीखने के साथ ही पुरस्कार की आस लगाकर बैठ गया था) यह कुरेदने का बहाना है कि वह बरसों से कौन-सी और किन-किन के प्रति कुढ़न पाले हुए था।

इस तरह की पत्रकारिता बड़े-बड़े साहित्यकार, प्राध्यापक प्रबन्धक आदि सभी कर रहे हैं। आकाशवाणी और दूरदर्शन भी यही कर रहा है। आकाशवाणी ने किसी कवि को बाहर से यह पत्रकारिता करने के लिए बुलाया था। उन्होंने भेंटवार्ता में पूछा : 'आपको इतनी देर से पुरस्कार पाकर कैसा लगा।' मैंने कहा, 'मेरे लिए तो बड़ी मुसीबत खड़ी कर दी अकादमी ने', तो कवि-पत्रकार के चेहरे पर ज्योति झलकी कि अब कुछ पत्रकारिता हो जाएगी। 'क्या मुसीबत, बताइए।' उन्होंने पूछा। मैंने कहा, 'यही कि अब मुझे बहुत कुछ ऐसा लिखना पड़ेगा जो अब तक मेरे लिखे से भी श्रेष्ठ हो।' यह सुनकर भेंटवार्ताकार का मुँह लटक गया। यह तो कोई जवाब ही न हुआ। अपनी पिछले तीन-चार वर्ष में सीखी पत्रकारिता पर जोर डालते हुए उन्होंने एक सवाल खोज निकाला, 'यानी आप ऐसा कुछ लिखना चाहते हैं जिससे आपको भारतीय ज्ञानपीठ पुरस्कार मिल जाए?'

इसके बाद क्या बातचीत हो सकती थी। इस वार्तालाप के कुछ ही देर पहले मैं पुरस्कृत लेखक गोष्ठी में वाणी को हिंसा से मुक्त करने के सृजन कर्म पर भाषण करके आया था। अब पछताने लगा कि इस व्यक्ति को हिंसापूर्वक यह कहना चाह रहा हूँ कि तुम यदि इतने क्षुद्र हो कि पहले से अच्छा लिखने का अर्थ पहले से बड़ी रकम का पुरस्कार जीतना ही मानते हो तो तुमसे संवाद नहीं हो सकता।

यों ऐसे व्यक्ति आज के समाज में बहुतायत में पाए जाते हैं जो राष्ट्रीय पुरस्कार को राजनैतिक प्रतिष्ठा से और राजनैतिक प्रतिष्ठा को पैसे से मापना ही यथार्थवादिता मानते हैं। पुरस्कार घोषित होने पर एक पड़ोसी ने दूर से आवाज देकर पुकारा, 'सहाय साहब, बधाई ! दस हजार रुपए मिल गए आपको!'

इतना लिख देने के बाद भी इस टिप्पणी में मेरे विचार से कुछ जोड़ना शेष नहीं रह जाता। परन्तु जहाँ संवेदना सपाट, संक्षिप्त और लट्ठमार होती जा रही हो वहाँ एक कवि को और अधिक कविता लिखने के साथ-साथ और अधिक प्राथमिक कक्षाएँ लेनी पड़ेंगी। जैसे इस टिप्पणी में यह जोड़ना ही पड़ेगा कि अकादमी पुरस्कार किसी पुस्तक प्रतियोगिता में जीता हुआ पुरस्कार नहीं है, बल्कि कवि के आज तक के कविकर्म से साहित्य को योगदान की मान्यता है। पैसे के बूते पर जो पुरस्कार इसकी बराबरी कर सकते हैं या इसे पीछे छोड़ जाते हैं, वे इससे तुलना के योग्य नहीं हैं। यदि अकादमी पुरस्कार के किसी को देर से मिलने की शिकायत की जाती है तो उसके पीछे व्यक्तिगत ईर्ष्या से लेकर अनुचित निर्णय तक अनेक कारण हो सकते हैं। पर शायद सबसे बड़ा कारण साहित्य का समाज पर प्रभाव क्षीण हो जाना है। यह भी, मैं स्पष्ट रूप से मानता हूँ, केवल साहित्य की निर्बलता के कारण नहीं हुआ है, समाज के प्रबन्ध के माध्यमों पर समाज-विरोधी तत्त्वों के कब्जे ने संवेदनाओं

को पटरा करने का बीड़ा उठा रखा है—वे सपाट भाषा का, आक्रामक मानव सम्बन्ध का और सुन्दरता और गरिमा के विरुद्ध उपहास का अभियान चला रहे हैं।

तो उन सब मित्रों से 'जो देर' से पुरस्कार घोषित होने पर मेरे साथ सहानुभूति प्रकट कर रहे हैं, धन्यवाद जताते हुए शिकायत कर रहा हूँ कि उनमें से किसी ने भी नहीं पूछा कि आजकल क्या लिख रहे हैं या कल क्या लिखनेवाले हैं। वे इसमें रुचि नहीं रखते कि साहित्य में क्या हो रहा है। उनकी रुचि साहित्य से मिलनेवाले लाभों में है। इन्हीं से मुझे यह भी कहना है कि न तो मुझे दस हजार रुपए की रकम थोड़ी होने की शिकायत है, न पन्द्रह साल पहले पुरस्कार न मिलने की शिकायत है। मैंने हिसाब लगाकर देखा पन्द्रह साल पहले मेरी केवल दो कविता पुस्तकें थीं : उस समय अकादमी पुरस्कार पाने से मुझे कोई सुख भी नहीं होता, क्योंकि तब अकादमी पुरस्कार पुस्तक पर ही पुरस्कार कहलाता, कवि-कर्म पर नहीं। मेरे लिए वे दो पुस्तकें कितनी भी तृप्तिकर और पाठकों के लिए कितनी भी उत्तेजक होतीं, उन्होंने रचना की संघर्षमयी और आनन्ददायी सम्भावनाओं का पूरा परिचय तो मुझे तब तक नहीं कराया था। वह अब भी पूरा नहीं कराया है, जब कविता पुस्तकें दो से अधिक हो गई हैं। यह आशा करते रहना कवि के लिए कितना जीवनप्रद है कि उसका श्रेष्ठ कृतित्व अभी प्रकट होना बाकी है। प्रश्न यही रह जाता है कि अपने जीवन का वह क्या करता है और साहित्य रचना उसके लिए कितनी जीवनप्रद बनी रहती है।

[*जनसत्ता*, 1987]

अलंकरण के विषय में

भारतरत्न आदि अलंकरणों की प्रथा समाप्त करने का विचार जनता पार्टी सरकार ने किया है, इस समाचार का हृदय से स्वागत करना चाहिए और सरकार से आग्रह करना चाहिए कि अपने इस विचार को कार्यरूप देने से पीछे न हटे।

यह तो नहीं कहा जा सकता कि अलंकरण व्यर्थ होते हैं और समाज में उनकी कोई उपयोगिता नहीं होती : अलंकरण समाज में कृतित्व की प्रतिष्ठा में सहायक हैं; किन्तु उनकी मर्यादा की रक्षा के लिए कुछ परिस्थितियाँ अनिवार्य रूप से आवश्यक होती हैं।

शायद इनमें सबसे पहली समाज में समता है। जिस समाज में जाति और आर्थिक वर्ग दोनों की मिलीजुली विषमता इतनी हो कि अधिसंख्य नागरिकों को अपनी छिपी हुई प्रतिभा का कभी अनुमान ही न हो पाए—उसके प्रकाश और पुरस्कार की तो बात दूर की है—वहाँ कोई भी अलंकरण सच्चे अर्थ में सार्वजनिक नहीं हो सकता। अलंकरण धारण करने योग्य बनने के लिए विद्या में श्रेष्ठ होना आरम्भ में वहाँ भी आवश्यक रहता है, निरी समृद्धि के आधार पर किसी को पात्र बनाने का दुःसाहस करते हुए राज्य को वहाँ भी हिचक होती है, किन्तु एक दिन आता ही है कि जब अलंकरण सम्पन्न को अतिरिक्त प्रतिष्ठा देने का साधन बन जाते हैं और समाज में जो गैरबराबरी मौजूद है उसको और बढ़ाते रहते हैं।

यह आशा करना कि अलंकरण समाज के दलितों और शोषितों को भी प्रतिष्ठा दे सकते हैं, एक ओर अलंकरण के सच्चे कार्य को न समझकर उसे विकृत करना है और दूसरी ओर दलितों और शोषितों को एक यथास्थिति स्वीकार करने के लिए बाध्य करना है जिसमें उन्हें प्रतिष्ठा के लिए अपने कार्य पर नहीं बल्कि शासक वर्ग की अनुकम्पा पर निर्भर रहना पड़ता है।

वर्तमान में अलंकरणों के प्रति यह धारणा कि बहुधा अयोग्य व्यक्ति उन्हें धारण करते पाए जाते हैं अथवा यह कि उनका दुरुपयोग होता है इसी विषम जाति एवं अर्थव्यवस्था की उपज है

जहाँ सामाजिक प्रतिष्ठा का प्रत्येक अवसर और अधिक सुरक्षा तथा और अधिक सम्पदा का साधन बनता जाता है और इस दौड़ में न सिर्फ इस प्रतिष्ठित वर्ग के भीतर वास्तविक गुणों का अवमूल्यन होता चलता है बल्कि कुल मिलाकर समाज के कृतित्व की भी कोई सही तस्वीर सामने नहीं आ पाती।

हमारी वर्तमान अलंकरण पद्धति का (अभी इसे वास्तव में रद्द नहीं किया गया है) मौलिक दोष यह है कि उसके निर्णायक अन्ततः राजनैतिक व्यक्ति हैं। आज विज्ञान, रचना और विचार के क्षेत्रों में सभी विधाओं में भारतीय समाज की गैरबराबरी के बावजूद जो अच्छा काम हो रहा है, उस सबके निर्णायक इन क्षेत्रों के सहकर्मी नहीं बल्कि कुछ राजनैतिक व्यक्ति हैं। संयोगवश उनमें से कुछ किसी न किसी इतर विद्या में भी दखल रखते हैं, किन्तु दुर्भाग्य से उनकी गिनती उस विद्या के श्रेष्ठजनों में न होकर राजनीतिकों में ही होती है और राजनीति में उन्हें ऊँचा स्थान मिलने का कारण भी उनकी विद्या नहीं बल्कि राजनीति ही होती है। यह कोई आदर्श स्थिति नहीं है और स्वयं विद्यावान राजनीतिकों को पूरी तरह स्वीकार्य नहीं होनी चाहिए, परन्तु नहीं होने के प्रमाण में कोई द्वन्द्व उनमें नहीं दीखता। इस द्वन्द्वहीनता का एक कारण और परिणाम भी यह है कि विद्या के समसामयिक प्रसंगों में उनकी आसक्ति अपेक्षया कम होती जा रही है और किसी बहस में तर्क के सहारे हिस्सा लेने में वे असमर्थ होते जा रहे हैं। फिर भी जिनका जीवन ही अपनी विद्या को समर्पित है ऐसे कृतिकारों के विद्यागत गुणों का निर्णय अन्ततः वही करते हैं।

विद्या के जगत में दुर्भाग्य से इस आश्रय सम्बन्ध के प्रति अस्वीकार आज पहले की अपेक्षा मन्द हो गया है। ऐसा मालूम होता है कि यह समाज में गैरबराबरी मिटाने के मानसिक और राजनैतिक आन्दोलन की गति पर निर्भर है कि विद्या जगत कितना स्वतन्त्र रहना चाहता है। बहुत दिन नहीं गुजरे, एक समय था कि गुणी लोगों के समुदाय में अपने ही सहकर्मियों के हाथों सम्मान पाना राजनीतिकों के हाथों सम्मान पाने से बेहतर माना जाने लगा था, आज यह प्रवृत्ति उल्लेखनीय रूप से प्रकट नहीं है तो कहीं इसका कारण यह तो नहीं कि समाज में सबके समान अधिकार की इच्छा ही कुछ मलिन हो गई है और जिनके पास कुछ भी अधिकार है वे और अधिक के संग्रह के लिए उतावले हो उठे हैं?

जो हो, इस समय अलंकरणों को समाप्त करने का विचार यदि निर्णय का रूप लेता है तो वह एक अर्थ में क्रान्तिकारी निर्णय होगा। इससे राज्य के अधिकारों में कुछ कमी आएगी। विद्या के विविध क्षेत्रों में स्वाधीनचेता कृती अपने अधिकार स्वतः वापस पा जाएँगे, सो बात नहीं। किन्तु उन्हें यह आग्रह करने का कम से कम एक अवसर मिलेगा कि अपने क्षेत्र में पुरस्कारों और सम्मानों का निर्णय वे स्वयं कर सकते हैं, इसमें राज्य की सहमति आवश्यक नहीं है।

[*दिनमान,* 17-23 जुलाई 1977]

साहित्य अकादमी के पुरस्कारदाता और पात्र

साहित्य अकादमी के पुरस्कार लेने के लिए इस वर्ष लेखकों को राष्ट्रपति भवन जाना पड़ा—कारणों में एक यह भी था कि डॉ. राधाकृष्णन आँखों का उपचार करा रहे हैं और अधिक परिश्रम नहीं चाहते—पर कुल मिलाकर सारा समारोह लेखक समाज के लिए विचारणीय विषय बन गया है और इसके कारण विविध हैं। राष्ट्रपति भवन में जाने से शिकायत नहीं, पर वहाँ जो हुआ वह उस तरह से न होता, जिस तरह हुआ, तो साहित्यकार की मर्यादा के अधिक अनुकूल होता।

यही नहीं कि सुनहरी मखमली कुर्सी अलग मंच पर रखी हुई देखकर सामाजिकता की भावना को ठेस-सी लगती है, पुरस्कार वितरण की रस्म ही कुछ अतिरिक्त दिखावट जान पड़ती है जिसमें और नहीं तो इतना अवश्य फालतू है कि लेखक अपने स्थान से उठकर जाए, एक डब्बा ग्रहण करे और दूसरे रास्ते से लौट जाए।

श्री वात्स्यायन को धन्यवाद देना चाहिए कि उनके कई वर्षों के प्रयत्न से कम से कम पुरस्कृत पुस्तकों का विशदतर परिचय तो समारोह में इस बार दिया गया। पर यदि पुरस्कृत लेखक को इस अवसर पर अपनी ओर से कुछ भी कहने का अधिकार नहीं मिलता है, तो उसकी उपस्थिति केवल पात्र (कृपापात्र) के रूप में है। विशाल रसज्ञ समुदाय के परिचित कृती के रूप में वह नहीं उजागर होता। उसी रूप में होना चाहिए, यह समझने में आखिर इतनी देर क्यों लग रही है ? क्यों आज के दिन भी, जब सत्ताधारी की निर्मम, मानवविरोधी और हास्यास्पद अयोग्यता जनता के सामने उघरी पड़ी है, वह कृती-शिल्पी के सम्मुख दम्भ कर सकता है कि पुरस्कार वह उसे अपने हाथ से दे रहा है। पुरस्कार देनेवाला यदि जनता का प्रतिनिधि है तो समारोह के लिए दरबार और तामझाम की जरूरत नहीं।

पुरस्कार के पात्र एक ही मंच पर 'दाता' के साथ इस वर्ष नहीं बैठे। इसका कारण शायद विचारों की नहीं, राष्ट्रपति भवन के अशोक कक्ष की संकीर्णता थी। लेखकों को एक किनारे अलग बिठाने से यह ज्यादा अच्छी तरह पता चल गया होगा कि 'वे रहे पुरस्कार की प्रतीक्षा में बैठे लेखक।' पर आमन्त्रितों में से आधे तो पुरस्कार विजेताओं के चेहरे भी ठीक से न देख पाए, हाँ, सबने ज्यादातर उनकी पीठ अवश्य देखी, क्योंकि राष्ट्रपति के सामने खड़े होने से वही जनता की ओर होती थी। भविष्य में यदि वर्तमान या दूसरे कोई राष्ट्रपति विज्ञानभवन में पुरस्कार समारोह करना स्वीकार करें तो मंच पर उनके साथ ही लेखक बैठें और पुरस्कार समारोह का संचालन इस तरह से हो कि लेखक का इनाम बाँटने का दम्भ न प्रकट हो। पर प्रकट तो वह होगा यदि वह किसी भी स्तर पर—अकादमी के स्तर पर ही—है। इस बार भी कुछ पुरस्कृत लेखक वृद्धावस्था अथवा अस्वास्थ्य के कारण उपस्थित नहीं थे। क्या अकादमी के सचिव अपने आदि-भाषण में इसका उल्लेख करके अनुपस्थित लेखकों के प्रति अपना आदर नहीं प्रकट कर सकते थे ? पर उन्होंने आकाशवाणी के समाचार वक्ता की तरह निस्पृह सूचना देना ही यथेष्ट समझा।

इस सारे समारोह में वे लोग कहाँ थे जिन्होंने पुरस्कृत लेखकों को पुरस्कार योग्य स्थिर किया, यह पता नहीं चला। यदि वे वहाँ थे तो पुरस्कार देनेवाले तो वे ही थे, फिर गोपन क्यों रहे ? उन्हें राष्ट्रपति के साथ मंच पर रहना चाहिए था—और लेखकों की प्रशस्तियाँ भी उन्हीं में से किसी एक को पढ़नी चाहिए थीं। इससे उनकी प्रतिष्ठा होती, लेखक को पुरस्कार-योग्य समझे जाने का यथेष्ट प्रमाण मिलता और सबसे बड़ी बात यह कि जो निर्णायक हैं वे अपने निर्णय के लिए सबके सामने जिम्मेदार होते। अकादमी ने अपनी पुरस्कार व निर्णय पद्धति का जो व्यापक विवरण प्रशस्ति पुस्तिका में छापा है, वह कहता है कि प्रत्येक भाषा के कतिपय प्रमुख लेखकों, समीक्षकों और विद्वानों से यह अनुरोध किया जाता है कि वे गोपन रूप से ऐसे ग्रन्थों की अनुशंसा करें जिन्हें वे पुरस्कार के लिए विचार योग्य मानते हों। इस प्रकार जो नाम प्राप्त होते हैं उनकी सम्पूर्ण तालिका उनके पास इस निवेदन के साथ दोबारा भेजी जाती है कि अब वे तालिका में उल्लेखित ग्रन्थों में से जिसे सर्वोत्तम समझते हों, उसका चुनाव कर दें। इन चुने हुए ग्रन्थों की कृतियाँ तीन सदस्यों की एक वाचक समिति को भेज दी जाती हैं। ये वाचक गोपन रीति से प्रत्येक ग्रन्थ पर पृथक-पृथक रूप में अपना निश्चित अभिमत भेजते हैं। बाद में ये अभिमत अकादमी के कार्यकारी मण्डल के समक्ष उपस्थित किए जाते हैं जो पुरस्कारों की घोषणा करता है।

प्रश्न है कि यदि अन्त तक सारी कार्रवाई गोपन रखनी है तो पुरस्कार ही क्यों घोषित करें?

क्या यह कहना सहज तार्किक नहीं है कि जब पुरस्कार घोषित हो, तो कम से कम यह भी घोषित हो कि वाचक समिति में कौन-कौन थे ? इसे छिपाकर रखना समस्त लेखक समाज और अभिमत-दाता समुदाय के प्रति तिरस्कार का सूचक है। आप हमें पुरस्कार योग्य समझ रहे हैं—बड़े दाता हैं आप—पर इस योग्य नहीं समझ रहे कि हम जानें कि हमारी योग्यता का निर्णय किसने किया है?

वाचक समिति के नाम, कम से कम पुस्तक-चयन के अन्त में, घोषित करने का आग्रह 1964 के पुरस्कार-विजेताओं में अन्यतम श्री वात्स्यायन हमेशा करते रहे हैं। आशा करें कि उनको पुरस्कृत करके अकादमी अब उनकी यह बात भी मानने का सौजन्य दिखाएगी।

खैर, बात समारोह के संचालन की हो रही थी। लेखक की प्रशस्ति सुना दी जाने के बाद उसका उठकर अपने पात्र और किसी दूसरे भारतीय का दाता होने का नितान्त अभिधात्मक प्रदर्शन करना क्या जरूरी है ? मेरी आँखों में तो यह बिल्कुल बेमानी कवायद-सा खटकता है। अकादमी पुरस्कारों के पीछे छिपी भावना की क्या यही सबसे अच्छी अभिव्यक्ति है ? राष्ट्रपति ने अपने प्रवचन में कहा था, 'आशा है पुरस्कृत लेखक वैसा आचरण करेंगे जैसा अकादमी द्वारा उनसे अपेक्षित है।' यदि इस सन्दर्भ में यह समारोह देखा जाए तो, प्रश्न उठता है कि क्या पुरस्कार लेने के लिए लेखक को अब, आजादी के 17 साल बाद, यह भी करना पड़ेगा? यदि पुरस्कार प्रदान करनेवालों की यह शर्त है कि आप आगे हमारी इच्छा या आशा के अनुसार आचरण करेंगे, तो पुरस्कार अस्वीकार कर देना भावी जीवन के लिए क्या अधिक सुखद नहीं रहेगा।

ये दोनों बातें, यानी राष्ट्रपति का ऊपर उद्धृत वाक्य और लेखक का जाकर शुद्ध रूप से पात्रवत् पुरस्कार ग्रहण करना, जुड़ी हुई हैं। राष्ट्रपति का अपने हाथों से एक मंजूषा उठाकर—जो पीछे खड़े अधिकारी ने उन्हें थमा दी है—लेखक को दे देना, कोई माने नहीं रखता। मंच पर लेखक हो और उसका परिचय, उसके कृतित्व की गरिमा स्वीकार करनेवालों ने दिया हो यह यथेष्ट है। मंजूषा उसे बाद में कोई भी कर्मचारी लाकर दे सकता है। केवल इतना बाकी रह जाता है कि राष्ट्रपति के प्रवचन के पहले वह अपनी ओर से जो भी उसके मन में सबसे प्रमुख बात हो, उसे आमन्त्रित समुदाय के सामने रखे—धन्यवाद भी चाहे तो दे सकता है। इस अवसर पर रसज्ञ पाठकों और लेखक के मध्य, निर्णायकों के माध्यम से, यदि सम्बन्ध नहीं बनता तो पुरस्कार समारोह राज्य के हाथों स्वतन्त्रचेता कृती को आश्रयदान के अतिरिक्त और कुछ नहीं अभिव्यक्त करता—प्रश्न यह है कि इससे विद्रोह करनेवाले स्वतन्त्रचेता आज कितने बचे हैं। निस्सन्देह पुरस्कार विजेता लेखकों से पूछा जा सकता है कि जिस समय भाषा के प्रश्न पर सत्ताधारियों के हाथों देश छिन्न-भिन्न किया जा रहा था, वे राष्ट्रपति भवन में चौदहों भाषाओं के प्रतिनिधियों के रूप में सम्मानित हो रहे थे। क्या वे नहीं कह सकते थे कि भाषाओं की एकता के लिए वे प्रतिश्रुत होते हैं। लेखकों की तरह जो कुछ उन्हें भाषा के सवाल पर कहना था उसे उन्होंने इस मौके पर कहने का आग्रह क्यों नहीं किया?

ज्ञानपीठ पुरस्कार

इस पुरस्कार की निजी श्रेष्ठता असंदिग्ध है और इसकी निर्णय-पद्धति विश्वासजनक है परंतु प्रथम भारतीय सार्वदेशिक साहित्यिक पुरस्कार के समारोह के अवसर पर यह चिरन्तन प्रश्न आज फिर पूछा जा सकता है कि क्या साहित्यिक कृतित्व के लिए साहित्यकार को किसी दूसरे से पुरस्कार स्वीकार करना चाहिए?

जहाँ साहित्यकार का सृजन सम्पन्न होता है वहाँ से उसकी सृष्टि की अपनी एक अलग यात्रा आरम्भ होती है। कह सकते हैं कि रचना के क्षण के बाद रचना लेखक की जिन्दगी से अलग एक

चीज हो जाती है। यह एक निर्विवाद सत्य है यद्यपि निरपेक्ष नहीं है। प्रत्येक सामाजिक व्यवस्था में सच्चा कलाकार अपने को उस व्यवस्था की स्थापना का जिम्मेदार नहीं मानता तो ठीक ही करता है। परंतु उस व्यवस्था के अनिवार्य परिणामों को वह झेलता है और यह कहना भी शुद्ध कलाकार के प्रति तिरस्कार न होगा कि उन्हें स्वीकार करने की विडम्बना से बेईमानी के किसी क्षण में आँख मूँदकर कभी-कभी वह उन्हें सहर्ष स्वीकार भी करता है। एक ओर यह सत्य है कि सभी तरह के ऐसे पुरस्कार जो लेखक को किसी की ओर से पेश किए जाते हैं लेखक के कृतित्व की प्रतिष्ठा के न तो अन्तिम मानदंड होते हैं न लेखक के लिए सचमुच आवश्यक होते हैं। दूसरी ओर यह भी सत्य है कि समाज में व्यक्ति के योगदान का माप करने के जो भी अधूरे, यथासम्भव पूर्ण और यथासम्भव अखण्डित माध्यम हैं उनमें संस्थाप्रदत्त-पुरस्कार ही शायद सबसे कम अवास्तविक है। व्यक्तिप्रदत्त पुरस्कार से निश्चित रूप से अच्छा है संस्था से मिला हुआ पुरस्कार और संस्थाओं में सबसे अच्छी संस्था सरकार नहीं है। वर्तमान स्थिति में भारत सरकार तो नहीं ही है, किसी भी स्थिति में कोई भी सरकार साहित्यकार को पुरस्कार देने का दम्भ उतनी अच्छी तरह नहीं निभा सकती जितनी अच्छी तरह कोई और संस्था निभा सकती है और इन अन्य संस्थाओं में भी वे अपेक्षया अधिक योग्य हैं जिनके लिए निर्णय साहित्यकार या साहित्य मर्मज्ञ करते हैं। इसलिए मूल प्रश्न का संक्षिप्त उत्तर होता है—साहित्यकार को अपने साहित्य कृतित्व के लिए पुरस्कार स्वीकार नहीं करना चाहिए—पारिश्रमिक पुरस्कार नहीं है। परन्तु यदि वह पुरस्कारदाताओं को योग्य समझकर कोई पुरस्कार ग्रहण करने की सहमति देता है तो ऐसे पुरस्कारदाताओं में श्रेष्ठतम वह संगठन है जिसका आधार और निर्माण साहित्यिक है।

भारतीय ज्ञानपीठ एक ऐसा ही संगठन है, यह कहना किसी बड़े रहस्य का उद्‌घाटन करना नहीं है। सचमुच में जिस तथ्य का उद्‌घाटन अधिक आवश्यक है वह यह है कि इस संस्था के वाग्देवी-पुरस्कार ने पहली बार भारतीय साहित्य के सार्वदेशिक मानदण्ड की स्थापना के लिए कोई सार्थक प्रयत्न किया है। देश में साहित्यिक पुरस्कारों की दूसरी परम्परा साहित्यिक अकादमी ने डाली है वह साहित्य-सम्बन्धी नौकरशाही बुद्धि से उपजी और परम सत्तावादी राजनीतिक बुद्धि से पोसी हुई परम्परा है। उसमें एक अकाट्य सत्य अर्थात् भारत में चौदह भाषाओं के साहित्यों की उपस्थिति को इस प्रकार माना गया है जैसे यही बड़े साहस का काम है पर जहाँ सचमुच साहस चाहिए—निर्णय का साहस—वहाँ मान लिया गया है कि साहस करने से चूँकि भूल हो सकती है इसलिए साहस नहीं करना चाहिए। अन्ततः अकादमी ने पुरस्कृत भारतीय लेखकों की एक लम्बी सूची जरूर बना दी है लेकिन किसी एक समय में भारतीय साहित्य की सर्वश्रेष्ठ एक भी कृति का नाम वह नहीं ले पाई है, नहीं मालूम इससे किस हद तक बहुघोषित भारतीय एकता का पोषण हुआ है।

सब भाषाओं के साहित्य को एक मानदण्ड से नापना साहस का काम है और जोखिम का भी। भारतीय ज्ञानपीठ ने साहस और जोखिम दोनों को अनिवार्य मानकर ही अपने को पुरस्कार देने के योग्य समझा। इसलिए 'ओटक्कुबल' सचमुच निर्विवाद और आत्यन्तिक रूप से 1925 से 1958 के बीच के भारतीय साहित्य की सर्वश्रेष्ठ कृति है या नहीं यह यहाँ पर महत्त्वपूर्ण प्रश्न नहीं है। महत्त्वपूर्ण है यह प्रश्न कि वह एक विश्वासजनक विधि से सर्वश्रेष्ठ ठहराई गई है या नहीं। ज्ञानपीठ पुरस्कार की निर्णय पद्धति का ब्यौरा सर्वविदित है : (विशेष विवरण के लिए ज्ञानपीठ पत्रिका के पिछले अंक देखें) उसकी प्रवर-परिषद में सभी नाम जाने-माने हैं। लेकिन इन सदस्यों के निर्णय को वास्तविक गरिमा इस बात से मिलती है कि इनके नाम गोपन नहीं रखे जाते। इन्हीं के नहीं, उन कृतियों के नाम भी छिपाए नहीं जाते जो अन्तिम निर्णय के पहले विचाराधीन होती हैं। यह रीति पुरस्कार निर्णय जैसी जोखिम भरी प्रक्रिया को वह स्वस्थ स्वच्छता देती है, जिसका अभाव साहित्य अकादमी की निर्णय पद्धति को एक अनावश्यक छल-छिद्र में उलझाए हुए है।

ज्ञानपीठ पुरस्कार की परम्परा का अभी आरम्भ ही हुआ है। अन्य देशों के साहित्यिक पुरस्कारों से इसकी तुलना करने का अभी समय नहीं आया। कुछ वर्षों के बाद ही आएगा। और वह स्थिति लाने में काफी बड़ा योग होगा आगे लिखे जानेवाले साहित्य का। पुरस्कार योजना में आधुनिक साहित्य के लिए बराबर स्थान बनाए रखने की जो व्यवस्था की गयी है वह भविष्य के साहित्य पर जरूर अपना असर डालेगी। आशा करनी चाहिए कि इस पुरस्कार योजना की श्रेष्ठता और भावी साहित्य की उत्कृष्टता दोनों, बावजूद उस परस्पर प्रभाव के बनी रह सकेगी जो पुरस्कार का लोभ साहित्यिक पर और साहित्य का स्तर पुरस्कारदाता पर हर जगह डालता है।

परिवेश : मूल्य

भारतीय ज्ञानपीठ का एक लाख रुपए का पुरस्कार हमारे देश की आज की परिस्थिति में तरह-तरह की प्रतिक्रियाएँ जगाता है। एक लाख रुपया, सार्वदेशिक गौरव, सब भाषाओं में प्रचार आदि कुछ प्रत्यक्ष लाभ इस पुरस्कार के हैं जो तुरन्त आकृष्ट करते हैं। कुछ लोग इनमें से अर्थलाभ को ही सबसे बड़ा मानते और उसके विराटत्व से अभिभूत दिखाई देते हैं और उनकी चिन्ता बहुधा यह होती है कि अगला पुरस्कार किसे मिलनेवाला है।

यों तो यह जिज्ञासा सबकी है और ज्ञानपीठ के मन्त्री (या कि सचिव कहना ठीक होगा?) श्री लक्ष्मीचन्द्र जैन ने एक महीने के अन्दर तीसरे और एक वर्ष में चौथे पुरस्कार के पात्रों के नाम प्रकट करने की जो घोषणा हाल के समारोह में की थी, उससे जानने की भूख और खुल गई है। परन्तु उत्सुकता के लिए तो एक महीने का वक्त पड़ा हुआ है। इसलिए, क्या यहाँ हम थोड़ा समय कुछ गहनतर प्रश्नों की खातिर निकाल सकते हैं?

जरूर, लेकिन पहले एक बात है। यकीनन आपने भी उसे लक्ष्य किया होगा। वह यह है कि जिस समय राजधानी में यह साहित्य पुरस्कार समर्पित किया जा रहा था (15 दिसम्बर) भाषा पर संसद में बहस चल रही थी। साहित्य की प्रतियोगिता में विजयी का अभिनन्दन हो रहा था। पर भाषाओं की विषमता की लड़ाई जारी थी। राजसत्ता की यह लड़ाई भारतीय भाषाओं और अंग्रेजी के बीच होनी चाहिए थी, मगर हो रही थी भारतीय भाषाओं और हिन्दी के बीच। इस विपर्यय की तुलना में साहित्य के राज्य में सब भारतीय भाषाओं के समानाधिकार घोषित करनेवाला भारतीय ज्ञानपीठ पुरस्कार ताराबाबू के हाथों में सौंप दिया गया।

अब जबकि भारतीय ज्ञानपीठ पुरस्कार की चयन पद्धति दो बार बरती और ठोक-बजाकर परखी जा चुकी है, यह निर्विवाद सिद्ध हो चुका है कि यह पुरस्कार भारत में एकमात्र ऐसा पुरस्कार है जो सब भारतीय साहित्यों को एक प्रमाण स्थापित करता है। साहित्य अकादमी प्रत्येक भाषा का अलग-अलग प्रतिमान स्थिर करती है, शायद प्रत्येक को बढ़ावा देने की नीयत से। परन्तु यह नीति केन्द्र सरकार को बढ़ावा देने और अलग-अलग रखनेवाली नीति की प्रतिछाया-सी ही जान पड़ती है, अकादमी चाहे गैरसरकारी संस्था क्यों न हो। जो हो, अलग-अलग बढ़ावा देने के कई वर्ष के बाद अब हर तरह से वक्त आ गया है कि सारे देश में साहित्यिक श्रेष्ठता का निर्णय चाहे जो भी करे, सार्वदेशिक पैमाने से करे। यह काम भारतीय ज्ञानपीठ के जिम्मे आ पड़ा है। यह हिन्दी के लिए विशेष गौरव का कारण है।

चयन की प्रक्रिया

पुरस्कार के लिए साहित्य चयन करते हुए पुरस्कार प्रवर परिषद ने कई स्तरों की छँटनी एक जगह एक तराजू पर तोले जाने योग्य स्तर खोजने के उद्देश्य से कर दिखाई है। मोती के लिए उसने 1925 से 1951 तक के साहित्य में गोता लगाया। इससे निश्चय ही उसकी कठिनाइयाँ बढ़ी होंगी क्योंकि यह दौर भारतीय साहित्य का मानसरोवर और चेरापूँजी दोनों एक ही साथ है। इस अवधि में चयनकर्ता युग के प्रति निष्ठा और समसामयिकता के प्रति आग्रह दोनों के निर्वाह का प्रयत्न करने को मुक्त हैं—यह जानते हुए कि वे कुछ भी करें, वह समसामयिकता की ओर रहे हैं। अगले दो-तीन वर्षों के बाद जब प्रवर परिषद केवल पिछले पाँच साल के साहित्य से आँखें चार करेगी तो उसके मानदण्ड और उसकी ग्रहणशक्ति दोनों में जरूर एक बार उथल-पुथल होगी।

उपयोगी गोष्ठी

ऐसा दिखता है कि भारतीय ज्ञानपीठ इस मन्थन के लिए अपने को तैयार कर रहा है : इससे अधिक सही होगा यह कहना कि वह वातावरण यानी दूसरों को तैयार कर रहा है, क्योंकि खुद उसकी तैयारी तो उसी दिन हो गई थी जिस दिन यह सार्वदेशिक पुरस्कार योजना स्थिर हुई थी। 15-17 दिसम्बर के पुरस्कार समारोह में दो दिन, कमोबेश आठ घंटे की जो बहस 'मूल्य और परिवेश' पर हुई इतनी उम्दा साबित हुई जितनी कि उम्मीद नहीं थी। वजह? उम्मीद न होने की वजह शायद यह थी कि दिल्ली में विशाल विचार गोष्ठियाँ (चाहे साहित्य की हों चाहे राजनीति की) अक्सर महामान्य लोगों के उदात्त प्रवचनों से आरम्भ और उन्हीं से समाप्त हुआ करती हैं। एक-दो अधीर वक्ता कहीं मौका पा जाएँ तो बोल लेते हैं, मगर उन्हें भी साहित्य के रखवाले कदलीवन में हनुमान की तरह ही देखना पसन्द करते हैं। इस स्तर पर दोनों में परस्पर आलाप, खाँव-खाँव और 'लगे-लगे' से अधिक क्या हो सकता है। पर, जो विचारगोष्ठी अभी हुई वह न जाने कैसे (इस कैसे का जवाब भी अभी खोजेंगे) परिसंवाद का स्तर उठाकर इससे बहुत ऊपर ले गई। यह एक सुखद अनुभव था जिसमें एक से अधिक पीढ़ियों के प्रतिनिधि एक ही सवाल से जो बराबर उन सबका सवाल रहा है, जूझ रहे थे। सवाल से जूझने का मतलब यह नहीं कि वे उसे हल कर डालने में लगे हुए थे बल्कि यह है कि वे उसकी परिभाषा करना चाह रहे थे। और, इस गोष्ठी के हर वक्ता को सुनने के बाद मैं इस नतीजे पर पहुँचा हूँ कि जो कोई मूल्य और परिवेश की परिभाषा करना चाहता है, बिना अपने को उबारे हुए नहीं कर सकता।

मूल्यों में परिवर्तन

एक तो यही वजह थी कि गोष्ठी उम्दा साबित हुई। दिनकरजी ने विषय प्रवेश कराने के लिए दरवाजा खूब चौड़ा खोल दिया था जिसमें से बाल्मीकि से लेकर मैथिलीशरण गुप्त तक दिखाई दे रहे थे। राम के चरित्र-चित्रण की कसौटी पर दिनकरजी ने राम के कथाकारों को कसा तो नतीजा निकला कि बाल्मीकि के यहाँ जन-कल्याण के लिए अनधिकारी शूद्र तपस्वी शम्बूक का वध करनेवाले राम, भवभूति के यहाँ अपने प्रति ग्लानि प्रकट करते हैं—'कठोरगर्भा सीता त्यागते हुए मैं नहीं काँपा तो शम्बूक मारते हुए क्यों काँप रहा हूँ।' कारण, बाल्मीकि और भवभूति के मध्य बौद्ध क्रान्ति हो चुकी है, मूल्य बदल चुके हैं। फिर तुलसी तक आते-आते, मूल्य इतने बदल चुकते हैं कि उनके यहाँ राम को सीता त्यागनेवाले प्रसंग में कतराकर निकल जाना पड़ता है तो भी मरणासन्न बालि के प्रश्न का वह पूरा उत्तर नहीं दे पाते। यह प्रमाण है कि तुलसी उन्हें आदर्श रूप में प्रस्तुत करना चाहकर भी अपने परिवेश से इतने प्रतिबद्ध थे कि बालि-वध से खण्डित होनेवाले मूल्य की रक्षा का ढोंग नहीं

कर सके। साकेत के राम का युगबोध दर्शाने में दिनकरजी को विशेष प्रयत्न करना नहीं पड़ा। देश-देशान्तर में वेद की वाणी गुँजाने को आतुर राम और 'आज मेरा धर्म राजद्रोह' माननेवाले लक्ष्मण, स्वामी दयानन्द और महात्मा गाँधी के परिवेश से आविष्ट और इस युग के मूल्यों के समर्थन में संलग्न है।

इस दृष्टान्त विवेचन में तमिल के जस्टिस महाराजन ने एक और जानकारी जोड़ दी कि कम्ब रामायण में बालि के प्रश्न के सम्मुख राम को अपना पाप स्वीकार ही करते बनता है।

टकराव

दिनकरजी को विवाद आरम्भ कराना था। वह उन्होंने भली-भाँति किया क्योंकि अपने जैसे ही अपने भाषण के अन्त में उन्होंने यह स्थापना की कि आज का साहित्यकार मूल्यों से कटी हुई जिन्दगी पसन्द करता है वैसे ही और को यह बताना आवश्यक हो गया कि यह मामला बिल्कुल इतना सीधा नहीं है। इसके बाद नामवर सिंह से शुरू करके श्रीकान्त वर्मा, अतर सिंह, इन पंक्तियों के लेखक, मोहन राकेश और लक्ष्मीनारायण लाल ने अपने-अपने ढंग से यही समझाने की कोशिश की कि आज का लेखक परिवेश और मूल्य के मामले में उस समय के लेखक से कहाँ पर भिन्न है जिस समय कई वक्ताओं के अनुसार मूल्य स्थिर थे और उनके बारे में शंका नहीं थी। संयोगवश यह वाक्य गोष्ठी में इतनी बार सुनने में आया कि सन्देह होने लगा कि कहीं ऐसा माननेवाले वक्ता महँगाई की बात तो नहीं कर रहे हैं। दरअसल उसी के बारे में अक्सर कहा जाता है कि 'क्या जमाना था वह भी।' मानवीय मूल्यों के विषय में यदि कोई सही दृष्टि हो सकती है तो शायद यही कि वे हर युग में सामाजिक मूल्यों से टकराते और टूटते-फूटते हैं और उनमें कोई न कोई, जरूरी नहीं कि वह कवि हो, पैबंद लगाता रहता है।

आधुनिक लेखन

जो हो, नामवर सिंह को बिलकुल निर्द्वंद्व विश्वास था कि जीवन का 'नंगे बदन संस्पर्श' करनेवाले लेखक, आज के लेखक के लिए मूल्य और परिवेश दोनों ही न सिर्फ हैं बल्कि बड़े जबर्दस्त तरीके से हैं। दरअसल उन दोनों के बीच तनाव है और वही तनाव आधुनिक लेखन है (दिनकरजी के विचार से तुलना करें) नामवर सिंह ने प्रकारान्तर से यह स्थापना भी की कि अपने परिवेश से उलझने वाले कलाकार के लिए विचारधारा का अनुयायी होना अनावश्यक और अनावश्यक ही क्यों बल्कि त्याज्य है। प्रेमचन्द का 'होरी' गाँधीवादी है या कि मार्क्सवादी ? यह सवाल आलोचक अपने से पूछा करें : होरी तो प्रेमचन्द के अपने परिवेश से साक्षात्कार का यानी होरी का अपने परिवेश से द्वन्द्व का नतीजा है। डॉ. प्रभाकर माचवे ने परिवेश को शब्द और मूल्य को अर्थ मानकर दोनों के सम्मिलन की क्रिया को साहित्य माना—'शान्ति, लोकतन्त्र, समाजवाद, धर्मनिरपेक्षता—ये शब्द सब अर्थहीन हो गए हैं और यही नहीं, इनके मूल्य स्थापित करनेवाला कोई साहित्य भी नहीं रचा गया है।' इस पर दूसरे दिन मौका पाकर उपेन्द्रनाथ अश्क ने पूछा कि अमरीका-यात्रा में माचवेजी ने क्यों नहीं प्रेमचन्द के साहित्य को गाँधीवादी साहित्य बताया जबकि मैं रूस में यही बता आया हूँ। गिरिजाकुमार माथुर संयोगवश सबके अन्त में बोले और प्रथम वक्ता के बिल्कुल विपरीत उन्होंने यह रुख लिया कि आज का ही साहित्य भविष्य का साहित्य है क्योंकि वह अपने परिवेश से सबसे अधिक जुड़ा हुआ है।

तनाव या बनाव

इसके पहले मोहन राकेश आज के सृजन की विफलता की झल्लाहट को एक ऐसा यथार्थ मान चुके

थे जो सारे जीवन पर छा गया है—रचना से नहीं विश्लेषण से उसको समझा जा सकता है। श्रीकान्त वर्मा ने अपनी विवेचना में साहित्य की कसौटी साहित्य से ही निकलती है इस पुरानी मान्यता की फिर से स्थापना की जिसकी जरूरत शायद इसलिए थी कि परिवेश से तादात्म्य का अर्थ कहीं-कहीं किसी बाहरी दबाव के आगे आत्मसमर्पण समझा जाने लगा है। यही बात सज्जाद जहीर ने शायद कुछ सफाई देने के लिए कही जो उनके प्रगतिशील रूप से तुलना में बहुत दिलचस्प मालूम हुई। जैनेन्द्र कुमार ने इसी बात को और भी साफ-साफ कहा—व्यवस्थापक के कहने पर रचा साहित्य श्रेष्ठ नहीं हो सकता, परन्तु जैनेन्द्र कुमार परिवेश और साहित्यकार के मध्य 'तनाव' के साथ-साथ 'बनाव' की जरूरत भी मानते थे। सघनशीलता और संवेदन उनकी दृष्टि से मुख्य वस्तुएँ हैं—ये हों तो तनाव में भी साहित्य है और बनाव में भी। डॉ. नगेन्द्र ने करीब-करीब यही बात कही। करीब-करीब इसलिए कि उन्होंने तनाव को अलग ही रख दिया और सिर्फ बनाव को ही साहित्य माना जिसमें 'रागात्मक अनुभूति के बिना' कोई बौद्धिकता प्रवेश नहीं कर सकती। जगदीशचन्द्र माथुर की चिन्ता संस्कारच्युत समाज में परिवेशहीनता को लेकर थी।

एक शिकायत

शायद इन्हीं दोनों वक्ताओं के भाषणों के विषय में जब दूसरे दिन डॉ. गोपाल सिंह ने शिकायत की कि इनकी हिन्दी बहुत गरिष्ठ थी तो मन में प्रश्न उठा कि यह शिकायत भाषा से है या विचारों से है। बहरहाल डॉ. गोपालसिंह खुद इतनी व्यापक दुनिया में भटक गए थे कि आखिरकार उन्हें भारतीयता की कमी की शिकायत करके ही समाप्त करते बना जो कि ऐसे मौकों पर आसान पड़ता है। उसके बाद डॉ. नीहार रंजन रे ने भी बहुत घूम-फिरकर अन्त में यही निष्कर्ष निकाला मगर इस कैफियत के साथ कि वह आज के साहित्य में प्रयोगों का स्वागत करते हैं। बालकृष्णराव ने विवाद का वह सिरा खोजकर पूरी ऊन को ऊपर उठाना चाहा जो समूची लच्छी में कहीं गुत्थमगुत्था होकर छिपा पड़ा था। नतीजा बहुत सुलझानेवाला नहीं निकला, तो भी उनकी स्थापना जोरदार थी—"लेखक अपने को समाज का नेता समझे तो भूल करेगा।" उन्होंने अपने खास अन्दाज में पूछा, "क्या रचना में आज के जीवन का प्रभाव बिना दिखाए हुए कोई श्रेष्ठ साहित्यकार नहीं माना जा सकता।" इसका जवाब अपने खास अन्दाज में हंसराज रहबर पहले ही दे चुके थे, "जो लेखक इतिहास को ताक पर रखना चाहेगा उसे इतिहास ताक पर रख देगा।"

बहस उपेन्द्रनाथ अश्क के लिए ज्यादा दिलचस्प साबित हो रही थी। उन्होंने बड़ी मासूमियत से पूछा, "आखिर परिवेश से कटकर कोई लिख ही कैसे सकता है ?" और ऐसा दिखा कि बच्चन जी की यह बात इसके साथ चस्पाँ की जा सकती है कि "हम लिखते ही तब हैं जब हम परिवेश से अलग कोई मूल्य स्थापित करना चाहते हैं।"

सत्ता का सवाल

नीरद चौधरी ने बहस में पहली बार कलाकार और सत्ता के बीच के तनाव को उस तनाव की भाषा में ही व्यक्त किया। नीरद चौधरी का मन इस बारे में बिलकुल स्पष्ट था कि लिखने के कोई माने तभी हैं जब यह तनाव रहे। रघुवीर सहाय ने आज के परिवेश में राज्य की सत्ता को आज का विशेष तत्त्व माना और कहा, "मैं किसी को उसकी राजनीति में मेरे साहित्य से मदद लेने से नहीं रोक सकता, पर मैं उसे मेरे साहित्य के लिए दिशा निर्धारित करने से रोकूँगा।"

डॉ. पी.एन. पुष्प और डॉ. लक्ष्मीनारायण लाल मनुष्य की सम्पूर्णता को लेकर ही परिवेश और मूल्य पर बहस करने को तैयार थे और अतर सिंह साफ पूछना चाहते थे कि जो अर्थहीनता की

बात करते हैं क्या वे जिम्मेदारी से बचना तो नहीं चाह रहे हैं? कृष्ण वारियर की निश्चित धारणा थी कि जरूर वे बचना चाह रहे हैं—और आज के समाज में जो अशक्त क्रोध भरा हुआ है उसी को 'बड़े शहरों की घुटन और उदासीनता के रूप में पेश कर रहे हैं।' इस स्थिति में डॉ. लोठार लुत्से ने एक और सत्य छिपा देखा—हिन्दी महारानी बनकर अपनी विरोध की वाणी खो चुकी है—यही कारण है इस दुर्बलता का।

हो सकता है यही कारण हो, हो सकता है न हो, परन्तु गोष्ठी के समापन में महाकवि शंकर कुरूप का यह कहना अर्थवान है कि "हिन्दी सार्वदेशिक बनेगी—पर जरा विनयशीलता से सामने आए।"

[*नवभारत टाइम्स*, 23 दिसंबर 1967]

खेल

लोग शेन से क्या चाहते हैं?

तैराकी में आस्ट्रेलिया की तीन स्वर्णपदक विजेता शेन गोल्ड के पिता ने कहा है "मैं अपनी बेटी को ओलिंपिक की जानलेवा मशक्कत फिर कभी नहीं करने दूँगा, तीन प्रतियोगिताएँ बड़ों-बड़ों को भारी पड़ती हैं—यह तो पन्द्रह वर्ष की बच्ची है, पता नहीं लोग शेन से क्या चाहते हैं। वह कोई मानवयन्त्र नहीं है जो हर बार चाभी भर देने पर तालाब में कूद पड़े और चूँकि उसका नाम शेन गोल्ड है इसलिए हर बार नया विश्व कीर्तिमान बनाकर दिखाए।"

शेन के पिता के साथ-साथ हम भी पूछना चाहते हैं कि क्यों शेन मशीन की तरह यह मशक्कत कर रही है? क्यों उसके लिए यह सम्भव नहीं रह गया है कि प्रतियोगिता में उतरना ही अपने लिए महत्त्वपूर्ण माने, जीतना या हारना नहीं, जैसा कि ओलिंपिक के जन्मदाता कावर्ते अपने भोलेपन में सोचते थे। कारण स्पष्ट है कि आज ओलिंपिक पर राज्य का दबाव इतना बढ़ गया है कि अब जीतना या हारना ही महत्त्वपूर्ण हो गया है जैसा कि राज्यों के लिए होता है। कोई अकेला खिलाड़ी अब पूरे तौर पर अपने लिए नहीं खेल सकता। अपने राज्य की राष्ट्रीय प्रतिष्ठा के लिए जानवर की तरह अपने को दोहराते रहना और देवता की तरह अचूक साबित होते रहना ही उसकी नियति है।

मंगलवार को ओलिंपिक गाँव में जो राजनैतिक हत्याकाण्ड हुआ वह दहला देनेवाला था। पर बन्धक रखने की राजनीति कहीं भी हो उतनी ही निन्दनीय होगी। वह ओलिंपिक में हुई इसे देखकर ओलिंपिक में राजनीति के प्रवेश का रोना रोनेवाले दरअसल अब बहुत देर करके रो रहे हैं : राजनीति का खेल-कूद पर कब्जा मुकम्मिल हो चुका है।

विश्व की बड़ी शक्तियों ने छोटे देशों को उनकी एवजी आपस में निरन्तर तनाव बनाए रखने पर मजबूर कर दिया है। अरब-इस्राइल द्वन्द्व इसी तरह का तनाव है। यह तनाव ओलिंपिक में क्यों पहुँच गया, ऐसा ही सवाल पूछना है कि ओलिंपिक में इतने सारे देशों की सरकारों ने अपने-अपने खिलाड़ियों को राष्ट्रीय झण्डे थमाकर क्यों भेज दिया। आज राष्ट्रीय झण्डे और राष्ट्रगान के अन्तर्राष्ट्रीय प्रदर्शन का सबसे बड़ा और शानदार मंच संयुक्त राष्ट्र नहीं, ओलिंपिक का गाँव है। तब फिर वहाँ वैसा कुछ भी हो सकता है जैसा राष्ट्रीय प्रतिष्ठा के लिए सरकारें अन्यत्र करती हैं।

परन्तु यहाँ ओलिंपिक के राजनीति का दंगल बन जाने के पक्ष में तर्क नहीं दिया जा रहा है। वास्तव में समझने की बात यह है कि ओलिंपिक हथियार के बल पर जीती हुई प्रतिष्ठा का राजनैतिक विकल्प बनता जा रहा है क्योंकि लड़ाई में जीत महँगी पड़ने लगी है और अब वह प्रायः एकमात्र